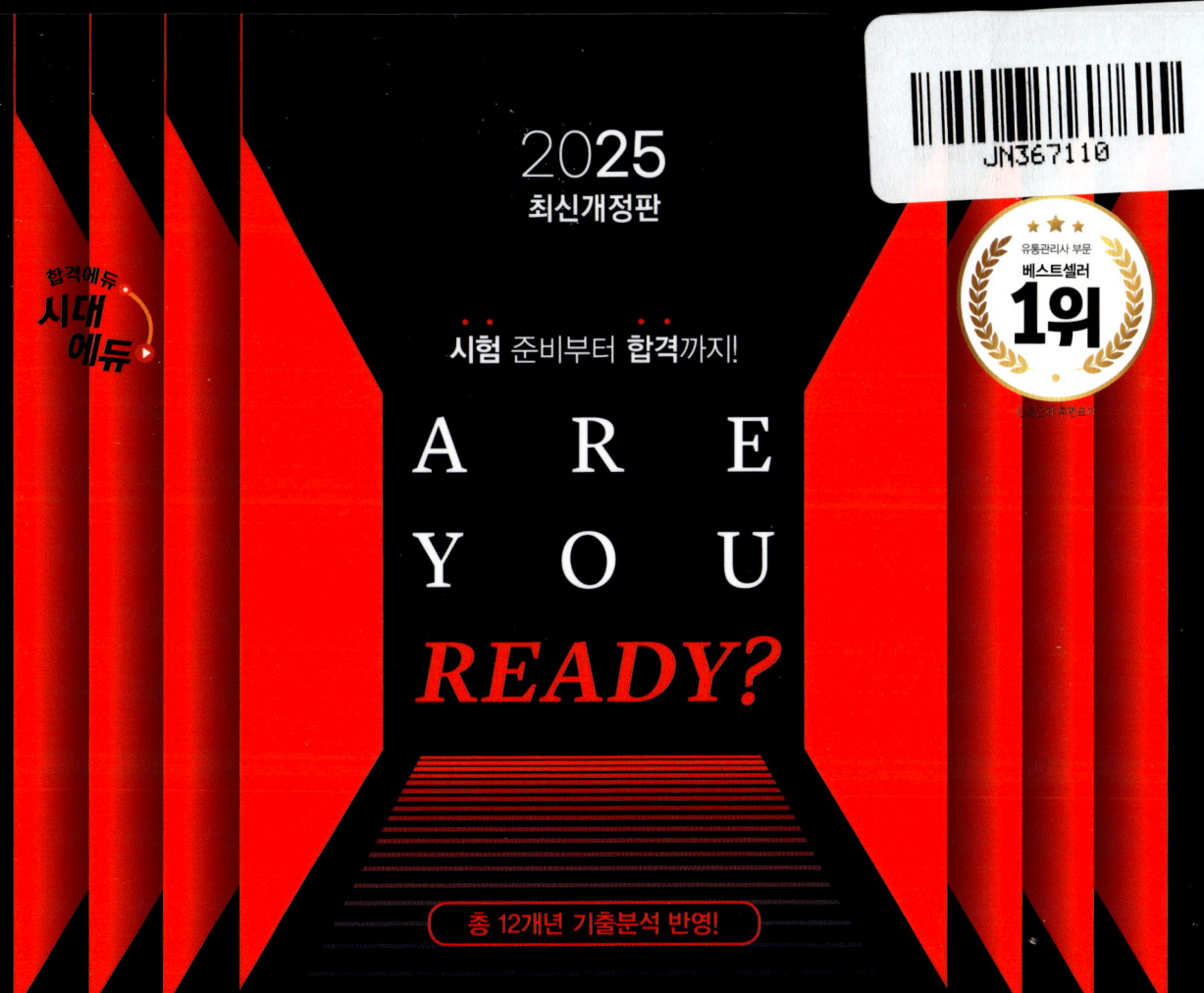

PROFILE 편저

안영일

- 고려대학교 경영대학원 경영학(마케팅) 석사
- 경영진단사, 경영지도사
- 경영컨설턴트, 마케팅&채권관리교육원장
- KBS · MBC, 삼성, LG, 현대, 신세계 등 방송, 기업체 초빙강사
- 고려대, 금오공대, 건국대 등 최고경영자 과정 초청강사
- 국립경찰종합학교 외래교수 역임
- 고용노동부 통신교육 지도강사, 집필위원
- 전자상거래관리사 2급(시대고시기획 刊)
- 소비자상담과 피해구제(시대고시기획 刊)
- 유통관리사 1급 · 3급 한권으로 끝내기(시대고시기획 刊)

유통 · 물류관리사 관련 수험서 SERIES

유통관리사 1급	유통관리사 1급 한권으로 끝내기(전2권)	4×6배판	45,000원
	유통관리사 1급 기출문제해설	4×6배판	25,000원
유통관리사 2급	유통관리사 2급 한권으로 끝내기(필수암기 필기노트)	210×260	34,000원
	유통관리사 2급 단기완성	4×6배판	25,000원
	유통관리사 2급 5개년 기출문제해설	4×6배판	26,000원
유통관리사 3급	유통관리사 3급 한권으로 끝내기	4×6배판	32,000원
	유통관리사 3급 10개년 기출문제해설	4×6배판	24,000원
물류관리사	물류관리사 한권으로 끝내기(전5권)	210×260	42,000원
	물류관리사 5개년 첨삭식 기출문제해설(전2권)	4×6배판	26,000원
	물류관리사 단기완성 핵심요약집	210×260	23,000원

※ 도서의 제목 및 가격은 변동될 수 있습니다.

끝까지 책임진다! 시대에듀!
QR코드를 통해 도서 출간 이후 발견된 오류나 개정법령, 변경된 시험 정보, 최신기출문제, 도서 업데이트 자료 등이 있는지 확인해 보세요! 시대에듀 합격 스마트 앱을 통해서도 알려 드리고 있으니 구글 플레이나 앱 스토어에서 다운받아 사용하세요.
또한, 파본 도서인 경우에는 구입하신 곳에서 교환해 드립니다.

편집진행 김준일 · 남민우 · 류채윤 | **표지디자인** 김도연 | **본문디자인** 최미림 · 하한우

유통관리사

1급 한권으로 끝내기

1권 | 유통경영 + 물류경영 + 상권분석

시대에듀

유통관리사 1급 한권으로 끝내기

Always with you

사람의 인연은 길에서 우연하게 만나거나 함께 살아가는 것만을 의미하지는 않습니다.
책을 펴내는 출판사와 그 책을 읽는 독자의 만남도 소중한 인연입니다.
시대에듀는 항상 독자의 마음을 헤아리기 위해 노력하고 있습니다. 늘 독자와 함께하겠습니다.

자격증 · 공무원 · 금융/보험 · 면허증 · 언어/외국어 · 검정고시/독학사 · 기업체/취업
이 시대의 모든 합격! 시대에듀에서 합격하세요!
www.youtube.com → 시대에듀 → 구독

머리말 PREFACE

유통 업체의 대형화, 전문화와 국내 유통시장의 완전 개방으로 외국 유통회사와의 경쟁력 제고와 판매·유통전문가의 양성이 필수적인 과제가 됨에 따라 국가에서는 유통업 경영에 관한 전문적인 지식을 터득하고 경영계획의 입안과 종합적인 관리업무를 수행할 수 있으며 중소유통업의 경영지도능력을 갖춘 자를 양성하기 위해 「유통관리사」 자격시험제도를 시행하고 있다.

유통관리사 시험은 소비자와 생산자 간의 커뮤니케이션과 소비자 동향 파악 등 판매 현장에서 활약할 전문가의 능력제반을 평가하는 국가공인자격시험으로서 유통관리사 2급은 많이 활성화되어 이제는 인기자격증으로 자리를 잡았고 그에 따라 관련 수험서시장도 급격히 팽창하여 현재는 거의 포화수준이 되었다. 그러나 이러한 2급에 비해 1급의 경우에는 이에 걸맞은 수험서가 시중에 나와 있지 않은 실정이다.

이에 시대에듀에서는 1급을 준비하는 수험생 여러분의 효과적인 학습을 돕기 위해 최근 출제경향에 맞춰 보완한 최신 개정판을 출간하게 되었다.

01 12개년의 기출문제를 분석하여 실제 시험에 출제되는 핵심이론으로 구성하였다.

02 실제 기출문제와 출제 유형이 유사한 실전예상문제를 통해 학습한 이론을 점검해 볼 수 있도록 하였다.

03 본문 중간에 시험에 자주 출제된 지문을 'O× 문제'로 삽입하고, 핵심이론과 더불어 참고로 짚고 넘어가야 할 개념을 '개념 PLUS' 박스로 구성하여 수험생들이 효율적인 학습을 할 수 있도록 하였다.

04 최근 출제된 기출문제를 상세한 해설과 함께 수록하여 수험생 스스로 최근 출제경향을 파악할 수 있도록 하였다.

본서가 유통관리사 1급 자격시험에 도전하는 수험생 여러분에게 최종 합격의 길잡이가 되기를 바라며, 다소나마 미흡한 부분에 대해서는 아낌없는 질책을 해주길 바란다. 끝으로, 본서를 통해 모든 수험생 여러분이 뜻하는 목표를 이룰 수 있게 되기를 진심으로 바라는 바이다.

편집진 씀

자격시험 안내 INTRODUCTION

주 관 : 산업통상자원부

시행처 : 대한상공회의소

응시자격
① 유통분야에서 7년 이상의 실무경력이 있는 자
② 유통관리사 2급 자격을 취득한 후 5년 이상의 실무경력이 있는 자
③ 경영지도사 자격을 취득한 자로서 실무경력이 3년 이상인 자

가점혜택
1급 : 유통산업분야의 법인에서 10년 이상 근무하거나 2급 자격을 취득하고 도·소매업을 영위하는 법인에서 5년 이상 근무한 자에 대해 5점 가산

합격기준
매 과목 100점 만점에 과목당 40점 이상, 전 과목 평균 60점 이상

2025년 시험일정

회 차	등 급	원서접수	시험일	발표일자
1회	2·3급	04.10~04.16	05.03	06.03
2회	1·2·3급	08.07~08.13	08.30	09.30
3회	2·3급	10.30~11.05	11.22	12.23

※ 시험일정은 변경될 수 있으니 시행처의 확정공고를 확인하시기 바랍니다.

원서접수방법 : 인터넷 접수 - 대한상공회의소 자격평가사업단(http://license.korcham.net)

시험과목 및 시행방법

등 급	검정방법	시험과목	문제수	총문항수	제한시간(분)	출제방법
1급	필기시험	유통경영	20	100	100	객관식 5지선다
		물류경영	20			
		상권분석	20			
		유통마케팅	20			
		유통정보	20			

과목별 세부 출제기준 CRITERION

※ 출제기준에 대한 세부내용은 대한상공회의소 자격사업평가단 홈페이지에서 확인하시길 바랍니다.

과 목	대분류	중분류		
유통경영	유통전략수립	•환경분석 •성장전략	•사업 설정 •기업윤리	•경쟁우위 확보
	인사조직관리	•조직관리	•인적자원관리	
	경영분석	•경영분석		
	유통법규	•유통관련법규	•기타관련법규	
물류경영	물류관리	•물류일반 •물류정보	•물류비 관리 •국제물류	•물류조직
	물류기능	•화물운송	•보관 하역	
	도소매물류	•도매물류와 소매물류		
상권분석	상권설정 및 매출추정	•상권설정	•상권조사	•매출추정
	입지분석	•입지영향인자	•소매입지별 유형	•업태와 소매입지
	개점전략	•개점전략	•유통시설 인허가 절차	
유통마케팅	소매마케팅전략	•목표시장 설정	•시장세분화	
	가격관리	•가격정책과 가격관리		
	온라인 마케팅	•소매점의 디지털 마케팅 전략 •소셜미디어 마케팅	•웹사이트 및 온라인쇼핑몰 관리 •데이터분석과 성과측정	
	점포관리	•점포운영 •무점포 소매업의 관리	•점포구성, 디자인, VMD	
	촉진관리전략	•프로모션 믹스	•고객서비스 관리	
	머천다이징	•상품계획	•매입관리	•재고관리
유통정보	유통정보의 이해	•정보의 이해	•유통정보화 기술	•유통정보의 활용
	유통정보시스템	•유통 및 물류정보시스템 구축과 활용 •개인정보보호와 프라이버시		
	전자상거래시스템	•전자상거래시스템		
	통합정보자원관리 시스템	•ERP 시스템	•CRM 시스템	•SCM 시스템
	신융합기술의 유통분야에서의 응용	•신융합기술	•신융합기술의 개념 및 활용	

5개년 출제빈도표 ANALYSIS

1과목 유통경영

출제영역	2020	2021	2022	2023	2024	비율(%)
유통전략수립	7	7	5	7	7	33
인사조직관리	5	5	10	8	7	35
경영분석	5	6	4	3	4	22
유통 및 기타관련법규	3	2	1	2	2	10
합계(문항 수)	20	20	20	20	20	100

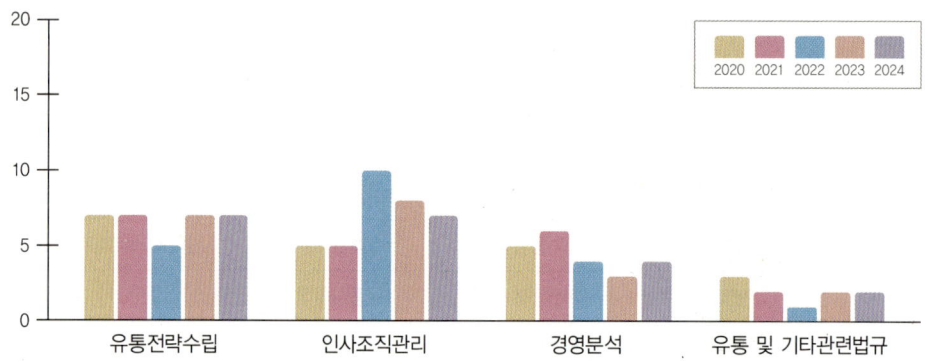

영역별 평균 출제비율

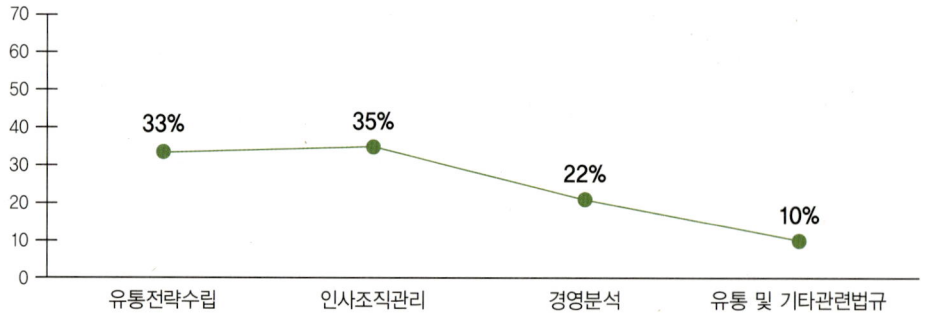

최신 출제경향

2023년에 비해 2024년에는 경영분석에서 1문제 증가, 인사조직관리에서 1문제 감소한 것을 제외하고는 출제비중에 큰 차이가 없다. 특히 변경된 2024 출제기준에서 법규범위가 크게 축소되어 기타관련법규로 통합되었으니 이를 유념하여 학습하는 것이 좋다.

2과목 물류경영

출제영역	2020	2021	2022	2023	2024	비율(%)
물류관리	9	10	11	10	11	51
물류기능	6	6	6	5	6	29
도소매물류	5	4	3	5	3	20
합계(문항 수)	20	20	20	20	20	100

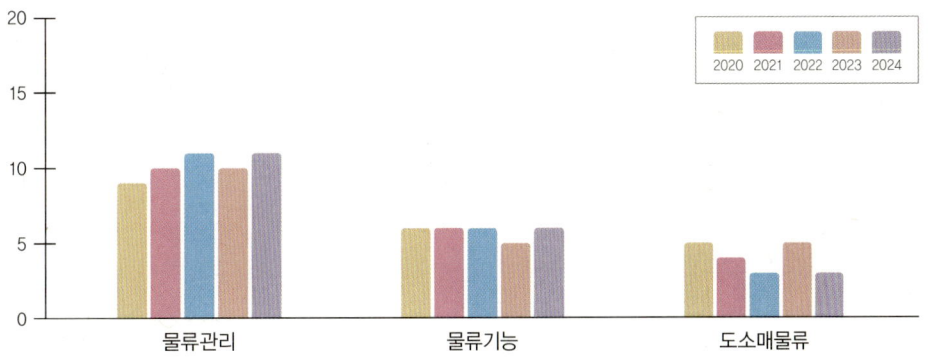

영역별 평균 출제비율

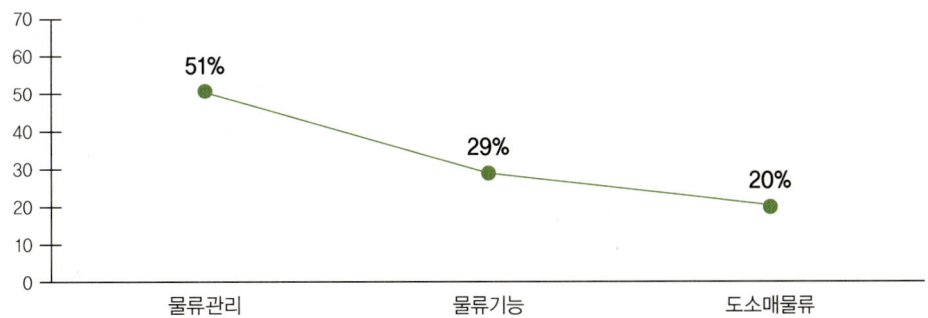

최신 출제경향

2024년에는 2023년에 비해 물류관리와 물류기능에서 각각 1문제 증가, 도소매물류에서는 2문제가 감소하는 출제경향을 보였다. 최근 5년간 영역별 출제비중 변화 편차가 크지 않은 편이므로 균형 있는 학습전략이 요구된다.

5개년 출제빈도표 ANALYSIS

3과목 상권분석

출제영역	2020	2021	2022	2023	2024	비율(%)
소매입지	8	5	3	3	4	23
입지분석	1	2	1	2	3	9
상권조사	10	10	13	12	11	56
개점전략	1	3	3	3	2	12
합계(문항 수)	20	20	20	20	20	100

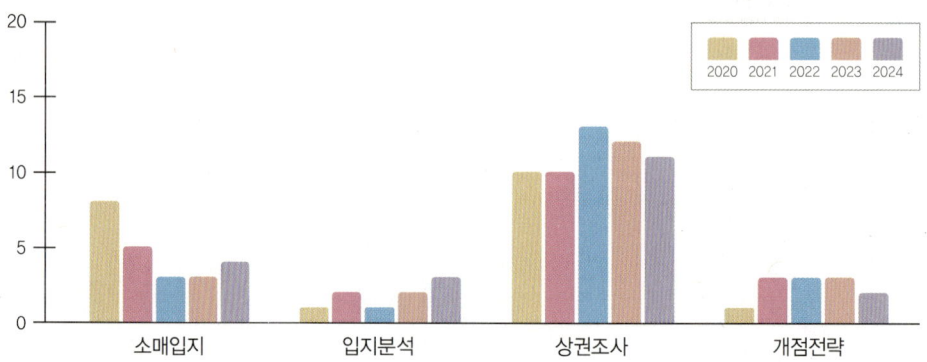

영역별 평균 출제비율

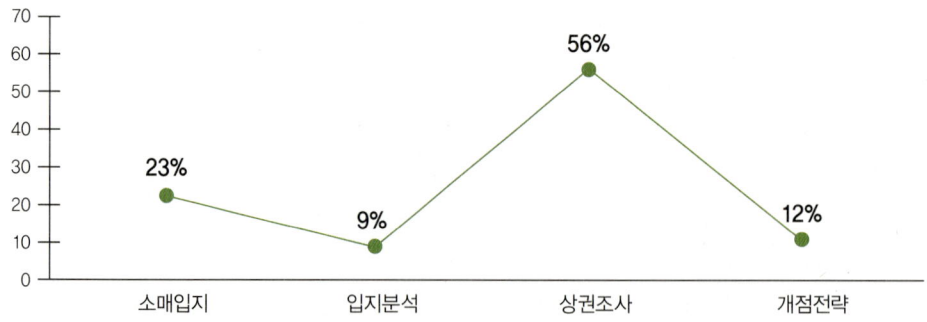

최신 출제경향

최근 5년간 영역별 출제비중 변화 편차가 크지 않은 편이지만, 상권조사 영역의 출제문항 수가 압도적으로 높기 때문에 가장 중점을 두고 학습해야 한다. 개점전략 영역에 해당하는 법률 관련 문제는 출제되지 않은 연도도 있고, 많아야 최근에 1~2문제 정도만 출제되었기 때문에 기출문제 중심으로 간략하게 학습하고 넘어가야 학습 효율을 높일 수 있다.

4과목 유통마케팅

출제영역	2020	2021	2022	2023	2024	비율(%)
소매마케팅전략	6	4	5	3	3	21
온라인 마케팅	0	0	0	2	4	6
점포관리	5	2	3	0	1	11
촉진관리전략	3	7	5	6	4	25
머천다이징	6	7	7	9	8	37
합계(문항 수)	20	20	20	20	20	100

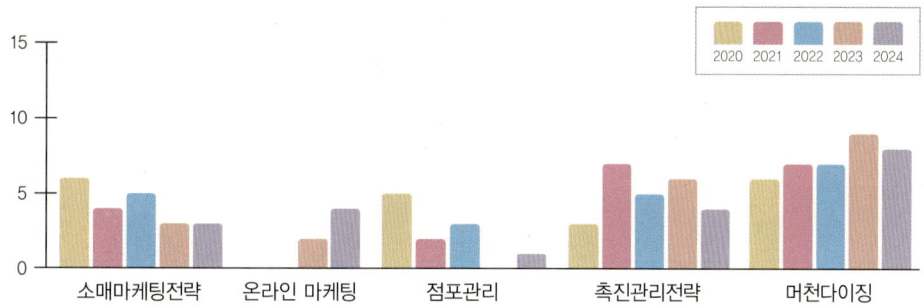

영역별 평균 출제비율

최신 출제경향

변경된 2024 출제기준에서 온라인 마케팅 영역이 새롭게 추가되었다. 2023년 2문제, 2024년에는 4문제가 출제되며 점차 비중이 늘어나고 있다. 머천다이징 영역은 2023년에 비해 2024년에는 1문제 감소했으나, 계속해서 높은 비중으로 출제되고 있기 때문에 중점적 학습이 필요하다.

5개년 출제빈도표 ANALYSIS

5과목 유통정보

출제영역	2020	2021	2022	2023	2024	비율(%)
유통정보의 이해	6	6	3	4	3	22
유통정보시스템	4	4	6	5	5	24
전자상거래시스템	4	4	5	2	1	16
통합정보자원관리시스템	6	6	6	4	3	25
신융합기술의 유통분야에서의 응용	0	0	0	5	8	13
합계(문항 수)	20	20	20	20	20	100

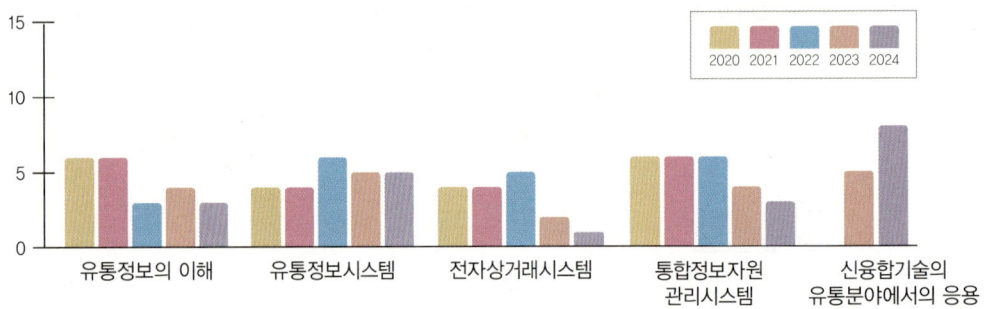

영역별 평균 출제비율

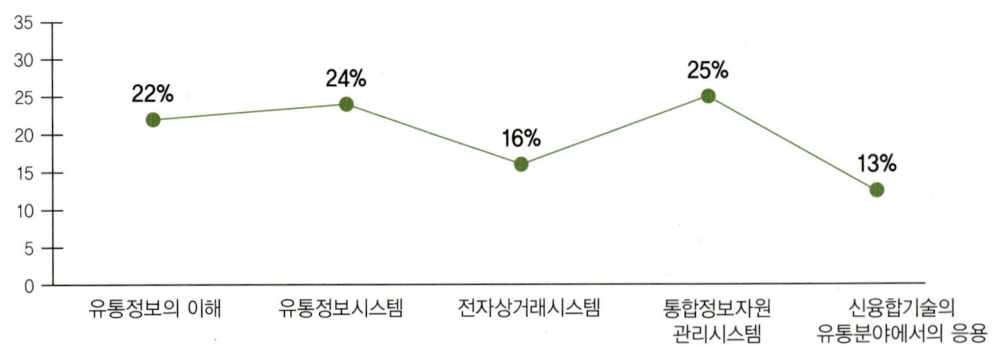

최신 출제경향

2024 출제기준 변경안에서 가장 개정 폭이 큰 과목이다. 특히 신융합기술의 유통분야에서의 응용 영역이 신설되어 인공지능, 자율주행, 사물인터넷, 메타버스 등과 관련된 문제가 다수 출제되었으니 이에 유념하여 최근 이슈가 되고 있는 신융합기술에 관심을 두고 학습하는 것이 좋다.

과목별 합격전략 STRATEGY

1과목 유통경영

유통전략수립, 인사조직관리 및 경영분석과 유통 및 기타관련법규의 네 영역으로 구성되어 유통법규를 제외하고는 학술적인 내용이 대부분으로 관련 이론의 정리와 이해가 필수적이다. 법규의 경우 2024 출제기준 변경안에서 내용이 대폭 축소되어 출제비중이 높지 않으므로 적절한 수준에서 정리하는 것이 필요하다.

2과목 물류경영

물류에 관한 전반적인 이해를 바탕으로 2급에서보다 추가적으로 깊게 들어간다. 도소매물류를 제외한 나머지는 2급에서 거의 다루지 않은 내용이므로 단원별 내용을 꼼꼼하게 정리하고, 화물운송 및 보관하역 부분은 물류관리사 기출문제를 풀어보는 것이 도움이 될 것이다.

3과목 상권분석

2급에서 공부한 상권분석 관련 내용에서 크게 벗어나지는 않지만 임대차 계약과 권리금 등과 같이 상식적인 지식에 대해 묻는 문제도 종종 출제되는 편이다. 법률 부분은 기존 유통과목과는 생소한 내용이 대부분이지만 출제비중이 매우 낮기 때문에 기본적인 용어에 대한 개념 정리 수준 정도로만 학습하는 것이 좋다.

4과목 유통마케팅

소매마케팅전략, 온라인마케팅, 점포관리, 촉진관리전략, 머천다이징의 다섯 영역으로 구성되는데 특히 유통마케팅 과목은 실제 점포를 운영하는 데 있어 세부적인 실무사항까지 다루게 되는 과목이기 때문에 실무자적인 관점에서 전체 프로세스를 이해하고 세부 개념을 이해하는 하향식 접근방식으로 학습하는 것이 효율적이다. 범위가 넓기 때문에 기출문제 풀이를 통해 출제경향을 파악하는 것이 합격으로 가는 지름길이라고 할 수 있다.

5과목 유통정보

유통 및 물류정보시스템, 전자상거래 등에 관련한 내용으로 전문적인 용어가 많이 들어 있을 뿐만 아니라 신융합기술에 대한 내용이 신설되었기 때문에 최신 기술의 개념 및 특징에 대한 철저한 이해가 필요한 과목이다.

도서 활용법 COMPOSITION

Point 1 Key Point
방대한 이론을 학습하기에 앞서 각 장마다 핵심이 되는 이론을 큰 틀에서 짚어볼 수 있도록 학습 포인트를 제시하였습니다.

Point 2 기출표시
해당 이론이 몇 년도에 출제되었는지를 기출표시를 통해 중요한 이론을 한눈에 파악하고, 기출빈도를 체계적으로 확인할 수 있도록 하였습니다.

Point 3 O×문제
실제 기출문제에 자주 출제되었던 지문을 관련 이론 옆에 O×문제로 삽입하여 이론을 학습하면서 바로 숙지하여 암기하고 넘어갈 수 있도록 구성하였습니다.

합격의 공식 Formula of pass | 시대에듀 www.sdedu.co.kr

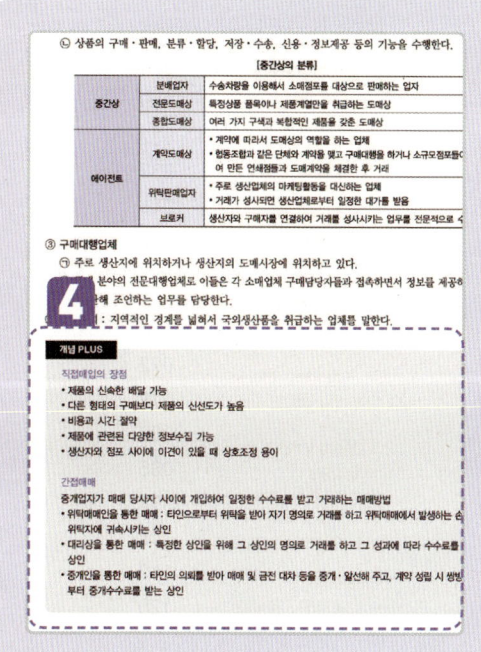

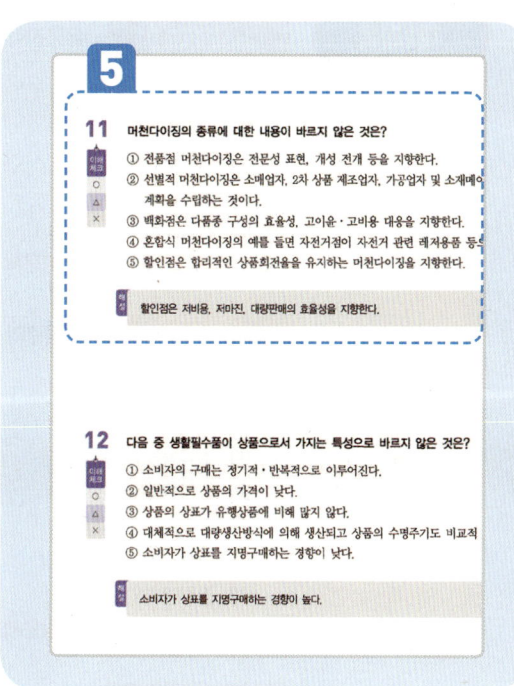

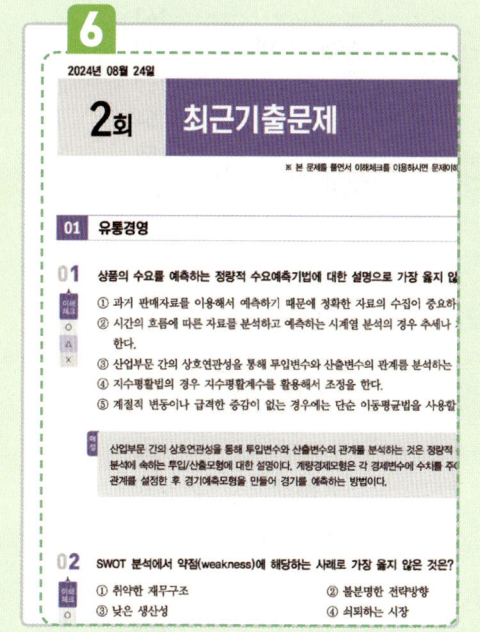

Point 4 개념 PLUS

핵심이론과 더불어 꼭 알아두어야 할 개념과 용어를 개념 PLUS 박스로 제시하여 시험에 더 완벽하게 대비할 수 있도록 구성하였습니다.

Point 5 이해 체크

각 문제마다 이해도 체크 박스를 기재하여 문제별로 얼마나 이해하고 넘어갔는지를 구분하면서 효율적으로 복습할 수 있도록 하였습니다.

Point 6 최근기출문제

가장 최근에 시행되었던 기출문제를 상세한 해설과 함께 수록하여 실제 시험 보듯이 마무리 학습을 할 수 있도록 구성하였습니다.

이 책의 차례 CONTENTS

제1과목 유통경영

CHAPTER 01 유통전략수립
- 01 환경분석 · 004
- 02 사업 설정 · 015
- 03 경쟁우위 확보 · 032
- 04 성장전략 · 037
- 05 기업윤리 · 046
- CHAPTER 01 실전예상문제 · 052

CHAPTER 02 조직관리
- 01 조직관리의 기초 · 072
- 02 조직이론 · 079
- 03 조직목표와 효과성 · 083
- 04 인간행태와 동기부여 · 085
- 05 조직문화와 리더십 · 098
- 06 의사결정 및 의사전달 · 105
- 07 조직변화와 조직발전 · 113
- CHAPTER 02 실전예상문제 · 120

CHAPTER 03 인적자원관리
- 01 인적자원의 이해 · 143
- 02 인적자원시스템(Human Resources System)의 이해 · · · 147
- 03 인적자원계획, 모집, 선발, 배치 · 150
- 04 노무관리 · 154
- 05 수행관리(Performance Management) · · · · · · · · · · · · · 159
- 06 성과평가 · 161
- 07 보상·처우 · 175
- 08 육성방법 · 180
- 09 인효율 관리 · 186
- CHAPTER 03 실전예상문제 · 190

CHAPTER 04 경영분석
- 01 유통 관련 회계의 기초지식 · 206
- 02 재무제표의 이해 · 212
- 03 유통비용의 구성과 손익산출 · 216
- 04 투자수익분석(ROI분석) · 229
- 05 경영효율분석 · 231
- 06 예산편성과 통제 · 238
- 07 매출액 예측 및 목표관리 · 240
- 08 유통성과관리 · 242
- CHAPTER 04 실전예상문제 · 246

CHAPTER 05　유통관련법규

01　유통산업발전법 · 260
02　전자문서 및 전자거래기본법 · · · · · · · · · · · · · · · 265
CHAPTER 05　실전예상문제 · · · · · · · · · · · · · · · · · 267

CHAPTER 06　기타관련법규

01　근로기준법 · 274
02　독점규제 및 공정거래에 관한 법률 · · · · · · · · · · 278
03　소비자기본법 · 280
CHAPTER 06　실전예상문제 · · · · · · · · · · · · · · · · · 285

제2과목　물류경영

CHAPTER 01　물류관리

01　물류 일반 · 294
02　물류비 관리 · 311
03　물류조직 · 323
04　물류정보 · 329
05　국제물류 · 334
CHAPTER 01　실전예상문제 · · · · · · · · · · · · · · · · · 349

CHAPTER 02　물류기능

01　화물운송 · 372
02　보관 하역 · 386
CHAPTER 02　실전예상문제 · · · · · · · · · · · · · · · · · 406

CHAPTER 03　도소매물류

01　도매물류와 소매물류 · · · · · · · · · · · · · · · · · · · 426
CHAPTER 03　실전예상문제 · · · · · · · · · · · · · · · · · 433

이 책의 차례 CONTENTS

제3과목 상권분석

CHAPTER 01 소매입지
- 01 소매입지별 유형 · 440
- 02 업태와 소매입지 · 445
- CHAPTER 01 실전예상문제 · · · · · · · · · · · · · · · · · · · 453

CHAPTER 02 입지분석
- 01 입지영향인자 · 463
- 02 도매업의 입지 · 475
- CHAPTER 02 실전예상문제 · · · · · · · · · · · · · · · · · · · 476

CHAPTER 03 상권조사
- 01 상권설정 · 484
- 02 판매수요예측 · 522
- CHAPTER 03 실전예상문제 · · · · · · · · · · · · · · · · · · · 527

CHAPTER 04 개점전략
- 01 점포개점계획 · 548
- 02 점포의 개점과 폐점 · 553
- 03 인허가 절차에 따른 관련 법률 · · · · · · · · · · · · · · · · 559
- CHAPTER 04 실전예상문제 · · · · · · · · · · · · · · · · · · · 576

1권

유통관리사 1급 한권으로 끝내기

1과목 유통경영
2과목 물류경영
3과목 상권분석

5개년 챕터별 출제비중

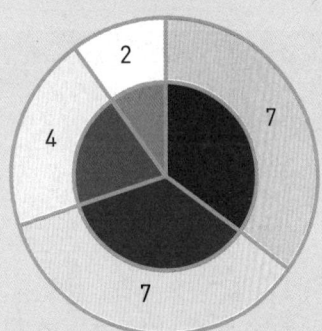

2024

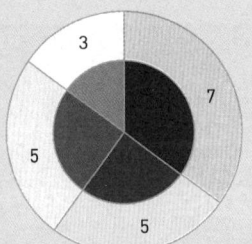

2020

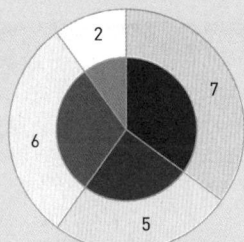

2021

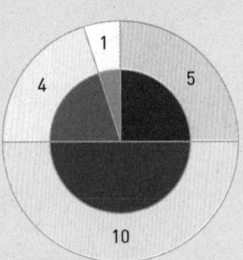

2022

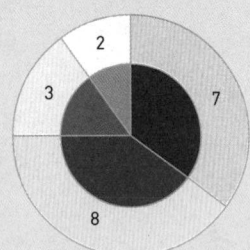

2023

- 제1장 유통전략수립
- 제2~3장 인사조직관리
- 제4장 경영분석
- 제5~6장 유통 및 기타관련법규

(출제 문항 수)

1 과목 유통경영

CHAPTER 01　유통전략수립
CHAPTER 02　조직관리
CHAPTER 03　인적자원관리
CHAPTER 04　경영분석
CHAPTER 05　유통관련법규
CHAPTER 06　기타관련법규

CHAPTER 01 · 유통전략수립

> **Key Point**
> - 유통경영전략의 종류와 특징을 구분하여 숙지한다.
> - 정성적 수요예측기법과 정량적 수요예측기법을 구분하여 암기한다.
> - 신규 유통채널(옴니채널, O2O, O4O)의 특징과 유통경로의 구조에 대해 학습한다.
> - 유통업태별 특징에 대해 숙지한다.
> - 차별화·원가우위·집중화 전략의 각 특징을 비교하여 숙지한다.
> - 집중적 성장전략의 하위 개념인 시장침투·제품개발·시장개발 전략에 대해 구분하여 학습한다.
> - 다각화전략과 국제화전략의 종류별 특징에 대해 숙지한다.
> - 기업윤리의 사회적 책임과 양성평등의 개념에 대해 학습한다.

01 환경분석

1 유통경영환경분석

(1) 유통경영의 비전과 목표

① 개념 : 유통경영은 유통관리와 유통비즈니스 전체를 아우르는 개념이므로 기업의 경영 및 전략, 마케팅, 유통 및 물류관리, 조직 등을 포함한다.

② 비전 : 조직 구성원들이 달성하려는 미래모습의 청사진으로, 사명이 미래에 이루어진 모습을 나타내며 계량적인 측정이 불가능한 개념이다.

③ 목 표
  ㉠ 목표는 사명과 비전을 바탕으로 하여 설정된다.
  ㉡ 목표는 명확한 특성 및 수행수준을 지향하는 조직사업단위와 조직 구성원들에게 지침이 되는 의사결정기준을 제공해 준다.
  ㉢ 실제 기업의 성과를 평가할 수 있는 지표의 역할을 수행한다.

(2) 유통경영전략의 이해

① 전략은 사업영역의 범위 및 목표, 자원배분, 지속적 경쟁우위의 원천, 시너지 등의 요소를 고려하며 자사의 강점과 약점, 외부환경의 기회와 위협을 분석하여 수립하게 된다.

② 구성원들이 전략을 수행할 때, 기업에 피해를 가져올 수 있으므로 전략영역의 사회적 책임과 윤리를 정의하는 사명을 개발하는 것이 필요하다.

③ 일반적인 경영전략 프로세스 기출 23

조직사명·목표확인	경영목표 및 경영전략을 수립하기 위한 추진조직의 구성 및 상세추진계획을 수립하는 단계
외부환경분석	경영목표 및 평가체계 수립을 위해 외부환경 변화를 파악·분석하여 이에 대한 기회 및 위협요인을 도출하는 단계
내부역량분석	기존의 경영이념 및 사업영역을 바탕으로 핵심역량, 프로세스, 재무능력, 이해관계자에 대한 평가 및 분석을 통해 강점 및 약점요인을 도출하는 단계
전략수립(구상)	경영목표를 설정하고 사업별로 경영자원과 경영전략을 마케팅전략, 개발전략, Logistics전략, 재무전략 등의 하부구조로 재분배하여 세부계획을 수립하는 단계
전략실행 및 평가	수립된 비전과 전략적 의지를 구체적으로 실천함으로써, 그 전략의 타당성을 증명하고 핵심전략 요소와 기능별 전략의 일체화를 전개하는 단계

④ 전략은 장기적이고 전사적인 특징을 가지고, 전술은 단기적이고 기능적인 특징을 가진다.
⑤ 기업은 SWOT분석을 통해 전략을 수립할 수 있고, BCG 매트릭스, GE/McKinsey 모형 등을 통해 자원을 효과적으로 배분할 수 있다.

(3) 유통경영전략

① SWOT(Strength, Weakness, Opportunity, Threat) 분석 기출 24
　㉠ 개념 : 기업이 내부환경 및 외부환경 등을 분석하여 자사의 강점과 약점, 기회와 위협요인을 규정하고, 이를 기반으로 마케팅 전략을 수립하는 데 사용되는 기법을 말한다.
　㉡ SWOT 분석의 구성

강점(Strength)	기업 내부의 강점으로 충분한 자본력, 기술적 우위, 유능한 인적자원 등이 있다.
약점(Weakness)	기업 내부의 약점으로 취약한 재무구조, 불분명한 전략 방향, 생산력의 부족, 비효율적인 인력운용, 미약한 브랜드 인지도 등이 있다.
기회(Opportunity)	• 기업의 사회·경제적 기회를 의미한다. • 현재 자사의 목표시장에 경쟁자가 없거나 경제상황의 회복으로 새로운 사업의 기회가 생긴다면, 이는 외부로부터 발생하는 기회이다.
위협(Threat)	• 위협은 보통 외부적인 위협을 의미한다. • 중소기업이 새로 시작한 사업에 대기업이 막강한 자본력으로 시장에 진입하는 것, 쇠퇴하는 시장 등이 위협에 해당한다.

② BCG매트릭스(The Boston Consulting Group's Growth-Share Matrix)
　㉠ 개 요
　　• BCG매트릭스는 경영전략수립의 분석도구로 많이 활용되는 대표적인 사업포트폴리오 분석기법이다.
　　• BCG의 성장-점유 매트릭스에서 수직축인 시장성장률은 제품이 판매되는 시장의 연간 성장률로서 시장매력척도를 나타내며, 수평축은 상대적 시장점유율로서 시장에서 기업의 강점 측정 척도를 나타낸다.

ⓛ BCG 매트릭스의 구성

별(Star)	• 고성장·고점유율을 보이는 전략사업단위로 그들의 급격한 성장을 유지하기 위하여 많은 투자가 필요한 전략사업단위이다. • 산업이 성숙되면, 왼쪽 하단으로 이동하여 자금젖소가 된다. • 별 사업부는 높은 시장점유율로 인해 들어오는 현금유입이 큰 반면에, 높은 시장성장률을 유지하고 경쟁자들을 방어해야 하므로 현금지출도 많다.
자금젖소 (Cash Cow)	• 저성장·고점유율을 보이는 성공한 사업으로서 기업의 지급비용을 지불하며 투자가 필요한 다른 전략사업단위 등을 지원하는 데 사용할 자금을 창출하는 전략사업단위이다. • 저성장시장에서 상대적으로 높은 점유율을 가진 사업으로 현금과 수익을 발생시키기 때문에 자금젖소라고 한다. • 이 사업은 추가적인 자본 투자를 요구하지 않고 현상유지 또는 수확전략을 취한다. • 해당 시장은 안정적이고 점유율이 선도적이므로 규모의 경제와 높은 수익을 가진다. 따라서 기업은 확보한 자금을 별과 물음표 사업에 투자할 수 있다.
물음표 (Question Mark)	• 고성장·저점유율에 있는 사업단위로서 시장점유율을 증가시키거나, 성장하기 위하여 많은 자금이 소요되는 전략사업단위이다. • 시장성장률은 높지만 상대적 시장점유율은 낮은 사업으로 물음표 또는 문제아라고 한다. • 이 사업은 높은 성장 시장에서 유지를 위한 비용, 시장점유율을 형성하는 마케팅활동, 산업선도자를 따라잡기 위한 비용 등 많은 현금이 요구된다. • 경영자가 성공적으로 물음표 사업의 점유율을 증가시킨다면 이는 별(Star)로 이동되지만 실패하면 개(Dog)의 위치로 변하게 된다.
개(Dog)	• 저성장·저점유율을 보이는 사업단위로서 자체를 유지하기에는 충분한 자금을 창출하지만, 현금창출의 원천이 될 전망이 없는 전략사업단위이다. • 이 사업은 구매자에게 매력을 주는 것이 어려운 상황이므로 철수를 선택하게 된다. • 다른 일반적인 전략은 개(Dog) 사업에서 수확전략을 수행하는 것으로 사업이 단계적으로 철수할 때까지 현금흐름을 극대화하는 것이다.

③ GE/McKinsey모형

㉠ 의 의
- 미국의 General Electric사와 컨설팅회사인 McKinsey사가 공동 개발한 기업의 전략적 사업단위에 대한 비즈니스 포트폴리오 분석을 수행하는 모델이다.
- BCG모형의 문제점을 개선한 모형으로 산업성장률, 시장점유율 이외의 다양한 환경·전략변수들을 반영한 사업부 평가모형이다. 이 모형은 많은 변수가 경영자의 주관적 판단에 의해 평가되므로 완전한 객관성을 확보할 수 없다는 문제가 있다.

㉡ GE/McKinsey모형의 전략

산업 매력도	사업강점		
	높음	중간	낮음
높음	유지, 방어	성장을 위한 투자	선택적 성장투자
중간	선택적 성장투자	선택적 수익관리	제한적 확장, 추수
낮음	유지, 초점 조정	수익성 경영	전환, 철수

- GE/McKinsey모형의 구조는 산업의 매력도와 사업강점의 두 차원으로 구성되어 있다.
- GE/McKinsey모형에서 각 사업단위에 해당하는 원의 크기는 해당 제품시장의 크기를 나타내며, 원에 표시된 숫자는 해당 사업단위의 시장점유율을 나타내고 있다.
- 사업단위의 원이 차지하고 있는 위치는 자금흐름이 아닌 투자수익률(ROI)과 연관되어 평가된다.

ⓒ GE/McKinsey모형의 주요 변수 및 가중치 결정
- 산업매력도 평가의 사용 변수들 : 시장규모, 산업성장률, 산업의 평균수익률, 경쟁의 정도, 산업의 집중도, 산업의 전반적 수급상황, 기술적 변화정도 등
- 사업부의 시장강점(경쟁력) 평가의 사용 변수들 : 시장점유율, 관리능력, 기술수준, 제품의 품질, 상표이미지, 생산능력, 원가구조, 유통망, 원자재 공급원의 확보 등
- 가중치 결정 : GE/McKinsey 모형을 사용하기 위해서 각 변수별로 평가치와 가중치가 결정되어야 한다. → 산업의 매력도와 사업의 강점을 산정

(4) 유통경영의 외부적 요소 분석

① 거시적 환경요인 기출 24

  ㉠ 정치·법률적 요인 : 정부의 규제 및 지원, 기업이 따라야 할 규범·규제·법, 각종 인허가 등으로, 기업에게 이익이 되는 측면에서 정치적 전략을 통해 관련 법률 제정에 영향을 미치기 위한 시도를 포함한다(예 각종 법규, 자사에 비우호적인 입법, 세금 등의 정책, 무역 제한, 관세, 그 외 정치적 안정 등).

  ㉡ 사회·문화적 요인 : 사회를 구성하는 개인의 행위에 영향을 미치는 집단, 문화·가치관, 전통, 관습 등을 말하며, 이는 구매행태의 변화를 가져온다(예 국민소득 증가, 교육수준의 향상, 소비자보호 운동, 소비자 트렌드 변화, 건강·웰빙·힐링과 같은 생활양식 등).

> **OX문제**
> ▶ 시장구조적 환경은 외부환경 중 거시환경(Macro Environment) 요소이다. ⓞ Ⓧ
> **해설**
> 거시적 환경 요소는 인구통계적 환경, 경제적 환경, 자연적 환경, 기술적 환경, 정치·법률적 환경, 문화적 환경 등이 있다.
> **정답** ▶ ×

  ㉢ 경제적 요인 : 재화·서비스의 생산 및 분배와 관련한 지역·국가·국제적 상태로 원재료 수급부터 제품판매에 이르는 기업의 모든 경제적 활동과 간접적으로 연계된다(예 경제체제, 경제 성장, 금리, 환율, 인플레이션 비율 등).

  ㉣ 기술적 요인 : 정보기술(IT)의 발전은 산업 전반의 업무효율화와 유통발전 및 현대화를 가져왔다(예 R&D, 자동화, 기술 인센티브, AI기술의 보급 등).

  ㉤ 인구통계적 요인 : 인구구조와 변화 과정에 대한 통계적 자료로, 시장의 규모를 결정짓는 가장 기초적인 요인이다(예 인구분포, 연령, 출생률, 사망률, 노년층의 비율, 직업, 소득수준 등).

  ㉥ 자연적 요인 : 날씨·기후·생태와 같은 환경 측면, 기업 투입요소로 사용되는 자연자원과 그 변화 등을 말한다(예 지구온난화, 자연자원의 고갈, 기업활동으로 인한 환경 문제, 자연자원 관리에 대한 정부 개입 등).

② 포터(M. Porter)의 산업구조 분석(5-Force Model) 기출 15

  ㉠ 포터는 수평적 경쟁요인으로서 대체재, 잠재적 시장진입자, 기존 사업자, 수직적 경쟁요인으로서 공급자와 구매자를 구분하였다.

  ㉡ 수평적 경쟁요인은 진입장벽, 수직적 경쟁요인은 교섭력을 중요시한다.

  ㉢ 각 요인들의 힘(영향력)이 강할수록 자사에게 위협이 되며, 약할수록 자사에게 기회가 된다.

ⓔ 서로 다른 경로수준에 위치한 경로구성원 간의 경쟁을 수직적 경쟁이라 한다. 최근 유통업체상표의 확산으로 제조업체상표가 경쟁의식을 느끼는 현상은 수직적 경쟁의 사례라 할 수 있다.

수평적 경쟁요인	대체재(대체품)	구매자의 성향 및 대체재 가격 등	진입장벽 중시
	잠재적 시장진입자	제품차별화 및 비용우위 등	
	기존 사업자	시장성장률 및 비용구조 등	
수직적 경쟁요인	공급자	공급자 전환비용 및 전방통합능력 등	교섭력 중시
	구매자	구매자 전환비용 및 후방통합능력 등	

ⓜ 산업구조분석모형

기존기업 간의 경쟁	대부분의 산업에서 경쟁의 양상과 산업 전체의 수익률을 결정하는 가장 중요한 요인은 이미 그 산업 내에서 경쟁하고 있는 기업들 간의 경쟁관계이다.
잠재적 시장진입자의 위협	기존 기업들이 신규진입기업에 가지는 우위를 진입장벽이라 하는데, 신규진입자들은 다양하고 새로운 방식으로 진입을 시도한다.
대체재의 영향	대체재가 많을수록 기업들이 자신의 제품이나 서비스에 높은 가격을 받을 수 있는 가능성은 줄어든다.
구매자의 교섭력	제품차별화가 심할수록 구매자는 가격에 대해 민감하지 않게 된다. 구매자의 협상능력에 큰 영향을 미치는 것은 판매 기업과 구매 기업 간의 교섭력의 차이이다.
공급자의 교섭력	강력한 구매자가 교섭력을 행사하여 가격을 낮출 수 있는 것처럼, 공급자들도 자신의 교섭능력이 강할 때 가격을 높임으로써 이윤의 폭을 넓힐 수 있다.

(5) 유통경영의 내부적 요소 분석

① 개념 : 내부 분석을 통해 기업의 강·약점을 포착하여 기업비전의 달성 능력을 파악할 수 있다.
② 바니(J. B. Barney)의 경영전략 : 바니(J. B. Barney)에 따르면 성공적인 전략 수행을 위하여 유·무형의 자원을 포함하는 기업의 자원은 유용성, 희소성, 불완전 모방성, 불완전 대체성이 있어야 한다.
③ 콜리스(Collis)의 경영전략 : 콜리스(Collis)에 따르면 성공적인 전략 수행을 위하여 핵심역량, 조직능력, 관리적 유산의 능력이 있어야 한다.

개념 PLUS

STEP 모델분석
사회문화적 환경 - 기술적 환경 - 거시경제적 환경 - 정책·규제 환경의 순서에 따라 분석하는 기법이다.
• 사회문화적 환경 : 교육수준 향상, 소비자 라이프스타일 변화, 생활 양식 변화, 여성의 사회적 진출 등
• 기술적 환경 : 정보기술, 기술발전 가능성, 새로운 제품혁신, 대체기술 개발가능성 등
• 거시경제적 환경 : GDP성장률, 물가상승률, 이자율·환율, 에너지가격 동향 등
• 정책·규제 환경 : 법적 규제, 정책 개정, 무역규제 완화, 규제 철폐 등

2 수요예측

(1) 수요의 예측 및 관리

① 수요의 예측
  ㉠ 수요의 예측은 그 상품의 구입을 원하는 사람이 얼마나 되는지를 미리 조사하는 일을 말한다.
  ㉡ 과거의 판매실적이나 실태조사에 의하여 수집한 자료를 기초로 통계적으로 분석하는 것을 주요 내용으로 한다.

② 수요예측관리
  ㉠ 수요관리는 기업의 제품과 서비스에 대한 수요의 발생을 파악하고 수요를 예측하며, 그 기업이 그 수요를 어떻게 충족시킬 것인가를 결정하는 것이다.
  ㉡ 기업의 제품과 서비스에 대한 수요의 양과 시기를 예측하고 수요예측이 이루어지면 수요를 충족시키기 위해 필요한 자원에 대한 예측을 실시한다.
  ㉢ 구매부품, 원자재, 기업의 설비, 기계, 노동력에 대한 양과 시기를 예측한다.
  ㉣ 제품에 대한 수요예측 및 분석은 기업에게 있어 매우 중요하다.

(2) 수요예측기법

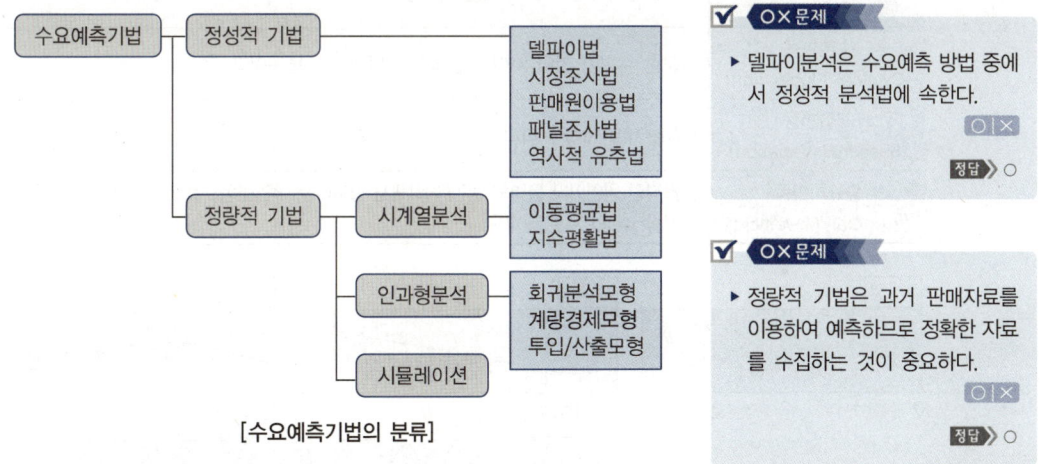

[수요예측기법의 분류]

▶ 델파이분석은 수요예측 방법 중에서 정성적 분석법에 속한다. 정답 O

▶ 정량적 기법은 과거 판매자료를 이용하여 예측하므로 정확한 자료를 수집하는 것이 중요하다. 정답 O

① 정성적 수요예측기법

델파이조사법	• 인간의 직관력을 이용하여 장래를 예측하는 방법으로 Rand사의 헬머(O. Helmer)에 의해 개발되었으며, 미래사항에 대한 의견을 질문서에 기재한 후 분석한다. • 시간이 많이 소요되며, 참가구성의 인선에 따라 결론이 다르다. • 전문가들이 한자리에 모여서 직접 접촉할 때처럼 창의력을 발휘하지 못한다.
시장조사법	• 다수의 의견을 수렴한 정성적 예측방법 중 가장 객관적이다. • 한정된 표본을 조사하기 때문에 치밀하고 과학적인 조사가 요구된다. • 조사기간이 길고 조사비용이 많이 소요된다. • 방법에는 전화나 면담에 의한 조사, 설문지조사, 소비자 모임에서의 의견수렴, 시험 판매 등이 있다.
전문가의견통합법	• 전문가들의 판매에 대한 의견을 물어 통합하는 방법이다. • 중간상, 유통업자, 공급업자, 마케팅상담역, 업계협회 등이 전문가에 포함된다. • 집단토의법, 개별측정통합법, 델파이방법 등이 있다.

판매원의견통합법	• 자사에 소속된 판매원들로 하여금 각 담당지역의 판매예측을 산출하게 한 후 이를 모두 합하여 회사 전체의 판매예측액을 산출하는 방법이다. • 다품종 소량생산을 하는 기업보다 소수의 대규모 구매자를 대상으로 하는 제품에 적당하다. • 단기간에 양질의 시장정보자료를 얻을 수 있고 신속하다. • 판매원들이 실제보다 과대 또는 과소예측하려는 경향이 있다.
경영자판단법	• 예측과 관련 있는 상위 경영자의 의견을 모아 예측한다. • 경영자의 능력에 따라 차이가 많으며, 정확도가 낮다.
유추법	• 라이프사이클 유추법 : 제품의 라이프사이클 단계나 기간을 토대로 예측하는 방법이다. • 자료유추법(역사적 유추법) : 신제품 개발 시 그와 유사한 기존제품의 과거자료를 기초로 하여 예측하는 방법이다.

② 정량적 수요예측기법 기출 24

㉠ 시계열 예측법
- 시계열 예측법은 일별, 주별, 월별 등의 일정한 시간 간격을 따라 제시된 과거자료, 즉 수요량, 매출액 등으로부터 그 추세나 경향을 통해서 장래의 수요를 예측하는 방법이다.
- 시간의 흐름에 따른 자료를 분석하고 예측하므로 추세나 계절적 변동에 유의해야 한다.
- 과거의 수요량 자료를 시계열을 따라 그래프로 나타내면 일정한 패턴이 나온다.

추세변동 (Trend Movement)	장기변동의 전반적인 추세를 나타낸다.
순환변동 (Cyclical Fluctuation)	일정한 주기가 없이 사이클 현상으로 반복되는 변동이다.
계절변동 (Seasonal Variation)	1년 주기로 계절에 따라 되풀이되는 변동이다.
불규칙변동 (Irregular Movement)	돌발적인 원인이나 불명의 원인에 의해서 일어나는 우연변동으로서 자료의 행태(Pattern)를 인식할 수 없는 변동이다.

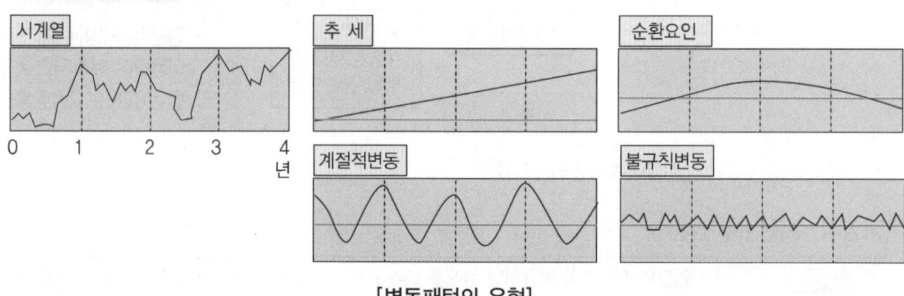

[변동패턴의 유형]

㉡ 이동평균법

단순이동평균법	• 시계열에 계절적 변동이나 급속한 증가 또는 감소의 추세가 없고 우연변동만이 크게 작용하는 경우에 유용하다. • 이동평균을 통하여 우연변동을 제거한다. • 예측하고자 하는 기간의 직전 일정기간 동안의 실제수요의 단순평균치를 예측치로 한다.
가중이동평균법	직전 기간의 자료치에 합이 1이 되는 가중치를 부여한 다음, 가중합계치를 예측치로 사용하는 방법이다.

ⓒ 지수평활법
- 지수평활법은 지수평활상수(계수)를 활용하여 수요예측을 한다. 예측오차에 대해 예측치가 조정되는 것은 지수평활상수 α에 의해 결정된다.

> 다음기 예측치
> = 전기의 예측치 + α(전기의 실제치 − 전기의 예측치)

- 지수적으로 감소하는 가중치를 이용하여 최근의 자료일수록 더 큰 비중을, 오래된 자료일수록 더 작은 비중을 두어 미래수요를 예측한다.
- 지수평활법에는 단순지수평활법과 추세나 계절적 변동을 보정해 나가는 고차적인 지수평활법이 있다.
- 단순지수평활법은 이동평균법과 마찬가지로 시계열에 계절적 변동, 추세 및 순환요인이 크게 작용하지 않을 때 유용하다.

OX문제

▶ 지수평활법은 계산이 복잡하고 가중치 체계인 지수평활상수의 변경이 어렵다. O|X

해설
지수평활법은 계산이 단순하고 가중치 체계인 지수평활상수를 변경할 수 있다. 즉 불규칙변동이 큰 시계열의 경우에는 작은 값을, 불규칙변동이 작은 시계열의 경우에는 큰 값을 적용한다.

정답 ×

ⓓ 인과형 모형과 확산모형

인과형 모형	• 인과형 모형은 수요를 종속변수로 하고, 수요에 영향을 미치는 요인들을 독립변수로 하여 양자의 관계를 여러 가지 모형으로 파악하여 수요를 예측하는 기법이다.
	• 인과형 모형의 종류
	  − 투입/산출모형 : 산업부문 간의 상호의존관계를 파악하여 투입변수와 산출변수 간의 관계를 분석하는 방법
	  − 계량경제모형 : 각 경제변수에 수치를 주어 정량화하고 변수 간의 관계를 설정한 후 경기예측모형을 만들어 경기를 예측하는 방법
	  − 회귀분석모형 : 한 변수 혹은 여러 변수가 다른 변수에 미치는 영향력의 크기를 회귀방정식이라고 불리는 수학적 관계식으로 추정하고 분석하는 통계적 분석방법

확산모형방법	새로 등장하는 상품이나 아이디어 혹은 신기술이 사회구성원들에게 어떻게 수용되고 전파되어 나가는지를 설명하는 모형이다.

개념 PLUS

회귀분석(Regression Analysis)
한 변수 혹은 여러 변수가 다른 변수에 미치는 영향력의 크기를 회귀방정식이라는 수학적 관계식으로 추정·분석하는 통계적 방법이다.

독립변수의 수	종속변수와 독립변수의 관계
• 1개 → 단순회귀분석 • 2개 이상 → 다중회귀분석	• 선형 → 선형회귀분석 • 비선형 → 비선형회귀분석

3 고객 및 시장분석(소비자이론 등)

(1) 고객분석

① 고객세분화
- ㉠ 고객을 세분화하여 구분하고, 유형별로 나눠 제품선호특성, 구매의사결정요인, 핵심성공요인을 분석한다.
- ㉡ 고객들은 다양한 기호 및 선호에 따라 제품차별화에 근거한 구매의사결정을 한다.
- ㉢ 고객들은 가격 이외에도 다양한 요구 및 선호도를 가질 수 있다.
- ㉣ 소비재 고객의 제품기준은 사용자의 유형(신규 또는 반복구매), 브랜드충성도, 각종 혜택(성능, 서비스) 등에 영향을 받는다.

② 고객가치분석
- ㉠ 제품에 대한 고객의 가치가 높을수록 해당 제품에 대해 높은 충성도를 보인다.
- ㉡ 구매의사결정에서 제품수명주기가 짧을수록 거래비용이 중요한 요인이 된다.
- ㉢ 고객가치는 단순히 제품속성만으로 평가하기 어렵고 가치계층별 만족도가 다를 수 있다.

③ 구매고객 분석
- ㉠ 고객의 구매단계 : 자극 → 문제인식 → 정보탐색 → 대안평가 → 구매
- ㉡ 구매 후 행동
  - 구매 후 평가 및 대응행동으로 고객의 다음번 의사결정에 영향을 미친다.
  - 구매결정에 회의감을 느낀다(인지 부조화).

④ 구매고객에 영향을 주는 요인
- ㉠ 인구통계학적 요인 : 연령, 성, 직업, 소득, 지출 등
- ㉡ 라이프스타일(Lifestyles)
  - 사회적 요인 : 문화, 사회적 신분, 준거집단 등
  - 심리적 요인 : 개성(Personality), 사회적 신분 의식, 태도나 의견 등
- ㉢ 욕구와 필요(Needs and Wants) : 욕구는 부족한 상태이며, 필요는 그 욕구를 채워주는 수단이다.

⑤ 구매고객의 유형
- ㉠ 구매의사결정에 따른 고객 유형

본질적인 구매	구매 시 상당한 노력과 시간을 들이는 유형
제한적인 구매	구매 시 제한된 시간과 노력을 들이는 유형
습관적 구매	구매의사결정이 단순하며, 편의품 구매나 선호브랜드가 있는 유형

- ㉡ 구매행동에 따른 고객 유형

편의품 구매	편의점 상품 등을 구매하는 고객으로 즉시성, 소비성, 편의성을 선호하는 유형
선매품 구매	의류나 가전제품처럼 가격이나 성능 등을 미리 비교해서 구매하는 유형
전문품 구매	고가의 상품이나 서비스, 고집하는 전문 브랜드를 구매하는 유형

ⓒ 충성도에 따른 고객 유형

옹호고객	마니아층이라고도 하며 가장 충성도가 높은 고객 유형
충성고객	구매한 상품을 재구매하거나 주변에 소개하는 유형(단골고객)
구매고객	실제로 상품을 구매한 고객
가망고객	기업 상품에 조금이라도 관심을 표현하는 고객
잠재고객	기업 상품을 구매하지 않은 고객으로 판매대상이 될 수 있는 고객

⑥ 고객의 구매행동 기출 18

고관여 구매행동	복잡한 구매행동	새로운 제품을 구매하는 소비자의 구매행동으로 포괄적 문제해결을 의미
	부조화 감소 구매행동	구매된 상표에 만족하면 그 상표에 대한 호의적 태도를 형성하여 동일 상표를 반복 구매하는 것
저관여 구매행동	습관적 구매행동	구매된 상표에 어느 정도 만족해 복잡한 의사결정을 피하기 위해 동일 상표를 반복 구매하는 것
	다양성 추구 구매행동	그동안 구매해 오던 상표에 싫증이 나거나, 단지 새로운 것을 추구하려는 의도에서 다른 상표로 전환하는 것

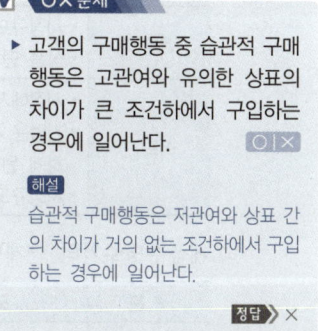

O×문제
▶ 고객의 구매행동 중 습관적 구매행동은 고관여와 유의한 상표의 차이가 큰 조건하에서 구입하는 경우에 일어난다. O|×

해설
습관적 구매행동은 저관여와 상표 간의 차이가 거의 없는 조건하에서 구입하는 경우에 일어난다.

정답 ▶ ×

(2) 시장분석

① 시장 조사

㉠ 목 적
- 시장의 구성요인들에 대한 자료수집과 분석 등을 통해 과거와 현재를 진단하고 미래를 예측하는 자료로 활용된다.
- 기업의 최고결정자가 올바른 의사결정을 할 수 있는 근거를 마련한다.
- 향후 시장의 전망 등을 정확하게 판단하여 신규 사업의 타당성 분석 등에 활용된다.

㉡ 종류 : 고객수요조사, 시장전망조사, 사례분석조사, 유통망조사, 경쟁사 벤치마킹조사 등이 있다

㉢ 시장 변화와 환경분석

정치적 요인	정부의 지원정책 및 규제(예 온실가스 배출규제, 게임 셧다운제 등)
경제적 요인	고객의 구매력 및 지출에 영향을 주는 요인(예 실업률, 소비지수, 각종 산업전망지수)
사회·문화적 요인	고객들의 사회·문화별 특성(예 고령화, 여성의 사회참여율, IT기기 보급률, 1인 가구비율 등)
기술적 요인	신기술, 상용화한 제품, 유관 업체들의 산업기술 경향 등
환경적 요인	황사·바이러스, 기후협약과 환경규제(예 마스크, 공기청정기, 자동차 배기가스규제 강화 등)
법적 요인	법적 규제, 특허, 인·허가 등(예 조세법, 관세법, 특허법, 법인세, 각종 세무)

② 시장의 분석
  ㉠ 제품수명주기 분석 기출 21

도입기	• 제품을 개발하여 시장에 판매하는 단계이므로 이익은 없거나 매우 낮게 형성된다. • 도입기 제품은 고객의 제품구매가 낮은 단계이므로 인지도 확장을 위한 마케팅 노력을 기울이게 된다. • 신제품 개발·출시단계로 제품 특성에 대한 정보가 부족하다.
성장기	• 수요가 급격히 증가하게 되어 기업의 매출액이 증가하는 단계이다. • 기업은 다양한 소비자 요구를 충족시키기 위한 제품 공급과 다양한 유통경로, 설득위주의 촉진전략 등 활발한 마케팅 활동을 전개하게 된다. • 경쟁기업도 신규시장에 진입하여 경쟁이 심화된다.
성숙기	• 시장규모가 정체되고 기업들의 가격경쟁이 치열하므로 마케팅 조정을 필요로 한다. • 상품 단위별 이익은 최고조에 달하지만 수익이나 판매성장이 둔화되는 단계이다.
쇠퇴기	• 시장에서 제품이 판매되지 않거나 점차 하락하는 단계이다. • 기업은 시장에서 현금유입을 극대화하기 위한 노력을 하게 되고 비용을 줄이거나 없애기 위한 노력을 하게 된다. • 시장규모는 점차 쇠락하여 경쟁력을 잃은 기업들이 폐업하거나 철수한다.

  ㉡ 제품수명주기의 단계별 특징

구 분	도입기	성장기	성숙기	쇠퇴기
판 매	낮 음	급성장	저성장	저 하
이 익	적 음	최 고	감 소	없거나 적자
비 용	높 음	중 간	낮 음	낮 음
경쟁업자	소 수	증 가	다 수	감 소
마케팅전략	개 선	적극 다양화	차별화	폐업, 철수

③ 합리적인 소비자의 선택
  ㉠ 소비자 선택이론 : 일정한 소득을 가진 소비자가 최대의 만족을 얻을 수 있는 소비를 하기 위한 가장 합리적인 방법을 설명하는 이론이다.
  ㉡ 효용 : 소비자가 느끼는 주관적인 만족도를 말한다.

02 사업 설정

1 유통채널설정(옴니채널, O2O, O4O 등)

(1) 유통채널 관리프로세스

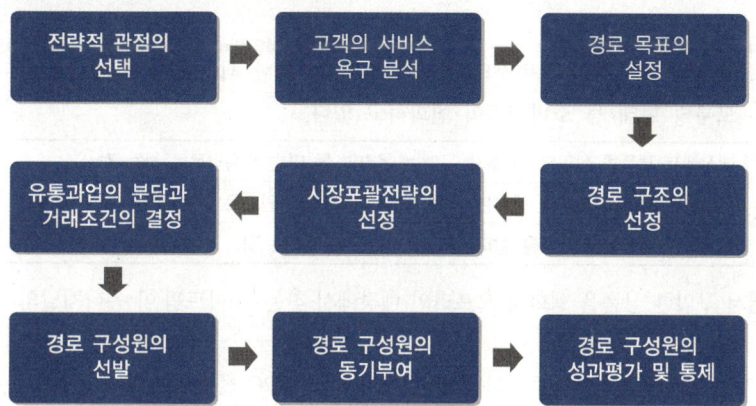

[유통채널 설계와 관리 프로세스 절차]

(2) 신규 유통채널의 개발

① 싱글채널
  ㉠ 기업이 온라인과 오프라인 매장 중 한 개의 채널만 운영하는 전략이다.
  ㉡ 채널별로 상품과 서비스, 고객관리조직을 구분하여 둔다.
  ㉢ 단일 채널에 집중하여 매장 관리가 쉽고 고객 소통이 원활하다.

② 복수채널
  ㉠ 온·오프라인에 한 개 이상의 채널을 구축하는 채널의 확장 전략이다.
  ㉡ 채널 확장으로 채널 간의 경쟁을 유도하고 다양한 고객서비스 접점으로 많은 고객을 유입하여 매출을 확대한다.

(3) 옴니채널(Omni-Channel) 기출 16

① 옴니채널의 의의
  ㉠ '모든 것, 모든 방식'을 의미하는 접두사 옴니(Omni)와 유통경로를 의미하는 채널(Channel)의 합성어로, 온·오프라인 매장을 결합하여 소비자가 언제 어디서든 구매할 수 있도록 한 쇼핑체계이다.
  ㉡ 소비자가 온·오프라인, 모바일 등 다양한 경로를 넘나들면서 상품을 검색·구매할 수 있는 서비스이다.
  ㉢ 스마트폰 근거리 통신기술을 이용하여 편의점을 지나는 고객에게 할인쿠폰을 지급하는 형태로도 활용된다.
  ㉣ 온·오프라인 채널 간의 통합과 연결로 고객은 구매 프로세스 전 과정(예 인지, 탐색, 경험, 구매, 배송 등)에 일관된 서비스를 경험한다.
  ㉤ 동일한 고객은 채널 간의 유기적인 연계를 통해 어떤 채널을 통해서도 같은 서비스와 혜택을 받을 수 있다.

② 옴니채널전략과 고객구매의 변화
  ㉠ 고객 중심의 채널 통합 : 옴니채널전략은 고객 중심의 채널로 통합·연계되는 것으로, 고객 분석을 통해 온·오프라인 구매과정에서 고객의 요구사항에 적합한 연계 프로그램을 제공하는 것이다.
  ㉡ 새로운 쇼핑 패턴 : 스마트폰 등의 보편화로 쇼루밍, 역쇼루밍, 모루밍 등의 신쇼핑 패턴이 출현하게 되었다.
③ 옴니채널의 변화
  ㉠ 과거에는 온라인 소비자와 오프라인 소비자의 경계가 분명하였으나 최근에는 이 경계가 무너져 쇼루밍, 역쇼루밍, 모루밍 형태 등 소비패턴이 변화하고 있다.

쇼루밍	매장에서 제품을 살펴본 뒤 실제 구매는 온라인 등 다른 유통경로로 하는 것
역쇼루밍	온라인 매장에서 제품을 살펴본 후 실제 구매는 오프라인으로 하는 것
모루밍	오프라인 매장에서 제품을 살펴본 후 모바일로 구매하는 것

  ㉡ 백화점 온라인몰에서 구입한 상품을 백화점 오프라인 매장에서 찾는 '스마트픽'이 옴니채널의 대표적인 방식이다.
  ㉢ 통합된 옴니채널 서비스를 제공하기 위해서는 클라우드 방식의 O2O 플랫폼이 필요하며, 제품의 탐색, 구매, 사용, 후기로 이어지는 소비자 라이프사이클별 옴니채널 전략은 기업의 경쟁력을 좌우한다.
④ 옴니채널의 서비스 유형
  ㉠ 오프라인 투 온라인(Offline to Online) : 오프라인 매장 내에서 온라인을 활용한 서비스를 제공하는 것
  ㉡ 온라인 투 오프라인(Online to Offline) : 온라인 혹은 모바일로 제공된 서비스를 통해 소비자를 오프라인 매장으로 유인하는 것
  ㉢ 온라인 인터그레이션(Online Integration) : 기존의 제품 탐색 및 결제 관련 서비스를 온라인에서 시행하고 온라인 웹과 모바일 웹을 통합하는 것

> **OX문제**
> ▶ 최근 유통산업은 옴니채널에서 멀티채널로 진보하고 있다. O│X
> **해설**
> 최근 유통산업은 멀티채널에서 옴니채널로 진보하고 있다.
> 정답 ▶ X

(4) O2O(Online to Offline) 기출 16
  ① 온라인이 오프라인으로 옮겨온다는 뜻으로, 정보 유통 비용이 저렴한 온라인과 실제 소비가 일어나는 오프라인의 장점을 접목해 새로운 시장을 만들어보자는 데서 나왔다.
  ② O2O는 '반 값 공동구매'로 유명해진 소셜커머스로 인해 본격적으로 활성화 되었으며, 스마트폰이 본격적으로 보급되면서 컴퓨터보다는 스마트폰에서의 구매 행위가 더 많은 비중을 차지하고 있다. 이러한 현상으로 인해 M2O(Mobile-to-Offline)라고 불리기도 한다.
  ③ 온라인과 오프라인을 연결한 마케팅으로, 특정 지역에 들어서면 실시간으로 스마트폰에 쿠폰 등을 보내주는 서비스와 모바일로 주문한 후 오프라인 매장에서 상품을 인수할 수 있는 스타벅스의 사이렌오더 서비스 등이 대표적이다.

> **OX문제**
> ▶ O2O 커머스는 온라인과 오프라인 사이의 경계를 사라지게 만들어서 소비자들에게 보다 편리한 쇼핑을 하도록 도움을 준다. O│X
> 정답 ▶ O

(5) O4O(Online for Offline) 기출 24

① '오프라인을 위한 온라인'의 의미로, 기업이 온라인을 통해 축적한 기술이나 데이터, 서비스를 상품조달, 큐레이션 등에 적용해 오프라인으로 사업을 확대하는 차세대 비즈니스 모델이다.
② O2O가 단순히 온라인과 오프라인을 연결하는 서비스에 그친다면, O4O는 오프라인에 더 중점을 두어 온라인에서의 노하우를 바탕으로 오프라인 사업을 운영하면서 시장 혁신을 주도한다는 차이가 있다.
③ O4O 기업은 온라인에서 확보한 데이터를 통해 전통적인 유통기업과 다른 차별화된 매장을 선보일 수 있다.
④ 스마트폰 앱을 설치해 입장하고 계산대에서 결제를 기다리는 대신 들고 나오기만 하면 되는 '아마존 고'의 무인점포와 온라인 패션 쇼핑몰이나 온라인 서점이 온라인에서의 성공을 기반으로 오프라인 매장에 진출하는 것 등이 O4O의 대표적 사례이다.
⑤ O4O의 효과
　㉠ 온라인 기업의 오프라인 매장은 고객을 온라인으로 유도하기 위한 효과적인 미끼가 된다.
　㉡ 오감의 접촉이 제한된 온라인에서는 제공할 수 없는 체험의 기회를 제공하고, 이러한 실제 경험을 토대로 브랜드의 정체성을 더욱 확고히 할 수 있다.
　㉢ 오프라인 매장에 방문한 고객들의 살아있는 피드백을 수집해 이를 온라인 서비스에 활용할 수 있다.

2 유통경로 및 구조

(1) 유통경로의 정의

제품이나 서비스가 생산자로부터 소비자에 이르기까지 거치게 되는 통로 또는 단계를 말한다. 생산자와 소비자 사이에는 상품유통을 담당하는 도매상, 소매상과 같은 중간상의 형태도 있고, 직영점 혹은 거간과 같이 소유권의 이전 없이 단지 판매활동만을 수행하는 형태도 있다.

(2) 유통경로의 사회·경제적 역할 기출 23

① 교환과정의 촉진 : 유통경로는 교환과정에서부터 발생되는데 시장경제가 복잡해지면 더 많은 생산자와 잠재적인 소비자가 증가하며 이에 중개상이 개입하여 복잡한 거래 수를 감소시키고 거래는 촉진시키게 된다.
② 제품구색 불일치의 완화 : 생산자는 소품종 대량 생산을 하는 반면, 소비자는 다양한 제품라인을 요구함에 따라 발생되는 제품구색의 불일치를 유통경로를 통해 완화시킨다.
③ 거래의 표준화 : 거래과정에서 제품, 가격, 구입단위, 지불조건 등을 표준화시켜 시장에서 거래를 용이하게 해준다.
④ 생산과 소비 연결 : 생산자와 소비자 사이에 존재하는 지리적·시간적·정보적 장애를 극복하여 양자 간에 원활한 거래가 이루어지도록 한다.
⑤ 고객서비스 제공
　㉠ 소비자에게 애프터서비스(After Service), 제품의 배달, 설치 및 사용방법 교육 등의 서비스를 제공한다.
　㉡ 소비자(고객)가 요구하는 유통경로서비스는 구색의 다양성, 구매 가능한 최소의 수량, 구매를 위한 이동의 편리함, 주문한 후에 배달까지의 소요 시간 등이 있다.

⑥ 정보제공기능 : 유통기관, 특히 소매업은 유형재인 상품의 판매뿐만 아니라 소비자에게 상품정보, 유행정보, 생활정보 등과 같은 무형적 가치도 제공한다.
⑦ 쇼핑의 즐거움 제공 : 소매점들도 소비자의 쇼핑동기를 충족시켜 줄 수 있도록 점포의 위치, 점포 설비, 인테리어, 휴식 및 문화공간, 진열대의 구조와 진열, 조명, 냉·난방과 같은 물적 요인과 판매원의 고객에 대한 표정, 용모, 복장, 언행 등과 같은 인적 요인이 조화를 이루도록 하여야 한다.

(3) 유통경로(중간상)의 필요성
① 총 거래 수 최소화의 원칙 : 중간상의 개입으로 거래의 총량이 감소하게 되어 제조업자와 소비자 양자에게 실질적인 비용 감소를 제공하게 된다.
② 집중준비의 원칙 : 유통경로 과정에 도매상이 개입하여 소매상의 대량 보관기능을 분담함으로써 사회 전체적으로 상품의 보관 총량을 감소시킬 수 있으며, 소매상은 최소량만을 보관하게 된다.
③ 분업의 원칙 : 다수의 중간상이 분업의 원리로써 유통경로에 참여하게 되면 유통경로과정에서 다양하게 수행되는 기능들, 즉 수급조절기능, 보관기능, 위험부담기능, 정보수집기능 등이 경제적·능률적으로 수행될 수 있다.
④ 변동비우위의 원리 : 무조건적으로 제조와 유통기관을 통합하여 대규모화하기보다는 각각의 유통기관이 적절한 규모로 역할분담을 하는 것이 비용면에서 훨씬 유리하다는 논리에 의해 중간상의 필요성을 강조하는 이론이다.

(4) 유통경로 시스템의 기능
① 전방기능 흐름 : 수송·보관과 같은 물적 소유권이나 촉진 등의 기능들이 생산자로부터 최종 소비자의 방향으로 흐르는 것을 말한다.
② 후방기능 흐름 : 주문이나 대금결제와 같이 최종 소비자로부터 소매상·도매상·생산자의 방향으로 흐르게 된다.
③ 양방기능 흐름 : 거래협상이나 금융·위험부담과 같은 기능들을 말한다.

(5) 유통경로의 효용
① 시간적 효용 : 보관기능을 통해 생산과 소비 간 시간적 차이를 극복시켜 준다.
② 장소적 효용 : 운송기능을 통해 생산지와 소비지 간 장소적 차이를 극복시켜 준다.
③ 소유적 효용 : 생산자와 소비자 간 소유권 이전을 통해 효용이 발생된다.
④ 형태적 효용 : 생산된 상품을 적절한 수량으로 분할 및 분배함으로써 효용이 발생된다.

(6) 유통경로의 유형 기출 18·15
① 집중적(개방적) 유통경로 : 기업이 가능한 많은 점포들이 자사의 제품을 취급하도록 하는 전략(예 식료품, 편의점 등)
② 전속적(독점적) 유통경로 : 기업이 제품 취급에 관한 독점적 권한을 일정 지역에서 한 점포에 부여하는 전략(예 자동차대리점, 명품의류점 등)

> **O× 문제**
> ▶ 집중적 유통경로는 식료품, 담배 등을 판매하는 편의점 등에 적용한다. O | ×
> 정답 ▶ O

③ 선택적 유통경로 : 집약적 유통과 전속적 유통의 중간 형태로, 특정지역 내 소수의 중간상들에게 자사 제품을 취급하도록 하는 전략(예 가구점, 의류, 가전제품 등)

(7) 유통경로의 다양한 구조

① 전통적인 유통경로
  ㉠ 제조업자가 도매상과 소매상을 통해 상품을 유통시키는 일반적인 유통방법이다. 이 경로조직은 마케팅 기능에 거의 관심을 갖지 않고 자기들에게 주어진 마케팅기능들만 수행한다.
  ㉡ 경로구성원들 간의 결속력이 약하고 공통의 목표를 가지고 있지 않거나 미약하다.
  ㉢ 경로구성원들 간의 연결이 느슨하여 구성원들의 유통경로로의 진입과 철수가 쉽다.

② 수직적 유통시스템(VMS)
  ㉠ 마케팅 경로상에서 중앙(본부)에서 계획된 프로그램에 의해 집중적으로 계획된 유통망을 주도적으로 형성하며, 상이한 단계에서 활동하는 경로구성원들을 전문적으로 관리·통제하는 네트워크 형태의 경로조직이다.
  ㉡ 생산, 소비 등의 유통활동을 체계적으로 통합·일치·조정시켜 유통질서를 유지하고 경쟁력을 강화시켜 유통 효율성을 증가시키고자 만들어진 시스템이다.
  ㉢ 유 형

기업형 시스템	유통경로상의 한 구성원이 다음 단계의 경로구성원을 소유에 의해 지배하는 형태로 전방통합(제조회사가 자사 판매지점이나 소매상을 통해 판매), 후방통합(도·소매상이 제조회사를 소유) 형태가 있다.
계약형 시스템	독립적인 유통기관들이 상호 계약을 체결하고 그에 따라 수직적 계열화하는 것이다(예 도매상 후원 자유 연쇄점, 소매상 협동조합, 프랜차이즈 시스템 등).
관리형 시스템	경로 리더(지도적 위치에 있는 기업)에 의해 생산 및 유통단계가 통합되는 형태로 경로구성원들이 상이한 목표를 가지고 있어 조정·통제가 어렵다.
동맹형 시스템	둘 이상의 경로구성원들이 대등한 관계에서 상호 의존성을 인식하고 긴밀한 관계를 자발적으로 형성한 통합된 시스템이다(= 제휴시스템).

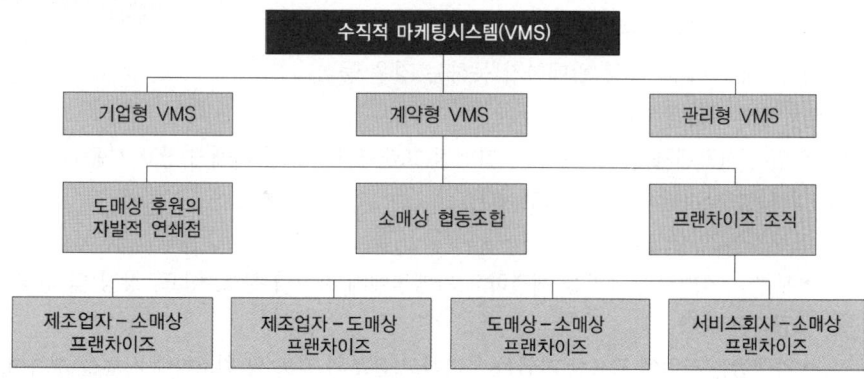

[VMS의 주요 유형]

ⓔ 수직적 유통경로의 장단점

장 점	단 점
• 총 유통비용을 절감시킬 수 있다. • 자원이나 원재료를 안정적으로 확보할 수 있다. • 혁신적인 기술을 보유할 수 있다.	• 초기에 막대한 자금이 소요된다. • 시장이나 기술의 변화에 대해서 기민한 대응이 곤란하다. • 각 유통단계에서 전문화가 상실된다. • 새로이 진입하려는 기업에게는 높은 진입장벽으로 작용한다.

③ 수평적 유통(마케팅) 시스템
  ㉠ 동일한 경로단계에 있는 두 개 이상의 기업이 대등한 입장에서 자원과 프로그램을 결합하여 일종의 연맹체를 구성하는 공생·공영하는 시스템이다. 이를 공생적 마케팅(Symbiotic Marketing)이라고도 한다.
  ㉡ 기업 간에 얻을 수 있는 시너지효과

마케팅 시너지	유통경로, 판매, 관리, 조직, 광고 및 판매촉진, 시장판매를 하고 창고를 공동으로 이용함으로써 얻는 효과
투자 시너지	공장의 공동사용, 원재료의 공동조달, 공동연구개발, 기계 및 공구의 공동사용으로 얻는 효과
경영관리 시너지	경영자 경험의 결합 및 기업결합 등에서 얻는 효과

④ 복수 유통경로
  ㉠ 상이한 두 개 이상의 유통경로를 채택하는 것으로, 이는 단일 시장이라도 각기 다른 유통경로를 사용하여 세분화된 개별 시장에 접근하는 것이 더 효과적이기 때문이다.
  ㉡ 생산자들은 단일 유통경로 원칙을 채택하여 왔으나, 경제구조가 복잡해지고 기업 간 경쟁이 심화됨에 따라 복수 유통경로를 사용하는 경향이 증가하고 있다.
  ㉢ 복수 유통경로의 발생 이유
    • 소비자의 수량적 요구의 차이
    • 판매촉진에 대한 소비자의 반응 차이
    • 소비자의 가격에 대한 반응 차이
    • 지역 간 법률적 특이성
    • 생산된 제품을 모두 판매하지 못하는 경우 등

⑤ 프랜차이즈 시스템
  ㉠ 영업본부(프랜차이즈 공여자)가 가맹점(프랜차이즈 도입자)에게 상표 사용권 등을 허가해 주고 기업 운영도 지원해주는 시스템이다.
  ㉡ 프랜차이즈 시스템 구조
    • 본부는 가맹점과 계약을 체결하고 가맹점에게 자기의 상호, 상표, 상징 및 경영노하우를 사용할 권리를 준다.
    • 가맹점은 사업에 필요한 자금을 투자하고 본부의 지도 및 원조하에 사업을 행하며, 그 보상으로써 일정한 대가(로열티)를 본부에 지불한다.

- 본부는 가맹점의 확대에 의해 판로를 확장할 수 있으며, 가맹점은 독립적인 경영욕구를 충족할 수 있으므로 양자는 공존공영의 관계가 형성된다.

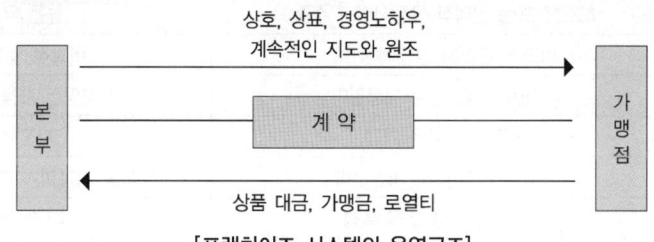

[프랜차이즈 시스템의 운영구조]

ⓒ 프랜차이즈의 장단점

구 분	프랜차이저(본사)	프랜차이지(가맹점)
장 점	• 사업확장을 위한 자본조달이 용이 • 규모의 경제 실현 가능 • 높은 광고효과 기대 • 상품개발에 전념 가능 • 직접적인 노사갈등 감소	• 실패의 위험성이 적음 • 초기 비용과 재고 부담이 적음 • 경험이 없어도 쉽게 창업 가능 • 소비자의 신뢰 획득이 용이 • 효과적인 판매촉진 활동이 가능
단 점	• 과도한 비용과 노력 • 통제의 어려움 • 시스템 전체의 활력 감소 • 투자수익률에 비해 전체 이익의 증가 곤란	• 실패의 영향이 시스템 전체와 타 점포에도 영향을 미침 • 개별 점포마다의 상황에 유연하게 대처하기 어려움 • 점포별 경영개선 노력 저하 우려

3 유통업태와 유통믹스

(1) 소매업태별 전략

① 수익률과 회전율

㉠ 수익률
- 제품에 대한 판매가격과 구입원가에 의해 결정된다.
- 수익을 높게 가져갈 수 있는 배경에는 소매상이 제공하는 저렴한 가격 이외의 구매서비스를 고객이 높게 평가하는 데서 출발한다.

㉡ 회전율
- 제품의 판매가능성에 의해 결정된다.
- 소매상의 판매가능성 제고는 제품구입에서부터 시작된다. 즉, 잘 팔릴 제품을 누가 많이 취급하는가의 문제이다.
- 수익률과 회전율을 바탕으로 소매상이 취할 수 있는 전략은 일반적으로 저수익률-고회전율과 고수익률-저회전율전략으로 구분할 수 있다.

- 저수익률-고회전율 소매전략과 고수익률-저회전율 소매전략의 특징

저수익률-고회전율 소매전략	고수익률-저회전율 소매전략
최소한 또는 선택적 유통서비스 수준	높은 유통서비스 수준
비교적 분리된 상권에 위치	비교적 밀집된 상권에 위치
다양한 제품, 얕은 제품깊이	덜 다양한 제품, 보다 깊은 제품깊이
시장보다 낮은 가격	시장보다 높은 가격
가격에 초점을 둔 촉진전략	상품 지향적, 이미지 지향적인 촉진전략
비교적 단순한 조직 특성	비교적 복잡한 조직 특성
특별한 노력 없이 팔리는 제품 취급	제품 이외에 서비스 또는 A/S가 필요한 제품 취급

개념 PLUS

소매의 정의
- 최종고객에게 그들이 원하는 제품이나 서비스를 판매하는 행위를 말한다.
- 제품이 제조를 통해 시작된다면 마지막에 소매를 통해 최종고객에게 전달되는 기능을 수행하는 조직체를 소매상, 소매기관, 또는 소매업태라고 한다.

소매 기업의 목표
- 시장 성과 목표 : 원하는 매출액과 시장점유율을 달성하고자 하는 욕구 충족
- 재무적 성과 목표 : 달성하고자 하는 금전적·경제적 달성치를 의미하며 수익성과 생산성으로 구분 가능
- 사회적 목표 : 고용 효과, 세금의 공정한 납부, 소비자에게 폭넓은 선택의 제공, 소비자의 공정한 대우, 사회지원활동 등이 포함
- 개인적 목표 : 소매업자 개인과 종업원의 욕구 충족

ⓒ 수익률과 회전율에 의한 소매점의 위치

전문점	• 보석상과 같은 전문점은 취급제품의 깊이에 비해 취급제품의 폭이 좁다. • 높은 수준의 유통서비스를 제공하고 고가의 제품을 다루며 촉진도 상품이나 이미지에 초점을 둔다. • 전문점은 높은 지가를 감수하고 여러 상점들과 근접하여 핵심 상권에 위치한다.
할인점	• 이마트와 같은 할인점의 경우 식품이나 옷, 화장품 등 여러 종류의 상품들을 보유하고 있으나 각 항목별로 비교적 적은 종류를 취급한다. • 서비스의 수준을 최소화함으로써 시중보다 저렴한 가격이 가능하므로 촉진도 가격에 대한 것으로 집중되어 있다. • 위치선정면에서도 다양한 제품을 갖춘 할인점의 경우 제품탐색시간을 줄일 수 있도록 일괄구매를 가능하게 해주는 넓은 공간이 필요하여 지가가 비교적 저렴한 곳(例 도시외곽)에 위치한다.

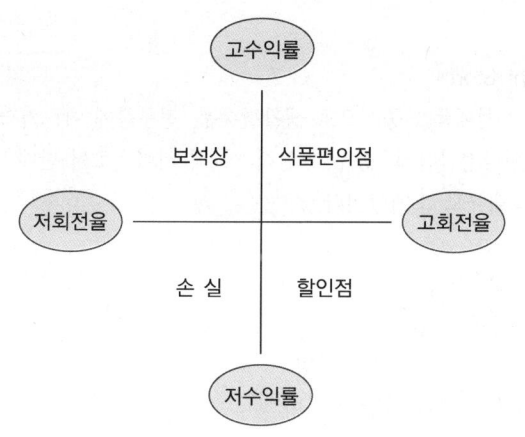

[수익률과 회전율에 의한 소매점의 위치]

② 다양성과 전문성
  ㉠ 다양성 : 제품을 다양하게 취급하는 것으로 소비자들은 취급제품이 매우 다양한 할인점에서 필요한 대부분의 제품을 구입할 수 있다.
  ㉡ 전문성 : 판매하고 있는 제품군에서 얼마나 많은 대안들을 가지고 있는가의 문제이다(예 남성캐주얼 의류에서 취급하는 스타일, 색상, 사이즈, 소재 등의 종류가 많을수록 전문성이 높아진다).

③ 소매업의 서비스 전략 기출 19
  ㉠ 과거보다 더 나은 서비스의 제공을 위한 차별화가 중요하다.
  ㉡ 보증서비스의 경우 고객이 구매하려는 상품의 가치와 관계가 있다.
  ㉢ 전문적인 서비스의 제공을 위해 매장 내의 대고객서비스는 제조업체가 제공하고, 반품이나 A/S는 소매점이 제공한다.
  ㉣ 고객은 제공받은 서비스에 대한 지각과 기대의 비교를 통해 서비스를 평가한다.
  ㉤ 서비스품질은 마케팅믹스 중 제품변수에 해당한다.

> **OX 문제**
> ▶ 고객은 제공받은 서비스에 대한 지각과 기대를 통해 소매업 서비스를 평가한다. O│X
> 정답 ⟩ O

④ 소매상의 의사결정 시 고려사항 기출 24
  ㉠ 저마진, 고회전율로 서비스를 제공하던 소매상은 각종 정보기술의 발달로 개인적 서비스를 강화하여 차별화를 추구하려는 변화가 나타나고 있다.
  ㉡ 고급 전문점이나 백화점은 높은 서비스에 따른 고비용을 고가격으로 흡수하려는 소매상으로서 고가격으로 인한 상품 마진은 높으나 회전율은 낮다.
  ㉢ 취급상품의 다양성과 구색에 관한 의사결정과 관련해서는 납품업체와의 협력관계가 중요하다.
  ㉣ 편의품의 경우 브랜드 선호 정도가 낮고, 전문품의 경우 특정브랜드를 고집하는 정도가 높다.
  ㉤ 고객에 대한 서비스 변수를 차별적으로 적용하거나 지원할 수 있다.

(2) 소매업태의 유형

① 백화점(Department Store)
  ㉠ 백화점의 정의 : 선매품을 중심으로 생활필수품, 전문품에 이르기까지 다양한 상품 계열을 취급하며 대면판매, 현금정찰판매, 풍부한 인적·물적 서비스로써 판매활동을 전개하는 상품 계열별로 부문 조직화된 대규모 소매상이다.
  ㉡ 백화점의 영업특성
    - 현대적인 건물과 시설
    - 대량 매입의 경제성
    - 기능별 전문화에 의한 합리적 경영
    - 균형 있는 상품 구성과 다양한 서비스
    - 엄격한 정찰제 실시
    - 대량 판매 촉진과 명성을 배경으로 한 고객 유치 및 강력한 재정 능력
  ㉢ 백화점의 성장 요인
    - 유리한 경쟁조건 : 슈퍼마켓이 활성화되기 전에는 백화점 이외의 근대적 대형 소매점이 존재하지 않았다.
    - 유리한 입지조건 : 원래 소매업을 입지산업이라고 일컫는 바와 같이 입지조건은 소매업의 발전에 있어서 빼놓을 수 없는 요인이 된다.
    - 강력한 스토어 로열티(Store Royalty) : 오늘날과 같이 제조업체의 매스컴 광고가 발달하지 못했던 시대에는 소비자의 판매장소 선택은 점포에 대한 신용이나 점포의 고객에 대한 친절 등이 기준이 되었는데 바로 이러한 사실이 대형 소매점인 백화점의 발전을 촉진시켰다.
    - 라이프스타일의 변화 : 가처분소득의 증가로 소비자 라이프스타일(Life Style)은 고도화·개성화·차별화·소비의 다양화가 되었다.
    - 대중매체의 발달 : 정보화 사회의 진입에 따라 각종 정보통신수단을 통해 소비자에게 상품 정보를 신속하게 전달하는 대중매체의 발전과 정보화의 진전이 있었다.
    - 기타 : 다양한 상품구색을 갖추고 각종 서비스를 제공하였다.

② 슈퍼마켓(Supermarket)
  ㉠ 슈퍼마켓의 정의
    - 세분화된 셀프서비스 가게이며, 넓은 범위의 음식과 가정물품을 제공한다.
    - 크기가 큰 편이고 일반식품점보다 선택 범위가 넓으며, 하이퍼마켓보다는 작다.
    - 전통 슈퍼마켓은 1층의 넓은 공간을 차지하며, 소비자의 편리를 위해 주거 지역 근처에 위치한다.
    - 기본 목표는 물품의 선택권을 넓히고 상대적으로 낮은 가격으로 파는 것이다.
    - 슈퍼마켓은 보통 신문이나 디스플레이를 통해 광고를 한다.
    - 슈퍼마켓은 체인점의 일부가 되거나 프랜차이즈 형식처럼 같은 지역의 다른 슈퍼마켓을 관할하기도 한다. 이것은 또한 규모의 경제에 대한 기회를 늘려 준다.
  ㉡ 슈퍼마켓의 특성
    - 셀프서비스와 자기 선택식 진열
    - 보통 체크아웃 카운터(Checkout Counter)에의 고객서비스 집중화
    - 저가격 소구(訴求)
    - 대규모의 시설
    - 넓은 구색과 다양한 상품

ⓒ SSM(Super Supermarket)
- 대규모 유통 기업에서 체인 형식으로 운영하는 슈퍼마켓으로, 대형슈퍼마켓, 슈퍼 슈퍼마켓이라고 부르며, Super Supermarket의 약자이다.
- 면적은 1,000~3,000m²이다. 주로 식료품과 공산품 및 잡화류를 취급하며, 일반소매점보다 저렴한 가격을 유지하는 셀프서비스 방식의 소매점포를 말한다.

③ 쇼핑몰(Shopping Mall)
㉠ 쇼핑몰의 정의 : 넓은 의미로 쇼핑센터에 포함되는 유형이라 할 수 있다. 도심 지역의 재활성화를 위하여 도시 재개발의 일환으로 형성된 새로운 쇼핑센터의 유형으로서 폐쇄형 몰(Enclosed Mall)의 형식을 취하며, 도심으로의 고객 흡인을 가능하게 한다. 직장, 오락 및 구매 등의 기능을 모두 제공하는 도시 생활에 매력을 느끼는 맞벌이 부부 가족에 소구하고 있다.
㉡ 쇼핑몰의 종류

폐쇄형 몰 (Enclosed Mall)	쇼핑센터의 모든 점포를 하나의 지붕과 건물 안에 수용하고 중앙부에서 공기 조절을 함으로써 전천후 구매 환경을 제공할 수 있도록 한 몰(Mall)로, 주 통로가 각 점포를 이어주고, 광장이나 분수 및 나무가 있으며 의자도 놓여 있다.
개방형 몰(Open Mall)	각 입주점은 연동식으로 된 독립 점포를 가지며, 소규모의 전문점만이 공통의 건물 안에 수용되는 몰(Mall)로, 옥외의 통로에 대해 개방적인 유형이다.

개념 PLUS

복합쇼핑몰
단순한 쇼핑공간에서 벗어나 레포츠와 휴식 · 외식 · 문화 등 여가를 즐길 수 있는 복합문화공간으로서 '몰링(Malling)'문화 확산과 새로움을 추구하는 수요자들의 니즈에 맞춰 등장하기 시작한 복합쇼핑몰은 일본, 미국, 유럽 등 선진국에서는 이미 보편화된 소매업태로 국내에서는 '스타필드'가 대표적이다.

④ 전문점(Specialty Store)
㉠ 전문점의 정의
- 특정 범위 내의 상품군을 전문으로 취급하는 소매점으로 상품에 대한 전문적 품종 갖춤과 전문적 서비스를 고객에게 제공하는 점포라고 할 수 있다.
- 취급하는 제품계열이 한정되어 있으나 해당 제품계열 내에서는 매우 다양한 품목들을 취급한다. 전문점에는 가전, 오디오, 의류, 악기, 스포츠용품 등을 판매하는 점포들이 있으며, 취급하는 제품계열 폭의 정도에 따라 세분화가 가능하다.
- 특히, 가격의 수준에 따라 특정 상품부문을 전문화하면서 타 점포보다 다양하고 풍부한 상품과 저가격 수준을 유지하는 소매점이다. 저가 상품을 취급하는 카테고리 킬러형 매장과 아웃렛 등을 포괄적으로 할인전문점이라고도 칭하기도 한다.
㉡ 전문점의 특징
- 제한된 상품 · 업종에 대해서 다양한 품목을 골고루 깊이 있게 취급한다.
- 우수한 머천다이징 능력을 바탕으로 하여 소비자의 욕구에 보다 부응할 수 있는 개성 있는 상품, 차별화된 상품을 취급한다.
- 풍부한 상품지식의 전달, 호감을 줄 수 있는 매너, 매력 있는 점포구성과 진열, 특색 있는 판매기법, 그리고 매력적인 광고를 통해 전문적인 서비스를 고객에게 제공한다.

(3) 신(新) 유통업태

① 할인점(DS ; Discount Store)
  ㉠ 할인점의 정의
   - 표준적인 상품을 저가격으로 대량 판매하는 상점으로, 일시적으로 특정 제품의 가격을 인하하여 판매하는 것이 아니라 모든 제품에 대하여 상시적으로 싼 가격(EDLP ; Every Day Low Price)으로 판매하는 소매점을 말한다.
   - 식품과 일용잡화 등 소비재를 중심으로 한 중저가 브랜드 중 유통회전이 빠른 상품을 취급하고, 묶음(Bundle)이나 박스 단위로 판매하는 것이 특징이며, 철저한 셀프서비스를 통해 저가격으로 대량 판매하는 업태이다.
  ㉡ 할인점의 특성
   - 저가격으로 판매한다. 저가격의 저품질 상품을 판매하는 것이 아니라 표준적인 브랜드 상품에 중점을 둔다.
   - 셀프서비스 방식으로 상품을 판매한다. 원가의 절감이라는 측면에서 판매원을 통한 편익제공을 포기하는 대신에 이를 가격으로 보상하려는 전략이다.
   - 낮은 마진율로 박리다매에 의한 대량 판매 형식을 취한다. 이는 대량 구매를 통해서 구매력을 신장시킬 수 있고, 아울러 상품의 회전을 빠르게 함으로써 재고비용의 감축을 가져올 수 있는 장점을 지닌다.

② 편의점(CVS ; Convenience Store)
  ㉠ 편의점의 정의
   - 보통 편리한 위치에 입지하여 한정된 수의 품목만을 취급하는 식품점을 말한다. 우리나라의 경우에는 식료품 위주로 대면판매방식 또는 셀프서비스방식에 의하여 판매하는 소매점포로서, 연쇄화 사업자가 직영하거나 연쇄화 사업자와 가맹계약을 체결한 소규모 점포로 규정하고 있다.
   - 편의점은 연중무휴로 장시간의 영업을 실시하고 주로 식료품, 잡화 등 다수의 품종을 취급하는 형태의 소매점이다.
  ㉡ 편의점의 기본 조건
   - 입지의 편의성 : 주택 근처에 입지하여 고객이 일상적 구매를 손쉽게 할 수 있다.
   - 시간상의 편의성 : 영업시간이 길어서 언제든지 필요에 따라 구매할 수 있고, 가까우므로 구매소요 시간도 적게 든다.
   - 상품 구색상의 편의성 : 식료품 및 일용잡화 등을 중심으로 한 상품 구색에 의해 일상생활이나 식생활의 편의성을 제공한다.
   - 우호적인 서비스 : 슈퍼마켓과는 차별화된 대인적인 친절한 서비스를 제공한다.
   - 소인원 관리 : 가족 노동을 중심으로 소수의 노동력으로 관리하여 인건비의 절감을 도모한다.

③ 전문할인점
  ㉠ 전문할인점의 정의
   - 신유통업태로서 고객에게 제공하고자 하는 상품이나 서비스를 전문화한 소매상을 의미한다.
   - 특정 상품계열에 대하여 매우 깊이 있는 상품 구색을 갖추어 고객에게 최대한 선택의 기회를 주고자 하는 것이다.
   - 취급하는 특정 상품계열에 대하여 다양한 상표, 크기, 스타일, 모델, 색상 등을 갖추고 고객의 취향에 맞는 상품을 선택하도록 하는 점포이다.

> **개념 PLUS**
>
> 형태에 따른 할인점의 구분
> - 취급상품의 형태별 유형 : 일반할인점, 전문할인점, 아웃렛
> - 고객관리의 형태별 유형 : 일반할인점, 회원제할인점
> - 일반할인점의 발전 단계별 유형 : 디스카운트 하우스, 디스카운트 스토어, 슈퍼센터

  ⓒ 카테고리 킬러(Category Killer)
   • 할인형 전문점으로서 특정한 상품계열에서 전문점과 같은 상품 구색을 갖추고 저렴하게 판매하는 것을 원칙으로 한다.
   • 대량 판매와 낮은 비용으로 저렴한 상품가격을 제시한다.
   • 취급하는 상품은 주로 완구, 스포츠용품, 가전용품, 자동차용품, 레코드, 사무용품 등이다.
   • 국내에서는 전자제품 전문점 '하이마트'가 선두 주자이다.

④ 회원제 창고형 할인점(MWC ; Membership Wholesale Club)
  ㉠ MWC의 정의 : 회원제 창고형 할인점은 회원제 도소매클럽이라고도 하며, 회원으로 가입한 고객만을 대상으로 판매하는 업태이다. 매장은 거대한 창고형으로 실내 장식은 화려하지 않지만, 진열대에 상자째로 진열하고 고객이 직접 박스단위로 구매함으로써 할인점보다 20~30% 정도 더 싸게 판매하는 업태이다. 대표적인 예로 코스트코 홀 세일, 이마트 트레이더스 등이 있다.
  ⓒ MWC의 특성
   • 회원제로 운영되는 유통업이다. 회원제도는 정기적이고 안정적인 고객층의 확보라는 측면과 회비를 통한 마진의 감소가 가능하다는 장점을 가진다.
   • 저렴한 가격으로 판매한다. 저렴한 가격으로 물건을 팔 수 있는 것은 낮은 운영비와 8~9%의 낮은 판매마진율, 현금 판매와 함께 회원들로부터 받는 회비를 자금 운용에 활용하기 때문이다.
   • 상품 구색은 한정되어 있다. 취급 제품은 제품의 보존성과 소모성이 높고 비교적 단가가 낮은 일용품이 중심이 되는데, 의류의 비중이 상대적으로 낮은 대신에 식품의 비중이 높다.
   • 고객서비스 수준은 최소로 제공하며, 저비용의 대규모 소매시설이라 볼 수 있다.
   • 상품진열은 주로 박스 형태로 진열하고 수직의 공간을 활용하며, 보유재고를 최대한으로 한다.
   • 상품 하나하나마다 가격표를 부착하지 않고 고객이 박스단위로 구매한다.
   • 입지 조건은 대체적으로 독립입지의 상업지역에 입지하며, 점포면적은 대략 3,300평 정도 된다.

⑤ 아웃렛(Outlet)
  ㉠ 오프 프라이스 스토어(OPS ; Off-Prcie Store)로 불린다. 쇼핑센터의 핵점포로 출점하여 제조업체와 백화점의 비인기 상품, 이월상품 및 재고품 등을 자사 명의로 30~70% 정도의 대폭 할인된 가격으로 판매하며 수십 개 또는 수백 개의 동종점포가 출점하여 쇼핑센터를 이루는 셀프서비스 형태의 상설할인 소매업태이다.
  ⓒ 처음에는 제조업체의 직영점으로 출발해 공장 근처에서 과잉생산품을 염가에 판매하는 소매점이었으나, 최근에는 타 제조업체의 상품이나 타 소매점에서 팔고 남은 물건도 할인하여 판매하는 점포를 의미한다.
  ⓒ 취급상품은 팔고 남은 것이 대부분이므로 구색도 충분하지 않고 입지조건도 유리한 편은 아니나, 저가격이라는 장점이 있어 많은 고객이 몰리고 있다. 불리한 입지를 택한 것은 자사의 기존 소매망과의 경합을 회피하려는 목적 때문이다.

> **개념 PLUS**
>
> **드럭스토어**
> 의사의 처방전 없이 구입할 수 있는 일반의약품 및 화장품·건강보조식품·음료 등 다양한 상품을 판매하는 매장으로, 외국의 경우 약국에 잡화점이 합쳐진 듯한 가게를 뜻하는데, 국내에서 운영되는 드럭스토어는 약품보다는 건강·미용용품을 주로 판매해 헬스앤드뷰티(H&B) 스토어 개념에 가깝다.
>
> **콤비네이션 스토어(Combination Store)**
> 비식품의 매장면적은 30% 이상이고, 매출액은 40% 이상이며, 비식품의 범위의 경우 슈퍼드럭스토어와 동일하고 가격대는 낮다.

⑥ 무점포소매점
  ㉠ 시장이나 점포에 직접 가지 않고도 집에서 전화 한 통이나 버튼 하나면 상품을 구입할 수 있는 무점포소매방식(Non-store Retailing)이 최근 마케팅의 중요한 분야로 자리 잡고 있다.
  ㉡ 거리와 시간, 장소, 상품에 구애를 받지 않는 것은 물론 상품에 관한 정보에서부터 대금결제까지 한 번에 처리할 수 있다.

[유점포판매와 무점포판매 소매업태]

유점포 판매	백화점	
	슈퍼마켓 계열	전통적 슈퍼마켓, 기업형 슈퍼마켓(SSM), 대중양판점(GMS)
	할인점 계열	Discount Store, Hypermarket, Super Center, Outlet, Category Killer, Power Center
	편의점(CVS), 전문점, 재래시장	
무점포 판매	통신판매	인쇄매체(DM 소매업, 카탈로그), 전화(텔레마케팅), TV(홈쇼핑)·인터넷쇼핑몰 등
	방문판매	
	기계판매	자동판매기(Automatic Vending Machine)

⑦ 하이퍼마켓과 슈퍼센터
  ㉠ 하이퍼마켓(Hypermarket)은 대형화된 슈퍼마켓에 할인점을 접목시켜서 식품과 비식품을 저렴하게 판매하는 소매업태를 말한다.
  ㉡ 최초의 하이퍼마켓은 프랑스 제일의 소매기업인 까르푸(Carrefour)에 의해 1963년 6월 파리근교에 개점되었다.
  ㉢ 유럽의 대표적 하이퍼마켓 업체로는 영국의 세인즈베리(Sainsbury)와 테스코(Tesco) 등이 있다.
  ㉣ 상품구색은 주로 슈퍼마켓에서 취급하는 식품과 생활필수품 등인데, 식품과 비식품 간의 구성비는 대략 60 : 40 정도이다.
  ㉤ 주로 구매빈도가 높고 널리 알려진 국내외의 유명제품들이며, 유통업자상표(Private Brand) 상품도 많다.
  ㉥ 제품의 종류에 있어서 기본품은 중저가의 편의품이 중심이고, 취급상품의 품목 수는 대략 75,000~100,000품목이다.
  ㉦ 각종 식품, 화장지 등 일상의 정규 구매품은 물론 의류·가전제품·가구·서적·스포츠용품과 자동차용품까지 취급품목에 추가되고 있다.

⑧ 양판점(GMS ; General Merchandising Store)
  ㉠ 의류 및 생활용품 중심으로 다품종·대량판매하는 체인형 대형소매점이다.
  ㉡ 점포형태 및 상품은 백화점과 유사하지만, 대량매입과 다점포화, 유통업자상표개발 등으로 가격면에서 백화점보다 저렴하다.
  ㉢ 미국과 일본 양판점의 특성을 살펴보면 상품구성 면에서는 백화점과 슈퍼마켓의 중간위치를 차지하고, 상품가격에서는 백화점과 할인점의 중간위치를 차지한다.
  ㉣ 백화점이 제조업자상표를 주로 취급하는 데 반해, 양판점은 비용 절감을 위해 유통업자상표(Private Brand) 상품의 비중이 상대적으로 높다.

> **개념 PLUS**
>
> **신 유통업태의 특징**
> - 체인화(다점포망)
> - 고도로 집중화된 전문점 체인의 증가추세
> - 경제성 추구(저가격 지향)
> - 매장면적의 대형화

(4) 유통(마케팅)믹스 전략
  ① 개념 : 마케팅 목표의 효과적인 달성을 위하여 마케팅 활동에서 사용되는 여러 가지 방법을 전체적으로 균형이 잡히도록 조정·구성하는 활동을 말한다.
  ② 유통믹스의 구성요소

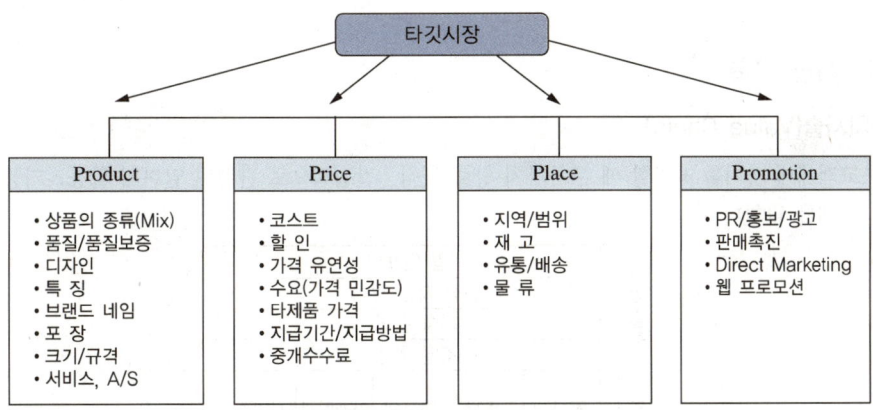

  ㉠ 가격계획(Price Planning) : 상품가격의 수준 및 범위, 판매조건, 가격결정방법 등을 결정하는 것을 의미한다.
  ㉡ 제품계획(Product Planning) : 제품, 제품의 이미지, 상표, 제품의 구색, 포장 등의 개발 및 그에 관련한 의사결정을 의미한다.

ⓒ 촉진계획(Promotion Planning) : 인적판매, 광고, 촉진관리, PR 등을 통해서 소비자들에게 제품에 대한 정보 등을 알리고 이를 구매할 수 있도록 설득하는 일에 대한 의사결정을 의미한다.

ⓔ 유통계획(Place-distribution Planning) : 유통경로를 설계하고 재고 및 물류관리, 소매상 및 도매상의 관리 등을 위한 계획 등을 세우는 것을 의미한다.

> **OX문제**
> ▶ 제조업체가 중간상을 상대로 인적판매, 구매시점 디스플레이를 제공하는 것은 푸시전략이다.
> O | X
> 정답 》 O

③ 푸시(Push)전략 및 풀(Pull)전략의 구분 기출 23

풀 전략	• 제조업자가 자신의 표적시장을 대상으로 직접 촉진하는 것은 풀 전략이다. • 기업(제조업자)이 소비자(최종 구매자)를 대상으로 광고나 홍보를 하고, 소비자가 그 광고나 홍보에 반응해 소매점에 상품이나 서비스를 주문·구매하는 마케팅 전략이다. • 광고와 홍보를 주로 사용하며, 소비자들의 브랜드 애호도가 높고, 점포에 오기 전에 미리 브랜드 선택에 대해서 관여도가 높은 상품에 적합한 전략으로 가격협상의 경우 주도권은 제조업체에게 있다. • 제조업자 제품에 대한 소비자의 수요를 확보함으로써, 유통업자들이 자신의 이익을 위해 제조업자의 제품을 스스로 찾게 만드는 전략이다.
푸시 전략	• 제조업자가 유통업자들에게 직접 촉진하는 전략이다. • 제조업자가 유통업자들을 대상으로 하여 촉진예산을 인적 판매와 거래점 촉진에 집중 투입하여 유통경로상 다음 단계의 구성원들에게 영향을 주고자 하는 전략으로, 일종의 인적 판매 중심의 마케팅전략이다. • 푸시 전략은 소비자들의 브랜드 애호도가 낮고, 브랜드 선택이 점포 안에서 이루어지며, 동시에 충동구매가 잦은 제품의 경우에 적합한 전략이다. • 유통업체의 마진율에 있어서도 푸시 전략이 풀 전략보다 상대적으로 높으며 제조업체의 현장 마케팅 지원에 대한 요구 수준 또한 풀 전략보다 상대적으로 높다.

4 가치사슬 구축

(1) 가치사슬(Value Chain)

① 고객에게 가치를 제공할 때 부가가치 창출에 직·간접적으로 관련된 일련의 활동·기능·프로세스의 연계를 말한다.

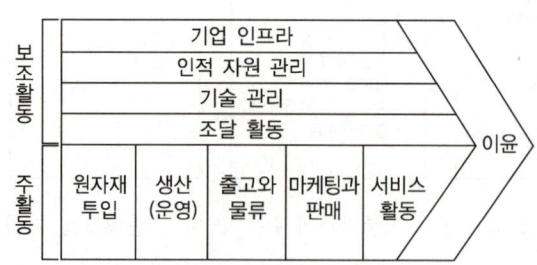

[가치사슬 모형의 예시]

② 기업을 가치창출 활동들의 결합체로 조명하는 도구로 모든 경영활동을 부가가치 창출 여부에 초점을 맞추어 재구성한 것이다.

③ 가치사슬을 추구하는 방법은 공급업체, 유통업체, 소매업체를 하나의 가치사슬로 엮어 마치 하나의 기업이 움직이는 것처럼 통합된 물류시스템을 구현하는 것이다. 또한, 소비자가 원하는 제품이 무엇이며 어떠한 제품을 추가로 제공하여야 하는가의 정보가 즉시 전달되고 반영되어야 한다.

④ 기업의 구매·재고·수주·생산관리와 사후관리까지의 모든 공급체인을 유기적으로 결합하여 실시간 정보를 즉각 반영하고 이에 대응할 수 있어야 한다.
⑤ 가치사슬은 기업의 업무 프로세스라는 관점에서 내부자원을 분석하는 기법으로 기업의 강점과 약점을 파악함으로써 경쟁 기업에 대해 차별화를 이루는 것을 목적으로 한다.
⑥ 경영전략을 위한 기업의 기능, 즉 가치창출활동은 5가지의 주활동(Primary Activities, 본원적 활동)과 4가지의 보조활동(Support Activities, 지원활동)으로 구분된다.
⑦ 주활동은 부가가치를 직접 창출하는 부문을 말하고, 보조활동은 부가가치가 창출될 수 있도록 간접적인 역할을 하는 부문을 말한다. 여기서, 각 구성 요소들은 독립된 활동들의 단순 집합이 아닌 상호 관련성·연계성을 가진 활동들로 하나의 체계를 이루고 있다.

> **OX문제**
>
> ▶ 포터(M. Porter)의 가치사슬분석에 의하면 기업활동을 본원적 활동과 보조적 활동으로 구분할 수 있는데, 이 중 서비스 활동은 보조적 활동에 속한다. O|X
>
> **해설**
> 본원적 활동에는 물류투입, 운영·생산, 물류산출, 마케팅 및 영업, 서비스 활동 등이 있다.
>
> 정답 ×

(2) 가치창출활동의 구분 기출 24·21·20

① **주활동(본원적 활동)**
   ㉠ 직접적으로 고객 기반을 확충하고 고객 충성도를 높이는 프로세스로 구성되며 고객가치 창조를 위한 핵심적 프로세스이다.
   ㉡ 제품·서비스의 물리적 가치 창출과 관련된 활동들로서 직접적으로 고객에게 전달되는 부가가치 창출에 기여하는 활동들이다.
   ㉢ 물류투입, 운영·생산, 물류산출, 마케팅 및 영업, 서비스 활동 등이 본원적 활동이다.

물류투입	원재료 및 부품의 구입과 배송 등
운영활동	구매한 재료의 조립과 가공 등
물류산출	제조한 제품의 창고 또는 소매점 신속 배송 등
마케팅	브랜드 평판 구축, 제품의 영업, 점포에서 판매활동 등
서비스	판매 후 문의 대응, 사후 A/S

② **보조활동(지원활동)**
   ㉠ 직접적으로 부가가치를 창출하지는 않지만, 가치를 창출할 수 있도록 지원하는 간접적인 역할을 하는 활동이다.
   ㉡ 구매, 기술개발, 경영혁신, 인사, 기업하부구조(재무·기획), 전산정보, 회계 등 현장 활동을 지원하는 제반업무로서 부가가치가 창출되도록 간접적인 역할을 하는 부문이다. 기업 인프라, 인적자원관리, 기술개발, 구매조달 활동 등이 포함된다.

기업인프라	기획, 재무, 경리, 법무, 정보시스템 업무 등
인적자원관리	인재채용, 교육, 급여업무 등
기술개발	제품 및 비즈니스 프로세스 혁신, 서비스개발, 각종 테스트 등
구매조달	주 활동을 지원하는 물건이나 서비스의 구입 등

03 경쟁우위 확보

1 차별화, 원가우위, 집중화(Focus)

(1) 차별화 전략(Differentiation Strategy) 기출 24

① 독특하거나 특별한 상품 또는 서비스를 경쟁우위로 하는 전략이다.
② 디자인, 이미지, 기술, 상품특성, 고객서비스 등을 차별화시켜 고객으로부터 그 독특성을 인정받아 가격의 민감성을 상쇄시킴으로써 평균 이상의 높은 이윤을 확보하는 것이다.
③ 원가우위 전략에 비해 시장점유율은 낮고 상품의 회전율은 떨어질 수 있다.
④ 영업, 마케팅에서도 독특한 방식으로 상품을 판매하는 차별화 전략이 있으며, 독특한 가치를 소비자에게 제공하는 서비스 측면에서의 차별화 전략도 있다.
⑤ 점포 내·외부의 분위기나 이미지를 연출함으로써 차별화를 추구할 수도 있다.
⑥ 고객접촉지점은 생산성 지향이 아니라 고객 지향이어야 하며, 고객과의 커뮤니케이션이 중요함을 인식하여야 한다.
⑦ 고객별 DB를 구축하고 전문화 서비스를 제공하여야 하며, 분업보다는 전문지식의 통합이 요구된다.
⑧ 고객접촉지점에서는 원가우위를 획득할 수 없기 때문에 생산성 증가 및 원가절감을 위한 지원지점에 중점을 두어야 한다.
⑨ 광범위한 고객들을 대상으로 고객집단별로 그들이 요구하는 제품이나 서비스를 세분화·차별화하여 경쟁우위를 확보하는 전략이다.
⑩ 차별화 전략은 가격경쟁력 이외의 요인으로 경쟁력을 확보하는 데 초점을 둔다(예 친환경적인 소재를 사용한 한정판 맞춤형 가구 제작, 디자이너 브랜드의 다양한 상품을 취급하는 양판점, 프리미엄 가격으로 다양한 명품을 파는 백화점, 제품의 무상 서비스 기간 연장).

(2) 원가우위 전략(Cost Leadership Strategy)

① 경쟁자들보다 더 낮은 가격에 생산하고 공급할 수 있는 경쟁력을 바탕으로 하는 전략으로서 가격에 민감한 구매자가 많은 경우에 효과적인 경쟁방법이다.
② 원가우위 전략의 목표는 경쟁점에 대해 지속적인 비용우위를 확보하고 경쟁점보다 낮은 가격으로 시장점유율을 확보하거나, 비슷한 가격에 판매함으로써 높은 이윤을 확보하는 것이다.
③ 원가우위 전략에서는 가치사슬(Value Chain)상의 누적비용이 경쟁점의 비용보다 낮아야 달성할 수 있다.
④ 가치사슬 구조에서 본원적 활동과 지원적 활동(보조적 활동)을 구분하여 각 활동에 투입되는 비용을 경쟁점에 비해 효율화할 수 있는 능력을 확보하여야 한다.
⑤ 원가우위 전략을 택한 기업은 종업원의 직무를 설계할 때 생산성 지향적이어야 한다.
⑥ 고객접촉지점의 최소화, 서비스 절차의 표준화, 분업과 직무전문화, 종업원의 직무순환교육, 직무전산화, 자동화, 직무일괄처리, 요소별 아웃소싱 전략병행, 고객에 의한 셀프서비스를 통해서 가능하다.
⑦ 규모의 경제성, 경험 축적, 숙련된 기술 등으로 인한 원가절감을 통해 비용요소를 철저하게 통제하고 기업 조직의 가치사슬을 최대한 효율적으로 구사하는 전략이다(예 상시염가로 파는 대형마트).

(3) 차별화·원가우위 전략의 문제점

① 원가우위 전략은 판매량에 중점을 둔 이윤 극대화라면, 차별화 전략은 판매량이 적더라도 프리미엄 가격으로 공급함으로써 이윤을 극대화하는 전략이다.

차별화 전략	원가우위 전략
고객들에게 프리미엄 가격을 요구해야 하기 때문에 차별적인 가치를 느낄 수 있도록 하는 추가적인 비용을 원가우위 전략에 비해 더 필요로 한다.	대량으로 생산된 표준화 상품을 주로 취급하기 때문에 평균 또는 평균 이하의 가격으로 경쟁해야 상권 내에서 생존과 유지 및 성장이 가능하다.

② 적정 이윤에 도달하기 위해서는 차별화 전략이나 원가우위 전략 중에서 하나의 전략을 통해서 실현이 가능하며, 이 두 전략을 동시에 양립하는 전략은 오히려 이윤 도달에 실패할 수 있다.

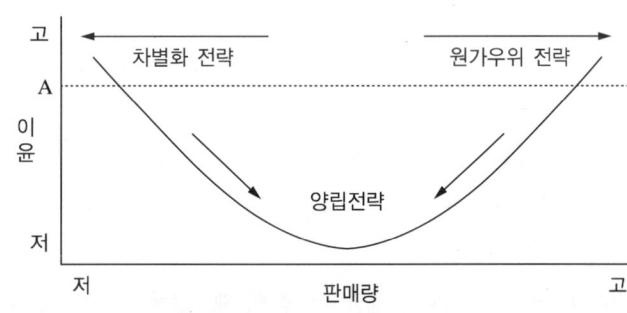

[차별화 전략과 원가우위 전략의 비교]

(4) 집중화 전략(Focus strategy)

① 메인 시장과는 다른 특성을 지니는 틈새시장(Niche Market)을 대상으로 해서 소비자들의 니즈를 원가우위 또는 차별화 전략을 통해 충족시켜 나가는 전략이다.
② 특정한 세분시장에 기업의 역량을 집중하는 전략이므로 한정된 자원을 극대화하여 효율적으로 운용할 수 있게 해준다.
③ 일반적으로 집중화 전략을 채택하는 기업은 규모가 작은 것이 특징이다(예 유기농 사과만을 시세보다 항상 저렴하게 파는 과일가게).
④ 서비스 품질의 기술적 측면을 중시하는 서비스는 지원지점에 초점을 두어 품질개선 및 업무효율의 극대화를 추구한다.
⑤ 서비스 품질의 기능적 측면을 강조하는 기업들은 고객접촉점에 중점을 두고 서비스 전문화를 추구한다.

2 벤더(Vendor) 협력도 기출 21·20·18

(1) 벤더의 정의

벤더는 판매시점정보관리시스템(POS), 자동주문시스템, 전문수송차량 및 창고 등 첨단전산시스템과 각종 설비를 갖추고 편의점이나 슈퍼마켓 등 체인화된 현대식 소매업체들에게 분야별로 특화된 상품들을 하루 또는 이틀 간격으로 공급하는 다품종 소량 도매업자를 말한다.

(2) 벤더와 유통업체의 협력

① 벤더와의 강한 유대관계를 통하여 어떤 한 지역에서 제품을 판매할 수 있고, 더 낮은 가격이나 조건으로 제품을 공급받을 수 있다.
② 벤더와의 협력을 통해 공급부족 상황에서 인기 있는 제품을 받을 수 있는 배타적인 권리를 가질 수도 있다.
③ 고객과의 관계와 같이 장기간에 걸쳐 개발하여, 경쟁사에 대한 진입장벽으로 작용한다.
④ 소매업자와의 교섭을 통해 관계를 유지하므로, 벤더와 소매업자 간의 관계는 가장 지속적이며 장기적인 성격을 갖는다.
⑤ 벤더와 소매업자 사이에는 쌍방향 커뮤니케이션이 원활하게 이루어지고 상호 간의 신뢰수준이 가장 높은 편이다.

3 저비용, 고수익 구조 기출 21

(1) 공급체인관리(SCM ; Supply Chain Management)

① SCM의 정의
   기업 내부 자원뿐만 아니라 자사와 연결된 공급업체, 제조업체, 유통업체, 창고업체 등을 하나의 연결된 체인으로 간주하여 상호 간의 협력과 정보 교환에 기초한 확장·통합 물류와 최적의 의사결정을 통한 비용 절감 및 효율성 증대로 상호이익을 추구하는 관리체계를 말한다.

② SCM의 목적
   제조, 물류, 유통업체 등 유통 공급망에 참여하는 전 기업들이 협력을 바탕으로 양질의 상품 및 서비스를 소비자에게 전달하고 소비자는 거기에서 극대의 만족과 효용을 얻는 것이 목적이다.

③ SCM의 산업별 명칭
   ㉠ 의류 부문 : QR(Quick Response)
   ㉡ 신선식품 부문 : EFR(Efficient Foodservice Response)
   ㉢ 의약품 부문 : EHCR(Efficient Healthcare Consumer Response)
   ㉣ 식품 부문 : ECR(Efficient Consumer Response) 등이 있다.

④ 효율적인 공급체인관리는 지속적인 저비용의 경쟁우위를 발전시키는 데 중요한 역할을 한다(예 월마트).

⑤ 공급체인원가계산(SCC ; Supply Chain Costing) 기출 24
   ㉠ 공급체인 내의 주요 프로세스 활동을 원가에 기초를 두고 업적 척도를 측정하는 방법이다.
   ㉡ SCC 원가관리기법
   - DPP(Direct Product Profitability) : 직접제품수익성
   - TCO(Total Cost of Ownership) : 소유전부원가
   - ABC(Activity-Based Costing) : 활동기준원가계산
   - ECR(Efficient Consumer Response) : 효율적 고객대응

(2) 스마트물류센터

첨단물류시설 및 설비, 운영시스템 등을 도입하여 저비용・고효율・안전성・친환경성 등에서 우수한 성능을 발휘할 수 있는 물류창고로서 국토교통부장관의 인증을 받은 물류창고이다.

(3) 원가절감(EDLC ; Every Day Low Cost) 운영전략

① 원가절감의 개념
  ㉠ 원가절감은 유통대상이 되는 상품군의 유효한 상품 가치(예 부가가치를 키우는 것)와 고객비용(예 금전, 비금전, 사용 중, 사용 후)을 축소 또는 제거하는 것을 의미한다.
  ㉡ 원가절감에서 저원가는 경쟁우위 확보를 위한 매우 중요한 수단이다.

② 원가절감 전략방안
  ㉠ 투자전략 및 경영전략의 합리화 : 저원가를 위해서는 먼저 투자전략과 경영전략의 합리화가 선행되어야 한다.
  ㉡ 운영의 효율화 : 원가를 절감하려면 지속적으로 운영을 효율화해야 한다. 상품 가치와 관련이 적은 간접비를 최소화하고 비중이 높은 원가요소를 집중적으로 관리해야 하며, 지속적으로 상품의 디자인과 공정을 혁신해야 한다. 또한 정확한 수요예측과 재고관리도 매우 중요하다.

(4) 점포 매출 활성화 마케팅(ISM ; In Store Merchandising) 전략

① 점포 매출 활성화 마케팅 : ISM은 비계획 구매를 증가시켜 객단가를 향상하기 위한 점포 내 모든 활동을 말한다. 즉, 충동구매를 촉진시켜 소비자에게 비계획 구매를 하게 만드는 것이다.
② 이웃마케팅(LSM ; Local Store Marketing) : 자신의 점포, 상권 내 소비자, 상권 내 경쟁사의 특성을 각각 분석한 후, 자기 점포의 마케팅 믹스와 관련된 다양한 변수를 현지화하여 적용하는 방법을 의미한다.

> **개념 PLUS**
>
> **객단가**(AOV ; Average Order Value)
> 쇼핑몰에 방문한 고객 1명의 평균 구매금액을 의미한다. 객단가는 매출액을 고객 수로 나눠 산출하며, 상품평균단가에 고객 1인당 해당 상품 평균 매입 수량을 곱한 값이다.

(5) 가격책정 전략

① 기업의 사업 환경에 적합한 가격 전략을 선정하여 상품의 라이프사이클에 맞추어서 추진 계획을 기술하여 놓은 사례이다.
② 가격 전략을 나눈다면 크게 저품질 저가전략, 저품질 고가전략, 고품질 고가전략, 고품질 저가전략으로 분류할 수 있다.
  ㉠ 상층흡수 가격정책
    • 투자액을 조기에 회수할 목적이거나 수요의 가격 탄력도가 낮은 제품일 때 해당한다.
    • 제품 도입 초기에 고가로 설정하여 고소득층을 흡수한 후, 점차 가격을 하락시켜 중류 및 하류 소득층에 판매하는 것이다.

ⓒ 시장침투 가격정책
- 제품의 시장 성장률을 증대시키기 위하여 제품 도입 초기에 저가를 설정하는 정책이다.
- 대중적인 제품이나 수요의 가격탄력성이 높은 제품에 많이 이용된다.
- 수요의 가격탄력성이 커서 저가격이 충분히 수요를 자극할 수 있어야 한다.
- 경쟁자는 아직 규모의 경제를 실현할 수 없어 시장진입이 어려워야 한다.

4 핵심역량(Core Competence) 구축

(1) 핵심역량의 정의와 사례
① 핵심역량은 특정기업의 차별화된 기술, 디자인, 지식, 마케팅, 시스템 등 타 기업에서는 따라 할 수 없는 역량을 의미한다.
② 소형화 기술(일본 소니), 정밀광학기술(캐논), 강력한 물류시스템(월마트), 브랜드이미지(코카콜라) 등 지속적 마케팅 능력의 확대 등이 각 기업의 핵심역량의 표본이다.

(2) 핵심역량의 내용
① 핵심역량은 특정 기업이 지속적으로 경쟁우위 창출에 필요한 핵심적인 역할을 하는 자원 또는 역량을 말한다.
② 핵심역량을 성공적으로 축적하기 위해서는 핵심기술의 내부화가 필요하다.
③ 오랜 기간에 걸쳐 꾸준하게 조금씩 축적하는 학습과정을 통해 구축되므로 단기간 쉽게 모방되지 않는다.
④ 기업의 핵심요소를 명확하게 설정하고 이를 통합·관리할 수 있는 방법을 찾아내는 것이 중요하다.
⑤ 핵심역량을 기반으로 한 사업경영의 다각화도 모색할 수 있다.

(3) 시스템의 활용 기출 20·18
① 정교한 물류시스템의 활용은 소매업체의 효율성을 증대시킨다.
② 물류센터의 가장 기본이 되는 입고 보관기능은 화주나 제조 공장에서 들어오는 다양한 상품이나 제품을 효율적으로 보관할 수 있도록 도움을 준다.
③ 입고 예정 정보와 동일한 제품이 들어왔는지에 관한 검수부터 시작하여 정확한 위치에 보관할 수 있도록 위치관리를 통하여 더욱 정밀한 물류센터 운영에 도움을 줄 수 있다.

(4) 입지조건 기출 20·18
① 오프라인 소매업체에서 입지조건은 결정적인 경쟁요소로 작용한다.
② 그러나 온라인 소매업체는 통신망으로 연결된 컴퓨터로 상품을 구매할 수 있는 가상공간에 상품을 진열·판매하는 업체이기 때문에 입지요소는 고려하지 않는다.

> **OX문제**
> ▶ 소매업체가 지속적으로 경쟁우위를 확보할 수 있는 요소 중 온라인 소매업체의 결정적 경쟁요소는 입지이다. Ⓞ Ⓧ
>
> **해설**
> 오프라인 소매업체의 결정적 경쟁요소가 입지이다.
>
> 정답 ≫ ✕

04 성장전략

1 시장 집중과 확장

(1) 기업 성장전략 기출 17·15

① 기존사업부들에 대한 평가 결과, 기존사업만으로 기업사명 및 기업목표의 실현이 가능하다면 별 문제가 없지만 그렇지 않다면 신규사업으로의 진출을 통해 지속적인 기업성장을 추구하여야 한다.
② 새로운 사업을 통한 기업성장은 크게 3가지 방법을 통해 이루어질 수 있다.
  ㉠ 집중적 성장전략 : 기존사업 범위 내에서 성장의 가능성을 추구한다.
  ㉡ 다각화 성장전략 : 현재의 사업과 관련이 있거나 없는 신규사업으로 진출하여 성장을 추구한다.
  ㉢ 수직적 통합 성장전략 : 제품의 공급체인상에서 현재 사업과 관련하여 상위분야나 하위분야로 진출함으로써 성장을 추구한다(예 공급받던 원자재를 내부에서 생산하는 경우).

(2) 집중적 성장전략

① 시장침투전략 기출 24·21·20·17
  ㉠ 시장침투전략은 기존 제품·시장에서 매출액 및 시장점유율을 높이는 전략이다(예 자사 점포에서 쇼핑하지 않는 새로운 고객을 유인하거나 기존 고객들이 더 많은 상품을 구매하도록 유인하는 전략).

  > ✓ **OX 문제**
  > ▶ 시장침투는 기존 제품으로 기존시장에서 매출액이나 시장점유율을 높이기 위한 전략이다. O│X
  > 정답 》 O

  ㉡ 구체적인 방법
    • 시장침투전략에는 크게 시장점유율을 높이는 방법과 기존고객의 제품사용률을 높이는 방법이 있다.
    • 시장점유율을 높이기 위해서 기업은 광고나 판매촉진(예 수량할인, 가격할인, 샘플증정, 일정기간 무료제품 사용)과 같은 전술적 수단의 도입을 고려할 수 있다.
    • 표적 시장에 보다 많은 점포 개설, 기존 점포 영업시간 확대, 충동구매 유도상품 진열, 판매 시 고객이 관심 가질 만한 다른 상품 제안 등의 수단을 사용할 수 있다.
    • 가장 바람직한 방법은 높은 고객가치를 제공하거나 경쟁사의 경쟁우위를 중화시킬 수 있도록 자사의 역량과 자산을 창출·향상시키는 것이다.

② 제품개발전략(소매업태 개발전략) 기출 21·20
  ㉠ 기존고객들에게 새로운 제품을 개발·판매함으로써 성장을 추구하는 전략으로 동일한 표적시장의 고객에게 다른 소매믹스를 가진 새로운 소매업태를 제공한다.
  ㉡ 구체적인 방법
    • 제품 특징의 추가 : 무선휴대폰에 인터넷접속기능과 데이터통신기능을 추가한다.
    • 제품계열 확장 : 현재의 제품계열 이외에 새로운 제품계열을 추가하는 전략이다(예 신사복 제품에서 캐주얼의류제품으로 확장).
    • 차세대 제품의 개발 : 정체된 TV시장에서 HDTV를 개발하거나, 필름이 필요 없는 디지털카메라를 개발하는 경우

③ 시장개발전략(시장확장전략) 기출 21·20·17
　㉠ 기존제품을 새로운 시장에 판매함으로써 성장을 추구하는 전략이다.
　㉡ 구체적인 방법
　　• 지리적으로 시장의 범위를 확대(예 KFC, 맥도날드, 코카콜라 등은 세계적으로 사업영역을 확대)
　　• 새로운 세분시장으로 진출(예 Johnson & Johnson의 베이비샴푸가 유아용 시장에서 머리를 자주 감고 부드러운 머릿결을 원하는 성인시장으로 진출)

2 소매업태의 확대

(1) 강력한 소매기업(Power Retailer)의 등장
① 강력한 소매기업이란 경쟁적인 전략 수립을 통해 고객들에게 월등히 뛰어난 만족을 제공하는 소매기관을 의미한다.
② 자신의 고객을 정확하게 정의하고 고객이 무엇을 원하는지 명확하게 이해하고 있어서 자신들의 강력한 역량을 사업 초기부터 집중시키는 능력을 보유하고 있다.
③ 시장탐색 및 예측기법의 정교화를 통해 단순히 위험을 회피하는 것에서 탈피하여 위험을 줄이는 것을 바탕으로 영업하기 때문에, 높은 수익률을 염두에 둔 빠른 주문과 대량주문을 통해서 상품의 가격을 최대로 낮출 수 있다.
④ 판매동향 및 재고수준을 즉시 알 수 있게 하는 정보시스템에 많은 투자를 하여, 고객이 지불하는 비용에 상응하는 가치를 제공할 수 있도록 꾸준한 노력을 하고 있다.
⑤ 주로 카테고리 킬러, 할인점, 회원제 창고형 도소매업 등의 업태에서 활동하고 있다.

(2) 소매점의 양극화현상
① 양극화의 한 가지 극단은 대형점포, 보관기술 및 셀프서비스 노하우를 바탕으로 한 소매형태(High Tech)이다.
② 다른 하나의 극단은 제한된 제품계열, 철저한 관리 노하우, 고도로 집중화되고 전문화된 소매형태(High Touch)이다.
③ High Tech형과 High Touch형 소매업태의 특징

High Tech형	High Touch형
• 진열·보관 노하우를 바탕으로 한 상대적 저마진과 대량구매 위주의 셀프서비스 방식이다. • 저수익률 – 고회전율전략의 기본틀을 바탕으로 첨단기술을 활용하여 회전율을 더욱 향상시키고, 수익률도 상당 수준으로 향상시킨다. • 고객들은 가격에 민감하며 합리적인 구매를 하려는 경향이 있다. • 대표적 업체 : 할인점 계열의 소매업태인 이마트, 홈플러스, 롯데마트, 월마트, 코스트코 등이 있다.	• 제한된 제품라인과 특정제품에 초점을 강하게 맞춰 제품구색을 한다. • 다양한 소비자들의 욕구에 대해 적절한 서비스를 제공한다. • 소비자들은 독특한 라이프스타일을 지니고 있으며, 구매동기, 패션 취향면에서도 다양성을 지녔다. • 대표적인 업체 : 하이마트, 토이저러스 등이 있다.

(3) 경로지배력의 변화

① 유통경로상의 지배력이 제조에서 소매로 넘어가고 있는데, 특히 생활용품을 중심으로 이러한 현상이 두드러지게 나타난다.
② 소매는 여러 가지 경영효율을 추구하기 위해 몸집을 키웠는데 가격결정을 주도적으로 행사하기 위하여 구매력을 늘리려는 체인화전략, 다점포화전략을 이러한 맥락에서 이해할 수 있다.
③ 소매기업 간의 경쟁심화는 구매담당자들이 제조업체의 판매담당자에게 더 낮은 가격을 요구하는 계기를 강화하고 거래상의 주도권이 구매담당자에게 넘어가는 현상을 가속화하였다.
④ 정보기술의 도입에 의한 소매정보의 위력이 나타났다.
⑤ 제조업체의 외형 위주 상품관리는 다양한 브랜드를 양산하였고, 결국 제한된 소매기업의 진열공간을 차지하기 위해 지나친 노력을 하였다.
⑥ 생활용품과 관련된 유통의 지배력은 점점 소매기업에게 유리한 방향으로 흘러 더 강화되고 있다.

> **개념 PLUS**
>
> **마케팅관리자의 유통목표** 기출 15
> 고객 만족도, 통제수준, 총유통비용, 경로신축성 등

(4) 소매업체 자체상표의 위력

① 자체상표, 즉 PB(Private Brand)는 전국적으로 유통되는 전국상표(NB ; National Brand)보다 품질 면에서 조금 뒤지거나 거의 동일한 수준을 유지하면서 가격은 매우 저렴하게 책정하여 고객의 가치를 향상시키는 역할을 한다.
② 소매업체 입장에서는 공급가격이 NB보다 낮기 때문에 운영상의 효율도 제고되는 장점이 있다.
③ PB상품은 특정소매기업에서만 구입할 수 있기 때문에 점포충성도를 강화하는 역할도 한다.
④ PB의 성장이 유통경로에 미치는 영향 기출 16
　㉠ 제조업체와의 파워게임에서 유통업체가 유리해지고, 유통업의 제조업 지배현상이 강화될 것이다.
　㉡ 소비자시장에 주력했던 과거와는 달리 많은 공급업자들이 대규모 주요 소매상에 대한 마케팅에 더 많은 비중을 두게 되었다.
　㉢ 제조업체 브랜드보다 저렴한 가격경쟁력을 바탕으로 하지만 유통질서를 어지럽힌다고는 볼 수 없고, 소비자 선택의 폭을 확대시켰다.
　㉣ 중간상의 머천다이징 기능이 강화되고 소비자물가 안정에도 도움을 줄 수 있다.
　㉤ 소비자들의 합리적인 구매성향이 강화되고, 가치추구 구매행동이 확산될 것이다.

(5) 편의제공의 중요성

① 고객이 추구하는 편의의 종류에 따라 소매는 편의를 충족시키기 위한 노력을 강화한다.
　㉠ 구매가능한 시간의 제약이 없는 시간상 편의 제공
　㉡ 원하는 장소나 허용할 수 있는 정도의 위치에 점포가 있어야 하는 장소상의 편의 제공
　㉢ 고객이 사용하고 혜택을 누릴 수 있게 상품을 조절하여 주는 소유상의 편의 제공

② 편의의 제공은 소매상이 고객에게 제공해야 할 필수적인 유통서비스의 개념을 확대하게 된다.
③ 점포 내 휴식공간의 제공, 유아놀이공간의 제공, 현금인출기의 구비, 이동전화충전대의 마련, 문화센터의 운영, 셔틀버스의 운행, 간단한 은행업무의 대행 등 소매점고객의 거의 모든 편의를 제공해 주는 역할을 하고 있다.

(6) 무점포소매상

① 무점포소매상의 성장
  ㉠ 점포소매상의 성장에 비해 상대적으로 무점포소매상의 성장이 매우 두드러진다.
  ㉡ 여가의 활용을 추구하는 고객은 시간, 장소의 제약이 없는 무점포 방법을 선호한다.
  ㉢ 무점포소매상 기법이 다양화되었다(예 자판기, 통신·직접판매, 홈쇼핑, 다단계, 텔레마케팅, 인터넷 등).
  ㉣ 적극적 마케팅 개념이 도입되었다(예 DB마케팅, 멤버십, 가격촉진, 반품정책, 구매 후 서비스 등).

② 무점포소매상의 형태 기출 21·17
  ㉠ 인포머셜방식 : 케이블 TV의 광고방송 시간대에 상품에 관한 정보를 비교적 장시간에 걸쳐 제공하는 방식이다.
  ㉡ 홈쇼핑 채널방식 기출 19
    • 쇼핑만을 전담하는 채널에서 정규방송시간 내내 상품 안내와 주문을 받는 방식이다.
    • 미리 선별된 구매자뿐 아니라 불특정 다수를 대상으로 마케팅한다는 점에서 다른 다이렉트 마케팅 방법과 구분된다.
    • 배송업체와 보완적 관계를 가지고 있어 해당 소매상의 매출 성장은 배송업체의 시장규모 확대에 기여한다.
    • 해당 소매상이 팔릴 만한 상품을 선정해 판매한 후 이익을 나누는 형식으로 계약하므로 공급자의 힘이 상대적으로 약하다.
  ㉢ 모바일 커머스(Mobile Commerce)
    • 무선통신기술을 이용하여 소비자나 기업이 안전하게 상품이나 서비스를 구매할 수 있도록 하는 것이다.
    • 전자상거래는 PC, 모바일을 이용한 판매 형태로 오픈마켓과 소셜커머스에서 플랫폼커머스와 V-commerce로 변화하고 있다.
  ㉣ 기 타
    • 자동판매기 : 공간이 협소하고 충동구매를 유발하기 쉬운 장소에서 편의품 위주의 상품을 판매하는 방식이다.
    • 카탈로그 판매 : 카탈로그를 발송하고 전화로 주문을 접수하여 우편으로 제품을 보내는 방식이다.
    • 방문판매 : 영업사원이 직접 방문하여 판매하는 방식으로, 네트워크식 다단계 판매도 포함된다.

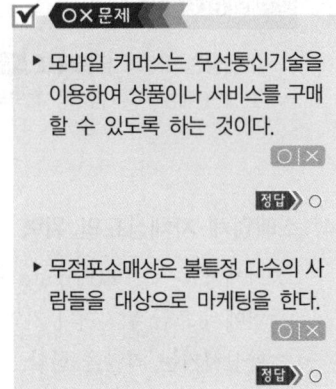

▶ 모바일 커머스는 무선통신기술을 이용하여 상품이나 서비스를 구매할 수 있도록 하는 것이다.
  O | X
  정답 ▶ O

▶ 무점포소매상은 불특정 다수의 사람들을 대상으로 마케팅을 한다.
  O | X
  정답 ▶ O

③ 무점포소매상의 특징
  ㉠ 국내에서 인터넷 쇼핑몰의 성장세는 하향하는 반면, 모바일쇼핑은 빠르게 성장하고 있다.
  ㉡ 방문판매와 다단계판매는 판매원을 관리하고 보상하는 방식에서만 차이가 있을 뿐, 판매원이라는 인적 네트워크를 판매수단으로 활용한다는 점에서는 차이가 없다.

> **개념 PLUS**
> - 방문판매 : 판매자가 소비자를 직접 방문해서 행하는 판매
> - 다단계판매 : 고객을 판매원으로 조직구성을 하여 판매유통망을 확대해 나가는 무점포 판매방법
> - 직접판매 : 장소의 구애 없이 대면방식으로 제품과 서비스를 소비자에게 판매하는 방법

④ 무점포소매상의 상품특성 기출 15
  ㉠ 자동판매기는 24시간 판매와 셀프서비스를 특징으로 하며 파손가능성이 적은 편의품 등을 주로 판매한다.
  ㉡ 최근 방문판매는 소매업태로서의 매력이 위협받고 있으나 국내의 경우 화장품과 건강식품, 정수기 등의 제품에서는 여전히 중요한 유통채널이다.
  ㉢ 우편통신판매에서는 쉽게 변질될 수 있는 식료품 이외의 모든 제품이 취급 가능하나, 일반적으로 표준화·규격화된 제품이 주류를 이루고 있다.
  ㉣ TV홈쇼핑은 유형상품뿐만 아니라 관광, 보험, 금융 등의 서비스 상품까지 판매영역이 확대되고 있다.
  ㉤ 전자상거래는 도매상이나 소매상과 같은 중간 매개상인을 거치지 않고 인터넷을 통해 직접 소비자에게 전달되기 때문에 유통채널이 단순하다.

> **OX문제**
> ▶ 전자상거래는 중간 매개상인만을 통해 수행되며 최근에는 지역 도매상을 통한 판매도 증가한다. O|X
> [해설]
> 전자상거래는 중간 매개상인을 거치지 않고 인터넷을 통해 직접 소비자에게 전달한다.
> 정답 》 X

3 다각화전략

(1) 다각화전략(Diversification Strategy) 기출 24·21·20

① 특정 기업이 성장추구, 위험분산, 범위의 경제성, 시장지배력, 내부시장의 활용 등을 목적으로 현재 전념하고 있지 않은 상이한 여러 산업에 참여하는 것을 말한다.
② 다각화의 분류
  ㉠ 관련다각화 : 기존의 사업(예 유통경로, 영업, 생산과정, R&D 등)과 관련이 있는 새로운 사업에 참여하는 것
  ㉡ 비관련다각화 : 기존의 사업(제품시장)과 전혀 관계가 없는 새로운 사업영역으로 진출하는 것

> **OX문제**
> ▶ 국내 유통시장에서 아웃렛을 운영하는 A사는 외국계 대형할인점인 B사를 인수했다. 이러한 소매기업의 성장전략은 업태 다각화 전략이다. O|X
> 정답 》 O

(2) 다각화전략의 목적

① 기업성장을 통해 더 많은 보상을 받으려는 최고경영층의 욕구이다.
② 기업은 경기순환에서 오는 위험을 분산시키기 위해 다각화전략을 추구할 수 있다.
③ 다각화를 통해 세제상의 이점을 얻고자 하는 것이다. 기업은 다각화를 통해 일부 사업부들의 손실을 다른 사업부들의 이익과 상쇄시킴으로써 세금 부담을 줄일 수 있다.
④ 기업은 범위의 경제성 혹은 시너지효과를 실현하기 위해 다각화를 추구한다. 범위의 경제성이란 한 기업이 두 가지 이상의 제품을 동시에 생산하는 데 드는 비용이 서로 독립적인 기업들이 각각 한 제품씩 개별적으로 생산하는 데 드는 비용의 합보다 훨씬 작은 경우를 말한다.
⑤ 다각화기업은 다각화를 하지 않는 기업에 비해 내부시장을 활용할 수 있다.
⑥ 기업은 다각화를 통해 어떤 사업부문에서의 시장지배력을 다른 사업부문들이 이용할 수 있게 한다.

> **OX문제**
> ▶ 후방통합은 공급업자의 사업을 인수하거나 공급업자가 공급하던 제품이나 서비스를 직접생산, 공급하는 방식의 전략으로 수평적 통합 전략의 하나이다. O|X
>
> **해설**
> 후방통합은 수직적 통합 전략의 하나이다.
>
> **정답** ▶ ×

(3) 수직적 통합 성장전략(Vertical Integration Strategy of Growth) 기출 22·20

① 다각화전략의 일환으로서 한 기업이 원자재공급, 생산, 판매(유통)까지의 수직적 활동분야(가치사슬) 가운데 2개 이상의 활동분야를 직접 소유(수행)하여 성장을 추구하는 것이다.
② 가치사슬이란 제품이나 서비스에 대한 설계, 제조, 유통에 이르는 개별활동 분야의 집합체를 말한다.
③ 수직적 통합의 장·단점

장 점	운영비의 절감	수직적 통합은 생산효율을 증대시켜 운영비용을 절감한다.
	공급과 수요의 확보	원자재나 판매점의 안정적 확보가 핵심성공요인이 될 경우, 기업은 후방통합이나 전방통합을 추구함으로써 공급 및 수요를 확보하지 못함으로 인해 발생될 사업위험을 줄일 수 있다.
	제품이나 서비스에 대한 통제력의 증대	제품이나 서비스의 질에 대한 통제력을 높일 수 있다.
	수익성이 높은 사업으로의 진출	기업은 높은 매출·이익잠재력을 기대하고 수직적 통합을 추구할 수 있다.
	기술혁신의 용이성	서로 다른 활동분야(예 부품생산과 완제품생산) 간에 기술정보를 공유하거나 판매부분(전방통합의 경우)이 시장정보의 도움을 받아 신공정·신제품의 도입이 쉬워진다.
단 점	운영비의 증가	경우에 따라 수직적 통합은 오히려 운영비를 증가시킬 수 있는데, 이는 두 개의 활동분야가 결합됨에 따라 조정·관리비용이 증가하고, 고객을 이미 확보한 공급업체가 가격경쟁의 압박이 없어져 원가를 통제하려는 노력을 줄이는 데 그 이유가 있다.
	위험의 증가	수익성이 악화될 위험이 증가할 수 있다.
	유연성의 감소	환경변화에 적응할 능력을 감소시킨다.

> **개념 PLUS**
>
> **전방통합과 후방통합** 기출 21·13
> - 수직적 통합 : 전방통합과 후방통합으로 나누어진다.
> - 전방통합(Forward Integration) : 가치사슬상의 하위활동분야로 진출하는 것을 말하며, 제조업체가 소매상을 통합하는 경우가 해당된다.
> - 후방통합(Backward Integration) : 가치사슬상의 상위활동분야로 진출하는 것을 말하며, 제조업체가 원자재의 일부를 직접 생산하거나 원자재 공급업체를 인수하는 경우가 해당된다.
>
> **전략적 경영수준과 인적자원관리** 기출 13
> - 전략적 경영수준 : 의사결정의 수준과 범위에 따라 기업수준의 전략, 사업수준의 전략, 기능수준의 전략으로 나눌 수 있다.
> - 전략적 인적자원관리
>   - 경영전략과 인적자원관리를 통합하여 상호 연계시키는 인적자원관리 활동 및 체계이다.
>   - 전통적인 인사관리와 달리 기업의 경영전략과 인적자원관리시스템 간의 적합성을 강조한다.
>   - 경쟁우위의 원천으로 물적 자원보다 인적 자원을 중시한다.

4 국제화(Globalization)전략

(1) 글로벌 경영

① 국경에 따라 시장을 구분하지 않고 전 세계를 하나의 시장으로 보고 경영한다.

② 국가마다 다른 전략을 수립하기보다는 전 세계시장을 하나의 시장으로 보고 통합된 전략을 수립하게 된다.

③ 제품이나 서비스를 범세계적으로 표준화할 뿐 아니라 판매전략이나 광고활동 역시 하나의 기준을 정해놓고 모든 나라에 적용시키는 소위 글로벌스탠다드(Global Standard)전략을 적용한다.

④ 글로벌 경영의 원인
   ㉠ 규모의 경제 : 소기업보다 대기업이 유리한 것처럼 국제기업은 더 큰 시장을 상대로 하기 때문에 생산비, 광고비, 구매비 등 단위당 원가를 줄일 수 있다.
   ㉡ 개방화와 자유화 : WTO체제 등 각 나라의 무역장벽이 낮아지고 자본, 인력, 기술의 이전이 쉬워진다.
   ㉢ 고객수요의 동질화 : 식품과 의류 등에 대한 기호와 습관이 전 세계적으로 통일되고 있는데, 이는 통신매체 등의 발달로 상호교류가 많아졌기 때문이다.
   ㉣ 막대한 제품개발 비용 : 급격한 기술발전으로 막대한 연구개발비를 투자하여 만든 제품을 한 시장에만 소량 판매하게 되면 비용회수가 어렵기 때문에 처음부터 전 세계시장을 상대로 다량 판매할 목적으로 개발한다.

(2) 국제화(Internationalization)

① 어느 한 나라의 기업이 자국시장에 머무르지 않고 다른 여러 나라로 진출하는 것이다.

② 국제화는 경영활동이 벌어지는 나라의 상황에 맞추어 구매, 디자인, 판매, 광고, 인사관리방식을 펴나가며 자본이나 인력도 현지화(Localization)전략을 택한다.

③ 국제화의 원인
  ㉠ 자원조달의 최적화 : 인건비가 싼 나라의 인력을 고용하여 땅값과 세금이 싼 나라에 공장을 세우고 원료가 풍부한 나라에서 원료를 구매하여 수요가 많은 나라에 판다면 최적의 조건에서 기업 활동이 이루어질 것이다.
  ㉡ 기회활용과 위험분산 : 기업활동에 유리한 정책을 펴는 국가가 있거나 고품질의 노하우를 가진 국가에서 기업을 운영하면 유리한 능력을 축적할 수 있으며, 여러 국가의 상황이 다르기 때문에 한 나라에서의 수요 감소, 원료공급중단 등의 위험사태에 대한 대체안이 많아 유리하다.

(3) 국제화를 위한 여러 가지 전략들
① 국제적 경영활동을 위해서는 회사 단독으로 수출과 수입거래선을 넓히면서 해외로 진출하는 경우도 있지만 다른 나라 기업과 제휴 내지는 합작투자를 통해서도 가능하다.
② 기업을 해외로 확장시켜 나가는 방법은 여러 가지가 있는데, 각각의 방법에 나름대로 장단점이 있기 때문에 회사형편이나 제품특성, 또는 국가형편에 따라 선택·병용하는 것이 보통이다.
③ 국제무역을 통한 국제화전략
  ㉠ 수입활동 : 경영에는 자본, 원료, 노동력, 기술 등 많은 자원이 필요한데 기업을 경영할 때 이러한 자원들을 모두 한 나라 안에서 조달하는 것이 아니라 그 자원의 원가가 싸거나 품질이 좋은 나라를 택하여 경영자원을 수입하여 사용하는 것이다.
  ㉡ 수출활동 : 다른 나라보다 싸게 만들 경우 상대적으로 원가우위에 있다고 볼 수 있는데 이러한 제품을 생산하여 여러 나라에 수출하는 방식이다.
④ 국제계약에 의한 국제화전략
  ㉠ 라이선싱계약(Licensing)
    • 라이선싱계약은 기술과 브랜드뿐만 아니라 라이선싱의 완전한 형태로 품질관리, 마케팅, 조직운영 등 모든 것을 계속 지원하면서 해외의 라이선싱업체를 직접적으로 관리·통제하는 것을 말한다.
    • 다른 나라 기업에게 기술이나 상표권, 경영노하우 등의 경제적 가치가 있는 경영자산을 사용하도록 허락해줌으로써 기업은 국제화될 수 있다.
    • 이는 경제적 가치가 있는 라이선스를 파는 것이 아니라 돈을 받고 빌려준다는 뜻이다.
  ㉡ 프랜차이징(Franchising)
    • 프랜차이징의 어원은 Francher로서 '자유를 주다'라는 뜻이다.
    • 제공자는 그 대가(Loyalty)를 받고 계약자는 상표권이나 노하우를 전해 받아서 이익을 올린다.
    • 전 세계에 흩어져 있는 KFC, Mcdonald사가 대표적인 예이다.

개념 PLUS

프랜차이징 가맹점에 제공하는 서비스 구분 기출 16

초기 서비스	지속적 서비스
• 상권분석과 입지선정 • 설비설계와 배치 • 리스협상 조언 • 자금조달 조언 • 운영시스템 제공 • 가맹점 종업원훈련 • 관리자 훈련프로그램	• 현장감독 • 머천다이징 • 관리자 및 종업원 재훈련 • 품질검사 • 전국광고 • 회계감사와 장부기록 • 경영보고서

ⓒ 생산계약
- 자신이 직접 공장을 운영하지 않으면서 해외협력업체에 일정한 품질과 규격의 제품을 납품하도록 계약을 체결하여 운영함으로써 국제화를 꾀할 수 있다.
- 신속하게 시장진출이나 철수를 할 수 있다는 장점이 있다.

⑤ **제휴와 투자에 의한 국제화전략**
  ㉠ 제 휴
  - 국제적 경쟁관계에 있는 기업들끼리 상호이익을 위해 일시적으로 협조관계를 형성하는 것이다.
  - 서로 상대방의 강한 경영자원을 교환하거나 세계시장의 독과점을 위해 해외기업들과 제휴를 맺는 것이다.
  ㉡ 해외직접투자
  - 외국기업의 주식을 다량 구매함으로써 그 기업의 경영에 직접 참여하는 것이다.
  - 이익배당을 받기 위한 목적도 있지만 원료의 유리한 구매, 해외시장확보, 생산기술의 습득 등이 더 큰 목적이다.

⑥ **해외시장 진입방식** 기출 17
  ㉠ 단독투자방식
  - 해외에 점포를 직접 운영하기 때문에 통제권이 매우 높다.
  - 가장 높은 잠재적 수익을 누릴 수 있는 해외 진입전략이다.
  ㉡ 라이선싱(프랜차이즈) 방식
  - 현지 경쟁업체의 탄생 위험을 증가시키는 반면, 이익의 빠른 회수가 가능하다.
  - 위험이 가장 낮고 투자도 가장 적게 요구된다.
  ㉢ 합작투자방식 기출 22·17

장 점	단 점
• 현지파트너의 지식 활용 • 비용과 위험을 파트너와 공유 • 정치적 용인 가능성	• 기술보호의 어려움 • 글로벌전략을 위한 조정이 어려움 • 파트너 간 이견 발생 시 갈등과 충돌 가능성

> **O X 문제**
> ▶ 합작투자는 진입업체의 위험을 줄이고 지역시장에 대한 정보를 비교적 정확하게 파악할 수 있는 장점이 있다. O | X
> 정답 ▶ O

(4) 국제유통경로 기출 19
① 일반적으로 국제유통에 있어서는 직접유통경로가 간접유통경로보다 효과적이기 때문에 기업은 가능한 한 직접유통경로를 이용하려고 한다.
② 직접유통경로와 간접유통경로의 선택 시에는 달성 가능한 매출규모가 고려되어야 한다.
③ 특정 시장국에서 달성 가능한 매출규모가 적고, 분산적일 경우 간접유통경로가 바람직하다.

> **O X 문제**
> ▶ 특정 나라에서 매출의 규모가 적고, 분산적일 경우에는 간접유통경로가 좋다. O | X
>
> 정답 ▶ O

05 기업윤리

1 기업윤리와 사회적 책임

(1) 기업윤리의 개념
① 기업윤리란 영리를 목적으로 사업을 경영하는 기업이 기본적으로 지켜야 할 도리와 규범을 말하며, 기업의 판단기준이 된다.
② 영리를 목적으로 사업을 운영하는 기업은 다양한 윤리적 문제에 직면할 수 있으며, 이때 기업윤리를 준수하는 기업은 의사결정의 상황에서 사회에 이익이 되는 부분을 고려하여 결정하게 된다.

(2) 기업윤리의 필요성
① 기업이 윤리를 잘 지키면 고객들의 의식 속에 기업이미지가 개선되어 해당 기업의 상품을 구입하게 되고 매출증가 효과를 기대할 수 있다.
② 기업이라면 경쟁은 불가피한 상황이나 기업이 경쟁기업보다 우위에 위치하기 위해서는 기업윤리를 준수함으로써 고객에게 좋은 이미지로 각인이 되는 것이 필요하다.
③ 윤리를 준수하는 기업은 자사의 종업원들에게도 긍정적인 영향을 미칠 수 있다. 종업원들은 기업이 윤리를 준수하면 자신도 그 일원임을 자각하고 그에 따르는 책임감과 자부심이 향상되어 생산성 증가 및 상품 가치 향상에 영향을 미치게 된다.
④ 기업 경영에 있어서 기업윤리는 기업성공의 필수조건이 되었으며 사회 전반에 걸쳐 기업의 사회적 책임에 대한 기대의 증가와 기업윤리경영의 표준화 추진 등에 의해서 그 필요성이 증대되고 있다.

(3) 기업윤리와 이해관계자 기출 24·22
① 기업은 기업의 주인인 주주를 위해 기업 가치를 높일 책임이 있다.
② 기업은 소비자를 위해 제품이나 서비스를 제공하여 소비자와의 계약을 이행할 책임이 있다.
③ 기업은 고객을 현혹할 수 있는 허위 및 과대광고나 정보은폐 등의 행위를 하여서는 안 된다.

④ 기업은 카르텔이나 뇌물 등 불공정한 경쟁행위를 하여서는 안 된다.
⑤ 기업은 인간의 존엄성을 바탕으로 하여 종업원을 대하며 작업장의 안전성을 확보하고 고용 및 성차별 등의 행위를 하여서는 안 된다.
⑥ 기업은 공평성과 형평성을 바탕으로 투자자를 대하며, 내부자거래나 분식결산, 인위적인 시장조작 등을 하여서는 안 된다.
⑦ 기업은 정부와의 관계에서 엄정한 책임과 의무를 바탕으로 기업 활동을 하고 지역사회와의 관계에서 기업시민으로써 역할을 수행하여야 한다. 따라서 탈세나 뇌물, 허위보고, 산업공해, 산업폐기물불법처리 등의 활동을 하여서는 안 된다.
⑧ 기업은 외국정부 및 기업과 공정한 협조를 추구하여야 하며, 세금회피를 목적으로 하거나 부정 돈세탁, 덤핑, 뇌물 등의 행위를 하여서는 안 된다.
⑨ 기업은 지구환경을 보호하기 위하여 공생관계를 모색하여야 하며, 환경오염이나 자연파괴 등의 행위를 하여서는 안 된다.
⑩ 이해관계자란 주주와 종업원 외에 채권자, 소비자, 하청업체(협력업체), 지역사회와 정부 등을 말한다.

(4) 유통기업의 사회적 책임(CSR) 기출 24·23

① 기업은 생산주체로서 국가 경제에서 중요한 역할을 하므로 사회적으로 기업의 유지 및 발전에 대한 책임을 가진다.
② 기업이 사회적 책임이 있는 기업으로 인정받기 위해서는 이해관계자에 대한 의무 및 이해를 충족시키는 것이 필요하며 이를 통해 긍정적인 영향을 제고하고 위협을 최소화할 수 있다.
③ 유통기업의 사회적 책임에는 지역사회에 대한 공헌, 인권 보호 및 근무 환경 개선, 관련 법규 준수 등이 있다.

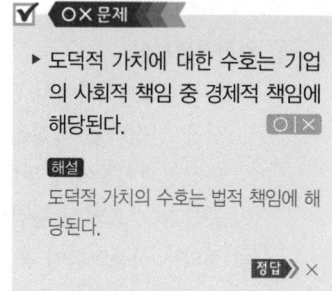

④ 주주 이익, 고용 창출, 고객에 대한 책임 등과 같은 경제적 책임과 온실가스 감축, 대체 에너지 활용, 친환경 활동 등과 같은 환경적 책임을 바탕으로 기업 경영 활동을 영위할 수 있다.
⑤ 캐롤(Archie B. Carroll)은 기업의 사회적 책임을 경제적, 법률적, 윤리적, 자선적 책임으로 구분하고, 이를 바탕으로 사회에 긍정적인 영향을 미칠 수 있는 책임있는 활동이 가능하다고 하였다.
⑥ 기업은 지역사회에 책임을 지고 공헌하기 위해 경제적·문화적 투자 등을 실시한다.
⑦ 기업은 생산과 소비를 효과적으로 연계하여야 하기 때문에 관련 기업 간 협력을 필요로 한다. 따라서 상호 협력을 전제로 정보를 공유하고 신뢰를 바탕으로 한 공급망을 구축하는 등의 노력이 필요하다.
⑧ 기업이 고려해야 할 사회적 책임은 그 대상에 따라 기업의 유지, 발전에 대한 책임과 이해관계자에 대한 책임으로 나눌 수 있다.
⑨ 사회적 가치 관점에서 기업의 사회적 책임 목표는 사회의 지속가능 발전에 기여하는 것이다.
⑩ 기업의 사회적 책임은 기업 차원에서 사회적 가치를 실현하려는 노력과 관련되어 있다.
⑪ ISO 26000은 CSR 경영의 세계적 표준의 하나이다.
⑫ 사회적 가치를 실현하는 사회적 책임경영은 민간기업과 더불어 공공기관에도 적용된다.

(5) 유통 및 판매윤리

① 유통경로의 윤리문제
  ㉠ 유통경로의 비윤리적 행위는 유통질서를 문란하게 한다.
  ㉡ 비윤리적인 유통경로는 유통업에 대한 불신을 초래하여 결국 유통업계나 제조업자 모두에게 불리한 결과를 가져온다.
  ㉢ 유통경로의 윤리문제는 대부분 유통경로상의 '힘 > 책임' 관계에서 나타나며, 이 경우 생기는 경로 주장의 윤리문제는 대부분 '우월적 지위의 남용'의 형식으로 나타난다.

② 유통경로의 윤리적 관리를 위한 고려사항
  ㉠ 장기적 관점 : 모든 유통경로의 윤리적 문제에 관한 의사결정을 할 때 기업의 장기적 이익을 먼저 고려하여 결정하여야 한다.
  ㉡ 이해관계자 관점 : 기업의 경영활동은 그 영향이 회사 내·외부의 이해관계자에게도 미치는데 그 중에 어느 이해관계를 먼저 고려해야 할 것인가를 판단해야 한다.
  ㉢ 소비자의 입장 : 소매업의 경우에 소비자위주 사고방식은 소비자에게 신뢰감을 주고 장기적으로 고객을 계속 유인할 수 있다.

(6) 시장구조와 윤리

① 완전경쟁시장
  ㉠ 완전경쟁시장하에서 판매자와 구매자의 영향력은 유사하고 소유권이전 및 교환이 허용되며 사유재산을 인정하는 특징을 가진다.
  ㉡ 완전경쟁시장에서 판매자와 구매자는 가격, 품질, 물량 등을 임의로 조정할 수 없다.
  ㉢ 공급과 수요의 균형점에서 도덕적 원칙인 정의와 효용, 권리가 만족된다.
  ㉣ 정의는 상품교환이 공평하고 정의로운 방법하에서 발생하는 측면을, 효용은 효율적으로 자원을 할당하고 사용하는 측면을, 권리는 자유의지를 바탕으로 한 거래 측면을 의미한다.

② 독점시장과 윤리
  ㉠ 독점시장에서의 판매자는 생산량을 조정하여 과도한 이윤을 추구할 수 있으므로, 최고 이윤수준에서 생산량과 가격을 고정시키게 된다.
  ㉡ 독점시장에서는 독점판매자가 자신의 극대화된 이익을 추구하여 거래하므로 정의가 결여되고, 독점 특성상 효율적인 생산방법을 모색하지 않으므로 효용이 결여되며, 구매자의 자유의지를 바탕으로 한 거래가 이루어지지 않으므로 권리가 결여된다.

③ 과점시장과 윤리
  ㉠ 과점시장 내 소수 판매자는 시장지배력을 통해 가격을 조정할 수 있으며, 다른 판매자의 시장진입을 제약한다.
  ㉡ 과점시장 내 소수 판매자들은 물량조정을 통한 과도한 가격으로 이윤을 획득할 수 있으며, 구매자의 자유의지를 제한하는 특징을 가진다. 따라서 정의, 효용, 권리 측면의 결여가 발생할 수 있다.
  ㉢ 과점시장 내 소수 판매자들은 자신들의 시장지배력을 유지하기 위하여 뇌물행위를 하거나 가격 및 공급조작, 일정가격유지 등의 과점행위를 할 수 있다. 따라서 구매자 보호를 위한 관련 규제 및 법률이 제정되는 것이 필요하다.

(7) 기업윤리의 기본원칙

① 공리주의
  ㉠ 공리주의는 기업의 능률과 생산성 제고, 이윤 극대화 등에 부합되는 반면에 자원배분의 불균형과 소수의 권리 무시 등의 문제점을 가지고 있다.
  ㉡ 공리주의가 도덕적 원칙에 위배되지 않는다는 전제하에 사회적 효용이 가장 큰 대안을 선택하는 것이 필요하다.

② 권리와 의무
  ㉠ 권리는 한 개인에게 주어지는 특정 행동에 대한 보호 장치로 도덕적 권리와 법적 권리로 구분될 수 있다.
  ㉡ 계약상 권리와 의무는 당사자 간 계약의 본질을 충분히 숙지하고, 정직하게 이루어져야 한다는 것이다.

③ 정의와 공평성
  ㉠ 정의와 공평성은 이익과 책임에 있어서 구성원들의 대우가 어떠해야 하는지에 관한 것이다.
  ㉡ 분배적 정의는 구성원들이 사회적 산물을 어떻게 나눌 것인지에 관한 것이다.
  ㉢ 재분배적 정의는 부정적 행위를 한 대상에게 적절한 처벌을 할 수 있다는 것으로 잘못한 정도에 비례하여 이루어진다.
  ㉣ 보상적 정의는 손실측정에 비례하여 보상을 통해 회복시키겠다는 것이다.

④ 효용성, 효율성, 도덕성
  ㉠ 아담 스미스는 인간의 욕망의 충돌은 시장에서 조정이 된다고 보았는데 이를 자유시장의 효용성이라 한다.
  ㉡ 효율성은 공리주의하에서 제한된 자원을 통해 최대의 순이익을 창출할 수 있는 대안을 선택하는 결정을 의미하는 것이다.
  ㉢ 도덕성은 옳고 그름의 판단기준으로 모든 구성원들이 공감할 수 있는 보편적 근거를 필요로 한다.

(8) 경영윤리

① 권리우선주의 : 인간으로서 존엄성이 우선되어야 한다는 견해로 개인의 생명과 안전, 사생활, 양심과 표현의 자유와 같은 기본권은 반드시 보호되어야 한다.
② 사회계약주의 : 윤리는 그 조직이 속한 사회에서 적용되고 있는 기준들을 종합적으로 고려해서 결정된다.
③ 공리주의 : 가치 판단의 기준을 효용과 행복의 증진에 두어 '최대 다수의 최대 행복' 실현을 윤리적 행위의 목적으로 본다. 즉, 어떤 결정을 통해 얻게 되는 성과가 비용보다 크면 옳은 결정이다.
④ 공정성주의 : 의사결정을 내리는 과정에서 규칙을 누구에게나 공정하게 적용하고 결정을 따르는 이익 혹은 불이익이 공평하게 나누어질 때 윤리적이라는 것이다.

2 양성평등의 이해

(1) 기본이념과 정의
① 기본이념 : 개인의 존엄과 인권의 존중을 바탕으로 성차별적 의식과 관행을 해소하고, 여성과 남성이 동등한 참여와 대우를 받고 모든 영역에서 평등한 책임과 권리를 공유함으로써 실질적인 양성평등사회를 이루는 것이다.
② 양성평등 : 성별에 따른 차별, 편견, 비하 및 폭력 없이 인권을 동등하게 보장받고 모든 영역에 동등하게 참여하고 대우받는 것이다.
③ 성희롱
　㉠ 업무, 고용, 그 밖의 관계에서 국가기관 등의 종사자, 사용자, 근로자가 지위를 이용하거나 업무 등과 관련하여 성적 언동이나 성적 요구 등으로 상대방에게 성적 굴욕감이나 혐오감을 느끼게 하는 행위를 하는 것이다.
　㉡ 상대방이 성적 언동 또는 요구에 대한 불응을 이유로 불이익을 주거나 그에 따르는 것을 조건으로 이익 공여의 의사표시를 하는 행위를 말한다.

(2) 국가 및 국민의 권리·의무
① 국가적 책무 : 국가기관 등은 양성평등 실현을 위하여 노력해야 하며, 양성평등 실현을 위하여 법적·제도적 장치를 마련하고 이에 필요한 재원을 마련할 책무를 진다.
② 국민의 권리·의무 : 모든 국민은 가족과 사회 등 모든 영역에서 양성평등한 대우를 받고 양성평등한 생활을 영위할 권리를 가지며, 양성평등의 중요성을 인식하고 이를 실현하기 위하여 노력해야 한다.

(3) 양성평등의 기본시책
① 양성평등의 공적 참여
　㉠ 적극적 조치 등 : 공공기관 및 사업보고서 제출대상법인의 성별 임원 수, 임금현황 등에 관해 조사하고 필요한 자료 제공을 요청할 수 있다.
　㉡ 정책결정과정 참여 : 양성이 평등하게 참여할 수 있는 시책을 마련한다(예 관리직 목표제 시행).
　㉢ 공직 및 정치참여 : 양성이 평등하게 참여하기 위한 시책을 마련하며 공무원의 채용, 보직관리, 승진, 포상, 교육훈련 등의 평등한 기회를 보장한다.
② 경제활동 참여
　㉠ 근로자의 모집·채용·임금·교육훈련·승진·퇴직 등 고용 전반에 걸쳐 양성평등이 이루어지도록 한다.
　㉡ 직장 내의 양성평등한 근무환경 조성을 위하여 필요한 조치를 한다.
　㉢ 여성이 승진·전보 등 인사상 처우에서 성별에 따른 차별없이 그 자질과 능력을 정당하게 평가받을 수 있도록 한다.
　㉣ 여성이 임신·출산·육아 등을 이유로 경력이 단절되지 않도록 한다.
　㉤ 경력단절여성 등의 경제활동 참여를 위하여 행정적·재정적 지원 등을 마련한다.
　㉥ 근로자의 모집·채용·임금 등에 있어서의 성별을 이유로 한 차별적 내용을 조사·연구하여 법령, 제도 또는 정책 등의 개선이 필요한 경우 고용노동부 등 관계 기관에 개선을 요청한다.

③ 모·부성의 권리 보장 : 임신·출산·수유·육아에 관한 모·부성권을 보장하고, 이를 이유로 가정과 직장 및 지역사회에서 불이익을 받지 않도록 한다.
④ 일·가정 양립지원
  ㉠ 일과 가정생활의 조화로운 양립을 위한 여건을 마련하기 위하여 노력한다.
  ㉡ 영유아 보육, 유아교육, 방과 후 아동 돌봄, 아이돌봄 등 양질의 양육서비스 확충, 출산전후휴가와 육아휴직제 확대 및 대체인력 채용·운영의 활성화, 가족친화적인 사회환경 조성 등에 관한 시책을 마련한다.
  ㉢ 여성 인적자원의 개발 : 여성의 경력단절 예방, 경력단절여성의 재취업 지원, 일과 가정생활의 양립, 생애주기별 여성의 경력개발 및 여성관리자 양성, 그 외 여성 인적자원 개발을 위해 필요한 사항을 마련한다.
  ㉣ 여성 인재의 관리·육성 : 여성인재의 육성 및 사회참여 확대를 지원하기 위하여 공공 및 민간 분야에서 일정한 자격을 갖춘 여성인재에 관한 정보를 수집하여 관리한다.

(4) 인권 보호 및 복지 증진
① **성차별의 금지** : 법으로 성차별 금지 시책을 규정한다.
② **성폭력·가정폭력·성매매 범죄의 예방 및 성희롱 방지**
  ㉠ 법으로 성폭력·가정폭력·성매매 범죄 및 성희롱을 예방·방지하고 피해자를 보호하며, 이를 위하여 필요한 시책을 마련한다.
  ㉡ 성폭력·가정폭력·성매매 범죄의 예방을 위하여 교육을 실시하고, 성희롱 예방교육을 성평등 관점에서 통합하여 실시한다.
  ㉢ 성폭력·가정폭력·성매매·성희롱 피해자와 상담하고 가해자를 교정(矯正)하기 위한 시책을 강구한다.
③ **성희롱 예방교육 등 방지조치**
  ㉠ 성희롱을 방지하기 위하여 성희롱 예방교육의 실시, 자체 예방지침의 마련, 성희롱 사건이 발생한 경우 재발방지대책을 수립·시행하고 그 조치 결과를 제출해야 한다.
  ㉡ 성희롱 방지조치에 대한 점검은 매년 실시하여야 한다.
  ㉢ 점검결과 성희롱 방지조치가 부실하다고 인정되면 관리자에 대한 특별교육 등을 해야 하며, 성희롱 방지조치 개선계획을 제출해야 한다.
  ㉣ 여성가족부장관은 성희롱 방지조치 점검결과를 언론 등에 공표하여야 하며, 국가인권위원회 등을 통해 국가기관 등에서 성희롱 사건을 은폐한 사실, 성희롱에 관한 국가기관 등의 고충처리 또는 구제과정 등에서 피해자의 학습권·근로권 등에 대한 추가적인 피해가 발생한 사실이 확인된 경우에는 관련자의 징계 등을 요청할 수 있다.
④ **성희롱 실태조사** : 여성가족부장관은 3년마다 성희롱에 대한 실태조사를 실시하여 그 결과를 발표하고, 이를 성희롱을 방지하기 위한 정책수립의 기초자료로 활용해야 한다.
⑤ **복지증진** : 지역·나이 등에 따른 여성 복지 수요를 충족시키기 위한 시책을 강구하며, 장애인, 한부모, 북한이탈주민, 결혼이민자 등 취약계층 여성과 그 밖에 보호가 필요한 여성의 복지 증진을 위하여 필요한 조치를 한다.
⑥ **건강증진** : 보건의료에 대한 양성평등한 접근권을 보장하기 위해 노력하며, 모성건강 등 여성의 생애주기에 따른 건강증진에 관한 시책을 마련한다.

CHAPTER

01 실전예상문제

※ 본 문제를 풀면서 이해체크를 이용하시면 문제이해에 보다 도움이 될 수 있습니다.

01 전략경영의 일반적인 프로세스로 올바르게 나열된 것은?

① 전략구상 – 조직사명·목표확인 – 외부분석 – 내부분석 – 전략실행
② 조직사명·목표확인 – 외부분석 – 내부분석 – 전략구상 – 전략실행
③ 전략구상 – 외부분석 – 조직사명·목표확인 – 내부분석 – 전략실행
④ 내부분석 – 외부분석 – 조직사명·목표확인 – 전략구상 – 전략실행
⑤ 외부분석 – 내부분석 – 조직사명·목표확인 – 전략구상 – 전략실행

> **전략경영의 일반적인 프로세스**
> - 조직사명·목표확인 : 경영목표 및 경영 전략을 수립하기 위한 추진조직의 구성 및 상세추진계획을 수립하는 단계
> - 외부환경분석 : 경영목표 및 평가체계 수립을 위해 외부환경 변화를 파악·분석하여 이에 대한 기회 및 위협요인을 도출하는 단계
> - 내부역량분석 : 기존의 경영이념 및 사업영역을 바탕으로 핵심역량, 프로세스, 재무능력, 그리고 이해관계자에 대한 평가 및 분석을 통해 강점 및 약점요인을 도출하는 단계
> - 전략수립(구상) : 경영목표를 설정하고 사업별로 경영자원과 경영전략을 마케팅전략, 개발전략, Logistics전략, 재무전략 등의 하부구조로 재분배 및 세부계획을 수립하는 단계
> - 전략실행 및 평가 : 수립된 비전과 전략적 의지를 구체적으로 실천함으로써, 그 전략의 타당성을 증명하고 핵심전략 요소와 기능별 전략의 일체화를 전개하는 단계

02 마이클 포터(Michael Porter)가 말한 산업과 경쟁을 결정짓는 5가지 요소(Five-force Model)에 해당하지 않는 것은?

① 공급자의 교섭력
② 대체재의 영향
③ 구매자의 교섭력
④ 기술의 발전속도
⑤ 기존기업 간의 경쟁

> 마이클 포터(Michael Porter)가 주장한 산업과 경쟁을 결정짓는 5가지 요소는 공급자의 교섭력, 대체재의 영향, 구매자의 교섭력, 신규진입자의 위협, 기존기업 간의 경쟁 등이다.

03 기업 성장 전략 중 현재 사업과 관련하여 상위분야나 하위분야로 진출함으로써 성장을 추구하는 전략은?

① 집중적 성장전략
② 다각화 성장전략
③ 시장확장전략
④ 수직적 통합 성장전략
⑤ 수평적 통합 성장전략

> ① 집중적 성장전략 : 기존사업 범위 내에서 성장을 추구한다.
> ② 다각화 성장전략 : 현재의 사업과 관련이 있거나 없는 신규사업으로 진출하여 성장을 추구한다.
> ③ 시장확장전략 : 집중적 성장전략의 하나로 기존 제품을 새로운 시장에 판매함으로써 성장을 추구한다.
> ⑤ 수평적 통합 성장전략 : 동일제품을 생산하고 있는 경쟁업체의 통합으로 성장을 추구한다.

04 제품의 포트폴리오 계획 방법 중 BCG매트릭스에 대한 설명으로 바르지 않은 것은?

① 가로축은 판매되는 제품에 대한 상대적 시장점유율을, 세로축은 제품이 판매되는 시장의 평균성장률로 하여 구성된다.
② 별(Star), 자금젖소(Cash Cow), 물음표(Question Mark), 개(Dog)의 네 가지 영역으로 구분된다.
③ 자금젖소(Cash Cow)는 저성장 고점유율을 보이는 곳으로서, 투자가 필요한 다른 전략사업단위에 투자할 자금을 창출할 수 있다.
④ 별(Star)은 시장점유율이 높을 뿐만 아니라 높은 성장률이 기대되므로 급격한 성장을 유지하기 위해 많은 투자가 필요한 부분이다.
⑤ 물음표(Question Mark)는 시장의 성장률은 낮지만 높은 시장점유율을 보이고 있는 곳으로 시장 지위가 낮으므로 가능한 빨리 철수해야 하는 부분이다.

> 물음표(Question Mark)는 시장성장률은 높지만 상대적 시장점유율은 낮은 사업이다. 경영자가 물음표 사업의 점유율을 성공적으로 증가시킨다면 별로 이동하여 계속 투자가 되지만, 실패한다면 개의 위치로 변하게 되어 철수해야 한다.

정답 01 ② 02 ④ 03 ④ 04 ⑤

05 산업환경분석 모델 중에서 STEP 모델에 대한 설명으로 가장 거리가 가장 먼 것은?

① STEP분석은 사회문화적 환경 – 기술적 환경 – 거시경제적 환경 – 경쟁가격 환경의 순서에 따라 분석하는 기법이다.
② 사회문화적 환경을 구성하는 요소로는 교육수준 향상, 소비자 라이프스타일 변화, 생활 양식 변화, 여성의 사회적 진출 등이 있다.
③ 기술적 환경에는 정보기술, 기술발전 가능성, 새로운 제품혁신, 대체기술 개발가능성 등을 포함하여 분석한다.
④ 거시경제적 환경에서 분석해야 하는 변수로는 GDP성장률, 물가상승률, 이자율·환율, 에너지가격 동향 등이 있다.
⑤ 정책·규제환경 분석은 법적 규제, 정책 개정, 무역규제 완화, 규제 철폐 등을 포함한다.

> 해설 STEP분석은 사회문화적 환경 – 기술적 환경 – 거시경제적 환경 – 정책규제 환경의 순서에 따라 분석하는 기법이다.

06 유통정보시스템을 통한 후방통합화(Backward Integration)의 사례라고 할 수 있는 것은?

① Wal-Mart는 많은 공급업체들과 전자적으로 판매정보를 바로 공급업체들과 공유함으로써 재고관리에 도움을 받고 있다.
② 의료품 제조업체인 백스터는 병원들과 연계하여 통신 네트워크로 주문을 받고 있다.
③ 리바이스는 리바이링크라는 프로그램을 이용하여 유통업체의 경쟁력을 높여주고 있다.
④ GE사는 고객회사의 제조공정을 컴퓨터에 입력하고 각 공정에 맞는 플라스틱을 제때에 공급한다.
⑤ 현대자동차는 기아자동차를 인수하여 동급의 자동차 생산에 주요 부품을 공유하여 비용을 절감하고 있다.

> 해설 후방통합은 유통업체(Wal-Mart)가 생산업체를 통합하거나, 생산업체가 원재료 공급업체를 통합하는 수직적 통합으로서, 기업이 공급자에 대한 영향력을 강화하기 위한 전략으로 사용된다.

07 사업포트폴리오 분석에 대한 설명으로 올바른 것을 고르시오.

> ㉠ BCG매트릭스는 시장성장률과 절대적 시장점유율을 두 축으로 총 4개의 사업영역으로 분류한다.
> ㉡ BCG매트릭스의 자금젖소영역에서는 현상유지 또는 수확전략을 취한다.
> ㉢ BCG매트릭스의 문제아영역은 시장성장률은 낮지만 절대적 시장점유율이 높은 전략사업단위를 지칭한다.
> ㉣ BCG매트릭스가 시장점유율을 사업단위의 경쟁적 지표로 취한 것은 경험곡선효과 때문이다.
> ㉤ GE & Mckinsey의 사업매력도-사업강점분석은 BCG매트릭스보다 각 차원별로 여러 구성요인을 반영하여 사업영역을 9개로 구분한다.

① ㉠, ㉡, ㉤
② ㉠, ㉢, ㉣
③ ㉡, ㉣, ㉤
④ ㉡, ㉢, ㉣
⑤ ㉢, ㉣, ㉤

해설
㉠ BCG매트릭스는 시장성장률과 상대적 시장점유율을 두 축으로 총 4개의 사업영역으로 분류한다.
㉢ 문제아(물음표)영역은 시장성장률은 높으나 상대적 시장점유율이 낮은 사업영역이다.

08 BCG 매트릭스와 관련된 설명으로 옳지 않은 것은?

① 시장성장률과 상대적 시장점유율의 높고 낮음을 기준으로 작성한다.
② 개의 영역은 시장은 커지고 있으나 경쟁력이 떨어져 수익을 올리지 못하는 상태다.
③ 현금젖소는 시장이 더 이상 커지지 않으므로 현상유지 전략이 필요하다.
④ 물음표의 영역은 경쟁력이 확보될 수 있는 부분에 집중투자하는 전략이 필요하다.
⑤ 별의 영역은 많은 투자 자금이 필요하다.

해설
개의 영역은 저성장·점유율을 보이는 사업단위로서 사업 자체를 유지하기에는 충분한 자금을 창출하지만 상당한 현금창출의 원천이 될 전망이 없는 전략사업단위이다.

정답 05 ① 06 ① 07 ③ 08 ②

09 제조업체 K사의 유통경로전략 중에서 집약적(Intensive) 유통에 대한 설명으로 가장 거리가 먼 것은?

① 집약적 유통경로는 장기적으로 시간이 흐르면서 다수의 경로구성원들이 K사 제품의 소매가격을 경쟁적으로 낮추어 제품의 이미지를 손상시킬 수 있다.
② 경쟁적으로 제조업체 K사 제품의 소매가격이 낮아지기 때문에 유통업자들은 마진축소에 따른 서비스 품질을 낮추려고 할 수 있다.
③ K사 제품의 소매가격이 낮아짐으로 인한 문제점은 유통업자들의 촉진활동도 위축시켜 판매량 감소로 이어질 수 있다.
④ K사 제품의 판매량이 감소하면 점차 유통업자는 점증하는 재고에 부담을 느껴 제조업체로의 반품이 증가할 수 있다.
⑤ 집약적 유통경로전략은 K사가 유통업체들을 강력하게 통제하기 어렵기 때문에 통제의 수단으로 제품을 공급할 때 재판매가격 유지정책을 사용한다.

> 집약적 유통(Intensive Distribution)은 가능한 많은 소매상들로 하여금 자사제품을 취급하도록 함으로써 포괄되는 시장의 범위를 최대화하는 전략이다. 집약적 유통의 장점은 충동구매의 증가, 소비자 인지도의 확대, 편의성의 증가 등을 들 수 있으며, 단점으로는 낮은 마진, 소량주문, 재고 및 재주문 관리의 어려움, 중간상에 대한 통제의 어려움 등이 있다. 재판매가격 유지정책은 상품의 생산, 공급자가 소매업자에게 상품의 재판매가격을 지시하여 이를 준수하게 하는 정책으로, 법적으로 불공정행위에 해당한다.

10 유통경로상에서 기업이 현재 차지하고 있는 위치의 다음 단계를 차지하고 있는 경로구성원을 자본적으로 통합하는 경영전략을 설명하는 용어로 옳은 것은?

① 전방통합(forward integration)
② 아웃소싱(outsourcing)
③ 전략적제휴(strategic alliance)
④ 합작투자(joint venture)
⑤ 후방통합(backward integration)

> ①·⑤ 전방통합은 제조회사가 자사소유의 판매지점이나 소매상을 통합하는 형태이고, 후방통합은 소매상이나 도매상이 제조회사를 통합하는 형태이다.
> ② 자사의 핵심역량에 집중하면서 비핵심부문을 분사 또는 외주 등의 방법으로 운영하여 기업 가치를 제고하는 전략이다.
> ③ 경쟁 또는 협력관계의 기업 및 사업부 사이에 일시적으로 협력관계를 구축하는 것을 말한다.
> ④ 2개 이상의 기업이 특정 기업운영에 공동으로 참여하는 투자방식으로 지분인수를 통해 이루어진다.

11 소매 점포의 직원을 선발하기 위한 수요예측방법에 대한 설명으로 옳지 않은 것은?

① 인적자원의 수요예측은 과거 추세, 현재 상황, 미래 가정에 입각하여 이루어진다.
② 정성적 방법으로 추세분석이나 델파이 기법 등이 주로 사용된다.
③ 정성적 방법의 하나인 명목집단법은 의사결정하는 데 시간이 짧다는 장점이 있다.
④ 명목집단법은 브레인스토밍과 브레인라이팅기법의 장점들을 살리기 위해 고안되었고, 브레인스토밍 기법에 토의 및 투표 기법 등의 요소를 결합하여 만들어진 것이다.
⑤ 델파이기법은 어떠한 문제에 관하여 전문가들의 견해를 유도하고 종합하여 집단적 판단으로 정리하는 일련의 절차라고 정의할 수 있다.

> 해설 장기적인 변동의 전반적인 추세를 나타내는 추세분석법은 시계열 분석방법의 일종으로 정량적 방법에 해당한다.

12 매출액 예측기법과 그에 대한 설명으로 가장 옳지 않은 것은?

① 영업사원 예측합산법 - 정성(주관)적 예측기법으로, 영업사원으로부터 자신이 담당하고 있는 구역에서 향후 일정기간 동안 판매될 것으로 예측되는 제품수량에 대한 자료를 수집한 후, 이를 회사 차원에서 합산하여 판매를 예측하는 기법
② 경영진 의견법 - 정성(주관)적 예측기법으로, 경영진으로부터 판매에 대한 예측치를 수집하여 이를 기반으로 회사의 판매액을 예측하는 기법
③ 델파이기법 - 정량(객관)적 예측기법으로, 여러 명의 전문가로부터 자료를 취합하여 평균을 도출한 후 회사의 판매액을 예측하는 기법
④ 이동평균법 - 정량(객관)적 예측기법으로, 제품의 판매량을 기준으로 일정기간별로 산출한 평균추세를 통해 미래수요를 예측하는 기법
⑤ 회귀분석법 - 정량(객관)적 예측기법으로, 매출액에 영향을 미치는 변수들을 독립변수로, 매출액을 종속변수로 선정하여 이들 간 (선형)관계의 정도를 추정하기 위한 기법

> 해설 델파이기법은 정성적 예측기법으로 예측하고자 하는 대상의 전문가그룹을 선정한 다음, 전문가들에게 여러 차례 질문지를 돌려 의견을 수렴함으로써 예측치를 구하는 방법이다.

13 박스 안의 (가), (나), (다)는 집단의사결정에 활용되는 어느 기법의 특징과 장점을 설명한 것이다. 어느 것에 대한 설명인가?

> (가) 전문적인 의견을 설문을 통하여 제시함으로써 의사결정의 진행이 익명에 의해 이루어지게 되어 소수 지배나 집단사고 현상이 제거될 수 있다.
> (나) 단계별로 의사결정이 진행되기 때문에 의사결정 진행상황에 대한 추적이 용이하다.
> (다) 사회적·감정적 관계가 배제되어 문제에 집중할 수 있다.

① 개인면접법(Individual Interview)
② 델파이(Delphi)법
③ 브레인 스토밍(Brain Storming)
④ 변증법적 문의법(Dialectical Inquiry Model)
⑤ 명목집단법(Nominal Group Technique)

> 해설
> 델파이(Delphi)법은 전문가의 경험적 지식을 통한 문제해결 및 미래예측을 위한 기법이다. 각 전문가들에게 개별적으로 설문서와 그 종합된 결과를 전달·회수하는 과정을 거듭함으로써 독립적이고 동등한 입장에서 의견을 접근해 나가는 기법이다. 설문서의 응답자는 철저하게 익명성이 보장되므로 외부적인 영향력으로 결론이 왜곡되거나 표현이 제한되는 예가 적다.

14 경쟁우위 유지전략에 대한 내용으로 옳지 않은 것은?

① 기업이 지속적으로 고객에게 탁월한 가치를 제공함으로써 그 고객으로 하여금 해당 기업이나 브랜드에 호감이나 충성심을 갖게 하여 지속적인 구매활동이 유지되게 한다.
② 고객충성도는 강력한 소매브랜딩, 포지셔닝, 충성도 프로그램 등에 의해 구축되며, 경쟁력 강화에 매우 중요한 요소이다.
③ 정교한 물류시스템의 활용은 소매업체의 효율성을 증대시킨다.
④ 효율적인 공급체인관리는 지속적인 고비용, 저수익의 경쟁우위를 발전시킨다.
⑤ 백화점과 같은 고품격 서비스를 제공하는 소매업체는 고객서비스의 질을 향상시킴으로써 경쟁력을 강화할 수 있다.

> 해설
> 효율적인 공급체인관리(SCM)는 지속적인 저비용의 경쟁우위를 발전시키는 데 중요한 역할을 한다(예 Wal-Mart).

15 수요예측에 사용하는 지수평활법(Exponential Smoothing)에 대한 설명으로 옳지 않은 것은?

① 지수평활법은 지수평활상수를 활용하여 수요예측을 한다.
② 예측오차에 대해 예측치가 조정되는 순발력은 지수평활상수 α에 의해 결정된다.
③ 일부 컴퓨터 패키지 프로그램은 예측오차가 허용될 수 없을 정도로 큰 경우에는 지수평활상수를 자동으로 조정하는 기능을 갖고 있다.
④ 지수평활법은 계산이 복잡하고 가중치 체계인 지수평활상수의 변경이 어렵다.
⑤ 다음기 예측치 = 전기의 예측치 + α(전기의 실제치 − 전기의 예측치)

> 지수평활법은 계산이 단순하고 가중치 체계인 지수평활상수를 변경할 수 있다. 즉, 불규칙변동이 큰 시계열의 경우에는 작은 값을, 불규칙변동이 작은 시계열의 경우에는 큰 값을 적용한다.

16 다음 중 다각화전략의 목적으로 옳지 않은 것은?

① 기업은 경기순환에서 오는 위험을 분산시키기 위해 다각화전략을 추구할 수 있다.
② 다각화를 통해 세제상의 이점을 얻고자 하는 것이다.
③ 기업은 범위의 경제성 또는 시너지효과를 실현하기 위해 다각화를 추구한다.
④ 기업은 다각화를 통해 어떤 사업부문에서의 시장지배력을 다른 사업부문들이 이용할 수 있다.
⑤ 기업성장을 통해 더 많은 보상을 받으려는 하위관리층의 욕구이다.

> 기업성장을 통해 더욱 많은 보상을 받으려는 최고경영층의 욕구이다.

17 다음 보기에서 빈칸에 적절한 내용으로 옳은 것은?

( )은 기존 제품·시장에서 매출액 및 시장점유율을 높이는 전략이다. 예를 들면, 자사 점포에서 쇼핑하지 않는 고객을 유인하거나 기존 고객들이 더 많은 상품을 구매하도록 유인하는 전략을 말한다.

① 제품개발전략
② 시장개발전략
③ 시장침투전략
④ 연구개발전략
⑤ 판매제조전

해설
시장침투전략의 구체적 방법
- 점포수를 늘리거나 새로운 제품·서비스를 추가하는 등의 방법을 이용한다.
- 상품의 구색이나 가게 내의 진열을 변화시킴으로써 고객의 일회 구매량을 증가시킨다.
- 서비스소매업은 상용고객제도나 우수고객제도를 도입하여 전체적인 구매량을 증가시킨다.
- 환불제도, 계절별 특수상품 기획, 완벽한 재고보유 등으로 고객의 구매빈도를 증가시킨다.

18 제품의 수명주기에 따른 일반적인 유통경로전략에 대한 설명으로 가장 옳지 않은 것은?

① 도입기에는 소수의 중간상들에게만 제품을 공급하는 선택적 유통전략을 채택하는 경향이 있다.
② 도입기에는 수요의 불확실성으로 자사 제품을 취급하려는 중간상을 찾는 데 어려움이 있을 경우 전속적 유통전략을 이용하기도 한다.
③ 성장기에는 제품을 널리 보급하기 위해 전속적 유통전략을 이용한다.
④ 성숙기에서의 기본적인 유통목표는 유통집약도를 지속적으로 강화 및 유지하는 것이다.
⑤ 쇠퇴기가 되면 불량중간상과의 거래를 중단함으로써 자사제품을 취급하는 중간상의 수를 줄여나간다.

해설
성장기에는 시장규모가 정체되고 기업들의 가격경쟁이 치열하므로 마케팅 조정을 필요로 한 집중적인 유통전략을 이용한다.

19 고객의 구매행동에 관한 내용으로 옳지 않은 것은?

① 소비자들이 구매에 크게 관여하고, 상표 간의 유의한 차이를 인식할 때 소비자는 복잡한 구매행동을 거치게 된다.
② 제품이 고가이며 간혹 구매하고, 높은 자아표현적일 경우 복잡한 구매행동을 한다.
③ 습관적 구매행동은 고관여와 유의한 상표의 차이가 큰 조건하에서 구입하는 경우에 일어난다.
④ 상표차이가 거의 없는 저관여제품의 마케팅 관리자는 제품사용을 자극하기 위해 가격촉진과 판매촉진을 사용하는 것이 효과적이다.
⑤ 소비자가 다양한 맛의 과자를 맛보기 위해 여러 상표를 선택하는 경우는 다양성 추가 구매행동으로 볼 수 있는데 상표변경은 다양성을 추구함으로써 일어난다.

> 습관적 구매행동은 저관여와 상표 간의 차이가 거의 없는 조건하에서 구입하는 경우에 일어난다.

20 다음 A, B의 대화에서 (㉠), (㉡) 안에 들어갈 소매상 유형으로 옳은 것은?

> A : 난 화장품을 사면서 생활용품, 의약품도 한꺼번에 구매하면 좋겠어.
> B : 미국에서는 이미 셀프서비스 방식으로 조제약이나 건강/미용상품 등 일상용품을 판매하는 (㉠)이/가 많아. 우리나라도 이제 많은 유통기업들이 (㉠) 사업을 하고 있어.
> A : 그래! 알려줘서 고마워. 그럼 혹시 회원제로 가입하면 정상적인 상품을 대폭 할인해 주는 그런 곳은 없니?
> B : 물론 있지. 일정한 회비를 정기적으로 내는 회원들에게 30~50% 할인된 가격으로 정상적인 제품들을 판매하는 곳이 국내에도 있어. 미국에서 1976년 프라이스클럽(Price Club)이 이 (㉡) 업태를 시작한 이래, 국내에서도 (㉡) 업태는 주요 도시에서 성업중이야.

① ㉠ 전문할인점   ㉡ 회원제 창고형 소매점
② ㉠ 슈퍼슈퍼마켓   ㉡ 회원제 전문점
③ ㉠ 드럭스토어   ㉡ 회원제 전문할인점
④ ㉠ 슈퍼슈퍼마켓   ㉡ 회원제 소매점
⑤ ㉠ 드럭스토어   ㉡ 회원제 창고형 도소매점

> ㉠ 드럭스토어 : 의사의 처방전 없이 구입할 수 있는 일반의약품 및 화장품·건강보조식품·음료 등 다양한 상품을 판매하는 매장으로, 외국의 경우 약국에 잡화점이 합쳐진 듯한 가게를 뜻하는데, 국내에서 운영되는 드럭스토어는 약품보다는 건강·미용용품을 주로 판매해 헬스앤드뷰티(H&B)스토어 개념에 가깝다. 대표적인 외국의 드럭스토어에는 미국 월그린, 영국 부츠, 홍콩 왓슨스, 일본 마쓰모토기요시 등이 있다.
> ㉡ 회원제 창고형 도소매점 : 일정한 회비를 정기적으로 내는 회원들에게 30~50% 할인된 가격으로 정상적인 제품을 판매하는 곳으로, 실내장식이 거의 없는 창고형 매장으로 운영되며, 묶음으로 진열 및 판매를 하여 비용을 최소화한다.

21 다음은 최근 월마트 등 많은 유통기업들이 선택하고 있는 유통혁신전략에 관련된 설명이다. 가장 적절하게 짝지어진 것은?

> (가) 오프라인과 온라인에 관계없이 고객들에게 언제 어디서나 일관된 서비스를 제공하는 유통체계를 구축하여 더 나은 서비스를 제공하고자 한다. 월마트는 매장에서 고객이 앱을 통해 제품을 구매할 수 있도록 하고 온라인에서 주문한 후 결제 및 물건수령은 매장에서 할 수 있는 서비스를 제공하기 시작했다.
>
> (나) 온라인으로 고객을 모아 오프라인 매장의 상거래를 유발하는 것으로, 오프라인에서 상거래가 일어나고 있는 분야라면 상거래 서비스가 가능하다고 본다. 스마트폰이 오프라인 매장의 이용을 유도하도록 하는 형태가 대표적으로, 국내시장에서는 주로 음식 배달, 부동산 중개, 고객운송 등의 3대 분야가 주목 받고 있으며 앞으로 더욱 확장될 것으로 전망한다.

① (가) e-채널화   (나) 매쉬업
② (가) e-채널화   (나) 시핑패스
③ (가) 옴니채널   (나) 시핑패스
④ (가) 옴니채널   (나) O2O 커머스
⑤ (가) e-채널화   (나) O2O 커머스

• 옴니채널 : 소비자가 온라인, 오프라인, 모바일 등 다양한 유통채널을 넘나들며 상품을 검색하고 구매할 수 있도록 한 서비스이다. 각 유통채널의 특성을 결합해 어떤 채널에서든 같은 매장을 이용하는 것처럼 느낄 수 있도록 한 쇼핑 환경을 말한다.
• O2O 커머스 : 온라인을 통해 소비자를 모아 오프라인에서 상거래를 유발하는 활동을 말한다.
• e-채널화 : CRM, SCM, Logistics, Finance 분야를 온라인을 매개로 해서 포털화하는 것이다.
• 매쉬업(Mash-up) : 웹서비스 업체들이 제공하는 각종 콘텐츠와 서비스를 융합하여 새로운 웹서비스를 만들어내는 것을 말한다.
• 시핑패스(Shipping Pass) : 월마트의 배송 서비스 프로그램으로, 연간 49달러를 내는 회원들이 주문한 상품을 무료로 2일 내에 배송 받을 수 있도록 한 시스템이다.

22 다음 보기에서 밑줄 친 이것은 무엇에 대한 설명인가?

> 이것은 소비자들이 오프라인 점포에서 마음에 드는 제품을 확인한 후, 실제구매는 가격이 보다 저렴한 온라인 쇼핑몰에서 하는 행동을 지칭한다.

① 모바일 상거래(m-commerce)
② Online to Offline(O2O)
③ 멀티채널 쇼핑(Multi-channel shopping)
④ 직접 구매
⑤ 쇼루밍(show rooming)

해설 쇼루밍(show rooming)과 역쇼루밍(reverse show rooming)
쇼루밍은 백화점과 같은 오프라인 매장에서 상품을 직접 만져보고 체험한 다음, 정작 구매는 보다 저렴한 온라인으로 하는 소비 패턴을 의미한다. 반대로 역쇼루밍은 온라인을 통해 상품에 대한 각종 정보를 검색하고 비교해 상품의 구매를 결정한 후, 오프라인 매장을 직접 방문해 구매하는 방식이다.

23 유통경로에 대한 설명으로 가장 올바르지 않은 것은?

① 유통경로를 설계하기 위해서는 우선 유통경로의 목표를 세우는 것이 필요하며 기업의 전반적인 목표와 마케팅목표가 일치하여야 한다.
② 유통경로의 목표를 설정하고 난 후에는 유통경로전략을 결정해야 하는데 유통커버리지와 통제수준을 결정하게 된다.
③ 유통경로설계에 있어 중요한 문제는 자사의 제품이나 서비스가 경로시스템의 최종단계에까지 도달하도록 보장하는 일이다.
④ 유통경로의 푸시전략에서는 주로 인적판매의 방식을 집중적으로 활용하게 되며 중간상인과의 적극적인 협력을 유도하게 된다.
⑤ 유통경로를 통해 생산자로부터 도매상이나 소매상과 같은 중간상을 거쳐 소비자에게로 이동되는 후방흐름이 촉진된다.

해설 생산자로부터 도매상이나 소매상과 같은 중간상을 거쳐 소비자에게로 이동되는 흐름은 '전방흐름'에 해당된다. 전방흐름에는 물적 흐름, 소유권의 흐름, 촉진활동의 흐름이 있다.
※ 후방흐름
소비자 → 소매상 → 도매상 → 생산자의 후방적 방향으로 이동하는 유통업무를 말하며, 주문기능과 대금지급 기능이 있다.

정답 21 ④ 22 ⑤ 23 ⑤

24 수직적 통합의 장점이 아닌 것은?

① 운영비를 절감한다.
② 공급과 수요를 확보한다.
③ 환경적응 유연성을 증가시킨다.
④ 수익성이 높은 사업으로 진출한다.
⑤ 제품이나 서비스에 대한 통제력을 증대시킨다.

수직적 통합의 장·단점	
장 점	운영비의 절감, 공급과 수요의 확보, 제품이나 서비스에 대한 통제력의 증대, 수익성이 높은 사업으로의 진출, 기술혁신의 용이성 등
단 점	경우에 따라 운영비가 증가할 가능성 존재, 수익성 위험의 증가, 환경적응 유연성의 감소

25 국제화전략의 추세가 점차 증가하는 이유가 아닌 것은?

① 국제기업은 더 큰 시장을 상대로 하기 때문에 생산비, 광고비, 구매비 등 단위당 원가를 줄일 수 있다.
② 식품과 의류 등에 대한 기호와 습관이 전 세계적으로 통일되고 있다.
③ WTO체제 등 각 나라의 무역장벽이 낮아지고 자본, 인력, 기술의 이전이 쉬워진다.
④ 낮은 제품 개발비용 때문에 한 시장에만 소량 판매하여 비용회수가 쉬워진다.
⑤ 급격한 기술발전으로 막대한 연구개발비를 투자하여 만든 제품을 개발한다.

급격한 기술발전으로 막대한 연구개발비를 투자하여 만든 제품을 하나의 시장에만 팔게 되면 비용회수가 어렵기 때문에 처음부터 전 세계시장을 상대로 다량으로 판매할 목적으로 개발한다.

26 다른 나라 기업에게 기술, 상표권, 경영 노하우 등의 경제적 가치가 있는 경영자산을 사용·허락하여 국제화를 이루는 전략은 무엇인가?

① 생산계약
② 프랜차이징계약
③ 라이선싱계약
④ 수입계약
⑤ 배송계약

라이선싱(Licensing)계약
다른 나라 기업에게 기술이나 상표권, 경영 노하우 등의 경제적 가치가 있는 경영자산을 사용하도록 허락해줌으로써 기업은 국제화될 수 있다. 이는 경제적 가치가 있는 라이선스를 파는 것이 아니라 돈을 받고 빌려준다는 의미이다.

27 3가지 유통전략적 대안과 그에 맞는 상품의 예를 가~다의 순서대로 가장 바르게 연결한 것은?

유통전략적 대안	상품 예
가. 집약적 유통	㉠ 청량음료, 비누, 껌
나. 선택적 유통	㉡ 화장품, 의류, 산업재 부속품
다. 전속적 유통	㉢ 고급 승용차, 건설장비, 고급 가구

① ㉠, ㉡, ㉢　　　　② ㉠, ㉢, ㉡
③ ㉡, ㉠, ㉢　　　　④ ㉢, ㉡, ㉠
⑤ ㉢, ㉠, ㉡

해설
가. 집약적 유통전략은 희망하는 소매점이면 누구나 자사의 상품을 취급할 수 있도록 하는 개방적 유통경로전략으로 식품, 일용품 등 편의품에 적용한다.
나. 선택적 유통전략은 일정 지역 내에 일정 수준 이상의 자격을 갖춘 소매점을 선별하여 이들에게 자사 제품을 취급하도록 하는 유통경로전략으로 의류나 가구, 전자제품 등 선매품에 적용한다.
다. 전속적 유통전략은 일정한 상권 내에 제한된 수의 소매점으로 하여금 자사 상품만을 취급하게 하는 유통경로전략으로 고급차나 고가품 등 전문품에 적합하다.

28 기업 수준의 성장전략에 관한 설명으로 가장 옳지 않은 것은?

① 기존시장에서 경쟁자의 시장점유율을 빼앗아 오려는 것은 다각화전략이다.
② 신제품을 개발하여 기존시장에 진입하는 것은 제품개발전략이다.
③ 기존제품으로 새로운 시장에 진입하여 시장을 확대하는 것은 시장개발전략이다.
④ 기존시장에 제품계열을 확장하여 진입하는 것은 제품개발전략이다.
⑤ 기존제품으로 제품가격을 내려 기존시장에서 매출을 높이는 것은 시장침투전략이다.

해설
다각화전략은 특정 기업이 성장추구, 위험분산, 범위의 경제성, 시장지배력, 내부시장의 활용 등을 목적으로 현재 전념하고 있지 않은 상이한 여러 산업에 참여하는 것을 말한다.
※ 기업 성장전략
　• 시장침투전략 : 기존제품 + 기존시장
　• 시장개발전략 : 기존제품 + 신시장
　• 제품개발전략 : 신제품 + 기존시장
　• 다각화전략 : 신제품 + 신시장

29 깊이 있는 구색을 가진 한정된 품목을 저가격·대량으로 판매하는 업태로 옳은 것은?

① 슈퍼센터(Super Center)
② 할인점(Discount Store)
③ 창고형 도소매업(Membership Warehouse Club)
④ 파워센터(Power Center)
⑤ 카테고리 킬러(Category Killer)

> 해설
> 카테고리 킬러는 소비자의 라이프스타일 변화에 따라 기존 백화점에서 취급하는 품목 가운데 한 계열을 선택하여 상품구색을 깊게 하고, 그 계열 품목을 저가에 대량판매하는 전문할인점이다.

30 소매업태에 대한 설명 중 올바르지 않은 것은?

① 슈퍼센터 - 슈퍼마켓과 종합 할인점을 합친 형태로, 식품과 일반 상품의 다양한 구색을 통해 원스톱 쇼핑이 가능하다.
② 카테고리 킬러 - 일정 상품 카테고리를 대상으로 다양한 구색을 갖추고 낮은 가격으로 판매하는 형태로, 전문적인 서비스를 제공할 수 있다.
③ 창고형 할인점 - 제한된 품목의 식품 및 일반상품을 제공하며 서비스 수준은 낮지만 낮은 가격을 실현할 수 있고, 회원제로 운영되는 형태가 많다.
④ 편의점 - 제한된 종류와 구색의 상품을 갖추고 고객의 접근성이 높은 지역에 위치하여 판매하는 형태로, 상품의 회전율이 높은 업태에 속한다.
⑤ 팩토리 아웃렛 - 계절이나 유행이 바뀌는 경우 의류제품을 낮은 가격으로 판매하는 형태로, 백화점과 같은 유통전문점에서 운영한다.

> 해설
> 팩토리 아웃렛(Factoring Outlet ; 공장직매점)이란 제조업체가 유통라인을 거치지 않고 직영체제로 운영하는 상설 할인매장을 말한다. 대개 공장이나 물류센터에 붙어 있어 중간 물류비와 유통단계를 생략하여 최저 가격으로 고객을 직접 상대하는 불황 극복용 매장이라고 할 수 있다.

31 다음 글상자 안의 사례에서 나타난 상품매입과 관련된 비윤리적·법률적 문제가 될 수 있는 행위 또는 용어는 무엇인가?

> 가전 제조업체인 K사는 거래하고 있는 소매업체들로 하여금 자사의 전 가전제품을 묶음계약의 형태로 구입할 것을 요구하였다. 이에 여러 소매업체 구매담당자들은 난색을 표하였다.

① 역청구(Chargebacks)
② 역매입(Buybacks)
③ 독점거래협정(Exclusive dealing Agreements)
④ 구속적 계약(Tying Agreements)
⑤ 입점비(Slotting Allowances)

> 구속적 계약은 사고자 하는 상품을 구입하기 위하여 사고 싶지 않은 상품을 묶음계약의 형태로 소매업체가 구입하도록 공급업체와 소매업체가 협정을 맺는 것이다.
> ① 역청구는 소매업체가 공급업체로부터 야기된 상품 수량의 차이에 대해 대금을 공제하는 것을 말한다.
> ② 역매입은 경쟁자의 상품을 시장에서 제거하기 위해 경쟁업체의 제품을 사들이는 행위를 말한다.
> ③ 독점거래협정은 공급업체나 도매업체가 소매업체로 하여금 자신 이외의 다른 공급업체나 도매업체의 상품을 취급하지 못하도록 제한하는 것이다.
> ⑤ 입점비는 공급업체가 소매업체의 점포 사용에 따른 비용을 지불하는 것이다.

32 유통기업의 윤리에 대한 설명 중 가장 적합하지 않은 것은?

① 선정적인 광고는 소비자의 성적 본능과 감각을 자극함으로써 주의와 시선을 집중시키는 효과는 있지만 상품의 개념에 상당한 혼란을 가져올 수 있다.
② 비교 광고는 확인가능한 객관적 자료를 근거로 해야 하고, 근거가 확실한 경우에도 일부자료로 전체를 비교하는 표현을 하거나 경쟁상품을 비방하는 표현을 하는 것은 비윤리적인 행위이다.
③ 침투전략은 특별한 원가차이도 없이 같은 제품을 상이한 가격으로 판매하거나 저가로 유인한 뒤 고가품목을 구매하게 하려는 행위이지만 소비자에 실질적 이득을 주므로 비윤리적 행위라 할 수 없다.
④ 경쟁업체와의 수평적 가격담합, 제조업자와 중간상 간의 수직적 가격담합, 그리고 경쟁업체를 시장에서 몰아내기 위해 가격을 내리는 약탈적 가격전략은 비윤리적이다.
⑤ 기업의 가격결정과 가격경쟁은 윤리적 평가가 가장 어려운 문제이며, 가격은 기업의 수익과 직결되는 마케팅믹스요소이므로 비교적 어려운 문제이며 다른 요소에 비해 법적 규제의 강도가 세다.

> 유통기업은 고객에게 정직과 신용으로 믿을 수 있는 제품을 저렴하게 제공해야 하는데 고객을 저가로 유인한 후 필요 이상의 고가품목을 구매하게 하려는 행위는 윤리적 행위기준에 위배된다고 볼 수 있다.

33 기업의 사회적 책임과 그 내용의 연결이 옳은 것은?

① 경제적 책임 - 도덕적 가치의 수호
② 윤리적 책임 - 이윤극대화
③ 재량적 책임 - 기업의 자발적인 윤리적 행위
④ 법적 책임 - 기업윤리의 준수
⑤ 본질적 책임 - 기부활동

> ① 법적 책임 - 도덕적 가치의 수호
> ② 경제적 책임(본질적 책임) - 이윤극대화
> ④ 윤리적 책임 - 기업윤리의 준수
> ⑤ 재량적 책임 - 기부활동

34 다음 중 양성평등의 기본이념에 해당하지 않는 것은?

① 성차별적 의식과 관행을 해소한다.
② 실질적인 양성평등사회를 이룬다.
③ 양성이 동등한 참여와 대우를 받는다.
④ 여성은 업무·고용부분에서 우선적으로 보호받을 권리를 가진다.
⑤ 양성은 모든 영역에서 평등한 책임과 권리를 공유한다.

> 양성평등의 기본이념
> 개인의 존엄과 인권의 존중을 바탕으로 성차별적 의식과 관행을 해소하고, 여성과 남성이 동등한 참여와 대우를 받고 모든 영역에서 평등한 책임과 권리를 공유함으로써 실질적인 양성평등사회를 이루는 것이다.

35 마케팅관리자의 유통목표가 아닌 것은?

① 고객만족도　　　　　　　② 통제수준
③ 총유통비용　　　　　　　④ 경로의 신축성
⑤ 최대 판매실적

> 마케팅관리자의 유통목표 : 고객만족도, 통제수준, 총유통비용, 경로신축성 등

36 TV홈쇼핑에 대한 내용으로 적절하지 않은 것은?

① 쇼핑만을 전담하는 채널에서 정규방송시간 내내 상품 안내와 주문을 받는 방식이다.
② 미리 선별된 구매자를 대상으로 마케팅한다는 점에서 다른 다이렉트 마케팅과 유사하다.
③ 소매상이 상품을 선정해 판매한 후 이익을 나누는 형식으로 계약한다.
④ 배송업체와 보완적 관계를 가지고 있다.
⑤ 무점포소매상에 속한다.

> 미리 선별된 구매자뿐 아니라 불특정 다수를 대상으로 마케팅한다는 점에서 다른 다이렉트 마케팅 방법과 구분된다.

37 무점포소매상의 판매 상품특성에 대한 설명으로 가장 옳지 않은 것은?

① 자동판매기는 24시간 판매와 셀프서비스를 그 특징으로 하며 파손가능성이 적은 편의품을 주로 판매한다.
② 최근 방문판매는 소매업태로서의 매력이 위협받고 있으나 국내의 경우 화장품과 건강식품, 정수기 등의 제품에는 여전히 중요한 유통채널이다.
③ 우편통신판매에서는 쉽게 변질될 수 있는 식료품 이외의 모든 제품이 취급 가능하나, 일반적으로 표준화·규격화된 제품이 주류를 이루고 있다.
④ TV 홈쇼핑은 유형상품뿐만 아니라 관광, 보험, 금융 등의 서비스 상품까지 판매영역이 확대되고 있다.
⑤ 전자상거래는 중간 매개상인만을 통해 수행되며 최근에는 지역 도매상을 통한 채소 및 과일 등 신선식품의 판매가 증가하고 있다.

> 전자상거래는 도매상이나 소매상과 같은 중간 매개상인을 거치지 않고 인터넷을 통해 직접 소비자에게 전달되기 때문에 유통채널이 단순하다.

정답 33 ③ 34 ④ 35 ⑤ 36 ② 37 ⑤

38 다음 보기에서 설명하는 해외시장 진입방식은?

- 해외에 점포를 직접 운영하기 때문에 통제권이 매우 높다.
- 가장 높은 잠재적 수익을 누릴 수 있는 해외 진입전략이다.

① 단독투자방식 ② 제휴투자방식
③ 라이선싱방식 ④ 합작투자방식
⑤ 해외직접투자방식

해설
② 제휴투자방식 : 국제적 경쟁관계에 있는 기업들끼리 상호이익을 위해 일시적으로 협조관계를 형성하는 방식이다.
③ 라이선싱방식 : 현지 경쟁업체를 증가시키는 반면에 빠른 이익 회수가 가능하며, 위험이 가장 낮고 투자도 가장 적게 요구된다.
④ 합작투자방식 : 현지파트너의 지식 활용 및 비용과 위험을 공유할 수 있는 방식이다.
⑤ 해외직접투자방식 : 외국기업의 주식을 다량 구매함으로써 그 기업의 경영에 직접 참여하는 방식이다.

39 다음 보기에서 설명하는 구체적인 경쟁우위 유지전략은?

- 고객과의 관계와 같이 장기간에 걸쳐 개발하여, 경쟁사에 대한 진입장벽으로 작용한다.
- 공급업체와의 강한 유대관계를 통하여 어떤 한 지역에서 제품을 판매할 수 있고, 더 낮은 가격이나 조건으로 제품을 공급받을 수 있으며, 공급부족 상황에서 인기 있는 제품을 받을 수 있는 배타적인 권리를 가질 수도 있다.

① 고객충성도 ② 벤더 협력도
③ 저비용・고수익 구조 ④ 시스템의 활용
⑤ 입지조건

해설
① 고객충성도 : 기업이 지속적으로 고객에게 탁월한 가치를 제공해 줌으로써 그 고객으로 하여금 해당 기업이나 브랜드에 호감이나 충성심을 갖게 함으로써 지속적인 구매활동이 유지되도록 한다.
③ 저비용・고수익 구조 : 효율적인 공급체인관리(SCM)는 지속적인 저비용의 경쟁우위를 발전시키는 데 중요한 역할을 한다.
④ 시스템의 활용 : 정교한 물류시스템의 활용은 소매업체의 효율성을 증대시킨다.
⑤ 입지조건 : 오프라인 소매업체에서 입지조건은 결정적인 경쟁요소로 작용하지만, 온라인 소매업체에서는 중요하지 않다.

40 다음 사례의 소매기업이 해외 시장으로 진입하려는 방식의 장점은?

> ○○홈쇼핑은 베트남에 진출하기 위해 여러 방법을 조사한 결과, 베트남에서 전국적인 방송 네트워크를 보유한 A방송과 함께 자원을 공동으로 이용하여 소유권, 통제권, 이익 공유의 새로운 회사를 설립하여 진출하는 것이 여러모로 유리할 것이라는 결론을 내렸다.

① 현지 경쟁업체의 탄생 위험을 증가시키는 반면, 이익의 빠른 회수가 가능하다.
② 해외에 점포를 직접 운영하기 때문에 통제권이 매우 높다.
③ 진입업체의 위험을 줄이고 지역시장에 대한 정보를 비교적 정확하게 파악할 수 있다.
④ 가장 높은 잠재적 수익을 누릴 수 있는 해외 진입전략이다.
⑤ 위험이 가장 낮고 투자도 가장 적게 요구된다.

해설
문제의 지문은 합작투자(Joint Venture)를 통한 진입방식이다.
①·⑤ 라이선싱(프랜차이즈) 방식
②·④ 단독투자방식

※ 합작투자의 장·단점

장 점	단 점
• 현지 파트너의 지식 활용	• 기술 보호의 어려움
• 비용과 위험을 파트너와 공유	• 글로벌 전략을 위한 조정이 어려움
• 정치적 용인 가능성	• 파트너 간 이견발생 시 갈등과 충돌 가능성

41 유통경로에서 발생하는 유통업자의 지배력에 대한 내용으로 가장 옳지 않은 것은?

① 대규모의 유통업자들은 큰 자본을 통해 경제력을 발휘한다.
② 대형 유통업자들은 제조업자보다 판매에 관한 다양한 정보를 보유하고 있다.
③ 목적을 공유한 유통업자와 관계없이 제조업자는 일체성에 따른 지배력을 발휘한다.
④ 어떤 상품 범주에서 오랜 기간 시장을 선도해온 제조업자는 정통성에 따른 지배력을 발휘할 수 있다.
⑤ 수요의 다양성을 배경으로 한 불확실한 환경에서는 정보력이 지배력의 원천으로 매우 중요하다.

해설
목적을 공유한 유통업자가 있으면 제조업자는 일체성에 따른 지배력을 발휘할 수 있다.

CHAPTER 02 · 조직관리

> **Key Point**
> - 조직의 특성·구조와 리더십의 종류에 대해 숙지한다.
> - 의사결정의 기준과 의사결정 오류의 유형 및 효율적 의사결정기법에 대해 학습한다.
> - 학습조직의 특징과 핵심요인에 대해 암기하고, 암묵지와 형식지의 변환과정에 대해 숙지한다.

01 조직관리의 기초

1 조직(Organization)

(1) 조직의 정의 기출 13

① 일정목적 달성을 위해 필요한 모든 활동을 결정, 집합, 배열하며, 사람들의 배정과 적절한 요소의 준비로 각 개인에게 권한을 위양하는 일이다.
② 사람들이 목적 달성을 효과적으로 할 수 있도록 직무의 성격을 명확히 편성하고, 책임과 권한을 명백히 하여 이것을 하위자에게 위양하며 상호 관계를 설정하는 일이다.
③ 조직의 유효성은 목표 성취를 위해 투입과 산출로 나타난다.
④ 유효성만을 강조하면 효율성이 떨어져 인·물적 자원의 낭비를 초래할 수 있고, 효율성이 높은 경우라도 유효하지 않을 수도 있다.

(2) 조직 관련 용어 기출 19 · 13

① **조직 행동** : 조직 내에서 이뤄지는 행동을 연구하는 것으로 보다 나은 조직의 성과를 추구하려는 데 목적이 있다.
② **조직 개발** : 조직체의 효과 및 효율 향상을 위해 구성원의 가치관, 신념, 조직문화를 개선하려는 장기적인 변화전략 및 과정이다.
③ **조직 설계** : 조직의 구조와 체계를 설계하는 것으로, 조직 설계를 통해서 조직은 더 높은 성과를 수행하는 구조로 전환된다.
④ **조직 진단** : 의도적인 조직변화를 시도하기 위한 전단계 및 조직의 현황을 분석하여 조직의 문제점을 파악하는 과정이다.
⑤ **조직 구조** : 조직구성원의 '유형화된 교호작용(Patterned Interaction)'의 구조이다.

(3) 조직의 위계와 정보 기출 14

구 분	최고경영층	일선종업원
정보의 원천	외부이며 집중도는 통합적	내부이며 집중도는 세분화
정보의 범위	광범위하며 집중도는 통합적	제한적이며 집중도는 세분화

(4) 조직의 계획 기출 15

① 사명선언(Mission Statement) : 조직의 근본적인 목적에 대한 개요라고 할 수 있다.
② 전술적 계획(Tactical Planning) : 누가, 무엇을, 어떻게 진행할 것인지에 대한 구체적이고 단기지향적인 지침을 개발하는 과정이다.
③ 전략적 계획(Strategic Planning) : 목표를 정하고 필요한 자원을 확보하기 위한 정책과 전략을 설정하는 과정이다.
④ 운영계획(Operational Planning) : 회사의 전술적 목표를 실행하기 위해 필요한 표준 업무기준과 시간계획을 수립하는 과정이다.
⑤ 장기목표 : 더 포괄적이고 장기적인 관점에서 조직이 달성하고자 하는 목표로, 종업원과 경영진에 의해 합의가 필요하다.

개념 PLUS

조직구조의 요소
- 분업 : 생산 과정을 여러 부분으로 나눠 각 개인이나 집단별로 분담하여 수행하는 것
- 통합 : 나누어진 일들이 규정, 정책, 제도 등에 의해 하나로 모아서 합치는 것
- 권한 지휘체계 : 구성원에게 일을 나누고 시킬 때 적합하게 하도록 지시하고 통제하는 지휘체계가 존재
- 공동목적 : 조직을 만든 원래의 목적으로 조직구성원들이 공유하며 추구하는 것

(5) 조직구조의 특성 기출 21·18·15·13

복잡성	조직 내에 존재하는 분화의 정도가 많이 얽히는 것		
공식화	조직운용의 규칙, 정책, 절차가 명문화되고 통일원칙이 수립되는 정도		
집권화	조직의 의사결정권한을 조직 상부에서 소유하고 중간관리자나 하부에의 참여가 제한된 정도		
분화	수평적 분화	분업과 전문화로 세분화된 조직활동을 조직원의 직무와 결합하고 집단화하는 것(예 인사, 생산, 마케팅 같은 기능에 의한 분화, 가정용·주방용 가구 등 제품에 의한 분화, 개인금융 부문 같은 고객에 의한 분화, 강북·강서 등 지역에 의한 분화)	
	수직적 분화	과업 분화가 상하관계로 이루어져서 위계의 수가 증가하는 것(예 사장, 부장, 과장, 대리, 사원 같은 계층에 의한 분화)	

OX문제

▶ 조직의 수평적 분화를 통해 계층 또는 위계가 형성된다.

해설
조직의 수직적 분화를 통해 계층 또는 위계가 형성된다.

정답 ▶ ×

(6) 조직의 지도원리 기출 19
① 유효성 : 계획 설정된 목표의 달성정도, 조직이 바른 방향으로 향하고 있는지 설명하는 것이다(결과 중시함).
② 효율성 : 목표를 달성하는 과정에서 가용자원을 낭비 없이 이용할 수 있는 능력의 정도를 의미한다(과정을 중시함).
③ 유연성 : 변화된 환경에 적응해 나가는 능력이다.
④ 만족성 : 조직원들의 조직에 대한 반응과 느낌 등 심리적 결과물을 말한다.
⑤ 수익성 : 투자된 자본 대비 이익의 비율을 의미한다.
⑥ 경제성 : 투입에 대한 산출의 비율로서 판단하는 개념이다.
⑦ 생산성 : 총생산물의 투입요소와 복합 요소의 관계비율이다.

(7) 조직화의 원칙
① 조직화의 목적과 근거에 대한 원칙
   ㉠ 목표 단일성의 원칙 : 목표는 조직의 활동을 집중시킬 수 있는 단일성이 유지되어야 한다.
   ㉡ 능률성의 원칙 : 비용을 최소한으로 하여 조직의 목표달성에 공헌할 때에만 조직의 유효성이 높고 능률적이다.
   ㉢ 관리범위의 원칙 : 한 사람의 관리자가 효과적이고 능률적으로 통제할 수 있는 부하의 수는 조직의 상위계층에서는 4~8명, 하위계층에서는 8~15명이다.
② 조직구조와 권한에 대한 원칙
   ㉠ 계층의 원칙 : 조직은 최고경영자로부터 작업원에 이르기까지 상호관계의 직위로 계층을 이루고 있으며 이 계층은 가급적 단축시켜야 한다.
   ㉡ 권한이양의 원칙 : 권한을 보유하고 행사해야 할 조직계층의 상위자가 하위자에게 직무를 위임할 경우 그 직무수행에 있어 요구되는 일정한 권한도 이양하는 것(책임 이양 불가)이다.
   ㉢ 권한과 책임의 균형원칙 : 모든 지위에 있어서 직무수행을 함에 있어 상사로부터 명령·지시를 받아야 한다는 것이다.

> **개념 PLUS**
>
> 조직화의 단계
> 계획 및 목표에 대한 검토 → 활동내용의 결정 → 활동분류 및 그룹화 → 권한위양 및 작업의 할당 → 조직구조에 대한 설계

③ 업무활동의 부문화에 대한 원칙
   ㉠ 분업의 원칙 : 분업이란 거대한 과업을 보다 작은 단일의 직무로 분할하는 것이다.
   ㉡ 전문화의 원칙 : 조직의 개개의 구성원이 가능한 한 단일의 전문화된 업무활동만을 담당하게 하는 것이다.
   ㉢ 통합과 조정의 원칙 : 조직의 목적을 달성하기 위해서 직무를 분할하고, 전문화된 하위 부문의 활동과 노력을 조정·통합하는 것이다.

④ 조직화의 수정원칙(견인이론)
  ㉠ 조직통합의 원칙 : 분화보다는 통합을 우선시 한다.
  ㉡ 행동자유의 원칙 : 구성원의 활동을 최대한 자유롭게 보장한다.
  ㉢ 창의성의 원칙 : 창의성을 중요시 한다.
  ㉣ 업무흐름의 원칙 : 업무흐름에 따라 조직을 편성한다.

개념 PLUS

부문화(Departmentalization)
- 부문화는 직무전문화에 따라 나누어진 직무들을 다시 일정한 논리적 배열에 따라 집단화하는 과정을 의미한다.
- 조직의 규모가 커짐으로 인해 많은 일들이 나누어져 여러 구성원들에 의해 처리되면 이를 보다 효과적으로 관리하기 위하여 서로 유사하거나 논리적으로 관련이 있는 업무 또는 작업활동들을 집단화하는 과정이 요구된다.
- 조직을 세분화하는 '부문화'의 경우 발생하는 단점
  - 서로 다른 부서들 사이의 의사소통이 부족함
  - 조직전체 차원에서 관리비용이 증가할 수 있음
  - 종업원 개개인이 조직 전체의 목표보다 소속부서의 목표만 확인할 수 있음
  - 외부 변화에 대한 대응이 늦음
  - 같은 부서의 사람들은 같은 생각을 하게 되는 경향이 있어 창의성이 부족해질 수 있음

(8) 조직의 구성과 관리 요소
① **계획(Planning)** : 조직의 장기적인 비전과 목표를 제시하고, 그것을 어떻게 달성할 것인가를 밝히는 과정
② **조직화(Organizing)** : 특정한 목표를 달성하기 위해서 다양한 개인과 집단을 관리하는 것과 관련된 일련의 과정
  ㉠ 자원 배분, 업무 할당, 목표 달성을 위한 절차를 구축하는 것
  ㉡ 권한과 책임을 표시하는 조직구조를 설정하는 것
  ㉢ 선발, 훈련, 직원역량을 개발하는 것
  ㉣ 적재적소에 인재를 배치하는 것
③ **지휘(Leading)** : 경영자가 계획한 조직 목표를 달성하기 위해서 조직 구성원들이 맡은 임무를 효과적으로 수행하여 조직 목표에 기여하도록 그들에게 동기를 부여하고 지도, 감독하는 관리자의 능력
④ **통제(Controlling)** : 조직의 목표를 달성하기 위한 모든 계획이 순조롭게 진행되어 가는지를 평가하고, 필요한 경우 수정하는 과정

> **OX 문제**
> ▶ 조직구성원은 조직의 공식규정에 의해 통제되는 것이 아니라 조직에 형성된 제도화된 룰에 의해 통제된다. O|X
> 정답 O

2 조직의 구조(유형)

(1) 직능형(기능적) 조직

① 고전적 조직형태로 라인부문과 스태프(Staff)부문이 미분화되어 있어 현대에는 잘 이용되지 않는 유형이다.
② 계층적 구조와 전문화의 원리를 토대로 조직 전체의 업무를 공동기능별로 부서화한 조직 구조를 갖는다.
③ 장·단점

장 점	단 점
• 시설과 자원을 공유함으로써 일관성 있고 합리적인 직무분업이 가능 • 유사한 기술과 경력을 가진 구성원으로 구성됨으로써 응집력이 강하고 부서 내 의사소통과 조정이 용이 • 인원·신제품·신시장의 추가 및 삭감이 신속, 신축적임	• 전사적인 물류정책이나 전략·계획 등을 도모하기 어려움 • 직능형 조직 자체가 조직론적으로 미숙하여 물류전문집단의 육성이 곤란 • 부서별로 상이한 기능을 수행함으로써 부서 간 조정이 어려움

(2) 직계참모 조직(라인·스태프형 조직)

① 라인과 스태프형 조직은 라인과 스태프의 기능을 분화하여 전문성을 강화하고, 작업부문과 지원부문을 분리하여 직능형 조직의 단점을 보완한 것이다.
② 복수기능식 라인조직의 결함을 보완하고, 단일 라인조직의 장점을 살릴 수 있는 혼합형 조직 형태이다.
③ 라인과 스태프형 조직은 현대 물류관리 조직의 중심이 되고 있다.
④ 라인활동은 재화나 서비스의 생산, 판매에 직접 연관되고, 스태프활동은 생산, 판매의 업무를 도와주는 서비스를 제공한다.
⑤ 라인과 스태프형 조직은 규모가 큰 물류기업에는 적합하지 않고 조직이 확대되면 사업부형 조직이나 다국적 기업의 조직에서 볼 수 있는 그리드형 조직 형태로 발전된다.
⑥ 장·단점

장 점	단 점
• 명령 전달과 통제 기능은 라인조직의 이점을 활용하고, 관리자의 결점 보완을 위해서는 스태프조직을 활용 • 라인이 명령권을 지니며, 스태프는 권고·조언·자문 등의 기능 • 각 조직구성원이 한 사람의 직속상관의 지휘·명령에 따라 활동하고 동시에 그 상위자에 대해서만 책임을 지는 형태로, 지휘·명령체계의 일원화를 기할 수 있음 • 라인과 스태프를 분리함으로써 책임과 권한을 명확하게 구분	• 권한이 한 사람의 상사에 집중되기 때문에 의사결정에 시간 지체 • 업무가 의사결정자 단독으로 처리될 우려가 있음 • 조직의 경직화로 환경변화에 민첩하게 대응하기 어려움

(3) 사업부형 조직 기출 13

① 기업 규모가 커지고 최고경영자가 기업의 모든 업무를 관리할 수 없게 됨에 따라 등장한 조직형태로 연방적 분권조직의 특성을 지닌다.
② 사업부형 조직의 유형으로는 기능별 사업부형, 지역별 사업부형과 이 두 가지를 절충한 형태가 존재한다.

㉠ 기능별 사업부조직
    - 유사한 기술, 전문성, 자원 사용 등으로 종업원들의 직무를 집단화하여 조직을 몇 개의 부서로 구분하는 조직이다.
    - 관련성이 있거나 유사한 기능(업무)을 가진 전문가들을 한 부서에 편제시키는 것이다.
  ㉡ 지역별 사업부조직
    - 서로 다른 지역을 대상으로 부문화된 형태이다.
    - 부문화는 서로 다른 지역적 요구에 따른 제품과 서비스의 차별화가 이루어질 때 적용되는 형태이다.
③ 각 부서는 라인과 스태프부문이 동시에 존재하는 자기완결적 구조로, 기능의 조정이 부서 내에서 이루어지고, 독립채산제로 운영된다.
④ 현재의 물류조직은 사업부단위의 조직이 일반적인 구조이다.
⑤ 장·단점

장 점	단 점
• 부서 내 기능 간 조정이 유리 • 환경변화에 신축적으로 대응 가능 • 산출물별로 운영되기 때문에 고객만족도 제고 가능 • 책임소재가 명확하고, 부서 간 경쟁을 유도 • 많은 종류의 제품을 생산하는 대규모 조직에 효율적임	• 부서 간 조정은 어려움 • 부서 간 지나친 경쟁이 초래될 경우, 조직전체적인 갈등이 발생 • 부서별로 산출물이 생산되기 때문에 제품라인 간에 통합과 표준화의 어려움

(4) 그리드형 조직

① 일반적으로 다국적 기업의 조직 형태로 조직의 단점을 극복하기 위해 VBU(Venture Business Unit) 제도 등이 도입되었다.
② 모회사와 자회사 간의 권한 위임형태로 모회사의 스태프부문이 자회사의 해당 부분을 횡적으로 관리, 지원하는 이중적 물류조직의 형태이다.
③ 장점으로는 단일기업과 같이 일관된 관리가 가능하고 물류관리가 일원화되어 효율적인 운영이 가능하다.

(5) 매트릭스 조직 기출 22·20·13

① 매트릭스 조직은 전통적인 기능별·관료적 조직의 병폐를 극복하고자 프로젝트 조직에서부터 발전한 형태로, 계층적인 기능별 조직에 수평적인 사업부 조직을 결합한 부문화 형태이다.
② 전문성을 살릴 수 있지만 통합과 조정이 어려운 기능구조와 통합적인 운영은 가능하나 비용이 중복되는 사업구조의 장점을 채택한 조직형태이다.
③ 목표달성을 위해서 내부에 과업지향적인 작업집단들을 운영한다.
④ 매트릭스 조직 내의 과업집단(Task Groups)은 다양한 기능을 가진 작업자들로 구성되어 있는데(Cross-functional), 이들은 조직 내 기능별 부문에서 차출된 인력으로 한시적인 조직이다.
⑤ 매트릭스 조직 내에서 기능별 부문(Functional Department)은 그대로 존속하는데, 기능별 부문에서는 해당 기능 내 인력개발 등 본연의 업무를 계속 수행한다.
⑥ 기능별 및 부서별 명령체계를 이중적으로 사용하여 조직을 몇 개의 부서로 구분한다.

⑦ 장·단점

장 점	단 점
• 조직이 기술의 전문성과 제품라인의 혁신을 동시에 필요로 하는 경우 두 가지 측면을 모두 만족 • 자원이용이라는 측면에서 효율적인 구조이며, 환경변화에 잘 대처할 수 있고 조직의 관리기술을 발전시킬 수 있음 • 조직구성원들에게 양 부문의 관리기술을 습득할 기회를 제공하여 일반관리자로서 유능한 자질을 함양 • 조직이 다수의 복잡하고 상호의존적인 활동을 수행하고 있을 때 제 활동 간의 조정이 가능 • 전문기술을 가진 사람들이 특정 기능부서나 사업부에 전속되지 않고, 모든 분야에 대한 업무를 수행하게 됨으로써 규모의 경제로부터 오는 이익을 추구 • 기업 내부의 인력에 대해서 배치관리를 유연하게 함으로써 기업 외부에서 신규인력을 충원할 필요성이 감소	• 명령일원화의 원칙이라는 전통적인 관리원칙을 벗어나 조직의 이중권한으로 종업원의 좌절과 역할갈등 발생 • 관리자들이 원활한 의사소통을 위한 활동을 할 수 있도록 하기 위해서 많은 시간이 필요 • 매트릭스 내의 사람들이 정보와 권한의 공유에 대하여 적응하지 못하는 경우 조직이 제 기능을 발휘 못함 • 관리 라인 간에 마찰이 생길 수 있으며 권한의 균형을 이루어 나가기 어려움

(6) 네트워크 조직

① 현재의 조직 기능을 경쟁력 있는 핵심역량 중심으로 외부 기관과 신뢰의 기반 위에서 상호 전략적 제휴 관계를 맺으며 구성된 조직이다.
② 수직적인 위계적 조직이 아니고 수평형의 유기적 조직이다.

(7) 제품별 조직 기출 13

① 다양한 제품계열을 가지고 있는 기업의 경우에 적합한 조직이다.
② 소비재보다 산업재를 취급하는 기업일수록 유리하지만, 상대적으로 높은 영업비용이 소요된다.

(8) 프로젝트 조직

① 특정한 사업목표를 달성하기 위하여 일시적으로 조직 내의 인적·물적 자원을 결합하는 조직 형태이다.
② 해산을 전제로 하여 임시로 편성된 일시적 조직이며, 혁신적·비일상적인 과제의 해결을 위해 형성되는 동태적 조직이다(예 대통령 인수위원회 등).
③ 팀 조직원 간에 평등한 입장에서 창의적·자주적 업무를 수행할 수 있다.

3 조직의 설계 전략별 목표

(1) 프로세스전략

① 원자재 상태에서 완제품에 이르기까지 이동하는 제품에 있어서 최대한의 효율을 달성하는 것을 목표로 한다.
② 프로세스전략은 구매, 생산 일정계획, 재고, 수송, 발주 과정과 같은 활동들이 함께 수립되고 집합적으로 관리한다.

(2) 시장전략
① 시장전략을 추구하는 기업들은 강력한 고객서비스 제도를 가지고 있다.
② 시장전략에서는 매출액과 물류조정 모두 추구한다.

(3) 정보전략
① 정보전략을 추구하는 기업들은 상당한 재고를 보유하고 있는 거래상들과 분배조직의 중요한 하부조직을 가지고 있는 회사의 집합체이다.
② 정보전략은 조직의 구석구석 흩어진 네트워크를 통한 물류활동의 조정이 주요 목적이므로 정보는 올바른 경영을 위해 중요한 구성요소이다.

(4) 전략경영의 프로세스 기출 23·15

조직사명, 목표확인 ⇨ 외부분석 ⇨ 내부분석 ⇨ 전략구상 ⇨ 전략실행

02 조직이론

1 합리성을 강조한 연구

(1) 과학적 관리법 기출 15·13
① 이 론
  ㉠ 테일러 : 조직관리를 과학적으로 하여 인간의 생산성을 증대시키고자 하는 합리적인 작업방식과 관리방법에 초점을 둔다.
  ㉡ 길브레스 : 노동자의 동작 순서·모양·시간에 관심을 둔 동작연구, 시간연구를 활발하게 진행하였고 노동자는 생산성이 오른 만큼 보너스를 더 지급 받는다.
  ㉢ 포드 : 자동차공장 관리방식 중 컨베이어벨트 시스템을 사용한 3S(간소화·표준화·전문화)를 실천한다.
② 관리원칙 : 과업관리, 과학적 인사, 성과보상, 감독기능의 전문화, 노사화합
③ 특 징
  ㉠ 작업량에 따른 차별적 성과급제
  ㉡ 고임금·저노무비 달성
  ㉢ 시간연구와 동작연구(작업의 표준화)
  ㉣ 직능식 직장제도
  ㉤ 과학적 인사관리
④ 한계 : 인간의 경제적 욕구만 지나치게 강조하며, 동작연구나 시간연구의 경우에는 인간의 심리적·생리적·사회적 측면에 대한 고려를 하지 않는다.

(2) 일반관리론

① 페욜(Henri Fayol)은 경영자의 자리에서 공장전체 또는 조직전체를 효율적으로 운영하는 원칙을 주장하였다.

② 일반조직의 14가지 관리원칙
  ㉠ 직무의 분업화
  ㉡ 조직의 통합화와 조정
  ㉢ 권한과 책임의 일치
  ㉣ 수직계층화
  ㉤ 규정과 제도화
  ㉥ 조직구성원 간의 순서와 질서의 존재
  ㉦ 명령의 통일
  ㉧ 정의와 공평 그리고 평능의 지배
  ㉨ 행동의 일관성
  ㉩ 직무이동의 제한
  ㉪ 개인목표와 조직목표의 일치성
  ㉫ 주도와 자율의 원칙
  ㉬ 성과에 따른 보상의 공정성 유지
  ㉭ 단결과 의사소통의 원활화

③ 한계 : 일반 관리원칙들이 서로 상충되는 면이 있으며, 실제 과학적인 검증을 거친 조사연구를 통해 도출된 것이 아니라는 비판이 존재한다.

(3) 관료제이론

① 이 론
  ㉠ 조직성원 간의 권력관계를 연구하여 조직의 권한구조(Authority Structure)이론을 정립하였다(M. Weber).
  ㉡ 미리 정해진 규칙과 규범에 따라 운영되는 관료제 조직(합법적 조직)이 시대와 공간을 초월하여 언제 어디서나 가장 합리적이라고 주장한다.

② 관리원칙
  ㉠ 합법성의 원리
  ㉡ 분업의 원리
  ㉢ 정실배제의 원칙
  ㉣ 고용의 보장
  ㉤ 수직계층의 원리
  ㉥ 문서화・공식화 원리

③ 한 계
  ㉠ 정서적·감정적인 면을 너무 배제하고 인간을 규정에 의해 움직이는 꼭두각시 취급을 했다는 비판이 존재한다.
  ㉡ 규정과 틀에 얽매여 조직이 경직화되고 상황변화에 대처하는 융통성이 부족하다.
  ㉢ 개인의 재량권 폭이 좁아지며 다양성과 창의성 개발이 제한된다.

> **개념 PLUS**
> 정실배제의 원칙
> 개인적 사정이 통용되어서는 안 되며 조직의 공식규정을 엄격하게 실천하는 것

2 인간을 강조한 연구

(1) 사회적 인간론

① 폴렛트(M. P. Follet) : 조직은 집단규범에 의해서 움직이며 개인욕구도 집단을 통해서 행사되므로 집단의 행동을 조화시키는 것이 경영의 본질적 역할이다.
② 버나드(C. I. Barnard) : 조직을 인간적 협동이 필요한 사회적 시스템으로 보고 기업조직 내에서 구성원들이 상호작용과 커뮤니케이션에 의한 동기부여를 자극해야 성공할 수 있다고 보아 조직의 사회적·인간관계적 측면을 강조한다.

(2) 인간관계론 기출 22

① 주 장
  ㉠ 생산성 향상은 권한체계나 규정준수가 아니라 상사, 동료와의 관계, 집단 내의 분위기, 비공식집단 등 인간관계라는 사실을 발견했다(메이요, 뢰슬리스버거의 **호손공장 실험**).
  ㉡ 경제적 욕구의 충족으로부터 벗어나 인간의 사회적 욕구를 충족해 주어야 한다는 인사관리기법이다.
② 이론적 내용
  ㉠ 비공식집단은 공식집단보다 중요한 역할을 수행한다.
  ㉡ 개인의 행동 동기는 경제적 욕구뿐 아니라 사랑, 미움, 소속감, 자부심 등의 사회적·인간적 욕구에 의해 지배된다.
  ㉢ 인간중심의 경영, 즉 직무만족과 자율권 부여, 개인의 능력을 인정해주는 관리가 필요하다.
  ㉣ 참여의 경영, 민주적 리더십, 하의상달적 커뮤니케이션이 필요하다.
③ 영향 : 리더십과 소집단 행동에도 많은 영향을 미쳤으며, 행동과학(Behavioral Science)의 기초를 마련했다.
④ 한계 : 공식조직은 무시하고 비공식조직만을 강조했으며, 합리적·경제적 요소를 등한시하고 감정만족과 인간관계의 유지에만 경영력을 집중한다.

> **개념 PLUS**
>
> **유연조직(Flexible Organizing) 인사관리시스템** 기출 20
> 유연조직은 권한과 책임이 통합되어 자율규제와 몰입을 이끌어내는 조직으로, 업무 수행과정에 자유를 부여하는 대신 최종 결과와 성과에 대한 책임이 강화된다. 유연조직의 인사관리시스템의 특징은 계층축소 및 직급단순화, 전문화역량 중심의 인력 운용, 조직보다 시장 지향의 경력관리, 광대역(Broadbanding) 임금체계 등이 있다.

(3) 행동과학론
① 행동과학은 인간행동에 대한 체계적인 연구로 정의할 수 있으며 인간의 행동에 중점을 두고 관리문제를 해석하려는 이론이다.
② 모레노(J. Moreno)
  ㉠ 집단구성원의 상호작용 분석기법에서 창안하였으며, 객관적 자료를 통한 집단연구를 제시했다.
  ㉡ 인간관계와 집단구조의 분석을 위한 주요 방법 : 지기(知己) 테스트, 사회측정 테스트, 자발성 테스트, 상황 테스트, 역할연기 테스트
③ 스키너(B. F. Skinner)
  ㉠ 학습이론을 훈련프로그램에 응용하는 방법을 제시했다.
  ㉡ 심리학의 중요한 조류 중 하나로, 심리적 탐구의 대상을 의식에 두지 않고 외현적으로 나타나는 행동에 두는 입장을 취한다.
  ㉢ 인간은 자극에 따라 반응하는 존재로 보고, 학습이란 인간의 바람직한 행동의 변화를 일으키기 위해 적절한 자극과 그 반응을 강화시키는 것으로 이해한다.
④ 맥클레란드, 허츠버그, 피들러 등 : 인간행동에 대한 과학적 실험, 객관적 관찰과 조사를 통해 많은 것을 발견했다.

3 상황을 강조한 연구

(1) 시스템이론
① 과학과 사회가 발전할수록 여러 학문 간의 교류가 증진되어야 한다며, 모든 분야를 통합할 수 있는 공통적인 사고의 틀로서 시스템이론을 제시하였다(베르탈란피).
② 경영학분야에서는 로젠즈웨이그, 존 등이 일반 시스템이론으로 응용하였다.
  ㉠ 경영조직의 합리성과 인간들의 만족 등 조직 내부에 초점을 둔 연구에서 조직은 다른 환경, 생태 등과 영향을 주고받는 점을 감안해야 한다고 주장하였다.
  ㉡ 조직 내에 있는 복잡한 개념들을 여러 개의 하위시스템, 즉 인간시스템, 기술시스템, 조직구조시스템, 관리시스템으로 나누어 접근한다.
  ㉢ 효율적 조직운영은 하부시스템 간의 조화와 적합성, 외부시스템과의 조화와 적합성에 달려있다고 주장하였다.

(2) 상황이론(Contingency Theory)
① 시스템이론이 추상적이고 일반적인 시각만을 갖는 것에 대응하여 조직운영과 직접 관련된 해결책을 찾으려고 시도하는 이론이다.
② 조직이 잘 운영되기 위해서는 조직 내 하위시스템 간의 적합과 조화, 조직과 환경 간의 적합관계가 이루어져야 한다는 것이다.
③ 조직유효성에 중요한 영향을 미치는 조직구조와 시장환경·기술·조직규모와의 관련성을 중점적으로 연구한다.

4 현대 조직론
현대 조직론은 조직개발과 혁신, 개인의 창의성 개발과 참여, 사이버 조직의 확장, 조직개념의 확대, 조직문화의 강조 등을 주장한다.

> **O X 문제**
> ▶ 조직체의 효과와 효율을 올리기 위해 행동과학의 지식과 방법을 사용하여 조직구성원의 행동을 지배하는 가치관, 신념, 조직문화를 개선하려는 장기적인 변화전략 및 과정을 조직개발이라 한다.
> O │ X
> 정답 〉 O

03 조직목표와 효과성

1 조직목표의 의의

(1) 개 념
① 조직이 달성하고자 하는 미래의 바람직한 상태이다.
② 조직에서의 합법성 평가기준의 제공, 행동과 의사결정지침의 제공, 정당성의 제공, 불확실성의 완화 등 다양한 기능을 수행한다.

(2) 목표의 유형(페로우)
① 공식목표 : 조직의 존재이유로서 조직이 궁극적으로 달성하고자 하는 사업의 범위와 결과를 의미한다.
② 운영목표 : 실질적인 운영활동으로 나타나는 최종성과이며 구체적이고 측정가능한 형태의 단기목표를 의미한다.
③ 목표의 운영원리
  ㉠ 극대화의 원리 : 주요 목표의 집중적인 달성에 몰두하는 원리
  ㉡ 순차적 관심의 원리 : 일정 기간에는 주요 목표 달성에만 매진하고 그 이후에는 다른 목표에 관심을 가지는 원리
  ㉢ 만족의 원리 : 여러 가지 목표에 만족할 만한 수준으로 동시에 달성하는 원리
  ㉣ 목표변경의 원리 : 순위가 우선인 목표에 매진하고 이후 계속 목표를 바꾸어 나가는 원리

2 조직의 효과성

(1) 개념
조직의 효과성이란 조직이 그 목표를 달성하는 정도로서 이는 조직 전체와 각 외부 변수 등을 포괄하는 개념이다.

> **OX 문제**
> ▶ 효과성은 표적시장이 요구하는 서비스산출을 얼마나 제공하였는가를 측정하는 목표지향적인 성과기준이다. O│X
> 정답》 O

(2) 효과성의 측정지표
조직의 효과성을 측정하는 지표들이 매우 다양하지만, 일반적으로 전통적 시스템인 '투입 - 과정 - 산출'의 과정에 초점을 둔 시스템적 관점과 조직 전반의 활동을 검토하는 현대 통합적 관점이 있다.

> **개념 PLUS**
>
> 효율성
> 효율성은 투입 자원에 대응하는 산출의 관계로서 효과성에 비해 제한된 개념으로, 효과성과 효율성은 서로 일치할 수도 있고 무관할 수도 있다.

3 조직 목표의 접근방법

(1) 전통적 접근법(시스템적 관점) 기출 21

① 자원기준 접근법
  ㉠ 희소성 있고 모방이 불가능한 자원의 획득·관리 여부에 따라 조직운영의 효과성을 측정하는 방법이다.
  ㉡ 외부 이해관계자들과의 협상지위, 환경변화의 인지능력, 조직자원의 관리능력, 변화의 대응능력 등으로 측정을 평가한다.
  ㉢ 조직의 자원획득 자체가 효과성을 대변하는 것은 아닐 수 있으며 자원의 종류, 획득량의 기준 등이 모호하다.

② 내부과정 접근법
  ㉠ '투입 - 과정 - 산출'에서 과정적 측면에 초점을 두고 조직의 효과성을 측정한다.
  ㉡ 원활한 조직 업무의 수행과정에 따라 조직 운영의 효과성을 판단한다.
  ㉢ 기업문화, 조직 내 긍정적인 분위기, 의사소통의 활성화 정도, 팀워크, 종업원의 성장과 개발 등으로 평가한다.
  ㉣ 내부 운영의 효율성이 전체 조직의 효과성이 되는 경우가 드물고, 조직 구성원 간의 상호작용 등 내부과정을 파악하는 방법에서 평가자의 주관이 개입될 수 있다.

③ 목표달성적 접근법
  ㉠ '투입 - 과정 - 산출' 중에서 산출 측면, 즉 공식적 목표나 운영과정상의 목표 달성 정도로 조직의 효과성 측정에 초점을 두는 방법이다.

ⓒ 수익성, 시장점유율, 성장률, 제품점유율, 고객만족도 등 논리적·객관적으로 측정 가능하여 비교가 쉽다.
　　ⓒ 공식적인 목표와 실제 목표 간의 괴리가 발생할 경우 효과성의 판단이 쉽지 않으며, 무형적 목표인 경우 측정의 한계가 있다.

(2) 현대적 접근법

① 이해관계적 접근법
　　㉠ 조직의 이해관계자들 간의 만족 정도로 효과성을 판단하나 그 기준과 구분의 범위가 모호할 수 있다.
　　㉡ 높은 배당수익률(주주), 높은 임금과 복지수준(노조), 우수한 제품과 양질의 서비스(고객)를 제공하는 것이 효과적인 조직이다.
　　㉢ 조직 효과성의 여러 차원적 측면을 측정할 수 있어서 가장 일반적이며, 조직운영의 현실에 맞는 측정방법이다.

② 경쟁적 가치접근법

구 분	강조점	목 표	수 단	효과성 기준
개방체제모형	조직 중시, 유연한 구조 중시	성장, 자원 확보	융통성, 외적 평가	환경과의 바람직한 관계를 통한 조직의 성장 여부
합리적 목표모형	조직 중시, 조직의 안정 강조	생산성, 능률성	기획, 목표 설정	조직의 생산성과 이윤
내부과정모형	구성원 중시, 조직의 안정 강조	안전성, 균형	정보관리	조직의 안정성과 균형
인간관계모형	구성원 중시, 유연한 구조 중시	인적자원 개발	응집력, 사기	조직 내 인적 자원의 가치 개발

04 인간행태와 동기부여

1 인간행태

(1) 정 의

① 인간행태 : 자신이 속한 물리적·사회적·심리적·환경적 공간에 따른 인간의 행동과 태도를 의미한다.
② 동기부여(Motivation) : 목표를 향한 자발적인 행동을 끌어내고 충동적으로 계속하게 하는 심리적 과정이다.

(2) 개인차와 직무

① 능력 : 어떤 직무를 최대한 잘 해낼 수 있는 가능성을 가진 광범위하고 안정적인 특징이다.
② 감 정
　　㉠ 조직 내에서는 모든 사람들이 논리적·이성적·합리적으로 행동하려 하지만 감정에 치우치는 경우가 많고 이런 관리에는 순기능도 있지만 역기능도 존재한다.

- ⓒ 조직 내 갈등 해소방안 기출 17
  - 문제해결 : 갈등 당사자들이 직접 접촉하여 갈등 원인을 공동으로 해결한다.
  - 상위목표 제시 : 갈등 당사자들이 공동의 상위목표를 제시함으로써 갈등을 완화시킨다.
  - 자원의 증대 : 희소자원의 획득을 위한 갈등해소를 위해 자원을 증대시킨다.
  - 회피 : 갈등의 의사결정을 보류하거나 갈등행동을 억압하고 갈등 당사자들의 접촉을 회피하도록 한다.
  - 공동의 적 제시 : 갈등 당사자들에게 공동의 적을 확인하고 강조한다.
  - 완화 : 갈등 당사자들의 이질성을 약화시키고 유사성이나 공동이익을 강조한다.
  - 타협 : 대립되는 주장을 부분적으로 양보하여 공동 결정에 도달하도록 노력한다.
  - 협상 : 당사자들이 서로 다른 선호를 가지고 있을 때 공동의 결정을 해나가는 과정이다.
  - 상관의 명령 : 부하들의 의견대립에 의한 갈등을 공식적 권한에 근거한 상관의 명령으로 해소한다.

> **OX문제**
> ▶ 소매점포 내 종업원 간 발생할 수 있는 갈등을 해결하는 방법에는 성과통제가 있다. O|X
> **해설**
> 성과통제를 하게 되면 종업원 간 갈등을 더욱 유발할 수 있다.
> **정답** ▶ ×

③ 신체적 특성과 조직행동
  - ㉠ 나이와 조직행동 : 조직원의 나이가 많아질수록 경험과 노하우는 많아지지만, 육체적으로는 생산성이 감소되고, 새로운 기술이나 변화에 더욱 저항하며 고집도 강해진다.
  - ㉡ 성별과 조직행동
    - 사회적 관습이나 고정관념 등으로 습득된 가치관과 행동양식에서 성별 차이가 존재한다.
    - 남녀 간 능력차이의 유무와 관계없는 차별대우가 조직관리의 주요 문제점으로 거론된다.
    - 불평등 고용문제는 인종·연령 간 차별보다 남녀 간 차별의 문제가 더 심각하게 인식된다.
  - ㉢ 직장 내 성희롱 : 성희롱은 당사자가 수락하지 않는 성적 유혹, 성적 호의, 성과 관련된 언어나 신체적 행위로 직무와 관련되지 않은 성적인 행동도 포함된다.

④ 성격과 조직행동
  - ㉠ 성격은 사람들의 감정과 태도, 사고와 행동을 결정하므로 조직행동에 영향을 미친다.
  - ㉡ 조직행동에 영향을 주는 성격 유형은 자아통제력, 자존감, 통제위치, 모험선호도 등이 있다.
  - ㉢ 마이어스-브릭스 성격 유형(MBTI) 기출 16
    - 마이어스(Myers)와 브릭스(Briggs)에 의해 설문양식으로 발전하였다.
    - 지각에 영향을 미치는 요소 2가지와 판단에 영향을 미치는 2가지를 결합해서 인간의 인지스타일을 4가지 유형으로 분류하였다.
    - 스위스의 유명한 심리학자인 칼 융(Carl Jung)의 성격 유형 이론을 근거로 개발된 성격유형 선호지표이다.
    - 지각에 영향을 미치는 요소로는 감각(Sensing)과 직감(Intuition)이 있다.
    - 인간의 성격을 다소 이분법적으로 구분한다는 단점이 있으나, 쉽고 일상생활에 유용하게 활용할 수 있는 분석기법이다.

> **OX문제**
> ▶ MBTI에서는 지각에 영향을 미치는 요소를 사고(Thinking)와 느낌(Feeling)으로 보고 있다. O|X
> **해설**
> 지각에 영향을 미치는 요소를 감각(Sensing)과 직감(Intuition)으로 보고 있다.
> **정답** ▶ ×

(3) 가치관과 태도
  ① 가치관 : 상대적으로 무엇이 옳고 그른지 밝혀 주거나 좋고 싫음을 명백하게 밝혀 주는 일반적인 신념이다.
  ② 태도 : 회사나 직무 혹은 사람에 대한 마음속의 느낌과 견해를 표현한 것으로, 매우 지속적이고 시·공간을 넘는 일관성이 있다.
  ③ 조직행동론의 태도 기출 19
    ㉠ 어떤 사물이나 사람에 대한 좋다 혹은 나쁘다는 느낌을 말한다.
    ㉡ 어떤 환경(사물, 사건, 사람)으로부터의 자극에 대하여 반응하려는 상태이다.
    ㉢ 어떤 행동이 일어나기 전의 전초적인 생각(견해)과 마음상태이다.
  ④ 피쉬바인(M. Fishbein)에 의한 태도의 구성요소 기출 17
    ㉠ 감정적 요소(Affective Component) : 느낌(Feelings)
    ㉡ 행동적 요소(Behavioral Component) : 의지, 의도(Intentions)
    ㉢ 인지적 요소(Cognitive Component) : 신념, 확신(Beliefs)

> **OX문제**
> ▶ 어떤 사물이나 사람에 대한 육체적인 자세를 태도라고 한다.
> O | X
> [해설]
> 어떤 행동이 일어나기 전의 전초적인 생각과 마음 상태를 태도라고 한다.
> 정답 》 ×
>
> ▶ 태도의 구성요소에는 인지, 감정, 행동의도의 3요소를 지니는 지속적인 경향이 있다.
> O | X
> 정답 》 O

(4) 태도변화이론 : 행동주의 접근
  ① 행동주의자들은 태도의 변화도 자극-반응의 원리인 일종의 강화(학습)에 의해서 가능하다고 주장하였다.
  ② 강화이론 기출 13

긍정적 강화	• 칭찬·상·표창장·금전적 보상 등과 같이 만족감을 주는 자극으로, 반응이나 행동발달을 촉진시키는 것
부정적 강화	• 벌·꾸중·지위의 박탈·형벌 등과 같이 불쾌한 자극으로, 반응이나 행동을 감소·소멸시키는 것 – 벌(Punishment) : 한 반응에 대해 싫거나 불편한 결과를 주거나 혹은 부정적 결과를 제공하는 것 – 소거(Extinction) : 보상되지 않는 상황이 반복되어 그 결과로 반응이 하락되는 것

  ③ 피그말리온 효과 기출 15
    ㉠ 피그말리온 효과는 타인의 기대나 관심으로 인하여 능률이 오르거나 결과가 좋아지는 현상을 말하며, 로젠탈 효과라고도 한다.
    ㉡ 피그말리온 효과는 교육 및 조직관리 환경에서 적용되어 왔다. 즉, 조직상사가 부하에게 어떤 기대를 갖게 되면 부하는 그러한 기대를 충족시키고자 노력하게 되고 실제로 직무성과에 영향을 준다.
  ④ 레윈(K. Lewin)의 장(場)이론 : 개인이 속한 장(준거집단)이 힘을 가하여 태도를 움직일 수 있게 된다는 이론으로, 집단역학(Group Dynamics)의 발전을 촉진한다.
  ⑤ 인지 부조화 기출 16
    ㉠ 한 개인에게 두 개의 신념 간, 신념과 태도 간 또는 태도와 행동 간에 불일치가 발생하면, 정신적 스트레스나 불편한 경험을 초래한다.

> **OX문제**
> ▶ 한 개인에게 두 개의 신념 간, 신념과 태도 간 또는 태도와 행동 간에 불일치가 발생하면, 정신적 스트레스나 불편함을 경험하게 되는 것을 인지 부조화라고 한다.
> O | X
> 정답 》 O

ⓒ 구성원은 인지의 부조화를 조화상태로 만들려고 하며 이때 자연스럽게 태도가 바뀐다는 것이 인지 부조화이론이다.
ⓒ 인지 부조화의 직접적인 원인

의사결정 시	강요 때문에 하는 수없이 복종하거나 받아들였을 때, 남과 의견이 대립되었을 때, 적은 노력으로 큰 보상을 받았을 때 등이다.
의사결정의 전후	결정시점 전보다 후에 더 태도 변화가 크다.

(5) 직무관련 태도

① 직무만족과 직무몰입의 태도
  ㉠ 직무만족 : 직장과 관련하여 종업원이 얼마나 만족스러운 태도를 가졌는가
  ㉡ 직무몰입 : 얼마나 매달리고 헌신하려는 태도를 가졌는가

② 직무만족도의 측정
  ㉠ 총체적 만족도 : 조직구성원의 직무상 역할에 대한 총체적인 감정적 반응이다.
  ㉡ 부분 만족도 : 직무, 월급, 감독자, 상사, 승진, 동료 측면에서 만족도를 측정한다.

③ 직무만족도 측정기법
  ㉠ 직무기술지표(JDI ; Job Descriptive Index) : 총체적인 만족도 이외에 직무의 내용, 감독, 보수, 진급, 동료관계 등의 구체적인 측면에서 만족도를 측정하는 것이다.
  ㉡ 미네소타설문지(MSQ ; Minnesota Satisfaction Questionnaire) : 직무수행에 있어서의 창의성, 독립성, 감독체계, 작업조건 등과 관련된 20개의 측면지표를 포함하는데 각 측면지표는 다시 5개의 항목으로 구성된다.

(6) 조직중심의 몰입

① 조직몰입 기출 22·19
  ㉠ 조직의 목표와 가치관의 수용, 조직을 떠나지 않으려는 애착, 조직에 충성하고 공헌하려는 의지 등의 감정적 몰입 내지는 마음으로부터의 충성을 말한다.
  ㉡ 조직몰입은 감정적 몰입, 지속적 몰입, 규범적 몰입의 세 가지 측면을 모두 포함한다.
    • 감정적 몰입 : 구성원이 조직에 대해 가지는 정서적 애착을 의미하며, 감정적 몰입이 높을수록 구성원은 조직과의 관계도를 중요시하고 진정으로 충성심을 느낀다.
    • 지속적 몰입 : 구성원이 조직에 투자한 정도에 대한 지각을 바탕으로 하는데, 지속적 몰입이 높을수록 다른 조직으로 이동 시 생기게 될 상대적인 비용이 높아 기존 조직에 머무르게 될 확률이 높다.
    • 규범적 몰입 : 구성원이 조직에 대해 느끼는 의무감을 바탕으로 하며 조직의 일원으로 남아 있는 것이 도덕적으로 올바르다는 지각에 근거한다.

> **OX문제**
> ▶ 조직몰입에는 감정적 몰입, 지속적 몰입, 규범적 몰입 등이 있다. O|X
> 정답 〉 O

② 조직몰입의 관련 변수
  ㉠ 조직몰입의 선행변수
    • 변수에는 신분변수(예 성별, 나이, 교육수준)와 개인적 특성(예 근속연수, 성취욕구, 권력욕구, 정보욕구)이 있다.
    • 조직과 업무가 가진 특성, 소속 집단의 규범, 목표의 일체성, 조직분위기, 상사의 리더십스타일 등도 변수에 포함된다.
  ㉡ 조직몰입의 결과변수
    • 조직몰입의 증대는 생산성, 직무만족, 성과향상을 가져오고 이직, 결근율을 낮춘다.
    • 교육훈련과 참여의욕의 증대, 팀 협력의 증대, 심지어는 조직혁신의 증대 등을 포함한다.
③ 팀 몰입과 직무 몰입
  ㉠ 팀 몰입 : 팀 협력이 조직성과를 좌우하므로 팀의 동료나 부서원들에게 몰입하는 태도가 더욱 중요하다.
  ㉡ 직무 몰입(Job Involvement) : 조직구성원들이 직장에서 맡은 일이 자기 인생에서 차지하고 있는 중요도를 의미한다.

(7) 학 습
① 학습의 개념 기출 19
  ㉠ 학습(Learning)은 조직 안과 밖의 행동이 직·간접 경험을 통해 발생하는 것이다.
  ㉡ 학습에 의한 행동변화는 상당기간 지속되어야 한다.
  ㉢ 학습은 반복적인 연습이나 경험에 의해서 이루어진 비교적 영구적인 행동의 변화이다.
  ㉣ 학습의 구체적 개념과 속성은 행동의 변화, 영구적인 행동변화, 연습과 훈련에 의한 변화 등이 있다.
  ㉤ 학습이론은 행위주의학파와 인지론학파 간의 치열한 논쟁 속에서 발전하였다.
  ㉥ 학습이론은 고전적 조건화 이론, 즉 자극-반응주의 이론으로부터 시작되었다.
② 조건화에 의한 학습 기출 23
  ㉠ 고전적 조건화 : 가장 초보적이고 고전적인 방법으로서 파블로프가 동물을 학습시킨 방식이다.
  ㉡ 작동적 조건화 기출 17
    • 선다이크(E. L. Thorndike) : 고양이와 토끼를 가지고 한 실험에서 효과(결과)의 법칙을 발견하였다.
    • 스키너(B. F. Skinner) : 인간행동은 행동의 결과(보상)를 이성적으로 예측한 후에 이루어지는 것이므로 그 결과를 도구로 사용한 학습의 유발이 가능하다.
  ㉢ 행위수정이론 : 모든 인간의 행동이 환경자극에 의한 반응양식의 연합, 강화, 모방 등을 통해 학습된 것이라는 이론이다.

▶ OX문제
▶ 행위수정이론은 학습이론과 관련이 없다. O X
  해설
  행위수정이론은 인간의 모든 행동이 환경자극에 대한 반응양식들의 연합, 강화, 모방 등을 통해 학습된 것이라는 이론으로 학습이론과 관련이 있다.
  정답 》 X

▶ '김부장은 부하 직원인 최대리와 갑을식당에서 점심을 같이하면서, 최근에 최대리가 보인 성과를 치하하며 따뜻하게 격려하였다. 그 이후 최대리는 갑을식당을 볼 때마다 그 격려와 칭찬이 떠올라서 왠지 기분이 좋았다.'의 내용과 관련된 이론은 고전적 조건화이다. O X
  정답 》 O

③ 사회적 학습(타인관찰과 모방)
  ㉠ 인지학습
    - 어떤 일에 대한 자기유능감(Self-efficacy)이 높으면 그것이 원동력이 되어 새로운 행동에 쉽게 도전한다.
    - 어떤 행동의 습득이 외부환경에 달려있으며 학습과정을 거친 인지적 과정이다.
  ㉡ 모방학습 : 다른 사람의 행동을 보며 깨닫고 모방하는 것이다.
④ 학습의 전이(Transfer of Learning)
  ㉠ 한 번 학습된 것은 추가적인 학습의 밑거름이 되어 새로운 학습이 계속 일어나며, 한 쪽에서 학습된 것은 다른 쪽으로 이전되어 그곳의 학습을 돕는다.
  ㉡ 학습 전이의 구분 기출 17·16·15
    - 수평적 전이 : 한 분야에서 학습된 것이 다른 분야 또는 실생활에 응용되는 경우
    - 연속적 전이 : 오늘의 학습이 내일의 학습에 도움이 되는 경우
    - 수직적 전이 : 낮은 수준에서의 학습이 그보다 고차적인 정신활동을 요구하는 수준에서의 학습을 촉진시키는 경우
    - 긍정적 전이 : 이전의 학습이 그 다음의 학습에 촉진적인 영향을 미치는 경우
    - 부정적 전이 : 이전의 학습이 그 다음의 학습에 장애를 초래하는 경우

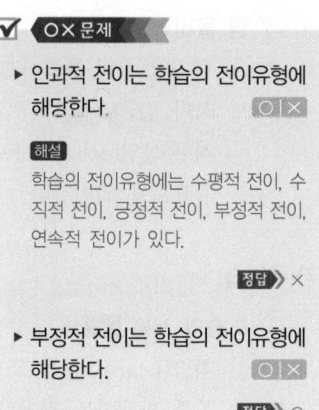

OX 문제
▶ 인과적 전이는 학습의 전이유형에 해당한다. O|X
해설
학습의 전이유형에는 수평적 전이, 수직적 전이, 긍정적 전이, 부정적 전이, 연속적 전이가 있다.
정답 ▶ X

▶ 부정적 전이는 학습의 전이유형에 해당한다. O|X
정답 ▶ O

(8) 학습이론의 활용
① 태도와 행동의 변화수단
  ㉠ 교육훈련을 실시하고 새로운 보상시스템과 360도 피드백 평가시스템을 도입하는 것으로, 사원들의 아이디어 개발을 촉진하기 위한 조직을 만드는 것도 모두가 학습이론을 적용한 것이다.
  ㉡ 스키너는 강화방법으로 연속적 강화법, 고정간격법, 변동간격법, 고정비율법, 변동비율법 등의 사용과 이의 복합적인 사용을 통해 행동의 변화를 달성할 수 있다고 주장하였다.
② 조직사회화
  ㉠ 조직사회화란 조직생활에 필요한 요령을 익혀나가고 조직에 중요한 것들을 실제로 중요하다고 인식하게끔 학습하고 훈련하는 과정이다.
  ㉡ 조직사회화의 속도와 유효성은 직원의 직무만족, 조직몰입, 이직의도에 많은 영향을 미친다.

2 동기부여 내용이론

(1) 매슬로우(A. Maslow)의 욕구단계이론
① 1943년 매슬로우가 발표한 욕구단계설에서 인간은 생리적 욕구, 안전의 욕구, 사회적 욕구, 존경의 욕구, 자아실현의 욕구라는 5가지 계층의 욕구 단계를 거친다.

② 매슬로우는 욕구란 동시에 발생하는 것이 아니라 순서에 따라 하나의 하위욕구가 충족되었을 때 다음 단계의 상위욕구가 발생한다고 주장하였다.
③ 매슬로우의 욕구이론은 경영학에 종사하는 많은 사람들이 즐겨 사용하지만 그만큼 비판할 점도 많은 편이다.
④ 욕구의 단계(매슬로우)
  ㉠ 생리적 욕구 : 배고픔이나 갈증 등 가장 기본적인 욕구
  ㉡ 안전의 욕구 : 신체적·감정적인 위험으로부터 보호되고 안전해지기를 바라는 욕구
  ㉢ 사회적 욕구 : 다른 사람들과 관계를 맺고 소속감과 애정을 나누고 싶어 하는 욕구
  ㉣ 존경의 욕구 : 다른 사람들로부터 자신의 능력에 대해 인정받고 싶어 하는 욕구
  ㉤ 자아실현의 욕구 : 자신이 이룰 수 있는 것 혹은 될 수 있는 것을 성취하려는 욕구
⑤ 한계점
  ㉠ 이론을 뒷받침할 실증적 연구사례가 존재하지 않는다.
  ㉡ 욕구가 동시다발적으로 발생하는 경우, 또는 하위욕구 없이 상위욕구를 추구할 가능성이 있다.
  ㉢ 이미 만족되었던 욕구도 시간의 경과에 따라 다시 동기부여가 될 수 있다.

(2) 알더퍼(C. Alderfer)의 ERG이론 기출 17
① 알더퍼는 욕구를 존재욕구, 관계욕구, 성장욕구의 3가지로 구분하였다.
  ㉠ 존재욕구(Existence Needs) : 생리적·물질적·안전에 관한 욕구로서 매슬로우의 생리적 욕구, 안전의 욕구와 유사(예 임금, 복리, 물리적 작업 조건 등)
  ㉡ 관계욕구(Relatedness Needs) : 인간관계에 의한 욕구로서 매슬로우의 사회적 욕구, 존경의 욕구와 유사(예 가족, 친구관계 등)
  ㉢ 성장욕구(Growth Needs) : 개인의 성장과 발전에 대한 욕구로서 매슬로우의 자아실현 욕구, 존경의 욕구와 유사(예 잠재력 극대화, 능력개발)
② 한 가지 이상의 욕구가 동시에 작용할 수 있으며, 인간의 행동은 욕구들의 복합적 성격을 추구한다.
③ 알더퍼의 욕구의 3분류는 순서의 구분이 없고, 욕구의 구체성 정도(구체적인 존재욕구와 추상적인 성장욕구)에 따라 분류된다.
④ 하위욕구를 모두 채우면 상위욕구가 증가하고, 못 채우면 하위욕구가 증가한다.
⑤ 사람·성격·문화마다 3가지 욕구의 상대적 크기가 서로 다르게 나타난다.

> **OX문제**
> ▶ 알더퍼의 ERG이론은 인간의 욕구를 존재욕구, 관계욕구, 성장욕구로 구분하였다. O X
> 정답 ▶ O

(3) 맥클레랜드(David C. McClelland)의 성취동기이론
① 매슬로우의 다섯 가지 욕구 중에서 상위욕구만을 대상으로 하여 3범주로 나누어 관찰한다.
② 성취욕구, 친교욕구, 권력욕구의 3종류 욕구가 인간행동의 80%를 설명한다.
  ㉠ 성취욕구 : 어려운 목표나 위험을 감수하면서 남보다 높은 성취를 이루려는 욕구
  ㉡ 친교욕구 : 다른 사람들과 따뜻하고 친밀한 인간관계를 유지하고 싶어 하는 욕구
  ㉢ 권력욕구 : 다른 사람들에게 영향력을 행사하거나 도움을 주어 일을 성사시키려는 욕구

(4) 허츠버그(F. Herzberg)의 2요인이론 기출 19·13

① 모든 욕구요인을 불만요인(위생요인)과 만족요인(동기요인)으로 분류하여 서로 다른 욕구충족요인 2원설을 제시하였다.
  ㉠ 불만요인(위생요인) : 직무의 조건 혹은 환경 등 하위욕구와 관련되는 요인(예 월급, 감독, 관리스타일 등)
  ㉡ 만족요인(동기요인) : 직무 자체에 대한 욕구로서 인간의 정신적 측면인 상위욕구와 관련되는 요인(예 존경욕구, 자기실현욕구 등)

> **OX 문제**
> ▶ 동기유발에 관한 요인을 위생요인과 동기요인으로 구분한 것은 허츠버그이다. O X
> 정답 〉 O

② 보수를 많이 주고 근무여건을 쾌적하게 조성하는 것(위생요인)만으로 종업원들이 반드시 만족하는 것은 아니다.
③ 위생요인이 모두 충족되어도 구성원들의 궁극적인 동기는 불러일으키지 못하며, 동기요인에 대해서는 온 힘을 쏟아 그곳까지 도달하려고 노력한다.
④ 동기부여를 위해서는 위생요인에 신경 쓰는 것보다 동기요인에 중점을 둔 관리가 필요하다고 주장한다.
⑤ 위생요인이 직무 외재적 성격, 직무맥락에 관련된 것이라면, 동기요인은 직무 내재적 성격, 직무내용과 관련되며 조직원의 만족감과 동기유발을 위한 직무확충을 주장한다.

> **개념 PLUS**
>
> 직무확충이론에서의 동기부여 및 성취 요인 기출 14
> • 직무가 다양한 기술을 필요로 하는 정도
> • 일을 계획하고 절차를 결정하는 데 있어 자유롭고 독립적으로 일할 수 있는 정도
> • 직무를 수행하기 위해 처음부터 끝까지 가시적인 결과를 얻는 작업을 해야 하는 정도
> • 직무성과에 대한 직접적이고 명확한 정보

(5) 맥그리거(D. McGregor)의 XY이론

① X이론형 인간
  ㉠ 사람은 원래 일을 싫어하고 책임지기를 회피하며, 야망이 없기 때문에 시키는 일만 하려고 한다.
  ㉡ 조직목표의 달성을 위해서는 통제, 위협, 지시, 강압, 감동 등의 수단으로의 관리를 주장한다.
② Y이론형 인간
  ㉠ 노동이란 자연스러운 것이며 사람들은 적절한 조건만 갖춰지면 책임 맡은 일을 완수하려고 한다.
  ㉡ 인간은 주어진 목표달성을 위해서 스스로를 통제·관리하며, 의지는 일로부터의 성취감 여부와 관련이 있다.
  ㉢ 조직의 업무 달성에 필요한 창의력, 상상력, 지도력 등은 누구에게나 있는 것이라고 주장한다.
③ X이론형은 성악설, Y이론형은 성선설과 유사하다.
④ 맥그리거는 전통적 인간관인 X이론형의 관점은 옳지 않으므로 X이론형을 통해 개발, 실시되고 있는 모든 관리방식도 바뀌어야 한다고 주장한다.

> **개념 PLUS**
>
> 욕구이론의 한계
> 욕구이론가들은 욕구의 종류를 상위, 하위로 구분하여 인간의 존엄성을 강조하면서 상위욕구 충족을 권장했다는 공통점이 있음에도 불구하고 욕구발생의 근본 원인, 보편성의 문제 등의 한계점을 지니고 있다.

3 동기부여 과정이론 기출 24

(1) 브룸(Victor H. Vroom)의 기대이론 기출 22·20·16

① 개인의 동기는 자신의 노력에 대한 기대와, 그 성과가 보상을 가져다 줄 것이라는 수단성에 대한 기대감의 복합적 함수에 의해 결정된다.
② 사람이 조직 내에서 일의 수행 여부를 결정하는 데는 그 기대 가치의 달성 가능성과 자신의 일처리 능력에 대한 평가가 복합적으로 작용한다.
③ 이 이론을 VIE이론이라 부르기도 하는데 이는 곧 사람의 동기를 유발하는 데 미치는 요인이 행위의 결과로 얻게 되는 보상에 부여하는 가치(유의성, Valence)와 행위의 1차적 결과가 2차적 결과로서의 보상을 초래할 가능성, 즉 수단성(Instrumentality)과, 자신의 행동을 통해 1차적 결과물을 가져올 수 있으리라는 자신감, 즉 기대(Expectation 또는 Expectancy) 이 세 가지라는 것이다. → M = f(V, I, E)
④ 기대이론의 중요한 5대 변수 : 기대감, 유의성, 결과 또는 보상, 수단성, 행동선택 등

> **O× 문제**
>
> ▶ 기업들이 보상프로그램을 다양하게 마련하여 종업원들이 원하는 보상을 선택하게 하는 경향은 브룸의 동기부여 기대이론 중 유의성(Valence)을 높이기 위한 방안이다. O|×
>
> 정답 〉 O

(2) 아담스(Adams)의 공정성이론 기출 23

① 인간관계에서 주고받는 교환이 일어날 때 공평과 정당함을 추구하는 인간본능을 기초로 하는 동기부여이론으로서 1950년대 사회심리학자인 페스팅거의 인지부조화이론에 근거한다.
② 각 개인은 상대방(회사 혹은 타인)으로부터 자신의 공헌에 대한 정당하고 공평한 대가를 받아야 한다.
③ 정당성 여부는 자기의 공헌 보상만이 아니라 남과 비교·판단하여 불공정하면 화를 내거나 죄책감을 느끼고 불공정함을 줄이려고 노력한다.
④ 불공정 판단 여부와 반응행동 양식은 매우 주관적이고 형태도 매우 다양하다.

(3) 목표설정이론

① 목표설정이론의 발전에 중요한 공헌을 한 로크(Locke)는 기대이론의 가정을 인지적 쾌락주의라고 비판하면서 인간행동은 가치와 의도(계획 혹은 목표)라는 두 가지 인지에 의해 결정된다고 주장하였다.
② 작업 상황에서의 1차적 동기는 특정목표를 성취하려는 욕망이며, 개인이 의식적으로 얻으려는 상태인 목표가 조직구성원의 동기와 행동에 영향을 미친다는 주장이다.

(4) 상호작용이론

① 욕구이론이나 기대이론은 모두 개인에 국한된 동기부여 연구였다면, 상호작용이론은 환경 혹은 타인과의 접촉이나 관계에 의해서도 발생한다고 주장하는 이론이다.
② 개인이 다른 개인을 이해하는 과정을 설명하는 것으로, 육체적 움직임과 상호작용이 이뤄진 환경에서 어떻게 특정 의미를 도출해내는지 분석한다.
③ 목격한 행위와 주변의 물질적, 비물질적 요소들로 자신만의 의미를 만들어내는 과정에 주목한다.
④ 개인이 의미를 생성해내는 정신 과정에도 관심을 갖는다는 점에서 외적 요소에만 주목하는 역할 이론과는 다르다.

(5) 인지평가이론

① 1960년대 말부터 동기부여를 위해서 외재적 보상(예 임금, 작업조건 등)의 역할이 줄어들고, 내재적 보상(예 칭찬, 긍지, 책임, 성취감 등)의 역할이 증대되면서 제안된 이론을 말한다.
② 이전의 학자들은 내재적 동기요인은 외재적 동기요인과 독립적이며 임금의 상승과 성취감의 상승은 상호영향을 주지 않는 것으로 판단했으나, 인지평가이론의 관점에서는 일이 재미가 있어서 열심히 했는데 외재적 보상만 주어지면 일 자체에 대한 흥미가 줄어들 수도 있다고 주장한다.

개념 PLUS

페스팅거(Leon Festinger)의 인지부조화이론
- 개인의 신념, 태도, 행동 간의 불일치 혹은 부조화 상태가 발생하면 불편감이 생기게 되고, 이를 해소하기 위해 기존의 태도나 행동을 바꾸게 된다는 이론이다.
- 인간은 자기가 알고 있는 바와 자신의 행동이 다를 때 부조화를 느끼고 이를 조화시키려는 행동으로 동기부여가 되며, 이때의 변화노력은 약간의 태도변화에서 적극적 행동변화에 이르기까지 다양하다.

4 동기부여의 형태

(1) 임금관리

① 종업원이 회사로부터 얻는 것에는 경제적인 것 이외에도 승진, 칭찬 등 비물질적인 것과 심리적 만족감인 내적 보상까지 포함한다.
② 임금관리는 임금수준과 임금제도에 따라 조직유효성에 미치는 영향이 크다.
③ 임금은 미래지향성, 상승지향성, 현금성 등의 특수성을 지닌다.
④ 임금수준의 결정요인 기출 18
  근로자의 생계비, 기업의 지불능력, 노동시장의 임금수준, 임금관련법규, 정부의 정책, 회사 규모, 경영이념, 노동조합의 협상력, 경제적 환경 등에 의해 결정된다.

OX 문제

▶ 임금수준을 결정할 때 기업의 업종과 규모도 고려할 요인이다.
O | X

해설
같은 업종이나 동일 규모 기업의 임금수준은 고려해야 하겠지만, 일반적으로 기업의 업종과 규모는 임금수준의 결정 요인이 아니다.

정답 ▶ ×

(2) 임금체계관리

① 임금배분의 기준 기출 20
  ㉠ 일 기준 : 직무급, 성과급 등
  ㉡ 사람 기준 : 연공급, 능력급 등

② 직무급
  ㉠ 종업원의 담당직무의 상대적 가치를 기준으로 임금을 책정하는 것이다.
  ㉡ 장·단점

장 점	단 점
• 동일노동, 동일임금 실현이 가능	• 직무평가와 산정절차가 복잡
• 불합리한 임금상승을 억제	• 종업원 간 임금격차로 인한 문제점
• 자아개발 노력을 촉진	• 노동이동의 제한으로 인한 불평등
• 특수분야 인재확보 가능	• 개발된 근로자들의 이직

③ 연공급 : 연공급은 종업원의 근무년수를 기준으로 임금을 결정하는 것이다.

④ 직능급 : 직무에 공헌할 수 있는 담당자의 능력을 기초로 임금을 책정하는 것이므로 직능급 임금 산정에는 인사고과 결과가 유용하게 사용된다. 기출 17

⑤ 성과급 : 임금은 회사에 공헌한 대가로 지불되는 반대급부의 성격이 강하므로 종업원이 회사에 공헌한 성과와 업적을 기준으로 임금을 책정한다.

> **OX문제**
> ▶ 직급체계를 단순화하여 임금을 광대역화(Broadbanding)하면 임금률 체계의 복잡성이 낮아진다.
> 정답 ○

(3) 임금형태 및 유형

① 임금형태란 정해진 임금제도에 의하여 일정한 액수의 임금을 어떤 방식으로 지급할 것인지의 문제이다.
  ㉠ 부가급부(Fringe Benefits) : 직원들에게 기본 급여 외에 추가적으로 제공하는 보상으로 병가, 유급휴가, 연금제도 및 건강보험제도를 포함한다. 기출 17·16
  ㉡ 간접임금 : 기업에 임금관리의 유동성을 제공, 사회보장성격을 지닌 간접임금을 국가가 강요, 각기 다른 형태의 보상을 요구, 간접임금에 대한 세제혜택 등이 있다.

② 임금의 대표적 유형
  ㉠ 상여금 : 종업원의 근로의욕을 고취시키는 취지에서 경영성과에 따라 분배하는 참여적 임금이다.
  ㉡ 수당 : 기본급을 보완하는 생활보조의 형태로 법정수당과 법정외 수당으로 구분한다.

> **OX문제**
> ▶ 다양한 종업원 보상프로그램 중 주식매입선택권은 부가급부에 해당한다.
> 해설
> 부가급부는 직원들에게 기본 급여 외에 추가적으로 제공하는 보상으로 병가, 유급휴가, 연금제도, 건강보험제도 등을 포함한다.
> 정답 ×

> **개념 PLUS**

1. **임금 관련 용어**
   - **임금(Wage)** : 사용자가 노동의 대가로 노동자에게 봉급, 급여, 보너스 등의 어떤 명칭으로든지 지급하는 금품
   - **봉급(Salary)** : 임금보다 좁은 의미로서 정신노동자(사무직)에게 장기간 기준으로 지급되는 주급, 월급, 연봉
   - **급여(Pay)** : 복리후생을 제외한 일체의 금전적 보상
   - **기본금(Base)** : 회사가 정해진 룰에 의해 종업원들에게 공통적·고정적으로 지급하는 현금 보상
   - **수당(Allowance)** : 기본급 이외에 추가적으로 지급되는 금전적 보상으로, 식비, 교통비, 추석보너스 등의 제수당(諸手當)
   - **장려금(Incentive)** : 종업원을 동기화시키려고 성과에 따라 일시적 포상의 의미로 지급하는 보상
   - **복리후생(Benefits)** : 종업원의 생활안정과 향상을 위해 부가적으로 지급되는 일체의 현금급여(예 수당, 퇴직금 등)와 현물급여(예 사원 아파트, 탁아소, 문화사업 등)
   - **보너스(Bonus)** : 종업원과 기본적으로 약속한 금액보다 추가되는 일체의 보상
   - **보상(Compensation)** : 봉급에서 보너스까지를 모두 포함한 것으로 종업원이 받는 모든 형태의 금전적 대가와 무형적 서비스·혜택을 의미
   - **임금률** : 주요 직무 및 비주요 직무에 대해 결정한 임금수준
   - **임금등급** : 임금률 결정을 위해 직무가치가 비슷한 직무들끼리 묶은 집합체

2. **최저임금제**
   - 임금결정과정에 국가가 개입하여 사용자에게 일정액 이상의 임금을 지급하도록 법으로 강제함으로써 저임금 근로자를 보호하는 제도(1988년 시행)
   - 최저임금제는 근로자의 계약자유의 한계와 저임금 노동자의 보호, 사용자 측의 가격담합을 통한 임금인하 경쟁의 방지, 저소득층의 소비를 가능하게 하는 유효수요 창출과 함께 절도, 빈곤 등 사회부작용으로 인한 사회혼란의 방지를 위해 필요

③ 연봉제 기출 24
   ㉠ 연봉제는 시급제, 일급제, 주급제, 월급제와 같은 임금지급형태의 하나로, 연간기준으로 임금을 산정하여 지급하는 것이다.
   ㉡ 연봉제는 임금지급형태의 일종이면서 동시에 능력주의 임금체계이다.
   ㉢ 우리나라 연봉제는 기본연봉에 상여금 형태의 업적연봉을 혼합한 것으로, 한 쪽이 증가하면 다른 쪽은 감소하는 제로섬(Zero-sum)방식과 다면평가제도 및 목표관리제도를 도입한 형태이다.
   ㉣ 기본연봉은 누적식, 업적연봉은 비누적식을 적용한다.
   ㉤ 장·단점

장 점	단 점
• 종업원 동기유발 및 근무의욕 고취 • 임금결정의 공정화 • 임금체계의 단순화 및 임금관리의 용이 • 자발적 노력 • 인재확보의 용이성 • 상하 간 의사소통 원활 • 상급관리자의 경영의식 강화	• 연봉감소로 인한 사기 저하 • 갈등과 위화감 조성 • 능력평가의 어려움 • 단기 업적 중심

> **개념 PLUS**
>
> 개인성과급의 종류
> - Lump Sum Bonus : 조직구성원의 평가성적이나 기업의 성과에 따라 연말에 지급되는 보너스를 의미하며, 당해 연도에 지급되었다고 해서 반드시 다음 해에 지급되는 것은 아니다.
> - Spot Awards : 개인이나 팀의 우수한 성과를 장려하고 보상하기 위한 제도. 해당업무나 특별한 프로젝트를 성공적으로 수행한 개인이나 팀에게 연말까지 기다리지 않고 즉시 보상하는 것을 의미한다.

(4) 복리후생제도

① 복리후생제도의 원칙 : 적정성의 원칙, 합리성의 원칙, 협력성의 원칙

② 종업원에 대한 이익
  ㉠ 사기를 높이며 복지에 대한 인식이 깊어지고 불만이 감소한다.
  ㉡ 경영자와의 관계가 개선되며, 고용이 안정되고 생활수준이 향상된다.
  ㉢ 지역사회의 시설 및 기관에 대한 종업원 개인으로서의 관심과 이해가 촉진된다.

③ 카페테리아식(Cafeteria Benefits Plan) 복지후생 : 선택적 복지후생제도라고도 하며, 종업원 개개인의 취향과 필요에 의해 복지후생제도를 선택하게 함으로써 복지후생에 대한 만족도를 높일 수 있다. 기출 17

> **OX문제**
>
> ▶ 종업원 전체에 필요한 복지후생 항목은 기업이 우선 설정하고, 추가적으로 교육, 건강검진, 오락시설 등의 복지후생은 종업원에게 선택권을 부여하여 운영하는 것을 카페테리아식 복지후생이라 한다.
>
> O | X
>
> 정답 》 O

5 집단역학

(1) 집단역학의 정의 및 중요성

① 일정한 사회적 상황에서 집단 성원 상호간에 존재하는 상호작용 또는 상호의존성과 세력(Forces) 관계를 분석하고자 하는 학문적 지향을 말한다.

② 1930년대에 레윈이 주장한 이론으로 집단 구성원들 간에 존재하고 있는 영향력 및 상호작용의 관계를 말한다.

③ 인간을 이해하기 위한 요소로서, 기업에서는 집단역학을 이용하여 집단의 성질 또는 집단 및 개인 사이의 관계를 연구함으로써 집단효율을 향상시킨다.

(2) 집단역학의 기능

① 조직에 미치는 영향
  ㉠ 혼자서는 불가능한 일들도 집단의 경우에는 완료가 가능하다.
  ㉡ 구성원 혼자 일을 다 하는 대신, 집단에서는 자신에게 맞는 일만 할 수 있다.
  ㉢ 구성원들 간의 행동을 효과적으로 통제할 수 있다.
  ㉣ 주위의 충고 및 비판으로 스스로의 변화 및 개선이 가능하다.

② 개인에게 미치는 영향
　　㉠ 서로 간의 상호작용으로 인해 다양한 기술 습득이 가능하다.
　　㉡ 따로 교육을 받을 필요 없이 서로 보고 배울 수 있다.

(3) 집단역학의 분석법
① 소시오메트리분석 : 조직원 사이의 감정을 기초로 조직 내의 동태적 상호관계를 분석하여 집단행동을 진단하는 분석기법이다.
　㉠ 소시오그램 : 구성원 상호 간의 서열관계, 하위집단 중 세력집단, 비세력집단, 정규지위·주변지위 등을 표로 구성한 기법
　㉡ 소시오매트릭스 : 구성원 간 관계를 선호·무관심·거부의 점수를 부여하여 집단 내부에 자생하는 서열구조와 선호 인물 등을 밝히는 기법
② 상호작용분석 : 관찰자가 개개인의 상호작용 등을 관찰하여 토론을 시작하거나 토론을 주도한 구성원을 확인하고 구성원 상호 간 토론 횟수를 기록한 후 역할을 찾는 기법이다.
③ 집단응집력 분석 : 구성원의 상호작용과 집단 사기를 나타내는 응집력을 지수로 표현한 측정방법이다.

(4) 집단역학의 응용
① 조직 구성원과 고객의 태도변화 유도 : 기업은 집단역학을 이용하여 구성원의 태도를 바꾸거나 고객의 구매패턴 등을 유도한다.
② 조직 활성화 : 집단역학을 근거로 구성원·집단 간 관계를 상호보완적으로 개선하여 집단 활성화를 가능하게 한다.

05 조직문화와 리더십

1 조직문화 기출 24

(1) 조직문화의 개념
① 조직문화는 조직구성원이 가지고 있는 공유된 의미 체계로, 구체적인 정의가 없다.
② 무형적이며 실체가 없는 가운데 조직의 여러 계층에서 다양하게 존재하고 있다.
③ 직원이 조직의 본질을 어떻게 인식하는지 보여준다.
④ 조직문화는 가치관, 규범, 실무로 표현된다.
　㉠ 가치관 : 비가시적이며, 조직이 달성하고자 하는 것과 그것을 위해 어떻게 해야 하는지에 대한 암묵적 취향이다.
　㉡ 규범 : 가치관으로부터 나오며 관찰가능하다. 조직구성원이 규명하기 쉬우며 변경이 가능하다.
　㉢ 실무 : 가시적이며, 지식의 창조·공유·활용을 지원하는 데에 필요한 행동을 변화시킬 수 있는 직접적인 방법이다.
⑤ 유니폼 혹은 조각상 같은 상징으로 구현되기도 한다.

(2) 조직문화와 행동
① 가치관은 규범과 실무를 형성한다.
② 관리자는 가치관을 다시 형성하기 위해 규범과 실무를 변경하기도 한다.
③ 조직문화는 조직변화 및 혁신관리를 위한 중요한 요소이다.
④ 문화를 구성하고 있는 인적요소는 효과적인 조직성과와 변화관리를 위한 중요한 결정요인이다.

(3) 조직문화와 지식의 연결
현재의 조직문화가 지식의 창조·공유·활용에 어떻게 영향을 미치는가를 평가하기 위하여 관리자는 먼저 문화가 지식 관련 행동에 실제로 어떻게 영향을 미치는가를 이해해야 한다.

(4) 조직문화의 유형 기출 23

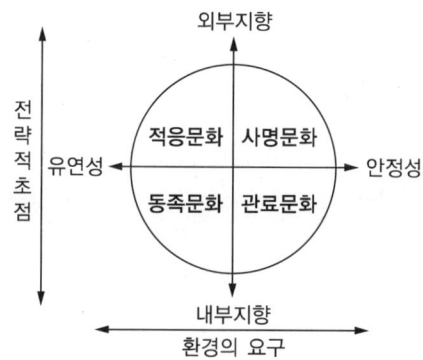

① 동족문화(Clan Culture) : 구성원의 몰입과 참여, 책임감, 주인의식 등을 통해 외부환경에 빠르게 대응하려는 전략적 상황을 나타낸다.
② 사명문화(Mission Culture) : 목표 달성을 강조하고 조직의 생산성 향상을 위해 구성원들의 경쟁을 독려한다.
③ 적응문화(Adaptability Culture) : 조직 구조의 유연성을 강조하고 외부환경에의 적응에 큰 관심을 갖는 유형으로, 조직의 적응과 성장을 지원할 수 있는 자원 획득을 중요하게 여긴다.
④ 관료문화(Bureaucratic Culture) : 통제 위주의 조직구성을 지향하며 조직 내부지향적인 경향을 띠는 유형으로, 능률적 목적 달성을 중시하고 안정적이고 예측 가능한 성과를 만드는 데 중점을 둔다.

(5) 로버트 퀸(Robert Quinn)의 경쟁가치유형 기출 24
① 개념 : 조직문화 유형을 내부지향(조직 내부 환경)과 외부지향(조직 외부 환경)을 가로축, 안정성과 유연성을 세로축으로 하여 4가지로 분류하였다.

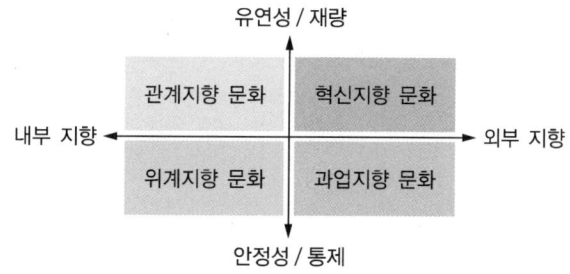

② 내 용

관계지향 문화	• 구성원들의 신뢰, 팀워크를 통한 참여, 충성, 사기 등의 가치를 중시하는 조직문화로 구성원의 상호신뢰, 협업 등에 가치를 둠 • 내부 지향적이며 비공식적인 유연한 문화
위계지향 문화	• 위계 문화 혹은 내부과정모형 • 전통적인 관료제적 조직문화를 대표
혁신지향 문화	• 발전 문화 혹은 개방체계모형 • 조직 변화와 유연성을 강조하고 조직이 당면하고 있는 외부 환경에의 적응 능력에 중점
과업(시장)지향 문화	• 합리 문화 혹은 합리적 목적모형 • 경쟁 지향적인 생산 중심의 문화로, 외부 지향적이며 외부 소통 역량에 가치를 둠 • 공급자나 고객, 규제자 등 외부 관계자와의 거래 강조

2 리더십의 정의와 필요성

(1) 리더십의 정의

① 베니스(W. Bennis) : 조직으로 하여금 자기의 비전을 갖게 하고 자기의 능력을 모두 쏟아 그 비전을 실현하게끔 하는 것을 의미한다.

② 스톡딜(R. M. Stogdill)
  ㉠ 집단의 구성원들로 하여금 특정 목표를 지향하게 하고 그 목표달성을 위해 실제 행동을 하도록 영향력을 행사하는 것이다.
  ㉡ 리더십 12범주 : 집단과정 리더십의 초점, 인물의 특성과 그 효과, 순종을 유도하는 기술, 활동 또는 행동, 설득의 형태, 영향력의 행사, 권력관계, 목표달성의 수단, 상호작용의 효과, 차별화된 역할, 조직 구조의 주도와 유지, 요소 조합의 리더십

③ 테리(Terry) : 구성원들이 기꺼이 집단 목표를 달성하게 영향을 미치는 활동이다.

④ 리더는 조직에 대한 비전을 제시하고 구성원들로부터 인간적인 신뢰를 얻어 그들의 열성과 행동의 전폭적인 지지를 얻어야 훌륭한 리더라 할 수 있다.

(2) 리더십의 필요성

① 구성원들에게 조직의 규칙과 업무의 과정을 준수하게 할 동기부여를 해야 한다.
② 끊임없는 외부의 환경적 변화에 대응할 조직체계를 갖추고 이에 적절히 대응할 지도력이 요구된다.
③ 새로운 기술과 구조의 도입, 변화가 조직에 통합될 수 있게 조절하는 능력이 요구된다.
④ 구성원과 조직 목표 간에 가능한 많은 부분의 일치를 가져올 수 있는 노력이 필요하다.

(3) 리더십의 역할

① 관리 및 조정
  ㉠ 관리자로서 조직의 비전이나 사명 등을 직접적이고 구체적인 행위로 바꾸어 전달하는 역할이다.
  ㉡ 조직목표나 과제에서도 중요한 역할을 담당하며 일관성 있는 태도와 장기적인 안목이 필요하다.
② 통합 및 연결 : 다양하고 효과적인 프로그램들을 위해서는 조직체 전체를 통해 통합·확산·연결 등이 되어야 한다.
③ 기준의 설정 : 조직의 목표나 작업 산출을 위해 감독기준을 설정·시행함으로써 프로그램 수행을 원활히 추진해야 한다.
④ 혁신과 창조 : 조직의 목표 달성 시 혹은 소멸·변경 시에 새로운 프로그램을 계획·개발하여 조직의 운영 방안을 창안하는 것은 리더의 매우 중요한 활동이며 조직 생존에 매우 중요하다.

3 리더를 강조한 이론

(1) 특성이론

① 리더는 태어나는 것이지 만들어지는 것이 아니라는 측면으로 비공식적 집단의 행태에 대한 사회심리학적 연구, 카리스마적 기질, 위인이론 등에 잘 나타나고 있다.
② 공식적인 권한이 없는데도 주변사람들이 특정인을 따르기 시작하는 것(사회심리학적 연구)이나 개인이 소지하고 있는 영적·심적·초자연적 특질이 있을 때 집단구성원들이 이를 신봉함으로써 생기는 리더십(카리스마적 기질), 위인은 보통사람들과 다른 무엇인가가 있을 것이라는 측면(위인이론)에서 리더의 특질을 연구하는 것이 특성이론이다.

(2) 행동이론 기출 20

① 리더는 태어나는 것이 아니라 만들어진다는 측면으로 초기에는 1927년에 레윈, 리피트 화이트 등에 의해 성과중심의 리더십과 인간관계중심의 리더십이 있음을 제시하였다.
② 리더십 행동의 초점이 부하들 개개인의 인간 관리에 있는지 그 집단이 완수해야 할 일 관리에 있는지에 따라 구분하였다.
③ 관리격자 이론(리더십 격자 이론) 기출 21·20·15
  ㉠ 블레이크와 무튼(R. Blake & J. Mouton, 1964)이 정립한 이론이다.
  ㉡ 리더의 개인적 특성에 초점을 맞추어 리더 유형을 분류하였다.
  ㉢ 인간에 대한 관심과 과업에 대한 관심이 중요하다는 것을 강조하였다.

> **OX문제**
> ▶ 리더의 유형을 컨트리클럽형, Team형, 무기력형, 중도형으로 분류하는 것은 인간관계이론이다.
>
> O | X
>
> **해설**
> 관리격자(Managerial Grid)이론이다. 블레이크와 무튼은 생산과 인간에 대한 관리자의 관심이 중요하다는 것을 강조하면서 관리자 리더십의 차원을 5가지 형태인 무기력형, 과업형, 컨트리클럽형, 중도형, 팀형으로 분류하였다.
>
> 정답 ▶ X

ⓔ 리더십의 5가지 유형

무기력형	조직원들에 대한 관심이 낮고 생산이나 성과에 대한 관심도 낮아서 오직 자신의 자리를 보존하는 데 필요한 최소한의 노력만 기울이는 무사안일형의 리더이다.
과업형	생산이나 업무성과에 대한 관심은 매우 높으나 인간에 대한 배려는 거의 없는 리더이다.
컨트리클럽형	조직구성원들이나 다른 사람들의 요구사항을 잘 들어주고 배려해 주며 조직을 우호적인 분위기로 유지하기 위한 노력을 기울이나, 좋은 분위기가 반드시 높은 업무성과로 연결되지는 않기 때문에 조직목표 달성에는 효과적이지 못할 수도 있다.
중도형	업무성과와 인간에 대하여 적절한 정도의 관심을 가지고 두 요소의 균형을 이루려고 노력하는 유형이다.
팀 형	팀 제도에서 가장 바람직한 유형으로 과업이나 목표에 대한 관심뿐만 아니라 인간에 대한 관심도 높아서 조직원들의 사기와 성장을 중요하게 여기는 리더로, 상호 신뢰적이고 상호 존중하는 관계를 유지하며 협동을 통하여 조직원들은 자신의 발전과 조직의 성과달성을 함께 추구하기 위하여 노력한다.

4 상황을 강조한 이론

(1) 정 의
이상적 리더의 유형은 독립적으로 존재하는 것이 아니라 상황에 알맞은 것이라면 어떤 리더십도 높은 성과를 올릴 수 있다는 것이 상황을 강조한 이론이다.

(2) 종 류
① 피들러의 상황적합성이론 기출 19·18·15
  ㉠ 리더십을 과업지향형과 관계지향형으로 구분하여 리더십 유형을 측정하기 위해 LPC척도를 개발하였다.

과업지향형	관계지향형
• 리더십 행사의 초점을 과업 자체의 진척과 성취에 맞추고, 여기에 방해되는 일탈행위를 예방하거나 차단하는 데 주력하는 통제형 리더십 스타일 • 리더십 행사 상황이 매우 우호적이거나 비우호적일 때 행사	• 통솔하는 부하직원들과의 원만한 관계형성을 통해 과업의 성취를 이끌어 내려는 배려형 리더십 스타일 • 상황이 전체적으로 중간수준일 때 효과적

  ㉡ 업무중심의 사람과 관계 중심의 사람을 구분하기 위해 '가장 싫어하는 동료에 관한(LPC ; Least Preferred Co-worker) 설문'을 만들어서 활용하였다.
  ㉢ 상황적합모델에서 효과적인 그룹 성과는 리더의 스타일과 리더의 상황 통제 정도에 따라 달라진다.
  ㉣ 리더십 성공에 있어서 가장 중요한 부분은 개개인의 기본적 리더십 스타일에 달려있다.

> **OX문제**
> ▶ 피틀러는 상황리더십 이론에서 리더십 스타일을 과업지향형과 인간관계지향형으로 분류하고 있다.
> 정답 ▶ O
>
> ▶ 피들러의 과업지향적 리더는 리더십이 행사되는 상황이 매우 우호적이거나 매우 비우호적일 때 효과적이다.
> 정답 ▶ O

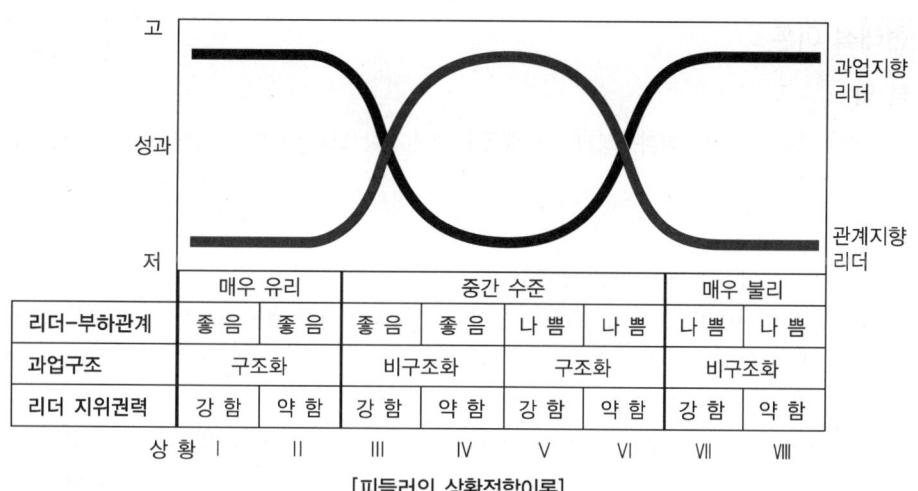

[피들러의 상황적합이론]

② 민주-독재의 모형
  ㉠ 모든 리더는 양극단 사이의 연속선상에 존재한다고 보고 리더십 스타일을 상사중심형과 부하중심형으로 구분한다.
  ㉡ 탄넨바움과 슈미트(R. Tannenbaum & W. H. Schmidt)는 리더의 확신이나 기호 등 리더에게 작용하는 힘, 자율욕구와 책임의식 등 부하에게 작용하는 힘, 조직형태와 조직규모 등의 상황에 관련된 힘의 3가지 상황요소에 의해 리더십이 결정된다고 주장한다.

③ 3차원 모형
  허시와 블랜차드(P. Hersey & K. Blanchard)에 의하면 리더십의 형태는 부하의 성숙도 수준이라는 단 한 가지 상황요인에 의해 결정되며 인간중심, 과업중심이라는 리더십의 두 차원이 연속선상에 있지 않은 별개의 것으로 상호영향을 주지 않고 두 요소가 동시에 공존할 수 있다고 주장하였다.

④ 리더-참여모형
  브룸과 이튼(V. H. Vroom & P. W. Yetton)은 의사결정의 상황에 따라서 리더의 간섭과 참여정도가 달라진다고 하여 의사결정의 여덟 가지 상황으로 분류, 의사결정의 질, 부하의 참여, 리더의 정보, 문제의 질, 부하의 순종, 조직목표와 일치여부, 부하들의 갈등, 부하의 정보를 들었으며 이에 따른 리더십유형으로는 크게 독재적, 타협적, 참여적 리더십의 3가지 형태의 유형을 들었다.

⑤ 경로-목표이론
  ㉠ 구조주도-배려형 리더십유형에 동기부여의 기대이론을 접목시킨 이론이다.
  ㉡ 하우스(R. House)는 리더의 역할이란 부하가 목적지에 이르도록 길과 방향을 가르쳐주고 따라가면서 코칭해 주는 것이라 하여 지도적 리더, 지원적 리더, 참여적 리더, 성취지향적 리더로 분류하였다.
  ㉢ 리더는 매우 융통성이 있기 때문에 위의 4가지 유형을 상황에 따라 적절하게 바꾸어 가며 행사해야만 유효한 리더십행위가 된다고 주장하였다.

5 현대적 이론

(1) 정 의
전통적인 리더십이론의 리더특성과 리더행동을 재발견함으로써 다양한 형태로 리더십이론이 전개되었다.

(2) 종 류
① 봉사적 리더십(Servant Leadership)
  1970년 그린리프(R. Greenleaf)는 훌륭한 리더는 하인처럼 행동하는 바로 그 자체로, 자신보다는 부하, 고객, 지역사회에 봉사하는 것을 우선으로 삼은 사람이며 장기적 관점에서 부하들의 생활과 과업수행방식의 변화에 초점을 두고 접근하는 리더를 뜻한다고 하였다.

② 리더-멤버 교환이론(LMX ; Leader-member Exchange Theory) 기출 24
  ㉠ 조직의 멤버들은 리더를 통해 전달받은 역할을 수행하고 그 반응은 리더에게 피드백 되는데, 이때 리더는 부하들에게 똑같이 동일한 역할을 전달하는 것이 아니라 부하 개개인을 고려하여 차별적으로 전달하게 되며 그에 따라 리더와 각각의 부하들과는 다양한 교환관계가 발생한다.
  ㉡ 하나의 조직 안에서 리더는 부하에 따라 여러 가지 리더십유형을 취하게 되며, 부하들 역시 서로 다르게 리더십을 인지하고 반응하게 된다.
  ㉢ 개별 상사와 부하 간의 고유한 관계 형성 과정을 단계적으로 설명한다.

③ 혁신주도형 리더십
  ㉠ 부하들로 하여금 자신의 관심사를 조직발전 속에서 찾도록 영감을 불러 일으켜주며 항상 새로운 창조와 혁신을 할 수 있도록 비전을 제시해주는 리더십이다.
  ㉡ 혁신주도형 리더의 4가지 자질 : 비전을 통한 단결능력, 비전의 전달능력, 신뢰의 확보, 자기이미지 관리 등

④ 카리스마적 리더십 기출 13
  ㉠ 부하들이 모방하도록 그들 자신의 행동으로 예를 보여주는 역할모범을 이용할 가능성이 높다.
  ㉡ 카리스마 리더들은 추종자들에게 리더가 유능하고 성공적인 사람이라는 인상을 심어줄 수 있는 행동을 많이 할 가능성이 높다.
  ㉢ 카리스마 리더들은 집단의 업무달성에 관계된 동기를 유발하는 방향으로 행동할 가능성이 높다.
  ㉣ 카리스마적 리더십에 있어 중요한 요소는 장기적인 비전이다.
  ㉤ 카리스마적 리더들은 부하에게 이데올로기적 목표를 제시할 가능성이 크다.

⑤ 변혁적 리더십 기출 17
  ㉠ 변혁적 리더들은 부하들의 본보기가 될 수 있도록 행동하여 부하들로부터 존경과 신뢰를 받는다.
  ㉡ 변혁적 리더들은 부하들에게 일에 대한 의미와 도전을 제공하여 자신의 주변 사람들에게 동기를 부여한다.
  ㉢ 변혁적 리더들은 부하들로 하여금 새로운 아이디어와 창의적 문제해결을 요구하며, 부하들이 문제해결과정에 참여하게 한다.

> **O×문제**
> ▶ 변혁적 리더들은 부하들에게 보상과 처벌을 통한 동기부여 방법으로 목표를 달성할 수 있도록 한다. O│X
>
> **해설**
> 변혁적 리더십은 동기부여 방법에서 거래적 리더십과 달리 자아실현과 같은 높은 수준의 개인적 욕구나 목표를 자극하며, 새로운 시도에 도전하는 조직원을 격려한다.
>
> 정답 ▶ ×

- ② 변혁적 리더들은 부하들을 개인적으로 지도하면서 부하 개개인의 발전 및 성장에 대한 욕구에 특별한 관심을 기울인다.
- ③ 변혁적 리더십은 자아실현과 같은 높은 수준의 개인적 욕구나 목표를 자극하며, 새로운 시도에 도전하는 조직원을 격려한다.

(3) 현대 조직의 리더(패런과 케이) 기출 18·16

① **지원자** : 직업의 가치와 일에 대한 관심을 가질 수 있도록 돕는 역할
② **평가자** : 직원들의 작업 수행평가 기준과 기대치를 명확히 하는 역할
③ **예측자** : 기업이나 해당 산업에 대한 정보를 제공하는 역할
④ **격려자** : 경력개발을 위한 행동계획을 이행하는 데 필요한 자원을 연계시켜주는 역할
⑤ **조언자** : 잠재되어 있는 직원들의 커리어 목표를 선택할 수 있게 돕는 역할

> **OX 문제**
>
> ▶ 패런과 케이의 현대적 리더의 특징으로 조직과 관련된 주요사항을 결정하며 권력에 의존하는 관리자의 역할이 있다. O|X
>
> **해설**
> 패런과 케이는 현대적 리더의 특징으로 지원자, 평가자, 예측자, 격려자, 조언자 등 5가지 역할을 주장하였다.
>
> 정답 ✕

---

06 의사결정 및 의사전달

1 의사결정의 의미와 모형

(1) 의 미

① 의사결정이란 여러 대안 중에서 하나의 행동을 고르는 일을 해내는 정신적 지각활동이며, 일반적으로는 많은 정보를 지각·평가하여 하나의 선택을 하는 것을 말한다.
② 기업 내에서는 조직구성원에 의해 수많은 의사결정이 이루어지고 있으며 의사결정은 기업 구성원들의 중요한 문제이다.
③ 모든 과학연구에 있어서 의사결정은 반드시 주어진 정보와 지식에 기반한 논리적 의사결정이며 불확실한 상황에서 최적의 의사결정을 위한 여러 가지 방법이 의사결정의 분석을 통해 이루어져야 한다.

[구조화 정도에 따른 의사결정의 예]

의사결정 구조화	운영적 수준	전술적 수준	전략적 수준
비구조적	-	작업집단 재조직	신규사업 기획
반구조적	현금관리 신용관리 생산일정 일일작업 할당	작업집단 성과분석 종업원 성과평가 자본 예산 프로그램 예산	기업조직 재구축 상품 기획 기업매수 및 합병 입지 선정
구조적	재고관리	프로그램 관리	-

〈출처 : 경영정보학개론, 김세중 외 3인〉

(2) 의사결정의 모형 기출 17

① **합리모형**
   ㉠ 인간과 이성, 조직의 합리성을 전제로 한 고전적 모형이다.
   ㉡ 완전한 지식과 정보의 가용성, 충분한 시간, 고도의 합리성, 최선의 판단기준이 존재한다고 가정한다.
   ㉢ 최적의 대안을 고려할 때 합리적인 선택, 목표의 극대화, 합리적인 경제성을 추구한다.

> **OX문제**
> ▶ 합리적 의사결정모형은 인간과 조직의 합리성, 완전한 지식과 정보의 가용성을 전제로 개인과 조직의 의사결정을 구분한다. ○|×
>
> **해설**
> 합리적 의사결정모형은 인간과 조직의 합리성, 완전한 지식과 정보의 가용성을 전제하는 모형으로 개인과 조직의 의사결정을 동일시한다.
>
> 정답 ▶ ×

개념 PLUS

의사결정의 과정

문제 파악 ⇨ 목표 확정 ⇨ 대안 도출 ⇨ 대안 평가 ⇨ 대안 선택 ⇨ 대안 실행 ⇨ 실행 후 검토

② **만족모형**
   ㉠ 제한된 합리성, 주관적 합리성, 대안선택에 있어서 최적 대안이 아니라 만족할 만한 대안을 선택한다.
   ㉡ 의사결정과정에서 인간의 제한적 합리성을 전제로 하여 만족스러운 정도의 정책대안을 선택한다.

③ **타협모형** : 목표는 협상과 타협을 통해 설정된다는 모형으로 복수의 목표, 불확실성 회피노력, 경험을 통한 학습 등이 있다.

④ **중복탐색모형** : 개괄적이고 면밀한 탐색, 탐색 횟수의 신축성, 의사결정자의 능력에 관한 절충적 관점 등에 의한 모형이다.

⑤ **점증모형**
   ㉠ 선택된 대안들 중에서 기존의 문제점을 개선하면서 이루어진다는 모형이다.
   ㉡ 인간 이성의 비합리성을 강조하며, 정책결정자가 기존의 정책에 대해 부분적인 수정을 가함으로써 정책결정이 이루어진다.

⑥ **혼합모형**
   ㉠ 합리모형과 점증모형의 절충이라 할 수 있는 정책결정모형으로 에치오니가 주장하였다.
   ㉡ 정책결정의 기본틀은 합리모형, 세부적인 내용은 점증모형으로 접근함으로써 종합적 합리성을 추구한다.

⑦ **쓰레기통 모형** : 정책결정이 이성의 합리성에 의해 이루어지는 것이 아니라 조직화된 혼란 상태에서 이루어진다.

⑧ **최적 모형**
   ㉠ 최적 모형은 정책결정을 체계론적 시각에서 파악하고, 정책성과를 최적화하려 한다.
   ㉡ 정책결정에 있어서 이성의 합리적인 요소와 직관 및 창의력 등의 초합리적인 요소를 동시에 고려함으로써 정책성과의 최적화에 초점을 둔다.

(3) 의사결정의 기준

① 규범적 의사결정
- ㉠ 기업의 의사결정에 대하여 실천적인 선택원리를 추구하는 것으로 결과지향적이며, 최적해를 도출하기 위한 일정한 계산절차를 가지고 수학적 수법을 적용한다.
- ㉡ 규범적 의사결정의 경영과학기법 : 선형계획모형, 네트워크모형, 정수계획모형, CPM, 목표계획모형, EOQ(경제적 주문량), 비선형계획모형 등
- ㉢ 예측기법 기출 18

구분	기법	설명
정성적 (주관적)	영업사원 예측합산법	영업사원이 담당 구역에서 일정기간 동안 판매 예측되는 수량의 자료를 모아 회사에서 합산하여 판매액을 예측하는 기법
	경영진 의견법	경영진의 판매 예측자료 수집으로 회사의 판매액을 예측하는 기법
	델파이기법	여러 명의 전문가로부터 자료를 취합하여 평균을 도출 후 회사의 판매액을 예측하는 기법
정량적 (객관적)	이동평균법	제품의 판매량을 기준으로 일정기간별로 산출한 평균추세를 통해 미래수요를 예측하는 기법
	회귀분석법	매출액에 영향을 미치는 변수들을 독립변수로, 매출액을 종속변수로 선정하여 이들 간 (선형)관계의 정도를 추정하기 위한 기법

OX문제

▶ 정량적 예측기법으로, 여러 명의 전문가로부터 자료를 취합하여 평균을 도출한 후 회사의 판매액을 예측하는 기법에는 델파이기법이 있다.

해설
델파이기법은 정성(주관)적 예측기법으로 예측하고자 하는 대상의 전문가 그룹을 선정한 다음, 전문가들에게 여러 차례 질문지를 돌려 의견을 수렴함으로써 예측치를 구하는 방법이다.

정답 ▶ ×

② 기술적 의사결정
- ㉠ 조직에 있어서의 의사결정과정을 분석·기술하고 이를 이론화하여 의사결정을 하는 것이다.
  - 기업의 조직 내에서 인간이 의사결정을 어떻게 하는가 하는 사실을 기술하고 분석하는 것을 임무로 한다.
  - 조직에 있어서의 의사결정과정을 분석하고 기술한다는 점에서 과정지향적인 연구이다.
  - 기업의 의사결정은 의사결정자가 만족하는 수준에서 하게 된다는 것이다.
- ㉡ 기술적 의사결정의 경영과학기법 : 시뮬레이션, 대기행렬모형, 재고모형, PERT 등

(4) 의사결정의 종류와 정보

① 의사결정의 주체에 따른 분류
- ㉠ 개인의사결정 : 개인의 목적이나 동기를 충족하기 위한 의사결정이며, 집단적·조직적 의사결정보다 덜 질서정연하고 덜 시스템적인 과정이다.
- ㉡ 조직의사결정
  - 조직의 일원으로서 조직의 목적을 위하여 합리적으로 하는 의사결정이다.
  - 조직체의 보다 중요한 의사결정은 각종 위원회, 연구팀, 테스크포스(Task Force) 및 심사회 등의 집단에 의해 결정된다.

② 조직계층에 따른 분류
　㉠ 전략적 의사결정
　　• 기업의 외부환경과의 관계에 관한 비정형적 문제를 다루는 의사결정(예 기업이 생산하려는 제품 믹스와 판매하려는 시장의 선택 등)
　　• 기업의 구조에 관련된 의사결정으로 주로 경영진에 의해 실행
　㉡ 관리적(통합적) 의사결정
　　• 전략적 의사결정을 구체화하기 위해 기업의 제 자원을 활용하여 그 성과가 극대화될 수 있는 방향으로 조직화하는 전술적 의사결정
　　• 경영활동이 조직의 정책과 목적에 부합하는가를 판단하는 중간관리자에 의한 의사결정(예 조직편성, 책임 한계, 정보의 흐름, 유통경로 선정, 자재 및 설비의 조달, 종업원의 훈련, 자금조달 등)
　㉢ 업무적(일상적) 의사결정
　　• 전략적·관리적 의사결정을 구체화하고 일상적으로 수행되는 정형적 업무에 관한 의사결정
　　• 일선 감독층이나 실무자에 의한 의사결정(예 자원배분(예산화), 업무일정계획 수립, 업무의 감독 및 통제활동, 가격결정, 재고수준결정, 연구개발, 비용지출수준결정 등)
③ 업무형태에 따른 분류(H. A. Simon의 의사결정유형)

변수 \ 구분	의사결정의 유형	
	정형적 의사결정	비정형적 의사결정
과업의 유형	단순, 일상적	복잡, 창조적
조직방침에의 의존도	과거의 결정으로부터 상당한 지침을 얻음	과거의 결정으로부터 지침을 얻지 못함
전형적인 의사결정자	하위층의 종업원	상위층의 경영관리자

〈출처 : 경영정보학개론, 김세중 외 3인〉

(5) 합리적인 의사결정의 고려사항
① 미래상황에 대한 예측과 확률적 측정
② 관련자들의 주관적 합리성 통합과 공통분모 모색
③ 최대한 많은 대안 선택기준을 고려
④ 최적지 선택을 위한 통계적 방법 적용

(6) 의사결정의 단계와 정보
① 인지 및 탐색단계 : 문제의 본질을 인식하고 자료를 수집하는 단계이다.
② 대안설계단계 : 문제해결을 위한 여러 대안을 계획하는 단계로 의사결정대안을 개발하고 평가하는 것을 포함한다.
③ 선택단계 : 정보시스템을 활용하면 검토 중에 있는 여러 대안 중에서 적절한 대안을 선택한다.
④ 실행 및 통제단계 : 선택된 여러 가지 대안 중에서 최적의 대안을 실행하고 성공 여부도 추적·통제한다.

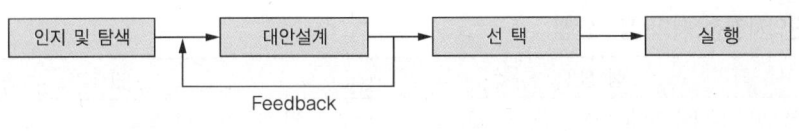

[의사결정의 단계]

(7) 의사결정의 오류 유형

① 표현의 차이 : 애매한 표현이나 해석의 다양성이 의사결정의 잘못을 초래할 수 있다.
② 최빈효과 : 과거의 정보보다 최근에 주어진 정보에 더 큰 비중을 두고 의사결정을 내리는 경향을 말한다.
③ 정박효과 : 먼저 선택한 대안을 좀처럼 다른 대안이 뒤집지 못하는 경향으로 인한 의사결정의 오류를 말한다.
④ 몰입상승효과 : 한번 이루어진 의사결정을 버리지 않으려는 경향으로 부정적인 피드백을 무시하는 경향이다.
⑤ 연상편견 : 현재의 상황을 고려치 않고 과거의 성공을 반복 시도하려는 경향이다.
⑥ 과소평가오류 : 친숙하거나 유리한 사건의 확률을 과대평가하고, 부정적인 사건 발생의 확률은 과소평가하는 경향이다.
⑦ 과신오류 : 자신이 알고 있는 사항의 정확성에 대해 과신하는 경향이 합리적인 의사결정을 저해하는 것이다.
⑧ 집단사고의 오류 : 조직원 전체의 최적의 달성보다는 조직원 전체의 합의된 만족이 중시되는 경향이다.

> **OX문제**
> ▶ 의사결정을 개인차원, 집단차원, 조직차원으로 나눌 때, 애쉬효과(Asch effect)는 집단차원의 의사결정과 가장 관련이 있다.
> O | X
> 정답 〉 O

개념 PLUS

애쉬효과(Asch effect) 기출 15
사람들이 심리적으로 다른 사람의 의견을 따라 가는 성향을 말하며, 집단차원 의사결정과 관련이 있다. 이는 실험을 통하여 본인 스스로는 정답 또는 정확한 해결책을 알고 있음에도 불구하고 대다수 구성원들이 선택한 명백히 틀린 방법을 쫓아가는 심리적인 현상을 설명하고 있다.

(8) 집단의사결정

① 집단 유형 기출 13
  ㉠ 이익집단(Interest Group) : 각자가 관심을 갖고 있는 목적을 달성하기 위한 모임이다.
  ㉡ 명령집단(Command Group) : 조직도표에 의해 결정되며, 정해진 관리자에게 직접 보고하는 개인들로 이루어진다.
  ㉢ 과업집단(Task Group) : 조직적으로 결정되고, 과업을 완성하기 위해 함께 일하는 사람들로 이루어진다.
  ㉣ 공식집단(Formal Group) : 과업을 이루게 하는 직무가 할당된 조직구조에 의해 정의되는 집단이다.
  ㉤ 준거집단(Reference Group) : 한 개인이 자신의 신념·태도·가치 및 행동방향을 결정하는 데 준거기준으로 삼고 있는 사회집단이다.

② 집단의사결정 시의 장·단점

장 점	단 점
• 개인들의 정보와 아이디어를 모을 수 있음 • 여러 관점에서 문제를 검토하고 비판할 수 있음 • 분담을 통해 정보수집 분석과 대안선택과정을 전문화 • 의사결정에 참여함으로써 실천의지가 강함	• 시간 및 비용이 많이 소요 • 한두 사람의 실권자에 의해 편파적으로 변화할 수 있음 • 의견 대립으로 불리한 타협안을 선택할 수 있음(예 집단사고) • 집단의사 결정 시 과도한 모험, 집단양극화, 정당화 욕구, 도덕적·만장일치의 환상, 책임의 분산 등

(9) 효율적 의사결정기법

① 명목집단법(NGT ; Nominal Group Technique)
　㉠ 타인의 눈치를 보지 않게 구두 커뮤니케이션은 허락하지 않고, 자기 생각을 종이 또는 컴퓨터에 적은 후 적은대로 발표하는 방법이다.
　㉡ 각자가 발표한 내용에 대해 보충설명, 지지설명을 추가하고 제시된 의견들의 우선순위를 묻는 비밀투표를 실시하여 최종안을 선택한다.

② 델파이법(Delphi Method) 기출 14
　㉠ 전문적인 의견을 설문을 통하여 제시함으로, 의사결정의 진행이 익명에 의해 이루어지게 되어 소수지배나 집단사고 현상이 제거될 수 있다.
　㉡ 단계별로 의사결정이 진행되기 때문에 의사결정 진행상황에 대한 추적이 용이하다.
　㉢ 사회적·감정적 관계가 배제되어 문제에 집중이 가능하다.

③ 브레인스토밍(Brain Storming)
　㉠ 여러 명이 한 가지 문제에 대해 가능한 아이디어를 모두 쏟아 내고 상대방의 아이디어에 자신의 의견을 첨가해 말하면서 아이디어를 찾는 방법이다.
　㉡ 세련되지 못한 의견이라도 일단 제시하는 것과 제시된 의견을 절대 비판하지 않는 것이 중요하다.

④ 변증법적 토의(Dialectical Inquiry Model)
사안에 따라 구성원들을 둘로 나누어 찬반을 토론하도록 하여 각 대안에 대해 모두 이해한 다음 의견을 개진하면서 토의하는 방법으로 변증법적 사고에 기초한 기법이다.

2 의사전달

(1) 조직 내 의사소통(커뮤니케이션)

① 의사소통의 기초적 이해
의사소통이란 두 사람 이상의 사람들이 언어, 비언어 등의 수단을 통하여 자기들이 가지고 있는 의사, 감정, 정보를 전달하고 피드백을 받으면서 상호작용하는 과정이다.

② 의사소통의 역할
정보소통기능(Information), 지시·통제기능(Control), 동기부여기능(Motivation), 감정표출기능(Emotional Expression)을 들 수 있으며 이러한 기능들은 결국 조직목표에 공헌한다.

③ 커뮤니케이션의 종류 기출 19·15·14
  ㉠ 공식적 커뮤니케이션 : 조직에 의해 공식적인 방법으로 이루어지는 커뮤니케이션(예 상향적·하향적·수직적·수평적·대각적 커뮤니케이션, 톱다운 방식, 제안제도 등)
  ㉡ 비공식적 커뮤니케이션 : 공식적인 권한 없이 이루어지는 커뮤니케이션(예 그레이프바인)

> **OX문제**
> ▶ 조직에서의 커뮤니케이션 중 나쁜 뉴스를 전달하기 꺼려 아예 전달하지 않거나 누군가에게 그 임무를 전가시키는 현상을 멈 이펙트라고 한다. O|X
> 정답 ▶ O

개념 PLUS

멈 이펙트(MUM effect) 기출 16
나쁜 뉴스 또는 부정적 소식을 전달하는 것이 부담되어, 또는 예상되는 상대방의 반응이 불편하여 자신의 생각, 의사, 정보, 메시지를 아예 전달하지 않거나 아니면 누군가에게 임무를 전가시키는 현상을 말한다.

(2) 의사소통 효율화 방안
  ① 의사소통의 장애요인 기출 22

매체해독의 오류	• 의사소통에 사용된 매체가 어려운 전문용어 또는 애매한 제스처(Gesture)였다면 수신자의 해독에 오류가 발생할 수 있음 • 수신자가 알아듣기 쉬운 말을 썼다고 해도 여러 가지 해석이 가능한 단어나 문구를 사용한 경우 어의상 문제(Semantic Problem)로 인한 왜곡이 발생함
선택지각	송신자가 전달한 내용을 수신자가 지각을 할 때 그의 욕구, 경험, 배경, 그 밖의 많은 개인적 특성에 어울리는 것만 선택되어지는 것으로 이는 해석과정의 잘못으로 인한 의사소통장애
감정상태	이성에 의해 합리적으로 판단하려고 노력하지만 감정적으로 격해지면 의사소통이 지장을 받게 되는 상태
시간과 정보량	의사소통이 일어나고 있는 상황이 불리할 때, 즉 촉박한 시간, 많은 정보량 등으로 송·수신자도 한계가 있기 때문에 메시지내용을 부호화하고 해독하는 과정에서 정확성을 기하기 어려움
여 과	어떤 정보를 전달 시 송신자가 의도적으로 사실의 일부는 누락시키고 나머지만 선택적으로 여과하여 수신자에게 보내는 상황

② 말하는 사람의 장애요인 : 전달하여야 할 목표의 결여, 커뮤니케이션의 기술 부족, 담당자의 신뢰도의 상태, 대인간의 감수성 부족 현상, 경험과 능력의 차이에서 오는 준거체계의 차이 등
③ 듣는 사람의 장애요인 : 고정관념과 잘못된 선입견, 선택적 경청, 평가적 경향, 문화적인 차이, 반응적 피드백의 결핍 등
④ 상황에 따른 장애요인 : 정보의 과중, 개인적 표현·방법의 차이, 교육수준의 차이, 지각과 해석의 차이, 동일 어의의 상이한 해석, 커뮤니케이션의 풍토 문제와 시간압박, 문자나 언어가 아닌 상징적인 기호를 통하여 오는 비구두적 커뮤니케이션 등

> **OX문제**
> ▶ 조하리의 창에서 참여자들이 상호 공개 영역을 늘릴 때 허식과 방어적 행동이 증가하게 된다. O|X
> 해설
> 참여들이 상호 공개 영역을 늘릴 때 서로 공유할 수 있는 정보가 많아지게 되고, 상대방과의 관계가 깊어지며 효과적인 의사소통이 가능하다.
> 정답 ▶ X

> **개념 PLUS**
>
> 조하리의 창 기출 18
> • 조하리의 창 영역 구분
>
> | 공개 영역(Open Area)/열린 창 | 나도 알고 있고 다른 사람에게도 알려져 있는 나에 관한 정보를 의미한다. |
> |---|---|
> | 맹목 영역(Blind Area)/보이지 않는 창 | 나는 모르지만 다른 사람은 알고 있는 나의 정보를 의미한다. |
> | 숨겨진 영역(Hidden Area)/숨겨진 창 | 나는 알고 있지만 다른 사람에게는 알려지지 않은 정보를 의미한다. |
> | 미지 영역(Unknown Area)/미지의 창 | 나도 모르고 다른 사람도 알지 못하는 나의 부분을 의미한다. |
>
> • 공개 영역이 넓을수록 참여자들이 서로에 대해 정확한 지각상의 판단을 내릴 수 있는 기회가 적어진다.
> • 관계당사자들이 타인에게 자신을 노출하고 그들에게서 피드백을 받을수록 공개 영역은 확장된다.
> • 기대의 충족은 그들의 신뢰나 영향력을 증대시키고 그들이 상호 만족한 관계를 유지할 수 있게 한다.
> • 참여자들이 상호 공개 영역을 늘릴 때 서로 공유할 수 있는 정보가 많아지게 되고, 상대방과의 관계가 깊어질 수 있다.

(3) 장애요인의 극복

① 의미전달의 정확성에 초점을 둔다면 적절한 매체를 선택하고 표정·안색·억양·행동 등 비언어적 매체에 주의하여야 하며, 적극적 경청자세가 필요하다.

② 비공식적 네트워크의 이용, 감정의 억제, 피드백의 활용 등도 요구된다.

(4) 커뮤니케이션 네트워크

① 의 의
  ㉠ 집단이나 조직에서 정보가 소통하는 것들의 집합이다.
  ㉡ 조직원 간의 상호작용과 접속패턴은 업무 성과에 영향을 미친다.

② 유 형 기출 17
  ㉠ 사슬형(Chain Type) : 일원화 계통을 통해서 최고경영자의 의사가 일선 작업자에게까지 전달되나, 상하 간 피드백·정보 왜곡의 문제가 있다.
  ㉡ 완전연결형(All Channel Type)
    • 조직원 간의 완벽한 정보교환, 문제해결에 있어서 가장 효율적이며 만족도가 높다.
    • 그레이프바인(Grapevine)과 같은 비공식적 커뮤니케이션이 있다.
  ㉢ Y형(Y-Type) : 집단 내에서 특정의 리더가 없이 비공식적 의견선도자가 있을 경우의 커뮤니케이션 네트워크이다.
  ㉣ 원형(Circle Type) : 위원회조직이나 태스크포스(Task Force) 같이 권한의 집중이나 지위의 고하가 크게 문제되지 않는 조직에서의 커뮤니케이션 네트워크이다.
  ㉤ 수레바퀴형(Wheel of Star Type) : 특정 리더가 중심이며, 그 리더에게만 정보가 집중되어 상황파악 및 문제해결은 신속히 해결되나 구성원 간에 정보공유가 잘 되지 않는다.

> **OX 문제**
>
> ▶ 그레이프바인(Grapevine)은 비공식적 커뮤니케이션에 속한다. O|X
> 정답 〉 O
>
> ▶ 조직 내 수레바퀴형 네트워크는 리더에게 정보가 집중되어 구성원 간에 정보공유가 안 되는 단점이 있다. O|X
> 정답 〉 O

07 조직변화와 조직발전

1 조직변화

(1) 개 념

① 조직변화란 조직 내의 개인이나 집단의 행동을 관리자가 바라는 방향으로 어느 정도 변경시키려는 모든 프로그램이라고 정의하고 있다.
② 조직의 적응수준을 변화시키고, 종업원의 내부적 행동형태를 변화시켜서 조직의 능률성을 제고시켜 조직을 존속·성장·발전시키려 하는 과정이다.
③ 조직변화는 조직 내·외적인 변화의 압력을 고려하여 한 개체로서의 조직의 생존력을 높이려는 것으로서 개인이나 집단의 변화까지를 포함한다.

(2) 분 류 기출 21

① 점진적인 조직변화
  ㉠ 개념 : 점진적으로 서서히 조직의 문화를 변경시키며, 지속적인 개선과 발전을 통한 점진적인 조직변화를 꾀하는 방식이다.
  ㉡ 단기적 균형(Punctuated Equilibrium)변화 : 장기간의 안정과 단기간의 개혁적 변화를 교대로 반복하면서 조직의 변화를 이끄는 것으로, 안정기 또는 균형상태에서는 표준생산 절차, 성과 또는 보상 시스템, 규범, 역할과 같은 심층 구조를 정착시키며, 이러한 조직, 부서, 작업 집단 또는 하부 시스템의 기본적 활동 패턴과 같은 조직의 심층 구조는 안정기 동안 외부 변화에 점진적으로 적응하게 된다.

② 급진적인 조직변화
  ㉠ 개념 : 매우 혁신적이고 한편으로는 강제적인 성격의 개혁을 통한 조직변화의 방식이다.
  ㉡ 종 류

구 분	내 용
문화충격요법	• 일반적으로 환경변화가 심하고 위기상황에 직면한 조직에서 문화를 급진적으로 변화시키기 위해 사용하는 방법이다. • 문화충격요법을 사용하려면 경영자의 강력한 지도력이 요구된다.
리엔지니어링 (Reengineering)	성과의 중요한 측정도구라고 할 수 있는 원가, 품질, 속도를 극적으로 향상시키기 위해서 사업과정을 근본적으로 재고하고 혁신적으로 재설계하는 것이다.
변혁 (Transformation)	참여하는 사람들에 의해 상황을 재구성하는 것으로, 위기에 직면했을 때, 문제들에 대한 정보를 수집·공유하며 이를 통해 상황에 대해 새롭게 이해하게 된다.
혁 신	새로운 기술이나 제품을 개발함으로써 조직이 변화하고 소비자의 요구에 빠르게 대응할 수 있도록 기업의 기술이나 자원을 사용하는 과정이다.

(3) 조직변화의 이중모형(Dual-core Approach) 기출 23

구 분	내 용
관리부문 변화	• 조직 자체의 설계 및 구조의 변경을 의미한다. • 고객, 경제상황, 인적·재무적 자원, 경쟁자 환경 등의 변화에 대응해 추진된다. • 상향식보다 하향식 프로세스를 통해 추진하는 것이 효과적이다. • 유기적 구조보다 기계적 구조가 추진에 더 적합한 조직형태이다.
기술부문 변화	• 관리부문의 변화보다 빈번하게 발생한다. • 생산기법, 작업의 흐름, 제품에 대한 아이디어 등에서 발생한다.

2 네트워크 조직

(1) 개 념

① 경쟁 기업, 공급업체, 고객들이 상호 긴밀하게 연결되어 기업들이 다양하고 복잡한 형태의 전략적 제휴를 맺는 것처럼 보이는 조직이다.
② 네트워크상의 기업들은 원재료 및 부품의 생산·연구개발·조립 또는 판매 등의 가치사슬에서 해당 기업이 핵심 역량을 보유하는 부분에서만 전념한다.
③ 네트워크 조직에서는 각각 다른 핵심 역량을 가진 기업과의 제휴를 통하여 연결되어 있는 형태를 지닌다.

(2) 특 징

① 네트워크 조직은 핵심 부분에 자사의 자원 및 역량을 집중한다.
② 정보 공유를 통한 가치의 창출, 기업 내의 부서·개인·공급업체·고객과의 정보 공유 등을 통해서 가치를 창출하는 데 적합한 조직 형태이다.
③ 네트워크 조직은 자원의존이론과도 상당한 관련이 있다.
④ 네트워크 조직에는 전략적인 제휴, 프랜차이즈 및 합작투자도 포함된다.
⑤ 기존의 계층과 시장이라는 두 가지의 양대 분류를 보완하는 새 조직에 대한 관점이다.

3 학습조직 기출 18·17·16·14

(1) 개 념

① 선행적으로 지식을 창조하고, 구성원들이 이를 습득하며 변화시키는 과정에서 얻어진 새로운 지식 및 통찰력에 기반을 두고 조직의 행동을 변화시켜 나가는 조직이다.
② 경영환경 급변 시 환경대응능력을 결정짓는 학습과 개인·조직 차원에서의 대응방식에 관심을 갖는 조직이다.

(2) 특 징 기출 16·14

① 학습조직의 주요 개념으로 Argyris와 Schon(1978)은 적응조직과 생성조직의 개념을 제시하였다.

② 학습조직의 구축을 위해서는 조직 내의 저항을 극복하고 적극적 참여를 이끌어 내기 위해 이완학습 또는 파괴학습이 먼저 선행되어야 한다.
③ 학습조직은 다른 조직으로부터의 학습, 즉 벤치마킹으로부터 이루어진다.
④ 학습전이효과는 선행학습이 후행학습에 긍정적 또는 부정적 영향을 주는 것이다.
⑤ 학습조직은 일원학습, 이원학습, 삼원학습이라는 3가지 메커니즘이 나타나며, 일원학습의 전략이 실패하면 이원학습을 통해 교정이 이루어진다.
⑥ 학습조직의 특성은 사려 깊은 리더십, 종업원의 권한 강화, 강한 기업문화 등이 있다.

> **OX문제**
> ▶ 학습조직은 일원학습을 하며, 실수가 발견되면 관행에 의해 교정이 이루어진다. O|X
>
> [해설]
> 학습조직은 일원학습, 이원학습, 그리고 삼원학습이라는 3가지 메커니즘이 나타난다.
>
> 정답 ▶ ×

(3) 학습조직의 핵심요인(P. M. Senge) 기출 17

① 시스템사고 : 현상을 전체로 이해하고 전체에 포함된 부분들 사이의 순환적 인과관계 또는 역동적인 관계를 이해할 수 있게 하는 사고의 틀이다.
② 개인숙련 : 개인이 진정으로 지향하는 본질적인 가치를 추구하기 위해 현재의 자기능력을 심화시켜 나가는 행위이다.
③ 공유비전 : 조직이 추구하는 방향이 무엇이며, 왜 중요한 것인지에 대해 구성원이 공감대를 형성하는 것이다.

> **OX문제**
> ▶ 학습조직이론 중 개인숙련이란 개인이 진정으로 지향하는 본질적인 가치를 추구하기 위해 현재의 자기능력을 심화시켜 나가는 행위를 의미한다. O|X
>
> 정답 ▶ O

개념 PLUS

학습조직의 등장배경
- 조직학습에 대한 대표적인 연구 : 1978년 Argyris와 Schon의 〈Organizational Learning〉이라는 책의 출판부터 시작
- 로얄 더취 셸(Royal Dutch Shell) : 1970년대 중반, 학습조직(Learning Organization)이라는 개념을 기업경영에 직접 도입하여 대표적인 학습 조직 사례를 세움
- 피터 센게(Peter Senge) : 1990년에 출판된 〈The firth Discipline : The Art of learning Organization〉에서 인간과 사회 그리고 조직에까지 적용시킬 수 있도록 시스템 이론을 일반인들에게 비교적 쉽게 소개
- 급격한 경영환경의 변화 속에서는 외부에서 전문가들이 조치를 취하기 전에 스스로 변화할 수 있는 능력과 기술, 의지가 없다면 장기적이고 지속적인 경쟁력을 보장할 수 없다는 이론
- 1994년도를 기점으로 해서 경영혁신을 성공적으로 수행한 대부분의 기업들은 그들의 실질적인 관심사를 학습조직으로 전환하기 시작

4 지식경영

(1) 개 념 기출 14

① 조직 내에서 지식을 획득, 창출, 축적, 공유하고, 이를 바탕으로 고객에게 뛰어난 가치를 제공함으로써 조직의 경쟁력을 높이는 경영활동이다.

② 자사에 지식창고를 구축하여 지식활용을 쉽게 활용할 수 있도록 이를 촉진시킴으로써 지식을 기업의 자산으로 관리하는 것이다(Davenport, 1998).
③ 지식경영에서는 정보와 지식을 동일한 의미로 보지 않는다.
④ 지식경영에서는 지식의 유형을 암묵지와 형식지로 구분하여, 조직원들이 업무에서 습득한 암묵지를 형식지로 만들어 많은 조직원들에게 전파될 수 있게 한다.

(2) 특 성
① 업무방식을 개선하고 능률적 운영을 공유한다.
② 구성원의 경험, 지식, 전문성을 공식화한다.
③ 새롭게 창조된 형식적인 지식을 다시 암묵적인 지식으로 전환한다.
④ 지식 관련 경영활동의 효과성 극대화와 지적자산으로부터 최대의 부가가치를 창출한다.

(3) 필요성
① 정보기술의 발달과 지식의 중요성으로 인해 무형자산에 대한 인식이 변화하였다.
② 글로벌 경쟁사회에서는 조직구성원이 획득한 창조적 지식의 중요성이 부각된다.
③ 기존 학습조직에 대한 이해 부족과 부정적인 측면으로 인해 지식경영이 등장했다.
④ 기업의 경쟁력이 브랜드가치나 지적자산으로부터 유래한다는 인식의 확산으로 기업의 자산 가치를 재무적인 자산 중심으로 산출하는 방식에 문제를 제기하게 되었다.

(4) 구성요소
① **경영인프라** : 전략(Strategy), 사람(People), 조직문화(Culture), 조직구조 및 프로세스
② **기술인프라** : 지식생성기술, 지식저장기술, 지식검색기술, 지식공유기술

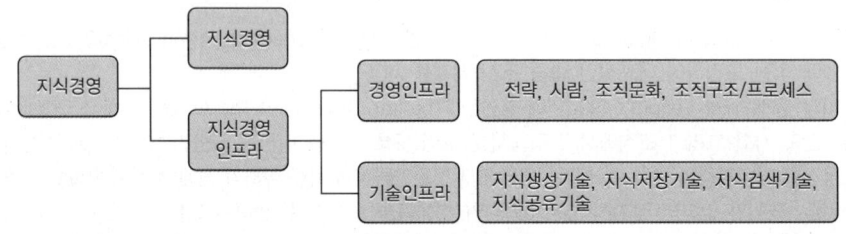

(5) 지식경영 관련 이론
① **전략이론**
   ㉠ 자원의존이론 : 어떤 조직도 모든 자원을 획득할 수 없다는 것을 전제로 조직이 환경에서 자원을 획득하고 보존함으로써 생존한다고 강조하는 이론이다.
   ㉡ 자원기반이론 : 기업 조직은 장기간에 걸쳐 독특한 자원과 능력의 차별적 역량에 근거하여 경쟁우위를 얻을 수 있다.
   ㉢ 지식기반이론 : 조직의 가장 중요한 전략적 자원이 지식임을 강조한다.

② 상보성이론 : 여러 다양한 자원 중 어떤 하나의 자원을 많이 사용하는 것이 다른 자원의 사용도 증가시킨다고 강조한다.
⑩ 상황이론 : 환경 또는 상황요인을 조건변수로 하고 조직의 내부특성변수와 성과의 관계를 특정화하는 이론이다.

② 사회이론
㉠ 사회교환이론 : 대인 간 갈등에서 가장 광범위하게 적용된 이론으로, 명확한 경제적 교환을 다루지 않고도 행동, 감정, 제품, 커뮤니케이션을 포함하는 대인 간 상호작용을 설명한다.
㉡ 사회인지이론 : 인간관계는 행동(Behavior), 개인적 요인(Person), 외부환경(Environment) 등 3차원이 상호작용의 결정요인으로 작용한다.
㉢ 사회자본이론 : 사회자본과 개인의 지역공동체 이익은 밀접한 관계가 있으며, 사회 및 제도적인 신뢰, 사회네트워크, 사회규범 등이 있다.

③ 사회기술이론
㉠ 사회기술관점을 적용한 지식경영의 계층
- 계층 1(Infrastructure) : 네트워크 구성원 간의 의사소통을 위한 물리적(예 하드웨어, 소프트웨어)인 구성요소 제공
- 계층 2(Infostructure) : 네트워크상의 공식적인 규칙을 제공하며, 의사소통을 위한 은유 및 공통 언어와 같은 인지적 자원 제공
- 계층 3(Infoculture) : 행위자의 배경지식과 정보공유에 대한 제약 결정
㉡ 사회기술적 설계의 목표
- 자율수정이 가능하며 변화에 적응할 수 있고, 조직효과를 위해 개인의 창의적 능력을 발휘할 수 있는 시스템을 구축하는 것
- 사회적 시스템과 기술적 시스템을 제공
㉢ 사회기술적 원칙 : 호환성의 원칙, 최소 중요 명세서의 원칙, 변동통제의 원칙, 경계위치의 원칙, 정보흐름의 원칙, 권력과 권한의 원칙, 다기능의 원칙, 지원일치의 원칙, 과도조직의 원칙, 미완성의 원칙 등

④ 시스템이론
㉠ 개념 : 하나 혹은 그 이상의 공동목표를 달성하기 위하여 투입물을 산출물로 전환시키는 체계적인 처리과정(Process) 내에서 상호작용하는 구성요소들의 유기적인 결합체이다.
㉡ 일반적인 시스템 모형 : 환경, 경계, 투입, 출력, 처리(변환), 통제, 피드백 등으로 구성된다.

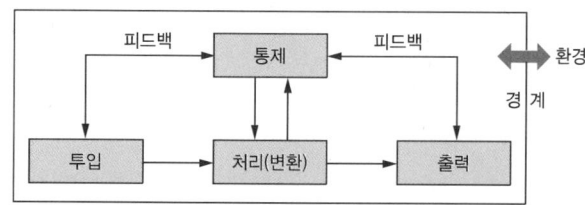

[시스템의 모형]

㉢ 시스템 이론의 속성 : 목표지향성, 전체성, 개방성, 상호관련성 등
㉣ 시스템 관점에서 지식경영 : 지식경영은 인적 활동이며, 구조 및 기술 하위시스템이 지식경영을 지원한다.

(6) 조직문화와 지식문화

① **조직문화** : 무형적이며 실체가 없지만 조직의 여러 계층에 다양하게 존재하며, 가치관, 규범, 실무 등으로 표현된다.

② **지식문화** : 조직구성원이 학습을 하고 조직의 경쟁우위를 증진하기 위하여 학습을 활용할 수 있는 조직환경을 의미하며 지식격자를 활용하여 조직지식을 평가한다.

	지식원천 안 다	지식원천 모른다
사용자 인식 안 다	안다는 것을 안다(A) (형식지)	모른다는 것을 안다(B) (알고 있는 무지)
사용자 인식 모른다	안다는 것을 모른다(C) (암묵지)	모른다는 것을 모른다(D) (알지 못하는 무지)

* 지식기반조직은 지식격자의 C와 D요소를 총체적 지식베이스에서 가장 중요한 부분으로 간주한다.

[**지식격자(Knowledge Grid)**]

③ **암묵지와 형식지**
  ㉠ 암묵지 : 언어로 표현하기 곤란한 주관적 지식으로, 경험을 통하여 익힌 지식(예 직관, 사고, 숙련, 노하우, 관행 등)
  ㉡ 형식지 : 언어로 표현 가능한 객관적 지식으로, 언어를 통하여 습득된 지식(예 제품 사양, 문서, 데이터베이스, 매뉴얼, 컴퓨터 프로그램 등)

④ **노나카의 SECI모델** : 암묵지와 형식지라는 두 종류의 지식이 사회화, 표출화, 연결화, 내면화라는 변환과정을 거쳐 지식이 창출된다는 이론이다.

공동화·사회화 : 개인의 암묵지식을 경험을 통해 타인의 암묵지식으로 전환 예 관찰, 모방, 전수, 지도, 현장훈련(OJT)	➡	외재화·표출화 : 암묵지식을 언어로써 형식지식으로 전환 예 특허신청, 매뉴얼 작성
⬆		⬇
내재화 : 형식지식을 개인의 암묵지식으로 체득 예 매뉴얼 습득, 역할연기, 시뮬레이션, 노하우 습득	⬅	연결화·종합화 : 형식지식을 다른 형식지식으로 가공·조합·편집 예 요약서 작성, 데이터베이스에서 새로운 정보창출(데이터마이닝)

(7) 지식경영 정보기술

① 그룹웨어 : 서로 떨어져 있는 구성원들끼리 함께 협동하여 일할 수 있도록 해주는 소프트웨어를 말한다(예 공동집필, 전자우편, 온라인화면공유, 전자화이트보드, 비디오회의, 다중방식회의 등).

② 패턴매칭 : 인공지능 분야에서 사용되는 응용프로그램으로서, 경험이 적은 지식근로자의 의사결정에 도움을 준다(예 전문가시스템, 지능에이전트, 기계학습 시스템 등).

③ 데이터베이스 도구 : 조직 업무에 관한 비즈니스 인텔리전스의 저장 및 검색, 미래예측을 위한 기반을 형성한다(예 데이터 웨어하우스, 데이터 마트, 데이터베이스 관리시스템(DBMS), 데이터 마이닝 등).

④ 통제어휘와 상업데이터베이스
  ㉠ 통제어휘 : 지식근로자와 관리자가 지식경영도구에 정보를 저장하고, 검색하는 용이성을 정의한다.
  ㉡ 상업데이터베이스 : 상업적인 데이터베이스로, 전문 데이터베이스 서비스회사의 데이터뱅크를 이용한다.

⑤ 특수목적 응용프로그램과 시뮬레이션
  ㉠ 특수목적 응용프로그램 : 특정 영역에서 지식근로자의 업무시간을 줄이고 업무오류를 감소시키기 위해 사용한다.
  ㉡ 시뮬레이션 : 어떤 현상이나 사건을 컴퓨터로 모델화하여 가상으로 실행시켜 봄으로써 실제 상황에서의 결과를 예측하는 것이다.

⑥ 의사결정지원도구와 자료수집도구
  ㉠ 의사결정지원도구 : 개인정보 단말기부터 데이터 웨어하우스에 이르기까지 다양한 저장매체의 자료를 검토·가공하여 의사결정을 돕는 소프트웨어 도구를 말한다(예 자료분석 통계프로그램, 의사결정테이블 등).
  ㉡ 자료수집도구 : 자료를 기계가 판독할 수 있는 형태로 정확하고 효율적으로 만드는 것이다(예 웹검색엔진, 디지털카메라, 바코드 등).

⑦ 시각화도구와 인터페이스도구
  ㉠ 시각화도구 : 그래픽과 동영상을 이용하여 프로세스의 관계를 효과적으로 설명하는 도구이다(예 3차원 그래픽패키지, 스프레드시트 등).
  ㉡ 인터페이스도구 : 데이터베이스에 있는 정보를 효율적으로 추출하기 위한 도구이다(예 TTS(Text-to-Speech)엔진 등).

⑧ 저술도구와 하부구조
  ㉠ 저술도구 : 그래픽프로그램, 이미지편집기, 사운드편집기, 비디오편집시스템 등
  ㉡ 하부구조 : 정보하부구조(예 데스크탑 컴퓨터 등), 정보저장매체(예 하드드라이브 등), 네트워크(예 인터넷과 웹 등)

CHAPTER 02 실전예상문제

※ 본 문제를 풀면서 이해체크를 이용하시면 문제이해에 보다 도움이 될 수 있습니다.

01 유통기업의 조직구조는 구성요소에 따라 여러 가지 형태가 있다. 조직의 구조를 결정짓는 구성요소로 가장 거리가 먼 것은?

① 과업의 분화 – 수평적 분화 또는 수직적 분화
② 권한의 배분 – 집권화 또는 분권화
③ 공식화 – 명시적 공식화 또는 암묵적 공식화
④ 통제 폭 – 한 명의 상사가 통제할 수 있는 부하의 수
⑤ 코디네이션 – 조정과 통합

해설 조직구조의 구성요소

복잡성 (과업의 분화정도)	• 분화 : 조직이 하위단위로 세분화되는 과정이나 상태(세포분열) → 수평적 분화, 수직적 분화, 공간적 분화로 구분 • 수평적 분화 : 조직이 상이한 부서나 전문화된 하위단위로 나누어지는 과정(= 부문화) • 수직적 분화 : 명령계통(권한)과 관계되는 것으로 과업이 상하로 분화된 상태 → 통제의 폭과 계층의 수에 따라 수평구조와 수직구조로 세분화 됨 • 공간적 분화 : 물리적 시설과 인력이 지리적으로 분산되어 있는 상태 → 의사소통, 조정 및 통제가 어려움
공식화 (직무의 표준화정도)	• 종업원의 업무수행이 문서화된 규칙이나 절차에 의존하는 정도 • 공식화가 높은 집단 : 규정에 의존하여 판단 → 단순하고 반복적인 직무, 생산부서의 직무 • 공식화가 낮은 집단 : 재량권 발휘 → 고도로 전문화된 직무, 마케팅이나 연구개발부서의 직무
집권화 (권한의 배분정도)	• 의사결정권한이 조직 내 한 곳에 집중되어 있는 정도 • 집권화 조직 : 권한이 조직상층부의 특정인(집단)에 집중된 조직 • 분권화 조직 : 권한이 중간 및 하위계층에 부분적으로 위양된 조직

02 조직구조 설계 시에 고려할 사항으로 '조직 내의 업무가 표준화되어 있는 정도'를 의미하는 말은?

① 공식화 ② 부문화
③ 집권화 ④ 통일화
⑤ 분권화

> **해설** 조직구조 설계 시 고려할 사항
> - 집권화 : 경영의사결정이 조직 내에서 한 점에 집중된 정도
> - 분권화 : 하위 종업원들이 의견을 제시하거나 실제로 의사결정을 하는 정도
> - 종업원 권한부여 : 종업원의 의사결정재량을 증진시키는 정도
> - 공식화 : 조직 내의 직무들이 표준화된 정도와 종업원의 행위가 규칙과 절차에 의해 지도되는 정도

03 길브레스에 의해 노동자의 동작 순서, 모양, 시간에 관심을 둔 연구가 활발하게 진행되어 왔으며 노동자는 노동자대로 생산성이 오른 만큼 보너스를 더 받고 만족해하기도 했다. 길브레스가 연구한 구체적인 연구 분야는 어떠한 것인가?

① 시간연구, 행동연구
② 사고연구, 행동연구
③ 시간연구, 동작연구
④ 사고연구, 인성연구
⑤ 사고연구, 시간연구

> **해설** 길브레스 : 노동자의 동작 순서·모양·시간에 관심을 둔 동작연구, 시간연구를 활발하게 진행하였고 노동자는 생산성이 오른 만큼 보너스를 더 지급받았다.

04 공정성 이론에 대한 내용 중 가장 옳지 않은 것은?

① 사람들은 자신의 투입과 산출 비율이 비슷한 상황의 다른 사람과 유사하다고 느낄 때 공정성을 지각한다.
② 비슷한 상황의 다른 동료에 비해 과도한 보상을 받았다고 느낀 근로자는 동료의 투입을 늘리도록 독려한다.
③ 다른 근로자와 같은 수준의 보상을 받았다고 하더라도 자신의 투입이 더 많았다고 생각한다면 불공정을 지각하게 될 것이다.
④ 성과 결정 과정에서 절차적 정의에 대한 지각은 공정성을 판단하는 것과 관련이 있다.
⑤ 절차적 정의 즉, 의사결정과정의 공정성을 지각하게 하는 것은 동기부여의 중요한 영향요인이다.

> **해설** 비슷한 상황의 다른 동료에 비해 과도한 보상을 받았다고 느낀 근로자는 부담으로 느끼고 편익감소를 요청하거나 노력을 더한다.

정답 01 ⑤ 02 ① 03 ③ 04 ②

05 개인의 동기는 자신의 노력에 대한 기대와 그 성과가 보상을 가져다준다는 수단성에 대한 기대감의 복합적 함수에 의해 결정된다는 이론은?

① 아담스의 공정성이론
② 브룸의 기대이론
③ 맥그리거의 XY이론
④ 허츠버그의 2요인이론
⑤ 앨더퍼의 ERG이론

> **해설**
> 브룸의 기대이론
> - 사람이 조직 내에서 일의 수행 여부를 결정하는 데는 그 기대 가치의 달성 가능성과 자신의 일처리 능력에 대한 평가가 복합적으로 작용
> - 기대이론의 중요한 5대 변수 : 기대감, 유의성, 결과 또는 보상, 수단성, 행동선택 등

06 다음 보기에서 나타내는 균형성과표의 관점은?

- 회사의 전략과 실행이 순이익 개선에 기여한 지표를 나타내는 것
- 매출액, 투자수익률(ROI) 등 회계학적 수치를 이용

① 재무 관점
② 고객 관점
③ 내부프로세스 관점
④ 학습 관점
⑤ 성장 관점

> **해설**
> 균형성과표(Balanced Scorecard)
> - 재무 관점 : 회사의 전략과 실행이 순이익 개선에 얼마나 기여했는지를 나타내는 지표
> - 고객 관점 : 기업의 수익기업의 비전달성과 연관된 조직의 학습방법과 개선사항을 측정하는 지표를 가져올 고객을 파악하고 고객 지향적 프로세스를 만들어 나가는 것
> - 내부프로세스 관점 : 성과를 극대화하기 위하여 기업의 핵심 프로세스 및 핵심 역량을 규명하는 과정과 관련된 관점
> - 학습·성장 관점 : 기업의 비전달성과 연관된 조직의 학습방법과 개선사항을 측정하는 지표

07 조직의 구조 중 유사한 기술, 전문성, 자원 사용 등으로 종업원들의 직무를 집단화하여 조직을 몇 개의 부서로 구분하는 조직은?

① 직능형 조직
② 직계참모 조직
③ 사업부형 조직
④ 그리드형 조직
⑤ 매트릭스 조직

> **사업부형 조직**
> - 기능별 사업부조직 : 관련성이 있거나 유사한 기능(업무)을 가진 전문가들을 한 부서에 편제시키는 것
> - 지역별 사업부조직 : 서로 다른 지역을 대상으로 부문화된 형태로, 부문화는 서로 다른 지역적 요구에 따른 제품과 서비스의 차별화가 이루어질 때 적용되는 형태

08 다음 중 조직화의 단계로 옳은 것은?

① 계획 및 목표에 대한 검토 → 활동분류 및 그룹화 → 활동내용의 결정 → 권한위양 및 작업의 할당 → 조직구조에 대한 설계
② 조직구조에 대한 설계 → 계획 및 목표에 대한 검토 → 활동내용의 결정 → 활동분류 및 그룹화 → 권한위양 및 작업의 할당
③ 조직구조에 대한 설계 → 계획 및 목표에 대한 검토 → 활동내용의 결정 → 권한위양 및 작업의 할당 → 활동분류 및 그룹화
④ 계획 및 목표에 대한 검토 → 활동내용의 결정 → 활동분류 및 그룹화 → 권한위양 및 작업의 할당 → 조직구조에 대한 설계
⑤ 계획 및 목표에 대한 검토 → 활동내용의 결정 → 활동분류 및 그룹화 → 조직구조에 대한 설계 → 권한위양 및 작업의 할당

> **조직화의 단계**
> 계획 및 목표에 대한 검토 → 활동내용의 결정 → 활동분류 및 그룹화 → 권한위양 및 작업의 할당 → 조직구조에 대한 설계

09 참여의 경영, 민주적 리더십, 하의 상달적 커뮤니케이션이 필요하고 개인의 행동 동기는 인간적 욕구에 의해 지배되며 비공식적인 집단이 중요한 역할을 한다고 주장하는 이론은?

① 관료제론 ② 일반관리론
③ 과학적 관리법 ④ 인간관계론
⑤ 상황이론

> **인간관계론**
> 경제적 욕구의 충족으로부터 벗어나 인간의 사회적 욕구를 충족해 주어야 한다는 인사관리기법

정답 05 ② 06 ① 07 ③ 08 ④ 09 ④

10 그동안 연구된 조직이론이 경영조직의 합리성과 인간들의 만족 등 조직 내부에만 초점을 둔 것에 대해 조직은 다른 것들과의 영향을 주고받기 때문에 이를 감안하지 않고 내부만을 논할 수 없다고 주장한 이론은?

① 상황이론
② 일반관리론
③ 시스템이론
④ 인간관계론
⑤ 행동과학론

> 베르탈란피가 제시한 이론으로 과학과 사회가 발전할수록 여러 학문분야 간의 교류가 증진되어야 한다며 모든 분야를 통합할 수 있는 공통적인 사고의 틀로서 시스템이론을 제시하였다.

11 다음 보기에서 설명하는 조직이론은?

> - 시스템이론이 추상적이고 일반적인 시각만을 갖는 것에 대응하여 조직운영과 직접 관련된 해결책을 찾으려고 시도하는 이론이다.
> - 조직이 잘 운영되기 위해서는 조직 내 하위시스템 간의 적합과 조화, 조직과 환경 간의 적합관계가 이루어져야 한다.
> - 조직유효성에 중요한 영향을 미치는 조직구조와 시장환경, 조직구조와 기술, 조직구조와 조직규모와의 관련성을 중점적으로 연구하였다.

① 상황이론
② 시스템이론
③ 행동과학론
④ 사회적 인간론
⑤ 관료제이론

> - 시스템이론 : 과학과 사회가 발전할수록 여러 학문 간의 교류가 증진되어야 한다며 모든 분야를 통합할 수 있는 공통적인 사고의 틀로서 시스템이론을 제시
> - 행동과학론 : 인간행동에 대한 체계적인 연구로 정의할 수 있으며 인간의 행동에 중점을 두고 관리문제를 해석하려고 하는 이론
> - 사회적 인간론 : 조직은 집단규범에 의해서 움직이며 개인욕구도 집단을 통해서 행사되므로 집단의 행동을 조화시키는 것이 경영의 본질적 역할이라는 이론
> - 관료제이론 : 조직성원 간의 권력관계를 연구하여 조직의 권한구조(Authority Structure)이론을 정립

12 조직관련 용어의 설명이 바르지 않은 것은?

① 조직 행동 – 조직 내에서 이뤄지는 행동을 연구하는 것으로 보다 나은 조직의 성과를 추구하려는 목적이다.
② 조직 개발 – 조직의 효율성을 위해 조직구조를 개선하려는 단기적인 변화과정이다.
③ 조직 설계 – 조직의 구조와 체계를 설계하는 것으로 조직설계를 통해서 조직은 더 높은 성과를 수행하는 구조로 전환된다.
④ 조직 진단 – 의도적인 조직변화를 시도하기 위한 전단계 및 조직의 현황을 분석하여 조직의 문제점을 파악하는 과정이다.
⑤ 조직 구조 – 조직구성원의 '유형화된 교호작용(patterned interaction)'의 구조이다.

> 해설 조직 개발 : 조직체의 효과 및 효율 향상을 위해 구성원의 가치관, 신념, 조직문화를 개선하려는 장기적인 변화전략 및 과정을 말한다.

13 조직의 위계와 정보에 대한 설명으로 바르지 않은 것은?

① 최고경영층의 정보 원천은 외부이며 집중도는 통합적이다.
② 최고경영층의 정보 범위는 광범위하며 집중도는 통합적이다.
③ 최고경영층의 정보 범위는 제한적이며 집중도는 세분화된다.
④ 일선종업원의 정보 범위는 제한적이며 집중도는 세분화된다.
⑤ 일선종업원의 정보 원천은 내부이며 집중도는 세분화된다.

> 해설 조직의 위계와 정보
>
> | 구 분 | 최고경영층 | 일선종업원 |
> | --- | --- | --- |
> | 정보의 원천 | 외부이며 집중도는 통합적 | 내부이며 집중도는 세분화 |
> | 정보의 범위 | 광범위하며 집중도는 통합적 | 제한적이며 집중도는 세분화 |

14 다음 보기의 빈칸에서 설명하는 것은?

> 경영자들이 (   )에 관심을 많이 두는 중요한 이유는 이를 이해함으로써 개인 간에 나타나는 차이를 알 수 있고 그 차이에 따라 관리방법을 달리할 수 있다는 데 있다. 특히 이 차이에 따라 알맞은 직무가 따로 있고 또 거기에 알맞은 관리가 있어야 효율적인 성과를 얻어낼 수 있기 때문이다.

① 태 도
② 성희롱
③ 성 격
④ 관 심
⑤ 의 견

> 해설 성격은 유전적 영향, 유년기의 영향, 인간관계적 영향, 조직과 사회의 영향 등에 의해 형성되며, 사람들의 감정과 태도, 사고와 행동을 결정하므로 조직행동에 영향을 미친다.

15 조직구조의 특성에서 의사결정권한을 조직의 상부에서 소유하고 중간관리자나 종업원의 참여가 제한되는 정도는?

① 복잡성
② 공식화
③ 집권화
④ 수평적 분화
⑤ 수직적 분화

> 해설
> - 복잡성 : 조직 내에 존재하는 분화의 정도가 많이 얽히는 것
> - 공식화 : 조직운용의 규칙, 정책, 절차가 명문화되고 통일원칙이 수립되는 정도
> - 수평적 분화 : 분업과 전문화로 세분화된 조직활동을 조직원의 직무와 결합하고 집단화하는 것
> - 수직적 분화 : 과업 분화가 상하관계로 이루어져서 위계의 수가 증가하는 것

16 다음 보기의 빈칸에 적절한 것은?

> (   )은/는 정서적·감정적인 면을 상당히 배제하고 인간을 규정에 의해 움직이는 꼭두각시 취급을 했다는 비판뿐 아니라, 규정에 집착해서 조직 경직화에 대처하는 융통성이 떨어지고, 개개인 재량권의 폭이 좁아지며 다양성 및 창의성의 개발이 제한된다는 지적을 받고 있다.

① 일반관리론
② 인간관계론
③ 행동과학론
④ 시스템이론
⑤ 관료제이론

해설 관료제이론
- 19세기 말 독일의 사회학자 베버는 조직구성원 간 권력관계를 연구해서 조직의 권한구조 이론을 정립했다.
- 관료제이론은 미리 정해진 규칙과 규범에 따라 운영되는 관료제조직이 시·공간을 초월하여 가장 합리적이라고 주장한다.
- 관리원칙 : 합법성의 원리, 분업의 원리, 정실배제의 원칙, 고용의 보장, 수직계층의 원리, 문서화·공식화 원리

17 다음 중 인간관계론에서 중요시 하는 내용이 아닌 것은?

① 비공식집단의 경우, 규정 및 제도에 의한 공식적 집단보다 중요한 역할을 한다.
② 개개인의 행동 동기는 경제적인 욕구뿐만 아니라, 미움·사랑·소속감 등의 사회적·인간적인 욕구에 의해 지배된다.
③ 직무만족 및 자율권의 부여, 개개인의 능력을 인정해주는 관리가 필요하다.
④ 민주적인 리더십, 하의상달적인 커뮤니케이션이 필요하다.
⑤ 분업의 원리, 수직계층의 원리, 공식화 및 문서화의 원리가 대표적인 내용이다.

해설 ⑤는 관료제이론의 관리원칙에 해당한다.

18 조직의 지도원리 중 목표를 달성하는 과정에서 가용자원을 낭비 없이 이용할 수 있는 능력은?

① 유효성　　　　　　　　　　　② 효율성
③ 유연성　　　　　　　　　　　④ 만족성
⑤ 경제성

해설
- 유효성 : 계획 설정된 목표의 달성정도, 조직이 바른 방향으로 향하고 있는지를 설명
- 유연성 : 변화된 환경에 적응해 나가는 능력
- 만족성 : 조직원들이 조직에 대한 반응과 느낌 등 심리적 결과물
- 경제성 : 투입에 대한 산출의 비율로서 판단하는 개념

정답　14 ③　15 ③　16 ⑤　17 ⑤　18 ②

19 보기는 조직화의 원칙 중 어디에 해당하는 것인가?

> 권한을 보유하고 행사해야 할 조직계층의 상위자가 하위자에게 직무를 위임할 경우 그 직무수행에 있어 요구되는 일정한 권한도 이양하는 것

① 계층의 원칙
② 권한이양의 원칙
③ 권한과 책임의 균형원칙
④ 전문화의 원칙
⑤ 통합과 조정의 원칙

- 계층의 원칙 : 조직은 최고경영자로부터 작업원까지 직위로 계층을 이루고 있으며 이 계층은 가급적 단축시켜야 한다.
- 권한과 책임의 균형원칙 : 모든 지위에 있어서 직무수행을 함에 있어 상사로부터 명령·지시를 받아들여야 한다는 것
- 전문화의 원칙 : 조직의 구성원이 가능한 한 단일의 전문화된 업무활동만을 담당하게 하는 것
- 통합과 조정의 원칙 : 조직의 목적을 달성하기 위해서 직무를 분할하고, 전문화된 하위 부문의 활동과 노력을 조정·통합하는 것

20 앨더퍼의 ERG이론에 대한 내용으로 옳지 않은 것은?

① 존재욕구는 생리적·물질적·안전에 관한 욕구로서 매슬로우의 안전욕구 등과 유사하다.
② 관계욕구는 가족, 친구 등의 인간관계에 관한 욕구이다.
③ 성장욕구는 매슬로우의 사회적, 존경의 욕구와 유사하다.
④ 하위욕구를 모두 채우면 상위욕구가 증가하고, 못 채우면 하위욕구가 증대한다.
⑤ 사람·성격·문화마다 3가지 욕구의 상대적 크기가 서로 다르다.

성장욕구는 개인의 성장과 발전에 관한 욕구로서 매슬로우의 자아실현욕구, 존경의 욕구와 유사하다.

21 다음 보기에서 설명하는 이론은?

> • 동양적인 윤리관의 성선설과 성악설과 유사한 이 이론은 맥그리거가 주장하였다.
> • 사람은 선천적으로 게으르기 때문에 통제와 감독을 해야 한다는 관점에서 사람은 성취감을 위해 자기 스스로 통제하고 관리한다는 관점으로의 전환을 주장하였다.

① 욕구단계설
② ERG이론
③ XY이론
④ 공정성이론
⑤ 기대이론

> **해설** 맥그리거의 XY이론
> • X이론형 인간 : 조직목표의 달성을 위해서는 통제, 위협, 지시, 강압, 감동 등의 수단으로 관리해야 한다고 주장하였다.
> • Y이론형 인간 : 인간은 주어진 목표달성을 위해서 스스로를 통제·관리하며, 의지는 일로부터의 성취감 여부와 관련 있다.

22 사람이 어떻게 동기화되는지에 대해 답을 못하는 모티베이션 내용이론과 달리 과정이론은 욕구 자체에 대한 관심보다는 어떤 과정을 거쳐 동기가 발생하는지에 대한 초점을 갖는다. 다음 중 모티베이션 과정이론이 아닌 것은?

① 기대이론
② 공정성이론
③ 목표설정이론
④ 성장이론
⑤ 상호작용이론

> **해설** 모티베이션 과정이론 : 기대이론, 공정성이론, 목표설정이론, 상호작용이론, 인지평가이론 등이 있다.

23 '사람은 자기가 바라는 목표에 도달할 수 있다고 믿을 때 비로소 행동에 옮길 것이다'라는 목표-수단연계 모델의 기원이 된 이론은?

① 기대이론
② 공정성이론
③ 목표설정이론
④ 상호작용이론
⑤ XY이론

기대이론
- 기대이론은 톨만, 레윈, 아트킨슨, 로터 그리고 최근의 대표적인 학자인 브룸과 포터 롤러에 의해서도 실험·적용되고 있다.
- 기대이론은 게오르그 파울로 등에 의한 목표-수단연계모델에 기원을 두는데 어떤 행동(과업)에의 참여정도는 행동의 결과로서 얻어질 것의 가치와 결과가 발생될 기대에 달려 있는 것이다.

24 다음 보기에서 설명하는 동기부여 과정이론은?

> 아담스에 의해 주장되었으며 각 개인은 상대방으로부터 자기의 공헌에 대한 정당하고 공평한 대가를 받아야 한다고 보고, 그 정당성 여부는 자기의 공헌 보상만 보고 판단하는 것이 아니라 남들의 것과 비교한 후에 판단한다는 이론

① 기대이론 ② 공정성이론
③ 목표설정이론 ④ 인지평가이론
⑤ ERG이론

 공정성이론
- 인간관계에서 주고받는 교환이 일어날 때 공평과 정당함을 추구하는 인간본능을 기초로 하는 동기부여이론으로서 1950년대 사회심리학자인 페스팅거의 인지부조화이론에 근거한다.
- 불공정 판단 여부와 반응행동 양식은 매우 주관적이고 형태도 매우 다양하다.

25 다음 보기에서 설명하는 이론은 무엇인가?

> 로크는 인간행동이란 가장 쾌락적인 쪽으로 동기화되기 마련이라는 기대이론의 가정을 인지적 쾌락주의라고 비판하면서 인간행동은 두 가지 인지, 즉 가치와 의도에 의해 결정된다고 주장하였다.

① 기대이론 ② 공정성이론
③ XY이론 ④ 인지평가이론
⑤ 목표설정이론

 목표설정이론의 발전에 중요한 공헌을 한 로크(Locke)는 기대이론의 가정을 인지적 쾌락주의라고 비판하면서 인간행동은 가치와 의도(계획 혹은 목표)라는 두 가지 인지에 의해 결정된다고 주장하였다.

26
한 개인에 국한된 모티베이션 연구였던 욕구이론이나 기대이론과 달리 모티베이션이 환경 혹은 타인과의 접촉이나 관계에 의해서도 발생한다고 주장한 이론은?

① 상호작용이론
② 공정성이론
③ 목표설정이론
④ 인지평가이론
⑤ 시스템이론

해설 상호작용이론
- 개인을 동기부여시키는 가치는 내부 욕구가 아니라 외부와의 관계과정에서 결정되며, 행동은 외부원인(환경) 또는 내부원인(개인)만이 아닌 이 양자의 상호작용 속에서 나타난다.
- 환경과 개인의 상호작용에서 독재적인 체제(환경)하에서 구성원들은 비협조적·수동적·반항적인 행동을 하지만, 민주적인 체제(환경)하에서는 능동적·창조적·협조적인 행동을 하게 된다.
- 개인의 반응은 이기적인 자신의 욕구를 채우려 하고, 이것이 채워지면 그 상호작용은 균형상태가 되는데 동기부여란 이런 만족한 상호작용상태로 만들려는 것이다.

27
다음 보기의 빈칸에 공통으로 들어갈 적절한 내용은 무엇인가?

- 베니스는 (　　)이 조직으로 하여금 자기의 비전을 갖게 하고 자기의 능력을 모두 쏟아 그 비전을 실현하게끔 하는 것이라 정의하였다.
- 스톡딜도 (　　)을 집단의 구성원들로 하여금 특정목표를 지향하게 하고 그 목표달성을 위해 실제행동을 하도록 영향력을 행사하는 것이라 하였다.

① 가치관
② 리더십
③ 태도
④ 모티베이션
⑤ 의견

해설 베니스(W. Bennis)는 리더십이 조직으로 하여금 자기의 비전을 갖게 하고 자기의 능력을 모두 쏟아 그 비전을 실현하게끔 하는 것을 의미한다고 하였으며, 스톡딜(R. M. Stogdill)은 리더십에 대해 집단 구성원들로 하여금 특정 목표를 지향하게 하고 그 목표달성을 위해 실제 행동을 하도록 영향력을 행사하는 것이라고 하였다.

28 리더십의 역할에 대한 내용으로 적절하지 않은 것은?

① 관리자로서 조직의 비전이나 사명 등을 조직원들과 함께 논의하여 결정한다.
② 조직목표나 과제에 대해 일관성 있는 태도와 장기적인 안목이 필요하다.
③ 다양하고 효과적인 프로그램 실행을 위해 조직체 전체를 통합·확산·연결시킨다.
④ 조직의 목표나 작업 산출을 위해 감독기준을 설정·시행함으로써 프로그램 수행을 원활히 추진해야 한다.
⑤ 조직의 목표 달성 시 혹은 소멸·변경 시에 새로운 프로그램을 계획·개발하여 조직의 운영 방안을 창안하는 역할을 한다.

> 관리자로서 조직의 비전이나 사명 등을 직접적이고 구체적인 행위로 바꾸어 전달하는 역할이다.

29 다음 중 리더십 격자에 대한 내용으로 적절치 않은 것은?

① 무관심형 리더 – 직원에 대한 관심은 없고, 과업달성에 최소한의 노력을 하는 리더
② 중간형 리더 – 인간과 생산에 적절한 수준의 관심을 가지는 리더
③ 컨트리클럽형 리더 – 직원에 대한 관심이 아주 높고, 인간관계에 많은 관심을 기울이는 리더
④ 능력지향형 리더 – 직원에 대한 관심도 높고, 업무중심의 의사결정에 관심을 두는 리더
⑤ 팀형 리더 – 업무와 직원 모두에 대한 관심이 높은 리더

> 능력지향형 리더는 직원에 대한 관심은 낮지만, 업무중심의 의사결정에 관심을 두는 리더이다.

30 리더를 그 역할에 따라 지도적 리더, 지원적 리더, 참여적 리더, 성취지향적 리더로 나누고, 리더는 매우 융통성이 있기 때문에 이런 네 가지 유형을 상황에 따라 적절하게 바꾸어가며 행사해야만 유효한 리더십 행위가 된다고 주장한 이론은?

① 피들러 모형
② 행동이론
③ 특성이론
④ 경로-목표이론
⑤ ERG이론

> 경로-목표이론
> • 구조주도-배려형 리더십 유형에 모티베이션의 기대이론을 접목시켰다.
> • 하우스(R. House)는 리더의 역할이란 부하가 목적지에 이르도록 길과 방향을 가르쳐주고 따라가면서 코칭해 주는 것이라 하여 지도적 리더, 지원적 리더, 참여적 리더, 성취지향적 리더로 나누었다.

31 부하직원들을 개인적으로 지도하면서 부하 개개인의 발전 및 성장에 대한 욕구에 특별한 관심을 기울이는 리더십은?

① 카리스마적 리더십
② 변혁적 리더십
③ 봉사적 리더십
④ 혁신주도형 리더십
⑤ 리더-멤버교환이론

해설
변혁적 리더십
- 변혁적 리더들은 부하들의 본보기가 될 수 있도록 행동하여 부하들로부터 존경과 신뢰를 받는다.
- 변혁적 리더들은 부하들에게 일에 대한 의미와 도전을 제공하여 자신의 주변 사람들에게 동기를 부여한다.
- 변혁적 리더들은 부하들로 하여금 새로운 아이디어와 창의적 문제해결을 요구하며, 부하들이 문제해결과정에 참여하게 한다.

32 패런과 케이의 현대 조직의 리더에 대한 설명으로 옳은 것은?

① 지원자 - 기업이나 해당 산업에 대한 정보를 제공하는 역할
② 평가자 - 직원들의 작업 수행평가 기준과 기대치를 명확히 하는 역할
③ 예측자 - 직업의 가치와 일에 대한 관심을 가질 수 있도록 돕는 역할
④ 격려자 - 잠재되어 있는 직원들의 커리어 목표를 선택할 수 있게 돕는 역할
⑤ 조언자 - 경력개발을 위한 행동계획을 이행하는 데 필요한 자원을 연계시켜주는 역할

해설
① 지원자 : 직업의 가치와 일에 대한 관심을 가질 수 있도록 돕는 역할
③ 예측자 : 기업이나 해당 산업에 대한 정보를 제공하는 역할
④ 격려자 : 경력개발을 위한 행동계획을 이행하는 데 필요한 자원을 연계시켜주는 역할
⑤ 조언자 : 잠재되어 있는 직원들의 커리어 목표를 선택할 수 있게 돕는 역할

33 선택된 대안들 중에서 기존의 문제점을 개선하면서 이루어지는 의사결정모형은?

① 합리모형
② 만족모형
③ 타협모형
④ 중복탐색모형
⑤ 점증모형

해설
점증모형은 인간 이성의 비합리성을 강조하며, 정책결정자가 기존의 정책에 대해 부분적인 수정을 가함으로써 정책결정이 이루어진다고 주장하였다.

34 의사결정의 예측기법에 대한 설명으로 옳은 것은?

① 델파이기법 – 여러 명의 전문가로부터 자료를 취합하여 평균을 도출 후 회사의 판매액을 예측하는 기법
② 이동평균법 – 영업사원이 담당 구역에서 일정기간 동안 판매 예측되는 수량의 자료를 모아 회사에서 합산하여 판매액을 예측하는 기법
③ 회귀분석법 – 경영진의 판매 예측자료 수집으로 회사의 판매액을 예측하는 기법
④ 경영진 의견법 – 매출액에 영향을 미치는 변수들을 독립변수로, 매출액을 종속변수로 선정하여 이들 간 (선형)관계의 정도를 추정하기 위한 기법
⑤ 영업사원 예측합산법 – 제품의 판매량을 기준으로 일정기간별로 산출한 평균추세를 통해 미래수요를 예측하는 기법

해설 예측기법

정성적 (주관적)	영업사원 예측합산법	영업사원이 담당 구역에서 일정기간 동안 판매 예측되는 수량의 자료를 모아 회사에서 합산하여 판매액을 예측하는 기법
	경영진 의견법	경영진의 판매 예측자료 수집으로 회사의 판매액을 예측하는 기법
	델파이기법	여러 명의 전문가로부터 자료를 취합하여 평균을 도출한 후 회사의 판매액을 예측하는 기법
정량적 (객관적)	이동평균법	제품의 판매량을 기준으로 일정기간별로 산출한 평균추세를 통해 미래수요를 예측하는 기법
	회귀분석법	매출액에 영향을 미치는 변수들을 독립변수로, 매출액을 종속변수로 선정하여 이들간 (선형)관계의 정도를 추정하기 위한 기법

35 보기의 (가), (나), (다)는 집단의사결정에 활용되는 기법을 설명한 것이다. 이 기법은 무엇인가?

> (가) 전문적인 의견을 설문을 통하여 제시함으로, 의사결정의 진행이 익명에 의해 이루어지게 되어 소수 지배나 집단사고 현상이 제거될 수 있다.
> (나) 단계별로 의사결정이 진행되기 때문에 의사결정 진행상황에 대한 추적이 쉽다.
> (다) 사회적, 감정적 관계가 배제되어 문제에 집중할 수 있다.

① 개인면접법(Individual Interview)
② 델파이(Delphi)법
③ 브레인 스토밍(Brain Storming)
④ 변증법적 문의법(Dialectical Inquiry Model)
⑤ 명목집단법(Nominal Group Technique)

> **델파이(Delphi)법**
> - 전문가의 경험적 지식을 통한 문제해결 및 미래예측을 위한 기법이다.
> - 각 전문가들에게 개별적으로 설문서와 그 종합된 결과를 전달·회수하는 과정을 거듭함으로써 독립적이고 동등한 입장에서 의견을 접근해 나가는 기법이다.
> - 설문서의 응답자는 철저하게 익명성이 보장되므로 외부적인 영향력으로 결론이 왜곡되거나 표현이 제한되는 예가 적다.

36 의사결정의 종류 중 조직계층에 따른 분류에 해당하지 않는 것은?

① 조직체의 보다 중요한 의사결정은 각종 위원회, 연구팀, 테스크포스(Task Force) 및 심사회 등의 집단에 의해 결정한다.
② 전략적 의사결정을 구체화하기 위해 기업의 제 자원을 활용하여 그 성과가 극대화될 수 있는 방향으로 조직화하는 전술적 의사결정이다.
③ 기업의 외부환경과의 관계에 관한 비정형적 문제를 다루는 의사결정이다.
④ 일선 감독층이나 실무자에 의한 의사결정이다.
⑤ 경영활동이 조직의 정책과 목적에 부합하는가를 판단하는 중간관리자에 의한 의사결정이다.

> - 의사결정의 주체에 따른 분류 : 조직의사결정
> - 조직계층에 따른 분류 : ②·⑤ 관리적(통합적) 의사결정, ③ 전략적 의사결정, ④ 업무적(일상적) 의사결정

37 집단차원 의사결정과 관련 있고 사람들이 심리적으로 다른 사람의 의견을 따라 가는 성향을 말하는 것은?

① 애쉬효과
② 과신오류
③ 최빈효과
④ 정박오류
⑤ 선택지각법

> **애쉬효과(Asch effect)**
> 사람들이 심리적으로 다른 사람의 의견을 따라 가는 성향을 말하며, 집단차원 의사결정과 관련이 있다. 이는 실험을 통하여 본인 스스로는 정답 또는 정확한 해결책을 알고 있음에도 불구하고 대다수 구성원들이 선택한 명백히 틀린 방법을 쫓아가는 심리적인 현상을 설명하고 있다.

38 다음 중 공식적 커뮤니케이션이 아닌 것은?

① 상향적 커뮤니케이션
② 수직적 커뮤니케이션
③ 제안제도
④ 그레이프바인
⑤ 톱다운방식

해설 커뮤니케이션의 종류
- 공식적 커뮤니케이션 : 조직에 의해 공식적인 방법으로 이루어지는 커뮤니케이션(예 상향적·하향적·수직적·수평적·대각적 커뮤니케이션, 톱다운 방식, 제안제도 등)
- 비공식적 커뮤니케이션 : 공식적인 권한 없이 이루어지는 커뮤니케이션(예 그레이프바인)

39 커뮤니케이션의 장애요인은 다양하다. 다음 중 커뮤니케이션의 장애요인이 아닌 것은?

① 감정상태
② 선택지각
③ 매체해독의 오류
④ 관 찰
⑤ 시간과 정보량

해설 의사소통의 장애요인

매체해독의 오류	• 의사소통에 사용된 매체가 어려운 전문용어 또는 애매한 제스처(Gesture)였다면 수신자의 해독에 오류가 발생할 수 있음 • 수신자가 알아듣기 쉬운 말을 썼다고 해도 여러 가지 해석이 가능한 단어나 문구를 사용한 경우 어의상 문제(Semantic Problem)로 인한 왜곡
여 과	어떤 정보를 전달 시 송신자가 의도적으로 사실의 일부는 누락시키고 나머지만 선택적으로 여과하여 수신자에게 보내는 상황
선택지각	송신자가 전달한 내용을 수신자가 지각을 할 때 그의 욕구, 경험, 배경, 그 밖의 많은 개인적 특성에 어울리는 것만 선택되어지는 것으로 이는 해석과정의 잘못으로 인한 의사소통장애
감정상태	사람은 이성에 의해 합리적 판단하려고 노력하지만 감정적으로 격해지면 의사소통이 지장을 받게 되는 상태
시간과 정보량	의사소통이 일어나고 있는 상황이 불리할 때, 즉 촉박한 시간, 많은 정보량 등으로 송·수신자도 한계가 있기 때문에 메시지내용을 부호화하고 해독하는 과정에서 정확성을 기하기 어려움

40 다음은 조하리의 창에 대한 내용이다. 보기의 빈칸에 알맞은 것은?

- 공개 영역이 넓을수록 참여자들이 서로에 대해 정확한 지각상의 판단을 내릴 수 있는 기회가 적어진다.
- 관계당사자들이 타인에게 자신을 노출하고 그들에게서 (㉠)을 받을수록 공개 영역은 확장된다.
- 열린 창, 숨겨진 창, 보이지 않는 창, (㉡) 등으로 분류한다.

	㉠	㉡
①	정 보	개방된 창
②	조 언	열린 창
③	피드백	알려진 창
④	정 보	닫힌 창
⑤	피드백	미지의 창

해설 조하리의 창
- 공개 영역이 넓을수록 참여자들이 서로에 대해 정확한 지각상의 판단을 내릴 수 있는 기회가 적어짐
- 관계당사자들이 타인에게 자신을 노출하고 그들에게서 피드백을 받을수록 공개 영역은 확장
- 열린 창, 숨겨진 창, 보이지 않는 창, 미지의 창 등으로 분류
- 기대의 충족은 그들의 신뢰나 영향력을 증대시키고 그들이 상호 만족한 관계를 유지할 수 있게 함

41 커뮤니케이션 네트워크 유형 중 조직원 간의 완벽한 정보교환, 문제해결에 있어서 가장 효율적이고 만족도가 높은 유형은?

① 완전연결형 ② 사슬형
③ Y형   ④ 수레바퀴형
⑤ 원 형

해설 커뮤니케이션 네트워크 중 가장 효율성·만족성이 높은 것은 완전연결형이며, 그레이프바인(Grapevine)과 같은 비공식적 커뮤니케이션이 있다.

정답 38 ④ 39 ④ 40 ⑤ 41 ①

42 다음 보기에서 설명하는 커뮤니케이션 네트워크 유형은?

> 특정 리더가 중심이며, 그 리더에게만 정보가 집중되어 상황파악 및 문제해결은 신속히 해결되나 구성원 간에 정보공유가 잘 안 된다.

① Y형
② 원 형
③ 사슬형
④ 수레바퀴형
⑤ 완전연결형

- Y형(Y-Type) : 집단 내에서 특정의 리더가 없이 비공식적 의견선도자가 있을 경우의 커뮤니케이션 네트워크
- 원형(Circle Type) : 위원회조직이나 태스크포스(Task Force) 같이 권한의 집중이나 지위의 고하가 크게 문제되지 않는 조직에서의 커뮤니케이션 네트워크
- 사슬형(Chain Type) : 일원화 계통을 통해서 최고경영자의 의사가 일선 작업자에게까지 전달되나, 상하 간 피드백·정보 왜곡의 문제가 있음
- 완전연결형(All Channel Type) : 조직원 간의 완벽한 정보교환, 문제해결에 있어서 가장 효율적이며 만족도가 높음

43 다음은 비공식적 커뮤니케이션과 관련된 어떤 용어에 대한 설명이다. 이 설명에 가장 합당한 용어는?

> 인사이동이 임박해서 발생하고 여러 가지 소문, CEO의 행동에 대한 비밀스런 이야기들, 동료나 상사에 대한 입바른 평가 등이 이에 해당하는데, 정확성이 떨어지기는 하지만, 조직변화의 필요성에 대하여 경고를 해주고 조직문화 창조에 매개역할을 하는 등 순기능도 있다.

① 나비효과(Butterfly Effect)
② 조하리의 창(Johari's Window)
③ 정보의 잡음(Information Noise)
④ 그레이프바인(Grapevine)
⑤ 수레바퀴형(Wheel of Star Type) 네트워크

그레이프바인(Grapevine)은 모든 비공식적 커뮤니케이션을 지칭하는 의미로 사용되며, 정확성이 약간 떨어지지만 전달속도가 빠르고 정보전달에 있어서 선택적이고, 임의적인 특징을 갖는다.

44 피들러(Fiedler)는 리더십유형과 리더십이 행사되는 상황을 연결하여 리더의 성과를 설명하고 있다. 그에 의하면, 과업지향적 리더는 어느 상황에서 가장 효과적인가?

① 중간이나 그 이상으로 우호적일 때
② 전체적으로 중간 수준으로 우호적일 때
③ 전체적으로 매우 비우호적일 때
④ 매우 우호적이거나 매우 비우호적일 때
⑤ 전체적으로 비교적 우호적일 때

> 과업지향적 리더는 리더십이 행사되는 상황이 매우 우호적이거나 매우 비우호적일 때 효과적이고, 관계지향적 리더는 상황이 전체적으로 중간 수준으로 우호적일 때 효과적이다.

45 정보 분권화가 바람직한 조건에 해당하지 않는 것은?

① 원거리의 정보가 의사결정에 있어 가치는 발휘하나 전달비용이 아주 높은 경우
② 의사결정자가 업무 시 중요 정보에 접근할 수 있으며 정보를 회사에 전달하는 것이 어려울 경우
③ 의사결정자가 중요 사항을 결정할 때 회사가 의사결정자를 신뢰하지 않는 경우
④ 조직의 업무가 단순하여 의사결정자가 타율적 명령에서도 열성적으로 업무에 임할 경우
⑤ 의사결정자가 자기 스스로 결정을 할 때 보다 열성적으로 일할 것으로 기대를 할 경우

> ④는 정보의 집권화가 바람직한 조건에 속한다.

46 조직이론 중 과학적 관리법의 특징으로 잘못된 것은?

① 작업량에 따른 차별적 성과급제
② 고임금·저노무비 달성
③ 주도와 자율성 추구
④ 작업의 표준화
⑤ 직능적 직장제도

> 주도와 자율은 과학적 관리법의 특징에 속하지 않는다. 과학적 관리법은 조직관리를 과학적으로 하여 생산성을 증대시키고자 합리적인 작업방식과 관리방법에 초점을 두는 이론으로, 인간의 심리적·사회적 측면에 대한 고려를 하지 않는다는 단점이 있다.

47 조직에서 변화에 대한 구성원들의 저항행동에 작용하는 중요 요인이 아닌 것은?

① 지위손실에 대한 위협감
② 기존 시스템 불균형에 대한 불안감
③ 무관심한 태도와 안일감
④ 불확실성을 타파하려는 열망
⑤ 고용안정에 대한 위협감

> 해설 변화에 대한 저항행동은 불확실성에 대한 불안감이 크게 작용한다. 조직 구성원들의 저항행동에 대한 중요 요인으로는 고용안정에 대한 위협감, 지위손실에 대한 위협감, 기존 시스템 불균형에 대한 불안감, 무관심한 태도와 안일감 등을 들 수 있다.

48 조직 구조와 관련된 기술로서 가장 적합하지 않은 것은?

① 기능별 조직은 환경이 비교적 안정적일 때 조직관리의 효율성을 높일 수 있다.
② 기능별 조직은 각 기능별로 규모의 경제를 얻을 수 있다.
③ 라인조직은 각 조직구성원이 한 사람의 직속상관의 지휘/명령에 따라 활동하고 동시에 그 상위자에 대해서만 책임을 지는 형태이다.
④ 제품별 조직은 제품을 시장특성에 따라 대응함으로써 소비자의 만족을 증대시킬 수 있다.
⑤ 매트릭스 조직은 많은 종류의 제품을 생산하는 대규모 조직에서 효율적이다.

> 해설 많은 종류의 제품을 생산하는 대규모 조직에 효율적인 구조는 사업부제 조직이다.

49 다음 보기에서 설명하는 조직의 구조는 무엇인가?

> • 일반적으로 다국적 기업의 조직 형태로 조직의 단점을 극복하기 위해 VBU(Venture Business Unit) 제도 등이 도입
> • 장점으로는 단일기업과 같이 일관된 관리가 가능하고 물류관리의 일원화되어 효율적인 운영이 가능

① 매트릭스 조직
② 사업부형 조직
③ 그리드형 조직
④ 직계참모 조직
⑤ 직능형 조직

해설
① 매트릭스 조직 : 계층적인 기능별 조직에 수평적인 사업부 조직을 결합한 부문화 형태
② 사업부형 조직 : 기업 규모가 커지고 최고경영자가 기업의 모든 업무를 관리할 수 없게 됨에 따라 등장한 조직형태
④ 직계참모 조직 : 라인과 스태프의 기능을 분화하여 전문성을 강화하고, 작업부문과 지원부문을 분리하여 직능형 조직의 단점을 보완한 형태
⑤ 직능형 조직 : 고전적 조직형태로 계층적 구조와 전문화의 원리를 토대로 조직 전체의 업무를 공동기능별로 부서화한 조직 형태

50 다음 중 조직화의 원칙에 속하지 않는 것은?

① 획일성의 원칙
② 목표 단일성의 원칙
③ 계층의 원칙
④ 관리범위의 원칙
⑤ 권한이양의 원칙

해설
조직화의 원칙 : 목표 단일성의 원칙, 능률성의 원칙, 관리범위의 원칙, 계층의 원칙, 권한이양의 원칙, 권한과 책임의 균형원칙 등이 있다.

51 조직구조의 특성상 수평적 분화에 해당하지 않는 것은?

① 인사, 생산, 마케팅 같은 기능에 의한 분화
② 사장, 과장, 대리, 사원 같은 계층에 의한 분화
③ 가정용·주방용 가구 등 제품에 의한 분화
④ 강북, 강서 등 지역에 의한 분화
⑤ 개인금융 부문 같은 고객에 의한 분화

해설
②는 수직적 분화에 해당한다.

※ 조직구조의 특성

복잡성	조직 내에 존재하는 분화의 정도가 많이 얽히는 것
공식화	조직운용의 규칙, 정책, 절차가 명문화되고 통일원칙이 수립되는 정도
집권화	조직의 의사결정권한을 조직 상부에서 소유하고 중간관리자나 하부에의 참여가 제한된 정도

분화	수평적 분화	분업과 전문화로 세분화된 조직활동을 조직원의 직무와 결합하고 집단화하는 것(예 인사, 생산, 마케팅 같은 기능에 의한 분화, 가정용·주방용 가구 등 제품에 의한 분화, 개인금융 부문 같은 고객에 의한 분화, 강북, 강서 등 지역에 의한 분화)
	수직적 분화	과업 분화가 상하관계로 이루어져서 위계의 수가 증가하는 것(예 사장, 부장, 과장, 대리, 사원 같은 계층에 의한 분화)

정답 47 ④ 48 ⑤ 49 ③ 50 ① 51 ②

52 지식경영과 학습조직에 대한 설명으로 옳지 않은 것은?

① 학습조직이란 조직의 구성원들이 계속 학습하고 이를 통하여 조직의 문제를 창의적으로 풀어 나갈 수 있는 능력을 배양하도록 촉진하는 조직을 말한다.
② 지식경영에서는 정보와 지식을 동일한 의미로 보고 있지 않다.
③ 지식경영에서는 지식의 유형을 암묵지와 형식지로 구분하는데, 조직원들이 업무에서 습득한 암묵지를 형식지로 만들어 많은 조직원들에게 전파될 수 있게 한다.
④ 지식경영에 대한 이해 부족을 해결하고 적극적으로 활용하기 위해 학습조직이 등장했다.
⑤ 학습조직의 특성으로는 사려 깊은 리더십, 종업원의 권한 강화, 강한 기업문화 등을 들 수 있다.

> 해설
> 학습조직에 대한 이해 부족과 부정적인 측면으로 인해 지식경영이 등장하였다.

53 강화요인의 제공방법 중 빈도에 대한 내용이다. 다음 보기에서 설명하는 강화방법은?

> 바람직한 행동이 있을 때마다 강화요인을 제공하는 방법인데 너무 많이 제공받는 경우 더 이상의 행동의 변화가 일어나지 않는 단점이 있다.

① 연속적 강화법
② 고정간격법
③ 변동간격법
④ 고정비율법
⑤ 변동비율법

> 해설
> ① 연속적 강화법 : 올바른 반응이 나타날 때마다 강화요인을 부여하는 방법이다. 가장 이상적이고 효과적이지만 비경제적이다.
> ② 고정간격법 : 일정한 시간 간격으로 강화요인을 제공하는 방법이다.
> ③ 변동간격법 : 불규칙한 간격으로 강화요인을 제공한다.
> ④ 고정비율법 : 바람직한 행위의 발생횟수에 따라 강화요인을 제공한다.
> ⑤ 변동비율법 : 고정비율법과 같지만, 발생횟수의 기준이 계속 변한다.

CHAPTER 03 · 인적자원관리

> **Key Point**
> - 인사평가의 오류에 대해 숙지하고, 인적자원시스템에 대해 학습한다.
> - 임금의 형태 및 유형에 대해 학습한다.
> - 인사고과방법과 종업원 교육·훈련방법에 대해 숙지한다.

01 인적자원의 이해

1 인적자원의 본질

(1) 인적자원관리의 정의 및 목표
① 정의 : 기업의 장래 인적자원의 수요를 예측하여, 기업전략의 실현에 필요한 인적자원을 확보하기 위해 실시하는 일련의 활동이다.
② 목표 : 기업이 추구하는 경제적 효율성과 종업원이 추구하는 사회적 효율성이 동시에 추구되는 것이다.
③ 인적자원관리의 특성 : 능동성, 존엄성, 개발성, 소진성

(2) 인적자원관리의 방식
① **인간중심적 관리** : 종업원을 하나의 인격적 주체로 인식하는 관리이다(예 질적 경영, 인간중심적 경영).
② **행동지향적 관리** : 인적자원의 능력계발과 만족감 증진에 관심을 두는 실천적 경영을 중시한다.
③ **전략지향적 관리** : 경영자는 종업원들의 잠재능력계발에 주력한다.
④ **통합적 관리** : 개인목표와 조직목표가 통합될 수 있는 관리방식을 실시한다.
⑤ **미래지향적 관리** : 인적자원의 활용·보전보다는 미래지향적 관점에서 인력을 육성·계발한다.

> ☑ **OX 문제**
> ▶ 소매점의 점포운영 척도에서 매장관리자가 통제하는 결정적인 자원은 상품재고이다. O|X
> [해설]
> 매장관리자가 통제하는 결정적인 자원은 인적자원이다.
> 정답 ▶ X

(3) 인사관리의 특성
① 인사관리는 관리의 대상과 주체가 인간이다.
② 인사관리는 인간 상호작용의 관계로 볼 수 있고, 사회적·문화적 환경과 전통의 영향을 받는다.
③ 인사관리는 사람이 가지고 있는 능력이나 성향을 활용하는 데 그치지 않고, 그 능력이나 성향을 바꾸는 것이 더 중요시될 때도 있다.

(4) 인사관리의 내용
① 인사관리는 조직 구성원을 다루는 체계적 제도로서 관리의 대상과 주체가 모두 인간이며, 조직체가 보유한 인적자원의 효율적 이용을 위하여 수행하는 일련의 계획적·체계적 시책이다.
② 인사관리는 채용·배치·교육훈련·승진·퇴직·임금·안전·위생·근로시간 등 여러 분야에 영향을 미치는 행위이다.
③ 채용은 어떤 노동에 필요한 인원계획을 기초로 하므로 모집방법, 대상, 시험방법 등을 채용목적에 맞추어서 선택해야 한다.
④ 채용된 사람을 직장에 배치 시 필요한 인원수의 양적 배치와 자격요건에 따른 질적 배치를 모두 갖추어야 한다.
⑤ 채용된 사람이 역할에 맞는 자질을 구비하기 위해 신입사원 교육 및 재교육 등의 체계적인 교육훈련이 필요하다.
⑥ 개인의 업적은 객관적이고 공정한 인사고과에 따라 평가되고, 승진·승급·상여금 등이 부여되는 제도의 운용은 각 사람에게 장래의 희망을 준다는 점에서 매우 중요하다.

2 인적자원의 의미

(1) 경영과 관련된 자원
① **인적자원** : 제품 및 서비스를 생산하기 위한 노동력을 생산자원의 하나로 이르는 것을 의미한다.
② **재무자원** : 생산설비를 구비하는 데 필요한 자본금이다.
③ **물적자원** : 기계설비나 원재료 따위의 물적인 생산요소이다.
④ **정보자원** : 관찰이나 측정을 통해 수집한 자료를 실제 문제에 도움이 될 수 있도록 정리한 지식 및 그 자료를 말한다.

(2) 인적자원의 관리 기출 20
① **인적자원관리** : 인적자원관리란 여러 자원 중에서 기업의 종업원이라고 할 수 있는 인적자원을 효율적으로 관리하는 것을 말한다.
② **인적자원관리의 목표와 효율**
  ㉠ 목표 : 인적자원관리는 같은 양의 자원으로 최대의 산출을 얻어 효율성을 높이려는 것이다(예 기업조직의 효율성은 성과, 개개인의 효율은 만족과 개발, 사회적인 효율은 사회적 공헌).

ⓒ 효율의 기준 : 효율성과 공정성은 조화와 균형을 통해 상호 공존한다.
- 효율성 : 최소의 투입으로 최대의 효과를 도출하는 것
- 공정성 : 모든 구성원에게 공정해야 한다는 것
③ 인적자원관리의 접근 방식 : 기계적 접근, 인간관계적 접근, 인적자원적 접근, 노동지향적 접근
④ 인적자원관리의 4대 활동 : 인적자원의 충원전략 수립, 인적자원의 훈련개발 실시, 인적자원의 인사평가 실시, 인적자원의 보상전략 수립 등

> **OX문제**
>
> ▶ 인적자원의 직무설계·분석은 인적자원관리의 4대 활동이다.
>
>
>
> **해설**
> 인적자원의 직무설계·분석은 직무관리에 해당하는 활동이다. 인적자원관리는 종업원의 행동관리를 통한 직무의 효과적인 완수를 통해 기업성과를 극대화하는 활동으로, 직무관리와 인적자원관리는 불가분의 관계에 있다.
>
> **정답** ▶ ×

(3) 인적자원관리의 기준

① 인사정책의 수행 관점에서의 인적자원관리모델
  ㉠ 전통적인 모델 : 감독과 통제(X이론 관점)
  ㉡ 인간관계모델 : 성취욕구나 자긍심의 충족(Y이론 관점)
② 현대적 인적자원관리모델의 목표 : 종업원의 능력을 개발시켜 더욱 가치 있는 자원으로 만드는 것으로 인적자원관리를 비용절감의 차원과 투자관점 중 무엇을 중심으로 하느냐에 따라 관리 형태가 변화한다.
  ㉠ 자산관점 : 총산출(노동생산량) − 총비용(인건비)
  ㉡ 자본관점 : 교육·훈련(노동력의 증식)의 강화

(4) 인적자원관리의 내용

① 구분 : 채용, 개발(교육), 고과, 보상, 유지, 방출
② 인적자원관리의 순환체계 : 계획 → 실행 → 통제
③ 통합적 의사결정 : 채용·개발(교육)·보상·유지·방출의 상호조정

[인적자원관리의 내용]

구 분	채 용	개 발	보 상	유 지	방 출
계 획	• 채용인원 • 인력공급추이 • 노동시간	• 교육내용 • 내용의 적정성	• 공정성 • 적정규모 • 임금기준	• 욕구와 태도 • 직장만족도	• 이직 이유 • 미래생산량 • 해고규모
실 행	• 모집홍보 • 선발면접 • 배 치	• 인사평가 • 교육진행 • 경력개발	• 임금책정 • 복지후생	• 사기유발 • 갈등해결 • 노사분규해결	• 이직관리 • 징 계 • 권고퇴직
통 제	• 모집효과 분석 • 선발결과 분석	• 교육효과 • 경력개발결과 • 투입비용계산	• 적정배분 • 보상태도 • 승급체계 문제점	• 사기향상 정도 • 불만감소량 • 생산공헌도	• 이직률 • 징계율 감소 여부

(5) 인적자원 기획과정

인적자원 명세서 작성 ⇨ 업무분석의 준비 ⇨ 인적자원의 미래 수요 평가 ⇨ 인적자원의 미래 공급 평가 ⇨ 전략적 계획의 수립

3 인적자원의 패러다임 변화

(1) 기업 패러다임의 변화

변화 전	변화 후
반응적 관리	선행적 관리
일원관리	다원관리
스태프 중심	라인 중심
비용 중심	수익 중심
연공 중심	능력 중심
표준형 인재관	이질적 인재관
개 인	팀(Team)

개념 PLUS

패러다임
어떤 한 시대 사람들의 견해나 사고를 근본적으로 규정하고 있는 테두리로서의 인식의 체계 또는 사물에 대한 이론적인 틀이나 체계

(2) 채용 형태의 변화

① 아웃소싱(Outsourcing)
  ㉠ 정의 : 기업이 수행하는 여러 가지 다양한 활동 중 가장 중요하고 잘할 수 있는 분야나 핵심역량을 택하여 모든 자원을 집중시키고, 나머지 업무에 대해서는 외부의 전문적인 우수기업이나 인재에 맡기거나 조달하는 것을 말한다.
  ㉡ 유사용어 : 하청, 외주, 인력파견 등
  ㉢ 아웃소싱의 장·단점

장 점	단 점
• 인력 유지의 유연성과 노동자수의 감소로 조직 활성화 및 비용절감의 효과 • 핵심사업에 주력할 수 있으며 신규 사업 진출이 용이	• 고용안정과 직장 몰입감의 박탈 등 관리적 요소의 한계 노출 • 의견조정을 위한 비용요소와 발주기업과 아웃소싱업체의 목표가 상충되는 이해충돌요소의 문제점이 발생

② 비정규직 채용
  ㉠ 정의 : 정식적인 규정을 통해 고용된 정규직 사원과 대립되는 개념으로 고용이 한시적인 사원을 의미한다.

ⓒ 기업이 비정규직을 선호하는 이유
　　　　• 낮은 인건비 지급
　　　　• 수요의 변동에 따라 노동력의 유연성 확보 가능
　　　　• 퇴직금·기타 수당 등의 인건비 지급이 불필요
　　　　• 노동조합의 결속 강도가 낮음
　　　　• 정규직을 꼭 필요한 분야에 배치 가능
　　　　• 고급 전문노동의 정규직으로 확보 가능
　　　ⓔ 비정규직 근로의 유형 : 시간제(파트타임)사원, 파견근로자, 계약직사원, 재택근무자, 도급근로자 등

02 인적자원시스템(Human Resources System)의 이해

1 시스템 체계와 내용

(1) 기업윤리와 윤리적 인적자원관리

① 개요 : 기업은 이윤을 극대화해야 하는 경제적 목적 외에 사회적 목적도 실현해야 하는데 이를 위해서는 윤리경영을 해야 할 필요가 있다는 것이 현대의 인적자원관리의 논점이다.

② 기업의 인적자원관리 실천기준
　ⓐ 종업원 : 공헌과 보상의 균형 달성, 조직정의의 실현, 공정성 유지 등
　ⓑ 사회 : 사회적 책임의 실현, 법의 준수 등

③ 윤리적 인적자원관리의 효과
　ⓐ 기업 : 업무 성과 및 직무만족도의 향상, 조직체 공동의 유대감 등
　ⓑ 사회 : 국가가 정한 법의 준수, 회사의 경영활동 정상화, 수익성 향상, 대고객서비스 호전, 해외에 대한 국가 이미지 제고 향상

④ 인적자원관리의 문제 : 정리해고, 이직윤리, 외국인노무자의 저임금 고용, 윤리적 해외 인적자원관리, 성차별 금지, 가정과 직장의 조화 등

> **개념 PLUS**
>
> **인적자원관리시스템의 유형** 기출 20
> • 고몰입/고참여 시스템 : 인적자원관리 유효성이 항상 최고인 것은 아니다.
> • 고몰입/저참여 시스템 : 종업원들의 교육훈련, 복지 향상을 강조하며, 작동원리는 종업원과 조직 사이의 기능적 교환관계이다.
> • 저몰입/고참여 시스템 : 구성원 간의 상호작용, 작업 프로세스의 통합을 강조하며, 작동원리는 종업원들의 일에 대한 자율성과 통제성이다.

(2) 디지털 인적자원관리

① 인사정보시스템의 정의 : 인적자원관리와 관련된 정보를 수집·분석·저장·검색·처리하여 인사관리자가 의사결정을 내릴 때 유용한 정보를 제공해주는 통합적 관리시스템이다.

② 인사정보시스템의 특성
　㉠ 생산, 마케팅, 재무, 회계 정보시스템과 독립적이다.
　㉡ 채용, 교육, 보상 등 하위시스템 간에도 연관성이 적다.
　㉢ 효율성을 양적으로 단기에 평가할 수 없다.
　㉣ 특정 기간 동안만 발생한다(예 채용 시, 급여 배분 시 등).

③ 인사정보시스템 활용 효과
　㉠ 정보처리의 신속성과 용이성
　㉡ 자동화로 인한 인원절감과 경비절감
　㉢ 의사결정의 합리화·과학화
　㉣ 채용과 교육활동에 대한 과학적 조사기능

[인사정보시스템의 주요기능]

활동분야	사 례
보 상	급여계산, 융자관리, 복지시설 이용료 정산, 세금 정산
인사자료	인적사항, 가족사항, 자격·승진·교육사항, 인사고과기록
채용·배치	모집, 채용공고, 예비선발, 직종분류와 변경
근무시간	출퇴근 관리, 결근일 파악, 휴가일 파악, 교대근무시간 관리, 근로시간 정산
인사관리	정원관리, 교육 필요성 조사, 태도 조사·분석, 수요예측, 인사평가

(3) E-HRM시스템

① 정 의
　㉠ 인사담당자가 종업원들과 회사 내 인트라넷, 인터넷, IT기술을 활용하여 인사정보와 인사서비스를 공유하는 것이다.
　㉡ 온라인 채용, 인터넷 교육, 인사고과, 자율적 인사 등 모든 인적자원관리 프로세스에 디지털 시스템을 도입하는 것이다.

② E-HRM 도입의 필요성 : 인적자원관리가 인적자원의 운영 중심에서 전략 중심으로 변경됨에 따라 인사부서 중심에서 실무부서 중심으로, 획일적 복리후생에서 선택적 복리후생으로, 인사팀의 코스트센터에서 이익센터로, 급여 보상 중심에서 육성 개발 중심으로, 비공개 위주에서 종업원의 참여와 피드백으로 변화됨에 따라 도입의 필요성이 요구되었다.

③ E-HRM의 목적
　㉠ 비용 절감
　㉡ 종업원 서비스 개선
　㉢ 인적 자원관리의 발전
　㉣ 공동체 정신 함양과 분위기 혁신

④ E-HRM의 효과
　㉠ 선발·배치에서 이동이 필요한 사람을 적재적소에 배치할 수 있을 뿐 아니라 예상되는 직무와 공석을 정확히 파악 가능하다.
　㉡ 교육·개발에 있어서도 시·공간적으로 제약이 없어지게 되어 개인이 자신의 수준에 맞는 교육메뉴의 선택이 가능하다.
　㉢ 종업원의 요구와 회사의 요구를 통합 가능하다.
　㉣ 인사고과에서도 모든 관련자들의 다면평가와 피드백이 가능하고, 평가시간을 절약할 수 있다.
　㉤ 인사고과와 관련한 모든 과정이 단순하게 변경될 수 있다.
　㉥ 보상·복지차원에서 평가결과를 직접 임금기준에 신속·정확하게 삽입할 수 있으며 자신이 직접 신청하고 복지혜택을 받을 수 있다.
　㉦ 커뮤니케이션이 수직·수평으로 진행됨으로써 사내 커뮤니케이션이 활성화된다.
　㉧ 최고경영층과의 접촉이 수월하여 종업원과 회사 간의 신뢰와 협조 분위기를 형성할 수 있다.
　㉨ 사기조사, 의식조사 등을 통해 신속한 정보 파악이 가능하다.

[P-HRM과 E-HRM의 차이]

구 분	전통적 Paper HRM	현대적 Electronic HRM
관리대상	집단차원	개인차원
인사기능	자료수집, 정보전달	전략적 인사
인사담당자	관리, 주도	전문적 자문, 지원
인사업무수행	서류중심, 시간제약	가상공간, 탄력시간
필요기술	인간관계, 인간관리능력	정보관리, IT관리기술
자료수집	개인접촉	컴퓨터, E-mail

[인사정보시스템과 E-HRM의 차이]

구 분	인사정보시스템(HRIS)	E-HRM
활용기술	전자계산, D/B	Web, E-Mail 인터넷
목 적	인사기능의 전산화	종업원 각자에 인사서비스 제공
이용자	인사담당자	종업원 전체와 관리자
이용방식	별도교육과 전문인력 필요	아무나 접근 가능, 쉽게 이용
정보전달 방식	인사담당자의 중개	중개, 장벽없는 쌍방소통
정보의 공개 여부	비공개원칙	공개원칙(열람, 수정)
인사관리내용	전통적 인사행정 지원	전략적 인적자원관리

2 전략적 인적자원관리(SHRM ; Strategic Human Resources Management)

(1) 정 의

조직전략과 인적자원관리를 통합하여 수행하는 것으로, 인적자원관리 전략을 짜고 전략을 바탕으로 인적자원관리를 계획·실행하는 것을 말한다.

(2) 전략적 인적자원관리의 실천

인적자원관리의 전략적 접근이란 사명과 목표를 설정하고 목표달성을 위한 계획과 수행과정을 수립하며 환경요인과 강·약점을 분석하는 것을 의미한다.

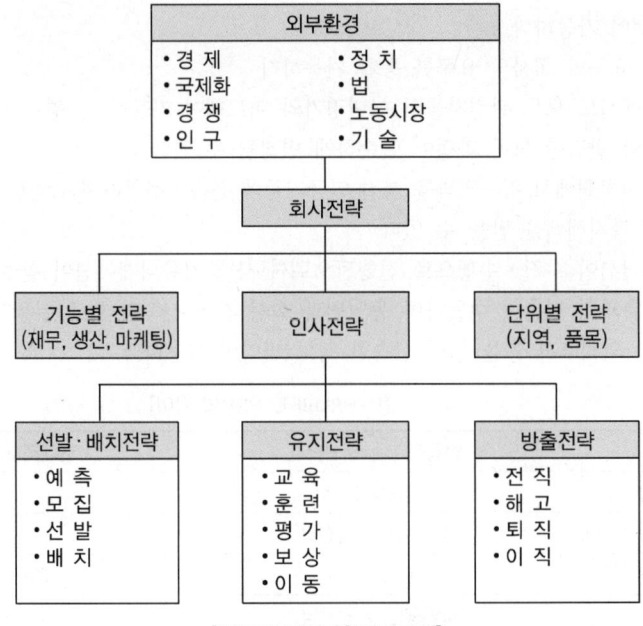

[전략적 인적자원관리모델]

03 인적자원계획, 모집, 선발, 배치

1 수급계획

(1) 모집관리

① 인력의 모집 : 회사가 필요로 하는 인력선발의 계획을 외부에 알려서 입사희망자들에게 지원하도록 하는 것이다.

② 모집대상의 제한 : 자격요건, 지리적 위치, 신분적 제한 등을 줄 수 있으며, 때로는 전통적 모집관행을 이용한다.

③ 모집방법
  ㉠ 사내모집원 : 기능목록표 활용, 인력배치표, 공개모집제도
  ㉡ 사외모집원 : 인턴사원제, 헤드헌터, 공공기관, 리크루트, 광고매체, 교육기관의 추천, 기존 종업원의 추천, 자발적 지원

④ 사내모집과 사외모집의 장·단점

구 분	사내모집	사외모집
장 점	• 종업원 선발 용이 • 사기향상 • 종업원 능력 개발 • 모집비용 절감 • 평가의 정확성	• 새로운 분위기 유발 • 특수한 인재채용 • 교육·훈련비(인력개발비용) 절감 • 새로운 지식·정보 제공 및 경쟁 • 기업홍보효과
단 점	• 모집범위 제한 • 유능한 인재 영입의 곤란 • 탈락자 불만 • 과잉경쟁과 파벌 조성 • 이동 시 교육비용 • 급성장기에 인력공급이 불충분	• 입사 후 적응기간 소요 • 내부인력의 사기 저하 • 부정확한 평가로 부적격자 채용 위험 • 과도한 채용 비용

(2) 채용관리

① 채용의 개념
  ㉠ 최적 상태의 인적요소를 특정 직무에 일치되도록 결정하는 과정이다.
  ㉡ 공개상태에서 쌍방의 합의로 결정하는 경우를 공개채용, 공개되지 않은 상태에서 일방적으로 결정 행위가 이루어지는 경우를 비공개채용이라 한다.

② 채용관리의 중요성
  ㉠ 인력의 채용(충원) : 직무 설계 후 인력을 구해 배치하는 것
  ㉡ 채용관리 대상 : 인력을 모집 후 지원자를 평가, 선발, 직무 배치하는 것
  ㉢ 채용관리정책 : 회사, 개인, 사회에 매우 중요
  ㉣ 채용의 영향

회사에 미치는 영향	• 신규인력의 기술과 지식을 동원하여 새로운 전략을 수립 • 매너리즘에 빠진 조직분위기에 새로운 활력소 • 사원들을 적성과 능력에 맞게 수평·수직으로 이동시킬 수 있는 유연성 제공
개인에게 미치는 영향	• 근로자에게 일자리 제공 • 종업원 개인의 직장생활 만족
사회에 미치는 영향	• 고용의 창출 • 장애인 고용, 남녀평등고용 등 사회정의 실현

③ 채용 시 기본방침
  ㉠ 회사마다 채용관리와 인사기준이 다르기 때문에 종업원의 선발 여부는 매우 중요하다.
  ㉡ 채용 방식

회사중심 채용	• 회사에 순환배치, 장기고용, 직무이동을 전제로 종합적인 업무능력을 판단한다. • 총체적 관리능력으로 조직충성도가 증가한다. • 회사의 경영자가 채용을 확정한다.
직무중심 채용	• 기능별로 전문화된 자리에 배치하여 채용한다. • 사회의 교육기관에서 전문화된 교육이 전제된다. • 담당부서장에 의해 채용되는 경향을 보인다.

④ 채용 방법
　㉠ 시 험
　　• 응모자에 관한 상황 정보를 얻는 중요한 선발도구이며, 많은 조직에서 사용한다.
　　• 필기시험이 가장 일반적으로 사용되는데, 이는 집단이나 개인을 동시에 용이하게 관리할 수 있으며, 다른 방법에 비해 비용도 적게 소요된다.
　㉡ 면 접

정형적 면접 (구조적 면접 또는 지시적 면접)	직무명세서를 기초로 미리 질문을 준비하고 면접자가 차례차례로 질문하는 방법
비지시적 면접	피면접자인 응모자에게 최대한 의사표시의 자유를 주면서 정보를 얻는 방법
스트레스 면접	면접자가 매우 공격적인 태도를 취하면서 피면접자의 스트레스하에서 감정의 안정성과 조절에 대한 인내도 등을 관찰하는 방법
패널 면접	다수의 면접자가 하나의 피면접자를 평가하는 방법
집단 면접	각 집단단위로 특정 문제의 자유토론 기회를 부여하고, 토론과정에서 개별적으로 적격 여부를 심사·판정하는 방법

2 선 발

(1) 선발원칙

① 선발은 모집된 지원자들에 관한 정보를 수집하며 자격심사를 하고 최적격자를 확정하는 과정이다.
② **인사담당자들의 행동기준** : 효율성과 형평성의 원칙, 적합성의 원칙
③ **효율성의 원칙** : 신규 채용자들에게 제공할 비용보다 훨씬 큰 수익을 가져다 줄 사람을 선발하는 것이다.
④ **형평성의 원칙** : 모든 지원자들에게 동등한 기회를 부여하는 것이다.
⑤ **적합성의 원칙** : 회사의 목표나 회사의 분위기에 적절한 사람을 선발하는 것이다.

> **개념 PLUS**
>
> **선발절차**
> 모집 → 자격심사·서류심사 → 면접 → 선발 → 신입사원 교육

(2) 선발도구

① **서류전형** : 이력서, 성적표, 자격증, 추천서, 자기소개서 등을 통해 적임자를 찾는 것
　㉠ 성격검사 : 맡을 직무와 지원자의 성격이 일치하는지 파악하는 검사
　㉡ 능력검사 : 과업과 관련된 전문적 능력과 일반적인 능력으로 구분
　㉢ 지능·적성검사 : 선발·배치에 개인의 적성을 고려하기 위해 실시
② **면접** : 서류전형 후 최종적으로 응시자를 직접 만나 인성과 지식, 성장가능성 등을 평가·판단하는 시험

(3) 선발도구의 합리성 기출 17

① 선발도구가 잘못된 경우에는 적합한 사람이 채용되지 않고 부적격한 사람이 합격되는 현상이 발생한다.
② 선발도구의 3측면
　㉠ 신뢰성 : 동일한 개념에 대해 측정을 반복했을 때 동일한 측정값을 얻을 가능성으로 안정성, 일관성, 예측가능성, 정확성, 의존가능성 등으로 표현
　㉡ 타당도 : 평가 요소를 평가했는지의 문제
　㉢ 경제성 : 수익과 선발비용의 측면을 고려

> **OX 문제**
>
> ▶ 신뢰성은 동일한 개념에 대해 측정을 반복했을 때 동일한 측정값을 얻을 가능성을 의미한다.
> 　　　　　　　　　　　 O | X
> 　　　　　　　　　　정답 ▶ O
>
> ▶ 평가의 타당성이란 동일한 피평가자를 반복하여 평가하여도 비슷한 결과가 나타나는지를 의미한다.
> 　　　　　　　　　　　 O | X
> **해설**
> 피평가자를 반복하여 평가하여도 비슷한 결과가 나타나는지를 의미하는 것은 평가의 신뢰성이다.
> 　　　　　　　　　　정답 ▶ X

개념 PLUS

타당도유형
- 현재타당도 : 시험문제를 기존 사원들에게 풀게 하여 측정 결과와 현재 직무성과 간의 상관관계를 확인
- 예측타당도 : 고득점으로 합격한 사원들의 1~2년 후 직무성과와의 상관관계를 확인
- 내용타당도 : 입사 후에 해당 직무자들의 직무와 시험문제와의 상관관계를 확인

3 배치·이동관리

(1) 개 요

① 각 직무에 종업원을 배치시키는 것을 배치라고 하고, 일단 배치된 종업원을 필요에 따라 현재의 직무에서 다른 직무로 바꾸어 재배치하는 것을 이동이라고 한다.
② 채용된 사람이 일정한 직장에 배치될 때는 필요한 수의 사람을 확보하는 양적 배치와 자격요건에 따라 적절히 이루어지는 질적 배치를 모두 갖추어야 한다.
③ 잉여인원의 배치전환에 따른 고용확보도 근로의욕이라는 점에서 중요하다.

(2) 배치·이동의 원칙

① **적재적소주의** : 어떤 사람이 그가 소유하고 있는 능력과 성격 등의 면에서 최적의 직위에 배치되어 최고도의 능력을 발휘하는 것이다.
② **실력주의** : 실력, 즉 능력을 발휘할 수 있는 영역을 제공하며 그 일에 대해서 올바르게 평가하고, 평가된 실력과 업적에 대해서 만족할 수 있는 대우를 하는 원칙이다.
③ **인재육성주의** : 사람을 사용하는 방법에는 사람을 소모시키면서 사용하는 방법과 사람을 성장시키면서 사용하는 방법이 있는데, 장기적으로 보면 후자가 뛰어나다고 볼 수 있다.
④ **균형주의** : 배치 및 이동에 대하여 단순히 본인만의 적재적소를 고려할 것이 아니라 상하좌우의 모든 사람에 대해서 평등한 적재적소와 직장 전체의 적재적소를 고려할 필요가 있다.

4 면접요령

(1) 면 접

① 정의 : 일반적으로 서류전형 등을 실시한 후 최종적으로 응시자를 직접 만나 인성과 지식수준, 성장가능성 등을 평가하여 그 조직에서 필요로 하는 인물인지를 판단하는 시험이다.

② 면접의 유형
  ㉠ 구조적 면접 : 질문사항을 미리 준비하는 면접
  ㉡ 비구조적 면접 : 사전에 질문준비 없이 면접관이 중요하다고 여기는 내용을 자율적으로 질문하는 면접

③ 면접의 방법
  ㉠ 집단면접 : 여러 지원자를 함께 놓고 진행하는 면접
  ㉡ 위원회면접 : 여러 면접관이 한 명의 지원자를 면접
  ㉢ 스트레스면접 : 반응형태를 분석하는 면접
  ㉣ 상황면접 : 문제 상황을 제시하고 대응력을 평가하는 면접

(2) 면접 요령

면접관	응시자
• 면접관도 준비해야 한다. • 부정적 측면에 과도하게 집착하지 말아야 한다. • 다른 사람과 비교하는 대조오류를 조심한다. • 초반 면접에서 성급하게 판단하지 말아야 한다. • 고정관념, 스테레오 타이핑을 피한다. • 직무와 무관한 사항들에 집착하지 말아야 한다. • 몸가짐, 옷차림 등에 치우치지 말아야 한다. • 한 주제에 관한 토론으로 시간을 낭비하지 않는다.	• 회사에 대한 사전지식을 입수한다. • 자신의 표현에 대한 준비와 훈련이 필요하다. • 복장과 예의를 갖추고 불안정한 자세를 피한다. • 어투와 대화방법을 조심한다. • 간결하고 솔직하게 답한다. • 본인의 질문과 요구사항을 정확히 제시한다.

04 노무관리

1 노조의 본질

(1) 노조와 노사관계

① 노동조합(노조) : 노동자들이 회사의 불합리한 대우에 대처하고 근로자의 권리를 쟁취하기 위해 만든 노동자 사회단체이다.

② 노사관계 : 근로자와 사용자 간의 개별적 고용관계에 바탕을 두지만 실제로는 노동조합과 사용자 사이의 집단적 관계를 의미한다.

③ 노사관계의 특성
  ㉠ 협조관계와 대립관계 : 생산은 협조, 분배는 대립
  ㉡ 개별관계와 집단관계 : 개인과 고용자, 노조와 경영진

> ☑ O X 문제
> ▶ 산업혁명 이후의 노사관계는 전제적 관계 → 온정적 관계 → 완화적 관계 → 민주적 관계로 발전해왔다.
>
> 정답 O

ⓒ 경제적 관계와 사회적 관계 : 경제적 이슈와 사회적 이슈를 협상한다.
ⓓ 종속관계와 대등관계 : 사용자에게 순종하며 대등한 교섭이 이루어진다.
④ 산업혁명 이후 노사관계 변천 : 전제적 관계 → 온정적 관계 → 완화적 관계 → 민주적 관계 기출 16

(2) 노사관계에 영향을 미치는 요인
① 노동조합의 결성, 단체교섭권, 파업금지조항 및 근로기준법 등 국가마다 경제상황과 법 규정의 차이가 존재한다.
② 기업의 노사관계관리자는 기업 내부요인뿐 아니라 외부의 환경요인도 고려해야 한다.
  ⓐ 기업 외부환경요인 : 국내 경제상황, 노동시장에서의 노동공급량, 정부, 법, 사회제도, 사회적 가치관, 국민여론 등
  ⓑ 기업 내부환경요인 : 사용자의 경영이념, 조직분위기, 회사 전통, 사업 분야, 사원들의 능력·가치관·학력·근속연수, 노동조합의 유무, 조합 특성 등

2 노동조합

(1) 노동조합의 의미
① **노동조합** : 노동조건의 개선이 목적이며 임금노동자가 주체인 항구적인 단체
② **노동조합의 주요 기능**
  ⓐ 정치적 기능 : 상호부조활동의 공제적 기능*, 입법화 운동 및 정치인 후원 등
    *공제적 기능 : 조합원의 노동능력이 질병, 재해, 고령, 사망, 실업 등으로 일시적 또는 영구적으로 상실되는 경우에 대비하여 조합이 기금을 설치하여 상호공제하는 활동
  ⓑ 경제적 기능 : 임금인상, 근로조건 개선 등
  ⓒ 부가적 기능 : 조합원 유입 등의 확보·유지활동, 노동자의 기술력·교섭력, 교육활동·노조활동의 홍보, 정보수집과 요구사항 확보 등의 조사·연구, 지역봉사, 지원 등의 지역사회활동 등

(2) 노동조합의 기능과 형태
① **노동조합의 기능** : 노동조합은 복리후생 향상, 자발적 이직 감소, 생산성과 성장, 이익증대 등의 긍정적 기능과 노동조합원의 낮은 직무만족, 관리자와의 갈등, 조합원 간의 소득격차 증대, 임금상승 여부의 불확실함 등의 부정적인 기능이 있다.
② **노동조합의 형태** : 직종별 노동조합(Craft Union), 일반 노동조합, 산업별 노동조합, 기업별 노동조합, 숍 제도 등으로 구분할 수 있다.
③ **노동조합의 추세** : 노동조합의 조합원은 보수가 많은 고급 근로자 증가, 근로자의 생활의 질 향상, 선진국 근로자들의 개인화와 자유주의 확대, 기계화, 노동자보호법과 복지제도 증대 등으로 감소추세를 보이고 있다.

3 단체교섭

(1) 단체교섭의 의미
① 정의 : 임금, 노동시간, 기타 노동조건을 놓고 근로자 단체인 노동조합과 사용자 간의 협상을 통해 결정하고, 결정된 사항을 시행·관리하는 일련의 과정이다.
② 노동조합을 통한 교섭
  ㉠ 노사 양측이 날인한 협약문서가 단체협약서
  ㉡ 사용자가 교섭을 피하면 위법
  ㉢ 단체협약을 이행·감시하는 과정

(2) 단체교섭과 노사협의제 기출 17

구 분	단체교섭	노사협의제
목 적	근로조건의 유지와 개선	노사 공동의 이익 증진
배 경	노동조합의 존립을 전제로 노동쟁의를 수단으로 전개	노동조합의 설립 여부나 쟁의행위의 위협 없이 진행
당사자	노동조합 대표와 사용자	근로자 대표와 사용자
대 상	임금, 근로시간, 근로조건 등	기업경영, 생산성 향상 등
결 과	단체협약 체결, 법적 효력	법적 구속력 없는 합의

> **OX 문제**
> ▶ 노사협의제의 당사자는 근로자 대표와 사용자이며, 단체교섭의 당사자는 노동조합 대표와 사용자이다.
> O X
> 정답 ▶ O

(3) 교섭력의 원천
① 노동조합 : 노동조합원 가입비율, 노동조합원의 능력, 많은 취업기회, 파업력 등
② 사용자 : 조합원의 노동기회를 박탈하는 직장폐쇄, 다른 노동자를 활용하는 노동대체, 파업기간 중의 손실을 감수할 수 있는 재정능력 등

(4) 단체교섭의 절차
① 협상은 노사 양측의 교섭력의 크기에 의해 결정되지만 정당성의 한계를 벗어나면 안 된다.
② 노사의 교섭절차

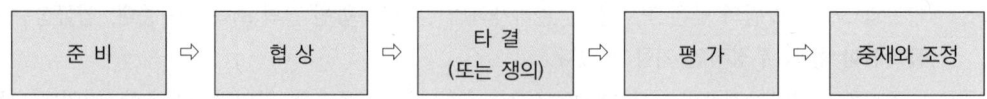

준 비 ⇨ 협 상 ⇨ 타 결(또는 쟁의) ⇨ 평 가 ⇨ 중재와 조정

㉠ 준비단계
  • 노조 : 요구사항을 수집·정리, 협상이 결렬될 경우의 대응태세를 갖추며 단체교섭을 담당할 위원을 선정하고 교섭전략을 수립한다.
  • 사용자 : 노조의 요구조건 과대포장 여부 확인, 상대방의 최후의 보루를 탐색, 동종업계의 임금·복지수준을 조사, 파업대책을 수립한다.
㉡ 협상단계 : 교섭안을 상호제시하고 양보와 타협을 통해 적정한 타협선을 찾아야 한다.
㉢ 타결단계 : 단체협약서(Contract Agreement)를 작성하게 되나 결렬되면 실력행사 등의 쟁의절차를 진행한다.

ⓔ 평가단계 : 교섭과정에서 나타난 문제점을 정리한다.
ⓜ 중재와 조정단계 : 분쟁조정을 위해 실시되는데, 중재자의 판결에도 불복 시에는 노동중재위원회의 심판으로 이전되며, 그 결정에도 불복 시 고등법원에 행정소송을 진행한다.

③ 단체교섭의 방식
㉠ 기업별 교섭 : 기업별 노동조합과 사용자가 행하는 단체교섭
㉡ 통일교섭 : 2개 이상의 기업에 걸쳐 조직을 가지는 노동조합과 이에 대응되는 산업별, 지역별 사용자 단체와의 사이에 행하여지는 단체교섭의 방식
㉢ 집단교섭 : 각 사용자와 각 기업별 조합이 공동으로 단체교섭을 행하는 경우로 노사 쌍방이 모두 다수 당사자가 모여 행하는 단체교섭
㉣ 대각선 교섭 : 상부조합과 사용자 혹은 기업별 조합과 사용자단체 사이에서 이루어지는 단체교섭
㉤ 공동교섭 : 지부의 교섭에 산업별 노동조합이 참가하는 것

4 노사관계 개선전략

(1) 개 관
종업원과 경영진과의 갈등을 최소화하여 노사분규를 미연에 방지하고 종업원의 직장만족도를 높이기 위해 여러 방면에서의 노력이 필요하다.

(2) 고정처리제도(Grievance Procedures)
① 정의 : 단체협약서의 미실행 혹은 단체협약서의 약속이 달리 적용될 경우 등의 노사 간 분쟁 시 해당 근로자를 대신하여 노동조합에서 사용자 측과 협상하고 해결해주는 제도이다.
② 처리내용
㉠ 고정이나 고충은 그 당사자가 정식문서를 작성하여 제출함으로써 공식적으로 제기된다.

> **개념 PLUS**
> **고 정**
> 단체협약내용의 불이행이나 고용조건에 대해 종업원과 사용자 사이에 표출된 공식적인 분규

㉡ 사용자의 불공정한 대우·해고·좌천, 과중한 노동량과 지나친 노동시간, 복지시설·휴식·휴가의 부족, 과도한 감독통제와 비인격적 대우, 정실에 의한 불공정한 승급과 승진, 고충 제안에 대한 상급자의 압박 등을 처리한다.

③ 기 능
㉠ 의사소통을 통한 노사 간 신뢰와 인간적 관계를 회복
㉡ 개인의 스트레스 해소

(3) 경영참여
　① 개념 : 노사 간 협력행동의 하나로 근로자 또는 노동조합이 어떤 형태로든지 사용자의 관리행위에 참여하여 영향력을 행사하는 것이다.
　② 경영참여의 의미
　　㉠ 경영에 대한 사용자 지배를 대신하여 근로자 지배를 확립하자는 것을 말한다.
　　㉡ 노사 간 경직성 해소, 상호이해와 협조로써 생산성 향상에 기여, 종업원의 근로의욕과 직무만족 증대, 창의적인 아이디어 제공 등으로 경영개선에 도움이 된다.
　③ 경영참여 사례
　　㉠ 공동의사결정제도, 노사협의회 등의 의사결정 참여
　　㉡ 종업원지주제 등의 자본참여
　　㉢ 스캔론 플랜(Scanlon Plan), 럭커 플랜(Ruker Plan) 등의 이익참여
　④ 청원절차제도 기출 14
　　산업현장에서 갈등을 해소하고, 고용관계를 개선하기 위한 제도 중에서 종업원들이 경영 의사결정에 대한 공정성을 지각할 수 있게 하기 위해 종업원으로부터 기업정책에 관한 반응을 조사하고 수용하는 제도이다.

(4) 인간관계 개선제도
　① 근로자와 사용자 모두 상호 의사소통이나 인간적 교류를 통해 노사관계의 개선이 이루어져야 한다.
　② 노사관계 개선기법 : 상담제도, 사기조사, 제안제도 등

(5) 비노조(무노조) 기업의 방안
　① 분규로 인한 생산성 저하, 고객서비스 지체 등의 비효율적인 문제 해결을 위해 추가적인 노력과 시간을 들인다.
　② 가입자와 비가입자 사이의 갈등 해결을 위한 방안을 모색한다.
　③ 사용자는 종업원우대정책 실시, 노조가 약한 지역에 공장 설립, 선발과 승진 시 조합가입원에게 불이익을 제공한다.
　④ 근로자 대표와의 협력관계 유지 등의 비노조전략을 사용한다.

05 수행관리(Performance Management)

1 수행관리의 목표와 역할

(1) 수행관리의 개념
① 수행관리는 조직의 업무수행활동을 개선하기 위한 체계적인 접근방법이다.
② 현재 조직의 과업과 바람직한 과업을 파악하기 위해 수행분석, 인과분석, 근본원인분석 등을 활용한다.
③ 인적 수행공학의 원리를 이용하여 조직의 체제를 규명, 분석, 평가하는 것이다.

(2) 수행관리의 목적과 대상
① 목적 : 조직의 수행요소 확인, 개선활동 규명, 업무분석을 통한 필요요건의 명시로 조직과업의 기대수준을 설정하는 것을 목적으로 한다.
② 수행관리는 인적수행공학의 핵심 구성요소이다.
③ 수행공학 대상
  ㉠ 종업원 : 훈련, 보상, 대체, 전직 등
  ㉡ 작업장 : 환경개선, 지원체제 개선 등
  ㉢ 업무 : 업무절차의 간소화, 전체 품질관리 등
④ 수행공학의 발전형태 : 종업원 → 개인, 일터 → 환경, 업무 → 조직으로 발전하였으며, 이 수행공학은 조직의 결핍을 진단하고 개선하려는 활동이다.

(3) 수행관리의 역할 및 요소
① 수행관리 3요소 : 직무 분석, 직무 설계, 과업 분석
② 수행개선의 주요전략
  ㉠ 경영개발활동 형성
  ㉡ 자기 주도적이고 자부심 있는 직원 개발
  ㉢ 성과를 내는 보상전략
③ 수행관리의 역할
  ㉠ 수행관리자의 역할 : 조직 구성원들과 상호작용을 위한 훈련, 경력지도, 멘토링 등
  ㉡ 조직원의 역할 : 중요한 변화시점을 인식하고 목표 달성을 위해 자신의 능력을 증진하며 자신의 학습을 계획하여 조직에 기여하는 것
  ㉢ HRD(Human Resource Development) 담당자 역할 : 수행관리체제 활용으로 팀 구축, 갈등해결, 직원관계 증진, 수행개선, 성과 달성 등을 이루어 조직의 효과성 증대에 기여

2 인적수행체제

(1) 인적수행공학 체제와 접근법
① 인적수행공학은 수행관리와 관련이 있고, 이는 전반적인 HRD(인적자원개발)의 하위영역에 있다.
② 인적수행공학은 조직 사업의 요구 및 기회를 파악, 업무수행 방해 요소의 발견과 제거로 해결책 제시, 최종 결과를 측정하는 체계적 접근법이다.

(2) 수행개선을 위한 평가유형
① 업무계획 및 평가
 ㉠ 업무의 수행방향을 설정, 통제, 개선하기 위해 개발되었다.
 ㉡ 이 방식은 관리자 및 직원의 협의가 특징이다.
② 보상평가 : 과거의 노력과 차후의 수행을 할 수 있는 잠재력에 대해서도 보상한다.
③ 개발계획 : 구성원의 지식, 기술, 태도 등의 향상이 목적이다.
④ 경력계획 : 개개인의 경력목표 설정 후, 장기적인 개발활동을 설계한다.
⑤ 인적자원계획 : 인적자원을 통해 조직의 연속성 유지를 위한 활동이다.

(3) 수행관리의 핵심요소
① 직무분석 : 직무분석은 구성원들이 어떠한 일을 하는지 규명함으로써 직원의 선발, 평가, 보상, 개발, 육성, 훈련에 필요한 정보 제공의 역할을 한다.
② 과업분석 : 직무설계를 수행하기 위해 하는 것으로 구성원들이 어떻게 업무를 수행하는지 면밀하게 관찰하는 것이다.
③ 직무설계의 기타 요소 : 수행활동, 수행성과, 수행표준, 역량지도 등

(4) 수행관리의 세 가지 기능요소
① 인적수행체제 또는 다른 관리 활동들의 개발을 관리하는 기능
② 인적수행체제를 개발하는 기능
③ 인적수행체제의 구성요소들을 개발하는 기능

(5) 수행관리에 있어서의 역할 및 책임
① 관리자의 역할
 ㉠ 관리상의 과오 : 비전문적, 비생산적이고, 무능한 관리자가 되도록 조장하는 관행
 ㉡ 관리자의 4가지 역할 : 구성원들의 훈련 및 경력지도, 직면, 멘토링 등
 ㉢ 훈련 : 구성원들의 지식, 기술, 역량의 향상이 목적
 ㉣ 경력지도 : 직원들의 관심사, 능력, 신념을 합리적이면서도 면밀하게 검토하여 구성원들의 현재 및 미래의 경력경로에 관하여 지도하는 것

　　　　ⓜ 직면 : 부하직원과 관리자 간의 업무수행에 있어 만족·불만족 등에 대해 이야기 나눌 수 있는 기회
　　　　ⓗ 멘토링 : 조직에서 인정받는 멘토가 신입사원 또는 기존의 구성원들을 대상으로 심리적 지원 및 경력지원 등의 지원을 제공하는 활동
　　② 직원의 역할
　　　　㉠ 개인변화관리자 : 경영환경의 중요한 변화시점을 인식하고 이를 업무에 활용
　　　　㉡ 경력주창자 : 스스로의 능력 및 관심사, 경력목표에 대한 정보를 적극적으로 관리자에게 알리고 자신의 경력포부를 밝히는 것
　　　　㉢ 경력계획자
　　③ HRD전문가의 역할 : 변화관리자, 수행컨설턴트

(6) 수행개선을 위한 전략
　　① 보상전략 : 장기적 해결책·기업가정신·수행개선과 업무의 질·팀워크 등에 대한 보상전략
　　② 보상형태 : 금전적 보상, 탄력적 근로시간, 재택근무, 휴가 등

06 성과평가

1 유통업의 성과평가

(1) 유통성과에 대한 평가 기출 23
　　① 효율성 : '무엇을 얼마나 어떤 방법으로 생산할 것인가'의 문제로, 최소의 비용으로 최대의 만족을 구한다는 경제행위의 원칙에 의거 생산 또는 소비가 최선으로 이루어졌는가를 평가하는 기준을 말한다.
　　② 형평성 : '누구에게 분배할 것인가'의 문제로 분배의 평가기준인 바람직한 분배상태를 말하며 주관적인 가치판단의 개입과 시대와 사회에 따라 그 의미가 변한다.
　　③ 효과성 : 표적시장이 요구하는 서비스산출을 얼마나 제공하였는가를 측정하는 목표지향적인 성과기준이다.

(2) 유통경로성과 평가기준
　　① 시스템의 효과성 : 특정의 유통경로시스템이 유통서비스에 대한 표적고객의 욕구를 충족시키는 정도
　　② 시스템의 생산성 : 경로구성원이 경로산출물을 얻기 위해 자원을 효율적으로 사용한 정도
　　③ 시스템의 공평성 : 사회적으로 공평한 경로정책을 수행하고 있는지 평가하는 것
　　④ 시스템의 수익성 : 자기자본이익률, 총자본순이익률, 매출액영업이익률 등으로 평가
　　⑤ 시스템의 안전성 : 유동비율과 부채비율을 이용하여 평가

(3) 직접제품이익기법(DPP ; Direct Product Profit) 기출 21·20

① 개 념
- ㉠ 수익성 분석의 한 기법으로, 각 경로대안의 총마진에서 직접제품비용을 뺀 제품수익성을 평가하여 직접제품이익이 가장 높은 경로 대안을 선택하는 방법이다.
- ㉡ 구매자의 입장에서 특정 공급업자의 개별품목 혹은 재고관리 단위(Stock Keeping Unit) 각각에 대한 평가에 가장 적합한 방법이라 할 수 있다.

② 특 징
- ㉠ 1985년 미국의 Food Marketing Institute는 도·소매상들이 사용할 수 있는 표준 DPP 분석기법을 개발하였다.
- ㉡ 제품별 직접비용을 추정하는 과정에서 유통경로상에서 발생되어 제품비용에 영향을 준 항목들(직접제품비용)을 모두 원가계산에 반영한다.
- ㉢ 조정된 총수익은 총수익에 기타 직접 수익을 합한 것이다.
- ㉣ 제품별 직접이익은 조정된 총수익에서 제품별 직접비용을 제(除)한 것이다.
- ㉤ 제품별 직접이익법은 순이익을 비교하는 방식으로 둘 이상의 제품을 비교할 때 유용하다.
- ㉥ 제품별 직접비용은 크게 창고비용, 수송비용, 직접점포비용의 세 가지 원천에서 발생한다.

> **OX문제**
>
> ▶ 제품별 직접이익(DPP ; Direct Product Profit)에서 제품별 직접비용은 직접 창고비용과 직접 수송비용, 간접 수송비용을 합한 것이다.
>
> **해설**
> 제품별 직접비용은 창고비용, 수송비용, 직접 점포비용의 세 가지 원천에서 발생한다.
>
> **정답** ▶ ×

창고비용	창고에 제품을 입고·저장·취급하는 과정에서 발생되는 인건비, 공간 점유비, 재고비 등을 포함
수송비용	제품을 창고에서 개별점포에 수송하는 과정에서 발생되는 비용
직접점포비용	재고관리 노무비, 매장노무비, 매대점유비, 재고비 등을 포함

- ㉦ DPP의 주요 적용분야의 하나는 유통경로 선택이다.

2 성과의 측정

(1) 성과평가시스템

① 개요 : 성과의 측정 및 평가는 공정하고 객관적으로 이루어져야 하기 때문에 체계적인 성과평가시스템 구축이 필요하다.

② 균형성과표(BSC ; Balanced Scorecard)
- ㉠ 균형성과표는 재무, 고객, 내부 프로세스, 학습과 성장 등의 관점에서 균형 있게 평가하는 전략적 성과관리방법이다.
- ㉡ 균형성과표는 과거와 현재, 미래의 성과를 예측할 수 있는 관리시스템으로 조직에 전략적 방향을 제시하여 변화 동기를 부여한다.

(2) 균형성과표의 측정지표

① 균형성과표의 4가지 관점
  ㉠ 재무 관점 : 기업 경영을 통한 기업의 손익개선을 나타내는 재무성과 측정지표
  ㉡ 고객 관점 : 품질, 서비스, 비용, 시간 등 고객의 관심사항을 반영한 측정지표
  ㉢ 내부 프로세스 관점 : 고객의 기대에 부응하기 위한 업무프로세스와 경쟁우위 요소인 자사의 핵심역량을 측정하는 지표
  ㉣ 학습과 성장 관점 : 기업의 비전 달성과 연관된 조직의 학습방법과 개선사항을 측정하는 지표
② 균형성과표의 평가 내용
  ㉠ 장기적 관점의 고객관계에 대한 평가
  ㉡ 기업의 학습과 성장 역량의 평가
  ㉢ 정성적 성과, 정량적 성과 포함
  ㉣ 단기적 성과, 장기적 성과 포함
  ㉤ 공급사슬 프로세스의 성과 평가에 활용
③ 통합성과관리시스템 : 조직·개인의 성과관리를 온라인시스템으로 통합관리하여 실적에 따라 승급, 성과급의 결정, 교육, 경력개발 등에 활용

> **개념 PLUS**
>
> **영업사원의 행동평가자료** 기출 14
> 영업사원의 태도, 고객에 대한 민감성, 영업 및 의사소통 능력, 제품에 대한 지식, 의사소통 기술, 고객에 대한 이해력 등

(3) 환류(Feedback)

① 성과의 체계적·지속적인 개선 필요성으로 인해 성과평가결과는 환류(Feedback)를 수행한다.
② 효과적인 개선을 위해 개선 우선순위의 확인이 필요하며, 이를 토대로 목표, 실행계획, 자원배분 등의 프로세스가 구성된다.
③ 성과평가결과는 조직의 인사와 보수에 연계되며, 성과관리제도의 개선을 위한 정보를 제공한다.

(4) 성과평가와 검토 실행 기출 14

① 종업원을 개인적으로 공격하지 않고 일을 비판적으로 평가한다.
② 다른 종업원들이 있는 곳에서 평가하게 되면 종업원 개인의 프라이버시를 침해할 수 있다.
③ 종업원의 문제가 진행되고 커질 때까지 기다리지 말고 문제를 즉시 시정한다.
④ 평가를 종업원의 개선을 위한 긍정적인 제안들로 마무리한다.
⑤ 평가를 위하여 방해받지 않는 충분한 시간을 확보한다.

3 능력·업적평가

(1) **직무평가관리** 기출 13

① 직무의 구분
  ㉠ 회사의 직무는 여러 가지 일이 모여서 하나의 직무를 완성하는 경우가 많으므로 한 사람이 여러 일을 맡기도 하고, 여러 사람이 서로 다른 일을 수행한 다음 취합하여 완성하기도 한다.
  ㉡ 한 기업의 직무는 개인·부서·조직 단위로 구분된다.

② 직무 관련 용어
  ㉠ 직군(職群) : 직무의 집단으로 일상적 기능에 따라 분류(예 생산, 재무, 인사, 마케팅 등)
  ㉡ 직종(職種) : 직군 내 혹은 직군 간에 있는 포괄적인 직함 혹은 직종에 따른 직무의 집단(예 관리직, 판매직, 사무직, 보수유지직 등)
  ㉢ 직무(職務) : 과업 혹은 과업 차원이 유사한 직위들의 집단(예 인사기획, 채용, 제급여, 복리후생업무 등)
  ㉣ 직위(職位) : 한 개인에게 할당되는 업무를 구성하는 과업 혹은 과업 차원의 집단으로 직위의 수는 종업원의 수에 의해 결정
  ㉤ 과업(課業) : 직무의 수행을 위해 논리적·필수적인 단계인 식별 가능한 업무활동을 형성하는 요소들의 집단
  ㉥ 요소(要素) : 개별적인 동작, 이동, 정신적 과정들에 대해 분할될 수 있는 가장 작은 업무의 단위
  ㉦ 직무순환 : 조직 구성원에게 돌아가면서 여러 가지 직무를 수행하게 하는 것을 말하며, 작업활동을 다양화함으로써 지루함이나 싫증을 감소시켜 줌

(2) **직무관리와 인적자원관리의 비교**

직무관리	인적자원관리
• 직무를 체계적으로 정비·연결·설계 • 직무에 적합한 인원 선발 • 직무에 대응하는 적절한 보상 • 직무의 모든 과정을 조정·통제	• 종업원의 행동관리를 통한 직무의 효과적 완수 • 기업성과의 극대화 • 직무관리와 인적자원관리는 불가분의 관계

(3) **직무분석** 기출 20·13

① 정의 : 직무에 관한 정보를 체계적으로 수집하고 분석하여 직무의 내용을 파악한 다음, 각 직무의 수행에 필요한 지식, 능력, 숙련, 책임 등의 요건을 명확히 정리하는 일련의 과정이다.

② 직무분석 관련 기법의 분류
  ㉠ 기능 중심의 분석 : 직무활동 기능을 파악
  ㉡ 직위 중심의 분석 : 직책을 담당한 사람의 역할을 파악
  ㉢ 관리직 분석 : 관리직 직무의 가치와 자격을 측정

③ 직무분석방법 기출 23

최초 분석법	관찰법	평상시에 직무를 수행하는 것을 관찰, 기록 후 직무기술서를 작성하는 방법으로 실제적인 과업이나 임무를 판단하는 가장 보편적인 방법
	면접법	직무분석자들이 직무 담당자와 면접을 통하여 직무를 분석하는 방법
	설문법	의도나 과정이 면접법과 같지만 설문지에 답을 쓰거나 과업, 작업조건, 소요재료 등에 관하여 좀 더 상세하게 기술함으로써 정보를 얻는 방법
	경험법	직무분석자가 직접 해당 직무를 수행해보는 방법
비교확인법		• 각종 자료를 수집하고 분석하여 초안을 작성한 후 현장에서 실제 여부를 면담이나 관찰을 통해 비교·확인하는 방법 • 수행하는 직업이 다양하고 직무의 폭이 넓어 단시간의 관찰을 통해서 분석이 어려운 직업에 사용
데이컴법		• 교육과정을 개발하는 데 활용되어온 직업분석기법으로 전문가로 구성된 소집단의 브레인스토밍 활용 • 교육훈련을 목적으로 교육목표와 교육내용을 비교적 단시간 내에 추출하는 데 효과적
역량기준접근법		급변하는 경영환경에 직면한 조직의 직무분석을 위한 접근방법으로 직원의 역량을 중심으로 분석

(4) 직무분석의 결과와 사용 기출 13

① 직무기술서(Job Description)
  ㉠ 직무의 성격, 내용, 이행 방법 등과 직무의 능률적인 수행을 위하여 직무에서 기대되는 결과 등을 간략하게 정리해 놓은 문서이다.
  ㉡ 과업중심적인 직무분석에 의해 얻어지고 과업요건에 초점을 둔다.

② 직무명세서(Job Specification)
  ㉠ 직무를 만족스럽게 수행하는 데 필요한 종업원의 행동, 기능, 능력, 지식 등을 일정한 형식에 맞게 기술한 문서이다.
  ㉡ 직무분석의 결과를 정리할 때 인적특성을 중심으로 기록되는 문서로 인적요건에 초점을 둔다.

> **OX문제**
>
> ▶ 직무분석은 직무기술서와 직무명세서를 우선 작성하여, 이를 바탕으로 분석이 이루어지는 것이다. O|X
>
> 해설
> 직무기술서와 직무명세서는 직무분석의 결과를 정리할 때 작성하는 것이다. 직무분석의 최초 분석법에는 관찰법, 면접법, 설문법, 경험법 등이 있으며 이를 바탕으로 분석이 이루어진다.
>
> 정답 ▶ ×

개념 PLUS

질적 직무재설계 기출 16
• 직무순환과 직무의 수평적 확대의 한계점을 보완하기 위해 도입된 개념으로 작업자에게 그가 맡은 일을 직접 구상·조직·통제·평가하게 하는 권한과 책임을 주는 것을 직무충실화(Job Enrichment) 혹은 수직적 직무확대라고 한다.
• 작업자 스스로가 작업계획을 짜도록 하고 제3자의 감독과 통제를 줄여 담당자 자신에게 자율권을 주며, 직무결과에 대한 피드백 역시 상급자를 통하지 않고 스스로가 직접 알 수 있도록 하여 허츠버그의 동기요인의 피드백 욕구까지 충족시켜주는 직무설계방법이다.
• 직무담당자들은 사기증진뿐 아니라 자동적으로 개발·훈련의 기회를 갖게 되며 책임과 자율성의 확대로 성취감과 긍지를 맛볼 수 있다.

> **직무설계 시 고려할 수 있는 방법**
> - 직무의 조합 : 여러 직무를 조합
> - 직무의 주체 : 책임부여와 주인의식
> - 고객관계 : 고객과 직접 만날 수 있는 기회
> - 권한위임 : 낮은 위계구조와 자율성 부여
> - 피드백 구조의 장치 : 직무결과의 피드백

(5) 직무의 재설계

① 직무설계는 각각의 단위과업 연결·조직하는 작업이고, 이 직무들의 연결 여부에 따라 직무수행의 효율성과 담당 작업자의 직무만족도가 좌우된다.
② 전통적인 직무설계는 3S(단순화, 표준화, 전문화)가 근간이며, 제조업·부품조립생산 등일 경우에는 최대의 효과를 발휘할 수 있다.
③ 한번 설계한 직무를 직무 내용의 변화에 맞춰 다시 설계하므로 직무재설계(Job Redesign)라고 한다.
④ 전통적인 직무설계로 직무담당자의 불만과 소외감의 증대가 노사분규, 이직 등 생산활동에 지장을 주게 되자 인간적 만족을 주는 작업자 중심으로 재설계하는 방식이 나타났다.

(6) 직무재설계의 방식 [기출 20]

① **직무특성이론** : 직무에 자율성과 정체성을 부여한 것으로 담당자의 상위욕구 충족은 '심리적 차원의 특성'을 갖고 있을 때 가능하다고 주장하였다(핵크만&올드햄).

> **○×문제**
> ▶ 직무특성모델에서는 작업동기의 고취 수단으로 일을 완결한 상태를 식별할 수 있게 과업의 정체성을 높인다. [O|X]
>
> 정답 ▶ O

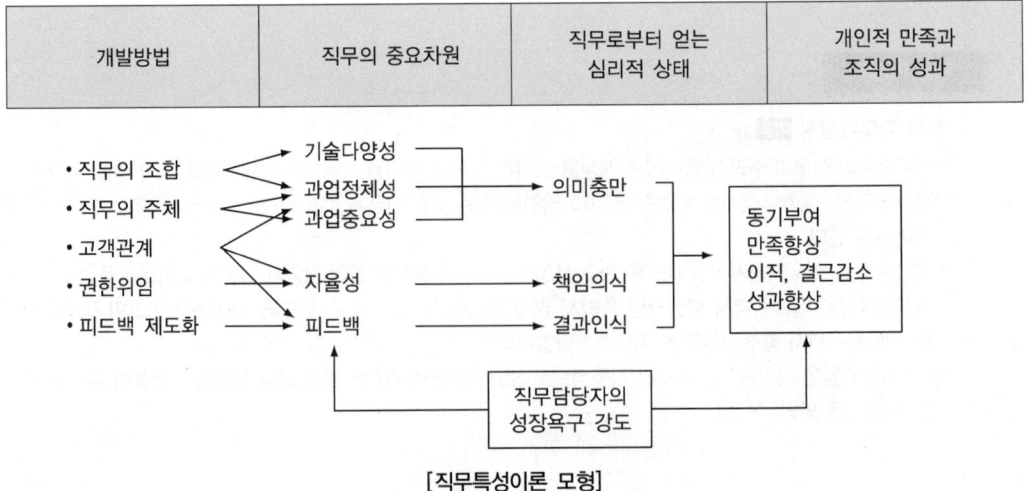

[직무특성이론 모형]

② 목표설정이론
  ㉠ 목표의 사전설정은 직무에 대한 사기를 불러일으키는 수단이 되므로 목표 설정 시에는 구체성, 도전성, 수용성, 참여도 등을 고려해야 한다.
  ㉡ 목표설정이론은 목표 수준과 단계, 기간 등을 정하고, 실행과정에서 필요한 행동절차·대안을 마련, 목표에 기준한 통제와 조정을 통해 완성될 수 있다.

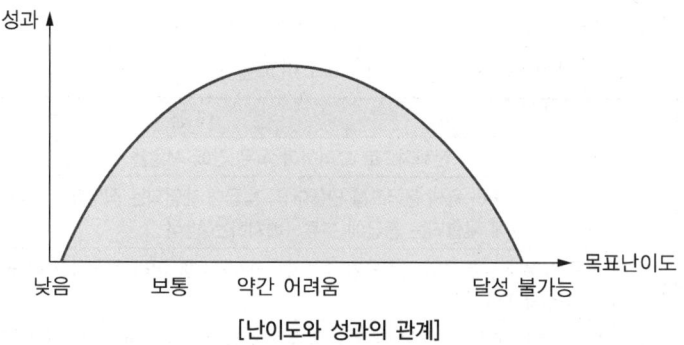

[난이도와 성과의 관계]

> **개념 PLUS**
>
> **인간·기술적 직무설계**
> - 인간·기술학파는 인간시스템과 기술시스템을 적절히 조화시켜 조립작업을 자율적으로 개편하는 통합시스템 관점에서 직무를 설계한다.
> - 작업수행자 상호관계를 고려한 인간시스템, 직무 자체의 기술시스템으로 매개변수로는 작업을 지원하는 전문가 존재 여부, 상급자의 지시내용, 작업목표 수준 등이 있다.
>
> **직무설계개념의 변화**
> 직무설계개념의 변화는 개인 수준에서 집단 수준으로의 변화, 개인 간·직무 간 상호작용과 연결의 필요성 증대, 인간 위주의 직무설계방식과 기술발전으로 인한 직무속성의 변화 등으로 전개된다.

(7) 직무평가 기출 24·22

① **직무평가의 정의** : 직무의 가치를 측정하는 것으로 임금지급기준, 인력의 확보와 배치, 인력 개발을 위해 이용한다.
② **직무평가서** : 직무기술서와 직무명세서를 기초로 각 직무의 중요성, 난이도, 위험도 등을 평가하여 다른 직무의 상대적 가치를 결정하는 문서이다.
③ **직무평가요소** : 숙련 정도, 노력 정도, 책임 정도, 작업환경 등
④ **직무평가방법** : 서열법, 분류법, 점수법, 요소비교법 등

구 분	내 용
서열법	직무평가요소들을 전체적으로 고려하여 직무 간에 서열을 매기는 방법(평균, 가중치, 쌍대서열법 등)
분류법	1~5등급, 상중하 등의 등급표를 만들어 각 등급에 해당되는 직무요소의 기준을 설명하고 직무를 살펴본 후, 각 기준에 부합되는 등급에 분류·배치하는 방식
점수법	모든 직무에 공통적으로 적용될 수 있는 평가요소를 미리 선정하고 각 평가요소별로 등급을 매긴 후 그 점수를 모두 종합하는 방식
요소비교법	회사의 핵심이 되는 기준직무 몇 개를 우선 선정하여 그 기준직무를 대상으로 평가요소별 서열을 매기고, 기준직무에 해당되는 기존의 임금액을 평가요소별 서열에 따라 분류하여 기타 다른 직무를 기준직무와 비교하면서 직무가치와 임금액을 결정하는 방식

4 근무시간관리

(1) 근무시간관리의 중요성

① **회사 입장** : 직무시간·조직성과·직무만족 등의 합리적 자원관리와 비정규노동, 아웃소싱 기회의 증대
② **개인 입장** : 여가활용 욕구와 가처분 시간의 중요성 증대, 육체적·정신적 안정 요구

(2) 근로시간의 단축

① **추진배경** : 1890년 영국은 주당 60시간에서 48시간으로 근로시간 단축, 1919년 ILO(국제노동기구)에서 1일 8시간 노동원칙을 추진하였다.
② **노사 양측의 주장**
  ㉠ 근로자 : 근로자의 건강 보호, 자기개발 시간 부여, 여가·취미·가정생활의 시간 제공, 실업자에게 노동 기회 제공, 산업재해 방지 및 생산성 증대
  ㉡ 사용자 : 추가노동력 고용 필요, 인건비 상승, 물가인상 부작용 발생, 추가근무시간에 대한 할증임금 부담, 실업자의 취업도 한정된 생산량에 소비만 조장시키는 결과

(3) 주40시간제(주5일 근무제) 시행
① 근로자의 삶의 질 향상 : 여가시간이 늘어나 다양한 여가·취미활동이 가능하다.
② 새로운 산업발전을 통한 경제활성화
　㉠ 문화·관광, 레저, 운송업 등 서비스 내수 증대가 일자리 창출 및 경제활성화에 기여
　㉡ 기업의 새로운 생산방식 도입, 업무 프로세스 개선, 효율적 인사·노무관리 체계 정립, 인적자원개발 등으로 잠재성장률 증가
③ 지식경제강국으로의 도약기반 조성 : 근로자가 휴일증가를 직업능력개발에 활용할 경우 고부가가치 지식기반경제로 전환을 촉진할 것이다.
④ 일자리나누기를 통한 실업문제 해결 : 일자리나누기 차원에서 노사 간 협조가 이루어지는 경우 일자리 창출 효과도 기대할 수 있다.

(4) 근무시간 자유선택제도 기출 15
① 근무시간 선택이 자유일지라도 반드시 근무 시간대를 포함해야 한다.
② 도입 시 같은 장소에서 함께 일을 해야 하는 제조공정 부서에서는 비효율적이다.
③ 관리자들이 종업원을 감독하기 위해 더 많은 시간을 일해야 할 수도 있다.
④ 종업원의 생산성과 사기진작에 효과적이다.
⑤ 조직 내 의사소통이 어려워질 수 있다는 단점이 발생할 수 있다.

(5) 유연적 노동시간
① 탄력적 근로시간제(변형근로제) : 일의 많고 적음에 따라 총근로시간을 노사 양측 합의에 의해 수시로 바꿀 수 있는 제도
② 선택적 근로시간(Flex Time)제 : 하루의 총근로시간은 규칙적으로 정해져 있으나 그 안에서 자유롭게 근무시간대를 조정할 수 있는 제도
③ 간주근로제 : 인정근로제, 재량근로제
④ 교대근로제 : 두 개 이상의 작업조가 교대로 근무

(6) 업무공유제도(직무공유제) 기출 14
① 직무공유제(Job Sharing)는 하나의 전일제(Full-time) 직무를 둘 또는 그 이상의 사람이 함께 나누는 직무분할의 노동 형태를 의미한다.
② 하나의 직무를 둘 이상이 담당하도록 함으로써 직무의 적용범위뿐만 아니라 직무를 수행하는 근로자들의 근로시간을 다양화할 수 있는 장점이 있다.

5 인사평가

(1) 인사고과의 목적

① 인사고과 : 조직 내 성과향상, 기업가치의 측정, 공정한 보상, 효과적 인력계획과 배치, 종업원 능력개발 등을 위해서 필요하다.

② 효과적인 인사고과 : 평가의 타당성과 고과집단을 세분화하는 목적별 고과

③ 인사평가의 구성요소 기출 24

㉠ 신뢰성 : 측정항목에 대해 얼마나 일관성이 있는지 보는 정도를 말한다(예 상대고과, 절대고과의 적절한 사용, 고과결과의 공개, 다면평가 등).

㉡ 타당성 : 측정하고자 하는 것을 얼마나 정확하게 측정했는지의 정도를 말하며, 예를 들어 서로 다른 지역의 영업사원 실적 평가 시 일괄적인 판매실적치를 사용하면 타당성이 훼손된다.

㉢ 구체성 : 피평가자에게 구체적 가이드 역할을 할 수 있어야 한다는 것으로, 성과관리시스템의 전략, 개발목적 등과 관련 있다.

㉣ 수용성 : 피평가자가 평가의 목적·필요성·과정·결과를 이해하고 적법하고 필요한 것으로 믿는 정도로, 피평가자가 성과관리시스템이 공정하다고 믿는 정도에 영향을 받는다(예 고과요소 및 고과방식 제정 시 종업원 참여, 교육훈련을 통한 고과오류 방지 등).

㉤ 실용성 : 비용과 효과의 측면을 고려하였을 때 자료 수집 및 측정이 용이하여 실제 조직에서 사용할 수 있는지를 보는 것이다(예 공정한 고과를 위한 적절한 투자와 분별력 있는 평가, 쉽고 짧은 고과방법 등).

㉥ 전략적 적합성 : 성과관리시스템이 조직의 전략, 목표, 문화 등과 전략적으로 일치하는지를 말한다.

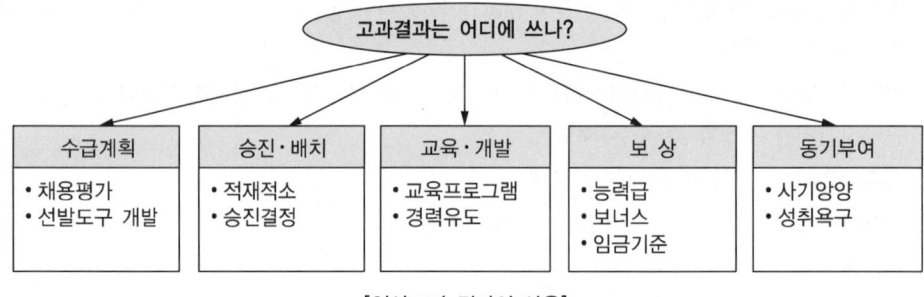

[인사고과 결과의 사용]

> **개념 PLUS**
>
> 예측타당성
> 통계적인 유의성을 평가하는 것으로 어떤 측정도구가 타당성이 높다고 한다면 측정도구에 의해 얻어진 결과와 관련된 기준 또는 변수 간에 높은 상관관계가 존재해야 함

(2) 인사고과평정상의 오류 기출 24·23·21·20·19·17·16

① **후광효과** : 평가자가 피평가자를 한 단면을 기준으로 다른 것 모두를 평가하는 오류
② **비언어적 행동 오류** : 미소, 자세, 옷차림 등에 의해 평가 결과가 달라지는 것
③ **현혹 효과** : 평가받을 대상의 대략적인 인상이나 첫인상이 평가하기 위한 판단에 그대로 이어져 객관적인 평가에 영향을 미치는 것
④ **주관성** : 면접관의 기호와 주관에 따라 서로 다른 평가를 내리게 되는 것
⑤ **상동적 태도(Stereotyping)** : 소속집단의 특성에 근거하여 개인을 평가하는 오류. 즉 성격이나 능력, 가치관 등을 통해서 평가하지 않고 출신학교/학과, 출신지역, 종교 등에 따라 판단하는 오류
⑥ **평가의 신뢰 오류** : 동일한 피평가자를 반복하여 평가하여도 비슷한 결과가 나타나는 것
⑦ **집중경향의 오류** : 인사고과자가 평정 시 극단의 평정치를 가능하면 피하고 중간적인 점수를 주어 우열의 차이가 나타나지 않아 발생하는 오류
⑧ **표준의 오류** : 인사고과 시 평정자가 표준을 어디에 두느냐에 따라 나타나는 오류
⑨ **대비의 오류** : 다른 사람을 판단함에 있어서 절대적 기준에 기초하지 않고 다른 대상과의 비교를 통해 평가하는 오류(예 고과자가 자신이 유능하다고 생각할수록 피고과자를 자신보다 무능하다고 판단하는 경향이 많아짐)
⑩ **무관심의 오류** : 인사고과 시 평정자가 피평정자의 행동을 주도면밀하게 관찰하지 못한 경우에 나타나는 오류
⑪ **신뢰성의 오류** ; 정보부족 등으로 중심화 경향, 귀속과정 오류, 2차고과자 오류 등이 발생

> **OX 문제**
> ▶ 관대의 오류와 인색의 오류를 막기 위해서는 강제배분법을 활용할 수 있다. O|X
> 정답 ▶ O

   ㉠ **중심화 경향** : 평가자가 평가대상에 대한 긍정 혹은 부정의 판단을 기피하고 중간 정도의 점수를 주는 현상으로, 고과자 자신의 능력이 부족하거나 피고과자를 잘 파악하지 못하고 있는 경우에 많이 나타남
   ㉡ **귀속과정 오류** : 인사 평가에서 피평가자의 업적이 낮았을 때 그 원인이 외부에 있음에도 불구하고 피평가자의 내부적 요인으로 보거나, 반대로 피평가자의 업적이 높았을 때 그 원인이 피평가자의 내부에 있음에도 불구하고 외부에서 원인을 찾는 오류(예 "잘되면 내 탓, 잘못되면 조상 탓")
   ㉢ **2차고과자 오류** : 2차고과자(차상급자)는 1차고과자(직속상급자)와 달리 피고과자에 대해 잘 모르거나 평가할 내용이 떠오르지 않는 경우에 주로 발생하는 오류
⑫ **관대화오류** : 평가자가 피평가자의 실제 업적이나 능력을 더 높게 평가하는 오류
⑬ **인색의 오류** : 평가자가 피평가자의 실제 업적이나 능력을 지나치게 낮게 평가하는 오류로, 관대화의 오류와 인색의 오류를 방지하기 위해 강제배분법을 활용할 수 있음
⑭ **분포오류** : 관대화 경향, 중심화 경향으로 나타나는 오류
⑮ **경적효과오류** : 후광효과와 반대되는 개념으로 하나의 요소에 대한 평가자의 판단이 다른 요소의 근무성적 평정에 부정적인 영향을 주는 현상
⑯ **복제오류** : 평가자가 비슷한 행태를 하거나 비슷한 성격을 가진 피평가자에게 호의적인 평가를 하게 되는 오류

⑰ 유사성 오류 : 평가자가 자신과 유사한 평가대상을 그렇지 않은 평가대상에 비해 호의적으로 평가하는 오류
⑱ 자성적 예언 : 특정인에 대한 기대가 그의 행동을 규정하게 되는 현상
⑲ 근접오류 : 평가시점과 가까운 시점에 일어난 사건이 평가에 큰 영향을 미치게 되는 오류

> **OX문제**
> ▶ 대비오류는 피고과자를 고과자 자신의 기준에서 보는 것으로, 고과자가 자신이 유능하다고 생각하는 경우 피고과자도 유능한 것으로 판단하기 쉬운 오류를 말한다.
> O | X
>
> 해설
> 대비오류는 다른 사람을 판단함에 있어서 절대적 기준에 기초하지 않고 다른 대상과의 비교를 통해 평가하는 오류이다.
>
> 정답 〉 ×

(3) 인사고과의 주체와 시기
① 인사고과의 주체 : 관찰이 가능한 자, 평가능력·자격 등이 있어야 한다.
② 인사고과는 입사 직후, 배치 직전, 전환, 승진, 이동 배치 시, 교육·훈련 참가자 선발 시, 보너스, 인센티브 책정 시, 상급자 교체 시 등에 적절하게 실시한다.

> **개념 PLUS**
>
> 인센티브제도의 장·단점 기출 14
> • 커미션은 매출의 몇 % 같은 방법으로 고정된 비율에 따라 보상하는 것이다.
> • 점포관리자는 예상매출이나 이익 등의 성과를 기본으로 보너스를 받는다.
> • 소매관리자는 개인별 성과 및 집단별 성과에 대해서도 인센티브를 받을 수 있다.
> • 인센티브제도로 인해 종업원들이 다른 업무를 무시하기도 하는 단점이 있다.
> • 과다한 인센티브의 사용은 종업원의 성실성을 줄일 수도 있다.

(4) 인사고과요소
① 고과의 측정은 개인 업적과 집단 업적에 대한 성과평가와 개인의 특성 등에 대한 능력평가, 태도·행동평가 등을 통해 이루어진다.
② 고과요소
  ㉠ 능력 : 지식, 기술, 자격증
  ㉡ 태도·성격 : 인간관계, 창의력, 리더십, 신뢰성
  ㉢ 행동 : 규정 준수, 명령수행, 고객서비스
  ㉣ 업적 : 매출액, 생산량, 불량률, 사고율

(5) 인사고과방법
① 전통적 방법
  ㉠ 관찰법 : 상급자가 부하의 일하는 모습을 관찰하는 것
  ㉡ 서열법 : 능력, 업적 등을 종합하여 피고과자들 간에 서열을 매겨 승진 시에 활용하는 것
  ㉢ 평정척도법 : 각 고과요소들에 대해 단계별 차등을 두고 고과목적에 맞는 고과요소만 평가할 수 있어 서열법의 단점을 피할 수 있으나, 고과자의 관대화·가혹화 등의 오류를 피하기 어려움

ⓔ 체크리스트법 : 고과요소를 대변하는 직무와 관련된 구체적인 사례들을 여러 개 제시하고, 그 중에서 피고과자의 행동이라고 여겨지는 것을 모두 표기하여 체크된 개수와 가중치를 추가하여 점수화하는 방법

② 현대적 방법

ㄱ) 행위기준고과법 기출 13
- BARS(Behaviorally Anchored Rating Scales)라고도 하는데, 피고과자의 직무와 관련되는 중요한 행동이나 사건을 나열해 주고 각각의 행동에 대하여 '자주' 하는지 '전혀' 안 하는지의 척도를 매겨 총점을 계산하는 방법이다.
- 업무와 직결되는 구체적 행동을 기준으로 하기 때문에 평가하기 쉽고, 피고과자가 좋은 점수를 받기 위해 다음에 취해야 하는 행동을 제시해 줄 수 있어 효과적이다.

ㄴ) 목표관리법(MBO ; Management By Objectives) 기출 23 · 16
- 목표는 상위목표와 하위목표를 연계하고 상사와 부하가 같이 참여하여 설정한다.
- 핵심사항을 중심으로 구체적인 목표를 설정한다.
- 목표 달성 시기를 구체적으로 명시한다.
- 단기간의 목표만을 지나치게 강조하지 않도록 유의해야 한다.
- 가능하면 숫자로 측정 가능한 목표가 바람직하다.

> **OX 문제**
> ▶ 목표관리법(MBO)에서는 가변적 상황을 염두에 두고 추상적인 목표를 설정한다. O X
>
> 해설
> 목표관리법(MBO)에서는 핵심사항을 중심으로 구체적인 목표를 설정한다.
>
> 정답 ▶ ×

ㄷ) 평가센터법
- 평가센터(Assessment Center)는 특정평가팀이 승진대상·선발대상을 평가하기 위해 마련한 평가방법의 집합이다.
- 전문가들이 과거의 곤란했던 문제를 제시하고 어떻게 해결하는지를 관찰하여 적임자를 선별하는 방식으로 시간, 인력, 비용이 많이 들지만 평가가 비교적 정확하기 때문에 선진국의 대기업에서 많이 사용한다.

[전통적 고과와 현대적 고과]

구 분	전통적 고과(Evaluation)	현대적 고과(Assessment)
왜	사정형, 상벌, 감독	능력개발, 강약점 발견
누 가	상사 중심, 단면평가	본인 참여, 다면평가
무엇을	성격, 인물(포괄적, 추상적)	업적, 능력(객관적, 구체적)
어떻게	상대평가, 감점주의	절대평가, 가점주의
언 제	정기평가, 연 1회	수시평가
피드백	비공개	공 개
기 준	과거 중심(Did, 업무결과 중시)	미래 중심(Can, 발전가능성 중시)

개념 PLUS

인사고과의 현대적 기법
중요사건 기록법, 목표관리, 행위기준 고과법, 행위관찰 고과법, 다면평가법, 평가센터법, 인적평정센터, 집단평가법

(6) 인사고과평가

① 인사고과 평가요소
- ㉠ 평가요소는 기업의 목표와 관련한 가치나 행동규범을 반영하므로 올바른 평가요소의 선정은 개인으로 하여금 기업의 가치와 행동규범을 내면화하도록 할 수 있다.
- ㉡ 평가요소는 평가목적에 맞게 차별적, 구체적으로 선정되어야 한다.

② 인사고과 평가자 : 동료, 하급자, 개인 자신, 인사관리부서나 전문평가자

③ 효과적인 인사고과를 하기 위한 조건 : 성과에 대한 구체적인 측정, 건설적인 고과면접, 측정이 가능한 고과의 요소

6 다면평가제도

(1) 다면평가제도의 특징

① 피고과자를 주변의 많은 사람이 평가하고 당사자에게 피드백함으로써 스스로를 판단·개발할 수 있게 지원한다.

② 다면평가는 평가의 오류가능성을 배제, 공정하고 정확한 평가, 피드백을 통한 자아개발이 가능하다.

(2) 다면평가제도의 필요성

① 조직구조와 보상제도의 변화로 관리자의 평가범위가 넓어지고, 능력급과 성과급의 확산, 직무의 고급화로 평가가 어렵기 때문에 다수의 평가가 필요하다.

② 사원들은 자신의 업적과 평가결과의 피드백을 원하고, 실수나 억울함에 대해 해명할 기회를 가질 수 있다.

③ 수평적 민주주의 분위기의 확산으로 평가에 대한 참여의식과 고객의 직접평가가 이루어진다.

(3) 다면평가제도의 설계

① 다면평가의 고과요소는 실적, 능력, 리더십, 태도 등으로 구성되어야 한다.

② 각 항목당 척도를 폭넓게 정하는 것이 합리적이고, 담합이나 갈등관계로 인한 영향의 배제가 필요하다.

③ 고과자 선정은 피고과자와의 업무연관성, 피고과자의 희망, 상급자의 일방적인 지명, 무작위 추출 등의 기법이 필요하다.

④ 직속상급자의 고과비중은 높게 반영하는 등의 가중치 부여가 필요하다.

⑤ 다면평가를 통한 고과를 실시할 경우 선행되어야 할 것은 고과자에 대한 교육, 비밀보장 등이며 당사자가 제출한 기초자료를 이용해 담합가능성, 고과편차, 특이응답에 주의하여야 한다.

⑥ 고과결과는 공개를 통해 당사자에게 피드백이 가능해야 한다.

⑦ 승진, 보상, 보직이동 등의 자료로 이용된다.

(4) 다면평가제의 주요 단계

1단계		2단계		3단계		4단계		5단계		6단계
원하는 결과에 대한 정의	⇨	제도 설계	⇨	설문 실시	⇨	피드백 제공	⇨	활동계획 수립	⇨	평가 및 제도보완

(5) 다면평가제도의 보완

① 다면평가의 긍정적 측면
  ㉠ 부서별 고과의 조정, 다수의 고과참여를 통한 형평성·공정성의 제고, 인사청탁 등 부정적인 요인 방지, 개인에게 피드백함으로써 재조정이 가능하다.
  ㉡ 개인이 자신의 장·단점을 파악, 우수인재의 발탁인사가 가능하다.

② 다면평가의 부정적 측면
  ㉠ 피고과자에 대해 잘 모르는 경우가 존재, 업무노력보다는 인간관계에 치중할 가능성, 고과자별로 상이한 평가기준이 존재할 가능성이 있다.
  ㉡ 부하나 동료의 잘못을 지적하기를 기피, 고과절차의 복잡성, 부서별 고과점의 편차가 있을 수 있다.

③ 문제점 보완
  ㉠ 고과자 구성에서 출신지역, 출신학교 등을 배제, 고과자 수의 균형에 유의, 고과자에 대한 철저한 교육, 고과횟수와 고과자 수를 축소 조정한다.
  ㉡ 인사홈페이지에 평가정보를 상시 게재, 최상·최하 고과점수를 제외한 나머지로 평가, 고과종료 후 자신의 고과와 타인의 고과를 비교할 수 있게 한다.

07 보상·처우

1 승진관리

(1) 승진의 개념과 기능

① 승진은 종업원이 어떤 직무에서 더 나은 직무·지위로 높아지는 것을 의미한다.
② 신분, 보상, 책임, 권한 등이 더 커지는 것을 뜻하며 단순히 호봉과 월급만 오르는 것은 승급(昇給)이라 한다.
③ 승진의 기능
  ㉠ 주변의 인정을 받으려는 욕구를 충족시킬 수 있다.
  ㉡ 권한이 커지고 부하가 많아지며 지배욕구가 충족된다.
  ㉢ 임금수준을 증대시켜 사원의 경제생활을 향상시킨다.
  ㉣ 고급직무 담당으로 도전과 능력향상의 기회를 제공한다.
  ㉤ 회사가 자신을 인정하는 것이므로 직장안정성을 확보할 수 있다.

(2) 연공승진과 능력승진
  ① 연공승진 : 회사에 근무한 근속연수를 뜻하는 것으로 우리나라에서는 유교문화의 영향, 연령층의 균형을 통한 업무의 협동시스템 구축 가능성, 숙련성의 증가 등에 기인한다(예 미숙련 기능직, 일반직).
  ② 능력승진 : 능력과 자격 등으로 평가한다(예 전문직).

(3) 승진의 기본원칙
  ① 승진은 적정성・공정성・합리성의 원칙이 적용되어야 사원들의 불평과 사기저하를 예방할 수 있다.
  ② 적정성 : 승진할 직위의 수가 적정해야 하며, 선배들의 승진연한과 비슷할 뿐 아니라 정체현상이 없어야 한다.
  ③ 공정성 : 공정한 승진 기회 배분, 각 부서 간의 비슷한 승진비율, 공정한 승진결정과정을 위해 승진평가 프로세스를 공개해야 한다.
  ④ 합리성 : 평가요소를 합리적으로 선택해야 한다.

(4) 승진의 유형
  ① 직급승진 : 직급계층의 상향이동을 의미하는데, 이 경우 승진정체만큼의 사기저하 또는 조직이탈현상이 발생할 수 있다.
  ② 자격승진
    ㉠ 직무수행능력(직능)을 상급으로 올리는 것을 의미한다.
    ㉡ 직능등급승진이 필수적이며, 직능이 상위등급으로 이동할 경우는 자격의 상승을 의미하기 때문에 승격(昇格)이라 한다.
    ㉢ 자격승진의 장・단점
      • 장점 : 능력개발을 유도하고 승진정체현상을 감소시킨다.
      • 단점 : 직능급의 경우 실제 업무실적보다 직능이 높기 때문에 인건비가 상승하는 모순을 발생시킨다.
  ③ 대용승진(代用昇進)
    ㉠ 준(準)승진, 건조(Dry)승진이라고도 하며, 종업원의 승진욕구를 충족시키는 최후의 수단이다.
    ㉡ 고객이미지 향상, 고객의 신뢰와 호의를 위한 배려의 목적으로 사용된다.

2 임금관리

(1) 임금관리의 목적

① 임금관리의 개념과 목적
  ㉠ 사용자의 입장 : 노동자가 기업에 제공한 노동에 대해 지불하는 대가이다.
  ㉡ 근로자의 입장 : 생활의 원천이 되는 소득이다.

② 임금관리의 목적
  ㉠ 사용자와 노동자의 상반되는 이해관계를 조정하여 상호이익의 방향으로 임금제도를 형성함으로써 노사관계의 안정을 도모한다.
  ㉡ 노사협력에 의한 기업의 생산성을 증진시킨다.
  ㉢ 임금관리는 최저한의 생계비를 보장함으로써 생활의 안정을 보장한다.
  ㉣ 노동력의 재생산과 노동력의 질을 개선하고, 대외적인 균형을 유지한다.
  ㉤ 필요 시 임금 수준을 선도하여 유능한 필요인력과 대내적인 공정성을 확보한다.

③ 임금관리의 중요성 : 인재의 확보와 유지, 종업원의 사기앙양, 종업원의 능력 개발, 비용구조 관리, 분위기 유지 등

(2) 임금체계

① 연공급체계 : 근속을 중시하는 것으로 생활급적 사고원리에 따른 임금체계이다.
② 직능급체계 : 직무수행능력에 따라 임금의 사내격차를 만드는 능력급체계이다.
③ 직무급체계 : 직무의 중요성과 곤란도 등에 따라서 각 직무의 상대적 가치를 평가하고, 그 결과에 의거하여 임금액을 결정하는 체계이다.
  ㉠ 개별 직무급 : 직무평가의 점수법에 의해 산출된 평점에 1점당 단가를 곱하여 임금액을 산출한다.
  ㉡ 단일 직무급 : 직무평가의 평점을 일정한 간격을 기준으로 해서 여러 직급으로 분류하고 각 직급마다 동일한 임금액을 부여하는 형식이다.
  ㉢ 범위 직무급 : 동일직급 내의 직무에 대해서도 각 개인의 호봉 수에 따라서 임금액에 차이를 두는 형태이다.

(3) 시간급제도과 성과급제도

시간급 제도	단순시간급제	시간당의 임률(단위시간)을 정해두고 여기에 실제 근로시간을 곱하여 임금을 산정하는 방법
	복률시간급제	능률을 자극하기 위하여 시간급에 있어 작업능률에 따라 다단계의 시간임률을 설정하는 방식
	계측일급제	근로자의 수입안정이라는 시간급제의 장점을 살리는 동시에 구성원의 직무활동에 대한 의욕을 자극하기 위한 임금형태
성과급 제도	단순성과급제	제품 1개당 또는 작업의 1단위당에 대한 임금단가를 정하고, 여기에 실제의 작업성과를 곱하여 임금을 책정하는 방법
	복률성과급제	단일임률을 적용하는 것이 아니라 작업성과의 최저 또는 다과에 따라서 적용 임률을 달리 산정할 필요가 있는 경우

(4) 집단성과급제도

① **스캔론플랜(Scanlon Plan)** : 종업원의 참여의식을 높이기 위하여 수시로 배분하는, 노사위원회제도를 통한 성과활동과 관련된 상호작용적인 배분방법이다.

② **러커플랜(Rucker Plan)**
  ㉠ 근대적이고 동적인 임금방식의 대표적인 방법이다.
  ㉡ 경영성과 분배의 커다란 지침이 되며, 생산가치, 부가가치를 산출하고 이에 의해서 임금상수를 산출하여 개인임금을 결정한다.
  ㉢ 모든 결정은 노사협력관계를 유지하기 위해 위원회에서 이루어진다.

③ **프렌치시스템(French System)** : 공장의 목표를 달성하는 데 있어서 모든 노동자들의 중요성을 강조하고 최적의 결과를 얻기 위해 노동자들의 노력에 대해 자극을 부여하려는 제도이다.

3 복리후생

(1) 종업원 복리후생

① 복리후생은 회사가 종업원의 생활보장과 직장만족, 사용자와의 공동체적 유대감 향상을 위해 노동의 대가 이외에 제공하는 인간적인 대우의 총칭이다.

② 임금과 복리후생의 차이

구별요인	임 금	복리후생
지급관리	사원의 업무성과나 근로시간을 기준으로 지급되는 직접보상	업무성과나 직무와는 무관하게 지급되는 간접보상
지급방식	개별종업원에 따른 차등지급	조직구성원 전체 혹은 집단에 동일하게 적용
지급요구	특별한 요구 없이도 노동대가로 인해 당연 지급됨	법정복리후생 외에는 종업원의 요구가 없으면 혜택이 없음
지급효과	고용관계를 기초로 한 것이므로 경제적 이윤을 회사에 제공하고 임금을 받아서 경제생활에 사용	종업원의 인간적 문화생활에 공헌하는 것이므로 경제적인 만족보다는 심리적인 만족을 얻고 공동체 의식을 높임

(2) 복리후생의 필요성

① **기업** : 소득세 부담이 경감되며 종업원의 다양한 욕구충족이 가능하다.
② **종업원** : 직접 임금의 상대적 감소, 상호협동에 의한 경제성과 소득세 경감효과가 있다.
③ **노동조합** : 사용자에게 언제든지 요구 가능하며, 기능직이나 생산직에도 동일한 혜택을 부여할 수 있다.

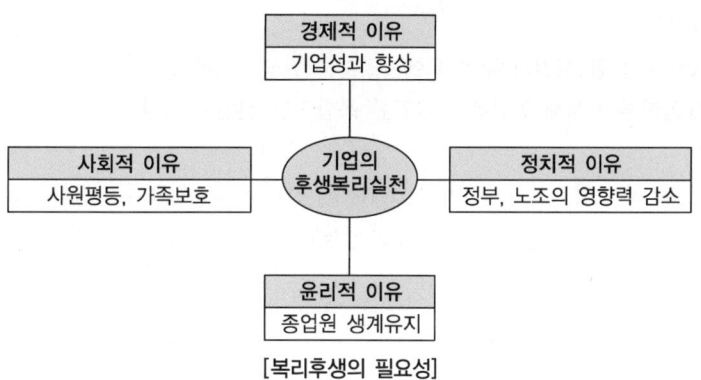

[복리후생의 필요성]

(3) 복리후생의 유형 기출 15
① 법정 복리후생 : 의료보험, 연금보험, 산재보험, 고용보험
② 법정 외 복리후생 : 통근차량 지원, 식당과 탁아소 운영, 헬스클럽 설치, 문화·체육관 운영, 전세지원금 등

(4) 복리후생의 효율적 관리방안
① 복리후생관리의 원칙 : 합리성, 적정성, 협력성, 공개성
② 선택적 복리후생 : 카페테리아 복리후생제도
③ 통합적 복리후생 : 일과 생활의 균형, 참여경영 확대, 건강과 스트레스 관리와 관련된 제도를 개발·도입
④ 라이프사이클 복리후생 : 종업원의 초기 직장생활에서 정년퇴직까지 변화하는 생활패턴에 맞추어 복리후생 프로그램을 다르게 제공해주는 것

4 산업재해와 안전관리

(1) 산업재해관리의 중요성
① 산업재해란 고용 중에 발생한 재해나 사고로 인하여 종업원이 사망, 질병, 상해를 입는 경우를 말한다.
② 산업재해가 발생하면 종업원 당사자와 그 가족의 불행이 전체 사회로 파급되어 국민경제에 부담이 될 뿐 아니라 회사의 입장에서도 중요한 이슈가 되기 때문에 관리가 필요하다.

(2) 산업재해의 발생원인과 예방
① 산업재해의 발생요인
　㉠ 물적 요인 : 시설의 노후화와 결함, 보호장치의 부적절 등
　㉡ 인적 요인 : 구성원 부주의, 안전수칙 불이행, 피로 등
　㉢ 환경적 요인 : 조명, 고열, 소음, 가스, 분진, 채광 등
　㉣ 정신적 요인 : 스트레스, 불만, 정서불안 등

② 재해원인이론
  ㉠ 도미노이론 : 한 사건의 원인 뒤에 또 다른 발생원인이 있다.
  ㉡ 복합요인이론 : 재해 원인에는 다양한 복합적인 원인이 있다.
③ 예방대책
  ㉠ 최초 선발 시 능력·적성·성격을 고려하고, 전문적 기능교육과 안전의식교육이 선행되어야 한다.
  ㉡ 안전관리부서나 책임자 배치, 보상과 포상제도 마련, 안전에 대한 경각심 부각, 인명 중시의 경영방침을 통한 예방관리가 필요하다.

(3) 산업재해 요양 대상
① 산업재해보상보험법이 적용되는 사업장의 근로자일 것
② 업무상 사유에 의하여 부상을 당하였을 것
③ 당해 부상 또는 질병이 4일 이상의 요양기간을 요할 것

(4) 산재보험급여의 종류와 처리절차
① 종류 : 요양급여, 휴업급여, 장해급여, 간병급여, 유족급여, 상병보상연금, 장의비 등이 있다.
② 처리 절차
재해발생 → 병원 이송 → 진단서(소견서) 발급 → 최초 요양신청서 작성 → 공단 제출 → 재해경위 및 상병 확인 → 의학적 자문(필요 시) → 심의 → 결정 → 결정사항 통보(청구인, 사업장, 의료기관)

08 육성방법

1 교육·훈련의 기초

(1) 교육 및 훈련의 정의
① 교육은 구성원의 일반적인 지식, 기능, 태도 등을 육성하는 것이며, 구성원의 능력개발에 관심을 두어 장기적인 변화의 추구를 목적으로 한다.
② 훈련은 특정 직무를 수행하는 데 필요한 지식과 기술을 증진 또는 습득하기 위한 것으로 문제해결, 태도, 관행, 행동의 변경에 관심을 두고 단기적인 변화를 추구하는 경향이 있다.

(2) 효과적 교육·훈련을 위한 전제조건

① 효과적인 교육·훈련을 위해서는 먼저 인지능력, 정신·심리학적 능력, 지각의 속도, 자기 유능감 등의 학습능력이 필요하다.
② 개인의 능력, 성격, 자발성 여부 등의 학습동기가 전제되어야 한다.

2 교육·훈련의 실제

(1) 필요성 분석

① 교육·훈련의 필요성 분석은 교육 니즈(Needs) 분석이라고도 하며, 교육·훈련 이전에 종업원들에게 부족한 점, 그들이 교육받으려는 내용 등을 파악하는 것이다.
② 회사 및 종업원의 필요성 분석

회사	• 매출액, 생산성, 수익성 등에 문제가 있을 때 • 경영환경과 업무가 바뀔 때(예 업종 변경, 신기술 도입 등) • 미래에 있을 전략변화나 자동화에 대비할 때 교육·훈련이 필요
종업원	• 개인마다 교육 욕구가 다르기 때문에 당사자들의 의견 파악이 필요 • 산업재해의 추이 • 결근·지각·이직률 등을 파악할 때

(2) 교육·훈련의 유형

분류기준	구 분	교육·훈련 유형
교육·훈련 대상	계층별	작업층 훈련, 관리층 훈련, 임원교육
	신분별	신입사원 훈련, 임시직 훈련, 정규직 훈련
교육·훈련 실시장소	사내교육	직장 내 교육 훈련
		직장 외 교육 훈련
	사외교육	대학·교육기관
교육·훈련 내용	신 입	입직훈련, 오리엔테이션
	종업원	직무훈련 : 도제훈련, 실습장 훈련
		교양훈련 : 일반교양강좌, 기초훈련
교육·훈련 방법	강의식	직접강의, TV강의
	회의식	자유토의, 배석토의, 담화, 분반토의
	시청각	영화·OHP·컴퓨터·TV강의
	참여식	역할연기, 감수성 훈련, 비즈니스게임, 인바스켓 훈련
	사례연구	토론과 발표
	자기개발	사외위탁, 언어교육

(3) 관리자 교육·훈련기법

① In-basket Training : 해당 부서에서 일어날 수 있는 돌발적·예외적인 사건들을 유형별로 분류하여 바구니에 섞어 놓고 무작위로 꺼내어 선배와 함께 하나씩 해결함으로써 실제 사건에 앞서 미리 해결법을 배운다.
② Business Game : 동종의 경쟁업체 관리자로 가정하고 각자가 예산, 생산량, 시장점유율, 매출액, 인력구조 등에 대해 실제 상황처럼 수치를 정해 직접 흥정과 거래를 하고 투자함으로써 시행착오 과정에서 일어난 일들을 토의·반성하면서 학습한다.
③ Role Playing : 관리자가 부하나 사장의 역할을 해 봄으로써 상대방의 입장을 이해하고 모범적 행동을 미리 학습하여, 실제 상황처럼 화를 내는 일을 만들거나 스트레스를 해소하면서 서로의 인간관계를 개선할 수 있다.
④ Behavior Modeling : 가장 모범적인 리더와 세일즈맨이 강의와 실제 행동을 먼저 보여 주고 피교육자들이 시험적으로 따라하면서 충고를 받아 고친다.
⑤ Junior Board of Director : 중역이 되지 않은 실무자나 중간 간부들에게 일정기간 중역의 역할을 맡겨서 관리자의 자질을 키워 나가기도 하고, 아랫사람들의 의견을 실제 중역회의에 전달하기도 한다.

(4) 일반종업원 훈련

① 현직훈련(OJT훈련)
  ㉠ 부여받은 직무를 수행하면서 직속상사와 선배사원이 담당하는 교육훈련으로, 훈련과 생산이 직결되어 있어 경제적이고 교육장 이동이 필요치 않지만 작업수행 시 지장을 초래할 수 있다.
  ㉡ OJT의 장·단점

장 점	단 점
• 교육과 동시에 직무수행 가능 • 상사·동료와 커뮤니케이션 수월 • 비용·시간 절약 • 구체적·현실적 교육으로 효과가 높음	• 현장상사의 교육전문성 한계 • 작업, 실무에 지장 초래 • 다수 종업원 교육은 불가 • 비숙련자이므로 사고의 위험 존재

② 도제훈련 : 작업장에서 감독자의 지도를 받거나, 숙련공 또는 선임공원의 작업을 직접 보조하면서 필요한 기능과 지식을 습득하는 것
③ 실습장 훈련 : 회사에서 설치한 실습장에서 실습용 설비 등을 이용하여 작업방법을 습득하고 기능훈련을 하는 것
④ 감수성 훈련 : 다른 사람이 느끼고 있는 것을 정확히 감지할 수 있는 능력과 반응하는 태도나 행동을 개발하기 위한 훈련의 일종

(5) 직장외 교육·훈련(Off-JT훈련)

전문강사의 지도로 이루어지는 직장 외 또는 직무 외 훈련을 말한다.

도입 및 기초교육·훈련방식	일선종업원을 위한 교육훈련으로 도입교육훈련과 기초교육훈련을 들 수 있는데, 전자는 신입사원이 새로운 기업환경에 잘 적응하도록 유도하는 과정을 말한다.
TWI방식	감독자의 직장 외 교육훈련의 대표적인 방식이다. 직장을 조직적·합리적으로 훈련시키기 위한 단기훈련방법으로 10여명이 소집단을 이루어 특별훈련을 받은 지도자가 그들을 교육훈련시키는 것이다.
MTP방식	중간관리자의 직장 외 교육훈련방식의 대표적인 것으로 비교적 광범위한 경영 문제를 다룸과 동시에 경영원리의 해명과 관리자로서 필요한 관리기술의 지도를 목적으로 한다.
ATP방식	최고경영층의 직장 외 교육방식으로 최고경영층을 대상으로 하는 경영 강좌의 한 방식이다.
OD방식	종래의 훈련계획은 개인을 훈련하였지만, 조직개발계획은 집단으로서 훈련하고 집단전체의 힘을 강하게 하는 것이다.
샌드위치코스 시스템방식	산학협동의 일환으로 기업의 전사적 교육·훈련프로그램과 대학 또는 기타 전문교육기관의 교육·훈련프로그램을 유기적으로 결합시킨 것이다.
청년중역제도(복수경영제도)	중간 또는 하위 관리자들이 최고경영층의 이사회와 같은 운영위원회를 형성하여 실무경영에 필요한 의사결정을 하고 정책결정도 상위 경영층에 건의하는 관리자들의 참여제도이다.
멘토프로그램	일반적으로 조직 내의 신입들은 그들이 행동을 배우고 모방하며, 때때로 상담도 하는 상사가 있을 수 있는데, 이처럼 모델이 될 만하고 정신적으로나 업무상으로 의지할 만한 상사를 멘토라고 한다.

(6) 하급자에 대한 지도·육성의 중요성 및 효과적인 지도·육성방법 기출 23

① 하급자에 대한 지도·육성의 중요성
  ㉠ 과거 종업원교육은 종업원에게 맡길 일에 대한 교육이 중심이 되었다.
  ㉡ 오늘날에는 진보와 변화에 적응할 수 있는 능력의 개발에 대한 필요성이 증대되었다.

② 효과적인 지도·육성방법
  ㉠ PDC 사이클 : 지도육성을 위한 계획(Plan), 실행(Do), 조정(Check)은 일을 관리하는 데 있어서 기본이 된다.
  ㉡ 계획을 면밀히 세우고 그에 따라 실행하며, 그 결과를 체크해서 계획과의 차이점을 알아내고 그것을 계획에 반영시켜 시정함으로써 일을 효과적으로 추진해 나간다는 것이다.

(7) 교육·훈련 및 개발의 방법 기출 19

코칭	관리자 개발을 위한 직무상에서의 현직훈련 접근방식이다.
브레인스토밍	3인 이상의 참가자가 모여서 하나의 주제에 대해 자유롭게 논의를 전개한다. 중요한 점은 어떤 사람이 제시한 의견에 대해서 다른 참가자가 비판을 해서는 안 된다는 점이다. 특정시간 동안 제시한 생각들을 모아서 1차, 2차 검토를 통해 그 주제에 가장 적합한 생각을 다듬어가는 일련의 과정으로, 아이디어를 생산하기 위한 효율적이고 대중적인 기법이다.
사례연구법	사례를 작성해 배부하고 여기에 관한 토론을 하는 방식이다.
회의식 방법	토의를 통해서 참가자들이 공통이해를 갖도록 하며, 문제를 해결하도록 시도하는 방식이다.
행위모델법	관리자에게 상호 간의 기능에 대한 훈련을 받도록 하는 훈련과정을 말한다.
인바스켓훈련	참가자들은 관리자의 책상 위에서 자주 발생하는 일에 관한 메모, 보고서, 전화 메시지 등과 같은 많은 업무용 자료를 받고 이 자료에 포함된 정보에 따라 행동하도록 요구받는데, 가장 먼저 필요한 일은 각 개별적인 사안에 대한 우선순위를 정하는 것이다.
인턴십	업무를 통하여 얻은 경험과 학교에서 배운 이론 및 경영현실을 통합할 수 있는 기회를 제공한다.

역할연기법	참가자 중에서 실연자를 선출하고 주제에 따른 역할을 실제로 연출시킴으로써 공명과 체험을 통하여 훈련효과를 높이는 방법이다.
프로그램식 학습	자동학습기계를 활용하는데, 일련의 필름 또는 종이로 구성된 자료를 학습에 이용한다.
컴퓨터보조학습	강사의 역할 또는 훈련과정의 역할을 복합적으로 컴퓨터가 대신하는 훈련방법을 말한다.
비즈니스게임 (경영게임법)	참가팀들은 제품의 가격, 원재료의 구매, 생산일정계획, 자금대부마케팅, 연구개발·지출과 같은 문제들에 관한 의사결정을 하도록 요청받는다. 그 팀의 각 참가자가 결정했을 때 모델과 일치하도록 수작업 혹은 컴퓨터를 이용하여 이러한 결정들의 상호작용을 계산한다.

OX문제

▶ 교육훈련방법 중 중요사건법은 가상적인 경영 상황하에서 5~6명으로 구성된 개별 팀들이 기업을 운영하도록 하는 방법으로, 여러 팀이 경쟁하게 하여 상황변화에 따른 적응능력의 배양을 꾀할 수 있다. O|X

해설
비즈니스게임(business game) 직원 교육훈련방법에 대한 설명이다.

정답 ▶ X

(8) 교육·훈련의 평가

① 회사가 교육 중 또는 교육을 마치고 나서 항상 그 효과가 어느 정도인지, 잘못은 없었는지, 차기 교육에서 바뀌어야 할 것은 없는지에 대해 검토하는 것을 말한다.

② 평가의 목적
  ㉠ 교육의 결과를 최고 의사결정자에게 정보로 제공
  ㉡ 피교육자와, 교육 담당자들에게 결과를 피드백
  ㉢ 교육과 관련된 전반 사항에 대한 개선점 지적
  ㉣ 교육의 경제적 효과, 회사에의 공헌도 등을 결산

OX문제

▶ 효과적인 맨토링이 되기 위해서는 1:1 멘토링프로그램이 전제조건이다. O|X

해설
멘토링의 유형에는 한 명의 멘토와 한 명의 멘티가 짝을 이루는 일대일 멘토링, 한 명의 멘토와 여러 명의 멘티가 짝을 이루는 일대다 멘토링, 멘토와 멘티의 구분이 뚜렷하지 않고 서로 멘토와 멘티가 되는 다대다 멘토링이 있는데, 상황에 따라 가장 적합한 유형의 멘토링 프로그램을 선택하는 것이 효과적이다.

정답 ▶ X

개념 PLUS

멘토링 기출 20
- 멘토(Mentor)는 상대적으로 경험이 없는 멘티(Mentee) 또는 부하(Protege)를 개발할 경험이 풍부하고 능력 있는 상사를 말한다.
- 멘토링은 참여자들의 효과적인 대인관계, 자아 존중감, 자아개념 등에서 긍정적인 변화를 이끌어내는 프로그램이다.
- 멘토와 멘티(부하)에 의해 공유된 관심이나 가치의 결과로서 비공식적인 관계로 발전하기도 한다.
- 멘토링을 통해 멘토와 멘티(부하) 모두 이익을 얻는 것이 가능하다.
- 멘토링의 유형
  - 일대일 멘토링 : 한명의 멘토와 한명의 멘티가 짝을 이루는 멘토링
  - 일대다 멘토링 : 한명의 멘토와 여러 명의 멘티가 짝을 이루는 멘토링
  - 다대다 멘토링 : 멘토와 멘티의 구분이 뚜렷하지 않고 서로 멘토와 멘티가 되는 멘토링

3 경력개발

(1) 경력개발의 의미

① **경력개발계획(CDP ; Career Development Planning)** : 개인의 경력계획과 회사의 개인에 대한 경력관리활동을 연결시켜서 개인의 경력개발에 도움을 주기 위한 계획
② **경력계획** : 경력목표달성을 위한 방향과 경로를 미리 설정하는 것
③ **경력관리** : 계획이 제대로 실행에 옮겨지도록 계속적으로 지원·관리하는 것

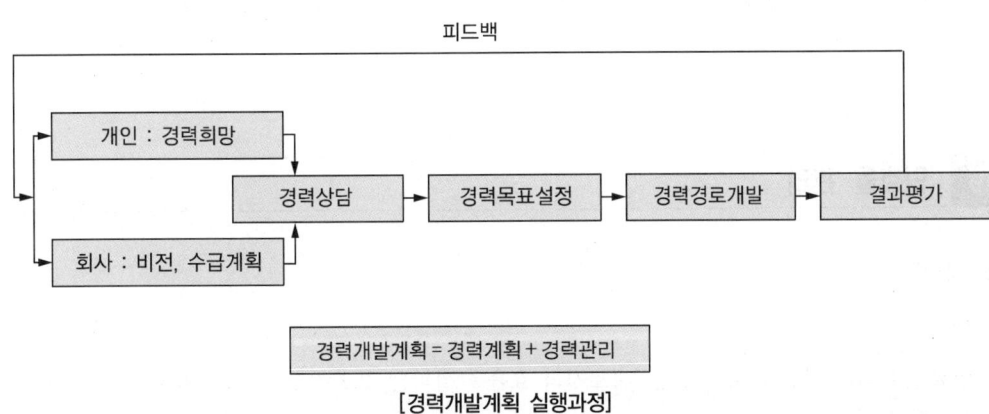

[경력개발계획 실행과정]

(2) 경력개발의 필요성과 도입효과

① **경력개발의 필요성** : 승진 정체의 심화, 직무환경의 변화, 조직의 분권화 및 개인 참여의 증대, 여성인력의 증가, 사회구성원의 가치관 변화, 경쟁의 심화, 조직 간 이동의 증가
② **경력개발의 도입효과** : 전문 인력의 육성, 자아실현의 기회 확대, 조직에 대한 일체감 향상, 직장생활의 질 향상

(3) 경력정체인력 및 해결책

① 경력정체는 자신의 능력이나 조직의 구조적인 한계로 직급이나 직위가 올라가지도 내려가지도 않는 상태이다.
② **경력정체의 원인**
  ㉠ 객관적 정체 : 최고경영층이 되지 않는 한 대다수 종업원이 경험하는 승진이 불가능한 상태
  ㉡ 주관적 정체 : 종업원이 스스로 직무에 만족하지 못해 나타나는 상태
③ **경력정체의 해결책** 기출 20
  ㉠ 경력정체인력의 경력목표를 수정하도록 지원한다.
  ㉡ 경력정체인력에 대해 조직에서 멘토(Mentor)를 선정해준다.
  ㉢ 경력정체인력을 위한 조기퇴직 프로그램이나 전직지원제도를 개발한다.
  ㉣ 경력정체인력을 위한 새로운 직무를 개발한다.

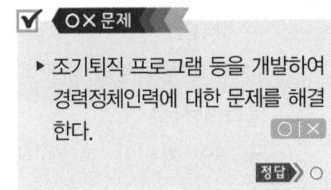

(4) 직무이동

① 직무이동은 한 부서에서 어느 직무를 담당하는 사원을 다른 자리로 이동시켜 새로운 일을 맡기는 것을 의미한다.
② 직무이동은 전환배치, 직무순환, 순환보직, 직무로테이션 등이라 한다.
③ 사원의 경력개발과 부서간의 업무협조, 매너리즘의 탈피, 시장의 수요변동에 적응을 위해 필요하다.
④ 직무이동 관리원칙에는 본인의 의견을 반영한 적격자 배치의 적합성, 성장욕구 감안, 승진과 연계한 인재육성 등이 있다.

09 인효율 관리

1 개 관

(1) 의 의

인효율 관리는 사람에 대해 생산성으로서의 효율을 살피는 것으로 인건비율, 인효율, 평효율의 의미를 포함하고 있다.

(2) 생산성

① 생산성은 상품을 생산하는 메이커로서 자주 사용되지만, 직무의 경우에도 적합하게 사용된다.
② 생산성은 투입에 대한 성과로서의 산출의 정도를 표시하는 것이다.

$$생산성 = \frac{산출}{투입}$$

③ 사람, 상품, 자금을 효과적으로 사용해 성과를 얻는 것으로, 분모인 투입량 부분에 사람, 상품, 자금을 들여 어느 정도의 산출량을 얻을 수 있는가를 나타내는 것이다.

(3) 생산성의 분류

① 인적 생산성
  ㉠ 인적 생산성은 종업원 1인당의 매출, 즉 얼마나 이익을 올렸는지를 파악하는 것이다.
  ㉡ 인적 생산성이 높을수록 좋은 것이지만, 지나치면 종업원에 대한 작업량이 증대하므로 주의가 필요하다.
  ㉢ 인적 생산성의 대표적 지표 : 종업원 1인당 연간 매출액, 종업원 1인당 매출이익액
② 물적 생산성
  ㉠ 경영 자원인 '물(物)'에 해당하는 상품에 대한 상품효율을 의미한다.
  ㉡ 상품효율의 대표적 지표는 상품회전율이며, 적은 상품재고로 많은 매출액 상승 시 효율은 좋아진다.
  ㉢ 상품회전율이란 연간 몇 번의 재고가 교대되었는지를 보는 지표이다.
  ㉣ 매출효율은 점포효율을 보는 대표적인 지표로, 통상 3.3㎡ 당 매출액과 매출이익액으로 표현된다.

2 인건비 산출관리

(1) 개 관
① 노동통계조사보고서의 인건비의 구성
  ㉠ 정액급여 : 기본급 + 통상적 수당, 직책, 가족, 근속수당 등
  ㉡ 초과급여 : 연장근로수당, 휴일근로수당, 야간근로수당 등
  ㉢ 특별급여 : 상여금, 기말수당, 학자금지원 등

> 임금총액 : 정액급여 + 초과급여 + 특별급여의 총합

② 국가 간 인건비 수준을 비교하는 기준으로서 가장 많이 활용되는 것은 총액인건비로 ILO 등에서 사용하는 노동비용이다.
③ 노동비용은 개개인의 근로자가 임금소득으로 인지하는 보수비용에 모집비, 교육훈련비 등을 포함한 것이다.

> 노동비용 = 보수비용 + 모집비 + 교육훈련비 등

(2) 임금의 범위와 인건비
① 통상임금 = 기본급 + 정액급여
② 평균임금 = 기본급 + 정액급여 + 초과급여 + 특별급여(보너스)의 일부
③ 임금총액 = 기본급 + 정액급여 + 초과급여 + 특별급여(보너스)
④ 보수비용 = 기본급 + 정액급여 + 초과급여 + 특별급여(보너스) + 복리후생비
⑤ 노동비용, 인건비 = 기본급 + 정액급여 + 초과급여 + 특별급여(보너스) + 복리후생비 + 채용·교육비

(3) 인건비 수준의 적정성 여부
① **근로자의 입장** : 질 높은 생활 유지 여부
② **지불능력의 범위 내** : 기업의 경쟁력 유지 또는 향상 가능성
③ **국민경제적 입장** : 중립적 인플레와 노동시장 수급균형을 유지하는 적절한 격차를 통한 소득분배의 개선 수준 여부
④ **국제 경쟁적 측면** : 비교우위 확보 수준 여부(제조업의 시간당 보수비용의 관점)

(4) 기업의 인건비 관리방안
① **인건비의 실질적 증가 여력** : 기업 차원에서 총체적인 수준에서 전년도 대비 부가가치 증가율이 인건비 증가율을 상회할 때
② **기업차원에서 인건비 적정성 여부**
  ㉠ 총체적으로 인건비와 노동으로 인한 부가가치 증가의 정도를 파악한다.
  ㉡ 제품단위별로 제조원가에서 인건비 구성비의 가격경쟁력 정도를 파악한다.
③ 인건비 관리의 관건은 인건비를 매출액, 경상이익, 한계이익, 부가가치와 같은 경영여건 지수의 변화와 연동시켜 변동비처럼 운영할 수 있도록 체계를 정비하는 것이다.

④ 인건비 관리시스템 개발 : 매출액 대비 인건비 비율, 1인당 매출액, 1인당 한계이익 등의 지표를 통해 초우량기업의 지표(목표지표)나 동종경쟁기업과 비교(경쟁지표)하여 비교우위 등을 확인한다.

(5) 부가가치의 개념과 계산법
① 부가가치 개념 : 기업 내부에서 창조한 가치를 의미한다.
② 부가가치 계산방법
   ㉠ 공제법 : 매출액 − 외부로부터 구입가치(예 재료비, 외주비)
   ㉡ 가산법 : 결산자료의 손익계산서와 제조원가보고서(제조업의 경우)에서 부가가치 항목만을 집계
③ 각 항목의 산출방식
   ㉠ 부가가치 = 경상이익 + 인건비 + 금융비용 + 임차료 + 조세공과금 + 감가상각비 + 법인세 차감 전 순이익
   ㉡ 부가가치 노동생산성 = 부가가치액/종업원 수
   ㉢ 적정임금인상률 ≤ 부가가치 노동생산성 증가율
   ㉣ 노동분배율 = 인건비 총액/부가가치 × 100(%)
   ㉤ 목표부가가치 = 인원계획 × 연간 1인당 목표부가가치
   ㉥ 목표이익 = 이익분배율(이익/부가가치) × 연간부가가치목표
   ㉦ 목표인건비 = 노동분배율 × 연간부가가치목표
   ㉧ 임금수준(인건비/종업원 수) = 부가가치 노동생산성(부가가치/종업원 수) × 노동분배율(인건비/부가가치)
   ㉨ 경제적 부가가치(EVA) = 세후영업이익 − 총자본비용 = (영업이익 − 법인세) − [타인자본비용 + 자기자본비용(총자산 − 부채)] 기출 16

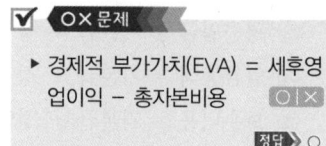

④ 1인당 부가가치의 계속적인 상승은 인건비 지불능력이 향상되는 것을 의미하므로 기업의 총액인건비 관리의 목표는 결국 1인당 부가가치를 향상시키는 것이다.
⑤ 일반적으로 영업외 수익증가 방안을 모색하고 영업외 비용을 삭감하며 한계이익이 큰 기술과 상품에 주력하여, 고객과 신상품을 개발하는 등의 수익성 향상 노력과 유동자산의 내실화와 고정자산을 슬림화하는 등의 자본구조개선을 통해 1인당 부가가치를 향상시킨다.
⑥ 부가가치 창출 노력을 통해 '고임금 → 고부가가치 → 고생산성 → 저인건비'로 이어지는 총액인건비관리의 선순환 구조를 형성한다.

> **개념 PLUS**
>
> **경제적 부가가치(EVA)** 기출 13
> • 기업이 재무활동이나 투자활동을 제외한 본연의 영업활동을 통하여 창출된 가치
> • 세후영업이익에서 자본비용을 차감한 값
> • 세후영업이익은 채권자 및 주주에게 배분할 수 있는 이익을 의미
> • 투하자본수익률이 자본비용을 초과하는 투자가 이루어지면 기업가치가 증대

(6) 적정 인건비의 계산방법 기출 22

① 비교임금법 : 임금조사
② 상관회귀분석법 : 매출액과 부가가치, 부가가치와 인건비 간의 상호관계
③ 노무비율 : 인건비/매출액
④ 노동소득분배율법 : 인건비/부가가치
⑤ 경쟁사 노동소득분배율법
　㉠ 매출액증가율
　㉡ 순이익증가율
　㉢ 1인당 매출액
　㉣ 1인당 부가가치액
　㉤ 부가가치율 : 부가가치액/매출액
　㉥ 노동소득분배율 : 인건비/부가가치액
　㉦ 노무비율 : 인건비/매출액

CHAPTER 03 실전예상문제

※ 본 문제를 풀면서 이해체크를 이용하시면 문제이해에 보다 도움이 될 수 있습니다.

01 노동조합원 가입제도 중에서, 채용 당시에는 비조합원일지라도 일단 채용이 허락된 이후, 일정한 견습기간이 지나 정식 종업원이 되면 반드시 조합에 가입하여야 한다는 제도는?

① Union Shop
② Agency Shop
③ Open Shop
④ Closed Shop
⑤ Process Shop

> **해설** 유니언 숍(Union Shop)
> 채용이 확정된 종업원들이 일정 기간이 지난 후에는 반드시 노동조합에 가입해야만 하는 제도를 말한다.

02 다음의 내용과 가장 어울리는 훈련방식은?

> 관리자의 의사결정능력을 제고하기 위해서 훈련참가자에게 가상의 기업에 대한 모든 정보를 제공하고 특정상황에서 문제해결을 위한 의사결정을 실행하도록 하는 훈련방식이다. 예를 들어, 훈련참가자를 영업과장의 책상에 데리고 가서 책상 위에 놓여있는 여러 영업 관련 서류를 파악하고 결제하면서 실제로 필요한 의사결정을 하게 하는 훈련방식이다.

① 역할 연기법(Role Playing)
② 행동모델법(Behavior Modeling)
③ 비즈니스 게임(Business Game)
④ 인바스켓 훈련(In-basket Training)
⑤ 감수성 훈련(Sensitivity Training)

> **해설** 인바스켓 훈련
> 인바스켓 훈련은 관리자의 의사결정능력을 제고시키기 위해 개발된 것으로 훈련참가자에게 가상의 기업에 대한 정보(예 제품, 조직, 종업원 등)를 제공한 후에, 이들에게 특정경영상황에서 문제해결을 위한 의사결정을 하게 하는 것이다. 인 바스켓 상황에서 훈련참가자는 현재의 업무상황을 신속하게 판단하고 중요한 순서대로 의사결정을 내려 업무를 처리해야 하는 의무를 부여받는 것이다. 모의상황이 다양하고 실제와 같으므로 훈련 참가자들에게 흥미를 불러일으킨다는 장점이 있으나 훈련의 효과를 측정하는데 다소 어려움이 따른다는 단점도 있다.

03 조직의 목표와 가치관의 수용, 조직을 떠나지 않으려는 애착, 조직에 충성하고 공헌하려는 의지 등 마음으로부터의 충성이라고 설명할 수 있는 것은?

① 직무만족 ② 조직몰입
③ 직무측정 ④ 태도설정
⑤ 직무평가

> 조직몰입은 조직의 목표와 가치관의 수용, 조직을 떠나지 않으려는 애착, 조직에 충성하고 공헌하려는 의지 등의 감정적 몰입 내지는 마음으로부터의 충성을 말하며 이때 감정적 몰입, 지속적 몰입, 규범적 몰입의 세 가지 측면을 모두 포함한다.

04 목표를 향한 자발적인 행동을 이끌어내고 충동하여 계속하게 하는 인간의 심리적 과정은?

① 동기부여 ② 인간행태
③ 성장욕구 ④ 위생요인
⑤ 동기요인

> ② 인간행태 : 자신이 속한 물리적·사회적·심리적·환경적 공간에 따른 인간의 행동과 태도
> ③ 성장욕구 : 개인의 성장과 발전에 대한 욕구
> ④ 위생요인 : 직무의 조건 혹은 환경과 관련되며 하위욕구와 관련되는 요인
> ⑤ 동기요인 : 직무 자체에 대한 욕구로서 인간의 정신적 측면인 상위욕구와 관련

05 직무관련 용어의 정의 중 '과업 또는 과업 차원이 유사한 직위들의 집단'을 무엇이라 하는가?

① 직 군 ② 직 무
③ 과 업 ④ 직 종
⑤ 직 위

> ① 직군 : 직무의 집단으로 일상적 기능에 따라 분류(예 생산, 재무, 인사, 마케팅 등)
> ③ 과업 : 직무의 수행을 위해 논리적·필수적 단계인 식별 가능한 업무활동을 형성하는 요소들의 집단
> ④ 직종 : 직군 내 혹은 직군 간에 있는 포괄적인 직함 혹은 직종에 따른 직무의 집단(예 관리직, 판매직, 사무직, 보수유지직 등)
> ⑤ 직위 : 한 개인에게 할당되는 업무를 구성하는 과업 혹은 과업 차원의 집단으로 직위의 수는 종업원의 수에 의해 결정

정답 01 ① 02 ④ 03 ② 04 ① 05 ②

06 균형성과표의 측정지표에 속하지 않는 것은?

① 재무 관점
② 고객 관점
③ 영업 관점
④ 내부 프로세스 관점
⑤ 학습과 성장 관점

> 균형성과표의 측정지표로는 재무 관점, 고객 관점, 내부 프로세스 관점, 학습과 성장 관점의 4가지 지표가 있다.

07 인적자원관리 방식 중 경영자가 종업원들의 잠재능력개발에 주력하는 관리법은?

① 인간중심적 관리
② 행동지향적 관리
③ 전략지향적 관리
④ 통합적 관리
⑤ 미래지향적 관리

> 인적자원관리의 방식
> • 인간중심적 관리 : 종업원을 하나의 인격적 주체로 인식하는 관리(예 질적 경영, 인간중심적 경영)
> • 행동지향적 관리 : 인적자원의 능력계발과 만족감 증진에 관심을 두는 실천적 경영을 중시함
> • 전략지향적 관리 : 경영자는 종업원들의 잠재능력개발에 주력함
> • 통합적 관리 : 개인목표와 조직목표가 통합될 수 있는 관리방식을 실시
> • 미래지향적 관리 : 인적자원의 활용, 보전보다는 미래지향적 관점에서 인력을 육성·계발

08 인사고과자가 평정 시 극단의 평정치를 피하고 중간적인 점수를 주는데서 오는 인사평가오류는?

① 분포오류
② 상동적 오류
③ 후광효과
④ 표준의 오류
⑤ 집중경향의 오류

> ① 분포오류 : 관대화 경향, 중심화 경향으로 나타나는 오류
> ② 상동적 오류 : 소속집단의 특성에 근거하여 개인을 평가하는 오류
> ③ 후광효과 : 평가자가 피평가자를 한 단면을 기준으로 다른 것 모두를 평가하는 오류
> ④ 표준의 오류 : 인사고과 시 평정자가 표준을 어디에 두느냐에 따라 나타나는 오류

09 직무명칭, 위치, 수행임무와 책임, 조직 내에서의 해당 직무의 위치, 직무환경 등에 관하여 일목요연하게 볼 수 있도록 재정리해 놓은 것을 무엇이라 하는가?

① 직무명세서
② 간트차트
③ 직무기술서
④ 직무통제서
⑤ 직무평가서

> 직무기술서(Job Description)
> • 직무의 성격, 내용, 이행 방법 등과 직무의 능률적인 수행을 위하여 직무에서 기대되는 결과 등을 간략하게 정리해 놓은 문서
> • 과업중심적인 직무분석에 의해 얻어지고 과업요건에 초점

10 아래 글상자에서 인적자원관리 과정에 따른 구성 내용으로 옳지 않은 것은?

구 분	과 정	구성내용
㉠	확보관리	계획, 모집, 선발, 배치
㉡	개발관리	경력관리, 이동관리
㉢	평가관리	직무분석, 인사고과
㉣	보상관리	교육훈련, 승진관리
㉤	유지관리	인간관계관리, 근로조건관리, 노사관계관리

① ㉠
② ㉡
③ ㉢
④ ㉣
⑤ ㉤

> 보상관리는 임금수준, 임금체계, 임금형태 등으로 구성된다.

정답 06 ③ 07 ③ 08 ⑤ 09 ③ 10 ④

11 직무분석방법 중 최초 분석법에 속하지 않는 것은?

① 관찰법
② 면접법
③ 데이컴법
④ 설문법
⑤ 경험법

해설 직무분석방법

최초 분석법	관찰법	평상시에 직무를 수행하는 것을 관찰, 기록 후 직무기술서를 작성하는 방법으로 실제적인 과업이나 임무를 판단하는 가장 보편적인 방법
	면접법	직무분석자들이 직무 담당자와 면접을 통하여 직무를 분석하는 방법
	설문법	의도나 과정이 면접법과 같지만 설문지에 답을 쓰거나 과업, 작업조건, 소요재료 등에 관하여 좀 더 상세하게 기술함으로써 정보를 얻는 방법
	경험법	직무분석자가 직접 해당 직무를 수행해보는 방법
비교 확인법		• 각종 자료를 수집하고 분석하여 초안을 작성한 후 현장에서 실제 여부 면담이나 관찰을 통해 비교·확인하는 방법 • 수행하는 직업이 다양하고 직무의 폭이 넓어 단시간의 관찰을 통해서 분석이 어려운 직업에 사용
데이컴법		• 교육과정을 개발하는 데 활용되어온 직업분석기법 • 교육훈련을 목적으로 교육목표와 교육내용을 비교적 단시간 내에 추출하는 데 효과적

12 직무설계 시 고려할 수 있는 방법이 아닌 것은?

① 직무의 조합
② 직무의 주체
③ 고객과의 관계
④ 권한의 강화
⑤ 피드백 구조장치

해설 직무설계 시 고려할 수 있는 방법
- 직무의 조합 : 여러 직무를 조합
- 직무의 주체 : 책임부여와 주인의식
- 고객관계 : 고객과 직접 만날 수 있는 기회
- 권한위임 : 낮은 위계구조와 자율성 부여
- 피드백 구조의 장치 : 직무결과의 피드백

13 직무를 설계할 때 달성해야 할 최종 수준뿐만 아니라 거쳐야 할 단계와 기간, 직무수행과정에서 생길 수 있는 모든 절차와 대안까지 미리 정해 놓고 추진해야 한다는 이론은?

① 직무충실화 이론
② 직무특성이론
③ 목표설정이론
④ 직무설계이론
⑤ 직무평가이론

해설
목표설정이론
- 목표의 사전설정은 직무에 대한 사기를 불러일으키는 수단이 되므로 목표설정 시에는 구체성, 도전성, 수용성, 참여도 등을 고려해야 한다.
- 목표설정이론은 목표 수준과 단계, 기간 등을 정하고, 실행과정에서 필요한 행동절차와 대안을 마련, 목표에 기준으로 한 통제와 조정을 통해 완성될 수 있다.

14 전일제로 일을 할 수 없거나 이를 선호하지 않는 사람들에게 고용기회를 확대한다는 장점은 있으나 2배나 더 많은 사람들을 고용하여 훈련해야 하고 부가급부를 분배해야 한다는 단점이 있는 제도는?

① 재택근무
② 업무공유제도
③ 선택적 근로시간제
④ 이동성 근무
⑤ 팀별근무

해설
직무공유제(Job Sharing)는 하나의 전일제(Full time) 직무를 둘 또는 그 이상의 사람이 함께 나누는 직무분할의 노동 형태를 의미한다. 하나의 직무를 둘 이상이 담당하도록 함으로써 직무의 적용범위뿐만 아니라 직무를 수행하는 근로자들의 근로시간을 다양화할 수 있다는 장점이 있다.

15 마이어스-브릭스 성격 유형(MBTI)에 대한 내용이 아닌 것은?

① 지각에 영향을 미치는 요소 2가지와 판단에 영향을 미치는 2가지를 결합해서 인간의 인지스타일을 4가지 유형으로 분류하였다.
② 스위스의 심리학자인 칼 융의 성격유형이론을 근거로 개발된 성격유형 선호지표이다.
③ 지각에 영향을 미치는 요소는 사고와 느낌으로 본다.
④ 인간의 성격을 다소 이분법적으로 구분한다.
⑤ 쉽고 일상생활에 유용하게 활용할 수 있는 분석기법이다.

해설
지각에 영향을 미치는 요소는 감각(Sensing)과 직감(Intuition)으로 본다.

16 선정한 평가요소를 기준으로 각 직무에 대해 점수를 매기는데 가장 흔하게 사용하고 있는 방법이 아닌 것은?

① 서열법
② 분류법
③ 요소비교법
④ 분산법
⑤ 점수법

> 해설 | 평가요소를 기준으로 점수를 매기는 직무 평가방법에는 서열법, 분류법, 점수법, 요소비교법 등이 있다.

17 인력 채용 시 내부모집과 비교하였을 때 외부모집의 장점으로 옳지 않은 것은?

① 인력개발 비용이 절감된다.
② 특수한 인재 채용이 가능하다.
③ 새로운 분위기를 유발할 수 있다.
④ 기업 홍보 효과가 있다.
⑤ 모집비용을 절감할 수 있다.

> 해설 | 외부모집은 내부모집에 비해 모집비용이 많이 든다.

18 다음 중 내부모집의 장점으로 보기 어려운 것은?

① 모집비용의 절감
② 평가에 있어서의 정확성
③ 능력의 개발
④ 사기의 양양
⑤ 새로운 분위기의 유발

> 해설 | ⑤는 외부모집의 장점이다.
> ※ 내부모집과 외부모집의 장·단점
>
> | 구 분 | 내부모집 | | 외부모집 |
> |---|---|---|---|
> | 장 점 | • 사기의 양양
• 모집비용 절감 | • 능력개발
• 평가의 정확성 | • 새로운 분위기 유발
• 특수한 인재채용
• 교육·훈련비 절감 |
> | 단 점 | • 모집범위 제한
• 과잉경쟁 | • 탈락자 불만
• 이동 시 교육비용 | • 적응기간 소요
• 내부인 사기 저하
• 평가의 부정확 |

19 면접의 방법 중 면접관 여러 명이 한 명의 지원자를 놓고 집중적인 질문공세를 펴고 결과평가 시에도 면접관 전원이 토론을 하면서 평가하는 방법은?

① 집단면접
② 위원회면접
③ 스트레스면접
④ 상황면접
⑤ 개인면접

해설 면접의 방법
- 집단면접 : 여러 지원자를 함께 놓고 진행하는 면접
- 위원회면접 : 여러 면접관이 한 명의 지원자를 면접
- 상황면접 : 문제 상황을 제시하고 대응력을 평가하는 면접
- 스트레스면접 : 반응형태를 분석하는 스트레스면접

20 다음 보기에서 설명하는 용어는 무엇인가?

> 기업이 수행하는 여러 가지 다양한 활동 중 전략적으로 중요하면서도 가장 잘할 수 있는 분야나 핵심역량에 모든 자원을 집중시키고 나머지 업무에 대해서는 그 업무 분야에 전문적인 외부의 우수 기업에게 맡기거나 조달하는 것이다.

① 아웃소싱
② 인바운드
③ 헤드헌팅
④ 리크루팅
⑤ 인터뷰

해설 아웃소싱의 장·단점

장 점	단 점
• 인력 유지의 유연성과 노동자 수의 감소로 조직 활성화와 비용절감의 효과 • 핵심사업에 주력할 수 있으며 신규사업 진출이 용이	• 고용안정과 직장몰입감의 박탈 등 관리적 요소의 한계 노출 • 의견조정을 위한 비용요소와 발주기업과 아웃소싱업체의 목표가 상충되는 이해충돌요소의 문제점이 발생

정답 16 ④ 17 ⑤ 18 ⑤ 19 ② 20 ①

21 기업이 비정규직을 선호하는 이유로 잘못된 것은?

① 수요 변동에 따라 노동력의 유연성을 확보할 수 있다.
② 노동조합의 결속 강도가 낮다.
③ 정규직을 꼭 필요한 분야에 배치할 수 있다.
④ 직장 몰입감이 높아질 수 있다.
⑤ 인건비를 절약할 수 있다.

> 비정규직은 고용이 한시적인 사원으로, 고용안정과 직장 몰입감의 박탈로 인한 문제점이 발생할 수 있다.

22 산업현장에서 갈등 해소 및 고용관계 개선을 위한 제도 중, 보기에서 설명하는 것은?

> 종업원들이 경영의사결정에 대한 공정성을 지각할 수 있게 하기 위해 종업원으로부터 기업정책에 관한 반응을 조사하고 수용하는 제도

① 청원절차제도
② 제안제도
③ 노사협의제도
④ 고충처리제도
⑤ 종업원태도조사

> **청원절차제도**
> 종업원들로부터 기업 정책에 관한 의사결정의 반응을 조사하고 수용하는 것으로 종업원들의 의사결정에 대한 공정성을 지각할 수 있게 하는 효과적인 방법이다. 이 제도는 종업원들의 파업과 태업에 따른 비용을 감소시켜 주고 고용관계의 갈등을 미연에 방지할 수 있게 한다.

23 다음 고과오류 중 제도적 오류에 해당하지 않는 것은?

① 인간관계 유지
② 직무분석의 부족
③ 고과결과의 미공개
④ 고과기법의 신뢰성
⑤ 지각방어

> 지각방어는 피고과자의 오류에 해당한다.
> ※ 고과오류
>   • 피고과자 오류 : 편견, 투사, 지각방어, 성취동기 수준
>   • 제도적 오류 : 직무분석의 부족, 고과결과의 미공개, 고과기법의 신뢰성, 연공서열 의식, 인간관계 유지

24 다음 중 전통적 방식의 인사고과방법이 아닌 것은?

① 체크리스트법　　　　② 평정척도법
③ 관찰법　　　　　　　④ 서열법
⑤ 행위기준고과법

> 행위기준고과법은 현대적 방식의 인사고과방법에 해당한다.
> ※ 행위기준고과법
>   • BARS(Behaviorally Anchored Rating Scales)라고도 하며, 피고과자의 직무와 관련되는 중요한 행동이나 사건을 나열해 주고 각각의 행동에 대하여 '자주' 하는지 '전혀' 안 하는지의 척도를 매겨 총점을 계산하는 방법이다.
>   • 업무와 직결되는 구체적 행동을 기준으로 하기 때문에 평가하기 쉽고, 피고과자가 좋은 점수를 받기 위해 다음에 취해야 하는 행동을 제시해줄 수 있어 효과적이다.

25 다음 중 현대적 방식의 인사고과방법이 아닌 것은?

① 중요사건기록법　　　② 목표관리법
③ 다면평가법　　　　　④ 평가센터법
⑤ 체크리스트법

> 체크리스트법은 전통적 방식의 인사고과방법에 해당한다.
> ※ 체크리스트법
> 고과요소를 대변하는 직무와 관련된 구체적인 사례들을 여러 개 제시하고, 그 중에서 피고과자의 행동이라고 여겨지는 것을 모두 표기하여 체크된 개수와 가중치를 추가하여 점수화하는 방법이다.

26 다음 박스 안의 내용이 설명하는 것으로 가장 적합한 것은?

> 이 방식은 평가자가 수시로 목표와 비교하면서 피고과자의 행동을 수정해줄 수 있으며, 좋지 않은 결과가 나오기 전에 미리 올바른 방향으로 유도가 가능하지만, 모든 직무성과를 계량화할 수 없다는 것이 단점이다.

① 서열법　　　　　　　② 평가센터법
③ 체크리스트법　　　　④ 행위기준고과법(BARS)
⑤ 목표에 의한 관리(MBO)

정답　21 ④　22 ①　23 ⑤　24 ⑤　25 ⑤　26 ⑤

> **목표관리법(MBO ; Management By Objectives)**
> • 목표는 상위목표와 하위목표를 연계하고 상사와 부하가 같이 참여하여 설정
> • 핵심사항을 중심으로 구체적인 목표를 설정
> • 목표 달성 시기를 구체적으로 명시
> • 단기간의 목표만을 지나치게 강조하지 않도록 유의
> • 가능하면 숫자로 측정 가능한 목표가 바람직

27 단체협약서가 체결된 후에도 문제가 발생할 수 있다. 이런 분쟁은 근로자 입장에서 보면 또 하나의 문제점인데 이를 노동조합에서 맡아서 해당 근로자를 대신하여 사용자 측과 협상하고 해결해주는 제도는?

① 고정처리제도
② Craft 제도
③ Industrial 제도
④ 헤드헌팅 제도
⑤ 숍제도

> **고정처리제도(Grievance Procedures)**
> 단체협약서의 미실행 혹은 단체협약서의 약속이 달리 적용될 경우 등 노사 간 분쟁 시 해당 근로자를 대신하여 노동조합에서 사용자 측과 협상하고 해결해주는 제도이다.

28 인사고과의 오류 중 고과자의 심리적 원인에 의한 오류가 아닌 것은?

① 스테레오 타입
② 논리적 오류
③ 관대화 경향
④ 대비오류
⑤ 근접오류

> **고과자의 오류**
> • 심리적 원인 : 스테레오 타입(상동적 태도), 현혹효과, 논리적 오류, 대비오류, 근접오류 등
> • 통계분포 원인 : 관대화 오류, 가혹화 오류, 중심화 오류 등

29 다음 중 다면평가제의 장점으로 옳지 않은 것은?

① 관리자의 민주적인 리더십의 제고
② 공정성을 높일 수 있음
③ 평가결과에 대한 납득성을 높이고 주인의식을 제고
④ 구성원들의 참여가 보장되는 의사결정을 통해 민주적 조직문화를 창출
⑤ 평가를 보다 주관적으로 할 수 있음

해설 다면평가제는 피고과자를 주변의 많은 사람이 평가하고 당사자에게 피드백 함으로써 스스로를 판단·개발할 수 있게 지원함으로써 평가를 보다 객관적으로 할 수 있다.

30 다음 설명 중 옳지 않은 것은?

① 임금이란 사용자가 노동의 대가로 노동자에게 급여, 보너스 등의 어떠한 명칭으로든 지급하는 금품을 말한다.
② 급여는 복리후생을 제외한 일체의 금전적인 보상을 말한다.
③ 수당은 기본급 이외에 추가적으로 지급되는 금전적 보상을 말한다.
④ 장려금은 종업원을 동기화시키기 위해서 성과에 따라 일시적 포상의 의미로 지급되는 보상을 말한다.
⑤ 보너스는 종업원이 받는 모든 형태의 금전적 대가와 무형적 서비스 혜택을 말한다.

해설 보너스는 종업원과 기본적으로 약속한 금액보다 추가되는 일체의 보상을 말한다.

31 다음 중 연봉제의 장점으로 올바르지 않은 것은?

① 임금관리가 용이　　　　　　② 인재확보의 용이성
③ 상하 간 의사소통 원활　　　　④ 종업원 동기유발
⑤ 능력평가 용이

해설 연봉제의 장·단점

장 점	단 점
• 종업원 동기유발 • 임금관리의 용이 • 자발적 노력 • 인재확보의 용이성 • 상하 간 의사소통 원활	• 연봉감소로 인한 사기 저하 • 갈등과 위화감 조성 • 능력평가의 어려움 • 단기업적 중심

정답 27 ① 28 ③ 29 ⑤ 30 ⑤ 31 ⑤

32 종업원들의 임금만족은 절대수준의 크기에도 달려있지만 자신이 회사에 공헌한 것에 대한 보상의 비율이 다른 사람들이 회사에 공헌한 것에 대한 보상의 비율과 비교하여 같지 않으면 긴장과 불만이 생긴다. 이러한 현상은 어떤 이론에 의해 설명되는가?

① 기대이론
② 인지부조화이론
③ 공정성이론
④ 2요인이론
⑤ XY이론

> **공정성이론**
> • 인간관계에서 주고받는 교환이 일어날 때 공평과 정당함을 추구하는 인간본능을 기초로 하는 동기부여이론이다.
> • 각 개인은 상대방으로부터 자신의 공헌에 대한 정당하고 공평한 대가를 받아야 한다.
> • 정당성 여부는 자기의 공헌 보상만이 아니라 남과 비교·판단하여 불공정하면 화를 내거나 죄책감을 느끼고 불공정함을 줄이려고 노력한다.
> • 불공정 판단 여부와 반응행동 양식은 매우 주관적이고 형태도 매우 다양하다.

33 다음 중 법정 복리후생에 해당하지 않는 것은?

① 고용보험
② 의료보험
③ 산재보험
④ 연금보험
⑤ 전세지원금

> **복리후생의 유형**
> • 법정 복리후생 : 의료보험, 연금보험, 산재보험, 고용보험
> • 법정 외 복리후생 : 통근차량 지원, 식당과 탁아소 운영, 헬스클럽 설치, 문화·체육관 운영, 전세지원금 등

34 보기의 빈칸에 들어갈 알맞은 용어는?

> (   )은/는 종래 상사에 의해 이루어지던 일방적·하향적 목표설정 및 업적평가 대신에 부하가 스스로 또는 상사와의 협의를 통하여 목표를 설정하고 업적평가도 하는 관리방식이다.

① BARS(Behaviorally Anchored Rating Scale)
② MBO(Management by Objective)
③ TWI(Training Within Industry)
④ ACM(Assessment Center Method)
⑤ OJT(On The Job Training)

> **목표관리법(MBO ; Management by Objective)**
> 조직의 상하 서로 간의 참여에 의해 조직의 목표를 서로가 명확하게 하면서 체계적으로 구성원들 각각의 목표 또는 책임 등을 합의하에 부과하여 업무수행결과에 대해 공동으로 같이 평가하면서 궁극적으로는 해당 조직의 효과성 향상에 기여하는 일종의 동태적이면서 민주적인 관리체제이다.

35 회사에서 교육·훈련 투자가 필요한 이유가 아닌 것은?

① 인간의 개발 가능성
② 지식의 반감기 가속화
③ 커뮤니케이션과 상호협조
④ 기술과 환경변화
⑤ 구조조정의 기반 마련

> 교육·훈련 투자가 필요한 이유는 인간의 개발 가능성, 기술과 환경변화, 지식사회의 전문가 필요, 지식의 반감기 가속화, 커뮤니케이션과 상호협조의 필요 등 때문이다.

36 OJT의 장점이 아닌 것은?

① 교육하면서 직무수행이 가능
② 비용·시간 절약
③ 교육이 구체적이며 현실적임
④ 다수 종업원 교육 가능
⑤ 상사·동료와의 커뮤니케이션

OJT의 장·단점

장 점	단 점
• 교육과 동시에 직무수행 가능 • 상사·동료와 커뮤니케이션 • 비용·시간 절약 • 구체적·현실적 교육으로 효과가 높음	• 현장상사의 교육전문성 한계 • 작업, 실무에 지장 초래 • 다수 종업원 교육은 불가 • 비숙련자이므로 사고위험

정답 32 ③ 33 ⑤ 34 ② 35 ⑤ 36 ④

37 중간관리자의 직장 외 교육훈련방식의 대표적인 방식으로 비교적 광범위한 경영문제 및 경영원리의 해명과 관리자로서 필요한 관리기술의 지도를 목적으로 하는 것은?

① TWI방식
② MTP방식
③ OD방식
④ 복수경영제도
⑤ ATP방식

> ① TWI방식 : 감독자의 직장 외 교육훈련방식으로 10여 명이 소집단을 이뤄 특별훈련을 받은 지도자가 교육·훈련을 시키는 방식이다.
> ③ OD방식 : 집단으로 훈련하고 집단전체의 힘을 강하게 하는 조직개발계획방식이다.
> ④ 복수경영제도 : 중간·하위관리자들이 최고경영층의 이사회와 같은 운영위원회를 형성하여 실무경영에 필요한 의사결정·정책결정 등을 상위 경영층에 건의하는 참여제도이다.
> ⑤ ATP방식 : 최고경영층의 직장 외 교육훈련방식으로 견연강좌의 한 방식이다.

38 다음 보기에서 설명하는 교육·훈련 및 개발의 방법은?

> 참가자들이 관리자의 책상 위에서 자주 발생하는 일에 관한 메모, 보고서, 전화메시지 등과 같은 많은 업무용 자료를 받고 이 자료에 포함된 정보에 따라 행동하도록 요구받는데, 가장 먼저 필요한 일은 각 개별적인 사안에 대해 우선순위를 정하는 것이다.

① 브레인스토밍
② 사례연구법
③ 인바스켓훈련
④ 역할연기법
⑤ 회의식 방법

> ① 브레인스토밍 : 3인 이상의 참가자가 모여서 하나의 주제를 자유롭게 논의하며, 특정시간 동안 제시한 안건들 중 가장 적합한 생각을 만들어가는 일련의 과정이다.
> ② 사례연구법 : 사례를 작성해 배부하고 토론하는 방식이다.
> ④ 역할연기법 : 참가자 중에서 실연자를 선출하고 주제에 따른 역할을 실제로 연출함으로써 공명과 체험을 통해 훈련효과를 높이는 방법이다.
> ⑤ 회의식 방법 : 토의를 통해 참가자들이 공동이해를 갖도록 하며 문제를 해결하도록 시도하는 방식이다.

39 인건비 산출관리에 대한 내용으로 적절하지 않은 것은?

① 정액급여는 기본급 + 통상적 수당, 직책, 가족, 근속수당 등이다.
② 초과급여는 연장근로수당, 휴일근로수당, 야간근로수당 등이다.
③ 특별급여는 상여금, 기말수당, 학자금지원 등이다.
④ 임금총액은 정액급여 + 초과급여 + 특별급여의 총합이다.
⑤ 노동비용은 보수비용 + 교육훈련으로 구성된다.

> 노동비용은 개개인의 근로자가 임금소득으로 인지하는 보수비용에 모집비, 교육훈련비 등을 포함한 것이다.

40 다음 보기는 경제적 부가가치에 대한 내용이다. 빈칸에 적절한 내용은?

- 기업의 재무활동이나 (㉠)을 제외한 본연의 영업활동을 통하여 창출된 가치
- 세후영업이익에서 자본비용을 (㉡)한 값
- 세후영업이익은 채권자 및 주주에게 배분할 수 있는 이익을 의미
- 투하자본수익률이 자본비용을 초과하는 투자가 이루어지면 기업가치가 (㉢)

① ㉠ 투기활동 ㉡ 초과 ㉢ 향상
② ㉠ 저축활동 ㉡ 차감 ㉢ 감소
③ ㉠ 투자활동 ㉡ 차감 ㉢ 증대
④ ㉠ 생산활동 ㉡ 배분 ㉢ 증대
⑤ ㉠ 소비활동 ㉡ 차감 ㉢ 감소

> 경제적 부가가치
> - 기업이 재무활동이나 (투자활동)을 제외한 본연의 영업활동을 통하여 창출된 가치
> - 세후영업이익에서 자본비용을 (차감)한 값
> - 세후영업이익은 채권자 및 주주에게 배분할 수 있는 이익을 의미
> - 투하자본수익률이 자본비용을 초과하는 투자가 이루어지면 기업가치가 (증대)

정답 37 ② 38 ③ 39 ⑤ 40 ③

CHAPTER 04 · 경영분석

> **Key Point**
> - 회계의 기초지식과 재무제표에 대해 학습한다.
> - 유통비용의 구성과 손익산출에 대해 학습한다.
> - 투자수익분석과 경영효율분석에 대해 학습한다.

01 유통 관련 회계의 기초지식

1 경영분석 및 회계

(1) 경영분석의 목적 기출 18
① 경영분석은 기업의 건강상태를 진단하여 과거와 현재의 기업실체를 파악하는 것이다.
② 기업의 미래를 예측함으로써 경영자 및 이해관계자들의 의사결정 목적에 적합한 정보를 제공한다.
③ 기업의 내·외부 이해관계자들이 합리적인 의사결정에 필요한 계량적·비계량적 정보를 활용하여 기업 경영상태를 종합적으로 평가하는 것이다.

> **OX문제**
> ▶ 경영예산 편성은 경영분석의 목적이다. O|X
> [해설]
> 경영예산 편성은 경영분석을 통해 기업의 경영목적을 달성하기 위한 수단이라고 할 수 있다.
> 정답 ≫ ×

(2) 회계의 이해관계자(재무정보이용자)
① 경영자
  ㉠ 합리적인 기업경영을 수행하기 위해서 회사의 재산상태와 경영성과를 파악한다.
  ㉡ 예산과 실적의 차이를 분석, 과거활동에 공사 성과 평가, 재무정보 이용 신제품 개발, 설비투자 등의 의사결정 과정에서 재무정보를 이용한다.
② **주주** : 주식 처분 및 보유의 의사결정 시 또는 미래에 투자 시 의사결정 과정에서 재무정보를 이용한다.
③ **채권자** : 자금대여 의사결정 시 자금의 대여 여부, 이자율 정도, 채권기간 연장 여부, 대여 조건 등을 재무정보를 토대로 결정한다.
④ **정부기관** : 세금 부과와 규제 시 재무정보를 이용한다.

(3) 회계의 개념

① 재무정보이용자가 합리적인 판단이나 의사결정을 할 수 있도록 기업실체에 관한 유용한 정보를 식별, 측정, 전달하는 과정이다.
② 회계의 순환과정

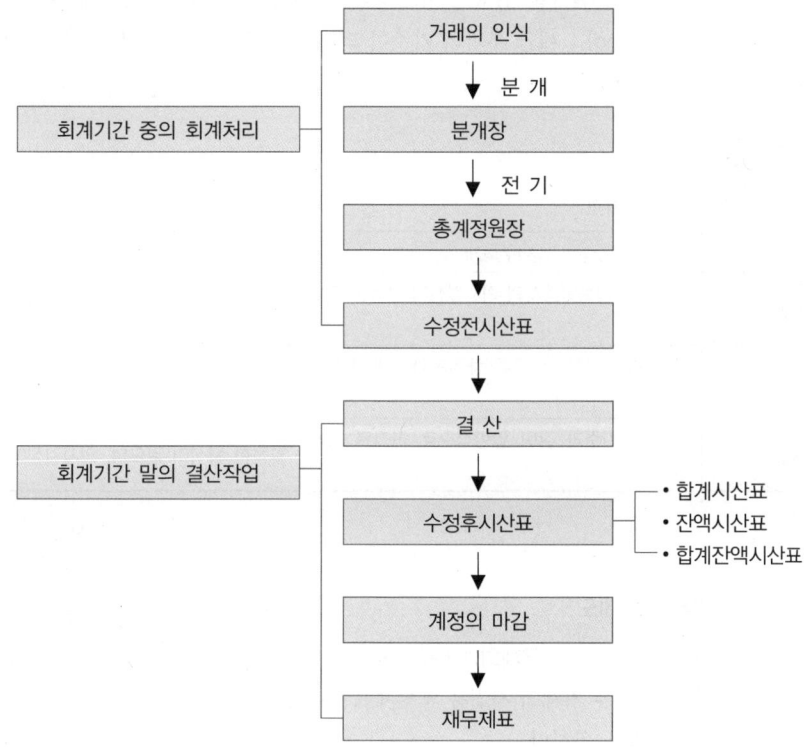

③ 재무정보는 기업활동에 있어서 거래와 재무활동에 대한 경리활동이나 회계업무를 통하여 만들어진 정보를 말하며, 이는 기업의 경영성과, 재정상태 및 기업 활동과 관련된 제반 재무적 정보를 의미한다.
④ 회계정보 사이클 기출 14
분개(회계자료의 식별 및 기록) → 원장 기록(회계자료의 계정별 기록) → 시산표 작성(회계자료의 요약) → 재무제표 작성(재무보고서)

(4) 회계의 분류

① 재무회계(Financial Accounting) : 기업의 외부에 있는 이해관계자인 불특정다수인에게 기업의 재무적 정보, 즉 상거래 내역을 기록·보고할 목적으로 이루어지는 회계
② 관리회계(Managerial Accounting) : 내부의 이해관계자인 경영자 등에게 경영실적 등을 보고할 목적으로 이루어지는 회계
③ 원가회계(Cost Accounting) : 일반적으로 관리회계에 속하며, 제조업의 경우 생산하여 판매하는 제품의 원가를 산정하기 위하여 사용되는 회계

㉠ 활동기준 원가회계(Activity – Based Costing)는 전통적인 원가계산방법의 대안으로 등장한 기법이다. 기출 14
　　㉡ 점차 증가하고 있는 간접원가를 서비스 또는 제품에 정확하게 배부하기 위하여 활동별로 간접원가 집합을 설정하여 활동별 원가 동인을 찾아내어 정확하게 원가를 배부하는 원가계산기법이다.
　　㉢ 일차적으로 활동별로 원가를 집계한 다음 그 원가를 제품 또는 서비스에 배부한다.
　④ 세무회계(Tax Accounting) : 세금 부과의 기준이 되는 회계로서, 재무회계를 세금의 부과기준에 맞게 바꾸는 회계

개념 PLUS

재무회계와 관리회계의 비교

구 분	재무회계	관리회계
사용목적	기업 외부정보이용자의 의사결정에 유용한 정보 제공	기입 내부정보이용자의 의사결정에 유용한 정보 제공
주이용자	외부정보이용자(예 주주, 채권자와 미래의 투자자 등)	내부정보이용자(예 경영자 등)
작성기준	기업회계기준과 같이 일반적으로 인정된 회계원칙	일정한 형식이 없으며, 의사결정에 적합한 방법

(5) 회계의 원칙과 외부감사제도

① 일반적인 회계원칙(GAAP) → 국제회계기준(IFRS)
　　기업실체에 영향을 미치는 경제적 사건을 재무제표 등에 보고하는 방법을 기술하는 것으로 회계처리를 할 때 따라야 할 지침을 말한다.
② 우리나라의 회계원칙
　㉠ 금융감독위원회는 한국회계기준원이 제정한 회계기준을 인정
　㉡ 한국채택국제회계기준에서의 재무제표 기출 18
　　• 경영진은 재무제표 작성 시 계속기업으로서의 존속가능성을 평가
　　• 재무제표는 기업의 재무상태, 재무성과, 현금흐름을 공정하게 표시
　　• 재무제표의 목적은 광범위한 정보이용자에게 기업의 재무상태, 재무성과와 재무상태 변동에 관한 정보를 제공하는 것
　　• 재무제표를 재무상태표, 포괄손익계산서, 자본변동표, 현금흐름표로 규정
　　• 각각의 재무제표는 전체 재무제표에서 동등한 비중으로 표시

> **OX문제**
> ▶ 한국채택국제회계기준상에서 전체 재무제표는 재무상태표, 손익계산서, 자본변동표, 현금흐름표를 말한다. O X
> **해설**
> 한국채택국제회계기준에서는 재무제표를 재무상태표, 포괄손익계산서, 자본변동표, 현금흐름표로 규정하고 있다.
> 정답 ▶ ×

③ 외부감사제도(External Auditing)
　㉠ 기업의 재무상태와 경영성과, 기타 재무정보가 회계원칙에 따라 작성되었는지를 독립적인 전문가가 의견을 표명함으로써 재무제표의 신뢰성을 높이고 재무제표의 이용자가 회사에 관하여 올바른 판단을 할 수 있도록 한 제도이다.
　㉡ 주식회사 등의 외부감사에 관한 법률의 규정에 의해 자산총액 120억, 부채 70억 이상 주식회사는 공인회계사(CPA ; Certified Public Accountants)로부터 회계감사를 받도록 의무화하고 있다.
　㉢ 감사보고서의 의견 종류
　　• 적정의견 : 회계감사 결과 회계처리기준에 따라 중요성의 관점에서 위배사항이 없을 경우에 표명되는 의견
　　• 한정의견 : 회계처리기준 위배와 감사범위 제한의 정도에 따라 그 정도가 비교적 덜 중요한 경우에 표명되는 의견
　　• 부적정의견 : 회계처리기준(GAAP)의 위배가 중요할 경우에 표명되는 의견
　　• 의견거절 : 회계감사의 감사범위를 제한할 경우에 표명되는 의견

> **OX문제**
> ▶ 감사보고서에 표시되는 감사의견 중 중도의견은 회계처리기준의 위배가 중요한 경우에 표명되는 의견이다. ○ⓧ
>
> 해설
> 감사보고서에 표시되는 감사의견의 종류에는 적정의견, 한정의견, 부적정의견, 의견거절의 4가지가 있고, 부적정의견이 회계처리기준(GAAP)의 위배가 중요할 경우에 표명되는 의견이다.
>
> 정답 ✗

(6) 회계상의 거래
① 거래의 개념 : 기업의 활동결과로서 기업의 자산, 부채, 자본의 구조, 즉 재무상태에 변화를 일으키는 경제적 사건을 의미한다.
② 거래의 이중성과 복식부기
　㉠ 거래의 이중성 : 거래의 8요소들 중 반드시 둘 이상이 서로 결합하여 기업의 재무상태에 영향을 미치는 것
　㉡ 복식부기의 원리 : 회계상 거래 발생 시 동일한 금액으로 차변과 대변에 이중 기입해야 하는 원리 (예 대차평균의 원리)
③ 거래의 8요소 결합관계

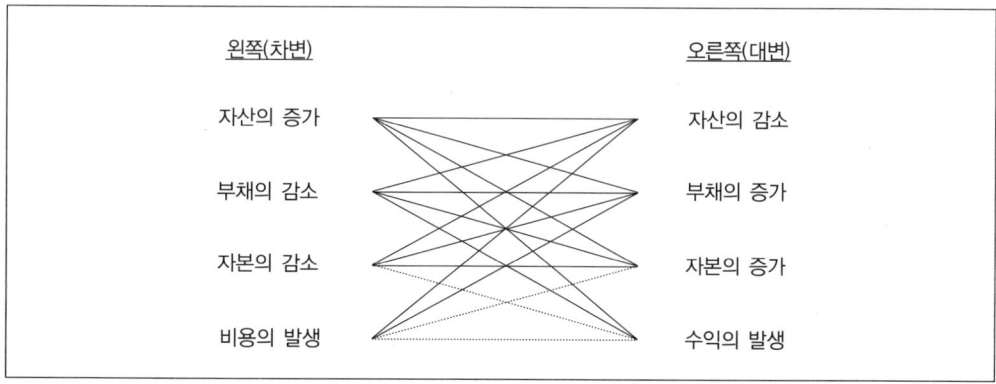

④ 거래의 종류
  ㉠ 결합관계에 따른 분류 : 교환거래, 손익거래, 혼합거래
  ㉡ 현금수지에 따른 분류 : 현금거래(입금거래, 출금거래), 대체거래
  ㉢ 발생장소에 따른 분류 : 내부거래, 외부거래

(7) 계정(Account)
① 개념 : 거래 발생 시 자산·부채·자본의 증감 변화를 구체적으로 기록, 계산, 정리하는 단위를 말한다.
② 재무상태표 계정과 손익계산서 계정

구 분		계 정
재무상태표 계정	자산계정	현금, 예금, 매출채권, 상품, 비품, 토지, 건물 등
	부채계정	매입채무, 단기차입금, 미지급금, 선수금 등
	자본계정	자본금, 이익잉여금 등
손익계산서 계정	수익계정	매출, 임대료수익, 이자수익 등
	비용계정	매출원가, 급여, 광고선전비, 이자비용 등

2 분개, 전기, 결산

(1) 분개(Journalizing)와 분개장
① 분개 : 회계상 거래를 파악하고 이를 차변항목과 대변항목으로 분류하여 이를 기록하는 과정이다.
② 분개장(General journal) : 분개를 기입하는 장부로 주요장부에 해당하며, 발생한 거래가 최초로 기록되는 장부이기 때문에 원시기입장이라고 한다.
③ 분개의 절차 기출 24
  ㉠ 먼저 해당 거래에 대하여 계정을 판단한다. 자산인지, 부채 또는 자본인지, 수익이나 비용인지를 판단하는 것이다.
  ㉡ 해당 계정을 차변에 기입할 것인지, 대변에 기입할 것인지를 판단한다.

(차 변)	(대 변)
자 산	부 채
	자 본
비 용	수 익

> **개념 PLUS**
>
> 아래 글상자의 자료를 토대로 재무상태표 차변의 총합을 바르게 계산한 것은?
>
> - 유동부채 : 80만원
> - 매출채권 : 100만원
> - 특허권 : 50만원
> - 현금 : 120만원
> - 자본금 : 100만원
> - 이익잉여금 : 40만원
>
> ① 490만원
> ② 410만원
> ③ 270만원
> ④ 170만원
> ⑤ 120만원
>
> **해설**
> 재무상태표 차변에는 자산항목을, 대변에는 부채 및 자본항목을 기입한다. 따라서 차변에는 현금 120만원, 매출채권 100만원, 특허권 50만원을, 대변에는 유통부채 80만원, 자본금 100만원, 이익잉여금 40만원을 기입하므로 차변의 총합을 계산하면 120만원 + 100만원 + 50만원 = 270만원이다.
>
> 답 ③

(2) 전기와 대차평균의 원리

① **전기(Posting)** : 분개가 끝나면 분개한 내용을 총계정원장에 계정별로 옮겨 놓는 절차를 말한다.

② **총계정원장(G/L ; General Ledger)** : 전기를 하게 되면 일정기간 동안의 해당 계정의 증가, 감소액을 파악할 수 있고 일정시점에서 해당 계정의 잔액을 알 수 있는데, 이러한 거래를 각 계정과목별로 분류하고 정리하여 하나로 모아둔 장부를 총계정원장이라고 한다.

③ **대차평균의 원리(Principle of Equilibrium)** : 거래의 이중성에 의해 계정 전체를 놓고 볼 때 차변과 대변금액 합계가 반드시 일치하게 되는 원리를 말한다.

(3) 결산과 마감

① **결산** : 회계기간 말에 각종 장부를 정리, 마감하여 회계기간 말의 재무상태를 명확히 파악하는 활동이다.

② **결산 절차**
수정 전 시산표 작성 → 기말수정분개 → 수정 후 시산표 작성 → 장부 마감 → 포괄손익계산서와 재무상태표 작성

③ **시산표(T/B ; Trial Balance)**
㉠ 분개장에 기입된 모든 거래의 분개가 총계정원장에 정확하게 전기되었는가를 조사하기 위하여 작성하는 표이며, 이때 차변합계액과 대변합계액은 반드시 일치해야 한다.
㉡ 시산표의 종류 : 합계시산표, 잔액시산표, 합계잔액시산표
㉢ 잔액시산표 등식 : 자산 + 비용 = 부채 + 자본 + 수익

④ **장부 마감** : 기말수정분개를 하고 난 후 총계정원장의 각 계정들을 마감하여 다음 회계기간의 경영활동을 기록하기 위한 준비를 하는 단계이다.

02 재무제표의 이해

1 재무제표의 개요

(1) 재무제표의 기본가정 기출 19

① 계속기업 : 경영진은 재무제표를 작성할 때 계속기업으로서의 존속가능성을 평가해야 한다. 경영진이 기업을 청산하거나, 경영활동을 중단할 의도를 가지고 있거나, 청산 또는 경영활동의 중단 외에 다른 현실적 대안이 없는 경우가 아니면 계속기업을 전제로 재무제표를 작성한다.

② 발생주의 : 기업은 현금흐름 정보를 제외하고는 발생기준 회계를 사용하여 재무제표를 작성한다. 발생기준은 기업실체의 경제적 거래나 사건에 대해 관련된 수익과 비용을 그 현금 유·출입이 있는 기간이 아니라 당해 거래나 사건이 발생한 기간에 인식하는 것을 말한다.

③ 기업실체의 가정 : 회계의 대상인 기업은 소유주와 별개로 존재하는 하나의 권리의무의 주체라는 가정이다.

④ 기간별 보고의 가정 : 계속기업을 일정한 단위로 분할하여 정보를 제공한다는 가정으로 기업의 재무제표 등을 작성할 때 1년이나 6개월 혹은 3개월 등의 단위로 구분하여 각 기간별로 구성한다.

> **OX문제**
> ▶ 회계정보 이용자들에게 유용한 정보를 제공하는 재무제표의 기본가정 및 원칙에 재무건전성이 포함된다. O|X
>
> **해설**
> 재무제표의 기본가정 및 원칙에는 수익과 비용의 발생기준, 기업실체의 가정, 계속기업의 가정, 기간별 보고의 가정 등이 있다.
>
> 정답 ▶ X

(2) 재무제표의 기본원칙 기출 20

① 기업은 장기간 존속한다고 가정한다.
② 전체 재무제표는 적어도 1년마다 작성한다.
③ 기업에 관한 모든 경제적 사건은 빠짐없이 공시해야 한다.
④ 기업의 현금흐름 정보를 제외하고는 발생주의 기준회계를 사용하여 작성한다.
⑤ 재무제표의 중요한 항목은 본문 또는 주석에 그 내용을 가장 잘 나타낼 수 있도록 구분하여 표시한다.

> **OX문제**
> ▶ 재무제표의 기본원칙에서는 전체 재무제표를 적어도 1년마다 작성해야 한다. O|X
>
> 정답 ▶ O

(3) 재무제표의 종류

정보이용자들에게 정보를 전달하는 수단이 재무제표인데, 재무제표는 재무상태표, 손익계산서, 현금흐름표, 자본변동표, 주석으로 구성된다.

구 분	제공하는 정보
재무상태표	일정시점의 재무상태(자산, 부채, 자본)
손익계산서	일정기간 동안의 경영성과(수익, 비용)
현금흐름표	일정기간 동안의 현금의 유입과 유출 내역
자본변동표	일정기간 동안의 자본의 크기와 그 변동 내역
주 석	재무제표에 대한 보충적 설명

2 재무상태표

(1) 개요

재무상태표는 일정시점 현재 기업이 보유하고 있는 경제적 자원인 자산과 경제적 의무인 부채, 그리고 자본에 대한 정보를 제공하는 재무보고서로서, 정보이용자들이 기업의 유동성, 재무적 탄력성, 수익성과 위험 등을 평가하는 데 유용한 정보를 제공한다.

(2) 재무상태표의 구성항목

① 자산 : 과거 사건의 결과로 기업이 통제하고 있고, 미래경제적효익이 기업에 유입될 것으로 기대되는 자원이다.

유동자산 기출 15	당좌자산	판매과정을 거치지 않고 현금화할 수 있는 자산(예 현금및현금성자산, 단기금융상품, 유가증권, 매출채권, 단기대여금, 미수수익, 선급비용 등)
	재고자산	판매 또는 제품의 생산을 위해 보유하고 있는 자산(예 상품, 제품, 원재료, 재공품, 저장품 등)
비유동자산	투자자산	다른 회사를 지배할 목적이나 유휴자금의 장기적인 이윤을 얻을 목적으로 보유하고 있는 자산(예 장기금융상품, 투자유가증권, 장기대여금, 보증금 등)
	유형자산	영업활동에 사용할 목적으로 보유하고 있는 실물자산(예 토지, 건물, 구축물, 비품, 기계장치, 선박, 차량운반구, 건설중인자산 등)
	무형자산	영업활동에 사용할 목적으로 보유하고 있는 물적 실체가 없는 자산(예 영업권, 산업재산권, 광업권, 어업권, 개발비 등)
	기타 비유동자산	비유동자산 중 투자, 유형·무형자산에 해당하지 않는 기타의 비유동자산(예 임차보증금, 이연법인세자산(유동자산으로 분류되는 부분 제외), 장기매출채권 및 장기미수금 등)

개념 PLUS

팩토링 기출 15
- 기업과 기업 사이에서 발생된 매출채권을 매입하는 것으로, 팩토링 회사가 고객의 매출채권을 매입함으로써 기업에 단기자금을 제공하는 방법
- 우리나라에서는 할부금융회사 또는 캐피탈회사가 팩토링 업무를 취급

② 부채 : 과거 사건에 의하여 발생하였으며 경제적효익을 갖는 자원이 기업으로부터 유출됨으로써 이행될 것으로 기대되는 현재 의무이다. 즉, 기업이 부담하고 있는 빚으로써 미래에 갚아야 할 의무가 있는 채무를 부채라 한다.

> **OX 문제**
> ▶ 미지급금, 선수금, 매입채무는 유동부채에 속한다. O|X
> 정답 〉 O

유동부채 기출 23·19	매입채무	상품 등을 외상 또는 어음을 발행하여 매입한 경우 발생하는 채무
	단기차입금	타인이나 은행으로부터 현금을 빌린 경우 발생하는 채무로 상환기일이 재무상태표일로부터 1년 이내인 것
	미지급비용	당기에 발생하였으나 아직 지급하지 않은 비용
	선수수익	당기에 이미 현금으로 받은 수익 중 다음 회계기간에 속하는 부분

비유동부채	장기차입금	타인이나 은행에서 현금을 빌린 경우 발생하는 채무로 상환기일이 재무상태표일로부터 1년 이상인 것
	퇴직급여충당금	장래의 종업원의 퇴직 시 지급되는 퇴직금을 대비해 설정한 준비액
	사 채	주식회사가 장기자금 조달을 위해 계약에 따라 일정이자를 지급하며 일정시기에 원금 상환을 계약하고 차입한 채무

③ **자본** : 기업의 자산에서 모든 부채를 차감한 후에 잔여지분으로, 회사의 소유주 자신이 투자한 출자금으로써 소유주 지분을 말한다. 즉, 회사의 재산인 자산을 팔았을 때 부채를 갚아야 하므로 부채 부분을 채권자 지분이라 하고, 그 나머지에 대해서는 소유주 자신의 것이므로 자본은 소유주 지분이라 한다. 또한 회사의 자산 중 부채를 우선적으로 갚아야 하므로 자본을 잔여지분 또는 순자산이라 한다.

자본금	회사설립 시 또는 증자 시 주주가 회사에 납입한 출자금
이익잉여금	기업이 벌어들인 이익 중 배당금 등으로 지급되지 않고 남아 있는 부분

3 손익계산서

(1) 개 요

손익계산서는 일정기간 동안 기업의 경영성과에 대한 정보를 제공하는 재무보고서이다. 당해 회계기간의 경영성과를 나타낼 뿐만 아니라 기업의 미래현금흐름과 수익창출능력 등의 예측에 유용한 정보를 제공한다.

(2) 손익계산서의 구성항목

① **수익** : 자산의 유입이나 증가 또는 부채의 감소에 따라 자본의 증가를 초래하는 특정 회계기간 동안에 발생한 경제적효익의 증가로써, 지분참여자에 의한 자본금 납입과 관련된 것은 제외한다.

매출액	상품, 제품을 판매하거나 용역을 제공하고 얻은 수익
임대료수익	건물이나 토지 등을 임대하고 얻은 수익
이자수익	은행에 예금한 금액에 대하여 받은 이자

② **비용** : 자산의 유출이나 소멸 또는 부채의 증가에 따라 자본의 감소를 초래하는 특정 회계기간 동안에 발생한 경제적효익의 감소로써, 지분참여자에 대한 분배와 관련된 것은 제외한다.

매출원가 기출 21	매출액에 대응되는 원가로서 판매된 상품의 매입원가 또는 제품의 제조원가
급 여	종업원에게 지급하는 근로의 대가
광고선전비	광고물 제작비용이나 신문, TV 등에 광고를 의뢰하는 비용
지급임차료	부동산과 점포, 사무실 등을 빌린 경우에 지급하는 대가
감가상각비	건물 등 유형자산의 취득원가를 내용연수 동안에 비용으로 배분하는 금액
이자비용	차입금에 대해 발생하는 이자

4 현금흐름표

(1) 개 요

현금흐름표는 기초의 현금과 기말의 현금을 비교하여 기중 거래에서 현금의 유입과 유출이 어떠한 방법으로 이루어져 있는지를 나타낸 재무제표이다. 발생주의는 현금거래와 관련 없이 수익과 비용을 인식하며, 이를 토대로 재무제표를 작성하기 때문에 현금의 이동에 대해 알 수 없다. 따라서 이러한 발생주의의 한계를 보완하기 위해 작성되는 재무제표가 현금흐름표이다.

(2) 현금흐름표의 구성

① 영업활동 : 기업의 이익에 영향을 미치는 직·간접적인 모든 활동을 의미하는 것으로, 제품의 생산과 상품 등의 구매 및 판매활동과 같이 직접적으로 영향을 미치는 활동뿐만 아니라 간접적이고 보조적인 활동으로써 이익에 영향을 미치는 모든 활동 중 투자 및 재무활동에 속하지 아니한 거래를 모두 포함한다.
② 투자활동 : 현금의 대여와 회수활동, 금융상품, 유가증권, 투자자산, 유형자산 취득·처분활동 등 영업활동과 관련이 없는 자산의 증가·감소 거래를 말한다.
③ 재무활동 : 자금의 조달과 관련된 활동으로, 현금의 차입 및 상환활동, 신주의 발행이나 배당금지급 등 영업활동과 관련이 없는 부채 및 자본의 증가·감소거래를 말한다.

5 자본변동표

자본변동표는 자본의 크기와 그 변동에 관한 정보를 제공하는 재무보고서로, 자본을 구성하고 있는 자본금, 자본잉여금, 자본조정, 기타포괄손익누계액, 이익잉여금(또는 결손금)의 변동에 대한 포괄적인 정보를 제공한다.

6 주 석

주석이란 재무제표 항목에 기호를 표시하고 별도의 지면에 상세한 설명을 하는 것으로, 재무제표 본문에 반영하기 어려운 정도로 그 내용이 길거나, 하나의 내용으로 둘 이상의 계정과목에 설명이 삽입되는 경우에 사용한다. 주석에는 중요한 회계처리 방침이나 재무제표 항목에 대한 세부계산 내역 등 재무제표 본문에 표시된 정보를 이해하는 데 도움이 되는 추가정보를 제공한다.

03 유통비용의 구성과 손익산출

1 자산

(1) 유동자산과 비유동자산

유동자산	비유동자산
• 당좌자산 • 재고자산	• 투자자산 • 유형자산 • 무형자산 • 기타비유동자산

(2) 당좌자산

① 현금및현금성자산
  ㉠ 현금 : 유동성이 가장 높은 자산, 재화나 용역 구입 시 교환의 대표적인 수단
  ㉡ 요구불예금 : 기업과 은행이 당좌계약을 맺고 필요에 따라 수표를 발행할 수 있는 당좌예금과 보통예금으로 분류
  ㉢ 현금성자산 : 현금 전환이 쉽고 이자율 변동에 따른 가치변동의 위험이 중요치 않은 유가증권 및 단기금융상품(취득 당시 만기가 3개월 이내)

② 단기금융상품
  ㉠ 정기예금·정기적금, 사용이 제한된 예금(예 양동예금, 감채기금), 기타 정형화된 금융상품(취득 당시 만기가 3개월 이상 1년 미만)
  ㉡ 기타 정형화된 금융상품 : 양도성예금증서(CD), 어음관리구좌(CMA), 기업어음(CP), 환매조건부채권, 기업금전신탁

③ 유가증권 : 기업이 초과된 현금을 주식, 국채, 공채, 사채 등의 유가증권에 투자해 단기투자수익을 얻고자 할 때, 재산적 가치를 가지고 있는 증권

④ 수취채권과 지급채무
  ㉠ 수취채권 : 기업이 재화와 용역을 외상으로 판매, 제공하거나 자금을 대여해주고 그 대가로 미래의 현금을 수취하기로 하는 권리를 가지는 채권
  ㉡ 지급채무 : 기업이 재화와 용역을 외상으로 구매, 제공받거나 자금을 차입하고 그 대가로 미래의 현금을 지급하기로 하는 의무를 가지는 채무

(3) 재고자산
① 영업활동에서 판매목적으로 보유 또는 생산과정에 있는 자산(예 재공품)과 소모될 자산(예 원재료, 저장품)
② 재고자산의 분류(기업회계기준) : 상품, 제품, 반제품, 재공품, 원재료, 저장품 등
③ 재고자산의 취득원가 : 자산 취득·사용에 소요된 현금지출액(예 현금등가액), 매입부대비용(예 매입수수료, 운반비, 하역비 등)
④ 재고자산의 원가배분
　㉠ 수량결정방법
　　• 계속기록법 기출 20·16
　　　- 제품의 입·출고 시마다 수량을 계속적으로 기록하는 방법(매입·매출빈도가 낮을 시 유리)
　　　- 재고자산의 매입·매출 시 장부에 증가와 감소를 기록하는 방법
　　　- 언제든지 재고자산 및 매출원가 파악 가능
　　　- 실지재고조사법과 병행하는 경우에는 재고자산감모손실을 산정할 수 있어 재고자산의 관리에 유용
　　　- 고가상품을 소량으로 취급하는 경우 적용
　　　- 실지재고조사법보다 실무상 기록면에서 불편할 수 있음
　　　- 재고자산의 매출원가를 수시로 추정하는데 용이
　　• 실지재고조사법 기출 20·17·13
　　　- 회계기간 중 상품을 매입·집계하였다가 회기 말에 재고실사를 실시하여 보유하고 있는 재고자산수량을 결정하는 방법(매입·매출 빈도가 높을 시 유리)
　　　- 저가상품을 대량으로 취급할 경우 유용한 재고조사방법
　　　- 실지재고조사법은 기말 재고수량을 정확히 산정한다는 장점
　　　- 파손·도난·증발 등에 의한 재고감모손실의 계산이 불가능
　　　- 기말에 실지재고조사에 많은 시간과 비용이 소요
　　　- 재고조사로 인하여 영업활동에 지장을 줌
　　• 혼합법 : 계속기록법과 실지재고조사법을 병행하는 방법
　㉡ 단가결정방법
　　• 개별법 : 재고자산에 가격표 등을 붙여 판매된 것과 재고를 구별하여 구분
　　• 선입선출법 : 먼저 취득한 자산을 판매된 것으로 가정하여 매출원가와 기말재고로 구분

> **OX문제**
> ▶ 재고자산은 회사가 판매하기 위해 보유하고 있는 상품과 제품이며, 이들을 진열하기 위한 매대나 선반은 재고자산에 포함되지 않는다.
> 정답 ▶ ○

> **OX문제**
> ▶ 재고조사방법 중 계속기록법은 저가상품을 대량으로 취급할 경우에 유용하다.
> 해설
> 저가상품을 대량으로 취급할 경우 유용한 재고조사방법은 실지재고조사법이다.
> 정답 ▶ ×

> **개념 PLUS**
>
> **선입선출법의 계산** 기출 19
> K사는 1월 1일을 기준으로 상품 3개(단가 ₩100)를 기초재고재산으로 보유하고 있다. 5월 5일 상품 2개(단가 ₩150)를, 7월 7일 상품 2개(단가 ₩100)를 각각 구입하였다. 당해 연도에 4개의 상품을 단가 ₩200에 판매하였다. 선입선출법을 사용할 경우 K사의 매출원가는?
>
> [해설]
> 선입선출법으로 판매된 4개의 상품 : 기초재고상품 3개 + 5월 5일 매입상품 1개
> 선입선출법으로 판매된 상품의 매출원가 = (3개 × 100원) + (1개 × 150원) = 450원
>
> 답 450원

- 후입선출법 : 가장 최근에 매입한 상품을 먼저 판매된 것으로 가정하여 매출원가와 기말재고로 구분
- 평균법 : 일정기간 동안의 재고자산원가를 평균한 평균원가로 판매가능상품을 매출원가와 기말재고에 배분하는 방법(예 이동평균법, 총평균법)

(4) 투자자산

① 개 요

투자자산은 장기적인 투자수익을 얻기 위해 가지고 있는 채무증권과 지분증권, 영업활동에 사용되지 않는 토지와 설비자산, 설비확장 및 채무상환 등에 사용할 특정 목적의 예금 및 여유자금을 운용하여 장기적인 투자이윤을 얻기 위해서 또는 다른 기업을 지배하거나 통제할 목적으로 장기에 걸쳐 소유하고 있는 지분법적용투자주식 등의 자산을 말한다.

② 투자자산의 범위

분 류	내 용
장기금융상품	유동자산에 속하지 아니하는 금융상품
장기투자증권	유동자산에 속하지 아니하는 유가증권(매도가능증권, 만기보유증권 등)
장기대여금	유동자산에 속하지 아니하는 장기의 대여금
투자부동산	시세차익을 얻기 위해 보유하고 있는 부동산, 즉 투자의 목적 또는 비영업용으로 소유하는 토지・건물 및 기타의 부동산
지분법적용투자주식	피투자기업에 대하여 유의적인 영향력이 있는 지분상품

(5) 유형자산

① 개 요

유형자산은 재화의 생산, 용역의 제공, 타인에 대한 임대 또는 자체적으로 사용할 목적으로 보유하는 물리적 형태가 있는 자산으로서 1년을 초과하여 사용할 것이 예상되는 자산을 말한다.

② 유형자산의 종류

분류	내용
토지	영업활동에 사용하고 있는 대지·임야·전답·잡종지 등
건물	영업활동에 사용하는 건물·냉난방·전기·통신 및 기타의 건물부속설비 등
구축물	건물에 부속되는 설비로서 교량·궤도·갱도·정원설비 및 기타의 토목설비 또는 공작물 등
기계장치	기계장치·운송설비(컨베이어·호이스트·기중기 등)와 기타의 부속설비
선박	선박과 기타의 수상운반구 등
차량운반구	철도차량·자동차 및 기타의 육상운반구 등
건설중인자산	• 유형자산의 건설을 위한 재료비·노무비 및 경비로 하되, 건설을 위하여 지출한 도급금액 또는 취득한 기계 등을 포함 • 또한 유형자산을 취득하기 위하여 지출한 계약금 및 중도금도 건설중인자산에 포함
기타의 유형자산	위에 속하지 않는 유형자산으로 비품, 공기구 등

③ 유형자산의 취득원가

유형자산은 최초에는 취득원가로 기록하는데, 취득원가는 구입원가 또는 제작원가 및 경영진이 의도하는 방식으로 자산을 가동하는 데 필요한 장소와 상태에 이르게 하는 데 직접 관련되는 원가인 취득부대비용 등이 포함된다. 한편, 매입할인 등이 있는 경우에는 이를 차감하여 취득원가를 산출한다.

> 취득원가 = 구입원가 혹은 제작원가 + 취득부대비용 − 매입할인 등

④ 유형자산의 감가상각

㉠ 유형자산의 자산가치의 감소 등을 나타내는 것으로서, 그 자산으로부터 효익을 얻는 기간 동안 그 취득원가를 체계적이고 합리적인 방법을 사용해 비용으로 배분하는 과정이다.

㉡ 감가상각방법

정액법	• 감가상각 대상금액(취득원가 − 잔존가치)을 내용연수 동안 균등하게 배분하는 방법 • 감가상각비 = $\dfrac{\text{취득원가} - \text{잔존가액}}{\text{내용연수}}$
정률법	• 기초의 미상각잔액, 즉 취득원가에서 감가상각누계액을 차감한 장부금액에 대해 매기 일정률로 감가상각비를 계산하는 방법 • 감가상각비 = 미상각잔액* × 상각률* *상각률 = $1 - \sqrt[n]{\text{잔존가액}/\text{취득원가}}$ (n = 내용연수) *미상각잔액 = 취득원가 − 감가상각누계액

⑤ 유형자산의 처분

기업은 유형자산을 처분하게 되면 처분시점에서 유형자산의 장부금액(취득원가 − 감가상각누계액)을 제거시키고, 처분가액과의 차액을 유형자산처분손익으로 처리하여야 한다. 유형자산처분이익은 대변에, 유형자산처분손실은 차변에 기록한다.

> 처분가액 − (취득원가 − 감가상각누계액) = (+) 유형자산처분이익
(−) 유형자산처분손실

(6) 무형자산

① 개 요

무형자산은 재화의 생산이나 용역의 제공, 타인에 대한 임대 또는 관리에 사용할 목적으로 기업이 보유하고 있으며, 물리적 형체가 없지만 식별가능하고, 기업이 통제하고 있으며, 미래경제적효익이 있는 비화폐성자산으로서 신뢰성 있게 측정할 수 있는 것으로 규정하고 있다.

② 무형자산의 범위

분 류	내 용
영업권	동종업계의 정상이익을 초과할 수 있는 능력인 무형의 자원을 말하는 것으로, 일반적인 자산과는 달리 기업과 분리되어 독립적으로 거래될 수 없으며 항상 당해기업 자체의 평가와 관련된 경우에만 확인가능하다는 특징을 가지고 있다.
산업재산권	• 산업 및 경제활동과 관련된 사람의 정신적 창작물이나 창작된 방법을 인정하는 무체재산권으로서 법률에 의해 보장된 특정권리를 일정기간 독점적으로 이용할 수 있는 권리를 말한다. • 종류 : 특허권, 실용신안권, 의장권, 상표권, 상호권 및 상품명 등
연구비와 개발비	기업에서는 새로운 기술을 개발하기 위하여 연구개발비를 지출한다. 이때 지출되는 비용은 연구비와 개발비로 나누어 처리하여야 하는데 이에 대한 회계처리가 각각 다르기 때문이다. • 연구비 : 새로운 지식을 얻고자 하는 활동, 연구결과 또는 기타 지식을 탐색, 평가, 최종 선택 및 응용하는 활동, 재료나 시스템 등에 대한 여러 가지 대체안을 탐색하는 활동 등 • 개발비 : 개발된 자산을 완성시킬 수 있는 기술적 실현가능성을 제시할 수 있고, 기업이 그 제품을 완성해 그것을 사용하거나 판매하려는 의도와 능력이 있는 경우

(7) 기타비유동자산

① 개 요

기타비유동자산은 임차보증금, 이연법인세자산(유동자산으로 분류되는 부분 제외), 장기매출채권 및 장기미수금 등 투자자산, 유형자산, 무형자산에 속하지 않는 비유동자산을 포함한다. 이들 중 임차보증금, 장기선급비용, 장기선급금, 장기미수금 등은 투자수익이 없고 다른 자산으로 분류하기 어려워 기타로 통합하여 표시한다.

② 기타비유동자산의 범위

분 류	내 용
임차보증금	동산·부동산에 대하여 임대차계약을 체결할 때 납부하는 금액으로 임대차계약 종료 시 되돌려 받는 금액
이연법인세자산	기업회계기준과 법인세법의 차이가 발생하는 항목들로 인하여 미래에 경감될 법인세부담액
장기매출채권	상거래로 인하여 발생한 채권 중 보고기간 종료일로부터 1년 이내 또는 정상영업주기 이내에 회수되지 않을 것으로 예상되는 것
장기미수금	상거래외 거래로 인하여 발생한 채권 중 보고기간 종료일로부터 1년 이내 또는 정상영업주기 이내에 회수되지 않을 것으로 예상되는 것

2 부 채

(1) 유동부채

① 개 요

다음과 같은 부채는 유동부채로 분류하며, 그 밖의 모든 부채는 비유동부채로 분류한다.

㉠ 기업의 정상적인 영업주기 내에 상환 등을 통하여 소멸될 것이 예상되는 매입채무와 미지급비용 등의 부채

㉡ 보고기간 종료일로부터 1년 이내에 상환되어야 하는 단기차입금 등의 부채

㉢ 보고기간 후 1년 이상 결제를 연기할 수 있는 무조건의 권리를 가지고 있지 않은 부채, 이 경우 계약상대방의 선택에 따라, 지분상품의 발행으로 결제할 수 있는 부채의 조건은 그 분류에 영향을 미치지 아니한다. 여기서 영업주기란 제조업의 경우에 제조과정에 투입될 재화와 용역을 취득한 시점부터 제품의 판매로 인한 현금의 회수완료 시점까지 소요되는 기간을 나타낸다.

> **O×문제**
>
> ▶ 미지급금과 외상매입금을 묶어서 매입채무라고 한다. O │ X
>
> **해설**
> 지급어음과 외상매입금을 묶어서 매입채무라고 한다.
>
> 정답 ▶ ×

② 유동부채의 종류 기출 20

분 류	내 용
매입채무	일반적 상거래에서 발생한 외상매입금과 지급어음을 매입채무라 한다. 여기서 일반적 상거래는 그 기업의 사업목적을 위한 경상적 영업활동에서 발생한 거래 즉, 주된 영업활동에서 발생하는 거래를 말하며, 지급어음과 외상매입금은 일반적인 상거래에서 결제할 때 나타나는 어음상의 채무와 외상으로 인한 채무를 말한다.
미지급금	일반적 상거래 이외에서 발생한 채무를 말한다. 예를 들어 상기업의 경우 재고자산 매입액에 대한 미지급액은 일반적 상거래에서 발생한 것이므로 매입채무로 계상하지만 유형자산 취득에 대한 미지급액은 일반적인 상거래가 아니므로 미지급금으로 계상하는 것이다.
차입금	1년 이내 상환되는 것은 단기차입금으로 분류하여 유동부채로 보며, 1년 이후 상환되는 것은 장기차입금으로서 비유동부채로 본다.
선수금	미래에 재화 또는 용역을 제공하기로 약속하고 상대방으로부터 대금의 전부 또는 일부를 미리 수령한 것을 말한다.
예수금	선수금과 달리 일반적인 상거래 외 거래로 인하여 일시적으로 현금을 수취하고, 이후 이를 반환하거나 납부하는 때까지 사용하는 계정이다.
미지급비용	해당 회계기간에 발생한 비용 중 현금 등을 지급하지 않은 것을 말한다. 일반적으로 보고기간 종료일 시점에서 발생주의 원칙에 따라 기간손익을 적정하게 계상하기 위해 비용으로 인식하는 유동부채이다.
선수수익	선불로 지급받은 대가에 대하여 용역제공 등의 의무가 차기 이후까지 계속되는 경우 차기 이후에 제공해야 하는 의무를 부채로 인식한 계정이다.
가수금	현금이나 예금을 수취하였으나 그 내용이 불분명할 때 사용하는 계정이다. 이는 임시적 계정이므로 차후 현금을 수취하게 된 내용을 파악하여 적절한 과목으로 대체하여야 한다.

(2) 비유동부채

① 개 요

보고기간종료일로부터 1년 이내에 상환되지 않는 부채를 비유동부채라 한다. 건물이나 기계장치와 같은 유형자산은 1년 이상 사용하는 자산이므로 이 자산들로 인해 수익이 창출되어 현금을 획득하는 기간도 1년 이상이 된다. 이러한 유형자산을 취득하기 위한 자금을 유동부채를 통해 조달하는 경우 자금상황에 좋지 않은 영향을 줄 수 있으므로 주로 비유동부채를 통해 자금을 조달하거나 상환의무가 없는 자본을 통해 자금을 조달하는 것이 더 효과적이다.

② 비유동부채의 범위

분 류	내 용
장기차입금	• 차입금 중 상환기일이 보고기간종료일로부터 1년 이후에 돌아오는 차입금이다. • 상환기일이 1년 이내인 것은 유동부채로 분류된다. • 만약, 계약 당시 상환기일이 1년 이후였다고 하더라도 이후 상환기일이 1년 이내로 도래하게 되면 유동부채인 유동성장기부채로 분류한다.
사 채	• 기업이 자금을 조달하기 위해 사채권을 발행하여 만기일에 원금을 지급하고 일정한 이자를 지급할 것을 약속한 채무증권을 말하며, "회사채"라고도 한다. • 기업은 금융감독원에 유가증권 발행신고서를 제출하고, 일반 대중을 상대로 사채를 발행(공모)하거나 특정 개인과 개별적으로 접촉하여 회사채를 매각(사모)한다. • 사채는 계약에 따라 일정한 이자가 지급되며, 만기일에 원금이 상환된다. 따라서 사채에는 지급할 이자, 만기일, 만기일에 지급할 원금 등이 표시된다.
퇴직급여충당부채	• 기업은 임원이나 종업원이 퇴직하면 퇴직금을 지급하는데 퇴직금은 근무한 기간의 경과에 따라 증가한다. • 즉 퇴직급여는 근로의 제공이라는 과거사건의 결과로 발생하는 현재의무로 의무발생 가능성이 높고 금액을 신뢰성 있게 추정할 수 있으므로 충당부채로 인식한다.
퇴직연금제도	사용자의 부담금이 사전에 확정되는 확정기여형(DC ; Defined Contributions)과 근로자의 연금급여가 사전에 확정되는 확정급여형(DB ; Defined Benefits)으로 구분되어 운용된다.

3 자본

(1) 개요

자본은 기업자산에 대한 소유주의 청구권으로서, 자산총액에서 부채총액을 차감한 잔액이다(자본 = 자산총액 − 부채총액). 즉, 주주지분은 자산과 부채의 평가결과에 따라 부차적으로 산출되는 잔여지분의 성격을 갖는다.

개념 PLUS

부채와 자본의 비교

구 분	부 채	자 본
청구권한	우선적 청구권	잔여재산 청구권
만기일	있 음	없 음
상환의무	있 음	없 음
대가지급	약정이자	이익배당
경영참여	없 음	주주총회 의결권

(2) 자본의 분류

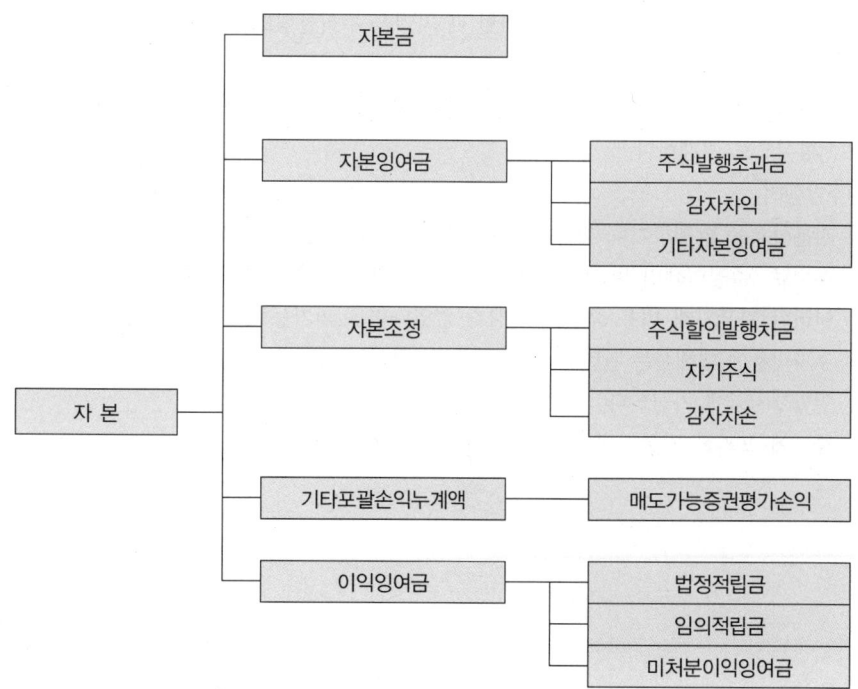

(3) 자본금

① 개 요

자본금이란 회사의 주주가 투자한 금액으로서 주주의 지분을 표시하는 금액이다. 또한 채권자보호 등의 관점에서 회사가 유지하여야 할 자산가액의 최저한도를 의미하는 것으로, 이러한 자본금은 회사가 발행한 주식의 액면가액 합계로 나타낸다.

$$\text{자본금 = 발행주식수} \times \text{1주당 액면가액}$$

② 주식의 발행
  ㉠ 일반적인 주식발행
    - 주주로부터 현금을 수령하고 주식을 발행하는 경우에 주식의 발행금액이 액면금액보다 크다면 그 차액을 주식발행초과금으로 하여 자본잉여금으로 회계처리한다.
    - 발행금액이 액면금액보다 작다면 그 차액을 주식발행초과금의 범위내에서 상계처리하고, 미상계된 잔액이 있는 경우에는 자본조정의 주식할인발행차금으로 회계처리한다.
    - 이익잉여금(결손금) 처분(처리)으로 상각되지 않은 주식할인발행차금은 향후 발생하는 주식발행초과금과 우선적으로 상계한다.
  ㉡ 주식발행의 회계처리
    - 주식을 발행하여 현금을 수령하며, 이 금액을 주식발행가액이라 한다. 액면가액(액면가 × 발행주식수)과 비교하여 그 크기에 따라 액면발행, 할증발행, 할인발행으로 구분한다.
    - 주식발행가액이 액면가액을 초과할 때 차액을 주식발행초과금으로 처리하며 자본잉여금으로 분류한다.
    - 주식발행가액이 액면가액에 미달될 경우 주식할인발행차금으로 처리하고 자본조정에 차감하는 형식으로 기재한다.

③ 신주발행비
  ㉠ 지분상품을 발행하거나 취득하는 과정에서 등록비 및 기타 규제 관련 수수료, 법률 및 회계자문 수수료, 주권인쇄비 및 인지세와 같은 여러 가지 비용이 발생한다.
  ㉡ 이러한 자본거래 비용 중 자본거래가 없었다면 회피가능하고 자본거래에 직접 관련되어 발생한 추가비용에 대해서는 관련된 법인세효과를 차감한 금액을 주식발행초과금에서 차감하거나 주식할인발행차금에 가산한다.
  ㉢ 중도에 포기한 자본거래 비용은 당기손익으로 인식한다.

(4) 자본잉여금

① 개 요

자본잉여금이란 주식의 발행, 주식의 소각 등 주주와의 자본거래에서 발생하는 잉여금으로 일반기업회계기준에서 자본잉여금을 주식발행초과금, 감자차익, 기타자본잉여금으로 구분하고 있다.

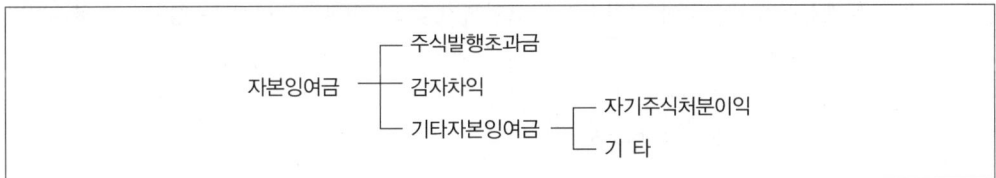

② 자본잉여금의 종류

분 류	내 용
주식발행초과금	주식발행가액(증자의 경우에 신주발행수수료 등 신주발행을 위하여 직접 발생한 기타의 비용을 차감한 후의 가액을 말한다)이 액면가액을 초과하는 경우 당해 초과액을 말한다.
감자차익	• 기업은 기업규모를 전체적으로 줄이거나 결손보전을 위하여 자본금을 감소시키게 된다. • 이렇게 자본금을 감소시키는 것을 감자라 하는데 감자는 주주들로부터 주식을 회수하여 소각하는 방법으로 하며, 이는 상법상의 엄격한 절차에 의하여야 한다. • 자본금을 감소시킬 때에 주주들이 소유한 주식을 소각하고 주금을 반환하는 경우가 있는데, 이때 감소되는 자본금보다 적은 금액을 반환하여 주게 될 때 발생하는 잉여금이 감자차익이다.
기타자본잉여금	• 주식발행초과금, 감자차익 이외의 자본잉여금을 말하는 것으로, 대표적인 예로 자기주식처분이익이 있다. • 자기주식처분이익은 자기주식을 매입해서 처분할 때 차이에 의해 발생한다.

(5) 자본조정

① 개 요

자본조정이란 자본금, 자본잉여금, 이익잉여금 이외의 임시적인 성격의 자본 항목으로 볼 수 있다. 자본조정 계정은 자본의 이익잉여금 다음에 그 내용을 구분하여 자본에 가산 또는 차감하는 형식으로 표시되며, 일반기업회계기준에서는 자본조정 항목으로 주식할인발행차금, 자기주식, 감자차손 등을 열거하고 있다.

② 자본조정의 종류

분 류	내 용
주식할인발행차금	주식발행가액이 액면가액에 미달될 경우 주식할인발행차금으로 처리하고 자본조정의 형식으로 기재한다.

자기주식	• 자기주식의 취득 : 자기주식을 취득한 것은 유통주식수를 감소시키며, 자본의 감소를 가져오므로 자본조정으로 분류하여 자본의 차감계정으로 분류한다.
	• 자기주식의 처분
	  - 자기주식처분이익 : 처분가액 > 취득가액(기타자본잉여금)
	  - 자기주식처분손실 : 처분가액 < 취득가액(자본조정)

감자차손	자본금을 감소시킬 때 주주들에게 지급한 감자대가가 자본금보다 큰 경우 발생하는 손실을 말한다.

(6) 기타포괄손익누계액
  ① 기타포괄손익누계액이란 당기손익에 포함되지 않지만 자본항목에 포함되는 평가손익의 잔액이며, 대표적인 항목으로 매도가능증권평가손익이 있다.
  ② 매도가능증권평가손익은 매도가능증권을 공정가치에 의하여 평가하는 경우 그 평가손익을 말하며, 이는 손익계산서에 반영하여 당기손익에 포함하지 않고, 자본에 가감하는 형식으로 표시한다.
  ③ 매도가능증권에서 발생한 평가손익은 미실현 보유손익이므로 이는 당기손익에 포함하지 않으나, 이에 대한 정보를 정보이용자에게 공시하고, 이를 평가시점이 아닌 처분시점이 속하는 시점의 손익에 반영하기 위하여 자본항목으로 분류한다.

(7) 이익잉여금
  ① 이익잉여금이란 손익거래에서 발생한 이익으로서 배당금 등으로 사외에 유출되지 않고 사내에 유보된 금액을 말하며, 유보이익이라고도 한다.
  ② 이익잉여금은 처분절차를 거쳐 주주에게 나누어 주거나 사내에 유보시키게 되는데, 이익잉여금의 처분내용을 보여주는 보고서가 이익잉여금처분계산서이며, 이익잉여금처분계산서는 주석으로 공시한다.
  ③ 잉여금의 처분은 보고기간종료일(일반적으로 매년 12월 31일) 이후에 주주총회에서 확정된다. 따라서 이익잉여금처분계산서에 포함된 처분내용, 즉 배당 등은 재무상태표일 현재 아직 확정되지 않았으므로 재무상태표에 부채로 인식하지 않으며, 재무상태표에는 이익잉여금 미처분의 재무상태를 표시한다.

4 수익과 비용

(1) 수익과 비용의 개념
  ① 수 익
    ㉠ 수익은 경제적효익의 총유입으로, 경제적효익의 유입은 순자산의 증가로 표현할 수 있는데, 순자산 증가는 자산의 증가나 부채의 감소 형태로 나타난다.
    ㉡ 수익은 다시 수익과 이득으로 나누어 볼 수 있다. 수익은 주된 영업활동에서 발생한 효익의 유입을 의미하고, 이득은 일시적이거나 우연적인 거래로부터 발생한 효익의 유입을 의미한다.
  ② 비 용
    ㉠ 비용이란 경제적효익이 회사 외부로 유출되는 것인데 자산의 감소나 부채의 증가 형태로 나타난다.
    ㉡ 비용은 다시 비용과 손실로 나누어 볼 수 있다. 비용은 주된 영업활동에서 발생한 효익의 유출액을 의미하고, 손실은 일시적이거나 우연적인 거래로부터 발생한 효익의 유출액을 의미한다.

(2) 수익과 비용의 종류

① 수익의 종류

구 분	내 용
매출액	상품·제품의 판매 또는 용역의 제공으로 실현된 금액
영업외수익	영업활동 이외의 보조적 또는 부수적인 활동에서 순환적으로 발생하는 수익(예 배당금수익, 임대료, 유가증권처분이익, 투자자산처분이익, 유형자산처분이익 등)

② 비용의 종류

구 분	내 용
매출원가	판매된 상품·제품의 원가
판매비와관리비	판매활동 및 회사의 유지·관리활동에 관련된 비용(예 급여, 복리후생비, 임차료, 접대비, 세금과공과금, 광고선전비 등)
영업외비용	영업활동 이외의 보조적 또는 부수적인 활동에서 순환적으로 발생하는 비용(예 이자비용, 단기매매증권처분손실, 재고자산감모손실, 기부금, 외환차손)
법인세비용	당기 법인세부담액 등으로 인한 비용

> **OX 문제**
>
> ▶ 고정비로 처리하는 비용요소는 감가상각비, 보험료, 수선 유지비, 종업원 훈련비 등이다. ○|×
>
> 정답 ○
>
> ▶ 준고정비는 고정비가 일정한 조업도의 범위를 초과하면 일정한 금액으로 증가하는 행태를 가진 원가이다. ○|×
>
> 정답 ○

개념 PLUS

고정비와 변동비 기출 19·17

- 고정비 : 조업도의 수준과 무관하게 총원가가 일정한 원가
- 변동비 : 조업도의 수준에 따라 총원가가 비례하여 변동하는 원가
- 준고정비 : 고정비가 일정한 조업도의 범위를 초과하면 일정한 금액으로 증가하는 행태를 가진 원가(계단원가)
- 준변동비 : 고정비와 변동비가 혼합된 형태로 조업도가 "0"인 상태에서도 일정한 고정비가 발생하며, 조업도의 증가에 따라 총원가가 증가하는 행태를 가진 원가

5 유통비의 개념과 종류

(1) 사회적 유통비

① **국민경제의 관점** : 생산단계의 유통비로부터 도매단계와 소매단계에서 얻게 되는 총이익까지를 모두 포함하는 비용으로 이는 사회적 유통비를 유통이 실시된 장소를 기준으로 하여 정의하고자 하는 견해이다.

② **소비가치로 보는 견해** : 사회적 유통비는 생산자로부터 소비자에게 재화 및 서비스를 이전시키기 위해 장소와 시간 및 소유의 효용을 창조하는 활동에 들어가는 사회적 원가이다.

③ **유통비의 분류** : 상적 유통비, 금융적 유통비, 물적 유통비, 정보유통비 등

(2) 영업비

① **영업비의 정의** : 유통비를 개별기업의 관점에서 보는 개념으로서 기업원가의 한 부분을 의미한다.
  ㉠ 광의의 영업비 : 재화가 판매되거나 판매된 후에 발생하는 모든 비용(마케팅활동 및 부대비용 모두 포함)을 말한다.
  ㉡ 협의의 영업비 : 단지 판매비만으로 한정된다.
② 영업비란 기업이 외부에 발표하기 위하여 작성하는 손익계산서상의 매출총이익 이하에 기재되는 모든 비용을 말한다(예 판매비, 일반관리비, 영업외비용 등의 합계).
③ 손익계산서상의 매출총이익은 영업비와 순이익으로 성립되며, 영업비는 다시 판매비·물류비·관리비 등으로 구성된다.
④ 판매비는 상적 유통비라고도 하는데 물류비와 함께 미시적(Micro) 유통비를 구성한다.
⑤ 생산업체, 도매업자, 소매업자 등의 매출총이익의 누계가 사회적 유통비이고, 이들은 거시적(Macro) 유통비를 구성한다.
⑥ **영업비의 분류** : 일반관리직 및 판매직의 급료, 광고선전비, 포장운반비, 보관료, 견본비, 판매수수료, 기술개척비 등

(3) 손익분기점 기출 23·22·21·18

① 손익분기점은 적자를 면하는 최소한의 매출량을 말하며, 이는 미래 수익발생능력의 안전도를 평가하는 기준이 될 수 있다.
② 제품의 단위당 공헌이익이 총고정원가를 회수하는 데 사용된다고 본다.
③ 다른 조건이 동일하다면 고정비의 비율이 높을수록 손익분기매출액도 증가한다.
④ 안전율이란 기업이 손실 없이 조업을 단축할 수 있는 여유를 보여주는 척도이다.
⑤ 매출량이 손익분기점 이하로 예상되면 손실이 발생되기 때문에 고정비를 낮추기 위해 자체생산보다는 하청생산을 강화하는 것이 유리하다.

> **OX 문제**
> ▶ 매출량이 손익분기점 이하로 예상될 때는 하청생산보다는 자체생산을 강화하는 것이 좋다. O|X
>
> **해설**
> 매출량이 손익분기점 이하로 예상되면 손실이 발생되기 때문에 손익분기점을 낮추기 위하여 고정비를 낮추어야 한다. 즉, 고정비를 낮추기 위해서는 자체생산보다는 하청생산을 강화하는 것이 유리하다.
>
> 정답 ▶ ×

⑥ **손익분기점의 계산** 기출 24

  ㉠ 손익분기점 = $\dfrac{\text{고정비}}{1 - \dfrac{\text{변동비}}{\text{매출액}}}$

  ㉡ 공헌이익이 주어졌을 때

  - 손익분기점 판매량 = $\dfrac{\text{고정비}}{\text{판매단가} - \text{단위당변동비}}$ = $\dfrac{\text{고정비}}{\text{단위당공헌이익}}$
  - 손익분기점 매출액 = 손익분기점 판매량 × 판매단가

ⓒ 공헌이익이 주어지지 않았을 때

- 공헌이익 = 매출액 - 변동비
- 공헌이익률 = $\dfrac{\text{공헌이익}}{\text{매출액}}$
- 손익분기점 매출액 = $\dfrac{\text{고정비}}{\text{공헌이익률}}$

(4) 손익산출 구성표

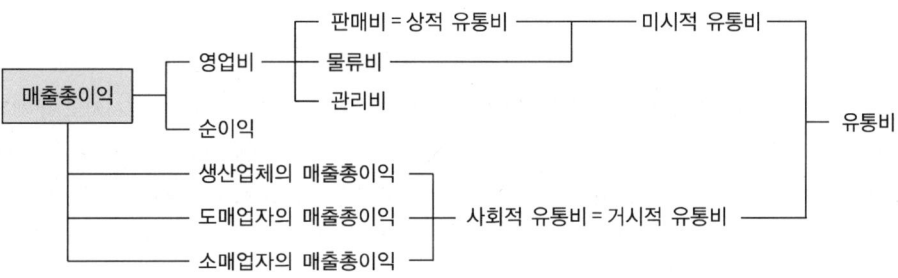

04 투자수익분석(ROI분석)

1 ROI분석의 의의

(1) ROI분석의 개념 기출 21
① ROI분석은 기업의 재무 및 경영성과를 일목요연하게 파악할 수 있는 대표적인 분석이다.
② ROI란 투자수익률을 의미하는 것으로, 투하한 순자본(투자비용)에 대한 순이익의 비율이다.
③ ROI는 투자한 자본에 대한 수익 및 손실을 판단하며 경영성과 측정기준 중 가장 널리 사용되는 지표이다.

$$ROI = \dfrac{\text{순이익}}{\text{순자본(투자비용)}}$$

(2) ROI분석의 목적
① ROI기법은 투자수익률을 결정하는 각종 재무요인을 체계적으로 분석하여 기업의 재무계획 수립 및 통제에 활용한다.
② 기업은 ROI를 이용하여 목표로 설정한 투자수익률을 달성하기 위한 세무적인 관리수준을 정한다.
③ 기업은 사후적으로 실제수익률에 미치지 못하면 ROI분석을 실시하여 미달원인을 규명하고, 이들 요인을 중점적으로 통제한다.

> **개념 PLUS**
>
> 재고에 대한 총마진수익률(GMROI) 기출 23
>
> $$\frac{총마진}{순매출액} \times \frac{순매출액}{평균재고비용} = \frac{총마진}{평균재고비용}$$

2 ROI분석의 유용성과 한계점

(1) 유용성
① ROI는 경영자나 종업원의 업적평가 및 통제에 있어서 다른 의미로 정의된 수익률보다 효과적이다.
② ROI는 관리자나 종업원들에게 해당 부서의 업무와 기업목표 간의 관계를 인식시키고 구체적인 관리목표를 제시함으로써 각 부문의 활동을 기업목표와 직결되도록 하는 데 기준이 될 수 있다.
③ ROI 도표는 투자수익률과 모든 재무요인간의 상호관계를 그림으로 나타내주기 때문에 재무제표에 대한 전문적인 지식이 없는 사람들도 ROI 도표를 이용하여 기업경영 상태를 쉽게 이해할 수 있다.

(2) 한계점
① 투자수익률의 증대가 기업의 유일한 목표는 아니다.
② ROI는 회계처리방법에 영향을 받는다.
③ 시장가치가 아니라 장부가치로 계산되므로 오래된 설비를 많이 보유하고 있을수록 ROI가 크게 평가될 우려가 있다.
④ 타인자본의 사용으로 인한 레버리지의 증가로 인해 투자수익률이 증대되었을 때, ROI기법은 타인자본과 자기자본의 합계인 총자본만을 고려하므로 ROI기법으로는 레버리지의 증가에 따른 위험 증가의 파악이 곤란하다.

3 ROE분석으로의 확장

(1) 자기자본순이익률(ROE ; Return On Equity)의 개념 기출 21
① 자기자본순이익률은 순이익을 자기자본으로 나눈 값으로 총자산이익률(ROA)에 자기자본 대비 총자본을 곱한 값이다.
② ROE는 기업의 실질적인 소유주인 주주들이 투자한 자본이 벌어들이는 수익성을 나타내 주는 지표로서 주주들의 입장에서 볼 때 가장 중요한 재무비율이다.
③ ROE가 계속해서 높게 평가된다는 것은 기업이 수익성이 좋은 새로운 투자기회들을 계속 확보한다는 의미이며, ROE가 떨어진다는 것은 좋은 투자기회를 가지고 있지 못함을 나타낸다.

(2) ROE와 ROA의 관계

$$ROE = \frac{순이익}{자기자본} = \frac{순이익}{매출액} \times \frac{매출액}{총자본} \times \frac{총자본}{자기자본}$$
$$= 매출액\ 순이익률 \times 총자본(산)회전율 \times (1 + 부채비율)$$
$$= ROA \times (1 + 부채비율)$$

① 부채비율이 클수록 ROE는 ROA보다 확대된다.
② 기업이 부채를 사용하는 한 ROA가 양(+)의 값을 가질 때 ROE는 더 큰 양(+)의 값을 가지며, ROA가 음(-)의 값을 가질 때 ROE는 더 큰 음(-)의 값을 갖게 된다.

개념 PLUS

총자산이익률(ROA ; Return on Asset)
- 총자산에 대한 순이익률로 기업이 자기자본뿐 아니라 부채까지 포함하여 어느 정도 이익을 얻었는지 알려주는 지표이다.

$$자산\ 총액 = 당기순이익 / (자기자본 + 부채)$$

- ROA는 활동성 지표인 총자산회전율과 수익성 지표인 매출액순이익률로 구성된다.

05 경영효율분석

1 재무비율

(1) 재무비율의 개요 기출 19·17

① 재무비율 : 재무제표 상의 항목들 간의 상대적 비율의 수치이다.
② 유동성비율 : 기업이 단기부채를 상환할 수 있는 능력을 나타내는 비율이다.
③ 레버리지비율(부채성비율) : 기업의 타인자본 의존도로서, 기업의 안정성과 지급능력을 나타내는 비율로 그 수치가 낮을수록 재무구조가 건전하고, 부채비율이 높을수록 조직의 레버리지 수준이 높다.
④ 활동성비율
  ㉠ 기업에 투하된 자본이 일정기간 중에 얼마나 활발하게 운용되었는가를 표시하는 지표(예 총자산회전율, 재고자산회전율, 매출채권회전율 등)이다.
  ㉡ 자산을 효율적으로 사용하는지를 평가하는 비율은 영업활동비율이다.

> **OX 문제**
> ▶ 레버리지비율은 재무비율 중 기업의 안정성과 지급능력을 나타내는 비율 중의 하나이다. O X
> 정답 〉 O

⑤ 수익성비율
　㉠ 기업이 얼마나 효율적으로 관리되고 있는지를 나타내는 지표(예 총자산순이익률, 매출액영업이익률 등)이다.
　㉡ 이윤 발생을 위한 자산의 효율성을 측정할 수 있는 투자수익률은 수익성비율에 속한다.
　㉢ 경영성과를 체계적으로 보여주는 수익성비율은 경영자, 투자자, 채권자, 종업원 등 기업의 모든 이해관계자들의 관심을 모으는 비율이다.
　㉣ 수익성비율은 이익 관련 항목을 투자자본 또는 매출액으로 나누어 계산한다.
⑥ **시장가치비율** : 투자자가 기업의 과거 성과와 미래 전망에 대해 어떻게 평가하고 있는지를 알 수 있게 하는 지표이다.
⑦ **성장성비율** : 기업의 경영규모나 영업성과가 어느 정도 증대되었는지 나타내는 지표이다.

(2) 재무비율의 분류

① 분석자료 기출 18
　㉠ 정태비율(대차대조표 비율) : 일정 시점에서 기업의 재무상태를 나타내는 재무비율(예 유동비율, 당좌비율, 현금비율, 고정장기적합비율, 부채비율, 고정비율)
　㉡ 동태비율(손익계산서 비율) : 일정기간 중 기업의 경영성과를 표시하는 재무비율(예 총자본이익률, 자기자본이익률, 매출총이익률, 매출영업이익률, 매출순이익률)
② **분석방법** : 관계비율, 구성비율
③ 분석 목적(경제적 목적) 기출 21·19·18·13
　㉠ 유동성비율 : 당좌비율, 유동비율
　㉡ 활동성비율 : 재고자산회전율, 유형자산회전율, 총자산회전율, 매출채권회전율, 매입채무회전율
　㉢ 수익성비율 : 매출액 영업이익률, 총자산순이익률, 자기자본순이익률
　㉣ 성장성비율 : 매출액증가율, 순이익증가율, 총자산증가율
　㉤ 생산성비율 : 노동생산성, 자본생산성, 부가가치율
　㉥ 안정성비율 : 부채비율, 고정비율, 자기자본비율, 이자보상비율

> **OX문제**
> ▶ 조직이 유동부채를 감당할 수 있는 능력인 유동성비율에는 이자보상률이 포함된다. O│X
> **해설**
> 유동성비율에는 유동비율과 당좌비율이 포함되며, 이자보상률은 안정성비율에 해당된다.
> 정답 ▶ ×
>
> ▶ 자기자본이익률은 동태비율에 포함된다. O│X
> 정답 ▶ O

2 재무비율분석

(1) 유동성비율 기출 19

① 유동비율(Current Ratio)
　㉠ 1년 내에 현금화가 가능한 유동자산을 1년 이내에 만기가 도래하는 유동부채로 나눈 비율이다.
　㉡ 유동비율이 높으면 단기 채무에 대한 지급능력이 우수하다.

$$유동비율 = \frac{유동자산}{유동부채} \times 100$$

② 당좌비율(Quick Ratio)
  ⊙ 유동자산 중에서 재고자산을 뺀 부분을 유동부채로 나눈 비율이다.
  ⓒ 재고자산은 유동성이 가장 낮고, 처분 시에도 손실 위험이 크므로 기업이 재고자산을 처분하지 않고 단기부채의 상환능력을 나타내는 지표이다.
  ⓒ 유동비율은 높은데 당좌비율이 낮다는 것은 재고자산이 많다는 의미이다.

$$당좌비율 = \frac{당좌자산}{유동부채} \times 100$$

$$= \frac{유동자산 - 재고자산}{유동부채} \times 100$$

(2) 레버리지비율

① 부채비율(Debt to Equity Ratio) : 총자본을 구성하고 있는 자기자본과 타인자본의 비율이다.

$$부채비율 = \frac{부채(타인자본)}{자기자본} \times 100$$

② 이자보상비율(Interest Coverage Ratio) 기출 18·17
  ⊙ 기업의 이자지급능력을 동태적으로 측정하기 위한 비율이다.
  ⓒ 이자 및 법인세 차감 전 이익(EBIT)이 지급이자의 몇 배인가를 평가기준으로 한다.
  ⓒ 산업평균보다 이자보상비율이 낮다는 것은 영업이익에 비하여 금융비용의 압박이 크다는 것을 의미한다.

> **OX문제**
> ▶ 이자보상비율은 기업의 이자지급능력을 동태적으로 측정하기 위한 비율로서 이자 및 법인세 차감 전 이익(EBIT)이 지급이자의 몇 배인가를 평가기준으로 한다. OlX
> 정답 ▶ O

$$이자보상비율 = \frac{영업이익}{이자비용} \times 100$$

(3) 활동성비율

① 재고자산회전율(Inventory Turnover) 기출 19
  재고자산이 한 회계연도 즉, 1년 동안에 몇 번이나 당좌자산으로 전환되었는가를 측정하는 것으로 낮은 재고자산회전율은 매출액에 비해 과다한 재고를 가지고 있다는 의미이다.

$$재고자산회전율 = \frac{매출액}{재고자산} \times 100$$

② 매출채권회전율(Receivables Turnover)

동일한 매출액일 경우 매출채권이 적을수록 매출채권관리를 잘하는 것이므로 매출채권회전율은 클수록 좋다.

$$\text{매출채권회전율} = \frac{\text{매출액}}{\text{매출채권}} \times 100$$

$$\text{평균회수기간(일)} = \frac{1}{\text{매출채권회전율}} \times 365\text{일}$$
$$= \frac{\text{매출채권}}{\text{1일평균매출액}}$$

> **OX문제**
> ▶ 매출채권회전율은 매출액을 매출채권으로 나누어 계산되며, 매출채권이 얼마나 빨리 회수되는가를 보여주는 활동성지표이다.
> O | X
> 정답 ▶ O

③ 총자산회전율(Total Assets Turnover)

기업의 총자본이 1년에 몇 번이나 회전하였는가를 나타내므로 기업이 사용한 총자산의 효율적인 이용도를 종합적으로 표시하는 것이다.

$$\text{총자산회전율} = \frac{\text{매출액}}{\text{총자산}} \times 100$$

(4) 수익성비율 기출 21 · 20

① 매출액총이익률

매출총이익을 매출액으로 나눈 비율로 기업의 총생산마진을 측정하는 비율이다.

$$\text{매출액총이익률} = \frac{\text{매출총이익}}{\text{매출액}} \times 100$$

② 매출액영업이익률

영업이익을 매출액으로 나눈 비율로, 기업의 영업마진을 측정한다.

$$\text{매출액영업이익률} = \frac{\text{영업이익}}{\text{매출액}} \times 100$$

③ 매출액세전순이익률

세전순이익을 매출액으로 나눈 비율로, 경상마진을 나타내며 기업의 주된 영업활동뿐만 아니라 재무활동에서 발생한 경영성과를 동시에 포착할 수 있다.

$$\text{매출액세전순이익률} = \frac{\text{세전순이익}}{\text{매출액}} \times 100$$

④ 매출액순이익률

당기순이익을 매출액으로 나눈 비율로, 기업의 최종마진을 판단하는 데 이용된다. 즉, 매출액순이익률은 영업활동과 재무활동 및 기타활동을 총망라한 경영활동의 성과를 최종적으로 평가하는 비율이다.

$$매출액순이익률 = \frac{당기순이익}{매출액} \times 100$$

⑤ 총자본영업이익률

총자산영업이익률이라고도 하며, 기업이 투자한 총자본(또는 총자산)에 대한 영업활동으로부터 얻는 이익의 비율이다.

$$총자본영업이익률 = \frac{영업이익}{총자본} \times 100$$

⑥ 자기자본순이익률(ROE)

순이익을 자기자본으로 나눈 비율로, 주주가 기업에 투자한 자본에 대해 벌어들이는 수익성을 측정하는 비율이다.

$$자기자본순이익률 = \frac{순이익}{자기자본} \times 100$$

⑦ 총자본순이익률(ROA)

총자산순이익률이라고도 하며 순이익을 총자본(또는 총자산)으로 나눈 비율로, 기업에 투자된 총자본이 최종적으로 얼마나 많은 이익을 창출하는지를 측정하는 비율이다.

$$총자본순이익률 = \frac{순이익}{총자본} \times 100$$

(5) 성장성비율

① 매출액증가율

매출액이 전년도에 비해 당해 연도에 얼마나 증가하였는지를 나타내는 비율로, 매출액은 정상적인 영업활동에서 발생하는 영업수익이므로 매출액증가율은 기업의 외형적 성장세를 판단하는 대표적인 비율이다.

$$매출액증가율 = \frac{당기\ 매출액 - 전기\ 매출액}{전기\ 매출액} \times 100$$

② 총자산증가율

기업에 투하되어 운영된 총자산이 전년도에 비하여 당해 연도에 얼마나 증가하였는지를 나타내는 비율로, 기업의 전체적인 외형적 성장 규모를 측정하는 지표이다.

$$총자산증가율 = \frac{당기\ 말\ 총자산 - 전기\ 말\ 총자산}{전기\ 말\ 총자산} \times 100$$

③ 자기자본증가율

자기자본이 전년도에 비해 당해 연도에 얼마나 증가하였는지를 나타내는 지표로, 장부가치 기준으로 주주의 가치가 얼마나 늘었는지를 파악하는 성장지표이기 때문에 주주에게 특히 관심의 대상이 된다.

$$자기자본증가율 = \frac{당기 \ 말 \ 자기자본 - 전기 \ 말 \ 자기자본}{전기 \ 말 \ 자기자본} \times 100$$

④ 순이익증가율

기업활동의 최종성과인 순이익이 전년도에 비해 당해 연도에 얼마나 증가하였는지를 나타내는 비율이다. 매출액증가율이 외형적 성장세를 보여주는 지표라면, 순이익증가율은 실질적 성장세를 보여주는 지표이다.

$$순이익증가율 = \frac{당기순이익 - 전기순이익}{전기순이익} \times 100$$

⑤ 주당이익증가율

주당이익이 전년도에 비해 당해 연도에 얼마나 증가하였는지를 나타내는 지표로, 순이익증가율의 보조지표로 이용되며, 주주에게 귀속되는 직접적인 주당이익의 증가세를 보여주는 지표이다.

$$주당이익증가율 = \frac{당기주당이익 - 전기주당이익}{전기주당이익} \times 100$$

3 시장가치분석

(1) 주가이익비율(PER ; Price Earning Ratio)

① 주가수익률이라고도 하며, 실제주가를 주당이익으로 나눈 것으로 주당순이익의 몇 배가 주식가격으로 형성되는가를 나타낸다. 따라서 높은 성장의 기업은 주가이익비율이 높게 나타나고, 성장이 낮은 기업은 주가이익비율이 낮게 나타난다.

$$주가수익비율 = \frac{실제주가}{주당순이익}$$

② 주당순이익(EPS) : 주식 평가 시 가장 기본이 되는 자료로서, 발행 주식 1주당 순이익의 수치를 보여주며, 주당순이익이 크면 그 기업의 주식가격이 높다.

$$주당순이익 = \frac{순이익}{발행주식수}$$

(2) 주가순자산비율(PBR ; Price Book-value Ratio)

① 주가와 주당장부가치를 비교하는 비율로, 증권시장에서 평가된 주가와 주당장부가치를 비교하는 비율이다.

$$\text{주가순자산비율} = \frac{\text{실제주가}}{\text{주당장부가치}}$$

② 주당장부가치 : 보통 높은 성장이 기대되는 회사는 주식의 장부가치보다 높게 시장가치가 형성되며, 성장이 크지 않은 기업들은 이 비율이 아주 낮을 수 있다.

$$\text{주당장부가치} = \frac{\text{자본금} + \text{유보이익}}{\text{발행주식수}}$$

(3) 주가매출액비율(PSR)

① 주가와 주당매출액을 비교하는 비율이다.

$$\text{주가매출액비율} = \frac{\text{실제주가}}{\text{주당매출액}}$$

② PER과 PBR이 때로는 음수가 되어 의미가 없는데 반해, PSR은 곤경에 처한 기업에서도 구할 수 있다.
③ PSR은 PER만큼 변동성이 심하지 않아 가치평가에 이용하는 데 신뢰성이 높다.
④ PSR을 이용하면 가격정책의 변화와 기타 기업전략이 미치는 영향을 쉽게 분석할 수 있다.

(4) 주가현금흐름비율(PCR)

주가와 주당현금흐름을 비교하는 비율로, 증권시장에서 평가된 주가를 주당현금흐름으로 나눈 비율이다.

$$\text{주가현금흐름비율} = \frac{\text{실제주가}}{\text{주당현금흐름}}$$

(5) EV/EBITDA비율

기업의 시가총액(주식가치)과 EBITDA를 비교하는 비율로, 증권시장에서 평가된 주가를 기초로 한 주식의 시가총액을 EBITDA로 나누어서 구한다.

$$\text{EV/EBITA비율} = \frac{EV}{EBITDA}$$

$$EV = \text{발행주식수} \times \text{기말주가}$$

$$EBITDA = EBIT + \text{감가상각비와 무형자산상각비}$$
$$= \text{세전순이익} + \text{이자비용} + \text{감가상각비와 무형자산상각비}$$

> **개념 PLUS**
>
> **할인율** 기출 24
> - 투자에서 발생하는 미래의 현금흐름을 현재가치로 환산하기 위하여 적용하는 수익률이자, 현재가치를 계산할 때 사용되는 금리이다.
> - 투자자가 어떤 투자 대안에 투자를 하기 위한 최소한의 요구수익률*이다.
> *요구수익률 : 투자자가 자금의 투자나 공여 등에 대해 요구하는 최저수익률
> - 시간가치로서 할인율이 갖는 의미는 대안적인 투자의 포기에 따르는 기회비용을 뜻한다.
> - 동일한 투자위험을 지니는 투자 대안의 수익률이다.
>
> **비용편익 비율(Benefit-Cost ratio, B/C ratio)** 기출 24
> - 투자수익(총편익)의 현재가치와 투자비용(총비용)의 현재가치의 비율이다.
> - 장래에 발생할 것으로 예상되는 총비용과 총편익을 할인을 통해 현재가치화하여 비율로 나타낸 것이다.
> - 각 사업이니 투자 정책을 평가할 경우, 투자수익의 현재가치 합을 투자비용의 현재가치 합으로 나누어 그 비율이 1 이상이면 투자에 대한 경제적 타당성이 있다고 본다.

06 예산편성과 통제

1 예산편성

(1) 예산(Budget)

예산이란 어떤 일정한 기간 내에 계획된 활동 등을 원활하게 수행하기 위해 작성되어 계량화된 명세서를 말한다.

(2) 예산의 종류

① 운영예산
  ㉠ 각각의 책임단위조직이 예산기간 내에 소모되어야 할 것으로 기대되는 서비스 및 재화를 나타내는 예산이다.
  ㉡ 이는 수익 및 비용을 포함한 전반적인 운영활동을 반영한다.
② 재무예산 : 기업이 예산기간 동안 조직의 현금을 어떻게 획득하며, 이를 어떻게 지출하는가를 나타낸 예산이다.
③ 영점기준예산(Zero Base Budget)
  ㉠ 일반적으로 많은 기업들은 관례적으로 비제조부서의 예산을 전년도와 동일하게 또는 전년도와 비교해서 물가수준의 변동 폭만을 조정하여 단수하게 증액한다.
  ㉡ 이런 부분에서 전년도에 수행되었던 불필요하면서도 자원만을 소모하는 활동이 차기에도 계속 수행되는데, 영점기준예산은 이러한 문제점을 해결하기 위한 예산이다.
  ㉢ 영점기준예산을 편성할 때에는 수행될 모든 활동을 매년 검토하여 필요하다고 판단되는 활동에 대해서만 예산을 편성한다.

④ 현금예산(Cash Budget) 기출 13
  ㉠ 현금예산은 미래의 현금흐름에 대한 예측 및 계획이다.
  ㉡ 현금흐름이 매우 불규칙할 경우에는 현금예산의 수립기간을 짧게 대응한다.
  ㉢ 현금예산은 현금흐름표와 달리 복식부기체계를 따를 필요가 없다.
  ㉣ 현금예산은 금융기관 등의 외부분석자가 기업의 자금사정을 파악하는 데 유용하다.
  ㉤ 현금예산과 현금흐름표는 현금의 유출과 유입을 분석한다는 점에서 공통점이 있다.

⑤ 자본예산
  ㉠ 기업의 투자의사결정은 반복적·일상적인 경상적 지출과 장기적 효과를 기대한 대단위의 일회성 지출인 자본적 지출로 분류된다.
  ㉡ 자본예산은 1년 이상의 장기적 효과가 지속되는 자본적 지출에 대한 계획을 수립하는 활동이다.
  ㉢ 자본예산의 흐름

  > 투자목적 설정 → 투자대안 분석 → 독립적·상호배타적·보완적·종속적 투자안 분류 → 현금흐름 추정 → 투자안의 경제성 평가 → 최적투자안을 결정 → 수행 → 재평가와 통제

  ㉣ 현금흐름을 추정할 때는 기회비용과 매몰비용, 대체 및 보완 관계 등을 고려한다.
  ㉤ 장기성 자본투자 결정방법 중 순현가(NPV ; Net Present Value)법 : 투자로 인하여 기대되는 미래의 현금유입을 현재가치로 환산하고 현금유출의 현재가치를 차감하여 투자결정을 하는 방법이다.
  ㉥ 유동자산의 운전자본 : 수익성과 유동성을 고려하며 매출채권, 재고자산, 현금 등으로 정의된다.

> **OX문제**
> ▶ 운전자본관리의 목표는 유동자산을 가급적 최소한으로 유지하는 데 있다. O|X
> **해설**
> 운전자본관리의 목표는 기업의 가치를 극대화하는 최적의 유동성을 확보하고자 하는 의사결정을 수립하려는 데 있다.
> 정답 X

2 통제(Budgetary Control)

(1) 예산통제의 개념
① 예산통제란 미래의 일정 기간에 대해서 예산을 편성하고, 이를 기반으로 경영활동을 수행하는 행위를 말한다.
② 초기에 설정된 예산 및 시간이 지난 후 실제 성과 간의 차이를 파악하고 분석함으로써 자사의 경영활동을 효율적으로 전개하고자 하는 제도이다.

(2) 경비 예산과 통제
① 경비 예산(Expense Budgets)
  ㉠ 상품 대금 이외의 지출에 대한 상세한 계획으로서 특정 기간 동안의 지출 예상(Forecast)이며, 이는 다른 모든 예산과 마찬가지로 판매 예산(Sales Budget)에 입각하여 작성된다.
  ㉡ 경비 예산은 명시된 목적, 즉 매출 및 이익수준을 달성을 위한 경비사용에 목적이 있다.

② 경비 예산을 통한 예산 통제과정
- ㉠ 목표에 이르기 위한 계획(예산의 설정)
- ㉡ 실적의 측정과 계획(예산실적의 비교)
- ㉢ 예산차익원인의 탐색
- ㉣ 수정활동의 실행

(3) 경비 예산과 통제의 방법

① 상향식 방법(Bottom-up Approach)
- ㉠ 예산편성이 가장 낮은 감독자 계층에서 직속상사, 통제부장에 이르기까지 과정 단계별로 진행되는 방법이다.
- ㉡ 상향식 방법은 매일 통제의 책임을 지는 계층이 예산편성을 하도록 하는 것을 말한다.

② 하향식 방법(Top-down Approach)
- ㉠ 총매출액과 경비예산의 비율이 형식적으로 결정된 후, 각 부문이나 경비센터에 배분되는 방식이다.
- ㉡ 현실과 동떨어진 배분이 될 수 있다는 단점이 있다.

③ 종합 방법(Combination Approach) : 통제부장이 각 경비 센터의 관리자에게 목표 수치의 형식으로 일반적인 지침을 제공하고 이를 전제로 각 경비 센터의 관리자가 예산을 편성하는 방법이다.

07 매출액 예측 및 목표관리

1 매출액 예측

(1) 기업 성장률 추정방법

① 상장기업
- ㉠ 증권사 애널리스트 분석 및 의견
- ㉡ 산업전문가의 예측자료를 토대로 한 분석

> 발표예측치의 질적 측면 고려 시 검토사항
> - 독립적으로 예측된 자료
> - 기업의 미래에 영향을 줄 수 있는 최신 자료의 반영
> - 다수 예측자료의 차이

- ㉢ 공공기관(예 한국개발연구원, 산업연구원, 한국산업은행 등)에서 발표한 시계열 자료축척

② 비상장기업
- ㉠ 기본적인 산업・기업분석의 종합적 판단결과로서 성장률 추정치 결정
- ㉡ 투자자본수익률과 재투자율을 이용한 성장률 추정

> 기대성장률 = 투자자본수익률 × 재투자율

- ㉢ 1인 기업의 경우 : 소유경영자의 신상변동 등의 보수적인 기준 적용

(2) 매출액 추정방법

① 과거 매출액 추정법
  ㉠ 기업의 과거 매출액으로 연평균성장률을 계산한 후 이를 직전연도의 매출액에 곱하여 추정하는 방법이다.
  ㉡ 생산규모, 조업상황, 제품의 수요상황 등이 안정된 연륜이 있는 중견기업에서 주로 사용한다.
  ㉢ 과거 매출액 추정법은 매우 간단하게 적용할 수 있지만, 매출 이외의 변수를 고려치 않으므로 실제와 너무 다를 수 있어 다른 방법과 병용하여 추정한다.
  ㉣ 신규기업의 경우 사업내용, 규모, 제품 등이 비슷한 기업의 과거 매출증가율을 적용한다.

② 시장점유율 이용법
  ㉠ 전체 시장규모에 대한 대상제품의 시장점유율을 곱하여 예상 매출액을 산출하는 방법이다.
  ㉡ 전체 시장의 크기와 대상기업의 시장점유율에 대한 정확한 산출로 타당 가능성을 높인다.
  ㉢ 전체 시장규모는 해당 전문협회, 공신력 있는 조사연구기관에서 예측한 자료를 이용한다.
  ㉣ 개별업체의 생산능력, 과거 매출액 등을 합산하여 추정 가능하다.

③ 회귀분석 이용법
  ㉠ 대상기업의 매출액과 특정 독립변수와의 관련성 등을 통해 매출액을 추정한다.
  ㉡ 프랜차이즈 가맹점 수와 매출액에 주로 사용한다.

2 기업의 목표관리

(1) MBO의 개념 기출 23

① 구성원이 목표설정에 참여하게 되고, 목표달성을 통한 실적평가를 바탕으로 보상이 이루어지는 관리제도이다.
② 관리자는 명령하지 않으며, 종업원이 자율적 결정에 필요한 정보를 제공하고, 종업원 상호 간의 조정만을 관리한다.
③ 조직의 거대화에 따른 종업원의 무기력화를 방지하고 근로의욕을 향상시키는 관리방법이다.
④ 목표관리는 결과에 의하여 평가되고, 목표에 의하여 동기가 부여된다.
⑤ 장기계획이 만들어질 수 있는 상대적으로 안정적인 상황에서 효율적이다.
⑥ 목표에 의한 관리(MBO)는 개인이 적절한 시간 범위 내에 달성할 것으로 기대하는 성과목표를 설정하고 그 달성 정도를 기준으로 성과를 평가하는 방법이다.

(2) MBO에서 목표수립 시 주의할 점

① 능력범위 이내라면 목표의 난이도는 약간 높은 것이 좋다.
② 피드백은 목표달성을 수행하는 전 과정을 거쳐 이루어지는 것이 효과적이다.
③ 목표설정 과정에서 당사자가 함께 참여한다.
④ 목표는 기간, 범위 등이 구체적으로 정해져야 효과적이다.
⑤ 업무담당자가 동의한 목표가 좋다.

(3) 조직의 목표

① 조직의 목표는 조직이 실현하고자 하는 바람직한 상태이다(에치오니).
② 조직의 목표는 하나 또는 복수로 존재할 수 있으며, '비전-목표-계획'과 같은 계층적인 구조를 가진다.
③ 조직의 목표는 조직 활동에 있어서 일관성과 통일성을 부여하며, 효율적인 자원 활용과 조직목표 달성의 효과성 평가의 기준이 된다.
④ 조직의 목표는 '계획-실행-평가-조치' 사이클을 통해 효과적으로 관리된다.
⑤ MBO의 목표가 갖추어야 할 요건으로는 구체성, 측정가능성, 달성가능성, 조직목표 관련성 등이 있다.

(4) 조직의 목표관리

① 조직의 목표는 Y이론에 입각한 MBO(Management by Objectives)에 의해 관리된다.
② Y이론은 구성원의 참여와 동기부여의 관점과 연관되며, MBO는 구성원이 목표설정에 참여하도록 하고 목표달성을 통한 실적평가를 바탕으로 보상이 이루어지는 관리제도이다.
③ 성공적인 MBO를 위해서는 최고관리층의 관심과 참여 및 조직구성원들의 적극적인 참여가 필요하다.
④ 계속기업으로서 존속하고자 하는 기업은 효과적인 MBO의 운영이 필요하다.
⑤ 조직의 인적 자원 측면에서의 목표는 생산성과 유지이며, 이를 효과적으로 달성하기 위한 근로생활의 질(QWL ; Quality of Work Life)이 고려된다.

08 유통성과관리

1 성과관리의 개념 및 지표

(1) 성과관리(Performance Management)

① 개념 : 조직원의 성과를 평가하고, 이를 바탕으로 조직구성원에 대한 지속적인 지도와 피드백을 제공하며, 더 나아가 이를 제도화하거나 시스템화하는 일련의 과정이다.
② 목 적
  ㉠ 과거지향적 목적 : 성과평가를 통한 보상수준의 결정
  ㉡ 미래지향적 목적 : 성과의 원인분석을 통한 변화관리
③ 성과관리 순환구조 : 목표의 설정 → 계획 → 실행 → 평가 → 피드백 및 개선

(2) 성과지표

① 과정지표 기출 18
  ㉠ 조직원의 능력(예 기술, 지식, 자질)을 나타내는 지표
  ㉡ 조직원의 활동을 나타내는 지표(예 판매활동, 지원활동, 지출)
② 결과지표
  ㉠ 회사차원의 결과지표 : 수익, 수주, 계정 등의 영역으로 세분화
  ㉡ 고객차원의 성과지표 : 고객전환율, 고객유지율, 고객만족도, 순추천지수 등

> **OX문제**
> ▶ 영업사원 성과지표 중 과정지표에는 커뮤니케이션 기술, 시간관리 기술 등이 있다. O X
> 정답 O

> **개념 PLUS**
>
> 순추천지수(NPS ; Net Promoter Score)
> 고객이 경험한 제품·서비스를 주위사람들에게 추천할 의향이 얼마나 있는지를 11점 척도로 묻는 것으로, 9~10점에 응답한 고객집단을 Promoter, 7~8점에 응답한 고객을 Passive, 0~6점에 응답한 고객을 Detractor로 구분한 후, Promoter에서 Detractor의 비율을 차감하여 계산하게 된다. 따라서 순추천지수는 고객만족도조사와 관련 있는 지표이다.

(3) 소매점에서 사용하는 성과 측정 지표 기출 24

① 소매점에서 사용하는 다양한 성과 측정자료의 유형은 크게 투입(Input), 산출(Output), 생산성(Output/Input) 지표로 구분된다.

② 각 지표별 예시

조직 수준	투입 지표	산출(결과) 지표	생산성 지표
기 업	점포 공간 면적	순매출	자산수익률
	종업원 수	순이익	자산회전율
	재 고	매출/이익 성장	종업원당 매출
	광고비용	–	단위면적당 매출
상품관리	재고수준	순매출	GMROI
	가격인하	총마진(총수익)	재고회전율
	광고비	매출 성장	매출대비 광고비율
	MD 비용	–	매출대비 가격인하비율
점포운영	점포면적	순매출	단위면적당 순매출
	설비 운영비	총마진(총수익)	판매원 판매시간당 순매출
	판매원 수	매출 성장	매출대비 설비 운영비

2 상품기획의 성과관리

(1) 유통관리의 성과

성과(Performance)란 유통업체가 업무를 효율적으로 수행하기 위해 업무별로 재무적·비재무적 성과의 표준을 설정하고 이 설정을 달성하기 위해 필요한 활동들을 실행하는 능력을 말한다.

(2) 제품의 기획과 성과관리

① 제품의 기획은 시장 중심적인 관점에서 고객의 기대와 기업의 재무전략 간의 균형을 유지하기 위한 제품(재고)에 관한 계획과 통제를 의미한다.
② 표적고객의 예상 수요에 적합한 재고액이나 품목을 조정하는 것이며 적절한 이윤을 얻을 수 있는 매출액·재고액·제품의 품목 등을 조정하는 것이다.

③ 제품의 관리 분석은 시장적 차원과 재무적 차원으로 분류하는데, 기업의 전략 수립에 중요한 근거를 제공한다.
④ 제품기획(제품관리)은 실제로 제품을 투입하고 판매하여 달성한 성과와 목표치를 비교·분석한 것으로, 미래의 기업의 전략수립에 중요한 토대를 마련할 수 있다.

3 기업의 성과목표

(1) 성과목표의 평가
① 기업의 성과관리는 재무적 관점, 고객 관점, 내부프로세스 관점, 학습·성장 관점 중 그 기업의 특성에 맞는 관점과 지표를 선정하고 지표별 가중치를 종합적·균형적으로 측정하는 성과 평가시스템으로 균형성과표(BSC ; Balanced Scorecard)를 많이 사용한다.
② BSC 평가방식은 재무·성과지표만으로는 전략 실행을 관리하기에 부족하여 조직의 역량을 전략목표 달성에 집중하기 위해 개발되었다.

(2) 균형성과표(BSC) 관점의 성과지표
① 재무적 관점
  ㉠ 회사의 전략과 실행이 순이익 개선에 얼마나 기여했는지를 나타내는 지표이다.
  ㉡ 판매량, 순매출액, 매출총이익 및 매출총이익률, 영업이익 및 영업이익률, 경상이익 및 경상이익률, (당기)순이익 및 (당기)순이익률, 상품재고회전율, 자산회전율, 자산수익률, 매출액 증가, 원가절감, 비용절감, 투자수익률(ROI), 경제적 부가가치 등

> **OX문제**
> ▶ 생산적 관점은 카플란과 노튼이 제시한 균형성과표(BSC)의 4가지 관점에 포함된다. O|X
>
> **해설**
> 균형성과표의 4가지 관점은 재무적 관점, 고객 관점, 내부프로세스 관점, 학습 및 성장 관점이다.
>
> 정답 ✕

② 고객 관점
  ㉠ 기업의 비전달성과 연관된 조직의 학습방법과 개선사항을 측정하는 지표로 고객 지향적 프로세스를 만들어나가는 것이다.
  ㉡ 시장점유율, 상대적 시장점유율, 성장률, 고객만족도, 고객확보율, 기존 고객유지율, 고객별 수익성, 기업인지도, 신규고객 유치 등
③ 내부프로세스 관점
  ㉠ 성과를 극대화하기 위하여 기업의 핵심 프로세스 및 핵심 역량을 규명하는 과정과 관련된 관점이다.
  ㉡ 내부프로세스 종류

혁신프로세스	새로운 시장, 신규 고객, 새로운 욕구를 충족할 신상품을 개발해내는 프로세스이다.
운영프로세스	기존의 상품이나 서비스를 잘 운영하여 고객의 만족을 충족시키는 프로세스로서, 고객을 만족시키는 요소에는 제조주기, 품질, 원가 등이 있다.
서비스프로세스	상품이 고객에게 전달된 이후 서비스를 제공하는 단계로 무상수리, 반품처리, 판매보증 등을 수행하여 고객만족도를 높이는 프로세스이다.

  ㉢ 리드타임, 주문이행률, 주문당 비용, 공급사슬관리 등

④ 학습·성장 관점
   ㉠ 기업의 비전달성과 연관된 조직의 학습방법과 개선사항을 측정하는 지표로, 지속적 가치개선과 비전 달성을 위해 필요한 학습과 성장능력의 유지에 대한 관점이다.
   ㉡ 기업이 장기적으로 성장하려면 고객의 요구를 충족시킬 수 있는 조직을 가지고 있어야 한다.
   ㉢ 직원의 교육·훈련·만족도·이직율, 신제품 개발노력, 서비스 기술혁신, DB와 같은 정보기술이용률, 이직률, 직무만족도, 조직몰입 정도, 종업원의 교육 및 기술 수준, 개인과 팀에 대한 인센티브, 보상의 정도, 직원 1인당 제안건수 등

4 모니터링과 성과 평가

(1) 평가 과정
① 관리자 모니터링 : 성과지표의 목표치, 실적 차이의 원인 분석, 개선 방안 등을 직원들과 의견교환으로 도출한다.
② 사업계획·성과 목표치의 수정 : 경영 환경과 관련한 중요 이슈가 발생하면 전략 수정과 성과지표의 목표치를 수정할 수 있다.

(2) 성과 평가
① 성과 평가 : 성과측정을 위해 성과지표별로 가중치와 목표치를 설정하고 평가점수 산정기준과 종합평가점수 산정방법을 미리 마련해야 한다.
② 평가 결과 분석과 피드백 : 각 성과지표의 비교·분석결과 차이가 큰 성과지표는 개선방안을 마련해야 하며, 새로운 목표를 설정할 때 평가결과를 활용한다.

CHAPTER 04 실전예상문제

※ 본 문제를 풀면서 이해체크를 이용하시면 문제이해에 보다 도움이 될 수 있습니다.

01 K사의 2023년 5월 물동량 예측치는 11,000상자였으나 실적치는 13,000상자였다. 2023년 6월의 물동량을 수요예측기법인 지수평활법을 사용하여 예측하면 얼마인가?(단, 지수평활계수 $\alpha = 0.2$)

① 10,800상자
② 11,400상자
③ 12,600상자
④ 13,000상자
⑤ 13,500상자

> **해설** 지수평활법
> α(실제수요) + $(1 - \alpha)$(예측치) = $(0.2 \times 13{,}000) + (0.8 \times 11{,}000)$ = 11,400상자

02 현금흐름분석의 유용성 또는 내용과 가장 거리가 먼 것은?

① 수입의 질(Quality of earnings) 평가
② 회계상 이익의 현실화
③ 자산구성의 분석
④ 현금가용능력의 평가
⑤ 미래현금흐름의 예측 및 평가

> **해설** 자산구성의 분석은 재무상태표를 통해서 확인할 수 있는 내용이다.

03 평가손익 회계처리에는 당기처리법과 이연법의 2가지 방법이 있다. 이연법에 대한 설명으로 가장 옳지 않은 것은?

① 미실현이익을 계상하는 문제점에서 벗어날 수 있음
② 평가손익이 해당기간의 손익을 구성함
③ 미실현손실을 이연시킬 수 있음
④ 처분시기 조정으로 이익조작의 가능성이 있음
⑤ 미실현손익이므로 주주지분에 반영해야 함

> **해설** 이연법이란 금융자산을 공정가치로 평가함에 따라 발생하는 평가손익을 기타포괄손익으로 처리하여 자본항목으로 이연시켰다가 당해 금융자산을 매각하는 시점에서 당기손익으로 인식하는 방법을 말한다. 평가손익이 해당기간의 손익을 구성하는 것은 당기처리법이다.

04 성장률과 부채비율과의 관계에서, 일반적으로 기업의 성장률이 높아지면 부채의 비중은 어떻게 변하는가?

① 높아진다.
② 일정하다.
③ 낮아진다.
④ 관계없다.
⑤ 높아졌다가 다시 낮아진다.

> **해설** 일반적으로 기업의 성장률이 높아지면 부채의 비중도 높아진다.

05 재무상태표가 제공하는 중요한 정보와 거리가 먼 것은?

① 기업의 경제적 자원에 관한 정보
② 기업의 유동상태와 채무상환능력에 관한 정보
③ 미래의 기업활동 예측에 관한 정보
④ 경영자의 경영능력・업적측정에 관한 정보
⑤ 기업의 자산, 자본, 부채 등에 관한 정보

> **해설** 경영자의 경영능력・업적측정에 관한 정보는 손익계산서가 제공하는 정보이다.
> ※ 재무상태표(대차대조표)
>   • 일정시점에 현재 기업이 보유하고 있는 경제적 자원인 자산과 경제적 의무인 부채, 자본에 대한 정보를 제공하는 재무보고서이다.
>   • 정보이용자들이 기업의 유동성, 재무적 탄력성, 수익성과 위험 등을 평가하는 데 유용한 정보를 제공한다.

정답 01 ② 02 ③ 03 ② 04 ① 05 ④

06 회계정보 사이클의 순서로 올바르게 나열된 것은?

(가) 분개장 기록
(나) 시산표 작성
(다) 재무제표 작성
(라) 재무제표 분석
(마) 원장 기입
(바) 원천자료의 분석

① (가) - (나) - (다) - (라) - (마) - (바)
② (가) - (마) - (다) - (라) - (나) - (바)
③ (바) - (마) - (라) - (다) - (나) - (가)
④ (바) - (가) - (마) - (나) - (다) - (라)
⑤ (나) - (마) - (라) - (다) - (가) - (바)

> **해설**
> 회계정보 사이클(산출과정)
> 분개(회계자료의 식별 및 기록) → 원장 기입(회계자료의 계정별 기록) → 시산표 작성(회계자료의 요약) → 재무제표 작성(재무보고서) → 재무제표 분석 순으로 이루어진다.

07 다음 중 재무상태표에 대한 설명으로 옳지 않은 것은?

① 재무상태표란 일정시점에서 기업의 재무 상태를 총괄적으로 나타내는 보고서를 말한다.
② 재무상태표의 작성양식에는 보고식과 계정식이 있다.
③ 보고식은 차변 및 대변의 구분 없이 자산, 부채, 자본 순으로 기재되는 양식이다.
④ 계정식의 경우 차변에는 자산항목이, 대변에는 부채 및 자본항목이 구분되어 작성된다.
⑤ 재무상태표 차변에 기재되는 자산의 항목배열은 현금화가 낮은 유동성 배열원칙에 따라 유동성이 작은 항목 순으로 기재된다.

> **해설**
> 재무상태표 차변에 기재되는 자산의 항목배열은 현금화가 높은 유동성 배열원칙에 따라 유동성이 큰 항목 순으로 기재된다.

08 다음 중 기업의 단기차입금에 대한 지불능력을 가장 잘 표현해 주는 지표는?

① 자산수익률
② 부채비율
③ 유동비율
④ 재고회전율
⑤ 수익비율

> **해설**
> 유동비율이란 기업이 단기 채무를 변제하기 위해서 단기간 내에 현금화할 수 있는 자산의 정도를 말한다.

09 다음 중 영업레버리지 비율을 나타내는 공식은?

① 영업이익/매출액
② 영업이익의 증가율/순이익의 증가율
③ 영업이익/순이익
④ 영업이익의 증가율/매출액의 증가율
⑤ 순이익의 감소율/영업이익의 감소율

> 해설 영업레버리지 비율 = 영업이익의 변화율/매출액의 변화율

10 경영분석 비율에 대한 설명 중 틀린 것은?

① 경영자본 대 영업이익률이 높을수록 종합적인 수익성이 높다.
② 경영자본회전율이 높을수록 지불 능력이 높다.
③ 상품 회전율이 높을수록 수익성이 높다.
④ 매출액 대 영업이익률이 높을수록 수익성이 높다.
⑤ 수지비율이 낮을수록 효율적인 경영 상태를 나타낸다.

> 해설 유동자산에 대한 유동부채를 표시한 유동비율이 클수록 기업의 지불 능력은 높아진다. 경영자본회전율이 높을수록 활동성이 좋다.

11 자본 효율과 수익성을 고려한 상품회전율 산출방식은 어떤 것이 더 좋은가?

① 연간 순매출액(수량) ÷ 평균상품재고(수량)
② 연간 순매출액(원가) ÷ 평균상품재고(원가)
③ 연간 순매출액(매가) ÷ 평균상품재고(원가)
④ 연간 순매출액(매가) ÷ 평균상품재고(매가)
⑤ 연간 순매출액(원가) ÷ 평균상품재고(수량)

> 해설 상품회전율 : 매출액과 기말상품 재고와의 대비, 즉 매출액을 기말재고로 나눈 비율로서 높으면 높을수록 그 효율은 좋은 것으로 되어 있다.

정답 06 ④ 07 ⑤ 08 ③ 09 ④ 10 ② 11 ③

12 ( ) 안에 들어갈 단어들로 올바르게 나열된 것은?

( )은(는) 가장 최근에 취득한 재고자산의 원가를 ( )의 계산에 포함시킴으로서 현행수익에 현행원가를 대응시키는 방법이다. 따라서 물가 ( ) 기간 중에 이 방법을 적용하면 ( )을(를) 적용했을 때의 ( )을(를) 어느 정도 제거할 수 있다.

① 선입선출법 - 구입원가 - 상승 - 후입선출법 - 판매이익
② 선입선출법 - 구입원가 - 하강 - 후입선출법 - 판매이익
③ 선입선출법 - 매출원가 - 상승 - 후입선출법 - 가공이익
④ 후입선출법 - 구입원가 - 하강 - 선입선출법 - 판매이익
⑤ 후입선출법 - 매출원가 - 상승 - 선입선출법 - 가공이익

해설 후입선출법은 가장 최근에 매입한 상품이 먼저 판매된 것으로 가정하여 매출원가와 기말재고로 구분하는 방법으로 선입선출법과 반대되는 재고자산의 원가배분방법이다. 후입선출법을 적용하는 목적은 인플레이션(물가상승) 시 가공이익을 배제하기 위함이다.

13 다음 중 현금흐름표에 대한 설명으로 바르지 않은 것은?

① 현금흐름은 기업 경영활동과정에서 나타나는 모든 현금과 예금의 유입 및 유출을 말한다.
② 현금흐름표는 재무제표인 대차대조표와 손익계산서를 활용하여 모든 자료의 변동 상태를 회계연도 말의 기말금액과 기초금액을 비교하여 작성할 수 있다.
③ 현금흐름표는 당해 회계기간에 속하는 순수한 현금의 유입과 유출내용을 정리한 재무보고서이다.
④ 현금흐름표에서 현금이란 현금과 예금 및 현금등가물을 말한다.
⑤ 현금유입과 현금유출의 내용은 영업활동, 투자활동의 두 가지 활동부분으로 구분해서 표시하도록 하고 있다.

해설 현금유입과 현금유출의 내용은 영업활동, 투자활동, 재무활동 등의 세 가지 활동부분으로 구분해서 표시하도록 하고 있다.

14 다음의 재무제표에서 산출하는 공식 중 맞는 것은?

① 유동비율 = 유동자산/유동부채 × 100
② 총자본 순이익률 = 총자본/당기순이익 × 100
③ 자기자본 회전율 = 총자본/순매출액
④ 부가가치율 = 부가가치 + 순매출액
⑤ 매출액 순이익률 = 경상이익/매출액 × 100

- 총자본 순이익률 = 당기순이익/총자본 × 100
- 자기자본 회전율 = 순매출액/자기자본
- 부가가치율 = 부가가치/순매출액 × 100
- 매출액 순이익률 = 순이익/매출액 × 100

15 박스 안의 문제를 해결하기 위해 도입된 기법으로 현재는 제조업뿐만 아니라 유통, 서비스업에서도 광범위하게 사용되고 있는 이 기법의 명칭은 무엇인가?

전통적인 원가계산에서는 제조간접비 배분기준으로 공장 전체에 하나 또는 2개의 기준을 사용해왔다. 그러나 공장자동화 등 제조환경의 변화로 인해 제품의 제조원가에서 제조간접비의 비중이 커짐에 따라 이 기준방식은 제품원가를 왜곡시키는 결과를 초래하였다.

① 경제적 부가가치분석(EVA ; Economic Value Analysis)
② 투자수익률분석(ROI ; Return On Investment)
③ 활동기준 원가회계(Activity - Based Costing)
④ 순현가법(Net Present Value)
⑤ 원가-매출-이익분석(CVP Analysis)

활동기준 원가회계(ABC)는 전통적인 원가계산방법의 대안으로 등장한 기법으로, 점차 증가하고 있는 간접원가를 서비스 또는 제품에 정확하게 배부하기 위하여 여러 개의 활동별로 간접원가 집합을 설정하여 활동별 원가 동인을 찾아내어 정확하게 원가를 배부하는 원가계산기법이다. 일차적으로 활동별로 원가를 집계한 다음 그 원가를 제품 또는 서비스에 배부한다.

16 다음 중 경영분석의 목적으로 옳지 않은 것은?

① 경영분석은 기업의 상태를 과학적으로 진단하여 합리적인 처방을 강구하는 작업이다.
② 기업의 미래를 예측함으로써 경영자들의 의사결정 목적에 적합한 정보를 제공하는데 이용된다.
③ 기업의 경영예산을 편성하는 작업이다.
④ 기업의 합리적인 의사결정에 필요한 계량적·비계량적 정보를 활용하여 기업의 경영상태를 평가한다.
⑤ 다양한 정보를 바탕으로 기업 경영상태를 종합적으로 평가하는 것이다.

> 해설 기업의 경영예산 편성은 경영분석을 통해 기업의 경영목적을 달성하기 위한 수단이다.

17 다음 중 계정(account)기입의 원칙으로 옳지 않은 것은?

① 모든 거래는 각 계정의 차변과 대변에 기록한다.
② 자산계정의 증가는 차변, 부채계정의 증가는 대변에 기입한다.
③ 비용계정의 발생은 차변, 소멸은 대변에 기입한다.
④ 자본계정의 증가는 차변, 감소는 대변에 기입한다.
⑤ 수익계정은 발생을 대변, 소멸을 차변에 기입한다.

> 해설 부채계정·자본계정은 증가를 대변, 감소를 차변에 기입한다.

18 재무제표의 기본 전제에 대한 내용으로 옳지 않은 것은?

① 기업은 하나의 권리의무의 주체이다.
② 기업은 현금 수수에 따라 수익과 비용이 인식된다.
③ 기업은 반증이 없는 한 경영활동을 영구적으로 수행한다.
④ 수익이 실현되었을 때 인식되고, 비용은 발생되었을 때 인식된다.
⑤ 계속기업을 일정한 단위로 분할하여 정보를 제공한다.

> 해설 ② 발생주의 : 현금 수수와 관계없이 수익과 비용이 발생된 시점에 인식되는 개념이다.

19. 유동자산에 대한 내용으로 옳지 않은 것은?

① 유동자산은 사용의 제한이 없는 현금 및 현금성자산이다.
② 유동자산은 단기매매를 목적으로 보유한 자산이다.
③ 기업의 정상적인 영업주기 내에 실현될 것으로 예상되는 자산이다.
④ 보고기간 종료일로부터 1년 이내에 현금화할 것으로 예상되는 자산이다.
⑤ 당좌자산과 유형자산으로 분류된다.

> 해설
> 유동자산에는 당좌자산과 재고자산이 있고, 비유동자산에는 투자자산, 유형자산, 무형자산, 기타비유동자산 등이 있다.

20. 다음 보기에서 설명하는 내용으로 적절한 것은?

> 외상매입금과 지급어음, 금전채무, 일반적으로 기한 1년 이내의 단기차입금, 미지급금, 미지급비용, 선수금, 예수금, 충당금 등이 있다.

① 유동자산
② 유동부채
③ 당좌자산
④ 무형자산
⑤ 비유동부채

> 해설
> **유동부채**
> • 재무상태일로부터 1년 이내 혹은 정상영업주기 내 만기가 도래하는 부채
> • 유동부채의 종류(기업회계기준) : 매입채무, 단기차입금, 미지급금, 선수금, 예수금, 미지급비용, 미지급법인세, 미지급배당금, 선수수익, 단기충당부채 등

21. 다음 비용은 무엇에 대한 설명인가?

> 고정비와 변동비가 혼합된 형태로 조업도가 "0"인 상태에서도 일정한 고정비가 발생하며, 조업도의 증가에 따라 총원가가 증가하는 행태를 가진 원가를 말한다.

① 고정비
② 변동비
③ 준고정비
④ 준변동비
⑤ 비대칭 변동비

정답 16 ③ 17 ④ 18 ② 19 ⑤ 20 ② 21 ④

> **해설**
> - 고정비 : 조업도의 수준과 무관하게 총원가가 일정한 원가
> - 변동비 : 조업도의 수준에 따라 총원가가 비례하여 변동하는 원가
> - 준고정비 : 고정비가 일정한 조업도의 범위를 초과하면 일정한 금액으로 증가하는 행태를 가진 원가(계단원가)

22 손익분기점과 관련된 내용으로 옳지 않은 것은?

① 손익분기점은 미래 수익발생 능력의 안전도를 평가하는 기준이 될 수 있다.
② 제품의 단위당 공헌이익이 총고정원가를 회수하는 데 사용될 수 있다.
③ 매출량의 손익분기점 이하가 예상되면 고정비를 낮추기 위해 하청생산을 강화하는 것이 유리하다.
④ 다른 조건이 같다면 고정비의 비율이 높을수록 손익분기매출액은 감소한다.
⑤ 안전율이란 기업이 손실 없이 조업을 단축할 수 있는 여유를 보여주는 척도이다.

> **해설** 다른 조건이 동일하다면 고정비의 비율이 높을수록 손익분기매출액은 증가한다.

23 자기자본순이익률에 대한 내용으로 적절하지 않은 것은?

① $\dfrac{순이익}{자기자본}$

② $\dfrac{순이익}{매출액} \times \dfrac{매출액}{총자본} \times \dfrac{총자본}{자기자본}$

③ $\dfrac{순이익}{매출액} \times \dfrac{매출액}{총자본} \times \left(1 \div \dfrac{부채}{자기자본}\right)$

④ 매출액순이익률 × 총자본회전율 × 부채레버리지비율
⑤ ROA × (1 + 부채비율)

> **해설** ROE(자기자본순이익률) = $\dfrac{순이익}{매출액} \times \dfrac{매출액}{총자본} \times \dfrac{총자본}{자기자본}$

24 다음 보기에서 설명하는 내용으로 적절한 것은?

> 기업의 타인자본 의존도로서, 기업의 안정성과 지급능력을 나타내는 비율로 그 수치가 낮을수록 재무구조가 건전하고, 부채비율이 높을수록 조직의 레버리지 수준이 높음

① 유동성비율
② 레버리지비율
③ 활동성비율
④ 수익성비율
⑤ 성장성비율

해설
① 유동성비율 : 기업이 단기부채를 상환할 수 있는 능력을 나타내는 비율
③ 활동성비율 : 기업에 투하된 자본이 일정기간 중에 얼마나 활발하게 운용되었는가를 표시하는 지표
④ 수익성비율 : 기업이 얼마나 효율적으로 관리되고 있는지를 나타내는 지표
⑤ 성장성비율 : 기업의 경영규모나 영업성과가 어느 정도 증대되었는지 나타내는 지표

25 다음 중 정태비율에 포함되지 않는 것은?

① 당좌비율
② 현금비율
③ 고정장기적합비율
④ 고정비율
⑤ 총자본이익률

해설
분석자료
- 정태비율(재무상태표 비율) : 일정시점에서 기업의 재무상태를 나타내는 재무비율(예 유동비율, 당좌비율, 현금비율, 고정장기적합비율, 부채비율, 고정비율)
- 동태비율(손익계산서 비율) : 일정기간 동안 기업의 경영성과를 표시하는 재무비율(예 총자본이익률, 자기자본이익률, 매출총이익률, 매출영업이익률, 매출순이익률)

정답 22 ④ 23 ③ 24 ② 25 ⑤

26 재무비율의 명칭과 경제적 의미가 가장 적합한 것은?

① 고정비율 - 생산성
② 부가가치율 - 성장성
③ 자기자본순이익률 - 수익성
④ 순이익증가율 - 활동성
⑤ 유형자산회전율 - 유동성

> 재무비율의 분석목적에 따른 분류
> • 유동성비율 : 당좌비율, 유동비율
> • 활동성비율 : 재고자산회전율, 유형자산회전율, 총자산회전율, 매출채권회전율, 매입채무회전율
> • 수익성비율 : 매출액 영업이익률, 총자산순이익률, 자기자본순이익률
> • 성장성비율 : 매출액증가율, 순이익증가율, 총자산증가율
> • 생산성비율 : 노동생산성, 자본생산성, 부가가치율
> • 안정성비율 : 부채비율, 고정비율, 자기자본비율, 이자보상비율

27 다음 보기에서 주어진 자료를 통해 순영업이익을 계산하면 얼마인가?

• 순매출액 : ₩28,000   • 매출원가 : ₩15,000
• 운영비용 : ₩8,000   • 이자비용 : ₩300

① 약 15%   ② 약 18%
③ 약 20%   ④ 약 23%
⑤ 약 31%

> 매출총이익 = 순매출액 - 매출원가 = 28,000 - 15,000 = ₩13,000
> 영업이익 = 매출총이익 - 운영비용 = 13,000 - 8,000 = ₩5,000
> 순영업이익 = 영업이익 ÷ 순매출액 ≒ 0.178 ≒ 18%

28 다음 보기에서 설명하는 비율은?

> • 유동자산 중에서 재고자산을 뺀 부분을 유동부채로 나눈 것
> • 재고자산은 유동성이 가장 낮고 처분 시에도 손실 위험이 크므로 기업이 재고자산을 처분하지 않고 단기부채의 상환능력을 나타내는 지표

① 당좌비율
② 부채비율
③ 이자보상비율
④ 유동비율
⑤ 활동성비율

해설
② 부채비율 : 총자본을 구성하고 있는 자기자본과 타인자본의 비율
③ 이자보상비율 : 기업의 이자지급능력을 동태적으로 측정하기 위한 비율
④ 유동비율 : 1년 내에 현금화가 가능한 유동자산을 1년 이내에 만기가 도래하는 유동부채로 나눈 비율
⑤ 활동성비율 : 기업이 자산을 얼마나 효율적으로 활용하는가를 평가한 지표

※ 당좌비율

$$\frac{유동자산 - 재고자산}{유동부채} = \frac{당좌자산}{유동부채}$$

29 ㈜시대는 1월 1일을 기준으로 상품 5개(단가 ₩200)를 기초재고재산으로 보유하고 있다. 4월 20일 상품 3개(단가 ₩210)를, 8월 9일 상품 3개(단가 ₩210)를 각각 구입하였다. 당해 연도에 7개의 상품을 단가 ₩300에 판매하였다. 선입선출법을 사용할 경우 ㈜시대의 매출원가는?

① 1,350원
② 1,370원
③ 1,420원
④ 1,450원
⑤ 1,520원

해설
선입선출법으로 판매된 7개의 상품 : 기초재고상품 5개 + 4월 20일 매입상품 2개
선입선출법으로 판매된 상품의 매출원가 = (5개 × 200원) + (2개 × 210원) = 1,420원

30 다음 주어진 자료를 이용하여 총유동자산액을 올바르게 계산한 것은?

- 임대보증금 : 2,000원
- 현금성자산 : 3,000원
- 단기매매증권 : 400원
- 단기대여금 : 1,200원
- 장기미수금 : 5,000원
- 단기차입금 : 15,000원

① 3,500원
② 4,200원
③ 4,350원
④ 4,600원
⑤ 4,800원

> 유동자산이란 1년 내에 현금으로 바꿀 수 있는 자산으로서 당좌자산과 재고자산으로 분류한다.
> 총유동자산액 = 현금성자산 3,000원 + 단기대여금 1,200원 + 단기매매증권 400원 = 4,600원

31 경영분석 시 비율분석의 장점이 아닌 것은?

① 기업 신용도, 조직의 효율성 등의 질적 요인분석에도 다양하게 반영할 수 있다.
② 재무제표의 각 계정과목 중 상호 관계가 있는 두 항목을 비율로 산정 및 측정하여 기업경영의 실태를 판단할 수 있다.
③ 구체적이면서 복잡다단한 기업조직 분석 이전에 예비분석으로써 활용된다.
④ 의사결정을 위해 회기 말의 재무제표를 활용함으로써 시간 및 경비 절감이 가능하다.
⑤ 재무비율을 과거의 실적치와 비교하여 기업의 재무상태나 경영성과를 평가한다.

> 계수화가 어려운 질적 요인분석은 비율분석에서 다룰 수 없는 단점이 있다.

32 다음 중 자본예산에 대한 내용으로 옳지 않은 것은?

① 수익성과 유동성을 고려하며 매출채권, 재고자산, 현금 등으로 정의하는 유동자산의 운전자본이다.
② 1년 이상의 장기적 효과가 지속되는 자본적 지출에 대한 계획을 수립하는 활동이다.
③ 현금흐름을 추정할 때는 기회비용과 매몰비용, 대체 및 보완관계 등을 고려한다.
④ 기업의 투자의사결정은 경상적 지출과 자본적 지출로 분류된다.
⑤ 금융기관 등의 외부분석자가 기업의 자금사정 파악에 유용하다.

 ⑤는 현금예산에 대한 내용이다.

※ 현금예산(Cash Budget)
- 현금예산은 미래의 현금흐름에 대한 예측 및 계획이다.
- 현금흐름이 매우 불규칙할 경우에는 현금예산의 수립기간을 짧게 대응한다.
- 현금예산은 현금흐름표와 달리 복식부기체계를 따를 필요가 없다.
- 현금예산은 금융기관 등의 외부분석자가 기업의 자금사정 파악하기에 유용하다.
- 현금예산과 현금흐름표는 현금의 유출과 유입을 분석한다는 점에서 공통적이다.

33 MBO에서 목표를 수립 시 주의할 점으로 바르지 않은 것은?

① 능력범위 이내라면 목표의 난이도는 약간 있는 것이 좋다.
② 피드백은 목표달성을 수행하는 전 과정을 거쳐 이루어지는 것이 효과적이다.
③ 목표설정 과정에서 당사자가 함께 참여한다.
④ 먼저 종합목표 설정 후 구체적인 내용은 수행 과정에 따라 조정한다.
⑤ 업무담당자가 동의한 목표가 좋다.

 MBO에서 목표는 기간, 범위 등을 구체적으로 정해야 효과적으로 수립할 수 있다.

1과목 유통경영

CHAPTER 05 · 유통관련법규

> **Key Point**
> - 유통산업발전법의 총칙과 주요내용에 대해 학습한다.
> - 전자문서 및 전자거래기본법의 총칙과 주요내용에 대해 학습한다.

01 유통산업발전법

[시행 2025. 3. 21.] [법률 제20444호, 2024. 9. 20., 일부개정]

1 총 칙

(1) 목적(법 제1조)

유통산업의 효율적인 진흥과 균형 있는 발전을 꾀하고, 건전한 상거래질서를 세움으로써 소비자를 보호하고 국민경제의 발전에 이바지함

(2) 용어정의(법 제2조) 기출 20

① **유통산업** : 농산물·임산물·축산물·수산물(가공 및 조리물 포함) 및 공산품의 도매·소매 및 이를 경영하기 위한 보관·배송·포장과 이와 관련된 정보·용역의 제공 등을 목적으로 하는 산업

② **매장** : 상품의 판매와 이를 지원하는 용역의 제공에 직접 사용되는 장소, 이 경우 매장에 포함되는 용역의 제공 장소 범위는 대통령령으로 정함

③ **대규모점포** : 하나 또는 대통령령으로 정하는 둘 이상의 연접되어 있는 건물 안에 하나 또는 여러 개로 나누어 설치되는 매장으로, 상시 운영되는 매장면적이 3,000㎡ 이상인 점포의 집단

④ **준대규모점포**
  ㉠ 대규모점포를 경영하는 회사 또는 그 계열회사가 직영하는 점포
  ㉡ 상호출자제한기업집단의 계열회사가 직영하는 점포
  ㉢ ㉠ 및 ㉡의 회사 또는 계열회사가 직영점형 체인사업 및 프랜차이즈형 체인사업의 형태로 운영하는 점포
  ㉣ ㉠~㉢의 어느 하나에 해당하는 점포로 대통령령으로 정하는 것

> **OX문제**
> ▶ 유통산업발전법상 대규모점포는 매장면적의 합계가 2천제곱미터 이상인 점포로 상시 운영되어야 한다. Ⓞ Ⓧ
>
> **[해설]**
> 유통산업발전법상 대규모점포는 하나 또는 대통령령으로 정하는 둘 이상의 연접되어 있는 건물 안에 하나 또는 여러 개로 나누어 설치되는 매장으로, 상시 운영되는 매장면적이 3,000㎡ 이상인 점포의 집단이다.
>
> 정답 ×

⑤ 임시시장 : 다수의 수요자와 공급자가 일정한 기간 동안 상품을 매매하거나 용역을 제공하는 일정한 장소

⑥ 체인사업 기출 19·17

같은 업종의 여러 소매점포를 직영(자기가 소유하거나 임차한 매장에서 자기의 책임과 계산하에 직접 매장을 운영하는 것)하거나 같은 업종의 여러 소매점포에 대하여 계속적으로 경영을 지도하고 상품·원재료 또는 용역을 공급하는 다음의 어느 하나에 해당하는 사업

> **OX문제**
> ▶ 유통산업발전법상 체인사업의 종류에는 전문점형 체인사업이 있다. O|X
>
> **해설**
> 체인사업의 종류에는 직영점형 체인사업, 프랜차이즈형 체인사업, 임의가맹점형 체인사업, 조합형 체인사업이 있다.
>
> **정답** ≫ ×

㉠ 직영점형 체인사업 : 체인본부가 주로 소매점포를 직영하되, 가맹계약을 체결한 일부 소매점포에 대하여 상품의 공급 및 경영지도를 계속하는 형태의 체인사업

㉡ 프랜차이즈형 체인사업 : 독자적인 상품 또는 판매·경영 기법을 개발한 체인본부가 상호·판매방법·매장운영 및 광고방법 등을 결정하고, 가맹점으로 하여금 그 결정과 지도에 따라 운영하도록 하는 형태의 체인사업

㉢ 임의가맹점형 체인사업 : 체인본부의 계속적인 경영지도 및 체인본부와 가맹점 간의 협업에 의하여 가맹점의 취급품목·영업방식 등의 표준화사업과 공동구매·공동판매·공동시설활용 등 공동사업을 수행하는 형태의 체인사업 기출 17

㉣ 조합형 체인사업 : 같은 업종의 소매점들이 중소기업협동조합, 협동조합, 협동조합연합회, 사회적협동조합 또는 사회적협동조합연합회를 설립하여 공동구매·공동판매·공동시설활용 등 사업을 수행하는 형태의 체인사업

⑦ 상점가 : 일정 범위의 가로 또는 지하도에 대통령령으로 정하는 수 이상의 도매점포·소매점포 또는 용역점포가 밀집하여 있는 지구

⑧ 전문상가단지 : 같은 업종을 영위하는 여러 도매업자 또는 소매업자가 일정지역에 점포 및 부대시설 등을 집단으로 설치하여 만든 상가단지

⑨ 무점포판매 : 상시 운영되는 매장을 가진 점포를 두지 않고 상품을 판매하는 것으로 산업통상자원부령으로 정하는 것

⑩ 유통표준코드 : 상품·상품포장·포장용기 또는 운반용기의 표면에 표준화된 체계에 따라 표기된 숫자와 바코드 등으로서 산업통상자원부령으로 정하는 것

⑪ 유통표준전자문서 : 전자문서 중 유통부문에 관하여 표준화되어 있는 것으로서 산업통상자원부령으로 정하는 것

⑫ 판매시점 정보관리시스템 : 상품을 판매할 때 활용하는 시스템으로서 광학적 자동판독방식에 따라 상품의 판매·매입 또는 배송 등에 관한 정보가 수록된 것

⑬ 물류설비 : 화물의 수송·포장·하역·운반과 이를 관리하는 물류정보처리활동에 사용되는 물품·기계·장치 등의 설비

⑭ 도매배송서비스 : 집배송시설을 이용하여 자기의 계산으로 매입한 상품을 도매하거나 위탁받은 상품을 화물자동차운수사업법에 따른 허가를 받은 자가 수수료를 받고 도매점포 또는 소매점포에 공급하는 것

⑮ 집배송시설 : 상품의 주문처리·재고관리·수송·보관·하역·포장·가공 등 집하 및 배송에 관한 활동과 이를 유기적으로 조정하거나 지원하는 정보처리활동에 사용되는 기계·장치 등 일련의 시설

⑯ 공동집배송센터 : 여러 유통사업자 또는 제조업자가 공동으로 사용할 수 있도록 집배송시설 및 부대업무시설이 설치되어 있는 지역 및 시설물

> **개념 PLUS**
>
> 대규모점포의 종류(유통산업발전법 별표) 기출 20
> 1. 대형마트
>   대통령령으로 정하는 용역의 제공장소를 제외한 매장면적의 합계가 3,000㎡ 이상인 점포의 집단으로서 식품·가전 및 생활용품을 중심으로 점원의 도움 없이 소비자에게 소매하는 점포의 집단
> 2. 전문점
>   용역의 제공장소를 제외한 매장면적의 합계가 3,000㎡ 이상인 점포의 집단으로서 의류·가전 또는 가정용품 등 특정 품목에 특화한 점포의 집단
> 3. 백화점
>   용역의 제공장소를 제외한 매장면적의 합계가 3,000㎡ 이상인 점포의 집단으로서 다양한 상품을 구매할 수 있도록 현대적 판매시설과 소비자 편익시설이 설치된 점포로서 직영의 비율이 30% 이상인 점포의 집단
> 4. 쇼핑센터
>   용역의 제공장소를 제외한 매장면적의 합계가 3,000㎡ 이상인 점포의 집단으로서 다수의 대규모점포 또는 소매점포와 각종 편의시설이 일체적으로 설치된 점포로서 직영 또는 임대의 형태로 운영되는 점포의 집단
> 5. 복합쇼핑몰
>   용역의 제공장소를 제외한 매장면적의 합계가 3,000㎡ 이상인 점포의 집단으로서 쇼핑, 오락 및 업무 기능 등이 한 곳에 집적되고, 문화·관광 시설로서의 역할을 하며, 1개의 업체가 개발·관리 및 운영하는 점포의 집단
> 6. 그 밖의 대규모점포
>   위의 규정에 해당하지 않는 점포의 집단으로서 다음의 어느 하나에 해당하는 것
>   ① 용역의 제공장소를 제외한 매장면적의 합계가 3,000㎡ 이상인 점포의 집단
>   ② 용역의 제공장소를 포함하여 매장면적의 합계가 3,000㎡ 이상인 점포의 집단으로서 용역의 제공장소를 제외한 매장면적의 합계가 전체 매장면적의 100분의 50 이상을 차지하는 점포의 집단

2 주요내용

(1) 유통산업시책의 기본방향(법 제3조)

① 유통구조의 선진화 및 유통기능의 효율화 촉진
② 유통산업에 있어서 소비자 편익의 증진
③ 유통산업의 지역별 균형발전의 도모
④ 유통산업의 종류별 균형발전의 도모
⑤ 중소유통기업의 구조개선 및 경쟁력의 강화
⑥ 유통산업의 국제경쟁력 제고
⑦ 유통산업에 있어서 건전한 상거래질서의 확립 및 공정한 경쟁여건의 조성
⑧ 그 밖에 유통산업의 발전을 촉진하기 위하여 필요한 사항

(2) 적용 배제(법 제4조)

농수산물도매시장·농수산물공판장·민영농수산물도매시장·농수산물종합유통센터·가축시장

(3) 유통산업발전계획(법 제6조 제1항) 기출 17

산업통상자원부장관은 기본계획에 따라 매년 유통산업발전시행계획을 관계 중앙행정기관의 장과 협의를 거쳐 세워야 한다.

> **OX문제**
>
> ▶ 유통산업발전법에서 산업통상자원부장관은 대규모점포 등 개설자가 대규모점포 등의 영업을 정당한 사유 없이 1년 이상 계속하여 휴업한 경우 그 등록을 취소하여야 한다.
>
> 해설
> 등록의 취소권자는 산업통상자원부장관이 아니라 특별자치시장·시장·군수·구청장이다(유통산업발전법 제11조 제1항 제2호).
>
> 정답 ▶ ×

(4) 유통산업의 실태조사(법 제7조의4 제1항) 기출 17

산업통상자원부장관은 기본계획 및 시행계획 등을 효율적으로 수립·추진하기 위하여 유통산업에 대한 실태조사를 할 수 있다.

(5) 등록의 취소(법 제11조) 기출 17

특별자치시장·시장·군수·구청장은 대규모점포 등의 개설등록을 한 자가 등록취소사유에 해당하는 경우에는 그 등록을 취소하여야 한다.

(6) 대규모점포

① 개설 등록 : 특별자치시장·시장·군수·구청장에게 등록하여야 한다(법 제8조).
② 임시시장의 개설 : 임시시장의 운영·관리에 관한 사항은 특별자치시·시·군·구의 조례로 정한다(법 제14조).

(7) 체인사업자의 경영개선사항(법 제16조)

① 체인점포의 시설 현대화
② 체인점포에 대한 원재료·상품 또는 용역 등의 원활한 공급
③ 체인점포에 대한 점포관리·품질관리·판매촉진 등 경영활동 및 영업활동에 관한 지도
④ 체인점포 종사자에 대한 유통교육·훈련의 실시
⑤ 체인사업자와 체인점포 간의 유통정보시스템의 구축
⑥ 집배송시설의 설치 및 공동물류사업의 추진
⑦ 공동브랜드 또는 자기부착상표의 개발·보급
⑧ 유통관리사의 고용 촉진
⑨ 그 밖에 중소벤처기업부장관이 체인사업의 경영개선을 위하여 필요하다고 인정하는 사항

(8) 유통관리사의 직무와 자격시험(법 제24조) 기출 24

① 유통관리사의 직무(제1항)
  ㉠ 유통경영·관리 기법의 향상
  ㉡ 유통경영·관리와 관련한 계획·조사·연구

ⓒ 유통경영·관리와 관련한 진단·평가
　　　ⓓ 유통경영·관리와 관련한 상담·자문
　　　ⓔ 그 밖에 유통경영·관리에 필요한 사항
　② 유통관리사가 되려는 사람은 산업통상자원부장관이 실시하는 유통관리사 자격시험에 합격하여야 한다(제2항).
　③ 유통관리사의 등급, 유통관리사 자격시험의 실시방법·응시자격·시험과목 및 시험과목의 면제나 시험점수의 가산, 자격증의 발급 등에 필요한 사항은 대통령령으로 정한다(제3항).
　④ 산업통상자원부장관은 거짓이나 그 밖의 부정한 방법으로 유통관리사의 자격을 취득한 사람에 대하여 그 자격을 취소하여야 한다(제5항).

(9) 유통분쟁조정위원회(법 제36조)
　① 설치 : 특별시·광역시·특별자치시·도·특별자치도 및 시·군·구
　② 구성 : 위원장 1인을 포함한 11인 이상, 15인 이하의 위원
　③ 위원장 : 위원 중에서 호선
　④ 분쟁의 조정 : 대규모점포 등과 관련된 분쟁의 조정을 원하는 자는 특별자치시·시·군·구의 위원회에 신청(법 제37조)

개념 PLUS

유통정보화시책(법 제21조)
1. 유통표준코드의 보급
2. 유통표준전자문서의 보급
3. 판매시점 정보관리시스템의 보급
4. 점포관리의 효율화를 위한 재고관리시스템·매장관리시스템 등의 보급
5. 상품의 전자적 거래를 위한 전자장터 등의 시스템의 구축 및 보급
6. 다수의 유통·물류기업 간 기업정보시스템의 연동을 위한 시스템의 구축 및 보급
7. 유통·물류의 효율적 관리를 위한 무선주파수 인식시스템의 적용 및 실용화 촉진
8. 유통정보 또는 유통정보시스템의 표준화 촉진
9. 그 밖에 유통정보화를 촉진하기 위하여 필요하다고 인정되는 사항

유통기능 효율화 시책(법 제26조)
1. 물류표준화의 촉진
2. 물류정보화 기반의 확충
3. 물류공동화의 촉진
4. 물류기능의 외부 위탁 촉진
5. 물류기술·기법의 고도화 및 선진화
6. 집배송시설 및 공동집배송센터의 확충 및 효율적 배치
7. 그 밖에 유통기능의 효율화를 촉진하기 위하여 필요하다고 인정되는 사항

02 전자문서 및 전자거래기본법

[시행 2022. 10. 20.] [법률 제18478호, 2021. 10. 19., 일부개정]

1 총칙

(1) 목적(법 제1조)

전자문서 및 전자거래의 법률관계를 명확히 하고 전자문서 및 전자거래의 안전성과 신뢰성을 확보하며 그 이용을 촉진할 수 있는 기반을 조성함으로써 국민경제의 발전에 이바지함

(2) 용어정의(법 제2조)

① 전자문서 : 정보처리시스템에 의하여 전자적 형태로 작성·변환되거나 송·수신 또는 저장된 정보
② 정보처리시스템 : 전자문서의 작성·변환, 송·수신 또는 저장을 위하여 이용되는 정보처리능력을 가진 전자적 장치 또는 체계
③ 작성자 : 전자문서를 작성하여 송신하는 자
④ 수신자 : 작성자가 전자문서를 송신하는 상대방
⑤ 전자거래 : 재화나 용역을 거래할 때 그 전부 또는 일부가 전자문서 등 전자적 방식으로 처리되는 거래
⑥ 전자거래사업자 : 전자거래를 업으로 하는 자
⑦ 전자거래이용자 : 전자거래를 이용하는 자로서 전자거래사업자 외의 자
⑧ 공인전자주소 : 전자문서를 송신하거나 수신하는 자를 식별하기 위하여 문자·숫자 등으로 구성되는 정보로서 공인전자주소의 등록에 따라 등록된 주소
⑨ 공인전자문서센터 : 타인을 위하여 전자문서보관등의 업무(전자문서를 보관 또는 증명하거나 그 밖에 전자문서와 관련 업무)를 수행하는 자로서 지정받은 자
⑩ 공인전자문서중계자 : 타인을 위하여 전자문서의 송신·수신 또는 중계를 하는 자

(3) 적용범위(법 제3조)

이 법은 다른 법률에 특별한 규정이 있는 경우를 제외하고 모든 전자문서 및 전자거래에 적용한다.

2 주요내용

(1) 전자거래의 안전성 확보 및 소비자 보호

① 개인정보 보호(법 제12조)

전자거래사업자는 전자거래이용자의 개인정보를 수집·이용 또는 제공하거나 관리할 때「정보통신망 이용촉진 및 정보보호 등에 관한 법률」등 관계 규정을 준수하여야 한다.

② 영업비밀 보호(법 제13조)
  ㉠ 전자거래사업자(정보처리시스템의 운영을 위탁받은 자 포함)는 전자거래이용자의 영업비밀을 보호하기 위한 조치를 마련하여야 한다.
  ㉡ 전자거래사업자는 전자거래이용자의 동의를 받지 아니하고는 해당 이용자의 영업비밀을 타인에게 제공하거나 누설하여서는 아니 된다.

③ 소비자보호시책의 수립·시행 등(법 제15조)

정부는 전자거래와 관련되는 소비자의 기본권익을 보호하고 전자거래에 관한 소비자의 신뢰성을 확보하기 위한 시책을 수립·시행하여야 한다.

(2) 전자문서 이용 및 전자거래의 촉진과 그 기반 조성

① 전자문서 및 전자거래의 표준화(법 제24조)
  ㉠ 전자문서 및 전자거래와 관련된 표준의 제정·개정 및 폐지와 그 보급
  ㉡ 국내외 표준의 조사·연구·개발
  ㉢ 그 밖에 전자문서 및 전자거래와 관련된 표준화에 관하여 필요한 사업

② 전자상거래지원센터(법 제30조)

과학기술정보통신부장관은 중소기업의 전자거래를 촉진하기 위하여 전자거래와 관련한 교육훈련, 기술지도, 경영자문, 정보제공 등을 지원하는 기관을 전자상거래지원센터로 지정할 수 있다.

CHAPTER

05 실전예상문제

※ 본 문제를 풀면서 이해체크를 이용하시면 문제이해에 보다 도움이 될 수 있습니다.

01 유통산업발전법상 유통산업발전 기본계획과 시행계획에 대한 설명 중 틀린 것은?

① 산업통상자원부장관은 유통산업의 발전을 위하여 3년마다 유통산업발전기본계획을 관계중앙행정기관의 장과의 협의를 거쳐 세우고 이를 시행하여야 한다.
② 산업통상자원부장관은 기본계획을 특별시장·광역시장·특별자치시장·도지사·특별자치도지사에게 알려야 한다.
③ 산업통상자원부장관은 기본계획에 따라 매년 유통산업발전 시행계획을 관계중앙행정기관의 장과의 협의를 거쳐 세워야 한다.
④ 산업통상자원부장관은 기본계획 및 시행계획을 세우기 위하여 필요하다고 인정되는 경우에는 관계중앙행정기관의 장에게 필요한 자료를 요청할 수 있다.
⑤ 산업통상자원부장관 및 관계중앙행정기관의 장은 시행계획 중 소관사항을 시행하고 이에 필요한 재원을 확보하는 데 노력하여야 한다.

> 산업통상자원부장관은 유통산업의 발전을 위하여 5년마다 유통산업발전기본계획을 관계중앙행정기관의 장과의 협의를 거쳐 세우고 시행하여야 한다(유통산업발전법 제5조 제1항).

02 유통산업발전법상 대규모점포의 개설등록을 설명한 것 중 맞는 것은?

① 대규모점포를 개설하고자 하는 자는 영업을 시작하기 전에 산업통상자원부장관에게 등록하여야 한다.
② 대규모점포를 개설하고자 하는 자는 영업을 시작하기 전에 산업통상자원부장관에게 신고하여야 한다.
③ 대규모점포를 개설하고자 하는 자는 영업을 시작하기 전에 특별자치시장·시장·군수·구청장에게 등록하여야 한다.
④ 대규모점포의 등록한 내용을 변경하고자 하는 경우에 산업통상자원부장관에게 신고하여야 한다.
⑤ 대규모점포의 등록 제한 및 조건에 관한 세부 사항은 국무총리가 정한다.

> ①·②·③·④ 대규모점포를 개설하거나 전통상업보존구역에 준대규모점포를 개설하려는 자는 영업을 시작하기 전에 상권영향평가서 및 지역협력계획서를 첨부하여 특별자치시장·시장·군수·구청장에게 등록하여야 한다. 등록한 내용을 변경하려는 경우에도 또한 같다(유통산업발전법 제8조 제1항).
> ⑤ 등록 제한 및 조건에 관한 세부 사항은 해당 지방자치단체의 조례로 정한다(유통산업발전법 제8조 제4항).

정답 01 ① 02 ③

03 다음 중 대규모점포 등을 등록함에 있어 점포의 개설과 운영에 대한 신고, 지정, 등록, 허가와 관련된 업무가 지자체의 장과 행정기관의 장의 협의에 의해 허가 등을 받은 것으로 인정하는 사항이 아닌 것은?

① 관광진흥법에 따른 유원시설업의 신고
② 평생교육법에 따른 평생교육시설 설치의 신고
③ 식품위생법에 따른 식품의 제조업, 가공업, 판매업
④ 식품위생법에 따른 집단급식소 설치·운영의 신고
⑤ 외국환거래법에 따른 저축, 예금 등 은행업무의 등록

> ⑤ 외국환거래법에 의한 외국환업무의 등록(유통산업발전법 제9조 제1항 제11호)

04 유통산업발전법령에서 규정하고 있는 보기의 체인사업은 어떤 유형에 대한 설명인가?

> 체인본부의 계속적인 경영지도 및 체인본부와 가맹점 간 협업에 의하여 가맹점의 취급품목·영업방식 등의 표준화사업과 공동구매·공동판매·공동시설활용 등 공동사업을 수행하는 형태의 체인사업

① 프랜차이즈형 체인사업
② 직영점형 체인사업
③ 임의가맹점형 체인사업
④ 전문점형 체인사업
⑤ 조합형 체인사업

> **체인사업의 구분(유통산업발전법 제2조 제6호)**
> - **직영점형 체인사업** : 체인본부가 주로 소매점포를 직영하되, 가맹계약을 체결한 일부 소매점포(가맹점)에 대하여 상품의 공급 및 경영지도를 계속하는 형태의 체인사업
> - **프랜차이즈형 체인사업** : 독자적인 상품 또는 판매·경영 기법을 개발한 체인본부가 상호·판매방법·매장운영 및 광고방법 등을 결정하고, 가맹점으로 하여금 그 결정과 지도에 따라 운영하도록 하는 형태의 체인사업
> - **임의가맹점형 체인사업** : 체인본부의 계속적인 경영지도 및 체인본부와 가맹점 간의 협업에 의하여 가맹점의 취급품목·영업방식 등의 표준화사업과 공동구매·공동판매·공동시설활용 등 공동사업을 수행하는 형태의 체인사업
> - **조합형 체인사업** : 같은 업종의 소매점들이 중소기업협동조합, 협동조합, 협동조합연합회, 사회적협동조합 또는 사회적협동조합연합회를 설립하여 공동구매·공동판매·공동시설활용 등 사업을 수행하는 형태의 체인사업

05 유통산업발전법상 대규모점포의 종류가 아닌 것은?

① 대형마트
② 전문점
③ 임시시장
④ 백화점
⑤ 쇼핑센터

> **해설**
> 대규모점포의 종류(유통산업발전법 별표)
> • 대형마트
> • 전문점
> • 백화점
> • 쇼핑센터
> • 복합쇼핑몰
> • 그 밖의 대규모점포

06 유통산업발전법령상 유통산업시책의 기본방향에 대한 설명 중 틀린 것은?

① 유통산업에 있어서 소비자 편익의 증진
② 유통산업의 지역별 균형발전의 도모
③ 대기업의 구조개선 및 경쟁력 강화
④ 유통산업의 국제경쟁력 제고
⑤ 유통구조의 선진화 및 유통기능의 효율화 촉진

> **해설**
> 유통산업시책의 기본방향(유통산업발전법 제3조)
> • 유통구조의 선진화 및 유통기능의 효율화 촉진
> • 유통산업에 있어서 소비자 편익의 증진
> • 유통산업의 지역별 균형발전의 도모
> • 유통산업의 종류별 균형발전의 도모
> • 중소유통기업의 구조개선 및 경쟁력의 강화
> • 유통산업의 국제경쟁력 제고
> • 유통산업에 있어서 건전한 상거래질서의 확립 및 공정한 경쟁여건의 조성
> • 그 밖에 유통산업의 발전을 촉진하기 위하여 필요한 사항

정답 03 ⑤ 04 ③ 05 ③ 06 ③

07 다음 용어에 대한 설명 중 바르지 않은 것은?

① 매장 - 상품의 판매와 이를 지원하는 용역의 제공에 직접 사용되는 장소를 말하며, 이 경우 매장에 포함되는 용역의 제공장소의 범위는 대통령령으로 정한다.
② 임시시장 - 다수의 수요자와 공급자가 일정한 기간 동안 상품을 매매하거나 용역을 제공하는 일정한 장소를 말한다.
③ 체인사업 - 같은 업종의 여러 소매점포를 직영(자기가 소유하거나 임차한 매장에서 자기의 책임과 계산 아래 직접 매장을 운영하는 것)하거나 같은 업종의 여러 소매점포에 대하여 계속적으로 경영을 지도하고 상품·원재료 또는 용역을 공급하는 사업을 말한다.
④ 전문상가단지 - 같은 업종을 경영하는 여러 도매업자 또는 소매업자가 일정 지역에 점포 및 부대시설 등을 집단으로 설치하여 만든 상가단지를 말한다.
⑤ 상점가 - 상시 운영되는 매장을 가진 점포를 두지 않고 상품을 판매하는 것으로 산업통상자원부령으로 정하는 것을 말한다.

> "무점포판매"란 상시 운영되는 매장을 가진 점포를 두지 아니하고 상품을 판매하는 것으로서 산업통상자원부령으로 정하는 것을 말한다(유통산업발전법 제2조 제9호).

08 다음 유통산업발전법상 체인사업자의 경영개선사항으로 바르지 않은 것은?

① 체인점포의 시설 현대화
② 유통관리사의 고용 촉진
③ 체인점포 종사자에 대한 유통교육·훈련의 실시
④ 체인사업자와 체인점포 간의 유통정보시스템의 구축
⑤ 집배송시설의 설치 및 개별물류사업의 추진

> 집배송시설의 설치 및 공동물류사업의 추진(유통산업발전법 제16조 제1항 제6호)

09 다음 중 유통산업발전법상 벌칙 및 과태료의 설명 중 옳은 것은?

① 유통표준전자문서를 3년간 보관하지 아니한 자는 1년 이하의 징역 또는 1천만원 이하의 벌금에 처한다.
② 등록을 하지 아니하고 대규모점포등을 개설하거나 거짓, 그 밖의 부정한 방법으로 대규모점포등의 개설등록을 한 자는 10년 이하의 징역 또는 1억원 이하의 벌금에 처한다.
③ 신고를 하지 아니하고 대규모점포등개설자의 업무를 수행하거나 거짓, 그 밖의 부정한 방법으로 대규모점포등개설자의 업무수행신고를 한 자는 10년 이하의 징역 또는 1억원 이하의 벌금에 처한다.
④ 유통표준전자문서 또는 컴퓨터 등 정보처리조직의 파일에 기록된 유통정보를 공개한 자는 500만원 이하의 벌금에 처한다.
⑤ 유통표준전자문서를 위작 또는 변작하거나 위작 또는 변작된 전자문서를 사용하거나 유통시킨 자는 5년 이하의 징역 또는 5천만원 이하의 벌금에 처한다.

> **해설**
> ① 유통산업발전법 제49조 제3항, 유통산업발전법 시행령 제9조
> ②·③ 1년 이하의 징역 또는 3천만원 이하의 벌금에 처한다(유통산업발전법 제49조 제2항).
> ④ 1천만원 이하의 벌금에 처한다(유통산업발전법 제50조).
> ⑤ 10년 이하의 징역 또는 1억원 이하의 벌금에 처한다(유통산업발전법 제49조 제1항).

10 다음 유통산업발전법상 유통관리사에 대한 내용으로 옳지 않은 것은?

① 유통관리사가 되려는 사람은 산업통상자원부장관이 실시하는 유통관리사 자격시험에 합격하여야 한다.
② 유통관리사의 등급, 유통관리사 자격시험의 실시방법·응시자격·시험과목 및 시험과목의 면제나 시험점수의 가산, 자격증의 발급 등에 필요한 사항은 대통령령으로 정한다.
③ 산업통상자원부장관 또는 지방자치단체의 장은 유통관리사를 고용한 유통사업자 및 유통사업자단체에 대하여 다른 유통사업자 및 사업자단체에 우선하여 자금 등을 지원할 수 있다.
④ 산업통상자원부장관은 거짓이나 그 밖의 부정한 방법으로 유통관리사의 자격을 취득한 사람에 대하여는 그 자격을 취소하여야 한다.
⑤ 유통관리사의 자격이 취소된 사람은 취소일부터 5년 간 유통관리사 자격시험에 응시할 수 없다.

> **해설**
> 유통관리사의 자격이 취소된 자는 취소일부터 3년 간 유통관리사 자격시험에 응시할 수 없다(유통산업발전법 제24조 제7항).

11 전자문서 및 전자거래 기본법상 전자거래의 안전성 확보 및 소비자 보호에 대한 설명으로 틀린 것은?

① 정부는 전자거래의 안전성과 신뢰성을 확보하기 위하여 전자거래이용자의 개인정보를 보호하기 위한 시책을 수립·시행하여야 한다.
② 정부는 전자거래의 안전성과 신뢰성을 확보하기 위하여 전자거래이용자의 영업비밀을 보호하기 위한 시책을 수립·시행하여야 한다.
③ 전자거래사업자는 전자거래이용자의 동의를 받지 아니하고는 해당 이용자의 영업비밀을 타인에게 제공하거나 누설하여서는 아니 된다.
④ 전자거래사업자는 전자거래의 안전성과 신뢰성을 확보하기 위하여 암호제품을 사용해서는 안 된다.
⑤ 정부는 전자거래와 관련되는 소비자 피해의 발생을 예방하기 위하여 소비자에 대한 정보의 제공, 교육의 확대 등에 관한 시책을 수립·시행하여야 한다.

> **해설**
> 암호제품의 사용(전자문서 및 전자거래기본법 제14조)
> • 전자거래사업자는 전자거래의 안전성과 신뢰성을 확보하기 위하여 암호제품을 사용할 수 있다.
> • 정부는 국가안전보장을 위하여 필요하다고 인정하면 암호제품의 사용을 제한하고, 암호화된 정보의 원문 또는 암호기술에의 접근에 필요한 조치를 할 수 있다.

12 전자문서 및 전자거래기본법상 영업비밀 보호에 관한 내용으로 적절하지 않은 것은?

① 정보처리시스템의 운영을 위탁받은 자는 전자거래이용자의 영업비밀을 보호하기 위한 조치를 마련하지 않아도 된다.
② 전자거래사업자는 전자거래이용자의 영업비밀을 보호하기 위한 조치를 마련하여야 한다.
③ 전자거래사업자는 전자거래이용자의 동의를 받지 아니하고는 해당 이용자의 영업비밀을 타인에게 제공하거나 누설하여서는 아니 된다.
④ 정부는 전자거래와 관련되는 소비자의 기본권익을 보호하고 전자거래에 관한 소비자의 신뢰성을 확보하기 위한 시책을 수립·시행하여야 한다.
⑤ 개별 거래처로부터 공급받은 재화 또는 용역의 가격 및 수량에 관한 사항은 보호되는 영업비밀의 범위에 해당한다.

> ①·② 전자거래사업자(정보처리시스템의 운영을 위탁받은 자 포함)는 전자거래이용자의 영업비밀을 보호하기 위한 조치를 마련하여야 한다(전자문서 및 전자거래기본법 제13조 제2항).

13 전자문서 및 전자거래기본법상 정확한 용어의 정의가 아닌 것은?

① 전자거래사업자 – 전자거래를 업(業)으로 하는 자
② 전자거래이용자 – 전자거래사업자를 포함한 전자거래를 이용하는 자
③ 공인전자문서중계자 – 타인을 위하여 전자문서의 송신·수신 또는 중계를 하는 자로서 인증을 받은 자
④ 전자거래 – 재화나 용역을 거래할 때 그 전부 또는 일부가 전자문서 등 전자적 방식으로 처리되는 거래
⑤ 공인전자문서센터 – 타인을 위하여 전자문서보관등을 하는 자로서 전자문서의 보관 또는 증명, 그 밖에 전자문서 관련 업무에 따라 지정받은 자

> 전자거래이용자는 전자거래를 이용하는 자로서 전자거래사업자 외의 자이다(전자문서법 제2조 제7호).

14 전자문서 및 전자거래기본법상 전자거래이용자의 개인정보를 수집·이용 또는 제공하거나 관리할 때 준수해야 하는 관계 규정은?

① 개인정보 보호법
② 공간정보산업 진흥법
③ 정보통신공사업법
④ 정보통신 진흥 및 융합 활성화 등에 관한 특별법
⑤ 정보통신망 이용촉진 및 정보보호 등에 관한 법률

> 해설 전자거래사업자는 전자거래이용자의 개인정보를 수집·이용 또는 제공하거나 관리할 때「정보통신망 이용촉진 및 정보보호 등에 관한 법률」등 관계 규정을 준수하여야 한다(전자문서 및 전자거래기본법 제12조 제2항).

15 전자문서 및 전자거래기본법상 영업비밀 보호에 관한 내용이 아닌 것은?

① 정부는 전자거래의 안전성과 신뢰성을 확보하기 위하여 전자거래이용자의 영업비밀을 보호하기 위한 시책을 수립·시행하여야 한다.
② 전자거래사업자(정보처리시스템의 운영을 위탁받은 자 제외)는 전자거래이용자의 영업비밀을 보호하기 위한 조치를 마련하여야 한다.
③ 전자거래사업자는 전자거래이용자의 동의를 받지 아니하고는 해당 이용자의 영업비밀을 타인에게 제공하거나 누설하여서는 아니 된다.
④ 전자거래사업자의 보호되는 영업비밀의 범위에는 성명·상호·주소 등 개별 거래처를 식별할 수 있는 사항이 포함된다.
⑤ 영업비밀의 보호조치에는 영업비밀 관리규정의 제정·운용, 영업비밀의 표시, 종업원에 대한 교육이 있다.

> 해설 전자거래사업자에는 정보처리시스템의 운영을 위탁받은 자를 포함한다(전자문서 및 전자거래기본법 제13조 제2항).

CHAPTER 06 · 기타관련법규

Key Point
- 근로기준법의 총칙과 주요내용에 대해 학습한다.
- 독점규제 및 공정거래에 관한 법률의 총칙과 주요내용에 대해 학습한다.
- 소비자기본법의 총칙과 주요내용에 대해 학습한다.

01 근로기준법

[시행 2025. 2. 23.] [법률 제20520호, 2024. 10. 22., 일부개정]

1 총칙

(1) 목적(법 제1조)

헌법에 따라 근로조건의 기준을 정함으로써 근로자의 기본적 생활을 보장, 향상시키며 균형 있는 국민경제의 발전을 꾀하는 것을 목적으로 함

(2) 용어정의(법 제2조)

① 근로자 : 직업의 종류와 관계없이 임금을 목적으로 사업이나 사업장에 근로를 제공하는 사람
② 사용자 : 사업주 또는 사업 경영 담당자, 그 밖에 근로자에 관한 사항에 대하여 사업주를 위하여 행위하는 자
③ 근로 : 정신노동과 육체노동
④ 근로계약 : 근로자가 사용자에게 근로를 제공하고 사용자는 이에 대하여 임금을 지급하는 것을 목적으로 체결된 계약
⑤ 임금 : 사용자가 근로의 대가로 근로자에게 임금, 봉급, 그 밖에 어떠한 명칭으로든지 지급하는 모든 금품
⑥ 평균임금 : 이를 산정하여야 할 사유가 발생한 날 이전 3개월 동안에 그 근로자에게 지급된 임금의 총액을 그 기간의 총일수로 나눈 금액, 근로자가 취업한 후 3개월 미만인 경우도 이에 준함 기출 13
⑦ 1주 : 휴일을 포함한 7일
⑧ 소정(所定)근로시간 : 근로시간의 범위에서 근로자와 사용자 사이에 정한 근로시간
⑨ 단시간근로자 : 1주 동안의 소정근로시간이 그 사업장에서 같은 종류의 업무에 종사하는 통상 근로자의 1주 동안의 소정근로시간에 비하여 짧은 근로자 기출 13

(3) 근로기준법의 기본원칙
   ① 근로조건의 기준(법 제3조) : 이 법에서 정하는 근로조건은 최저기준이므로 근로관계 당사자는 이 기준을 이유로 근로조건을 낮출 수 없다.
   ② 근로조건의 결정(법 제4조) : 근로조건은 근로자와 사용자가 동등한 지위에서 자유의사에 따라 결정하여야 한다.
   ③ 근로조건의 준수(법 제5조) : 근로자와 사용자는 각자가 단체협약, 취업규칙과 근로계약을 지키고 성실하게 이행할 의무가 있다.
   ④ 균등한 처우(법 제6조) : 사용자는 근로자에 대하여 남녀의 성(性)을 이유로 차별적 대우를 하지 못하고, 국적·신앙 또는 사회적 신분을 이유로 근로조건에 대한 차별적 처우를 하지 못한다.
   ⑤ 강제 근로의 금지(법 제7조) : 사용자는 폭행, 협박, 감금, 그 밖에 정신상 또는 신체상의 자유를 부당하게 구속하는 수단으로써 근로자의 자유의사에 어긋나는 근로를 강요하지 못한다.
   ⑥ 폭행의 금지(법 제8조) : 사용자는 사고의 발생이나 그 밖의 어떠한 이유로도 근로자에게 폭행을 하지 못한다.
   ⑦ 중간착취의 배제(법 제9조) : 누구든지 법률에 따르지 아니하고는 영리로 다른 사람의 취업에 개입하거나 중간인으로서 이익을 취득하지 못한다.
   ⑧ 공민권 행사의 보장(법 제10조) : 사용자는 근로자가 근로시간 중에 선거권, 그 밖의 공민권(公民權) 행사 또는 공(公)의 직무를 집행하기 위하여 필요한 시간을 청구하면 거부하지 못한다. 다만, 그 권리행사나 공(公)의 직무를 수행하는 데에 지장이 없으면 청구한 시간을 변경할 수 있다.
   ⑨ 보고, 출석의 의무(법 제13조) : 사용자 또는 근로자는 이 법의 시행에 관하여 고용노동부장관·노동위원회 또는 근로감독관의 요구가 있으면 지체 없이 필요한 사항에 대하여 보고하거나 출석하여야 한다.

(4) 적용 범위(법 제11조)
   ① 이 법은 상시 5명 이상의 근로자를 사용하는 모든 사업 또는 사업장에 적용한다. 다만, 동거하는 친족만을 사용하는 사업 또는 사업장과 가사(家事) 사용인에 대하여는 적용하지 아니한다. 기출 13
   ② 상시 4명 이하의 근로자를 사용하는 사업 또는 사업장에 대하여는 대통령령으로 정하는 바에 따라 이 법의 일부 규정을 적용할 수 있다.

2 주요내용

(1) 근로계약

① 이 법을 위반한 근로계약(법 제15조) : 이 법에서 정하는 기준에 미치지 못하는 근로조건을 정한 근로계약은 그 부분에 한정하여 무효로 한다.

② 근로조건의 명시(법 제17조) : 사용자는 근로계약을 체결할 때에 근로자에게 다음의 사항을 명시하여야 한다. 근로계약 체결 후 다음의 사항을 변경하는 경우에도 또한 같다.
  ⊙ 임 금
  ⓒ 소정근로시간
  ⓒ 휴 일
  ⓔ 연차 유급휴가
  ⓜ 그 밖에 대통령령으로 정하는 근로조건

③ 단시간근로자의 근로조건(법 제18조) : 단시간근로자의 근로조건은 그 사업장의 같은 종류의 업무에 종사하는 통상 근로자의 근로시간을 기준으로 산정한 비율에 따라 결정되어야 한다.

④ 근로조건의 위반(법 제19조)
  ⊙ 명시된 근로조건이 사실과 다를 경우에 근로자는 근로조건 위반을 이유로 손해의 배상을 청구할 수 있으며 즉시 근로계약을 해제할 수 있다.
  ⓒ 근로자가 손해배상을 청구할 경우에는 노동위원회에 신청할 수 있으며, 근로계약이 해제되었을 경우에는 사용자는 취업을 목적으로 거주를 변경하는 근로자에게 귀향 여비를 지급하여야 한다.

⑤ 위약 예정의 금지(법 제20조) : 사용자는 근로계약 불이행에 대한 위약금 또는 손해배상액을 예정하는 계약을 체결하지 못한다.

⑥ 전차금 상계의 금지(법 제21조) : 사용자는 전차금(前借金)이나 그 밖에 근로할 것을 조건으로 하는 전대(前貸)채권과 임금을 상계하지 못한다.

⑦ 강제 저금의 금지(법 제22조)
  ⊙ 사용자는 근로계약에 덧붙여 강제 저축 또는 저축금의 관리를 규정하는 계약을 체결하지 못한다.
  ⓒ 사용자가 근로자의 위탁으로 저축을 관리하는 경우에는 다음의 사항을 지켜야 한다.
    • 저축의 종류·기간 및 금융기관을 근로자가 결정하고, 근로자본인의 이름으로 저축할 것
    • 근로자가 저축증서 등 관련 자료의 열람 또는 반환을 요구할 때에는 즉시 이에 따를 것

⑧ 해고 등의 제한(법 제23조)
  ⊙ 사용자는 근로자에게 정당한 이유 없이 해고, 휴직, 정직, 전직, 감봉, 그 밖의 징벌(懲罰)을 하지 못한다.
  ⓒ 사용자는 근로자가 업무상 부상 또는 질병의 요양을 위하여 휴업한 기간과 그 후 30일 동안 또는 산전(産前)·산후(産後)의 여성이 이 법에 따라 휴업한 기간과 그 후 30일 동안은 해고하지 못한다. 다만, 사용자가 제84조에 따라 일시보상을 하였을 경우 또는 사업을 계속할 수 없게 된 경우에는 그러하지 아니하다.

⑨ 경영상 이유에 의한 해고의 제한(법 제24조)
   ㉠ 사용자가 경영상 이유에 의하여 근로자를 해고하려면 긴박한 경영상의 필요가 있어야 한다. 이 경우 경영 악화를 방지하기 위한 사업의 양도·인수·합병은 긴박한 경영상의 필요가 있는 것으로 본다.
   기출 13
   ㉡ 사용자는 해고를 피하기 위한 노력을 다하여야 하며, 합리적이고 공정한 해고의 기준을 정하고 이에 따라 그 대상자를 선정하여야 한다. 이 경우 남녀의 성을 이유로 차별하여서는 아니 된다.
   ㉢ 사용자는 해고를 피하기 위한 방법과 해고의 기준 등에 관하여 그 사업 또는 사업장에 근로자의 과반수로 조직된 노동조합이 있는 경우에는 그 노동조합(근로자대표)에 해고를 하려는 날의 50일 전까지 통보하고 성실하게 협의하여야 한다.
   ㉣ 사용자는 대통령령으로 정하는 일정한 규모 이상의 인원을 해고하려면 고용노동부장관에게 신고하여야 한다.
   ㉤ 사용자가 규정에 따른 요건을 갖추어 근로자를 해고한 경우에는 정당한 이유가 있는 해고를 한 것으로 본다.
⑩ 우선 재고용 등(법 제25조)
   ㉠ 근로자를 해고한 사용자는 근로자를 해고한 날부터 3년 이내에 해고된 근로자가 해고 당시 담당하였던 업무와 같은 업무를 할 근로자를 채용하려고 할 경우 해고된 근로자가 원하면 그 근로자를 우선적으로 고용하여야 한다.
   ㉡ 정부는 해고된 근로자에 대하여 생계안정, 재취업, 직업훈련 등 필요한 조치를 우선적으로 취하여야 한다.
⑪ 해고의 예고(법 제26조) : 사용자는 근로자를 해고(경영상 이유에 의한 해고를 포함)하려면 적어도 30일 전에 예고를 하여야 하고, 30일 전에 예고를 하지 아니하였을 때에는 30일분 이상의 통상임금을 지급하여야 한다. 다만, 근로자가 계속 근로한 기간이 3개월 미만인 경우, 천재·사변, 그 밖의 부득이한 사유로 사업을 계속하는 것이 불가능한 경우, 근로자가 고의로 사업에 막대한 지장을 초래하거나 재산상 손해를 끼친 경우로서 고용노동부령으로 정하는 사유에 해당하는 경우에는 그러하지 아니한다.
⑫ 해고사유 등의 서면통지(법 제27조)
   ㉠ 사용자는 근로자를 해고하려면 해고사유와 해고시기를 서면으로 통지하여야 한다.
   ㉡ 근로자에 대한 해고는 서면으로 통지하여야 효력이 있다.
   ㉢ 사용자가 해고의 예고를 해고사유와 해고시기를 명시하여 서면으로 한 경우에는 ㉠에 따른 통지를 한 것으로 본다.

02 독점규제 및 공정거래에 관한 법률

[시행 2025. 1. 21.] [법률 제20712호, 2025. 1. 21., 타법개정]

1 총 칙

(1) 목적(법 제1조)
① 사업자의 시장 지배적 지위의 남용과 과도한 경제력의 집중을 방지
② 부당한 공동행위 및 불공정거래행위를 규제하여 공정하고 자유로운 경쟁을 촉진함으로써 창의적인 기업 활동을 조장하고 소비자를 보호
③ 국민경제의 균형 있는 발전을 도모함

(2) 용어정의(법 제2조)
① **사업자** : 제조업, 서비스업, 그 밖의 사업을 하는 자를 말한다. 사업자의 이익을 위한 행위를 하는 임원·종업원·대리인 그 밖의 자는 사업자단체에 관한 규정을 적용할 때에는 이를 사업자로 본다.
② **지주회사** : 주식(지분 포함)의 소유를 통하여 국내회사의 사업내용을 지배하는 것을 주된 사업으로 하는 회사로서 자산총액이 대통령령이 정하는 금액 이상인 회사
③ **자회사** : 지주회사로부터 대통령령이 정하는 기준에 따라 그 사업내용을 지배받는 국내회사
④ **손자회사** : 자회사로부터 대통령령으로 정하는 기준에 따라 사업내용을 지배받는 국내회사
⑤ **기업집단** : 동일인이 다음의 구분에 따라 대통령령이 정하는 기준에 따라 사실상 그 사업내용을 지배하는 회사의 집단
　㉠ 동일인이 회사인 경우 그 동일인과 그 동일인이 지배하는 하나 이상의 회사의 집단
　㉡ 동일인이 회사가 아닌 경우 그 동일인이 지배하는 둘 이상의 회사의 집단
⑥ **계열회사** : 둘 이상의 회사가 동일한 기업집단에 속하는 경우에 이들 각각의 회사를 서로 상대방의 계열회사라 한다.
⑦ **계열출자** : 기업집단 소속 회사가 계열회사의 주식을 취득 또는 소유하는 행위
⑧ **계열출자회사** : 계열출자를 통하여 다른 계열회사의 주식을 취득 또는 소유하는 계열회사
⑨ **계열출자대상회사** : 계열출자를 통하여 계열출자회사가 취득 또는 소유하는 계열회사 주식을 발행한 계열회사
⑩ **순환출자** : 세 개 이상의 계열출자로 연결된 계열회사 모두가 계열출자회사 및 계열출자대상회사가 되는 계열출자 관계
⑪ **순환출자회사집단** : 기업집단 소속 회사 중 순환출자 관계에 있는 계열회사의 집단
⑫ **채무보증** : 기업집단에 속하는 회사가 은행, 한국산업은행, 한국수출입은행, 중소기업은행, 보험회사, 투자매매업자·투자중개업자 및 종합금융회사, 그 밖에 대통령령으로 정하는 금융기관에 해당하는 국내금융기관의 여신과 관련하여 국내계열회사에 대하여 하는 보증
⑬ **사업자단체** : 그 형태가 무엇이든 상관없이 둘 이상의 사업자가 공동의 이익을 증진할 목적으로 조직한 결합체 또는 그 연합체
⑭ **임원** : 이사·대표이사·업무집행을 하는 무한책임사원·감사나 이에 준하는 자 또는 지배인 등 본점이나 지점의 영업전반을 총괄적으로 처리할 수 있는 상업사용인

⑮ 재판매가격유지행위 : 사업자가 상품 또는 용역을 거래할 때 거래상대방인 사업자 또는 그 다음 거래단계별 사업자에 대하여 거래가격을 정하여 그 가격대로 판매 또는 제공할 것을 강제하거나 그 가격대로 판매 또는 제공하도록 그 밖의 구속조건을 붙여 거래하는 행위

⑯ 시장지배적 사업자 : 일정한 거래분야의 공급자나 수요자로서 단독으로 또는 다른 사업자와 함께 상품이나 용역의 가격·수량·품질, 그 밖의 거래조건을 결정·유지 또는 변경할 수 있는 시장지위를 가진 사업자. 이 경우 시장지배적 사업자를 판단할 때에는 시장점유율, 진입장벽의 존재 및 정도, 경쟁사업자의 상대적 규모 등을 종합적으로 고려

⑰ 일정한 거래분야 : 거래의 객체별·단계별 또는 지역별로 경쟁관계에 있거나 경쟁관계가 성립될 수 있는 분야

⑱ 경쟁을 실질적으로 제한하는 행위 : 일정한 거래분야의 경쟁이 감소하여 특정사업자 또는 사업자단체의 의사에 따라 어느 정도 자유로이 가격·수량·품질, 그 밖의 거래조건 등의 결정에 영향을 미치거나 미칠 우려가 있는 상태를 초래하는 행위

⑲ 여신 : 국내금융기관이 행하는 대출 및 회사채무의 보증 또는 인수

⑳ 금융업 또는 보험업 : 통계법에 따라 통계청장이 고시하는 한국표준산업분류상 금융 및 보험업을 말하며 일반지주회사는 금융업 또는 보험업을 영위하는 회사로 보지 아니함

2 주요내용

(1) 시장지배적지위의 남용금지(법 제5조) 기출 24

① 상품의 가격이나 용역의 대가를 부당하게 결정·유지 또는 변경하는 행위
② 상품의 판매 또는 용역의 제공을 부당하게 조절하는 행위
③ 다른 사업자의 사업활동을 부당하게 방해하는 행위
④ 새로운 경쟁사업자의 참가를 부당하게 방해하는 행위
⑤ 부당하게 경쟁사업자를 배제하기 위하여 거래하거나 소비자의 이익을 현저히 저해할 우려가 있는 행위

(2) 시장지배적사업자의 추정(법 제6조) 기출 21

일정한 거래분야에서 시장점유율이 다음의 어느 하나에 해당하는 사업자(일정한 거래분야에서 연간 매출액 또는 구매액이 80억원 미만인 사업자는 제외한다)는 시장지배적사업자로 추정한다.

① 하나의 사업자의 시장점유율이 100분의 50 이상
② 셋 이하의 사업자의 시장점유율의 합계가 100분의 75 이상. 이 경우 시장점유율이 100분의 10 미만인 사업자는 제외한다.

(3) 불공정거래행위의 금지(법 제45조) 기출 23

① 부당하게 거래를 거절하거나 거래의 상대방을 차별하여 취급하는 행위
② 부당하게 경쟁자를 배제하는 행위
③ 부당하게 경쟁자의 고객을 자기와 거래하도록 유인하거나 강제하는 행위
④ 자기의 거래상의 지위를 부당하게 이용하여 상대방과 거래하는 행위

⑤ 거래의 상대방의 사업활동을 부당하게 구속하는 조건으로 거래하거나 다른 사업자의 사업활동을 방해하는 행위
⑥ 부당하게 다음의 어느 하나에 해당하는 행위를 통하여 특수관계인 또는 다른 회사를 지원하는 행위
  ㉠ 특수관계인 또는 다른 회사에 대하여 가지급금·대여금·인력·부동산·유가증권·상품·용역·무체재산권 등을 제공하거나 상당히 유리한 조건으로 거래하는 행위
  ㉡ 다른 사업자와 직접 상품·용역을 거래하면 상당히 유리함에도 불구하고 거래상 실질적인 역할이 없는 특수관계인이나 다른 회사를 매개로 거래하는 행위
⑦ 그 밖의 행위로서 공정한 거래를 해칠 우려가 있는 행위

03 소비자기본법

[시행 2025. 1. 1.] [법률 제20301호, 2024. 2. 13., 일부개정]

1 총 칙

(1) 목적(법 제1조)
① 소비자의 권익을 증진하기 위해 소비자의 권리와 책무, 국가·지방자치단체 및 사업자의 책무, 소비자단체의 역할 및 자유시장경제에서 소비자와 사업자 사이의 관계를 규정
② 소비자정책의 종합적 추진을 위한 기본적인 사항을 규정함으로써 소비생활의 향상과 국민경제의 발전에 이바지함

(2) 소비자정책의 목표(법 제21조 제2항 제3호) 기출 14
① 소비자안전의 강화
② 소비자와 사업자 사이의 거래의 공정화 및 적정화
③ 소비자교육 및 정보제공의 촉진
④ 소비자피해의 원활한 구제
⑤ 국제소비자문제에 대한 대응
⑥ 그 밖에 소비자의 권익과 관련된 주요한 사항

(3) 용어정의(법 제2조)
① **사업자** : 물품을 제조(가공 및 포장 포함)·수입·판매하거나 용역을 제공하는 자
② **소비자** : 사업자가 제공하는 물품 또는 용역(시설물을 포함)을 소비생활을 위하여 사용(이용을 포함)하는 자 또는 생산활동을 위하여 사용하는 자로서 대통령령이 정하는 자
③ **소비자단체** : 소비자의 권익을 증진하기 위하여 소비자가 조직한 단체
④ **사업자단체** : 2 이상의 사업자가 공동의 이익을 증진할 목적으로 조직한 단체

2 주요내용

(1) 소비자의 기본적 권리(법 제4조)
① 물품 또는 용역으로 인한 생명·신체 및 재산에 대한 위해로부터 보호받을 권리
② 물품 등을 선택함에 있어서 필요한 지식 및 정보를 제공받을 권리
③ 물품 등을 사용함에 있어서 거래상대방·구입장소·가격·거래조건 등을 자유로이 선택할 권리
④ 소비생활에 영향을 주는 국가 및 지방자치단체의 정책과 사업자의 사업활동 등에 대하여 의견을 반영시킬 권리
⑤ 물품 등의 사용으로 인하여 입은 피해에 대하여 신속·공정한 절차에 따라 적절한 보상을 받을 권리
⑥ 합리적인 소비생활을 위하여 필요한 교육을 받을 권리
⑦ 소비자 스스로의 권익을 증진하기 위하여 단체를 조직하고 이를 통하여 활동할 수 있는 권리
⑧ 안전하고 쾌적한 소비생활환경에서 소비할 권리

(2) 소비자의 책무(법 제5조)
① 소비자는 사업자 등과 더불어 자유시장경제를 구성하는 주체임을 인식하여 물품 등을 올바르게 선택하고, 소비자의 기본적 권리를 정당하게 행사하여야 한다.
② 소비자는 스스로의 권익을 증진하기 위하여 필요한 지식과 정보를 습득하도록 노력하여야 한다.
③ 소비자는 자주적이고 합리적인 행동과 자원절약적이고 환경친화적인 소비생활을 함으로써 소비생활의 향상과 국민경제의 발전에 적극적인 역할을 다하여야 한다.

(3) 국가 및 지방자치단체의 책무 등 기출 19
① 표시기준(법 제10조)
  ㉠ 상품명·용도·성분·재질·성능·규격·가격·용량·허가번호 및 용역의 내용
  ㉡ 물품 등을 제조·수입 또는 판매하거나 제공한 사업자의 명칭 및 물품의 원산지
  ㉢ 사용방법, 사용·보관할 때의 주의사항 및 경고사항
  ㉣ 제조연월일, 부품보유기간, 품질보증기간 또는 식품이나 의약품 등 유통과정에서 변질되기 쉬운 물품은 그 유효기간
  ㉤ 표시의 크기·위치 및 방법
  ㉥ 물품 등에 따른 불만이나 소비자피해가 있는 경우의 처리기구(주소 및 전화번호를 포함) 및 처리방법
  ㉦ 시각장애인을 위한 표시방법
② 국가는 소비자가 사업자와의 거래에 있어서 표시나 포장 등으로 인하여 물품 등을 잘못 선택하거나 사용하지 아니하도록 사업자가 위의 사항을 변경하는 경우 그 변경 전후 사항을 표시하도록 기준을 정할 수 있다.

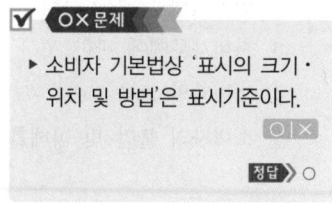

▶ 소비자 기본법상 '표시의 크기·위치 및 방법'은 표시기준이다.
정답 ○

(4) 광고의 기준(법 제11조) 기출 20

국가는 물품 등의 잘못된 소비 또는 과다한 소비로 인하여 발생할 수 있는 소비자의 생명·신체 또는 재산에 대한 위해를 방지하기 위하여 용도·성분·성능·규격 또는 원산지 등을 광고하는 때에 허가 또는 공인된 내용만으로 광고를 제한할 필요가 있거나 특정내용을 소비자에게 반드시 알릴 필요가 있는 경우, 소비자가 오해할 우려가 있는 특정용어 또는 특정표현의 사용을 제한할 필요가 있는 경우, 광고의 매체 또는 시간대에 대하여 제한이 필요한 경우에는 광고의 내용 및 방법에 관한 기준을 정하여야 한다.

> **OX문제**
> ▶ 소비자기본법상 소비자의 건전하고 자주적인 조직활동을 지원·육성할 필요가 있는 경우에 국가는 광고의 기준을 정해야 한다.
> O | X
>
> **해설**
> 소비자기본법상 광고의 내용 및 방법의 기준을 정하는 것은 용도·성분·성능·규격 또는 원산지 등을 광고하는 때에 허가 또는 공인된 내용만으로 광고를 제한할 필요가 있거나 특정내용을 소비자에게 반드시 알릴 필요가 있는 경우, 소비자가 오해할 우려가 있는 특정용어 또는 특정표현의 사용을 제한할 필요가 있는 경우, 광고의 매체 또는 시간대에 대하여 제한이 필요한 경우이다.
>
> **정답** ▶ ×

(5) 사업자의 책무(법 제19조)

① 사업자는 물품 등으로 인하여 소비자에게 생명·신체 또는 재산에 대한 위해가 발생하지 아니하도록 필요한 조치를 강구하여야 한다.
② 사업자는 물품 등을 공급함에 있어서 소비자의 합리적인 선택이나 이익을 침해할 우려가 있는 거래조건이나 거래방법을 사용하여서는 아니 된다.
③ 사업자는 소비자에게 물품 등에 대한 정보를 성실하고 정확하게 제공하여야 한다.
④ 사업자는 소비자의 개인정보가 분실·도난·누출·변조 또는 훼손되지 아니하도록 그 개인정보를 성실하게 취급하여야 한다.
⑤ 사업자는 물품 등의 하자로 인한 소비자의 불만이나 피해를 해결하거나 보상하여야 하며, 채무불이행 등으로 인한 소비자의 손해를 배상하여야 한다.

(6) 소비자단체의 업무 등(법 제28조)

① 국가 및 지방자치단체의 소비자의 권익과 관련된 시책에 대한 건의
② 물품 등의 규격·품질·안전성·환경성에 관한 시험·검사 및 가격 등을 포함한 거래조건이나 거래방법에 관한 조사·분석
③ 소비자문제에 관한 조사·연구
④ 소비자의 교육
⑤ 소비자의 불만 및 피해를 처리하기 위한 상담·정보제공 및 당사자 사이의 합의의 권고

(7) 소비자단체의 등록(법 제29조)

공정거래위원회 또는 지방자치단체에 등록할 수 있다.

(8) 한국소비자원

① 설립 등(법 제33조)
- ㉠ 소비자권익 증진시책의 효과적인 추진을 위하여 한국소비자원을 설립한다.
- ㉡ 한국소비자원은 법인으로 한다.
- ㉢ 한국소비자원은 공정거래위원회의 승인을 얻어 필요한 곳에 그 지부를 설치할 수 있다.
- ㉣ 한국소비자원은 그 주된 사무소의 소재지에서 설립등기를 함으로써 성립한다.

② 한국소비자원의 업무(법 제35조)
- ㉠ 소비자의 권익과 관련된 제도와 정책의 연구 및 건의
- ㉡ 소비자의 권익증진을 위하여 필요한 경우 물품 등의 규격·품질·안전성·환경성에 관한 시험·검사 및 가격 등을 포함한 거래조건이나 거래방법에 대한 조사·분석
- ㉢ 소비자의 권익증진·안전 및 소비생활의 향상을 위한 정보의 수집·제공 및 국제협력
- ㉣ 소비자의 권익증진·안전 및 능력개발과 관련된 교육·홍보 및 방송사업
- ㉤ 소비자의 불만처리 및 피해구제
- ㉥ 소비자의 권익증진 및 소비생활의 합리화를 위한 종합적인 조사·연구
- ㉦ 국가 또는 지방자치단체가 소비자의 권익증진과 관련하여 의뢰한 조사 등의 업무
- ㉧ 독점규제 및 공정거래에 관한 법률에 따라 공정거래위원회로부터 위탁받은 동의의결의 이행관리
- ㉨ 그 밖에 소비자의 권익증진 및 안전에 관한 업무

(9) 소비자안전

① 취약계층의 보호(법 제45조)
- ㉠ 국가 및 지방자치단체는 어린이·노약자·장애인 및 결혼이민자 등 안전취약계층에 대하여 우선적으로 보호시책을 강구하여야 한다.
- ㉡ 사업자는 어린이·노약자·장애인 및 결혼이민자 등 안전취약계층에 대하여 물품 등을 판매·광고 또는 제공하는 경우에는 그 취약계층에게 위해가 발생하지 아니하도록 규정에 따른 조치와 더불어 필요한 예방조치를 취하여야 한다.

② 시정요청(법 제46조)

공정거래위원회 또는 시·도지사는 사업자가 제공한 물품 등으로 인하여 소비자에게 위해 발생이 우려되는 경우에는 관계중앙행정기관의 장에게 다음의 조치를 요청할 수 있다.
- ㉠ 사업자가 다른 법령에서 정한 안전조치를 취하지 아니하는 경우에는 그 법령의 규정에 따른 조치
- ㉡ 다른 법령에서 안전기준이나 규격을 정하고 있지 아니하는 경우에는 수거·파기 등의 권고, 수거·파기 등의 명령, 과태료 처분의 조치
- ㉢ 그 밖에 물품 등에 대한 위해방지대책의 강구

(10) 피해구제의 신청(법 제55조)
　① 소비자는 물품 등의 사용으로 인한 피해의 구제를 한국소비자원에 신청할 수 있다.
　② 국가·지방자치단체 또는 소비자단체는 소비자로부터 피해구제의 신청을 받은 때에는 한국소비자원에 그 처리를 의뢰할 수 있다.
　③ 사업자는 소비자로부터 피해구제의 신청을 받은 때에는 다음의 어느 하나에 해당하는 경우에 한하여 한국소비자원에 그 처리를 의뢰할 수 있다.
　　㉠ 소비자로부터 피해구제의 신청을 받은 날부터 30일이 경과하여도 합의에 이르지 못하는 경우
　　㉡ 한국소비자원에 피해구제의 처리를 의뢰하기로 소비자와 합의한 경우
　　㉢ 그 밖에 한국소비자원의 피해구제의 처리가 필요한 경우로서 대통령령이 정하는 사유에 해당하는 경우

(11) 소비자분쟁조정위원회의 설치(법 제60조)
　① 소비자와 사업자 사이에 발생한 분쟁을 조정하기 위하여 한국소비자원에 소비자분쟁조정위원회를 둔다.
　② 조정위원회는 다음의 사항을 심의·의결한다.
　　㉠ 소비자분쟁에 대한 조정결정
　　㉡ 조정위원회의 의사(議事)에 관한 규칙의 제정 및 개정·폐지
　　㉢ 그 밖에 조정위원회의 위원장이 토의에 부치는 사항

CHAPTER

06 실전예상문제

※ 본 문제를 풀면서 이해체크를 이용하시면 문제이해에 보다 도움이 될 수 있습니다.

01 근로기준법상 경영상의 해고 제한사유에 대한 내용으로 옳지 않은 것은?

① 사용자가 일시보상을 하였을 경우에는 해고할 수 없다.
② 사용자는 근로자가 업무상 부상 또는 질병의 요양을 위하여 휴업한 기간과 그 후 30일 동안 해고하지 못한다.
③ 산전(産前)·산후(産後)의 여성이 이 법에 따라 휴업한 기간과 그 후 30일 동안은 해고하지 못한다.
④ 사용자는 근로자에게 정당한 이유 없이 해고, 휴직, 정직, 전직, 감봉, 그 밖의 징벌(懲罰)을 하지 못한다.
⑤ 사용자는 일정한 규모 이상의 인원을 해고하려면 고용노동부장관에게 신고하여야 한다.

> 사용자가 일시보상을 하였을 경우 또는 사업을 계속할 수 없게 된 경우에는 해고할 수 있다(근로기준법 제23조 제2항).

02 근로기준법상의 기본원칙으로 옳지 않은 것은?

① 사용자는 근로자의 공민권 행사를 위한 직무를 수행하는 데에 지장이 있으면 청구한 시간을 변경할 수 있다.
② 사용자는 근로자의 국적·신앙 또는 사회적 신분을 이유로 근로조건에 대한 차별적 처우를 하지 못한다.
③ 사용자는 사고의 발생의 이유로 근로자에게 폭행을 하지 못한다.
④ 누구든지 법률에 따르지 아니하고는 영리로 다른 사람의 취업에 개입하거나 중간인으로서 이익을 취득하지 못한다.
⑤ 근로자와 사용자는 각자가 단체협약, 취업규칙과 근로계약을 지키고 성실하게 이행할 의무가 있다.

> 사용자는 근로자가 근로시간 중에 선거권, 그 밖의 공민권(公民權) 행사 또는 공(公)의 직무를 집행하기 위하여 필요한 시간을 청구하면 거부하지 못한다. 다만, 그 권리 행사나 공(公)의 직무를 수행하는 데에 지장이 없으면 청구한 시간을 변경할 수 있다(근로기준법 제10조).

03 독점규제 및 공정거래에 관한 법률(법률 제20711호, 2025.1.21., 일부개정)에서 정하는 시장지배적 사업자가 해서는 안 되는 남용행위로 잘못된 것은?

① 다른 사업자의 사업 활동을 부당하게 방해하는 행위
② 상품의 판매 또는 용역을 부당하게 제공하지 않는 행위
③ 새로운 경쟁사업자의 참가를 부당하게 방해하는 행위
④ 상품의 가격이나 용역의 대가를 부당하게 결정·유지 또는 변경하는 행위
⑤ 부당하게 경쟁사업자를 배제하기 위하여 거래하거나 소비자의 이익을 현저히 해칠 우려가 있는 행위

> **해설**
> 시장지배적지위의 남용금지(독점규제 및 공정거래에 관한 법률 제5조 제1항)
> 시장지배적사업자는 다음의 어느 하나에 해당하는 행위(남용행위)를 해서는 아니 된다.
> 1. 상품의 가격이나 용역의 대가(이하 "가격"이라 한다)를 부당하게 결정·유지 또는 변경하는 행위
> 2. 상품의 판매 또는 용역의 제공을 부당하게 조절하는 행위
> 3. 다른 사업자의 사업활동을 부당하게 방해하는 행위
> 4. 새로운 경쟁사업자의 참가를 부당하게 방해하는 행위
> 5. 부당하게 경쟁사업자를 배제하기 위하여 거래하거나 소비자의 이익을 현저히 해칠 우려가 있는 행위

04 다음과 같은 경제행위와 가장 밀접하게 관련되어 있는 법률은?

- 차별적 취급
- 거래 강제행위
- 부당내부거래
- 경쟁사업자 배제
- 거래상 지위남용
- 사업활동 방해행위

① 유통산업발전법
② 제조물책임법
③ 소비자보호법
④ 중소기업기본법
⑤ 독점규제 및 공정거래에 관한 법률

> **해설**
> 불공정거래행위의 금지(독점규제 및 공정거래에 관한 법률 제45조)
> • 부당하게 거래를 거절하거나 거래의 상대방을 차별하여 취급하는 행위
> • 부당하게 경쟁자를 배제하는 행위
> • 부당하게 경쟁자의 고객을 자기와 거래하도록 유인하거나 강제하는 행위
> • 자기의 거래상의 지위를 부당하게 이용하여 상대방과 거래하는 행위
> • 거래의 상대방의 사업활동을 부당하게 구속하는 조건으로 거래하거나 다른 사업자의 사업활동을 방해하는 행위
> • 부당하게 다음의 행위를 통하여 특수관계인 또는 다른 회사를 지원하는 행위
>   – 특수관계인 또는 다른 회사에 대하여 가지급금·대여금·인력·부동산·유가증권·상품·용역·무체재산권 등을 제공하거나 상당히 유리한 조건으로 거래하는 행위
>   – 다른 사업자와 직접 상품·용역을 거래하면 상당히 유리함에도 불구하고 거래상 실질적인 역할이 없는 특수관계인이나 다른 회사를 매개로 거래하는 행위
> • 공정한 거래를 저해할 우려가 있는 행위

05 독점규제 및 공정거래에 관한 법률에서는 시장지배적 사업자에 대해 규정하고 있다. 다음 글상자 (㉠)과 (㉡)에 들어갈 숫자로 옳은 것은?

> 일정한 거래분야에서 하나의 사업자(시장점유율 1위 사업자)의 시장점유율이 (㉠)% 이상이거나, 셋 이하의 사업자(시장점유율이 1~3위 사업자)의 시장점유율의 합계가 (㉡)% 이상인 경우(다만, 이 경우 시장점유율이 10% 미만인 사업자는 제외) 시장지배적 사업자로 추정한다.

① ㉠ 45, ㉡ 70
② ㉠ 50, ㉡ 75
③ ㉠ 45, ㉡ 75
④ ㉠ 50, ㉡ 80
⑤ ㉠ 45, ㉡ 80

해설
시장지배적사업자의 추정(독점규제 및 공정거래에 관한 법률 제6조)
일정한 거래분야에서 시장점유율이 다음 각 호의 어느 하나에 해당하는 사업자(일정한 거래분야에서 연간 매출액 또는 구매액이 80억원 미만인 사업자는 제외한다)는 시장지배적사업자로 추정한다.
1. 하나의 사업자의 시장점유율이 100분의 50 이상
2. 셋 이하의 사업자의 시장점유율의 합계가 100분의 75 이상. 이 경우 시장점유율이 100분의 10 미만인 사업자는 제외한다.

06 독점규제 및 공정거래에 관한 법률상 용어의 정의로 옳은 것은?

① 자회사 – 주식의 소유를 통하여 국내 회사의 사업내용을 지배하는 것을 주된 사업으로 하는 회사
② 재판매가격유지행위 – 사업자가 상품 또는 용역을 거래할 때 거래상대방인 사업자 또는 그 다음 거래단계별 사업자에 대하여 거래가격을 정하여 그 가격대로 판매 또는 제공할 것을 강제하거나 그 가격대로 판매 또는 제공하도록 그 밖의 구속조건을 붙여 거래하는 행위
③ 계열회사 – 계열출자를 통하여 다른 계열회사의 주식을 취득 또는 소유하는 회사
④ 사업자 – 일정한 거래분야의 공급자나 수요자로서 단독으로 또는 다른 사업자와 함께 상품이나 용역의 가격, 수량, 품질, 그 밖의 거래조건을 결정·유지 또는 변경할 수 있는 시장지위를 가진 사업자
⑤ 순환출자 – 기업집단 소속 회사가 계열회사의 주식을 취득 또는 소유하는 행위

해설
① 주식회사에 대한 내용이다. 자회사는 지주회사로부터 대통령령으로 정하는 기준에 따라 그 사업내용을 지배받는 국내 회사를 말한다.
③ 계열출자회사에 대한 내용이다. 계열회사는 둘 이상의 회사가 동일한 기업집단에 속하는 경우에 이들 각각의 회사를 서로 상대방의 계열회사라고 한다.
④ 시장지배적사업자에 대한 내용이다. 사업자는 제조업, 서비스업 또는 그 밖의 사업을 하는 자로, 이 경우 사업자의 이익을 위한 행위를 하는 임원, 종업원(계속하여 회사의 업무에 종사하는 사람으로서 임원 외의 사람), 대리인 및 그 밖의 자는 사업자단체에 관한 규정을 적용할 때에는 사업자로 본다.
⑤ 계열출자에 대한 내용이다. 순환출자는 세 개 이상의 계열출자로 연결된 계열회사 모두가 계열출자회사 및 계열출자대상회사가 되는 계열출자 관계를 말한다.

07 소비자기본법상 소비자분쟁의 해결방법으로 부적절한 내용은?

① 사업자 및 사업자단체는 소비자로부터 제기되는 의견이나 불만 등을 기업경영에 반영하고, 소비자의 피해를 신속하게 처리하기 위한 소비자상담기구를 반드시 설치하여야 한다.
② 사업자 및 사업자단체는 소비자의 불만 또는 피해의 상담을 위하여 국가기술자격법에 따른 관련 자격이 있는 자 등 전담직원을 고용・배치하도록 적극 노력하여야 한다.
③ 소비자는 물품등의 사용으로 인한 피해의 구제를 한국소비자원에 신청할 수 있다.
④ 국가・지방자치단체 또는 소비자단체는 소비자로부터 피해구제의 신청을 받은 때에는 한국소비자원에 그 처리를 의뢰할 수 있다.
⑤ 소비자와 사업자 사이에 발생한 분쟁을 조정하기 위하여 한국소비자원에 소비자분쟁조정위원회를 둔다.

> 사업자 및 사업자단체는 소비자로부터 제기되는 의견이나 불만 등을 기업경영에 반영하고, 소비자의 피해를 신속하게 처리하기 위한 기구(소비자상담기구)의 설치・운영에 적극 노력하여야 한다(소비자기본법 제53조 제1항).

08 소비자기본법상 소비자의 기본적 권리로 옳지 않은 것은?

① 합리적인 소비생활을 위하여 필요한 교육을 받을 권리
② 물품등을 선택함에 있어서 필요한 지식 및 정보를 제공받을 권리
③ 안전하고 쾌적한 소비생활 환경에서 소비할 권리
④ 물품(용역 제외)등으로 인한 재산에 대한 위해로부터 보호받을 권리
⑤ 소비자 스스로의 권익을 증진하기 위하여 단체를 조직하고 이를 통하여 활동할 수 있는 권리

> 소비자의 기본적 권리는 ①・②・③・⑤ 이외에 다음의 내용을 포함한다(소비자기본법 제4조).
> • 물품 또는 용역(물품등)으로 인한 생명・신체 및 재산에 대한 위해로부터 보호받을 권리
> • 물품등을 사용함에 있어서 거래상대방・구입장소・가격・거래조건 등을 자유로이 선택할 권리
> • 소비생활에 영향을 주는 국가 및 지방자치단체의 정책과 사업자의 사업활동 등에 대하여 의견을 반영시킬 권리
> • 물품등의 사용으로 인하여 입은 피해에 대하여 신속・공정한 절차에 따라 적절한 보상을 받을 권리

09 소비자기본법상 국가가 정해야 하는 물품등의 표시기준이 아닌 것은?

① 사용방법, 사용·보관할 때의 주의사항 및 경고사항
② 광고의 크기·위치 및 방법
③ 시각장애인을 위한 표시방법
④ 사업자의 명칭 및 물품의 원산지
⑤ 유통과정에서 변질되기 쉬운 물품의 유효기간

> **표시의 기준(소비자기본법 제10조)**
> - 상품명·용도·성분·재질·성능·규격·가격·용량·허가번호 및 용역의 내용
> - 물품등을 제조·수입 또는 판매하거나 제공한 사업자의 명칭(주소 및 전화번호를 포함) 및 물품의 원산지
> - 사용방법, 사용·보관할 때의 주의사항 및 경고사항
> - 제조연월일, 품질보증기간 또는 식품이나 의약품 등 유통과정에서 변질되기 쉬운 물품은 그 유효기간
> - 표시의 크기·위치 및 방법
> - 물품등에 따른 불만이나 소비자피해가 있는 경우의 처리기구(주소 및 전화번호 포함) 및 처리방법
> - 장애인차별금지 및 권리구제 등에 관한 법률에 따른 시각장애인을 위한 표시방법

10 소비자기본법상 소비자정책의 목표가 아닌 것은?

① 소비자안전의 강화
② 소비자피해의 원활한 구제
③ 국내소비자문제에 대한 강력한 대응
④ 소비자의 권익과 관련된 주요한 사항
⑤ 소비자와 사업자 사이의 거래의 공정화 및 적정화

> 소비자정책의 목표에는 ①·②·④·⑤ 외에 국제소비자문제에 대한 대응, 소비자교육 및 정보제공의 촉진 등이 있다(소비자기본법 제21조 제2항 제3호).

정답 07 ① 08 ④ 09 ② 10 ③

11 소비자의 생명 또는 재산에 대한 위해를 방지하기 위하여 소비자기본법에서 국가가 정해야 할 광고의 내용 및 방법에 관한 기준으로 옳지 않은 것은?

① 소비자가 오해할 우려가 있는 특정용어의 사용을 제한할 필요가 있는 경우
② 광고의 매체에 대하여 제한이 필요한 경우
③ 소비자의 건전하고 자주적인 조직활동을 지원·육성할 필요가 있는 경우
④ 광고의 시간대에 대하여 제한이 필요한 경우
⑤ 용도 또는 원산지 등을 광고하는 때에 특정내용을 소비자에게 반드시 알릴 필요가 있는 경우

> **해설** 광고의 기준(소비자기본법 제11조)
> 국가는 물품등의 잘못된 소비 또는 과다한 소비로 인하여 발생할 수 있는 소비자의 생명·신체 또는 재산에 대한 위해를 방지하기 위하여 다음의 어느 하나에 해당하는 경우에는 광고의 내용 및 방법에 관한 기준을 정하여야 한다.
> • 용도·성분·성능·규격 또는 원산지 등을 광고하는 때에 허가 또는 공인된 내용만으로 광고를 제한할 필요가 있거나 특정내용을 소비자에게 반드시 알릴 필요가 있는 경우
> • 소비자가 오해할 우려가 있는 특정용어 또는 특정표현의 사용을 제한할 필요가 있는 경우
> • 광고의 매체 또는 시간대에 대하여 제한이 필요한 경우

12 다음의 내용을 담고 있는 관련 법은?

> 국가는 소비자가 사업자와의 거래에 있어서 표시나 포장 등으로 인하여 물품등을 잘못 선택하거나 사용하지 아니하도록 물품등에 대하여 표시기준을 정하여야 한다.

① 유통산업발전법　　② 소비자기본법
③ 청소년보호법　　　④ 전통시장 및 상점가 육성을 위한 특별법
⑤ 소방기본법

> **해설** 지문은 소비자기본법상 표시의 기준에 대한 내용이다(소비자기본법 제10조 제1항).

13 소비자기본법에서 규정하는 사업자의 책무 사항으로 옳지 않은 것은?

① 사업자는 스스로의 권익을 증진하기 위하여 필요한 지식과 정보를 습득하도록 노력하여야 한다.
② 사업자는 물품등을 공급함에 있어서 소비자의 합리적인 선택이나 이익을 침해할 우려가 있는 거래조건이나 거래방법을 사용하여서는 아니 된다.
③ 사업자는 소비자에게 물품등에 대한 정보를 성실하고 정확하게 제공하여야 한다.
④ 사업자는 소비자의 개인정보가 분실·도난·누출·변조 또는 훼손되지 아니하도록 그 개인정보를 성실하게 취급하여야 한다.
⑤ 사업자는 물품등의 하자로 인한 소비자의 불만이나 피해를 해결하거나 보상하여야 하며, 채무불이행 등으로 인한 소비자의 손해를 배상하여야 한다.

해설 ①은 소비자의 책무사항이다(소비자기본법 제5조 제2항).

5개년 챕터별 출제비중

2024
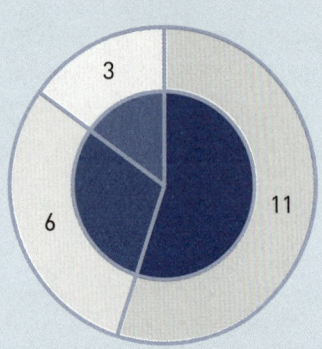

2020
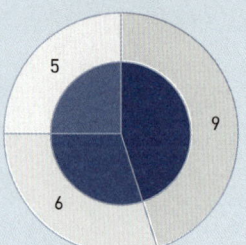

2021
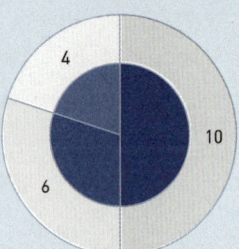

2022
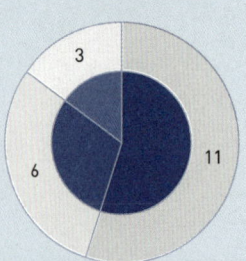

2023
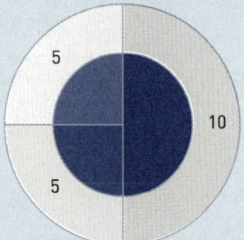

- 제1장 물류관리
- 제2장 물류기능
- 제3장 도소매물류

(출제 문항 수)

2 과목

물류경영

CHAPTER 01 물류관리
CHAPTER 02 물류기능
CHAPTER 03 도소매물류

CHAPTER 01 · 물류관리

Key Point
- 물류의 개념과 영역에 대해 숙지하고, 물류조직의 각 형태별 특징에 대해 구분한다.
- 과목별로 분류한 물류비 항목에 대해 암기하고, 물류정보시스템의 주요 내용을 학습한다.
- 물류표준화와 공동화의 세부 내용에 대해 학습한다.
- 국제물류의 개요와 국제운송의 종류 및 국제물류실무의 세부 내용에 대해 학습한다.

01 물류 일반

1 물류의 의의

(1) 물류의 개념 기출 18·14·13

① 물적 유통이며 재화의 흐름이다.
② 기업이 이윤극대화를 위해 포장, 운송, 보관, 하역 등의 활동을 종합적으로 계획·집행·통제하는 일련의 프로세스이다.
③ 로지스틱스라고 하며, 구매·조달·생산·판매·회수물류가 통합된 총체적 물자의 흐름이다.
④ 재화 공급자로부터 최종 소비자에게 이르는 전체적인 유통채널 흐름(예 운송, 보관, 하역)과 이에 부가되어 가치창출(예 가공, 조립, 포장, 판매, 정보통신 등)을 하는 통합적 관리를 의미한다.

(2) 물류의 원칙

① 3S 1L의 원칙 : 기업에서 물류의 목표는 비용과 이윤의 절충(Trade-off) 개념으로서, 물품을 신속하게(Speedy), 안전하게(Safely), 정확하게(Surely), 저렴하게(Low Cost) 소비자에게 공급하는 것을 말한다.
② 스마이키(E. W. Smykey)의 7R 원칙 기출 23·17·14·13
적절한 상품(Right Commodity)을 적절한 품질(Right Quality)로 유지하여 적절한 수량(Right Quantity)을 적절한 시기(Right Time)와 적절한 장소(Right Place)에 좋은 이미지(Right Impression)로 적정한 가격(Right Price)으로 고객에게 전달하는 것이다.

(3) 물류의 기능

① **장소적 기능** : 생산과 소비의 장소적 거리 조정 → 재화의 유통 원활
② **시간적 기능** : 생산과 소비 시기의 시간적 거리 조정 → 재화를 적기 제공
③ **수량적 기능** : 생산과 소비의 수량적 거리 조정 → 재화의 수량을 집하·중계·배송 등을 통해 조정
④ **품질적 기능** : 생산자와 소비자의 재화의 품질적 거리 조정 → 재화의 가공·조립·포장 등으로 조정
⑤ **가격적 기능** : 생산과 소비의 가격적 거리 조정 → 물류활동의 원활화를 통해 제품원가 절감 및 가격협상을 용이하게 조정
⑥ **인격적 기능** : 생산자와 소비자 사이의 인격적 거리 조정 → 대고객서비스의 향상, 복잡한 유통경제조직 형성

(4) 물류의 범위와 영역 기출 22·18·16·15

조달물류	• 물자가 조달처로부터 물류의 시발점으로 운송되고 매입자의 보관창고에 입고·관리되어 생산공정에 투입되기 직전까지의 활동 • 구매(Purchasing) → 조달(Procurement) → 공급망(Supply Chain)의 개념으로 진화
생산물류	물자가 생산공정에 투입될 때부터 제품의 생산에 이르기까지의 운반, 하역, 창고에 입고까지의 활동
판매물류	완제품의 판매로서 출고되어 고객에게 인도될 때까지 활동
반품물류	판매된 제품, 상품 자체의 문제점 발생으로 인한 상품의 교환·반품활동
폐기물류	파손 또는 진부화된 제품이나 상품 또는 포장용기 등 폐기활동
회수물류	판매물류에서 발생하는 파렛트, 컨테이너 등의 빈 물류용기의 회수활동

> **OX문제**
> ▶ 작업교체 및 생산사이클 단축은 조달물류에 관련된 활동이다.
> O | X
>
> **해설**
> 작업교체 및 생산사이클 단축은 생산물류와 관련된 활동이다.
>
> 정답 ≫ ×

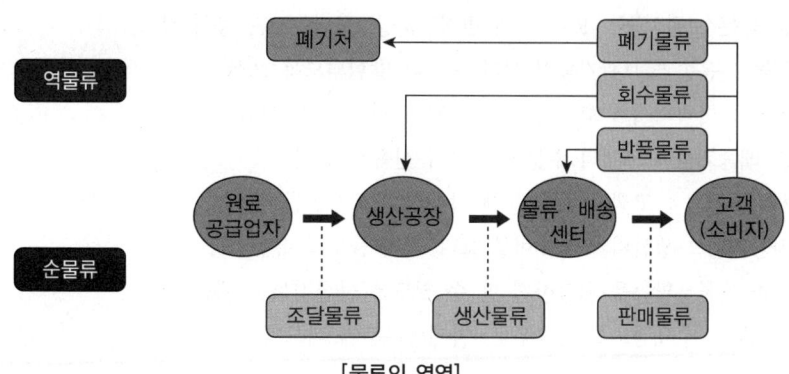

[물류의 영역]

(5) 물류의 흐름 기출 20

순물류(Forward Logistics)	역물류(Reverse Logistics)
• 원산지부터 소비지까지 원자재, 재공품, 완성품 및 관련 정보의 흐름이 효율적이고, 비용면에서 효과적으로 계획·실행·관리되는 과정 • 동종제품의 포장형태가 균일하고, 가격이 동일 • 물류계획의 수립 및 실행이 쉽고, 재고관리가 편리·정확 • 제품수명주기 관리 가능 • 속도의 중요성 인지 • 비용의 투명성 높음	• 소비지에서부터 폐기처리 시까지 상품 및 관련 정보의 효율적인 흐름을 계획, 실행 및 관리하는 과정으로 반품물류와 회수물류, 폐기물류는 역물류에 포함 • 동종제품의 경우도 포장형태와 가격이 각각 다름 • 물류계획의 수립, 실행, 재고관리가 어렵고 정확하지 않음 • 제품수명주기의 어려움 • 상품처리의 중요성 인지 • 비용의 투명성이 낮음

2 물류시스템

(1) 물류시스템의 개념과 구성

① **물류시스템의 개념** : 완제품을 소비자에게 공급하기까지 수송, 보관, 하역, 정보활동 등을 수행하는 요소들의 체계적인 집합체이다.

② **물류시스템의 구성** : 물적 유통의 효율화를 위한 작업시스템과 정보시스템으로 구성된다.
   ㉠ 물류시스템의 하부시스템 : 운송시스템, 보관·하역시스템, 포장시스템, 유통가공시스템, 정보시스템 등이 있고, 각각의 하부시스템이 하나의 라인에 연결·결합되어 통합된 기능을 발휘한다.
   ㉡ 물류시스템의 자원 : 인적 자원, 물적 자원, 재무적 자원, 정보적 자원 등이 있다.

(2) 물류시스템의 구축목적

① **신뢰성 높은 운송기능** : 운송 중의 교통사고, 화물의 손상, 분실, 오배달의 감소
② **신뢰성 높은 보관기능** : 보관 중의 변질, 분실, 도난, 파손 등의 감소
③ **포장기능** : 운송과 보관기능이 보다 충분히 발휘되도록 포장
④ **하역기능** : 하역의 합리화로 운송과 보관 등의 기능이 향상
⑤ **신속한 배송기능** : 고객의 주문에 대하여 신속하게 배송
⑥ **재고서비스기능** : 고객이 주문할 때 상품의 재고품절률 감소
⑦ **유통가공기능** : 생산비와 물류비를 보다 적게 들도록 유통가공
⑧ **정보기능** : 물류활동을 원활하게 할 수 있도록 물류정보를 제공
⑨ **피드백기능** : 수요정보를 생산부문, 마케팅부문에 피드백

(3) 물류시스템의 구축방향과 순서

① 물류시스템의 구축방향
   ㉠ 수배송, 포장, 보관, 하역 등 주요 부문을 유기적으로 연계하여 구축
   ㉡ 물류기술의 혁신을 추진하는 동시에 물류제도나 절차개선
   ㉢ 기업 이익을 최대화할 수 있는 방향으로 설계

        ② 장기적이고 전략적인 사고를 물류시스템에 도입
        ⑪ 물류 전체를 통합적인 시스템으로 구축하여 상충관계에서 발생하는 문제점 해결방안 모색
    ② 물류시스템의 구축순서
        시스템의 목표 설정 → 시스템 구축을 위한 전담조직 구성 → 데이터 수집 → 데이터 분석 → 시스템 구축 → 시스템 평가·유지·관리

(4) 물류시스템 설계 시 고려사항
① 대고객서비스 수준
    ㉠ 물류시스템의 설계에 있어서 고려되어야 할 가장 중요한 요소이다.
    ㉡ 비용과 고객서비스의 상충(Trade-off) 관계 : 특정 기업이 높은 대고객서비스 수준만 고려한다면 고객요구에 즉시 응답하기 위해 많은 수의 입지에 분산된 재고를 보유하게 되어 비용이 상대적으로 많이 소요된다.
    ㉢ 효과적인 전략적 물류시스템 설계는 고객의 서비스 욕구를 파악하여 적절한 대고객서비스 수준을 설정해야 한다.
② 설비입지
    ㉠ 생산입지(예 공장)와 재고입지(예 창고) 등과 같은 지역적 문제는 물류시스템 설계에 중요한 골격을 형성한다.
    ㉡ 설비의 수, 지역, 크기 등을 결정하여 시장 수요를 할당함으로써 제품이 소비자 시장에 도달하기까지의 과정을 명시할 수 있다.
    ㉢ 설비입지에서 가장 중요한 사항은 제품의 생산지점으로부터 소비자 시장에 이르기까지 소요비용을 최소화하는 것이다.
③ 재고정책 : 재고수준은 설비의 수, 지역 및 크기에 따라 변동되기 때문에 재고정책은 설비의 입지문제와 통합적인 관점에서 계획·수정되어야 한다.
④ 운송수단과 경로
    ㉠ 설비입지 결정 후 고객의 수요에 따라 재고수준 등이 결정되고, 이들은 다시 운송수단 및 경로에 영향을 미친다.
    ㉡ 재고입지의 수가 증가하게 되면 각 재고입지에 부여되는 고객의 수는 감소하게 되나 운송비는 증가한다.
    ㉢ 차량의 대형화, 루트 설정에 의한 혼재화는 배송비용과 서비스 수준을 감소시킨다.
⑤ 기업 하부시스템 : 기업의 총체적 차원하에서 하위시스템으로 구성된다.
⑥ 마케팅 설계 : 기업 마케팅과 밀접하게 관련된다.
⑦ 목표 및 전략 설계 : 기업 전체의 목표와 전략을 바탕으로 구성된다.

(5) 물류시스템 설계에 영향을 미치는 요소
① 기존의 물류활동 : 기존 물류활동의 심층적 이해로 발전된 시스템 설계가 가능하다.
② 산업별·제품별 인식 : 각기 다른 물류시스템의 구조와 운영체계로 운영된다.
③ 물류시스템과 관련된 기능 조직 : 기업 전반에 대한 기능 인지와 상호작용으로 업무일관성을 유지한다.
④ 경쟁적 우위의 확보 : 경쟁력 확보가 가능한 시스템 구축이 필요하다.

(6) 물류시스템 설계의 5S 목표

① 서비스(Service) : 제품의 안전성과 고객서비스 향상은 설계의 최대 목표
② 신속성(Speed) : 고객이 필요로 하는 시간과 장소에 정확히 전달
③ 공간의 효과적 이용(Space Saving) : 입체화 시설, 시스템화된 기기 도입의 필요성
④ 규모의 적정화(Scale Optimization) : 물류시설의 집약과 분산에 따르는 적합성, 자동화 기기 도입의 생력화, 정보처리 집중화에 의한 컴퓨터 이용 등의 적용규모 검토
⑤ 재고관리(Stock Control) : 정확한 재고의 수급 조절, 경제적 발주, 계획화 등

(7) 물류시스템 설계 시 고객서비스 요소

① 주문인도시간 : 고객의 요구에 대응한 주문인도시간의 결정
② 재고가용률 : 기존 보유 중 재고 대비 고객주문 충족률
③ 주문크기의 제약 : 최저 주문량
④ 주문의 편리성 : 주문 시 고객의 편리
⑤ 배송빈도 : 다빈도 배송 요구 고객에 대한 유연한 대응
⑥ 배송의 신뢰도 : 약속 시간에 따른 배송
⑦ 문서의 품질 : 사용자들이 이용하기에 편리한 문서의 질(質)·완성도
⑧ 신속한 클레임 처리절차 : 신속하게 고객의 클레임 처리
⑨ 주문충족의 완전성 : 미배송 잔량, 부분 출하 확인
⑩ 기술적 지원 : 고장신고 접수 후 현장도달 시간, 최초 방문 수리율
⑪ 주문현황 정보 : 주문처리정보를 고객에게 제공
⑫ 정시주문충족률 : 고객지정일과 주문에 완전히 맞춘 배송건수·배송된 주문 수

3 물류정보관리

(1) 물류정보의 정의

① 수송, 운반, 포장, 하역, 보관, 유통가공 등 물류활동과 관련한 모든 정보를 말한다.
② 특정 상황에서 현재 또는 미래의 특정 목적을 위해 특정 사용자에게 가치를 주는 자료이다.
③ 물류정보는 물류활동의 현재 상황을 인식 및 판단하고, 미래의 방향을 설계한다.
④ 관련조직·부서 혹은 기업들 간의 협력을 이끌어내어 기업의 경영목표 달성에 기여한다.

(2) 물류정보의 필요성

① 물(物)의 장소적·시간적 간격을 극복하기 위한 가장 효율적인 수단과 방법의 선택을 위해 다양한 정보의 전달·처리가 필요하다.
② 최근 유통비 절감의 요청과 유통활동의 효율화·합리화로 인해 물류 정보화가 요구되고 있다.
③ 물류시스템의 핵심인 일관 운송체제의 효율적 운영과 관리를 위해 물류정보시스템 확립의 필요성이 대두되고 있다.

④ 물류부문 아웃소싱의 증가, 제3자 물류 증대, 풀(Pull) 방식의 활용 증가 등 물류산업의 변화가 가속화되고 있다.

(3) 물류정보의 분류
① 수주정보 : 고객으로부터 주문을 받아(수주) 처리하는 일에서부터 시작
② 재고정보 : 물류담당자는 수주정보를 기본으로 현재 상품의 재고정보를 배당
③ 생산정보 : 배당된 재고정보를 바탕으로 재고 부족 시 생산정보로 매입대상 상품을 수배
④ 출하정보 : 물류담당자에 의해 배당된 재고는 출하정보를 근거로 반출장소로 이동·출하
⑤ 물류관리정보 : 물류관리팀은 물류활동 관리·통제를 위해 납품완료통지, 창고·차량 등의 물류시설, 물류비, 용기의 가동률 등의 물류관리정보를 수집

(4) 물류정보시스템
① 의 의
  ㉠ 물류활동의 기능이 충분히 발휘되어 기업경영 목표달성에 기여하도록 각종 물류경영자원들을 체계적으로 연계·조화시키는 시스템이다.
  ㉡ 물적 유통 효율화를 위해 주문 및 수발주 업무를 시스템화하여 재고 최소화, 수배송 합리화, 생산계획화 등을 달성하기 위한 정보전달처리시스템이다.
  ㉢ 제품의 흐름과정, 사실, 자료 등을 물류관리 목적에 맞게 처리·가공하는 컴퓨터 정보시스템이다.
  ㉣ 정확한 주문정보 전달기능, 물건의 동태 파악 및 전달기능, 고객에게 정보 제공기능, 여러 계획과 실적 통제기능 등의 역할을 기대할 수 있다.
  ㉤ VAN(Value Added Network), EDI(Electronic Data Interchange), CALS/EC(Computer Aided Logistics Support/Electronic Commerce) 등의 정보통신망이 기업의 물류정보시스템을 지원한다.
  ㉥ 각 하위시스템이 각종 지원(컴퓨터설비, 데이터베이스, 정보네트워크, 분석도구 등)을 이용 가능하도록 설계되었다.
② 물류정보시스템의 기반요소
  ㉠ 표준화 : 컴퓨터의 수·발주 처리업무의 선행작업으로 업계 상호 간 거래의 데이터 포맷, 코드체계를 표준화
  ㉡ 규격화 : 포장규격·집합포장에 대한 코드의 통일 및 기업 간 물품이동의 기본수단인 유닛로드(Unit Load)의 확대 적용
  ㉢ 시스템 간 제휴 : 기업 내 혹은 기업 간의 데이터베이스 공유화, 네트워크의 제휴 추진으로 물품과 정보의 일치
③ 물류정보시스템의 구축순서와 요건
  ㉠ 구축순서
    시스템 목표설정 → 적용범위 설정 → 구축조직 구성 → 업무현상 분석 → 시스템 구축 및 평가
  ㉡ 구축요건
    • 대량정보를 즉시 입력하는 실시간 입력시스템이 필요하지만 그 처리결과에 대한 정보도 실시간으로 제공해야 한다.
    • 물류 계획과 실행을 위한 시스템이므로 다른 시스템과 유기적 통합이 필요하다.

- 물류정보시스템은 비용절감과 업무의 효율성을 목표로 한다.
- 물류정보시스템 구축 시 표준화된 솔루션보다 기업 자체에 맞는 물류시스템을 도입해야 한다.
- 물류정보의 효율적 입력과 관리를 위해 바코드나 RFID 정보 등을 활용하는 물류기기와의 연동이 필요하다.

④ 물류정보시스템의 종류 기출 24
　㉠ WMS(Warehouse Management System) : 제품의 입고, 적재, 출하의 과정에서 발생되는 물류 데이터를 자동적으로 처리하는 창고관리시스템
　㉡ TMS(Transportation Management System)
　　- 웹 기반 시스템으로 출하되는 화물의 양과 목적지(수·배송처)의 수·배차 가능한 차량을 이용하여 가장 효율적인 배차방법, 운송차량의 선정, 운송비의 계산, 차량별 운송실적 관리 등 화물자동차의 업무, 정보, 장비, 배송, 배차관리모듈로 구성된 수배송관리시스템
　　- 운송계획을 수립하고 크로스도킹을 지원하며 경로선정기능 등을 갖춘 시스템
　㉢ CVO(Commercial Vehicle Operation) : 차량 위치추적, 차량의 운행상태나 상황 등을 실시간으로 파악하여 최적운행을 지시함으로써 물류비용 절감과 업무 효율성을 증대시키는 첨단화물운송시스템
　㉣ OMS(Order Management System) : 고객이 주문한 상품 현황의 확인 및 결제, 배송, 주문 취소, 반품 등을 처리하는 주문관리시스템
　㉤ POS(Point of Sales) : 판매와 관련한 데이터 관리, 고객 정보 수집 등 판매와 관련된 업무의 부가가치를 향상시키는 판매시점관리시스템
　㉥ GIS-T(Geographical Information System for Transportation) : 교통부문에 도입한 지리정보시스템으로 교통계획, 교통관리, 도로관리, 도로건설, 교통영향평가 등에 활용한 교통지리정보시스템

⑤ 물류정보시스템의 하위업무시스템 기출 19
　㉠ 발주점 결정을 위한 시뮬레이션 시스템 : 재고 ABC분석 데이터, 판매 및 미판매실적
　㉡ 창고 내의 위치 결정이나 변경을 위한 위치관리시스템 : 피킹 빈도나 수량을 토대로 하는 피킹 실적
　㉢ 배차계획지원시스템 : 차량 위치추적, 차량 운행상태나 상황 파악, 최적 운행 지시
　㉣ 창고관리시스템 : 고객발주에서 창고입까지 리드타임, 수요예측
　㉤ 최적작업계획을 시뮬레이션하는 LSP(Labor Scheduling Program) : 창고 내 생산성, 작업 단계별 현행 작업 실태

⑥ 물류정보시스템의 합리화 방안과 문제점

합리화 방안	문제점
• 물류정보 전달단계의 개선 • 수·발주 처리의 전산화 • 고객서비스의 향상방안 연구 • 물류정보활동의 과학화 및 전산화 • 물류와 연관된 정보의 지속인 수립 • 물류정보시스템의 추진 • 고객서비스 수준의 주기적인 측정 • 주문단위의 소규모화 대응	• 물류정보 수집방법의 미흡 • On-Line의 부진 • 전산의 영역확산 부족 • 시스템화의 부족 • 주문량의 소규모화 • 주문인도기의 단축 부진 • 전문 인력의 부족 • 물류정보시스템의 기능 부족으로 고객서비스 부진

⑦ 물류정보시스템의 도입효과 기출 21·19
  ㉠ 물류량의 증대에 따른 신속한 처리 가능
  ㉡ 적정재고량에 따라 창고와 배송센터 등의 물류센터와 물류시설의 효율적 이용 가능
  ㉢ 수주처리의 신속화 및 즉각적 대응에 따른 판매기능 강화
  ㉣ 판매와 재고정보가 신속하게 집약되어 생산과 판매에 대한 조정 가능
  ㉤ 재고부족이나 과다한 재고보유가 배제되므로 재고비 절감
  ㉥ 배송관리에 컴퓨터를 적용하므로 효율적인 출하배송으로 배송비 절감
  ㉦ 수작업의 재고보고와 장부기록이 필요 없어 사무처리의 합리화
⑧ 물류정보시스템의 기능 기출 20
  ㉠ 물류관리시스템의 계획기능은 재고관리, 수요예측 등의 업무를 처리할 수 있는 기능을 제공한다.
  ㉡ 물류관리시스템의 통제기능은 벤더성과 관리, 운송성과 관리, 고객서비스수준 관리 기능 등이 있다.
  ㉢ 물류정보시스템은 내부 데이터(Internal Data)뿐만 아니라 외부 데이터(External Data)도 데이터베이스에 포함하여 관리한다.
  ㉣ 물류정보시스템의 데이터베이스는 다양한 부분에서 업무를 활용함에 있어 폐쇄적으로 운영하는 것보다는 개방적으로 운영하는 것이 좋다.
  ㉤ 물류정보시스템을 도입하면 정보공유가 가능해져 공급사슬 가시성이 개선된다.
⑨ 물류정보시스템의 분류 기출 22·19
  ㉠ 수주시스템 : 신속·정확한 수주정보의 취합이 가장 중요하다.
  ㉡ 발주시스템 : 판매에 필요한 물품을 조기에 발주하여 품절을 방지하고 발주처의 서비스수준 저하를 방지하기 위한 시스템이다.
  ㉢ 입고시스템 : 입하 시에 물품재고의 신속한 반영 및 네트워크의 이용으로 사전에 입고물품의 정보를 재고에 반영한다.
  ㉣ 출고시스템 : 피킹과 집품 및 검품시스템으로 구분되며, 피킹시스템은 창고 내의 작업에 대한 피킹리스트 출력의 시점을 중시한다.
  ㉤ 재고관리시스템 : 물류센터시스템의 핵심으로 단제품별(單製品別) 재고관리를 위치관리와 연계하여 피킹리스트상에 피킹대상 물품명의 위치를 번호로 지시하여 정보를 표시한다.
  ㉥ 배차·배송시스템 : 물품의 사이즈와 중량을 사전에 등록시켜 배차(配車)의 할당품목과 수량 및 배차계획을 현실적으로 입안시키는 것이 중요하다.
  ㉦ 물류지원시스템 : 발주, 입하, 수주, 출하, 재고관리 이외에 물류센터시스템을 여러 각도에서 지원한다.

(5) 물류정보화 기술
  ① 전자문서교환(EDI ; Electronic Data Interchange)
    ㉠ 기업 간에 합의된 전자문서표준을 이용하여 컴퓨터를 통해 서로 데이터나 문서를 교환하는 시스템이다.
    ㉡ 기업 간 거래에 관한 데이터와 서식을 표준화하여 컴퓨터 통신망으로 거래당사자가 직접 전송·수신하는 정보전달체계이다.

ⓒ 주문서・납품서・청구서 등 각종 관련서류의 표준화된 서식을 서로 합의된 전자신호(Electronic Signal)로 변경하여 컴퓨터 통신망을 통해 거래처에 전송한다.
ⓓ 국내외 기업 간 거래에서 각종 서류의 번거로운 사무처리가 없어져 처리시간 단축, 비용절감 등으로 제품의 주문・생산・납품・유통의 전 단계에서 생산성을 획기적으로 향상시킬 수 있다.

② **부가가치통신망(VAN ; Value Added Network)**
ⓐ 단순한 전송기능 이상의 정보축적・가공・변환처리・교환 등의 부가가치를 부여한 음성 또는 데이터를 제공해 주는 광범위하고 복합적인 서비스의 집합이다.
ⓑ 시스템을 스스로 만들 수 없는 기업도 자사의 설비・운용체계를 정비함으로써 POS를 쉽게 구축할 수 있다.

개념 PLUS

EDI와 VAN의 비교

구 분	EDI	VAN
정 의	• 서로 다른 기업 간에 상거래를 위한 데이터를 합의한 규격에 의해 컴퓨터로 교환	• 회선을 직접 보유하거나 임차 또는 이용하여 다양한 부가가치를 부여한 음성, 데이터 정보를 제공하는 광범위하고 복합적인 서비스의 집행
기 능	• 합의된 규격에 의해 전자데이터를 교환	• 전송, 교환, 통신, 정보처리기능
물류에 적용	• 물류기관의 컴퓨터에 의한 주문, 배송, 보고 등	• 각 물류경로의 강화 • 정보전달의 효율화, 고속화, 화물추적 등 대고객서비스 향상
관 계	• VAN이 활용될 수 있는 무한시장 • VAN을 이용하는 내용물	• EDI를 수행하는 가장 효율적인 수단 • EDI를 담는 용기

③ **CALS(Computer-aided Acquisition and Logistics Support)**
ⓐ 기술적 측면에서 기업의 설계, 생산과정, 보급, 조달 등의 운용지원과정을 연결하는 데 사용되는 문자와 그래픽 정보를 디지털화하여 컴퓨터에서 설계, 제조 및 운용지원 자료와 정보를 통합・자동화하는 것을 말한다.
ⓑ 최근에는 기업 간의 광속상거래(Commerce at Light Speed) 또는 초고속경영통합정보시스템 개념으로 확대되었다.
ⓒ CALS의 기대효과
　• 비용절감효과
　• 조직 간의 정보공유 및 신속한 정보전달
　• 제품생산소요시간의 단축
　• 산업정보화에 의한 국제경쟁력 강화
　• 21세기 정보화 사회로의 조기 진입

④ CIM(Computer Integrated Manufacturing)
  ㉠ 경영전략을 핵심으로 각 분야의 컴퓨터 네트워크에 의해 통합화하는 시스템이다.
  ㉡ CIM과 기업경영
   • 생산관리기술 및 경영기능과 컴퓨터 네트워크를 통한 통합을 지향하며 경영관리 전체로서의 통합화·일체화가 가능하다.
   • 컴퓨터 네트워크로 이루어진 CIM 경영은 조직커뮤니케이션에 강력한 수단을 부가하여 환경적응의 속도와 조직효율을 향상시킨다.
   • CIM은 경영관리의 각 기능의 정보교환을 통해 기업 전체로서 통합화 방향을 제시하고 최종적으로 전략적 정보시스템(SIS)을 포함한다.
   • 전체의 공통정보를 데이터베이스에 계속 처리·축적하고 데이터가 필요할 때 검색·이용하여 각 업무수행에 있어서 유연성, 품질, 납기, 비용(Cost) 최적화의 추구를 도모한다.

⑤ 첨단화물운송정보시스템(CVO ; Commercial Vehicle Operation)
  ㉠ 화물 차량을 실시간으로 파악하여 운송 의뢰 시 적합한 차량을 배차시키며, 차량 관리를 효과적으로 지원하는 서비스이다.
  ㉡ 종합물류정보망 가입자는 실시간으로 차량추적 서비스, 교통상황 정보, 거점별 화물추적서비스 등을 제공받는다.
  ㉢ CVO 제공 서비스
   • 실시간 차량·화물추적서비스
   • 차량운행관리
   • 수배송 알선
   • 교통상황 정보서비스
   • 지리정보서비스
   • 생활물류 데이터베이스서비스
  ㉣ CVO 서비스 기대효과
   • 공차율 감소
   • 최적노선 선택
   • 적기수송을 통한 수송비용 절감
   • 차량운영의 효율성 향상
   • 대고객서비스 향상
   • 물류비 절감을 통한 기업경쟁력 강화

⑥ 근거리정보통신망(LAN)
  ㉠ 특정한 기업의 내부에서 컴퓨터, 팩시밀리, 멀티미디어 등을 유기적으로 연결해서 다량의 각종 정보를 신속하게 교환하는 통신망이다.
  ㉡ 여러 대의 컴퓨터와 주변 장치가 전용의 통신회선으로 연결한다.
  ㉢ 규모는 한 사무실, 한 건물, 한 학교 등과 같이 비교적 가까운 지역에 한정된다.
  ㉣ 좁은 지역 내에 분산된 장치들을 연결하여 정보의 공유 및 교환이 가능하다.
  ㉤ 고속데이터채널을 구성하여 전송로의 효율성을 향상시킨다.
  ㉥ 사무자동화, 공장자동화, 연구실자동화, 병원자동화 등에 이용된다.
  ㉦ 기존의 통신망 및 다른 시스템과의 연결을 통해 종합정보통신망(ISDN)의 일부분으로 구성된다.

⑦ 주파수 공용통신(TRS ; Trunked Radio System)
   ㉠ 중계국에 할당된 여러 개의 채널을 공동으로 사용하는 무전기시스템이다.
   ㉡ 이동 차량이나 선박 등 운송수단에 탑재하여 이동 간의 정보를 실시간으로 송수신할 수 있는 통신서비스이다.
   ㉢ 현재 '꿈의 로지스틱 실현'이라고 부를 정도로 혁신적인 화물추적 통신방지시스템으로서 주로 물류관리에 많이 이용된다.
   ㉣ TRS의 효과
      • 차량의 운행정보 입수와 본부에서 차량으로 정보전달이 쉽다.
      • 차량으로 접수한 정보의 실시간 처리가 가능하다.
      • 화주의 수요에 신속히 대응할 수 있고, 화주의 화물 추적이 용이하다.

4 국내 물류관련 정책 및 법률

(1) 물류관련 정책
① **물류정책** : 물류정책의 주체인 정부가 국민경제적인 모순을 해결하고, 국민경제의 효율성을 증대하기 위한 목적으로 물류의 영역에서 정부가 계획·편성하고 행동하며 관리하는 노력이라고 할 수 있다.
② **경제정책** : 일반적으로 경제적 프로그램의 편성과 동일한 의미로 쓰인다. 국민경제적 메커니즘은 원활하고 효율적으로 기능해야 하나 실업 증가, 물가 상승, 국제수지의 불균형, 경기변동, 성장 둔화, 경제구조의 왜곡 등과 같은 국민경제적 모순이 발생한다. 경제정책은 이런 모순을 극복하는 것을 목적으로 한다.
③ **세계은행에 의한 산업정책** : 생산성에 기초한 성장을 촉진하기 위해 산업구조를 변화시키려는 것을 목적으로 행하는 정부의 노력이라고 정의할 수 있다.

(2) 물류정책의 개선대책
① **물류거점 정비**
   ㉠ 국가적 물류활동의 효율성과 원활화를 제공하기 위해 화물의 보관이나 환적뿐만 아니라 물류수요의 고도화에 대응한 유통가공이나 통신, 정보처리기능까지 포함한 물류거점을 정비한다.
   ㉡ 주요거점별로 형성되는 물류단지는 전국의 상품수송과 집배송을 체계화하여, 국내 물류체계 확립에 결정적 역할을 할 전망이다.
② **물류공동화**
   ㉠ 2개 이상의 기업이 수·배송의 효율을 높이고 비용이나 인력 등을 절감하기 위해 공동으로 물류활동을 수행하는 것이다.
   ㉡ 물류비 절감을 위해 차량적재율 향상 및 집하, 출하, 보관 등의 물류공동화를 추진한다.
③ **모델 시프트(Modal Shift) 정책** : 물류공동화와 마찬가지로 물류의 사회적 효율화 방안의 일환으로 간선화물수송을 트럭으로부터 대량 수송기관인 철도나 해송으로 전환시켜 총물류비의 삭감이라는 화주의 수요관점에서 추진되고 있다.

④ 국토교통부의 물류분야 규제 완화 : 정부는 복합운송주선업, 물류단지개발사업, 화물자동차운수사업 등 전물류분야에 대한 규제를 대폭 정비하기 위하여 다음과 같은 분야를 검토하기로 하였다.
　㉠ 복합운송주선업분야　　　　　　　　㉡ 물류터미널사업분야
　㉢ 창고업분야　　　　　　　　　　　　㉣ 물류단지개발사업분야
　㉤ 화물자동차운수사업분야　　　　　　㉥ 연안해운사업분야

(3) 국내 물류 관련 법률

① 물류정책기본법
　물류체계의 효율화, 물류산업의 경쟁력 강화 및 물류의 선진화・국제화를 위하여 국내외 물류정책・계획의 수립・시행 및 지원에 관한 기본적인 사항을 정함으로써 국민경제의 발전에 이바지함을 목적으로 한다.

② 물류시설의 개발 및 운영에 관한 법률
　물류시설을 합리적으로 배치・운영하고 물류시설 용지를 원활히 공급하여 물류산업의 발전을 촉진함으로써 국가경쟁력을 강화하고 국토의 균형 있는 발전과 국민경제의 발전에 이바지함을 목적으로 한다.

③ 화물자동차운수사업법
　화물자동차 운수사업을 효율적으로 관리하고 건전하게 육성하여 화물의 원활한 운송을 도모함으로써 공공복리의 증진에 기여함을 목적으로 한다.

④ 해운법
　해상운송의 질서를 유지하고 공정한 경쟁이 이루어지도록 하며, 해운업의 건전한 발전과 여객・화물의 원활한 운송을 도모함으로써 이용자의 편의를 향상시키고 국민경제의 발전과 공공복리의 증진에 이바지하는 것을 목적으로 한다.

⑤ 항만운송사업법
　항만운송에 관한 질서를 확립하고, 항만운송사업의 건전한 발전을 도모하여 공공의 복리를 증진함을 목적으로 한다.

⑥ 유통산업발전법
　유통산업의 효율적인 진흥과 균형 있는 발전을 꾀하고, 건전한 상거래질서를 세움으로써 소비자를 보호하고 국민경제의 발전에 이바지함을 목적으로 한다.

⑦ 농수산물유통 및 가격안정에 관한 법률
　농수산물의 원활한 유통과 적정한 가격을 유지하게 함으로써 생산자와 소비자의 이익을 보호하고 국민생활의 안정에 이바지함을 목적으로 한다.

⑧ 철도사업법
　철도사업에 관한 질서를 확립하고 효율적인 운영여건을 조성함으로써 철도사업의 건전한 발전과 철도이용자의 편의를 도모하여 국민경제의 발전에 이바지함을 목적으로 한다.

(4) 국민경제적 관점에서의 효율적 물류관리 기출 24
   ① 원활한 유통으로 지역 간 균형 발전을 이룩한다.
   ② 각종 상품의 품질을 유지하고 서비스를 향상시킨다.
   ③ 자원의 낭비를 방지하고 불필요한 자원 사용을 저지시킨다.
   ④ 도시교통의 체증 완화를 통한 생활환경을 개선시킨다.
   ⑤ 유통효율의 향상을 통한 유통비 절감으로 기업의 경쟁력을 높여 체질을 강화시킨다.

5 물류표준화 및 공동화, 아웃소싱

(1) 물류표준화
   ① 개 념 기출 22·13
      ㉠ 물류상의 공통기준을 정하고 시행하여 전 분야에서 낭비를 예방하고 이익을 도모하는 활동이다.
      ㉡ 포장, 하역, 보관, 수송, 정보 등 각각의 물류기능 및 단계의 물동량 취급단위를 표준규격화하는 것을 말한다.
      ㉢ 사용기기, 용기, 설비 등을 대상으로 규격, 강도, 재질 등을 통일하는 것이다.
      ㉣ 물류표준화의 대상은 규격(치수), 재질, 강도 등이 있다.
      ㉤ 규격이 표준화·통일화되어야 수송, 보관, 하역 등 물류의 제반기능 및 단계에서 일관된 연결작업이 가능하다.
      ㉥ 물류활동의 안정성과 합리성을 높여주고, 관련 규격의 표준을 설정한다.
      ㉦ 작업의 자동화·기계화를 위한 선행조건이 되며, 기본적인 포장 표준화뿐 아니라 안전기준과 환경기준까지 대상으로 한다.
      ㉧ 파렛트, 보관시설, 트럭 적재함 등의 하드웨어적인 부문과 물류용어 통일, 거래단위·포장치수 표준화 등 소프트웨어적인 부문도 고려된다.
   ② 국제표준화기구(ISO)의 표준화 원리 기출 22
      ㉠ 표준화 규격은 일정 간격으로 다시 검토하고 필요에 따라 개정한다.
      ㉡ 표준화는 경제활동이자 사회활동이며 협력에 의해 추진되어야 한다.
      ㉢ 제품의 성능을 규정할 때에는 적합성의 검사방법을 사양에 포함시켜야 한다.
      ㉣ 표준화는 본질적으로 단순화이며 장래의 무질서를 예방하려는 것이 목적이다.
      ㉤ 강제 규정은 없지만 ISO에서 발의된 표준 권고는 대부분 협약을 통해 제도화된다.
   ③ 물류표준화의 필요성 기출 21·20·19
      ㉠ 물동량의 증대 : 물류의 일관성과 경제성 확보를 위한 표준화의 필요성이 대두
      ㉡ 물류비의 과대(GDP의 약 15%)
      ㉢ 하역보관의 기계화, 자동화, 수배송 합리화 등 기술의 경제적 수립을 위하여 필요
      ㉣ 국제화 및 시장개방으로 인한 국제표준화(ISO)에 연계되는 물류표준화 요구

> **OX 문제**
> ▶ 표준파렛트와 정합되는 KS 외부포장규격이 단순하여 보급 확대하는 것은 물류표준화의 저해요인에 해당한다. O|X
>
> **해설**
> 표준파렛트와 정합되는 KS 외부포장규격이 단순하여 보급 확대하는 것은 물류표준화에 해당한다.
>
> 정답 ▶ ×

ⓜ 국가표준화의 선행으로 보급이 쉽고, 낭비를 예방
ⓑ 화물유통과 관련된 각종 운송수단 및 각종 기기 및 시설의 규격, 강도, 재질 등은 국가 전체적인 효율성 차원에서 표준화 요구
ⓢ 표준팔레트와 정합되는 KS 외부포장규격이 단순하여 보급 확대

④ 물류표준화 효과

자원 및 에너지 절약의 효과	물류기기의 표준화 효과	포장표준화의 효과 기출 23
• 재료의 경량화 • 적재효율의 향상 • 일관수송에 의한 에너지 절약 • 단순화 • 작업의 표준화 • 물류생산성 향상	• 각 회사의 사양이 통일 • 호환성 및 교체성 용이 • 모든 기기와 유연성 풍부 • 모든 기기의 안전한 사용 • 부품 공용성으로 수리 용이 • 물류비 절감	• 포장공정의 단순화 • 기계화에 따른 보관효율 증가 • 포장재 비용의 감소 • 제품 파손의 감소 • 인건비의 절약 및 제품의 물류비 절감

⑤ 물류표준화를 위한 유닛로드시스템(Unit Load System)의 도입과제
  ㉠ 수송용 적재함 규격의 표준화
  ㉡ 포장단위 치수의 표준화
  ㉢ 운반・하역 장비의 표준화
  ㉣ 보관설비의 표준화

⑥ 물류표준화 방안 중 소프트웨어 부문의 표준화
  ㉠ 거래조건의 단순화, 규격화 : 낭비적인 작업과정의 제거
  ㉡ 포장치수의 표준화
  ㉢ 데이터를 표준화 : 전표의 크기, 양식, 기재내용 등
  ㉣ 물류용어의 표준화 : 용어사용의 혼돈을 방지

[소프트웨어 부문과 하드웨어 부문의 표준화] 기출 22

소프트웨어 부문	하드웨어 부문
• 물류용어 통일 • 거래단위 표준화 • 전표 표준화 • 표준코드 활용 • 포장치수 표준화	• 파렛트 표준화 • 내수용 컨테이너 보급 • 지게차 표준화 • 트럭적재함 표준화 • 보관시설 표준화 • 기타 물류기기 표준화

⑦ 파렛트 풀 시스템(PPS ; Pallet Pool System) 기출 24・20

표준화 방안	장 점
• 전국적인 파렛트 집배망이 구축되어야 함 • 파렛트의 소재 및 이용 현황 파악 • 공파렛트 회수전문업자를 두는 것도 좋은 방법 • 파렛트 데포 및 네트워크 운영을 위한 정보시스템 필요	• 공파렛트의 관리 불필요 • 최소의 파렛트로 일관수송 • 필요시 언제, 어디서나 이용 가능 • 전국적인 네트워크로 1매 단위의 집배도 가능 • 통일된 표준파렛트 관리 불필요 • 고품질의 파렛트로 기업 이미지 향상

▼ OX문제

▶ 각 기업마다 다양한 파렛트 사이즈가 사용되어야 한다.

해설
파렛트 풀 시스템은 파렛트의 규격과 척도를 표준화하여 상호 교환성을 확보한 후, 풀로 연결하여 사용함으로써 각 기업의 물류합리화를 달성하여 물류비를 절감하는 제도이다.

정답 ×

⑧ 물류표준화의 저해요인 기출 21·19
㉠ 표준화에 대한 인식 부족
㉡ 유닛로드시스템 통칙에 대한 낮은 인지도
㉢ 유닛로드시스템 규격의 표준파렛트, 보관랙(Rack) 등 물류기기 및 설비의 사용 미흡
㉣ 표준EDI, 표준물류바코드 등 정보화 기반요소의 활용 부족

(2) 물류공동화

① 정 의
자사와 타사의 물류시스템이 공유되는 것, 즉 자사의 물류시스템을 타사의 물류시스템과 연계시켜 하나의 시스템으로 운영하는 것을 말한다.

② 물류공동화의 목적
㉠ 사람, 물자, 자금, 시간 등 물류자원의 최대 활용으로 비용 절감을 도모
㉡ 수·배송 효율 및 물류생산성 향상
㉢ 안정적인 물류서비스를 제공
㉣ 외부불경제, 즉 대기오염, 소음, 교통체증 등에 대한 문제점의 최소화

③ 물류공동화의 대상 : 수배송·보관·하역·유통가공·정보 공동화

④ 물류공동화의 유형
㉠ 수평적 물류공동화 : 동종의 다수 메이커와 이들과 거래하는 다수의 도매점이 공동으로 정보네트워크와 물류시스템을 공동화
㉡ 물류기업 동업자 공동화 : 물류기업이 동업 형식으로 물류시스템을 공동화
㉢ 소매기업에 의한 계열적 공동화 : 대형 소매체인점이 도매점이나 메이커에서의 납품물류를 통합하여 납품자와 수령 점포 간의 상호이익 도모를 위해 물류센터 등을 설립
㉣ 경쟁관계에 있는 메이커 간의 공동화 : 서로 경쟁관계에 있는 기업들이 모여 물류의 효율화를 위해 공동화
㉤ 제조기업에 의한 계열적 공동화(수직적 공동화) : 제조업체와 판매회사 도매점과의 물류공동화
㉥ 화주와 물류기업의 파트너십 : 전문 사업자로서 화주의 물류합리화나 시스템화로 적극 참여하는 제안형 기업이 되어 상호신뢰 확립

⑤ 물류공동화의 방안
㉠ 공동수배송 체제의 도입 : 기업들의 물류비 절감을 위한 물류합리화 방안의 일종이다.
㉡ 물류자회사와 물류공동회사의 설립
• 물류자회사 : 대기업의 경우 그룹 계열사에 흩어져 있는 사업부 단위의 물류 관련부서를 통합, 별도의 물류관리전문회사를 그룹 내의 새 법인으로 설립한다.
• 물류공동회사 : 주로 동종 경쟁사 및 이종 유사업종 간에 물류비 절감을 위하여 공동으로 설립한다.
㉢ 공동집배송 단지의 건립 : 공동집배송 단지란 동종 및 이종업체 간 또는 유통업체들이 대규모 유통업무단지를 조성하여 도매거래기능, 유통가공기능, 공동수배송기능, 공동재고관리기능을 수행하는 대규모 물류단지를 의미한다.

⑥ 물류공동화의 효과 기출 17
  ㉠ 자금 조달 능력의 향상
  ㉡ 수송단위의 대량화
  ㉢ 정보의 네트워크화
  ㉣ 차량의 유동성 향상
  ㉤ 수배송 효율의 향상
  ㉥ 다빈도 소량배송에 의한 고객서비스 확대
⑦ 물류공동화의 문제점

화 주	물류업체
• 기업비밀 누출에 대한 우려 • 영업부문의 반대 • 서비스 차별화의 한계 • 이윤배분에 대한 분쟁발생 소지 • 공동물류시설비 및 관리비용 증대에 대한 우려 • 공동배송 실시 주체자의 관리운영의 어려움	• 요금 덤핑에 대처 곤란 • 배송순서 조절의 어려움 • 물량파악의 어려움 • 상품관리의 어려움

⑧ 수배송의 공동화
  ㉠ 도입배경
    • 주문단위의 다빈도 소량화
    • 상권 확대 및 빈번한 교차수송
    • 화물자동차 이용의 비효율성
    • 도시지역 물류시설 설치 제약
    • 보관·운송 물류인력 확보 곤란
  ㉡ 공동수배송의 추진여건 기출 23
    • 기업들의 취급 제품의 동질성이 높은 경우
    • 배송조건이 유사하고 표준화가 가능할 경우
    • 공동수배송을 위한 주관기업이 있는 경우
    • 일정지역 내에 공동수배송에 참여 가능한 복수기업이 존재할 경우
    • 참가기업들 간의 이해관계의 일치가 높은 경우
  ㉢ 공동수배송의 특징
    • 공동수배송은 자사 및 타사의 원자재나 완제품을 공동으로 수배송하는 것이다.
    • 화주기업은 공동수배송을 통하여 물류비의 절감이 가능하다.
    • 소량, 다빈도 배송의 증가는 수배송공동화의 필요성을 증대시킨다.
    • 공동수배송은 계획배송이기 때문에 고객의 긴급배달 요청에 유연하게 대응하지 못한다.
  ㉣ 수배송 공동화의 효과 기출 18·14

납품업체 측면	• 저렴한 운임에 의한 물류비 절감 • 물류서비스 향상을 통한 판매기능 강화 • 규모의 경제로 유닛로드시스템(Unit Load System)의 구축을 통한 제품포장 규격의 통일화 • 화물손상 감소, 입·출고 시간의 단축과 납품대행으로 인한 사무 간소화와 자사시설의 효율적 이용 가능

거래처 측면	• 공동배송으로 납품의 다빈도화 실현 가능 • 재고의 감소로 인한 물류비 절감 • 수취자의 차량혼잡 완화에 따른 검품·하역 등 수취작업의 간소화 • 교차수송에 따른 차량감소로 환경개선 도모
운송업자 측면	• 운송수단 활용도의 증가로 배송비용 감소 • 경영의 안정적 기반 제공 • 계획집하 및 배송에 따른 시간 단축 • 직송효율의 향상 • 규모의 경제에 따른 시스템의 정형화와 자동화 • 표준화에 따른 작업능률 향상 • 업무처리의 합리화 효과
사회적 환경 측면	• 교통량 감소로 인한 에너지 절감 • 환경오염방지 등의 외부불경제를 줄임으로써 사회비용 감소 • 물류비 절감에 따른 물가상승 억제 • 물류센터 등 시설의 집적화로 토지의 효율적인 이용 가능

(3) 아웃소싱(Outsourcing)

① 개념 : 아웃소싱은 기업이 고객서비스의 향상, 물류비 절감 등 물류활동을 효율화할 수 있도록 물류활동의 일부 또는 전부를 외부물류 전문업자에 위탁하여 수행하도록 하는 물류전략을 말한다.

② 아웃소싱의 절차

물류전략 수립 → 아웃소싱 운영전략 수립 → 아웃소싱 절차기준 수립 → 아웃소싱 업체평가 및 선정 → 물류아웃소싱 계약 → 물류아웃소싱의 이행 → 지속적인 평가 및 개선 → 계약관리와 전환

③ 아웃소싱의 대상업무 : 창고, 운송, 운임지불, EDI 정보교환, 주문충족, 자동기록, 운송수단의 선택, 포장인쇄, 제품조립, 세관통과 과정 등 전 범위에서 사용되고 있다.

④ 아웃소싱의 필요성

㉠ 외부전문가 활용으로 효율성 극대화
㉡ 핵심역량사업에 집중
㉢ 물류시설투자의 경감
㉣ 전 세계적인 물류아웃소싱 추세에 대응
㉤ SCM 개념의 확산에 대응
㉥ JIT 체제에의 대응
㉦ 물류 IT의 발달 등 환경여건의 조성에 대응

⑤ 아웃소싱의 장·단점

장 점	단 점
• 획기적인 비용절감과 정기배송 • 전문물류업체를 활용함으로써 물류정보시스템 개발에 소요되는 인력과 비용 절감	• 기업 내 기밀 및 운영관련 노하우(Know-how)의 유출 위험 • 아웃소싱에 따른 부서 간 업무의 이해상충 발생

⑥ 물류 아웃소싱의 효과
  ㉠ 물류공동화와 물류표준화가 가능해진다.
  ㉡ 기업의 경쟁우위 확보 및 사회적 비용의 절감과 국가경쟁력 강화에 기여한다.
  ㉢ 제조업체는 전문화의 이점을 살려 고객욕구의 변화에 대응하여 주력사업에 집중할 수 있다.
  ㉣ 물류시설 및 장비를 이중으로 투자하는 데 따르는 투자위험의 회피가 가능하다.
⑦ 아웃소싱의 성공전략
  ㉠ 아웃소싱 목적은 기업의 전략과 일치해야 한다.
  ㉡ 아웃소싱이 성공하려면 반드시 최고경영자의 관심과 지원이 필요하다.
  ㉢ 아웃소싱의 궁극적인 목표는 현재와 미래의 고객만족에 있음을 잊지 말아야 한다.
  ㉣ 아웃소싱은 지출되는 물류비용을 정확히 파악하여, 비용절감효과를 측정하도록 해주어야 한다.
  ㉤ 아웃소싱의 주요 장애요인 중 하나는 인원감축 등에 대한 저항이므로 적절한 인력관리 전략으로 조직구성원들의 사기저하를 방지해야 한다.

02 물류비 관리

1 물류비의 이해

(1) 물류비의 정의
  ① 물류활동을 수행하는 데 소모되는 경제가치이다.
  ② 원재료의 조달부터 완제품을 거래처에 납품 또는 반품, 회수, 폐기까지의 제반물류활동에 소요되는 모든 경비를 의미한다.

(2) 물류비의 산정
  ① 물류비 산정의 의의
    ㉠ 물류활동에 수반되는 원가자료 제공, 물류합리화에 의한 원가 절감, 서비스 개선에 대한 관리지표 등을 제공한다.
    ㉡ 물류비의 실체 파악과 관리체계 확립에 필요하다.
  ② 물류비 절감효과의 중요성 : 기업이익 증가 → 기업 경쟁력 강화
    예 정다운 물류의 수익률이 전체매출액 대비 20%이고 물류비가 전체매출액의 10%를 차지할 때, 물류비를 10% 절감한다면 이익률은 1% 증가한다(단, 다른 조건은 동일하다고 가정).

(3) 물류비의 분류 기출 17·13

물류비는 과목별로 영역별, 기능별, 지급형태별, 세목별, 관리항목별 및 조업도별 등으로 구분하고 있다.

영역별	기능별	지급형태별	세목별	조업도별
• 조달물류비 • 사내물류비 • 판매물류비 • 리버스물류비 (반품, 회수, 폐기)	• 운송비 • 보관비 • 포장비 • 하역비 (유통가공비 포함) • 물류정보·관리비	• 자가물류비 • 위탁물류비 (2PL, 3PL)	• 재료비 • 노무비 • 경 비 • 이 자	• 물류고정비 • 물류변동비

① **영역별 분류**
  ㉠ 조달물류비 : 물자(원자재, 부품, 제품 등을 포함)의 조달처로부터 운송되어 매입자의 보관창고에 입고, 관리되어 생산공정(공장)에 투입되기 직전까지 물류활동에 따른 물류비
  ㉡ 사내물류비 : 매입물자의 보관창고에 완제품 등의 판매를 위한 장소까지의 물류활동에 따른 비용(재료의 생산이나 제품의 제조공정 내에서 발생하는 비용은 생산원가 또는 제조원가에 산입되므로 물류비에서는 제외)
  ㉢ 판매물류비 : 생산된 완제품 또는 매입한 상품을 판매창고에서 보관하는 활동부터 고객에게 인도될 때까지의 물류비
  ㉣ 역(Reverse) 물류비
    • 회수물류비 : 공용기, 파렛트, 컨테이너, 포장자재 등이 회수되어 재사용이 가능할 때까지의 물류비
    • 폐기물류비 : 제품이나 상품, 포장용 또는 수송용 용기나 자재 등을 회수하여 폐기할 때까지의 물류비
    • 반품물류비 : 고객에게 판매된 제품을 반품하는 가운데 물류에 소요된 비용

> **OX 문제**
> ▶ 기업물류비 산정지침(국토교통부고시 제2016-182호, 2016.4.7., 일부개정)의 물류비 과목분류 중 포장비는 세목별 비목에 속한다.
> O | X
> **해설**
> 기업물류비 산정지침(국토교통부고시 제2016-182호, 2016.4.7., 일부개정)의 물류비 과목분류 중 포장비는 기능별 비목에 해당한다.
> **정답** ✕

② **기능별 분류** 기출 23·22
  ㉠ 운송비 : 물자를 물류거점 간 및 고객에게 이동시키는 활동에 따른 물류비
    • 수송비 : 기업의 필요에 따라 물자를 물류거점까지 이동시키는 물류비, 사내의 공장이나 창고 간의 운송인 사내물류비도 수송비에 포함
    • 배송비 : 물자를 고객에게 배달시키는 물류비
  ㉡ 보관비(창고비) : 물자를 창고 등의 물류시설에 보관하는 활동에 따른 물류비
  ㉢ 하역비
    • 하역비 : 유통가공 및 운송, 보관, 포장 등의 업무에 수반하여 상차 및 하차, 피킹, 분류 등 물자를 상하·좌우로 이동시키는 물류비
    • 유통가공비 : 물자의 유통과정에서 물류 효율을 향상시키기 위하여 가공하는 데 소비되는 비용
  ㉣ 포장비 : 물자이동과 보관을 쉽게 하기 위하여 실시하는 상자, 골판지, 파렛트 등의 물류포장(최종 소비자를 위한 판매포장은 제외) 활동에 따른 물류비

◎ 물류정보・관리비 : 물류활동 및 물류기능과 관련된 정보처리와 관리에 따른 물류비
　　　　• 물류정보비 : 물류 프로세스를 전략적으로 관리하고 효율화하기 위하여 컴퓨터 등의 수단을 사용하여 지원하는 활동에 따른 물류비
　　　　• 물류관리비 : 물류활동 및 물류기능의 합리화와 공동화를 위하여 계획, 조정, 통제 등의 물류관리 활동에 따른 물류비
　　③ 지급형태별 분류
　　　㉠ 자가물류비 : 자사의 설비나 인력을 사용하여 물류활동을 수행할 때의 소요 비용(예 재료비, 노무비, 경비, 이자)
　　　㉡ 위탁물류비 : 물류활동을 타사에 위탁 수행된 비용(예 물류자회사 지급분, 물류전문업체 지급분)
　　④ 세목별 분류 기출 24・20
　　　㉠ 재료비 : 물류와 관련된 재료의 소비에서 발생(예 포장이나 운송기능)
　　　㉡ 노무비 : 물류활동 수행을 위한 노동력 비용(예 운송, 보관, 포장, 하역 관리 등의 전반적인 기능과 조달, 사내, 판매 등의 전 영역)
　　　㉢ 경비 : 재료비, 노무비 이외에 물류활동과 관련된 제비용(예 물류관리, 회계 및 관리 등의 계정과목 전부로 관리유지비, 감가상각비, 공공서비스비, 전력비, 수도광열비, 운반비, 지급임차료, 보험료, 교통 및 통신비)
　　　㉣ 이자 : 물류시설이나 재고자산에 대한 이자발생분(예 금리 또는 투자보수비)
　　⑤ 관리항목별 분류
　　　물류비를 보다 세분하여 파악하기 위한 목적으로 구분하는 분류이다.
　　　㉠ 부문별 : 물류비가 발생되는 부문이나 관리부문 등 조직계층단위
　　　㉡ 지역별 : 물류비가 발생되는 지역별 부문이나 조직단위
　　　㉢ 운송수단별 : 철도운송, 해상운송, 육로운송, 항공운송 등의 운송수단
　　　㉣ 제품별 : 물류활동의 대상이 되는 원재료, 제품, 부품 등의 제품종류
　　　㉤ 물류거점별 : 물류활동이 발생하는 장소로서 물류센터, 창고, 집배소 등
　　　㉥ 위탁업체별 : 물류활동을 위탁할 경우 물류활동 수행업체
　　⑥ 조업도별 분류
　　　㉠ 물류고정비 : 물류조업도의 증감과 관계없이 일정한 비용이 발생하는 물류비
　　　㉡ 물류변동비 : 물류조업도의 증감에 따라 변화되는 물류비

2 물류비 관리

(1) 물류비 관리의 개념 및 일반기준

① 개념 : 물류활동을 위하여 계획, 조정, 통제 등의 물류관리 활동에 따른 물류비용을 관리하는 것을 말한다.
② 물류비 관리의 일반기준
　㉠ 물류비 관리는 인력, 자금, 시설 등의 회계정보로 작성한다.
　㉡ 물류의 영역별, 기능별, 관리목적별로 구분하여 집계할 수 있다.
　㉢ 물류운영을 위한 정보시스템을 구축할 필요가 있다.
　㉣ 물류활동의 개선방안을 도출하는 데 아주 용이하다.

(2) 물류비 관리목적

① 물류관리의 기본 척도로 활용된다.
② 물류비의 수치 산정을 통해 사내 물류의 중요성을 인식한다.
③ 물류활동의 계획, 관리 및 실적 평가에 활용된다.
④ 경영 관리자에게 필요한 원가자료를 제공한다.
⑤ 물류활동에 대한 비용정보를 파악하여 기업 내부의 합리적인 의사결정을 위한 정보를 제공한다.
⑥ 물류비를 통해 생산과 판매활동의 문제점을 발견하여 기업의 물류비 절감 및 생산성 향상을 도모한다.

(3) 물류비에 의한 물류관리 요건 기출 24·21·19

① 원인 규명이 쉽고, 이용 목적이 명확해야 한다.
② 데이터의 수집이 쉽고, 이 데이터를 일상화할 수 있어야 한다.
③ 시계열 데이터로서 계속성이 있어야 한다.
④ 물류비용의 내용이 간단하고 처리가 쉬워야 한다.

(4) 물류비 단계별 관리 순서 기출 24·19

① 물류비의 정확한 파악으로 매출액과 대비시켜 주로 물류비 규모를 파악한다.
② 물류예산관리 단계로 물류비의 차이를 분석한다.
③ 물류비의 기준치 또는 표준치를 설정하여 물류예산과 그 관리에 객관적 타당성을 부여한다.
④ 관리회계와 재무회계를 연계시켜 비용시뮬레이션(Cost Simulation) 등을 실시하고 물류관리회계를 확립한다.

(5) 물류비의 범위

① 원재료의 조달에서 제품이 고객에게 도달할 때까지의 전체 물류활동에 요하는 비용이다.
② 과거에는 판매물류만을 중심으로 한 비용을 물류비에 포함시켰다.
③ 물류비 중에는 수송비가 절대적인 비율을 차지하고 있다.
④ 물류비 수송비 중에서 도로 수송비가 가장 많은 비율을 차지하고 있다.
⑤ 물류비의 범위는 수송비, 창고비, 하역비, 포장비, 보관 및 수송 도중 상품의 과부족비, 파손비, 물적 유통관리비 등을 포함하고 있다.

(6) 물류비의 증가 요인

① 사회간접자본시설의 확충 및 정부 지원이 미흡하다.
② 물류효율화를 위한 운영기반이 정착되지 못했다.
③ 물류의 수송구조가 취약하다.
④ 물류 전반에 걸친 규제가 상존하고, 업계의 물류개선 노력이 부족하다.
⑤ 불합리한 요금체계와 수출입화물에 대한 신속한 통관체제가 미흡하다.

3 물류원가관리

(1) 물류원가의 개념
물류활동(수송, 하역, 보관, 포장 및 정보 등)에 대한 계수적인 분석을 통해 물류비용의 산출과 물류활동에 대한 계획수립, 성과평가 등의 물류원가관리를 위한 정보를 제공하는 종합적 회계관리시스템이다.

(2) 물류비 계산기준 및 절차

① 물류비 계산기준

㉠ 일반기준(관리회계방식)
- 물류비를 상세하게 원천적으로 계산하는 방식이다.
- 물류원가계산의 관점에서 보면 관리회계방식에 의한 물류비 계산기준이다.
- 일반기준은 기업에서 상세한 물류비 정보를 입수하기 위해 사용되는 기준이므로 일정 이상의 물류비 관리수준을 가지고 있는 기업에서 활용한다.

㉡ 간이기준(재무회계방식)
- 회계장부와 재무제표로부터 간단하게 추산하는 방식이다.
- 물류원가계산의 관점에서 보면 재무회계방식에 의한 물류비 계산기준이다(예 제조원가명세서, 손익계산서 등의 물류활동비용을 근거로 회계기간의 물류비 산정).
- 상세한 물류비 정보보다는 개략적인 물류비 정보나 자료 정도로도 비교적 물류비 관리수준이 낮거나 물류비 산정의 초기단계의 중소기업에서 사용한다.

[일반기준과 간이기준의 비교]

구 분	일반기준(관리회계방식)	간이기준(재무회계방식)
계산의 기본적 관점	• 물류목표를 효과적으로 달성하기 위한 활동에 관여하는 인력, 자금, 시설 등의 계획 및 통제에 유용한 회계정보의 작성 목적 • 기능별, 관리목적별 업적평가나 계획수립 가능	• 기업활동의 손익상태(손익계산서)와 재무상태(대차대조표)를 중심으로 하는 방식 • 회계제도의 범주에서 물류활동에 소비된 비용항목을 대상으로 1회계 기간의 물류비총액 추정계산방식
계산방식	• 물류활동의 관리 및 의사결정에 필요한 회계정보를 입수하기 위해 영역별, 기능별, 관리목적별로 구분하여 비용 집계	• 재무회계의 발생형태별, 비용항목 중에 물류활동에 소비된 비용을 항목별 배부기준을 근거로 해당 회계기간의 물류비 추산
계산방식의 장점	• 영역별, 기능별, 관리목적별 물류비 계산을 필요한 시기, 장소에 따라 실시 가능 • 물류활동의 개선안과 개선항목을 보다 명확하게 파악 가능	• 개략적인 물류비총액계산에 있어서 별도의 물류비 분류, 계산절차 등이 불필요함 • 전담조직이나 전문지식이 부족해도 계산이 가능함
계산방식의 단점	• 상세한 물류비의 분류 및 계산을 위한 사무절차와 작업량이 많기 때문에 정보시스템 구축이 전제되어야 함	• 상세한 물류비 파악이 곤란하기 때문에 구체적인 업무평가나 개선목표의 달성에 한계가 있음 • 물류비절감 효과 측정에 한계가 있음

② 물류비 계산방법

㉠ 실태 파악을 위한 물류비 : 영역별, 기능별, 지급형태별로 계산
- 물류비 계산은 물류활동과 관련하여 발생된 것이며, 비정상적인 물류비는 계산에서 제외한다.
- 물류비 계상에 있어서 발생기준에 따라 측정한다.
- 원가회계방식에 의해 별도로 파악된 원가자료로부터 영역별, 기능별, 지급형태별로 집계한다.

- 물류활동에 부수적·간접적으로 발생되는 물류비는 주된 물류활동과 관련하여 합리적인 배부기준에 따른다.
- 물류비 배분기준 : 물류관련 금액, 인원, 면적, 시간, 물량 등을 고려하여 원천별, 항목별, 대상별 등으로 구분하여 설정한다.

ⓒ 관리 목적을 위한 물류비 : 물류관리의 의사결정을 지원하기 위해 조업도별, 관리항목별로 계산
- 물류활동 및 물류기능과 관련하여 물류조업도의 변화에 따른 물류비의 변화 분석을 위하여 기능별 물류비를 물류변동비와 물류고정비로 구분하여 집계한다.
- 관리항목별 계산은 조직별, 지역별, 고객별, 활동별 등과 같은 관리항목별로 물류비를 집계하는 것으로, 관리항목별로 직접귀속이 가능한 직접비는 직접 부과하고 직접귀속이 불가능한 간접비는 관리항목별 적절한 물류비 배부기준을 이용하여 배부한다.
- 시설부담이자와 재고부담이자는 별도의 자산명세서와 재고명세서 등의 객관화된 자료와 권위 있는 기관에서 발표되는 이자율 등을 고려하여 계산한다.

③ **물류비 계산절차** 기출 23
ⓐ 제1단계 : 물류비 계산욕구의 명확화
- 물류비 계산의 목표를 해당 기업의 물류비 관리 필요성이나 목표에 의거하여 명확하게 작성한다.
- 물류비 계산욕구를 토대로 물류관리자는 물류비 절감목표와 관련하여 물류비 계산 대상을 결정한다.
- 물류비 계산범위의 설정은 기업에서 물류비 규모를 결정하는 매우 중요한 사항이므로, 어디까지 물류비를 계산하면 되는가를 결정한다.

ⓑ 제2단계 : 물류비 자료의 식별과 입수
- 물류비 계산을 위해 물류활동에 의해 발생한 기본적인 회계자료 및 관련 자료를 계산대상별로 식별하고 입수한다.
- 물류활동에 관련된 기초적인 회계자료는 회계부문으로부터 입수하게 되는데, 이 물류비 관련 자료는 해당 기업의 계정과목을 중심으로 제공되며 이 자료는 세목별 물류비의 기초자료에 해당한다.
- 물류비 계산에 있어서 중요한 시설이나 재고의 부담이자를 계산하기 위한 기회원가 관련 자료도 별도로 입수한다.

ⓒ 제3단계 : 물류비 배부기준의 선정
- 회계부문으로부터 물류비 관련 회계자료가 입수되면, 계산대상별로 물류비를 계산하기 위해 물류비의 배부기준과 배부방법을 선정한다.
- 영역별, 기능별, 관리항목별(제품별, 지역별, 고객별 등)로 물류비 계산을 실시하기 위해서는 우선 물류비를 직접물류비와 간접물류비로 구분한다.
- 직접물류비는 계산대상별로 직접 부과하며, 간접물류비는 적절한 배부기준과 배부방법에 의하여 물류비를 계산대상별로 일정액 또는 일정률을 배부한다.
- 배부기준에 의한 물류비산정
  - 총물류비 : 운송비, 보관비, 하역비, 포장비, 기타 물류비 등 각 물류비 항목들의 총합에 각 비목별 비용을 나눠서 계산

- 비목별 물류비 : 운송비, 보관비, 하역비, 포장비, 기타 물류비 등 개별 산정

> 운송비 : 운송거리 × 운송횟수
> 제품별 운송비 : 제품별 배부율 × 기본 운임비
> 제품별 배부율 : 특정 제품의 운송비/총 운송비

ㄹ. 제4단계 : 물류비의 배부와 집계
- 제2단계에서 입수된 물류비 관련 자료를 사용하고, 제3단계의 배부기준 및 배부방법으로 물류비를 배부하여 집계하는 단계이다.
- 직접물류비는 전액을 해당 계산 대상에 직접 부과하고, 간접물류비는 선정된 배부기준과 배부방법에 의해 물류비의 일정액 또는 일정률을 계산대상별로 배부·집계하여 합산한다.

ㅁ. 제5단계 : 물류비 계산의 보고
- 물류비 계산의 실시에 따른 보고서를 계산대상별로 작성하고 이를 종합하여 물류활동에 관한 물류비 보고서를 제출한다.
- 물류비 보고서는 물류비 계산서를 합산하여 전사 물류비 보고서를 작성한다.

ㅂ. 필요에 따라서는 영역별·기능별·지급형태별 보고서, 물류센터별·제품별·지역별 등의 관리항목별, 조업도별 물류비 보고서를 작성하게 되면 산출된 물류비 정보 이용으로 물류의사결정이나 물류업적평가에도 매우 유용하게 활용한다.

(3) 물류예산관리

① 물류예산관리의 개요
  ㄱ. 물류예산관리의 개념 : 기업의 물류계획에 대한 예산을 편성·실시하고 비용지출을 조정함과 동시에 비용지출을 통제하는 것이다.
  ㄴ. 물류예산의 종류 : 물류시설예산, 물류요원예산, 물류손익예산 등
  ㄷ. 물류예산의 통제 : 예산을 편성한 후 실제로 물류활동을 수행하는 데 있어서 예산목표를 달성하고 예산의 범위를 초과하여 집행되지 않도록 통제한다.

② 물류비 예산의 특징
  ㄱ. 예산편성 기준
  - 장기적인 물류정책이나 방침에 의해 예산을 편성한다.
  - 예측이나 견적이 아닌 객관적인 활동 규범으로 예산을 제시한다.
  ㄴ. 예산편성의 방식
  - 물류관리자가 물류요원의 의견을 수렴한다.
  - 상향식 예산제도를 통해 요원의 자발적인 동기유발 효과를 기대할 수 있다.
  ㄷ. 예산편성의 방법 : 과거 실적을 기준으로 한 정상적인 물류활동으로 장래의 변동을 고려한다.
  ㄹ. 예산의 조정 기능 : 예산의 진행에 있어서 관련 비용지출을 조정하여 예산을 편성한다.
  ㅁ. 예산의 통제 기능
  - 예산집행에 있어서 비용지출을 통제한다.
  - 예산범위 내에서의 목표달성을 유도하며 예산·실적의 차이분석을 통해 업적평가가 가능하다.

③ 물류비 예산편성절차
  ㉠ 제1단계 : 물류환경조건의 파악
  ㉡ 제2단계 : 장기물류계획의 설정
  ㉢ 제3단계 : 물류예산 편성방침의 시달
  ㉣ 제4단계 : 물류비 예산안의 작성
  ㉤ 제5단계 : 물류비 예산안의 심의 조정
  ㉥ 제6단계 : 물류비 예산의 확정
④ 물류비 예산차이분석의 방법
  ㉠ 물류가격차이
    • 예산가격과 실제가격 차이에 의해 발생
    • 구매상황을 파악하는 데 유용
    • 위탁물류비, 물류재료비에 의해 발생
  ㉡ 물류능률차이
    • 실행예산에 의한 물류량과 실제물류량의 차이
    • 물류활동의 능률 파악
  ㉢ 물류조업도 차이
    • 예산물류량과 실제물류량에 대한 예산물류량의 차이
    • 물류조업도의 현황파악
  ㉣ 물류비의 지급형태별 분류
    • 자가물류비 : 자사의 설비나 인력을 사용하여 물류활동을 수행함으로써 소비된 비용으로 재료비, 노무비, 경비, 이자의 항목으로 구분한다.
    • 위탁물류비 : 물류활동의 일부 또는 전부를 타사에 위탁하여 수행함으로써 소비된 비용으로 물류자회사 지급분과 물류전문업체 지급분으로 구분한다.
  ㉤ 물류비예산 차이 계산식
    • 자가물류비 예산액 = 물류비표준 × 물류량예산액
    • 지불물류비 예산액 = 운임표준 × 물류량예산액
    • 물류가격차이 = (예산가격 − 실제가격) × 실제물류량
    • 물류수량차이 = 예산가격 × (예산물류량 − 실제물류량)
    • 물류능률차이 = 예산가격 × (실제물류량에 대한 예산물류량 − 실제물류량)
    • 물류조업도차이 = 예산가격 × (예산물류량 − 실제물류량에 대한 예산물류량)
    • 물류비예산 실적차이 합계 = (실제물류량 × 실제가격) − (예산물류량 × 예산가격)
⑤ **물류채산분석(물류의사결정회계)** 기출 23
  ㉠ 물류채산분석의 개념 : 현 물류관리회계시스템에 대한 구조적·수행상의 문제 등에 관하여 그 채산성 여부를 파악하기 위하여 실시하는 분석이다.
  ㉡ 물류채산분석의 종류
    • 물류업무개선분석 : 물류업무를 중심으로 한 업무개선분석(단기적인 분석)
    • 물류경제성분석 : 물류설비투자는 거액의 자금이 장기적으로 투입되는 경우가 많으므로 투자에 대한 경제성 평가로 채산성이 있는 경우에 한하여 실제 투자가 이루어지게 하는 것

ⓒ 물류채산분석의 절차

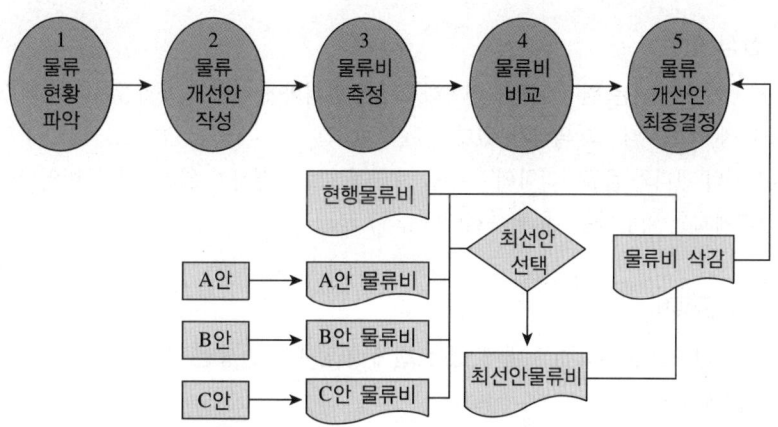

개념 PLUS

물류채산분석과 물류원가계산 비교 기출 23

구 분	물류채산분석	물류원가계산
계산목적	물류활동의 의사결정	물류활동의 업적평가
계산대상	특정의 개선안·대체안	물류업무 전반
계산기간	개선안의 전기간	예산기간(보통 연별)
계산시간	의사결정시 실시	각 예산기별로 실시
계산방식	상황에 따라 상이	항상 일정
계산의 계속성	임시적으로 계산	반복적으로 계산
원가종류	미래원가	표준원가와 실제원가
원가범위	차액원가만 대상	전부원가 사용
사용원가	특수원가 계산	실제원가만 대상
할인의 유무	할인계산	할인계산하지 않음

⑥ 물류예산관리의 특징
 ㉠ 정확하고 구체적인 물류정책이나 물류관리의 방침에 의하여 설정한다.
 ㉡ 물류예산의 편성은 물류관리자들을 중심으로 한 상향식 예산제도에 의거하여 물류관리를 실시하는 데 있어서 물류담당자들의 자발적인 동기를 부여한다.
 ㉢ 물류예산의 설정은 객관적·통계적인 자료에 의거하여 과거의 실적을 기준으로 한 합리적인 물류활동으로부터 미래의 상황변동을 고려한 과학적인 방법에 의한 편성으로 물류활동에 대한 업적평가와 차기계획수립을 위한 정보를 제공한다.
 ㉣ 물류예산제도에 의거하여 물류관리를 실시하는 경우에는 관련된 물류분야의 비용지출을 상호합리적으로 조정하여 집행한다.
 ㉤ 물류예산제도에 의하여 물류관리를 실시하는 경우, 물류비 지출의 적절한 통제가 가능하다.

4 물류비 산정의 중요성

(1) 물류비 산정 이유
① 물류활동에 수반되는 원가자료를 제공하고 물류합리화에 의한 원가절감이나 서비스 개선에 대한 관리지표를 제공하는 데 그 의의가 있다.
② 물류활동의 관리와 물류합리화의 추진을 효과적으로 수행하기 위하여 물류비의 실체를 명확히 포착하고 관리체계를 확립하는 데 필수적이다.

(2) 기업에서의 물류비
① 기업부문 전체의 물류비 : 국내에 있는 전체 기업에서 발생된 물류비의 합계이다.
② 업종·업계의 물류비
　㉠ 수평적인 물류비 : 제조업체 물류비의 합계 또는 평균을 말한다.
　㉡ 수직적인 물류비 : 제조업체, 도매업체, 소매업체를 수직적으로 포괄한 물류비의 합계이다.
③ 개별 기업의 물류비 : 화주 기업의 물류비와 물류업체의 물류비로 구분한다.

(3) 물류비용의 트레이드오프 관계
① 고객서비스 수준과 트레이드오프
　㉠ 서비스 개선으로 판매 손실 비용이 줄어들게 된다. 이때 줄어든 판매 손실과 서비스 수준을 유지하기 위한 비용은 서로 트레이드오프가 된다.
　㉡ 가장 좋은 트레이드오프는 100% 완벽한 서비스 수준보다 낮은 서비스 수준에서 발생한다.
② 보관지점 수와 트레이드오프
　㉠ 소비자가 소량으로 상품을 구입하고 보관지점은 대량으로 보충되는 경우 보관지점에서 소비자에게 제품을 배달하는 수송비용은 인바운드 수송(공장에서 창고로의 수송)비용을 초과하게 되어 보관지점의 수를 증가시킬 때 수송비용이 감소하게 된다.
　㉡ 보관지점의 수가 증가하게 되면 전체 네트워크에서 재고수준과 재고비용은 증가하게 된다.
③ 안전재고 수준과 트레이드오프
　㉠ 안전재고는 평균재고 수준을 증가시킬 뿐만 아니라 주문에 대한 재고의 가용성을 높여서 소비자 서비스 수준에 영향을 미치기 때문에 판매기회 상실비용을 감소시킨다.
　㉡ 평균재고 수준이 증가하면 재고유지비용이 증가하게 되고, 이때 수송비용은 비교적 적은 영향을 받는다.

> **개념 PLUS**
>
> **제품의 가용성** 기출 20
> - 제품충족률은 가용재고로부터 만족되는 제품 수요의 비율이다. 예를 들면 A사가 90% 고객에게 재고로부터 바로 제공하고, 나머지 10%는 가용재고 부족으로 경쟁업체에 빼앗긴 경우 제품충족률은 90%가 된다.
> - 주문충족률은 가용재고로부터 충족되는 주문의 비율이다. 주문충족률은 제품충족률보다 더 낮은 경향이 있다.
> - 대량 주문이 서로 다른 제품을 포함하면 한 제품의 재고부족이 전체 주문에 영향을 미치므로 좋은 제품충족률을 갖추고 있어도 주문충족률이 나빠질 수 있다. 그러므로 고객의 전체 주문이 동시에 충족되는 것에 높은 가치를 부여한다면 주문충족률을 추적하는 것이 중요하다.
> - 주기서비스수준은 모든 고객의 수요가 충족된 두 개의 연속적인 보충배달 사이의 간격이다.

④ 생산순서 결정과 트레이드오프
㉠ 생산비용은 제품이 생산되는 순서와 생산시간의 영향을 받는다.
㉡ 생산순서가 바뀌면 재고 고갈을 방지할 수 있는 적기에 주문보충이 이루어지지 않을 수 있기 때문에 평균재고비용과 재고수준은 증가하게 된다.
㉢ 제품을 생산하는 가장 좋은 생산순서와 생산시간은 생산비용과 재고비용의 합이 최소가 되는 곳에서 얻어진다.

> **OX문제**
> ▶ 고객의 전체 주문이 동시에 충족되는 것에 높은 가치를 부여할 때는 제품충족률을 관리하는 것이 중요하다. O | X
>
> **해설**
> 고객의 전체 주문이 동시에 충족되는 것에 높은 가치를 부여한다면 주문충족률을 추적하는 것이 중요하다.
>
> 정답 ×

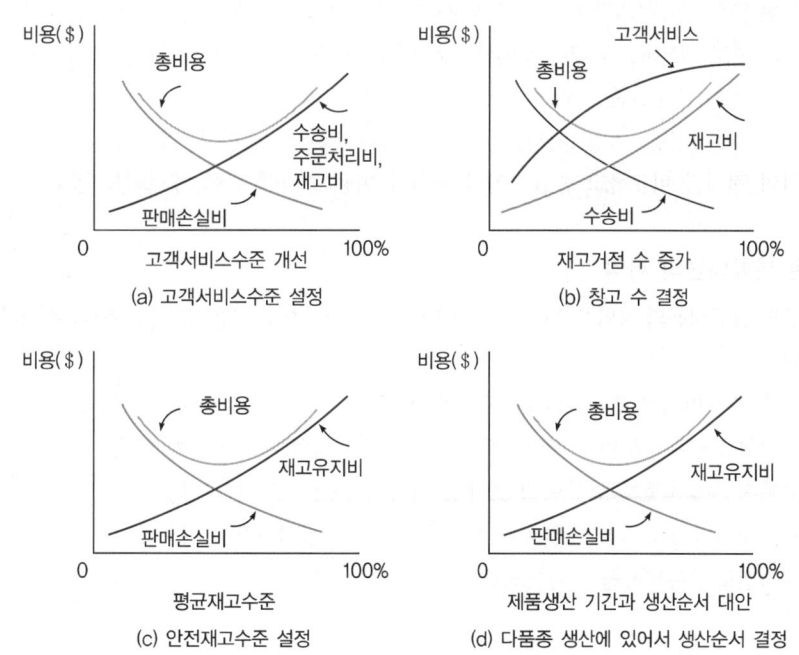

[물류비용의 Trade-off 관계]

5 물류비 산정방법

(1) 형태별 물류비용의 파악

① 물류비용을 지불운임, 지불보관비, 포장재료비, 자가배송비, 인건비, 물류관리비, 물류금리 등 지불형태로 집약한 것으로 이를 이용하여 물류비용의 총액이 어느 정도인가, 그 중에서 비목별로 무엇이 많은가 등을 파악할 수 있다.
② 물류합리화의 중요성을 인식한다든지, 물류비용관리에서 어떠한 비목에 중점을 두어야 하는가를 고려하는 데 유효하다.
③ 비용파악방법은 월차손익계산서의 '판매비 및 일반관리비'의 각 비목에서 확정수치를 추출하고 이를 일정산출기준을 이용하여 물류부문비용을 산출한다.
④ 물류부문비율은 각각 '인원비율', '대수비율', '면적비율', '시간비율', '물류비' 등으로 산출한다.
⑤ 총액이나 물류부문비용 및 비율을 전년도와 비교하여 증감원인의 파악과 비용 증기에 대한 개선안을 검토한다.

(2) 기능별 물류비용의 파악

① 포장, 배송, 보관, 하역, 정보, 물류관리 등 기능별로 물류비용을 파악한 것으로서, 이에 의하여 어떤 기능에 비용을 요하는가를 파악할 수 있어 물류합리화의 착안점을 형태별로 알 수 있다.
② 표준물류기능별 비용의 산출이 가능하여 이에 의하여 작업관리를 한다든지, 합리화 목표를 설정할 수 있다.
③ 기능별 물류비는 형태별 물류비의 계산으로 파악된 물류부문비용을 기능별로 파악한다. 물류부문비용을 기능별로 배분하는 경우, 그 배분기준비율은 업종, 업태나 기업에 따라 모두 다르다. 따라서 자사실태에 맞추어 배분기준을 만드는 것이 중요하다.
④ 단위당(배송 1건당, 피킹 1건당 등) 기능별 물류비용을 산출한다. 각 기능별 물류비의 구성비, 금액에 관하여 전년과 비교하고 증감원인의 파악과 비용 증가에 관한 개선책을 검토한다.

(3) 적용별 물류비용의 파악

① 적용별 물류비용의 파악은 물류비가 어떠한 것을 대상으로 사용되고 있는가를 분석하기 위한 비용계산이다.
② 대상에 관하여 상품별, 지역별, 고객별, 담당자별 등의 적용대상별로 파악하는 것이다.
③ 지점영업소별로 물류비를 파악함으로써 각 지점, 영업소별 매출액 대비, 총이익 대비 물류비가 산출 가능해져 사업소별로 물류비의 문제점 파악이나 관리를 할 수 있다.
④ 단골거래처의 물류비용 파악방법에는 표준원가와 실제원가에 기초한 두 가지의 방법이 있다.
⑤ 거래처별로 물류비용을 파악함으로써 거래처의 선별, 물류서비스 수준의 개선 등 거래선 전략에 활용한다.
⑥ 상품별 비용 파악은 기능별로 파악된 물류비를 각각의 기준에 의하여 상품군에 배부하고 비용을 파악한다.
⑦ 상품군의 채산성 분석 등에 활용할 수 있으며, 실제운영에 있어서는 판매가격과 조달가격과의 차익인 총이익 및 판매가격과 상품회전율의 곱인 교차비율 등도 고려한다.

03 물류조직

1 효율적 물류조직의 필요성

(1) 물류조직의 개념

기업 내 물류활동을 전문적으로 관리하고 그 물류활동에 관한 책임과 권한을 가지는 체계화된 조직을 말한다.

(2) 물류조직의 필요성

① 회사의 효율성 증진을 위한 부서 간 기능적 타협이 요구되었다.
② 관리상 발생된 문제점을 조정·통제·종합하기 위한 운영과정의 조정이 필요하다.

(3) 물류조직의 특징

① 물류조직은 계획의 창조, 수행, 평가를 촉진하는 구조이다.
② 회사 목표의 달성을 위해 회사의 인적 자원을 할당하는 공식적·비공식적 조직이다.
③ 물류조직은 분산형 → 집중형 → 독립부문형 → 독립채산형 → 자회사형 등의 형태로 발전한다.
④ 기업 내의 물류활동의 전문적 수행을 위해 책임과 권한을 체계화시킨 조직이다.
⑤ 물류부서의 통합이 분산보다 물류개선에 효율적이다.
⑥ 제품이나 시장이 동질적인 경우 집중적 조직형태가 효율적이나 질 높은 서비스는 상대적으로 분권화된 조직에서 나타난다.
⑦ 물류조직의 효과성에 영향을 주는 요인은 조직특성, 종업원특성, 환경특성, 관리방침 및 관행 등이 있다.

2 물류조직의 형태 기출 21

(1) 직계(라인) 조직

① 개념 : 경영자의 의사명령이 상부에서 하부로 직선적으로 전달되는 조직형태이다.
② 특징 : 상부의 의사명령이 수직적·종단적으로 전달하게 되어있으므로 군대식 조직 또는 전선식 조직이라고도 한다.
③ 장·단점

장 점	단 점
• 조직구조의 단순성에 의한 책임과 권한이 명백하다. • 지휘통솔이 용이하다. • 의사결정이 신속하다. • 훈련이 용이하다.	• 각 부문 간의 유기적 관계가 어렵다. • 지휘자가 독단에 빠질 우려가 크다. • 각 부문의 업무 간에 혼란을 일으킬 우려가 있다.

(2) 기능조직

① 개념 : 업무 분야마다 다른 관리자를 두어 작업자를 전문적으로 지휘·감독하는 조직이다.

② 특 징
  ㉠ 테일러가 직계조직의 결함을 시정하기 위해 제창한 조직으로 관리자가 담당하는 일을 전문화한다.
  ㉡ 테일러는 작업기능의 분류에서 출발하여 이것을 기획적·집행적 기능으로 나누어 모든 기능의 유기적인 연결에 의해 능률증진을 꾀했다.

③ 장·단점

장 점	단 점
• 전문화에 따른 개별 기능의 효율성이 증대된다. • 작업의 전문화로 감독소질이 있는 인원을 발견하기 쉽고, 관리자를 비교적 단시일에 양성할 수 있다. • 관리자의 관리감독이 용이하다.	• 각 관리자가 담당하는 전문적 기능에 대한 합리적 분할이 쉽지 않다. • 관리자 상호 간의 권한 싸움과 파벌주의 우려가 있다. • 경영기능의 수평적 분화로 감독·조정이 어렵다. • 지휘명령의 통일이 결여되기 쉽다. • 각 관리자의 전문적 분화에 따라 간접적인 관리비를 증대시킨다.

(3) 직능형 조직

① 개념 : 스태프부문과 라인부문이 분리되지 않은 조직형태이다(상물혼재형).

② 단점 : 물류활동이 다른 부문 활동 속에 포함되며, 물류계획, 물류전문화, 물류전문가 양성에 어려움이 있다.

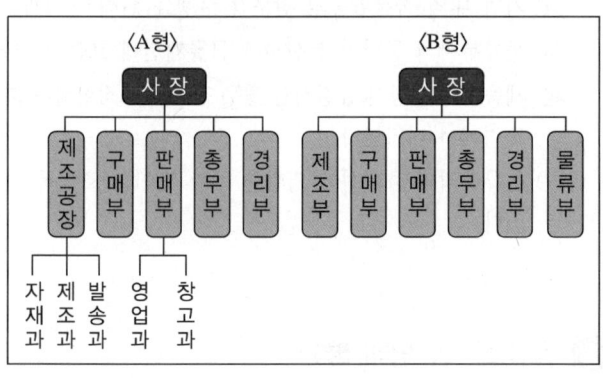

[직능형 조직]

(4) 라인&스태프형(영업부형) 조직 기출 21

① 개념 : 직능형 조직의 결점을 보완하여 라인과 스태프의 기능을 세분화한 물류관리조직의 핵(核)이 되는 조직형태로 대부분의 기업에서 채용하고 있다.

② 특 징
　㉠ 라인과 스태프를 분리함으로써 실행부문과 지원부문이 명확히 구별되며 책임소재도 분명하다(상물분리형).
　㉡ 라인은 스태프로부터 조언을 받을 수 있고, 영업계획 등 기업 전반의 업무를 관할한다.
　㉢ 스태프는 라인을 지원하며 유통 전체의 시스템을 조절할 수 있게 보조한다.
　㉣ 각 부문의 분리로 각자의 업무에 효율적으로 전념할 수 있어 전문성과 생산성 향상에 기여한다.
　㉤ 물류부문의 예산 및 관리책임이 명확하고 평가도 쉽다.

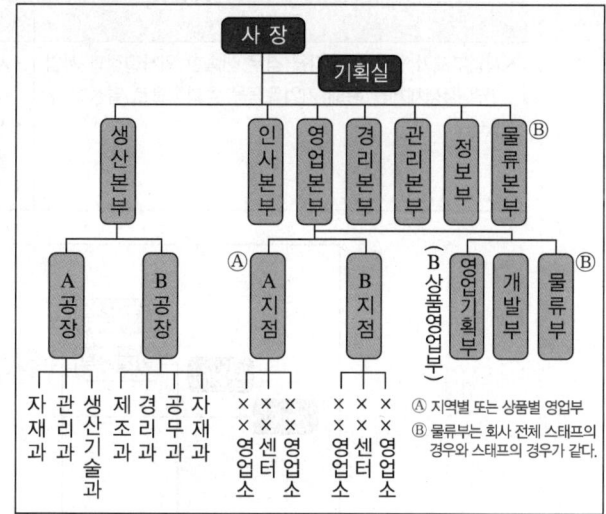

[라인&스태프형 조직]

③ 단 점
　㉠ 규모가 큰 물류기업에서는 적합하지 않은 형태이다.
　㉡ 스태프가 물류현장의 충분한 이해 없이 계획을 입안하는 경우 탁상계획이 되기 쉽다.
　㉢ 책임에 권한이 없고, 물류조직의 관련사항이 영업부문에 속해 있어서 물류부문의 직접 관리가 어렵다.
　㉣ 현장을 지나치게 의식하면 혁신적·창조적 아이디어나 계획이 어렵다.

(5) 사업부형 조직　기출 24·20·19
① 개념 : 현재 가장 일반적인 물류조직으로, 상품을 중심으로 한 사업부형과 지역을 중심으로 한 지역별 사업부형을 절충한 조직형태이다.
② 특 징
　㉠ 기업의 경영규모가 커져 각 사업단위의 성과를 극대화하기 위한 조직이다.
　㉡ 물류조직이 하나의 회사처럼 운영되며 결과에 책임을 진다.
　㉢ 권한이 사업부장에게 많이 이양된 분권 조직이다.
　㉣ 각 사업부 단위 내에 독립된 라인이나 스태프형 분권 조직이 존재한다.
　㉤ 각 사업부가 이익 중심적이며, 독립채산제에 의해 운영되므로 설비투자나 연구개발 등 전사적 관점에서의 경영효율성이 떨어진다.
　㉥ 사업부 내의 물류관리 효율화 및 인재육성에 유리한 조직형태이다.
　㉦ 사업부에 일반스태프나 서비스스태프가 존재한다.

> **OX문제**
> ▶ 사업부제 조직은 각 사업부가 모든 물류활동이행의 책임을 지고 직접 관장하므로 물류관리 효율화를 기할 수 있으나, 인재육성이 쉽지 않은 단점을 가지고 있다.
> 　O X
>
> **해설**
> 사업부제 물류조직은 사업부 내의 물류관리 효율화 및 인재육성에 유리한 조직형태이다.
>
> 정답 ×

③ 장·단점

장 점	단 점
• 사업부제가 원활히 유지될 경우 신속한 의사결정과 사업부별 경쟁체제를 통해 기업목적을 효과적으로 달성할 수 있다.	• 사업부 간의 인력 및 정보교류가 경직되어 효율적 이용이 어렵다. • 전사적인 설비투자나 연구개발 등의 합리성 결여로 경영효율을 저해할 수 있다. • 수직적인 조직형태이므로 수평적 제휴 및 교류가 어렵다.

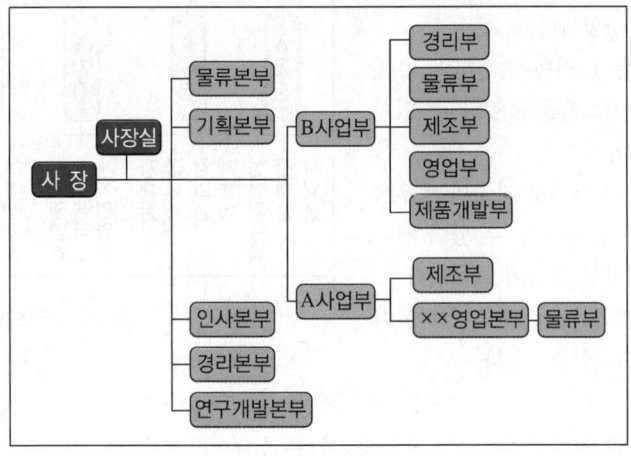

[사업부형 조직]

(6) 그리드형 조직 기출 23

① 개념 : 다국적 기업에서 많이 볼 수 있는 조직형태로, 모회사의 권한을 자회사에게 이양하는 형태를 지니며 모회사의 스태프 부문이 자회사의 해당 물류부문을 관리하고 지원한다.

② 특징 : 자회사의 특정 부서는 모회사의 동일 혹은 유사 부서의 업무관리 및 지시를 받는 이중구조적인 형태이다.

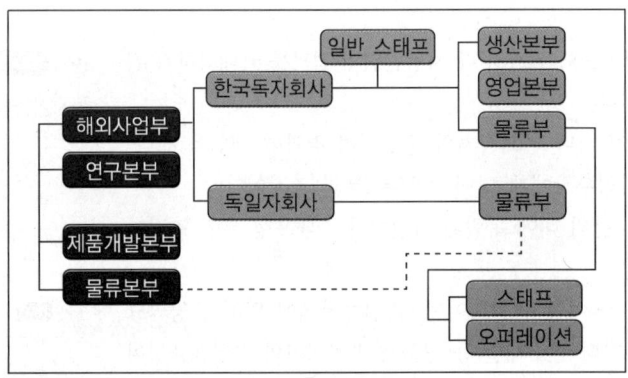

[그리드형 조직]

개념 PLUS

물류자회사의 장점 기출 24
- 자회사의 독자시스템 구축이 쉽다.
- 물류요율이 명확해지고 객관화된다.
- 제약 조건의 완화로 기업 활성화가 가능하다.
- 독자적인 인재 육성으로 종업원 사기가 진작된다.
- 자회사의 독립적인 물류정책의 입안과 실시가 가능하다.
- 자회사 한도 내의 설비투자가 가능하고 규모의 이익 실현도 가능하다.
- 경영책임이 명확해지므로 평가가 객관화되고 기업공헌도가 명료해진다.

(7) 매트릭스형 조직

① 개념 : 평상시는 자기 부서에서 근무하다가 필요시 해당부서의 직원들과 함께 문제를 해결하기 위해 구성되는 조직형태이다.

② 특징 : 항공우주산업, 물류정보시스템 개발과 같은 첨단기술 분야에서 효과적인 물류조직의 형태이다.

③ 단 점
  ㉠ 기능형과 프로그램형의 중간 형태이므로, 권한과 책임의 한계가 불명확하여 갈등이 유발될 수 있다.
  ㉡ 이중직제구조이기 때문에 명령, 지시의 흐름이 정체될 가능성이 있다.

> **✓ O×문제**
> ▶ 서비스공장은 고객과의 접촉정도와 노동집약도의 정도가 모두 낮은 조직이다. O│×
> 정답 ▶ O

개념 PLUS

서비스 매트릭스 기출 13
- 서비스공장(Service Factory) : 고객과의 접촉 정도와 노동집약도의 정도가 모두 낮은 서비스 조직이다(예 항공사, 호텔 등).
- 서비스 숍(Service Shop) : 고객화 정도가 높고, 노동집약도는 낮은 서비스 조직으로 서비스 공급의 스케줄링(Scheduling), 비수기와 성수기의 수요관리 등에 대한 의사결정에 중점을 두어야 한다(예 병원, 자동차 수리소 등).
- 전문서비스(Professional Service) : 고객화의 정도와 노동집약도가 모두 높은 서비스 조직이다(예 변호사, 의사, 회계사 등).
- 노동집약도가 높은 서비스 조직 : 인력자원에 대한 교육, 훈련과 종업원 복지 등에 대한 의사결정에 중점을 두어야 한다.
- 고객과의 접촉 및 고객화 정도가 낮은 서비스 조직 : 마케팅, 서비스표준화, 서비스시설 등에 대한 의사결정에 중점을 두어야 한다.

(8) 네트워크형 조직

① 개념 : 기업의 내부 영역과 외부 영역이 네트워크로 연결된 대규모 아웃소싱의 조직이다.
② 특 징
  ㉠ 상황 혹은 목적에 따라 조직과 해체가 유연한 체계이다.
  ㉡ 자유로운 의사소통과 신속한 업무처리가 가능한 수평관계 형태이다.

(9) 프로그램형 조직

① 개념 : 물류를 하나의 프로그램으로 보고 기업 전체가 물류관리에 참여하는 조직형태이다.
② 특 징
  ㉠ 비용을 최소화하여 최대의 이익을 추구하며, 수요창출이나 생산과정은 물류시스템에 기여하는 하나의 기능에 불과하다.
  ㉡ 상당히 동적인 조직으로서, 조직이 운영되는 기업 안에 또 다른 작은 기업으로 진행하다가 해당 임무가 완료되면 자동으로 해체된다.

(10) 제품관리조직

어떤 특정한 제품 및 라인을 전적으로 담당하는 관리자들이 각자 맡고 있는 제품 품목에 관련된 각종 마케팅 활동 등을 수행하는 것이다.

3 조직 구성 시 고려요소

(1) 조직구조의 의의

조직구조는 조직 내의 구성원 간의 체계화·유형화된 상호관계의 형태를 말한다. 즉, 조직의 목표를 달성하기 위해 조직구성원들이 상호작용을 지속적으로 하는 과정에서 일반화된 유형으로 형성된 패턴이다.

(2) 조직구조의 구성요소

① 지위 : 조직에서 계층적 서열이나 등급·순위 등으로, 지위의 높낮이가 권한과 책임 한계의 근거가 된다.
② 역할 : 조직 내외에서 특정 사회적 위치를 차지하는 사람들이 행동해야 할 것으로 기대되는 행위의 범주이다.
③ 권한 및 권력
  ㉠ 권한 : 조직의 규범에 의하여 그 정당성이 승인된 권력
  ㉡ 권력 : 개인 또는 조직단위의 형태를 움직일 수 있는 능력
④ 규범 : 역할, 지위, 권력의 실체와 상호관계를 보편화된 기준을 정한 것이다.

(3) 조직구조의 변수
① 기본변수
㉠ 복잡성 : 기술적인 섬세함과 생산시스템이 예상가능한 정도
㉡ 공식성 : 업무의 수단이나 목적이 문서화·비문서화된 규제로 특정화된 것
㉢ 집권성 : 조직의 의사결정권이 상위 관리자에게 있는 집권화와 행정서비스 등을 수행하는 하위 관리자에게 있는 분권화로 나누어진다.
② 상황변수 : 규모, 기술, 환경, 전략, 권력
③ 조직문화 : 조직분위기 및 구성원의 가치관과 신념 등

04 물류정보

1 도소매물류에서의 정보

(1) 도소매물류 정보
㉠ 도소매물류에서 생산자 및 소비자에게 유통 정보의 수집, 분석, 해석, 전달을 정확히 할 수 있는 정보전달기능이 중요하게 부각되고 있다.
㉡ 생산자의 의사정보를 소비자에게 전달하고, 소비자의 의사정보를 생산자에게 전달하는 것을 정보제공의 기능이라 한다.
㉢ 생산자와 소비자 간의 정보를 수집하고 전달하여 상호 의사소통을 원활하게 해주며, 물적 유통비용을 절감하고, 고객서비스를 향상시키기 위해서 정보통신이 절대적으로 필요하게 되었다.

(2) 물류정보의 종류
① 화물운송정보 : 실시간 차량·화물추적정보, 차량운행정보, 수배송정보, 교통상황정보, 지리정보 등
② 수출화물검사정보 : 검량정보, 검수정보, 선적검량정보 등
③ 화물통관정보 : 수출입신고정보, 관세환급정보, 항공화물통관정보 등
④ 화주정보 : 화주성명, 전화번호, 화물의 종류 등
⑤ 항만정보 : 항만관리정보, 컨테이너추적정보, 항만작업정보 등

2 물류정보시스템의 활용

(1) VAN(Value Added Network) 기출 20
① 국내에서 VAN은 소매체의 본·지점과 납품업체, 제조업체의 본사와 지점이나 영업소 또는 판매업체를 연결하여 각종 유통정보를 교환하는 데 이용되고 있다.
② VAN업체들은 백화점, 쇼핑센터, 연쇄점 등과 VAN을 구성해서 물류활동을 원활하게 해준다.
③ 회선을 직접 보유하거나 임차 또는 이용하여 다양한 부가가치를 부여한 음성 또는 데이터정보를 제공하는 광범위하고 복합적인 서비스의 집합으로 부가가치통신망이라고 한다.

(2) 전자문서교환(EDI ; Electronic Data Interchange)

① EDI의 목적

기업의 경영측면	주문내용에 대한 지연과 오차감소, 비용절감, 대고객 서비스의 질적 향상
기업관리 측면	주문주기 단축으로 JIT(Just In Time ; 무재고 관리) 구매에 따른 재고관리 효율성 증대와 사무처리 인원감축에 따른 인력활용을 극대화

② EDI의 장점 기출 19·18
  ㉠ 전자서류로 업무를 처리하여 정보가 더 신속하게 진행되며 확실성이 높아진다.
  ㉡ 향상된 문서보존, 주문의 입력과 수령이 가능하고 자료입력의 실수가 제거된다.
  ㉢ 자료가 처리 단계마다 수작업으로 재입력되지 않으므로 인건비가 크게 감소한다.
  ㉣ 초기 고정비 투자는 많이 이루어져야 하나 장기적으로 거래비용과 업무처리비용을 줄이는 효과가 있다.
  ㉤ ASN(Advance Shipping Notice) 관련 실수가 감소되고, 데이터 해석 시 실수가 덜 발생하여 통신의 질이 향상된다.
  ㉥ EDI에 의해 상품주문부터 상품수령 사이의 공정과 시간이 줄어든다.
  ㉦ 제3자를 매개로 하여 기업 간의 자료를 교환하는 통신망이다.

> **OX문제**
> ▶ EDI는 수신기관 문서양식에 맞추어 데이터를 재입력해야 한다. O|X
> 해설
> EDI는 표준전자문서를 컴퓨터와 컴퓨터 간에 교환하여 재입력 과정 없이 즉시 업무에 활용할 수 있도록 하는 정보전달방식이다.
> 정답 ▶ X

③ EDI의 활용 기출 20
  ㉠ EDI는 선적요청서, 주문서, 산업송장 등 기업 간에 교환되는 서식이나 기업과 행정관청 사이에 교환되는 행정서식(예 수출입허가서, 수출입신고서, 수출입허가증 등)을 일정한 형태를 가진 전자메시지로 변환 처리하여 상호 간에 합의한 통신표준에 따라 컴퓨터와 컴퓨터 간에 교환되는 전자문서교환시스템이다.
  ㉡ EDI는 표준전자문서를 재입력 과정 없이 즉시 업무에 활용할 수 있도록 하는 새로운 정보전달방식이다.
  ㉢ 우리나라 물류 EDI시스템 구축을 담당하는 정보통신기업은 한국물류정보통신(KL-NET)이다.

> **OX문제**
> ▶ 회선을 직접 보유하거나 임차 또는 이용하여 다양한 부가가치를 부여한 음성 또는 데이터정보를 제공하는 광범위하고 복합적인 서비스의 집합을 EDI라고 한다. O|X
> 해설
> 부가가치통신망(VAN ; Value Added Network)에 대한 설명이다.
> 정답 ▶ X

구 분	기존 방식	EDI 방식
업무처리수단	문서(Paper Document)	전자서류(Electronic Document)
업무처리	서명, 날인	전자서명
전달방법	인편, 우편	자동전달방법, 컴퓨터 간 통신
전달매개체	없음(무역거래 당사자 간에 수많은 전달관계 존재)	무역자동화 사업자(무역거래 당사자와 무역자동화 사업자 간 전달관계만 존재)
전달장비	사람(교통수단), 우체국	컴퓨터, 통신회선

[EDI 방식과 기존 업무처리 방식과의 비교]

(3) QR(Quick Response)시스템

① QR의 목표

QR의 구현목적은 제품개발의 짧은 사이클(Cycle)화를 이룩하고 소비자 요구에 신속 대응하는 정품을, 정량에, 적정가격으로, 적정장소로 유통시키는 데 있다.

② QR의 활용 기출 21·19·17

㉠ QR은 산업의 생산에서 유통까지의 전과정을 정보기술을 이용하여 표준화된 전자거래(EC)체제를 구축하고, 공급체인(Supply Chain)상의 거래업체가 생산·판매·유통에 관한 모든 정보를 공유·활용함으로써 불필요한 낭비요소를 제거, 시장환경에 신속하게 대응하여 생산자, 소비자 모두가 함께 만족에 이르는 신경영전략이다.

㉡ QR시스템은 생산에서 판매에 이르기까지 시장정보를 즉각적으로 수집하여 대응하며 회전율이 높은 상품에 적합한 시스템이다.

㉢ QR시스템의 구성요소로는 소스마킹(Source Marking), EDI, 인터넷 등 통신시스템, POS시스템, 유통업체 코드 등이 있다.

㉣ 제조사는 소비자의 소비패턴 변화를 반영하여 다양한 상품을 제공할 수 있다.

③ QR시스템의 효과 기출 21

㉠ 전반적인 비용 감소 효과를 누릴 수 있다.

㉡ 관련 업무의 효율화를 기할 수 있다.

㉢ 시장의 요구에 기민하게 대응할 수 있다.

㉣ EDI 사용으로 주문단계가 단순화되고 리드타임이 감소하는 효과를 얻는다.

> **개념 PLUS**
>
> ECR과 QR의 비교
> - ECR이 운송비용을 최소화하는 관점에서 운송수단을 선택하는 데 비해, QR은 소비자욕구에 신속히 대응하기 위해 비용이 높은 항공편으로 배송하기도 한다.
> - 수요가 예측 가능하고 마진이 낮으며 제품 유형이 다양하지 않은 기능적 상품의 경우에는 ECR이 QR보다 적절하다. 즉, ECR은 가격이 싸고 회전율이 높은 상품에, QR은 가격이 비싸고 회전율이 낮은 상품에 적합하다.
> - 제품이 비교적 혁신적이고 다양하며 유행에 민감하여 수요가 가변적인 상품은 시장에 대한 신속한 대응이 요구되므로 ECR보다는 QR이 더 적합하다.
> - ECR은 자동발주 연속보충 시스템이고, QR은 타이밍에 맞는 보충이 중요한 상품에 적합하다.
> - ECR은 크로스도킹 방식의 상품납입이 적합하고, QR은 진열된 상태에서의 상품납입(FRM)이 적합하다.

(4) 로봇 프로세스 자동화(RPA ; Robotic Process Automation) 기출 22

① 비즈니스 과정 중 반복적이고 단순한 업무 프로세스에 소프트웨어를 적용해 자동화하는 것으로, 로봇과 인공지능, 드론 등 인간의 일을 대신해줄 수 있는 기술 발전이 폭발적으로 이뤄지면서 주목을 받고 있다.

② 기업의 재무, 회계, 제조, 구매, 고객 관리 등에서 데이터 수집, 입력, 비교 등과 같이 반복되는 단순 업무를 자동화하여 빠르고 정밀하게 수행함으로써 경영 전반의 업무 시간을 단축하고 비용을 절감할 수 있다.

③ 일반 비즈니스 자동화는 인공지능(AI)과 기계 학습(Machine Learning) 기술을 적용한 비즈니스관리 위주의 프로세스로 구축된 반면, RPA는 최종 사용자의 관점에서 규칙 기반 비즈니스 프로세스로 설계되어 사람 대신 단순 반복 작업을 끊임없이 대량으로 수행한다.
④ RPA는 현재 규칙이 확실하게 규정된 작업만 처리할 수 있고 사람의 판단력을 대체할 수준은 아니며, 기계학습, 음성인식, 자연어처리와 같은 인지기술을 적용하여 사람의 인지 능력이 필요한 의료 분야의 암 진단, 금융업계에서의 고객자산관리, 법률판례분석 등에 활용될 수 있다.
⑤ 고객과 관련된 반복적인 질의에 대응하는 업무를 정해진 규칙에 따라 처리할 수 있도록 자동화시켜 업무처리 속도가 매우 빠르고 업무 효율성이 매우 높다.
⑥ 최근 데이터에 기반한 학습을 통해 스스로 의사결정을 할 수 있는 인공지능 기술이 RPA 시스템에 이용되는 추세이다.
⑦ 음성 변환 기술을 활용해서 보다 많은 고객들의 요구사항에 효율적으로 응대할 수 있도록 발전하고 있다.

(5) 자동재고보충프로그램(CRP ; Continuous Replenishment Program)

① 주로 제조업체나 물류센터의 보충발주를 자동화하는 시스템으로 유통업체가 제조업체와 전자상거래를 통해 상품에 대한 주문정보를 공유하여 재고를 자동으로 보충, 관리하는 프로그램이다.
② 상품을 소비자 수요에 기초하여 유통소매점에 공급하는 풀(pull) 방식으로, 유통소매점에 재고가 있음에도 불구하고 상품을 공급하는 푸시(push) 방식과 반대된다.

(6) 협력적 예측 보충 시스템(CPFR ; Collaborative Planning Forecasting and Replenishment) 기출 23·19

① 원자재의 생산과 공급에서, 최종 제품의 생산과 납품에 이르기까지 공급사슬에서 수행하는 사업계획, 판매예측, 원자재와 완제품의 보충에 필요한 주요 활동들을 거래 당사자들이 함께 계획하는 협력시스템을 말한다.
② 돌발적인 수요 증감을 정확히 파악해서 보급망 전체를 최적화하는 방법이다.
③ 제조와 판매를 담당하는 각각의 기업이 도소매 예측치를 공유해서 재고 삭감이나 판매 증가를 목표로 하는데, 이때 공유하는 판매 예측치에 대해서 미리 설정하고자 하는 수치를 초과한 경우에만 생산·판매 계획 등을 인정하게 된다.

(7) 공급자재고관리(VMI ; Vendor Managed Inventory) 기출 17

① 유통업체의 재고보충권한을 공급업체에게 이관하여 공급업체가 유통업체 창고의 재고수준을 효율적으로 관리하도록 하는 것이다.
② VMI는 제조업체가 상품보충시스템을 관리하는 경우로서 상품보충시스템이 실행될 때마다 판매와 재고정보가 유통업체에서 제조업체로 전송된다.
③ VMI로 인해 유통업체의 재고관리비용이 감소될 수 있으며, 발주·입고·재고관리 등의 오류감소로 인한 관리 업무의 효율성이 증대될 수 있다.
④ 제조업체로 전송된 정보는 상품보충시스템에서 미래 상품수요예측을 위한 데이터로 활용되며, 제조업체 생산 공장의 생산량 조절에 사용된다.

> **개념 PLUS**
>
> **유통업체의 VMI 이점** 기출 22
> - 구매업체(유통업체)는 안전재고를 보유할 필요성이 감소
> - 구매업체(유통업체)는 낮은 수준의 재고 보유로 인한 원가절감 가능
> - 구매업체(유통업체)는 적시에 적합한 제품을 가짐으로써 총서비스 수준 개선
> - 구매업체(유통업체)는 업무처리 문제 발생 시에 책임이 상대기업에게 이전되어 계획 및 주문 관련 비용이 감소

(8) 위성추적시스템(GPS ; Global Positioning System)

① 화물 또는 차량의 자동식별과 위치추적을 위해 사용하는 방식으로, 인공위성을 이용하여 실시간으로 이동체의 위치추적이 가능하며, 운행차량의 관리·통제에도 용이하게 활용될 수 있다.
② 이동차량이 목적지까지 최단경로를 찾는 데 효율적으로 이용될 수 있다.
③ 물류정보시스템에 응용함으로써 화물추적서비스 제공이 용이해진다.

(9) 주파수 공용통신시스템(TRS ; Trunked Radio System)

① 중계국에 할당되어진 다수의 채널을 공동으로 사용하는 무선통신시스템으로, 휴대폰처럼 멀리 떨어진 사람과도 통화가 가능하고, 무전기처럼 여러 사람에게 동시에 같은 음성을 전달할 수 있으며 화물 트럭 기사에게는 필수적인 도구이다.
② 화물운송이 필요한 화주(貨主)가 화물정보센터에 일을 의뢰하면, 센터는 해당 지역에 공차(空車) 상태로 있는 복수의 트럭기사에게 일감 정보를 알려준다.

(10) 물류의사결정지원시스템(LDSS ; Logistics Decision Support System) 기출 20

① 기업 내부와 외부 환경에 대한 정보를 필요로 하며, 의사결정 프로세스에서 의사결정자에게 도움을 주는 것을 목적으로 하고 있다.
② 의사결정에 손쉽게 활용할 수 있도록 설계된 다양한 모델, 시뮬레이션, 응용사례 등을 포함한다.
③ 여러 운송대안의 평가, 창고위치 결정, 재고수준 결정과 같은 다양한 물류 의사결정을 지원하는 데 사용될 수 있다.
④ 도입배경
  ㉠ 조직의 확대로 의사결정의 즉시성이 요구된다.
  ㉡ 사내정보는 질과 양에서 편재하는 경향이 강하므로 LDSS가 필요하다.
  ㉢ 정보량이 증대하여 양질의 정보를 선택하고 판단하는 일이 어렵게 되었다.
  ㉣ 경영환경의 변화로 이제까지의 육감에 의한 의사결정만으로는 대응할 수 없게 되었다.
  ㉤ 복잡하게 뒤섞이고 산재해 있는 정보를 체계화하여 공유할 필요성이 생겼다.

(11) 효율적인 소비자 대응(ECR ; Efficient Consumer Response)

① 소비자에게 보다 나은 가치 제공을 위해 제조업체와 유통업체가 상호 밀접하게 협력을 하는 경영전략이다.
② 제품구색 측면에서 판매 시점상의 재고와 공간 생산성을 최적화한다.
③ 생산라인에서 판매대에 이르기까지의 시간·비용을 최적화한다.
④ 촉진관리와 관련해서 소비자를 겨냥한 촉진 활동의 효율성을 극대화한다.
⑤ 신제품의 도입·개발·상용화 과정의 효율성을 증대한다.

05 국제물류

1 국제물류의 개요

(1) 국제물류의 개념

2개국 이상에서 생산과 소비의 시·공간적 차이를 극복하기 위한 유·무형 재화에 대한 물리적인 국제경제활동이다.

(2) 국제물류환경의 변화 기출 22

① 운송의 효율성을 높이기 위하여 선박이나 항공기가 고속화·대형화되고 있는 추세이다.
② 항공사 간의 제휴가 증가하였다.
③ 기업 간 국제경영활동의 증가로 고객서비스 경쟁이 심화되면서 전략적 제휴가 확대되었다.
④ 비용절감과 수송시간의 단축을 위하여 주요 거점항만 및 공항을 중심으로 Hub & Spoke시스템을 구축하였다.
⑤ 화주에게 맞춤형 서비스를 제공하기 위하여 전문물류업체의 수가 증가하였다.
⑥ 물류서비스에 대한 수요가 고급화·다양화·개성화되었다.
⑦ 통합된 국제물류체계의 구축을 위한 경영자원의 필요성이 증가하였다.
⑧ 글로벌시장의 수평적 분업화로 다품종, 소량, 다빈도 생산으로 변화되고 있는 추세이다.
⑨ 물류의 신속·정확성의 중시로 물류관리가 기업의 성패요인으로 부각되었다.
⑩ 물류활동에서 발생하는 환경피해를 최소화하려는 그린물류의 중요성이 증대되었다.
⑪ IoT 등 정보통신기술의 발전으로 국내외 물류기업들의 국제물류체계가 플랫폼화 및 고도화되었다.
⑫ 컨테이너 선박이 대형화됨에 따라 항만이 대형화되는 추세이다.
⑬ 물류관리에서 통합물류가 더욱 강조되고, 물류비 절감과 서비스 향상을 위한 물류전문업체의 활용이 증대되었다.

(3) 국제물류시스템

고전적 시스템	• 해외 자회사는 여러 기능 가운데서도 특히 창고시스템으로 작용 • 비교적 큰 보관시스템으로 자회사 창고를 통해 제품 송부 및 주문 • 생산국으로부터 자회사로 가장 값싼 수송수단에 의해 대량제품 수송
통과시스템	• 자회사의 창고는 단지 통과센터로만 기능 • 고전적 시스템보다 출하빈도가 훨씬 높아 자회사 차원에서의 보관비용이 줄어듦 • 고전적 시스템의 서비스 및 시장도달 수준을 얻으려면 수송비용이 증가
직송시스템	• 제품이 생산된 국가의 공장으로부터 해외의 최종사용자 또는 자회사의 유통경로 안의 다음 중간상에게로 바로 배송 • 해외 자회사는 상거래 유통은 관여하지만, 물류는 직접 관여하지 않음 • 재고 전부를 출하국의 1개 장소에 집중시켜 보관비가 줄어듦 • 자회사 단계에서의 하역비, 창고비, 수송비와 자회사 창고와 고객 사이의 수송비도 발생하지 않음
다국행 창고시스템	• 제품은 생산공장으로부터 중앙창고로 수송되고 거기에서 각국 자회사 창고 또는 고객에게 배송되는 형태 • 물류센터의 입지는 일반적으로 지리적 서비스 범위 이외에 수송의 편리성이 강조

(4) 3자물류와 4자물류(e-Logistics)

① 3자물류 : 물류활동을 효율화할 수 있도록 공급사슬(Supply Chain)상의 기능 전체 혹은 일부를 대행·수행하는 경영활동(물류의 아웃소싱)이다.

② 4자물류(e-Logistics)

㉠ 개념 : IT(인터넷) 기반으로 관련 주체들 간에 모든 물류활동을 온라인상에서 구현하여 SCM개념 하에 물류프로세스 수행을 효율적으로 지원하는 서비스이다.

㉡ 특 징
- 4자물류는 3자물류에 물류컨설팅업체, IT업체가 결합된 한 차원 높은 물류서비스를 제공한다.
- 4자물류 서비스제공자는 3자물류보다 광범위하고 종합적·전문적인 물류서비스를 제공하여 비용절감뿐만 아니라 서비스 제고에 주안점을 두어 경쟁력을 제고한다.
- 물류전문업체, IT업체 및 물류컨설팅업체가 일련의 컨소시엄을 구성하여 가상물류 형태로서 서비스를 제공한다.
- 4자물류 서비스는 물류활동 업무프로세스의 혁신을 우선적으로 기하고, 그 다음 단계로서 물류활동을 수행하는 것이 가능하다.
- e-Business환경에 적응하여 인터넷 등의 최신정보기술 기반에서 e-SCM, e-CRM, QR, ECR 등의 물류전략과 조화를 이루면서 서비스를 제공하는 것이 가능하다.

(5) 4차 산업혁명 시대의 물류 환경변화 기출 24

① 사물인터넷, 플랫폼, 블록체인 등 각종 고도화된 디지털 기술이 적용되어 통합적 물류관리 효율성이 높아졌다.
② 규제완화나 제도 개선 가속화를 통해 물류발전이 이루어지고 있다.
③ 일부 유통업체들이 서비스차별화를 위해 라스트마일 서비스를 제공하게 되었다.
④ 공급사슬관리(SCM)에서는 기업 내부 자원뿐 아니라 연결업체(예 공급업체, 제조업체, 유통업체, 창고업체)가 하나의 체인으로 연결되어 상호 간 협력과 정보교환을 통해 상호이익을 추구한다.
⑤ 수요의 변동과 불확실성이 증대되어 빠르고 유연한 서비스 경쟁력 확보가 필수적인 상황이다.

2 국제운송

(1) 국제육상운송(컨테이너 운송)

① 컨테이너 화물형태
- ㉠ FCL(Full Container Load) Cargo : 수출상 한 명의 송화인 화물로만 1개의 컨테이너를 채우는 만재화물로서, 수출상의 공장의 문전에서 수입업자의 창고의 문전까지 화물을 운송해 주는 Door-to-Door Service가 가능하다.
- ㉡ LCL(Less Than A Container Load) Cargo : 여러 명의 송화인 화물로 1개의 컨테이너를 채우는 혼재화물로서, 컨테이너가 수입지에 도착하면 수입상인 화주들은 각자의 화물을 자신의 창고나 점포로 운송해야 하는 불편함이 있다.

② 컨테이너 화물운송과 국제협약
- ㉠ CCC협약(Customs Convention on Container, 컨테이너 통관 협약) : 1956년 유럽경제위원회의 채택으로 생겨난 것으로 컨테이너 자체가 관세선, 즉 국경을 통과할 때 관세 및 통관방법 등을 협약해야 할 필요성으로 만들어진 협약이다.
- ㉡ TIR협약 : 컨테이너 속에 화물이 특정 국가를 통하여 도로운송차량으로 목적지까지 수송함에 따른 관세법상의 특례 규정이다.
- ㉢ ITI협약(국제통과화물에 관한 통관 협약) : 관세협력위원회가 1971년 육·해·공의 모든 운송기관을 포함하는 국제운송 통관조약이다.
- ㉣ 컨테이너안전협약(CSC) : 컨테이너의 취급, 적취 및 수송에 있어서 컨테이너 구조상의 안전요건을 국제적으로 공통화하는 것이 목적으로 UN이 IMO(국제해사기구)와 1972년에 채택하였다.
- ㉤ 10 + 2rule : 미국으로 향하는 화물에 대한 보안 강화를 위해 선적지로부터 출항 24시간 전에 미국 세관 신고사항을 전자적으로 전송하게 한 제도이다.
- ㉥ CSI & C-TAPT : 국제운송 전체의 보안성과 안전성을 제고하여 테러 위협에 대항하기 위해 미국 관세청이 만든 임의참가형식의 보안프로그램이다.
- ㉦ 선박 및 항만시설 보안규칙(ISPS) : 선박과 항만시설에 대한 국제보안코드이다.
- ㉧ 종합인증우수업체(AEO ; Authorized Economic Operator) 제도 : 세계관세기구(WEO)에서 도입한 것으로 세관에서 일정기준을 갖춘 수출기업의 통관을 간소화해주는 제도이다.

(2) 국제해상운송

① 해상운송 : 해상에서 선박으로 상업적 목적하에 화물과 여객을 운송하는 것이다.
② 해상운송방식 : 정기선운송, 부정기선운송, 전용선, 컨테이너운송 등이 있다.
③ 해상운송계약
- ㉠ 개품운송계약 : 운송회사가 다수의 수출상으로부터 물품을 인수하여 이를 목적항 및 물품의 특성에 따라 분류한 뒤 선박에 적재하여 운송하기로 하는 계약이다.
- ㉡ 용선운송계약 : 특정 항해구간 또는 특정 기간에 대하여 선복의 전부 또는 일부를 일정조건하에서 임대차하는 운송계약(예 항해용선계약, 정기용선계약, 나용선계약 등)이다.

④ 용선운임의 종류
  ㉠ 선복운임 : 운송계약 시 운임이 선복이나 항해를 단위로 지급되는 운임이다.
  ㉡ 비례운임 : 선박이 불가항력 등으로 지속적인 항해가 불가능할 때, 운송계약의 일부만을 이행하고 화물 인도 시 그때까지의 운송비율에 따라 선주가 취득하는 운임으로 항로상당액운임이라 한다.
  ㉢ 부적운임(공적운임) : 용선 시 운송화물을 계약하였는데 화주가 그 계약수량을 선적하지 못한 경우 미선적 화물량에 대해 지급하는 운임으로 일종의 위약배상금이다.
  ㉣ 연속항해운임 : 어느 특정 항로를 반복・연속하여 항해하는 경우에 약정한 연속 항해의 전부에 대하여 적용하는 운임률이다.
  ㉤ 장기운송계약운임 : 장기간에 걸쳐 되풀이되는 항해의 화물운송계약이다.
  ㉥ 반송운임 : 목적항에 화물이 도착하였으나 화물인수를 거절한 경우 반송에 부과되는 운임이다.

⑤ 해상운송의 국제조약

구 분	헤이그규칙	헤이그-비스비규칙	함부르크규칙
정식 명칭	Hague Protocol	Protocol to Amend the Int'l Convention for the Unification of Certain Rules Relating to B/L	United nations Convention on the carriage of Goods by Sea
제정일	1921. 6.	1968. 2.	1978. 3.
제안자	(영)해사법위원회	ICC선하증권위원회	UNCTAD해사위원회 국제무역법위원회
제정 이유	국제적으로 통용될 수 있는 해상운송관련 통일조약의 필요	헤이그규칙 제정 후 40년이 지나는 동안 해상운송의 많은 변화로 인해 새로운 규정 제정의 필요성 대두	종래의 B/L통일조약이 선주 위주로 되어 있어 화주들의 권익을 반영할 수 있는 법규 필요

(3) 국제항공운송
① 항공화물의 개념 : 항공기에 의해 수송되는 화물 중 항공화물운송장에 의해 수송되는 화물만을 의미하며 승객, 수하물, 우편물은 제외된다.
② 항공화물 운송사업
  ㉠ 항공운송사업 : 타인의 수요에 응하여 항공기를 사용하여 유상으로 여객 또는 화물을 운송하는 사업으로 정기항공운송사업, 부정기항공운송사업으로 분류된다.
  ㉡ 항공화물운송대리점 : 항공사 또는 총대리점을 대리하여 항공회사의 운송약관 및 관세에 따라 항공화물을 수집, 항공화물운송장의 발행 및 이에 부수되는 업무수행으로 항공회사로부터 항공운임의 5%를 대가로 받는다.
  ㉢ 혼재업자 : 항공운송주선인이라 하며, 타인의 수요에 응하여 유상으로 자기 명의로 항공사의 항공기를 이용하여 화물을 혼재(Consolidate)・운송해 주는 사업을 한다.
  ㉣ 상업서류송달업(Courier) : 상업송달서비스의 계약을 체결하여 상업서류, 견본품, 서적, 잡지 등을 자체 운임과 운송약관에 따라 직접 방문하여 신속하게 운송하는 서비스를 하는 사업이다.
③ 항공화물운송장 : 송화인과 운송인 사이에 운송계약체결의 증거서류이며, 송화인의 화물을 수령한 증빙서류이다.
④ 항공운송 운임요율 : 일반화물요율(예 최저운임, 기본요율, 중량단계별 할인요율), 특정품목 할인요율, 품목별 분류 운임률, 종가운임, 단위탑재용기요금, 항공운송의 기타 요금(예 입체지불수수료, 착지불수수료, 기타 부대비용(화물취급수수료, Pick-up Service Charge, AWB Fee 등))이 있다.

⑤ 국제항공기구와 국제조약 기출 22
  ㉠ 국제항공운송협회(IATA ; International Air Transport Association) : 세계항공운송에 관한 각종 절차와 규정을 심의하고 제정·결정하는 순수 민간의 국제협력단체로, 운임, 운항, 정비, 정산업무 등 상업적·기술적 활동 등이 설립 목적이다.
  ㉡ 국제민간항공기구(ICAO ; International Civil Aviation Organization) : 국제연합(UN) 산하의 전문기구로, 국제민간항공에 관한 원칙을 제정하고 기술을 개발하여 항공분야의 발달이 설립 목적이다.
  ㉢ 국제운송주선인협회연맹(FIATA ; International Federation of Freight Forwarders Associations) : 국가별 대리점협회와 개별 대리점으로 구성된 기구로서 1926년 비엔나에서 국제적인 대리업의 확장에 따른 제반 문제점을 다루기 위해 설립되었다.
  ㉣ 바르샤바협약(Warsaw Convention) : 국제항공운송인의 민사책임에 관한 통일법을 제정하여 동 사건에 대한 각국 법의 충돌을 방지하고 국제항공인의 책임을 일정하게 제한하여 국내 민간항공운송업의 발전을 도모한 최초의 국제규범이다.
  ㉤ 헤이그의정서(Hague Protocol) : 바르샤바조약 체결 이후 항공 산업 발전과 항공기 자체의 안전도가 많이 증대되어 바르샤바 협약의 내용을 일부 수정한 의정서이다.
  ㉥ 몬트리올 협정(Montreal Agreement) : 모든 국제운송 승객, 수하물 혹은 짐으로 비행기에 의해 운송되는 것으로서 보상에 대해 적용한다.
  ㉦ 과다라하라(Guadalajara) 협약 : 운송인의 종류로는 여객·화주와 운송계약을 체결한 계약운송인과 실제로 운송의 일부 또는 전부를 담당하는 실제 운송인으로 구분한다.

개념 PLUS

위험물 운송수단별 국제규칙 기출 23

운송수단	국제기구	규 칙
해 상	국제해사기구(IMO)	국제해상위험물규칙(IMDG Code)
항 공	국제민간항공기구(ICAO)	위험물항공운송기술지침(TI)
철 도	국제철도연맹(OTIF)	국제위험물철도운송규칙(RID)
도 로	유럽경제위원회(UN/ECE)	국제위험물도로운송규칙(ADR)
내수로	유엔유럽경제위원회(UNECE)	국제위험물내수로운송규칙(ADN)

(4) 국제복합운송

① 복합운송 : 물품을 어느 한 국가의 지점에서 수탁하여 다른 국가의 인도지점까지 최소 두 가지 이상의 운송방식에 의하여 이루어지는 운송으로, 컨테이너를 이용하여 '문전 인수로부터 문전 인도까지(Door to Door)'의 일관운송이 가능하다.

② 복합운송인과 복합운송체계
  ㉠ 복합운송인 : 이종 및 동종 수송수단을 조합하여 수송하는 운송인으로서, TCM조약 안에서는 CTO, 유엔조약에서는 MTO, 미국에서는 ITO라고 한다.

ⓒ 복합운송인의 책임체계 : 이종책임체계, 단일책임체계, 변형 통합책임체계(단일 + 이종책임 절충방식)가 있다.
③ 복합운송증권(CTD ; Combined Transport Document)의 특징
　　㉠ 복합운송에 의하여 물품이 인수된 사실과 계약상의 조항에 따라 물품을 인도할 것을 약속한 복합운송계약을 증명하는 증권이다.
　　ⓒ 도로・철도・내수로・해상 또는 항공운송이 결합된 복합운송이 각기 달라도 복합운송증권은 처음부터 끝까지 전 운송구간을 커버하는 서류이다.
　　ⓒ 본선적재 전에 복합운송인이 수탁 또는 수취한 상태에서 발행되는 서류이다.
　　㉣ 복합운송증권은 운송주선인(Freight Forwarder)에 의해서도 발행한다.
　　㉤ 복합운송증권은 복합운송인이 발행하나, 통선하증권은 해상운송인이 발행한다.
④ 프레이트 포워더(복합운송주선인)
　　화주에 대한 전문적 조언자, 화물 집화・분류・혼재(LCL화물 → FCL화물로 선박회사에 전달), Co-Loading(소량화물 공동집화) 화물 Pick-up, 선복예약 및 운송계약의 체결, 운송서류의 작성 및 적재업무, 보험의 수배, 운임 및 기타 운송관련 비용의 견적, 포장 및 보관, 통관 및 유통, 해외시장조사 등의 역할을 수행한다.
⑤ 국제복합운송경로
　　㉠ 국제복합운송의 형태 : 해륙복합운송, 해공복합운송
　　ⓒ 랜드 브릿지 : 해륙복합일관수송의 실현으로 해상 – 육상 – 해상으로 이어지는 운송구간 중 중간구간인 육로운송구간
　　ⓒ ALB(American Land Bridge) : 1972년에 Seatrain사가 유럽・북미행 화물의 루트로 개발한 것으로 극동・일본에서 유럽행 화물을 운반함
　　㉣ MLB(Mini Land Bridge) : 미국과 극동 간의 복합운송수송
　　㉤ IPI(Interior Point Intermodal) : 미국 내륙지점으로부터 최소한 2개의 운송수단을 이용한 일관된 복합운송서비스
　　㉥ RIPI(Reversed Interior Point Intermodal) : 극동 아시아를 출항하여 파나마 운하를 경유해서 미국 동안(東岸) 또는 걸프만 지역의 항까지 해상운송한 후 미국의 내륙지역(중계지 경유 포함)까지 철도나 트럭으로 복합운송하는 방식
　　㉦ CLB(Canadian Land Bridge) : 1979년 일본의 포워더에 의해서 개발된 운송루트로 미국대륙 경유 ALB가 선사 주도인 반면 CLB는 포워더 주도형의 서비스
　　㉧ SLB(Siberian Land Bridge) : 시베리아를 육상 가교로 하여 한국, 일본, 극동, 동남아, 호주 등과 유럽대륙, 스칸디나비아반도를 복합운송형태로 연결하는 복합운송형태
　　㉨ 시베리아 대륙횡단철도망(TSR ; Trains Siberian Railway) : 극동지역의 항구와 러시아의 보스토치니 간의 해상운송경로와 시베리아 대륙철도망 및 유럽 또는 서남아시아의 내륙운송로가 연결된 복합운송경로
　　㉩ 중국대륙횡단철도망(TCR ; Trains China Railway) : 극동지역에서 중국의 연운항까지 해상운송한 후 철도로 중국대륙과 러시아를 경유, 로테르담까지 연결하는 철도
　　㉪ 아시아횡단철도(TAR ; Trains Asian Railway) : 유럽과 아시아를 가로지르는 완전한 철도망을 만들기 위한 국제연합 아시아태평양경제사회위원회(UNESCAP) 프로젝트

> **개념 PLUS**
>
> **국제복합운송증권 약관(FIATA FBL) 관련 용어 정의** 기출 23
> - 포워더(Freight Forwarder) : FBL을 발행하고, 그 앞면에 기명되어 있는 운송인으로서 복합운송계약의 이행을 책임지는 복합운송인
> - 위탁인(Consignor) : 포워더와 운송계약을 체결하는 자
> - 수하인(Consignee) : 포워더로부터 화물을 수취할 권리를 가진 자
> - 인수(Taken in Charge) : 포워더가 FBL에 명시된 화물의 수령장소에서 운송을 위해 화물을 수령하는 것
> - 화물(Goods) : 갑판적 또는 선창적에 관계없이 컨테이너, 파렛트 또는 포워더가 제공하지 않은 유사한 운송·포장 용구와 생동물을 포함한 자산
> - 화주(Merchant) : 송하인, 위탁인, 수하인, FBL 소지인, 화물의 수령인 및 소유자

(5) 국제소화물일관운송
① 의 의

소형·경량화물을 항공기를 이용하여 화주 문전에서 문전으로 배달하는 국제운송체계 서비스로 항공기의 간선수송과 자동차수송이 연계된 국제복합운송의 한 형태이다. 이를 쿠리어(Courier)서비스라고도 한다.

② 형 태
㉠ 쿠리어 서비스(Courier Service) : 선적서류, 업무서류, 카탈로그 등을 항공기를 이용해 문전배달을 수행하는 서비스이다.
㉡ 별송품 서비스 : 상품의 견본, 선물, 각종 기계류 부품 등의 소형, 경량물품을 취급하는 서비스이다.

(6) 국제운송서류
① 의 의

외국의 상업서류송달업체인 DHL, UPS 등과 상업서류송달서비스 계약을 체결하여 상업서류, 견본품, 서적, 잡지 등을 자체운임과 운송약관에 따라 'Door to Door' 서비스로 신속하게 운송하는 사업이다.

② 쿠리어 서비스의 대상

계약서, 기술관계 서류, 각종 데이터, 사양서, 목록, 은행관계 서류, 수출화물의 운송서류, 증권류 등의 서류와 도면, 설계도, 자기 테이프, 컴퓨터 테이프, 팸플릿, 사진, 보도용 원고 등의 급송을 요하는 서류들이다.

3 국제물류시설

(1) 국제항만 및 항공·육상·물류거점

① 물류거점계획의 기본조건
  ㉠ 수요조건 : 고객의 분포, 장래고객의 예측, 매출신장 유무, 배송가능지역
  ㉡ 운송조건 : 각종 터미널(예 트럭, 항만, 공항, 역)의 운송거점과 근접, 영업용 운송업자의 사업장과의 근접도
  ㉢ 배송서비스 조건 : 고객에 대한 도착시간, 배송빈도, 리드타임의 계산, 고객까지의 거리
  ㉣ 용지조건 : 토지의 이용문제(예 기존토지와 신규취득), 지가, 소요자금 내에서 가능한 용지취급의 범위
  ㉤ 법 규제 : 정부의 용지지역 지정 가능지역의 검토
  ㉥ 관리 및 정보기능 조건 : 본사 영업부와 중앙전산실과의 거리
  ㉦ 유통가능 조건 : 상류와 물류와의 구분, 유통가공시설의 필요성, 작업원의 확보와 통근가능여부
  ㉧ 기타 품질유지를 위한 특수시설(예 냉동물, 보온물, 위험물)과 공해방지시설의 설치여부

② 항만 물류거점
  ㉠ 보세구역 : 화물관리와 세관업무 효율화를 위해 국가 등에서 지정한 곳이다.
  ㉡ CY(Container Yard) : 수출입용 컨테이너를 보관·취급하는 장소이다.
  ㉢ CFS(Container Freight Station) : LCL 화물 정거장이다.

③ 항공·육상 물류거점
  ㉠ 물류센터 : 대규모의 물류단지에 복합터미널과 같이 자동화된 시설을 갖추고 운영되는 거대하고 방대한 단지이다.
  ㉡ 물류단지 : 물류단지시설과 지원시설을 집단적으로 설치·육성하기 위하여 관련법에 따라 지정·개발하는 일단(一團)의 토지를 말한다.
  ㉢ 물류단지시설 : 화물의 운송·집화·하역·분류·포장·가공·조립·통관·보관·판매·정보처리 등을 위하여 물류단지 안에 설치되는 시설이다.
  ㉣ 배송센터 : 관할지역 내의 소매점 및 소비자에 대한 배송기능을 주로 하는 물류거점으로 물류센터보다 소규모이고 기능이 단순하다.
  ㉤ 공동집배송센터 : 유사한 업종의 제품유통을 위해서 대규모 단지를 조성하고, 도매·검수·포장 등과 같은 가공기능과 정보처리시설 등을 갖추어 체계적으로 공동관리하는 물류단지이다.
  ㉥ 복합물류터미널 : 화물의 집하, 하역, 분류, 포장, 보관 또는 통관에 필요한 시설을 갖춘 화물유통의 중심장소로서 두 종류 이상 운송수단 간의 연계수송을 할 수 있는 규모와 시설을 갖춘 물류터미널이다.
  ㉦ ICD(Inland Container Depot) : 공장단지와 수출지 항만과의 사이를 연결하여 화물의 유통을 신속하고 원활하게 하기 위한 대규모 물류단지이다.
  ㉧ 스톡 포인트(SP ; Stock Point) : 보통 재고품의 보관거점으로서 배송센터와 비교하면 정태적 의미의 유통창고이다.
  ㉨ 데포(DP ; Depot) : SP(스톡 포인트)보다 작은 국내용 2차 창고, 또는 수출상품을 집화·분류·수송하기 위한 내륙 CFS를 데포라 하며 단말배송소라고도 한다.

(2) 컨테이너터미널
① 컨테이너터미널의 정의 : 컨테이너선에 화물의 적재와 하역을 원활하고 신속하게 하도록 하는 유통작업의 장소 및 설비 전체를 말한다.
② 컨테이너터미널의 주요시설
  ㉠ 컨테이너 화물집화장(CFS ; Container Freight Station) : 소량 단위의 LCL화물들을 인수·인도하고 보관하거나 물품을 동일 목적지별로 분류하여 컨테이너에 적입 또는 하역작업을 하는 장소이다.
  ㉡ 컨테이너 야적장(CY ; Container Yard) : 컨테이너터미널의 일부로서 컨테이너를 인수·인도하고 보관하는 장소이다. 이는 On-Dock CY와 Off-Dock CY로 구분한다.
  ㉢ 선석(Berth) : 선박이 접안하여 화물의 하역작업이 이루어질 수 있도록 구축된 구조물이다.
  ㉣ 에이프런(Apron) : 안벽에 접한 야드 부분에 위치한 하역작업 공간으로서, 부두에서 바다와 가장 가까이 접한 곳이며 폭은 약 30~50m 정도이다. 에이프런은 갠트리 크레인이 설치되어 있고 일정한 폭으로 나란히 레일이 뻗어 있어 컨테이너의 적·양하가 이루어진다.
  ㉤ 마샬링 야드(M/Y ; Marshalling Yard) : 선적해야 할 컨테이너를 하역 순서대로 정열해 두는 넓은 장소로서, 에이프런과 이웃하여 있다.
  ㉥ 게이트(Gate) : 컨테이너의 이상 유무, 통관봉인(Seal)의 유무, 컨테이너 중량, 화물의 인수에 필요한 서류 등을 확인한다(예 Terminal Gate, CY Gate).
  ㉦ 통제탑(Control Tower) : CY 전체의 작업을 총괄하는 지령실로 본선하역 작업은 물론 CY 내의 작업계획, 컨테이너 배치계획 등을 지시·감독하는 곳이다.
  ㉧ 정비소(Maintenance Shop) : CY에 있는 여러 하역기기나 운송 관련기기를 점검, 수리, 정비하는 곳이다.
③ 컨테이너 하역시스템
  ㉠ 섀시방식(Chassis System) : 항만 내에서 컨테이너 크레인과 도로용 컨테이너 운송차량인 로드트랙터와 로드섀시를 이용하여 화물을 처리하는 방식이다.
  ㉡ 스트래들 캐리어방식(Straddle Carrier System) : 스트래들 캐리어를 이용하여 안벽과 컨테이너 야드 간 컨테이너를 직접 운송하거나 야드에서 외부 반·출입 차량과의 컨테이너 적·하차 작업을 수행한다.
  ㉢ 트랜스테이너방식(Transtaniner System) : 야드의 섀시에 탑재한 컨테이너를 마샬링 야드에 이동시켜 트랜스퍼 크레인으로 장치하는 방식이며 좁은 면적의 야드를 가진 터미널에 가장 적합한 방식이다.
  ㉣ 혼합방식(Mixed System) : 수입컨테이너를 이동할 때는 스트래들 캐리어방식을 이용하고 수출컨테이너를 야드에서 선측까지 운반할 때는 트랜스테이너방식을 이용하여 작업의 효율성을 높이고자 하는 방식이다.
  ㉤ 지게차를 이용하는 방식 : 탑 핸들러(Top Handler) 또는 리치스태커(Reach Stacker) 등의 대형 지게차를 이용하는 방식이다.

(3) 보세구역 기출 14

① 의의 : 보세구역은 효율적인 화물관리와 관세행정의 필요성에 의하여 세관장이 지정하거나 특허한 장소로서, 사내창고나 물류센터에서 출고된 수출품의 선적을 위해 거치게 되는 곳이다.

② 보세구역의 구분
  ㉠ 지정보세구역 : 국가 또는 지방자치단체 등의 공공시설이나 장소 등의 일정구역을 세관장이 지정하고 물품장치기간은 6개월 범위 안에서 관세청장이 정하며 내국화물의 경우 세관장의 허가로 10일 이내 반출할 수 있다. 지정보세구역에는 지정장치장과 세관검사장이 있다.
  ㉡ 특허보세구역 : 일반 개인이 신청을 하면 세관장이 특허해 주는 보세구역을 말한다. 여기에는 특허보세창고, 보세공장, 보세건설장, 보세전시장, 보세판매장 등이 있다.
  ㉢ 종합보세구역 : 동일 장소에서 기존 특허보세구역의 모든 기능, 즉 장치, 보관, 제조, 가공, 전시, 판매를 복합적으로 수행할 수 있다.

③ 보세구역의 기능 : 관세채권의 확보, 통관질서의 확립, 세관업무의 효율화, 수출 및 산업지원 등이 있다.

(4) 경제자유구역 및 자유무역지역 등

① 경제자유구역 : 외국인 투자기업의 경영 환경과 외국인의 생활 여건을 개선함으로써 외국인투자를 촉진하고, 나아가 국가경쟁력의 강화와 지역 간 균형 발전을 도모함을 목적으로 하여 지정하는 경제특별구역을 말한다.

② 자유무역지역 : 관세법·대외무역법 등 관계법률에 의한 특례와 지원을 통하여 자유로운 제조, 물류, 유통 및 무역활동 등을 보장하기 위한 지역으로 산업통상자원부장관이 중앙행정기관의 장 또는 시·도지사의 요청에 의하여 지정한 지역을 말한다.

4 국제물류실무

(1) 선하증권과 운송장

① 선하증권의 개념
  ㉠ 의의 : 선박회사가 화물 수취를 확인한 후 양륙항에서 그 선하증권의 소지인과 교환하여 화물을 인도할 것을 약속한 수취증, 선박회사와 화주 간의 운송계약서이다.
  ㉡ 법적 성질 : 권리증권, 선적화물수취증, 요인증권, 채권증권, 요식증권, 문언증권, 유통증권, 지시증권 등이 있다.

ⓒ 종류

선적선하증권	화물이 실제로 본선에 적입이 된 후에 발행되는 선하증권
수취선하증권	화물이, 선박회사의 창고에 반입되면 화주의 요청에 따라 선박회사가 발행하는 선하증권
기명식 선하증권	수화인 란에 수화인의 성명이 명백히 기입된 선하증권
지시식 선하증권	선하증권의 수화인으로 "Order", "Order of Shipper", "Order of…(Buyer)", "Order of… Negotiation Bank"로 표시하여 발행되는 선하증권
환적선하증권	목적지까지 운송 도중 중간항에서 화물을 다른 선박에 환적하여 최종목적지까지 운송하는 경우 발행되는 선하증권
제3자 선하증권	운송계약의 주체인 화주와 L/C상의 Beneficiary가 다른 선하증권
Red B/L	보통의 선하증권과 보험증권을 결합한 것으로 이 증권에 기재된 화물이 항해 중 발생한 사고에 대하여 선박회사가 보상해주는 선하증권
Long Form B/L	이면약관의 기재 여부에 따라 전부 인쇄되어 있는 정식 선하증권
Switch B/L	주로 중계무역에 사용되며, 중개무역업자가 실공급자와 실수요자를 모르게 하기 위하여 사용하는 선하증권
Surrender B/L	서류의 지연으로 인해 화물 인수 지연이나 추가비용이 발생하는 수입자의 불편함을 덜어주기 위해 발행되는 선하증권
Groupage B/L	여러 개의 소량 화물을 모아 하나의 그룹으로 만들어 선적할 때 발행하는 선하증권
House B/L	무선박운송인 또는 복합운송인이 화주와 선박회사 사이에 개재하여 선박회사로부터는 Groupage B/L을 받고, 화주에게는 House B/L을 발행
Countersign B/L	선박회사가 채무 결제의 종결을 증명하기 위해 선하증권에 이서한 증권
FIATA B/L	혼재선하증권의 일종으로 국제운송주선인협회가 발행하고, 국제상업회의소(ICC)가 인정한 서류

② 선하증권의 법정 기재사항 기출 21

관련사항	기재사항
선적화물	① 운송품명(Description of Commodity) ② 중량(Weight) ③ 용적(Measurement) ④ 개수(Number of Packages) ⑤ 화물의 기호(Marks & Nationality)
계약당사자	⑥ 송화인(Name of The Shipper) ⑦ 수화인(Name of The Consignee)
수출품 선적	⑧ 선적항(Port of Shipment) ⑨ 양륙항(Port of Destination) ⑩ 선박명과 국적(Name of The Ship & Nationality) ⑪ 선장명(Name of The Master of Vessel) ⑫ 운송비(Freight Amount)
선하증권 발행	⑬ 선하증권의 작성 통수(Number of B/L Issued) ⑭ 선하증권 작성지 및 작성년월일(Place And Date of B/L Issued)

③ 화물운송장

ⓐ 의의 : 송화인과 운송인 사이의 운송계약체결의 증거서류이며, 송화인의 화물을 수령한 증빙서류이다.

ⓑ 법적 성질 : 유통성, 지시증권 및 처분권, 증거증권, 면책증권, 요식증권 등이 있다.

ⓒ 기능과 성격 : 운송계약서, 화물수취증, 송장, 보험계약증서, 청구서, 수출입신고서 및 수입통관자료, 운송인에 대한 송화인의 지시서, 사무정리용 서류, 수화인에의 화물인도증서이다.
④ 항공화물운송장과 선하증권의 차이점 기출 23

항공화물운송장(Air Waybill)	선하증권(Bill of Lading)
화물수령장	유가증권
비유통성(Non-Negotiable)	유통성(Negotiable)
기명식	지시식(무기명식)
수취식(항공화물을 창고에서 수령하고 항공화물운송장 발행)	선적식(화물을 본선에 선적한 후 선하증권 발행)
상환증권 ×(단순 화물수취증)	상환증권(수령증권)
송화인이 작성	선박회사(운송인)가 작성

(2) 무역과 통관
① 무 역
 ㉠ 의의 : 물품의 수출입으로서, 물품의 국제적 이동에 수반되는 매매거래형태를 말한다.
 ㉡ 무역형태

특수한 무역거래	위탁판매방식수출, 수탁판매방식수입, 위탁가공무역, 수탁가공무역, 임대 및 임차방식수출, 연계무역 수출입, 외국인도 및 인수방식 수출입, 무환 수출입
대금결제별	송금방식에 의한 수출입, 추심결제방식에 의한 수출입, 화환신용장 결제방식에 의한 수출입, 선대신용장에 의한 수출입, 산업설비(플랜트)의 수출
제3자 개입 여부	직접무역, 간접무역(중개무역, 중계무역, 스위치무역)
기타 형태	• 물품의 이동방향 : 수출무역, 수입무역 • 무역의 주체 : 민간무역, 공무역 • 국가의 간섭 여부 : 자유무역, 보호무역, 관리무역, 협정무역 • 물품의 형태 : 유형무역, 무형무역 • 수출입의 국가별 균형 구분 : 구상무역, 삼각무역 • 링크제무역 • 녹다운방식 무역 • OEM방식과 ODM방식 수출 • 사이버무역

 ㉢ 결제방법 : 신용장방식(일람불신용장, 기한부신용장), 무신용장방식(추심결제방식, 송금결제방식, 팩토링방식)이 있다.
 ㉣ 정형무역거래조건(INCOTERMS)

복합운송조건	해상운송조건
• EXW(공장도인도조건) • FCA(운송인인도조건) • CPT(운송비지급인도조건) • CIP(운송비·보험료지급인도조건) • DAP(목적지인도조건) • DPU(도착지양하인도조건) • DDP(관세지급인도조건)	• FAS(선측인도조건) • FOB(본선인도조건) • CFR(운임포함조건) • CIF(운임보험료포함조건)

ⓜ 신용장(L/C ; Letter of Credit) : 무역거래의 대금지불과 상품 입수를 원활하게 하기 위하여 수입상의 거래은행이 운송서류를 담보로 하여 지급 또는 인수할 것을 수출업자 및 매입은행에 대하여 확약하는 증서이다.

ⓗ 환어음(Bill of Exchange, Draft) : 환어음은 일정한 형식을 갖춘 유가증권으로 어음발행인이 지급인에게 증권에 기재된 금액을 수취인, 소지인, 지시인 등에게 정해진 날짜에 일정장소에서 지급하도록 위탁하는 증서이다.

② 통 관

㉠ 수입통관 : 수입통관은 원칙적으로 적화목록이 제출된 이후에 세관이 수입상으로부터 수입신고를 접수받아 수입심사 후 수입신고필증을 교부한다.

㉡ 수입화물의 통관절차

구 분	내 용
신고시기	• 원칙 : 선박 또는 항공기 입항 후 • 입항 전 신고 : 신속한 통관이 필요시(출항 후) • 출항 전 신고 : 신속통관이 필요하고 운송기간이 단기간일 때 • 보세구역 장치 후 신고 : 보세구역 반입 후에 수입신고(주로 심사 검사 대상품목) • 보세구역 장치 전 신고 : 물품도착 후 장치장 입고 전에 신고
신고서류	수입신고서, 수입승인서, 상업송장, 포장명세서, B/L사본, 기타(원산지증명서 등)
신고인	관세사, 관세사법인, 통관법인 또는 화주
통관심사	수입신고를 접수한 세관은 수입신고 서류의 서면심사 및 현품검사 후 적법하면 수입신고 수리함
관세납부	수입신고 수리 후 15일 이내에 세관에 납부(수리 전에도 납부가능)
수입신고필	수입신고 수리 후 관세를 납부 후 납부서를 세관에 제출하면 수입신고필증이 교부되며, 이로써 외국물품이 아닌 내국물품이 되어 운송 및 처분 가능

개념 PLUS

포장명세서(Packing List)의 기능 기출 23

계약체결에 따른 선적화물의 포장 및 그 명세(품목별, 수량, 순중량, 용적, 화인, 포장번호 등)를 기재하는 포장명세서에는 대금 관련사항을 명기하지 않고 각 규격별·단위별로 일목요연하게 기재한다는 점을 제외하고는 송장과 별다른 차이점이 없다.

• 수출입 통관절차에서 심사 자료로써 활용되고 양륙지에서 화물의 처리(분류 및 판매)단계에서 이용된다.
• 검수 또는 검량업자가 실제화물과 대조하는 참고 자료로써 이용된다.
• 개별 화물의 사고 발생분에 대한 확인 자료로써 사용할 수 있다.
• 중량 외에 각각의 용량이 표시되어 있으므로 선박회사가 운송계약을 체결할 때 일차적인 기준자료로써 활용할 수 있다.

(3) 국제운송운임

① 해상운임

㉠ 기본운임 : 중량 또는 용적단위로 책정되며, 둘 중 높은 쪽이 실제 운임부과의 기준이 되고, 이때 실제운임을 부과하는 기준톤을 운임톤(R/T ; Revenue Ton)이라 한다.

- ⓒ 지급시기에 따른 운임 : 선불운임과 후불운임이 있고, 관례에 따라 정기선은 운임표에 적용통화를 표기하며 부정기선은 용선계약서상에 화폐단위를 명기한다.
- ⓒ 할증운임(할증료) : 특정 항로구간의 정기적 운항은 해운동맹운임표가 기본운임이며, 중량할증운임, 용적 및 장척할증료, 유류할증료 등이 있다.
- ⓐ 특수운임 : 특별운임, 경쟁운임, 접속운임, 최저운임, 지역운임, 소포운임 등이 있다.
- ⓔ 부대비용 : Wharfage, 터미널화물처리비, CFS Charge, 컨테이너세, 서류발급비, 도착지화물인도비용, 지체료, 보관료 등이 있다.

② 항공운임
- ⓐ 일반화물요율(GCR) : 모든 항공화물 운송요금의 산정 시 기본이 되며 SCR 및 Class Rate의 적용을 받지 않는 모든 화물운송에 적용하는 요율이다.
- ⓒ 특정품목 할인요율(SCR) : 특정의 대형화물에 대해서 운송구간 및 최저중량을 지정하여 적용하는 할인운임이다.
- ⓒ 품목별 분류운임률(CCR) : 특정품목에 대하여 적용하는 할인 또는 할증운임률이다.
- ⓐ 종가운임 : 화물의 가격을 기준으로 일정률을 운임으로 부과하는 방식이다.
- ⓔ 단위탑재용기요금 : 파렛트, 컨테이너 등 단위탑재용기(ULD)별 중량을 기준으로 요금을 미리 정해 놓고 부과하는 방식이다.

(4) 국제운송보험

① 해상보험의 개요
- ⓐ 의의 및 범위 : 해상보험은 해상운송 도중 발생하는 사고에 대해 보험자가 손해를 보상하여 줄 것을 약속하고 피보험자는 보험료를 지급할 것을 약속하는 보험이며, 그 범위는 해상구간뿐 아니라 육상보험, 항공운송에서 발생하는 손해까지 보상한다.
- ⓒ 계약의 당사자 : 보험자, 보험계약자, 피보험자, 보험대리점, 보험설계사, 보험중개사가 있다.
- ⓒ 보험기간 : 화물이 운송 목적으로 떠날 때 시작되고 기재된 목적지의 장소에 인도될 때 종료된다.
- ⓐ 원리 : 고지의무, 담보의 원리, 인과관계(위험과 손해 사이의 책임유무 기준)가 있다.

② 해상위험 : 손해 발생에 대해 보험자가 보상하기로 한 위험(담보위험)과 보험자가 책임지지 않는 보험(면책위험)이 있다.

③ 해상손해
- ⓐ 현실전손 : 해상보험의 목적물이 현실적으로 전멸되거나 그 손해 정도가 상품가치를 완전히 상실해서 회복할 수 없는 경우이다.
- ⓒ 추정전손 : 화물의 전멸이 추정되는 경우의 손해이다.
- ⓒ 단독해손 : 보험목적물이 일부 멸실·손상되어 그 손해를 피보험자가 단독 부담하는 손해이다.
- ⓐ 공동해손 : 항해단체(선박, 화물 및 운임 중 둘 이상)에 공동위험이 발생한 경우 그 위험을 피하거나 경감하기 위하여 선체나 장비 및 화물의 일부를 희생시키는 것이다.
- ⓔ 손해방지비용 : 위험 발생가능성이 있는 경우에 피보험자, 그 사용인, 대리인이 지출한 비용이다.
- ⓕ 특별비용 : 보험목적물의 안전 또는 보존을 위해 피보험자에 의하여 또는 피보험자를 위하여 소요되는 비용이다.

④ 해상보험약관
  ㉠ 구 협회적하약관 : 구 약관은 S. G. Policy와 ICC약관이 합쳐져서 하나의 보험증권을 구성한 것이다.
  ㉡ 신 협회적하약관 : 신 ICC는 19개 조항으로 되어 있는데, 그 조항들은 구 약관의 S. G. Policy 또는 ICC약관에서 채택된 약관 및 신설약관 등으로 구성되어 있다
    • ICC(A) : 포괄담보방식을 취하고 있으며, 이 조건의 보험자는 일반면책위험, 불내항 및 부적합면책위험, 전쟁면책위험 및 동맹파업면책위험의 면책위험을 제외하고 피보험목적물에 발생한 멸실, 손상 또는 비용 일체를 담보한다.
    • ICC(B) : 열거담보방식을 택하고 있으며, 이 약관은 일반면책위험, 불내항 및 부적합면책위험, 전쟁면책위험 및 동맹파업면책위험에 규정된 면책위험을 제외하고, 제1조에 열거된 위험에 의한 손해는 면책비율에 관계없이 담보한다.
    • ICC(C) : ICC(B)에서 열거된 위험 가운데 지진, 화산의 분화, 낙뢰·갑판유실, 선박, 부선, 선창, 운송용구, 컨테이너, 지게차 또는 보관장소에 해수 또는 호수, 강물의 유입, 추락손 등은 담보되지 않는다.

CHAPTER 01 실전예상문제

※ 본 문제를 풀면서 이해체크를 이용하시면 문제이해에 보다 도움이 될 수 있습니다.

01 고객이 요구하는 수준의 서비스 제공이라는 물류의 목적 달성을 위한 7R의 원칙에 해당되지 않는 것은?

① Right Time
② Right Place
③ Right Impression
④ Right Promotion
⑤ Right Quantity

> 해설 7R의 원칙은 Right Time(적절한 시간), Right Place(적절한 장소), Right Impression(적절한 인상), Right Price (적절한 가격), Right Quality(적절한 품질), Right Quantity(적절한 수량), Right Commodity(적절한 상품)을 의미한다.

02 물류의 영역적 분류에 관한 설명으로 옳은 것은?

① 조달물류 – 생산된 완제품 또는 매입한 상품을 판매창고에 보관하고 소비자에게 전달하는 물류활동
② 반품물류 – 원자재와 제품의 포장재 및 수배송용기 등의 폐기물을 처분하기 위한 물류활동
③ 사내물류 – 물자가 조달처로부터 운송되고 보관창고에 입고되어 생산공정에 투입되기 직전까지의 물류활동
④ 회수물류 – 제품이나 상품의 판매물류 이후에 발생하는 물류용기의 재사용, 재활용 등을 위한 물류활동
⑤ 판매물류 – 매입물자의 보관창고에서 완제품 등의 생산을 위한 장소까지의 물류활동

> 해설
> ① 조달물류 : 물자가 조달처로부터 물류의 시발점으로 운송되고 매입자의 물자보관창고에 입고, 관리되어 생산공정에 투입되기 직전까지의 물류활동
> ② 반품물류 : 소비자에게 판매된 제품이 상품자체의 문제점 발생으로 상품의 교환이나 반품을 하는 물류활동
> ③ 사내물류 : 사내에서 이루어지는 물류활동에 소요되는 물류활동
> ⑤ 판매물류 : 생산된 완제품 또는 매입한 상품을 판매창고에 보관하고, 출고하여 고객에게 인도할 때까지의 물류활동

정답 01 ④ 02 ④

03 기업물류 조직형태의 발달순서로 옳은 것은?

① 직능형 조직 → 라인 & 스태프형 조직 → 사업부형 조직 → 그리드형 조직
② 그리드형 조직 → 라인 & 스태프형 조직 → 직능형 조직 → 사업부형 조직
③ 직능형 조직 → 사업부형 조직 → 그리드형 조직 → 라인 & 스태프형 조직
④ 라인 & 스태프형 조직 → 사업부형 조직 → 그리드형 조직 → 직능형 조직
⑤ 사업부형 조직 → 라인 & 스태프형 조직 → 직능형 조직 → 그리드형 조직

> 해설 기업물류는 직능형 조직 → 라인 & 스태프형 조직 → 사업부형 조직 → 그리드형 조직 순으로 발달되었다.

04 물류자회사가 가지는 단점으로 옳지 않은 것은?

① 모회사의 주도로 인사정책을 펼칠 가능성
② 모회사의 하청기업으로 전락할 가능성
③ 모회사의 물류전략과 자회사의 물류전략의 충돌 가능성
④ 모회사의 간섭증가로 독립성 결여 및 업무의욕저하 가능성
⑤ 모회사로부터 안정적인 물량 확보 불가능

> 해설 물류자회사는 모회사의 물류관리업무의 전부 혹은 일부를 대행하기 때문에 모회사로부터 안정적인 물량 확보가 가능하다.

05 매트릭스형 조직의 특징에 관한 설명으로 옳지 않은 것은?

① 항공우주산업과 같은 첨단기술 분야에 효과적이다.
② 물류를 하나의 프로그램으로 보고 기업전체가 물류관리에 참여하는 조직유형이다.
③ 명령, 지시계통인 라인의 흐름이 정체될 수 있다.
④ 물류담당자들이 평상시에는 자기부서에서 근무하다가 필요시 해당부서의 인원들과 함께 문제를 해결하기 위해 구성된 조직이다.
⑤ 기능형과 프로그램형의 중간 형태이다.

> 해설 물류를 하나의 프로그램으로 보는 조직은 프로그램형 조직으로 이 경우 물류는 기업전체가 참여하는 역할을 수행하며, 다른 기능들은 기업에 종속하게 되는 조직이다.

06 다음 중 사업부형 물류조직의 특징이 아닌 것은?

① 독립된 이익책임부서로서 역할 담당
② 각 사업부 내에 라인과 스태프부문이 동시에 존재
③ 물류인재 육성에 매우 용이
④ 전사적인 물류활동 목표를 우선적으로 달성
⑤ 물류조직이 하나의 독립된 회사와 같이 운영사업부형 조직

> **해설** 사업부형 조직
> 기업규모가 커지고 사장이 모든 것을 세밀하게 관리하기 어려워짐에 따라 등장한 조직으로서 상품을 중심으로 한 상품별 사업부와 지역을 중심으로 한 지역별 사업부의 2가지 유형이 있다.

07 물류시스템을 설계하는 데 반드시 고려해야 할 요소가 아닌 것은?

① 기존의 물류활동패턴
② 설계자 중심의 시스템 구축
③ 물류관련 조직체
④ 경쟁사의 물류시스템 및 전략
⑤ 대상제품의 특성

> **해설** 물류시스템 설계에 영향을 미치는 요소
> • 기존의 물류활동패턴
> • 물류시스템과 관련된 조직체계
> • 제품의 특성파악
> • 경쟁관계

08 국제물류의 환경변화에 대한 일반적인 설명으로 가장 옳지 않은 것은?

① 친환경 녹색물류에 대한 중요성이 증가하고 있다.
② 위험요인을 사전에 제거하기 위해 물류보안의 적용범위가 확대되고 있다.
③ IoT, AI 같은 정보기술이 적용되어 고도화되고 있다.
④ 고객서비스 수준의 향상을 위해 물류기업 간 제휴나 M&A보다 각자 독자적으로 노선구축을 하는 것이 증가하고 있다.
⑤ 고부가가치 창출을 위해 특수한 형태의 물류 서비스가 성장하고 있다.

> **해설** 기업 간 국제경영활동의 증가로 고객서비스 경쟁이 심화되면서 전략적 제휴가 확대되었다.

정답 03 ① 04 ⑤ 05 ② 06 ④ 07 ② 08 ④

09 물류시스템의 구축 방향에 관한 설명으로 옳지 않은?

① 수배송, 포장, 보관, 하역 등 주요 부문을 유기적으로 연계하여 구축하여야 한다.
② 물류제도나 절차를 개선하는 것보다는 기술혁신을 중심으로 하여 추진하는 것이 바람직하다.
③ 기업 이익을 최대화 할 수 있는 방향으로 설계되어야 한다.
④ 장기적이고 전략적인 사고를 물류시스템에 도입하여야 한다.
⑤ 물류 전체를 통합적인 시스템으로 구축하여 상충관계에서 발생하는 문제점을 해결하는 방안을 모색하여야 한다.

> 물류기술의 혁신을 추진하는 동시에 물류제도나 절차를 개선해야 한다.

10 아래 글상자의 물류 활동에 대한 설명 중 옳지 않은 내용을 모두 나열한 것은?

> ㉠ 생산물류는 주문을 받은 수주기업이 원자재, 부품 등을 포장, 단위화하여 발주기업 창고에 제때 납품하고 있는지를 관리하는 물류 활동이다.
> ㉡ 조달물류는 생산회사의 자재창고로부터 출고, 생산라인에의 운반, 하역 및 제품창고 입고에 이르기까지의 물류활동이다.
> ㉢ 판매물류는 완제품을 소비자에게 전달하는 일체의 물류활동으로 제품창고에서 출고, 배송센터까지 운반 및 소비자에게 배송하는 작업 등이 포함된다.
> ㉣ 반품물류는 상품 자체의 문제점이나 파손, 하자, 고객요구 불일치 등으로 인하여 발생되는 물류활동을 말한다.

① ㉠, ㉡
② ㉠, ㉢, ㉣
③ ㉠, ㉣
④ ㉢, ㉣
⑤ ㉡, ㉣

> ㉠ 생산물류는 물자가 생산공정에 투입될 때부터 제품의 생산에 이르기까지의 운반, 하역, 창고에 입고까지의 활동이다.
> ㉡ 조달물류는 물류의 시발점으로 물자가 조달처로부터 운송되어 매입자의 보관창고에 입고·관리되어 생산공정에 투입되기 직전까지의 활동이다.

11 물류비의 분류에 관한 설명으로 옳지 않은 것은?

① 기능별 물류비는 운송비, 보관비, 포장비, 하역비 등으로 구분한다.
② 지급형태별 물류비는 자가 물류비와 위탁 물류비 등으로 구분한다.
③ 세목별 물류비는 재료비, 노무비, 경비, 이자 등으로 구분한다.
④ 관리항목별 물류비는 제품별, 지역별, 고객별 등으로 구분한다.
⑤ 조업도별 물류비는 조달, 생산, 판매 물류비 등으로 구분한다.

> 조업도별 물류비는 고정비(Fixed Cost)와 변동비(Variable Cost)로 구분된다.

12 다음 중 활동기준원가계산(Activity-based Costing) 기법에 대한 설명으로 가장 옳지 않은 것은?

① 간접비용을 임의적으로 제품별 생산원가에 배분하는 기법이다.
② 전통적인 원가계산시스템이 간접비용을 제품원가에 정확하게 반영시키지 못함으로써 야기될 수 있는 원가 왜곡 등의 단점을 보완한 기법이다.
③ 제품별 물류원가의 실제적 비중을 정확하게 파악하여 오늘날 물류전략을 구현하는 데 유용하게 사용되고 있다.
④ 활동기준 경영을 가능하게 하여 기업성장을 지원한다.
⑤ 관리회계의 관점에서 물류원가를 정확하게 산출하기 위한 기법이다.

> 활동기준원가계산이란 보다 정확한 원가계산을 위해 기업의 기능을 여러 가지 활동들로 구분한 다음, 활동을 기본적인 원가대상으로 삼아 원가를 집계하고 이를 토대로 하여 다른 원가대상들(부문이나 작업 또는 제품)의 원가를 집계하는 원가계산제도로서 활동기준회계 또는 거래원가계산이라고도 한다. 여기서 활동(Activity)이란 자원을 소비하는 사건(Event)이나 거래(Transaction)를 말하며, 구매주문, 재료처리, 생산계획(생산주문), 작업준비, 품질검사, 선적 등을 예로 들 수 있다.

13

다음은 2019년도 K기업이 지출한 물류비 내역이다. 이 중에서 자가물류비와 위탁물류비는 각각 얼마인가?

• 노무비	13,000만원	• 전기료	300만원
• 지급운임	400만원	• 이 자	250만원
• 재료비	3,700만원	• 지불포장비	80만원
• 수수료	90만원	• 가스수도료	300만원
• 세 금	90만원	• 상/하차 용역비	550만원

　　　자가물류비　　위탁물류비　　　　　　자가물류비　　위탁물류비
① 17,000만원　　1,760만원　　②　17,300만원　　1,460만원
③ 17,640만원　　1,120만원　　④　17,730만원　　1,030만원
⑤ 17,550만원　　1,210만원

해설

물류비의 지급형태별 분류
- 자가물류비 : 자사의 설비나 인력을 사용하여 물류활동을 수행함으로써 소비된 비용으로 재료비, 노무비, 경비, 이자의 항목으로 구분한다.
  따라서 자가물류비 = 노무비 + 전기료 + 이자 + 재료비 + 가스수도료 + 세금
  = 13,000만원 + 300만원 + 250만원 + 3,700만원 + 300만원 + 90만원
  = 17,640만원
- 위탁물류비 : 물류활동의 일부 또는 전부를 타사에 위탁하여 수행함으로써 소비된 비용으로 물류자회사 지급분과 물류전문업체 지급분으로 구분한다.
  따라서 위탁물류비 = 지급운임 + 지불포장비 + 수수료 + 상/하차 용역비
  = 400만원 + 80만원 + 90만원 + 550만원 = 1,120만원

14

다음 중 관리목적별 원가의 분류에 대한 설명으로 가장 거리가 먼 것은?

① 관리목적에 따른 원가의 분류라 함은 물류의 계획책정 및 통제 등을 하기 위해서 필요로 하는 것이다.
② 변동물류비란 물류조업도의 증감에 비례해서 증감하는 물류비를 말한다.
③ 관리목적에 따라 원가를 분류하면 물자유통비, 정보유통비, 물류관리비로 구분할 수 있다.
④ 특정의 물류관리자가 결재에 대한 권한을 가지고 있고, 이러한 결재결과에 책임을 져야 하는 물류비를 관리가능물류비라 한다.
⑤ 고정물류비란 물류조업도가 증감한다 하더라도 그에 관계없이 일정액만 발생하는 비용을 의미한다.

해설 관리목적에 따라 원가를 분류하면 원가중심점별, 물류조업도별, 관리가능성별 물류비로 나눌 수 있다.

15 제조업체인 K사가 다음과 같이 월 마감하여 TPL 업체에게 물류비를 지급하려고 한다. 전체 지급 물류비는 얼마인가? (단, A제품군은 매출액의 5%, B제품군은 1 CUBIC당 20,000원, C제품군은 톤당 50,000원의 물류비를 지급하기로 되어 있다)

구 분	매출액(억원)	물동량	
		용적(CUBIC)	무게(톤)
A제품군	100	3,000	100
B제품군	200	2,000	70
C제품군	300	1,000	500

① 5억 2천 5백만원
② 5억 4천 5백만원
③ 5억 6천 5백만원
④ 5억 8천 5백만원
⑤ 6억 5백만원

해설
A = 100억원 × 0.05 = 5억원
B = 2,000CUBIC × 20,000원/CUBIC = 40,000,000원
C = 500톤 × 50,000원/톤 = 25,000,000원
총 물류비 = A + B + C = 5억 6천 5백만원

16 물류채산분석을 물류원가계산과 비교한 특징에 대한 설명으로 가장 옳지 않은 것은?

① 물류채산분석은 물류활동의 의사결정이 계산 목적이다.
② 물류채산분석은 물류활동과 관련한 업무 전반을 대상으로 한다.
③ 물류채산분석의 계산 기간은 개선안의 전(특정) 기간이다.
④ 물류채산분석은 계산방식이 상황에 따라 상이하다.
⑤ 물류채산분석은 할인계산을 한다.

해설
물류채산분석은 특정의 개선안ㆍ대체안을 대상으로 하지만, 물류원가계산은 물류업무 전반을 대상으로 한다.

17 물류정보시스템의 도입효과로 옳지 않은 것은?

① 재고관리의 정확도 향상
② 영업부서 요청에 따른 초과재고 보유로 판매량 증가
③ 신속하고 정확한 재고정보 파악으로 생산·판매활동 조율
④ 효율적 수·배송 관리를 통한 운송비 절감
⑤ 수작업 최소화로 사무처리 합리화 가능

> 해설
> 물류정보시스템의 도입효과
> • 적정재고량에 따라 창고와 배송센터 등의 물류센터와 물류시설의 효율적 이용 가능
> • 판매와 재고정보가 신속하게 집약되므로 생산과 판매에 대한 조정 가능
> • 재고부족이나 과다재고보유가 배제되므로 재고비 절감
> • 배송관리에 컴퓨터를 적용하므로 효율적인 출하배송이 가능하게 되어 배송비 절감
> • 수작업의 재고보고와 장부기록이 필요 없어 사무처리의 합리화 가능

18 물류정보시스템의 표준화 결과로 나타나는 현상이 아닌 것은?

① 물동량에 대한 물류자료 교환의 자동화가 가능해진다.
② 표준 물류정보시스템의 새로운 구축을 위한 초기 투자비용이 과대해지는 단점이 있다.
③ 판매업무와 물류업무의 일관화가 촉진된다.
④ 공급자 중심현상이 줄어들고, 사용자 중심의 정보시스템이 구현된다.
⑤ 물류정보데이터의 입력 및 교환이 용이해진다.

> 해설
> ②는 물류정보시스템을 구축하는 데 있어서 발생되는 단점이다.

19 다음 물류정보 및 물류정보시스템에 관련된 설명으로 적절하지 않은 것은?

① 물류정보는 성수기와 비수기의 정보량에 차이가 크다.
② 상품의 흐름과 물류정보의 흐름에는 충분한 시차가 필요하다.
③ 물류정보시스템은 리드타임 정보와 수요예측 정보를 제공하여 기업의 생산량을 예측하고 물류거점 입지를 결정하는 데 중요한 정보로 활용된다.
④ 물류정보시스템을 통해 정보의 공유가 가능해짐으로써 생산계획과 조달계획을 조정할 수 있다.
⑤ 사전에 설정된 설비, 시설활용 목표, 서비스 수준 목표, 그리고 실제 달성된 서비스 수준을 비교하여 물류활동의 참고자료로 이용할 수 있다.

> 정보의 흐름과 상품의 흐름에 동시성이 요구된다.

20 다음에서 설명하고 있는 내용과 가장 관계가 깊은 것은?

> 무전기가 진화한 기술로서 휴대폰처럼 멀리 떨어진 사람과도 통화할 수 있으면서, 무전기처럼 여러 사람에게 동시에 같은 음성을 전달할 수 있으며 화물트럭 기사에게는 필수적인 도구다. 화물운송이 필요한 화주(貨主)가 화물정보센터에 일을 의뢰하면, 센터는 해당 지역에 공차(空車) 상태로 있는 복수의 트럭 기사에게 일감 정보를 알려준다.

① ISDN(Integrated Service Digital Network)
② ITS(Intelligent Transport System)
③ LBS(Location Based Service)
④ TRS(Trunked Radio System)
⑤ GIS-T(Geographical Information System for Transportation)

> TRS(Trunked Radio System)는 주파수 공용 통신 시스템으로 다수의 이용자가 함께 이용할 수 있는 시스템이다.

21 물류공동화에 관한 설명으로 옳지 않은 것은?

① 공동수배송이란 자사 및 타사의 원자재나 완제품을 공동으로 수배송하는 것을 말한다.
② 화주기업은 공동수배송을 통하여 물류비를 절감할 수 있다.
③ 물류공동화 실행 시 기업비밀에 대한 유출 우려는 공동화 확산의 저해요인이 되고 있다.
④ 소량·다빈도 배송의 증가는 수배송공동화의 필요성을 증대시킨다.
⑤ 수배송공동화를 통하여 고객맞춤형 물류관리가 더욱 용이해지고 수배송의 유연성이 증가한다.

> 공동수배송은 계획배송이기 때문에 고객의 긴급배달 요청에 유연하게 대응하지 못하는 문제점이 있다.

22 파렛트 풀(PPS ; Pallet Pool System) 활성화 방안으로 옳지 않은 것은?

① 기업마다의 다양한 파렛트 사이즈가 사용되어야 한다.
② 전국적으로 파렛트 집배망이 구축되어야 한다.
③ 파렛트의 소재 및 이용 현황을 파악하여야 한다.
④ 공파렛트 회수전문업자를 두는 것도 좋은 방법이다.
⑤ 파렛트 데포 및 네트워크 운영을 위한 정보시스템이 필요하다.

> 파렛트 풀 시스템은 파렛트의 규격과 척도를 표준화하여 상호 교환성을 확보한 후, 풀로 연결하여 사용함으로써 각 기업의 물류합리화를 달성하여 물류비를 절감하는 제도이다. 따라서 단일기업이 표준파렛트를 다량 확보하고, 개별기업은 이를 공동으로 이용하는 공익성이 강한 시스템으로 공파렛트의 회수, 보관공간의 효율화 등을 통해 기업별로 비용절감이 가능하다.

23 수·배송 공동화의 효과로 옳지 않은 것은?

① 설비 및 차량의 가동률과 적재율 향상
② 물류 아웃소싱을 통한 핵심역량 집중 가능
③ 소량화물 혼적으로 규모의 경제효과 추구
④ 중복·교차수송의 배제로 물류비 절감과 교통체증 완화
⑤ 타사 핵심기술 파악 용이

> 해설: 타사로 핵심기술이 누출될 우려가 있는 것은 수·배송 공동화의 효과라기보다는 위험요인에 해당한다.

24 물류공동화의 형태를 공유 유형에 따라 분류할 때, ㉠~㉢에 해당되는 내용이 올바르게 연결된 것은?

> ㉠ 주로 자동차, 가전제품, 기계류 등 동종 대형 제조업자들이 공장과 물류센터 간에 공동 수송하는 형태
> ㉡ 다수의 동종 제조업체가 거래 도매상과 공동으로 정보와 물류를 공동화하려는 형태로 업계 간 공동 VAN 등이 이에 해당
> ㉢ 물류자회사가 아닌 특정 물류업체가 특정 화주에 전속하여 하청기업화 혹은 파트너십으로 협력관계를 형성하는 형태

① ㉠ : 경쟁업체 간의 공동화, ㉡ : 수직적 공동화, ㉢ : 화주와 물류업자의 파트너십
② ㉠ : 수평적 공동화, ㉡ : 경쟁업체 간의 공동화, ㉢ : 화주와 물류업자의 파트너십
③ ㉠ : 경쟁업체 간의 공동화, ㉡ : 수평적 공동화, ㉢ : 화주와 물류업자의 파트너십
④ ㉠ : 화주와 물류업자의 파트너십, ㉡ : 수평적 공동화, ㉢ : 경쟁업체 간의 공동화
⑤ ㉠ : 화주와 물류업자의 파트너십, ㉡ : 물류기업 간의 공동화, ㉢ : 수직적 공동화

> 해설: **물류공동화의 유형**
> - 수평적 물류공동화 : 동종의 다수 메이커와 이들과 거래하는 다수의 도매점이 공동으로 정보네트워크와 물류시스템을 공동화하는 것
> - 물류기업 동업자 공동화 : 물류기업이 동업형식으로 물류시스템을 공동화하는 것
> - 소매기업에 의한 계열적 공동화 : 대형 소매체인점이 도매점이나 메이커에서의 납품물류를 통합하여 납품자와 수령하는 각 점포의 상호이익을 도모하기 위해 물류센터 등을 만드는 것
> - 경쟁관계에 있는 메이커 간의 공동화 : 서로 경쟁관계에 있는 기업들이 모여 물류의 효율화를 위해 공동화를 이룩하는 것
> - 제조기업에 의한 계열적 공동화(수직적 공동화) : 메이커와 판매회사 도매점과의 물류공동화
> - 화주와 물류기업의 파트너십 : 전문 사업자로서 화주의 물류합리화나 시스템화로 적극 참여하는 제안형 기업이 되어 상호신뢰를 확립하는 것

25 국제물류관리의 특징과 중요성에 대한 설명이다. 맞지 않는 것은?

① 국제물류는 항만이나 공항을 이용한 복합일관운송시스템에 의해 이루어진다.
② 신용장이나 선하증권 등 국내거래에서 사용되지 않는 수출입과 관련된 서류가 많으며, 작성이 복잡하다.
③ 운송, 보관, 하역, 포장 등에서 컨테이너가 중요한 역할을 하고 있다.
④ 생산지와 소비지가 국경을 초월하여 이루어지며, 수출입수속 및 통관절차, 운송방법의 표준화로 제도적·환경적 제약조건이 적다.
⑤ 국제물류의 원활화를 통해 국제 간 재화의 생산과 소비를 연결하는 역할을 수행하여 국민경제의 지속적 발전이 가능하고, 물류비 절감과 서비스 향상으로 인한 판매증진을 통해 기업발전을 이룩할 수 있게 된다.

> 국제물류는 생산과 소비가 2개국 이상에 걸쳐 이루어지는 경우 그 생산과 소비의 시간적·공간적 차이를 극복하기 위한 유·무형의 재화에 대한 물리적인 국제경제활동이라 할 수 있다. 이러한 국제물류는 국내물류보다 확대된 영역으로 원료조달, 생산가공, 제조판매활동 등이 생산지와 소비지가 동일한 국내가 아닌 국경을 초월하여 이루어지고 물품의 이동과 관련하여 수출입 수속 및 통관절차, 운송방법의 다양화로 인하여 물류관리가 국내물류보다 훨씬 복잡하며, 운송영역이 넓고 대량화물을 운송하여야 하기 때문에 환경적 제약을 많이 받게 된다.

26 아웃소싱의 개념을 설명한 것으로 틀린 것은?

① 기업의 특정 기능을 외부의 전문사업자로 하여금 수행하게 하고 이 업체와 효과적인 관계를 구축함으로써 조직 간소화, 조직 적응력 및 유연성 강화를 도모하는 혁신기법을 말한다.
② 기업의 핵심역량을 지속적으로 향상시키고 이러한 향상된 역량을 통하여 기업의 경쟁력과 가치를 증대시키는 데 그 목적이 있다.
③ 수동적인 제휴가 아닌 능동적인 파트너십으로 기업자신의 가치에 다른 기업을 참여시킴으로써 독특한 SCM을 형성하는 것이다.
④ 네트워크를 통해 자사의 핵심역량을 공급업체의 핵심역량과 상호 연계시켜 기업 전체의 시너지 효과를 극대화하는 전략이다.
⑤ 업무의 설계·기획, 관리, 운영의 아웃소싱은 업무의 일관성을 떨어뜨릴 수 있다.

> 업무의 설계·기획, 관리, 운영까지 아웃소싱을 함으로써 기업은 핵심역량에 집중할 수 있게 되어 업무의 일관성을 가질 수 있다.

27 3자물류에 비해 4자물류가 갖는 특성에 관한 설명으로 옳지 않은 것은?

① 위탁 받은 물류활동을 중심으로 하는 3자물류와는 달리 전문성을 가지고 물류 프로세스의 개선을 적극적으로 추구하여 세계수준의 전략, 기술, 경영관리를 제공하는 것을 목표로 한다.
② 전체 SCM상 다양한 물류서비스를 통합할 수 있는 최적의 위치에 있으므로 3자물류에 비해 SCM의 솔루션을 제시할 수 있고, 전체적인 공급사슬에 긍정적인 영향을 미칠 수 있다.
③ IT 기반 통합적 물류서비스 제공보다는 오프라인 중심의 개별적·선별적 서비스를 지향한다.
④ 3자물류와는 달리 물류전문업체, IT업체 및 물류컨설팅업체가 일련의 컨소시엄을 구성하여 가상물류 형태로 서비스를 제공한다.
⑤ 3자물류보다 광범위하고 종합적이며, 전문적인 물류서비스를 제공하여 더욱 높은 경쟁력을 확보할 수 있다.

> 3자물류와 4자물류의 기본적인 차이점은 3자물류가 특화된 개별서비스를 제공하는 반면, 4자물류는 물류전문업체, IT업체 및 물류컨설팅업체의 결합된 형태로서 한 차원 높은 통합적 물류서비스를 제공한다는 점이다. 즉, 오프라인 중심의 개별적·선별적 서비스보다는 IT 기반의 통합적 물류서비스를 제공한다.

28 해상으로 수입되는 화물의 관리단계를 순서대로 나열한 것으로 옳은 것은?

㉠ 내륙지 보세구역으로 보세운송하는 단계
㉡ 내륙지 보세구역에 반입되는 단계
㉢ 수입물품을 적재한 외국무역선이 입항하는 단계
㉣ 선박으로부터 물품을 하선하는 단계
㉤ 하선 완료된 물품이 입항지 보세구역에 반입되는 단계

① ㉠ - ㉡ - ㉢ - ㉣ - ㉤
② ㉡ - ㉢ - ㉣ - ㉤ - ㉠
③ ㉢ - ㉣ - ㉤ - ㉠ - ㉡
④ ㉣ - ㉤ - ㉠ - ㉡ - ㉢
⑤ ㉤ - ㉠ - ㉡ - ㉢ - ㉣

> 해상으로 수입되는 화물의 관리단계
> 수입물품을 적재한 외국무역선이 입항하는 단계 → 선박으로부터 물품을 하선하는 단계 → 하선 완료된 물품이 입항지 보세구역에 반입되는 단계 → 내륙지 보세구역으로 보세운송하는 단계 → 내륙지 보세구역에 반입되는 단계

29 해상운임에 관한 설명으로 옳지 않은 것은?

① Heavy Lift Surcharge는 화물 한 단위가 일정한 중량을 초과할 때 기본운임에 할증하여 부과하는 운임이다.
② Freight All Kinds Rate는 컨테이너에 적입된 화물의 가액, 성질 등에 관계없이 부과하는 컨테이너당 운임이다.
③ Dead Freight는 실제 적재량을 계약한 화물량만큼 채우지 못할 경우 사용하지 않은 부분에 대하여 부과하는 운임이다.
④ Pro Rate Freight는 선박이 항해 중 불가항력 등의 이유로 항해를 계속할 수 없을 때 중도에서 화물을 화주에게 인도하고 선주는 운송한 거리의 비율에 따라 부과하는 운임이다.
⑤ Optional Surcharge는 선적 시에 지정했던 항구를 선적 후에 변동하고자 할 때 추가로 부과하는 운임이다.

> 해설
> 선택할증료(Optional Surcharge)는 선적 시 양륙항이 확정되지 않고 기항 순서에 따라 몇 개의 항을 기재하며 화물도착 전 양륙항을 결정하는 조건에 부과되는 운임이다.

30 항공화물운송장(AWB)과 선하증권(B/L)에 관한 설명으로 옳지 않은 것은?

① AWB는 기명식으로만 발행된다.
② AWB는 화주이익보험을 가입한 경우 보험금액 등이 기재되어 보험가입증명서 내지 보험계약증서 역할을 한다.
③ AWB는 항공사가 작성하고 상환증권의 성격을 갖는다.
④ B/L은 일반적으로 본선 선적 후 발행하는 선적식으로 발행된다.
⑤ B/L은 일반적으로 지시식으로 발행되며 유통성을 갖는다.

> 해설
> AWB은 상환증권이 아닌 단순한 화물수취증이다.

31 컨테이너 운송의 특성에 관한 설명으로 옳지 않은 것은?

① 화물의 중간적입 또는 적출작업이 불필요하다.
② 운송기간의 단축으로 수출대금의 회수가 빨라져 교역촉진이 가능하다.
③ 컨테이너에 적입할 수 있는 화물의 종류가 제한적이다.
④ 컨테이너화에는 거액의 자본이 필요하며, 선사 및 항만 직원의 교육·훈련, 관련제도 개선, 기존 설비의 교체 등에 장기간의 노력과 투자가 필요하다.
⑤ 왕항복항(往航復航) 간 물동량의 불균형이 발생해도 컨테이너선의 경우 공(空)컨테이너 회수 문제는 발생하지 않는다.

> 해설 컨테이너선의 경우 왕항복항 간 물동량의 불균형으로 벌크선과는 달리 공(空)컨테이너 회수 문제가 발생한다.

32 국제특송(국제소화물일관운송)에 관한 설명으로 옳지 않은 것은?

① 소형·경량물품을 문전에서 문전까지 신속하게 수취·배달하여 주는 서비스이다.
② 쿠리어(Courier) 서비스라고도 한다.
③ 운송업자는 모든 운송구간에 대하여 일관책임을 진다.
④ 대표적 글로벌 업체로는 DHL, FedEx, UPS 등이 있다.
⑤ 우리나라는 항공법에서 국제특송업을 등록업종으로 규정하고 있다.

> 해설 국제특송은 현재까지 우리나라에서는 항공사업법 제52조에 "상업서류송달업"으로 규정하고 있다. 즉, 상업서류송달업을 경영하려는 자는 국토교통부령으로 정하는 바에 따라 국토교통부장관에게 신고하여야 한다고 하여 등록업종이 아닌 신고업종으로 규정하고 있다.

33 수출입과 관련된 물류거점에 관한 설명으로 옳지 않은 것은?

① ODCY : 부두 내 CY의 부족현상을 보완하기 위해 부두에서 떨어진 곳에 설치된 컨테이너장치장으로서, 수출입 컨테이너 화물의 장치, 보관 및 통관 등의 업무가 이루어지는 장소이다.
② 보세구역 : 효율적인 화물관리와 관세행정의 필요성을 고려하여 세관장이 지정하거나 특허한 장소로서, 사내창고나 물류센터에서 출고된 수출품의 선적을 위해 거치게 되는 장소이다. 그러나 수입품의 통관을 위해 외국물품을 장치하는 장소는 아니다.
③ CY : 컨테이너를 인수·인도하고 보관하는 장소로서, 넓게는 Marshalling Yard, Apron, CFS 등을 포함하는 컨테이너터미널의 의미로도 사용되지만 좁게는 컨테이너터미널의 일부 공간을 의미하기도 한다.
④ CFS : 수출하는 LCL화물을 집하하여 FCL화물로 만들거나, 수입하는 혼재화물을 컨테이너에서 적출하는 등의 화물취급 작업을 하는 장소를 말한다.
⑤ ICD : 항만 내에서 이루어져야 할 본선 선적 및 양하작업과 마샬링기능을 제외한 장치보관기능, 집하분류기능, 통관기능을 가지는 내륙의 특정 구역으로서, 선사 및 대리점, 포워더, 하역회사, 관세사, 트럭회사, 포장회사 등이 입주하여 물류 관련 활동을 수행할 수 있는 장소를 말한다.

> 보세구역
> 통관되기 전의 외국화물을 설치하거나 가공·제조·전시 등을 할 수 있는 장소이다. 지정장치장 및 세관검사장 등의 지정보세구역과 보세장치장·보세창고·보세공장·보세전시장·보세건설장 및 보세판매장 등의 특허보세구역 등으로 구분된다. 세관장의 허가를 받아야 하며, 이 구역 안에 설치되는 외국화물에 대해 관세부과가 유예되는 것이 특징이다.

34 물류시설 및 물류단지에 관한 설명으로 옳지 않은 것은?

① CY(Container Yard)는 수출입용 컨테이너를 보관·취급하는 장소이다.
② CFS(Container Freight Station)는 컨테이너에 LCL(Less than Container Load)화물을 넣고 꺼내는 작업을 하는 시설과 장소이다.
③ 지정장치장은 통관하고자 하는 물품을 일시 장치하기 위해 세관장이 지정하는 구역이다.
④ 통관을 하지 않은 내국물품을 보세창고에 장치하기 위해서는 항만법에 근거하여 해당 지방자치단체장의 허가를 받아야 한다.
⑤ CFS(Container Freight Station)와 CY(Container Yard)는 부두 외부에도 위치할 수 있다.

> 보세창고는 관세법에 근거를 두고 세관장의 허가를 얻어 수출입화물을 취급하는 창고이다.

35 항공화물운임에 관한 설명으로 옳은 것은?

① 일반화물요율은 품목분류요율이나 특정품목할인요율보다 우선하여 적용된다.
② 종가운임은 신고가액이 화물 1kg당 US $20를 초과하는 경우에 부과된다.
③ 혼합화물요율은 운임이 동일한 여러 종류의 화물이 1장의 항공운송장으로 운송될 때 적용된다.
④ 중량단계별 할인요율은 특정품목할인요율의 한 종류로 중량이 높아짐에 따라 요율이 점점 더 낮아진다.
⑤ 품목분류요율은 특정구간의 특정품목에 적용되는 요율로서 보통 특정품목할인요율을 기준으로 할증·할인된다.

> ① 일반화물요율은 항공화물운송요금의 산정 시 기본이 되며, 품목분류요율(CR ; Class Rate) 및 특정품목할인요율(SCR ; Special Cargo Rate)의 적용을 받지 않은 모든 화물운송에 적용되는 요율이다. 일반화물요율은 최저운임, 기본요율, 중량단계별 할인요율 등으로 분류된다.
> ③ 혼합화물요율은 서로 다른 화물이 1장의 항공운송장으로 운송되는 혼합화물에 대해 적용되는 요율이다.
> ④ 중량단계별 할인요율은 일반할인요율의 한 종류로 중량이 높아짐에 따라 낮은 요율이 적용된다.
> ⑤ 특정품목할인요율은 특정구간에서 반복적으로 운송되는 동일품목에 대해서 일반화물보다 낮은 요율을 설정한 차별화된 요율을 말한다. 품목분류요율은 특정구간에서 특정품목에 대해 적용되는 할인할증요율이 설정되어 있다. 품목분류요율이 적용되는 특정품목 6가지 중 비동반수하물, 신문, 잡지 등은 기본요율에서 할인된 요율이 적용되며, 귀중품, 생·동물, 시체와 자동차는 일반화물요율에서 할증된 요율이 적용된다.

36 선하증권의 종류에 관한 설명으로 옳지 않은 것은?

① Stale B/L은 선적일로부터 21일이 경과한 선하증권이다.
② Order B/L은 수화인란에 특정인을 기재하고 있는 선하증권이다.
③ Third Party B/L은 선하증권상에 표시되는 송화인은 통상 신용장의 수익자이지만, 수출입거래의 매매당사자가 아닌 제3자가 송화인이 되는 경우에 발행되는 선하증권이다.
④ Red B/L은 선하증권 면에 보험부보 내용이 표시되어, 항해 중 해상사고로 입은 화물의 손해를 선박회사가 보상해 주는데, 이러한 문구들이 적색으로 표기되어 있는 선하증권이다.
⑤ Clean B/L은 물품의 본선 적재 시에 물품의 상태가 양호할 때 발행되는 선하증권이다.

> Order B/L은 수화인란에 특정 수화인명이 기재되지 않고, 단순히 "to order", "to the order of xx Bank" 등으로 기재된 선하증권이다.

37 통관을 위한 물품을 일시 장치하는 장소로서 세관장이 지정하는 구역이며, 이곳의 물품장치기간은 6개월 범위 안에서 관세청장이 정하며, 내국화물의 경우 세관장의 허가로 10일 이내에 반출할 수 있고, 반출품의 보관은 화주가 책임을 지는 항만지역의 보관시설은 무엇인가?

① 보세장치장
② 보세창고
③ 지정보세구역
④ CY
⑤ CFS

> 지정보세구역에는 지정장치장과 세관검사장이 있는데 이를 지정함에 있어서 일정한 시설과 구역을 필요로 하고 있으며, 세관장은 국가, 지방자치단체, 공항 또는 항만 시설을 관리하는 법인이 소유(관리)하는 토지, 건물, 시설 중에서 지정보세구역을 지정할 수 있다.

38 컨테이너 터미널에 관한 설명으로 옳지 않은 것은?

① CFS는 FCL Cargo를 인수, 인도, 보관하는 장소이다.
② Apron은 컨테이너의 선적 및 양륙을 위하여 선측에 Gantry Crane이 설치되어 있는 장소이다.
③ Marshalling Yard는 바로 선적해야 할 컨테이너를 하역 순서대로 정렬하여 두거나 양륙된 컨테이너를 배치해 놓은 장소이다.
④ Berth는 선박을 계류시키는 설비가 설치되어 있는 선박의 접안장소이다.
⑤ On-dock CY는 컨테이너의 인수, 인도, 보관을 위해 항만 내에 있는 장소이다.

> CFS(컨테이너 화물작업장)은 LCL(Less than Container Load ; 소량화물)을 FCL(Full Container Load ; 만재화물)로 적입하는 장소이다.

39 항공화물운송에 관한 설명으로 옳지 않은 것은?

① 해상화물운송에 비해 신속하고 화물의 파손율도 낮은 편이다.
② 항공여객운송에 비해 계절적 변동이 적은 편이다.
③ 해상화물운송에 비해 운송비용이 높은 편이다.
④ 항공여객운송에 비해 왕복운송의 비중이 높다.
⑤ 해상화물운송에 비해 고가의 소형화물 운송에 적합하다.

> 항공화물운송은 항공여객운송에 비해 편도운송의 비중이 높다.

40 아래 글상자 내용 중 ㉠, ㉡, ㉢에 들어갈 용어로 옳은 것은?

> 정보의 네트워크화를 축으로 하여 유통업자와 제조업자가 파트너십을 확립하는 ㉠, 최종소비자의 만족도를 증대시키기 위해 공급자와 소매업자가 공동으로 협력하는 ㉡, 공급사슬관리 기업의 협업을 통한 제품의 공동계획과 보충을 강조하는 ㉢ 등 주도하는 주체와 강조하는 바에 따라 여러 유형이 있다.

① ㉠ QR ㉡ EDI ㉢ CRP
② ㉠ QR ㉡ ECR ㉢ CRP
③ ㉠ CAO ㉡ EDI ㉢ CRP
④ ㉠ EDI ㉡ CAO ㉢ CRP
⑤ ㉠ QR ㉡ CAO ㉢ CRP

> ㉠ QR : 생산·유통 관계의 거래당사자가 협력하여 소비자에게 적절한 상품을 적절한 시기에, 적절한 양을, 적절한 가격으로 적정한 장소에 제공하는 것을 목표로 한다.
> ㉡ ECR : 공급체인의 네트워크 전체를 포괄하는 관리기법으로, 최종 소비자에게 유통되는 상품을 그 원천에서부터 관리함으로써 공급체인의 구성원 모두가 협력하여 소비자의 욕구를 더 만족스럽게, 더 빠르게, 더 저렴하게 채워주고자 하는 전략의 일종이다.
> ㉢ CRP : 유통공급망 내에 있는 업체들 간에 상호협력적인 관행으로서 기존의 전통적 관행인 경제적인 주문량에 근거하여 유통업체에서 공급업체로 주문하던 방식(Push 방식)과 달리 실제 판매된 판매데이터와 예측된 수요를 근거로 하여 상품을 보충시키는 방식(Pull 방식)이다.

정답 37 ③ 38 ① 39 ④ 40 ②

41 전자자료교환(EDI ; Electronic Data Interchange)에 대한 설명으로 옳은 것을 모두 고르면?

> ㉠ 회선을 직접 보유하거나 임차 또는 이용하여 다양한 부가가치를 부여한 음성 또는 데이터 정보를 제공하는 광범위하고 복합적인 서비스의 집합
> ㉡ 300m 이하의 비교적 가까운 거리를 통신회선으로서 한 기관이나 한 구역 안에 설치된 컴퓨터 장비들을 구성원들이 가장 효과적으로 공동 사용하도록 연결된 고속의 통신망
> ㉢ 부가가치통신망
> ㉣ 인터넷을 기반으로 모든 사물에 센서를 부착하여 사람과 사물, 사물과 사물 간의 정보를 상호 소통할 수 있게 하는 지능형 기술 및 서비스
> ㉤ 우리나라 물류 EDI 시스템 구축을 담당하는 정보통신기업은 한국물류정보통신(KL-NET)임

① ㉠
② ㉠, ㉢
③ ㉣
④ ㉡, ㉤
⑤ ㉤

해설
㉠·㉢ 부가가치통신망(VAN ; Value Added Network)에 대한 설명이다.
㉡ 근거리통신망(LAN ; Local Area Network)에 대한 설명이다.
㉣ 사물인터넷(IoT ; Internet of Things)에 대한 설명이다.

42 다음 중 EDI에 대한 설명으로 가장 옳지 않은 것은?

① 초기 고정비 투자는 많이 이루어져야 하나 장기적으로 거래비용과 업무처리비용을 줄이는 효과가 있다.
② 제조업체나 유통업체의 입장에서 장기적으로 판매비용과 구매비용을 줄일 수 있다.
③ EOS(Electronic Ordering System)나 유통 VAN(Value-added Network)을 이용한 전자수발주 업무는 EDI로 볼 수 없다.
④ 반복되는 거래를 계속하는 대기업의 경우에는 규모의 경제 효과를 가져올 수 있다.
⑤ 거래의 반복화라는 측면에서 보다 발달된 유통경로를 구성하는 데 기여하였다.

해설
EDI(Electronic Data Interchange)는 EOS(Electronic Ordering System)나 유통 VAN(Value-added Network)을 이용한 전자수발주업무도 포함된다.
• EOS(Electronic Ordering System) : 자동발주시스템으로, 각 점포 등에서 POS시스템에 의해 얻어진 정보를 현장에서 자동적으로 입력하고, 그 자료를 통신회선을 통하여 온라인으로 본부, 도매업체 또는 제조업체로 전송되는 시스템
• 유통 VAN(Value-added Network) : 유통정보를 업종별·산업별로 컴퓨터 네트워크를 이용하여 종합 유통업 시스템을 구축하는 것

43 QR(Quick Response) 시스템과 ECR(Efficient Consumer Response) 시스템에 관한 설명으로 가장 거리가 먼 것은?

① QR 시스템은 고객이 원하는 시간과 장소에 필요한 제품을 공급하기 위한 물류정보 시스템으로, 미국의 패션의류업계가 수입의류상품의 급속한 시장잠식에 대한 방어목적으로 개발하였다.
② QR 시스템이 원자재 조달 → 생산 → 배송이라는 공급망 전체에 걸쳐 채택된다면, 처리시간의 단축을 통해 누적리드타임이 단축되고 재고의 감소로 이어지며 그 결과 고객에 대한 반응시간 감축 등의 효과를 얻을 수 있다.
③ ECR 시스템의 성공적인 도입을 위해서는 상호 간 유익이 되는 강력한 동맹관계가 형성되어야 하며, 성과측정기준이 같지 않더라도 보상시스템은 같은 기준으로 적용되어야 한다는 전제조건이 충족되어야 한다.
④ ECR 시스템은 소비자에게 더 나은 가치를 제공하기 위해 유통기관과 제조기업이 서로 밀접하게 제휴하는 전략이다.
⑤ ECR 시스템이 갖는 혜택으로 제품의 선택과 구매편의 증가, 품절품목 감소, 신선도 증가 등을 꼽을 수 있다.

> ECR 시스템의 성공적인 도입을 위해서는 최고경영진의 의식의 전환(시스템적 사고), 공급체인 안에서 협력업체와의 파트너십(상생관계) 그리고 시스템의 구축 및 교육이 전제되어야 한다.

44 유통 채널상 주요 가치창출과정을 반영하는 ECR(Efficient Consumer Response)의 구현전략으로 가장 적절하지 않은 것은?

① 효율적인 프로젝트 관리(Efficient Project Management)
② 효율적인 매장 구색(Efficient Assortment)
③ 효율적인 재고 보충(Efficient Replenishment)
④ 효율적인 판매 촉진(Efficient Promotions)
⑤ 효율적인 신제품 도입(Efficient Product Introductions)

> ECR의 구현전략
> • 효율적인 상품(재고) 보충
> • 효율적인 매장 진열(구색)
> • 효율적인 판매 촉진
> • 효율적인 신제품 도입

45

e-SCM 추구전략 중 고객이 상품을 주문한 후 상품을 받을 수 있기를 기대하는 도착시간이 고객에게 배달되는 시간보다 짧은 경우에 활용할 수 있는 전략으로 가장 옳은 것은?

① 연속 재고보충 계획 전략
② 대량 개별화 전략
③ 구매자 주도 재고관리 전략
④ 제3자 물류 전략
⑤ 동시 계획 전략

해설

공급리드타임이 고객허용리드타임보다 긴 경우 재고보충을 위해 실수요정보가 소매점에서 상류기업으로 일정기간의 배치(Batch)처리로 전달되어야 하지만 채찍 효과(Bullwhip Effect)에 의한 "정보의 왜곡"이 발생하기 쉽다. 이 때문에 수요변동의 정보를 왜곡시키지 않고 상류로 전달하는 것이 과제가 된다. 구체적으로는 제조업체가 직접 소매점의 매장재고와 물류센터 재고를 관리하는 "VMI(Vendor Managed Inventory ; 공급자 주도형 재고관리)와 CRP(Continuous Replenishment Plan ; 연속 재고보충 계획)"가 대표적이다. VMI에서 소매점은 매장의 POS정보를 지연 없이 EDI로 제조업체에 제공하고, 제조업체는 정보를 기초로 수요예측프로그램과 보충프로그램을 가동시켜 매장에 재고보충을 실시한다. VMI에 의해 제조업체는 채찍효과에 의한 정보왜곡의 영향을 받지 않고 수요예측과 판매계획, 생산계획의 조정이 가능하게 된다.

※ 리드타임(Lead Time)으로 구분되는 SCM 전략
  • 고객허용리드타임 > 공급리드타임 ⇒ 대량 개별화(Mass Customization) 전략
  • 고객허용리드타임 < 공급리드타임 ⇒ 공급자 주도 재고관리(VMI), 연속 재고보충 계획(CRP) 전략
  • 고객허용리드타임 = 공급리드타임 ⇒ 동시(Concurrent) 계획 전략

46

다음의 글상자에서 QR(Quick Response)에 대한 옳은 설명만으로 나열된 것은?

㉠ 서로 떨어져 있는 기업과 부서 간의 물류정보가 실시간으로 전달된다.
㉡ 시장수요에 신속하게 대응하여 기업경쟁력을 향상시킨다.
㉢ 공급사슬에서 재고를 쌓이게 하는 요소를 제거한다.
㉣ 품질을 증가시킬 수 있는 정보를 조기에 획득할 수 있다.
㉤ QR을 사용함으로써 누적 리드타임이 감소하게 된다.
㉥ 고객요구에 대한 반응시간을 길게 만드는 요인을 제거한다.

① ㉠, ㉢, ㉣, ㉤
② ㉡, ㉢, ㉣, ㉤
③ ㉠, ㉢, ㉣, ㉥
④ ㉡, ㉢, ㉤, ㉥
⑤ ㉡, ㉢, ㉣, ㉥

해설

QR시스템
QR시스템은 생산에서 판매에 이르기까지 시장정보를 즉각적으로 수집해서 대응하며 이는 회전율이 높은 상품에 적합한 시스템이다. 또한, QR은 재고부담감소로 인한 경쟁력 강화의 효과를 가져다 준다. Supply Chain상의 거래업체가 생산·판매 및 유통에 대한 모든 정보를 공유·활용함으로써 불필요한 낭비를 제거한다.
㉠ QR시스템은 생산 및 유통관련 기업 간 정보공유(EDI)를 통해 소비자가 원하는 제품을 적시에 제공한다.
㉣ QR시스템은 생산 및 유통 각 단계의 합리화를 통해 유통과정 전반의 효율성을 증진시키는 물류기법이다.

47 ECR(Efficient Consumer Response)에 대한 설명으로 가장 옳은 것은?

① 1980년대 중반에 미국에서 의류업종의 공급사슬상의 협업과 비용절감을 위해 도입되었다.
② 생산자 사이에 걸쳐있는 유통경로상의 제약조건 및 재고를 줄임으로써 제품 공급체인의 효율성을 극대화하기 위해 도입되었다.
③ 유통업체의 문제점 중의 하나인 전방구매(Forward Buying)로 인한 공급사슬의 비효율성 문제를 해결하기 위해 도입되었다.
④ ECR의 도입 효과가 알려지면서 JIT와 QR 등의 공급사슬시스템이 개발되었다.
⑤ 기업 내의 모든 인적, 물적 자원을 효율적으로 관리하여 궁극적으로 기업의 경쟁력을 강화시켜주는 역할을 하게 되는 통합정보시스템이다.

> ①·④ ECR은 1980년대 미국의 의류업계와 유통업계가 협력해서 소비자에게 대응하던 QR에서 유래하는 것으로, 효율적 소비자대응이라 한다. 이는 1992년 미국의 식품산업계에 워킹그룹이라는 ECR추진위원회가 구성되어 식품유통의 거래관행을 재검토하기 위해 시작한 것이 최초이다.
> ② ECR은 공급업자와 소매업자가 서로 협력하여 공급체인에 생존해있는 비효율적인 요소들을 제거함으로써 생산성을 높이고, 동시에 소비자에게 양질의 제품과 서비스를 제공하는 것을 목적으로 한다.
> ⑤ ERP에 대한 설명이다.

48 ECR과 QR에 대한 설명으로 올바르지 않은 것은?

① ECR의 효율적 머천다이징은 상품의 카테고리 관리에서 브랜드 관리로 변화시킴으로써 실현한다.
② QR은 POS나 EDI 등의 정보기술을 활용하여 발주에서 제품이 조달되는 기간을 단축시켜 소비자가 원하는 상품을 즉시 보충할 수 있게 Pull시스템을 사용한다.
③ ECR이 운송비용을 최소화하는 관점에서 운송수단을 선택하는 데 비해, QR은 소비자욕구에 신속히 대응하기 위해 비용이 높은 항공편으로 배송하기도 한다.
④ 수요가 예측 가능하고 마진이 낮으며 제품유형이 다양하지 않은 기능적 상품의 경우에는 ECR이 QR보다 적절하다.
⑤ 제품이 비교적 혁신적이고 다양하며 유행에 민감하여 수요가 가변적인 상품은 시장에 대한 신속한 대응이 요구되므로 ECR보다는 QR이 더 적합하다.

> ECR은 개별적 브랜드 관리체제를 탈피하고 카테고리 관리를 함으로써 실현될 수 있다.

CHAPTER 02 · 물류기능

> **Key Point**
> - 육상·해상·항공·단위적재·복합운송의 특징과 장·단점에 대해 학습한다.
> - 보관의 원칙 10가지에 대해 암기하고, 보관물류시설에 해당하는 각 하위개념들에 대해 숙지한다.
> - 경제적 주문량 모형의 공식을 암기하고, 재고관리기법에 대해 숙지한다.
> - 공업포장과 상업포장의 개념에 대해 구분하고, 하역합리화의 원칙에 대해 암기한다.

01 화물운송

1 육상·해상·항공운송

(1) 육상운송

① 화물자동차운송

　㉠ 화물자동차운송의 개념 : 화물자동차운송은 도로망의 확충과 운반차량의 발전 및 대형화 추세에 따라 한 나라의 종합운송체제의 핵심적인 역할을 수행하고 있을 뿐 아니라 국제복합운송의 발전에 따라 문전에서 문전까지를 실현할 수 있는 중요한 연계 운송수단이 되고 있다.

　㉡ 화물자동차운송이 증가하는 원인
- 편리성 : 대규모의 고정자본을 투입하지 않고 도심지, 공업 및 상업단지의 문전까지 신속·정확하게 운송할 수 있는 편리성이 있다.
- 소규모성 : 자동차는 한 대씩 독립된 운송단위로 운영되기 때문에 운송사업에 대한 투입이 용이하다.
- 경제성 : 단거리 운송에서 철도보다 훨씬 경제적이며, 수송량에 대한 부가가치가 상대적으로 높다.
- 투자의 용이성 : 자동차의 경우 규모의 경제에서 오는 이익과의 관계가 적기 때문에 투자가 용이하다.
- 안전성 : 단거리 문전운송이기 때문에 화물의 파손과 위험이 적다.
- 기동성과 다양성 : 트럭의 종류가 많고 기동성이 높기 때문에 고객의 다양한 수송수요에 응할 수 있다.
- 신속성 : 소량화물은 철도보다 신속하게 운송할 수 있다.

ⓒ 화물자동차운송의 특징 기출 15
- 기동성과 신속한 배달이 가능하여 다빈도 소량배송에 가장 적합한 운송수단이다.
- 차종, 차량이 풍부하여 고객의 다양한 욕구에 대응할 수 있다.
- 신속하고도 정확한 택배서비스(Door to Door Delivery)를 실현할 수 있다.
- 운송단위가 소량이고 에너지 다소비형의 수송기관으로 에너지 효율이 나쁘며, 운반생산성이 낮다.

ⓔ 화물자동차운송의 장·단점

장 점	• 문전에서 문전까지 신속·정확하게 일관운송이 가능 • 단거리 운송에 적합하고 철도보다 경제적 • 포장이 비교적 간편함 • 단거리 운송에서 경제성이 높고 신속한 배차 가능 • 운송물량의 변동에 유연하게 대처 가능 • 다양한 고객의 요구를 충족 • 다른 운송수단에 비해 투자가 용이함
단 점	• 대량운송에는 부적합 • 단거리와 달리 장거리 운송 시에는 운임이 높음 • 도로혼잡, 교통사고 등의 문제 발생 • 적재중량에 제한이 많음 • 소음, 진동, 배기가스 등의 공해문제로 인해 환경오염 우려

② 철도운송
ⓐ 철도운송의 개념
- 송하인의 화물발송지에서부터 수하인의 배송지까지 철도와 기관차(화차)를 이용하여 화물을 운송하는 것을 말한다.
- 화물을 원거리로 수송하는 경우에는 수송비용이 적게 들고 경제적인 반면, 초기에 대형자본이 투자되고 투입자본 대부분이 고정화되어 타 산업으로 전업할 수 없다는 경제적 특성을 가지고 있다.

ⓑ 철도운송의 특징
- 단일 열차로 대량의 화물을 한 번에 수송할 수 있는 육상 최대의 수송능력을 소유하고 있다.
- 운임은 거리에 반비례 : 원거리일수록 수송비용이 낮아진다.
- 배기가스나 소음이 적고 안전도가 높은 운송수단이다.
- 에너지비용이 적은 동시에 운전비용이 싸다. → 대량화물이 아닌 경우에는 단위당 비용이 높아진다.

ⓒ 철도운송의 장·단점

장 점	단 점
• 대량의 화물을 동시에 효율적으로 운송 • 안전성이 높고 사전에 계획운송이 가능 • 전국적인 철도운송망 보유 • 전천후 운송수단 • 운임의 할인제도 • 중·장거리 운송일수록 운송비 저렴	• 문전에서 문전수송이 불가능 • 객차 및 화차의 소재관리 곤란 • 배차의 탄력성이 매우 적음 • 열차편성에 장시간 필요 • 적재중량당 용적량이 매우 적음 • 거액의 건설비 소요 • 필요에 따른 환적작업 • 근거리 운반 시 상대적으로 운임비율이 높고, 운임설정이 경직적임

② 철도화물차량의 종류

구 분	내 용
유개화차	• 지붕이 있는 모든 화차로 용적의 제한을 받는다. • 보통화차와 특수화차로 구별하며 특수화차에는 냉장화차 및 보온화차, 가축화차, 통풍화차, 비상화차, 소방화차, 차장화차 등이 있다.
무개화차	• 지붕이 없는 화차로 유개화차와 마찬가지로 용적의 제한을 받는다. • 비에 젖거나 인화의 우려가 없는 화물(무연탄, 철근, 광석 등)을 주로 운송한다. • 하차 시에는 기계를 이용하여 퍼내는 방식이나 측면 분출구를 이용한다.
컨테이너화차	• 컨테이너 수송에 적합한 평탄한 화차로 평면의 철도화차 상단에 컨테이너를 고정하여 운송하는 컨테이너 전용화차를 말한다.
벌크화차	• 시멘트를 운송하기 위한 화차로 벌크 전용 탱크가 설치되어 있다.
탱커화차	• 원유 등과 같은 액체화물을 운송하기 위해 일체형으로 설계된 화차를 말한다.
평판화차	• 철도화차의 상단이 평면으로 되어있는 화차로, 주로 기계류, 건설장비 등과 같이 대중량·대용적화물, 장척화물 등을 운송하는 화차를 말한다.
호퍼화차	• 싣고 내리는 작업의 합리화가 가능한 구조로 되어 있는 화차로 시멘트·사료 등을 운반하는 호퍼차와 석탄을 운반하는 석탄차가 있다.
더블 스택카	• 컨테이너를 2단으로 적재하여 운송이 가능한 화차로 우리나라에서는 운행되지 않고 있다.

◎ 철도컨테이너의 수송방식
- COFC 방식 : 컨테이너 수송에 있어서 TOFC 방식보다 보편화된 방식으로 화차에 컨테이너만을 적재하고 컨테이너를 트레일러로부터 분리하여 직접 플랫카에 적재한다. 컨테이너 상하차를 위하여 하역기기를 사용하므로 매달아 싣는 방식이라고도 한다.
- TOFC 방식 : 화차 위에 컨테이너와 고속도로용 트레일러를 동시에 적재하는 방식이다.

> **OX 문제**
> ▶ 플렉시 밴(Flexi-van) 방식은 트럭이 화물열차에 대해 직각으로 후진하여 무개화차에 컨테이너를 바로 싣는 것으로, 화차에는 회전판이 달려 있어 컨테이너를 90도 회전시켜 고정시키는 데 상당한 기동성을 발휘할 수 있다. O|X
>
> 정답 ▶ O

피기백 방식 기출 17	• 화주의 문전에서 기차역까지 트레일러에 실은 컨테이너를 트랙터로 견인하는 방식이다. • 화물의 적재단위가 클 경우에 이용하며 하역기계가 필요한 것이 단점이다.
캥거루 방식 기출 20	• 트레일러를 운반할 때 높이 제한범위에 합당하도록 트레일러 뒷바퀴에 상면보다 낮게 대차의 사이에 떨어뜨려 집어넣는 구조로 취급화물단위가 작은 유럽에서 주로 사용한다. • 세미트레일러를 철도대차에 싣고 수송하는 방식으로 화물적재높이 제한이 있는 경우 효과적이며, 하역기기가 불필요하여 인도 등의 물류활동을 정시에 수행할 수 있다.

(2) 해상운송

① 해상운송의 개념 기출 15
  ㉠ 해상운송은 원양, 연안항로 등을 따라서 운항서비스를 제공하는 운송시스템으로 일시에 대량으로 장거리를 운송할 수 있다는 경제성 때문에 국제운송의 주종 운송시스템 및 국제복합운송의 중심운송이 되고 있다. 현재 수출입 화물의 대부분이 해상운송에 의존하고 있는 실정이다.
  ㉡ 선박운송의 유형으로는 내륙수면운송, 연안운송, 근해운송, 국제해상운송 등이 있다.
  ㉢ 대량화물 또는 중량화물 등의 장거리 운송에 적합하다.

② 해상운송의 특징
　㉠ 국제적 경쟁성 : 선박만 있으면 국제협정을 체결하지 않더라도 세계 각국의 영해와 항구를 자유롭게 입·출항할 수 있기 때문에 국제적인 경쟁이 치열한 운송수단이다.
　㉡ 경제성 : 대량화물의 장거리 운송을 저렴한 가격으로 할 수 있다.
　㉢ 쾌적성, 자유성, 대량운송, 운송비 저렴, 운송로의 무한정성, 중·장거리 운송 시 편리성 등
③ 해상운송의 장·단점

장 점	단 점
• 대량화물의 장거리 운송 용이 • 운송비가 저렴 • 환경성 측면에서 우수 • 대륙 간 운송이 가능 • ULS 적용 용이 • 운송경로가 자유로움	• 항만시설에 하역기기 등의 설치로 인한 기간 소요 • 기후에 민감함 • 육상운송수단과의 연계 필요 • 운송의 완결성 낮음 • 운송속도가 느리고 운송시간의 장기화 • 국제조약 및 규칙의 준수가 요구됨

④ 정기선운송
　㉠ 정기선운송의 개념 : 정해진 항로를 정해진 운항 일정에 따라 반복 운항하면서 화물의 대소에 관계없이 공표운임률에 의하여 운임이 부과되는 화물선과 여객선의 운송을 말한다.
　㉡ 정기선운송의 특징
　　• 화물의 크기와 종류에 관계없이 표준화된 계약이 사용되고 있다.
　　• 운송수요가 불특정다수의 개별수요로 이루어지므로 화주가 다수이고 운송대상도 다수이다.
　　• 불특정다수의 운송수요자가 존재하므로 개별선사에 의한 수요의 독점이 불가능하다.
　　• 공표된 운임요율이 적용되며 하역비까지 포함하고 있어 부정기선에 비해 높다.
　　• 시장과 선복의 수요량이 비교적 안정화되어 있다.
　㉢ 정기선운송의 기능
　　• 수출입 상품을 적기에 운송할 수 있는 교역의 편의를 제공한다.
　　• 장기적으로 안정적인 운임을 화주에게 제공한다.
　　• 국가 간 긴급사태발생 시 물자운송의 역할을 수행한다.
　　• 국가 간의 운송수단이므로 교역을 촉진하여 당사국 간의 경제발전에 기여한다.
⑤ 부정기선운송 기출 21
　㉠ 부정기선운송의 개념 : 일정한 항로나 화주를 한정하지 않고 화주가 요구하는 시기와 항로에 따라 화물을 운송하는 것을 말한다.
　㉡ 부정기선운송의 특징
　　• 항로선택이 용이하고 대량의 화물을 주 대상으로 한다.
　　• 운송수요가 시간적·지역적으로 불규칙하고 불안정하여 수시로 항로를 바꾸어야 하기 때문에 전 세계가 활동범위가 된다.
　　• 정기선운송과 같은 해운동맹의 형성이 어렵고 필연적으로 단일시장에서의 자유경쟁이 전개되어 운임과 용선료는 제반요건에 따라 다변적으로 변화하는 타율성이 강하다.
　　• 선복의 공급이 물동량 변화에 대해 매우 비탄력적이기 때문에 선복수급이 균형을 이루기가 불가능하다.

ⓒ 부정기선의 운항형태

운항형태	내 용
항해용선계약 (Voyage Charter)	한 항구에서 다른 항구까지 한 번의 항해를 위해서 체결되는 운송계약으로 운송액은 적하톤당으로 정하는 용선계약
선복용선계약 (Lump Sum Charter)	항해용선계약의 변형으로 정기선 운항사 간에 한 선박의 선복 전부를 한 선적으로 간주하여 운임액을 결정하는 용선계약
일대용선계약 (Daily Charter)	항해용선계약의 변형으로 화주에게 화물을 인도하기까지 하루 단위로 용선하는 용선계약
정기용선계약 (Time Charter)	모든 장비를 갖추고 선원이 승선해 있는 선박을 일정기간을 정하고 고용하는 용선계약
나용선계약 (Bareboat Charter)	선주에게서 선박만을 용선하고, 용선자는 선장 등을 비롯하여 인적 및 물적 요소 전체를 부담하여 운항 전부에 걸친 관리를 하는 용선계약이며, 또한 일정한 기간을 정해서 용선하는 기간 용선계약의 하나로서, 선박임대차계약(Demise Charter)이라고도 한다.

개념 PLUS

정기선운송과 부정기선운송의 특성 비교

구 분	정기선운송	부정기선운송
형 태	불특정 화주의 화물운송	용선계약에 의한 화물운송
운송계약	선하증권(B/L)	용선계약서(C/P)
운임조건	Berth Term	FIO, FI, FO Term
운임결정	공표운임(Tariff)	수요공급에 의한 시장운임
운송인	공중운송인	계약운송인

하역비 부담조건 정리 기출 24 · 21

구 분	하역비 · 항비 부담조건		선적비용	양륙비용
정기선	Berth/Liner Terms		선주 부담	선주 부담
부정기선	F조건	FI	용선자 부담	선주 부담
		FO	선주 부담	용선자 부담
		FIO	용선자 부담	용선자 부담
		FIOST	용선자 부담	용선자 부담
	Gross Term(Form)		선주 부담	선주 부담
	Net Term(Form)		용선자 부담	용선자 부담

ⓔ 부정기선운임의 형태 기출 24

- Spot 운임(Spot Rate) : 계약 직후 아주 짧은 기간 내에 선적이 개시될 수 있는 상황에서 지불되는 운임이다.
- 선물운임(Forward Rate) : 용선계약으로부터 실제 적재 시기까지 오랜 기간이 있는 조건의 운임으로 선주와 화주는 장래 시황을 예측하여 결정하는 운임이다.
- 장기계약운임(Long Term Contract Freight) : 장기간 반복되는 항해에 의하여 화물을 운송하는 계약의 운임이다.

- 연속항해운임(Consecutive Voyage Rate) : 어떤 특정 항로를 반복적으로 연속하여 항해하는 경우에 약정된 연속 항해의 전부에 대하여 적용하는 운임이다.
- 부적운임(Dead Freight, 공적운임) : 화물의 실제 적재량이 계약량에 미달할 경우 그 부족분에 대해 지불하는 운임이다.
- 선복운임(Lump Sum Freight, 총괄운임) : 화물의 개수, 중량 혹은 용적과 관계없이 일항해(Trip) 또는 본선의 선복(Ship's Space)을 단위로 하여 포괄적으로 정해지는 운임이다.
- 일대용선운임(Daily Charter Freight) : 본선이 지정선적항에서 화물을 적재한 날로부터 기산하여 지정양륙항까지 운송한 후 화물인도 완료시점까지의 1일(24시간)당 용선요율을 정하여 부과하는 운임이다.

(3) 항공운송 기출 24

① 항공운송의 개념 : 항공기의 항복(Planes Space)에 승객 및 화물을 탑재하고 공항에서 다른 공항까지 운송하는 시스템으로 경제적인 특성에 따라 가장 체계화된 유통시스템과 정보체계를 이용하여 물적유통체제가 완벽하게 운영되고 있는 운송부문이다.

② 항공운송의 특징
  ㉠ 항공운송은 해상운송에 비해 운송기간이 짧아 신속성과 안전성이 높고 발착의 정시성과 신뢰성이 강하다.
  ㉡ 항공화물은 여객운송과는 달리 화물의 대부분이 야간에 집중되는 관례가 있다.
  ㉢ 항공화물은 고정화주가 많기 때문에 비교적 타 운송수단에 비해 계절적인 수요의 탄력성이 적다.
  ㉣ 항공화물은 해상운송과는 달리 왕복항이 적고 대부분이 편도성이다.
  ㉤ 항공화물은 중량 및 규격의 제한이 따른다.
  ㉥ 항공화물은 운송 시간, 운송 지역에 제약이 따른다.

③ 항공운송의 장점

물류측면	• 수요기간이 짧은 물품의 운송에 적합하다. • 긴급을 요하는 화물 또는 고가의 소형화물 운송에 적합하다. • 운송시간의 단축으로 운송물류비의 절감 및 화물의 손해발생률이 적다. • 포장비가 절감되고 통관이 간단하다.
비용측면	• 육상운송에 비해 보험료가 매우 저렴하다. • 운송시간이 짧아 투자자본의 비용이 절감된다. • 신속성으로 인해 보관비가 절감되고 포장의 경량화에 따라 운임이 절감된다. • 하역처리빈도가 적어 도난과 파손 등 위험의 발생률이 극히 적고 비상시 손해를 최소화할 수 있다. • 보관기간이 짧아 창고시설의 투자자본, 임차료, 관리비 등의 비용이 절감된다.
서비스측면	• 갑작스런 수요에 대처가 가능하고 고객서비스 향상에 의해 매출이 증대된다. • 판매기간이 짧은 상품에서 시장경쟁력이 있고 변질성 상품의 시장 확대가 가능하다. • 신속운송으로 인해 투자자본의 효율적 회전 및 재고품의 진부화, 변질화 등에 의한 손실률이 적고 운송 중인 상품의 위치파악이 쉽다.
운송측면	• 문전에서 문전까지 운송이 가능하며 발착의 정시성과 신뢰성이 있다. • 상대 기업에 대한 경쟁상의 이점이 있다. • 수요변화에 따른 적응성이 크고 대고객서비스에서 만족성이 있다. • 신속하고 정확한 화물추적정보를 제공한다. • ULD(Unit Load Device)를 이용한 안전한 적재와 통제된 공간에서 화물이 취급되므로 분실 위험도가 낮다.

> **개념 PLUS**
>
> 항공운송과 해상운송의 비교
>
> | 구 분 | 항공운송 | 해상운송 |
> |---|---|---|
> | 신속성 | • 운송시간이 짧다. | • 운송시간이 길다. |
> | 안전성 | • 높다.
• 화물손해발생률이 적다.
• 단기운송으로 인하여 파손·도난·변질 등의 위험성이 낮다. | • 낮다.
• 충격에 의해 손상될 수 있고 해수에 의해 부식될 우려가 있다.
• 장기운송에 따른 파손·도난·변질의 우려가 있다. |
> | 경제성 | • 운임의 부담이 크다.
• 포장비가 매우 저렴하다.
• 보험요율이 낮다.
• 운임 외에는 부대비용이 없다. | • 운임의 부담이 적다.
• 포장비가 높다.
• 보험요율이 높다.
• 부피화물의 요금률이 높고 장기운송에 따른 변동비가 추가로 발생된다. |

④ 항공운송의 이용품목
  ㉠ 긴급수요품목 : 납기임박 화물, 계절적 유행상품, 투기상품, 긴급구호물자 등
  ㉡ 단기운송 필요품목 : 원고, 긴급서류, 생선, 식료품, 생화(生花) 등
  ㉢ 부가가치가 높은 품목 : 전자기기, 컴퓨터기기, 정밀광학기기 등
  ㉣ 여객에 수반되는 품목 : 샘플, 애완동물, 이삿짐 등
  ㉤ 고가상품 : 미술품, 모피, 귀금속, 통신기기 등

⑤ 항공운임요율
  ㉠ 일반화물요율 : 품목분류요율 또는 특정 품목할인요율의 적용을 받지 않는 모든 화물의 운임에 적용되는 요율을 말한다.
    • 최저운임 : 중량운임이나 부피운임이 최저운임보다 낮은 경우에 적용되며 화물운송에 적용되는 운임 중 가장 적은 운임을 말한다.
    • 기본요율 : 모든 화물요율의 기준이 되는 것으로 화물 1건당 45kg 미만의 화물운송에 적용되는 요율이다.
    • 중량단계별 할인요율 : 일정단계에 따라 요율이 적용되는 화물요율에 있어 중량이 높아짐에 따라 kg당 요율을 낮게 적용하는 할인요율을 말한다.
  ㉡ 특정 품목할인요율 : 특정 구간에서 반복 운송되는 동일품목에 대하여 일반품목보다 낮은 요율을 설정한 차별화된 요율로써 품목마다 다르게 설정되어 있다.
    • 항공운송을 이용할 가능성이 높은 품목에 대하여 낮은 요율을 적용함으로써 항공운송의 확대 및 촉진을 위한 요율
    • 선박이나 육상운송품목에 대하여 항공운송의 이용을 유도하기 위한 요율
  ㉢ 품목할인요율 기출 13
    • 몇 가지 특정 품목에만 적용되는 할인 및 할증요율로서 품목뿐만 아니라 특정 구간, 특정 지역에 적용되는 경우도 있다.
    • 특정 품목은 6가지 종류이며, 기본요율에서 할인된 요율이 적용되는 것은 비동반 수화물, 신문, 잡지이고 일반화물요율에서 할증된 요율이 적용되는 것은 귀중화물, 생동물, 시체와 자동차이다.

2 단위적재운송

(1) 단위적재운송의 개념

화물을 일정한 표준의 중량과 용적으로 단위화하여 일괄적으로 하역 또는 수송하는 물류시스템으로 파렛트와 컨테이너라는 운송용구의 개발에 의해 화물을 화주의 문전에서 문전까지 일관운송할 수 있는 체제이다.

> **OX 문제**
>
> ▶ 단위적재시스템(Unit Load System) 방식은 좁은 통로도 활용할 수 있어서 효율적이다. ○ | ×
>
> **해설**
> 단위적재시스템은 파렛트 작업 시 포크리프트를 이용하기 때문에 좁은 통로에서는 활용할 수 없다.
>
> **정답** ≫ ×

(2) 단위적재운송의 특징

① 단위적재운송시스템(ULS ; Unit Load System)의 기본요건 : 단위규모의 적정화, 단위화작업의 원활화, 협동수송체제의 확립

② 단위적재운송의 장・단점 기출 18

장 점	• 화물의 파손, 오손, 분실 등을 방지한다. • 운송수단(트럭, 기차, 항공기, 선박 등)의 운용효율성이 매우 높다. • 하역의 기계화에 의한 작업능률이 향상된다. • 포장이 간단하고 포장비가 절감되어 물류비를 절감할 수 있다. • 시스템화가 용이하다.
단 점	• 컨테이너와 파렛트 확보에 경비가 소요된다. • 하역기기 등의 고정시설비 투자가 요구된다. • 자재관리의 시간과 비용이 추가된다. • 넓은 작업공간의 확보가 요구된다. • 파렛트 로드의 경우 파렛트 자체나 공간이 적재효율을 저하시킨다.

③ 단위적재운송시스템의 효과

  ㉠ 파렛트화, 컨테이너화 등의 단위화로 인력이 절약된다.
  ㉡ 물동량을 단위화함으로써 자동화설비나 자동화장비의 이용이 가능하다.
  ㉢ 수송장비의 상・하차작업이 신속히 이루어져 하역작업의 대기시간이 단축된다.
  ㉣ 표준화된 단위로 포장, 하역, 수송, 보관되어 물류작업의 표준화가 가능하다.

(3) 단위적재운송의 분류

① 파렛트화 기출 21

  ㉠ 개 념
  • 파렛트 : 유닛로드의 대표적인 도구로서 낱개의 화물을 적정한 단위묶음으로 집합할 수 있게 목재, 플라스틱, 금속 등으로 제작하여 하중을 받을 수 있도록 만들어진 하역대를 의미한다.
  • 파렛트화 : 다수의 소화물을 개별로 이동하지 않고 일정한 묶음으로 단위화하여 한꺼번에 일괄적재한 후 이동하는 것을 말한다.

  ㉡ 효 과
  • 하역의 기계화로 물품의 보관효율이 향상된다.
  • 제품파손의 감소와 포장비가 절감된다.
  • 하역시간의 단축으로 작업인원이 감소되어 노동복지가 향상된다.
  • 운송의 편의성과 트럭회전율의 향상은 물류비 절감에 기여한다.
  • 포장의 간이화와 검품 및 검량의 간이화로 물류효율을 향상시킨다.

ⓒ 일관파렛트화 : 발송지로부터 최종 도착지까지 파렛트에 적재된 화물을 운송, 보관, 하역하는 물류 활동과정 중 이를 환적하지 않고 이동시키는 것으로, 효과적인 파렛트 운용을 위해서는 일관파렛트 화가 기본적인 전제조건이 된다.

② 컨테이너화
ㄱ 개념 : 컨테이너를 사용해서 컨테이너 적재상태로 일관운송하는 것을 뜻한다.
ⓛ 국제표준기구(ISO) : 컨테이너의 종류와 규격을 정해 해상 및 육상용 컨테이너를 표준화하고 있다.
ⓒ 항공기 : 기체의 특성상 각 기종의 윤곽이 다르기 때문에 그 기종에 맞는 파렛트와 컨테이너를 제작 하여 사용하는 것이 바람직하다.
② 컨테이너화의 경제적 효과
- 기계화에 의한 하역시간의 단축과 왕복운송으로 운송시간이 단축된다.
- 대형화물로 운송포장비 절감과 포장의 표준화로 인한 포장비의 절감효과가 있다.
- 운송 중인 화물의 손실·훼손·멸실 등 손해발생 위험이 감소되어 보험료가 절감된다.
- 임대창고의 보관이 생략된다.
- 신속·정확한 화물인도와 운송 일정이 투명하다.

(4) 컨테이너운송

① 컨테이너운송의 개념 : 컨테이너라고 하는 일정한 용기에 미리 화물을 적입하여 운송하는 단위적재시스 템(Unit Load System)의 일종으로 송하인으로부터 수하인까지 컨테이너로써 화물을 운송하는 것을 말한다.
② 목적 : 송하인의 문전에서 수하인의 문전까지 컨테이너에 적입된 내용물을 운송수단의 전환에도 불구 하고 재적입이나 적출 없이 운송함으로써 물류비를 절감하는 데 있다. 기출 21
③ 컨테이너운송의 장·단점 기출 19·16·15

장 점	• 문전에서 문전까지 일관운송으로 적하시간과 비용의 감소 • 화물의 손상과 도난 감소 • 높은 노동생산성의 실현과 창고 및 재고관리비의 절감 가능 • 특수화물 취급 가능 • 해상운송을 위한 내륙터미널 시설이용 • 서류의 간소화 기능 • 화물의 중간 적입 및 적출 작업 생략
단 점	• 컨테이너화에 대규모 자본투자 필요 • 컨테이너에 적입할 수 있는 화물의 제한 • 컨테이너에 대한 하역시설이 갖추어진 항구에만 입항 가능 • 운항관리와 경영이 일반 재래선에 비해 복잡하고, 고도의 전문적인 지식과 기술 필요

④ 컨테이너선의 적재방식에 따른 분류
ㄱ LO-LO(Lift On/Lift Off) 방식 : 본선이나 육상에 설치되어 있는 갠트리 크레인으로 컨테이너를 수직으로 선박에 적재 또는 양륙하는 방식이다.
ⓛ RO-RO(Roll On/Roll Off) 방식 : 선미 또는 현측에 경사관(Ramp)이 설치되어 있어 이 경사관을 통해서 트랙터 또는 포크리프트 등으로 하역하는 방식이다.
ⓒ Lash(Float On/Float Off) 방식 : 부선에 컨테이너나 일반화물을 적재하고 부선에 설치된 갠트리 크레인에 의해서 하역하는 방식이다.

⑤ 컨테이너화물의 운송형태
  ㉠ CFS/CFS 운송 : 선적항의 CFS로부터 목적항의 CFS까지 컨테이너에 의해서 화물을 운송하는 방법으로서, 가장 초보적인 이용방법이다.
  ㉡ CFS/CY 운송 : 운송인이 여러 송하인들로부터 화물을 선적항의 CFS에 집하하여 컨테이너에 적입한 후 최종목적지인 수하인의 공장 또는 창고까지 화물을 운송하는 방법으로 운송인이 지정한 선적항의 CFS로부터 목적지의 CY까지 컨테이너에 의해서 화물을 운송하는 형태이다.
  ㉢ CY/CFS 운송 : 선적지의 운송인이 지정한 CY로부터 목적항의 지정 CFS까지 컨테이너에 의해 화물을 운송하는 형태이다.
  ㉣ CY/CY 운송 : 수출업자의 공장 또는 창고에서부터 수입업자의 창고까지 컨테이너에 의한 일관운송형태로 운송하는 방식으로 복합운송의 가장 대표적인 운송형태이다.

> **개념 PLUS**
>
> **컨테이너 종류별 운반대상 화물** 기출 17·14
> - Hanger Container – 의류, 봉제품
> - Reefer Container – 과일, 채소, 냉동화물
> - Flat Rack Container – 목재, 기계류, 승용차
> - Tank Container – 화학품, 유류
> - Solid Buck Container – 소맥분, 가축사료
> - Open Top Container – 파이프와 같이 길이가 긴 장척화물, 중량물, 기계류 등
> - Heated Container – 냉결방지나 보온이 필요한 화물 수송

3 복합운송

(1) 복합운송의 개념 기출 22

복합운송인이 복합운송계약에 의거 인수한 물품을 어느 한 국가의 지점에서 지정인도지점까지 항공, 철도, 도로운송 등 2가지 이상의 운송방식을 사용하여 이루어지는 일련의 과정을 말한다.

> **개념 PLUS**
>
> **복합운송의 유형** 기출 22·17·16
> - 피기백(Piggy back) : 트럭 + 철도
> - 피시백(Fishy back) : 트럭 + 선박
> - 버디백(Birdy back) : 트럭 + 항공기

(2) 복합운송의 기본적 요건

① 국제 간의 운송이 복합운송이다.
② 복합운송은 복합운송인에 의한 전 구간 운송의 책임을 인수해야 한다.
③ 복합운송계약의 체결이 이루어져야 한다.
④ 복합운송은 운송수단의 이종 복합성을 내포하고 있어야 한다.

(3) **복합운송의 특성** 기출 24 · 23 · 22 · 19 · 16 · 15

① **운송책임의 단일성**
  ㉠ 단일·통일책임체계 : 운송계약의 체결자인 운송인이 단일계약에 의해 전 운송구간에 걸쳐서 전적으로 책임을 부담하는 체계를 말한다.
  ㉡ 이종책임체계 : 화주에 대해 복합운송인이 전적으로 책임을 부담함에 있어서 그 책임은 각 운송구간의 고유의 원칙, 즉 해상운송구간은 헤이그규칙, 항공운송구간은 바르샤바조약, 도로운송구간은 도로화물운송조약(CMR) 및 각국의 일반화물자동차운송약관, 철도운송구간은 철도화물운송조약(CIM)에 의하여 결정하는 책임체계를 말한다.
  ㉢ 변형단일책임체계 : 화주에 대해 복합운송인이 전적으로 책임을 부담함에 있어서, 책임한도액은 Network Liability System에 의거하여 각 구간에 적용되는 법률 등에 따라 결정하는 체계를 말한다.

② **복합운송서류(B/L)** : 지정된 인도 장소에서 증권의 소지인에게 화물을 인도할 의무를 지는 유가증권으로 복합운송인이 발행한다.

③ **단일운임의 설정** : 전 운송구간에 단일화된 운임을 부과한다.

④ **운송방식의 다양성** : 2가지 이상의 운송방식으로 이루어진다.

⑤ **위험부담의 분기점** : 송하인의 물품을 내륙운송인에게 인도하는 시점이 위험부담의 분기점이다.

⑥ **복합운송증권**
  ㉠ 화물을 인수한 경우 복합운송증권을 발행한다.
  ㉡ 법적 성질 : 지시증권성, 처분증권성, 제시증권성, 상환증권성, 인도증권성 등이 있다.

⑦ **복합 법적 규제** : 복합운송은 운송수단별로 각각 다른 법적 규제를 받으므로 유의해야 한다.

> **OX 문제**
> ▶ 국제복합운송은 전운송구간 내지 전운송기간에 걸쳐 화물에 대해 책임을 지는 전구간 단일운송책임을 원칙으로 한다. O|X
> 정답 》 O

(4) **복합운송의 효과**

화주 측의 효과	운송인 측의 효과
• 안전성 • 경제성 • 신속성 • 투하자본율의 상승효과 등	• 화물단위당 비용절감 • 기계화·자동화에 따른 대폭적인 인건비 절감 • 대량화물의 신속처리 등

(5) **복합운송의 장점**

① 복합운송의 화물은 재래식에 비해 보다 더 안전한 상태로 화물이 운송된다.
② 복합운송의 저렴한 운송비는 세계자원의 최적이용을 촉진시킨다.
③ 운송에 있어서 에너지 등을 절감시킨다.
④ 철도운송용 화차, 도로운송 차량, 컨테이너 등을 포함하는 통과서비스는 항구에서 신속한 환적을 가능하게 하여 재래수단에 의한 운송보다 화물할증료가 낮으며, 인건비를 절감시킨다.
⑤ 노동비와 자본비의 단계적 인상에도 불구하고 하부구조와 운송수단의 이용을 좋게 한다.
⑥ 통과화물기록, 통과운임 및 합동책임규약이 선하증권의 발급으로 간편화된다.
⑦ 신속한 통과는 수입자로 하여금 창고저장을 최소화하여 과다한 운영자본비 지출을 막게 한다.
⑧ 복합운송의 발달은 국제적인 규칙·조약의 제정을 촉진시킨다.

(6) 복합운송의 분류

① 계약에 따른 분류
  ㉠ 하청운송 : 한 사람의 운송인이 전 운송구간의 운송을 인수하고 다른 운송인에게 그 운송이 하청 또는 도급을 주는 운송형태이다.
  ㉡ 부분운송 : 각 운송구간마다 송하인과 운송인이 운송계약을 하고 각 운송인이 자기의 운송구간에 대해서만 운송책임을 지는 운송형태이다.
  ㉢ 공동(동일)운송 : 다수의 운송인이 공동으로 전 구간의 운송을 인수하는 운송형태이다.
  ㉣ 연대운송 : 2인 이상의 운송인에 의해서 특정의 화물이 순차적으로 운송되는 운송형태이다.

② 주체에 따른 분류
  ㉠ 운송주선인형 복합운송인 : 항공기 등 운송수단을 자신이 직접 보유하지 않고, 다만 계약운송인으로서 운송책임을 지는 형태이다(예 해상운송주선인, 항공운송주선인, 통관인, 컨테이너임대인 등).
  ㉡ 운송인형 복합운송인 : 운송수단을 가지고 있는 사람이 복합운송인의 역할을 수행하는 형태로서 실제운송인형 복합운송인을 말한다(예 선박회사, 철도회사, 트럭회사, 항공회사 등).

(7) 복합운송인의 책임과 책임체계

① 복합운송인의 책임
  ㉠ 절대책임 또는 엄격책임 : 손해의 결과에 대해서 항변의 면책이 인정되지 않고 절대적으로 책임을 지는 것이다.
  ㉡ 과실책임 : 운송인이 주의의무를 다하지 못해 발생한 손해에 대해서는 책임을 지는 것이다. 이때 피해자 측은 운송인이 주의의무를 태만히 했음을 증명해야 한다. 운송인의 과실을 화주가 입증하는 것을 원칙으로 하고 있다.
  ㉢ 무과실책임 : 운송인의 책임발생에 대하여 운송인이나 사용인의 과실을 요건으로 하지 않는 책임이다. 엄격책임 또는 절대책임과는 달리 불가항력 및 기타 약간의 사유가 면책사유로서 인정된다(헤이그규칙, 바르샤바조약).

② 복합운송인의 책임체계
  ㉠ 타이업시스템(Tie-up System) : 각 운송구간의 운송인과 화주가 개별적으로 운송계약을 체결할 경우 각 운송구간에 적용되는 책임원칙에 따라 운송인이 운송책임을 부담하는 책임체계이다.
  ㉡ 이종책임체계 : 복합운송인이 전 구간에 걸쳐 책임을 지나 손해발생구간에 적용되는 개개의 책임체계에 의하여 결정하는 체계로서 대화주단일책임 또는 책임원칙조합형이라 한다.
  ㉢ 단일책임체계 : 복합운송인이 손해발생구간, 운송수단의 종류를 불문하고 전 구간을 통해 단일의 책임원칙에 따라 책임을 부담하는 책임체계를 말한다.

(8) 프레이트 포워더

① 프레이트 포워더의 의의
  ㉠ 직접 운송수단을 보유하지 않은 채 고객을 위하여 화물운송의 주선이나 운송행위를 하는 자로서 운송주선인, 국제운송주선인, 복합운송인, 복합운송주선인 등으로 혼용하여 사용하고 있다.
  ㉡ 수입절차는 선적서류 입수 → 도착 통지 → 배정적화목록 작성 → 수입통관 → 화물 양하/입고/운송 → 화물 인출의 순이다.

② 프레이트 포워더의 기능
　㉠ 전문적인 조언, 운송관계서류의 작성, 운송계약의 체결, 선복의 예약, 항구로 반출, 통관수속, 운임 및 기타 비용의 일괄 처리, 포장 및 창고 보관, 화물의 관리 및 분배, 혼재서비스, 시장조사 등의 역할을 한다.
　㉡ 수입통관은 수입지 포워더 자신의 명의 또는 화주의 명의로 수입신고할 수 있다.
③ 프레이트 포워더의 업무 분류
　㉠ 서비스에 대한 구분 : 국내운송업무, 적하보험의 체결업무, 보관업무제, 포장업무, 통관업무, 선적업무, 하역업무
　㉡ 기능에 의한 구분
　　• 포워딩 서비스 : 화물의 특성과 운송지역에 적절한 운송수단을 선택하여 운송주선인으로서 제공하는 서비스
　　• 복합운송인 서비스 : 운송업체를 매체로 하여 독자적인 운송방식과 운임요율표에 의하여 복합운송인으로서 제공하는 서비스
　㉢ 프레이트 포워더의 유형 : 운송인형 프레이트 포워더, 운송주선인형 프레이트 포워더

개념 PLUS

프레이트 포워더의 주요 업무(기능)
- 운송에 대한 전문적인 조언
- 운송수단의 수배
- 본선과 화물의 인수 또는 인도
- 운송관계서류의 작성 : 선하증권, 선복예약서(S/R), 선적허가서, 부두수령증(D/R), 수출입허가서
- 통관업무의 수행
- 포장 및 창고보관업무
- 보험 수배
- 소량화물의 혼재(Consolidation) 및 분배
- 복합운송

4 공동수배송

(1) 공동수배송의 개요
① 개념 : 각각의 화주가 물품을 개별수송하는 방식에서 화주 또는 트럭사업자가 공동으로 물품을 통합적재 수송방식으로 바꾸어 수송물류비용의 절감, 차량적재 효율의 향상을 도모하는 시스템이다.
② 기능 : 시장범위의 결정, 생산결정, 판매결정, 가격결정, 시설의 입지선정 등의 기능을 수행한다.

(2) 공동수배송시스템의 전제조건
① 필요한 화물을 수배송할 수 있는 차량을 보유하여야 한다.
② 공동수배송을 주도하는 업체가 있어야 한다.

③ 공동수배송에 대한 이해가 일치하여야 한다.
④ 일정구역 내에 유사업체나 배송을 실시하는 복수기업이 존재하여야 한다.
⑤ 물류표준화가 선행되어야 한다.

(3) 공동수배송의 발전단계
① 제1단계 : 공동운송의 단계(콘솔단계)
② 제2단계 : 크로스도킹 단계
③ 제3단계 : 공동재고보관 단계
　㉠ 공동집하, 공동보관
　㉡ 개별납품, 공동보관, 공동배송
　㉢ 공동집하, 공동보관, 공동배송
　㉣ 공동수주시스템에 의한 물류의 공동화(질적 향상)

(4) 공동수배송의 장점
① 공동수배송은 참여기업에 대한 서비스 수준을 균등하게 유지할 수 있다.
② 공동수배송은 참여기업의 운임부담을 경감할 수 있다.
③ 참여기업에 대한 통합된 수배송 KPI(Key Performance Indicator)를 제공할 수 있다.
④ 다양한 거래처에 대한 공동수배송을 실시함으로써 물동량의 계절적 수요변동에 대한 차량운영의 탄력성을 확보할 수 있다.

(5) 공동수배송 추진의 장애요인
① 자사의 고객서비스 우선
② 배송서비스를 기업의 판매경쟁력으로 삼으려는 전략
③ 상품특성에 따른 특수서비스 제공의 필요성
④ 긴급대처능력 결여
⑤ 상품에 대한 안전성 문제

(6) 공동수배송시스템의 효과

화주 측 효과	• 차량적재율 향상에 의한 수배송의 비용 절감 • 인력부족에 대처 가능 • 수배송업무의 효율화 • 차량 및 시설 등에 대한 투자액 감소 • 수배송 빈도 향상으로 신뢰성 증가 및 판매 증대 • 영업활동과 수배송업무의 분리를 통한 영업활동의 효율화
거래처 측 효과	• 거래처 측 입고부문의 교통혼잡 완화 • 일괄납품으로 검사 등 일선 업무의 효율화 • 납품 빈도의 증가로 품목확보 및 선도 향상과 재고비용 감소
사회적 효과	• 물류비의 감소 • 차량감소에 따른 교통환경 개선

(7) 공동수배송시스템의 적용유형

① 집배송공동형
  ㉠ 특정화주공동형 : 동일업종의 화주가 조합이나 연합회 등을 결성하여 화주 주도로 집하 및 배송의 공동화를 추진하는 유형이다.
  ㉡ 운송사업자공동형 : 복수의 운송사업자가 각 지역을 분담하여 불특정다수의 화물을 공동으로 집하 및 배송하는 유형이다.
② 배송공동형 : 물류센터까지는 각 화주 또는 개개의 운송사업자가 화물을 운반하고 배송만 공동으로 하는 유형이다.
③ 노선집하공동형 : 개개인의 노선사업자가 집하해 온 노선화물의 집하부분만을 공동으로 하는 유형이다.
④ 납품대행형 : 백화점이나 판매점으로의 납품에 있어서 도매업자 등의 발화주가 개개의 점포별로 납품하는 것이 아니라 수송업자가 다수의 화주상품을 집하해서 발화주를 대신하여 납품하는 형태를 말한다.

02 보관 하역

1 보관물류

(1) 보관의 개념과 역할

① 보관(Storage) : 물품의 생산과 소비의 시간적 거리를 조정하여 시간적 효용을 창출하는 것으로 적시에 원료 및 부품을 공급하여 생산을 원활하게 하고 그 제품을 수요에 적합하게 적시에 출하하여 판매효과를 높이는 기능을 가지고 있다. 기출 13
② 기업의 보관시설 사용 목적 : 수송비와 생산비를 줄이고, 공급과 수요의 균형을 이루며, 생산과정과 판매활동을 지원하기 위해서이다.
③ 재화를 물리적으로 저장하고 관리하여 주문에 따라 피킹, 분류, 검품 및 출고, 배송 작업을 수행한다.

(2) 보관의 기능

① 고객서비스의 최전선 기능 : 고객의 주문에 대해 효율적인 재고관리를 하여 신속·정확하게 주문품을 인도한다.
② 운송과 배송 간의 윤활유 기능 : 공장에서 수송된 대량 로트를 소량 로트로 나누어 배송하는 중간기지의 역할을 한다.
③ 생산과 판매 간의 조정 또는 완충 기능 : 재고관리 기능을 통해 생산과 판매 사이에서 발생하는 시간적·공간적인 갭을 메꿔준다.
④ 유통가공 기능 : 검사, 집산, 분류, 검사 장소 등의 기능도 수행한다.

(3) 보관의 원칙 기출 22·21·17·16

① **통로대면보관의 원칙** : 물품의 입·출고를 쉽게 하고 효율적으로 보관하기 위해서는 통로면에 보관한다.
② **높이쌓기의 원칙** : 물품을 고층으로 적재하는 것으로 평적보다 파렛트 등을 이용하여 용적효율을 향상시킨다.
③ **선입선출의 원칙** : FIFO(First In First Out), 즉 먼저 보관한 물품을 먼저 출고한다(상품형식변경이 잦은 것, 상품수명주기가 짧은 것, 파손·감모가 생기기 쉬운 것).
④ **회전대응보관의 원칙** : 보관할 물품의 장소를 회전정도에 따라 정하는 것으로 입·출하빈도의 정도에 따라 보관장소를 결정한다.
⑤ **동일성·유사성의 원칙** : 동일품종은 동일장소에 보관하고, 유사품은 근처 가까운 장소에 보관해야 한다.
⑥ **중량특성의 원칙** : 중량에 따라 보관장소나 높낮이를 결정해야 한다.
⑦ **형상특성의 원칙** : 형상에 따라 보관방법을 변경하며 형상특성에 부응하여 보관한다.
⑧ **위치표시의 원칙** : 보관품의 장소와 선반번호 등의 위치를 표시함으로써 업무의 효율화를 증대시킬 수 있다.
⑨ **명료성의 원칙** : 시각적으로 보관품을 용이하게 식별할 수 있도록 보관한다.
⑩ **네트워크보관의 원칙** : 관련 품목을 한 장소에 모아서 보관한다.

(4) 보관물류시설

① **물류센터**
  ㉠ 물류센터의 개념
  - 물류센터는 넓은 의미로는 대규모의 물류단지에 복합터미널과 같이 자동화된 시설을 갖추고 운영되는 거대하고 방대한 단지를 말한다.
  - 운영형태에 따라 물류센터, 물류거점(Stock Point)센터, 배송센터, 데포(Depot) 등으로 불리고 있다.
  - 다품종 대량의 물품을 공급받아 분류, 보관, 포장, 유통가공, 정보처리 등을 수행하여 다수의 수요자에게 적기에 배송하기 위한 시설이라고 할 수 있다.
  ㉡ 물류센터의 목적 및 역할
  - 물품 수급조절의 완충적인 기능을 수행하는 중심지 역할
  - 배송기지로서 운송비의 절감을 위한 교량적인 역할(교차수송방지, 납품 트럭의 혼잡방지 등)
  - 재고집약에 의한 적정재고의 유지와 판매거점의 구입활동을 집약함으로써 거래를 유리하게 하는 역할
  - 판매정보의 조기파악 후 조달 및 생산계획의 반영 및 신속·정확한 배송에 의한 고객서비스 향상
  - 상·물 분리에 의한 물류효율화와 보관 및 하역을 포함한 관리 효율의 향상 및 작업의 생력화

② **물류단지** : 물류단지시설과 지원시설을 집단적으로 설치·육성하기 위하여 관련법에 따라 지정·개발하는 일단(一團)의 토지를 물류단지라고 한다. 물류단지시설이란 화물의 운송·집화·하역·분류·포장·가공·조립·통관·보관·판매·정보처리 등을 위하여 물류단지 안에 설치되는 시설을 말한다.

③ 배송센터
  ㉠ 개 념
    - 관할지역 내의 소매점 및 소비자에 대한 배송기능을 주로 하는 물류거점으로 물류센터보다 소규모이고 기능이 단순하다. 보통 집배송센터 또는 집배센터라고 한다.
    - 배송센터는 도매업, 대량 소매업, 슈퍼, 편의점 등이 매일 상품의 집배와 배송을 동일장소에서 실시한다는 데 착안하여 나온 명칭으로 유사한 용어로는 유통센터(Commercial Distribution Center)가 있다. 배송센터는 협의로 개별기업의 배송센터를 지칭하기도 하고, 광의로는 복합물류터미널과 같은 대규모 유통업무단지 자체를 지칭한다.
  ㉡ 배송센터의 일반적 기능
    - 보 관
    - 분 류
    - 정보센터
    - 부가가치창출
    - 타이밍 조정
    - 수배송
    - 판매촉진
  ㉢ 배송센터 구축의 이점
    - 수송비 절감
    - 상물분리 실시
    - 납품작업 합리화
    - 배송서비스율 향상
    - 교차수송 방지

④ 공동집배송센터
  ㉠ 개 념
    - 유사한 업종의 제품유통을 위해서 대규모 단지를 조성하고, 도매·검수·포장 등과 같은 가공기능과 정보처리시설 등을 갖추어 체계적으로 공동관리하는 물류단지이다(예 가락동 농수산물시장, 노량진 수산시장 등).
    - 여러 유통사업자 또는 제조업자가 공동으로 사용할 수 있도록 집배송시설 및 부대업무시설이 설치되어 있는 지역 및 시설물이다.
  ㉡ 기능 : 공동구매에서 오는 대량구매와 계획매입으로 인한 구매력의 향상으로 수익의 증대와 공급조절을 통한 가격의 급등락을 방지하는 기능이 있다.
  ㉢ 공동집배송의 필요성
    - 관련법상의 제약과 높은 지가(地價)로 개별업체의 적정입지 확보가 곤란하다.
    - 토지효율 및 투자효율의 극대화의 필요성 때문이다.
    - 일괄매입 및 일괄조성으로 단지조성의 능률화, 도시기능의 순화 등이 필요하다.
  ㉣ 공동집배송의 도입효과 기출 16
    - 물류비절감의 효과 : 공동집배송은 다수업체가 배송센터를 한 곳의 대단위 단지에 집결시킴으로써 배송물량의 지역별·업체별 계획배송 및 혼재배송에 의해 차량 적재율의 증가, 횟수의 감소 및 운송거리의 단축을 통하여 물류비를 절감시키는 효과를 가져온다.
    - 공간효용의 극대화 : 공동집배송은 작업을 공동으로 수행하므로 상품 흐름의 원활화, 인력의 공동활용, 공간효용의 극대화를 기대할 수 있다.
    - 토지효율 및 투자효율을 높일 수 있다.

⑤ 복합물류터미널
  ㉠ 개념 : 우리나라의 복합물류터미널은 물류시설의 개발 및 운영에 관한 법률에 근거하며, 화물의 집하, 하역, 분류, 포장, 보관 또는 통관에 필요한 시설을 갖춘 화물유통의 중심장소로서 두 종류 이상 운송수단 간의 연계수송을 할 수 있는 규모와 시설을 갖춘 물류터미널이다.
  ㉡ 주요 시설 : 복합물류터미널은 물류터미널(화물취급장, 화물자동차 정류장), 창고, 배송센터, 물류정보센터, 수송수단 간 연계시설 및 각종 공공 편의시설, ICD시설(CY 및 CFS)이 한 곳에 집적된 종합적 물류거점을 의미한다.

⑥ ICD(Inland Container Depot) 기출 22·21·18
  ㉠ 개념 : 공장단지와 수출지 항만과의 사이를 연결하여 화물의 유통을 신속·원활히 하기 위한 대규모 물류단지이다.
  ㉡ 기능 : 내륙통관기지로서의 ICD는 항만 내에서 이루어져야 할 본선작업과 마샬링기능을 제외한 장치보관기능, 집하분류기능, 수출 컨테이너화물에 대한 통관기능 등 전통적인 항만의 기능과 서비스 일부를 수행함으로써 신속한 화물유통을 가능하게 하고 있다.
  ㉢ 내륙 ICD의 장점
    • 시설비 절감 : 항만지역과 비교하여 창고·보관시설용 토지 취득이 쉽고 시설비가 절감되어 창고보관료가 저렴하다.
    • 운송비 절감 : 화물의 대단위화에 따른 운송효율의 향상과 교통혼잡 회피로 운송비가 절감된다.
    • 노동생산성 향상 : 노동력의 안정적 확보와 기계화로 노동생산성이 향상된다.
    • 포장비 절감 : 통관검사 후 재포장의 용이함으로 포장비가 절감된다.
    • 통관비 절감 : 통관의 신속화로 통관비가 절감된다.

> **OX문제**
> ▶ ICD에서는 공컨테이너를 항만까지 반송하지 않고도 점검, 보수, 인도, 인수할 수 있다. O｜X
> 정답 ▶ O

⑦ 스톡 포인트(SP ; Stock Point)
  ㉠ 보통 재고품의 보관거점으로서 상품의 배송거점인 동시에 예상수요에 대한 보관거점을 의미한다.
  ㉡ 배송센터와 비교하면 정태적 의미의 유통창고를 말하며 우리나라와 일본은 하치장이라 부른다.
  ㉢ 물품보관에 주력하는 보관장소이며 제조업체들이 원료나 완성품, 폐기물을 쌓아 두는 경우가 많다.
  ㉣ 유통업체인 경우 배송시키기 위한 전단계로 재고품을 비축하거나 다음 단계의 배송센터로 상품을 이전시키기 위해 일시 보관하는 곳이다.

⑧ 데포(DP ; Depot)
  ㉠ SP(스톡포인트)보다 작은 국내용 2차창고, 또는 수출상품을 집화, 분류, 수송하기 위한 내륙 CFS를 데포라 하며 단말배송소라고도 한다. 화물체류시간은 짧다.
  ㉡ 수송을 효율적으로 하기 위해서 갖추어진 집배중계 및 배송처이다.
  ㉢ 컨테이너가 CY에 반입되기 전에 야적된 상태에서 컨테이너를 적재시킨 장소이다.
  ㉣ 생산지에서 소비지까지 배송할 때 각지의 데포까지는 하나로 통합하여 수송한다.
  ㉤ 수송비의 절감과 고객서비스의 향상에 기여한다.

⑨ CY/CFS 기출 17·13
　㉠ CY(Container Yard) : 보세장치장을 이르는 말로 공컨테이너 또는 풀컨테이너에 이를 넘겨주고 넘겨받아 보관할 수 있는 넓은 장소를 말한다. 넓게는 CFS, Marshalling Yard(부두의 선적대기장), Apron, 샤시, 트랙터 장치장까지도 포함한다.
　㉡ CFS(Container Freight Station) : LCL 화물을 모아서 FCL 화물로 만드는 LCL 화물 정거장을 말한다.
　㉢ CY와 CFS의 차이점
　　• CY는 선박에 언제든지 실릴 수 있도록 만들어진 FCL 화물만을 쌓아 두는 야외공간을 말한다. 따라서 CY 화물을 FCL 화물이라고도 하는데 화주의 FCL 화물들은 공장에서 CFS를 거치지 않고 CY로 직접 운송한다.
　　• 화주들의 LCL 화물들은 먼저 CFS로 모여서 혼재(Consolidation)되어 FCL로 형성된 후 CY로 보내진다. LCL 화물은 CFS 화물로 불리기도 하며 모든 LCL 화물은 CFS를 거치지 않고는 컨테이너선에 실려서 운송될 수도 없으며 수입되는 LCL 화물도 반드시 CFS를 거쳐서 각 수화주에게 인도된다.

2 창고관리

(1) 창고의 일반적 개념
① 창고의 역할 : 창고의 주된 역할은 보관을 목적으로 하는 보관창고의 성격이 강하였으나, 경제의 발전과 더불어 제품을 생산하기 위한 원재료를 비롯하여 제조과정의 반제품을 일시 저장하거나, 중간제품이나 완성품을 보관하는 창고 등의 성격으로 확장되었다.
② Link와 Node : 물류활동은 Link(연결선)와 Node(마디)를 이어주면서 이루어진다.
　㉠ Link : 물류경로
　㉡ Node : 물류거점으로 Node에는 화물역, 항만, 트럭터미널과 같이 사회간접자본에 의해서 건립되는 것과 공장창고, 배송센터, 물류센터와 같이 민간기업에 의해 건립되고 운영되는 것이 있다. 일반적으로 창고는 건축물, 공작물을 말하고 물류센터, 배송센터는 기능적인 물류시설을 말하는 것이다.

(2) 창고의 기능
① 보관기능 : 품질 특성이나 영업 전략에 따른 보관 기능
② 재고관리기능 : 불필요한 재고 감축과 품절 방지
③ 수배송과의 연계 : 정보시스템을 바탕으로 한 거점으로서의 기능
④ 유통가공기능 : 포장, 검품 등의 재가공 기능
⑤ 물류비의 관리 기능 : 창고 업무와 관련된 물류비의 절감
⑥ 물류환경변화에 대한 대응 기능
　㉠ 다품종 소량화, 경박단소화에 대한 대응
　㉡ 소량주문과 다빈도 배송에 대한 대응
　㉢ 물류의 빠른 유통에 대한 대응

(3) 창고의 분류 기출 24

① 명칭에 따른 분류
  ㉠ 영업창고 : 타인의 물품 위탁을 받아 창고에 보관하는 영업용 창고
  ㉡ 공공(공익)창고 : 공립창고, 관설보세창고, 관설간이창고, 공공임대 창고 등
  ㉢ 사설보세창고 : 민간의 보세창고로 국가에서 인정한 것

② 보관에 따른 분류
  ㉠ 보통창고 : 보통화물을 보관
  ㉡ 냉동·냉장창고 : 실내보관온도가 항상 10℃ 이하의 저온상태에서 물품을 보관
    • F급 : −20℃ 이하
    • C1급 : −10℃ 이하 −20℃ 미만
    • C2급 : −2℃ 이하 −10℃ 미만
    • C3급 : 10℃ 이하 −2℃ 미만
  ㉢ 야적창고 : 건물이 없이 보관하며 항구지구 등에서 철제, 동판, 컨테이너 등의 물품 보관
  ㉣ 수면창고(水面倉庫) : 수면(水面) 위에 원목 등 물품을 보관

③ 구조에 따른 분류
  ㉠ 보통창고 : 우리나라의 재래식 창고를 말한다. 창고의 내부에 아무런 설비가 없으며 부분적으로만 선반을 설치한 곳이 있고, 단층창고와 다층창고로 구분된다.
  ㉡ 기계화 창고 : 랙시설을 갖추고 포크 리프트 트럭 및 크레인 또는 컨베이어 등에 의해서 운영된다.
  ㉢ 자동화 창고
    • 컴퓨터에 의해 정보의 처리, 하역, 보관, 운반 등의 입·출고작업이 신속·정확하게 이루어지는 창고이다.
    • 기계화 창고와 자동화 창고의 차이점은 그 시스템이 '정보처리시스템과 일체화되어 있는가, 아닌가'라는 점이다.
    • 제어방식으로는 온라인 제어방식과 오프라인 제어방식으로 구분된다. 시설 규모에 따라 간이자동화창고와 자동창고로 구분하기도 한다. 간이자동화창고는 기존 건물을 개조하여 적은 투자로 랙을 설치하여 제한적인 자동창고의 효과를 볼 수 있다.
    • 랙의 높이에 따라 저층랙(5m 이하), 중층랙(5~15m), 고층랙(15m 이상)으로 분류된다.

④ 입지기준에 따른 분류
  ㉠ 연안창고 : 항만이나 해안에 있는 창고(부두창고, 접안창고)
  ㉡ 연선창고 : 철도수송화물을 보관하는 창고(역전창고, 터미널창고)
  ㉢ 내륙창고 : 농업창고, 공장창고, 도시창고, 오지창고
  ㉣ 역창고 : 기차역 등의 역 내에 있는 차고
  ㉤ 야적창고 : 노천에 물건을 보관하는 옥외창고

⑤ 기능에 따른 분류
  ㉠ 보관창고 : 판매지원형의 창고로 유통경로의 단축, 판매의 확대, 서비스의 향상, 물류비의 절감 효과가 있다.
  ㉡ 유통창고 : 창고의 기능과 운수의 기능을 겸비하여 물품이 유통·보관되는 창고이다.
  ㉢ 보세창고 : 관세법에 근거를 두고 세관장의 허가를 얻어 수출입화물을 취급하는 창고를 말하며 수출입세, 소비세 미납화물을 보관하는 창고이다.

⑥ 운영형태에 따른 분류 기출 15
  ㉠ 자가창고 : 자가창고란 직접 소유하고 자기의 물품을 보관하기 위한 창고를 말한다. 자가창고는 임대창고와 비교할 때 보다 효율적인 관리가 가능하고 높은 유연성을 가지는 장점이 있다. 특히 수요가 안정적인 경우나 특수한 창고보관기술을 필요로 하는 경우에는 그 장점을 극대화할 수 있다.
  ㉡ 영업창고 : 영업창고란 다른 사람이 기탁한 물품을 보관하고, 그 대가로 보관료를 받는 창고를 말한다. 자가창고와 마찬가지로 화물인도, 보관, 선적, 그리고 보관과 관련된 서비스를 제공한다. 영업창고의 창고료는 보관료와 하역료로 구성되어 있다.

[자가창고와 영업창고의 장·단점] 기출 18·16

구 분	자가창고	영업창고
장 점	• 기계에 의한 합리화 및 생산화 가능 • 기업에서 취급하는 상품에 알맞은 최적의 보관 • 하역설비의 설계 가능 • 노하우 축적 가능 • 수주 및 출하의 일관화	• 필요로 하는 공간을 언제 어디서든지 이용 가능 • 전문업자로서의 전문적 관리 운용 • 설비투자가 불필요함 • 보상제도의 확립(파손 시) • 비용, 지출의 명확화
단 점	• 토지구입 및 설비투자 비용 등과 창고규모의 고정적 배치에 의한 인건비, 관리비 부담 • 계절변동에 비탄력적 • 재고품의 관리가 소홀해짐	• 시설변경의 탄력성이 적음 • 토탈시스템과의 연결이 약함 • 치밀한 고객서비스가 어려움 • 자가 목적에 맞는 창고 설계가 어려움

  ㉢ 리스창고 : 기업이 보관공간을 리스하는 것은 영업창고의 단기적 임대와 자가창고의 장기적 계약 사이의 중간적인 선택을 나타낸다. 낮은 임대요금으로 보관공간을 확보할 수 있고, 임대기간에 따라 사용자가 보관공간이나 그와 관련된 제반운영을 직접 통제할 수 있으나, 임대계약을 통해 특정 기간 동안 임대료를 지불할 것을 보증하기 때문에 영업창고처럼 시장환경의 변화에 따라 보관장소를 탄력적으로 옮기는 것이 불가능하다.
  ㉣ 공공창고 : 국가 또는 지방자치단체 등이 공익 목적으로 건설한 창고이다.

(4) 창고 레이아웃 관리

창고의 레이아웃(Layout)을 고려할 때에는 공간의 활용과 창고작업의 용이성을 중심으로 하도록 한다.
① 창고의 활용방안
  ㉠ 입체적으로 쌓도록 한다(상부공간 활용).
  ㉡ 창고설비를 최적화하여 공간을 활용한다(Drive-in Rack, Mobile Rack).
  ㉢ 통로면적을 가급적 줄인다.
  ㉣ 계획적으로 공간을 활용하여 불필요 공간을 배제한다.
  ㉤ 융통성을 발휘하여 공간을 절약한다(Free Location System).
  ㉥ 구분방법을 바꾸어 추진효율을 향상시킨다.

② 통로의 활용방안
　㉠ 통로가 좁으면 작업능률이 떨어진다.
　㉡ 굴곡이 많고 폭의 변화가 심해서는 안 된다.
　㉢ 미끄러워서는 안 된다.
　㉣ 어둡지 않도록 한다.
　㉤ 모든 보관품이 한눈에 들어오도록 한다.
　㉥ 너무 넓으면 스페이스 활용도가 떨어진다.
　㉦ 출고품의 집하거리가 길지 않도록 한다(물품 이동의 낭비제거).
　㉧ 운반기기가 충분히 작업할 수 있어야 하며, Unit Load가 통과할 수 있는 폭이 되지 않으면 운반능률이 떨어진다.
　㉨ 통로에 기둥 또는 장애물이 있어서는 안 된다.

③ 창고 레이아웃의 기본원리
　㉠ 물품, 통로, 운반기기 및 사람 등의 흐름방향에 있어 항상 직진성에 중점을 두어야 한다.
　㉡ 물품, 운반기기 및 사람의 역행교차는 피해야 한다.
　㉢ 물품의 취급횟수를 줄여야 한다.
　㉣ 물품의 흐름과정에서 높낮이 차이의 크기와 횟수를 감소시켜야 한다.
　㉤ 화차, 운반기기, 랙, 통로입구 및 기둥간격의 모듈화를 시도하고, 여분의 공간을 감소시키기 위해서는 디멘션(Dimension)의 배수관계를 잘 고려해야 한다.

3 재고관리

(1) 재고관리의 개념
생산을 용이하게 하거나 또는 고객으로부터의 수요를 만족시키기 위하여 유지하는 원자재, 재공품, 완제품, 부품 등 재고를 최적상태로 관리하는 절차를 말한다.

(2) 재고관리의 목적
고객의 서비스 수준을 만족시키면서 품절로 인한 손실과 재고유지비용 및 발주비용을 최적화하여 총재고관리비용을 최소로 하는 것이다.
① 재고의 적정화에 의해 재고투자 및 재고관련 비용의 절감
② 재고비의 감소와 과다재고 방지에 의한 운전자금 절감
③ 재고관리에 의한 생산 및 판매활동의 안정화 도모
④ 과학적이고 혁신적인 재고관리에 의거하여 업무효율화 및 간소화 추진

(3) 재고관리의 기능 [기출 15]

① **수급적합 기능** : 품절로 인한 판매기회의 상실을 방지하기 위한 기능으로 생산과 판매의 완충이라는 재고 본래의 기능을 수행하는 것을 말한다.

② **생산의 계획·평준화 기능** : 재고를 통해 수요의 변동을 완충하는 것으로, 주문이 불규칙적이고 비정기적인 경우 재고를 통해 계획적인 생산의 실시와 조업도의 평준화를 유지하게 하는 기능으로 제조원가의 안정과 가격인하에도 기여한다.

③ **경제적 발주 기능** : 발주정책의 수립 시 재고관련 비용을 최소화하는 경제적 발주량 또는 로트량을 구하고, 이것을 발주정책에 이용함으로써 긴급발주 등에 따른 추가의 비용을 방지 및 최소화하는 기능을 말한다.

④ **수송합리화 기능** : 재고의 공간적 배치와 관련된 기능으로 어떠한 재고를 어떠한 보관 장소에 보관할 것인가에 따라 수송의 합리화가 결정되며, 이것을 재고의 수송합리화 기능이라고 한다. 물류거점별로 소비자의 요구에 부응하는 형태별 분류와 배송을 가능하게 해주는 기능을 말한다.

⑤ **유통가공 기능** : 다양한 소비자의 요구에 대처하기 위해 제조과정에서 모든 것을 충족시키는 것이 아니고, 유통과정에서 일부의 조립과 포장 등의 기능을 담당하는 것을 말한다.

(4) 재고관리시스템의 구성

① **재고관리시스템의 기본 모형**
  ㉠ 정량발주법 : 발주시기는 일정하지 않지만 발주량은 정해져 있다.
  ㉡ 정기발주법 : 발주시기는 일정하여 정기적이지만 발주량은 일정하지 않다.

② **서비스율** : 고객에 대한 서비스율을 100%로 유지하기 위해서는 모든 상품의 재고를 충분히 보유해야 한다. 그럴 경우는 보관비, 관리비, 인건비 등 막대한 재고유지비용이 들어 총재고비용은 증가할 수밖에 없다. 그러므로 기업측면에서 고객에게 제공하여야 할 적정 서비스율을 결정하여야 한다. 서비스율은 다음과 같은 관계로 나타낸다. 이것은 수요를 얼마나 충족시켰는가를 나타내는 것이다.
  ㉠ 서비스율 = 출하량(액)/수주량(액) × 100% = 납기 내 납품량(액)/수주량(액) × 100%

    ※ 납품량 = 주문량 − 결품, 불량수량

  ㉡ 백오더율(Back Order)은 (1−서비스율)로서 납기 내에 납품되지 못한 주문에 대한 결품비율이다.

③ **재고회전율** : 재고회전율이란 재고의 평균 회전 속도라 말할 수 있다. 재고자산에 투자한 자금을 신속하게 회수하여 재투자하였는가를 측정하여 보다 적은 자본으로 이익의 증대를 도모하고자 함이 그 목적이다. 즉, 동일한 금액의 자본을 투자하여도 자본의 회수 기간이 짧을수록 재투자에 대한 이익이 증대되는 것이며, 이와 같은 이론은 재고자산에도 적용되는 것이다.
  ㉠ 재고량과 회전율 : 재고량과 회전율은 서로 반비례한다. 즉, 회전율이 높으면 품절 현상을 초래할 위험이 있으며, 회전율이 낮으면 불필요하게 과다한 재고량을 보유함으로써 보관비용의 증대를 초래하게 된다.
  ㉡ 수요량과 회전율 : 수요량과 회전율은 서로 정비례 관계가 성립된다. 수요량이 적을 때에는 재고보충을 중단시키고, 수요량이 급격하게 증가할 때에는 재고보충을 증가시켜 적정재고 회전율에 도달할 수 있도록 회전율 향상에 노력하여야 한다.

ⓒ 재고회전율 산정방법

> 재고회전율(R) = 총매출액(S)/평균재고액(I) or 출고량/평균재고량

② 재고회전기간의 산정방법 : 재고회전기간(P)은 수요대상기간(T)을 재고회전율(R)로 나누면 된다. 수요대상기간은 일반적으로 1년을 기준으로 하며 일수로 환산할 때는 360일을 기준으로 한다.

> 재고회전기간(P) = 수요대상기간(T)/재고회전율(R)

⑩ 적정재고 수준 : 수요를 가장 경제적으로 충족시킬 수 있는 재고량이라고 요약할 수 있다. 즉, 계속적인 공급과 경제적인 확보라는 이질적인 성격을 지니고 있는 자재관리의 궁극적인 목표를 균형 있게 유지시키기 위한 재고 수준을 말한다. 적정재고 수준을 산식으로 나타내면 다음과 같다.

> 적정재고 = 운영재고 + 안전재고

④ 안전재고량
  ㉠ 수요는 확정적으로 발생하고, 부품공급업자가 부품을 납품하는 데 소요되는 기간(조달기간)이 확률적으로 변할 때, 조달기간의 평균이 길어지더라도 조달기간에 대한 편차가 같다면 부품공급업자와 생산공장 사이의 안전재고량은 변동이 없다.
  ㉡ 안전재고량은 안전계수와 수요의 표준편차에 비례한다. 기출 17

  > 안전재고량 = 안전계수(K) × 수요의 표준편차(S) × $\sqrt{\text{조달기간(리드타임)}}$

  ㉢ 고객의 수요가 확률적으로 변동한다고 할 때, 수요변동의 분산이 작아지면 완제품에 대한 안전재고량은 감소한다.
  ㉣ 생산자의 생산수량의 변동폭이 작아지면 부품공급업자와 생산공장 사이의 안전재고량은 감소한다.
  ㉤ 부품공급업자가 부품을 납품하는 데 소요되는 기간의 분산이 작아지면 부품공급업자와 생산공장 사이의 안전재고량은 감소한다. 분산이 커지면 안전재고량은 증가한다.

(5) 경제적 주문량(EOQ) 모형 기출 14

경제적 발주란 자재부문에서 예측된 수요량을 가장 경제적으로 일정기간 중에 필요한 소요량이 예측되어 확정되면 이를 몇 번으로 나누어서 조달하는 것이 재고관리 비용을 최소화하는 발주량인지를 결정하는 것이다. 이때 1회 발주량을 경제적 발주량, 즉 EOQ(Economic Order Quantity)라고 한다.

① EOQ 모형의 전제 조건 기출 17
  ㉠ 단일품목에 대해서만 고려한다.
  ㉡ 주문량은 전부 동시에 도착한다.
  ㉢ 연간수요량은 알려져 있다.
  ㉣ 수요는 일정하며 연속적이다.
  ㉤ 주문량이 다량일 경우에도 할인이 인정되지 않는다.
  ㉥ 조달기간이 일정하다.
  ㉦ 재고부족현상이 일어나지 않는다.
  ㉧ 재고유지비는 평균재고량에 비례한다(단위당 재고유지비용 일정).

② EOQ 공식 기출 23·20·18·13

$$EOQ = \sqrt{\frac{2SD}{H}}$$

- S : 1회 생산준비비(발주비용 또는 주문비용)
- D : 연간 수요량
- H : 연간 단위당 재고유지비(자재구매단가 × 재고유지비율)

(6) 재고관리기법

① 정량발주법(Fixed Order Quantity System) 기출 16
  ㉠ 발주점법 또는 정량발주시스템은 재고량이 일정한 재고수준, 즉 발주점까지 내려가면 일정량을 주문하여 재고관리하는 경제적 발주량 주문방식이다.
  ㉡ 발주점에 도착한 품목만을 자동적으로 발주하면 되기 때문에 관리하기가 매우 쉽고 초보자도 발주 업무를 수행할 수 있다.
  ㉢ 발주점 발주로트를 고정화시키면 관리가 확실해진다.
  ㉣ 수량관리를 철저히 하고 재고조사 시점에서 차이를 조정하면 주문량이 일정하기 때문에 수입, 검품, 보관, 불출 등이 용이하고 작업 코스트가 저렴하다.
  ㉤ 경제로트 사이즈를 이용할 수 있기 때문에 재고비용을 최소화할 수 있다.
  ㉥ 관리가 쉽고, 확실하기 때문에 다품목의 관리가 가능하다.
  ㉦ 재주문점
    - 수요와 조달기간이 일정한 경우

      ROP = 일일 수요량 × 조달기간

    - 수요와 조달기간이 다양한 경우

      ROP = 조달기간 동안의 평균수요 + 안전재고
      　　= (일일 평균수요량 × 조달기간) + (표준편차 × $\sqrt{조달기간}$ × 안전계수)

② 정기발주법 기출 16
  ㉠ 주문기간의 사이가 일정하고 주문량을 변동한다.
  ㉡ 재고수준을 계속적으로 관찰하는 것이 아닌 정기적으로 재고량을 파악하고 최대재고수준을 결정하여 부족한 부분만큼 주문한다.
  ㉢ 정기주문의 경우에 안전재고수준은 정량주문의 경우보다 더 높다.
  ㉣ 수요가 일정한 재고에 대하여 특히 유용하다.
  ㉤ 많은 안전재고 유지에 따른 재고유지 비용이 높다.

개념 PLUS

정기발주방식과 정량발주방식의 비교 기출 19

구 분	정기발주방식	정량발주방식
소비금액	저가의 물품	고가의 물품
재고유지수준	더 많은 안전재고 유지	일정량 재고 유지
수요예측	특히 필요	과거의 실적이 있으면 수요의 기준이 됨
발주시기	일 정	일정하지 않음
수주량	변경 가능	고 정
품목수	적을수록 좋음	많아도 좋음
표준성	표준보다 전용부품이 좋음	표준인 편이 좋음

③ Two-Bin 시스템
　㉠ 가장 오래된 관리기법으로 가격이 저렴하고 사용빈도가 높으며 조달기간이 짧은 자재(資材)에 주로 적용한다.
　㉡ 두 개의 Bin을 이용하여 재고를 관리하는데, Bin-1의 재고가 발주점에 도달하면 발주를 한다.
　㉢ Bin-1의 재고를 사용한 후, Bin-2의 재고를 사용하며, Bin-2의 재고가 발주점에 도달하면 다시 발주가 이루어지는 반복과정이다.
　㉣ 보통 Bin이 비워지는 시점이 발주점이 되며, Bin의 양이 경제적 발주량이 된다.

④ ABC 분석기법 기출 21·20
　㉠ 관리품목수가 많은 경우 유용하게 사용되는 기법으로, 경제학자 파레토는 인구의 20%가 총 자산의 80%를 가지고 있음을 발견하였는데, 이를 파레토 법칙이라고 부른다. 이 파레토 법칙을 이용한 재고관리가 ABC 분석기법이다.
　　• A등급 : 전체 품목의 10~20%, 매출의 70~80%를 차지하는 품목(중점 관리)
　　• B등급 : 전체 품목의 30~40%, 매출의 15~20%를 차지하는 품목(그룹 관리)
　　• C등급 : 전체 품목의 40~50%, 매출의 5~10%를 차지하는 품목(샘플 관리)
　㉡ ABC관리기법은 구매량이나 구매금액의 크기 순서에 따라 관리대상인 자재, 제품, 거래처 등의 중요도 등급을 정하고, 그 등급에 따라 관리하는 재고관리의 노력을 차등화하는 방법이다.
　㉢ ABC 분석절차
　　• 모든 제품들의 단가와 월평균 판매량을 나열한다.
　　• 각 제품의 단가와 월평균 판매량을 곱하여 월판매액을 계산한다.
　　• 월판매액이 큰 순서로 제품들을 열거한다.
　　• 월판매액의 합계액, 즉 총판매액을 계산한다.
　　• 총판매액의 누적값을 구한다.
　　• 누적판매액을 총판매액으로 나누어 누적판매율을 계산한다.

> **OX문제**
>
> ▶ 구매량 또는 구매금액의 순서에 따라 자재, 제품, 거래처 등의 중요도를 정하고, 등급별로 재고관리 노력을 차등화하는 방법을 ABC관리기법이라 한다. O X
>
> 정답 ▶ O
>
> ▶ ABC분석을 통해 취급상품의 상품효율과 인적효율은 파악하기 어렵다. O X
>
> 해설
> ABC분석을 통해 취급상품의 상품효율과 인적효율을 파악할 수 있다.
>
> 정답 ▶ X

⑤ 기준재고시스템
  ㉠ 기업에서 가장 일반적으로 이용되는 재고관리시스템으로 S-S재고시스템 또는 Mini-Max재고시스템 등으로 불리기도 하는데 이 시스템은 정량재고시스템과 정기재고시스템의 혼합방식으로 두 시스템의 장점을 유지하도록 고안된 것이다.
  ㉡ 기준재고시스템을 취하면 주문의 횟수는 줄어들게 되고 주문량이 다소 많아지게 되는데 많은 안전재고를 갖게 된다는 점이 이 시스템의 약점이다.
  ㉢ 기준재고시스템에서는 조사시점에서만 재고상태를 파악하게 되므로 수요가 재고조사 직후 갑자기 증가할 경우 다음 조사시점까지 파악될 수 없게 되는 것이다.

⑥ 재고피라미드 분석
  ㉠ 재고의 구성을 움직임이 일어나지 않은 기간별로 구분하여 도표화하는 것이다.
  ㉡ 재고의 구성을 연령별로 도표화하여 나타냄으로써 재고의 운용상태를 쉽게 파악할 수 있도록 하고, 재고자산에 대한 경각심을 일깨워주기도 한다.
  ㉢ 간편하고 일목요연하게 나타낼 수 있어서 유용한 기법이며 잉여재고자산에 대한 정책을 수립하는데 이용된다.
  ㉣ 재고가 안정적일 때는 피라미드 모양을 나타내지만, 재고의 운용이 극도로 불안정하면 역삼각형을 나타낸다.

4 포장관리

(1) 포장의 정의

물류의 수송, 보관, 거래, 사용 등에 있어서 그 가치 및 상태를 유지하기 위한 적절한 재료, 용기 등을 이용하여 보호하는 기술 및 상태 → 단위포장, 내부포장, 외부포장

(2) 포장의 분류

① 한국공업규격(KS)의 분류(KS A 1006)
  ㉠ 낱포장(Item Packaging)
  ㉡ 속포장(Inner Packaging)
  ㉢ 겉포장(Outer Packaging)

② 포장 종류별 특징 기출 20·19·14
  ㉠ 포장은 제품의 보호기능, 수송하역의 편의기능, 판매촉진의 기능 등이 있다.
  ㉡ 공업포장은 물품의 운송, 보관을 주목적으로 하는 포장으로 외장에 해당한다.
  ㉢ 대상물은 각종 원재료, 반제품, 부품, 완제품 등으로 구분되며 그 포장기법은 물품의 성질과 유통환경에 따라 여러 가지 방법이 적용된다.
  ㉣ 수출포장은 장거리 운송 후 제품을 안전하게 도착하는 보호기능이 우위에 있으므로 외장을 중요시한다.

ⓜ 브랜드 이미지 표현이 뛰어난 포장은 소비자에게 부각될 수 있는 포장이다.
ⓑ 상품명, 품종에 대한 식별이 용이한 포장은 창고업자에게 부각될 수 있는 포장이다.
ⓢ 기업과 제품광고 효율성을 제고하여 포장비 절감을 통해 원가를 절감하는 것은 제조업자측이 고려하는 적정포장을 위한 검토조건이다.
ⓞ 상업포장의 주 기능은 수송하역의 편의기능과 판매촉진기능으로서 소매거래에서 상품의 일부 또는 한 단위로 취급하기 위해 하는 포장이다.
ⓩ 소비자 포장은 최종적으로 소비자 손에 들어가는 포장을 뜻하며 상업포장과 같다.

> **OX 문제**
> ▶ 기업과 제품광고 효율성을 제고하여 포장비 절감을 통해 원가를 절감하는 것은 판매자측이 고려하는 적정포장을 위한 검토조건이다.
> O | X
>
> **해설**
> 포장비 절감을 통해 원가를 절감하는 것은 제조업자측이 고려하는 적정포장을 위한 검토조건이다.
>
> 정답 ▶ X

(3) 포장의 기능 기출 18 · 15 · 13

① **보호성** : 상품 본래의 품질보존과 외력으로부터의 품질보호의 의미 → 공업포장의 본질은 내용물을 보호하는 기능을 하며, 품질유지를 위해서는 불가결한 요소이다.
② **정량성(하역성)** : 물품을 일정한 단위로 정리하는 기능 → 파렛트, 컨테이너, 트럭, 화차, 기타 운송기관과의 관계를 고려하여 표준규격에 맞게 하역이 이루어질 수 있도록 하여야 한다.
③ **표시성** : 화물취급 및 분류에 필요한 사항을 포장에 인쇄·라벨 등으로 표시함으로써 하역활동을 용이하게 하는 것을 의미 → 하역의 자동화와 컨베이어 및 분류기 등의 채택이 용이하며, 액체, 입체 등 표시가 어려운 것은 포장하여 표시하기 쉽도록 하여야 한다.
④ **작업성(효율성)** : 포장작업의 기계화, 시스템화, 자동화 현상이 두드러지며, 그에 따라 재료도 복합재료의 사용이 늘어나고 포장공정에서도 일관작업 및 자동화 작업이 이루어지고 있다.
⑤ **편리성** : 물품의 이용·진열을 용이하게 하고, 수송·하역·보관작업이 용이하도록 해야 한다. 화물취급의 편리·수송·하역·보관에 적절한 형상유지, 생산 시 사용이 편리할 것, 이동이 간단히 이루어질 수 있을 것, 비용이 저렴할 것, 진열이 간단하고 진열효과가 높을 것, 사용 용기의 재사용가능, 설명서·서비스물품·팜플렛 등의 첨부 등이 특징이다.
⑥ **수송성** : 하역작업이 원활하고 능률적으로 이루어질 수 있도록 포장되어야 하며, 수송포장을 보다 큰 단위로 종합한 유닛로드 형태로 이루어지는 것이 바람직하다.
⑦ **사회성** : 포장재료·용기의 내용물에 대한 안전성이 점검되어야 하며, 포장의 공해문제와 재활용의 문제가 있다.
⑧ **판매촉진성** : 판매의욕을 환기시킴과 동시에 광고성이 많이 주어지는 것이 좋다.
⑨ **경제성** : 포장은 물류를 위해 필요한 최소한도의 적정포장을 통하여 비용을 최소할 수 있도록 체적의 최소화, 중량의 감소화, 수량의 축소화, 대량화물의 일관화가 이루어지도록 하여야 한다.

(4) 포장기법의 종류 기출 23
① 방습포장기법 : 물류과정에서 습기가 상품에 스며들지 않도록 방지하는 포장기법이다.
② 녹방지포장(방청포장)기법 : 물류과정에서 기계류와 같은 금속제품은 녹슬 우려가 있으므로 이를 방지할 목적으로 녹의 생성을 조장하는 산소, 습기 등이 금속과 접촉하지 못하도록 하는 것이다.
③ 완충포장기법 : 물품이 물류과정에서 파손되는 주원인은 운송 중 진동이나 하역의 충격 등으로 인해 큰 외력(外力)을 받기 때문이므로 외력이 가해지지 않도록 완충처리를 하여 파손이 발생하는 것을 막는 방법이다.
④ 집합포장기법 : 물류에 있어 하역, 수송, 보관 등의 각 단계에서는 복수의 물품 또는 수송 포장을 한데 모은 집합체를 취급하며, 이들 집합체가 충분히 보호될 수 있도록 하는 것이다.

(5) 집합포장방법
① 밴드결속방법 : 종이, 플라스틱, 나일론, 금속밴드 등을 사용한다.
② 테이핑(Taping) : 용기의 견고성을 유지하기 위해서 접착테이프를 사용한다.
③ 슬리브(Sleeve) : 종이나 필름천을 이용하여 수직으로 네 표면에 감거나 싸는 방법이다.
④ 꺽쇠·물림쇠 : 주로 칸막이 상자 등에 채용하는 방법이다.
⑤ 틀 : 주로 수평이동을 위·아래의 틀로 고정하는 방법이다.
⑥ 대형 골판지 상자 : 작은 부품 등을 꾸러미로 묶지 않고 담을 때 사용한다.
⑦ 쉬링크(Shrink) 포장 : 열수축성 플라스틱 필름을 파렛트 화물에 씌우고 쉬링크 터널을 통과시킬 때 가열하여 필름을 수축시켜서 파렛트와 밀착시키는 방법이다.
⑧ 스트레치 포장 : 스트레치 포장기를 사용하여 플라스틱 필름을 화물에 감아서 움직이지 않게 하는 방법으로, 쉬링크 방식과는 달리 열처리를 행하지 않고 통기성은 없다.
⑨ 접착 : 접착제로서는 풀(도포와 점적방법)이나 접착테이프를 이용한다.

(6) 포장명세서
① 의 의
   ㉠ 포장명세서에는 선적화물의 포장 및 포장 단위별 명세와 단위별 순중량, 총중량, 화인 및 포장의 일련번호 등을 기재한다.
   ㉡ 대금 관련사항을 명기하지 않고 각 규격별·단위별로 일목요연하게 기재한다.
② 기 능
   ㉠ 수출입 통관절차에서 심사자료로 활용한다.
   ㉡ 개별 화물의 사고 발생분에 대한 확인 자료로 이용한다.
   ㉢ 양륙지에서 화물의 처리(분류 및 판매) 단계에서 이용한다.
   ㉣ 검수 또는 검량업자가 실제화물과 대조하는 참고자료로 이용한다.
   ㉤ 선적된 화물을 일목요연하게 알아볼 수 있도록 작성하여 송장을 보충하는 역할을 한다.
   ㉥ 중량 외에 각각의 용량이 표시되어 있으므로 선박회사가 운송계약을 체결할 때 일차적인 기준자료로 활용한다.

5 하역관리

(1) 하역의 의의

① 개 념
  ㉠ 물품의 운송 및 보관과 관련된 운반기구나 설비에 화물을 싣고 내리는 것과 운반하고, 쌓아 넣고, 꺼내고, 나누고, 상품구색을 갖추는 등의 작업 및 이에 부수적인 작업을 총칭한다.
  ㉡ 하역은 각종 운송기관 즉 자동차, 철도화차, 선박, 항공기 등에서 화물의 상·하차작업, 운송기관 상호 간의 중계작업, 창고의 입출고작업 등 그 범위가 매우 넓다.
  ㉢ 하역의 범위에 있어 협의의 하역은 사내하역만을 의미하나 광의의 의미로서는 수출기업의 수출품 선적을 위한 항만하역까지도 포함한다.

② 하역활동 : 보관을 위한 입출고, 적재·적하, 물품나누기 등

③ 하역의 기능 기출 17
  ㉠ 수송과 보관을 연결시켜 주는 기능
  ㉡ 수송·보관 능력의 효율성 향상을 지원
  ㉢ 각종 수송기관에서 화물의 상하차 작업 또는 수송기관 상호 간의 중계작업
  ㉣ 내용물의 보호를 위한 포장물류에 영향

④ 하역의 작업별 내용 기출 20
  ㉠ 적재작업 : 화물을 일정 장소로부터 운송기관의 설비나 창고 등 보관시설의 보관장소로 이동하여 쌓는 작업
  ㉡ 하차작업 : 적재작업의 반대작업
  ㉢ 피킹작업 : 보관장소에서 물품을 꺼내는 작업
  ㉣ 분류작업 : 품종별·행선지별·고객별로 묶어 분류하는 작업
  ㉤ 반송작업 : 화물을 수평·수직 경사면으로 움직이는 작업
  ㉥ 이송작업 : 설비·거리·비용면에서의 화물의 이동작업

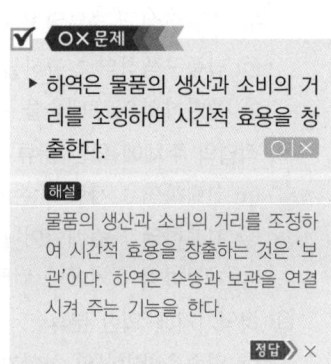

(2) 하역에 관한 용어

① 적하 : 물품을 수송기기 등으로 싣고 내리는 것이다. 컨테이너에 물건을 싣는 것을 Vanning, 내리는 것을 Devanning이라고 한다.
② 적부 : 창고 등 보관시설의 소정장소에 이동된 물품을 소정의 위치에 여러 가지 형태로 쌓는 작업이다.
③ 반출 : 물품을 보관장소에서 꺼내는 작업이다.
④ 분류 : 물품을 품목별·발송지별·고객별 등으로 나누는 것이다.
⑤ 운반 : 공장과 창고 내에서 물품을 비교적 짧은 거리로 이동시키는 것을 말한다. 운반은 생산, 유통, 소비 등 어느 경우에도 수반되며 점차 하역과 운반을 합쳐서 운반관리라는 개념이 도입되고 있다. 과거에는 주로 구내 운반에만 사용되는 용어였으나 현재에는 국외와 창고 내의 작업과 포장까지 포함하여 하역의 일부로 해석되고 있다.

⑥ 정리정돈 : 출하할 물품을 운송기기에 즉시 적입할 수 있도록 정리정돈하는 작업을 말한다.
⑦ 스태킹 : 하역작업 중 물품 또는 포장화물을 규칙적으로 쌓아 올리는 작업이다.
⑧ 더네이지(Dunnage) : 수송기기에 실려진 화물이 손상, 파손되지 않게 마무리하는 작업이다.
⑨ 래싱(Lashing) : 운송기기에 실려진 화물을 움직이지 않도록 줄로 묶는 작업이다.
⑩ 배닝(Vanning) : 컨테이너에 물품을 실어 넣는 작업이다.
⑪ 피킹(Picking) : 보관장소에서 물품을 꺼내는 작업이다.

(3) 하역의 분류

① 하역장소에 의한 분류
  ㉠ 납품하역 : 물류거점으로 가지고 온 것을 차에서 내려서 받아들이는 작업
  ㉡ 운반하역 : 물류거점 내에서의 이동
  ㉢ 납품구색하역 : 출하를 위해서 상품구색을 갖추는 작업
  ㉣ 출하하역 : 수배송을 위하여 차량에 적재하는 작업

② 작업의 주체에 의한 분류
  ㉠ 인력하역 : 사람의 손에 의한 하역 또는 간단한 보조기구를 사람이 사용하는 하역
  ㉡ 기계하역 : 컨베이어나 지게차 등의 기기를 사용하는 하역
  ㉢ 자동하역 : 기계나 컴퓨터가 중심이 되어 이루어지는 하역

③ 하역기기에 의한 분류
  ㉠ 연속운반방식의 하역기기 : 컨베이어 등
  ㉡ 일괄운반방식의 하역기기 : 포크리프트 트럭 등
  ㉢ 보조 하역기기 : 겹사다리 등
  ㉣ 시스템화된 하역기기 : 자동분류기 등
  ㉤ 차량이나 시설의 일부가 되는 하역기기 : 도크 조절기(Dock Leveller) 또는 돌리(Dolly) 등

④ 운송수단에 의한 분류
  ㉠ 트럭하역
  ㉡ 화차하역
  ㉢ 선박하역
  ㉣ 항공기하역

> **개념 PLUS**
>
> **항공화물 지상조업장비** 기출 23
> - 항공화물 계류장치(Tie-down Equipment) : 항공화물을 고정시켜 움직임을 막는 장치
> - 트랜스포터(Transporter) : 적재작업이 완료된 항공화물의 단위탑재용기(ULD)를 터미널에서 항공기까지 수평이동시키는 자체동력 장비
> - 돌리(Dolly) : 트랜스포터와 동일한 작업 기능을 수행하나 자체 동력원이 없는 무동력 장비로 견인차(Tug Car)에 연결하여 사용
> - 견인차(Tug Car) : 일반항공화물이나 ULD가 적재된 Dolly를 항공기로 이동시키는 지상조업장비로 동력원이 없어 스스로 움직이지 못하는 장비를 견인할 때에도 사용
> - 셀프 프로펠드 컨베이어(Self Propelled Conveyor) : 수하물 및 소형화물을 화물창에 낱개 단위로 탑재할 때 사용
> - 포크리프트 트럭(Forklift Truck) : 중량물을 소형기의 동체(Belly)에 싣거나 단위탑재용기에 적재할 때 사용
> - 하이 로더(High Loader) : 항공화물을 여러 층으로 높게 적재하거나, 항공기 화물실에 화물을 탑재하는 항공기 전용탑재기
> - 핸드 리프트 잭(Hand Lift Jack) : 화물 운반 또는 보관 작업을 하는 데 사용되는 장비

⑤ 화물형태에 의한 분류
  ㉠ 개별하역 : 상자, 자루 등 포장형태의 명칭 또는 역화물, 귀중품 등 대형화물의 명칭을 사용하는 하역
  ㉡ 유닛로드하역 : 파렛트, 컨테이너 등 유닛로드(Unit Load)화기 위해 사용된 기재의 명칭, 또는 집합포장 등의 상태를 가리키는 하역
  ㉢ 무포장 화물하역 : 분립체, 액체 등 물품을 수송수단, 화물탑재설비 또는 저장설비에 직접 적재, 입출고하는 하역

⑥ 시설(장소)에 따른 분류
  ㉠ 자가용시설 하역 : 공장, 자가용 창고, 배송센터 등 화물의 출하·수하시설 장소에서의 하역
  ㉡ 사업용 물류시설 하역 : 복합(트럭)터미널, 항만, 공항, 보세창고, 역 등에서의 하역

(4) 하역합리화의 8대원칙 기출 24·22·19

① **경제성 원칙(하역 운반의 생략 원칙)** : 하역작업의 횟수감소(0에 근접), 화물의 파손·오손·분실의 최소화, 하역작업의 대상인 중량 × 이동거리(ton/km)의 최소화, 하역투자의 최소화 등을 목적으로 하는 원칙
② **이동거리(시간) 최소화의 원칙** : 이동량 × 이동거리(시간)의 값을 최소화하는 원칙
③ **활성화 원칙** : 운반활성화 지수를 최대화로 지향하는 원칙으로서 관련작업과 조합하여 전체적인 활성화를 능률적으로 운용하는 것을 목적으로 하는 원칙

[활성지수]

물건을 놓아둔 상태	활성지수
바닥에 낱개의 상태로 놓여있을 때	0
상자 속에 들어있을 때	1
파렛트나 스키드(Skid) 위에 놓여 있을 때	2
대차 위에 놓여 있을 때	3
컨베이어 위에 놓여있을 때	4

④ **단위화 원칙** : 화물을 모아 한 단위로 묶는 것으로 하역합리화의 중요한 방안이 되어 화물의 손상, 감모, 분실을 줄일 수 있고, 수량확인도 용이해지며 하역작업의 효율을 기할 수 있는 원칙
⑤ **기계화 원칙** : 인력작업을 기계화 작업으로 대체함으로써 효율성을 높이는 원칙
⑥ **인터페이스(Interface)의 원칙** : 하역작업 공정 간의 계면 또는 접점을 원활히 하는 원칙으로, 창고에서 파렛트(Pallet) 단위로 반출시킨 화물을 트럭에 싣는 경우 인력에만 의존하지 않고 자동적재장치(Dock Leveller 등)를 사용하여 트럭에 싣는 것
⑦ **중력이용의 원칙** : 힘은 중력의 법칙에 따라 위에서 아래로 움직이는 것이 경제적이므로, 경사면을 이용한 플로우 랙(Flow Rack)과 같이 중력의 원리를 이용하는 원칙
⑧ **시스템화 원칙** : 개개의 하역 활동을 유기체적인 활동으로 간주하는 원칙으로, 종합적인 관점에서 보았을 때 시스템 전체의 균형을 고려하여 시너지(Synergy) 효과를 올리는 것
⑨ **일괄작업화 원칙** : 하역작업공정의 균형과 시간을 생각하여 정체되지 않게 한다.
⑩ **정보화 원칙** : 화물정보시스템 등과 연결하여 효율성을 제고한다.

(5) 하역합리화의 보조원칙

① **유닛로드 원칙** : 취급화물을 한 개씩 취급하지 않고 일정한 중량과 용적의 표준량을 정하여 일정단위로 모아 한 단위로 하여 수송 도중에 그 형태와 양이 허물어지지 않도록 하역하는 수송방법의 원칙
② **흐름유지의 원칙** : 거액의 자본금을 고정적으로 투자한 기계의 회전이나 운반의 흐름을 중지시키는 것을 가능한 한 방지하고 항상 회전하고 있는 상태를 유지함으로써 자금이 회전할 수 있도록 하는 원칙
③ **취급균형의 원칙** : 하역작업의 어느 한 과정에 지나친 작업부하가 걸리거나 병목현상이 생기지 않도록 전 과정에 작업량을 고르게 배분해야 한다는 원칙
④ **흐름의 원칙** : 하역 작업의 흐름과정에서 정체 지점이 발생하면 물류의 중단과 재이동에 따른 불필요한 하역작업이 이루어져 비경제적이므로 연속적인 물류의 흐름을 유지해야 한다는 원칙
⑤ **설비계획의 원칙** : 기계나 설비의 배치와 통로의 이용방법 등 레이아웃을 적절히 설계하여 불필요한 반송설비의 사용을 줄임으로써 하역을 합리화해야 한다는 원칙
⑥ **표준화의 원칙** : 작업방법, 설비, 치수 등을 표준화함으로써 각 부문 간이나 공정상호 간의 운반설비를 공동으로 이용할 수 있고 작업도 단순화되어 하역의 효율성이 크게 증가될 수 있다는 원칙
⑦ **사중체감의 원칙** : 유임하중(Pay Load)에 대한 사중(Dead Weight)의 비율을 줄여서 운임효율을 높이는 원칙
⑧ **수평직선의 원칙** : 운반의 흐름이 교차, 지그재그, 왕복흐름일 경우 동선의 낭비 및 운반이 혼잡하므로 하역 작업의 흐름을 운반거리가 짧은 직선으로 유지하는 원칙
⑨ **운반순도의 원칙** : 하역물품에 불필요한 중량이나 용적이 발생하지 않도록 쓸모없는 과대포장이나 내용물을 줄여 낭비를 없애도록 하는 원칙
⑩ **탄력성의 원칙** : 하역기기나 설비를 다양한 하역작업에 맞추어 탄력성 있게 이용하도록 하는 원칙
⑪ **공간활용의 원칙** : 하역과 관련된 공간의 활용 측면에서는 평면적인 공간이용뿐만 아니라 입체적인 공간도 활용해야 한다는 원칙
⑫ **최소취급의 원칙** : 하역작업의 필요를 근본적으로 최소화한다는 원칙으로, 물품을 임시로 방치해둠으로 인해 나중에 다시 재이동을 해야 하거나, 로케이션관리를 잘못하여 물품을 재정돈하기 위해 이동하는 등 불필요한 물품의 취급을 최소화하는 원칙
⑬ **안전의 원칙** : 하역작업환경의 안전성을 높임으로써 작업 능률의 향상 및 그에 따른 비용절감의 효과를 올릴 수 있는 원칙
⑭ **예방정비의 원칙** : 운반설비나 기기는 항상 사전에 정비하여 고장을 미리 예방해야 한다는 원칙
⑮ **폐기의 원칙** : 하역기기나 설비는 일정한 내구연수가 있으므로 사용기간이 지나고 나면 폐기해야 한다는 원칙

CHAPTER 02 실전예상문제

※ 본 문제를 풀면서 이해체크를 이용하시면 문제이해에 보다 도움이 될 수 있습니다.

01 화물운송에 있어 도로운송의 증가 이유에 관한 설명으로 옳지 않은 것은?

① 도심지, 공업단지 및 상업단지까지 문전운송을 쉽게 할 수 있다.
② 화주가 다수인 소량화물을 각지로 신속하게 운송할 수 있다.
③ 단거리 수송에서는 정차장 비용, 1회 발차 시 소요되는 동력 등 철도보다 경제성이 있다.
④ 도로망이 확충될 때 운송상의 경제성과 편의성이 증대하기 때문이다.
⑤ 철도운송에 비해 규모의 경제효과가 커서 상대적으로 투자가 용이하다.

> 해설 철도운송에 비해 규모의 경제효과가 낮다.

02 철도운송에 관한 설명으로 옳지 않은 것은?

① 우리나라 컨테이너 철도운송 방식은 TOFC 방식 중 Piggy Back 방식이다.
② 도로체증을 피할 수 있고, 눈, 비, 바람 등 날씨에 의한 영향을 상대적으로 적게 받음으로 인해 장기적이고 안정적인 수송계획 수립이 가능하다.
③ 화차 및 운송장비 구입비 등과 같은 고정비용은 높지만 윤활유비, 연료비 등과 같은 변동비용은 고정비용에 비해서 상대적으로 낮은 편이다.
④ 2단적재 컨테이너 무개화차(Double-stack Container Flatcar)는 단수의 평판컨테이너 화차에 2개의 컨테이너를 동시에 적재하여 수송할 수 있도록 설계되어 결과적으로 각 열차의 수송용량을 두 배로 증가시킬 수 있게 된다.
⑤ 근거리 운송 시 상대적으로 높은 운임과 문전에서 문전(Door-to-Door) 서비스 제공의 어려움이 철도운송의 주요 단점으로 제시되고 있다.

> 해설 컨테이너를 철도의 화차대(Flatcar), 즉 컨테이너 전용화차에 적재하여 수송하는 형태인 COFC(Container On Flat Car) 방식이 보편화되어 있다.

03 다음 중 철도운송의 장단점에 대한 내용으로 가장 거리가 먼 것은?

① 철도운송은 중·장거리 운송일수록 운송비가 증가하는 문제점이 있다.
② 철도운송은 타 운송수단에 비해 안전성이 높으며, 사전에 계획운송이 가능하다.
③ 철도운송은 전천후 운송수단이다.
④ 철도운송은 대량의 화물을 동시에 효율적으로 운송할 수 있는 수단이다.
⑤ 철도운송은 문전에서 문전수송이 불가능하므로 타 운송수단과의 결합이 필요하다.

> **해설** 철도운송의 장단점
> - 중·장거리 운송일수록 운송비 저렴
> - 안전성이 높고 사전에 계획운송이 가능
> - 전천후 운송수단
> - 대량의 화물을 동시에 효율적으로 운송 가능
> - 문전에서 문전수송이 불가능

04 해상운송에 대한 설명으로 옳지 않은 것은?

① 해상운송방식에는 정기선운송, 부정기선운송 등이 있다.
② 해상운송은 육상운송, 항공운송에 비해 신속성, 편리성, 정확성에서는 뒤떨어지지만 대량 장거리를 운송할 수 있다.
③ 용선이란 선주와 용선자 사이의 선박임대차를 말하며, 이의 종류에는 정기용선, 부정기용선, 항해용선 등이 있다.
④ 부적운임은 용선 시 운송화물을 계약하였는데 화주가 그 계약 수량을 선적하지 못했을 시에 지급하는 일종의 위약배상금이다.
⑤ 부정기선의 특징은 항로선택이 용이하고 대량화물을 주 대상으로 하며 운임계열적 화물의 동태, 경기변동, 국제정세 등 제반 여건에 따른 수요와 공급에 의한 결정 등이다.

> **해설** 용선은 전부용선과 일부용선으로 크게 분류되고, 전부용선은 용선의 형태에 따라 항해용선과 기간(정기)용선, 나용선 등으로 분류된다.

05 부정기선에 관한 내용으로 옳은 것은?

① 운송수요자의 요구에 따라 일정한 항로를 정기적으로 운항하는 선박이다.
② 해상물동량과 선박선복수급관계에 따라 부정기선 시황이 좌우된다.
③ 부정기선의 주요 운송대상은 중량이나 용적에 비해 가치가 낮은 것을 특징으로 하는 운임부담력이 높은 화물이다.
④ 부정기선 시장은 운임동맹과 같은 국제적 카르텔조직이 있어서 운송서비스 제공자로서 시장참여가 자유롭지 않다.
⑤ 부정기선 시장은 선복 공급이 물동량 변화에 매우 탄력적이라서 선복수급 균형을 이루기 쉽다.

> ① 일정한 항로를 정기적으로 운항하는 것은 정기선에 대한 설명이다.
> ③ 부정기선은 원유·석탄·철광석·양곡 등을 운송하며 운임부담력이 약한 화물이다.
> ④ 부정기선 시장은 정기선 시장과 같은 해운동맹의 형성이 어렵다.
> ⑤ 부정기선 시장은 선복 공급이 물동량 변화에 대해 매우 비탄력적이기 때문에 선복수급이 균형을 이루기가 불가능하다.

06 다음 중 정기선운송에 대한 설명으로 옳지 않은 것은?

① 정기선운송은 화물의 크기 및 종류에 관계없이 표준화된 계약이 사용되고 있다.
② 정기선운송은 개별선사에 의한 수요의 독점이 가능하다.
③ 정기선운송은 공표된 운임요율이 적용된다.
④ 정기선운송은 운송수요가 불특정다수의 개별수요로 이루어진다.
⑤ 정기선운송은 시장 및 선복의 수요량이 비교적 안정화되어 있다.

> 정기선운송은 불특정다수의 운송수요자가 존재함으로 인해 개별선사에 의한 수요의 독점이 불가능하다.

07 다음 중 나용선계약에 대한 설명으로 알맞은 것은?

① 임차인이 선박을 빌려서 일정 기간 사용하며 운송행위를 한다.
② 특정 항간의 운송을 전용하는 경우이다.
③ 일정 기간 동안 선박을 전용하는 경우이다.
④ 선박의 전부를 전용하는 경우이다.
⑤ 인적 및 물적 요소는 선주가 부담한다.

> **나용선계약**
> 선주로부터 선박만을 용선하여 운항에 필요한 인적 및 물적 요소 전체를 용선자가 부담하고 운항 전부에 걸친 관리를 하는 계약형태를 말한다.

08 다음은 부정기선의 운송계약 중 무엇에 관한 설명인가?

> 실제 적재된 수량에 상관없이 항해 또는 선복 단위로 포괄적인 운임을 정하는 방식을 말한다.

① Time Charter ② Voyage Charter
③ Daily Charter ④ Bareboat Charter
⑤ Lump Sum Charter

> **선복용선계약(Lump Sum Charter)**
> 항해용선계약의 변형으로 정기선 운항사 간에 한 선박의 선복 전부를 한 선적으로 간주하여 운임액을 결정하는 용선계약이다.

정답 05 ② 06 ② 07 ① 08 ⑤

09 항공운송에 관한 설명으로 옳은 것을 모두 고른 것은?

> ㄱ. 긴급화물이나 계절적 유행상품의 운송에 적합하다.
> ㄴ. 주로 대형, 장척(Lengthy)화물의 운송에 적합하다.
> ㄷ. 생화, 동물, 영업 사무서류 운송에 적합하다.
> ㄹ. 반도체나 휴대폰과 같은 부가가치가 높은 품목의 운송에 적합하다.
> ㅁ. 기후의 영향을 받지 않는다.

① ㄱ, ㄴ, ㄷ
② ㄱ, ㄴ, ㄹ
③ ㄱ, ㄷ, ㄹ
④ ㄴ, ㄹ, ㅁ
⑤ ㄷ, ㄹ, ㅁ

해설 ㄴ, ㅁ은 철도운송에 관한 설명이다.

10 항공운송의 특징에 대한 설명이다. 옳지 않은 것은?

① 운임 면에서 항공운임이 해상운임에 비해서 높으나 포장비, 보험료, 창고료 등 직접비와 재고품에 대한 투자자본, 관리비, 손실 등 간접비 및 배달시간, 정시성, 신뢰성 등 보이지 않는 비용을 감안한 종합비용면에서 볼 때 해상운송과 경쟁력이 있는 품목도 발생하고 있다.
② 항공화물은 해상운송과는 달리 왕복성이 적고 대부분 편항이나 복항 등 편도성이 강하기 때문에 최근에는 도착지에 전용물류터미널을 설치하고 공적운항이 없도록 운항스케줄을 짜고 있다.
③ 항공화물은 여객운송과는 달리 화물의 대부분이 야간에 집중되는 관례가 있다.
④ 항공운송은 충격으로 인한 화물의 파손율과 부식성이 높기 때문에 보험요율이 해상수송보다 높다.
⑤ 항공운송은 해상운송에 비해 짧은 운송기간과 정시운항, 발착시간, 운항횟수 등의 정시성을 서비스의 최우선으로 하고 있다.

해설 항공운송은 해상운송에 비해 운송기간이 매우 짧아 상품의 원형의 변질, 화물의 파손율, 부식성 등의 위험성이 적기 때문에 보험요율이 해상수송보다 낮다.

11 항공운송과 해상운송을 비교·설명한 것으로 가장 옳지 않은 것은?

① 항공운송은 화물손해발생률이 적은 반면에, 해상운송은 제품 등이 충격에 의해 손상될 수 있고 또한 해수에 의해 부식될 수 있는 문제점이 있다.
② 기동성 면에서 보면 항공운송은 운송기간이 짧지만, 해상운송은 운송기간이 길다.
③ 항공운송은 단기운송으로 인해 파손·도난·변질 등의 위험성이 낮지만, 해상운송은 장기운송에 따른 파손·도난·변질의 우려가 있다.
④ 경제적인 측면에서 바라보면 항공운송은 포장비가 높은 반면에, 해상운송은 포장비가 매우 저렴하다.
⑤ 항공운송은 운임 외에는 별다른 부대비용이 없지만, 해상운송은 부피화물의 요금률이 높고 장기운송에 따른 변동비가 추가로 발생된다.

> 경제성 면에서 보면, 항공운송은 포장비가 매우 저렴한 반면에 해상운송은 상대적으로 포장비가 높다.

12 단위적재시스템(Unit Load System)을 구축하기 위해서는 각종 표준화가 선결되어야 한다. 다음 중 관계가 가장 적은 것은?

① 파렛트 표준화
② 수송장비적재함 표준화
③ 주문단위의 표준화
④ 포장납입수량의 표준화
⑤ 창고보관설비의 표준화

> 포장단위치수의 표준화가 선결되어야 한다.

13 컨테이너 화물의 운송방법에 대한 설명으로 옳지 않은 것은?

① CFS/CFS 운송방식을 Pier to Pier 또는 LCL/LCL 운송이라고도 한다.
② LCL 화물의 혼재에 의한 방식은 CFS/CFS, CFS/CY, CY/CFS의 방법에 속한다.
③ Door to Door 운송은 FCL/FCL 운송으로서 CFS에서의 혼재 없이 CY/CY 운송형태를 취한다.
④ CY/CY 운송형태는 복합운송의 대표적인 운송형태로 신속성, 경제성, 안전성을 최대한 충족시켜 주는 운송형태이다.
⑤ CFS/CY 운송형태는 CFS에서 화물을 적입 또는 적출하는 운송이다.

> **해설** CFS/CY운송
> 운송인이 지정한 선적항의 CFS로부터 목적지의 CY(컨테이너 야드)까지 컨테이너 화물을 운송하는 형태이다. 즉, 운송인이 다수의 송하인들로부터 LCL 화물을 선적항의 CFS에 집하하여 1개의 컨테이너에 적입한 후, 최종 목적지인 수하인의 공장 또는 창고까지 화물을 운송하는 형태이다.

14 컨테이너 종류와 운반대상 화물이 옳게 짝지어진 것은?

① 탱크 컨테이너(Tank Container) : 목재, 기계류, 승용차
② 히티드 컨테이너(Heated Container) : 화학제품, 유류
③ 행거 컨테이너(Hanger Container) : 장치화물, 중량물, 기계류
④ 솔리드 벌크 컨테이너(Solid Bulk Container) : 소맥분, 가축사료
⑤ 오픈 탑 컨테이너(Open Top Container) : 과일, 채소, 냉동화물

> **해설**
> ① 탱크 컨테이너 : 화학약품 등 액체화물 수송
> ② 히티드 컨테이너(Heated Container) : 냉결방지나 보온이 필요한 화물 수송
> ③ 행거 컨테이너 : 양복 등의 피복류
> ⑤ 오픈 탑 컨테이너 : 목재, 기계류, 승용차

15 복합운송에 관한 설명으로 가장 옳은 것은?

① 운송인이 화물을 인수한 지점에서 인도지점까지 복합운송계약에 의거하여 적어도 3개 이상의 동일 운송수단을 활용한 화물운송을 말한다.
② 통운임(through rate)은 구간별로 다른 운송사들이 화주에게 따로따로 부과하는 개별운임을 말한다.
③ birdy back 방식은 화물을 항공과 선박을 이용해 운송하는 것을 말한다.
④ piggy back 방식은 화물을 트럭과 선박을 이용해 운송하는 것을 말한다.
⑤ 컨테이너화로 인해 각 운송수단이 유기적으로 결합되어 궁극적으로 door to door 운송이 가능해졌다.

> **해설**
> ① 적어도 2개 이상의 운송수단을 활용한 화물운송을 말한다.
> ② 통운임(through rate)은 일관된 운송계약에 의하여 최초의 적출지에서부터 최후의 목적지에 이르기까지의 전 운송구간에 대하여 최초의 운송인이 징수하는 단일운임을 말한다.
> ③ birdy back 방식은 화물을 트럭과 항공기를 이용해 운송하는 것을 말한다.
> ④ piggy back 방식은 화물을 트럭과 철도를 이용해 운송하는 것을 말한다.

16 복합운송의 요건에 관한 설명으로 옳지 않은 것은?

① 단일운송계약 – 송하인은 각 구간운송인과 하청운송계약을 체결한다.
② 단일운임 – 전 운송구간에 대해 단일운임이 적용된다.
③ 단일책임 – 전 운송구간에 걸쳐 화주에게 단일책임을 진다.
④ 복합운송증권의 발행 – 화물을 인수한 경우 복합운송증권을 발행한다.
⑤ 운송수단의 다양성 – 서로 다른 2가지 이상의 운송수단에 의해 운송된다.

> 복합운송인은 자기의 명의와 계산으로 송하인을 상대로 복합운송계약을 체결한 계약당사자로서 운송에 대한 모든 책임이 복합운송인에게 집중되는 단일책임을 진다.

17 다음 중 국제물류주선업자(Freight Forwarder)의 주요 업무가 아닌 것은?

① 운송수단의 수배
② 선박의 운항스케줄에 따른 배선
③ 운송 관련 서류의 작성
④ 소량화물의 혼재 및 분배
⑤ 본선과 화물의 인수 또는 인도

> **국제물류주선업자의 주요 업무**
> • 운송에 대한 전문적인 조언
> • 본선과 화물의 인수 또는 인도
> • 통관업무의 수행
> • 보험수배
> • 소량화물의 혼재(Consolidation) 및 분배
> • 운송수단의 수배
> • 운송 관련 서류의 작성
> • 포장 및 창고보관업무
> • 복합운송

18 복합운송의 책임과 관련한 내용으로 옳지 않은 것은?

① 무과실책임은 엄격책임 또는 절대책임과 마찬가지로 불가항력 및 기타 약간의 사유가 면책사유로서 인정되지 않는다.
② 이종책임체계는 복합운송인이 전 구간에 걸쳐 책임을 지나 손해발생구간에 적용되는 개개의 책임체계에 의하여 결정하는 체계로 대화주단일책임 또는 책임원칙조합형이라 한다.
③ 절대책임 또는 엄격책임은 손해의 결과에 대해 항변의 면책이 인정되지 않고 절대적으로 책임을 지는 것을 말한다.
④ 단일책임체계는 복합운송인이 손해발생구간, 운송수단의 종류를 불문하고 전 구간을 통해 단일의 책임원칙에 따라 책임을 부담하는 책임체계를 말한다.
⑤ 과실책임은 운송인의 주의의무, 다시 말해 피해자 측에서 운송인이 관계된 주의의무를 태만했다는 운송인 과실 증거책임을 부담하는 책임원칙을 말한다.

 무과실책임은 운송인의 책임발생에 대하여 운송인이나 사용인의 과실을 요건으로 하지 않는 책임을 말하는 것으로 이는 엄격책임 또는 절대책임과는 달리 불가항력 및 기타 약간의 사유가 면책사유로서 인정된다.

19 공동수배송에 관한 설명으로 옳지 않은 것은?

① 혼재(Consoildation)배송은 차량의 적재율을 기준으로 배송하는 형태이다.
② 루트(Route)배송은 광범위한 지역에 소량화물을 요구하는 고객을 대상으로 할 때 유리하다.
③ 납품대행방식은 일반적으로 백화점, 할인점 등에서 공동화 유형이다.
④ 노선집하공동방식은 각 노선사업자가 집화해 온 노선화물의 집화부분만을 공동화하는 방식이다.
⑤ 배송공동방식은 공장에서 물류센터까지 공동수송하고, 물류센터에서 고객까지 공동배송하는 방식이다.

 배송공동방식은 물류센터까지는 각 화주 또는 개개의 운송사업자가 화물을 운반하고 배송만을 공동으로 하는 방식이다.

20 공동수배송의 장점에 해당하지 않는 것은?

① 공동수배송은 참여기업의 운임부담을 경감할 수 있다.
② 공동수배송은 참여기업에 대한 서비스 수준을 균등하게 유지할 수 있다.
③ 다양한 거래처에 대한 공동수배송을 실시함으로써 물동량의 계절적 수요변동에 대한 차량운영의 탄력성을 확보할 수 있다.
④ 참여기업에 대한 통합된 수배송 KPI(Key Performance Indicator)를 제공할 수 있다.
⑤ 공동수배송을 통해 물류센터 운영효율을 향상시킬 수 있으나 고정비에 대한 규모의 경제를 달성할 수 없다.

> 해설 공동수배송은 단독기업으로는 한계가 있는 물동량을 처리할 수 있기 때문에 규모의 경제를 달성할 수 있다.

21 공동수배송의 특징을 모두 묶은 것은?

> ㉠ 수배송에 사용되는 차량의 대수가 증가하고 잦은 수배송으로 인해 규모의 경제 실현
> ㉡ 집하, 분류, 배송의 능률 향상
> ㉢ 포장, 용기, 전표, 정보입력방법 등의 표준화가 불필요
> ㉣ 수·발주 서류의 자동화로 업무경감 가능
> ㉤ 기업 간의 의사소통, 이해조정, 기밀유지, 의사결정지연 등의 어려움

① ㉠, ㉡, ㉢   ② ㉠, ㉣
③ ㉡, ㉣, ㉤   ④ ㉡, ㉢, ㉤
⑤ ㉠, ㉡, ㉣, ㉤

> 해설 ㉠ 수배송에 사용되는 차량의 대수가 감소하여 교통혼잡을 줄일 수 있다.
> ㉢ 공동수배송 전제조건으로 물류표준화가 선행되어야 한다.

정답 18 ① 19 ⑤ 20 ⑤ 21 ③

22 보관에 관한 설명으로 옳지 않은 것은?

① 단순 저장기능 중심에서 라벨링, 재포장 등 유통지원기능이 강화되고 있다.
② 생산과 판매의 조정 및 완충기능을 수행한다.
③ 수요변동의 폭이 적은 물품에 대해 안전재고수준을 높이고 있다.
④ 운영효율성을 향상시키기 위해 물류정보시스템의 사용이 증가하고 있다.
⑤ 다품종 소량화, 소량 다빈도화, 리드타임 단축 등 시장환경변화에 신속하게 대응해야 한다.

> 수요변동의 폭이 높은 물품에 대해 안전재고수준을 높여야 한다.

23 보관의 원칙으로 옳은 것을 모두 고른 것은?

> ㄱ. 동일성 및 유사성의 원칙이란 동일품종은 동일장소에 보관하고, 유사품은 근처 가까운 장소에 보관해야 한다는 원칙이다.
> ㄴ. 선입선출의 원칙이란 먼저 입고된 제품을 먼저 출고한다는 원칙이다.
> ㄷ. 네트워크보관의 원칙은 도난을 방지하기 위해서 고가 제품을 한 장소에 모아 보관하는 원칙이다.
> ㄹ. 중량특성의 원칙이란 동일한 중량의 물품을 같은 장소에 보관하는 원칙이다.
> ㅁ. 회전대응보관의 원칙이란 보관할 물품의 장소를 회전정도에 따라 정하는 원칙이다.

① ㄱ, ㄴ, ㄹ
② ㄱ, ㄴ, ㅁ
③ ㄱ, ㄷ, ㄹ
④ ㄴ, ㄷ, ㅁ
⑤ ㄴ, ㄹ, ㅁ

> ㄷ. 네트워크보관의 원칙은 출하품목이 다양할 때 물품정리가 용이하도록 관련 제품을 한 장소에 모아 보관하는 원칙이다.
> ㄹ. 중량특성의 원칙은 보관 물품의 중량에 따라 보관장소 특히 높낮이를 결정해야 한다는 원칙이다.

24 다음 중 내륙 ICD에 대한 설명으로 옳지 않은 것은?

① 항만지구에 있어서의 통관혼잡을 피할 수 있어 통관의 신속화를 실현시킬 수 있다.
② 내륙 ICD는 본선작업과 마샬링기능을 포함한다.
③ 화물이 대단위화되어 수송효율의 향상 및 항만 인근 야적장의 교통혼잡을 피할 수 있기 때문에 수송비용의 절감을 도모할 수 있다.
④ 통관대상 물품의 설명을 신속·정확하게 행할 수 있으므로 연락·왕복경비가 절감된다.
⑤ 항만지역과 비교하여 창고·보관시설용의 토지취득이 용이하고 창고보관료가 저렴하므로 시설비용이 절감된다.

> ICD는 항만터미널과 내륙운송수단의 연계가 편리한 산업지역에 위치한 컨테이너 장치장으로 컨테이너 화물에 통관기능까지 부여된 컨테이너 통관기지를 말한다. 내륙 ICD는 본선작업과 마샬링기능이 제외된다.

25 물류단지시설에 관한 설명으로 옳지 않은 것은?

① 물류센터는 운송비와 생산비의 절충점을 찾아 총비용을 절감할 수 있다.
② 공동집배송단지는 참여업체들의 공동구매 및 보관을 가능하게 한다.
③ 중계센터는 제품의 보관보다는 단순중계가 주요한 기능으로 크로스도킹(Cross Docking) 등의 기능을 수행할 수 있다.
④ 물류단계의 축소를 위해 물류터미널의 소형화 및 분산화가 이루어지고 있다.
⑤ 복합물류터미널은 소규모 화물의 로트화를 통해 혼재기능을 수행한다.

> 물류터미널의 대형화 및 중앙집중화가 이루어지고 있다.

26 다음의 설명에 모두 해당하는 물류시설은?

- 두 종류 이상의 운송수단 간의 연계운송을 할 수 있는 규모 및 시설을 갖추고 있다.
- 수송기능 중심의 물류시설로서 화물취급장 또는 집배송시설 등을 보유하고 있다.
- 해당 지역 운송망의 중심에 위치하여 다른 교통수단과 연계가 용이하다.

① 복합물류터미널
② 물류센터
③ 공동집배송단지
④ 중계센터
⑤ 데포(Depot)

해설) 복합물류터미널은 2가지 이상 운송수단(도로, 철도, 항만, 공항) 간의 연계운송을 할 수 있는 규모 및 시설을 갖추고 있다. 현재 군포, 양산, 장성, 중부, 칠곡 복합물류터미널 총 5곳이 운영 중에 있다.

27 창고의 형태 및 기능에 관한 설명으로 옳지 않은 것은?

① 소비지에 가깝게 위치하여 소단위 배송을 위한 거점시설을 물류센터라고 한다.
② 자동화 창고를 구성하는 필수 설비로 보관랙(Storage Rack), S/R(Storage and Retrieval)장비, 보관용기(Storage Container) 등이 있다.
③ 소비자 지향의 물류가 강조되면서 창고의 기능은 유통을 지원하는 분배기능에서 보관기능으로 전환되고 있다.
④ 보관랙의 화물을 입·출고시키는 스태커크레인(Stacker Crane)은 주행 및 승강장치, 포크(Fork)장치로 구분되어 있다.
⑤ 창고의 형태로는 단층창고, 다층창고, 입체자동창고 등이 있다.

해설) 소비자 지향의 물류가 강조되면서 창고의 기능은 종래의 보관기능에서 유통을 지원하는 분배기능으로 전환되고 있다.

28 자가창고와 영업창고를 비교하여 설명한 것 중 옳지 않은 것은?

① 영업창고는 자가창고에 비해 입지선정이 용이하다.
② 자가창고는 영업창고에 비해 자사의 특수물품에 적합한 구조와 하역설비를 갖출 수 있다.
③ 영업창고는 자가창고에 비해 보관 관련 비용에 대한 지출을 명확히 알 수 있는 장점이 있다.
④ 영업창고는 자가창고에 비해 계절적 수요변동에 탄력적으로 대응할 수 있어 비수기에도 효율적인 운영이 가능하다.
⑤ 자가창고는 영업창고에 비해 낮은 고정비를 갖기 때문에 재무유동성이 향상된다.

해설 자가창고는 영업창고에 비해 높은 고정비를 갖기 때문에 재무유동성이 악화된다.

29 자동화 창고에 대한 다음 설명 중 잘못된 것은?

① 자동화 창고는 선입선출을 확실하게 행할 수 있다.
② 자동화 창고는 입출고상의 효율성을 높이고 인력절감효과를 거둘 수 있다.
③ 자동화 창고는 다양한 규격의 화물을 취급하는 영업용 창고에 적합하다.
④ 자동화 창고는 협소한 토지를 효율적으로 활용하기 위한 방안으로 추진된다.
⑤ 자동화 창고는 다품종 소량생산이나 소량 다빈도 배송에 효과적으로 대응하기 위하여 추진되고 있다.

해설 자동화 창고 도입 시 자동보관을 위한 물품의 치수, 포장, 중량을 단위화할 수 있는가를 확인해야 한다.

30 창고의 레이아웃(Layout) 설계에서 고려해야 할 사항으로 옳지 않은 것은?

① 화물, 운반기기 및 작업자 등의 흐름직진성을 고려해야 한다.
② 화물 및 작업자 등의 역방향 흐름을 최소화해야 한다.
③ 화물취급횟수가 증가하도록 해야 한다.
④ 화물의 흐름과정에서 높낮이 차이의 크기를 줄여야 한다.
⑤ 운반기기 랙(Rack) 등의 모듈화를 고려해야 한다.

> 화물취급횟수가 감소하도록 해야 한다. 창고 레이아웃(Layout)의 기본원칙은 직진성의 원칙, 역행교차 회피의 원칙, 물품취급횟수 감소의 원칙, 물품이동 간 고저간격의 축소 원칙, 모듈화의 원칙이다.

31 보관과 창고에 관한 설명으로 옳지 않은 것은?

① 보관은 재화를 물리적으로 보존하고 관리하는 것으로 물품의 생산과 소비의 시간적 거리를 조정한다.
② 보관은 생산과 판매의 조정 및 완충기능을 수행한다.
③ 창고에 재고를 보관함으로써 대량의 화물을 운송하게 되어 수송비가 증가한다.
④ 수요의 변동폭이 클수록 창고의 안전재고수준이 증가한다.
⑤ 창고는 단순한 저장기능뿐만 아니라 분류, 유통가공, 재포장 등의 역할도 수행한다.

> 창고에 재고를 보관함으로써 기업의 물류비용을 증가시키지만 수송과 생산의 효율성을 높여서 수송비와 생산비용을 감소시킨다.

32 재주문점(ROP)법에 대한 설명 중 거리가 먼 것은?

① ROP법은 재고수준이 어느 일정수준으로 내려갔을 때 발주하는 시스템이다.
② 발주량에 있어서는 원칙적으로 정기로 발주하며 주로 금액단가가 높은 것에 적용된다.
③ ROP법에 해당하는 시스템으로는 투빈(Twobin)시스템, 정량발주시스템, 기준재고시스템이 있다.
④ 보충을 위한 새로운 주문은 재고수준이 재주문점에 떨어질 때 발생한다.
⑤ 발주점을 통계학적으로 정할 경우 수요분포는 정규분포에 따른다.

> 금액단가가 높은 것에 적용되는 것은 정량발주법이다.

33 소매상 B기업의 A제품에 대한 연간 판매량은 10,000개이다. A제품을 도매상에 발주하면 6일 후에 도착한다고 한다. 이 기업의 연간 영업가능일은 100일이고 안전재고로 200개를 보유하고 있어야 한다면 재주문점(Reorder Point)은 몇 개인가?

① 600
② 650
③ 700
④ 750
⑤ 800

> 재주문점 = 조달기간 동안의 평균수요 + 안전재고
> 조달기간 동안의 평균수요 = 평균수요 × 조달기간 = (10,000개/100일) × 6 = 600
> ∴ 재주문점 = 600 + 200 = 800

34 연간 수요량은 4만개이며, 1회 주문비용은 50만원이다. 연간 단위당 재고유지비용이 4만원이라면, 이때의 연간 주문횟수는 얼마인가?

① 10회
② 20회
③ 30회
④ 40회
⑤ 50회

> $EOQ = \sqrt{\dfrac{2SD}{H}} = \sqrt{\dfrac{2 \times 500{,}000 \times 40{,}000}{40{,}000}} = 1{,}000$개
>
> 따라서 주문횟수 = $\dfrac{40{,}000}{1{,}000}$ = 40회

35 포장에 관련된 내용으로 가장 옳지 않은 것은?

① 공업포장은 물품의 운송, 보관을 주목적으로 하는 포장으로 외장에 해당한다.
② 수출포장은 장거리 운송 후 물품이 안전하게 도착하는 보호기능이 우위에 있으므로 외장을 중요시한다.
③ 브랜드 이미지 표현이 뛰어난 포장은 소비자에게 부각될 수 있는 포장이다.
④ 상품명, 품종에 대한 식별이 용이한 포장은 창고업자에게 부각될 수 있는 포장이다.
⑤ 기업과 제품광고 효율성을 제고하여 포장비 절감을 통해 원가절감하는 것은 판매자측이 고려하는 적정포장을 위한 검토조건이다.

> 기업과 제품광고 효율성을 제고하여 포장비 절감을 통해 원가절감하는 것은 제조업자측이 고려하는 적정포장을 위한 검토조건이다.

36 포장기법에 관한 설명으로 옳지 않은 것을 모두 고른 것은?

ㄱ. 진공포장(Vacuum Packaging)은 내용물의 활성화를 정지시키기 위하여 내부를 진공으로 밀봉하는 포장기법이다.
ㄴ. 중량물포장은 각종 제품을 유통과정의 수분과 습도로부터 지키는 포장기법이다.
ㄷ. 완충포장은 운송이나 하역 중에 발생되는 충격으로 인한 제품의 파손을 방지하기 위한 포장기법이다.
ㄹ. 가스치환포장은 상품의 용적을 적게 하여 부피를 줄이는 포장기법이다.

① ㄷ
② ㄱ, ㄴ
③ ㄱ, ㄷ
④ ㄴ, ㄹ
⑤ ㄴ, ㄷ, ㄹ

> ㄴ. 중량물포장은 유통과정의 보관 및 수송을 위하여 각종 제품의 단위포장과 내부포장을 한 다음 진행하는 외부포장을 말한다.
> ㄹ. 가스치환포장은 포장용기 내의 공기를 모두 제거한 후 그 대신 인위적으로 조성된 가스(이산화탄소, 질소, 산소 등)를 채워 넣어 포장하는 기법이다.

37 쉬링크 포장의 특징과 내용에 대한 설명이 아닌 것은?

① 폴리필름으로 행해지므로 폴리필름 자체가 공해의 원인이 된다.
② 산업폐기물의 회수방법을 검토해야 한다.
③ 대량을 사용하는 경우 산업폐기물이 생긴다.
④ 골판지 상자에 비하여 값이 싸다.
⑤ 필름의 위로부터 레이블링이 쉽다.

> 쉬링크 포장은 골판지 상자에 비하여 값이 싸다는 장점을 가지고 있으나, 필름의 위로부터 레이블링이 곤란하다.

38 아래 글상자 내용은 철도컨테이너 하역방식 중 어느 방식에 대한 설명인가?

> 세미트레일러를 철도대차에 싣고 수송하는 방식으로 세미트레일러의 바퀴를 철도대차의 바닥 아래로 위치시킬 수 있어 화물적재높이 제한이 있는 경우 효과적이며, 하역기기가 불필요하여 인도 등의 물류활동을 정시에 수행할 수 있다는 장점이 있다.

① 피기백(piggy back) 방식
② 캥거루(kangaroo) 방식
③ 프레이트 라이너(freight liner) 방식
④ 플랙시 밴(flexi-van) 방식
⑤ 스프레드(spread) 방식

> ① 화주의 문전에서 기차역까지 트레일러에 실은 컨테이너를 트랙터로 견인하는 방식으로 화물의 적재단위가 클 경우에 이용하며 하역기계가 필요한 것이 단점이다.
> ③ 대형 트레일러로 컨테이너 터미널까지 운반된 화물을 목적지로 운송하는 고속열차로, 대체로 컨테이너화된 화물을 취급하며 터미널에서 터미널까지 화물을 논스톱으로 수송한다.
> ④ 트럭이 화물열차에 대해 직각으로 후진하여 무개화차에 컨테이너를 바로 싣는 것으로, 화차에는 회전판이 달려 있어 컨테이너를 90도 회전시켜 고정시키는 데 상당한 기동성을 발휘할 수 있다.
> ⑤ 스프레드(spread) 지게차를 이용하여 처리하는 방식으로 비교적 화물 취급량이 적은 경우에 사용한다.

39 하역에 관한 설명으로 옳은 것은?

① 하역은 고객서비스의 최전선이며, 비용과 서비스의 상충관계(Trade-off)를 전제로 수송과 배송 간 윤활유 역할을 수행한다.
② 하역작업은 보관의 전후에 수반되는 작업으로 원재료의 조달에서만 하역이 행해진다.
③ 수출품 선적을 위한 항공 및 항만하역은 하역의 범위에 포함되지 않는다.
④ 하역은 화물에 대한 시간적 효용과 장소적 효용을 직접적으로 창출하는 활동이다.
⑤ 하역작업은 물류활동 중 인력 의존도가 높은 분야로 기계화·자동화가 진행되고 있다.

> ① 보관에 관한 설명이다.
> ② 원재료의 조달뿐만 아니라 물류과정 전체에서 하역이 이루어진다.
> ③ 하역의 범위에는 항공 및 항만하역도 포함된다.
> ④ 운송에 관한 설명이다.

40 물류활동에서는 불필요한 하역작업을 줄이고 가장 경제적인 수준에서 하역이 이루어지도록 하여야 한다. 다음 중 하역합리화로 옳지 않은 것은?

① 중량이나 용적이 필요 이상으로 커지지 않도록 포장설계를 행한다.
② 운반의 흐름을 직선으로 하여 운반거리가 최단거리가 되게 한다.
③ 운반활성화지수를 최소화하여 하역작업이 효율적으로 이루어질 수 있게 한다.
④ 화물을 어떤 단위로 유닛화한다.
⑤ 공정능력을 파악하여 평준화시킨다.

> 운반활성지수를 최대화해야 한다(바닥 0 → 컨베이어 4).

41 하역합리화 원칙에 관한 설명으로 옳지 않은 것은?

① 하역기계화의 원칙 – 인력작업을 기계화하여 하역작업의 효율성과 경제성을 증가시킨다.
② 유닛로드의 원칙 – 화물을 어느 일정 단위로 단위화하는 것을 의미한다.
③ 하역활성화의 원칙 – 운반활성지수를 최소화하는 원칙으로, 지표와 접점이 작을수록 활성지수는 낮아지며 하역작업의 효율이 증가한다.
④ 인터페이스의 원칙 – 하역작업의 공정 간 접점을 원활히 소통하도록 하는 것이다.
⑤ 하역경제성의 원칙 – 운반속도의 원칙, 최소취급의 원칙, 수평직선의 원칙 등을 포함하는 원칙이다.

활성화지수란 화물이 놓여진 상태가 운반작업을 하기에 어느 정도로 좋은 상태로 놓여져 있는가를 수치화한 것이다. 하역활성화의 원칙은 운반활성지수를 최대화한 원칙으로 지표와 접점이 작을수록 활성화지수는 높아지며 하역작업의 효율성이 증가한다.

42 ( ) 안에 들어갈 내용이 차례대로 나열된 것은?

하역작업에서 컨테이너(Container)에 물건을 싣는 것을 (ㄱ), 내리는 것을 (ㄴ)이라고 한다.

① ㄱ : Vanning, ㄴ : Devanning
② ㄱ : Lashing, ㄴ : Dunnage
③ ㄱ : Packing, ㄴ : Unpacking
④ ㄱ : Sorting, ㄴ : Assorting
⑤ ㄱ : Insourcing, ㄴ : Outsourcing

하역작업에서 컨테이너에 물건을 싣는 것을 Vanning(적입), 내리는 것을 Devanning(적출)이라고 한다.

CHAPTER 03 · 도소매물류

Key Point

- 거래 전, 거래 시, 거래 후 고객서비스의 요소에 대해 구분하여 암기한다.
- 물류센터의 개념, 입지선정 절차, 기능, 운영효과 등의 기출빈도가 높으므로 잘 이해하고 정리해둔다.

01 도매물류와 소매물류

1 도매물류와 소매물류의 개념

(1) 도소매업의 구분

① 도매업
  ㉠ 의의 : 제품을 소매업 및 기타 상인, 산업체와 기관 사용자에게 판매하는 유통업을 말한다. 즉, 도매거래란 최종 소비자와의 거래를 제외한 모든 거래를 포함한다.
  ㉡ 기능 : 시장확대기능, 재고유지기능, 주문처리기능, 시장정보제공기능, 고객서비스대행기능
  ㉢ 종류와 특징

분류기준		종 류	특 징
표적고객	소매상	일반도매상	취급계열에 따라 • 잡화도매상 : 철물, 약품과 같이 특정한 제품계열에 대하여 다양한 품목 취급 • 전문도매상 : 건강식품, 해산물과 같이 특정 품목만 취급
	산업체	산업도매상	산업체를 대상으로 원·부자재를 대량으로 판매
제품 소유권 보유자	도매업자	상인도매상	• 제조업체와 소매상과는 독립된 사업체 • 제품의 소유권과 파손 및 분실에 대한 모든 권한과 책임을 가짐 • 판매에 따른 이윤이 수익의 원천 • 특정 제조업체와 계약을 맺고 상품을 공급받아 판매하는 가장 전형적인 도매상 • 완전서비스 도매상과 한정서비스 도매상으로 분류 • 자신들이 취급하는 상품의 소유권 보유
	제조업자	중개상, 대리상	거래촉진과 중개를 통한 수수료를 받음(Broker)
수행기능의 발휘	모든 기능	완전기능도매상	도매상으로부터 기대되는 모든 기능 수행
	일부 기능	한정기능도매상	일부 기능의 특화 또는 일부 기능을 전혀 수행 못함

기 타	도매클럽	회원제 도매클럽 창고점 형식
	판매지점	제조업자가 직접 판매지점이나 판매사무소 설치
	농수산물수집상	• 소규모 농민으로부터 수집하여 식품가공업자에게 공급 • 운송비와 지역 간의 가격차이로 이익 실현
	도매시장	• 주로 농수산물 거래를 전문적으로 하기 위해 제도화된 시장 • 반입물량에 따라 가격 결정
	도매유통단지	중소 도매업의 경영근대화와 지역유통 및 교통의 개선을 위해 지역적으로 집단화
	제조도매상	간단한 가공시설을 갖추고 수요자에게 보다 알맞도록 하기 위한 약간의 가공기능을 추가한 도매상

② 소매업
　㉠ 의의 : 최종 소비자들에게 제품이나 서비스를 판매하는 유통업을 말한다.
　㉡ 소매업의 기능별 역할

기 능	역 할
소비자에 대한 기능	• 올바른 상품을 제공하는 역할 • 적절한 상품의 구색을 갖추는 역할 • 금융기능을 수행하는 역할 • 상품정보 · 유행정보 · 생활정보를 제공하는 역할 • 쇼핑의 장소를 제공하는 역할 • 쇼핑의 즐거움을 제공하는 역할 • 쇼핑의 편의를 제공하는 역할 • 구매환경 형성 • 가격설정
생산 및 공급업자에 대한 기능	• 판매활동을 대신하는 역할 • 올바른 소비자정보를 전달하는 역할 • 물적 유통기능을 수행하는 역할 • 필요한 상품의 재고를 유지하는 역할 • 촉진기능을 수행하는 역할 • 생산노력을 지원하는 역할

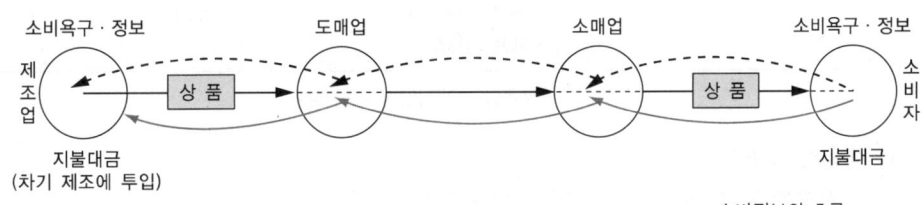

[소매업에 있어서의 소비정보의 역유통기능]

(2) 도매물류

① 도매물류는 최종소비자와의 거래를 제외한 국내 및 국외의 소매업 및 기타 상인, 산업체 및 기관 사용자 등에게 제품 판매를 할 때 발생하는 물류이다.
② 도매물류상에서는 제조업자 측면과 최종소비자를 제외한 소매상 및 기관 사용자 등의 측면에서 각각 대행 기능을 수행한다. 제조업자 측면에서는 분배 및 재고, 주문처리, 정보 및 지원 등의 기능을 대행하며, 소매상 등의 측면에서는 구색 갖춤, 소매(小賣), 지원 등의 기능을 대행한다.
③ 도매물류는 공동배송을 통해 비용절감과 고객서비스 제고를 도모할 수 있으며, 이를 위해 공동운송 및 정보시스템, 공동물류창고 등을 구축하게 된다. 공동배송은 개별배송에 비해 시간 및 비용이 절감되고 소비자에게 제품을 판매하는 소매상에게는 제품 구비의 용이성을 제공한다.
④ 도매물류상에서는 개별기업의 기능별 통합물류가 가능하게 되고 소량·다빈도 배송이 가능하게 된다. 또한 개별기업의 시간 및 비용절감 등의 효과를 통해 가용자원의 활용도가 증가하게 된다.

(3) 소매물류

소매물류는 대리점 및 유통점에서 수행하는 제품의 보관 및 소비자에 대한 배달, 설치 업무를 물류센터의 배달·설치 전문인력을 활용하여 이를 대행하는 물류공동화 서비스이다.

(4) 도소매물류의 고객서비스요소 기출 23·21·18

[물류와 고객서비스 구성 요소]

① 거래 전 요소
   ㉠ 우수한 고객서비스를 제공할 수 있는 환경을 만든다.
   ㉡ 발주 후에 정확한 제품인도 실시, 반송이나 미납품 주문의 처리, 적재방법 등에 대한 고객서비스 지침을 사전에 제공함으로써 고객 자신이 받을 서비스에 대해서 미리 알 수 있게 해준다.
   ㉢ 정상적인 서비스 활동에 영향을 미칠 수 있는 파업 혹은 자연재해에 대비한 긴급상황계획, 고객서비스 정책을 충족시키기 위한 조직체계의 구축, 고객에게 기술적 훈련과 지침서를 제공하는 것 등은 구매자와 공급자의 관계를 좋게 유지하는 데 도움이 된다.

② 거래발생 시 요소
  ㉠ 고객에게 제품을 인도하는 데 직접 관련되는 것들로, 재고수준을 설정하고 수송수단을 선택하며 주문처리 절차를 확립하는 것 등이 그 예이다.
  ㉡ 거래발생 시 요소들은 인도시간, 오더필링의 정확성, 인도 시 제품의 상태, 재고가용성 등에 영향을 미친다.
③ 거래발생 후 요소
  ㉠ 현장에서 제품판매를 지원할 필요가 있는 서비스 항목을 나타낸다. 즉, 결함이 있는 제품으로부터 소비자를 보호하고 재활용이 가능한 빈병·파렛트 등의 포장용기 회수 및 반품, 소비자 불만, 클레임처리 등이 모두 여기에 포함된다.
  ㉡ 거래발생 후 요소는 제품을 판매한 후에 발생하지만 이들은 거래 전이나 거래시점에서 계획되어야 한다.

(5) 도소매물류에서 고객서비스 수준 기출 24
① 주문인도시간을 단축시키기 위해 재고를 충분히 보유하면 재고비용이 상승한다.
② 정시주문충족률을 높이기 위해 재고보유량을 높이면 재고비용이 상승한다.
③ 최소주문량을 낮출수록 다빈도 운송으로 비용은 증가하지만 고객만족도는 높아진다.
④ 주문의 편의성을 높이기 위해서는 주문처리시스템, 고객정보시스템 등의 구축이 필요하다.
⑤ 사후서비스 수준을 높이기 위해서는 주문처리현황정보, 서비스센터, 고객센터 등을 갖추어야 한다.

(6) 고객서비스 주문주기시간 기출 23
① 주문전달시간(Order Transmittal Time) : 주문을 주고받는 판매 사원, 우편, 전화, 전자송달(컴퓨터 등)에 사용되는 시간이다.
② 주문처리시간(Order Processing Time) : 적재서류의 준비, 재고기록의 갱신, 신용장의 처리작업, 주문확인, 주문정보를 생산·판매·회계부서 등에 전달하는 활동에 소요되는 시간이다.
③ 주문어셈블리 시간(Order Assembly Time) : 주문을 받아서 발송부서나 창고에 전달 후 발송받은 제품을 준비하는 데 걸리는 시간이다.
④ 재고가용성(Stock Availability) : 창고에 보유하고 있는 재고가 없을 때 생산지의 재고로부터 보충하는 데 소요되는 시간이다.
⑤ 주문인도(Order Delivery Time) : 주문품을 재고지점에서 고객에게 전달하는 활동으로, 창고에 재고가 있는 경우에는 공장을 거치지 않고 곧바로 고객에게 전달하는 데 걸리는 시간을 말한다.

2 도매물류와 소매물류의 흐름

(1) 상류와 물류의 구분
① 상류 : 상품의 소유권 이전 활동으로 유통경로 내에서 판매자와 구매자의 관계에 초점이 있다.
② 물류 : 물류경로상에서 이동 또는 보관 중인 물품에 대한 관리활동으로 시간적·공간적 효용가치를 창출하는 것이다.

(2) 유통기능의 분류

① 상적 유통

유통경로가 수행하는 기능 중 가장 본질적인 기능으로서 상품의 매매 자체를 의미한다. 상적 유통은 소유권 이전기능이라고도 하는데, 이를 줄여서 상류(商流)라고도 한다.

② 물적 유통

상적 유통에 따르는 상품의 운송, 보관, 포장, 하역 등의 활동을 의미하며, 물적 유통을 줄여서 물류(物流)라고도 한다.

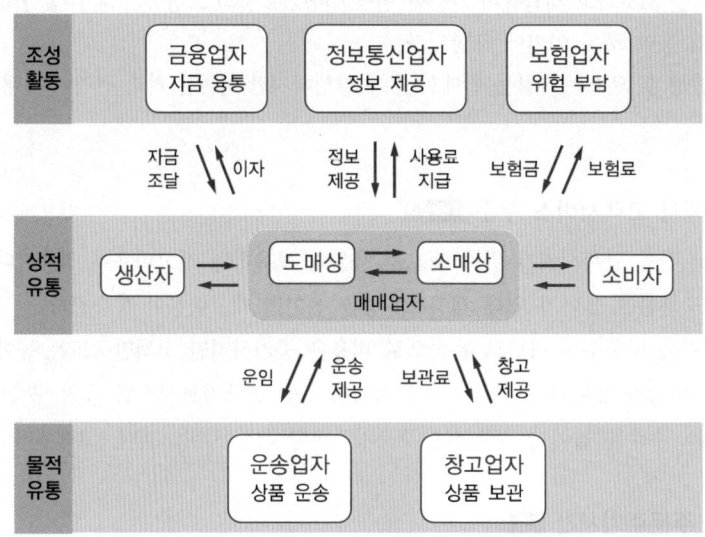

[유통기능의 분류]

(3) 유통과정상의 도소매상의 위치

① 농·수산물의 유통과정

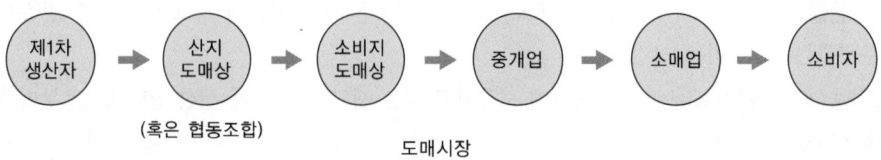

② 일반 소비용품의 유통과정

제조업 → 제품 → 도매업 → 소매업 → 소비자

3 물류(배송)센터

(1) 물류센터의 개념
① 일반적으로 기업들은 자사의 배송을 위한 거점을 유통센터라 부르고 있는데, 이것을 물류센터, 배송센터라고도 한다.
② 과거의 창고는 보관기능을 중심으로 하고 있으며 스페이스효율을 최대한으로 살리도록 만들어졌지만, 새로운 개념의 물류센터는 보관 외에도 분류·재고관리·유통가공 등의 기능을 아울러 지니고 있어서 물류의 흐름과정이 효율적으로 진행되도록 설치된 것이다.
③ 생산자 및 공급자와 소비자 사이에서 수배송을 높은 서비스 수준으로, 효율적으로 실시하기 위해 거점이 되는 것이 물류센터라고 할 수 있다.

(2) 물류센터의 입지선정 절차 기출 20
① 입지선정의 전제조건을 정리 : 물류시스템의 기본계획과 현황을 분석하고 입지범위의 후보지를 압축하여 정리한다.
② 자료정리 : 물류시스템의 기본계획과 현황 분석을 위해 지도, 지가, 취급량, 비용분석, 수배송 루트, 현재시설 및 수요예측 등의 자료를 정리한다.
③ 입지선정의 기법 정리 : 단일물류시설과 복수물류시설을 위한 선정기법을 동원하여 평가한다.
④ 입지선정의 제약조건 검토 : 지리, 지형, 지가 및 환경 등 입지제약요건을 검토하고, 서비스수준과 총비용을 평가한 다음 최종적으로 단일 또는 복수의 입지위치를 선정한다.

> **OX 문제**
> ▶ 물류센터의 입지선정 절차는 '입지선정의 전제조건 정리 → 세부계획을 위한 자료정리 → 입지선정 기법정리 → 입지선정의 제약조건을 검토한 후 최종 입지 선정'이다. O|X
> 정답 ▶ O

(3) 물류센터 구조 및 설계 특성
① 제품(화물) 특성 : 크기, 무게, 용량, 가격, 포장 등
② 주문 특성 : 주문 건수, 주문 빈도, 주문량, 처리 속도
③ 관리 특성 : 재고 정책, 고객서비스 목표, 투자 및 운영 비용
④ 환경 특성 : 지리적 위치, 입지 제약, 환경 제약
⑤ 설비 특성 : 설비 종류, 운영 방안, 자동화 수준
⑥ 운영 특성 : 입·출고 방법, 보관 방법, 피킹 및 분류 방법, 배송 방법

(4) 물류센터의 업무
① 입고업무 : 생산자 및 공급자로부터 배송되어 오는 상품을 하역하고, 입고검수 및 입고품질검사를 하며, 정해진 위치에 적재한다.
② 보관업무 : 입고된 상품을 품종이나 여러 가지 기준에 의해 분류하여 저장한다.
③ 출고업무 : 고객의 요청에 따라 출고하기 위해 피킹하고, 분류하며, 출고 품질검사, 고객의 요구기준에 따라 포장하여 출고한다.

④ 관리업무 : 고객의 상품주문에 대처하기 위해 적정하고 안정된 재고를 관리하며, 물류센터에서 행하는 각종 업무에 대한 관리를 수행한다.
⑤ 품질검사 : 입고 시와 출고 시 인수검수와 품질검사를 철저히 하여 소매점포에서의 품질에 대한 신뢰성을 확보한다.

(5) 물류센터의 운영과 기능

① 도소매물류의 표준화를 통한 물류공동화가 체계적으로 수행되기 위하여 생산과 소비를 연결하는 물류센터를 구축하고 운영할 수 있다.
② 물류센터는 다양한 물류시설을 집약한 거점으로의 역할을 수행한다.
③ 물류센터의 기능 [기출 18·17·16]
  ㉠ 신속한 배송체제 구축에 의한 기업의 판매력 강화
  ㉡ 수급조정기능
  ㉢ 공장과 물류센터 간 대량·정형적인 계획수송에 따른 수송비 절감
  ㉣ 물류센터정보망을 통한 신속·정확한 재고파악
  ㉤ 상류기능과 물류기능의 명확한 분리로 중복·교차수송 방지
  ㉥ 제조업체의 직판체제 확립, 유통경로의 단축, 유통의 간소화 및 비용절감
  ㉦ 환적, 보관, 분류, 가공, 조립기능
④ 물류센터의 운영효과 [기출 20]
  ㉠ 효과적인 배송체제 구축
  ㉡ 공장과 물류센터 간에 대량 및 계획운송을 통한 운송비 절감효과
  ㉢ 물류거점의 조정을 통해 중복운송이나 교차운송 방지
  ㉣ 과잉재고 및 재고편재 방지
  ㉤ 물류센터를 판매거점화하면 제조업체의 직판체계 확립과 유통경로 단축이 가능

> **O×문제**
> ▶ 물류센터를 판매거점화하면 제조업체의 직판체제의 확립은 가능하나 유통경로는 복잡해지고 길어지는 문제가 발생한다.
>
> **해설**
> 물류센터를 판매거점화하면 제조업체의 직판체제를 확립하고 유통경로를 단축할 수 있다.
> 정답 ▶ ×

(6) 물류센터 정보시스템의 효율적 요건 [기출 24]

① 작업을 표준화하여 각 공정의 비용을 파악하고 물류비 전체를 절감할 수 있는 시스템이어야 한다.
② 재고의 정확, 즉 실제재고와 장부(이론)재고가 일치해야 한다.
③ 품절이나 결품 없이 재고 회전율을 향상시키고 재고를 최대한 줄일 수 있는 보충시스템을 구축해야 한다.
④ 작업자의 시간당 피킹개수를 측정했을 때 사람과 시간의 생산성이 높아야 한다.
⑤ 피킹실수를 방지하는 피킹시스템과 검품시스템을 구축하고, 나아가 유통가공활동을 지원할 수 있는 시스템이어야 한다.

CHAPTER 03 실전예상문제

※ 본 문제를 풀면서 이해체크를 이용하시면 문제이해에 보다 도움이 될 수 있습니다.

01 유통은 상류(상적 물류)와 물류(물적 유통)로 분류되는데 이에 대한 설명으로 가장 옳지 않은 것은?

① 상류는 매매계약 등의 거래의 흐름을 의미하고 물류는 물자의 흐름을 의미한다.
② 물류는 상류의 파생기능을 수행한다.
③ 상류와 물류는 고도의 긴밀한 협력관계를 필요로 하고, 상호보완적인 관계이므로 원활한 커뮤니케이션을 요한다.
④ 물류합리화의 일환으로 상류와 물류의 분리운영이 제시되고 있다.
⑤ 상물분리는 배송센터나 공장에서 하고 있던 물류활동을 지점이나 영업소에서 집중적으로 수행하는 것을 말한다.

> 해설 상물분리는 지점이나 영업소에서 하고 있던 물류활동을 배송센터나 공장의 직송, 배송을 통하여 수행하는 것을 말한다. 상물분리의 목적은 대량수송 및 수배송 시간의 단축화와 재고의 집약화를 통해서 최소 재고화를 달성함으로써 고객서비스를 향상시키고 총 물류비를 절감하는 데 있다.

02 소매상이 소비자에게 제공하는 기능으로 가장 올바르지 않은 것은?

① 소매상은 여러 공급업자들로부터 제품과 서비스를 제공받아 다양한 상품구색을 갖춤으로써 소비자들에게 제품선택에 소요되는 비용과 시간을 절감할 수 있게 하고 선택의 폭을 넓혀주기도 한다.
② 소매상은 소매광고, 판매원 서비스, 점포 디스플레이 등을 통해 고객에게 제품관련 정보를 제공하여 소비자들의 제품구매를 돕기도 한다.
③ 소매상은 고객의 다양한 욕구를 충족시키기 위해 다수 제조업자의 제품을 구비하여 고객에게 제공함으로써 시장을 확대하는 기능을 수행하기도 한다.
④ 소매상은 자체의 신용정책을 통하여 제조업체 대신 소비자와의 거래에서 발생하는 제비용을 부담하거나 고객에게 신용이나 할부판매를 제공함으로써 소비자의 금융부담을 덜어주는 기능을 수행하기도 한다.
⑤ 소매상은 소비자에게 애프터서비스의 제공, 제품의 배달, 설치, 사용방법의 교육 등과 같은 서비스를 제공하기도 한다.

> 해설 시장을 확대하는 기능은 도매상이 제조업자에게 수행하는 기능이다.

03 고객서비스의 주요 구성요소에는 거래 전 요소, 거래 중 요소, 거래 후 요소가 있다. 가장 올바르지 않은 것은?

① 거래 전 고객서비스 요소는 물적 유통과 직접적인 관련은 없지만 대고객 서비스관점에서 상당히 중요한 역할을 한다.
② 거래 전 고객서비스 요소에는 주문 시스템의 정확성, 발주의 편리성 등을 들 수 있다.
③ 거래 중 고객서비스 요소는 물적 유통기능을 수행하는 데 직접적으로 관련이 있는 고객서비스 변수로서, 예를 들어 상품 및 배달의 신뢰성 등을 말한다.
④ 거래 후 고객서비스 요소는 사용 중인 제품에 대한 지원과 관련된 고객서비스 변수를 말한다.
⑤ 거래 후 고객서비스 요소에는 제품보증, 부품 및 수선서비스, 고객불만처리절차 등을 들 수 있다.

> 주문 시스템의 정확성, 발주의 편리성 등은 거래 중 고객서비스 요소이다.

04 다음에서 의미하는 밑줄 친 '이들'에 대한 내용으로 옳지 않은 것은?

> 이들은 개인적 혹은 비영리적 목적으로 구매하려는 최종소비자에게 재화나 서비스 관련 판매활동을 수행하는 개인이나 조직을 말한다.

① 최종소비자들의 다양한 욕구를 충족시키기 위해 다양한 형태로 출현하였다.
② 소비자를 위해 수행하는 기능 중에는 상품구색 기능이 있다.
③ 이들 중 하나인 drop shipper는 재고유지를 직접 하지 않으며 석탄, 목재, 중장비 등 분야에서 활동한다.
④ 자체의 신용정책을 통해 소비자 금융부담을 덜어주는 금융기능도 수행한다.
⑤ 애프터서비스, 제품의 배달, 설치 등의 서비스도 제공한다.

> 글상자에서 의미하는 '이들'은 소매상에 해당한다. drop shipper(직송도매상)는 석탄, 목재, 화학제품과 같이 대용량 제품을 취급하는데, 소매상이나 다른 도매상으로부터 주문을 받아 계약을 체결하여 제품을 판매한다.

05 다음 신문기사의 내용과 가장 관련이 깊은 유통의 기능은 무엇인가?

> 서울특별시 서대문구에 대형 농산물 유통 도매센터가 건립될 예정이다. 이곳의 도매상들은 전국에서 올라온 각종 농산물을 수합하고, 등급을 매기고 같은 상품끼리 또는 유사한 품질끼리 구분하여 진열할 것이다.
>
> — ○○신문, 20○○년 ○월 ○일자 —

① 교환과정의 효율성 제고
② 거래의 반복화
③ 구색형성 기능
④ 소비자의 탐색과정 효율성 제고
⑤ 촉진관리 기능

> **선별기능(sorting)**
> 제조업자가 만든 제품과 서비스의 선별과 소비자가 요구하는 구색 간의 불일치를 해소하는 기능으로, 분류, 집적, 배분 및 구색형성의 4가지 기능을 포함한다.
> - 분류 : 이질적 상품을 비교적 동질적인 개별상품단위로 구분하는 것
> - 집적 : 다수의 공급업자로부터 제공받는 상품을 모아서 동질적인 대규모 상품들로 선별하는 것
> - 배분 : 동질적 제품을 분배, 소규모 로트의 상품별로 모아서 분류하는 것
> - 구색형성 : 사용목적이 서로 관련성이 있는 상품별로 일정한 구색을 갖추어 함께 취급하는 것

06 유통업자의 일반적인 경제행위와 가장 거리가 먼 것은?

① 유통업자는 소비자가 필요로 하는 재화를 구매하여 소비자에게 여러 가지 상품과 서비스를 공급한다.
② 유통업자는 소비자가 필요로 하는 재화를 소비자의 구매시점까지 잘 보관해준다.
③ 유통업자의 상품구색기능은 소비자보다는 제조업자를 위한 기능이기 때문에 제조기업에게 보다 많은 생산의 기회를 제공한다.
④ 제조업자는 자신이 제조한 상품을 직접 판매할 경우 비용부담이 많이 되기 때문에 유통업자가 제조업자를 대신하여 거래장소를 제공해준다.
⑤ 소비자에게 상품의 품질이나 가격 등의 정보를, 공급자에게 소비자의 구매성향 등의 정보를 제공해준다.

> 유통업자(소매상)의 상품구색기능은 제조업자보다는 소비자를 위한 기능으로, 소비자가 원하는 상품구색을 제공하여 소비자 선택의 폭을 넓혀 준다.

07 전형적인 유통경로인 '제조업체 – 도매상 – 소매상 – 소비자'에서 도매상의 역할로 가장 바르지 않은 것은?

① 도매상은 제조업체를 대신하여 광범위한 시장에 산재해 있는 소매상들을 포괄한다.
② 도매상들은 생산자보다 더 고객과 밀착되어 있으므로 고객의 욕구를 파악하여 전달하는 기능을 담당한다.
③ 도매상은 소매상 지원기능을 통해 제품구매와 관련한 제품교환, 반환, 설치, 보수 등의 다양한 서비스를 제조업체 대신 소매상에게 제공한다.
④ 도매상은 소비자와 가까운 장소에서 다양한 상품구색에 대한 재고부담을 함으로써 공급선의 비용감소와 소비자의 구매편의를 돕는다.
⑤ 도매상은 제품사용에 대한 기술적 지원과 제품판매에 대한 조언 등 다양한 서비스를 소매상에게 제공한다.

> 해설 소비자와 가까운 장소에서 다양한 상품구색을 갖추고 소비자의 구매편의를 돕는 유통기관은 소매상이다.

08 유통의 기능과 보기가 바르게 짝지어지지 않은 것은?

① 수(배)송기능 – 수현이 주문한 도서가 오후에 배송되었다.
② 보관기능 – 지현은 봄에 수확한 딸기를 가을에 판매하기 위해 냉동창고에 보관하였다.
③ 정보전달기능 – 지원은 백화점으로부터 봄 정기세일 DM을 받았다.
④ 위험부담기능 – 상철은 신형 PC를 구매하기 위해 카드를 발급받았다.
⑤ 거래기능 – 호연은 현금을 지불하고 커피를 구입하였다.

> 해설 단순히 카드를 발급받은 상황은 가격변동이 수반되지 않으므로 위험부담기능이라고 할 수 없다.

09 도매상의 형태로 볼 수 있는 산업재 유통업자(Industrial distributor)에 대한 설명으로 옳지 않은 것은?

① 산업재 제조업체들과의 긴밀한 관계가 형성되어 있다.
② 소매상보다는 제조업체나 기관을 상대로 주로 영업한다.
③ 연구개발부문에도 자원을 할당한다.
④ 기술 지향적 성향보다는 마케팅 지향적 성향이 강하다.
⑤ 고객과의 관계마케팅을 중요시한다.

> 해설 산업재 유통업자는 소매상보다는 생산자에게 판매하는 유통업자로, 제품을 생산하는 데 사용되는 기계 도구나 플라스틱, 전기부품, 베어링과 같은 제품을 생산자에게 공급하므로 마케팅 지향적 성향보다는 기술 지향적 성향이 더 강하다.

10 유통물류센터 정보시스템에 관련된 내용으로 옳지 않은 것은?

① 시스템상의 재고와 실제 보유 재고가 일치해야 한다.
② 품절이나 결품 없이 재고회전율을 향상시키면서 재고를 최소한으로 줄일 수 있는 보충시스템을 구축해야 한다.
③ 작업자의 피킹 생산성을 높일 수 있게 하는 시스템이어야 한다.
④ 각 공정의 비용을 파악하고 물류비 전체를 절감하는 데 도움을 주는 시스템이어야 한다.
⑤ 피킹실수를 방지하는 시스템은 구축해야 하지만 검품시스템은 구축할 필요는 없다.

> 해설 창고 내 작업에 대한 피킹리스트 출력의 시점을 중시하는 피킹시스템뿐만 아니라 검품시스템도 구축해야 한다.

정답 07 ④ 08 ④ 09 ④ 10 ⑤

5개년 챕터별 출제비중

2024

2020

2021

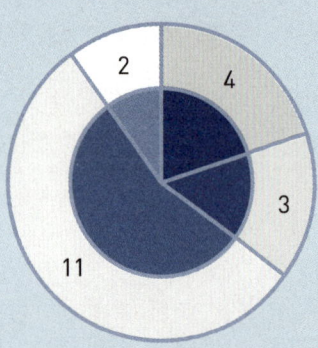

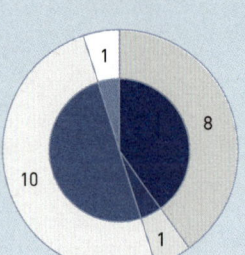

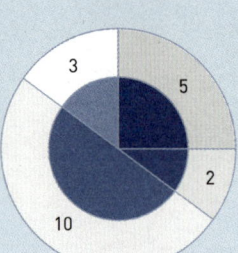

2022

2023

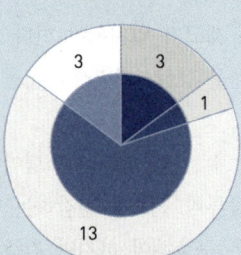

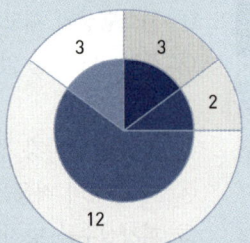

- 제1장 소매입지
- 제2장 입지분석
- 제3장 상권조사
- 제4장 개점전략

(출제 문항 수)

3 과목

상권분석

CHAPTER 01 소매입지
CHAPTER 02 입지분석
CHAPTER 03 상권조사
CHAPTER 04 개점전략

CHAPTER 01 · 소매입지

> **Key Point**
> - 소매입지의 유형별 개념과 특징에 대해 숙지한다.
> - 입지매력도 평가원칙과 넬슨의 8가지 입지평가방법에 대해 구분하여 암기한다.
> - 주요 소매점의 입지선정 전략에 대해 학습한다.

01 소매입지별 유형

1 도심 입지(CBD)

(1) 개 념

① 도심 입지는 전통적인 도심상업지역으로, 계획적으로 조성되는 신도시와 달리 복잡하게 조성되어 있는 것이 일반적이다.
② 하지만 전통적인 도심 상업지역이라는 성격으로 인해 많은 사람들이 유입된다.

(2) 도심 입지의 특징 기출 24·16·14

① 대중교통의 중심지로서 많은 사람들의 유입으로 인해 지가가 가장 높은 지역이다.
② 상업활동을 통해 많은 사람들을 유인한다.
③ 건물의 고층화 및 과밀화로 인한 주거기능의 약화가 지속된다.
④ 도시 외곽 주거지 및 도심입지 간 심각한 교통문제가 발생한다.
⑤ 행정관서, 백화점, 기업체 및 고급 전문 상점들이 집중적으로 위치해 있다.
⑥ 전통적으로 이어져 오는 상업지역이기 때문에, 신도시처럼 계획성 있는 입지 조성은 어렵다.

> ☑ **O×문제**
> ▶ 도심형 입지(CBD)는 근린 소매중심지이며 인구가 분산, 산재되어 있는 경우가 많다. O|X
>
> **해설**
> 도심형 입지(CBD)는 상업적 토지 이용이 집중적으로 이루어지고 있는 도시의 핵심 지구로서 도시 내에서 접근성이 가장 높고, 최고의 지가를 형성하는 도시의 중앙부에 위치하여 인구가 집중되어 있는 경우가 많다.
>
> 정답 ×

2 쇼핑센터 입지

(1) 개념

① 도시 주민들이 교외로 이동하는 스프롤(Sprawl) 현상과 더불어 자가용의 보급에 따라 제2차 세계대전 뒤 미국에서 발전한 집합형 소매상점가로, 도심 밖 외곽지대에 커뮤니티 시설로 계획되는 것이 일반적이다.

② 도시 근교에 광대한 토지를 확보하여 백화점·슈퍼마켓 등 대규모 소매점을 중심으로 하여 여기에 연쇄점, 전문점, 소매점 등을 모아 원스톱 쇼핑(One-stop Shopping, 한 장소만 들러도 필요한 모든 상품 구입이 가능한 쇼핑)이 가능하도록 계획적으로 만들어진 대규모 상점가를 말한다.

③ 상업행위 이외에도 커뮤니티 역할을 하는 여러 가지 기능들, 즉 은행, 이발소, 세탁소, 사무소, 호텔, 극장 그리고 대규모 주차장까지 포함하고 있다.

④ 우리나라에서는 번화가의 상점가를 뜻하며, 대자본의 공세에 대항하기 위해 일반 독립소매상이 모여서 역 근처나 빌딩 및 지하도에 근대적인 거리를 만들어 공동점포를 건설하면서 쇼핑센터가 시작되었다. 그 뒤 미국의 영향을 받게 되자 백화점·슈퍼마켓 등의 대형 상점을 중심으로 개발하고, 여기에 전문점과 일반소매점이 입주하는 형태로 발전하였다.

⑤ 쇼핑센터의 등장으로 교외의 소비자들은 일상품은 가까운 곳에서 구매하고, 내구소비재와 전문품은 쇼핑센터에 가서 구매하는 경향이 나타났다.

⑥ 쇼핑센터는 영업시간 및 점포 외관 등에서 동질성을 유지할 수 있으며, 입점업체의 구성을 전체적 관점에서 계획하고 통제할 수 있다. 따라서 개별 업체 입장에서는 투자의 위험성이 상대적으로 낮다.

⑦ 각각의 개별점포가 자유롭게 영업시간을 조정할 수 없는 등 제약도 따른다.

⑧ 중앙부분에 보행자 전용로(Pedestrian Mall)가 있다는 점에서 백화점이나 다른 상점과 명확한 차이가 있다.

> **개념 PLUS**
>
> **쇼핑센터의 공간구성요소** 기출 24·23·21·15
> - 통로(Path) : 연속된 공간을 통해 목적지에 이르는 과정 즉, 어떤 목표에 이르기까지의 방향으로 출발점을 갖는다.
> - 결절점(Node) : 안으로 들어올 수 있는 거점으로서 초점이며, 전형적인 것은 통로의 접합점 또는 어떤 특징을 갖는 집중점이다.
> - 지표(Landmark) : 길찾기를 위한 방향성을 제공해 주는 기하학적 형상으로서 중심의 대표적 표현방법으로 상징적 대상을 배치하여 구심점 역할을 부여한다.
> - 구역(District) : 공간과 공간의 분리를 통한 영역성이 부여된다.
> - 에지(Edge) : 파사드(정면 외벽), 난간, 벽면, 담장 등 건물에서 꺾이는 부분에 해당된다.
> - 선큰(Sunken) : 자연광을 유도하기 위해 대지를 파내고 조성하는 것으로, 지하공간의 쾌적성과 접근성을 높인다.
> - 보이드(Void) : 현관, 홀, 계단 등 주변에 동선이 집중되는 공간과 대규모 홀 및 식당 등 내부 공간구성에서 구심성(求心性)이 되는 공간을 말한다.

(2) 쇼핑센터의 분류 기출 20·14

① 입지별 분류
- ㉠ 교외형 쇼핑센터 : 특정 상권의 사람들을 구매층으로 하며 비교적 저층이고, 대규모 주차장을 갖고 있으며 백화점, 대형 슈퍼마켓 등을 중심으로 하는 경우가 많다.
- ㉡ 도심형 쇼핑센터 : 불특정 다수의 사람들을 구매층으로 하며, 지가가 높은 지역에 입지하기 때문에 면적 효율상 고층이 되는 경우가 많고 주차공간도 집약된다.

② 규모별 분류
- ㉠ 근린형 쇼핑센터 : 도보권을 중심으로 한 상권의 슈퍼마켓, 드럭 스토어를 중심으로 한 일용품 위주의 소규모 쇼핑센터이다.
- ㉡ 커뮤니티형(지역사회형) 쇼핑센터 : 슈퍼마켓, 버라이어티 스토어, 소형 백화점, 약국, 사무용품점, 스포츠용품점 등을 중심으로 한 실용품 위주의 중규모 쇼핑센터이다.
- ㉢ 지역형 쇼핑센터 : 백화점, 종합슈퍼, 대형 버라이어티 스토어 등의 대형 상점을 중심으로 하고, 여러 가지 서비스 기능이나 레저·스포츠 시설 등을 갖춘 대규모 쇼핑센터이다.
- ㉣ 초지역형 쇼핑센터 : 대형화, 백화점을 위협하는 쇼핑센터이다.

> **OX 문제**
> ▶ 쇼핑센터는 지역형 쇼핑센터, 지역사회형 쇼핑센터, 근린형 쇼핑센터, 초지역형 쇼핑센터로 구분하는데 가장 작은 규모는 지역형 쇼핑센터이다. O│X
>
> **해설**
> 쇼핑센터의 규모는 근린형 쇼핑센터(Neighborhood shopping center) → 지역사회형 쇼핑센터(Community Shopping center) → 지역형 쇼핑센터(Regional Shopping center) → 초지역형 쇼핑센터(Super regional Shopping center) 순이다.
>
> 정답 ▶ ×

(3) 쇼핑센터의 유형

① 스트립 쇼핑센터
- ㉠ 네이버후드 센터 : 소비자들의 일상적인 욕구 만족을 위한 편리한 쇼핑장소를 제공하며, 슈퍼마켓이 가장 강력한 핵점포의 역할을 수행한다.
- ㉡ 커뮤니티 센터 : 다양한 범위의 의류와 일반상품을 제공한다.
- ㉢ 파워 센터 : 종래의 백화점이나 양판점과는 달리 할인점이나 카테고리 킬러 등 저가를 무기로 하여 강한 집객력을 가진 염가점들을 한 곳에 종합해 놓은 초대형 소매센터를 의미하며, 여러 종류의 전문 할인점들이 임대의 형식으로 들어오게 되는 구조를 가진다.

② 쇼핑몰
- ㉠ 지역 센터 : 일반상품과 서비스를 매우 깊고 다양하게 제공한다.
- ㉡ 패션/전문품 센터 : 선별된 패션이나 품질이 우수하고 값이 비싼 독특한 제품을 판매하는 고급의류점, 부티크(Boutique), 선물점 등을 말한다.
- ㉢ 아웃렛 센터 : 유통업자 상표제품 및 이월상품을 할인 판매한다.
- ㉣ 테마 센터 : 특정 주제를 바탕으로 그 주제와 연속성을 가지는 환경, 놀이시설, 쇼핑시설 등으로 구성된다. 다양한 형태의 점포와 다양한 구색의 상품을 제공하며, 쇼핑과 오락을 결합시킬 수도 있고, 초기 점포형태 계획 시 입점 업체에 대한 믹스를 계획하여 균형 잡힌 상품 구색을 제시할 수 있다.
- ㉤ 페스티벌 센터 : 세계 유명 브랜드 체인점은 물론 의류점, 기념품, 미용실, 오락실 등 모든 시설이 갖추어진 종합쇼핑센터이다.

3 노면독립입지

(1) 개념
① 여러 업종의 점포들이 한 곳에 모여 있는 군집입지와는 다른, 전혀 점포가 없는 곳에 독립적으로 입지해서 점포를 운영하는 형태이다. 따라서 독립지역에 입지한 소매점은 다른 소매업체들과 고객을 공유하지 않는다는 특징이 있다.
② 노면독립입지에서 독자적인 상권을 개척하는 경우에는 고객층을 새로 형성시키기 위한 공격적인 마케팅 전략을 수립하여 확장 위주의 경영계획을 추진하여야 한다.

(2) 노면독립입지의 장·단점 기출 20
① 장점
  ㉠ 주차공간이 넓으므로 고객들에게 편의성을 제공할 수 있다.
  ㉡ 새로운 확장에 용이하게 작용한다.
  ㉢ 도심지에 비해 임대료가 낮다.
  ㉣ 높은 가시성을 가진다.
  ㉤ 영업시간·광고간판 등에 대한 규제가 비교적 완화된다.
  ㉥ 직접적으로 당면하는 경쟁업체가 없다.
  ㉦ 대형점포를 개설할 경우 소비자의 일괄구매(원스톱 쇼핑)를 가능하게 한다.
② 단점
  ㉠ 직접적인 경쟁업체가 없으므로 경쟁을 통한 시너지 효과는 없다.
  ㉡ 고객들의 특성상 오직 해당 점포만을 생각하고 방문한다.
  ㉢ 고객들을 지속적으로 유인하기 위해 홍보, 가격, 상품, 서비스 등을 차별화해야 하므로 비용이 증가한다.
  ㉣ 접근성이 낮아 고객에게 노출이 잘 되지 않는다.
  ㉤ 비교구매를 원하는 소비자에게는 매력적이지 않다.

(3) 노면독립입지(Freestanding Sites)에 적합한 업종
① 특정 입지 안에 직접 경쟁하는 점포가 비교적 적어야 한다.
② 통행인들에 대하여 가급적 가시성이 높은 영업이나 위치에 있어야 한다.
③ 점포 경영자가 점포의 간판, 영업시간, 상품구색에 대해 결정권을 가지고 있는 영업이어야 한다.
④ 다른 업체와 비교우위에 있는 확실한 기술력을 보유하여 전문성이 있는 업종이 적합하다.
⑤ 대규모 자본을 투자하여 다른 업체와 확실한 비교우위를 선점할 수 있고, 고객 스스로 찾아 올 수 있도록 하는 서비스와 시설규모가 갖춰진 업종이 적합하다.
⑥ 카테고리 킬러와 같은 목적점포(Destination Stores)가 적합하다.

4 복합용도개발지역

(1) 개 념 기출 24·21

복합용도개발은 Gurney Breckenfeld(1972)가 처음으로 사용한 용어이며, 위더스푼(Witherspoon, 1976)은 복합용도 건축물을 특징짓는 기본요건으로 다음의 세 가지를 설정하였다.

① 세 가지 이상의 주요 소득 용도를 수용

복합용도로 개발된 건물은 호텔, 오피스, 상가, 주거 등 도시 속 인간 생활의 기본요소인 주거, 업무, 여가의 각 활동을 동시에 수용하는 건물로서 세 가지 이상의 용도가 한 건물에 물리적·기능적으로 복합된 건물을 말한다. 이러한 용도의 다양성은 각 용도들 간에 상호보완적인 지원관계(상승작용)를 유지하면서 다양한 목적을 가진 이용 대상자 범위를 증대시키고, 비업무시간대의 활용을 유도하여 도심에서의 24시간 활동을 가능하게 한다. 그러나 쇼핑몰의 형태로 구성되는 것은 아님에 유의하여야 한다.

② 물리적·기능적 규합

복합용도개발의 또 하나의 특징은 구성요소들 간에 견고한 물리적 기능을 통합함으로써 고도의 토지이용을 창출하는 데 있다. 이를 위해서는 수직적·수평적 동선체계의 집중적인 연결로써 긴밀하게 통합되어야 한다.

③ 통일성 있는 계획에 의한 개발의 성공

복합용도개발은 단위개발 프로젝트에 비해 관련 전문분야와의 협력이 필요하며, 전체 프로젝트의 규모, 형태, 밀도, 용도, 공정, 구성, 용도들 간의 상대적인 관계, 오픈스페이스, 인프라 등의 일관된 계획에 의해 이루어져야 한다.

(2) 복합용도개발의 필요성

① 복합기능의 수용에 따라 도시 내 상업기능만 급격히 증가하는 현상을 억제함으로써 도시의 균형 잡힌 발전을 도모할 수 있다.
② 도시 내에서 살고자 하는 사람이나 살 필요가 있는 사람들에게 양질의 주택을 공급할 수 있으며 이로 인해 도심공동화 현상을 방지할 수 있다.
③ 도심지 주변에 주상복합건물을 건설할 경우 이 지역이 도·소매업, 광고업, 인쇄업 등 서비스기능 위주의 전이지역으로 변화하는 것을 방지할 수 있다.
④ 도심지 내 주생활에 필요한 근린생활시설 및 각종 생활편익시설의 설치가 가능하게 되어 도심지가 생동감이 넘치고 다양한 삶의 장소로 바뀔 수 있다.
⑤ 주상복합건물을 건설할 경우 기존 시가지 내의 공공시설을 활용함으로써 신시가지 또는 신도시의 도시기반시설과 공공서비스시설 등에 소요되는 공공재정이나 민간자본을 절감할 수 있다.
⑥ 직장과 주거지와의 거리가 단축됨으로써 출·퇴근 시 교통비용 및 시간의 절약이라는 이점이 있고 교통 혼잡도를 완화시킬 수 있다.
⑦ 차량 통행량 증가가 완화됨에 따라 대기오염 요인 감소와 에너지 절감의 효과를 얻을 수 있다.
⑧ 주차장 이용에 있어서 주거, 상업, 업무 등 기능별로 주차장의 집중이용시간대가 분산되므로 한정된 주차공간을 효율적으로 이용할 수 있다.
⑨ 기능면에서 보행자 동선과 차도를 분리시켜 수송 문제를 입체적으로 해결할 수 있다.

⑩ 경제적인 측면에서 도심지 내 토지의 고층화·고밀화를 통하여 해결할 수 있고 아울러 쾌적한 녹지공간의 확보와 기존의 도시 시설을 편리하게 이용할 수 있다.
⑪ 공간을 생산적으로 사용할 수 있어 개발업체들이 선호한다.
⑫ 많은 쇼핑객들을 점포로 유인할 수 있어 소매업체에 인기가 있다.

02 업태와 소매입지

1 입지선정의 의의

(1) 입지와 입지선정

입 지	• 주택, 공장, 점포 등이 위치하고 있는 장소로 정적인 개념이다. • 입지는 보통 점포가 소재하고 있는 위치적인 조건으로서 상권의 크기, 고객층, 교통망, 점포의 지세 및 지형 등과 밀접한 관계가 있다. • 유동고객의 동선 및 주변 여건에 따라 상급지, 중급지, 하급지로 분류할 수 있다.
입지선정	• 입지 주체가 추구하는 입지조건을 갖춘 토지를 발견하는 것으로 동적·공간적 개념을 말한다. • 주어진 부동산에 관한 적정한 용도를 결정하는 것도 포함된다. • 입지선정 시에는 업종과의 부합성 검토를 해야 한다. 통상적으로 좋은 입지라고 보는 곳도 실질적으로 업종과 부합되지 않으면 나쁜 입지가 된다. • 입지선정의 과정에서는 더 유리한 이용을 하려는 입지경쟁이 전개되고, 그 결과 토지이용이 집약화(集約化)되며 토지의 단위면적당 노동과 자본의 투자비율이 높아진다.

(2) 성공적인 입지의 7원칙

① 최상의 입지는 최상의 시설을 요구한다.
② 업태 또한 그에 상응하는 시설 및 레이아웃을 요구한다.
③ 주차여건 등의 차량 접근성은 물론이고 도보의 접근성도 높여야 한다.
④ 간판 및 외관의 독특성과 차별성을 통해서 입지의 가시성을 높여야 한다.
⑤ 적어도 향후 5년을 보고 충분한 시설 및 규모 등을 갖추어야 한다.
⑥ 상권의 잠재력은 그에 상응하는 규모는 물론 설비, 상품, 운영 및 인력 등을 요구한다.
⑦ 시설, 편의성 및 서비스 등 점포의 이미지는 목표 고객의 인구통계학적 특성과 라이프스타일에 적합해야 한다.

(3) 입지매력도 평가원칙 기출 24·18·17·16

① **고객차단원칙**(Principle of Interception) : 사무실밀집지역, 쇼핑지역 등은 고객이 특정 지역에서 타 지역으로 이동 시 점포를 방문하게 한다.
② **동반유인원칙**(Principle of Cumulative Attraction) : 유사하거나 보충적인 소매업이 군집해서 더 큰 유인잠재력을 갖게 한다.

③ **보충가능성원칙**(Principle of Compatibility) : 두 개의 사업이 고객을 서로 교환할 수 있을 정도로 인접한 지역에 위치하면 매출액이 높아진다.
④ **점포밀집원칙**(Principle of Congestion) : 지나치게 유사한 점포나 보충 가능한 점포는 밀집하면 매출액이 감소한다.
⑤ **접근가능성원칙**(Principle of Accessibility) : 지리적으로 인접하거나 또는 교통이 편리하면 매출을 증대시킨다.

(4) 넬슨(R. L. Nelson)의 8가지 입지평가방법 기출 23·15·14·13

① **상권의 잠재력** : 현재 관할 상권 내에서 취급하려는 상품에 대한 수익성 확보 가능성에 대한 검토이다.
② **접근가능성** : 관할 상권 내에 있는 고객을 자기 점포에 어느 정도 흡인할 수 있는가에 대한 가능성을 검토하는 것이다.
③ **성장가능성** : 인구 증가와 소득수준의 향상으로 시장규모나 선택한 사업장, 유통 상권의 매출액이 성장할 가능성에 대한 검토이다.
④ **중간저지성** : 기존 점포나 상권지역이 고객과의 중간에 위치함으로써 경쟁점포나 기존의 상권지역으로 접근하는 고객을 중간에서 차단할 수 있는 가능성을 검토하는 것이다.

> **OX문제**
> ▶ 중간저지성이란 상호보완 관계가 있는 점포가 위치하고 있어 고객이 흡인될 가능성을 분석하는 것이다. O│X
> **해설**
> 상호보완 관계가 있는 점포가 위치하고 있어 고객이 흡인될 가능성을 분석하는 것은 양립성이다.
> 정답 ▶ ×

⑤ **누적적 흡인력** : 영업의 형태가 비슷하거나 동일한 점포가 집중적으로 몰려 있어 고객의 흡인력을 극대화할 수 있는 가능성 및 사무실, 학교, 문화시설 등에 인접함으로써 고객을 흡인하기에 유리한 조건에 속해있는가에 대한 검토로, 예비창업자는 창업 아이템에 따라서 중간저지성의 입지를 선택할 것인지, 누적적 흡인력의 입지를 선택할 것인지를 판단해서 결정한다.
⑥ **양립성** : 상호 보완 관계에 있는 점포가 서로 인접해 있어서 고객의 흡인력을 높일 수 있는 가능성에 대한 검토이다.
⑦ **경쟁회피성** : 경쟁점의 입지, 규모, 형태 등을 감안하여 예비창업자의 사업장이 기존 점포와의 경쟁에서 우위를 확보할 수 있는 가능성 및 향후 신규경쟁점이 입점함으로써 창업할 사업장에 미칠 영향력의 정도를 파악하기 위한 방법으로, 경쟁을 회피하기 위하여 가능한 한 예비창업자는 경쟁점과의 경쟁에서 우위를 점할 수 있는 규모의 사업장을 선택해야 하며, 경쟁점이 입지를 이용하는 것을 사전에 막을 수 있도록 해야 하고, 경쟁 입지가 중간 저지적인 입지가 되지 않도록 입지를 선택해야 한다.
⑧ **경제성** : 입지의 가격 및 비용 등으로 인한 수익성과 생산성의 정도에 관한 검토이다.

(5) 대형 상업시설의 테넌트(Tenant) 관리

① **테넌트**(Tenant) : 상업시설의 일정한 공간을 임대하는 계약을 체결하고, 해당 상업시설에 입점하여 영업을 하는 임차인 또는 임차점포를 말한다.
② **테넌트 믹스**(Tenant Mix) : 머천다이징 정책을 실현하기 위한 최적의 조합을 꾸미는 과정으로, 쇼핑센터의 테넌트 믹스는 일반적으로 업태 믹스 → 업종 믹스 → 테넌트 믹스 → 아이템 믹스의 프로세스로 일어난다. 시설 내 테넌트 간에 끊임없이 경쟁을 유발하기 보다는 경합대상 쇼핑센터와의 경쟁력 강화에 초점을 맞추어야 한다.

③ 앵커 테넌트(Anchor Tenant) : 핵점포(Key Tenant)라고도 하며 백화점, 할인점, 대형서점 등 해당 상업시설의 가치를 높여주는 역할을 한다. 또한, 상업시설 전체의 성격을 결정짓는 요소로 작용하며, 해당 상업시설로 많은 유동인구를 발생시키기도 한다.
④ 앵커스토어(Anchor Store) : 백화점과 같은 큰 규모의 임차인으로서 상업시설 전체의 성격이나 경제성에 가장 큰 영향력을 가진다.
⑤ 마그넷 스토어(Magnet Store) : 쇼핑센터의 이미지를 높이고 쇼핑센터의 회유성을 높이는 점포를 말한다.
⑥ 트래픽 풀러(Traffic Puller) : 원래는 백화점을 일컫는 말이었지만 최근에는 소극장, 극장, 음식점 등과 같이 흡인력이 크고 시설의 이미지 형성에 도움을 주는 점포이다.
⑦ 서브키 테넌트(Sub-key Tenant) : 매장 자체의 지명도보다는 업태가 가진 특성 자체가 소비자들의 수요를 꾸준히 창출해내는 테넌트를 말한다.
⑧ 일반 테넌트(General Tenant) : 테넌트 중에서도 핵심점포로 집객력에 가장 큰 영향력을 가진 업체인 앵커테넌트의 보완기능을 하는 소규모 점포를 말한다. 트래픽 풀러(Traffic Puller)가 흡인시킨 고객을 수용하기 때문에 트래픽 유저(Traffic User)로 불리기도 한다.

> **OX문제**
>
> ▶ 트래픽 풀러(Traffic Puller)는 테넌트 믹스(Tenant Mix) 요소 중에서 원래 백화점을 일컫는 말이었지만 최근에는 소극장, 극장, 음식점 등과 같이 흡인력이 크고 시설의 이미지 형성에 도움을 주는 점포를 말한다. O|X
>
> 정답 》 O

2 백화점(아웃렛, 복합쇼핑몰)

(1) 개 요

① 백화점은 전통적인 도심지 중심상업지역뿐만이 아닌 신생 부도심지 중심상업지역에서도 목적점포로서의 역할을 하고 있는 핵심 업태의 하나이다.
② 백화점은 전통적인 중심상업지역에서 독자적으로 유동인구를 창출함으로써 고객흡인력을 가진 중요한 핵심선도 업태로서의 역할을 수행하고 있다.
③ 백화점이 들어서는 지역은 새로운 상권이 형성되거나 상권의 변화가 생길 정도로 유통에 있어 중요한 위치를 차지한다.
④ 백화점과 같은 대규모 소매점은 점포의 위치에 따라 성패가 좌우된다. 백화점의 입지를 선정할 때에는 대상지역의 주요산업, 유동인구, 인근지역 소비자의 소비형태, 대중교통의 연계망 등 다양한 요소를 고려해야 하지만, 그 중에서도 유동인구와 거주인구 요인이 가장 중요한 요인으로 지적되고 있다.
⑤ 오늘날 소비자는 한 군데에 단골을 정하지 않고 좋아하는 브랜드를 찾아다니면서 각 점포를 비교하는 성향이 강하다. 이러한 다양한 소비 형태에 따라 백화점은 상품구색을 종합화하여 원 스톱 쇼핑의 공간을 제공해야 한다. 즉 백화점은 선매품을 중심으로 생활필수품, 전문품에 이르기까지 다양한 상품계열을 취급하며 조직화된 대규모 소매상이다.
⑥ 백화점은 규모 면에서 보면 대형화를 추구하므로 상권 내 소비자의 경제력 및 소비형태의 예측을 기반으로 유동인구, 주요산업 및 대중교통과의 연계성 등 장기적인 발전을 고려하여 적정한 입지를 선정해야 한다.

⑦ 또한 판매장 외에도 주차시설, 문화행사시설, 상담실, 휴게실 등 소비자 보호시설과 같은 서비스시설이 구비되어야 한다. 요즘에는 백화점의 문화시설이나 편의시설을 이용하는 고객이 증가함에 따라 이에 대한 중요성이 더욱 커지고 있다.

(2) 백화점의 운영 및 입지선정 전략 기출 13

① 의류 및 패션 잡화의 경우 백화점에 입점한 브랜드에 대한 소비자의 인식이 달라지기 때문에 백화점에 입점하느냐, 안하느냐는 업체의 사활이 걸린 문제이다. 그로 인해 뜻하지 않는 과열 경쟁을 불러오거나 기업 운영에 있어 많은 어려움에 봉착하기도 한다.
② 최근의 경제 불황으로 백화점의 매출액이 큰 폭으로 감소하고 있고 소비의식의 변화나 대형아웃렛의 등장 등으로 인해 둔화현상을 보이는 백화점도 나타나고 있다. 특히 유통시장 개방과 맞물려 외국의 대형유통업체가 몰려옴에 따라 기존의 판매방식에 변화를 주거나 새로운 판매 전략을 수립해야 할 상황이다.
③ 유통시장의 전면 개방에 대한 대응책으로 기존 백화점들은 유통망의 경쟁력 강화와 경쟁 우위를 확보하기 위해 다점포화를 꾀하고 있으며, 신규업체의 출점도 눈에 띄는 현상으로 나타나고 있다. 신규 진출점은 레저 및 부대시설을 겸비한 쇼핑센터식의 대형화 추세를 보이고 있는데, 향후 가장 치열한 경쟁이 예상되고 있다.
④ 서비스의 다양화, 부문별 조직화를 활성화시킴으로써 소비자로 하여금 필요한 정보를 얻고 여가시간을 활용할 수 있도록 하는 문화생활의 장소로서 그 기능이 다양화되어야 한다.
⑤ 각 백화점은 입지의 지리적·환경적 요인을 분석하여 소비자의 흡인율을 높일 뿐만 아니라 집객력이 높은 층을 고려한 MD개편, 문화·레저 산업과의 연계 등 차별화된 마케팅 전략이 요구된다.
⑥ 국내 백화점의 경우, 새로운 업태의 출현과 교통체증 및 주차공간의 부족 등으로 인해 주로 도심지에 위치한 백화점에서의 구매를 기피하는 경향이 나타나서 백화점 또한 도시 외곽의 부도심지로 입지를 이동하거나 지방에 지점을 여러 개 두는 등의 다점포 영업을 시도하고 있다.

3 의류패션전문점

(1) 개 요

① 의류는 예전의 의식주 개념에서 '의(衣)'의 개념보다는 총체적인 패션의 의미를 갖는다.
② 브랜드 중심(명품 및 국내 유명 브랜드)의 시장과 저렴한 동대문 및 남대문 시장 제품의 양대 산맥을 주축으로 해서 돌아가고 있다.
③ 모든 유통과정을 소화하는 매장, 도·소매를 동시에 하는 매장, 인터넷 쇼핑몰에 납품하는 업체 등 예전의 생산 - 도매 - 소매 - 소비자의 흐름에서 벗어난 다양한 유통 구조를 보이고 있다.
④ 인터넷 시장의 성장과 택배시스템의 발전을 배경으로 소매에도 패션 쇼핑몰, 로드숍, 인터넷 쇼핑몰, 인터넷 제휴 등의 형태 또는 두 가지의 형태를 병합한 사업 형태가 많이 있다(On-line 매장과 Off-line 매장을 동시에 갖는 형태).

(2) 의류패션전문점의 운영 및 입지선정 전략

① VMD(Visual Merchandising) 전략
  ㉠ 요즘 브랜드 매장 구성의 개념은 VMD(Visual Merchandising)이다. VMD는 매장에 진열되어 있는 상품을 효과적으로 보여주어 고객들에게 강한 구매욕구를 불러일으키며, 상품을 기억하고 구매 충동을 자극하여 상품을 구입하게 만드는 역할을 하는 데 초점이 있다.
  ㉡ MD(Merchandising)는 소비자가 원하는 상품을 적절한 시기에, 적절한 가격으로, 적절한 장소에서 제공받을 수 있도록 하기 위해 각각의 상품에 아이덴티티를 부여함으로써 그 상품이 소비자에게 최대한 부각될 수 있도록 연출하고 제시하는 것을 말한다.
  ㉢ 이를 위해서는 매장의 콘셉트를 명확히 하여 상품에 일관된 이미지를 부여하고 매출을 증대시켜야 한다.

② SPA(Speciality retailer of Private label Apparel) 전략
  ㉠ 최근 가두매장이 대형화되면서 의류업체 등이 종전 프랜차이즈 형태에서 제조업 직영점 체제로 변화를 시도하고 있다. 패션전문점 확산과 더불어 합리적 가격의 중요성이 대두되면서 직영 또는 반직영 체제의 유통망인 SPA 형태의 점포가 확산되고 있다.
  ㉡ SPA란 미국 청바지 회사 'GAP'이 1986년 도입한 개념으로, '전문점(Speciality Retailer)'과 '자사상표(Private Label)' 및 '의류(Apparel)'라는 의미를 합친 합성어로, 번역하자면 '제조 직매형 의류전문점'이라고 할 수 있다.
  ㉢ 의류를 축으로 하여 기획·개발에서부터 자사의 라벨에 의한 생산과 모든 소매활동에 이르기까지 일괄된 시스템을 통해 리드타임을 줄이기 위한 노력에서 출발하였다. 세계적으로 대표적인 기업으로는 '베네통', '유니클로', 'ZARA', 'H&M'을 들 수 있다.
  ㉣ 트렌드가 즉시 반영되어 생산과 유통이 빠른 장점이 있다.

③ 상품회전 및 재고관리 전략
  ㉠ 인기 상품을 파악하여 매장에 적극 반영하고, 반응이 없는 상품은 바로 반품하도록 한다.
  ㉡ 계절이 바뀌는 시기와 같이 반품을 할 수 없거나, 반품 시 많은 손해를 보는 경우는 원가 판매를 하거나 끼워 판다. 단골에게 선물하는 것도 좋은 방법이며 인터넷 경매 사이트 등에 내놓는 것도 좋다.
  ㉢ 되도록 시장에 잡혀놓는 현금의 액수를 최소로 하는 노하우를 가져야 한다.

④ 입지선정 전략
  ㉠ 많은 사람을 유인하고 여러 점포에서 비교·구매할 수 있어야 하므로, 다양한 점포들이 군집하여 다양한 상품을 판매하고 젊은 세대들이 자주 찾는 중심상업지역(CBD)이나 중심상업지역 인근 쇼핑센터가 노면독립입지보다 유리하다.
  ㉡ 쇼핑몰 내에서는 핵점포(Anchor Store)의 통로 및 출입구 근처가 좋다.
  ㉢ 입지선정 시 상권 내 현재 인구수와 증감 여부, 상권 내 가구의 수, 가구의 평균 구성원 수, 평균소득 등을 고려하여야 한다.

4 대형마트, 슈퍼마켓, 편의점

(1) 대형마트
① 개요 : 용역의 제공 장소를 제외한 매장면적의 합계가 3,000㎡ 이상인 점포의 집단으로서 식품·가전 및 생활용품을 중심으로 점원의 도움 없이 소비자에게 소매하는 점포를 말한다.
② 대형마트의 운영 및 입지선정 전략
　㉠ 주로 인구 밀집 지역을 중심으로 입지를 선정한다. 주거 지역이 도심이나 부도심과 같은 중심 상업 지역에 비해 지가가 저렴하여 점포 개설에 따른 초기 비용을 줄일 수 있을 뿐만 아니라, 소비자와의 접근성 측면에서 매우 유리하기 때문이다.
　㉡ 고객 접근성이 좋아야 하며, 주변에 집객시설이 있는 것을 선정한다.
　㉢ 큰 도로보다는 생활간선도로가 교차하는 곳을 선정한다.

(2) 슈퍼마켓(Supermarket)
① 개요 : 식료품, 세탁용품, 가정용품 등을 중점적으로 취급하는 소매점으로 큰 규모, 낮은 마진, 다양한 상품의 대량 취급, 셀프서비스 등을 특징으로 한다.
② 슈퍼마켓의 운영 및 입지선정 전략
　㉠ 슈퍼마켓은 고객의 주거지와 가깝거나 주차시설이 잘 되어 있고 다른 상품을 함께 구매할 수 있는 곳에 선정한다.
　㉡ 같은 지역 상권에 대형점포나 할인점들이 있는지 파악하는 것이 중요하다.
　㉢ 기본 목표는 물품의 선택권을 넓히고 상대적으로 낮은 가격으로 파는 것이다.

(3) 편의점(CVS ; Convenience Store)
① 개 요
　㉠ 보통 편리한 위치에 입지하여 한정된 수의 품목만을 취급하는 식품점을 말한다. 우리나라의 경우에는 식료품 위주로 대면판매방식 또는 셀프서비스방식에 의하여 판매하는 소매점포로서, 연쇄화 사업자가 직영하거나 연쇄화 사업자와 가맹계약을 체결한 소규모 점포로 규정하고 있다.
　㉡ 편의점은 연중무휴로 장시간의 영업을 실시하고 주로 식료품, 잡화 등 다수의 품종을 취급하는 형태의 소매점이다.
② 편의점의 운영 및 입지선정 전략
　㉠ 주택 근처에 입지하여 고객이 일상적 구매를 손쉽게 할 수 있다.
　㉡ 영업시간이 길어서 언제든지 필요에 따라 구매할 수 있고, 가까우므로 구매 소요 시간도 적게 든다.
　㉢ 식료품 및 일용잡화 등을 중심으로 한 상품 구색에 의해 일상생활이나 식생활의 편의성을 제공한다.
　㉣ 슈퍼마켓과는 차별화된 대인적인 친절한 서비스를 제공한다.
　㉤ 가족 노동을 중심으로 소수의 노동력으로 관리하여 인건비의 절감을 도모한다.

5 기타 소매업태별 입지전략

(1) 전문할인점

① 개 요
  ㉠ 저가 및 제한된 상품군 내에서 다양하면서도 풍부한 상품을 구색하여 판매하는 업태를 말한다.
  ㉡ 상권의 경우 규모가 크고, 계층에 상관없이 전체 소득계층이 활용하고 있어서 특별한 주 고객층을 대상으로 하지 않는다.

② 전문할인점의 운영 및 입지선정 전략
  ㉠ 대다수가 유명브랜드를 판매한다.
  ㉡ 비용절감 및 저마진의 정책으로 가격을 백화점의 70% 수준으로 유지한다.
  ㉢ 저마진이지만 높은 상품회전율로 저마진을 보충해서 이익을 발생시킨다.
  ㉣ 대부분의 매장은 단층형의 구조를 지니며, 통상적으로 도시 외곽지역에 입지한다.

(2) 팩토리 아웃렛

① 개 요
  ㉠ 제조업체가 유통라인을 거치지 않고 직영시스템으로 운영하는 상설할인 매장을 말한다.
  ㉡ 대개 공장이나 물류센터 근처에 입지하여 중간물류비와 유통비를 절감할 수 있다.

② 팩토리 아웃렛의 운영 및 입지선정 전략
  ㉠ 대부분 중심가에서 벗어난 교외 및 수도권 외곽지역 등에 입지하고 있으며, 임대비용 및 부지 매입이 저렴하면서 몰 건축, 인테리어 등 초기 투자비용도 상대적으로 저렴하다.
  ㉡ 타사와의 지나친 과잉경쟁도 없어 운영비용을 절감하는 장점이 있다.
  ㉢ 아웃렛의 기본개념에 충실하고 소비자에게 저렴하면서도 양질의 상품을 제공하는 것을 직·간접적으로 호소할 수 있다.
  ㉣ 드라이브 및 교외로의 이동이 일반화되어 있고, 소비자들이 답답한 도심에서 떠나 전원 생활을 추구하는 요즘의 성향에도 부합하는 측면이 있어 좋은 입지와 상품의 구성을 통해 차별화할 경우 효과적이다.

(3) 하이퍼마켓

① 개 요
  ㉠ 슈퍼마켓, 할인점, 창고 소매점의 원리를 결합한 유형의 소매점이다.
  ㉡ 대형화된 할인점을 접목시켜 식품과 비식품을 저렴하게 판매하는 매장면적 2,500m^2 이상의 소매점을 말한다.

② 하이퍼마켓의 운영 및 입지선정 전략
  ㉠ 건물의 시설 및 내장에 있어서 하나의 거대한 단층 건물에 저렴한 자재를 활용해서 건축하고 건물주변에 정비된 주차장을 구비한다.
  ㉡ 건물 내부엔 매장과 접해있는 산책 및 휴식을 취하기 위한 갤러리가 설치되어 있고, 매장의 입·출구를 갤러리와 연결한다.

(4) 카테고리 킬러

① 개 요
- ㉠ 백화점 또는 슈퍼마켓과 달리 상품 분야별로 전문매장을 특화하여 상품을 판매하는 소매점으로 전문할인점의 한 분야이다.
- ㉡ 전문점과 대중양판점의 특징을 합한 형태로, 어느 한 가지의 제품군을 깊게 취급하여 제품에 대한 가격을 낮춘 소매업태를 말한다. 다른 말로 전문양판점이라고도 한다.

② 카테고리 킬러의 운영 및 입지선정 전략
- ㉠ 취급상품의 범위보다는 상품 선택에 있어서의 깊이를 중시한다.
- ㉡ 교외 대형 쇼핑센터 내에 위치시킨 대형점포를 운영한다.
- ㉢ 고(高) 브랜드이미지를 갖춘 상품을 취급한다.
- ㉣ 대규모 소매업자, 전문상가, 식료품상가들이 같이 조성한다.
- ㉤ 경제 위축기에 저가정책으로 업태의 경쟁력을 강화한다.

CHAPTER 01 실전예상문제

※ 본 문제를 풀면서 이해체크를 이용하시면 문제이해에 보다 도움이 될 수 있습니다.

01 넬슨(R.L Nelson)이 제시한 입지선정에 있어 8가지 원칙에 대한 설명 중 가장 올바르지 않은 것은?

① 잠재력은 현재 관할 상권 내에서 취급하는 상품, 점포 또는 유통단지의 수익성 확보 가능성을 분석하는 것이다.
② 누적흡인력은 점포, 학교, 문화시설, 행정기관 등이 많이 몰려있어 고객을 끌어들일 수 있는 가능성을 분석하는 것이다.
③ 경쟁회피성은 경쟁점의 입지, 규모, 형태 등을 감안하여 고려대상 점포가 기존점포와의 경쟁에서 우위를 확보할 수 있는 가능성을 분석하는 것이다.
④ 상권접근성은 접근가능성이라고도 하며, 상호 보완 관계가 있는 점포가 근접하고 있어 고객이 자기점 포로 흡입될 가능성을 분석하는 것이다.
⑤ 성장가능성은 인구증가, 소득수준 향상으로 시장규모나 지점, 유통단지의 매출액이 성장할 가능성을 분석하는 것이다.

> **해설** ④는 양립성에 대한 설명이다. 접근가능성은 관할 상권 내에 있는 고객을 자기 점포에 어느 정도 흡인할 수 있는가에 대한 가능성을 분석하는 것이다.

02 누적유인의 원리(Principle of Cumulative Attraction)를 가장 적절하게 설명한 것을 고른 것은?

① 동일한 제품을 판매하는 점포의 수가 많을수록 상권 내 매출이 높아진다.
② 만족도가 높은 고객일수록 해당 점포를 방문하는 횟수가 증가한다.
③ 고객이 같은 점포를 자주 방문할수록 해당 점포에 대한 충성도가 증가한다.
④ 20%의 고객이 소매점포 매출의 80%를 창출한다.
⑤ 전문품보다는 선매품이나 편의품일 때 더 많은 효과를 볼 수 있는 개념이다.

> **해설** 누적유인의 원리(Principle of Cumulative Attraction)는 특정 입지를 매력적으로 만들 수 있으며, 상호 보완상품을 판매하는 점포들 간에 적용할 수 있는 원리이다. 즉, 유사하고 상호 보완적인 점포들이 함께 무리지어 있는 것이 독립적으로 있는 것보다 더 큰 유인력을 갖는다는 이론이다. 편의품보다는 선매품이나 전문품일 때 더 많은 효과를 볼 수 있는 개념이다.

정답 01 ④ 02 ①

CHAPTER 01 | 소매입지 **453**

03 사업의 성패를 가르는 가장 중요한 요인이라 할 수 있는 입지와 입지선정에 대한 설명으로 가장 옳지 않은 것은?

① 입지는 고객의 동선과 주변 여건에 따라 상급지, 중급지, 하급지로 분류할 수 있으며, 동적·공간적·시간적 개념인 데 비하여, 입지선정은 정적이고 공간적인 개념이다.
② 일반적으로 소매업에서 좋은 도심입지라 볼 수 있는 위치는 그 지역에 많은 주민들이 거주하거나 유동인구가 많은 지역이다.
③ 입지에 따라서 엄청난 매출과 이익이 보장될 수 있으므로, 점포의 위치는 사업의 성공 여부를 결정짓는 중요한 요인이 되고 있다. 일반적으로 입지를 선정하고 영업을 시작하는 전략은 장기적이고 고정적인 성격을 가지고 있다.
④ 한 시기의 좋았던 장소라도 시간이 흐름에 따라 나빠질 수 있고, 나빴던 장소도 상황이나 시간의 흐름에 따라 다시 좋아질 수 있다.
⑤ 입지선정을 위해서는 도시입지와 자연환경, 토지 이용, 인구 및 가구, 도시 내부구조, 도시권역, 도시기능 등에 대한 입지조사를 실시한다.

> 입지는 정적이고 공간적 개념인 데 비하여, 입지선정은 동적·공간적·시간적인 개념이다.

04 쇼핑센터를 구성하는 공간구성요소에 대한 설명으로 옳지 않은 것은?

① 파사드 – 사람들이 참고로 하는 물리적 대상으로 길을 찾기 위한 방향성을 제공한다.
② 결절점 – 통로의 접합점 또는 어떤 특징을 갖는 집중점이다.
③ 선큰 – 지하공간으로의 자연광 공급으로 쾌적성을 높인다.
④ 보이드 – 층과 층간에 오픈 공간을 두어 층간의 심리적 간격을 완화하는 작용을 한다.
⑤ 에지 – 경계선이며 가장자리로 건물에서 꺾이는 부분에 해당한다.

> 길을 찾기 위한 방향성을 제공하는 것은 지표(Landmark)이다. 파사드는 건물의 출입구로 이용되는 정면 외벽 부분으로 건물의 첫인상을 결정짓는 중요한 요소이다.

05 다음 중 입지매력도 평가원칙에 대한 설명을 올바르게 연결한 것은?

① 고객차단의 원칙 : 사무실 밀집지역, 쇼핑지역 등은 고객이 특정지역에서 타 지역으로 이동 시 점포를 방문하게 한다.
② 동반유인의 원칙 : 두 개의 사업이 고객을 서로 교환할 수 있을 정도로 인접한 지역에 위치하면 매출액이 높아진다.
③ 보충가능성의 원칙 : 유사하거나 보충적인 소매업이 흩어진 것보다 군집해서 더 큰 유인잠재력을 갖게 한다.
④ 점포밀집의 원칙 : 지리적으로 인접하거나 또는 교통이 편리하면 매출을 증대시킨다.
⑤ 접근가능성의 원칙 : 지나치게 유사한 점포나 보충 가능한 점포는 밀집하면 매출액이 증가한다.

해설
② 동반유인의 원칙 : 유사하거나 보충적인 소매업이 흩어진 것보다 군집해서 더 큰 유인잠재력을 갖게 한다.
③ 보충가능성의 원칙 : 두 개의 사업이 고객을 서로 교환할 수 있을 정도로 인접한 지역에 위치하면 매출액이 높아진다.
④ 점포밀집의 원칙 : 지나치게 유사한 점포나 보충 가능한 점포는 밀집하면 매출액이 감소한다.
⑤ 접근가능성의 원칙 : 지리적으로 인접하거나 또는 교통이 편리하면 매출을 증대시킨다.

06 중심상업지역(CBD ; Central Business District)의 입지특성에 대한 설명으로 옳지 않은 것은?

① 소도시나 대도시의 전통적인 도심지역을 말한다.
② 대중교통의 중심이며, 도보통행량이 매우 적다.
③ 상업 활동으로도 많은 사람을 유인하지만 출퇴근을 위해서도 이곳을 통과하는 사람이 많다.
④ 주차문제, 교통 혼잡 등이 교외 쇼핑객들의 진입을 방해하기도 한다.
⑤ 백화점, 전문점, 은행 등이 밀집되어 있다.

해설
중심상업지역은 대중교통의 중심지역이고 도보통행량도 많다.

07 입지와 규모에 따라 쇼핑센터를 구분한 내용으로 올바른 것은?

① 입지를 기준으로 쇼핑센터를 구분하면 근린형, 커뮤니티형, 지역형 등으로 나눌 수 있다.
② 커뮤니티형 쇼핑센터는 도보를 기준으로 상권을 형성하며 일용품 위주의 제품을 판매하는 경우가 많다.
③ 지역형 쇼핑센터는 여러 가지 서비스 기능이나 레저스포츠 시설을 갖춘 경우가 많다.
④ 도심형 쇼핑센터의 경우가 신도시 근처의 교외형 쇼핑센터의 경우보다 상권에 포함되는 고객이 명확하다.
⑤ 도심형 쇼핑센터는 교외형 쇼핑센터보다 저층으로 된 넓은 면적을 활용하여 쇼핑공간을 설계한다.

> ① 입지를 기준으로 쇼핑센터를 구분하면 교외형, 도심형으로 나눌 수 있고, 규모를 기준으로 구분하면 근린형, 커뮤니티형, 지역형 등으로 나눌 수 있다.
> ② 커뮤니티형 쇼핑센터는 슈퍼마켓, 버라이어티 스토어, 소형 백화점, 약국, 사무용품점, 스포츠용품점 등을 중심으로 한 실용품 위주의 중규모 쇼핑센터이다.
> ④ 교외형 쇼핑센터는 특정 상권의 사람들을 구매층으로 하고, 도심형 쇼핑센터는 불특정 다수의 사람들을 구매층으로 하기 때문에 도심형 쇼핑센터의 경우보다 교외형 쇼핑센터의 경우가 상권에 포함되는 고객이 명확하다.
> ⑤ 도심형 쇼핑센터는 지가가 높은 지역에 입지하기 때문에 면적 효율성이 고층이 되는 경우가 많고, 주차공간도 집약된다. 반면 교외형 쇼핑센터는 비교적 저층이고, 대규모 주차장을 갖고 있다.

08 쇼핑센터 등 복합상업시설에서는 테넌트믹스(tenant mix) 전략이 중요하다고 하는데 여기서 말하는 테넌트는 무엇인가?

① 앵커스토어 ② 자석점포
③ 임차점포 ④ 부동산 개발업자
⑤ 상품 공급업자

> 테넌트 믹스(Tenant Mix)
> • 머천다이징 정책을 실현하기 위한 최적의 조합을 꾸미는 과정으로, 쇼핑센터의 테넌트 믹스는 일반적으로 업태 믹스 → 업종 믹스 → 테넌트 믹스 → 아이템 믹스의 프로세스로 일어난다. 시설 내 테넌트 간에 끊임없이 경쟁을 유발하기 보다는 경합대상 쇼핑센터와의 경쟁력 강화에 초점을 맞추어야 한다.
> • 여기서 말하는 테넌트(Tenant)는 상업시설의 일정한 공간을 임대하는 계약을 체결하고, 해당 상업시설에 입점하여 영업을 하는 임차인 또는 임차점포를 말한다.

09 다음 글상자의 내용과 가장 일치하는 점포형태를 고른 것은?

> ㉠ 다양한 형태의 점포와 다양한 구색의 상품을 제공하며 쇼핑과 오락을 결합시킬 수도 있다.
> ㉡ 초기 해당 점포형태를 계획할 때 입점 업체에 대한 믹스를 계획하여 균형 잡힌 상품구색을 제시할 수 있다.
> ㉢ 각각의 소매업체들은 점포의 외부환경에 대한 고민을 해당 관리업체에게 위임할 수 있다.
> ㉣ 최근 우리나라에서도 많이 설립되고 있으며, 고객의 요구에 맞게 진화하고 있다.

① 테마 센터
② 키오스크
③ 네이버후드 센터
④ 카테고리 킬러
⑤ 커뮤니티 센터

해설
② 공공장소에 설치되어 각종 행정절차나 상품정보, 시설물의 이용방법, 인근지역에 대한 관광정보 등을 제공하는 무인정보단말기
③ 동네 슈퍼마켓이 입주해 있는 곳
④ 백화점이나 슈퍼마켓 등과 달리 상품 분야별로 전문매장을 특화해 상품을 판매하는 소매점
⑤ 쇼핑센터의 유형으로, 주요 소매 업태는 일반적인 슈퍼마켓과 대형 드럭스토어, 할인 백화점 등으로 분류

10 고객을 유인하고 쇼핑센터를 활성화하기 위해 쇼핑센터 개발자는 하나 혹은 복수의 대형소매점을 앵커스토어(anchor store)로 입점시킨다. 쇼핑센터의 유형별로 적합한 앵커스토어의 유형을 연결한 것으로서 가장 옳지 않은 것은?

① 파워센터형 쇼핑센터 – 회원제 창고형 소매점
② 지역센터형 쇼핑몰 – 할인형 백화점
③ 초광역센터형 쇼핑몰 – 완전구색형 백화점
④ 근린형 쇼핑센터 – 의류전문점
⑤ 테마/페스티벌센터형 쇼핑몰 – 유명한 식당

해설
근린형 쇼핑센터는 도보권을 중심으로 한 상권의 슈퍼마켓, 드럭 스토어를 중심으로 한 일용품 위주의 소규모 쇼핑센터이다. 근린형 쇼핑센터의 앵커스토어(anchor store)는 슈퍼마켓과 드럭 스토어를 결합시킨 하이퍼마켓(Hypermarket)이 적합하다.

11 쇼핑몰에는 일반적으로 의류전문점들이 다수 입점하고 있다. 다음 중 쇼핑몰이 의류전문점의 입지로 적합한 이유가 아닌 것은?

① 쇼핑몰관리자가 점포의 외부 환경을 관리해주기 때문에 쾌적한 쇼핑환경을 유지할 수 있다.
② 경쟁력을 높일 수 있도록 집단을 이룬 유사한 점포집단이나 각각의 개별점포가 자유롭게 영업시간을 조정할 수 있다.
③ 규모가 크고 다양한 점포를 구성할 수 있는 장점이 있어 개별점포에 비해 고객 흡인력이 매우 크다.
④ 의류전문점과 동일한 혹은 유사한 표적고객을 대상으로 하는 점포들이 복합적으로 입점하고 있다.
⑤ 쇼핑몰관리자가 개별점포(점포경영자)와 쇼핑고객 모두에게 높은 수준의 안전을 제공한다.

> 쇼핑몰의 영업시간은 지역 및 쇼핑몰에 따라 차이가 있지만 대부분 오전 10시부터 저녁 8시 정도이므로 점포집단이나 각각의 개별점포가 자유롭게 영업시간을 조정할 수 없다.

12 소매업의 입지유형과 관련된 설명이다. 올바르지 않은 것은?

① 소매입지의 유형은 우선 중심상업지역, 쇼핑센터, 독립입지 및 기타의 유형으로 1차적인 분류를 해 볼 수 있다.
② 소위 복합용도개발은 쇼핑센터, 오피스타워, 호텔, 주상복합건물, 시민회관, 컨벤션센터 등 하나의 복합건물에 다양한 용도를 결합시킨 형태를 의미한다.
③ 쇼핑센터는 대도시나 소도시의 전통적인 도심상업지역을 의미하며, 대중교통의 중심지일 뿐만 아니라 도보통행량 또한 많은 지역이다.
④ 독립입지의 장점은 보다 큰 가시성, 낮은 임대료, 넓은 주차공간, 직접경쟁업체의 부재, 고객을 위한 보다 큰 편의성, 제품에 대한 규제완화 및 확장의 용이성 등을 들 수 있다.
⑤ 백화점의 경우, 전통적 중심상업지역에서 독자적으로 유동인구를 창출함으로써 고객흡인력을 가진 중요한 핵심선도업태로서의 역할을 수행한다.

> 쇼핑센터는 도심지의 경우 지가가 높으므로 주차장 시설을 충분히 확보하기 어려워 도심이 아닌 교외의 가까운 곳에 넓은 대지를 갖고 형성하게 되었다.

13 도심입지(CBD ; Central Business District)는 대도시와 중·소도시의 전통적인 도심 상업지역을 말한다. 도심입지에 대한 설명으로 가장 옳지 않은 것은?

① 고급 백화점, 고급 전문점 등이 입지하고 있는 전통적인 상업 집적지로, 다양한 분야에 걸쳐 고객흡입력을 지닌다.
② 도심입지는 다양한 계층의 사람들이 왕래하며 오피스타운이 인근지역에 발달해 있고 지가와 임대료가 상대적으로 비싸다.
③ 도심입지는 최근에 부도심과 외곽도심의 급격한 발달, 중상류층의 거주지 이전, 교통체증 등의 원인으로 과거에 비해 고객 흡인력이 떨어진다.
④ 도심입지의 상업 활동은 많은 사람들을 유인하고, 대중교통의 중심지로서 도시 어느 곳에서든지 접근성이 높은 지역이다.
⑤ 도심입지는 지역의 핵심적인 상업시설을 가지고 있으며, 자세한 계획을 미리 수립하여 계획성 있게 입지를 조성하는 것이 일반적이다.

> 도심입지는 주로 접근성과 교통여건이 좋은 도시 주요지역에 형성되어 고층·복합건물이 밀집되고, 자동차와 보행자의 유동과 교통밀도가 매우 높게 나타난다. 전통적인 상업 지역이기 때문에 신도시처럼 계획성 있는 입지 조성이 불가능하다.

14 점포운영의 한 형태인 노면독립입지(Freestanding Sites)에 대한 설명으로 가장 적절하지 않은 것은?

① 여러 업종의 점포가 한곳에 모여 있는 군집 입지와 달리, 전혀 점포가 없는 곳에 독립하여 점포를 운영하는 독립입지 소매점은 다른 소매업체들과 고객을 공유하기 어렵다.
② 주거, 업무, 여가 등 다수의 용도가 물리적, 기능적으로 복합된 건물을 말하며, 상권을 조성하기 위한 단순한 개발방법이 아닌 상권과 함께 생활에 필요한 여러 편의시설을 복합적으로 개발하기 위한 방법이다.
③ 중심시가지보다 토지 및 건물의 가격이 싸고, 대형점포를 개설할 경우 소비자의 일괄구매를 가능하게 하지만, 비교구매를 원하는 소비자에게는 그다지 매력적이지 않다.
④ 다른 업체보다 비교 우위가 있는 확실한 기술력을 보유한 전문성이 있는 업종이나 다른 업체와 비교하여 뛰어난 마케팅능력을 보유하고 있는 업종이 적합하다.
⑤ 뚱뚱한 사람들에게 맞는 청바지를 파는 차별화된 점포와 특정 상권 안에서 가장 낮은 가격으로 식품을 판매하는 대형 슈퍼마켓, 수많은 종류의 장난감을 판매하는 카테고리 킬러 등과 같은 목적 점포가 적합하다.

> ②는 복합용도개발지역에 대한 설명이다.

15 복합용도개발이 필요한 이유로 가장 옳지 않은 것은?

① 도시공간의 활용 효율성 증대를 위하여
② 신시가지의 팽창을 막고, 신시가지의 행정수요를 경감하기 위해서
③ 도심지의 활력을 키우고 다양한 삶의 기능을 제공하는 장소로 바꾸기 위해서
④ 도심 공동화를 막기 위해서
⑤ 도시내 상업기능만의 급격한 발전보다는 도시의 균형적 발전을 위하여

> 해설 기존 시가지 내 공공시설을 활용함으로써 신시가지 또는 신도시의 도시기반시설과 공공서비스시설 등에 소요되는 공공재정이나 민간자본의 절감을 위해서이다.

16 다음은 백화점의 입지적 특징에 대한 설명이다. 가장 거리가 먼 것은?

① 백화점은 전통적인 중심상업지역에서 독자적으로 유동인구를 창출함으로써 고객흡인력을 가진 중요한 핵심선도업태로서의 역할을 하고 있다.
② 백화점은 전통적인 도심지 중심상업지역뿐만 아니라 신생 부도심지 중심상업지역에서도 목적점포로서의 역할을 하고 있는 핵심업태의 하나이다.
③ 쇼핑센터에는 다양하고 많은 고객(층)을 유인하기 위해 목적점포의 형태로 백화점 입점을 중요시한다.
④ 교통체증 및 주차공간의 부족 등으로 인해 주로 도심지에 위치한 백화점에서의 구매를 기피하는 경향이 나타나서 도시 외곽의 부도심지로 입지를 이동하거나 지방에 지점을 여러 개 두는 등의 다점포 영업을 시도하고 있다.
⑤ 백화점을 위한 최적의 입지로는 교통진입의 편리성 및 주차 공간 확보가 용이한 노면독립입지를 꼽을 수 있다.

> 해설 백화점은 도심입지에 위치하는 것이 좋다. 백화점의 입지를 선정할 때에는 대상지역의 주요산업, 유동인구, 인근지역 소비자의 소비형태, 대중교통의 연계망 등 다양한 요소를 고려해야 하지만, 그 중에서도 유동인구와 거주인구 요인이 가장 중요한 요인으로 지적되고 있다.

17 다음 중 패션의류전문점의 운영전략에 대한 설명으로 가장 거리가 먼 것은?

① 매출이 높은 반면에 이에 따르는 재고 및 반품은 발생하게 되는데, 이러한 문제에 대비하기 위해서 종종 시장을 파악해서 발 빠르게 매장에 반영해야 한다.
② 계절이 바뀌는 시기와 같이 반품이 불가하거나 반품을 했을 시에 오히려 손해를 보는 경우가 발생하더라도 제품의 가격을 그대로 유지하여야 한다.
③ 고객들에게 강한 구매 욕구를 불러일으키고, 제품이 소비자에게 부각되도록 하기 위해서는 매장의 콘셉트를 명확히 해서 상품에 일관된 이미지를 부여하고 매출을 증대시키는 것이다.
④ 인기상품들을 신속히 파악하여 매장에 적극 반영함과 동시에 고객들에게 반응이 없는 상품은 바로 반품해야 한다.
⑤ 점포에서 바쁘지 않은 시간대에는 항상 패션잡지와 사이트를 둘러보며 유행패션을 연구해야 한다.

해설) 계절이 바뀌는 시기와 같이 반품을 할 수 없거나, 오히려 하게 되면 더 많은 손해를 보는 경우에는 원가판매를 하거나 끼워 파는 방식을 취해야 한다.

18 다음의 나열된 입지들 가운데 패션잡화점의 입지로서 적합한 것들만을 모두 고르면?

㉠ 여러 층으로 구성된 매장에서 고객의 주된 출입구가 있는 층
㉡ 쇼핑몰 내부입지에서 핵점포(Anchor)의 통로/출입구 근처의 입지
㉢ 상호보완적인 상품을 판매하는 다양한 점포들이 함께 모여 있는 입지
㉣ 경쟁자로부터 멀리 떨어져서 독점적 지위를 확보할 수 있는 입지

① ㉠, ㉢
② ㉠, ㉣
③ ㉠, ㉡, ㉢
④ ㉠, ㉢, ㉣
⑤ ㉠, ㉡, ㉢, ㉣

해설) ㉣ 경쟁자로부터 멀리 떨어져서 독점적 지위를 확보할 수 있는 입지보다는 경쟁 점포들과 함께 모여 패션가를 이루고 있는 입지가 타당하다.

19 다음은 입지의 성격에 따라 달라지는 생활용품전문점의 입지에 대한 설명이다. 이 중 가장 옳지 않은 것은?

① 대형할인점 등과 취급 품목이 겹치는 업태인 경우라면 인근에 대형 유통센터가 있는 지역이 유리하다.
② 생활용품전문점이 전문 상가 건물 내에 입점할 경우에는 상가 건물이 활성화되어 있고 흡인력이 좋다면 1층이 아닌 매장도 권할 만하다.
③ 생활용품전문점 중 주방기구 또는 인테리어소품·수입용품을 전문으로 판매할 경우에 대다수의 고객층은 주부들이라 할 수 있다.
④ 생활용품전문점의 경우에 가능하면 1층 점포에 출점하는 것이 좋다.
⑤ 소득수준으로 비추어 보았을 때 생활용품할인점의 경우 서민층 밀집 주거지역 부근이 유리하다.

> 해설 대형할인점 등과 취급 품목이 겹치는 업태라면 인근에 대형 유통센터가 없는 지역이 유리하다.

20 각 업태나 업종의 입지에 대한 다음 설명 중 가장 옳지 않은 것은?

① 백화점은 규모면에서 대형화를 추구하기 때문에 상권 내 소비자의 경제력, 소비형태의 예측, 주요산업, 유동인구, 대중교통의 연계성 등을 근거로 적정한 입지를 선정해야 한다.
② 생활용품 중 주방기구나 생활용품, 인테리어 소품 등은 대단위 아파트 및 주택가 밀집지역 등 주거지 인접지역으로 출점하여야 하며 도로변이나 재래시장 근처, 통행량이 많은 곳이나 슈퍼마켓 근처에 입지를 선택하는 것이 유리하다.
③ 식료품점의 입지는 취급품의 종류와 품질에 대한 소비자의 구매만족도, 잠재 고객의 시간대별 통행량, 통행인들의 속성 및 분포 상황, 경쟁점포 등을 고려해야 하므로, 아파트 또는 주거 밀집지역에 있는 상가나 쇼핑센터가 적당하다.
④ 의류패션전문점의 입지는 고객에게 쇼핑의 즐거움을 제공하여 많은 사람을 유인하고 여러 점포에서 비교·구매할 수 있어야 하므로, 노면독립지역이 중심상업지역(CBD)이나 중심상업지역 인근 쇼핑센터보다 더 유리하다.
⑤ 패션잡화점의 최적 입지는 상호보완적인 상품을 제공하는 다양한 점포들이 모여 있는 곳으로 다양한 상품을 판매하고 유동인구가 많으며, 주로 젊은 세대들이 자주 찾는 지역이 적합하다.

> 해설 의류패션전문점의 입지는 고객에게 쇼핑의 즐거움을 제공하여 많은 사람을 유인하고 여러 점포에서 비교·구매할 수 있어야 하므로, 노면독립지역보다 중심상업지역(CBD)이나 중심상업지역 인근 쇼핑센터가 더 유리하다.

CHAPTER 02 · 입지분석

> **Key Point**
> - 입지에 영향을 미치는 인자들에 대해 숙지하고, 각 인자별로 입지선정을 하는 데 있어서 어떤 방식으로 영향을 미치는가에 대해 구분해야 한다.
> - 입지의 평가요소와 조건에 대해 파악하고, 유리한 입지와 불리한 입지를 구별하여 숙지한다.
> - 동선의 의미와 종류, 법칙에 대해 암기해야 한다.
> - 도매업의 입지 유형별 특성을 숙지한다.

01 입지영향인자

1 인구통계, 라이프스타일

(1) 인구통계 및 라이프스타일 특성

① 가구, 인구, 가구당 인구, 연령별 구조를 파악한다. 이를 파악하기 위해서는 시·구 통계연보를 시청이나 구청, 주민센터에서 구해야 한다.

② 통계연보로 연령별·남녀별·지역별·가구별 인구 등을 파악할 수 있으며, 도·소매업 조사보고서, 서비스업 조사보고서 등에서는 지역주민들의 생활상을 파악할 수 있다.

③ 주거형태의 구조를 분석해 보면 같은 소득일지라도 아파트지역은 주택지역보다 소비성향이 1.2배 가량 높다. 그리고 아파트 지역이 집적도가 높으며 인구가 많고 보다 편리성을 추구한다.

(2) 라이프스타일의 유형

① 맹목형 : 매사에 주도적·적극적이며 책임감이 강하다. 목적지향적이고 결과를 중요시하며, 자긍심이 높아 낙관적 신념을 가진 유형이다.

② 선도형 : 솔선수범하는 여론주도형으로, 감정표현에 솔직하고 사교적·이타주의적·자발적인 유형이다. 성취동기는 약한 편이어서 목적지향적이지 않고 모든 일에 관여하기 좋아한다.

③ 경험형 : 맹목형과 마찬가지로 성취동기가 높고 도전적이긴 하나, 계획적이거나 강한 의지의 소유자는 아니다. 관심 있는 일을 일단 시도해 보려고 하며 경험이 재산이라고 생각하는 유형이다.

④ 체면형 : 자기 자신에 대해서 대체로 만족하고, 예의와 격식을 중요시하는 보수적 합리주의자로 대세를 중시하며 동조하는 유형이다.

⑤ 실속형 : 대세를 따르면서도 자신의 판단을 기초로 행동하며, 계획적이고 심사숙고하는 경향이 높다. 확인된 위험만 시도하는 신중성을 지닌 유형이다.

⑥ 표출형 : 현재의 자신에 대하여 불만족하지만 변화를 위해 적극적으로 활동하지도 않는 소극적인 유형으로, 위험을 회피하고 자기감정에 솔직하다.
⑦ 내재형 : 자신에 대한 자긍심이 결여되어 있고, 충동적인 면도 없이 그럭저럭 살아가는 유형이다.

(3) 인구구조의 변화
① 연령별 인구구성의 변화
 ㉠ 연령별 인구구성에 대한 파악은 연령별 세분시장의 동향을 파악하는 데 매우 중요하다.
 ㉡ 우리나라의 인구구조는 피라미드형에서 종형으로 바뀌었다. 이러한 전체적인 인구구조의 변화경향은 새로운 시장의 탄생과 기존 시장의 쇠퇴를 의미한다.
② 베이비붐세대 : 베이비붐세대는 과거의 세대보다 교육을 많이 받았고 이혼율이 높으며, 자녀의 수가 적고 소비경향이 강한 편이다. 따라서 이들을 주고객으로 하는 소매업체는 점포디자인, 상품선택 등에 있어 이들의 소비패턴을 감안한 변화가 요구된다.
③ 노년층의 증가
 ㉠ 우리나라 역시 65세 이상의 노년층이 점차 증가하고 있는데, 과거와는 달리 구매력이 커졌으며 자식들로부터 독립해서 살아가는 수가 늘어나고 있다.
 ㉡ 다른 연령층과 상이한 필요와 욕구를 가지고 있으므로 이들의 욕구를 충족시킬 수 있는 소매업체의 발달이 필요하다.
 ㉢ 현재까지는 노년 소비자층에 초점을 맞추고 있는 소매업체는 거의 없는 편이지만, 노년 소비자의 구매욕구에 대한 이해가 확산됨에 따라 그들을 주고객으로 삼는 소매업체가 점점 증가하게 될 것으로 예상된다.
④ 신세대층의 사고방식
 ㉠ 신세대는 서구적인 입맛에 길들여져 있고 패션감각이 뛰어나며 적극적인 정보탐색을 통해 가족 구매의사에 커다란 영향력을 미치는 집단이다.
 ㉡ 조직보다는 자신을 위해 일하고 집보다는 고급승용차를 먼저 소유하려는 경향이 강하다.
 ㉢ 사고와 행동양식이 기존 세대와는 많은 차이가 있으므로 이들의 취향에 맞는 소매업체의 경영전략과 상품의 구비가 필요하다.
⑤ 새로운 라이프스타일의 도래
 ㉠ 소비자의 위치가 기존 최종제품의 단순소비주체에서 벗어나, 제품의 생산단계에서부터 최종판매단계까지 관여하게 되는 소비의 '프로슈머(Prosumer)'시대가 도래할 것이다.
 ㉡ 소비의 양극화가 심화되면서 고급소비시장의 규모가 더욱 확대되고, 소비자는 보다 믿을만한 제품·상표·사람 등을 찾고자 하여 로열티가 보다 증가할 것이다.
 ㉢ 소비와 엔터테인먼트, 비즈니스가 혼합되는 형태의 라이프스타일의 보편화로, 소비자는 쇼핑을 할 때 제품을 구매하는 행위 이외에 그 제품의 이미지를 느껴보거나 제품의 효용, 기능 등을 직접 경험해보려는 행위를 요구하게 될 것이다.
⑥ 핵가족화
 ㉠ 우리나라의 가구당 가족의 규모는 지속적으로 감소하는 반면 자녀에 대한 부모들의 투자는 계속적으로 증가하고 있어, 어린이 용품에 대한 수요가 점점 고급화되어 가고 있다.

ⓒ 이혼으로 인한 독신 및 노후 독신, 결혼을 하지 않고 홀로 살고 있는 독신가구의 증가는 여행용품, 주방용품, 인스턴트 식품류, 소형 아파트, 원룸 오피스텔 등에 대한 수요를 증대시키고 있다.
⑦ 독신남녀와 맞벌이 부부의 증가
　　㉠ 개인주의 가치관의 증대, 독신남의 증가, 맞벌이 부부의 역할 분담으로 인하여 슈퍼마켓에서 남성 쇼핑객을 많이 발견할 수 있다.
　　ⓒ 맞벌이 가정은 소득이 많아 사치품에 대한 구매 가능성이 높지만 이를 소비할 시간이 부족하므로, 이들을 대상으로 상품을 판매하려는 소매업체는 편리함과 시간절약을 강조한 상품판매전략을 갖추어야 할 것이다.
　　ⓒ 맞벌이 부부의 증가는 인터넷 홈쇼핑과 각종 무점포의 발전에 커다란 영향을 미치고 있다.

(4) 이동성의 증대
① 자가용의 보편화로 소비자의 이동성이 커져, 쇼핑을 위해 시외곽이나 거주지에서 상당히 멀리 떨어진 곳까지 이동하는 경우가 많아졌다.
② 소비자의 이동성이 커진 결과 대도시와 농촌 등 지역에 상관없이 소비자들은 유명브랜드를 선호하고 품질보증에도 높은 관심을 보이고 있다.

2 비즈니스 환경

(1) 개 념
비즈니스 환경이란 최고경영자가 의사결정을 내릴 때 고려해야 할 외부요인을 의미한다. 비즈니스 환경은 기후·지형과 같은 자연조건과 정치·경제·문화·기술과 같은 일반적인 환경 및 경쟁업체·소비자·정부 등의 구체적인 환경으로 구성되어 있다.

(2) 일반적 환경
자연환경처럼 그 영향이 사회 전반에 미쳐 있어 개별기업의 차원에서는 어쩔 수 없이 받아들일 수밖에 없는 거시적인 요인이다.
① **경제환경** : 국내외 경기변동, 물가수준, 이자율·세율·환율, 정부의 산업정책은 개별기업의 의지와는 상관없이 경영성과에 지대한 영향을 미칠 수 있다. 외환위기 때 달러에 대한 원화 환율이 급등하여 원자재를 수입하거나 외채를 사용한 기업들에게 커다란 어려움이 생긴 경우가 대표적인 예이다.
② **기술환경** : 새로운 기술이 기존의 시설이나 인력의 경쟁력을 급속히 떨어뜨리는 일이 빈번하게 발생하고 있으므로, 경영자는 항상 기술발전에 관심을 갖고 신기술의 개발과 도입에 적극적인 자세를 지니고 있어야 한다.
③ **정치·법률환경** : 사회가 발달할수록 경영과 관련된 법률이 새로 제정·개정되는 경우가 많은데, 이를 모르고 한 일이라 하더라도 책임을 면할 수는 없으므로 법률전문가의 조언을 받아야 하는 경우가 점점 많아지고 있다. 또한 최근에는 소비자보호에 대한 기업의 책임이 강화된 「제조물책임법」이 제정되어 올바르게 대응하지 못할 경우에는 회사의 존립까지 위태로워질 수 있으므로 법을 잘 이해하여 불필요한 비용을 줄이고 세금을 절약할 수 있어야 한다.

④ **사회·문화환경** : 사회·문화환경에는 총인구와 인구구성의 변화, 지역 간 이동, 세대수의 변화, 의식주생활, 여가생활 등이 속한다. 인간의 행동은 가치관의 변화에 따라서 달라지므로 사회의 주류를 이루고 있는 가치관이 무엇인지, 어떤 방향으로 변화하는지에 대한 관심은 정치가나 기업인 모두에게 중요하다. 따라서 사회의 주류가 진보적인 성향을 가지게 되면 정치나 기업경영 역시 영향을 받는다.
⑤ **국제환경** : 국내 기업은 국외의 환경과 유기적인 상호관계가 있으므로 국외에서 발생하는 정치·경제·문화적 사건에 영향을 받게 된다. 우리나라는 세계무역기구에 가입한 후 제조업은 물론 유통업, 농업까지 산업 전반에 걸쳐 세계적 기업과 경쟁하게 되었으므로 국제환경에 보다 많은 관심을 가져야 한다.

(3) 구체적 환경

거시적 환경과는 달리 경영자가 어느 정도 이들 요인들로부터의 영향을 관리할 수 있다.
① **고객** : 경영학이나 경제학에서의 시장의 개념은 상품이 거래되는 물리적인 장소가 아니라 현재의 고객뿐만이 아닌 장래에 물건을 사줄 수 있는 사람까지를 포함한다. 시장이 없는 기업은 존재할 수 없으므로 시장을 구성하는 고객의 기호가 어떻게 변화하고 있는지, 자신의 상품이나 서비스, 회사 전반에 걸친 고객의 평가가 어떤지를 정확하게 조사해 신상품 개발에도 이를 반영하여야 한다.
② **유통업체** : 도소매점, 대리점처럼 기업과 최종고객 사이에서 상품이나 서비스를 유통시키는 조직을 말한다. 유통업체와 상품을 공급하는 업체 간에는 갈등이 발생할 소지가 많은데, 이때 누가 더 큰 영향력을 행사할 수 있느냐에 따라서 결과가 달라질 수 있으므로 유통업체는 자사의 경쟁력과 상표력을 향상시켜 갈등의 소지를 없애야 한다.
③ **경쟁업체** : 비슷한 상품으로 동일시장을 겨냥하는 경쟁업체 간에는 가격정책·광고활동·유통경로 관리과정에서 치열한 경쟁이 발생하므로 경영자는 경쟁업체가 어떻게 대응할 것인가를 예측하여 의사결정을 해야 한다. 최근 인터넷을 통해 아이디어나 상품, 서비스를 판매하는 회사들이 많아졌으므로, 상품의 브랜드를 높이고 시설이나 기술 투자를 늘려 진입장벽을 쌓은 회사들만이 계속적인 성장이 가능할 것이다. 또한, 신규경쟁자의 위협 역시 경쟁환경의 분석에 포함된다.
④ **공급업체** : 원자재가 제때에 충분히 공급되지 않거나 품질이 나쁘면 회사에 손실이 생기므로 공급업체는 기업의 경영성과에 직접적인 영향을 미친다. 공급받은 가격이나 대금지불조건은 이익과 직결되므로 경영자들은 신뢰할 수 있고 품질이 우수한 공급업체를 확보하기 위해서 많은 노력을 기울여야 한다. 경영자들이 신뢰할 수 있는 공급업체를 확보한다면 상품주문에서부터 배송, 대금결제에 이르기까지 물류시스템 과정 전반을 가장 효율적으로 관리할 수 있다.

3 경쟁상황

(1) 경쟁사 분석

① 경쟁업체의 행태, 비용구조, 이익률, 시장점유율, 재무구조에 대한 분석을 의미하는 것으로 경쟁점포의 수, 새로운 참여업체의 수, 도산업체의 수, 시장안정성 등의 공급측면도 경쟁사 분석에 포함된다.
② 직접적인 경쟁업체, 또는 잠재경영 소매업체를 파악하여 경쟁소매업체가 추구하는 목표와 그들의 전략이 본인의 점포에 얼마만큼의 영향을 미치는지 등을 분석해야 한다.

③ 경쟁소매업체의 시장에 대한 인식과 자사에 대한 평가, 경쟁소매업체가 사용하고 있는 전략, 즉 정면·측면·틈새·수비 전략 등의 여부를 분석해야 한다.
④ 경쟁소매업체의 능력과 장단점을 분석하여야 한다. 다시 말해 자본, 재무능력, 인적 자원의 보유, 연구개발 능력, 마케팅 능력과 경쟁소매 업체를 운영하고 있는 경영자의 과거경력, 경영스타일, 출신지역, 인간성 등은 어떠한지를 분석한다.

(2) 경쟁상황 파악

① 상권 내의 업종별 점포수, 업종비율, 업종별·층별 분포를 파악한다.
  ㉠ 업종별 분류는 판매업종과 서비스업종으로 구분할 수 있다.
  ㉡ 판매업종은 식품류, 신변잡화류, 의류, 가정용품류, 문화용품류, 레포츠용품류, 가전·가구류로 구분하고, 서비스업종은 외식서비스, 유흥서비스, 레저·오락서비스, 문화서비스, 교육서비스, 의료서비스, 근린서비스로 나눌 수 있다.
② 판매업종과 서비스업종의 구조를 파악한다.
  ㉠ 판매업종이 많을수록 유동성이 높으며, 패스트푸드 점포가 유망하다.
  ㉡ 판매업종이 다수이면 판매업종을 출점하는 것이 유리하다. 단, 서비스업종이 많으면 서비스업을 택하는 것도 좋다. 명동의 경우 판매업종이 80%, 서비스업종이 20%이고, 일반적인 상가는 판매업종이 20%, 서비스업종이 80%이다.
③ 건물의 층별 점포구성을 분석한다. 건물의 1층 구성비가 높으면 상권이 나쁘고, 건물의 전층에서 구성비가 고르면 상권이 좋다.
④ 입점하고 있는 브랜드를 분석한다. 우리나라 소비자는 브랜드 선호도가 높으므로 유명브랜드가 많이 입점하여 있으면 좋은 입지라 볼 수 있다.

> **개념 PLUS**
>
> **페터(R. M. Petter)의 공간균배의 원리** 기출 23
> - 유사한 상품을 취급하는 점포들이 서로 도심에 인접해 있어 점포 간에 경쟁이 일어날 경우, 시장의 크기와 수요의 교통비 탄력성에 따라 자신에게 유리한 형태로 점포 사이의 공간을 균등하게 나누게 된다는 이론이다.
> - 상권 내 소비자의 동질성과 균질분포를 가정한다.
> - 상권이 넓을수록 경쟁점포들은 분산 입지한다.
> - 시간의 흐름에 따라 경쟁점포들이 배후지를 균등하게 나누어 가진다.
> - 호텔링(H. Hotelling)모형은 수요의 탄력성이 0(영)인 경우에 해당한다.
> - 시장이 좁고 수요의 교통비 탄력성이 적으면 집심 입지 현상이 나타나고, 시장이 넓고 수요의 교통비 탄력성이 크면 분산 입지 현상이 나타난다.
> - 점포유형에는 집심성, 집재성, 산재성 점포 등이 있다.
>   - 집심성 점포 : 도시 전체를 배후지로 하여 배후지의 중심부에 입지하여야 유리한 점포 예 전문품점
>   - 집재성 점포 : 동일한 업종의 점포가 한 곳에 모여 입지하여야 하는 점포 예 선매품점
>   - 산재성 점포 : 한 곳에 집재하면 서로 불리하기 때문에 분산 입지해야 하는 점포 예 편의품점

4 다점포경영 성향

(1) **다점포경영(Chain Store Operation) 전략** 기출 24·21

① 각 지역의 발전성이나 상권 자체가 갖고 있는 이점 등을 자사(自社)의 이익과 연계시키기 위한 수단으로서, 각 해당 지역에 자사의 지점포(支店鋪)를 출점하게 하는 이른바 다점포화 정책에 따라 만든 각 체인점의 영업활동에 대한 경영관리를 말한다.
② 다점포경영은 촉진활동과 유통 등의 과정에서 규모의 경제효과를 얻을 수 있어 이를 통해 계획적으로 여러 지역에 출점한다.
③ 매입 및 판매활동의 기능을 각기 분할하여 본점이 전지점(全支店)의 매입을 통괄적으로 담당하고, 지점은 오로지 판매 활동만을 담당하도록 한다.
④ 본점을 통한 대량매입과 각 지점을 통한 대량판매의 동시 실현을 목표로 한다.
⑤ 유통기업들이 특정한 상권에 다점포경영 전략을 활용하는 것은 경쟁점포의 출점에 대한 일종의 방어벽을 구축함과 동시에 자사의 점포들 간 경쟁을 유발해서 전반적인 이익을 창출하기 위한 목적이다.
⑥ 추가점포를 개설하여 얻게 되는 한계이익이 한계비용보다 크다면, 추가로 점포를 개설하는 유인이 된다. 즉, 한 지역 내에 추가적으로 입점하는 점포는 한계이익이 한계비용보다 높을 때까지 입점할 수 있다.
⑦ 한 지역 내에 동일한 제품을 판매하는 점포가 많아져 개별점포에서는 판매량이 감소(매출의 자기잠식)할 수 있다.
⑧ 다점포경영으로 인한 계획된 자기잠식은 점포 내 혼잡함을 감소시킬 수 있어 소비자의 쇼핑 경험을 강화시킬 수 있다.

> **개념 PLUS**
>
> **도미넌트(Dominant) 출점전략** 기출 23·17·16
> - 일정지역을 대상으로 계획적으로 다수의 점포를 출점시킴으로써 단기간에 그 지역의 시장점유율을 높이려는 전략이다.
> - 도미넌트 출점전략의 효과를 높이기 위해서는 점포 규모의 표준화가 필요하다.
> - 도미넌트 출점전략의 효과를 높이기 위해서는 상품 구색과 매장구성의 표준화가 필요하다.
> - 도미넌트 출점전략은 주요 간선도로를 따라 출점하는 선적전개와 주택지역 등을 중심으로 전개하는 면적전개로 구분된다.
> - 도미넌트 출점전략은 지명도 향상, 물류비 감소, 경쟁자의 출점가능성 감소 등의 장점을 갖는다.

(2) **다점포경영의 장·단점** 기출 14

① 장 점
  ㉠ 본사의 경영 및 관리기법이 그대로 지점에서 수행되기 때문에 지점의 실패가능성이 상대적으로 적다.
  ㉡ 본사에서 대량으로 매입해서 지점에 공급하기 때문에 같은 물건이라도 단독경영을 수행하는 경쟁의 관계에 있는 업체보다 상대적으로 적은 비용으로 공급받을 수 있어 비용 절감에 유리하다.
  ㉢ 본사 및 다른 지점에서 수행하거나 시행함으로 인해 금융권에 안정적이라는 인식을 주어 개설비용의 융자, 상품의 외상구매 등의 효과를 얻을 수 있으며, 이미 알려진 상품 상호의 사용으로 광고, 홍보 효과를 얻을 수 있다.

② 본사에서 훈련된 전문인력이 파견되어 시장변화와 상황을 조사하고, 그에 알맞은 상품을 개발해 지점은 시장 변화에 보다 빠르게 대응할 수 있다.

② 단 점
  ③ 본부에서 상품과 유니폼을 본부 운영 방침대로 동일하게 정해서 획일적으로 시행하기 때문에 지점 운영의 독립성이 보장되지 않는다.
  ⓒ 일관된 운영방식 및 동일한 간판과 인테리어 등으로 인해 각 지역마다 특색이 있는 상권에 대응하기가 어렵다.
  ⓒ 같은 상호로 운영되기 때문에 다른 가맹점의 잘못이 발생하게 되면, 전체적인 상호를 사용하는 다른 가맹점이 손해를 볼 수도 있다.
  ② 본사의 영업 확대와 사업 확장으로 도산 및 부도가 발생하게 되면 본사의 지원으로 유지되는 가맹점들은 타 업종과의 경쟁에서 상당히 불리한 위치에 놓이게 된다.
  ⓜ 지속적으로 로열티를 지불해야 하므로 지점은 경제적인 부담이 발생하고, 장기적 측면에서도 지속적인 부담이 발생한다.

(3) 다점포경영의 성공조건
  ① 신문, 잡지, 기존 사업체의 방문 등을 통해 수집한 정보를 분석하여 적성과 상권에 적합한 업종을 선택해야 한다.
  ② 상점을 출점한 후 단골고객 개척 시까지 시간적 공백으로 인한 고정비용이 필요하므로 여유자금이나 최소 유입자금으로 시작해야 한다.
  ③ 대중적인 시장이 형성된 업종을 선택해야 하며, 유행업종이나 과열업종, 법률적 토대가 미비한 업종 등은 피하는 것이 바람직하다.
  ④ 나만이 할 수 있는 아이디어 산업을 적은 자본으로 시작하는 것이 좋다.
  ⑤ 재래업종을 다시 재단장한 것을 선택하는 것이 좋다.

5 접근성

(1) 적응형 입지
  ① 출입구, 시설물, 계단, 가시성 등 도보자의 접근성을 우선적으로 고려하여야 한다.
  ② 버스, 택시, 지하철 등 대중교통시설과 근접하면 좋다.
  ③ 최적입지는 차 없는 거리이며, 주차장은 없어도 무방하다. 굳이 투자효율성이 떨어지는 주차장을 둔다면 건물 뒤편에 위치하는 것이 좋은데, 이는 우선 도보객이 접근하기 쉬워야 하기 때문이다.
  ④ 자동문이나 회전문은 출입구로서 좋지 않다.

(2) 목적형 입지 기출 14
  ① 특정 테마에 따라 고객이 유입되므로 차량이 접근하기 쉬워야 한다.
  ② 주도로에서 접근하기 쉽고, 주차장이 크고 편리성이 있어야 하며 주차관리원도 두어야 한다.
  ③ 적응형 입지와 달리 주차장의 위치는 건물 앞쪽에 있어야 이용자의 편리성이 높다.

(3) 생활형 입지
① 지역 주민이 주로 이용하는 유형의 입지이므로 도보나 차량을 모두 흡수할 수 있어야 한다.
② 주차시설도 갖추고 도보객의 접근도 유리한 지역에 출점해야 한다.

(4) 산재성 입지와 집재성 입지
① 산재성 입지 : 동일 업종끼리 모여 있으면 불리한 입지 유형이다.
② 집재성 입지 : 동일한 업종의 점포가 한곳에 모여 입지하는 것이 유리한 입지를 말한다.

> **개념 PLUS**
>
> 도시 내 소매점포의 접근성 기출 18
> - 보도의 폭은 보행자의 이동속도에 영향을 미치므로 점포 앞 보도 폭은 넓을수록 좋다.
> - 입구 수는 한 개보다는 복수가 좋다.
> - 점포 앞 보도의 폭은 최소한 2~3m 정도는 확보하는 것이 좋다.
> - 점포의 정면너비가 좁으면 기둥간판, 네온간판 등 시계성을 높이기 위한 보강조치가 필요하다.

6 입지적 이점 등

(1) 입지를 선정하는 절차
① 주민과 기존 유통업체와의 관련성을 고려하여 대체적인 상권을 평가한다.
② 해당 상권 내에서 어떤 유형의 입지에 출점할 것인지를 결정한다.
③ 특정의 출점입지를 선정하는데, 이때 유통집적시설은 단독입지가 아닌 집합입지이다.

(2) 입지와 부지의 평가요소
① 보행객 통행량 : 통행인 수, 통행인의 유형
② 차량 통행량 : 차량통행 대수, 차종, 교통밀집정도
③ 주차시설 : 주차장 수, 점포와의 거리, 종업원 주차의 가능성
④ 교통 : 대중 교통수단의 이용가능성, 주요 도로와의 근접성, 상품배달의 용이성
⑤ 점포구성 : 상권 내 점포수와 규모, 인근 점포와 자사 점포와의 유사성, 소매점 구성상의 균형 정도
⑥ 특정부지 : 시각성, 입지 내에서의 위치, 대지의 크기와 모양, 건물의 크기와 모양, 건물의 사용연수
⑦ 점유조건 : 소유 또는 임대조건, 운영 및 유지비용, 세금, 도시계획과의 관련 여부

(3) 유통집적시설에 유리한 입지조건
① 교외지역 : 인구가 충분하고 앞으로도 인구 증가가 예상된다.
② 간선도로망 : 도로망의 기본이 되는 주요도로로, 중요한 도시 사이를 연결하거나 도시 내의 중요 지구를 연결하기 위한 도로를 의미한다. 따라서 어디에서든 자동차로 오는 데 어려움이 없다.

③ **핵점포** : 핵점포는 대형 유통센터나 대형 점포, 브랜드 인지도가 높은 점포, 그 지역의 상권 내 가장 번화한 점포로서, 누구든지 찾아올 수 있으므로 고객의 집객력이 높다.
④ **지역최대의 주차장** : 자동차를 이용한 고객에게 편의를 제공한다.
⑤ **점포부족상태** : 소비자가 대형유통시설의 출점을 기대하고 있다.
⑥ **독립상권** : 매력이 다른 상권으로 유출되기 어려운 조건을 갖고 있다.

> **개념 PLUS**
>
> **입지배정모형** 기출 23·21·17·16·15
> - 두 개 이상의 점포를 운영하는 경우 소매점포 네트워크의 설계, 신규점포 개설 시 기존 네트워크에 대한 영향 분석, 기존 점포의 재입지 또는 폐점 의사결정 등의 상황에서 유용하게 활용될 수 있는 분석방법이다.
> - 소비자의 구매 통행패턴을 토대로 소비자들을 개별점포에 배정하게 된다.
> - 새 점포들을 기존 네트워크에 추가하는 데 따른 편익을 분석할 수 있다.
> - 기업의 목표달성을 위해 새로 개설하는 점포의 가장 유리한 입지를 결정하는데 도움을 줄 수 있다.
> - 주요 구성요소 : 목적함수, 교통망, 지점 간 거리자료, 수요지점, 실행가능한 부지, 배정규칙
> - 주요 적용모형 : 시설입지분석과 관련된 P-메디안모형, 부지선정 과정에서 경쟁자들의 입지를 고려할 목적으로 개발된 시장점유율모형, 서비스센터의 네트워크를 계획하는 데 특히 유용한 커버링모형 등

(4) 성격별 입지조건 기출 23·18

① **물리적 조건** : 노면, 지반, 건물의 외형 등
② **지리적 조건** : 도로 조건, 교통상태, 인구밀도, 산과 하천, 지대 등
  ㉠ 이용 측면에서는 사각형의 토지가 좋다.
  ㉡ 삼각형 토지의 좁은 면은 가시성과 접근성이 떨어지기 때문에 좋은 입지라고 할 수 없다.
  ㉢ 일정규모 이상의 면적이라면 자동차 출입이 편리한 각지(角地)가 좋다.

> **개념 PLUS**
>
> **획지와 각지** 기출 24
>
> | | |
> |---|---|
> | 획 지 | • 건축용으로 구획정리를 할 때 한 단위가 되는 땅이다.
• 인위적·자연적·행정적 조건에 따라 다른 토지와 구별되는 일단의 토지이다. |
> | 각 지 | • 획지 중 2개 이상의 가로각(街路角)에 해당하는 부분에 접하는 토지이다.
• 2면 각지, 3면 각지(획지의 삼면에 계통이 다른 가로에 접하여 있는 토지), 4면 각지 등이 있으며 일조와 통풍이 양호하다.
• 순각지는 각지 중에서 같은 계통의 도로에 면한 각지이다. |

  ㉣ 토지와 도로의 조건은 1면 각지보다는 2면 각지가 유리하다. 2면 각지는 2개의 가로에 접함으로써 일조·통풍의 양호, 출입의 편리, 높은 광고선전 효과 등에서 1면 각지보다 유리하다.
  ㉤ 인지성이 좋은 지역이 좋은 입지이다.
  ㉥ 직선 도로의 경우 시계성이 좋고 좌·우회전이 용이한 도로변이 좋다.
③ **사회문화적 조건** : 번영정도, 접근성, 교통수단, 배후지의 질, 고객의 양과 질 등

④ 좋은 입지와 나쁜 입지의 구별

좋은 입지	나쁜 입지
• 유동인구가 많은 곳 • 접근하기 용이한 곳 • 대형 사무실보다는 5층 이하 사무실이 많은 곳 • 접객시설이 있는 곳 • 출근길보다 퇴근길 방향에 있는 곳 • 주차장이 있는 곳 • 코너상가 • 대규모 아파트단지 중심상권 • 중·소형 아파트단지 상가 • 낮은 지대의 중심지 • 주변에 노점상이 많은 곳 • 비어 있는 점포가 없는 곳 • 아파트 진입로	• 상권이 유동인구에 비해 필요 이상으로 확대된 입지 • 4차선 이상의 도로가 상권을 양분하는 입지 • 업종이나 주인이 자주 바뀌는 입지 • 주변점포의 간판이 낡거나 변색된 점포가 있는 입지 • 점포전면이 좁거나 간판설치가 어려운 입지 • 편도인 도로변이나 맞은편에 점포가 없는 입지 • 빈 점포가 많은 곳 • 주변에 공터가 많은 입지 • 막다른 골목 끝 입지 • 주변 300~500m 거리에 대형 유통시설이 있는 입지 • 주변에 큰 규모의 동일업종이 있는 입지 • 건물주가 장사하는 입지 • 보도 폭이 좁은 입지

> **개념 PLUS**
>
> **소매점 입지에 좋지 않은 도로** 기출 23·22·20
> • 기본적으로 굴곡이 많고, 산과 언덕의 경사가 많은 뱀(Serpentine)형태의 도로
> • 곳곳에 커브가 많은 루프(Loop)형태의 도로
> • 폭이 넓은 자동차전용도로가 중앙을 가로지르는 곳
> • 여러 갈래의 도로가 서로 평행(Parallel)한 형태로 놓여있는 도로
> • 교통량이 많은 6차선 이상으로 넓은 도로와 인접한 도로

(5) 도시나 상업지역 선정 시 고려되는 요소

① **인구** : 한 도시와 그 주변의 상업지구의 인구는 소매점포의 잠재적 고객의 수를 결정한다.

② **도시의 발전** : 한 지역의 발전은 산업의 종류, 인구변동 추이 등과 밀접한 관련이 있다.

③ **잠재적 고객의 구매 관습** : 고객의 쇼핑 장소, 쇼핑 거리, 기호, 성향 등에 따라 상점의 위치 선택이 영향을 받는다.

④ **주민의 구매력** : 한 지역의 총 소매 판매량은 주민의 구매능력과 밀접한 관계가 있다. 지역의 구매력을 알려주는 요소로는 그 지역의 월급생활지수와 평균급료, 은행예금총액과 성향, 연금 등 사회복지수당, 재산세 등 각종 제세금액 등이다.

⑤ **부의 분산** : 부의 분산은 구매액과 이윤에 영향을 미치는 또 다른 요소로서 평가방법은 가정의 형태와 종류, 주택을 소유한 사람의 비율, 교육수준, 전화 대수, 자동차 대수와 종류, 신용카드보급 및 사용현황 등이다.

⑥ **경쟁의 본질과 강도** : 경쟁점의 수, 형태, 면적, 위치는 점포를 세울 도시나 쇼핑센터의 선택에 영향을 미친다.

⑦ **제반 법령과 제도** : 세금의 종류와 유형을 결정하는 법령과 점포를 운영하고 설치하는 데 얻어야 하는 인·허가와 면허는 점포의 위치 결정에 중요한 요소이다.

⑧ **기타** : 도로망 계획, 경쟁점 확장계획, 상품 공급의 원활 등

(6) 동 선

① **동선의 의미** : 사람들이 집중하는 상권을 묶는 흐름을 말한다. 단순히 사람이 많이 걷고 있다고 해서 모두 동선은 아니며, 쇼핑, 유흥, 레저 등을 위해 찾아온 사람이 많이 걷고 있는 곳을 말한다.

② **동선의 종류**
  ㉠ 주동선 : 주동선은 '역, 대규모 소매점, 대형교차점' 등을 묶는 선으로, 각 상점에 대해 상권을 확정하고 그것을 지도상에서 묶어보면 점포 물건이 동선상에 있는가를 알 수 있다(반드시 직접 걸으면서 확인해야 한다).
  ㉡ 부동선 : 주동선을 벗어난 동선으로 상가의 뒷골목이라 할 수 있다. 기출 17
  ㉢ 접근동선 : 동선으로 접근할 수 있는 동선을 말한다.
  ㉣ 복수동선과 회유동선
   • 복수동선 : 여러 개의 동선이 혼재하고 있는 것을 말한다. 복수동선의 '역 → 대형 교차점 → 대규모 소매점 → 역'의 형태나 복수의 상권이 같은 선상에 있는 경우, 동선의 힘은 상권의 수만큼 커진다.
   • 회유동선 : 복수상권이 묶여진 동선상을 회유하면서 걷는 것을 말한다. 서울의 신촌, 대학로 근처 등이 그 대표적 예이다.

③ **동선의 심리법칙** 기출 16
  ㉠ 최단거리실현의 법칙 : 인간에게는 최단거리로 목적지에 도착하려는 심리가 있다. 이때 안쪽 동선이라 하는 뒷길이 발생하게 되는데 뒷길을 이용하는 고객들을 미리 파악하지 못하고 언뜻 보기에 동선이라고 생각되는 큰 길을 선택하여 입지 선정에 실패한 사례가 많다.
  ㉡ 보증실현의 법칙 : 인간에게는 먼저 득을 얻는 쪽을 택하는 심리가 있어 길을 건널 때에도 최초로 만나는 횡단보도를 이용하려 한다.
  ㉢ 안전중시의 법칙 : 인간은 본능적으로 신체의 안전을 지키기 위해 위험하거나 모르는 길, 또는 다른 사람이 잘 가지 않는 장소로 가려 하지 않는다.
  ㉣ 집합의 법칙 : 대부분의 사람들은 군중심리에 의해 사람이 많이 모인 곳에 모이게 된다. 군중 사이에서는 자신의 이성보다는 전체의 분위기에 이끌리는 경우가 많기 때문에 소비 행동 또한 쉽게 유발된다.

④ **아웃스토어(Outstore)형**
  ㉠ 교외형 동선을 찾는 법
   • 간선도로 및 진입선은 절대적으로 교통량이 많고 상권에 붙어 있는 경우가 많기 때문에 동선이라고 할 수 있다.
   • 두 지역을 연결하는 외곽도로는 동선이라고 할 수 없다.
   • 승용차 비율이 높은 도로(60% 이상)는 중심상권과 상권을 연결하는 동선에 있을 가능성이 높으며 승용차 비율이 높다는 것은 그 지방의 사람들이 잘 이용한다는 것이다.
  ㉡ 최적입지와 정체
   • 최적입지 : 진입선에서 빠지는 도로(간선)가 적으면 자동차가 집중되기 때문에 시계성, 동선의 관점으로도 좋은 입지라고 할 수 있다.
   • 주의해야 할 점 : 자동차가 정체하기 쉬운 도로는 정체 속에서 일부러 상점에 들어가려고 하지 않기 때문에 주의가 필요하다.

> **개념 PLUS**
>
> **시계성(가시성)** 기출 24·20
> - 시계성이 양호한가를 판단하기 위해서는 어디에서 보이는가를 고려해야 한다.
> - 시계성을 확보하기 위해서는 점포의 위치와 함께 간판의 위치와 형태도 중요하다.
> - 상권의 특성에 따라 차량 속에서의 시계성보다는 도보통행 시의 시계성을 우선적으로 고려하여야 하는 경우도 있다.
> - 차량의 속도가 빨라질수록 시계가 좁아지기 때문에 내측(인커브) 점포는 불리해진다.

ⓒ 차선과 점포의 위치관계
- 상권진입 : 상권을 향해 가는 차선이다.
- 상권이탈 : 상권에서 나오는 차선으로, 업종과 업태에 따라 일정하지는 않지만 진입과 이탈 차선의 차이가 매출을 크게 좌우하는 경우가 있다.

> **개념 PLUS**
>
> **소매점포 입지분석 중 도로 입지 판단(다른 입지조건 동일)** 기출 20
> - 방사형 도로에서는 교차점에 가까운 위치가 통행이 집중되어 양호한 입지조건이다.
> - 도로와 인접하는 점포의 접면은 넓을수록 유리하다.
> - 도로의 제한속도가 높을수록 도로와 인접하는 점포의 접면은 더 넓어야 한다.
> - 주거지에서 역이나 정류장을 연결하는 출퇴근 이동이 많은 도로에서는 대체로 퇴근동선에 위치한 경우가 유리한 입지이다.
> - 커브가 있는 곡선형 도로의 바깥쪽에 있는 점포가 안쪽에 있는 점포보다 가시성 측면에서 유리하다.

ⓔ 집적과 경합 상태
- 존(Zone)의 형성
  - 몇 개의 업종·업태의 점포가 일정한 거리에 집중됨으로써 상업 집적지가 형성되는 경우가 많다.
  - 점포의 규모에 따라 차이가 있지만 존을 형성하기 위해서는 적어도 3~6개 정도의 점포가 필요하다. 단, 아주 똑같은 업종은 출점하지 않는다는 것을 전제로 한다.
- 경합문제
  - 어느 일정 수준의 집적도를 넘으면 경합 상태가 되어서 매출의 감소가 일어난다.
  - 경합 정도는 그 지구 간선상의 시장규모(승용차통행 대수, 인구, 세대수 등) 및 경합의 종류에 따라 달라진다.
  - '경합의 문제'는 동업종이 출점한 경우에 발생하는 문제로 경합의 영향도를 '입지(시계성, 동선, 도로), 지형, 점포규모, 브랜드파워' 등으로 파악해 보아야 한다.

⑤ 인스토어(Instore)형 기출 19

중심상권유형은 고객의 주요내점 수단에 따라 크게 3가지로 나눌 수 있다.
㉠ 도시형
- 고객의 내점 수단이 도보, 자전거 중심
- 도시형 중심상권의 경우 '정문 입구 에스컬레이터'가 중요한 고려 요소가 된다.
㉡ 교외형
- 고객의 내점 수단이 자동차 중심
- 교외형 상권의 경우 '메인(Main) 주차장의 메인 출입구'가 중심이 된다.
㉢ 혼합형 : 고객의 내점 수단이 도보, 자전거, 자동차 중심

개념 PLUS

건축선 기출 18
- 건축선은 도로와 대지가 접하는 경계선을 말한다.
- 점포를 건축선에서 후퇴하여 위치시키면 점포 앞 보도 폭이 넓어져서 보행자의 이동속도가 빨라진다.

02 도매업의 입지

1 생산구조에 따른 소량 소비구조를 가진 산업에 종사하는 도매업의 입지 특성

구 분	생 산	
	소 량	대 량
소량 소비	수집, 중계, 분산 기능이 모두 필요 예 농수산물의 유통	중계, 분산 기능 필요 예 생필품이나 공산품의 유통

2 생산구조에 따른 대량 소비구조를 가진 산업에 종사하는 도매업의 입지 특성 기출 23

구 분	생 산	
	소 량	대 량
대량 소비	수집, 중계 기능 필요 예 농산물이나 임산물의 가공	중계 기능만 필요 예 공업용 원료나 광산물의 유통

CHAPTER 02 실전예상문제

※ 본 문제를 풀면서 이해체크를 이용하시면 문제이해에 보다 도움이 될 수 있습니다.

01 입지의 유형을 분류한 것이다. 입지의 유형과 설명이 올바르게 짝지어지지 않은 것은?

① 집재성 입지 – 배후지의 중심지에 위치하는 것이 유리한 입지
② 목적형 입지 – 고객이 특정한 목적을 가지고 이용하는 입지
③ 적응형 입지 – 거리를 통행하는 유동인구에 의해 영업이 좌우되는 입지
④ 생활형 입지 – 아파트, 주택가의 주민들이 이용하는 입지
⑤ 산재성 입지 – 동일 업종이 모여 있으면 불리한 입지

> 집재성 입지는 동일한 업종의 점포가 한 곳에 모여 입지하는 것이 유리한 입지를 말한다. 배후지의 중심지에 위치하는 것이 유리한 입지는 집심성 입지이다.

02 다음에서 설명하고 있는 원리에 의해 입지를 올바르게 분류한 것은?

> 상업입지에서 경쟁관계에 있는 점포들끼리 경쟁이 일어난 후 오랜 기간이 지나면 공간을 서로 균등하게 나누어 입지하게 된다는 주장이 있다. 이 주장에 따르면 배후지 시장이 좁고 교통비에 대한 수요의 탄력성이 작은 경우에는 점포가 중심부에 입지하고, 배후지 시장이 넓고 교통비에 대한 수요의 탄력성이 크면 점포가 분산해서 입지하는 경향이 나타나게 된다고 본다.

① 상권범위에 따른 분류 – 1급지(A급지), 2급지(B급지), 3급지(C급지)
② 점포유형별 분류 – 고객창출형 입지, 근린고객의존형 입지, 통행량의존형 입지
③ 공간균배에 따른 분류 – 집심성 입지, 집재성 입지, 산재성 입지
④ 이용목적에 따른 분류 – 적응형 입지, 목적형 입지, 생활형 입지
⑤ 소비자 구매습관에 따른 분류 – 편의품점 입지, 선매품점 입지, 전문품점 입지

> 공간균배에 따른 분류
> • 집심성 점포 : 도시 전체를 배후지로 하여 배후지의 중심부에 입지하여야 유리한 점포
> • 집재성 점포 : 동일한 업종의 점포가 한 곳에 모여 입지하여야 하는 점포
> • 산재성 점포 : 한 곳에 집재하면 서로 불리하기 때문에 분산 입지해야 하는 점포

03 다음 박스에서 설명하는 라이프스타일의 유형으로 가장 적절한 것은?

> 맹목형과 더불어 성취동기가 높고 도전적이지만 계획적이거나 강한 의지의 소유자가 아닌 유형

① 내재형 라이프스타일 유형
② 실속형 라이프스타일 유형
③ 선도형 라이프스타일 유형
④ 체면형 라이프스타일 유형
⑤ 경험형 라이프스타일 유형

해설) 경험형 라이프스타일 유형은 관심이 있는 일에 대해 우선적으로 시도해 보려고 하며, 경험이 재산이라고 생각하는 라이프스타일의 유형이다.

04 다음 중 접근성에 관한 설명으로 옳지 않은 것은?

① 유동고객보다 고정고객의 의존도가 높은 경우에 가시도가 더욱 중요하다.
② 접근성은 점포로의 진입과 퇴출의 용이성을 말한다.
③ 접근성에 있어서 점포는 가시도가 좋아야 한다.
④ 도로 및 주차장으로의 진입과 퇴출이 자유로운 경우 접근성이 좋다.
⑤ 접근성의 경우 고객흡인이 용이하도록 점포의 입구 및 건널목 상태, 고객의 주요 유동방향을 반드시 확인해야 한다.

해설) 접근성은 고정고객보다 유동고객의 의존도가 높은 경우에 가시도가 더욱 중요해진다.

05 다음 비즈니스 환경에서 일반적 환경요소로 보기 어려운 것은?

① 기술환경
② 경제환경
③ 사회·문화환경
④ 정치·법률환경
⑤ 경쟁업체

해설) ⑤는 비즈니스 환경 중 구체적 환경요소에 해당하는 내용이다.

06 다음 중 소매점의 경쟁점에 대한 대책으로 가장 적합한 것은?

① 상대적인 경쟁적 지위를 불문하고 자기 점포의 주력상품은 경쟁점의 주력상품과 동일해야 한다.
② 상품을 세분화하여 경쟁점과 상생할 수 있도록 차별성과 양립성을 동시에 추구해야 한다.
③ 가격은 상품품질을 반영하는 척도이므로, 저가정책을 기본으로 삼지 않는 한 경쟁점보다 높은 가격대를 설정한다.
④ 경쟁이 격화되는 것을 피하기 위해 경쟁점의 전략변화에 대해서 즉각 대응하지 않는다.
⑤ 경쟁점의 서비스와 동일한 수준의 서비스를 제공한다.

> 경쟁점에 대한 차별화 전략을 세워 해당 상권을 찾아온 고객을 경쟁점이 아닌 자신의 점포로 끌어들이는 것이 우선이다. 동시에 경쟁 상대와의 양립성을 강화해서 '경합하면서도 양립하여 공존'하는 전략을 구사해야 한다.

07 다점포경영에 대한 설명으로 가장 거리가 먼 것은?

① 다점포경영이란 규모의 이익과 효율을 고려해서 이를 계획적으로 여러 지역에 출점하는 것을 말한다.
② 본사의 경영 및 관리기법 등을 지점에서 수행하기 때문에 지점의 실패가능성이 상대적으로 적다고 할 수 있다.
③ 다점포경영은 본사에서 전 지점의 판매활동을 총괄적으로 관리하고, 지점은 오로지 매입만을 담당하는 등 매입과 판매활동이 서로 기능적으로 분화되어 있다.
④ 다점포경영은 본사에서 인력이 파견되어 시장변화 및 상황을 조사하고 그에 맞는 제품을 개발해 지점은 시장의 변화에 대해 발 빠르게 대처할 수 있다는 특징을 지닌다.
⑤ 다점포경영은 본점을 통한 대량매입과 각 지점을 통한 대량판매의 동시 실현을 목표로 하는 체제이다.

> 다점포경영에서 본점은 전 지점의 매입을 총괄적으로 관리하고, 지점은 오로지 상품의 판매만을 담당하는 등의 매입 및 판매활동이 기능적으로 분화되어 있다.

08 다음 중 다점포경영의 성공조건으로 보기 어려운 것은?

① 각종 수집된 정보를 분석해서 적성과 상권에 적합한 업종을 선택해야 한다.
② 상점 출점 후 단골고객 개척 시까지 시간적인 공백으로 인한 고정비용이 필요하게 되므로 여유자금 또는 최소 유입자금으로 시작을 해야 한다.
③ 대중적 시장이 형성된 업종을 선택해야 한다.
④ 스스로가 할 수 있는 아이디어 산업을 적은 자본으로 시작하는 것이 좋다.
⑤ 재래업종을 다시 재단장한 것을 선택하는 것은 좋지 않다.

> 해설 재래업종을 다시 재단장한 것을 선택하는 것이 좋다.

09 한 지역 내에 여러 점포를 동시에 개설하는 형태인 다점포경영에 대한 설명 중 올바르지 않은 것은?

① 대부분의 소매업체 체인은 촉진활동과 유통에 대해 규모의 경제를 얻을 수 있기 때문에 다점포경영을 한다.
② 소매업체 체인이 하나의 지역에 너무 많은 점포를 개설하는 경우에는 매출의 자기잠식이 발생할 수 있다.
③ 추가점포를 개설하여 얻게 되는 한계이익이 한계비용보다 크다면, 추가로 점포를 개설하는 유인이 된다.
④ 다점포경영으로 인한 계획된 자기잠식은 점포 내 혼잡함을 감소시킬 수 있어 소비자의 쇼핑경험을 강화시킬 수 있다.
⑤ 다점포경영은 해당 상권에 대한 진입장벽보다 개별 점포에 대한 퇴거장벽 형성효과를 얻을 수 있다.

> 해설 다점포경영은 각 지역의 발전성이나 상권 자체가 갖고 있는 이점 등을 자사(自社)의 이익과 연계시키기 위한 수단으로서, 각 해당 지역에 자사의 점포를 출점케 하는 경영전략이다. 다점포경영의 목적은 자사 점포들 사이에 경쟁을 유도하여 전체적인 성과를 높이고 동시에 경쟁점포의 출점에 대한 장벽을 구축하는 데 있다.

10 점포의 입지조건 평가에 대한 내용으로 옳지 않은 것은?

① 부지가 접하는 도로의 특성과 구조 등 '도로조건'을 검토해야 한다.
② 차량이 다니는 도로가 굽은 경우 커브 안쪽보다는 바깥쪽 입지가 유리하다.
③ 점포의 면적이 같다면 일반적으로 도로의 접면이 넓은 경우가 유리하다.
④ 경사진 도로에서는 일반적으로 하부보다는 상부쪽에 점포가 위치하는 것이 유리하다.
⑤ 중앙분리대가 있는 경우 건너편 소비자의 접근성이 떨어지므로 불리하다.

정답 06 ② 07 ③ 08 ⑤ 09 ⑤ 10 ④

해설 고객들은 평탄하거나 아래쪽을 선호하므로 경사진 도로에서는 상부보다는 하부쪽에 점포가 위치하는 것이 유리하다.

11 유통집적시설을 설계할 때 유리한 입지조건으로 거리가 먼 것은?

① 다수의 편의품 판매점포를 입점시키는 것이 유리하다.
② 자동차 고객을 대상으로 하는 간선도로망을 갖추는 것이 유리하다.
③ 인구가 충분히 증가할 가능성이 있고, 잠재적인 성장 가능성이 높은 곳이 좋다.
④ 누구나 찾아올 수 있는 핵점포가 있는 것이 유리하다.
⑤ 주차장을 구비하여 도보상권뿐만 아니라 차량 접근성도 고려해야 한다.

해설 유통집적시설에 유리한 입지 조건으로는 핵점포(Key Tenant), 간선도로망, 주차장시설, 교외지역, 점포부족 상태, 독립상권이 형성된 지역을 들 수 있다.

12 다음은 입지선정 및 입지의 접근성과 관련된 설명들이다. 올바르지 않은 것은?

① 독립점포 입지평가에서와 마찬가지로 쇼핑몰이나 쇼핑센터의 입지평가에 있어서도 접근성은 중요하다. 그러나 쇼핑센터 및 쇼핑몰 내부에 대한 입지평가에 있어서 접근성은 평가의 대상이 될 수 없다.
② 주차시설의 양과 질은 쇼핑센터, 쇼핑몰 및 단독매장(주차시설을 갖춘)에 대한 접근성 평가에 있어서 중요한 판단기준요소의 하나로 본다.
③ 혼잡도는 사람들이 밀집되어 복잡한 정도뿐만 아니라 자동차의 밀집에 따른 복잡한 정도를 모두 포함하고 있는 개념이다.
④ 혼잡도가 일정수준을 넘어 너무 혼잡하면 쇼핑속도가 떨어지고 고객 불만을 야기하여 매출이 하락하지만, 적정수준의 혼잡도는 오히려 고객에게 쇼핑의 즐거움을 더해 주기도 한다.
⑤ 일반적으로 입지는 사업의 지향 목적에 따라 결정되며, 크게 원료지향형·수송지향형·시장지향형 입지로 구분된다.

해설 쇼핑센터의 특징적인 요소인 보행자 지대와 몰(Mall)의 계획이 중요하다. 보행자 지대와 몰은 쇼핑센터 내의 주요 동선으로 고객을 각 점포에 균등하게 접근할 수 있도록 하며, 고객에게 다양한 공간과 휴식공간의 기능도 동시에 제공할 수 있도록 계획되어야 한다.

13 다음 중 도시나 상업지역 선정 시 고려되는 요소에 대한 설명으로 바르지 않은 것은?

① 한 도시와 그 주변의 상업지구의 인구는 소매점포의 잠재적 고객의 수를 결정하는 것과 관련이 있다.
② 부의 분산은 구매액 및 이윤에 영향을 미치는 또 다른 요소로서 가정의 형태와 종류, 주택을 소유한 사람의 비율, 교육수준, 전화 대수, 자동차 대수와 종류, 신용카드보급 및 사용현황 등으로 평가한다.
③ 경쟁점의 수나 형태, 면적, 위치는 점포를 세울 도시나 쇼핑센터의 선택에 영향을 미친다.
④ 세금의 종류와 유형을 결정하는 법령과 점포를 운영하고 설치하는 데 얻어야 하는 인·허가와 면허는 점포의 위치 결정에 중요한 요소이다.
⑤ 한 지역의 총소매판매량은 주민의 구매능력과 밀접한 관련이 없다.

> 해설 일정한 지역의 소매점 총판매량은 그 지역 주민의 구매능력과 밀접한 관련이 있다. 또한 지역의 구매력을 알려주는 요소로는 그 지역의 월급생활지수와 평균급료, 은행예금총액과 성향, 연금 등 사회복지수당, 재산세 등 각종 제세금액 등이 있다.

14 다음 중 인스토어형 상권에 대한 설명으로 바르지 않은 것은?

① 해당 상권에 내점하는 사람들의 목적이 명확할수록 목적 외 소비 및 구매행동을 일으키기 어렵다.
② 상권의 내점 객층 및 내점 목적을 유심히 관찰하면 매출수준을 예측해 볼 수 있다.
③ 인스토어형은 무엇보다도 상권 그 자체의 질이 크게 좌우한다.
④ 도시형 및 교외형에 상관없이 상권이 지니는 집객력과 고객층이 점포의 매출을 좌우한다.
⑤ 신규출점 시 점포 앞을 실제로 보는 것이 가능하므로 매장면적이 동일한 점포를 관찰해서 결론을 내릴 필요가 없다.

> 해설 신규출점 시 점포 앞을 실제로 보는 것이 불가능하므로 매장면적이 동일한 점포를 관찰해서 결론을 내려야 한다.

15 페터(R. M. Petter)의 공간 균배 원리의 내용으로서 가장 옳지 않은 것은?

① 상권 내 소비자의 동질성과 균질 분포를 가정한다.
② 일반적으로 선매품점에는 집재성 입지 선정을 제안한다.
③ 시간의 흐름에 따라 경쟁점포들이 배후지를 균등하게 나누어 가진다.
④ 수요의 교통비 탄력성이 클수록 경쟁점포들은 집중 입지한다.
⑤ 호텔링(H. Hotelling) 모형은 수요의 탄력성이 0(영)인 경우에 해당한다.

> 배후지 시장이 좁고 교통비에 대한 수요의 탄력성이 작은 경우에는 점포가 중심부에 입지하고, 배후지 시장이 넓고 교통비에 대한 수요의 탄력성이 크면 점포가 분산해서 입지하는 경향이 나타난다.

16 동선(動線)에 대한 내용으로 옳지 않은 것은?

① 동선이란 고객들의 이동궤적을 의미하는데 소매자석(customer generator)과 소매자석을 연결하는 선으로 나타나기도 한다.
② 경제적 사정으로 많은 자금이 필요한 주동선에 입지하기 어려운 점포는 부동선(副動線)을 중시한다.
③ 접근동선이란 동선으로 접근할 수 있는 동선을 말한다.
④ 복수의 자석이 있는 경우의 동선을 부동선(副動線)이라 한다.
⑤ 주동선이란 자석과 자석을 잇는 가장 기본이 되는 선을 말한다.

> 복수의 자석이 있는 경우의 동선을 복수동선이라 한다.

17 점포의 입지를 평가하는 요인들에 대한 설명으로 옳지 않은 것은?

① 접근성은 물리적, 심리적 요인을 모두 포함하는 개념이다.
② 상권 내 소비자의 주동선상에 위치하거나 가까울수록 소비자의 유입률이 높아질 수 있다.
③ 철도나 6차선 이상의 도로 등 인공지형물은 상권의 단절요인이 되는 경우가 많다.
④ 일반적으로 이동 중에 점포가 보이는 거리로 점포의 가시성을 측정한다.
⑤ 점포를 찾기 쉬운 정도나 점포위치를 설명하기 용이한가는 점포의 접근성에 해당한다.

> 점포를 찾기 쉬운 정도나 점포위치를 설명하기 용이한가는 점포의 인지성에 해당한다. 점포의 접근성은 "도보 또는 차량으로 점포의 진입이 얼마나 유리한가"에 대한 것이다.

18 고객유도시설은 고객을 모으는 자석과 같은 역할을 한다고 하여 소매자석(CG ; Customer Generator)이라고도 한다. 도시형, 교외형, 인스토어형 등 입지유형에 따라 고객유도시설이 달라지는데, 일반적인 인스토어형 고객유도시설로 옳지 않은 것은?

① 대형 레저시설
② 에스컬레이터
③ 계산대
④ 주 출입구
⑤ 주차장 출입구

> 해설 대형 레저시설은 교외형 고객유도시설에 해당한다.

19 입지배정모형(Location-allocation Model)에 대한 설명으로 옳지 않은 것은?

① 입지배정모형의 주요 구성요소는 소비자 분포, 지점 간 거리 데이터, 수요지점, 실행가능한 부지, 배정규칙 등 5가지로 이루어진다.
② 두 개 혹은 그 이상의 소매점포 네트워크를 설계할 때 유용하게 활용할 수 있는 분석기법이다.
③ 소비자의 구매 통행패턴을 토대로 소비자들을 개별점포에 배정하게 된다.
④ 새 점포들을 기존 네트워크에 추가하는 데 따른 편익을 분석할 수 있다.
⑤ 기존 점포의 재입지 또는 폐점을 결정하는 데 활용할 수 있다.

> 해설 입지배정모형의 주요 구성요소는 잠재적 네트워크 지점, 수요지점, 교통망, 목적함수, 제약조건 등 5가지로 이루어진다.

20 체인점의 도미넌트(Dominant) 출점전략에 대한 설명으로 옳지 않은 것은?

① 도미넌트 출점전략의 효과를 높이기 위해서는 점포규모의 표준화가 필요하다.
② 여러 지역에 걸쳐서 점포를 분산출점시킴으로써 단기간에 전체 시장에 진입하려는 전략이다.
③ 도미넌트 출점전략의 효과를 높이기 위해서는 상품구색과 매장구성의 표준화가 필요하다.
④ 도미넌트 출점전략은 주요 간선도로를 따라 출점하는 선적전개와 주택지역 등을 중심으로 전개하는 면적전개로 구분된다.
⑤ 도미넌트 출점전략은 지명도 향상, 물류비 감소, 경쟁자의 출점가능성 감소 등의 장점을 갖는다.

> 해설 도미넌트(Dominant) 출점전략은 일정 지역에 다수점을 동시에 출점하여 특정지역을 선점함으로써 경쟁사의 출점을 억제하는 전략으로, 물류・배송비용 절감, 브랜드 인지도 확산 등의 효과가 크다.

CHAPTER 03 · 상권조사

Key Point

- 상권의 개념과 유형에 대해 학습하고, 소상공인365(상권정보시스템), 지리정보시스템에 대해 숙지한다.
- 기존점포와 신규점포에 대한 상권분석을 구분하여 숙지하고, 각 상권분석 방법의 특징과 계산공식을 암기해야 한다.
- 소매포화지수, 시장성장잠재력, 구매력지수, 중심성지수 등의 상권분석 평가방법에 대해 학습한다.

01 상권설정

1 상권의 정의

(1) 상권의 개념 기출 20·19·16

① 상권이란 상업상의 거래를 행하는 공간적 범위를 말한다. 상권은 보통 두 가지 의미로 사용되는데 첫째, 한 점포가 고객을 흡인할 수 있는 범위와 둘째, 다수의 상업시설이 고객을 흡인하는 공간적 범위를 말한다. 상권의 범위는 오픈하는 점포의 업종·업태와 밀접한 관련이 있고 상품구성, 가격대의 설정, 고객의 라이프스타일 등과도 깊은 관련이 있다.

② 상권은 점포에서 취급하는 상품에 대한 상권 내 인구의 구매력을 추정하고, 매출액을 설정하는 데 기본적인 데이터를 제공하며, 판촉활동 범위를 결정하는 데 필수적인 데이터로 활용된다.

③ 상권은 주로 파는 쪽에서 본 것이기 때문에 소비자의 경우는 생활권이라고 한다. 또한 상업에는 소매와 도매의 두 가지 면이 있으며, 각기 소매상권·도매상권이라고 하지만, 일반적으로는 소매상권을 가리키는 경우가 많다. 도매상권은 넓은 범위를 가지며, 경제권이라고 부르는 경우가 많다.

④ 생활필수품·잡화를 주로 하는 경우는 상권이 좁고, 고급품·전문품·선호품·내구소비재 등을 취급하는 경우는 상권이 넓다. 이러한 계층적인 차이에 따라서 소규모의 잡화를 중심으로 하는 상권은 대규모의 내구소비재 중심의 상권 안에 포함되어 중층적(重層的) 구성을 나타낸다. 배후지나 시장권도 똑같은 뜻으로 사용되고 있다.

⑤ 상권은 시간인자와 비용인자에 의해 규정되는 시장지역(Market Area)이다.

⑥ 온라인 또는 모바일거래의 증가는 전통 소매상권의 약화를 가져온다.

⑦ 도매상권은 사람을 매개로 하지 않기 때문에 시간인자의 제약이 낮다.

⑧ 상권은 매출액의 규모 등을 포함하며, 상품가치의 보존성이 높을수록 해당 상품의 상권범위는 확대된다.

⑨ 상권의 구매력은 상권 내의 가구소득수준과 가구 수의 함수로 도출할 수 있다.

⑩ 통행고객 수, 방문고객 수, 구매고객 수, 구매고객 1인당 평균구매액을 통해 특정 점포의 판매 효과성을 평가할 수 있다.

(2) 상권의 구분
① 거래관계의 종류에 따라 매입권과 판매권으로 구별되는데, 일반적으로 판매권을 가리킨다.
② 판매권은 다시 도매상권과 소매상권으로 나뉜다. 도매상권은 소매상권보다 면적이 넓고, 한 상품의 거래량도 많다. 소매상권은 상품의 성질에 따라 크기가 달라지는데, 값이 싸고 1인당 수요빈도가 높은 일상잡화 등의 상권은 좁고, 값이 비싸고 수요빈도가 낮은 고급품·전문품의 상권은 넓다.

(3) 상권의 범위
① 상권의 범위는 점포의 크기, 취급하는 상품의 종류나 상업집적도, 그에 따르는 교통편의 등에 의해 결정된다. 따라서 대형상점의 신설, 전철의 개설 등에 따라 범위가 크게 변하게 된다.
② 도시의 각종 물자의 상권은 도시의 세력권을 나타내는 지표로 이용된다.
③ 상권을 판매자의 입장에서 보면, 제품 및 서비스를 판매 및 인도함에 있어 그에 따르는 비용과 취급의 규모면에서 경제성을 취득하는 지역범위를 의미한다.
④ 상권을 소비자의 입장에서 보면, 적당한 가격의 제품 및 서비스를 효율적으로 발견할 수 있을 것으로 기대하는 지역범위를 의미한다.

(4) 상권의 중요성
① 창업 시 상권설정, 기준점의 정확한 상권파악은 소매경영에 있어서 가장 기초적인 사항이다.
② 상권범위는 출점하는 업종, 업태와 밀접한 상관관계가 있다.
③ 상품구성, 가격대 설정의 중요한 기초자료이다.
④ 구매력 추정과 매출액 설정의 기초자료가 된다.
⑤ 판촉활동범위 결정에 필수적인 자료이다.
⑥ 지역으로 유입되는 인구의 특성(유동인구, 각종 인구통계지표)은 입지평가의 시발점이자 키포인트이다.

(5) 상권의 구조적 특징 기출 24
① 상권은 계층적 구조로 되어있는데, 지역 상권, 지구 상권, 개별점포 상권 등으로 구분할 수 있다.
② 하나의 지역 상권 내에는 여러 지구 상권들이 포함된다. 지구 상권은 그 상권 내의 지구 상권별로 구분할 수 있다. 그러나 지방 중소도시의 경우에 지역 상권은 지구 상권과 거의 일치한다. 즉, 지역 상권 내의 가장 중심부에 위치한 지구 상권은 지역 전체 소비자들을 흡인한다. 지역 상권과 지구 상권 내의 개별점포들은 각각의 점포 상권을 형성하게 된다.
③ 보통 한 점포의 상권은 지역 상권, 지구 상권, 개별점포 상권을 모두 포함하는 것이지만, 엄격하게 구분하지는 않는다.
④ 만약 고속도로나 철도가 남북으로 길게 놓여있을 경우에는 상권도 남북으로 긴 타원의 형태가 된다.
⑤ 점포를 둘러싼 상권의 형태는 자연조건(하천, 산), 교통체계(도로, 교통수단), 점포 규모와 유통업의 형태 등의 영향으로 어떤 특정한 형태가 아닌 아메바형이나 부정형 형태로 나타난다.

(6) 개별점포 상권의 특징 기출 23

① 점포규모가 클수록 그 상권도 크다.
② 교통편이 좋은 곳이나 일류상가에 위치한 점포일수록 상권이 크다.
③ 편의품 → 선매품 → 전문품을 취급하는 점포의 순으로 상권이 크다.
④ 지명도가 높은 상권일수록, 개성이 강한 상품을 취급하는 점포일수록 상권이 크다.
⑤ 동종의 소매점포에 대한 밀집도가 높은 경우 상권이 크다. 즉 동일한 업종으로 형성된 상권의 규모가 다양한 업종으로 형성된 상권에 비해 크다.
⑥ 상품의 성격이나 종류가 같은 점포들에서는 차별화 전략을 추구하는 점포가 표준화 전략을 추구하는 점포보다 상권의 범위가 크다.
⑦ 상권의 크기는 주택가에 입지할수록 좁아지고, 주변에 점포가 많으면 넓어진다.
⑧ 지형지세가 낮거나 평평한 곳일수록 상권력이 강하다.
⑨ 배후지가 깊은 곳, 즉 세대수가 많은 곳일수록 상권력이 강하다.

개념 PLUS

상권과 입지의 비교 기출 20·16

구 분	상 권	입 지
개 념	지점(점포)이 미치는 영향권(거래권)의 범위 (Trading Area)	지점(점포)이 소재하고 있는 위치적인 조건 (Location)
물리적 특성	역세권, 대학가, 아파트단지, 시내중심가, 먹자골목 등의 비물리적인 상거래 활동 공간	도로변, 평지, 상업시설 등 물리적 시설
등 급	1차 상권, 2차 상권, 3차 상권(한계 상권)	1급지, 2급지, 3급지
분석방법	업종 경쟁력 분석, 구매력 분석	점포 분석, 통행량 분석
평가기준	반경거리(250m, 500m, 1km)	권리금(영업권), 임대료(면적당단가)

(7) 상권의 유형

① 고객흡인율에 따른 분류 기출 17·16·13

㉠ 1차 상권
- 점포를 기준으로 반경 500m 이내 지점, 다시 말해서 직경 1km 이내 지점을 말한다. 이 상권 내에서 사업장 이용고객은 60~70% 정도 범위이다.
- 대부분 그 점포에 지리적으로 인접한 지역에 거주하는 소비자들로 구성되며, 해당 점포의 이용 빈도가 가장 높은 고객층이기 때문에 매출액 비중이 가장 높다. 따라서 마케팅 전략 수립 시 가장 관심을 기울여야 할 주요 고객층이다.
- 주로 생필품을 중심으로 한 식품류, 편의품류로 구성하는 것이 좋다.

㉡ 2차 상권
- 점포를 기준으로 1km, 즉 직경 2km 이내의 지점으로 사업장 이용고객의 20~30%를 포함하는 범위를 말한다.

- 1차 상권 외곽에 위치하며, 전체 점포 이용고객의 10% 내외를 흡인하는 지역범위이다.
- 1차 상권의 고객들이 비교적 지리적으로 밀집되어 분포하는 데 비해 2차 상권의 고객은 지역적으로 넓게 분산되어 있다.

ⓒ 제3차 상권(한계상권)
- 1차 상권, 2차 상권 이외의 지역으로 점포를 기준으로 반경 2km 이외의 지구를 말한다. 사업장 이용고객은 5~10% 정도 범위이다.
- 상권 외곽을 둘러싼 지역범위를 말하며, 1차 상권과 2차 상권에 포함되지 않는 나머지 고객들이 거주하는 지역을 말한다.
- 점포 이용고객은 점포로부터 상당히 먼 거리에 위치하며 고객들이 매우 광범위하게 분산되어 있다.
- 3차 상권 내에 위치한 고객들은 1차 상권 및 2차 상권과 비교할 때 고객의 수와 이들의 구매빈도가 적기 때문에 점포 매출액에서 차지하는 비중이 낮다.

> **OX문제**
> ▶ 3차 상권은 소비자의 내점빈도가 비교적 낮으며 1, 2차 상권에 비해 주변에 위치한 경쟁점포들과 상권 중복 또는 상권잠식의 가능성이 낮은 지역이다. O|X
>
> **해설**
> 3차 상권은 점포고객의 약 5~10%를 포함하고 있는 지역으로 소비자의 내점빈도가 비교적 낮으며 1, 2차 상권에 비해 주변에 위치한 경쟁점포들과 상권중복 또는 상권잠식의 가능성이 높은 지역이다.
>
> **정답** ▶ ×

② 권역별 구분에 따른 유형

㉠ 근린형
- 주거지 근처에 있고, 사람들이 일상적으로 자주 쇼핑하거나 외식을 즐기는 상업지를 말한다.
- 동네 상권이라고 할 수 있으며 동네 상권은 오피스 상권과 함께 한정된 고객을 대상으로 영업하는 대표적인 입지로, 이들을 고정고객화해야 하는 입지형태이다.

㉡ 지구형
- 주거지에서 다소 떨어져 있고 보통 주단위로 쇼핑하는 물건이나 서비스를 주로 취급하는 상업지로 생활용품전문점에는 최고의 상권이다.
- 일상생활에 필수적인 품목이 아닌 선호품이나 기호품을 주로 팔기 때문에 선호품형상권이라고 일컫는다.
- 지구형은 다시 지구중심형과 대지구중심형으로 나뉘는데, 지구중심형은 반경 1km 이내의 생활권을 범위로 하며, 대지구중심형은 몇 개의 거주 지역을 상권으로 한다.

㉢ 중심형(번화가형) 기출 24·20
- 주거지에서 멀리 떨어져 있어 방문주기가 빈번하지 않기 때문에 체류하는 시간이 길다.
- 일반상품 업종은 물론이고 외식업이나 오락, 유흥 등 여러 업종이 복합적으로 구성되어 있어 업종 간 연계성이 높은 편이다.
- 중심형은 번화가형이라고도 하는데 다시 부도심형과 도심형으로 나눌 수 있다.
  - 부도심형 : 지하철, 철도 등 역세권을 중심으로 도시의 일부 지역을 상권 대상으로 하며, 부도심 역세권 상권은 입점한 소매점들의 업종 연관성인 업종친화력이 가장 낮다.
  - 도심형 : 해당 도시 전체에 세력을 미치는 상권이다.
- 도심형 상권은 주간과 야간의 인구 규모 격차가 심하며, 통행객의 연령별 격차가 크지 않다.
- 도심형 상권에는 역, 번화가, 대형백화점 등이 몰려 있으며, 광역, 지역형 상권을 형성하고 있다.
- 도심형 상권은 다른 상권에 비해 상대적으로 통행 목적이 분명한 목적형 통행 비중이 크다.

③ 배후지 인구에 따른 분류
  ㉠ 아파트단지상권
    • 인구의 유동은 없지만 상권 매출에 기여하는 소비자들이 아파트단지에 거주하는 주민들로 구성된 상권이다.
    • 낮시간대에는 주로 제과점이나 커피 전문점을 주부들이 많이 이용하고, 밤시간에는 가족 단위로 가벼운 외식이나 쇼핑을 할 수 있는 작은 점포들이 밀집되어 있다.
  ㉡ 신도시상권
    • 도로나 교통 및 상업 편의시설들이 잘 정비되어 있고 대형마트, 백화점, 은행 등의 다양한 집객시설이 들어서는 신도시를 중심으로 형성되는 상권이다.
    • 신도시상권은 신도시가 완전히 조성되기 전에 선점하여 통상 3년 정도면 매출액이 급증하는 경향이 있다.
  ㉢ 오피스상권
    • 공장, 사무실, 공공기관 등의 주변으로, 직장인들이 많은 상권이다.
    • 이 상권의 업종은 이러한 오피스의 특성에 따라 달라지며, 주로 점심이나 저녁 시간에 소비자들이 많이 몰리고 오전 시간이나 오후 시간 및 심야 시간에는 유동인구가 매우 드물다.
  ㉣ 주거지역상권
    • 소비자의 일상생활과 가장 밀접한 상권으로 단독주택, 다세대주택, 다가구주택, 중소 규모의 아파트단지 등이 혼재된 소규모의 상권이다.
    • 생활밀착형 상품을 주로 취급하고 있으며, 매출은 적지만 비교적 오랫동안 점포들이 유지되는 경우가 많다.

2 소상공인365(상권정보시스템), 지리정보시스템

(1) 소상공인365(상권정보시스템)
① 개념 : 소상공인 생애주기에 따른 서비스를, 빅데이터를 기반으로 하는 맞춤형으로 제공하는 플랫폼이다.
② 주요 기능
  ㉠ 빅데이터 상권분석 : 행정구역, 주요 상권, 인구이동, 매출 정보, 상권 지도, 배달데이터를 기반으로 여러 가지 상권분석보고서를 제공한다.
  ㉡ 내 가게 경영진단
    • 내 가게가 속한 업종, 상권에서의 내 가게의 경쟁상태를 데이터 기반으로 제공한다.
    • 설문을 통한 소상공인의 역량을 진단하고, 다양한 상권분석을 통해 창업을 진단할 수 있다.
  ㉢ 상권·시장 핫트렌드 : 핫플레이스 정보, SNS 분석, 관광 축제 정보 등 소상공인의 경영환경 개선에 도움을 주기 위한 각종 정보를 제공한다.
  ㉣ 정책정보 올 가이드
    • 소상공인이 지원받을 수 있는 다양한 정책정보를 제공한다.
    • 맞춤형 지원사업에 관해 확인하고 지원사업을 신청할 수 있도록 정보를 제공한다.

ⓓ 소상공인 대시보드
- 소상공인 통계는 지역, 업종, 인구 등 다양한 데이터를 기반으로 업종별 매출, 지역별 매출 등의 소상공인에게 도움이 되는 여러 지표와 통계를 제공한다.
- 데이터를 한눈에 확인할 수 있는 대시보드와 여러 차트를 다양한 시각으로 해석해 소상공인들이 통계 데이터에 더욱 쉽게 다가갈 수 있도록 도움을 제공한다.

(2) 지리정보시스템(GIS ; Geographic Information System) 기출 23·22·21·20·18·16·15

① 개 념
  ㉠ GIS란 인간의 의사결정능력 지원에 필요한 지리정보의 관측과 수집에서부터 보존과 분석, 출력에 이르기까지의 일련의 조작을 위한 정보시스템이다.
  ㉡ 지리적 위치를 갖고 있는 대상에 대한 위치자료(Spatial Data)와 속성자료(Attribute Data)를 통합·관리하여 지도, 도표 및 그림들과 같은 여러 형태의 정보를 제공한다.

② 주요 기능
  ㉠ GIS는 모든 정보를 수치의 형태로 표현한다. 모든 지리정보가 수치데이터의 형태로 저장되기 때문에 사용자가 원하는 정보를 선택하여 필요한 형식에 맞추어 출력할 수 있으며, 기존의 종이 지도의 한계를 넘어 2차원 개념의 정적인 상태를 3차원 이상의 동적인 지리정보로 제공이 가능하다.
  ㉡ 다량의 자료를 컴퓨터 기반으로 구축하여 정보를 빠르게 검색할 수 있으며 도형자료와 속성자료를 쉽게 결합시키고 통합 분석 환경을 제공한다.
  ㉢ GIS에서 제공하는 공간분석의 수행 과정을 통하여 다양한 계획이나 정책수립을 위한 시나리오의 분석, 의사결정 모형의 운영, 변화의 탐지 및 분석기능에 활용한다.
  ㉣ 다양한 도형자료와 속성자료를 가지고 있는 수많은 데이터 파일에서 필요한 도형이나 속성정보를 추출하고 결합하여 종합적인 정보를 분석, 처리할 수 있는 환경을 제공하는 것이 GIS의 핵심기능이다.
  ㉤ GIS는 컴퓨터를 이용한 지도작성 체계와 데이터베이스관리체계의 결합이라고 할 수 있으며, 공간 데이터의 수집, 생성, 저장, 검색, 분석 표현 등 매우 다양한 기능을 기반으로 하고 있다.
  ㉥ 버퍼링(Buffering)은 어떤 지도형상, 즉 점이나 선 혹은 면으로부터 특정한 거리 이내에 포함되는 영역을 의미하는 것으로 면의 형태를 하고 있다. 상권 혹은 영향권을 표현하는 데 사용될 수 있으며 점포의 입지후보지를 분석할 때 특정거리의 상권범위 내 경쟁점포, 인구 및 소득계층 등의 분포를 표현할 수 있다.

> **OX문제**
> ▶ 지리정보시스템(Geographic Information System)의 주요 기능 중 버퍼링(Buffering)은 상권 혹은 영향권을 표현하는 데 사용될 수 있다. OIX
> 정답 〉 O

  ㉦ 중첩(Overlay)은 공간적으로 동일한 경계선을 가진 두 지도 레이어들에 대해 하나의 레이어에 다른 레이어를 겹쳐 놓고 지도 형상과 속성들을 비교하는 기능이다.
  ㉧ 프리젠테이션 지도작업은 지도상에 지리적인 형상을 표현하고 데이터의 값과 범위를 지리적인 형상에 할당하며 지도를 확대·축소하는 등의 기능이다.
  ㉨ 주제도 작성은 속성정보를 요약하여 표현한 지도를 작성하는 것이며 점, 선, 면의 형상으로 구성된다.

③ 특징 및 활용분야
　　㉠ 주제도작성, 공간조회, 버퍼링을 통해 효과적인 상권분석이 가능하다.
　　㉡ 여러 겹의 지도레이어를 활용하여 상권의 중첩을 표현할 수 있다.
　　㉢ 점포의 고객을 대상으로 gCRM을 실현하기 위한 기본적 틀을 제공할 수 있다.
　　㉣ 지도레이어는 점, 선, 면을 포함하는 개별 지도형상으로 구성된다.
　　㉤ 대규모 데이터베이스 기술로서의 DBMS(Data Base Management System) 기술 발전, 인터넷 등을 중심으로 한 네트워크 기술 발전, 컴포넌트 형태의 기술 발전, 클라이언트/서버 등으로 인한 다중 사용자환경 등의 주요한 기술과 방법이 GIS 분야에 적용·통합되고 있다.
　　㉥ GIS에서 점포는 그 속성값으로 점포명, 점포유형, 매장면적, 월매출액, 종업원 수 등의 자료를 포함할 수 있다.
　　㉦ 데이터 및 공간조회는 지도상에서 데이터를 조회하여 표현하고, 특정 공간기준을 만족시키는 지도를 얻기 위해 지도를 사용하는 것이다.
　　㉧ GIS에서 축적된 공간 데이터 정보에 공간 데이터마이닝 기법을 적용하여 상권분석에 활용할 수 있다.
　　㉨ GIS기반으로 영업사원의 일상적인 영업활동을 모니터링 함으로써 영업지점을 관리할 수 있다.

3 상권설정의 요소

(1) 업종의 종류
크게 판매업, 서비스업, 외식업, 레저업, 스포츠업 등으로 구분하여 생각할 수 있으며, 판매업 중에서는 생필품, 중간품, 기호품 판매업 등으로 형성되고, 업태에 따라서는 슈퍼, 쇼핑센터, 백화점 등으로 상권의 범위가 다르게 형성된다.

(2) 사업장의 규모
동일업종을 영위하는 경우에도 사업장 규모에 따라, 또 시설의 고급화 정도에 따라 상권은 변동적이다. 대체로 사업장 규모가 클수록 또 시설이 고급일수록 상권은 넓어지며, 반대로 시설이 작을수록 또 저급일수록 상권범위는 좁아진다.

(3) 경영전략
사업의 업종 및 시설조건이 동일하다 하더라도 경영자의 경영자세 및 영업, 판촉 전략에 따라 상권은 크게 확장되기도 하고 축소되기도 한다.
① 적극적 경영전략 : 상권확대
② 소극적 경영전략 : 상권축소

(4) 물리·환경적 요소
다음과 같은 요소들이 상권 내에 존재하는 경우 실제 상권은 영향을 받는다.
① 자연지형물
　　산, 하천, 철도, 도로 등은 상권을 분할하는 대표적 요소이다.

② 대형시설물

학교, 관공서, 운동장 등 대형시설물은 상권을 분할시키는 요소이다.

③ 도로 상태

도로망의 연계 상태, 노폭, 중앙분리대, 신호등, 건널목 유무, 접도조건 등의 요인에 따라 상권이 상이하다.
- ⊙ 생선가시형 도로 : 큰 도로를 중심에 두고 양쪽 옆으로 수없이 갈라지는 도로형태로, 소매업 경영에 좋은 형태이다.
- ⓒ 나뭇가지형 도로 : 도로가 나뭇가지처럼 사방으로 뻗쳐있는 도로형태로, 소매업 경영에 좋은 형태이다.
- ⓒ 별(Stellar)형 도로 : 모든 도로가 특정 지역으로 이어져 있는 도로형태로, 소매업 경영에 좋은 형태이다.
- ② 평행형 도로 : 여러 갈래의 도로가 평행하게 놓여있는 도로형태로, 독립된 도로 특징으로 인해 소매업 경영에 이상적인 입지라 할 수 없다.

④ 중심 방향

도심, 역 등 사람들이 모여드는 방향이 어느 쪽이냐에 따라 상권의 범위도 다르게 형성된다.
- ⊙ 중심방향쪽 : 상권 좁음
- ⓒ 중심반대쪽 : 상권 넓음

(5) 상권설정의 필요성

① 구체적 입지계획을 수립하기 위하여 필요하다.
② 잠재적인 수요를 파악하기 위하여 필요하다.
③ 해당지역 소비자들의 특성파악을 통해 판촉방향 및 제품구색 갖춤을 파악할 수 있다.
④ 새로운 상업시설을 출점하기 위해 소비자를 흡인할 수 있는 상권범위를 설정할 수 있다.
⑤ 상권의 규모에 적합한 투자 및 시설규모를 결정할 수 있다.

(6) 상권설정의 절차

상권설정의 절차도 계상사업의 종류에 따라 그 정밀도에 차이가 있으나, 개발계획 단계에서는 다음과 같은 절차를 밟는 것이 일반적이다.

① 1/10,000 또는 1/5,000 지도를 준비하여 계획지점을 마크한다.
② 영위하고자 하는 사업의 업종・업태를 고려하여 기본 상권의 반경범위를 그려 넣는다(원형).
③ 기본 상권 범위가 그려진 상태에서 산, 하천, 철도, 도로, 대형시설물 등 물리적으로 상권을 구분하는 요소들을 감안하여 현실적 상권범위를 조정한다.
④ 조정된 상권에 경쟁점의 위치 및 영향권, 도로의 연계상황, 중심방향 등을 감안하여 더욱 현실적인 상권범위를 확정한다(아메바형).
⑤ 확정된 상권범위 내에 속하는 행정구역 단위의 인구(세대수), 사업체 수(종업원 수), 산업통계지표 등의 자료를 입수하여 상권규모를 계량화한다.

(7) 상권설정의 방법

① 단순원형 상권설정법

㉠ 기본적인 흐름

> 기본 상권범위를 정해 상권 내의 상권인구를 산출 → 상권인구를 기초로 한 매출 예측치를 산출 → 더 필요하다면 설정한 상권에서 경합 영향도를 계산

㉡ 고객분포 조사에 따른 기본 상권범위
- 교외형 점포의 기본 상권 : 2~3km
- 도시형 점포의 기본 상권 : 500m~1km

㉢ 상권인구산출과 매출 예측
- 점포를 중심으로 한 반경 500m의 원을 그린다. 점포를 중심으로 500m의 원을 그리는 이유는 드라이빙 데이터베이스(Driving Database)가 없기 때문이다.
- 500m 내의 인구데이터를 조사한다(동사무소나 구청에서 자료입수).
- 500m 이내에 다른 구역의 경계선이 존재하면 면적배분을 해서 상권인구를 구한다.
- 기존점도 같은 조건으로 상권 인구를 조사해 상권 인구 1인당 매출액을 조사한다. 이 기존점 자료를 기초로 신규 후보점포의 매출을 예측한다. 기존점은 이미 실적이 있기 때문에 상권 인구와 상권 인구 1인당 매출액은 다음과 같은 식으로 계산할 수 있다.

$$\text{상권 인구 1인당 매출액} = \frac{\text{기존점의 1년 평균 매출액}}{\text{반경 내 상권 인구}}$$

㉣ 경합영향도의 산출
- 기존점 A와 신규점 B를 중심으로 반경 500m의 원을 그린다.
- 중복 부분의 주소지를 확인해서 면적으로 분배한 인구 데이터를 산출하고, 중복 부분의 인구와 인구비율을 구한다.
- 산출한 상권 인구의 1.3배를 두 점포가 평균적으로 나눈다고 가정하여 절반 정도의 비율을 기존점 A의 경합 영향도로 평가한다.

② 실사 상권설정법

단순원형 상권설정법처럼 지도상에서 행해지는 것이 아닌 현장에 나가서 자신의 눈과 발과 행동으로 상권을 파악하는 방법이다.

도보에 의한 상권설정법	• 상권범위를 좌우하는 요소로서 무엇이 존재하는가를 살펴서 하나씩 확인을 반복한 뒤 지도상에 경계점을 찍어나가서 그 점과 점을 연결하는 것으로 상권을 설정할 수 있다. • 다른 방법으로는 실제로 점포에 온 고객의 뒤를 쫓아 어디로 향하는가를 한 사람씩 확인해 나가는 것이다. 표본이 많이 필요하긴 하지만 자기 점포의 집객 범위를 구체적으로 알 수 있다. • 도보에 의한 상권설정은 보이지 않는 구석구석을 살필 수 있다는 이점이 있으며, 지역의 이미지와 세밀한 상황을 파악할 수 있다.

버스 승차 조사에 의한 상권설정법	• 도시형 역 앞 입지에 유효한 방법으로 역 앞에 버스터미널 등이 있을 경우 행하는 수단이다. • 역 앞에서 승차한 승객의 절반정도가 하차한 곳을 상권의 경계점으로 정한다. 그것을 반복해 버스노선(지도)상에 표시해 나가고, 점과 점을 연결하면 버스에 의한 상권범위를 파악할 수 있다. • 버스 대수가 많은 노선이 경유하는 지구는 상권이 확대되는 경향이 있기 때문에 주의해야 한다. • 역과 역을 연결하는 노선은 역 사이의 중간점이라기보다는 역의 규모, 편리성에 좌우되는 경우가 많다. • 원형노선의 경우에는 노선 전체의 1/3 지점이 상권 경계인 경우가 많다. • 조사를 위해 버스에 승차할 때는 승객 수가 많은 시간대를 택해야 한다. • 승객이 많이 내리는 지점에서는 반드시 자신도 내려서 이유를 직접 파악해야 한다. • 여러 번 반복 승차해서 조사한 결과로 상권 범위를 정해야 한다.
실주행 조사에 의한 상권설정법	• 교외형에서 많이 소개되는 방법으로 지도에 경계점을 설정하는 것이 어렵기 때문에 오차를 최소화하기 위해 여러 번 실주행해서 평균적인 지점을 파악해야 한다. • 커다란 단지 및 주택 지역의 자동차 보유상황도 확인한다. • 시간대, 요일에 따라 조사 결과의 차이가 크다. • 대개의 경우 점포 앞 간선주변의 상권은 확대되는 경향이 있다. • 거리 또는 상업집적지를 넘어서서 상권이 확대되지는 않는다. • 자사 점포, 타사 경합점을 넘어서서 상권이 확대되지는 않는다. • 점포 근처 측면도로 주변에 상권이 크게 확대되는 경우가 있다.

③ 앙케트를 이용한 상권설정법
  ㉠ 앙케트에 의한 상권설정법은 점포에 찾아온 고객에 대해 직접 물어보고 조사한 뒤 그 결과를 집계・분석하여 상권설정에 활용하는 방법이다.
  ㉡ 그 과정은 크게 나누면 1단계(회답표 작성) − 2단계(조사 준비) − 3단계(조사 실시) − 4단계(실제 고객지수의 산출) − 5단계(상권의 확정)로 구분되며, 이 일련의 조사를 판매지역조사법(SAS ; Sales Area Survey)이라고 부른다.
  ㉢ SAS는 점포마다 점장이 중심이 되어서 매년 정기적으로 시행하는 것이 바람직하다.
  ㉣ 점포의 영업성과와 판촉결과는 계획입안자료로 활용된다.
  ㉤ 본점에서는 그 정보를 수집해 점포의 입지와 상권, 경합 상황, 판촉 활동 등의 종합적인 전략정보로 가공한 뒤 이용하기도 한다.

④ 고객리스트를 통한 상권설정법
  ㉠ 고객리스트에 의한 상권설정법은 상권설정을 위한 샘플 수집에 특정 점포의 고객 정보를 활용하는 방법이다.
  ㉡ 앙케트 실시에 따르는 시간과 비용이 절감된다.
  ㉢ 단점으로는 샘플의 신선도가 낮다는 점, 점포의 고객 전체를 나타내는 샘플이 되기 어렵다는 점이 있다.

(8) 상권 전략

① 대상권 전략
  ㉠ 대체로 인구 5만명 이상의 상권을 대상으로 고급품・전문품부터 선매품 및 실용품에 이르는 광범위한 상품구색을 취급한다.
  ㉡ 주로 집객형 상품에 주력하므로 집객형 교통요소가 중요하다.
  ㉢ 이러한 전략은 소상권 전략을 취하는 점포를 포괄해야 하며, 상품계열 확대가 중요해 비계획구매를 유발해야 한다.

② 소상권 전략
　㉠ 대체로 상권인구 3천명 이상의 상권을 대상으로 선매품·실용품 중심의 상품구색을 갖추고 주로 여성이 구매하는 전체 수요형 상품에 주력한다.
　㉡ 교통요소와 품목증대가 중요하며 목적형 구매를 흡인하여야 한다.

4 상권이론(정성적·정량적 이론)

(1) 상권분석 방법의 분류
① 정성적 방법
　㉠ 주관적 평가법 : 경험이 많은 전문가의 의견을 토대로 상권을 분석하는 방법
　㉡ 체크리스트법 : 상권에 영향을 주는 요소들에 대한 평가표를 작성하여 상권을 평가하는 방법
　㉢ 현황조사법 : 누구나 쉽게 파악할 수 있는 내용을 정리하여 상권을 조사하는 방법
② 정량적 방법
　㉠ 설문조사법 : 목표고객과 경쟁점포를 대표하는 표본을 추출하여 설문조사 또는 인터뷰 등의 방법으로 상권을 분석하는 방법(방문조사, 가두면접법, 우편물발송법, 추적조사법, 고객카드분석법 등)
　㉡ 통계분석법 : 지역통계를 분석하여 시장의 지역성을 포착하고 그 지역성을 기초로 상권을 추정하는 방법
　㉢ 수학적 분석법 : 경험적 연구를 수학적으로 이론화하는 방법(허프의 확률모델, 레일리 법칙, 회귀분석 등)

(2) 상권분석 시의 조사항목
① 상권 내 경쟁시설물에 관한 정보
　㉠ 경쟁시설물의 개수 또는 위치
　㉡ 경쟁시설물의 규모 또는 경쟁력
　㉢ 경쟁시설물의 영업실태 또는 임대가
② 상권 내 행정통계
　㉠ 인구수 또는 세대수
　㉡ 세대별 소비지출 비용의 내역
　㉢ 사업체 수 및 종업원의 수
　㉣ 유동인구 및 통행객
③ 설문조사 등에 의한 소비자 형태
　㉠ 지역별 고객분포 현황
　㉡ 지역별 시장점유율
　㉢ 소비단가
　㉣ 이용횟수 또는 시설별 선호도
　㉤ 지역별 필요시설물

(3) 상권분석의 개요

① 상권분석은 경로구성원이 좋은 점포의 입지를 선정함에 있어 선행되어야 하는 조사를 말한다. 이러한 상권분석은 자사점포의 수요예측 마케팅전략을 수립함에 있어 반드시 필요한 단계이다.

② 상권분석으로 인해 기업은 자사점포의 예상매출액 추정이 가능하고, 해당 상권 내 소비자들의 사회경제적·인구통계적인 특성을 파악하여 그에 맞는 촉진전략의 수립이 가능하다. 특히 고객들의 활동, 관심사, 의견 등을 통해 표출되는 라이프스타일을 중점적으로 검토하여야 한다.

③ 상권분석은 상업시설의 개발에 의한 상업적 시설의 분석방법으로써, 도시의 흡인력 및 그 주변과의 관계, 소매·서비스업 등의 각종 활동의 위치, 밀집, 성격, 규모 등의 특성을 지표상에 나타내는 것이다.

(4) 상권분석의 목적 및 이점

① 상권분석의 목적 : 업종선택 기준, 임대료 평가기준, 마케팅 전략수립, 입지선정을 위한 기초자료, 경쟁자에 대한 분석자료, 매출추정의 근거 확보 등으로 활용할 수 있다.

② 상권분석의 이점
  ㉠ 판촉활동에 있어 타겟을 명확하게 할 수 있어 소비자들에 대한 유치활동 및 관련 영업활동 등에 대한 정확한 기준의 설정이 가능하다.
  ㉡ 소비자들의 사회경제학적 특성 및 인구통계학적 특성에 대한 자세한 파악이 가능하므로 소매전략에 대한 결정 및 시장 기회의 포착 등의 중요 자료를 취득할 수 있다.
  ㉢ 지역적인 특성의 파악이 가능하므로 해당 점포의 개설 시 기회 및 위협이 되는 환경의 분석 및 평가가 가능하다.
  ㉣ 어떤 특정 상품에 대한 판매가 가능한 점포의 수 및 상품판매방식에 있어 유용한 정보를 제공해줄 수 있어 업태선택이 쉬워진다.

(5) 상권 구획 방법 기출 20

① 공간독점접근법
  ㉠ 거리제한을 두어 그 지역의 독점력이 생기는 상권을 설명하는 접근법으로 특정 점포 인근의 가구 모두가 해당 점포에 할당된다고 가정한다.
  ㉡ 공간확정과 관련하여 티센다각형이 흔히 이용되며, 상권형태에 관하여 인식할 때 상권의 중복을 인정하지 않는다.
  ㉢ 적용가능 점포유형에는 우체국, 주류판매점 등이 있으며, 편의점, 체인점 등에 응용된다.

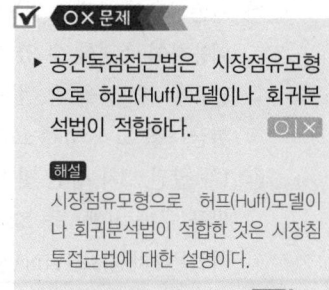

▶ 공간독점접근법은 시장점유모형으로 허프(Huff)모델이나 회귀분석법이 적합하다. O|X

해설
시장점유모형으로 허프(Huff)모델이나 회귀분석법이 적합한 것은 시장침투접근법에 대한 설명이다.

정답 ×

> **개념 PLUS**
>
> 티센다각형(Thiessen Polygon) 기법 [기출 24·23]
> - 소비자들이 가장 가까운 소매시설을 이용한다고 가정하며, 공간독점 접근법에 기반한 상권 구획모형의 일종이다.
> - 근접구역이란 어느 점포가 다른 경쟁점포보다 공간적인 이점을 가진 구역을 의미하며 일반적으로 티센다각형의 크기는 경쟁수준과 역의 관계를 가진다.
> - 소매 점포들이 규모나 매력도에 있어서 유사하다고 가정하며 각각의 티센다각형에 의해 둘러싸인 면적은 다각형 내에 둘러싸인 점포의 상권을 의미한다.
> - 접근성이 매장 선택의 중요 결정요소일 때 더욱 유효하다.
> - 최근접상가 선택가설에 근거하여 상권을 설정한다.
> - 상권에 대한 기술적이고 예측적인 도구로 사용될 수 있다.
> - 점포의 매출액은 점포 공간 매출액 비율법과 같은 방식으로 산출한다.

② 시장침투접근법
  ㉠ 대부분의 상권분석에서 사용되며 수요자가 있는 곳에 입지하여 서로 경쟁하는 방식이다.
  ㉡ 가구수 비율에 의한 확률상권으로 중첩부분을 인정한다.
  ㉢ 적용가능 점포유형에는 백화점, 슈퍼마켓 등이다.
  ㉣ 평가 및 전략 수정도 가능하다.

③ 분산시장접근법
  ㉠ 특정수요계층과 전문화된 상품을 대상으로 하는 방식이다.
  ㉡ 특정지역에만 공급하는 불연속적 상권이다.
  ㉢ 적용가능 점포유형에는 전문브랜드나 고급가구점 등이 해당된다.

(6) 상권분석의 구분

① 기존점포에 대한 상권분석
  ㉠ 기존점포의 상권은 점포내부 자료와 기타 다른 목적으로 수행된 조사자료 등의 기업 내 2차 자료를 이용하여 측정할 수 있다. 이와 함께 정부의 인구통계자료, 세무자료, 여러 유통기관 및 연구소에서 발표된 자료들을 각 점포의 필요에 맞게 조정하여 이용할 수 있다. 기존점포는 신용카드 이용고객과 현금사용 고객의 주소를 이용하여 상권을 용이하게 추정할 수 있다.
  ㉡ 1차 상권, 2차 상권 및 한계 상권은 특정 구역 내 고객들의 각 점포에서의 상품 구입 빈도, 고객의 평균 구매량(액) 등 2차 자료에 근거하여 추정될 수 있다.
  ㉢ 기업은 1차 자료(Primary Data)의 수집을 통해 상권규모를 결정하며, 차량조사법이나 소비자조사법을 이용하여 상권의 범위를 정하고 점포근처에 주차한 자동차의 면허번호판을 기록하여 자동차 소유자의 주소를 입수하거나, 보행고객, 대중교통수단이나 타인이 운전한 차를 이용한 고객들에 대한 설문조사(Survey)를 통하여 상권을 분석할 수 있다. 어떤 분석 방법을 사용하든, 제조업자와 도소매업자는 특정 지역의 상권규모가 시간대에 따라 변할 수도 있음에 유의해야 한다.
  ㉣ 상권분석은 일반적으로 기존점포와 신규점포를 분리하여 실행하며, 기존점포의 상권분석이 신규점포의 상권분석에 비해 상권의 크기와 특성 등을 비교적 정확히 분석할 수 있다.

> **개념 PLUS**
>
> **공간적 불안정성(Spatial Non-stability)** 기출 23·22·19
> - 소비자의 이질성으로 인해 공간상호작용모델의 모수들이 공간적으로 차이가 나는 것을 의미한다.
> - 동일 상권 내부에 거주하는 사람들의 사회경제적 특성의 차이로 인해 발생할 수 있다.
> - 상권 내에서 지역별 교통상황이나 점포 밀도의 차이가 원인이 될 수도 있다.
> - 분석대상이 되는 공간을 세분시장별로 나누어서 모델을 추정함으로써 발생가능성을 줄일 수 있다.
> - 지역의 주변 거주자보다 중심 거주자의 경우에 거리증감에 따른 효용감소효과 모수의 절댓값이 작은 경우도 여기에 해당한다.
> - 지역별 교통상황의 차이나 점포의 밀도가 공간적 불안정성의 원인이 될 수 있으므로 세분시장별로 모델을 추정하는 것을 지향해야 한다.
> - 고소득층보다 상대적으로 자동차 소유비율이 낮은 저소득층은 근거리에 위치한 점포를 애용할 가능성이 높은 것도 여기에 해당한다.
> - 공간적 불안정성이 크면 통계적 적합도가 높은 경우에도 분석과정에서 오차가 발생할 수 있다.

② 신규점포에 대한 상권분석
  ㉠ 서술적 방법에 의한 상권분석 : 체크리스트법, 유추법, 현지조사법, 비율법
  ㉡ 규범적 모형에 의한 상권분석 : 중심지 이론, 소매중력(인력)법칙, 컨버스법칙
  ㉢ 확률적 모형에 의한 상권분석 : 허프 모형, MNL(Multinomial Logit), MCI 모형

(7) 서술적 방법에 의한 신규점포 상권분석
  ① 체크리스트법
    ㉠ 개 념 기출 20·18
      - 상권의 규모에 영향을 미치는 요인들을 수집하여 이들에 대한 평가를 통하여 시장잠재력을 측정하는 것이다.
      - 특정 상권의 제반특성을 체계화된 항목으로 조사하고, 이를 바탕으로 신규점 개설 여부를 평가하는 방법으로, 상권분석의 결과를 신규점의 영업과 마케팅전략에 반영한다.
      - 부지와 주변상황에 관하여 사전에 결정된 변수 리스트에 따라 대상점포를 평가한다. 일반적으로 체크리스트에는 부지특성, 주변상황, 상권의 특성 등에 관한 변수가 포함되며, 개별변수에 대해서는 가중치가 부과되기도 한다.
    ㉡ 장 점
      - 이해하기 쉽고 사용하기 쉬우며, 비용이 상대적으로 적게 든다.
      - 체크리스트를 달리할 수 있는 유연성이 있다.
    ㉢ 단 점
      - 주관적인 분석이 될 수 있다.
      - 변수선정에 따라 다양한 해석이 도출된다.
      - 매출액을 추정하기는 어렵다.

② 체크리스트 방법의 조사단계

상권 내 입지적 특성 조사	• 상권 내의 행정구역 상황 및 행정구역별 인구통계적 특성 • 상권 내 도로 및 교통 특성 • 상권 내 도시계획 및 법적·행정적 특이사항 • 상권 내 산업구조 및 소매시설 변화 패턴 • 상권 내 대형 건축물 및 교통유발시설
상권 내 고객들의 특성 조사	• 배후상권 고객 : 상권 내 거주하는 가구수 또는 인구수로 파악 • 직장(학생) 고객 : 점포 주변에 근무하는 직장인(학생) 고객의 수로 파악 • 유동고객 : 기타의 목적으로 점포 주변을 왕래하는 중 흡인되는 고객
상권의 경쟁구조 분석	• 현재 그 상권에서 영업하고 있는 경쟁업체 분석 • 현재는 그 상권에서 영업하고 있지 않지만, 앞으로 점포개설을 준비하는 업체도 경쟁업체로 분석

② 현지조사법
  ㉠ 개 념
    • 대상부지를 보다 정확하게 평가하기 위해서 주로 사용된다.
    • 주로 중소형점에서 많이 이용한다.
  ㉡ 단 점
    • 현지조사의 내용은 대상점포나 판매제품, 조사 성격에 따라 달라질 수 있다.
    • 조사자에 따라 주관적으로 조사될 가능성이 많다.

③ 비율법
  ㉠ 개 념
    • 몇 가지 비율을 사용하여 적정 부지를 선정하거나 주어진 부지를 평가하는 방법이다.
    • 상권분석에 흔히 사용되는 비율로는 지역비율과 상권비율이 있다. 지역비율은 입지가능성이 큰 지역이나 도시를 선정하는 데 사용되며, 상권비율은 주어진 점포에 대한 가능매상고를 산정하는 데 주로 사용된다.
  ㉡ 장 점
    • 비율법의 가장 큰 장점은 간단하다는 것이다.
    • 비율법에 사용되는 자료를 손쉽게 구할 수 있다.
    • 분석비용이 다른 어떤 것보다 저렴하다.
  ㉢ 단 점
    • 상권확정에 분석자의 주관성이 많이 개입된다.
    • 가능매상고에 대한 예측력이 떨어진다.

④ 유추법
  ㉠ 개념 기출 24·23·18·14
    • 신규점포와 특성이 비슷한 기존의 유사점포를 선정하여 분석 담당자의 객관적 판단을 토대로 그 점포의 상권범위를 추정한 결과를 자사점포의 신규입지에서의 매출액을 측정하는 데 이용하는 방법으로, 애플바움(W. Applebaum) 교수에 의해 발전한 방법이다.
    • 주로 대형점에서 많이 이용한다.
    • 유추법에서 상권규모는 자사점포를 이용하는 고객들의 거주지를 지도상에 표시한 후 자사점포를 중심으로 서로 다른 거리의 동심원을 그려 파악한다. 즉 CST(Customer Spotting Technique) Map 기법을 이용하여 상권의 규모를 측정한다.
    • 그러나 어떠한 점포를 유추점포로 결정하는지에 따라 상권추정 및 입지가 달라지는 한계가 있다.

  > **OX문제**
  > ▶ 실제 점포 이용고객의 주소지를 파악하여 도면에 표시한 후 상권을 확인하는 방법은 규범적 모형에 많이 쓰인다. O|X
  >
  > [해설]
  > 유추법에 대한 설명으로 유추법은 서술적 방법에 해당한다.
  >
  > 정답 ▶ X

  ㉡ 유추법의 조사절차

기존 유사점포 선정	• 신규점포와 점포 특성, 고객의 쇼핑패턴, 고객의 사회적·경제적·인구통계적 특성에서 유사한 기존 점포를 선정한다.
기존 유사점포의 상권범위 결정	• 상권범위는 1차 상권과 2차 상권으로 나누어 그 범위를 설정한다. • 유사점포의 상권규모는 유사점포를 이용하는 소비자와의 면접이나 실사를 통하여 수집된 자료를 토대로 추정한다.
구역구분 및 1인당 매출액 계산	• 전체 상권을 단위거리에 따라 소규모 구역으로 나눈다. • 각 구역 내에서 유사점포가 벌어들이는 매출액을 그 구역 내의 인구로 나누어 각 구역 내에서의 1인당 매출액을 구한다.
예측값 계산	• 신규점포가 들어서려는 지역의 상권 크기 및 특성이 유사점포의 상권과 동일하다고 가정하고, 예정 상권 입지 내 각 구역의 인구에 유사점포의 1인당 매출액을 곱하여 각 구역에서의 예상매출액을 구한다. • 신규점포의 예상 총매출액은 각 구역에서의 예상매출액을 합한 값이다. • 구해진 예측값은 신규점포가 위치할 상권의 입지특성과 경쟁수준을 고려하여 조정한 후 확정한다.

⑤ CST(Customer Spotting Technique)
  ㉠ 개념 기출 24
    • 설문이나 CRM을 통해 실제 점포이용고객의 주소지를 파악한 후 직접 도면에 표시하여 방안분석(Quadrat Analysis)을 실시한 후 대상지 인근의 토지이용현황, 지형, 지세 등을 고려하여 상권을 파악하는 기법이다.
    • 특정 매장에 상품구입을 위하여 내방한 고객을 무작위로 선택하여 각각의 거주지 위치와 구매행태 등의 정보를 획득한다.
    • CST는 2차 자료보다 1차 자료를 이용하는 경우에 정확도가 더 높다.
  ㉡ CST Map 기법의 유용성
    • 상권의 규모파악이 가능하다.
    • 고객의 특성 조사가 가능하다.
    • 광고 및 판촉전략 수립에 이용 가능하다.
    • 경쟁의 정도 측정이 가능하다.
    • 점포의 확장계획에 활용이 가능하다.

> **개념 PLUS**
>
> **거리감소효과(Distance Decay Effect)** 기출 23·21·19
> - 일반적으로 점포로부터 멀어질수록 고객의 밀도가 낮아지는 경향을 말한다.
> - 유사점포법, 회귀분석법을 이용하여 확인할 수 있다.
> - CST(Customer Spotting Technique) map을 이용하면 쉽게 관찰할 수 있다.
> - 거리 마찰에 따른 비용과 시간의 증가율 때문에 발생한다.
> - 거리조락현상 또는 거리체감효과라고도 한다.

(8) 규범적 모형에 의한 신규점포 상권분석

① 레일리의 소매인력법칙 기출 23·14

㉠ 개 념
- 소매인력법칙은 점포들의 밀집도가 점포의 매력도를 증가시키는 경향이 있음을 나타내는 법칙으로, 개별점포의 상권파악보다는 이웃도시 간의 상권경계를 결정하는 데 주로 이용한다.
- 소매인력법칙에 의하면 두 경쟁도시가 그 중간에 위치한 소도시의 거주자들을 끌어들일 수 있는 상권의 규모는 인구에 비례하고, 각 도시와 중간도시 간의 거리의 제곱에 반비례한다.
- 소매인력법칙에 따르면 보다 많은 인구를 가진 도시가 더 많은 쇼핑 기회를 제공할 가능성이 많으므로 먼 거리에 있는 고객도 흡인할 수 있다.

㉡ 소매인력법칙의 가정
- 소비자들은 주요 도로에 두 지역을 통하여 똑같이 접근할 수 있다.
- 두 지역의 상점들은 똑같이 효과적으로 운영된다.
- 위 두 요인 이외의 것은 일정하다고 가정한다.

㉢ 소매인력법칙의 한계
- 특정 상업지구까지의 거리는 주요 도로를 사용하여 측정되나, 소비자들이 샛길이나 간선 도로를 이용할 경우에 거리는 길어지지만 여행시간이 짧게 걸릴 수 있으므로 상업지구까지의 거리보다 여행시간이 더 나은 척도가 될 수 있다.
- 실제거리는 소비자가 생각하는 거리와 일치하지 않을 수도 있다. 소비자에게 편의성 및 서비스가 낮고 혼잡한 점포는 보다 쾌적한 환경의 점포보다 고객에게 생각되는 거리가 더 길 수 있기 때문이다.
- 지역 거래 장소와 다른 거래 장소 간의 인지된 차이, 다양성 추구 행위, 의료 서비스나 오락시설을 비롯하여 기타 서비스를 고려하지 못했다.
- 편의품, 선매품, 전문품 등의 상품유형별 차이를 고려하지 않았다.

② 레일리(W. J. Reilly) 이론의 공식 기출 23·22·18·13

$$\frac{B_a}{B_b} = \left(\frac{P_a}{P_b}\right)\left(\frac{D_b}{D_a}\right)^2$$

$B_a = A$시의 상권영역(중간도시로부터 도시 A가 흡인하는 소매흡인량)
$B_b = B$시의 상권영역(중간도시로부터 도시 B가 흡인하는 소매흡인량)
$P_a = A$시의 인구(거주)
$P_b = B$시의 인구(거주)
$D_a = A$시로부터 분기점까지의 거리
$D_b = B$시로부터 분기점까지의 거리

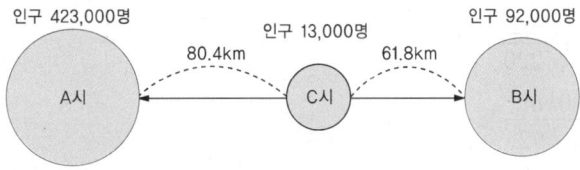

[레일리법칙에 의한 상권]

위 그림을 실례로 하여 계산해 보면

$$\frac{B_a}{B_b} = \frac{423,000}{92,000} \times \frac{61.8^2}{80.4^2} \fallingdotseq 2.7$$

② 컨버스(Converse)의 수정소매인력이론 기출 21·14

㉠ 개 념
- 컨버스는 흡인되는 구매력 정도가 동일하여 두 도시 사이의 거래가 분기되는 중간지점의 정확한 위치를 결정하기 위해서 레일리의 인력모델을 수정하여 거리-감소함수를 도출하였다.
- 이것은 거리가 멀어짐에 따라 구매이동이 줄어드는 현상을 거리-감소함수로 파악하여 거리와 구매빈도 사이의 관계를 역의 지수함수의 관계로 본 것이다.

㉡ 컨버스의 제1법칙
- 경쟁도시인 A와 B에 대해서 어느 도시로 소비자가 상품을 구매하러 갈 것인가에 대한 상권분기점을 찾아내는 것으로, 주로 선매품과 전문품에 적용된다. 기출 13
- 컨버스의 제1법칙의 공식 기출 17·16

$$D_a = \frac{D_{ab}}{1+\sqrt{\frac{P_b}{P_a}}} \quad or \quad D_b = \frac{D_{ab}}{1+\sqrt{\frac{P_a}{P_b}}}$$

$D_a = A$시로부터 분기점까지의 거리
$D_b = B$시로부터 분기점까지의 거리
$D_{ab} = A \cdot B$ 두 도시(지역) 간의 거리
$P_a = A$시의 인구
$P_b = B$시의 인구

※ 단, $\frac{B_a}{B_b} = 1$일 경우 적용 가능(즉, $A \cdot B$시의 규모나 상업시설이 비슷한 경우)

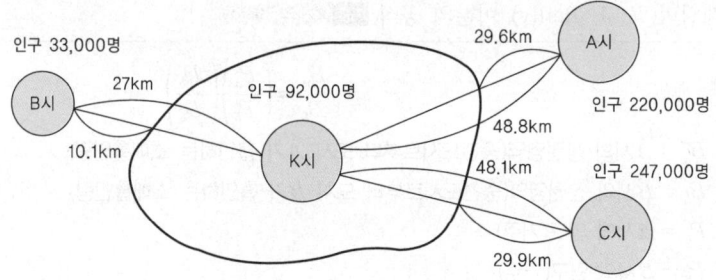

[컨버스 공식에 의한 상권분기점]

위 그림을 실례로 하여 K시를 중심으로 한 A·B·C 시의 상권분기점을 구하면

$$D_a = \frac{48.8km}{1+\sqrt{\frac{92}{220}}} \fallingdotseq 29.6km$$

$$D_b = \frac{27.0km}{1+\sqrt{\frac{92}{33}}} \fallingdotseq 10.1km$$

$$D_c = \frac{48.1km}{1+\sqrt{\frac{92}{247}}} \fallingdotseq 29.9km$$

ⓒ 컨버스의 제2법칙 기출 22
- 소비자가 소매점포에서 지출하는 금액이 거주도시와 경쟁도시 중 어느 지역으로 흡수되는가에 대한 것으로 중·소도시의 소비자가 선매품을 구입하는 데 있어 인근 대도시로 얼마나 유출되는지를 설명해주는 이론이다.
- 컨버스의 제2법칙의 공식

$$\frac{Q_a}{Q_b} = \left(\frac{P_a}{H_b}\right)\left(\frac{4}{d}\right)^2 \text{ or } Q_b = \frac{1}{\left(\frac{P_a}{H_b}\right)\left(\frac{4}{d}\right)^2 + 1}$$

Q_a = 외부의 대도시 Y로 유출되는 중소도시 X의 유출량(%)
Q_b = 중소도시 X에서 소비되는 양(%), 즉 X의 체류량
P_a = 외부 대도시 Y의 인구
H_b = 당해 중소도시 X의 인구
d = 대도시 Y와 중소도시 X와의 거리(Mile)
4 = 관성인자로(4mile, 6.4km) 적용 평균치

③ 케인(Bernard J. Kane Jr)의 흡인력 모델
㉠ 개 념
- 레일리와 컨버스의 법칙은 지세나 교통편의를 무시하고 직선거리를 변수로 사용하고 있다는 결점이 있으며, 매장면적의 크기와 같은 경쟁요소도 고려하지 않고 있다. 따라서 이러한 결점을 보완하여 보다 실무적이고 이해하기 쉽게 상권을 측정하고자 하는 것이 케인의 흡인력 모델이다.

- 흡인력 모델은 인구, 중심지까지의 소요시간, 매장면적의 3개 요소에 의해 중간지점 C지구의 구매력이 A시와 B시로 흡인되는 비율을 산출하는 것으로, 이 모델을 좀 더 발전시키면 예상매출액도 추정할 수 있다.
- 매장면적비와 매출액비는 거의 같다는 발상에 근거하고 있으며 인구와 거리를 요소로 한 레일리와 컨버스 법칙에 매장면적이라는 요소를 추가한 것이다.

ⓒ 흡인력 산출방식

> ▌사 례
> - A시의 인구 8,000명
> - B시의 인구 48,000명
> - C지구로부터 A시까지의 소요시간 10분
> - C지구로부터 B시까지의 소요시간 5분
> - A시의 같은 업태매장면적 합계 200평
> - B시의 같은 업태매장면적 합계 800평
> - C지구의 구매력 2억원

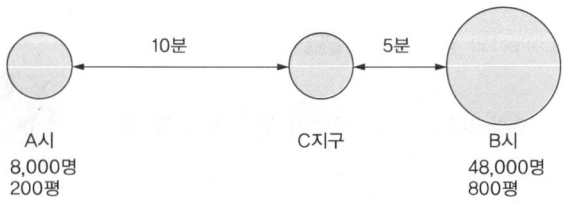

[케인의 흡인력 모델에 의한 상권]

A시와 B시의 인구비율 1 : 6
C지구로부터 A와 B시까지의 소요시간의 역 비율 1 : 2
A시와 B시의 매장면적합계비율 1 : 4
따라서 C지구에 대한 A시와 B시의 흡인력을 표로 나타내면,

구 분	A시		B시	
	수 치	비 율	수 치	비 율
인구(명)	8,000	1	48,000	6
소요시간(분)	10	1	5	2
매장면적(평)	200	1	800	4
비율합계		3		12

비율을 가산하면 A시와 B시의 비율은 3 : 12 = 1 : 4가 되고, 이 비율에 의해 C지구의 구매력이 A와 B시에 각각 흡인된다.
C지구의 구매력이 2억원이므로,

A시로 흡인되는 비율 = $\dfrac{3}{3+12}$ = 0.2, 따라서 2억원 × 0.2 = 4천만원

B시로 흡인되는 비율 = $\dfrac{12}{3+12}$ = 0.8, 따라서 2억원 × 0.8 = 1억 6천만원

④ 애플바움(Applebaum)의 상권분석 모형 기출 23
  ㉠ 개 념
    • 본래는 상권범위를 측정하기 위한 방법이었지만 현재는 상권분석 시 널리 사용되고 있다.
    • 레일리와 컨버스의 거리와 인구변수를 자동차 주행시간 및 점포의 매장면적으로 바꾸어 상권을 계산하였다.
  ㉡ 애플바움 모형의 공식

$$D_a(X) = \frac{D_{ab}}{1+\sqrt{\frac{M_b}{M_a}}} \text{ 또는 } D_b(Y) = \frac{D_{ab}}{1+\sqrt{\frac{M_a}{M_b}}}$$

$D_a(X)$: A시로부터 자동차 주행거리
$D_b(Y)$: B시로부터 자동차 주행거리
M_a : A시의 소매업 매장면적
M_b : B시의 소매업 매장면적
D_{ab} : A시와 B시 간의 자동차 탑승시간

⑤ 크리스탈러(Christaller)의 중심지이론 기출 14
  ㉠ 개 념 기출 17
    • 한 지역 내의 생활거주지(취락)의 입지 및 수적 분포, 취락들 간의 거리관계와 같은 공간 구조를 중심지 개념에 의해 설명하려는 이론이다.
    • 중심지이론의 핵심은 한 도시(지역)의 중심지기능의 수행 정도 및 상권의 규모는 인구 규모에 비례하여 커지고, 중심도시(지역)를 둘러싼 배후상권의 규모는 도시(지역)의 규모에 비례하여 커진다는 것이다.
    • 여기서 중심지(Central Place)는 배후지역에 대해 다양한 상품과 서비스를 제공하고 교환의 편의를 도모해 주는 장소를 말하며, 일반적으로 모든 도시는 중심지기능(중도소매업, 교통, 행정, 기타 서비스업 등의 3차 산업의 기능)을 수행한다.
    • 중심지는 그 기능이 넓은 지역에 미치는 고차중심지로부터 그보다 작은 기능만 갖는 저차중심지까지 여러 가지 계층으로 나뉘는데, 크리스탈러는 이러한 크고 작은 여러 형태의 중심지가 공간적으로 어떻게 입지해야 하는가를 고찰하고 연역적 모델을 만들었다.
    • 즉, 인구밀도나 소비수준이 균등한 공간에서 되도록 소수의 중심지를 가지고 전역에 빠짐없이 균등한 재화서비스를 공급하려면, 각 시설에 입지한 중심지와 그 세력권은 육각형 구조를 이루고 입지하는 것이 합리적이라고 하였다.
    • 오늘날 중심지에 대한 연구는 지역계획 분야에서도 전 국토의 동등한 생활조건의 발전을 목표로 후진지역에 중심지를 만드는 것이 제기되고 있다. 또한 정기시장이나 도매 중심의 입지론, 공간적 확산이론, 도시시스템론 등 인접분야를 설명하는 데 응용되기도 하여, 지역시스템 분석의 기본적 이론으로서 중요시된다.

> OX문제
▶ 크리스탈러의 중심지이론에서 상업중심지가 포괄하는 상권의 규모는 도시 내의 소득수준에 따라 결정된다. O X
해설
상업중심지가 포괄하는 상권의 규모는 도시 내의 소득수준이 아니라 인구 규모에 의하여 커진다.
정답 ▶ ×

- ⓒ 중심지이론의 기본 가정 기출 20·19·15
  - 지표공간은 균질적 표면(Isotropic Surface)으로 되어 있다. 한 지역 내의 교통수단은 오직 하나이며, 운송비는 거리에 비례하고, 운송수단은 동일하다.
  - 인구는 공간상에 균일하게 분포되어 있고, 주민의 구매력과 소비행태는 동일하다.
  - 인간은 합리적인 사고에 따라 의사결정을 하며, 최소의 비용과 최대의 이익을 추구하는 경제인(Economic Man)이다.
  - 소비자들의 구매형태는 획일적이며 유사점포들 중 가장 가까운 곳을 선택한다고 가정한다.
  - 여러 상권이 존재하는 경우 상권중심지를 거점으로 배후 상권이 다른 상권과 겹치지 않는다.
- ⓒ 중심지이론의 핵심 기출 20·18
  - 상업중심지로부터 중심기능(또는 상업서비스기능)을 제공받을 수 있고 상업중심지 간에 안정적인 시장균형을 얻을 수 있는 가장 이상적인 배후 상권의 모양은 정육각형이며, 정육각형의 형상을 가진 배후 상권은 최대도달거리와 최소수요충족거리가 일치한다.
  - 중심지기능의 최대도달거리(Range)란 중심지가 수행하는 상업적 기능이 배후지에 제공될 수 있는 최대(한계)거리를 말한다. 즉, 배후지에 거주하는 소비자가 상품을 구매하기 위해 중심지까지 움직이는 최대거리 또는 소비자가 물리적으로 이동할 수 있는 최대거리의 범위가 최대 상권의 범위임을 의미한다.
  - 상업중심지의 정상이윤 확보에 필요한 최소한의 수요를 발생시키는 상권범위를 최소수요충족거리(Threshold)라고 한다. 즉, 최소수요충족거리는 (상업)중심지의 존립에 필요한 최소한의 고객이 확보된 배후지의 범위를 말한다.
  - 크리스탈러는 중심지의 최대도달거리(Range)가 최소수요충족거리(Threshold)보다 커야 상업시설이 입지할 수 있다고 주장하였다.
  - 중심지들은 제공되는 유통서비스의 기능의 정도, 즉 중심성(Centrality)이 서로 다르며, 이로 인해 중심지의 상권규모 간에 차이가 발생된다. 중심지 간의 상권규모의 차이는 중심지들 간에 계층적 구조를 발생시킨다.
  - 고차의 중심지는 저차의 중심지가 보유한 유통기능을 모두 포함할 뿐만 아니라 자기 특유의 기능을 추가로 보유한다.
  - 크리스탈러는 중심지 계층의 포함원리를 K-value의 3개 체계, 즉 K=3, K=4, K=7의 3가지 경우에 있어서의 중심지 간의 포함관계(포섭원리)로 설명하였다.
- ⓔ 중심지이론의 한계
  - 1950년대에는 크리스탈러의 이론에 대한 실증적 연구 결과, 도시를 인구규모에 따라 건설하면 도시인구의 순위사이에 실제로는 계층성이 생기지 않으므로 중심지 시스템의 계층성을 둘러싼 논쟁이 있었다.
  - 중심지이론은 비현실적인 가정을 포함하고 있으며, 도시기능에 대한 부분적 이론이라는 점 등 문제점이 지적되기도 하였다.
- ⑥ 뢰슈(Losch)의 수정중심지이론
  - ㉠ 개 념
    - 크리스탈러의 중심지이론에 몇 가지 수정을 가한 것이 뢰슈의 K체계의 비고정모형이다.
    - 가장 이상적인 중심지 배후모형이 육각형이라고 가정한 점에서 크리스탈러의 모형과 유사하나, 중심지 계층의 공간구조를 K=3, K=4, K=7의 3개의 경우에 대한 중심지 간의 포함원리에 국한하지 않고, K값을 확대함으로써 보다 융통성 있는 상권구조이론을 전개하였다.

- 즉, 인구의 분포가 연속적 균등분포가 아니라 불연속 인구분포를 이루기 때문에 각 중심지의 상권 규모(육각형의 크기)가 다르다고 가정하여 비고정 K-value모형을 제시하였다.
- 또한 부채꼴형의 중소도시지역들이 대도시를 중심으로 방사하는 도시상권구조를 이루고 있음을 보이고, 도시가 밀접한 구역과 도시가 희박한 구역으로 양분되어 최대의 중심지(Metropolis)에 수렴되는 모양의 대도시 상권구조를 제시하였다.
- 즉, 뢰슈의 수정중심지이론은 상권의 형성이 중심지를 거점으로 방사형태로 만들어지며, 하나의 상권에서는 육각형이 된다고 보았다.

ⓒ 뢰슈의 중심지이론의 가정
- 무한하게 개방된 동질적인 평면으로 어떠한 지형적인 특징도 없다.
- 수송비는 중심지로부터 모든 방향으로 동일하며, 거리에 따라 비례한다.
- 소비자와 구매력은 공간상에 균등하게 분포되어 있다.
- 모든 공급자와 수요자는 동일하다.
- 재입지를 위한 비용 등은 포함되지 않는다.

개념 PLUS

크리스탈러 이론과 뢰슈 이론의 차이점
- 크리스탈러는 최상위중심지의 육각형 상권구조에 하위중심지들이 포함되는 하향식 도시공간구조를 제시한 반면 뢰슈는 가장 보편적인 최하단위의 육각형 상권구조에서 출발하여 상위계층의 상업중심지로 진행하는 상향식 도시공간구조를 전개하였다.
- 크리스탈러는 K=3, K=4, K=7 각각의 경우에서의 상업중심지 간의 공간구조를 설명한 데 반해, 뢰슈는 크리스탈러의 육각형 이론에 비고정원리를 적용함으로써 보다 현실적인 도시공간구조를 반영하려고 하였다.
- 크리스탈러는 고차상업중심지는 저차상업중심지의 유통기능을 전부 포함할 뿐 아니라 별도의 추가기능을 더 보유하는 것으로 보았으나, 뢰슈의 모형에서는 고차중심지가 저차상업중심지의 모든 상업기능을 반드시 포함하지는 않는다. 따라서 뢰슈의 모형에서 하위중심지는 상위중심지가 보유지 않은 특화된 상업기능을 가질 수 있다. 이러한 점에서 뢰슈의 중심지이론이 크리스탈러의 모형보다 대도시 지역의 공간구조를 보다 잘 설명한다고 볼 수 있다.

(9) 확률적 모형에 의한 신규점포 상권분석

① 일반적인 확률적 모형의 특성 기출 21·16
   ㉠ 확률적 모형은 해당 상권 내의 점포들에 대한 소비자의 지출 패턴이나 소비자의 쇼핑·여행 패턴을 반영함으로써 특정 점포의 매출액과 상권규모를 보다 더 정확하게 예측할 수 있다.
   ㉡ 한 상권 내에서 특정 점포가 끌어들일 수 있는 소비자 점유율은 점포까지의 방문거리에 반비례하고, 해당 점포의 매력도에 비례한다는 가정 아래 이루어졌다.
   ㉢ 소매인력법칙과 달리 상권의 크기를 결정하는 데 있어 소비자의 행동을 고려하지 않는다.
   ㉣ 소매인력법칙 등의 규범적인 접근방법에서 효용함수의 모수(a, b)값이 사전에 결정되는 반면, 확률적 모형에서는 소비자의 효용함수를 결정하기 위하여 실제 소비자의 점포선택 행동을 이용한다는 점에서 차이가 있다.

② 허프(Huff)의 확률모델
  ㉠ 개 념 기출 22 · 20 · 18 · 17
    - 레일리나 컨버스이론, 즉 상권경계선 모델은 지역이나 도시의 고객흡인력이 각각의 지역의 인구규모에 의해 결정되는 경험법칙이었으나, 허프는 개별소매 상권의 크기를 측정하기 위해 거리변수 대신에 거주지에서 점포까지의 교통시간을 이용하여 모델을 전개하였다.
    - 소비자가 구매 장소를 지역 내의 후보인 여러 상업 집적이 자신에게 제공하는 효용이 상대적으로 큰 것을 비교하는 것에 대한 확률적 선별에 대해 '효용의 상대적 크기를 상업 집적의 면적 규모와 소비자의 거주지로부터의 거리에 따라 결정되는 것'으로 전제하여 모델을 작성하였다. 다시 말하면 거리가 가깝고 매장면적이 큰 점포가 큰 효용을 준다는 것이다.

> **OX문제**
>
> ▶ Huff의 소매인력이론은 도시 간의 상권경계를 확률적 접근으로 설명하고 있다. O | X
>
> **해설**
> 도시 간의 상권경계 모델은 레일리(W. J. Reily)나 컨버스(P. D Converse)의 소매인력이론과 관련이 있다. 허프(Huff)는 확률모델에 의한 신규점포의 상권을 설명하였다.
>
> 정답 ▶ ×

  - 허프(Huff)모델은 특정 지역 내의 복수 점포 중에서 소비자가 특정 점포를 선택할 확률을 계산하는 공식을 제시하고 있기 때문에 평균적이고 객관적인 통계자료보다는 개별 소비자의 점포 이용자료를 이용한다.
  - 허프모델은 소비자가 특정 지역의 쇼핑센터에 갈 확률이 소비자와 행선지의 거리, 경쟁하는 쇼핑센터의 수, 쇼핑센터의 크기로 결정된다는 가정하에 식으로 표현하는 모델로, 주로 어떤 상업지역에서 각 상점가로 쇼핑갈 확률, 그 상권의 현재 소비자 인구, 세대수 및 장래의 인구, 신규 진입 후 각 상가의 쇼핑고객 비율, 신규 진입 후 현재 상가의 영향도 지수, 신규 진입하는 점포의 적정 매장면적 검토, 신규 진입하는 점포의 경영면에서 본 매장효율의 산출 등 어떤 지역에서 다수의 경쟁업체가 입지할 경우 각 점포의 이론적인 소비자의 유인흡인력 및 매상고를 추산하는 데 유용하다.

  ㉡ 허프의 확률모델공식 기출 13

$$P_{ij} = \frac{U_{ij}}{\sum_{j=1}^{n} U_{ij}} = \frac{\dfrac{S_j^{\alpha}}{T_{ij}^{\lambda}}}{\sum_{j=1}^{n} \dfrac{S_j^{\alpha}}{T_{ij}^{\lambda}}}$$

U_{ij} = 점포 j가 i지구에 있는 소비자에 대해 갖는 흡인력
P_{ij} = 거주지구 i에 있는 소비자가 점포 j에 구매하러 가는 확률
S_j = 점포 j의 규모(또는 특정의 상품계열에 충당되는 매장면적)
T_{ij} = 소비자의 거주지구 i로부터 점포 j까지의 시간 거리
n = 점포의 수, α = 매력도 매개변수
λ = (특정 상품의 구입에 대해) 점포를 방문하는 데 요하는 시간 거리가 쇼핑에 어느 정도의 영향을 주는가를 나타내는 매개변수(Parameter), 종류별 구매출향(고객이 타 지역에서 물품을 구입하는 경향)에 대한 이동시간의 효과를 반영하는 경험적 확정 매개변수
※ 매개변수 λ는 실제 표본에서 조사하여 그 실태 결과에 따라 경험적으로 적합한 것을 정하나 계산이 복잡하여 컴퓨터를 사용하여야 한다.

ⓒ 허프모델공식의 의미

i지구의 소비자가 점포 j를 선택하는 확률은 이용 가능한 점포 각각의 매력도 총합 중에 점하는 매력도의 비율로 나타낸다.
- i지구의 소비자에 대해서 흡인력을 갖는 점포 j의 규모와 ij간의 시간 거리의 2개의 변수에 의해 결정된다.
- U_{ij}는 비율 $\dfrac{S_j^\alpha}{T_{ij}^\lambda}$에 정비례하는 것으로 된다.
- 매개변수 λ는 상품별 구매행동 실태조사 결과에 따라 더욱 적합하게 추정된다.

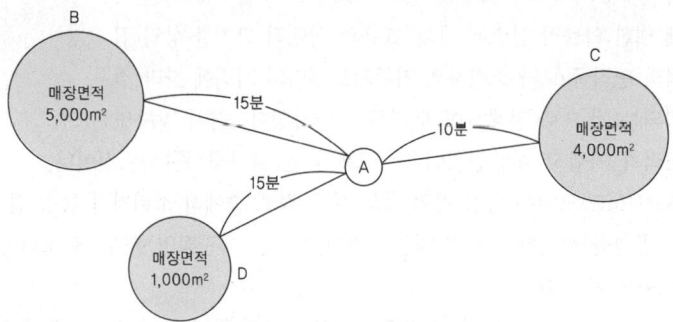

[허프모델의 예] (매개 변수 : 1)

〈B로 가는 확률〉

$$P_{ab} = \dfrac{\dfrac{S_b}{T_{ab}}}{\dfrac{S_b}{T_{ab}}+\dfrac{S_c}{T_{ac}}+\dfrac{S_d}{T_{ad}}} = \dfrac{\dfrac{5}{15}}{\dfrac{5}{15}+\dfrac{4}{10}+\dfrac{1}{15}} \fallingdotseq 0.417$$

〈C로 가는 확률〉

$$P_{ac} = \dfrac{\dfrac{S_c}{T_{ac}}}{\dfrac{S_b}{T_{ab}}+\dfrac{S_c}{T_{ac}}+\dfrac{S_d}{T_{ad}}} = \dfrac{\dfrac{4}{10}}{\dfrac{5}{15}+\dfrac{4}{10}+\dfrac{1}{15}} = 0.5$$

〈D로 가는 확률〉

$$P_{ad} = \dfrac{\dfrac{S_d}{T_{ad}}}{\dfrac{S_b}{T_{ab}}+\dfrac{S_c}{T_{ac}}+\dfrac{S_d}{T_{ad}}} = \dfrac{\dfrac{1}{15}}{\dfrac{5}{15}+\dfrac{4}{10}+\dfrac{1}{15}} \fallingdotseq 0.08$$

이와 같이 하여 B로 가는 확률은 42%, C로 가는 확률은 50%, D로 가는 확률은 8%가 되는 것을 알 수 있다.

② 예상매출액 추정절차 기출 24·17
- 신규점포를 포함하여 분석대상지역 내의 점포수와 규모를 파악한다.
- 분석 대상지역을 몇 개의 구역으로 나눈 다음 각 구역의 중심지에서 개별점포까지의 거리를 구한다.
- 각 구역별로 허프모형의 공식을 활용하여 점포별 이용확률을 계산한다.
- 예상 매출액 추정 공식

  | 각 지역거주자의 신규점포에서의 쇼핑확률 × 각 지역의 인구수 × 1인당 신규점포에서의 지출액(특정 기간) |

◎ 허프모델의 활용
- 상권 가능지도의 작성
- 점포 및 상업시설 등에 방문할 수 있는 소비자수의 산정
- 매장면적 및 최적상업시설의 유추

⊕ 허프모델의 한계 기출 24·21
- 허프모델은 특정 점포의 매력도를 점포의 크기만으로 측정하는 데 문제가 있다
- 즉, 허프모델은 점포매력도가 점포크기 이외에 취급상품의 가격, 판매원의 서비스, 소비자의 행동 등 다른 요인들로부터 영향을 받을 수 있다는 점을 고려하지 않는다.

개념 PLUS

Huff모델의 점포선택 등확률선(Isoprobability Contours) 기출 24·23
- 점포선택 등확률선은 확률등고선으로 표현할 수도 있다.
- 점포선택 등확률선 지도를 그리면 점포를 둘러싼 공간상 다양한 위치에서의 점포선택 확률계산이 가능하다.
- 특정 점포를 중심으로 점포와의 거리가 멀어짐에 따라 소비자의 이용확률이 감소하는 현상을 공간적으로 표현한다.
- 점포선택 등확률선 2개가 교차하는 2점포 무차별점은 2개 점포를 선택할 확률이 각각 0.5로 차이가 없는 지점을 의미한다.
- 상권 내부의 점포 간 상권잠식 현상과 상권 내 소매점포 간의 경쟁 관계를 확인할 수 있다.
- 1차 상권, 2차 상권, 3차 상권(한계상권)을 확인할 수 있다.

③ 수정 허프모델
㉠ 개 념 기출 20·19·14
- 허프모델은 복수의 상업시설의 고객흡인율을 계산할 수 있으므로 실용성이 크다. 특히 기존 상가 근처에 대규모 상업시설을 계획할 때 고객흡인 가능성을 예측하는 데 유용하다.
- 그러나 허프모델은 매우 어려워 그대로 이용하기 힘들다. 그 중에서도 파라미터는 일일이 시장조사를 하지 않으면 산출되지 않는다. 이를 실용성 있게 고친 것이 수정 허프모델인데 여기서는 대신에 레일리 법칙의 '거리의 제곱에 반비례 한다'를 대입한다.
- 즉 소비자가 어느 상업지에서 구매하는 확률은 '그 상업 집적의 매장면적에 비례하고 그곳에 도달하는 거리의 제곱에 반비례 한다'는 것을 내용으로 한다.

ⓒ 공 식 기출 19·18·17·14

$$P_{ij} = \frac{\dfrac{S_j}{D_{ij}^2}}{\sum_{j=1}^{n}\dfrac{S_j}{D_{ij}^2}}$$

P_{ij} = i지점의 소비자가 j상업 집적에 가는 확률
S_j = j상업 집적의 매장면적
D_{ij} = i지점에서 j까지의 거리

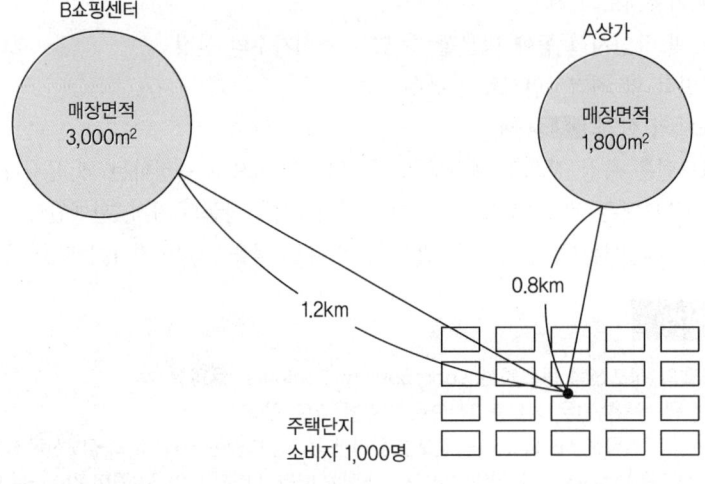

[수정 허프모델의 사례]

▌사 례

어느 상가 A 부근에 매장면적 3,000㎡의 대규모 소매점이 진출한다고 가정할 때 주택단지의 소비자가 A상가 또는 B쇼핑센터로 갈 비율은 얼마인가?

(i) A상가로 가는 확률

$$P_{ij} = \frac{\dfrac{1,800}{0.8^2}}{\dfrac{1,800}{0.8^2}+\dfrac{3,000}{1.2^2}} ≒ \frac{2,813}{4,896} ≒ 0.575$$

(ii) B쇼핑센터로 가는 확률

$$P_{ij} = \frac{\dfrac{3,000}{1.2^2}}{\dfrac{1,800}{0.8^2}+\dfrac{3,000}{1.2^2}} ≒ \frac{2,083}{4,896} ≒ 0.425$$

즉, A상가로 가는 확률은 57.5%, B쇼핑센터에 가는 확률은 42.5%가 된다.

④ MNL(Multinomial Logit) 모형 기출 20·18·16·15
  ㉠ 개 념
    • MNL 모형은 상권 내 소비자들의 각 점포에 대한 개별적인 쇼핑여행에 관한 관측 자료를 이용하여, 각 점포에 대한 선택확률의 예측은 물론, 각 점포의 시장점유율 및 상권의 크기를 추정할 수 있다.
    • Luce의 선택공리에 이론적 근거를 두고 있다.
      - Luce 모형은 소매환경변수와 점포의 성과 간의 관계를 확률적 관계로 가정해서 분석하는 확률적인 모형에 속하는 방식이다.
      - Luce 모형은 특정한 점포의 매력도 및 효용이 높을수록 소비자들에게 해당 점포가 선택될 확률이 높아진다.

  > OX문제
  ▶ MNL 모델에서 소비자 개인들의 구매행동을 측정한 개인별 데이터보다는 집단데이터를 사용한다.
     O X
  해설
  MNL 모델은 집단데이터보다는 개인별 데이터를 사용한다.
  정답 ×

  ㉡ Luce의 선택공리 공식

$$P_{ij} = \frac{U_{ij}}{\sum_{j=1}^{i} U_{ij}}$$

  ㉢ MNL 모형의 가정

가정 1	• 소비자의 특정 점포 대안에 대한 효용은 결정적 요소와 무작위 요소로 구성된다. • 결정적 요소는 관찰 가능한 점포 대안들의 점포 속성들 또는 소비자 특성들의 영향을 반영한다. • 무작위 요소는 결정적 요소에서 고려되지 않은 기타 변수들의 효과를 반영한다.
가정 2	• 확률적 효용극대화 이론에 근거하여 소비자는 고려 중인 점포 대안들 중에서 가장 효용이 높은 점포를 선택한다. • 이 이론에 의하면, 특정 점포 대안이 선택될 확률은 그 대안이 가지는 효용이 다른 점포 대안들보다 클 확률과 같다.
가정 3	• 무작위 요소(오차항)는 서로 독립적이며, Double Exponential(Extreme Value) 분포를 가진다.

⑤ MCI(Multiplicative Competitive Interaction) 모형 기출 20
  ㉠ 개 념
    • Huff의 원래 모형 공식에는 점포매력도(또는 점포크기)에 대한 민감도계수가 포함되어 있지 않았지만 나중에 원래 모형을 수정하여, 점포크기에 대한 민감도계수를 포함시켰다.
    • 한 점포의 효용도(매력도)를 측정함에 있어서 매개변수로서 점포의 크기, 점포까지의 거리뿐만 아니라 상품구색, 판매원서비스 등 선택에 영향을 미치는 여러 점포특성 등을 포함하여 측정한다.
  ㉡ 계산방식 기출 13

구 분	상품구색에 대한 효용치(X)	판매원서비스에 대한 효용치(Y)	거리에 대한 효용치(Z)	XYZ
A 점포	2	5	10	100
B 점포	5	4	5	100
C 점포	5	5	6	150
D 점포	10	5	3	150

- A 점포를 찾을 확률 = $\dfrac{100}{(100+100+150+150)} \times 100 = 20\%$

- B 점포를 찾을 확률 = $\dfrac{100}{(100+100+150+150)} \times 100 = 20\%$

- C 점포를 찾을 확률 = $\dfrac{150}{(100+100+150+150)} \times 100 = 30\%$

- D 점포를 찾을 확률 = $\dfrac{150}{(100+100+150+150)} \times 100 = 30\%$

개념 PLUS

공간상호작용모델 기출 23
- 공간상호작용이란 개념은 지리학에서 유래한 것으로 인구, 물자, 정보 등이 출발지(Origin)에서 도착지(Destination)로 이동하는 것을 분석한다.
- 공간상호작용모델은 소비자의 점포 선택 행동을 확률적 현상으로 인식하고 소비자에게 인지되는 효용이 클수록 그 점포가 선택될 가능성이 커진다는 것으로, 소비자의 실제 선택 자료를 활용하여 점포 매력도와 통행거리와 관련한 모수 값을 측정한다.
- 상권분석과 관련된 공간상호작용모델에는 Huff모델, MCI모델, MNL모델 등이 있다.
- 매출액 등의 점포성과에 영향을 미치는 입지변수들의 영향력을 설명하는 데 유용하다.
- 어느 한 점포에 대해 느끼는 효용(Utility)이나 매력도(Attraction)가 가장 크더라도 항상 그 점포를 선택하는 것은 아니고, 다른 점포를 방문하기도 한다고 가정한다.

(10) 상권분석 평가방법

① 소매포화지수(IRS ; Index of Retail Saturation) 기출 22·17·14·13

㉠ 개념 : 소매포화지수는 지역시장의 매력도를 측정하는 것으로, 한 지역시장에서 수요 및 공급의 현 수준을 반영하는 척도임과 동시에 특정 소매업태 또는 집적소매시설의 단위면적당 잠재수요(또는 잠재매출액)를 표현하고 1에 근접할수록 좋다. 값이 클수록 공급보다 수요가 많은, 즉 시장의 포화정도가 낮다는 것을 의미한다. 따라서 값이 클수록 신규점포를 개설할 시장기회가 커진다.

$$\text{소매포화지수(IRS)} = \dfrac{\text{지역시장의 총가구수} \times \text{가구당 특정 업태에 대한 지출액}}{\text{특정 업태에 대한 총매장면적}}$$

㉡ 특 징
- 경쟁의 양적인 부분만을 고려하고, 질적인 부분에 대해서는 고려하고 있지 않다.
- 신규점포에 대한 시장잠재력을 측정하는 데에는 유용하게 사용될 수 있지만, 미래의 신규수요를 반영하지 못할 뿐만 아니라 거주자들의 지역시장 밖에서의 쇼핑 정도 및 수요를 측정·파악하기가 어렵다(단, 시장잠재력을 측정하는 데 유용하게 사용될 수 있다는 의미이지 시장잠재력이 반영되어 있다는 의미는 아니다).
- 특정 지역시장의 시장성장잠재력(MEP)을 반영하지 못하는 단점이 있다.
- 점포가 비슷한 전통적인 슈퍼마켓 등은 적용이 용이하나, 스포츠용품·가구점 등 전문화된 점포에는 적용이 어렵다.

② 시장성장잠재력(MEP ; Market Expansion Potential) 기출 23·22·17
　㉠ 개 념
　　• 시장성장잠재력은 지역시장이 미래에 신규 수요를 창출할 수 있는 잠재력을 반영하는 지표로, 해당 상품(서비스)에 대한 예상수요액을 총 매장면적으로 나눈 값이다.
　　• 소매포화지수는 한 지역시장에서의 수요 및 공급의 현 수준을 반영하는데, 통상적으로 지역시장의 매력도는 기존 수요·공급뿐만 아니라 미래의 시장성장잠재력에 의해서도 좌우된다.
　　• MEP 값은 타 지역에서의 쇼핑지출액을 근거로 계산되며, 타 지역의 쇼핑정도가 높을수록, 즉 MEP 값이 클수록 시장성장잠재력이 커지게 된다.
　　• 마케터는 신규 점포가 입지할 지역시장의 매력도 평가 시에, 기존 점포들에 대한 시장포화뿐만 아니라 미래를 위한 시장성장잠재력을 함께 고려해야 한다.
　㉡ 특 징
　　• MEP는 IRS의 단점을 보완해주는 지표로 사용된다.
　　• 거주자들의 해당 지역시장 외에 다른 시장에서의 쇼핑지출액까지 추정하여 계산할 수 있다.
　　• IRS와 MEP를 동시에 고려할 때에는 두 지수 값이 가장 큰 지역이 매력성이 가장 높은 지역이다.

> **개념 PLUS**
>
> IRS와 MEP 이외에 지역의 경제적 기반으로 평가하는 주요 요인 기출 24
> • 향후 경제 활성화 정도
> • 광고매체의 이용 가능성과 비용
> • 지역경제(시장)에 대한 정부의 법적 규제
> • 지역 정부 기관의 지역경제 활성화 노력
>
> 역외구매(Outshopping) 기출 22·17·16
> • 역외구매란 해당 지역에 거주하는 소비자들이 외부지역에서 구매하는 현상을 말한다.
> • 해당 지역의 가구당(혹은 1인당) 예상지출액과 실제지출액의 차이를 유발한다.
> • MEP가 높으면 역외구매 현상이 많아 신규수요창출 가능성이 크다고 본다.
> • 해당 지역에 거주하는 소비자들의 욕구가 충족되지 못해서 타 지역으로 가서 쇼핑하는 경우이므로 해당 지역과 타 지역 간 소매점의 마케팅 능력 차이를 반영한다.
> • 교통수단의 발달은 소비자의 이동가능성을 높여 역외구매 현상을 촉진한다.

③ 구매력지수(BPI ; Buying Power Index) 기출 23·22·19·17·16
　㉠ 개 념
　　• 구매력지수는 소매점포의 입지분석 시 해당 지역시장의 구매력을 측정하는 기준으로 사용되며, 이는 해당 시장에서 구매할 수 있는 능력을 나타낸다.
　　• 인구 및 소매매출, 유효소득에 대해 전체 규모 및 특정 지역에서의 규모를 활용해서 계산하는 방식이다. 구매력지수가 높을수록 해당 시장의 구매력이 크다는 것을 의미한다.
　　• BPI 표준공식 : 구매력지수를 산출하기 위해서는 다음과 같이 인구, 소매매출액, 유효소득 등 3가지 요소에 가중치를 곱하여 합산하는 공식을 사용한다.

$$BPI = (인구비 \times 0.2) + (소매매출액비 \times 0.3) + (유효구매\ 소득비 \times 0.5)$$

ⓒ 특 징
- 일반적인 가격으로 판매되는 제품의 구매력을 측정할 경우에는 BPI의 유용성이 높아진다.
- 하지만 제품의 성격이 소비자 시장에서 멀어질수록 보다 많은 차별적 요소(계층, 연령, 성별, 소득)를 가지고 BPI를 수정해야 할 필요성 또한 높아진다.

④ 판매활동지수(SAI ; Sales Activity Index) 기출 23·21
타 지역과 비교한 특정한 지역의 1인당 소매매출액을 가늠하는 것으로 인구를 기준으로 해서 소매매출액의 비율을 계산하는 방식이다.

⑤ 소비잠재지수(SPI ; Spending Potential Index)
소비잠재지수는 어떤 특정 제품 혹은 서비스의 가계소비를 분석하는 데 사용된다. SPI는 특정 제품에 대한 지역평균소비량(PB)을 전국평균소비량(NB)으로 나누면 산출되는데, 특정 제품에 대한 지수가 100 이하인 경우 제품소비량이 전국평균보다 낮다고 해석한다.

⑥ 중심성 지수 기출 18·17·15·14·13
ⓐ 개 념
- 소매업의 공간적 분포를 설명하는 지수로, 중심이 되는 지역을 파악하기 위해 지수를 개발하여 각 지역에 부여한 것을 말한다.
- 소매업의 공간적 분포를 설명하는 데에 도움을 주는 지표로서 소매업이 불균등하게 분포되어 있다는 것을 기본 가정으로 하고 있다.
- 어떤 지역의 소매판매액을 1인당 평균 구매액으로 나눈 값을 상업인구라 하고, 상업인구를 그 지역의 거주인구로 나눈 값을 중심성 지수라 한다.

> **OX문제**
> ▶ 소매 판매액의 변화가 없어도 해당 지역의 거주인구가 감소하면 중심성 지수는 높아지게 된다.
> O│X
> 정답 ▶ O

ⓑ 특징 : 소매 판매액의 변화가 없어도 해당 지역의 거주인구가 감소하면 중심성 지수는 상승한다.

개념 PLUS

회귀분석 모형 기출 23
- 회귀분석은 독립변수들과 종속변수와의 선형결합관계를 유도하여 독립변수와 종속변수 간의 상호관련성 여부를 알려준다.
- 회귀분석 모형의 설명변수들은 서로 독립적이고 상관관계가 없음을 전제로 한다.
- 과거의 연구결과나 분석가의 판단 등을 토대로 소수의 변수를 선택해 회귀모형을 도출할 수 있다.
- 회귀모형을 통해 점포특성, 상권 내 경쟁수준, 상권 내 소비자들의 특성 등 다양한 변수들이 점포성과에 미치는 상대적 영향을 측정할 수 있다.
- 매상고에 영향을 주는 여러 가지 변수들을 설정하고, 이 변수들로 대상점포의 가능매상고를 산출할 수 있다.
- 신규점포의 입지타당성을 분석하는 경우, 유사한 거래특성과 상권을 가진 표본을 충분히 확보해야 하는 문제점을 해결해야 한다.

(11) 입지점포이론

① 베버(A. Weber)의 최소비용이론
  ㉠ 수송비, 노동비, 집적이익을 고려해 최소생산비 지점을 찾아 공장의 최적입지를 결정하는 이론이다.
  ㉡ 최소운송비 지점, 노동비 절약의 지점, 집적이익의 지점 등을 차례로 분석하여 전체적으로 최소생산비 지점에 공장이 입지해야 한다.
  ㉢ 공장부지의 입지요인

원료지향형	• 중량감소산업, 부패하기 쉬운 원료, 물품을 생산하는 공장 • 산출제품의 중량이나 부피가 투입원료의 중량이나 부피보다 작은 경우 • 편재원료(국지원료)를 많이 투입하는 공장
시장지향형	• 중간재나 완제품을 생산하는 공장, 중량증가산업, 완제품의 부패성이 심한 산업 • 산출제품의 중량이나 부피가 투입원료의 중량이나 부피보다 큰 경우 • 보편원료를 많이 투입하는 공장
자유입지형	• 수송비나 노동비에 비해 부가가치가 큰 공업 • 고도의 대규모 기술집약적 산업
중간지향형	• 제품이나 원료의 수송수단이 바뀌는 이적지점 또는 적환지점이 있는 경우 • 원료의 해외의존도가 높은 공업
집적지향형	• 수송비의 비중이 적고, 기술연관성이 높은 산업 • 기술, 정보, 시설, 원료 등을 공동이용함으로써 비용을 절감하는 경우
노동지향형	• 의류나 신발같이 노동집약적으로 미숙련공을 많이 사용하는 산업 • 저임금 지역에 공장이 입지하는 경우

② 뢰쉬(Losch)의 최대수요이론
  ㉠ 뢰쉬는 수요를 핵심 변수로 하여 입지 이론을 전개시킨 최초의 경제학자이다.
  ㉡ 베버의 최소비용이론을 부정적으로 보고 총소득이 최대가 되는 지점, 즉 수요가 최대인 중심지점이야말로 이윤을 극대화하는 입지가 된다는 이론이다.
  ㉢ 공장의 입지는 수요극대화가 가능한 수요가 집중되는 시장 중심지에 입지해야 한다는 것이다.

③ 호텔링(H. Hotelling)의 입지상호의존이론 기출 24·20
  ㉠ 호텔링(H. Hotelling)은 입지적 상호의존성 개념을 처음 소개한 학자로 과점 상황하에서 두 업체가 동일 제품을 생산할 경우, 직선형의 시장에 어떻게 입지하는가를 분석하였다.
  ㉡ 두 업체는 상호경쟁 속에서 수요를 최대한으로 확보할 수 있는 지점에 입지함으로써 이윤을 극대화하려고 하며, 최대의 시장확보를 위하여 경쟁하면서 여러 가지 불균형 상태가 있을 수 있지만 마지막에는 두 업체가 중앙에 나란히 입지하여 균형을 이루게 된다.
  ㉢ 호텔링의 입지상호의존이론은 동일 제품을 생산하고 비가격경쟁을 하는 기업들의 경우, 시장 확보를 위한 공간적 경쟁이 기업들을 서로 가까이에 입지하게 하며, 기업들의 공간클러스터 가까이에 사는 소비자들은 멀리 떨어져 사는 소비자들에 비해 후생 편익을 얻을 수 있다는 이론이다.

④ 후버(E. M. Hoover)의 비용극소화이론
  ㉠ 소비시장과 원료산지 사이에 환적지점(Transshipment Point)이 있을 경우 중간의 환적(이적)지점이 최적 입지가 될 수 있다는 이론이다.
  ㉡ 베버의 최소비용이론보다 더 확장된 개념이지만 베버와 같이 운송비가 공업 입지에 가장 결정적인 영향을 미치는 것으로 보았기 때문에 비용 측면에서의 입지이론으로 볼 수 있다.

⑤ 그린허트(M. L. Greenhut)의 공장입지 일반이론
  ㉠ 최초로 최소비용이론과 입지적 상호의존 이론을 통합하려고 시도하였으며, 경제 이론을 공간적 측면에서 분석한 이론이다.
  ㉡ 고전적 공업입지론이 운송비용 개념을 지나치게 강조했음을 비판하고, 모든 비용을 동시에 고려하는 총비용(Total Cost) 개념을 도입할 것을 주장하였다.
  ㉢ '이윤의 공간적 한계(Spatial margins to Profitability)'라는 개념을 제시하며 기업은 이윤이 나오는 곳이면 어디든 입지지점으로 활용할 수 있다는 점을 강조하였다.
  ㉣ 총수익과 총비용의 차가 최대가 되는 지점, 즉 최대이윤지점을 지향하였다.

5 상권조사 정보

(1) 상권조사의 내용 기출 20

① 상권의 주요 약도 작성 : 상권의 이해를 위한 기본 약도 및 지점별 사진촬영을 통한 비교·분석
② 지형·교통조건 파악 : 지형·지세·교통조건을 통한 상권형태 파악, 개방형 상권과 폐쇄형 상권의 유무를 분석하는 기초자료
③ 상권요소의 업종분포 작성 : 상권 내 업종 분포도 작성을 통해 본 업종과의 연관성을 분석
④ 배후지 인구의 특성 파악 : 배후지 인구의 연령대·주요 직업군·소득수준 파악을 통한 소비주력군의 성향분석
⑤ 유동인구의 흐름파악 : 연령·성비·시간대별 유동인구의 추이분석을 통해서 소비층의 제(諸)조건 파악 분석
⑥ 매물 조사 : 상권 내 매물의 점포임대료·권리금 조사
⑦ 경쟁점 조사 : 본 점포와 경쟁이 되는 경쟁점의 입지적 장·단점조사
⑧ 임대가와 권리금 : 각 점포별 임대가와 권리금을 조사하고, 권리금 협상의 가능성 유무와 권리금 추정치를 작성
⑨ 점포 외부 조사 : 점포를 형성하는 외부 점포의 모양, 지형과 유동인구의 흐름 파악과 연결 점포의 구성, 주차장 유무, 기타 제 조건 파악
⑩ 점포 내부 조사 : 점포 내부의 구조물, 점포 실평수, 가로·세로길이, 높이 파악 및 기타 조건 파악
⑪ 점포주 조사 : 점포주의 직업·주변 평판을 통해서 향후 점포주와의 관계를 자연스럽게 유지 가능
⑫ 경쟁점과 경쟁업종 점포 조사 : 동종 업종의 경쟁점포와 연관 업종의 경쟁점포 조사
⑬ 결론 : 상권의 특색을 정리하고 위의 조사를 토대로 각 매물점포의 경쟁우위의 특색을 비교하여 최종 결정

(2) 상권조사의 방법

① 유동인구 조사 : 주말인 토요일과 공휴일에 따라 달라지며, 주5일 근무제가 정착됨에 따라 이 점도 고려해야 한다. 소자본 창업에 있어서 비용을 많이 들일 수는 없지만, 최소한의 유동인구를 조사하려면 날씨가 좋은 평일과 주말 중 각각 하루를 선정해야 비교적 정확한 조사가 될 수 있다.

② 고객층과 시간대별 통행량 조사 : 주부들을 대상으로 하는 업종은 오전 11시부터 오후 5시까지, 학생들을 대상으로 한다면 하교시간대, 직장인이라면 퇴근시간대에 정밀하게 조사한다.
③ 총 유동인구 조사법 : 자신의 주 고객이 몰리는 시간에만 조사하는 것이 아니라 하루의 총 유동인구를 조사해야 한다. 하루의 시간대를 선택하는 방법이 있는데, 오전 중 1시간을 선택해 유동인구를 산출하고, 오후부터는 2시간마다 1시간을 조사해서 산출하는 방법이 있고, 매시간에 20분 정도 조사해서 산출하는 등 다양한 방법이 있다. 단, 업종에 따라 차이가 있으나, 낮 12~2시까지와 저녁 6~8시까지, 그리고 밤 9~10시까지는 신경을 써서 조사해야 한다.
④ 내점률 조사 : 점포 후보지의 유동인구와 잠재력을 조사한 후에는 점포후보지의 내점률을 확인하여야 한다. 이는 추정매출을 조사하기 위한 것으로, 경쟁점포나 유사업종의 매출을 조사해 매출액을 추정할 수 있다. 또 다른 조사방법으로는 전문조사업체에 의뢰해 설문조사를 하는 방법 등이 있다.
⑤ 구매품목과 가격대 조사 : 유동인구를 조사하되 반드시 성별, 연령별, 주요 구매품목과 구매가격대도 조사해야 하며, 점포 앞은 물론 각 방향에서의 입체적 통행량을 조사해야 한다. 만일 대로변이라면 길 건너까지의 유동인구조사와 차량통행량까지 조사하는 것은 기본이다.
⑥ 결론 : 상권이나 좋은 자리는 언제나 변화한다. 현재는 변화가 아니지만 발전가능성이 있는 지역, 유동인구는 많지 않지만 주위에 경쟁상점이 없어서 고객확보가 쉬운 곳, 업종의 특성상 극복이 가능한 곳을 찾을 수 있는 안목을 기른다면 좋은 자리에 위치한 점포를 찾을 수 있다.

(3) 상권조사인자
① 고객조사
  ㉠ 인구밀도 : 고정인구(세대수, 빌딩수 등), 유동인구
  ㉡ 연령구성 : 신세대, 20대, 30대, 40대, 50대 이후, 가족형, 연인형
  ㉢ 성별구성 : 남, 여(생활용품전문점은 30~50대 여자비율)
  ㉣ 소득수준 : 상, 중, 하
  ㉤ 주거형태 : 아파트 면적, 주거형태, 빌딩규모
  ㉥ 구매습관 : 일·주·월·연간구매 횟수 등
② 집객요소
  ㉠ 고정상권 : 주거밀집지역, 오피스가
  ㉡ 유동상권 : 쇼핑, 교통, 관광 등
③ 시간대별 조사 : 오전(9~12시), 오후(13~15시), 야간(21~22시)
④ 점포 주변환경
  ㉠ 인근업종의 구성
  ㉡ 경쟁점포의 수와 경쟁력
⑤ 상권의 전망
  ㉠ 상권쇠퇴 또는 팽창
  ㉡ 교통시설의 변경, 도로의 개설여부

> **개념 PLUS**
>
> 상권단절요인
> - 자연 지형물 : 하천, 공원 등
> - 인공 지형물 : 도로(6차선 이상), 철도
> - 장애물 시설 : 쓰레기처리장, 학교, 병원
> - C급지 분포업종 : 카센터, 공작기계, 우유대리점, 가구점, 표구점, 기타 기술위주업종
> - 기타 : 주유소, 공용주차장, 은행 등

6 상권 내 정보파악방법

(1) 상권정보의 개요

상권정보를 활용한 소상공인365(상권정보시스템)는 창업 업종전환을 하고자 하는 사람들의 성공적인 입지 및 업종의 선정 등을 지원하기 위해 지역별·업종별 종합적인 상권정보를 전자지도로 제공하는 시스템이다. 또한, 점포, 시설, 인구 등 상권분석에 있어 필요한 정보가 데이터베이스화 되어있으며, 특화된 상권정보를 제공한다. 예비창업자가 창업을 할 시에 해당 상권에 대해 필요로 하는 각종 정보의 제공을 위해 전국의 상권을 대상으로 해서 유동인구 및 업종현황, 인구 분석, 경쟁점포현황, 주요시설의 분석 등을 쉽게 인지할 수 있도록 구축한 시스템이다.

(2) 상권정보의 내용

① 유동인구정보로 특화된 상권정보대상지역의 정보를 제공한다.
② 웹 DB를 통한 동종·경쟁업체 수 등을 제공한다.
③ 상권커뮤니티 및 과밀정보를 제공한다.

(3) 상권정보수집 방법

① 면접법

방문면접법	• 방문면접법은 조사원이 조사 대상자를 실제 방문하여 인터뷰 형식으로 질문을 하고 대답을 받는 방법을 말한다. • 이 방법은 질문의 의미를 그 자리에서 회답자에게 설명할 수 있으므로 질문의 의미를 오해하고 회답해 버리는 오류를 막을 수 있는 특징이 있다. • 조사원이 조사 대상자를 실제 방문하여 인터뷰 형식으로 질문을 하고 대답을 받는 방법이기 때문에 필요한 정보를 가장 포괄적으로 얻을 수 있다.
집단면접법	• 집단면접법은 대상자를 어떤 장소에 모이게 하여 그 장소에서 질문에 대답해 받는 방법을 말한다. • 기업이 개발한 새로운 제품의 감상 등을 묻는 경우에 효과적으로 쓰이는 방법이다. • 집합한 장소에서 한 번에 다수의 조사표를 회수할 수 있는 장점이 있다. • 집합장소의 확보 및 집합시간과 장소의 사전연락 등의 준비 작업에 있어 일손이 필요하다는 문제점을 가지고 있다.

② 조사법

우편조사법	• 우편조사법은 조사표를 대상자들에게 우편으로 송부하여 대상자들에게 기입 후 반송해서 받는 방법을 말한다. • 우편조사법에서는 조사표를 일일이 회수할 일손이 필요하지 않게 된다. • 우편조사법에서는 회수율이 낮은 문제점이 있다.
유치조사법	• 유치조사법은 조사원이 대상자들에게 조사표를 배포하고 수일 후에 조사원이 돌아다니며 회수하는 방법이다. • 유치조사법은 회답하는 데 시간을 필요로 하는 조사일 때에 효과적인 방법이다.
가두조사법	• 교통요지에서 무작위로 대상을 선별하여 상가의 유입·유출 및 빈도, 쇼핑목적, 이용상점의 선택이유 등을 조사하는 방법이다. • 가두조사법은 인터뷰에 응해 줄 사람과 만나는 것이 쉽지 않다. • 가두조사법을 실시할 때에는 평일에 실시할 것인가 휴일에 실시할 것인가, 오전인가 오후인가 등 요일과 시간대의 선정에 있어서 주의할 필요가 있다.
전화조사법	• 전화조사법은 조사원이 대상자에게 전화로 질문을 해서 대답을 받는 방법을 말한다. • 전화조사법에서는 질문의 수를 적게 해서 상대방으로부터 시간을 빼앗지 않도록 해야 한다. • 전화조사법은 가두조사법과 마찬가지로 회답해 줄 사람과 만나는 것이 어렵다는 문제가 있다.
점두조사법 기출 13	• 점두조사란 점포에서 조사원이 대기하다가 구매결정을 한 소비자에게 질문을 하는 방식을 말한다. • 즉 매장을 방문하는 소비자의 주소를 파악하여 자기점포의 상권을 조사하는 방법이다.

7 온라인 마케팅에서의 상권

(1) 온라인 상권의 분석

① 온라인 상권이란 제품을 사려는 소비자들이 모여 있는 공간을 말한다.
② 소비자들은 오프라인 매장을 찾기 전에 온라인 공간에서 점포를 검색한다.
③ 점포가 소비자들의 온라인 검색에 노출되기 위해서는 온라인 입지가 있어야 한다. 즉, 검색 엔진이나 블로그, 인스타그램, 페이스북 등을 이용하여 온라인 점포를 잘 만들어야 한다.
④ 온라인 상권에 입지를 만들고 관리하여, 소비자와 적극적 소통이 필요하다.

(2) 온라인 마케팅의 점검

① 모든 SNS 매체에서 소비자들이 상품을 찾기 위해 어떤 키워드로 언제, 어떻게 검색하는지 파악한다.
② 소비자들이 찾고 있는 검색 활동에서 내 점포가 노출되기 위해 어떤 콘텐츠를 만들어 어떻게 관리해야 하는지 확인한다.
③ 노출된 제품이 소비자로부터 선택 받기 위해 준비해야 할 요인이 어떤 것들이 있는지 확인한다.
④ 검색을 통해 방문한 소비자를 만족시켜 소비자가 직접 SNS에 내 점포를 알리는 활동 또한 중요하므로 소비자의 정보를 저장하여 계속적인 소통을 할 수 있도록 한다.

(3) 온라인 마케팅 공간
    ① 새로운 제품 판매 공간
        ㉠ 인터넷은 오프라인 방식의 유통 공간이나 판매 공간이 없어도 인터넷, 스마트폰 등을 통해 제품을 직접 판매할 수 있기 때문에 새로운 판매 공간으로 자리 잡게 되었다.
        ㉡ 소비자 역시 직접 매장을 방문할 필요 없이 인터넷이나 스마트폰을 통해서 제품에 대한 정보를 얻고 구매하는 등 제품 구매에 대한 모든 과정이 온라인 공간에서 가능하다.
        ㉢ 제품 구매와 쇼핑 시간을 단축할 수 있고 판매공간이 없어도 가능하여 비용을 절감할 수 있다.
    ② 새롭고 효율적인 마케팅 활동 공간
        ㉠ 온라인 공간은 여러 제약에 구애받지 않고 실시간 또는 빠른 주기로 목표한 고객을 대상으로 하는 마케팅 활동이 가능하다.
        ㉡ 적은 비용으로 다수의 고객 또는 잠재 고객을 대상으로 마케팅 활동이 가능하고 웹사이트, 블로그 등에 접속한 고객을 분석해 보다 세분화된 마케팅을 구사할 수 있다.
    ③ 새로운 커뮤니케이션 공간
        ㉠ 인터넷, 스마트폰의 대중적 보급으로 인해 실시간 정보 공유, 고객과 기업 또는 고객 간 소통을 가능하게 하였으며, 오프라인의 물리적 제약 없이 24시간 커뮤니케이션이 가능한 공간이 되었다.
        ㉡ 이메일, 웹 사이트를 통한 방식에서 실시간 대화를 포함하여 다양한 미디어 형태로 제품에 대한 정보를 제공 또는 공유할 수 있는 새로운 커뮤니케이션 공간으로 자리매김하였다.
        ㉢ 온라인 환경 속에서 인터넷 웹 사이트, 블로그, 사회 관계망 서비스 등에 기업의 공간을 만들고 제품 광고와 소비자의 반응을 확인할 수 있게 되었다.

> **개념 PLUS**
>
> 온라인 마케팅을 통한 정보 파악
> • 제품 정보를 얻는 곳(인터넷 포털, 블로그, 사회 관계망 서비스, 검색 광고, 배너 광고, 모바일 광고, 전문 상품 정보 웹 사이트, 기업 웹 사이트, 온라인 쇼핑몰 등)
> • 자주 이용하는 구매처(인터넷 쇼핑몰, 모바일 쇼핑몰 등)
> • 인기 구매 상품 및 온라인 구매 선호 제품 종류
> • 연령별, 직업별 사용 패턴(제품 구매 성향), 제품 정보를 얻는 곳, 시간(요일, 시간, 체류 시간 등)

(4) 사회 관계망 서비스의 특징
    ① **관계 구축** : 사회 관계망 서비스 이용자들은 인터넷을 기반으로 온라인상에서 사회적 관계를 맺고 이를 유지, 관리 또는 확대하고 있다.
    ② **쌍방향 소통** : 소비자들은 문자 서비스, 온라인 대화 공간(채팅), 토론 공간 등을 통해서 서로 대화 또는 의견 교환 등의 방식으로 자유롭게 의사소통을 할 수 있다.
    ③ **콘텐츠 공유** : 온라인 커뮤니티에서 생산한 사진, 동영상, 음악, 그래픽 작업 파일 등 다양한 미디어 콘텐츠들을 공유한다. 이러한 미디어 자료들은 이용자들을 통해서 다른 온라인 커뮤니티, 소셜 네트워크 서비스를 통해 전파·확산된다.

(5) 소셜 미디어 마케팅의 특징
① 정보 등을 쉽고 빠르게 전달하고, 전달되는 확산의 모양이 수평적이다.
② 기존의 마케팅 비용보다 상대적으로 적게 든다.
③ 소비자가 장소 제약 없이 서로 정보 전달이 가능하여, PC, 노트북, 휴대전화 등 다양한 경로로 접속이 가능하다.
④ 정보에 대한 관심과 서로에 대한 친분을 기반으로 하여 신뢰감과 친근감을 줄 수 있다.
⑤ 개인의 블로그, 프로필, 사회 관계망 서비스를 통해 개인, 커뮤니티 자료의 대량 확산이 가능하다.
⑥ 사진, 동영상, 컴퓨터 그래픽, 미디어 관련 기술 등 정보통신의 발달로 전달하고자 하는 메시지의 다양한 표현이 가능하다.

(6) 전자상거래의 구축 형태
① 상품 종류에 따른 분류
  ㉠ 전문몰 : 특정 분야의 상품만을 취급하는 인터넷쇼핑몰(책, 티켓, CD, 꽃, 컴퓨터 등)
  ㉡ 종합몰 : 백화점식으로 여러 분야의 상품들을 모두 취급하는 인터넷 쇼핑몰
② 판매 형태에 따른 분류
  ㉠ 디렉토리형 : 자체적으로 상품을 판매하지 않고 쇼핑몰들에 대한 하이퍼링크만 제공하여 하이퍼링크에 대해 쇼핑몰로부터 수수료를 받거나 기타 광고수입을 올리는 경우(예 야후)
  ㉡ 백화점형 : 종합쇼핑몰 형태로 여러 입점회사들을 모아 백화점식으로 운영하는 경우
  ㉢ 메타몰형 : 여러 입점회사들을 모아 백화점식으로 운영하면서도 각 입점회사 쇼핑몰 시스템의 자율성을 최대한 보장하여 메타몰에 들어오는 고객입장에서 보면 마치 하나의 쇼핑몰처럼 보이도록 하는 Mall in Mall인 경우(예 두루넷쇼핑)
③ 사업기반에 따른 분류
  ㉠ 순수 온라인형 : 인터넷 가상공간에 기반
  ㉡ 온라인-오프라인 겸용형 : 기존 오프라인 사업에서 온라인 사업으로 확대한 경우(예 백화점의 전자상거래 사이트)

(7) 전자상거래의 절차
① 1단계 : 소비자는 컴퓨터 통신망이나 인터넷의 가상 상점에 들어가 매장을 돌아다니며, 그곳에 진열되어 있는 상품 가운데 원하는 것을 고른다.
② 2단계 : 필요한 상품을 고른 소비자가 거래 신청서를 통해 가상 상점 운영자에게 팔 것을 요청하면, 운영자는 인증국에 거래요청자가 본인이고 믿을 만한 사람인지 가려줄 것을 요구한다.
③ 3단계 : 인증국은 가상 상점 운영자와 소비자의 정당성과 신용을 법적으로 보증해 주는 곳으로, 국가의 관리를 받는다.
④ 4단계 : 인증국으로부터 소비자에 대한 신용 인증이 전달된다.
⑤ 5단계 : 상점 운영자는 소비자의 거래 요청을 승낙한 뒤 대금을 지불할 것을 요구한다.

⑥ 6단계 : 물품 대금 지불은 대부분 신용카드를 통해 이루어지고 있으며, 가상 은행에서 발행하는 전자화폐를 이용하기도 한다.
⑦ 7단계 : 소비자가 신용카드 번호를 입력하는 방법으로 대금을 지불한다.
⑧ 8단계 : 상품이 소비자에게 배달된다.

02 판매수요예측

1 경쟁점의 매출파악법

(1) 경쟁점 분석 시 고려 사항
① 경쟁구조 분석의 경우 상권의 계층적 구조에 입각하여 경쟁업체를 분석하는 것이 필요하고, 잠재적인 경쟁업체를 고려하여야 한다.
② 예를 들면, 1차 상권 또는 2차 상권 내의 경쟁업체를 중점적으로 분석해야 하지만, 경우에 따라서는 3차 상권에 위치한 업체도 강력한 경쟁상대로 철저히 분석하여야 한다.
③ 현재 그 상권에서 영업하고 있지는 않지만, 앞으로 점포개설을 준비하는 업체도 경쟁업체로 분석하여야 한다.

(2) 차별화와 양립
① 차별화
  ㉠ 차별화란 다른 점포와 다른 우리 점포만의 특징을 개발하고 내세우는 것이다.
  ㉡ 경쟁점에 대한 가장 효과적인 대책은 경쟁하지 않는 것이다. 여기서 경쟁하지 않는 것이란 경쟁상대와 전혀 다른 것을 실현하는 것을 말한다. 따라서 경쟁을 하는 것이 아니라 경쟁 상대와의 양립성을 강화해서 경합하면서도 양립하여 공존하는 상태로 만들어가는 것이다.
② 경 합 기출 14
  ㉠ 경합이라는 말에는 경쟁과 양립이라는 두 가지 의미가 포함되어 있다.
  ㉡ 이 두 가지 결합의 상태는 소매업에서만 볼 수 있는 특징이다.
  ㉢ 즉, 집적에 의한 상호 양립을 깊게 하면서 동시에 보다 치열한 경쟁 상태로 나아가는 것으로 대체성이라고도 한다.
  ㉣ 경합의 영향도를 결정하는 요소로는 시장규모, 입지특성, 건물구조, 영업력 및 브랜드 파워 등이 있다.

③ 양 립 기출 13
　㉠ 소매업의 양립관계

고양립	상호고객의 10~20%를 교환하는 점포끼리의 관계
중양립	상호고객의 5~10%를 교환하는 점포끼리의 관계
저양립	상호고객의 1~5%를 교환하는 점포끼리의 관계
부양립	상호고객을 교환하지 않는 점포끼리의 관계
비양립	경쟁점 관계로서 상호 이해가 상반되는 관계

　㉡ 양립성을 높이기 위한 상품 세분화의 단계

취급품목	단지 업종이 같다는 이유만으로 경쟁의식을 갖는 경우가 많으나, 상품 세분화 분석 결과 취급품목이 다르다면 경쟁점 관계라기보다 양립점의 관계라고 할 수 있다. 예를 들어 같은 정육점이라도 A점이 우육 중심, B점이 돈육 중심, C점이 계육 중심이라면, A, B, C의 3개 점포는 서로 양립점의 관계인 것이다. 취급 품목이 같아 상호 경합하는 관계라면 경쟁을 피하기 위해 A, B, C 각 점이 취급 품목을 차별화하는 것이 현명하다.
가격범위	주력 품종이 같고 차별화도 쉽지 않을 경우에는 가격대를 비교해 볼 수 있다. 만일 주력 품종이 같다고 해도 서로 가격대가 다르다면 이것은 경쟁점이라 볼 수 없고 양립점이라고 볼 수 있다.
적정가격	가격대도 같다면 동일 품종의 적정가격을 비교한다. 만일 적정가격이 다르면 자기 점포의 적정가격이 과연 채산성이 있는지 없는지를 다시 한 번 살피는 것이 필요하다.
품 질	마지막으로 적정가격이 같은 경우, 경쟁점보다 품질을 높이는 경쟁 극복 대책을 세우도록 한다.

　㉢ 양립의 원인

집적효과	소매점이 집적하게 되면 대부분의 업종들은 다른 점포와 경쟁하는 동시에 양립한다.
상승 및 보충효과	양립은 상권 내에 유사 업종이 함께 모여 있음으로써 상호 간의 매출 상승 및 보충효과를 얻을 수 있다.
차별화효과	경쟁과 양립관계를 명확히 파악한 후에 그 경쟁점보다 비교 우위를 점할 수 있는 차별화정책을 모색해야 한다.

(3) 상품화 조사

① 경쟁점 분석을 실시하기 위한 1차적인 관문은 경쟁점의 존재를 명확하게 파악하는 것이다. 이런 의미에서 경쟁과 양립을 구별하는 것이 경쟁점 분석의 출발점이 된다. 따라서 경쟁점 분석에서는 무엇보다도 상품화 조사를 우선할 필요가 있다.

② 상품화 조사는 점포에 대해서 경쟁과 양립의 존재를 명확히 해주고 그 분석 결과에서 자기 점포의 바람직한 상품화 수준이 어느 정도인지 파악할 수 있게 해준다.

③ 상품화 조사는 대부분 점포를 관찰하는 것으로 이루어진다. 먼저 점내를 관찰해서 부문별로 핵심이 되고 있는 품종을 찾는다.

④ 핵심 품종을 발견하고 난 후에 해야 할 중요한 일은 품종을 상품 분류상의 구분이 아닌 용도로 분류하는 것이다. 용도수준은 구매동기 또는 구매빈도를 말한다.

(4) 입지조건 분석
    ① 경쟁점의 입지조건 분석
        ㉠ 경쟁점의 입지조건 분석을 위해서 경쟁점 입지의 집적도와 양립도를 조사할 필요가 있다.
        ㉡ 집적도 : 일정한 지역에 점포가 많이 모여 있어 이 지역으로 고객이 집중하는 정도를 말한다. 해당 면적의 증대효과, 소비자 흡입력 증가, 공간적 인접성 확보, 소비자의 집중력 확보 등의 효과를 볼 수 있다.
        ㉢ 양립도 : 점포의 주변에 이익을 함께 나누어 가지는 점포가 몇 개나 존재하는가의 문제이다. 동일수준의 점포 수가 많을수록 양립도는 높게 된다.
    ② 입지수준의 결정
        ㉠ 입지수준은 상권범위가 얼마나 넓은가로 결정된다.
        ㉡ 상권범위의 크기는 내점 빈도와 반비례한다. 내점하는 고객의 방문이 빈번하다는 것은 고객의 거주지가 이 입지에서 가깝다는 것을 의미하며, 이 입지의 상권범위가 작다는 것을 의미한다.
    ③ 상권범위의 크기 결정 요인
        ㉠ 상권범위의 크기를 결정하기 위해 입지를 둘러싼 주변 지역의 인구 분포, 교통 상황, 산이나 강 등의 지리적 상황을 조사한다.
        ㉡ 기존 점포의 수준 등을 조사한다.
    ④ 상품수준과 입지수준
        ㉠ 상품화와 입지수준이 일치할 때 점포의 영업효율은 최대로 나타날 수 있다. 점포의 출점지를 결정할 때 점포의 상품수준을 최우선으로 고려하지 않으면 입지 선정도 불가능하기 때문이다.
        ㉡ 대규모출점 전략은 점포의 상품수준과 동일한 입지수준을 선정하는 것에 의해 결정된다.

(5) 적정가격과 품질의 비교
    ① 주력품종의 가격수준 속에서 적정가격을 조사하여 적정가격이 일치하지 않을 경우 이 점포를 경쟁점에서 제외시킬 수 있다.
    ② 적정가격이 일치하는 경우는 마지막으로 품질을 비교한다. 자기 점포의 품질이 뛰어나다면 상관없지만 같은 수준이라면 경쟁점이라고 할 수 있다.
    ③ 상품이 국산품일 경우에는 브랜드를 비교하는 것도 반드시 필요하다.

(6) 부문분석
    ① 같은 업태 중에서도 하나하나의 업종부문별로 비교하려는 것, 즉 점포를 구성하는 각 부문별로 정보를 파악해서 이를 모두 합한 뒤, 점포 전체의 경쟁력을 알아보려는 것이다.
    ② 부문분석은 실지조사를 통해 이루어지는데, 실지조사란 직접 발로 뛰면서 대상 부문의 점포에 대한 각 정보를 기록하는 방법을 말한다.
    ③ 부문분석 조사를 통해 분포도를 작성할 수 있을 뿐만 아니라 상권 각 부문의 총 매장 면적과 총매출을 파악할 수 있다. 여기에서 자기 점포의 각 부문의 매장 면적 대 점유율을 계산해 낼 수 있다.

2 판매수요예측법(간이산출법, 매장면적비율법)

(1) 획득가능 매출의 추정

획득가능한 매출의 추정이 신규출점 업무 중 가장 중요하고 어려운 작업이다. 매출의 추정은 정확한 상권 설정 및 규모의 추정, 입지 및 고객분석, 경쟁여건 분석 등을 통해 이루어지는데, 매출 예측이 잘못되었을 경우 해당 점포뿐만 아니라 회사 전체적으로 건실한 경영을 유지하기 어렵다. 일반적으로 이루어지는 매출 추정법은 다음과 같다.

① 모델점의 매장 효율(평당 매출) 적용 : 인근 경쟁점 또는 유사지역 점포의 평당 매출을 적용하여 추정하되 기존점 대비 신규점의 효율 및 업체 간 경영능력 등을 감안한다.

> 계획점의 매출액 = × 모델점의 평당매출(3.5백만원)
> × 매장면적(6,000평)
> × 신규점효율지수(70%)
> × 경영능력지수(110%)
> = 161.7억원

② 예상 고객 수 및 객(客)단가 적용 : 계획지의 객단가와 자사점포 및 경쟁점의 객단가를 비교하여 추정한 뒤 상권분석을 통해 설정된 예상고객수를 감안하여 매출을 추정한다.

> 계획점의 매출액 = × 예상객단가(2.5만)
> × 예상고객수(2.0만)
> × 영업일수(320일)
> = 1,600억원

③ 회전율 적용 : 점포 좌석의 회전 수를 감안하여 매출을 추정한다.

> 매출액 = 좌석수 × 좌석점유율 × 회전율 × 객단가 × 영업일수

④ 지역별 점유비 산정에 의한 방법 : 지역별로 시장 규모를 산출하고, 계획점·경쟁점·상권 외의 유출 등으로 시장점유율을 분할하여 획득가능 매출을 추정하며, 시장점유율의 분할은 고객 앙케트를 통해 구하는 것이 일반적이다.

⑤ 매장면적 점유율에 의한 방법 : 매장면적 점유율에 의한 매출 추정은 다음과 같은 단계를 거쳐 이루어진다.

> • 상권 전체의 시장규모 산출
>   ⇒ 가구당 소매매출(50만/월) × 가구 수(25만 세대) × 12개월 = 1조 5천억원
> • 상권 외 유출을 감안한 상권 내 체류마켓규모를 산출
>   ⇒ 총 시장규모(1.5조원) − 상권 외 유출(10%, 1,500억원) = 1조 3,500억원
> • 점포별·업태별로 효과 면적을 산출하여 상권 내 체류마켓을 효과면적 점유율별로 분할하여 계획점 매출 추정
>   ⇒ 체류마켓 총액(1조 3,500억원) × 상권점유율(11.8%) = 1,593억원

⑥ 상권 내 예상소비지출총액 : 평균소비성향, 평균가처분소득액, 총 가구수를 곱함으로써 얻을 수 있다.

> 상권 내 예상소비지출총액 = (1 + 평균소비성장률) × 가구당 평균가처분소득 × 상권 내 총 가구수

(2) 점포매출 예측법

① **판매원 예측법** : 지역별 소비자의 성향을 예측에 반영할 수 있는 방법이나 판매원의 기억에 의해 왜곡될 가능성이 있다.
② **델파이법** : 전문가 집단에게 설문조사를 실시하여 집단의 의견을 종합하고 정리하는 연구 기법으로 시장 전반적인 환경이나 신제품에 대한 장기 예측이 가능한 방법이지만, 시간과 비용이 상대적으로 많이 소요된다.
③ **시장조사법** : 소비자에게 직접 의견을 확인함으로써 보다 정확하고 다양한 정보를 수집할 수 있는 방법이다.
④ **중역의견법** : 소비자패널을 활용하기 어려운 상황에서 시장에 대한 장기적 예측이나 신제품에 대한 예측이 가능한 방법이다.

3 매장적정규모 전략

(1) 구매력 평가

상권이 설정되면 다음 단계로 구매력을 추정한다. 구매력은 점포의 규모를 결정하는 중요한 요소가 되며, 구매력을 추정하는 방법은 다음과 같다.

① **상권 내의 세대 구매력** : 상권 내의 세대수 × 1세대당 상품구매지출
  (1세대당 상품구매지출 = 1세대당 소비지출 - 1세대당 비구매지출)
② **사업소의 구매력** : 상권 내의 사업소 자체가 일반점포에서 구매하는 금액의 합계로 사업소의 규모와 수를 고려하여 측정한다.
③ **유입인구의 구매력** : 유입인구를 사업소의 종업원 수와 역의 승객 수 등을 고려하고, 음식비, 교양오락비, 피복비, 신변품비 등을 추계하여 '유입인구의 일인당 점포에서 구매하는 금액 × 유입 인구'로 계획한다.
④ **총 구매력** : 상권 내의 세대구매력 + 사업소의 구매력 + 유입 인구의 구매력

(2) 점포의 적정규모(면적)의 산정

상권범위가 설정되면 상권규모를 추정하여 그에 따른 점포규모를 추정해야 하는데, 상권 내 구매력에 의한 계산이나 유사지역과의 비교 또는 매장면적 대비 인구비에 의한 계산이나 점포의 적정규모를 산출하고, 법적 가능 면적 및 동원 가능한 자금을 고려하여 최종적인 규모를 확정한다.

① **구매력에 의한 방법** : 상권 내 백화점 흡인가능 세대수에 세대당 상품구매지출을 곱하여 상권규모를 구한 다음 평당 목표매출액을 나누어 적정규모를 산출한다.

$$적정면적 = \frac{상권\ 내\ 흡인가능\ 세대수 \times 1세대당\ 월평균\ 상품구매지출}{월\ 평당\ 매출목표}$$

② **유사 지역과의 비교에 의한 방법** : 출점 후보지와 동 규모 지역의 점포매장 점유율을 비교하여 추산한다.
③ **매장면적 대비 인구비에 의한 방법** : 점포 1평당 인구비교에서 적은 수의 지역을 선택하여 후보지도 동 수준으로 가정하여 실시한다.

CHAPTER 03 실전예상문제

※ 본 문제를 풀면서 이해체크를 이용하시면 문제이해에 보다 도움이 될 수 있습니다.

01 상권의 개념에 대한 설명으로 가장 옳지 않은 것은?

① 판매자 측면에서의 상권 – 특정 마케팅 단위나 집단이 상품과 서비스를 판매하고 인도함에 있어 비용과 취급 규모면에서의 특정 경계에 의해 결정되는 경제적인 범위
② 구매자 측면에서의 상권 – 적절한 가격의 재화 및 용역을 합리적으로 구매할 수 있을 것으로 기대되는 지역적 범위
③ 판매량 측면에서의 상권 – 판매량에 따라 1차 상권, 2차 상권, 3차 상권 및 영향권 등으로 구분하여 각 상권별 판매량에 따른 상권의 범위
④ 포괄적인 상권 – 한 점포 또는 점포집단이 고객을 유인할 수 있는 특정 지점
⑤ 상권의 범위 – 인구밀도 분포, 쇼핑몰에 접근하는 교통조건, 경쟁 상업지의 위치와 규모에 의해 결정

> 해설: 상권이란 상업상의 거래를 행하는 공간적 범위를 말하며, 상세권이라고도 한다. 또한, 상권은 보통 두 가지 의미로 사용되는데 첫째, 한 점포가 고객을 흡인하거나 흡인할 수 있는 범위, 둘째 다수의 상업시설이 고객을 흡인하는 공간적 범위이며, 어떤 특정 지점이라고 단정 지을 수는 없다.

02 상권에 관한 설명으로 가장 올바르지 않은 것은?

① 상권은 점포의 매출 및 고객이 창출되는 지리적으로 인접한 구역을 말하는데, 두세 개의 구역으로 분리될 수 있다.
② 주요 고속도로나 철도가 남북으로 길게 놓여있을 경우에는 상권도 남북으로 긴 타원의 형태가 된다.
③ 편의점의 상권은 고객이 자동차를 이용하여 먼 거리를 운전해도 부담 없이 쉽고 빠르게 구매할 수 있는 위치가 좋다.
④ 상권 내의 목적점포는 상품, 상품의 종류, 전시, 가격 혹은 다른 독특한 특징이 고객유인 역할을 하는 점포이다.
⑤ 상권 내의 기생점포만으로는 고객이동을 발생시키지 못하며, 이곳의 상권은 해당 지역의 쇼핑센터나 소매지역에서 주도적으로 성장하는 소매업체에 의해 결정된다.

> 해설: 편의(품)점 상권의 경우는 근처의 가게에서 사는 상품으로 생필품이 대부분이며, 주로 저차원 중심지에 입지한다. 동시에 입지는 고객 가까이에 위치해야 하므로 도보로는 10~20분 이내, 거리는 1,000m 이내 위치로, 주로 통행하는 길목에 상점이 위치하는 것이 좋다.

정답 01 ④ 02 ③

03 소매상권에 대한 내용으로 옳은 것은?

① 상권은 정적이지 않고 마케팅 전략, 가격, 점포 규모, 경쟁 등에 따라 수시로 변한다.
② 상권의 규모는 동일한 업종의 점포밀도에는 영향을 받지 않는다.
③ 상권규모는 상권 내 소비자의 숫자와는 관련이 있으나 구매빈도와는 관련이 없다.
④ 상권 내 인구밀도가 증가하면 동일한 유형의 점포밀도는 감소한다.
⑤ 상품의 유형에 관계없이 상권의 범위는 일정하다.

> ② 상권의 규모는 동일한 업종의 점포밀도에 영향을 받는다. 동종의 소매점포에 대한 밀집도가 높은 경우 상권이 크다.
> ③ 상권규모는 상권 내 소비자의 숫자뿐만 아니라 구매빈도와도 관련이 있다. 상권 내 소비자의 숫자가 많고, 구매빈도가 높을수록 상권이 크다.
> ④ 상권 내 인구밀도가 증가하면 동일한 유형의 점포밀도는 증가한다.
> ⑤ 상품의 유형에 따라 상권의 범위는 달라진다. 상품의 성격이나 종류가 같은 점포들에서는 차별화 전략을 추구하는 점포가 표준화 전략을 추구하는 점포보다 상권의 범위가 크다.

04 누적유인의 효과가 크지 않고 입점업체들 사이의 업종연관성을 의미하는 업종친화력이 가장 낮은 상가로서 옳은 것은?

① 부심의 지하철 역세권 상가
② 근린 상가
③ 학원가 밀집지역 상가
④ 대형평형 아파트 단지상가
⑤ 대학가 상가

> 부(도)심 역세권 상가는 지가의 수준은 상대적으로 높고 도심과 달리 도시의 일부 지역만을 상권 대상으로 하므로 도시 전체의 소비자를 유인하지는 못해서 동일·유사 업종 점포들인 경우 수익성을 악화시키므로 업종친화력이 매우 낮다.

05 상권의 계층적 분류에 대한 설명으로 옳지 않은 것은?

① 계층적 구조로 상권을 분류하면 지역 상권, 지구 상권, 개별 상권 등으로 구분할 수 있다.
② 지역 상권은 한 도시 내에 형성된 모든 유통기관들의 총체적 경쟁구조로 형성되어 있다.
③ 지구 상권이란 한 지구 내에서 핵이 될 수 있는 하나의 점포가 직접적으로 형성하는 개별 상권을 말한다.
④ 한 점포가 형성하는 개별 상권은 그 점포의 크기나 특성에 따라 상권의 크기가 변화할 수 있다.
⑤ 큰 행정구역은 복수의 지역 상권을 포함할 수 있고, 한 지역 상권에는 다수의 지구 상권이 포함될 수 있다.

> ③은 지점 상권에 대한 설명이며, 지구 상권이란 집적된 상업시설이 갖는 상권의 범위를 말한다.

06 지리정보시스템(Geographic Information System)의 주요 기능 중에서 아래 글상자가 설명하는 내용으로 가장 옳은 것은?

> - 상권 혹은 영향권을 표현하는 데 사용될 수 있다.
> - 어떤 지도형상, 즉 점이나 선 혹은 면으로부터 특정한 거리 이내에 포함되는 영역을 의미하는 것으로 면의 형태를 하고 있다.

① 주제도작성
② 버퍼링(Buffering)
③ 데이터 및 공간조회
④ 중 첩
⑤ 프리젠테이션 지도 작업

> ① 주제의 등급이나 값을 표현하기 위해 구역이나 지도 지형을 그리거나 상징화함으로써 토지이용, 지질학 또는 인구 분산 같은 지리적 변수나 주제를 기술하는 것으로, 특정 수치에 비례하여 음영, 컬러를 표시해서 특정 주제도를 생성하는 기능이다.
> ③ 지도상에서 데이터를 조회하여 표현하고, 특정 공간 기준을 만족시키는 지도를 얻기 위해 조회 도구로써 지도를 사용하는 것이다.
> ④ 서로 다른 주제를 나타내는 여러 지도를 여러 방식으로 서로 겹치게 하여 원하는 정보를 추출하는 지리정보시스템 분석으로, 점, 선 또는 다각형 형태의 여러 지도의 중첩분석은 시각적으로 동일한 영역의 여러 지도를 쌓은 후 그것을 새로운 하나의 출력 지도로 만든다.
> ⑤ 지도상에 지리적인 형상을 표현하고 데이터의 값과 범위를 지리적인 형상에 할당하며 지도를 확대·축소하는 등의 기능이다.

07 다음 중 상권설정이 필요한 이유라고 보기 어려운 것은?

① 상권의 전체적인 입지계획을 수립하기 위하여 필요하다.
② 잠재적인 수요를 파악하기 위하여 필요하다.
③ 해당 지역 안에 소비자들의 특성 등의 파악을 통해 판촉의 방향 및 제품구색의 갖춤을 파악할 수 있다.
④ 새로운 상업시설을 출점하기 위해 소비자를 흡인할 수 있도록 하는 시장영역으로의 상권범위를 설정할 수 있다.
⑤ 상권의 규모에 적합한 투자 및 시설규모를 결정할 수 있다.

> 상권설정은 구체적인 입지계획을 수립하는 데 도움을 준다.

08 소매점의 상권범위나 상권형태와 관련한 일반적 현상을 설명한 것으로 옳지 않은 것은?

① 동일한 위치에서 입지조건의 변화가 없고 점포의 전략적 변화가 없어도 상권의 범위는 유동적으로 변화하기 마련이다.
② 점포의 규모가 비슷하더라도 업종이나 업태에 따라 점포들의 상권범위는 차이를 보인다.
③ 상권의 형태는 점포를 중심으로 일정거리 이내를 포함하는 원형으로만 나타난다.
④ 점포면적과 상품구색이 유사할 때에도 판촉활동이나 광고활동의 차이에 따라 점포들 간의 상권범위가 달라진다.
⑤ 동일한 지역시장에 입지한 경우에도 점포의 규모에 따라 개별 점포들 간의 상권범위에는 차이가 있다.

> 경쟁점의 위치 및 영향권, 도로의 연계상황, 중심방향 등을 감안하면 아메바형으로 나타나는 경우가 현실적이다.

09 상권분석 방법을 가장 올바르게 설명하고 있는 것은?

① 기술적 방법은 상권의 규모와 특정입지에 대한 여러 요인들을 여러 혁신 기법들을 이용하여 분석하는 방법이다.
② 확률적 방법은 상권의 규모와 특정입지를 결정하기 위해 여러 요인들의 확률을 계산하여 상권규모를 조사하는 것으로 Huff 모형이 대표적이다.
③ 규범적인 방법은 지역시장 내에 가장 많은 고객을 끌어들일 수 있는 이상적인 점포입지를 설명하는 방법으로 초기 상권분석모형의 주류를 이루었다.
④ 확률적 방법의 토대를 제공해 준 Luce 교수의 선택적 공리이론은 이후 규범적 모형이 발달할 수 있는 토대를 제공해 주었다.
⑤ 체크리스트와 같은 방법은 이상적인 입지요인을 기준으로 현실의 입지를 평가할 수 있는 방법으로 규범적 모형의 체계를 따르고 있다.

① 지문 내용은 규범적 방법에 대한 설명이다. 기술적 방법은 상권의 규모에 영향을 미치는 요인들을 수집하여 이들에 대한 평가를 통해 시장잠재력을 측정한다.
② 허프 모형은 특정 점포의 매력도를 점포의 크기만으로 측정하였고, 다른 요인들은 고려하지 않았다.
④ Luce 교수의 선택적 공리이론은 확률적 모형의 이론적 토대를 제공해 주었다.
⑤ 체크리스트 방법은 서술적 모형의 체계를 따르고 있다.

10 신규점포에 대한 상권분석방법 중 확률적 모형에 대한 설명으로 가장 옳지 않은 것은?

① 특정 지역 내의 다수의 점포 중에서 소비자가 특정 점포를 쇼핑장소로 선택할 확률을 계산하는 것이므로 충성도가 높은 소비자의 점포선택이라도 확정적인 것이 아니라 확률적인 가능성을 가지고 있다고 가정한다.
② 허프(Huff)는 1960년대 초 처음으로 점포의 상권을 추정하기 위한 확률적 모형을 소개했는데 소비자의 특정 점포에 대한 효용은 점포 크기에 비례하고 점포까지의 거리에 반비례한다고 가정하였다.
③ 허프모델에 의한 지역별 또는 상품별 잠재수요는 '특정지역의 잠재수요의 총합 × 특정지역으로부터 계획지로의 흡인율'로, 신규점포의 예상매출액은 '지역별 인구 또는 세대수 × 업종별 또는 점포별 지출액'으로 예측한다.
④ MNL 모형은 상권 내 소비자들의 각 점포에서 개별적인 쇼핑에 대한 관측 자료를 이용하여 각 점포에 대한 선택확률은 물론, 각 점포의 시장점유율 및 상권의 크기를 추정한다.
⑤ Luce의 선택공리에 따르면 소비자가 특정 점포를 선택할 가능성은 소비자가 해당점포에 대해 인지하는 접근가능성, 매력 등 소비자 행동적 요소로 형성된 상대적 효용에 따라 결정된다고 보았다.

허프모델에 의한 지역별 또는 상품별 잠재수요는 '지역별 인구 또는 세대수 × 업종별 또는 점포별 지출액'으로, 신규점포의 예상매출액은 '특정지역의 잠재수요의 총합 × 특정지역으로부터 계획지로의 흡인율'로 예측한다.

11 다음 중 비율법에 대한 설명으로 잘못된 것은?

① 가장 큰 장점은 간단하다는 것이며, 이 방법에 사용되는 자료는 손쉽게 구할 수 있고, 분석비용도 다른 어떤 것보다 저렴하다.
② 상권 확정에 분석자의 주관성이 많이 개입되며, 가능매상고에 대한 예측력이 떨어진다는 단점이 있다.
③ 신규점포의 매출액을 예측하는 방법 중의 하나로, 신규점포와 특성이 비슷한 기존의 유사점포를 선정하여 그 점포의 상권범위를 추정한 결과를 자사점포의 신규 입지에서의 매출액을 측정하는 데 이용하는 방법이다.
④ 상권분석에 흔히 사용되는 비율로는 지역비율과 상권비율이 있다.
⑤ 비율법은 몇 가지 비율을 활용해서 적정부지의 선정 및 주어진 부지를 평가하는 방법이다.

> ③은 유추법에 대한 설명이다.

12 소비자의 위치정보를 공간적으로 분석하는 CST map의 활용에 대한 설명으로 옳지 않은 것은?

① 상권의 규모를 파악하여 1차 상권, 2차 상권 및 한계상권을 결정할 수 있다.
② 상권규모를 파악하여 광고 및 판촉전략을 수립할 수 있다.
③ 상권 간의 중복상태를 파악하여 점포들 간의 경쟁 정도를 측정할 수 있다.
④ 2차 자료인 공공데이터를 활용하여 경쟁점포들의 마케팅전략을 이해할 수 있다.
⑤ 신규점포의 기존점포 고객에 대한 잠식정도를 파악하여 점포 확장계획을 수립할 수 있다.

> CST는 2차 자료보다 1차 자료를 이용하는 경우에 정확도가 더 높다.

13 애플바움(W. Applebaum)이 제시한 유추법에 대한 설명 중 가장 옳지 않은 것은?

① 분석담당자의 주관적 판단을 토대로 특성이 다른 여러 점포를 반복적으로 분석하여 공통요인을 찾아내는 방법으로 비효율적이지만 오류를 최소화할 수 있는 기법이다.
② 소비자와의 면접이나 실사를 통한 유사점포의 상권범위 추정결과를 이용하여 신규점포의 예상매출액을 추정한다.
③ 자사점포와 점포특성, 고객의 쇼핑패턴, 고객의 사회경제적・인구통계학적 특성과 유사한 점포 등을 활용하여 상권규모, 고객특성, 경쟁정도 등을 파악할 수 있다.
④ CST 기법은 자사점포를 이용하는 고객들의 거주지를 지도상에 표시한 후 자사점포를 중심으로 서로 다른 동심원을 그림으로써, 상권규모를 시각적으로 파악하며 유추법을 보완할 수 있다.
⑤ 출점하고자 하는 점포와 환경이나 특성이 비슷한 점포를 선정하여 매출액과 상권규모 등을 추정하고, 어떠한 점포를 유추점포로 결정하는지에 따라 상권추정 및 입지가 달라지는 한계성이 많은 방법이다.

> 유추법은 분석담당자의 객관적 판단을 토대로 신규점포와 특성이 비슷한 기존의 유사점포를 선정하여 그 점포의 상권범위를 추정한 결과를 자사점포의 신규 입지에서의 매출액을 측정하는 데 이용하는 기법이다.

14 상권분석에 이용할 수 있는 회귀분석 모형에 관한 설명으로 가장 옳지 않은 것은?

① 소매점포의 성과에 영향을 미치는 요소들을 파악하는데 도움이 된다.
② 모형에 포함되는 독립변수들은 서로 관련성이 높아야 좋다.
③ 성과에 영향을 미치는 영향변수에는 점포특성과 상권 내 경쟁수준 등이 포함될 수 있다.
④ 성과에 영향을 미치는 영향변수에는 상권 내 소비자들의 특성이 포함될 수 있다.
⑤ 회귀분석에서는 표본의 수가 충분하게 확보되어야 한다.

> 회귀분석은 독립변수와 종속변수 간의 상관관계를 분석해야 하므로 독립변수 상호 간에는 상관관계, 즉 서로 관련성이 없어야 한다.

15 레일리(William J. Reilly)의 소매인력법칙(Law of Retail Gravitation)을 설명한 내용들이다. 올바르지 못한 것은?

① 소비자의 특정 도시(상업시설)에 대한 효용(매력도)은 도시(상업시설규모)와 점포까지의 거리에 좌우되며, 특정 상업시설을 선택할 확률은 개별 상업시설들이 가지고 있는 효용(매력도)의 비교에 의해 결정된다.
② A, B 도시(상업시설)가 끌어들일 수 있는 상권범위는 해당 도시(상업시설)의 인구에 비례하고 도시(상업시설) 간의 거리의 제곱에 반비례한다.
③ 소매인력법칙은 개별점포의 상권파악보다는 이웃 도시(상업시설)들 간의 경계를 결정하는 데 주로 이용되는 이론이다.
④ 이론의 핵심내용은 두 경쟁도시 혹은 상업시설(A, B) 사이에 위치한 소도시 혹은 상업시설(C)로부터 A, B 도시(상업시설)가 끌어들일 수 있는 상권범위, 즉 A, B가 중간의 소도시(상업시설)C로부터 각각 자신에게 끌어들이는 매출액을 규정하는 것이다.
⑤ 이 법칙에 의하면 보다 더 많은 인구를 가진 도시가 더 많은 쇼핑 기회를 제공할 가능성이 많으므로 먼 거리에 있는 고객도 흡인할 수 있다.

해설 ①은 허프(Huff)의 확률모형에 대한 설명이다.

16 A도시의 인구는 20만명, B도시의 인구는 40만명, 중간에 위치한 C도시의 인구는 6만명이다. A도시와 C도시의 거리는 5km, C도시와 B도시의 거리는 10km이다. 레일리(Reilly, W.J.)의 소매인력이론을 적용하여 추정할 때, C도시의 인구 중에서 B도시 상권으로 흡수되는 인구의 숫자로 가장 옳은 것은?

① 2만명　　　　　　　　　　　② 3만명
③ 4만명　　　　　　　　　　　④ 5만명
⑤ 6만명

해설 레일리 이론의 공식을 이용하여 문제를 풀면

$$\frac{B_a}{B_b} = \left(\frac{P_a}{P_b}\right)\left(\frac{D_b}{D_a}\right)^2$$

B_a : A시의 상권영역(중간 도시로부터 도시 A가 흡인하는 소매 흡인량)
B_b : B시의 상권영역(중간 도시로부터 도시 B가 흡인하는 소매 흡인량)
P_a : A시의 인구(거주)
P_b : B시의 인구(거주)
D_a : A시로부터 분기점까지의 거리
D_b : B시로부터 분기점까지의 거리

$$\frac{B_a}{B_b} = \left(\frac{20만명}{40만명}\right)\left(\frac{10km}{5km}\right)^2 = 2$$

$B_a = 2B_b$가 되고 C도시의 인구가 6만명이므로 $2B_b + B_b$ = 6만명이다.
따라서 B_b = 2만명이다.

17 다음 중 컨버스의 수정 소매인력이론을 가장 잘 설명한 것은?

① 두 개의 도시 사이의 거래가 분기되는 중간지점의 정확한 위치를 결정하기 위해서 레일리의 인력모델을 수정하여 거리-감소함수를 도출한다.
② 소비자가 소매점포에서 지출하는 금액이 거주도시와 경쟁도시 중 어느 지역으로 흡수되는가에 대한 것으로 중소도시의 소비자가 선매품을 구입하는 데 있어 인근 대도시로 얼마나 유출되는지를 설명해 주는 이론이다.
③ 점포들의 밀집도가 점포의 매력도를 증가시키는 경향이 있음을 나타내는 법칙이다.
④ 한 지역 내의 생활거주지(취락)의 입지 및 수적 분포, 취락들 간의 거리관계와 같은 공간구조를 설명하는 이론이다.
⑤ 상권 내 소비자들의 각 점포에 대한 개별적인 쇼핑여행에 관한 관측자료를 이용해서 각 점포에 대한 선택확률의 예측은 물론, 각 점포의 시장점유율 및 상권의 크기를 추정할 수 있다.

해설 컨버스(Converse)의 수정 소매인력이론은 거리가 멀어짐에 따라 구매이동이 줄어들게 되는 현상을 거리-감소함수로 파악하여 거리 및 구매빈도 사이의 관계를 역의 지수함수의 관계로 파악하였다.
② 컨버스의 제2법칙
③ 레일리의 소매인력법칙
④ 중심지이론
⑤ MNL 모형

18 서로 떨어져 있는 두 도시 A, B의 거리는 30km이다. 이 때 A시의 인구는 8만명이고, B시의 인구는 A시의 4배라고 하면 도시간의 상권경계는 B시로부터 얼마나 떨어진 곳에 형성되겠는가? (Converse의 상권분기점 분석법을 이용해 계산하라.)

① 6km
② 10km
③ 12km
④ 20km
⑤ 24km

> **컨버스의 제1법칙**
> $$D_b = \frac{D_{ab}}{1+\sqrt{\frac{P_a}{P_b}}} = \frac{30}{1+\sqrt{\frac{P_a}{4P_a}}} = \frac{30}{1+\frac{1}{2}} = 20$$

19 Christaller의 중심지 이론에서 제시하는 내용으로 가장 옳지 않은 것은?

① 생산자와 소비자 모두 완전한 지식을 갖는 합리적 경제인으로 본다.
② 하나의 중심지가 있을 때 고려하는 상권은 원형의 형태로 구성된다.
③ 각 지역에서 중심지까지 이동하는 노력의 정도는 거리에 비례한다.
④ 주민의 구매력과 소비형태는 동질적인 것으로 가정한다.
⑤ 이동시간을 기준으로 고려하면 양쪽 중심지까지 무차별적인 지역이 없어지게 된다.

> 양쪽 중심지 중 어떤 중심지를 사용하든지 상관이 없는 지대공간인 무차별적인 지역이 존재한다.

20 아래 글상자에 기술된 예측의 근거가 되는 이론으로 가장 옳은 것은?

> 고속철도의 부작용의 하나로 소위 '빨대효과(straw effects)'가 거론된다. '빨대효과'란 고속교통수단의 도입으로 인해 상대적으로 규모가 작은 도시의 구매력이 대도시에 흡수되어 작은 도시의 상권이 위축되는 현상을 의미한다. 이론에 따르면, 빨대효과는 통상 유명한 대형백화점이나 대형병원에 한정될 뿐, 소규모 소매점들에게는 나타나지 않을 것으로 예측된다.

① 허프(D. L. Huff)의 상권분석모델
② 허프(D. L. Huff)의 수정된 상권분석모델
③ 크리스탈러(W. Christaller)의 중심지이론
④ 라일리(W. J. Reilly)의 소매인력법칙
⑤ 컨버스(P. D. Converse)의 소매인력법칙

> 중심지는 그 기능이 넓은 지역에 미치는 고차중심지로부터 그보다 작은 기능만 갖는 저차중심지까지 여러 가지 계층으로 나뉘는데, 크리스탈러는 이러한 크고 작은 여러 형태의 중심지가 공간적으로 어떻게 입지해야 하는가를 고찰하고 연역적 모델을 만들었다. 오늘날 중심지에 대한 연구는 지역계획 분야에서도 전 국토의 동등한 생활조건의 발전을 목표로 후진지역에 중심지를 만드는 것이 제기되고 있으며, 정기시장이나 도매 중심의 입지론, 공간적 확산이론, 도시시스템론 등 인접분야를 설명하는 데 응용되기도 하여 지역시스템 분석의 기본적 이론으로 중요시된다.

21 Huff의 모형에 대한 설명으로 가장 잘못된 것은?

① 소비자가 매장의 크기와 이동시간을 고려하여 여러 대안 점포 중에서 특정 점포를 선택할 확률을 구할 수 있다.
② 일반적으로 점포크기에 대한 모수(민감도)와 점포까지의 거리에 대한 모수는 서로 반대되는 성격을 갖게 되어 역수로 표현되기도 한다.
③ 소비자가 고려하는 대안 점포가 많아질수록 고객은 더 다양한 기준으로 점포를 선택할 수 있기 때문에 고객은 항상 더 좋은 선택을 할 수 있다.
④ 상품의 성격에 따라 Huff 모형에 사용하는 모수의 크기를 변화시키는 것이 필요하다. 일반적으로 전문품의 경우에는 점포크기의 모수가 거리차이의 모수보다 더 중요하다.
⑤ 각 점포의 효용을 합한 값과 각 개별 점포의 효용 값을 비교하여 구매확률을 계산하게 되므로 점포선택에 대한 합리성을 확보할 수 있다.

> Huff의 모형에서 소비자의 특정 점포에 대한 선택 확률은 점포의 규모와 점포까지의 거리(시간) 2개의 변수에 의해 결정된다. 또한, Luce의 모형에 따라 특정 점포에 대한 선택확률은 상권 내에서 소비자가 방문을 고려하는 점포대안들의 효용(매력도)의 총합에 대한 해당 점포의 효용(매력도)의 비율로 표시된다.

22 다음은 허프(Huff)의 모형을 이용하여 점포 선택가능성을 제시한 것이다. 예시에 적합한 설명으로 옳은 것은?

> 형준이는 주변에 있는 3개의 점포 중 하나를 선택하여 상품 '가'를 구매하고자 한다. A 점포는 10km 거리에 있으며 매장면적은 3개의 점포 중 가장 큰 규모인 200m^2를 가지고 있다. B 점포는 20km 거리에 있으며 매장면적은 3개의 점포 중 가장 작은 규모인 100m^2를 가지고 있다. C 점포는 5km 거리에 있으며 매장면적은 중간정도의 크기인 150m^2이다. 형준이의 거리와 매장면적에 대한 선호특성을 감안한 모수는 각각 3과 2이다.

① 상품 '가'의 판매 점포 중에서 다른 점포에 비해 절대적 우위에 있는 점포는 없다.
② A 점포는 다른 점포에 비해 거리는 보통이지만 점포크기가 가장 크기 때문에 비교우위가 있다.
③ 신규점포 D가 형준에게 선택되려면 매장면적과 접근성은 각각 300m^2, 10km 떨어진 곳에 입지하면 된다.
④ C 점포의 경우 가장 가까운 거리와 중간규모의 매장을 구비하였기 때문에 선택될 가능성이 가장 크다.
⑤ 각 점포의 경우 전체 상권 내에서 동일한 비교우위를 가지고 있다고 분석된다.

해설

허프모델 공식을 이용한다.
- A 점포가 선택될 확률

$$P_A = \frac{200^2/10^3}{(200^2/10^3)+(100^2/20^3)+(150^2/5^3)} \fallingdotseq 0.18(=18\%)$$

- B 점포가 선택될 확률

$$P_B = \frac{100^2/20^3}{(200^2/10^3)+(100^2/20^3)+(150^2/5^3)} \fallingdotseq 0.006(=0.6\%)$$

- C 점포가 선택될 확률

$$P_C = \frac{150^2/5^3}{(200^2/10^3)+(100^2/20^3)+(150^2/5^3)} \fallingdotseq 0.814(=81.4\%)$$

따라서 상품 '가'의 판매 점포 중에서 C 점포가 선택될 가능성이 가장 크다.

23. 상권분석 방법 중 확률모형의 활용에 대한 설명으로 가장 올바르지 않은 것은?

① Huff 모형은 거주지역에서 점포까지의 거리나 이동시간을 중심으로 상권흡입력의 크기와 소비자구매가능성을 확률로 모형화하였다.
② 충성도가 높은 소비자의 점포선택이라도 확정적인 것이 아니라 확률적인 가능성을 가지고 있다는 것을 가정하였다.
③ Luce는 소비자는 특정 점포나 쇼핑센터에 대해 상대적인 효용을 가지고 있고 이를 점포선택에 사용한다는 것을 가정하였다.
④ 모형에서 사용되는 거리와 점포매력도에 대한 지수(민감도)는 학자들에 의해 연구되어진 확정된 수치를 사용하는 것이 안전하다.
⑤ 거리와 점포의 규모, 판매원서비스, 상품구색 등 다양한 요소에 대한 효용을 측정하여 점포선택확률을 구할 수 있도록 발전되었다.

해설
Huff의 원래 모형 공식에는 점포매력도(또는 점포크기)에 대한 민감도 계수가 포함되어 있지 않았지만 나중에 원래 모형을 수정하여, 점포크기에 대한 민감도 계수를 포함시켰다. Huff 모형의 수정된 Huff 모형들을 MCI(Multiplicative Competitive Interaction) 모형이라고 한다. MCI 모형은 한 점포의 효용(매력도)을 측정하는 데 있어 매개변수로서 점포의 크기와 점포까지의 거리뿐만 아니라, 다양한 점포관련 특성들을 포함시켰다. Huff 모형이 개별점포에 대한 선택확률을 예측하는 데는 한계가 있지만, 소비자들의 점포선택행동에 대한 여러 실증연구 결과 Huff 모형의 중요변수인 점포까지의 여행시간과 점포크기가 점포선택에 있어 여전히 중요한 변수로 밝혀졌다. 그러나 매개변수는 취급 상품의 특성에 따라 중요도가 달라질 수 있다.

※ 매개변수 λ
특정 상품의 구입에 대해 점포를 방문하는 데 요하는 시간으로, 시간 거리가 쇼핑에 어느 정도의 영향을 주는가를 나타내는 매개변수(Parameter)이다. 매개변수는 실제 표본에서 조사하여 그 실태 결과에 따라 경험적으로 산정한 것으로, 계산이 복잡하여 컴퓨터를 사용하여야 한다.

24. 어떤 소비자가 A, B, C 세 개의 점포를 고려하고 있고, 그 소비자가 가지는 점포 A, B, C의 효용이 각각 8, 6, 5 라고 가정하자. Luce의 선택공리를 적용할 때, 이 소비자가 점포 A를 선택할 확률은 얼마인가?

① 0.3
② 0.8
③ 0.19
④ 0.03
⑤ 0.42

해설
Luce의 선택공리

$$P_{ij} = \frac{U_{ij}}{\sum_{j=1}^{i} U_{ij}}$$

점포 A를 선택할 확률 $= \dfrac{8}{8+6+5} ≒ 0.42$

25 Huff 모형, MNL 모형 등 공간상호작용 모델에 관한 설명으로 가장 옳지 않은 것은?

① 공간상호작용이란 개념은 지리학 분야에서 유래되었다.
② 공간상의 지점들 간 모든 종류(사람, 물품, 돈 등)의 흐름을 공간상호작용이라 한다.
③ 통행거리 등 영향변수의 민감도 계수는 상황에 따라 변화하지 않는다.
④ 소비자에게 인지되는 효용이 클수록 그 점포가 선택될 가능성이 커진다.
⑤ 소비자의 점포선택행동을 확률적 현상으로 인식한다.

> 공간상호작용 모델은 해당 상권 내의 경쟁점포들에 대한 소비자의 지출패턴이나 소비자의 쇼핑여행패턴을 반영함으로써 특정점포의 매출액과 상권규모의 보다 정확한 예측이 가능한 이론이다. 민감도 계수는 실제 표본에서 조사하여 그 실태 결과에 따라 경험적으로 산정한 것으로 상황에 따라 값이 변화한다.

26 다음 내용은 소매포화지수(IRS ; Index of Retail Saturation)에 대한 설명이다. 옳게 짝지어진 것은?

> ㉠ IRS는 어느 한 지역시장에서의 수요 및 공급의 현 수준을 반영하는 척도이다.
> ㉡ 한 지역시장에서 점포포화는 기존의 점포만으로도 고객의 욕구를 충족시킬 수 있는 상태를 말한다.
> ㉢ IRS는 특정 지역시장의 시장성장잠재력(MEP)을 반영하지 못한다.
> ㉣ 소매포화지수는 주로 기존점포에 대한 시장잠재력을 측정하는 데 유용하게 사용된다.
> ㉤ 소매포화지수는 경쟁의 양적인 부분과 질적인 부분을 고려하고 있다.

① ㉠, ㉡, ㉣
② ㉡, ㉢
③ ㉠, ㉢
④ ㉢, ㉣, ㉤
⑤ ㉡, ㉣, ㉤

> ㉡ 한 지역시장에서 점포포화란 기존의 점포만으로는 고객의 욕구를 충족시킬 수 없는 상태를 의미한다.
> ㉣ 소매포화지수는 주로 신규점포에 대한 시장잠재력을 측정하는 데 유용하게 사용된다.
> ㉤ 소매포화지수는 경쟁의 양적인 부분만을 고려하고, 질적인 부분에 대해서는 고려하고 있지 않다.

27 시장확장잠재력을 평가하는 모형에 대한 설명으로 가장 옳지 않은 것은?

① 시장이 미래에 신규수요를 창출할 수 있는 잠재력을 반영하는 지표이다.
② 소매포화지수의 부족함을 보완하여 시장의 상태를 보다 명확하게 판단할 수 있다.
③ 소매포화지수가 높고 시장확장잠재력이 낮으면 미래에 매우 매력적인 시장이 된다.
④ 지역 내 고객의 다른 시장 지출액을 활용하면 우리시장의 잠재력을 확인할 수 있다.
⑤ 소매포화지수와 시장확장잠재력이 모두 낮으면 신규점포의 진출을 고려하지 않는다.

> 시장확장잠재력(MEP ; Market Expansion Potential)은 지역시장이 미래에 신규수요를 창조할 수 있는 잠재력을 반영하는 지표이다. 소매포화지수가 높고 시장확장잠재력도 높아야 매우 매력적인 시장이라 할 수 있다.

28 특정 지역 상권의 전반적인 수요를 평가하는 도구로 활용되는 구매력지수(BPI)에 대한 설명으로 옳지 않은 것은?

① 지역 상권 수요에 영향을 미치는 핵심변수를 선정하고, 이에 일정한 가중치를 부여하여 지수화한 것을 의미한다.
② 전체 인구에서 해당 지역 인구가 차지하는 비율이 반영된다.
③ 전체 매장면적에서 해당 지역의 매장면적이 차지하는 비율이 반영된다.
④ 전체 가처분소득(또는 유효소득)에서 해당 지역의 가처분소득(또는 유효소득)이 차지하는 비율이 반영된다.
⑤ 전체 소매매출에서 해당 지역의 소매매출이 차지하는 비율이 반영된다.

> 구매력지수는 소매점포의 입지분석 시 해당 지역시장의 구매력을 측정하는 기준으로 사용되며, 해당 시장에서 구매할 수 있는 능력을 나타낸다. 인구 및 소매매출, 유효소득에 대해 전체규모 및 특정 지역에서의 규모를 활용해서 계산하는 방식이다.

29 중심성 지수와 가장 관계가 없는 것은?

① 소매업의 공간적 분포를 설명하는 데 도움을 주는 지표로서 유출입지수라고도 한다.
② 매장규모도 중심지 분석을 위해 파악해야 할 가장 중요한 자료 중 하나이다.
③ 소매업이 불균등하게 분포한다는 것은 소매업이 외곽지역보다 중심지에 밀집된 형태로 구성됨을 의미한다.
④ 중심성 지수는 상업인구가 거주인구와 동일할 때 1이 되고, 상업인구가 많으면 많을수록 1보다 큰 값이 된다.
⑤ 도시의 소매판매액을 1인당 소매구매액으로 나눈 값을 상업인구라 한다.

> **해설** 중심성 지수
> 중심성 지수는 소매업의 공간적 분포를 설명하는 지표이다. 어떤 지역의 소매판매액을 1인당 평균구매액으로 나눈 값이 상업인구이고, 상업인구를 그 지역의 거주인구로 나눈 값이 중심성 지수이므로 가장 중요한 요인은 인구이다. 소매 판매액의 변화가 없어도 해당 지역의 인구가 감소하면 중심성 지수는 상승한다.

30 소매상권을 평가하여 소매입지를 선정할 때 활용하는 각종 관련 지수에 대한 설명으로 가장 옳지 않은 것은?

① 시장성장력지수(MEP)는 지역 내 소비자들이 다른 지역에서 쇼핑하는 비율을 고려하여 계산한다.
② 판매활동지수(SAI)는 특정 지역의 총면적에 대한 점포 면적 총량의 비율을 말한다.
③ 소비잠재지수(SPI)는 어떤 특정 제품 혹은 서비스의 가계소비를 분석하는 데 사용된다.
④ 소매포화지수(IRS)는 특정 시장 내에서 주어진 제품 계열의 점포 면적당 매출액의 크기이다.
⑤ 구매력지수(BPI)는 시장의 구매력을 측정하는 지표로서 주로 인구, 소매매출액, 유효소득 등의 요인을 이용하여 측정한다.

> **해설** 판매활동지수는 다른 지역과 비교한 특정한 지역의 1인당 소매매출액을 가늠하는 것으로 인구를 기준으로 해서 소매매출액의 비율을 계산하는 방식이다.

31 시장의 매력도를 분석할 때 활용하는 개념들과 관련된 설명으로 옳지 않은 것은?

① 소매포화지수(IRS)는 한 지역 내 특정 소매업태에 대한 수요를 매장 면적의 합으로 나누어 계산한다.
② 소매포화지수(IRS)는 공급에 대한 수요수준을 나타내며, 지수의 값이 클수록 신규점포 개설의 매력도가 높다는 것을 의미한다.
③ 시장확장잠재력(MEP)은 지역의 가구당(혹은 1인당) 실제지출액을 예상지출액과 비교하여 계산한다.
④ 시장확장잠재력(MEP)의 값이 크면 수요의 증가 가능성이 높음을 의미한다.
⑤ 소매포화지수(IRS)는 소비자들이 거주지역 밖의 다른 지역에서 쇼핑(outshopping)하는 상황을 반영한 것이다.

> 소매포화지수(IRS)는 미래의 신규수요를 반영하지 못할 뿐만 아니라 거주자들의 지역 시장 밖에서의 쇼핑정도 및 수요를 측정·파악하기가 어렵다.

32 다음에서 설명되고 있는 사례는 어떠한 방법을 통해 점포입지를 선정하려는 방법인가?

> 중소도시에 위치한 안경 전문 소매업체인 '잘보여 안경'에서는 지역 내에 직장을 가지고 있는 고객을 대상으로 안경을 판매하고 있다. 지난 상반기에 '잘보여 안경'은 매출을 높이고자 휴일에 음악축제와 어린이를 대상으로 하는 엔터테인먼트를 강화한 판촉행사를 실시하였고, 이후 지속적으로 지역매출이 증가하는 효과를 얻고 있다. 현재 '잘보여 안경'은 이를 계기로 다른 비슷한 지역으로 점포를 확장하기 위해 경쟁상황 분석, 현재의 상권정의, 상권특성분석, 새로운 지역과 비교 등을 수행하고 있다.

① 허프모형(Huff model)
② 유추법(Analog method)
③ CST mapping
④ 회귀분석의 적용
⑤ 규범적 접근방법의 사용

> 유추법은 자사의 신규점포와 특성이 비슷한 기존의 유사점포를 선정하여 그 점포의 상권범위를 추정한 결과를 바탕으로 자사점포의 매출액(상권규모)을 측정하는 데 이용하는 방법이다.

33 다음 상권정보의 수집방법에 대한 설명 중 가장 옳지 않은 것을 고르면?

① 방문면접법은 조사원이 조사 대상자를 실제 방문하여 인터뷰 형식으로 질문을 하고 대답을 받는 방법이다.
② 우편조사법은 조사표를 대상자들에게 우편으로 송부하여 대상자들에게 기입 후 반송해서 받는 방법이다.
③ 유치조사법은 조사원이 대상자들에게 조사표를 배포하고 수일 후에 조사원이 돌아다니며 회수하는 방법이다.
④ 집단면접법은 대상자를 어떤 장소에 모이게 하여 그 장소에서 질문에 대해 대답을 받는 방법을 말한다.
⑤ 전화조사법을 실시할 때에는 평일에 실시할 것인가 휴일에 실시할 것인가, 오전인가 오후인가 등 요일과 시간대의 선정에 있어서 주의할 필요가 있다.

> ⑤는 가두조사법에 대한 설명이다.
> 전화조사법은 조사원이 대상자에게 전화로 질문을 해서 대답을 받는 방법을 말한다. 전화조사법에서는 질문의 수를 적게 해서 상대방으로부터 시간을 빼앗지 않도록 해야 한다.

34 다양한 목적의 상권분석에 활용 가능성이 높은 Huff 모형과 MNL 모형에 대한 설명 중 옳지 않은 것은?

① Huff 모형과 MNL 모형은 상권분석 기법 중에서 확률적 모형으로 분류할 수 있다.
② MNL 모형에 의하면 특정 점포 대안이 선택될 확률은 그 대안이 가지는 효용이 다른 점포 대안들보다 클 확률과 같다.
③ Huff 모형과 MNL 모형은 조사 과정에서 상권을 소규모의 세부 지역으로 나누는 절차를 거친다.
④ Huff 모형과 MNL 모형 모두 상권분석을 실행할 때마다 변수의 민감도 계수를 추정하는 절차를 거치게 된다.
⑤ MNL 모형과 달리 Huff 모형은 점포의 이미지, 가격수준 등 다양한 영향변수를 반영할 수 있다.

> MNL 모형과 달리 Huff 모형은 소비자의 구매 행태를 거리와 매장 면적이라는 두 가지 변수로만 설명한 모형으로서 소비자가 점포를 선택함에 있어서 점포의 이미지 등 고려되는 다양한 요인들을 반영하지 못한다는 한계가 있다.

35 소매점포의 입지선택을 지원할 수 있는 다양한 지리정보시스템(GIS ; Geographical Information System)들이 상업화되어 있다. 이에 대한 설명 중 가장 옳지 않은 것을 고른 것은?

① 고객의 인구통계정보, 구매행동 등을 포함하는 지리적 데이터베이스이다.
② 판매시점에서 수집한 정보를 데이터 웨어하우스에 저장하여 활용한다.
③ 표적고객집단을 파악하는 데 사용할 수 있다.
④ 상권의 경계선을 추정하는 데 사용할 수 있다.
⑤ 다양한 소매점포 유형들의 매출액을 입지별로 추정하는 데 사용할 수 있다.

> 상권분석과 입지선정을 위해 GIS(지리정보시스템)를 활용하면 해당 사업장 주변의 잠재고객에 대한 분포도를 파악할 수 있다. 즉 통계청이 행정구역 단위로 분석하여 데이터베이스화한 자료를 기초로 하여 설정한 지역 내에 거주하고 있는 총가구수 및 인구수, 연령대별로 세분화된 인구수, 주거형태, 자가용 보유 대수, 가구당 월평균 가계수지 중 소비 형태에 따른 지출비용 등을 분석함으로써 지역 내에 거주하고 있는 잠재고객의 소비성향을 파악할 수 있다. 하지만 소매점포 유형들의 매출액을 입지별로 추정할 수는 없다.

36 아래 글상자의 내용은 Huff 모형에서 각 지역에서의 예상 매출액을 구하는 공식이다. 괄호 안에 들어갈 내용으로 옳은 것은?

> 각 지역거주자의 신규점포에서의 쇼핑확률 × 그 지역의 ( ) × 1인당 지출액

① 가구당 소득　　　　　② 주거 형태
③ 특정 점포까지의 거리　　④ 구매빈도
⑤ 인구수

> 각 지역에서의 예상 매출액 = 각 지역거주자의 신규점포에서의 쇼핑확률 × 그 지역의 인구수 × 1인당 지출액

37

상권분석에서 필요로 하는 예상매출액에 대한 추정의 오차를 줄이기 위해 매출액 추정의 다양한 방식이 활용된다. 다음 중 매출액 추정을 위한 방식이 올바르게 표현되지 않은 것은?

① 객단가를 기초로 산출하는 방식으로 매출액 = 고객수 × 객단가
② 객단가를 기초로 산출하는 방식으로 매출액 = 내점객 수 × 매출률 × 평균단가 × 구입개수
③ 종업원 1인당 매출액을 기초로 산출하는 방식으로 매출액 = 종업원 1인당 매출액 × 종업원 수
④ 상품회전율을 중심으로 산출하는 방식으로 매출액 = 재고금액 × 상품회전율
⑤ 평당 연간 매출액을 기초로 산출하는 방식으로 매출액 = 평당 연간 판매액 × 내점객수

> 평당 연간 매출액을 기초로 산출하는 방식으로 매출액 = 평당 연간 판매액 × 매장면적

38

다음 중 경쟁점 조사 및 분석에 대한 설명으로 옳지 않은 것은?

① 1차 상권을 중심으로 건물의 신축, 증축계획, 사무실 이동사항, 관공서 신설, 병원건립, 아파트 재건축사업 시행 등의 사항을 평소에 조사해두어야 한다.
② 상품이 국산품일 경우에는 브랜드를 비교하는 것도 반드시 필요하다.
③ 주력 품종의 가격 수준 속에서 적정 가격을 조사하여 적정 가격이 일치하지 않을 경우라도 점포를 경쟁점으로 설정해야 한다.
④ 신설점포의 경우 상대적으로 저렴함을 느낄 수 있도록 유도하는 소프트 디스카운트(Soft Discount)를 내세우는 것도 좋은 방법이다.
⑤ 단기적으로 가격을 인하하거나, 할인행사를 벌이는 것은 점포 상호 간의 경쟁관계만 악화시킬 뿐, 양자에게 이익을 가져오기는 힘들다.

> 주력 품종의 가격 수준 속에서 적정 가격을 조사하여 적정 가격이 일치하지 않을 경우 이 점포를 경쟁점에서 제외시킬 수 있다. 만약 적정 가격이 일치하는 경우는 마지막으로 품질을 비교한다. 자기 점포의 품질이 뛰어나다면 상관없지만 같은 수준이라면 경쟁점이라고 할 수 있다.

39 다음 중 컨버스(P. D. Converse)의 제2법칙이 설명하는 대상으로 가장 옳은 것은?

① 어느 도시로 소비자가 상품을 구매하러 갈 것인가에 대한 상권 분기점을 찾아내는 것
② 경쟁하는 쇼핑센터들 각각에 대해 개인 소비자가 구매할 확률
③ 중소도시 소비자의 선매품 지출이 인근 대도시로 유출되는 비율
④ 이웃 도시 간의 상권 경계 결정
⑤ 지리적 장애 요인들이 상권 범위의 결정에 미치는 상대적 영향의 크기

> 컨버스의 제2법칙은 소비자가 소매점포에서 지출하는 금액이 거주 도시와 경쟁 도시 중 어느 지역으로 흡수되는가에 대한 것으로 중·소도시의 소비자가 선매품을 구매하는 데 있어 인근 대도시로 얼마나 유출되는지를 설명해주는 이론이다.

40 소매점이 집적하게 되면 경쟁과 양립의 이중성을 가지게 되므로 가능하면 양립을 통해 상호이익을 추구하는 것이 좋다. 양립성을 증대시키기 위한 접근순서가 가장 올바르게 나열된 것은?

① 취급품목 - 적정가격 - 적정가격 대비 품질 - 가격범위
② 가격범위 - 취급품목 - 적정가격 - 적정가격 대비 품질
③ 적정가격 - 취급품목 - 가격범위 - 적정가격 대비 품질
④ 가격범위 - 적정가격 - 적정가격 대비 품질 - 취급품목
⑤ 취급품목 - 가격범위 - 적정가격 - 적정가격 대비 품질

> 양립성을 증대시키기 위한 접근순서
> - 취급품목 : 취급품목이 같아 상호 경합하는 관계라면 경쟁을 피하기 위해 취급품목을 차별화하는 것이 현명하다.
> - 가격범위 : 만일 주력 품종이 같다고 해도 서로 가격대가 다르다면 경쟁점이라 볼 수 없고 양립점이 된다.
> - 적정가격 : 가격대도 같다면 동일 품종의 적정가격을 비교한다. 만일 적정가격이 다르면 자기점포의 적정가격이 과연 채산성이 있는지 없는지를 다시 한 번 살피는 것이 필요하다.
> - 적정가격 대비 품질 : 마지막으로 적정가격이 같은 경우, 품질을 통한 경쟁 극복 대책을 세우도록 한다. 같은 적정가격 품목의 품질을 경쟁점의 품질보다 높게 유지하는 것이다.

CHAPTER 04 · 개점전략

> **Key Point**
> - 점포개점과 투자와 출점전략, 출점의사결정 과정, 점포매출 예측에 대한 내용을 학습한다.
> - 건축법과 국토의 계획 및 이용에 관한 법률에 대한 주요 내용을 학습한다.
> - 용적률 산정 시 연면적에서 제외되는 면적에 대해 암기한다.
> - 용도지역·용도지구·용도구역의 개념에 대해 구분한다.

01 점포개점계획

1 점포개점의 의의

점포개점이란 점포창업자가 자신의 창업환경을 분석한 후 자신이 가장 잘 할 수 있는 혹은 가장 하고 싶은 아이템을 선정, 아이템과 가장 적합한 입지를 골라 영업을 하기 위한 일련의 과정을 말한다.

2 점포개점의 프로세스

(1) 1단계

창업자 환경분석	우선, 자기 분석을 철저히 하고 동원 가능한 창업자금을 고려하여 시기를 정한다.
아이템 선정	적성에 맞거나 하고 싶은 일을 선택한다.
사업계획서 작성	실질적인 내용으로 직접 작성을 한다.
창업방법 결정	특별한 노하우나 기술을 보유하고 있는 경우 또는 유경험자인 경우에는 전문가의 도움을 받아 독립적으로 창업이 가능하지만, 초보자인 경우 프랜차이즈 창업이 유리하다.

(2) 2단계

상권분석	업종에 따라 적합한 상권과 입지는 다르며, 자신의 능력에 맞는 상권과 입지 그리고 점포 크기를 정한다.
입지선정	입지는 상권에서 가장 좋은 곳이어야 한다.
사업타당성 분석	목표 매출이 가능한지의 여부를 보고 결정한다.

(3) 3단계

실내인테리어 및 점포 꾸미기	아이템에 맞는 인테리어로 시너지 효과를 얻을 수가 있다. 프랜차이즈인 경우에는 이미 정해진 인테리어 콘셉트가 있기 때문에 문제가 없지만, 독립창업인 경우 전문가에게 도움을 받는 것이 추가 비용을 줄이는 방법이다. 동일 업종으로 영업을 하고 있는 기존 점포의 인테리어를 벤치마킹하는 것도 좋은 방법이다.
기자재	업종에 따라 필요 기자재는 차이가 있으므로, 자신이 선택한 업종에서 필수적인 기자재는 사전에 충분한 시장 조사를 한 후에 결정을 해야 한다.
초도 물품 준비	장사를 하기 위해서는 판매할 상품을 구비해야 하는데, 판매업종인 경우 도매상을 통해 매입 계획을 세워야 하고 외식업종인 경우 수많은 종류의 식자재를 구입하거나 혹은 구입처를 사전에 확보해 두어야 한다.

(4) 4단계

가격책정	기본적으로 각 메뉴나 상품별 원가 또는 매입가를 기준으로 책정한다. 원가에 임대료, 인건비, 기타 지출 비용, 감가상각 등에 순이익률을 포함해서 정하는 것이 기본이며, 업종에 따라 차이가 있기 때문에 동일 상권의 경쟁 점포의 가격을 파악한 후 판매가격을 정하는 것이 좋다.
인력계획	필요 인력은 업종 및 점포 크기 그리고 영업시간에 따라 각각 다르다.
서비스전략	기본에 충실한 것이 가장 훌륭한 서비스임을 명심하고, 사업자 본인이 가장 자신 있게 할 수 있는 부분을 집중·발전시키는 것도 도움이 된다.
홍보계획	소점포 사업자의 홍보는 작지만 길게 그리고 꾸준히 지속해야 한다.

(5) 5단계

교육 및 인허가	매장 운영에 필요한 교육을 사전에 충분히 받아야 한다.
오픈 준비 및 오픈	사전 준비를 철저히 하고 오픈을 해야 한다. 가오픈을 통해 충분한 현장 실습을 한 후, 본 오픈을 하는 방법이 효과적이다.

3 투자의 기본계획

(1) 개 요

① 투자의 기본계획은 신규설비 및 시설 등의 투자에 관한 점포의 예산을 의미한다. 예상되는 투자 정보는 경기의 상태를 예측하는 데 유용하기 때문이다. 또한, 어떠한 특정 기일에 계획된 투자액의 경우 같은 시기에 실현된 투자액과 차이가 날 때가 많다. 이러한 차이는 새로운 계획의 추가, 다른 계획의 연기, 기타 계획의 중지 등의 이유 때문에 발생된다.

② 기업단위 단계의 경우에는 계획된 투자와 실현된 투자의 차이가 크지만 각 데이터는 집계되어 생산 전체의 것이 되고 더 나아가 경제 전체를 집계한 것으로 되기 때문에 그러한 차이는 상쇄되어 계획된 투자총액은 실현된 투자총액과 상당히 근사하다. 또한, 점포의 계획은 예상되는 입지에서 점포의 장소 및 관련되는 여러 시설과 인원에 대한 계획 등을 설계해서 점포 창업 시에 점포에 투자되는 비용 등을 산출하는 과정이다.

(2) 점포 관련 투자형태

① 이미 출점되어 있는 기존점포 매입
   ㉠ 정상적인 창업 준비 작업이 어려울 때나 사정상 불가피하여 빨리 창업하고자 할 때, 창업 초기 안정적인 소득을 원할 때 창업하는 방법이다.
   ㉡ 점포확보를 위한 비용은 상대적으로 낮은 편이다.
   ㉢ 지속적 영업이 가능하지만 입지여건이나 하드웨어 조건이 열악할 가능성이 높다.

② 점포출점을 위한 건물임대
   ㉠ 다른 투자 형태에 비해 초기 투자비용이 가장 적게 소요된다.
   ㉡ 주변 지역 상권의 환경변화에 빠르게 대응할 수 있다.
   ㉢ 사업을 신속하게 추진할 수 있고, 업종의 선택이 비교적 자유롭다.
   ㉣ 유리한 입지를 선택할 수 있다.

③ 점포출점을 위한 건물매입

장 점	단 점
• 영업활성화를 통한 자산 가치 증식의 기대 • 안정적 영업의 지속 가능	• 초기 투자금액이 많이 소요 • 상권 환경 변화에 대응이 어려움 • 부동산 가치 하락의 리스크가 존재 • 영업이 부진하거나 상권 이동 시 신속한 대응이 어려움

④ 점포신축을 위한 부지임대
   ㉠ 부지매입에 비해 초기 투자비용이 적게 소요되나, 자산 가치의 상승도 적다.
   ㉡ 점포 형태, 진입로, 주차장, 구조 등 하드웨어에 대한 계획을 새롭게 세울 수 있다.
   ㉢ 계약 기간의 만료 시에는 더 이상 지상권을 주장할 수 없다.

⑤ 점포신축을 위한 부지매입

장 점	단 점
• 소 유 • 영업상 신축성 • 새로운 시설 • 일정한 담보 지출 • 지가 상승	• 초기 고가격 • 건설기간 • 좋은 부지 부족 • 장기적 고정화 • 도시계획문제

4 개점입지에 대한 법률규제검토

(1) 법규분석의 경우

토지의 용도, 가치 등의 구조분석, 토지분석, 권리분석과 부동산 개발사업 등과 관련한 인·허가 관련 등의 법률적인 분석을 포함한다.

(2) 권리분석의 경우

부동산 소유 및 기타 법률적 권리관계를 이해하는 것이고, 권리관계 확인을 위해 부동산 및 관련한 자료를 수집해서 법규와 더불어 적합성 여부를 파악한다.

(3) 토지에 대한 기초자료조사

면적, 지구, 관련 법령 등에 대한 것이며, 토지에 대한 권리 관계 조사의 경우가 등기, 압류, 지상권, 근저당 등의 각종 조사 및 분석을 포함한다.

> **개념 PLUS**
>
> **토지(부지)가격의 평가방법**
> • 원가법 : 가격시점에서 대상물건의 재조달 원가에 감가수정(대상물건에 대한 재조달원가를 감액하여야 할 요인이 있는 경우에는 물리적 감가·기능적 감가 또는 경제적 감가 등을 고려하여 그에 해당하는 금액을 재조달 원가에서 공제하여 가격시점에 있어서의 대상물건에 가격을 적정화하는 작업)하여 대상 물건이 가지는 현재의 가격을 산정하는 방법
> • 거래사례비교법 : 대상물건과 동일성 또는 유사성이 있는 물건의 거래사례와 비교하여 대상물건의 현황에 맞게 사정보정 및 시점수정 등을 가하여 가격을 산정하는 방법
> • 수익환원법 : 대상물건이 장래 산출할 것으로 기대되는 순수익 또는 미래의 현금흐름을 적정한 비율로 환원 또는 할인하여 가격시점에 있어서의 평가가격을 산정하는 방법

(4) 법률분석의 경우

권리관계를 표현하는 사법, 다시 말해 민법상 분석과 인허가 관계를 나타내는 공법상 분석 등으로 구분할 수 있다.

> **개념 PLUS**
>
> **권리금** 기출 21
> - 점포임대차와 관련해 임차인이 누리게 될 장소 또는 영업상의 이익에 대한 대가로 임차보증금과는 별도로 지급되는 금전적 대가를 말한다.
> - 점포의 영업시설, 비품, 거래처, 신용, 영업상의 노하우, 상가건물 위치에 따른 영업상의 이점 등을 양도 또는 이용하는 대가이다.
> - 점포에 내재된 부가가치의 하나로 바닥권리금, 시설권리금, 영업권리금, 기타권리금 등이 포함된다.
> - 권리금 계약은 신규임차인이 되려는 자가 임차인에게 권리금을 지급하기로 하는 계약이다.
> - 권리금은 그동안 상가매입 또는 임차 시 관행적으로 인성되어 왔으나 2015년 「상가건물 임대차보호법」이 개정되면서 권리금에 관한 규정이 새롭게 신설되었다.
> - 권리금이란 임대차 목적물인 상가건물에서 영업을 하는 자 또는 영업을 하려는 자가 영업시설·비품, 거래처, 신용, 영업상의 노하우, 상가건물의 위치에 따른 영업상의 이점 등 유형·무형의 재산적 가치의 양도 또는 이용대가로서 임대인, 임차인에게 보증금과 차임 이외에 지급하는 금전 등의 대가를 말한다(상가건물 임대차보호법 제10조의3 제1항).
> - 권리금 계약이란 신규임차인이 되려는 자가 임차인에게 권리금을 지급하기로 하는 계약을 말한다(상가건물 임대차보호법 제10조의3 제2항).
> - 권리금 회수기회 보호 : 임대인은 임대차기간이 끝나기 6개월 전부터 임대차 종료 시까지 다음의 어느 하나에 해당하는 행위를 함으로써 권리금 계약에 따라 임차인이 주선한 신규임차인이 되려는 자로부터 권리금을 지급받는 것을 방해하여서는 아니 된다(상가건물 임대차보호법 제10조의4 제1항).
>   - 임차인이 주선한 신규임차인이 되려는 자에게 권리금을 요구하거나 임차인이 주선한 신규임차인이 되려는 자로부터 권리금을 수수하는 행위
>   - 임차인이 주선한 신규임차인이 되려는 자로 하여금 임차인에게 권리금을 지급하지 못하게 하는 행위
>   - 임차인이 주선한 신규임차인이 되려는 자에게 상가건물에 관한 조세, 공과금, 주변 상가건물의 차임 및 보증금, 그 밖의 부담에 따른 금액에 비추어 현저히 고액의 차임과 보증금을 요구하는 행위
>   - 그 밖에 정당한 사유 없이 임대인이 임차인이 주선한 신규임차인이 되려는 자와 임대차계약의 체결을 거절하는 행위

02 점포의 개점과 폐점

1 출점전략

(1) 출점전략의 기본 방향

출점전략의 핵심요소는 기업의 생명이 되는 사람, 물질, 돈, 정보를 집중적으로 활용이 가능한 상태로 만드는 것이다.

시장력 우선전략	• 출점전략의 기본으로 시장력이 높은 지역부터 출점하도록 한다. 왜냐하면 시장력의 크기에 따라 경합의 영향도가 다르기 때문이다. 시장력이 크다면 경합의 영향도는 작고 반대로 시장력이 작으면 경합의 영향도는 크다. • 인지도 확대전략과의 연계가 중요하다.
시장력 흡수전략	• 시장력에 맞는 규모와 형태로 출점한다. • 시장의 규모에 맞는 출점을 통해 그 시장이 갖는 잠재력을 충분히 흡수하기 위한 것이다. • 시장의 규모가 큼에도 불구하고 점포가 작다면 시장의 잠재수요를 효율적으로 흡수할 수 없고 성공할 기회를 상실하게 된다
인지도 확대전략	• 지역에서 인지도를 확대시키고 신규 고객을 유치하기 위해서는 상품이나 체인을 인지시키는 광고뿐만 아니라 점포 그 자체를 인지시킬 수 있도록 고객과 접촉 횟수를 늘리려는 노력이 필요하다. • 가장 관건이 되는 것이 자사 경합으로, 타사 경합에 비해 영향도가 매우 크기 때문에 출점 시 가장 유의해야 한다.

(2) 출점전략의 수립 시 고려사항

계획수립 시기에 예견되는 현재 환경의 변화가 이 항목에 포함된다. 이러한 환경 요인에 대한 평가는 부정적이든 긍정적이든, 현재 혹은 미래 사업에 영향을 미칠 잠재적인 발전 요인으로 매우 중요하다.

경제적 요인	• 주요 경제요인이 어떻게 각 단위 사업운영에 영향을 미치는가? • 이들 요인과 전년도의 것은 어떻게 비교할 것인가?
인구통계적 요인	• 다양한 인구통계학적 집단들이 어떻게 개별사업의 운영에 영향을 미치는가? • 중요 인구통계학적 집단의 증감은 사업운영에 있어 어떤 의미를 갖는가?
사회적 요인	• 관련된 사회적 경향(태도, 라이프스타일)은 무엇인가? • 태도나 라이프스타일 경향은 사업 운영에 무슨 영향을 미치는가?
기술적 요인	• 계획기간 동안 이용 가능하게 될 응용기술들은 내부 시스템에 어떤 영향을 미치게 될 것인가? • 상품과 서비스의 마케팅은? • 자사의 영업은 이러한 기술에 의해 어떤 영향을 받게 될 것인가?
규제 요인	• 계획수립 기간 중 계획운영에 영향을 줄 기존 혹은 미정의 규제사항들에 대한 기본적 전제는 무엇인가? • 계류 중이거나 잠정적인 규제의 예상 결과는 무엇이며, 이러한 결과가 자사의 사업운영에 미칠 영향은 무엇인가? • 규제사항 중 자사 사업에 포함해야 될 다른 국면, 즉 정치적 요인이 있는가?

(3) 출점전략

① 출점의 방식
- ㉠ 자사소유물건에 의한 출점
- ㉡ 임차 출점
- ㉢ 리스백(Lease-back) 출점
- ㉣ 합작 출점
- ㉤ 프랜차이즈 출점

② 출점전략의 종류

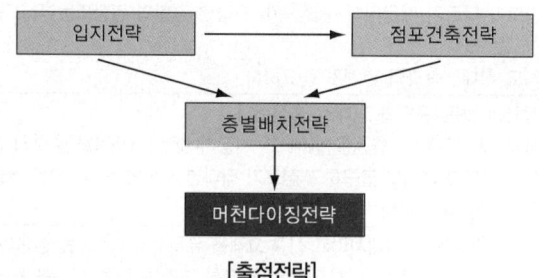

[출점전략]

- ㉠ 인지도 우선 전략 : 일정 넓이의 지역 또는 도시 전체를 대상으로 높은 상권 범위에 복수의 동일 간판을 단 점포를 최적 배치하여 그 지역 내에서의 인지도를 우선적으로 확대해 가는 전략
- ㉡ 다각화 전략 : 기존의 사업과는 다른 새로운 사업 영역에 진출하여 성장을 꾀하는 전략방법이다.
- ㉢ 도미넌트 전략 기출 23
  - 개념 : 일정 지역에 다수점을 동시에 출점하여 특정 지역을 선점함으로써 경쟁사의 출점을 억제하는 전략으로, 물류·배송비용 절감, 브랜드인지도 확산 등의 효과가 크지만, 프랜차이즈의 경우 점포 간의 상권을 보호해 주어야 하는 법적 규제가 있어 활용이 불가능하다.
  - 장점
    - 물류 및 점포관리의 효율성이 증대된다.
    - 상권 내 시장점유율을 높일 수 있다.
    - 경쟁사의 진입을 차단할 수 있다.
    - 브랜드인지도 및 마케팅효과 개선이 가능하다.
- ㉣ 원심적 출점전략 : 중심부로부터 점포를 출점해서 점차적으로 외곽지역 및 지방으로 그 영역을 확대해 나가는 것을 말한다. 이 같은 경우 경쟁력 및 자본력 등이 뒷받침되는 프랜차이즈의 출점전략으로 적절하다.
- ㉤ 구심적 출점전략 : 지방 및 외곽지역 등에 점포를 출점해서 점차적으로 중심부로 진입해 가는 출점전략으로, 경쟁력 및 자본력 등이 부족한 프랜차이즈의 경우에 적절한 출점전략이다.

③ 출점전략 수립 시 검토·결정되어야 할 세부 전략
- ㉠ 입지 전략, 점포건축 전략, 층별 배치 전략이 수립되어야 하며 이를 근간으로 최종적으로 머천다이징 전략이 수립된다.
- ㉡ 자사의 출점전략, 투자능력, 입지여건, 사업성, 파트너의 능력 및 의사 등을 종합 분석하여 결정하게 된다.

(4) 출점의사결정 과정 및 유형

① 출점의사결정 과정

㉠ 출점의사결정 과정은 업태에 따라, 규모에 따라, 출점부지의 소유 여부에 따라 달라지게 된다.
㉡ 백화점 등 대형점의 출점 시 의사결정 과정은 대체적으로 다음과 같다.

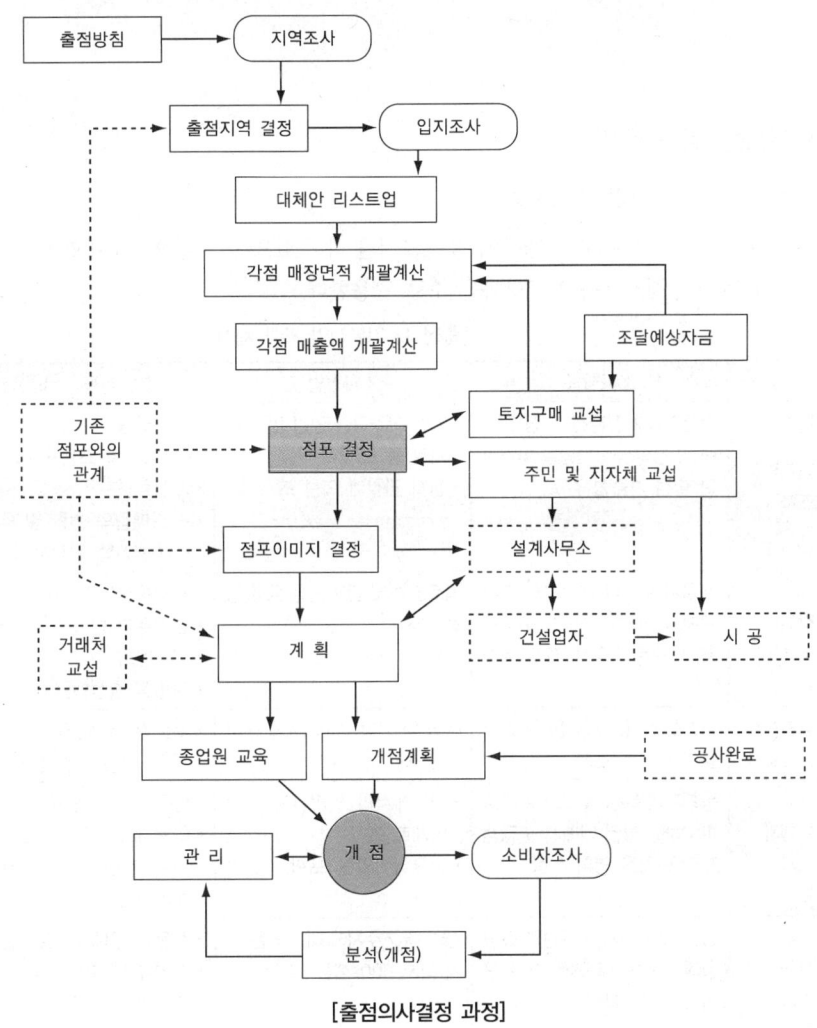

[출점의사결정 과정]

② 출점의사결정 유형

㉠ Type Ⅰ

> 정형화된 점포 → 적합한 시장형태 결정 → 후보지의 모색·평가 → 결정

㉡ Type Ⅱ

> 후보지 분석 → 후보지 결정 → 적응할 점포내용의 결정

㉢ Type Ⅲ

> 후보지 분석 → 각 후보지(표준점포 ↔ 머천다이징) → 결정

> **개념 PLUS**
>
> 출점의사결정 과정
> 출점방침의 결정 → 출점지역의 결정 → 점포의 물색 → 사업계획(수익성 및 자금조달 계획)의 수립 → 점포매입/건설 → 개점

2 점포개점을 위한 준비

(1) 신규 출점 시 기본적인 조사사항

출점 시에는 다음과 같은 7가지 항목에 걸친 조사를 하고 있으며, 기본으로 1~3항목은 입지 분석에 활용하고 마케팅 전략 수립시에는 4~7항목을 주로 활용한다.

[출점 시 기본적인 조사 체계]

구 분	조사항목	조사방법	조사내용

1. 입지환경 조사	출점지의 시장환경, 시장 잠재력 및 경합점의 현황을 파악하여 출점 가능성 검토	• 기존자료(각종 연감 및 통계자료)를 조사
		• 현지 관찰에 의한 조사
			• 지구특성
			  - 인구 및 교통체계와 유출입 인구
			• 시장환경
			  - 소매업의 현황 및 추이
			  - 주변산업 집적지 및 경쟁사 현황 등

2. 장래성 예측조사	계획지 주변의 개발상황(도시계획, 재개발), 대형점 출점동향, 인구동태 등의 장래 예측	자료분석 및 관계 관청 등을 통해 조사	• 지역특성의 변화 • 진입로의 변화 • 인구변화 • 대형점 출점동향
3. 경합점 기초조사	경합점의 개요 파악을 위해 각 점의 특징을 조사	관찰 및 경합점의 자료를 통하여 조사	• 부문별 매장면적 • 가격, 브랜드 층별 조사
4. 통행자 조사	통행자의 특성 및 쇼핑실태를 파악하고 상권 내에서 출점점포의 방향을 명확히 함	• 가두에서의 인터뷰에 의한 앙케트 조사 • 일요일 1일을 포함, 3일간 조사	• 방문목적 및 빈도 • 이용 교통기관 • 자주 방문하는 지역 및 이미지 • 좋아하는 브랜드
5. 상권 내 거주자 조사	상권 내 거주자의 특성과 쇼핑실태 및 상권 내 구매자의 욕구와 경향 등 파악	상권 내 거주자에 대한 방문 조사(최저 600 샘플 필요)	• 상품별 구매 시 잘 이용하는 지역 및 점포 • 지역별 방문빈도 이용 이유 • 지역별 이미지 평가 • 점포 이용 시 중요사항 • 상품별 가격, 이미지 및 좋아하는 패션 브랜드
6. 그룹 인터뷰 조사	소비자의 구매동향, 의식, 요구를 각각의 상품레벨에서 상세히 파악, 가설(전략, 전술)이 있는 경우 그 검증으로 활용	특성에 따라 구분된 여러 그룹에 대해 인터뷰, 토론 방식으로 행함(최저 6개 그룹 필요)	• 구매행동 및 의식 • 라이프스타일 • 각 점 평가 • 불만, 의견요망 ※ 조사 목적에 따라 적절히 활용
7. 경합점 모델점 조사	경합점의 입지력, 상품력, 시설력, 판매력, 운영력 파악	현장관찰 및 자료 분석에 의함	• 입지력(도심, 교외 등) • 시설력(점포 규모, 주차능력) • 상품력(품질, 가격 등) • 판매력(판촉, 서비스) • 운영력(전체적인 관점에서 관리하는 능력)

(2) 상권의 설정

① 산이나 하천 등 지형의 형태에 따라 거주 장애지역을 고려, 고객의 거주 범위를 예상하여 작성한다.
② 교통 조건을 고려, 도보상권, 버스상권, 지하철상권 등을 예상하여 작성한다.
③ 상권의 경쟁관계를 고려, 레일리법칙 등을 이용하여 상권의 경계가 되는 지점을 결정한다.
④ 방문조사(거주자조사), 통행자 조사 등을 실시, 실제로 구매하러 오는 범위를 파악하여 상권을 결정한다(가장 일반적인 방법).

(3) 구매력 평가

상권이 설정되면 다음 단계로 구매력을 추정한다. 구매력은 점포의 규모를 결정하는 중요한 요소가 되며, 구매력을 추정하는 방법은 다음과 같다.

① 상권 내의 세대 구매력 : 상권 내의 세대수 × 1세대당 상품구매지출
　　　　　　　　　　　　(1세대당 상품구매지출 = 1세대당 소비지출 − 1세대당 비구매지출)
② 사업소의 구매력 : 상권 내의 사업소 자체가 일반점포에서 구매하는 금액의 합계로 사업소의 규모와 수를 고려하여 측정한다.
③ 유입인구의 구매력 : 유입인구를 사업소의 종업원 수와 역의 승객 수 등을 고려하고, 음식비, 교양오락비, 피복비, 신변품비 등을 추계하여 '유입인구의 일인당 점포에서 구매하는 금액 × 유입인구'로 계획한다.
④ 총 구매력 : 상권 내의 세대구매력 + 사업소의 구매력 + 유입인구의 구매력

(4) 점포의 적정규모(면적)의 산정

상권범위가 설정되면 상권규모를 추정하여 그에 따른 점포규모를 추정해야 하는데, 상권 내 구매력에 의한 계산이나 유사지역과의 비교 또는 매장면적 대비 인구비에 의한 계산이나 점포의 적정규모를 산출하고, 법적 가능 면적 및 동원 가능한 자금을 고려하여 최종적인 규모를 확정한다.

① **구매력에 의한 방법** : 상권 내 백화점 흡인가능 세대수에 세대당 상품구매 지출을 곱하여 상권 규모를 구한 다음 평당 목표매출액을 나누어 적정규모를 산출한다.

$$적정면적 = \frac{상권\ 내\ 흡인\ 가능한\ 세대\ 수 \times 1세대당\ 월평균\ 제품구매\ 지출}{월\ 평당\ 매출목표}$$

② **유사 지역과의 비교에 의한 방법** : 출점 후보지와 동 규모 지역의 점포매장 점유율을 비교하여 추산한다.
③ **매장면적 대비 인구비에 의한 방법** : 점포 1평당 인구비교에서 적은 수의 지역을 선택한 후 후보지도 동 수준으로 가정하여 실시한다.

> **개념 PLUS**
>
> **점포규모 산정 시 고려사항**
> - 동원 가능한 자금 : 보증금 수입, 내부 잉여금, 차입금 등을 고려해야 한다.
> - 적정매장면적 : 상권 내의 경합상황 및 구매력 등을 고려해야 한다.
> - 법정 가능한 면적 : 용적률 및 건폐율 등을 고려해야 한다.
> - 순현재가치(NPV) : 내부할인율로 계산한 순현재가치(NPV)가 양(+)의 값이어야 한다.

(5) 마케팅전략 수립

① 시장의 시대적 변화, 지역의 특성, 고객의 특성 등을 고려하여 점포의 콘셉트(Concept)를 설정한다.
② 소비자를 연령·직업·소득·생활 정도 등으로 분류하는 방법인 인구통계학적(Demographic) 분류법과 독신기, 가족형성기 등을 기준으로 지점의 주 고객층을 설정·분류하는 라이프 스테이지(Life Stage) 분류법을 이용해 주 고객층 타깃(Target)을 설정한다.

(6) 사업성 분석

대형점의 신규출점의 판단근거	국내의 일반적 사업성 평가기준
• 흑자전환시점 • 투자회수기간 • 투자수익률	• 흑자전환시점 : 3~4년 이내 • 투자회수기간 : 10년 • 내부수익률(IRR) • 순현재가치(NPV)

개념 PLUS

순현재가치(NPV ; Net Present Value)
순편익(편익-비용)의 흐름을 현재가치로 계산해서 이를 합계한 것으로, 계획된 사업의 경제성을 가늠하는 척도로 대안 선택 시에 정확한 기준을 제시해 주고 계산이 용이하여 교통사업의 경제성 분석 시에 보편적으로 이용되는 방법이다.

내부수익률(IRR ; Internal Rate of Return)
투자에 소요되는 지출액의 현재가치가 그 투자로부터 기대되는 현금수입액의 현재 가치와 동일하게 되는 할인율로 미래의 현금수입액이 현재의 투자가치와 동일하게 되는 수익률을 말한다.

3 업종전환

(1) 개 념

① 업종전환이란 제조업, 도소매업, 서비스업의 업태를 바꾸거나 업종을 변경하는 경우를 말한다.
② 동종업종에서 동종업종으로 바꾸는 경우 또는 동종업종에서 타업종으로 바꾸는 경우가 대표적이다.
③ 일반 음식점에서 분식점 또는 삼겹살집에서 레스토랑으로 바꾸는 경우의 예를 들 수 있다.

(2) 업종전환의 근본적 이유

① 영업부진 점포에 대한 새로운 사업기회 제공
② 기존시설을 가급적 활용하고 재투자비용을 최소화하여 새로운 사업기회 모색
③ 폐업으로 인한 손실 최소화

(3) 업종전환의 절차

전화상담 및 컨설팅 결정 → 점포현장 방문 → 점주 및 직원 인터뷰 → 상품경쟁력 파악 → 내부경쟁력 분석 → 외부경쟁력 분석 → 소비자만족도 조사 → 실패원인 분석 → 보고서작성 및 브리핑 → 업종전환실행 및 사후관리

4 퇴점(폐점)

다음 2개의 모형으로 상권과 점포를 평가했을 때 모두 부정적인 결과가 나왔을 경우 퇴점을 검토해야 한다.

(1) 시장규모와 매출규모의 모형

시장규모	도시형	점포를 중심으로 반경 500m 이내의 소매판매액
	교외형	점포의 주간 인구와 야간 인구, 그리고 반경 3km 전후의 소매판매액
매출규모		점포마다의 매출 평균

(2) 시장성장성과 손익분기점의 모형

시장성장성	도시형	점포를 중심으로 반경 500m~1km 범위의 소매판매액 성장률
	교외형	점포를 중심으로 반경 3km 전후범위의 주간인구, 야간인구 성장률, 세대수의 성장률
손익현황		각 점포의 손익현황

03 인허가 절차에 따른 관련 법률

1 건축법

[시행 2024. 6. 27.] [법률 제20424호, 2024. 3. 26., 일부개정]

(1) 목적(법 제1조)

이 법은 건축물의 대지·구조·설비 기준 및 용도 등을 정하여 건축물의 안전·기능·환경 및 미관을 향상시킴으로써 공공복리의 증진에 이바지하는 것을 목적으로 한다.

(2) 용어의 정의(법 제2조 제1항)

① 대지(垈地) : 「공간정보의 구축 및 관리 등에 관한 법률」에 따라 각 필지(筆地)로 나눈 토지를 말한다. 다만, 대통령령으로 정하는 토지는 둘 이상의 필지를 하나의 대지로 하거나 하나 이상의 필지의 일부를 하나의 대지로 할 수 있다.

② **건축물** : 토지에 정착(定着)하는 공작물 중 지붕과 기둥 또는 벽이 있는 것과 이에 딸린 시설물, 지하나 고가(高架)의 공작물에 설치하는 사무소·공연장·점포·차고·창고, 그 밖에 대통령령으로 정하는 것을 말한다.

③ **건축물의 용도** : 건축물의 종류를 유사한 구조, 이용 목적 및 형태별로 묶어 분류한 것을 말한다.

④ **건축설비** : 건축물에 설치하는 전기·전화 설비, 초고속 정보통신 설비, 지능형 홈네트워크 설비, 가스·급수·배수(配水)·배수(排水)·환기·난방·냉방·소화(消火)·배연(排煙) 및 오물처리의 설비, 굴뚝, 승강기, 피뢰침, 국기 게양대, 공동시청 안테나, 유선방송 수신시설, 우편함, 저수조(貯水槽), 방범시설, 그 밖에 국토교통부령으로 정하는 설비를 말한다.

⑤ **지하층** : 건축물의 바닥이 지표면 아래에 있는 층으로서 바닥에서 지표면까지 평균높이가 해당 층 높이의 2분의 1 이상인 것을 말한다.

⑥ **거실** : 건축물 안에서 거주, 집무, 작업, 집회, 오락, 그 밖에 이와 유사한 목적을 위하여 사용되는 방을 말한다.

⑦ **주요구조부** : 내력벽(耐力壁), 기둥, 바닥, 보, 지붕틀 및 주계단(主階段)을 말한다. 다만, 사이 기둥, 최하층 바닥, 작은 보, 차양, 옥외 계단, 그 밖에 이와 유사한 것으로 건축물의 구조상 중요하지 아니한 부분은 제외한다.

⑧ **건축** : 건축물을 신축·증축·개축·재축(再築)하거나 건축물을 이전하는 것을 말한다.

⑨ **결합건축** : 용적률을 개별 대지마다 적용하지 아니하고, 2개 이상의 대지를 대상으로 통합적용하여 건축물을 건축하는 것을 말한다.

⑩ **대수선** : 건축물의 기둥, 보, 내력벽, 주계단 등의 구조나 외부 형태를 수선·변경하거나 증설하는 것으로서 대통령령으로 정하는 것을 말한다.

⑪ **리모델링** : 건축물의 노후화를 억제하거나 기능 향상 등을 위하여 대수선하거나 건축물의 일부를 증축 또는 개축하는 행위를 말한다.

⑫ **도로** : 보행과 자동차 통행이 가능한 너비 4미터 이상의 도로(지형적으로 자동차 통행이 불가능한 경우와 막다른 도로의 경우에는 대통령령으로 정하는 구조와 너비의 도로)로서 다음의 어느 하나에 해당하는 도로나 그 예정도로를 말한다.

　㉠ 「국토의 계획 및 이용에 관한 법률」, 「도로법」, 「사도법」, 그 밖의 관계 법령에 따라 신설 또는 변경에 관한 고시가 된 도로

　㉡ 건축허가 또는 신고 시에 특별시장·광역시장·특별자치시장·도지사·특별자치도지사(이하 "시·도지사"라 한다) 또는 시장·군수·구청장(자치구의 구청장을 말한다. 이하 같다)이 위치를 지정하여 공고한 도로

⑬ **건축주** : 건축물의 건축·대수선·용도변경, 건축설비의 설치 또는 공작물의 축조에 관한 공사를 발주하거나 현장 관리인을 두어 스스로 그 공사를 하는 자를 말한다.

⑭ **제조업자** : 건축물의 건축·대수선·용도변경, 건축설비의 설치 또는 공작물의 축조 등에 필요한 건축자재를 제조하는 사람을 말한다.

⑮ **유통업자** : 건축물의 건축·대수선·용도변경, 건축설비의 설치 또는 공작물의 축조에 필요한 건축자재를 판매하거나 공사현장에 납품하는 사람을 말한다.

⑯ **설계자** : 자기의 책임(보조자의 도움을 받는 경우를 포함한다)으로 설계도서를 작성하고 그 설계도서에서 의도하는 바를 해설하며, 지도하고 자문에 응하는 자를 말한다.

⑰ **설계도서** : 건축물의 건축 등에 관한 공사용 도면, 구조 계산서, 시방서(示方書), 그 밖에 국토교통부령으로 정하는 공사에 필요한 서류를 말한다.

⑱ **공사감리자** : 자기의 책임(보조자의 도움을 받는 경우를 포함한다)으로 이 법으로 정하는 바에 따라 건축물, 건축설비 또는 공작물이 설계도서의 내용대로 시공되는지를 확인하고, 품질관리·공사관리·안전관리 등에 대하여 지도·감독하는 자를 말한다.

⑲ **공사시공자** : 「건설산업기본법」에 따른 건설공사를 하는 자를 말한다.

⑳ **건축물의 유지·관리** : 건축물의 소유자나 관리자가 사용 승인된 건축물의 대지·구조·설비 및 용도 등을 지속적으로 유지하기 위하여 건축물이 멸실될 때까지 관리하는 행위를 말한다.

㉑ **관계전문기술자** : 건축물의 구조·설비 등 건축물과 관련된 전문기술자격을 보유하고 설계와 공사감리에 참여하여 설계자 및 공사감리자와 협력하는 자를 말한다.

㉒ **특별건축구역** : 조화롭고 창의적인 건축물의 건축을 통하여 도시경관의 창출, 건설기술 수준향상 및 건축 관련 제도개선을 도모하기 위하여 이 법 또는 관계 법령에 따라 일부 규정을 적용하지 아니하거나 완화 또는 통합하여 적용할 수 있도록 특별히 지정하는 구역을 말한다.

㉓ **고층건축물** : 층수가 30층 이상이거나 높이가 120미터 이상인 건축물을 말한다.

㉔ **실내건축** : 건축물의 실내를 안전하고 쾌적하며 효율적으로 사용하기 위하여 내부 공간을 칸막이로 구획하거나 벽지, 천장재, 바닥재, 유리 등 대통령령으로 정하는 재료 또는 장식물을 설치하는 것을 말한다.

㉕ **부속구조물** : 건축물의 안전·기능·환경 등을 향상시키기 위하여 건축물에 추가적으로 설치하는 환기시설물 등 대통령령으로 정하는 구조물을 말한다.

> **개념 PLUS**
>
> **건축물의 용도(건축법 제2조 제2항)**
> - 단독주택
> - 제1종 근린생활시설
> - 문화 및 집회시설
> - 판매시설
> - 의료시설
> - 노유자(노인 및 어린이)시설
> - 운동시설
> - 숙박시설
> - 공 장
> - 위험물 저장 및 처리 시설
> - 동물 및 식물 관련 시설
> - 교정(矯正) 및 국방·군사 시설
> - 발전시설
> - 관광 휴게시설
> - 공동주택
> - 제2종 근린생활시설
> - 종교시설
> - 운수시설
> - 교육연구시설
> - 수련시설
> - 업무시설
> - 위락(慰樂)시설
> - 창고시설
> - 자동차 관련 시설
> - 자원순환 관련 시설
> - 방송통신시설
> - 묘지 관련 시설
> - 그 밖에 대통령령으로 정하는 시설

(3) 건축법 적용 제외 건축물(법 제3조 제1항)
   ① 「문화유산의 보존 및 활용에 관한 법률」에 따른 지정문화유산이나 임시지정문화유산 또는 「자연유산의 보존 및 활용에 관한 법률」에 따라 지정된 천연기념물 등이나 임시지정 천연기념물, 임시지정 명승, 임시지정 시·도 자연유산, 임시 자연유산 자료
   ② 철도나 궤도의 선로 부지(敷地)에 있는 다음의 시설
      ㉠ 운전보안시설
      ㉡ 철도 선로의 위나 아래를 가로지르는 보행시설
      ㉢ 플랫폼
      ㉣ 해당 철도 또는 궤도사업용 급수(給水)·급탄(給炭) 및 급유(給油) 시설
   ③ 고속도로 통행료 징수시설
   ④ 컨테이너를 이용한 간이창고(「산업집적활성화 및 공장설립에 관한 법률」에 따른 공장의 용도로만 사용되는 건축물의 대지에 설치하는 것으로서 이동이 쉬운 것만 해당된다)
   ⑤ 「하천법」에 따른 하천구역 내의 수문조작실

(4) 건축위원회(법 제4조 제1항)
   ① 국토교통부 장관, 시·도지사 및 시장·군수·구청장은 다음의 사항을 조사·심의·조정 또는 재정하기 위하여 각각 건축위원회를 두어야 한다.
      ㉠ 이 법과 조례의 제정·개정 및 시행에 관한 중요 사항
      ㉡ 건축물의 건축 등과 관련된 분쟁의 조정 또는 재정에 관한 사항. 다만, 시·도지사 및 시장·군수·구청장이 두는 건축위원회는 제외한다.
      ㉢ 건축물의 건축 등과 관련된 민원에 관한 사항. 다만, 국토교통부 장관이 두는 건축위원회는 제외한다.
      ㉣ 건축물의 건축 또는 대수선에 관한 사항
      ㉤ 다른 법령에서 건축위원회의 심의를 받도록 규정한 사항

(5) 건축 관련 입지와 규모의 사전결정(법 제10조)
   ① 건축허가 대상 건축물을 건축하려는 자는 건축허가를 신청하기 전에 허가권자에게 그 건축물의 건축에 관한 다음의 사항에 대한 사전결정을 신청할 수 있다.
      ㉠ 해당 대지에 건축하는 것이 이 법이나 관계 법령에서 허용되는지 여부
      ㉡ 이 법 또는 관계 법령에 따른 건축기준 및 건축제한, 그 완화에 관한 사항 등을 고려하여 해당 대지에 건축 가능한 건축물의 규모
      ㉢ 건축허가를 받기 위하여 신청자가 고려하여야 할 사항
   ② 사전결정을 신청하는 자는 건축위원회 심의와 「도시교통정비 촉진법」에 따른 교통영향평가서의 검토를 동시에 신청할 수 있다.
   ③ 허가권자는 사전결정이 신청된 건축물의 대지면적이 「환경영향평가법」에 따른 소규모 환경영향평가 대상사업인 경우 환경부 장관이나 지방환경관서의 장과 소규모 환경영향평가에 관한 협의를 하여야 한다.

④ 허가권자는 ①과 ②에 따른 신청을 받으면 입지, 건축물의 규모, 용도 등을 사전결정한 후 사전결정 신청자에게 알려야 한다.
⑤ ①과 ②에 따른 신청 절차, 신청 서류, 통지 등에 필요한 사항은 국토교통부령으로 정한다.
⑥ ④에 따른 사전결정 통지를 받은 경우에는 다음의 허가를 받거나 신고 또는 협의를 한 것으로 본다.
　㉠「국토의 계획 및 이용에 관한 법률」에 따른 개발행위허가
　㉡「산지관리법」에 따른 산지전용허가와 산지전용신고, 같은 법에 따른 산지일시사용허가·신고. 다만, 보전산지인 경우에는 도시지역만 해당된다.
　㉢「농지법」에 따른 농지전용허가·신고 및 협의
　㉣「하천법」에 따른 하천점용허가
⑦ 허가권자는 ⑥의 어느 하나에 해당되는 내용이 포함된 사전결정을 하려면 미리 관계 행정기관의 장과 협의하여야 하며, 협의를 요청받은 관계 행정기관의 장은 요청받은 날부터 15일 이내에 의견을 제출하여야 한다.
⑧ 관계 행정기관의 장이 ⑦에서 정한 기간 내에 의견을 제출하지 아니하면 협의가 이루어진 것으로 본다.
⑨ 사전결정신청자는 ④에 따른 사전결정을 통지받은 날부터 2년 이내에 건축허가를 신청하여야 하며, 이 기간에 건축허가를 신청하지 아니하면 사전결정의 효력이 상실된다.

(6) 건축허가(법 제11조)

① 건축물을 건축하거나 대수선하려는 자는 특별자치시장·특별자치도지사 또는 시장·군수·구청장의 허가를 받아야 한다. 다만, 21층 이상의 건축물 등 대통령령으로 정하는 용도 및 규모의 건축물을 특별시나 광역시에 건축하려면 특별시장이나 광역시장의 허가를 받아야 한다.
② 시장·군수는 ①에 따라 다음의 어느 하나에 해당하는 건축물의 건축을 허가하려면 미리 건축계획서와 국토교통부령으로 정하는 건축물의 용도, 규모 및 형태가 표시된 기본설계도서를 첨부하여 도지사의 승인을 받아야 한다.
　㉠ ①의 단서에 해당하는 건축물. 다만, 도시환경, 광역교통 등을 고려하여 해당 도의 조례로 정하는 건축물은 제외한다.
　㉡ 자연환경이나 수질을 보호하기 위하여 도지사가 지정·공고한 구역에 건축하는 3층 이상 또는 연면적의 합계가 1천제곱미터 이상인 건축물로서 위락시설과 숙박시설 등 대통령령으로 정하는 용도에 해당하는 건축물
　㉢ 주거환경이나 교육환경 등 주변 환경을 보호하기 위하여 필요하다고 인정하여 도지사가 지정·공고한 구역에 건축하는 위락시설 및 숙박시설에 해당하는 건축물
③ ①에 따라 허가를 받으려는 자는 허가신청서에 국토교통부령으로 정하는 설계도서와 **제5항 각 호**에 따른 허가 등을 받거나 신고를 하기 위하여 관계 법령에서 제출하도록 의무화하고 있는 신청서 및 구비서류를 첨부하여 허가권자에게 제출하여야 한다. 다만, 국토교통부 장관이 관계 행정기관의 장과 협의하여 국토교통부령으로 정하는 신청서 및 구비서류는 착공신고 전까지 제출할 수 있다.

> **개념 PLUS**
>
> 법 제1항에 따른 건축허가를 받으면 다음 각 호의 허가 등을 받거나 신고를 한 것으로 보며, 공장건축물의 경우에는 「산업집적활성화 및 공장설립에 관한 법률」에 따라 관련 법률의 인·허가 등이나 허가 등을 받은 것으로 본다(건축법 제11조 제5항).
> - 법 제20조 제3항에 따른 공사용 가설건축물의 축조신고
> - 법 제83조에 따른 공작물의 축조신고
> - 「국토의 계획 및 이용에 관한 법률」에 따른 개발행위허가
> - 「국토의 계획 및 이용에 관한 법률」에 따른 시행자의 지정과 실시계획의 인가
> - 「산지관리법」에 따른 산지전용허가와 산지전용신고, 산지일시사용허가·신고. 다만, 보전산지인 경우에는 도시지역만 해당된다.
> - 「사도법」에 따른 사도(私道)개설허가
> - 「농지법」에 따른 농지전용허가·신고 및 협의
> - 「도로법」에 따른 도로관리청이 아닌 자에 대한 도로공사 시행의 허가, 도로와 다른 시설의 연결 허가
> - 「도로법」에 따른 도로의 점용 허가
> - 「하천법」에 따른 하천점용 등의 허가
> - 「하수도법」에 따른 배수설비(配水設備)의 설치신고
> - 「하수도법」에 따른 개인하수처리시설의 설치신고
> - 「수도법」에 따라 수도사업자가 지방자치단체인 경우 그 지방자치단체가 정한 조례에 따른 상수도 공급신청
> - 「전기안전관리법」에 따른 자가용전기설비 공사계획의 인가 또는 신고
> - 「물환경보전법」에 따른 수질오염물질 배출시설 설치의 허가나 신고
> - 「대기환경보전법」에 따른 대기오염물질 배출시설설치의 허가나 신고
> - 「소음·진동관리법」에 따른 소음·진동 배출시설 설치의 허가나 신고
> - 「가축분뇨의 관리 및 이용에 관한 법률」에 따른 배출시설 설치허가나 신고
> - 「자연공원법」에 따른 행위허가
> - 「도시공원 및 녹지 등에 관한 법률」에 따른 도시공원의 점용허가
> - 「토양환경보전법」에 따른 특정토양오염관리대상시설의 신고
> - 「수산자원관리법」에 따른 행위의 허가
> - 「초지법」에 따른 초지전용의 허가 및 신고

④ 허가권자는 ①에 따른 건축허가를 하고자 하는 때에 「건축기본법」에 따른 한국건축규정의 준수 여부를 확인하여야 한다. 다만, 다음의 어느 하나에 해당하는 경우에는 이 법이나 다른 법률에도 불구하고 건축위원회의 심의를 거쳐 건축허가를 하지 아니할 수 있다.

㉠ 위락시설이나 숙박시설에 해당하는 건축물의 건축을 허가하는 경우 해당 대지에 건축하려는 건축물의 용도·규모 또는 형태가 주거환경이나 교육환경 등 주변 환경을 고려할 때 부적합하다고 인정되는 경우

㉡ 「국토의 계획 및 이용에 관한 법률」에 따른 방재지구 및 「자연재해대책법」에 따른 자연재해위험개선지구 등 상습적으로 침수되거나 침수가 우려되는 대통령령으로 정하는 지역에 건축하려는 건축물에 대하여 일부 공간에 거실을 설치하는 것이 부적합하다고 인정되는 경우

(7) 건축신고(법 제14조)

① 허가 대상 건축물이라 하더라도 다음의 어느 하나에 해당하는 경우에는 미리 특별자치시장·특별자치도지사 또는 시장·군수·구청장에게 국토교통부령으로 정하는 바에 따라 신고를 하면 건축허가를 받은 것으로 본다.
  ㉠ 바닥면적의 합계가 85제곱미터 이내의 증축·개축 또는 재축. 다만, 3층 이상 건축물인 경우에는 증축·개축 또는 재축하려는 부분의 바닥면적의 합계가 건축물 연면적의 10분의 1 이내인 경우로 한정한다.
  ㉡ 「국토의 계획 및 이용에 관한 법률」에 따른 관리지역, 농림지역 또는 자연환경보전지역에서 연면적이 200제곱미터 미만이고 3층 미만인 건축물의 건축. 다만, 다음의 어느 하나에 해당하는 구역에서의 건축은 제외한다.
    • 지구단위계획구역
    • 방재지구 등 재해취약지역으로서 대통령령으로 정하는 구역
  ㉢ 연면적이 200제곱미터 미만이고 3층 미만인 건축물의 대수선
  ㉣ 주요구조부의 해체가 없는 등 대통령령으로 정하는 대수선
  ㉤ 그 밖에 소규모 건축물로서 대통령령으로 정하는 건축물의 건축
② 특별자치시장·특별자치도지사 또는 시장·군수·구청장은 ①에 따른 신고를 받은 날부터 5일 이내에 신고수리 여부 또는 민원 처리 관련 법령에 따른 처리기간의 연장 여부를 신고인에게 통지하여야 한다. 다만, 이 법 또는 다른 법령에 따라 심의, 동의, 협의, 확인 등이 필요한 경우에는 20일 이내에 통지하여야 한다.
③ 특별자치시장·특별자치도지사 또는 시장·군수·구청장은 ①에 따른 신고가 ②의 단서에 해당하는 경우에는 신고를 받은 날부터 5일 이내에 신고인에게 그 내용을 통지하여야 한다.
④ ①에 따라 신고를 한 자가 신고일 부터 1년 이내에 공사에 착수하지 아니하면 그 신고의 효력은 없어진다. 다만, 건축주의 요청에 따라 허가권자가 정당한 사유가 있다고 인정하면 1년의 범위에서 착수기한을 연장할 수 있다.

(8) 허가와 신고사항의 변경(법 제16조)

① 건축주가 제11조나 제14조에 따라 허가를 받았거나 신고한 사항을 변경하려면 변경하기 전에 대통령령으로 정하는 바에 따라 허가권자의 허가를 받거나 특별자치시장·특별자치도지사 또는 시장·군수·구청장에게 신고하여야 한다. 다만, 대통령령으로 정하는 경미한 사항의 변경은 그러하지 아니하다.
② 허가나 신고사항 중 대통령령으로 정하는 사항의 변경은 사용승인을 신청할 때 허가권자에게 일괄하여 신고할 수 있다.
③ 허가 사항의 변경허가에 관하여는 제11조 제5항 및 제6항을 준용한다.
④ 신고 사항의 변경신고에 관하여는 제11조 제5항·제6항 및 제14조 제3항·제4항을 준용한다.

(9) 건축허가 제한 등(법 제18조)

① 국토교통부 장관은 국토관리를 위하여 특히 필요하다고 인정하거나 주무부 장관이 국방, 「국가유산기본법」 제3조에 따른 국가유산의 보존, 환경보전 또는 국민경제를 위하여 특히 필요하다고 인정하여 요청하면 허가권자의 건축허가나 허가를 받은 건축물의 착공을 제한할 수 있다.
② 특별시장·광역시장·도지사는 지역계획이나 도시·군계획에 특히 필요하다고 인정하면 시장·군수·구청장의 건축허가나 허가를 받은 건축물의 착공을 제한할 수 있다.
③ 국토교통부 장관이나 시·도지사는 건축허가나 건축허가를 받은 건축물의 착공을 제한하려는 경우에는 「토지이용규제 기본법」에 따라 주민의견을 청취한 후 건축위원회의 심의를 거쳐야 한다.
④ 건축허가나 건축물의 착공을 제한하는 경우 제한기간은 2년 이내로 한다. 다만, 1회에 한하여 1년 이내의 범위에서 제한기간을 연장할 수 있다.
⑤ 국토교통부 장관이나 특별시장·광역시장·도지사는 건축허가나 건축물의 착공을 제한하는 경우 제한목적·기간, 대상 건축물의 용도와 대상 구역의 위치·면적·경계 등을 상세하게 정하여 허가권자에게 통보하여야 하며, 통보를 받은 허가권자는 지체 없이 이를 공고하여야 한다.
⑥ 특별시장·광역시장·도지사는 시장·군수·구청장의 건축허가나 건축물의 착공을 제한한 경우 즉시 국토교통부 장관에게 보고하여야 하며, 보고를 받은 국토교통부 장관은 제한 내용이 지나치다고 인정하면 해제를 명할 수 있다.

(10) 착공신고 등(법 제21조)

① 허가를 받거나 신고를 한 건축물의 공사를 착수하려는 건축주는 국토교통부령으로 정하는 바에 따라 허가권자에게 공사계획을 신고하여야 한다.
② 공사계획을 신고하거나 변경신고를 하는 경우 해당 공사감리자와 공사시공자가 신고서에 함께 서명하여야 한다.
③ 허가권자는 ①에 따른 신고를 받은 날부터 3일 이내에 신고수리 여부 또는 민원 처리 관련 법령에 따른 처리기간의 연장 여부를 신고인에게 통지하여야 한다.
④ 허가권자가 ③에서 정한 기간 내에 신고수리 여부 또는 민원 처리 관련 법령에 따른 처리기간의 연장 여부를 신고인에게 통지하지 아니하면 그 기간이 끝난 날의 다음 날에 신고를 수리한 것으로 본다.
⑤ 건축주는 「건설산업기본법」을 위반하여 건축물의 공사를 하거나 하게 할 수 없다.
⑥ 제11조에 따라 허가를 받은 건축물의 건축주는 ①에 따른 신고를 할 때에는 제15조 제2항에 따른 각 계약서의 사본을 첨부하여야 한다.

(11) 건축물의 사용승인(법 제22조)

① 건축주가 허가를 받았거나 신고를 한 건축물의 건축공사를 완료[하나의 대지에 둘 이상의 건축물을 건축하는 경우 동(棟)별 공사를 완료한 경우를 포함한다]한 후 그 건축물을 사용하려면 공사감리자가 작성한 감리완료보고서와 국토교통부령으로 정하는 공사완료도서를 첨부하여 허가권자에게 사용승인을 신청하여야 한다.
② 허가권자는 사용승인신청을 받은 경우 국토교통부령으로 정하는 기간에 다음의 사항에 대한 검사를 실시하고, 검사에 합격된 건축물에 대하여는 사용승인서를 내주어야 한다. 다만, 해당 지방자치단체의 조례로 정하는 건축물은 사용승인을 위한 검사를 실시하지 아니하고 사용승인서를 내줄 수 있다.

㉠ 사용승인을 신청한 건축물이 이 법에 따라 허가 또는 신고한 설계도서대로 시공되었는지의 여부
㉡ 감리완료보고서, 공사완료도서 등의 서류 및 도서가 적합하게 작성되었는지의 여부
③ 건축주는 사용승인을 받은 후가 아니면 건축물을 사용하거나 사용하게 할 수 없다. 다만, 다음의 어느 하나에 해당하는 경우에는 그러하지 아니하다.
㉠ 허가권자가 ②에 따른 기간 내에 사용승인서를 교부하지 아니한 경우
㉡ 사용승인서를 교부받기 전에 공사가 완료된 부분이 건폐율, 용적률, 설비, 피난·방화 등 국토교통부령으로 정하는 기준에 적합한 경우로서 기간을 정하여 대통령령으로 정하는 바에 따라 임시로 사용의 승인을 한 경우

(12) 건축물의 설계(법 제23조)

① 건축허가를 받아야 하거나 건축신고를 하여야 하는 건축물 또는 「주택법」에 따른 리모델링을 하는 건축물의 건축 등을 위한 설계는 건축사가 아니면 할 수 없다. 다만, 다음의 어느 하나에 해당하는 경우에는 그러하지 아니하다.
㉠ 바닥면적의 합계가 85제곱미터 미만인 증축·개축 또는 재축
㉡ 연면적이 200제곱미터 미만이고 층수가 3층 미만인 건축물의 대수선
㉢ 그 밖에 건축물의 특수성과 용도 등을 고려하여 대통령령으로 정하는 건축물의 건축 등
② 설계자는 건축물이 이 법과 이 법에 따른 명령이나 처분, 그 밖의 관계 법령에 맞고 안전·기능 및 미관에 지장이 없도록 설계하여야 하며, 국토교통부 장관이 정하여 고시하는 설계도서 작성기준에 따라 설계도서를 작성하여야 한다. 다만, 해당 건축물의 공법(工法) 등이 특수한 경우로서 국토교통부령으로 정하는 바에 따라 건축위원회의 심의를 거친 때에는 그러하지 아니하다.
③ 설계도서를 작성한 설계자는 설계가 이 법과 이 법에 따른 명령이나 처분, 그 밖의 관계 법령에 맞게 작성되었는지를 확인한 후 설계도서에 서명날인하여야 한다.
④ 국토교통부 장관이 국토교통부령으로 정하는 바에 따라 작성하거나 인정하는 표준설계도서나 특수한 공법을 적용한 설계도서에 따라 건축물을 건축하는 경우에는 ①을 적용하지 아니한다.

(13) 건축시공(법 제24조)

① 공사시공자는 계약대로 성실하게 공사를 수행하여야 하며, 이 법과 이 법에 따른 명령이나 처분, 그 밖의 관계 법령에 맞게 건축물을 건축하여 건축주에게 인도하여야 한다.
② 공사시공자는 건축물(건축허가나 용도변경허가 대상인 것만 해당된다)의 공사현장에 설계도서를 갖추어 두어야 한다.
③ 공사시공자는 설계도서가 이 법과 이 법에 따른 명령이나 처분, 그 밖의 관계 법령에 맞지 아니하거나 공사의 여건상 불합리하다고 인정되면 건축주와 공사감리자의 동의를 받아 서면으로 설계자에게 설계를 변경하도록 요청할 수 있다. 이 경우 설계자는 정당한 사유가 없으면 요청에 따라야 한다.
④ 공사시공자는 공사를 하는 데에 필요하다고 인정하거나 공사감리자로부터 상세시공도면을 작성하도록 요청을 받으면 상세시공도면을 작성하여 공사감리자의 확인을 받아야 하며, 이에 따라 공사를 하여야 한다.
⑤ 공사시공자는 건축허가나 용도변경허가가 필요한 건축물의 건축공사를 착수한 경우에는 해당 건축공사의 현장에 국토교통부령으로 정하는 바에 따라 건축허가 표지판을 설치하여야 한다.

⑥ 「건설산업기본법」 제41조 제1항 각 호에 해당하지 아니하는 건축물의 건축주는 공사 현장의 공정 및 안전을 관리하기 위하여 같은 법 제2조 제15호에 따른 건설기술인 1명을 현장관리인으로 지정하여야 한다. 이 경우 현장관리인은 국토교통부령으로 정하는 바에 따라 공정 및 안전 관리 업무를 수행하여야 하며, 건축주의 승낙을 받지 아니하고는 정당한 사유 없이 그 공사 현장을 이탈하여서는 아니 된다.

⑦ 공동주택, 종합병원, 관광숙박시설 등 대통령령으로 정하는 용도 및 규모의 건축물의 공사시공자는 건축주, 공사감리자 및 허가권자가 설계도서에 따라 적정하게 공사되었는지를 확인할 수 있도록 공사의 공정이 대통령령으로 정하는 진도에 다다른 때마다 사진 및 동영상을 촬영하고 보관하여야 한다. 이 경우 촬영 및 보관 등 그 밖에 필요한 사항은 국토교통부령으로 정한다.

(14) 건축물의 공사감리(법 제25조)

① 건축주는 대통령령으로 정하는 용도·규모 및 구조의 건축물을 건축하는 경우 건축사나 대통령령으로 정하는 자를 공사감리자(공사시공사 본인 및 「독점규제 및 공정거래에 관한 법률」에 따른 계열회사는 제외한다)로 지정하여 공사감리를 하게 하여야 한다.

② ①에도 불구하고 「건설산업기본법」에 해당하지 아니하는 소규모 건축물로서 건축주가 직접 시공하는 건축물 및 주택으로 사용하는 건축물 중 대통령령으로 정하는 건축물의 경우에는 대통령령으로 정하는 바에 따라 허가권자가 해당 건축물의 설계에 참여하지 아니한 자 중에서 공사감리자를 지정하여야 한다. 다만, 다음의 어느 하나에 해당하는 건축물의 건축주가 국토교통부령으로 정하는 바에 따라 허가권자에게 신청하는 경우에는 해당 건축물을 설계한 자를 공사감리자로 지정할 수 있다.

㉠ 「건설기술 진흥법」 제14조에 따른 신기술 중 대통령령으로 정하는 신기술을 보유한 자가 그 신기술을 적용하여 설계한 건축물

㉡ 「건축서비스산업 진흥법」 제13조 제4항에 따른 역량 있는 건축사로서 대통령령으로 정하는 건축사가 설계한 건축물

㉢ 설계공모를 통하여 설계한 건축물

③ 공사감리자는 공사감리를 할 때 이 법과 이 법에 따른 명령이나 처분, 그 밖의 관계 법령에 위반된 사항을 발견하거나 공사시공자가 설계도서대로 공사를 하지 아니하면 이를 건축주에게 알린 후 공사시공자에게 시정하거나 재시공하도록 요청하여야 하며, 공사시공자가 시정이나 재시공 요청에 따르지 아니하면 서면으로 그 건축공사를 중지하도록 요청할 수 있다. 이 경우 공사중지를 요청받은 공사시공자는 정당한 사유가 없으면 즉시 공사를 중지하여야 한다.

④ 공사감리자는 ③에 따라 공사시공자가 시정이나 재시공 요청을 받은 후 이에 따르지 아니하거나 공사중지 요청을 받고도 공사를 계속하면 국토교통부령으로 정하는 바에 따라 이를 허가권자에게 보고하여야 한다.

⑤ 대통령령으로 정하는 용도 또는 규모의 공사의 공사감리자는 필요하다고 인정하면 공사시공자에게 상세시공도면을 작성하도록 요청할 수 있다.

⑥ 공사감리자는 국토교통부령으로 정하는 바에 따라 감리일지를 기록·유지하여야 하고, 공사의 공정(工程)이 대통령령으로 정하는 진도에 다다른 경우에는 감리중간보고서를, 공사를 완료한 경우에는 감리완료보고서를 국토교통부령으로 정하는 바에 따라 각각 작성하여 건축주에게 제출하여야 한다. 이 경우 건축주는 감리중간보고서는 제출받은 때, 감리완료보고서는 제22조에 따른 건축물의 사용승인을 신청할 때 허가권자에게 제출하여야 한다.

⑦ 건축주나 공사시공자는 ③과 ④에 따라 위반사항에 대한 시정이나 재시공을 요청하거나 위반사항을 허가권자에게 보고한 공사감리자에게 이를 이유로 공사감리자의 지정을 취소하거나 보수의 지급을 거부하거나 지연시키는 등 불이익을 주어서는 아니 된다.

⑧ ①에 따른 공사감리의 방법 및 범위 등은 건축물의 용도·규모 등에 따라 대통령령으로 정하되, 이에 따른 세부기준이 필요한 경우에는 국토교통부 장관이 정하거나 건축사협회로 하여금 국토교통부 장관의 승인을 받아 정하도록 할 수 있다.

⑨ 국토교통부 장관은 ⑧에 따라 세부기준을 정하거나 승인을 한 경우 이를 고시하여야 한다.

(15) 건축통계 등(법 제30조)

① 허가권자는 다음의 사항을 국토교통부령으로 정하는 바에 따라 국토교통부 장관이나 시·도지사에게 보고하여야 한다.
  ㉠ 건축허가 현황
  ㉡ 건축신고 현황
  ㉢ 용도변경허가 및 신고 현황
  ㉣ 착공신고 현황
  ㉤ 사용승인 현황
  ㉥ 그 밖에 대통령령으로 정하는 사항
② 건축통계의 작성 등에 필요한 사항은 국토교통부령으로 정한다.

(16) 건축물의 건폐율(법 제55조) 기출 21

대지면적에 대한 건축면적(대지에 건축물이 둘 이상 있는 경우에는 이들 건축면적의 합계로 한다)의 비율(이하 "건폐율"이라 한다)의 최대한도는 「국토의 계획 및 이용에 관한 법률」 제77조에 따른 건폐율의 기준에 따른다. 다만, 이 법에서 기준을 완화하거나 강화하여 적용하도록 규정한 경우에는 그에 따른다.

(17) 건축물의 용적률(법 제56조) 기출 23·21·18·17·16

① 대지면적에 대한 연면적(대지에 건축물이 둘 이상 있는 경우에는 이들 연면적의 합계로 한다)의 비율(이하 "용적률"이라 한다)의 최대한도는 「국토의 계획 및 이용에 관한 법률」 제78조에 따른 용적률의 기준에 따른다. 다만, 이 법에서 기준을 완화하거나 강화하여 적용하도록 규정한 경우에는 그에 따른다.

> **개념 PLUS**
>
> **용도지역의 용적률(국토의 계획 및 이용에 관한 법률 제78조 제1항)**
> 지정된 용도지역에서 용적률의 최대한도는 관할 구역의 면적과 인구 규모, 용도지역의 특성 등을 고려하여 다음의 범위에서 대통령령으로 정하는 기준에 따라 특별시·광역시·특별자치시·특별자치도·시 또는 군의 조례로 정한다.
> - 도시지역
>   - 주거지역 : 500퍼센트 이하
>   - 상업지역 : 1천500퍼센트 이하
>   - 공업지역 : 400퍼센트 이하
>   - 녹지지역 : 100퍼센트 이하
> - 관리지역
>   - 보전관리지역 : 80퍼센트 이하
>   - 생산관리지역 : 80퍼센트 이하
>   - 계획관리지역 : 100퍼센트 이하
> - 농림지역 : 80퍼센트 이하
> - 자연환경보전지역 : 80퍼센트 이하

② **용적률을 산정할 때 연면적에서 제외되는 면적(건축법 시행령 제119조 제1항 제4호)**
연면적은 하나의 건축물 각 층의 바닥면적의 합계로 하되, 용적률을 산정할 때에는 다음에 해당하는 면적은 제외한다.
㉠ 지하층의 면적
㉡ 지상층의 주차용(해당 건축물의 부속용도인 경우만 해당한다)으로 쓰는 면적
㉢ 초고층 건축물과 준초고층 건축물에 설치하는 피난안전구역의 면적
㉣ 건축물의 경사지붕 아래에 설치하는 대피공간의 면적

2 국토의 계획 및 이용에 관한 법률

[시행 2024. 8. 7.] [법률 제20234호, 2024. 2. 6., 일부개정]

(1) 목적(법 제1조)

이 법은 국토의 이용·개발과 보전을 위한 계획의 수립 및 집행 등에 필요한 사항을 정하여 공공복리를 증진시키고 국민의 삶의 질을 향상시키는 것을 목적으로 한다.

(2) 용어의 정의(법 제2조)

① 광역도시계획 : 법에 따라 지정된 광역계획권의 장기발전방향을 제시하는 계획을 말한다.
② 도시·군계획 : 특별시·광역시·특별자치시·특별자치도·시 또는 군(광역시의 관할 구역에 있는 군은 제외한다. 이하 같다)의 관할 구역에 대하여 수립하는 공간구조와 발전방향에 대한 계획으로서 도시·군기본계획과 도시·군관리계획으로 구분한다.

③ **도시·군기본계획** : 특별시·광역시·특별자치시·특별자치도·시 또는 군의 관할 구역 및 생활권에 대하여 기본적인 공간구조와 장기발전방향을 제시하는 종합계획으로서 도시·군관리계획 수립의 지침이 되는 계획을 말한다.

④ **도시·군관리계획** : 특별시·광역시·특별자치시·특별자치도·시 또는 군의 개발·정비 및 보전을 위하여 수립하는 토지 이용, 교통, 환경, 경관, 안전, 산업, 정보통신, 보건, 복지, 안보, 문화 등에 관한 다음의 계획을 말한다.
  ㉠ 용도지역·용도지구의 지정 또는 변경에 관한 계획
  ㉡ 개발제한구역, 도시자연공원구역, 시가화조정구역(市街化調整區域), 수산자원보호구역의 지정 또는 변경에 관한 계획
  ㉢ 기반시설의 설치·정비 또는 개량에 관한 계획
  ㉣ 도시개발사업이나 정비사업에 관한 계획
  ㉤ 지구단위계획구역의 지정 또는 변경에 관한 계획과 지구단위계획
  ㉥ 도시혁신구역의 지정 또는 변경에 관한 계획과 도시혁신계획
  ㉦ 복합용도구역의 지정 또는 변경에 관한 계획과 복합용도계획
  ㉧ 도시·군계획시설입체복합구역의 지정 또는 변경에 관한 계획

⑤ **지구단위계획** : 도시·군계획 수립 대상지역의 일부에 대하여 토지 이용을 합리화하고 그 기능을 증진시키며 미관을 개선하고 양호한 환경을 확보하며, 그 지역을 체계적·계획적으로 관리하기 위하여 수립하는 도시·군관리계획을 말한다.

⑥ **성장관리계획** : 성장관리계획구역에서의 난개발을 방지하고 계획적인 개발을 유도하기 위하여 수립하는 계획을 말한다.

⑦ **기반시설** : 다음의 시설로서 대통령령으로 정하는 시설을 말한다.
  ㉠ 도로·철도·항만·공항·주차장 등 교통시설
  ㉡ 광장·공원·녹지 등 공간시설
  ㉢ 유통업무설비, 수도·전기·가스공급설비, 방송·통신시설, 공동구 등 유통·공급시설
  ㉣ 학교·공공청사·문화시설 및 공공필요성이 인정되는 체육시설 등 공공·문화체육시설
  ㉤ 하천·유수지(遊水池)·방화설비 등 방재시설
  ㉥ 장사시설 등 보건위생시설
  ㉦ 하수도, 폐기물처리 및 재활용시설, 빗물저장 및 이용시설 등 환경기초시설

⑧ **도시·군계획시설** : 기반시설 중 도시·군관리계획으로 결정된 시설을 말한다.

⑨ **광역시설** : 기반시설 중 광역적인 정비체계가 필요한 다음의 시설로서 대통령령으로 정하는 시설을 말한다.
  ㉠ 둘 이상의 특별시·광역시·특별자치시·특별자치도·시 또는 군의 관할 구역에 걸쳐 있는 시설
  ㉡ 둘 이상의 특별시·광역시·특별자치시·특별자치도·시 또는 군이 공동으로 이용하는 시설

⑩ **공동구** : 전기·가스·수도 등의 공급설비, 통신시설, 하수도시설 등 지하매설물을 공동 수용함으로써 미관의 개선, 도로구조의 보전 및 교통의 원활한 소통을 위하여 지하에 설치하는 시설물을 말한다.

⑪ **도시·군계획시설사업** : 도시·군계획시설을 설치·정비 또는 개량하는 사업을 말한다.

⑫ 도시·군계획사업 : 도시·군관리계획을 시행하기 위한 다음의 사업을 말한다.
  ㉠ 도시·군계획시설사업
  ㉡ 「도시개발법」에 따른 도시개발사업
  ㉢ 「도시 및 주거환경정비법」에 따른 정비사업
⑬ 도시·군계획사업시행자 : 이 법 또는 다른 법률에 따라 도시·군계획사업을 하는 자를 말한다.
⑭ 공공시설 : 도로·공원·철도·수도, 그 밖에 대통령령으로 정하는 공공용 시설을 말한다.
⑮ 국가계획 : 중앙행정기관이 법률에 따라 수립하거나 국가의 정책적인 목적을 이루기 위하여 수립하는 계획 중 제19조 제1항 제1호부터 제9호까지에 규정된 사항이나 도시·군관리계획으로 결정하여야 할 사항이 포함된 계획을 말한다.
⑯ 용도지역 기출 24·17·16
  ㉠ 정의(제2조 제15호) : 토지의 이용 및 건축물의 용도, 건폐율, 용적률, 높이 등을 제한함으로써 토지를 경제적·효율적으로 이용하고 공공복리의 증진을 도모하기 위해 서로 중복되지 않게 도시·군 관리계획으로 결정하는 지역을 말한다.
  ㉡ 용도지역의 세분(동법 시행령 제30조) 및 건폐율(동법 시행령 제84조 제1항)
    • 주거지역
      - 전용주거지역 : 양호한 주거환경을 보호하기 위하여 필요한 지역

제1종 전용주거지역	• 단독주택 중심의 양호한 주거환경을 보호하기 위하여 필요한 지역 • 건폐율 : 50퍼센트 이하
제2종 전용주거지역	• 공동주택 중심의 양호한 주거환경을 보호하기 위하여 필요한 지역 • 건폐율 : 50퍼센트 이하

      - 일반주거지역 : 편리한 주거환경을 조성하기 위하여 필요한 지역

제1종 일반주거지역	• 저층주택을 중심으로 편리한 주거환경을 조성하는 데 필요한 지역 • 건폐율 : 60퍼센트 이하
제2종 일반주거지역	• 중층주택을 중심으로 편리한 주거환경을 조성하는 데 필요한 지역 • 건폐율 : 60퍼센트 이하
제3종 일반주거지역	• 중고층 주택을 중심으로 편리한 주거환경을 조성하는 데 필요한 지역 • 건폐율 : 50퍼센트 이하

      - 준주거지역

개 념	주거 기능을 위주로 이를 지원하는 일부 상업 기능 및 업무기능을 보완하는 데 필요한 지역
건폐율	70퍼센트 이하

    • 상업지역

중심상업지역	• 도심·부도심의 상업 기능 및 업무기능의 확충을 위하여 필요한 지역 • 건폐율 : 90퍼센트 이하
일반상업지역	• 일반적인 상업 기능 및 업무기능을 담당하게 하기 위한 지역 • 건폐율 : 80퍼센트 이하

> **OX문제**
> ▶ 용도지역은 중첩하여 지정될 수 있는 반면 용도지구는 중첩하여 지정될 수 없다. O|X
>
> 해설
> 용도지구는 중첩하여 지정될 수 있는 반면 용도지역은 중첩하여 지정될 수 없다. 즉 주거지역에 상업지역을 지정할 수 없다.
>
> 정답 》 ×

근린상업지역	• 근린 지역에서의 일용품 및 서비스의 공급을 위하여 필요한 지역 • 건폐율 : 70퍼센트 이하
유통상업지역	• 도시 내 및 지역 간 유통 기능의 증진을 위하여 필요한 지역 • 건폐율 : 80퍼센트 이하

• 공업지역

전용공업지역	• 주로 중화학공업, 공해성 공업 등을 수용하기 위한 지역 • 건폐율 : 70퍼센트 이하
일반공업지역	• 환경을 저해하지 아니하는 공업의 배치를 위하여 필요한 지역 • 건폐율 : 70퍼센트 이하
준공업지역	• 경공업 그 밖의 공업을 수용하되, 주거 기능·상업 기능 및 업무기능의 보완이 필요한 지역 • 건폐율 : 70퍼센트 이하

• 녹지지역

보전녹지지역	• 도시의 자연환경·경관·산림 및 녹지 공간을 보전할 필요가 있는 지역 • 건폐율 : 20퍼센트 이하
생산녹지지역	• 주로 농업적 생산을 위하여 개발을 유보할 필요가 있는 지역 • 건폐율 : 20퍼센트 이하
자연녹지지역	• 도시의 녹지 공간의 확보, 도시확산의 방지, 장래 도시 용지의 공급 등을 위하여 보전할 필요가 있는 지역으로서 불가피한 경우에 한하여 제한적인 개발이 허용되는 지역 • 건폐율 : 20퍼센트 이하

⑰ **용도지구** : 토지의 이용 및 건축물의 용도·건폐율·용적률·높이 등에 대한 용도지역의 제한을 강화하거나 완화하여 적용함으로써 용도지역의 기능을 증진시키고 경관·안전 등을 도모하기 위하여 도시·군관리계획으로 결정하는 지역을 말한다. 기출 16

⑱ **용도구역** : 토지의 이용 및 건축물의 용도·건폐율·용적률·높이 등에 대한 용도지역 및 용도지구의 제한을 강화하거나 완화하여 따로 정함으로써 시가지의 무질서한 확산방지, 계획적이고 단계적인 토지이용의 도모, 혁신적이고 복합적인 토지활용의 촉진, 토지이용의 종합적 조정·관리 등을 위하여 도시·군관리계획으로 결정하는 지역을 말한다.

⑲ **개발밀도관리구역** : 개발로 인하여 기반시설이 부족할 것으로 예상되나 기반시설을 설치하기 곤란한 지역을 대상으로 건폐율이나 용적률을 강화하여 적용하기 위하여 제66조에 따라 지정하는 구역을 말한다.

⑳ **기반시설부담구역** : 개발밀도관리구역 외의 지역으로서 개발로 인하여 도로, 공원, 녹지 등 대통령령으로 정하는 기반시설의 설치가 필요한 지역을 대상으로 기반시설을 설치하거나 그에 필요한 용지를 확보하게 하기 위하여 제67조에 따라 지정·고시하는 구역을 말한다.

㉑ **기반시설설치비용** : 단독주택 및 숙박시설 등 대통령령으로 정하는 시설의 신·증축 행위로 인하여 유발되는 기반시설을 설치하거나 그에 필요한 용지를 확보하기 위하여 제69조에 따라 부과·징수하는 금액을 말한다.

(3) 국토이용 및 관리의 기본원칙(법 제3조)

국토는 자연환경의 보전과 자원의 효율적 활용을 통하여 환경적으로 건전하고 지속가능한 발전을 이루기 위하여 다음의 목적을 이룰 수 있도록 이용되고 관리되어야 한다.

① 국민생활과 경제활동에 필요한 토지 및 각종 시설물의 효율적 이용과 원활한 공급
② 자연환경 및 경관의 보전과 훼손된 자연환경 및 경관의 개선 및 복원
③ 교통·수자원·에너지 등 국민생활에 필요한 각종 기초 서비스 제공
④ 주거 등 생활환경 개선을 통한 국민의 삶의 질 향상
⑤ 지역의 정체성과 문화유산의 보전
⑥ 지역 간 협력 및 균형발전을 통한 공동번영의 추구
⑦ 지역경제의 발전과 지역 및 지역 내 적절한 기능 배분을 통한 사회적 비용의 최소화
⑧ 기후변화에 대한 대응 및 풍수해 저감을 통한 국민의 생명과 재산의 보호
⑨ 저출산·인구의 고령화에 따른 대응과 새로운 기술변화를 적용한 최적의 생활환경 제공

(4) 국토의 용도 구분(법 제6조)

① **도시지역** : 인구와 산업이 밀집되어 있거나 밀집이 예상되어 그 지역에 대하여 체계적인 개발·정비·관리·보전 등이 필요한 지역
② **관리지역** : 도시지역의 인구와 산업을 수용하기 위하여 도시지역에 준하여 체계적으로 관리하거나 농림업의 진흥, 자연환경 또는 산림의 보전을 위하여 농림지역 또는 자연환경보전지역에 준하여 관리할 필요가 있는 지역
③ **농림지역** : 도시지역에 속하지 아니하는 「농지법」에 따른 농업진흥지역 또는 「산지관리법」에 따른 보전산지 등으로서 농림업을 진흥시키고 산림을 보전하기 위하여 필요한 지역
④ **자연환경보전지역** : 자연환경·수자원·해안·생태계·상수원 및 「국가유산기본법」 제3조에 따른 국가유산의 보전과 수산자원의 보호·육성 등을 위하여 필요한 지역

(5) 다른 법률에 따른 토지 이용에 관한 구역 등의 지정 제한 등(법 제8조)

① 중앙행정기관의 장이나 지방자치단체의 장은 다른 법률에 따라 토지 이용에 관한 지역·지구·구역 또는 구획 등을 지정하려면 그 구역 등의 지정목적이 이 법에 따른 용도지역·용도지구 및 용도구역의 지정목적에 부합되도록 하여야 한다.
② 중앙행정기관의 장이나 지방자치단체의 장은 다른 법률에 따라 지정되는 구역 등 중 대통령령으로 정하는 면적 이상의 구역 등을 지정하거나 변경하려면 중앙행정기관의 장은 국토교통부 장관과 협의하여야 하며 지방자치단체의 장은 국토교통부 장관의 승인을 받아야 한다.
③ 지방자치단체의 장이 ②에 따라 승인을 받아야 하는 구역 등 중 대통령령으로 정하는 면적 미만의 구역 등을 지정하거나 변경하려는 경우 특별시장·광역시장·특별자치시장·도지사·특별자치도지사는 ②에도 불구하고 국토교통부 장관의 승인을 받지 아니하되, 시장·군수 또는 구청장은 시·도지사의 승인을 받아야 한다.
④ 중앙행정기관의 장이나 지방자치단체의 장은 다른 법률에 따라 지정된 토지 이용에 관한 구역 등을 변경하거나 해제하려면 도시·군관리계획의 입안권자의 의견을 들어야 한다. 이 경우 의견 요청을 받은 도시·군관리계획의 입안권자는 이 법에 따른 용도지역·용도지구·용도구역의 변경이 필요하면 도시·군관리계획에 반영하여야 한다.

(6) 다른 법률에 따른 도시·군관리계획의 변경 제한(법 제9조)

중앙행정기관의 장이나 지방자치단체의 장은 다른 법률에서 이 법에 따른 도시·군관리계획의 결정을 의제(擬制)하는 내용이 포함되어 있는 계획을 허가·인가·승인 또는 결정하려면 대통령령으로 정하는 바에 따라 중앙도시계획위원회 또는 제113조에 따른 지방도시계획위원회의 심의를 받아야 한다. 다만, 다음의 어느 하나에 해당하는 경우에는 그러하지 아니하다.

① 국토교통부 장관과 협의하거나 국토교통부 장관 또는 시·도지사의 승인을 받은 경우
② 다른 법률에 따라 중앙도시계획위원회나 지방도시계획위원회의 심의를 받은 경우
③ 그 밖에 대통령령으로 정하는 경우

3 유통산업발전법

[시행 2025. 3. 21.] [법률 제20444호, 2024. 9. 20., 일부개정]

(1) 대규모점포의 개설

① 대규모점포의 종류(제2조 제3호 관련 [별표]) 기출 24
  ㉠ 대형마트
  ㉡ 전문점
  ㉢ 백화점
  ㉣ 쇼핑센터
  ㉤ 복합쇼핑몰
  ㉥ 그 밖의 대규모점포

② 자연녹지지역의 대형 할인점 등 설치·운영에 관한 고시(제2조 제1호) : "대형할인점"이라 함은 「상법」상 회사가 개설한 판매시설로 「유통산업발전법」 제2조 및 동법 시행령 제3조의 규정에 의한 대규모점포 중 대형마트와 전문점으로서 자연녹지지역 안의 판매시설을 말한다.

③ 대규모점포 등의 개설등록 및 변경 등록(제8조) 기출 24
  ㉠ 대규모점포를 개설하거나 전통 상업 보존 구역에 준대규모점포를 개설하려는 자는 영업을 시작하기 전에 산업통상자원부령으로 정하는 바에 따라 상권 영향평가서 및 지역협력계획서를 첨부하여 특별자치시장·시장·군수·구청장에게 등록하여야 하며 등록한 내용을 변경하려는 경우에도 또한 같다.
  ㉡ 특별자치시장·시장·군수·구청장은 제출받은 상권 영향평가서 및 지역협력계획서가 미진하다고 판단하는 경우에는 제출받은 날부터 대통령령으로 정하는 기간 내에 그 사유를 명시하여 보완을 요청할 수 있다.
  ㉢ 특별자치시장·시장·군수·구청장은 개설등록 또는 변경 등록[점포의 소재지를 변경하거나 매장 면적이 개설등록(매장 면적을 변경 등록한 경우에는 변경 등록) 당시의 매장 면적보다 10분의 1 이상 증가하는 경우로 한정]을 하려는 대규모점포 등의 위치가 전통 상업 보존 구역에 있을 때는 등록을 제한하거나 조건을 붙일 수 있다.

CHAPTER

04 실전예상문제

※ 본 문제를 풀면서 이해체크를 이용하시면 문제이해에 보다 도움이 될 수 있습니다.

01 「건축법」상 용어의 뜻을 잘못 설명한 것은?

① 건축물이란 토지에 정착(定着)하는 공작물 중 지붕과 기둥 또는 벽이 있는 것과 이에 딸린 시설물, 지하나 고가(高架)의 공작물에 설치하는 사무소·공연장·점포·차고·창고, 그 밖에 대통령령으로 정하는 것을 말한다.
② 지하층이란 건축물의 바닥이 지표면 아래에 있는 층으로서 바닥에서 지표면까지 평균높이가 해당 층 높이의 2분의 1 이상인 것을 말한다.
③ 건축이란 건축물을 신축·증축·개축·재축(再築)하거나 건축물을 이전하는 것을 말한다.
④ 주요구조부란 내력벽, 기둥, 바닥, 보, 지붕틀 및 주계단, 사이 기둥, 최하층 바닥, 작은 보, 차양, 옥외 계단을 말한다.
⑤ 리모델링이란 건축물의 노후화를 억제하거나 기능 향상 등을 위하여 대수선하거나 건축물의 일부를 증축 또는 개축하는 행위를 말한다.

> 주요구조부란 내력벽(耐力壁), 기둥, 바닥, 보, 지붕틀 및 주계단(主階段)을 말한다. 다만, 사이 기둥, 최하층 바닥, 작은 보, 차양, 옥외 계단, 그 밖에 이와 유사한 것으로 건축물의 구조상 중요하지 아니한 부분은 제외한다(건축법 제2조 제1항 제7호).

02 다음 중 국토이용 및 관리의 기본원칙으로 옳지 않은 것은?

① 국민생활과 경제활동에 필요한 토지 및 각종 시설물의 효율적 이용과 원활한 공급
② 자연환경 및 경관의 보전과 훼손된 자연환경 및 경관의 개선 및 복원
③ 교통·수자원·에너지 등 국민생활에 필요한 각종 기초 서비스 제공
④ 지역의 정체성 보존과 문화유산의 개발
⑤ 지역경제의 발전과 지역 및 지역 내 적절한 기능 배분을 통한 사회적 비용의 최소화

> 지역의 정체성 보존과 문화유산의 개발(×) → 지역의 정체성과 문화유산의 보전(○)(국토의 계획 및 이용에 관한 법률 제3조 제5호)

03 건축허가와 관련된 사항을 잘못 설명하고 있는 것은?

① 건축물을 건축하거나 대수선하려는 자는 특별시장이나 광역시장의 허가를 받아야 한다.
② 허가를 받으려는 자는 허가신청서에 국토교통부령으로 정하는 설계도서와 허가 등을 받거나 신고를 하기 위하여 관계 법령에서 제출하도록 의무화하고 있는 신청서 및 구비서류를 첨부하여 허가권자에게 제출하여야 한다.
③ 위락시설이나 숙박시설에 해당하는 건축물의 건축을 허가하는 경우 해당 대지에 건축하려는 건축물의 용도·규모 또는 형태가 주거환경이나 교육환경 등 주변 환경을 고려할 때 부적합하다고 인정되는 경우 허가권자는 건축위원회의 심의를 거쳐 건축허가를 하지 아니할 수 있다.
④ 건축허가를 받으면 공사용 가설건축물의 축조신고, 개발행위허가 등을 받거나 신고를 한 것으로 본다.
⑤ 건축위원회의 심의를 받은 자가 심의 결과를 통지 받은 날부터 2년 이내에 건축허가를 신청하지 아니하면 건축위원회 심의의 효력이 상실된다.

> 건축물을 건축하거나 대수선하려는 자는 특별자치시장·특별자치도지사 또는 시장·군수·구청장의 허가를 받아야 한다. 다만, 21층 이상의 건축물 등 대통령령으로 정하는 용도 및 규모의 건축물을 특별시나 광역시에 건축하려면 특별시장이나 광역시장의 허가를 받아야 한다(건축법 제11조 제1항).

04 특별자치시장·특별자치도지사 또는 시장·군수·구청장에게 국토교통부령으로 정하는 바에 따라 신고를 하면 건축허가를 받은 것으로 보는 경우에 해당하지 않는 것은?

① 바닥면적의 합계가 100제곱미터 이내의 증축·개축 또는 재축
② 국토의 계획 및 이용에 관한 법률에 따른 관리지역, 농림지역 또는 자연환경보전지역에서 연면적이 200제곱미터 미만이고 3층 미만인 건축물의 건축
③ 연면적이 200제곱미터 미만이고 3층 미만인 건축물의 대수선
④ 주요구조부의 해체가 없는 등 대통령령으로 정하는 대수선
⑤ 그 밖에 소규모 건축물로서 대통령령으로 정하는 건축물의 건축

> 바닥면적의 합계가 85제곱미터 이내의 증축·개축 또는 재축(건축법 제14조 제1항 제1호)

05 다음 중 착공신고와 관련된 사항으로 옳지 않은 것은?

① 허가를 받거나 신고를 한 건축물의 공사를 착수하려는 건축주는 국토교통부령으로 정하는 바에 따라 허가권자에게 공사계획을 신고하여야 한다.
② 건축주는 「건설산업기본법」을 위반하여 건축물의 공사를 하거나 하게 할 수 없다.
③ 허가권자가 정한 기간 내에 신고수리 여부 또는 민원 처리 관련 법령에 따른 처리기간의 연장 여부를 신고인에게 통지하지 아니하면 그 기간이 끝난 날의 다음 날에 신고를 수리한 것으로 본다.
④ 허가권자는 신고를 받은 날부터 10일 이내에 신고수리 여부 또는 민원 처리 관련 법령에 따른 처리기간의 연장 여부를 신고인에게 통지하여야 한다.
⑤ 공사계획을 신고하거나 변경신고를 하는 경우 해당 공사감리자와 공사시공자가 신고서에 함께 서명하여야 한다.

> 해설 허가권자는 신고를 받은 날부터 3일 이내에 신고수리 여부 또는 민원 처리 관련 법령에 따른 처리기간의 연장 여부를 신고인에게 통지하여야 한다(건축법 제21조 제3항).

06 다음은 건축물의 사용승인에 대한 설명이다. 옳지 않은 것은?

① 건축주가 허가를 받았거나 신고를 한 건축물의 건축공사를 완료한 후 그 건축물을 사용하려면 공사감리자가 작성한 감리완료보고서와 국토교통부령으로 정하는 공사완료도서를 첨부하여 허가권자에게 사용승인을 신청하여야 한다.
② 해당 지방자치단체의 조례로 정하는 건축물은 사용승인을 위한 검사를 반드시 실시하고 사용승인서를 내주어야 한다.
③ 건축주는 사용승인을 받은 후가 아니면 건축물을 사용하거나 사용하게 할 수 없다.
④ 건축주가 사용승인을 받은 경우에는 사용승인·준공검사 또는 등록신청 등을 받거나 한 것으로 본다.
⑤ 특별시장 또는 광역시장은 사용승인을 한 경우 지체 없이 그 사실을 군수 또는 구청장에게 알려서 건축물대장에 적게 하여야 한다.

> 해설 허가권자는 사용승인신청을 받은 경우 국토교통부령으로 정하는 기간에 관련된 검사를 실시하고, 검사에 합격된 건축물에 대하여는 사용승인서를 내주어야 한다. 다만, 해당 지방자치단체의 조례로 정하는 건축물은 사용승인을 위한 검사를 실시하지 아니하고 사용승인서를 내줄 수 있다(건축법 제22조 제2항).

07 다음 중 건축물의 설계에 대한 설명으로 옳지 않은 것은?

① 연면적이 200제곱미터 미만이고 층수가 3층 미만인 건축물의 대수선 등을 위한 설계는 건축사가 아니면 할 수 없다.
② 설계자는 건축물이 법에 따른 명령이나 처분, 그 밖의 관계 법령에 맞고 안전·기능 및 미관에 지장이 없도록 설계하여야 하며, 국토교통부 장관이 정하여 고시하는 설계도서 작성기준에 따라 설계도서를 작성하여야 한다.
③ 설계도서를 작성한 설계자는 설계가 법에 따른 명령이나 처분, 그 밖의 관계 법령에 맞게 작성되었는 지를 확인한 후 설계도서에 서명날인하여야 한다.
④ 건축허가를 받아야 하거나 건축신고를 하여야 하는 건축물 또는 주택법에 따른 리모델링을 하는 건축 물의 건축 등을 위한 설계는 건축사가 아니면 할 수 없다.
⑤ 국토교통부 장관이 국토교통부령으로 정하는 바에 따라 작성하거나 인정하는 표준설계도서나 특수한 공법을 적용한 설계도서에 따라 건축물을 건축하는 경우에는 건축사가 아니어도 할 수 있다.

> 해설 연면적이 200제곱미터 미만이고 층수가 3층 미만인 건축물의 대수선 등을 위한 설계는 건축사가 아니어도 할 수 있다(건축법 제23조 제1항).

08 다음은 건축시공과 관련된 설명이다. 옳지 않은 것은?

① 공동주택, 종합병원, 관광숙박시설 등 대통령령으로 정하는 용도 및 규모의 건축물의 공사시공자는 건축주, 공사감리자 및 허가권자가 설계도서에 따라 적정하게 공사되었는지를 확인할 수 있도록 공사 의 공정이 대통령령으로 정하는 진도에 다다른 때마다 사진 및 동영상을 촬영하고 보관하여야 한다.
② 공사시공자는 건축허가나 용도변경허가가 필요한 건축물의 건축공사를 착수한 경우에는 해당 건축공 사의 현장에 대통령령으로 정하는 바에 따라 건축허가 표지판을 설치하여야 한다.
③ 공사시공자는 공사를 하는 데에 필요하다고 인정하거나 공사감리자로부터 상세시공도면을 작성하도 록 요청을 받으면 상세시공도면을 작성하여 공사감리자의 확인을 받아야 하며, 이에 따라 공사를 하여야 한다.
④ 공사시공자는 설계도서가 법에 따른 명령이나 처분, 그 밖의 관계 법령에 맞지 아니하거나 공사의 여건상 불합리하다고 인정되면 건축주와 공사감리자의 동의를 받아 서면으로 설계자에게 설계를 변 경하도록 요청할 수 있다.
⑤ 공사시공자는 건축물(건축허가나 용도변경허가 대상인 것만 해당된다)의 공사현장에 설계도서를 갖 추어 두어야 한다.

> 해설 공사시공자는 건축허가나 용도변경허가가 필요한 건축물의 건축공사를 착수한 경우에는 해당 건축공사의 현장에 국토교통부령으로 정하는 바에 따라 건축허가 표지판을 설치하여야 한다(건축법 제24조 제5항).

09 건축물의 공사감리에 대한 설명으로 옳지 않은 것은?

① 건축주는 대통령령으로 정하는 용도·규모 및 구조의 건축물을 건축하는 경우 건축사나 대통령령으로 정하는 자를 공사감리자로 지정하여 공사감리를 하게 하여야 한다.
② 「건설산업기본법」에 해당하지 아니하는 소규모 건축물로서 건축주가 직접 시공하는 건축물 및 주택으로 사용하는 건축물 중 대통령령으로 정하는 건축물의 경우에는 대통령령으로 정하는 바에 따라 허가권자가 해당 건축물의 설계에 참여하지 아니한 자 중에서 공사감리자를 지정하여야 한다.
③ 공사감리자는 공사시공자가 시정이나 재시공 요청을 받은 후 이에 따르지 아니하거나 공사중지 요청을 받고도 공사를 계속하면 국토교통부령으로 정하는 바에 따라 이를 허가권자에게 보고하여야 한다.
④ 공사감리자는 국토교통부령으로 정하는 바에 따라 감리일지를 기록·유지하여야 하고, 공사의 공정(工程)이 대통령령으로 정하는 진도에 다다른 경우에는 감리중간보고서를, 공사를 완료한 경우에는 감리완료보고서를 국토교통부령으로 정하는 바에 따라 각각 작성하여 국토교통부 장관에게 제출하여야 한다.
⑤ 공사감리의 방법 및 범위 등은 건축물의 용도·규모 등에 따라 대통령령으로 정하되, 이에 따른 세부 기준이 필요한 경우에는 국토교통부 장관이 정하거나 건축사협회로 하여금 국토교통부 장관의 승인을 받아 정하도록 할 수 있다.

> 공사감리자는 국토교통부령으로 정하는 바에 따라 감리일지를 기록·유지하여야 하고, 공사의 공정(工程)이 대통령령으로 정하는 진도에 다다른 경우에는 감리중간보고서를, 공사를 완료한 경우에는 감리완료보고서를 국토교통부령으로 정하는 바에 따라 각각 작성하여 건축주에게 제출하여야 한다(건축법 제25조 제6항).

10 다음 중 허가권자가 국토교통부령으로 정하는 바에 따라 국토교통부 장관이나 시·도지사에게 보고해야 하는 사항이 아닌 것은?

① 건축신고 현황
② 착공신고 현황
③ 건축통계의 작성 현황
④ 사용승인 현황
⑤ 용도변경허가 및 신고 현황

> 허가권자는 다음의 사항을 국토교통부령으로 정하는 바에 따라 국토교통부 장관이나 시·도지사에게 보고하여야 한다(건축법 제30조).
> - 건축허가 현황
> - 건축신고 현황
> - 용도변경허가 및 신고 현황
> - 착공신고 현황
> - 사용승인 현황
> - 그 밖에 대통령령으로 정하는 사항

11 용적률을 산정할 때 연면적에서 제외되는 면적에 해당하는 않는 것은?

① 지하층의 면적
② 해당 건축물의 부속용도로 사용되는 지상층의 주차 면적
③ 초고층 건축물과 준초고층 건축물에 설치하는 피난안전구역의 면적
④ 건축물의 경사지붕 아래에 설치하는 대피공간의 면적
⑤ 초고층 건축물의 옥상 면적

> 연면적은 하나의 건축물 각 층의 바닥면적의 합계로 하되, 용적률을 산정할 때에는 다음에 해당하는 면적은 제외한다(건축법 시행령 제119조 제1항 제4호).
> • 지하층의 면적
> • 지상층의 주차용(해당 건축물의 부속용도인 경우만 해당한다)으로 쓰는 면적
> • 초고층 건축물과 준초고층 건축물에 설치하는 피난안전구역의 면적
> • 건축물의 경사지붕 아래에 설치하는 대피공간의 면적

12 다음 중 「국토의 계획 및 이용에 관한 법률」에서 사용하는 용어의 정의로 옳지 않은 것은?

① 광역도시계획이란 지정된 광역계획권의 장기발전방향을 제시하는 계획을 말한다.
② 지구단위계획이란 도시·군계획 수립 대상지역의 일부에 대하여 토지 이용을 합리화하고 그 기능을 증진시키며 미관을 개선하고 양호한 환경을 확보하며, 그 지역을 체계적·계획적으로 관리하기 위하여 수립하는 광역도시계획을 말한다.
③ 기반시설에는 유통업무설비, 수도·전기·가스공급설비, 방송·통신시설, 공동구 등 유통·공급시설이 포함된다.
④ 광역시설이란 기반시설 중 광역적인 정비체계가 필요한 시설로서 대통령령으로 정하는 시설을 말한다.
⑤ 공공시설이란 도로·공원·철도·수도, 그 밖에 대통령령으로 정하는 공공용 시설을 말한다.

> 지구단위계획이란 도시·군계획 수립 대상지역의 일부에 대하여 토지 이용을 합리화하고 그 기능을 증진시키며 미관을 개선하고 양호한 환경을 확보하며, 그 지역을 체계적·계획적으로 관리하기 위하여 수립하는 도시·군관리계획을 말한다(국토의 계획 및 이용에 관한 법률 제2조).

13 「국토의 계획 및 이용에 관한 법률 시행령」(약칭: 국토계획법 시행령)에서 정하고 있는 용도지역 안에서의 건폐율 최대한도가 가장 높은 것은?

① 제2종전용주거지역
② 제1종일반주거지역
③ 제2종일반주거지역
④ 제3종일반주거지역
⑤ 준주거지역

> 해설
> ⑤ 준주거지역 : 70퍼센트 이하
> ① 제2종전용주거지역 : 50퍼센트 이하
> ② 제1종일반주거지역 : 60퍼센트 이하
> ③ 제2종일반주거지역 : 60퍼센트 이하
> ④ 제3종일반주거지역 : 50퍼센트 이하

14 건물을 신축하여 「유통산업발전법」(법률 제20444호, 2024. 9. 20., 일부개정)에서 정하는 '대규모점포'를 개설하려고 한다. 해당 법령에 따라 다음 인·허가 관련 업무의 이행이 필요하다고 할 때, 그에 대한 설명으로 가장 옳지 않은 것은?

① 대규모점포를 개설하려는 자는 영업 시작 전에 상권 영향평가서 및 지역협력계획서를 산업통상자원부 장관에게 제출하여야 한다.
② 각종 지자체장은 매장 면적이 10분의 1 이상 증가하는 전통 상업지역 내 대규모점포의 변경 등록을 제한할 수 있다.
③ 상권 영향평가는 대규모점포 개설등록 전에 실시한다.
④ 상권 영향평가서나 지역협력계획서가 미진할 때는 각종 지자체장은 그 사유를 명시하여 보완을 요청할 수 있다.
⑤ 대규모점포 개설은 영업 개시 전에 등록한다.

> 해설
> ①·③·⑤ 대규모점포를 개설하거나 전통 상업 보존 구역에 준대규모점포를 개설하려는 자는 영업을 시작하기 전에 산업통상자원부령으로 정하는 바에 따라 상권 영향평가서 및 지역협력계획서를 첨부하여 특별자치시장·시장·군수·구청장에게 등록하여야 한다. 등록 내용을 변경하려는 경우에도 또한 같다(유통산업발전법 제8조 제1항).
> ② 「유통산업발전법」 제8조 제3항 참조
> ④ 「유통산업발전법」 제8조 제2항 참조

15 점포의 규모를 산정 시 고려해야 할 사항으로 옳지 않은 것은?

① 보증금 수입, 내부 잉여금, 차입금 등 동원 가능한 자금을 고려해야 한다.
② 상권 내의 경합상황을 고려해야 한다.
③ 상권 내의 구매력을 고려해야 한다.
④ 용적률 및 건폐율 등 법정 가능한 면적을 고려해야 한다.
⑤ 내부할인율로 계산한 순현재가치(NPV)가 '1' 이상의 값이어야 한다.

> 내부할인율로 계산한 순현재가치(NPV)가 양(+)의 값이어야 한다. 즉 양(+)의 값이면 되고, '1' 이상의 값을 요구하지는 않는다.

물류관리사
합격을 꿈꾸는 수험생에게

물류관리사 자격시험의 합격을 위해 정성을 다해 만든 물류관리사 도서들을
꿈을 향해 도전하는 수험생 여러분들께 드립니다.

P.S. 단계별 교재를 선택하기 위한 팁!

한권으로 끝내기

이론 파악으로
기본다지기

핵심이론부터 실전문제까지
차근차근 학습하며
기초를 잡고 싶은 수험생

시험에 출제되는 핵심이론부터
키워드별 기출유형문제와 최근에
시행된 기출문제까지 한권에 담았습니다.

동영상 강의 교재

▶

단기완성 핵심요약집

초단기
합격 PROJECT

시험에 출제된 필수 핵심이론을
테마별로 체계적으로 정리하여
단기간에 합격하고 싶은 수험생

실제 시험에 출제된 중요이론을
압축하여 테마별로 수록하였습니다.

▶

5개년 첨삭식 기출문제해설

기출문제 정복으로
실력다지기

최신 기출문제와 상세한 첨삭식
해설을 통해 학습내용을 확인하고
실전감각을 키우고 싶은 수험생

최근 5개년 기출문제를 상세한
첨삭식 해설과 함께 한권에 담았습니다.

물류관리사 합격!
시대에듀와 함께라면 문제없습니다.

나는 이렇게 합격했다

자격명: 위험물산업기사
구분: 합격수기
작성자: 배*상

나는 할 수 있다 69년생 50중반 직장인 ○○○입니다. 요즘 자격증을 2개정도는 가지고 입사하는 젊은 친구들에게 일을 시키고 지시하는 역할이지만 정작 제자신에게 부족한 점이 많다는 것을 느꼈기 때문에 자격증을 따야겠다고 결심했습니다. 처음 시작할 때는 과연 되겠냐? 하는 의문과 걱정이 한가득이었지만 **시대에듀** 인강을 우연히 접하게 되었고 잘 차려진 밥상과 같은 커리큘럼은 뒤늦게 시작한 늦깎이 수험생이었던 저를 **합격의 길**로 인도해주었습니다. 직장생활을 하면서 취득했기에 더욱 기뻤습니다.

합격은 시대에듀

감사합니다!

당신의 합격 스토리를 들려주세요.
추첨을 통해 선물을 드립니다.

QR코드 스캔하고 ▷▷▶
이벤트 참여해 푸짐한 경품받자!

베스트 리뷰	상/하반기 추천 리뷰	인터뷰 참여
갤럭시탭/버즈 2	상품권/스벅커피	백화점 상품권

합격의 공식

17.4%

2023년 유통관리사 1급 합격률

CBT 모의고사로 최종 합격 점검!

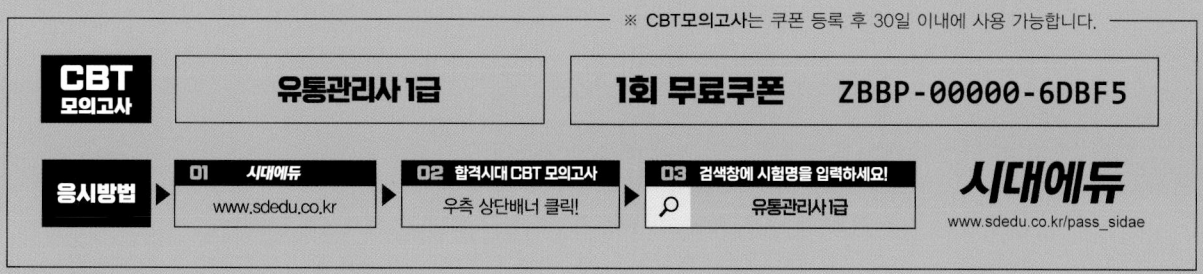

유통관리사
1급 한권으로 끝내기

YES24 "유통관리사" 부문 월별/주별 베스트셀러 1위

08년 3월~21년 12월 / 22년 1월, 2월 3주, 10월 4주, 11월 1,4주 / 23년 1월 3~4주, 2월 2주, 12월 3~4주 / 24년 1월 1~2주, 4~5주, 2월 1주
※ 유통관리사 시리즈, 19년간 42만 부 판매

시대에듀

발행일 2025년 5월 10일 | **발행인** 박영일 | **책임편집** 이해욱
편저 안영일 · 유통관리연구소 | **발행처** (주)시대고시기획
등록번호 제10-1521호 | **대표전화** 1600-3600 | **팩스** (02)701-8823
주소 서울시 마포구 큰우물로 75 [도화동 538 성지B/D] 9F
학습문의 www.sdedu.co.kr

※ 이 책은 저작권법에 의해 보호를 받는 저작물이므로 동영상 제작 및 무단전재와 복제를 금합니다.

PROFILE 편저

안영일

- 고려대학교 경영대학원 경영학(마케팅) 석사
- 경영진단사, 경영지도사
- 경영컨설턴트, 마케팅&채권관리교육원장
- KBS · MBC, 삼성, LG, 현대, 신세계 등 방송, 기업체 초빙강사
- 고려대, 금오공대, 건국대 등 최고경영자 과정 초청강사
- 국립경찰종합학교 외래교수 역임
- 고용노동부 통신교육 지도강사, 집필위원
- 전자상거래관리사 2급(시대고시기획 刊)
- 소비자상담과 피해구제(시대고시기획 刊)
- 유통관리사 1급 · 3급 한권으로 끝내기(시대고시기획 刊)

유통 · 물류관리사 관련 수험서 SERIES

유통관리사 1급	유통관리사 1급 한권으로 끝내기(전2권)	4×6배판	45,000원
	유통관리사 1급 기출문제해설	4×6배판	25,000원
유통관리사 2급	유통관리사 2급 한권으로 끝내기(필수암기 필기노트)	210×260	34,000원
	유통관리사 2급 단기완성	4×6배판	25,000원
	유통관리사 2급 5개년 기출문제해설	4×6배판	26,000원
유통관리사 3급	유통관리사 3급 한권으로 끝내기	4×6배판	32,000원
	유통관리사 3급 10개년 기출문제해설	4×6배판	24,000원
물류관리사	물류관리사 한권으로 끝내기(전5권)	210×260	42,000원
	물류관리사 5개년 첨삭식 기출문제해설(전2권)	4×6배판	26,000원
	물류관리사 단기완성 핵심요약집	210×260	23,000원

※ 도서의 제목 및 가격은 변동될 수 있습니다.

끝까지 책임진다! 시대에듀!
QR코드를 통해 도서 출간 이후 발견된 오류나 개정법령, 변경된 시험 정보, 최신기출문제, 도서 업데이트 자료 등이 있는지 확인해 보세요! 시대에듀 합격 스마트 앱을 통해서도 알려 드리고 있으니 구글 플레이나 앱 스토어에서 다운받아 사용하세요. 또한, 파본 도서인 경우에는 구입하신 곳에서 교환해 드립니다.

편집진행 김준일 · 남민우 · 류채윤 | **표지디자인** 김도연 | **본문디자인** 최미림 · 하한우

유통관리사

1급 한권으로 끝내기

2권 | 유통마케팅 + 유통정보 + 부록

시대에듀

유통관리사 1급 한권으로 끝내기

Always with you

사람의 인연은 길에서 우연하게 만나거나 함께 살아가는 것만을 의미하지는 않습니다.
책을 펴내는 출판사와 그 책을 읽는 독자의 만남도 소중한 인연입니다.
시대에듀는 항상 독자의 마음을 헤아리기 위해 노력하고 있습니다. 늘 독자와 함께하겠습니다.

자격증 · 공무원 · 금융/보험 · 면허증 · 언어/외국어 · 검정고시/독학사 · 기업체/취업
이 시대의 모든 합격! 시대에듀에서 합격하세요!
www.youtube.com → 시대에듀 → 구독

이 책의 차례 CONTENTS

제4과목 유통마케팅

CHAPTER 01 소매마케팅전략
- 01 시장세분화 · 004
- 02 목표시장 설정 · 007
- CHAPTER 01 실전예상문제 · · · · · · · · · · · · · · · · 010

CHAPTER 02 온라인 마케팅
- 01 소매점의 디지털 마케팅 전략 · · · · · · · · · · · · · · 020
- 02 웹사이트 및 온라인 쇼핑몰 관리 · · · · · · · · · · · 026
- 03 소셜미디어 마케팅 · 034
- 04 데이터 분석과 성과측정 · · · · · · · · · · · · · · · · · 038
- CHAPTER 02 실전예상문제 · · · · · · · · · · · · · · · · 042

CHAPTER 03 점포관리
- 01 점포운영 · 045
- 02 점포구성, 디자인, VMD · · · · · · · · · · · · · · · · · · 048
- 03 무점포 소매업의 관리 · · · · · · · · · · · · · · · · · · · 057
- CHAPTER 03 실전예상문제 · · · · · · · · · · · · · · · · 066

CHAPTER 04 촉진관리전략
- 01 프로모션 믹스 · 078
- 02 고객서비스 관리 · 094
- CHAPTER 04 실전예상문제 · · · · · · · · · · · · · · · · 106

CHAPTER 05 머천다이징
- 01 상품계획 · 115
- 02 매입관리 · 126
- 03 가격관리 · 136
- 04 재고관리 · 144
- CHAPTER 05 실전예상문제 · · · · · · · · · · · · · · · · 153

이 책의 차례 CONTENTS

제5과목 유통정보

CHAPTER 01 유통정보의 이해
- 01 정보의 이해 · 174
- 02 유통정보화 기술 · 191
- 03 유통정보의 활용 · 205
- CHAPTER 01 실전예상문제 · 208

CHAPTER 02 유통정보시스템
- 01 유통정보시스템 구축과 활용 · · · · · · · · · · · · · · · 219
- 02 개인정보보호와 프라이버시 · · · · · · · · · · · · · · · · 230
- CHAPTER 02 실전예상문제 · 235

CHAPTER 03 전자상거래시스템
- 01 전자상거래시스템 · 244
- CHAPTER 03 실전예상문제 · 265

CHAPTER 04 통합정보자원관리시스템
- 01 ERP 시스템 · 275
- 02 CRM 시스템 · 278
- 03 SCM 시스템 · 283
- CHAPTER 04 실전예상문제 · 314

CHAPTER 05 신융합기술의 유통분야에서의 응용
- 01 신융합기술 · 327
- 02 신융합기술의 개념 및 활용 · · · · · · · · · · · · · · · · 330
- CHAPTER 05 실전예상문제 · 351

부록

최근기출문제
- 2024년 제2회 기출문제 [2024. 08. 24 시행] · · · · · · · · · · 360

2권

유통관리사 1급 한권으로 끝내기

4과목 유통마케팅
5과목 유통정보
부록 최근기출문제

5개년 챕터별 출제비중

2024
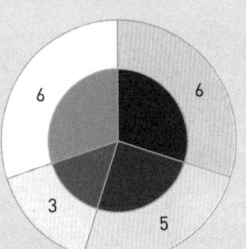
- 8, 3, 4, 1, 4

2020
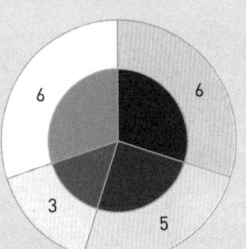
- 6, 6, 5, 3

2021
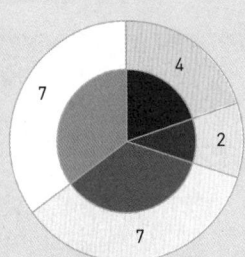
- 7, 4, 2, 7

2022
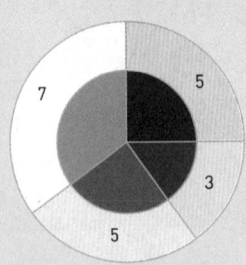
- 7, 5, 3, 5

2023
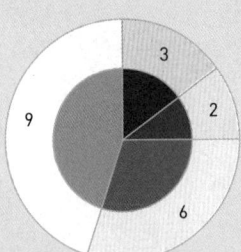
- 9, 3, 2, 6

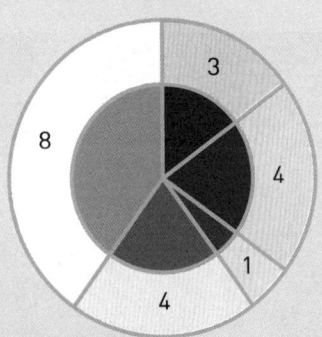

- ■ 제1장 소매마케팅전략
- ■ 제2장 온라인 마케팅
- ■ 제3장 점포관리
- ■ 제4장 촉진관리전략
- ■ 제5장 머천다이징

(출제 문항 수)

4 과목

유통마케팅

CHAPTER 01 소매마케팅전략
CHAPTER 02 온라인 마케팅
CHAPTER 03 점포관리
CHAPTER 04 촉진관리전략
CHAPTER 05 머천다이징

CHAPTER 01 · 소매마케팅전략

> **Key Point**
> ■ 시장세분화의 중요성·기준·방법에 대해 학습한다.
> ■ 목표고객·시장의 설정과 포지셔닝 전략에 대해 학습한다.

01 시장세분화

1 시장세분화의 중요성

(1) 시장세분화(Market Segmentation)의 개념 기출 17·15·13

① 시장세분화는 오늘날 기업들의 핵심적인 마케팅 전략적 개념으로, 시장은 소비자의 편익, 사용률, 가격, 촉진탄력성 등에 있어서 동질적이 아니라는 가정에 바탕을 두고 있다.
② 전체 시장을 다양한 차별화 욕구와 행동 및 특성을 가지고 있는 소비자 집단으로 분류하는 과정을 말한다.
③ 상품에 대한 선호, 수요, 성장률, 매체 습관, 경쟁구조 등의 측면에서 시장 간의 차이는 반응률에 영향을 미치므로 시장은 다양한 방식으로 정의되고 세분화될 수 있는 복잡한 실체이다.
④ 세분시장은 내부적으로 동질적인 성향(욕구동질성)을 가지도록 해야 하며, 다른 세분시장 간에는 이질적인 특성(욕구이질성)을 가지도록 세분화하여야 한다.
⑤ 세분시장의 규모를 확인할 수 있어야 하며, 이 시장이 결정되면 적절한 소매믹스를 고객에게 전달할 수 있어야 한다.
⑥ 다속성 태도모형에 의하면, 동일한 편익에 대해 유사한 수준의 중요도를 보인 고객들은 동일한 세분시장에 속할 가능성이 높다.
⑦ 시장세분화는 지리적, 인구통계적, 심리적, 행동적 세분화를 통해 가능하며, 복합적 세분화도 가능하다.

(2) 시장세분화의 배경

① 기업들이 시장점유율 획득 등을 통해 성장을 추구하기 때문에 경쟁 강도가 격화되고 있다.
② 가처분소득의 확대, 학력수준의 향상, 세상에 대한 폭넓은 인식 등과 같은 사회경제적인 힘이 커짐에 따라 고객들은 보다 다양하고 섬세한 욕구와 취향, 라이프스타일 등을 갖게 되었다.
③ 정보기술에 힘입은 마케팅정보시스템의 도입으로 매우 작은 규모의 세분화가 가능하게 되었다.
④ 세분화 전략은 관계 마케팅을 위해 폭넓게 사용되고 있다(예 텔레마케팅 등).
⑤ 많은 마케팅 조직들은 자사의 서비스를 세분화함으로써 전문화된 마케팅 프로그램을 보다 쉽게 수행할 수 있다.

2 시장세분화의 기준과 방법

(1) 효과적 세분화의 조건 기출 24
① 측정 가능성 : 세분시장의 크기와 구매력은 측정될 수 있어야 한다.
② 접근 가능성 : 세분시장의 소비자에게 효과적으로 접근하여 활동할 수 있어야 한다.
③ 시장의 규모 : 세분시장의 규모와 수익성의 정도가 차별적인 전략을 구사할 만큼 커야 한다.
④ 실행 가능성 : 세분시장에 효과적인 프로그램을 설계하여 효과를 얻을 수 있어야 한다.
⑤ 경쟁성 : 경쟁사 대비 확실한 경쟁우위를 갖춰야 한다.
⑥ 이질성(차별성) : 특정한 마케팅 믹스에 대한 반응이나 세분화 근거에 있어서 세분시장 내의 구성원은 동질성을 보여야 하고, 다른 세분시장의 구성원과는 이질성을 보여야 한다.

(2) 시장세분화의 과정 기출 21
① 주어진 시장 상황에 적합한 세분화변수를 선별한다.
세분화변수는 사전 혹은 사후 조사자료를 바탕으로 결정할 수 있다. 사전세분화는 기업이 세분화변수를 미리 결정할 수 있다는 의미이며, 사후적 세분화는 전형적으로 태도, 제품 사용, 추구편익, 제품·서비스에 관한 소비자의 지각 등을 활용하여 시행한다.
② 결과변수의 차이 여부와 정도를 결정한다.
인구통계학적 특성, 제품 사용, 라이프스타일 등에 의해 정의된 다양한 시장들 간에 추구하는 편익의 차이 여부와 정도를 결정하고 군집화하는 것이다.
③ 세분화 특유의 효과성과 유용성을 평가하기 위해 두 번째 단계의 결과를 평가한다.
㉠ 세분시장은 하나 혹은 그 이상의 마케팅 변수들에 대하여 서로 다른 반응을 보여야 한다.
㉡ 세분시장은 식별 가능해야 한다.
㉢ 세분시장은 충분한 규모를 가져야 한다.
㉣ 세분화를 위해 사용되는 변수들은 측정 가능해야 한다.
㉤ 세분시장과 회사의 가용자원 간의 적합성이 있어야 한다.

(3) 시장세분화의 이점
① 잠재시장에 대한 주의 깊은 분석은 종종 기존의 경쟁제품에 의해 충분히 만족되지 못하고 있는 하나 혹은 복수의 집단들을 찾아낼 수 있도록 해준다.
② 동질적인 고객집단을 만족시키기 위한 가장 효과적인 마케팅프로그램을 기획할 수 있도록 도움을 준다.
③ 잘 정의된 세분시장은 특정한 제품과 결합되었을 때, 잠재적 투자센터의 역할을 한다.

(4) 시장세분화의 변수
① 인구통계학적 변수 : 소비자들의 인구통계학적인 특성을 기준으로 시장을 나누며, 고객집단을 세분화하는 데 가장 보편적인 기준이 된다(예 나이, 성별, 가족생애주기, 소득, 직업, 교육, 지역, 인구통계학적 특성, 기념일 등).

② 사람 및 기업 관련 일반행동적 변수
  ㉠ 라이프스타일 : 라이프스타일 혹은 심리적 변수에 의한 세분화는 소비자들의 활동, 관심사, 의견 등을 바탕으로 집단화한 것이다.
  ㉡ 사회적 계층 : 모든 사회에는 주로 소득, 교육, 직업의 유사성에 따라 집단화되는 사회적 지위가 있다.
  ㉢ 관심사 : 취미, 스포츠, 여행, 건강, 가족부양, 업무 관련 활동, 교육 등과 관련된 관심사들은 동호인들에 의한 인터넷커뮤니티의 출현과 함께 세분화 변수로서 그 중요성이 점점 더 커지고 있다.
  ㉣ 구매구조 : 구매구조는 구매활동의 집중화 정도인데, 산업재 시장에서 주로 사용되는 변수이다.
  ㉤ 구매상황 : 구매상황 변수 역시 산업재 시장의 세분화 기준으로 자주 사용되는 변수로서 다음의 3가지 유형으로 구분된다.
    • 연속재구매 : 관행화된 절차에 따른 반복구매상황이다.
    • 수정된 재구매 : 고객-공급자 관계에서 가격이나 배달스케줄과 같은 어떤 요소가 변화되었을 때 발생한다.
    • 신규구매상황 : 중요한 정보수집과 대안적인 공급업자들에 대한 평가를 필요로 한다.
③ 제품 관련 행동적 세분화 변수 : 제품사용경험, 충성도(애호도), 구매성향, 구매영향력 등의 제품 관련 행동변수들은 특정제품에 대한 고객들의 행동을 반영한다.
④ **고객의 욕구** 기출 23
  ㉠ 특정제품이나 서비스로부터 소비자가 추구하는 편익이다.
  ㉡ 소비자들은 동일한 욕구를 갖고 있지 않으므로 각각의 제품들이 제공하는 편익들에 대해 각기 다른 수준의 중요성을 부여한다.
  ㉢ 시장세분화를 위해 인구통계학적 변수로부터 행동변수와 소비자욕구에 대한 제품 관련 변수로까지 폭넓게 검토함으로써 마케팅전략과 프로그램수립을 위한 시사점이 더 명백하고 의미 있게 된다.
  ㉣ 서비스를 강조하는 백화점과 저렴한 가격의 제품을 대량으로 판매하는 창고형 할인점의 소매업태 간 특성 차이로 인한 시장세분화 기준은 구매행태변수에 의한 것이다.

> **개념 PLUS**
> **시장세분화 변수** 기출 23
> • 인구통계학적 세분화 변수 : 나이, 성별, 직업, 소득, 교육수준, 종교, 가족수명주기 등
> • 지역별 세분화 변수 : 지역, 인구밀도, 도시 크기, 기후 등
> • 심리분석적 세분화 변수 : 개성, 취미, 라이프스타일 등

(5) 글로벌 세분화
글로벌시장에 대한 전통적인 세분화 방법은 하나의 국가나 그 국가 내에 살고 있는 모든 소비자들을 하나의 세분시장으로 간주하는 것이며 이를 통해 기업이 지역시장별로 최소한의 변화만을 주는 표준화된 프로그램을 개발할 수 있도록 한다.

02 목표시장 설정

1 시장 설정

(1) 목표시장의 개요 기출 23

① 개 념
　㉠ 목표시장 선정이란 기업이 시장에 진출하기 위하여 각 세분시장을 평가하고, 하나 또는 그 이상의 세분시장을 선택하는 과정을 말한다.
　㉡ 목표시장을 선택하는 데 지침을 제공할 수 있는 가장 일반적인 전략들은 대량시장(Mass-market), 틈새시장(Niche-market), 성장시장(Growth-market) 전략으로 대별할 수 있다.

② 표적시장 선정 시 고려할 요소 기출 23·16
　㉠ 미래의 성장 잠재력과 이익 잠재력
　㉡ 현재시장의 크기와 매력도
　㉢ 경쟁강도와 소요되는 투자액
　㉣ 시장의 욕구를 충족시킬 수 있는 능력
　㉤ 집단 내 동질성과 집단 간 이질성
　㉥ 외형 측면에서 충분한 시장 규모, 수익성, 시장성장률을 가지고 있는지의 여부
　㉦ 해당 세분시장이 자사의 역량과 자원에 적합한지를 분석
　㉧ 시장의 경쟁 강도뿐만 아니라 현재 경쟁자들과의 경쟁에서 확실한 경쟁적 우위를 확보할 수 있는 자원과 역량이 있는지를 분석
　㉨ 시장의 규모는 자사의 규모에 따라 다르게 해석할 수 있기 때문에 절대적인 크기보다는 상대적인 크기를 고려하여 목표시장을 선택
　㉩ 경쟁의 측면에서 개별 세분시장 내의 경쟁 강도

(2) 대량시장 전략(비차별화 전략) 기출 24

① 개념 : 전체 시장을 구성하고 있는 세분시장의 존재를 인식하지 않고 시장을 전체로 취급하여 고객 간 욕구의 차이점보다는 오히려 공통점에 관심을 두려는 전략을 의미한다.

② 목 적
　㉠ 대량시장 전략의 일차적인 목적은 규모의 경제와 비용우위를 획득하기 위해 충분한 양을 확보하는 것이다.
　㉡ 이 전략은 모든 계층의 소비자를 만족시킬 수 없으므로 경쟁사가 쉽게 틈새시장을 찾아 시장에 진입할 수 있다는 문제점을 가진다.

(3) 틈새시장 전략(집중화 전략) 기출 24

① 개념 : 기업의 자원이 제약되어 있는 경우, 어느 하나 또는 소수의 세분시장에만 소구하는 전략을 말하며, 이 시장은 제품과 서비스에 대해 다소 전문화된 편익을 추구하는 고객들로 구성된다.

② 장·단점

장 점	단 점
• 한 세분시장에 대하여 집중하게 되므로 특정 세분시장에 대하여 충분한 지식을 갖게 된다. • 명성이 높아지기 때문에 특정 세분시장에서 강력한 시장지위를 누린다. • 생산, 유통, 촉진면의 전문화로 인해 운영상의 경제성을 누린다.	• 한 기업의 성장성을 특정 세분시장에만 전적으로 의존하는 전략이기 때문에 높은 위험성이 뒤따른다.

(4) 성장시장 전략(차별화 전략) 기출 24·18

① 개 요
  ㉠ 전체 시장을 구성하고 있는 세분시장의 존재를 인식하고, 이들 각 세분시장에 대하여 각각의 다른 제품과 마케팅 프로그램을 개발하려는 전략이다.
  ㉡ 서로 상이한 욕구를 가진 여러 고객집단을 만족시키고자 한다.
  ㉢ 시너지효과를 지닌 몇 개의 세분시장에 상이한 전략으로 동시에 집중하는 전략이다.
  ㉣ 이 전략은 주로 자원이 풍부한 대기업에서 많이 사용하는 방식이다.

> **OX 문제**
> ▶ 차별화전략은 시너지효과를 지닌 수 개의 세분시장에 다른 전략으로 동시에 집중하는 것이다.
> 정답 ▶ O

② 장·단점

장 점	단 점
다양한 고객의 욕구를 충족시키기 위하여 다양한 제품계열, 다양한 경로, 다양한 광고매체를 통해 판매하기 때문에 총매출액이 증대될 수 있다.	비차별적 전략에 비해 생산원가, 일반관리비, 판매촉진비, 재고관리비 등의 제비용이 증대된다.

2 포지셔닝(Positioning)

(1) 개 요 기출 13

① 일단 기업이 어떤 세분시장에 진입할 것인지를 결정하고 나면 그 세분시장에서 자사의 제품을 어떠한 자리에 위치시킬 것인가의 문제에 대한 해결이 필요한데 이것이 포지셔닝의 문제이다.
② 제품의 포지션은 소비자들의 인식 속에 자사의 제품이 경쟁제품에 대비하여 차지하고 있는 상대적 위치를 말한다.

(2) 포지셔닝 전략 기출 15·13

① 기업은 특정한 제품속성에 따라 포지셔닝한다.
② 제품을 소비자들이 추구하는 편익에 따라 포지셔닝할 수 있다.
③ 제품은 사용상황에 따라서도 포지셔닝할 수 있다.
④ 특정 사용자집단을 위한 제품으로서 포지셔닝할 수 있다.

⑤ 포지셔닝 전략은 목표 고객에게 가격, 서비스, 품질, 편리성 등을 맞추는 전략이다.
⑥ 포지셔닝 전략은 경쟁업자와 차별되는 자기 점포의 이미지를 고객에게 어떻게 인식시킬 것인가에 관한 것이다.
⑦ 경쟁적 포지셔닝 전략은 고객에게 초점을 맞추기 보다는 경쟁자의 포지션을 준거점으로 하여 자사 제품의 포지션을 개발하는 전략이다.
⑧ 우호적인 이미지를 창조하는 것이 중요하므로 타깃 고객의 욕구와 좋아하는 이미지를 파악해야 한다.
⑨ 백화점업계의 리더, 최저가격할인점 등의 포지셔닝은 고객 포지셔닝에 해당한다.

(3) 포지셔닝 전략의 수립과정

기업이 포지셔닝 전략을 선택하고, 시장에 적용하기 위해서는 자사의 경쟁사 대비 경쟁적 강점 파악, 적절한 경쟁우위의 선택, 선택한 포지션의 전달과정을 거쳐야 한다.

(4) STP 전략(Segmentation, Targeting and Positioning) 기출 24·13

① 개념 : STP 전략이란 시장을 세분화하고(Segmentation), 목표시장을 선정하며(Targeting), 제품의 위상을 정립시키는 것(Positioning)을 말한다.
② 특 징
  ㉠ 포지셔닝 전략 수립을 위해서는 자사와 경쟁사 제품들이 시장의 어디에 위치되어 있는지를 파악하는 일이 필요하다.
  ㉡ 집중적 마케팅 전략은 전체 시장을 대상으로 마케팅 활동이 힘든 경우 세분화된 소수의 세분시장만을 목표시장으로 선정하여 기업의 마케팅 노력을 집중하는 전략이다.
  ㉢ 큰 시장에서 낮은 시장점유를 얻기보다는 선택한 소수의 세분시장에서 보다 높은 시장점유를 추구해 강력한 시장 지위를 확보하고자 하는 전략이다.
  ㉣ 시장의 적정 규모 및 성장가능성, 구조적 매력성, 자사 목표와의 적합성 및 자원은 세분시장 평가에 고려되는 기준이다.
  ㉤ 시장세분화 기준변수를 크게 고객행동변수와 고객특성변수로 구분할 수 있다.
    • 고객행동변수 : 추구편익(혜택), 사용상황, 사용량, 상표애호도, 고객생애가치
    • 고객특성변수 : 인구통계적 변수, 심리분석적 변수(라이프스타일)
  ㉥ 시장세분화를 마케팅 전략에 유용하게 사용하려면 세분시장은 측정가능성, 접근가능성, 규모 적정성, 세분시장 내 동질성과 세분시장 간 이질성과 같은 요건을 갖추고 있어야 한다.

> **OX문제**
> ▶ 백화점업계의 리더, 최저가격할인점 등의 포지셔닝은 효익 포지셔닝에 해당한다. O|X
> **해설**
> 효익 포지셔닝은 소비자가 제품을 사용할 때 소비자가 얻게 될 효익에 초점을 맞추어 포지셔닝하는 전략이다.
> 정답 ▶ ×

> ▶ 포지셔닝 전략은 다른 점포와의 차별화를 위해 물품의 구색을 갖추고 판매 방법을 수립하는 전략이라 할 수 있다. O|X
> **해설**
> 세분시장의 고객들이 자사를 경쟁사와 비교하여 어떻게 생각·지각하고 있는지를 이해하고 또한 평가하도록 기업의 이미지와 가치 제공물을 설계하는 작업이다.
> 정답 ▶ ×

> **OX문제**
> ▶ 시장세분화 기준변수를 크게 고객행동변수와 고객특성변수(인구통계적 변수 및 심리분석적 변수)로 구분하였을 때, 추구편익(혜택)은 고객행동변수로 분류된다. O|X
> 정답 ▶ O

CHAPTER 01 실전예상문제

※ 본 문제를 풀면서 이해체크를 이용하시면 문제이해에 보다 도움이 될 수 있습니다.

01 시장세분화(Market Segmentation)에 대한 설명 중 거리가 먼 것은?

① 세분화는 시장이 소비자가 추구하는 편익, 사용률, 가격 및 촉진 탄력성 등에 있어서 동질적이 아니라는 가정에 바탕을 두고 있다.
② 세분시장은 내부적으로 동질적인 성향(욕구동질성)을 가지도록 해야 하며, 다른 세분시장 간에는 이질적인 특성(욕구이질성)을 가지도록 세분화하여야 한다.
③ 시장세분화는 지리적, 인구통계적, 심리적, 행동적 세분화를 통해 가능하며, 복합적 세분화도 가능하다.
④ 기업이 시장에 진출하기 위하여 각 세분시장을 평가하고, 하나 또는 그 이상의 세분시장을 선택하는 과정을 말한다.
⑤ 효과적인 세분화의 조건으로는 측정가능성, 접근가능성, 시장의 규모, 실행가능성 등이 있다.

> ④는 목표시장에 대한 내용이다. 목표시장을 선택하는 데 지침을 제공할 수 있는 가장 일반적인 전략들은 대량시장(Mass-market), 틈새시장(Niche-market), 성장시장(Growth-market) 전략으로 대별할 수 있다.

02 다음 중 포지셔닝전략과 거리가 먼 것은?

① 목표 고객에게 가격, 서비스, 품질, 편리성 등을 맞추는 전략이다.
② 경쟁적 포지셔닝전략은 경쟁자의 포지션을 준거점으로 한 자사 제품의 포지션 개발전략이기보다는 고객에게 초점을 맞추는 전략이다.
③ 제품을 사용상황에 따라서 포지셔닝 할 수 있다.
④ 우호적인 이미지를 창조하는 것이 중요하므로 타깃 고객의 욕구와 좋아하는 이미지를 파악해야 한다.
⑤ 백화점업계의 리더, 최저가격할인점 등의 포지셔닝은 고객포지셔닝에 해당한다.

> 경쟁적 포지셔닝전략은 고객에게 초점을 맞추기 보다는 경쟁자의 포지션을 준거점으로 하여 자사 제품의 포지션을 개발하는 전략이다.

03 STP(Segmentation, Targeting and Positioning)에 관한 설명으로 가장 적절하지 않은 것은?

① 포지셔닝 전략 수립을 위해서는 자사와 경쟁사 제품들이 시장의 어디에 위치되어 있는지를 파악하는 일이 필요하다.
② 집중적(Concentrated) 마케팅 전략은 각 세분시장의 차이를 무시하고 단일(혹은 소수의) 제품으로 전체시장에 접근하는 것이다.
③ 시장의 적정 규모 및 성장가능성, 구조적 매력성, 자사 목표와의 적합성 및 자원은 세분시장 평가에 고려되는 기준이다.
④ 시장세분화 기준변수를 크게 고객행동변수와 고객특성변수(인구통계적 변수 및 심리분석적 변수)로 구분하였을 때, 추구편익(혜택)은 고객행동변수로 분류된다.
⑤ 시장세분화를 마케팅 전략에 유용하게 사용하려면 세분시장은 측정가능성, 접근가능성, 규모적정성, 세분시장 내 동질성과 세분시장 간 이질성과 같은 요건을 갖추고 있어야 한다.

> 해설
> 집중적 마케팅 전략은 전체 시장을 대상으로 마케팅 활동이 힘든 경우 세분화된 소수의 세분시장만을 목표 시장으로 선정하여 기업의 마케팅 노력을 집중하는 전략이다. 즉, 큰 시장에서 낮은 시장점유를 얻기보다는 선택한 소수의 세분시장에서 보다 높은 시장점유를 추구해 강력한 시장 지위를 확보하고자 하는 전략이다.

04 시장세분화 과정에 대한 설명으로 옳지 않은 것은?

① 시장세분화를 위한 기준을 확인한다.
② 각 세분시장의 잠재적 성장가능성을 파악한다.
③ 각 세분시장의 매력도를 측정할 수 있는 수단을 개발한다.
④ 기업이 사업을 추진하는 데 적합한 세분시장을 선정한다.
⑤ 각 세분시장의 크기 및 특성을 확인한다.

> 해설
> 기업이 사업을 추진하는 데 적합한 세분시장을 선정하는 것은 목표시장에 대한 설명이다. 목표시장 선정은 기업이 시장에 진출하기 위하여 각 세분시장을 평가하고, 하나 또는 그 이상의 세분시장을 선택하는 과정을 말한다.

정답 01 ④ 02 ② 03 ② 04 ④

05 목표시장을 선정하기 위해 고려해야 할 요소에 해당하지 않는 것은?

① 미래의 성장 잠재력과 이익 잠재력
② 현재시장의 크기와 매력도
③ 경쟁강도와 소요되는 투자액
④ 집단 내 이질성과 집단 간 동질성
⑤ 시장의 욕구를 충족시킬 수 있는 능력

> 해설 목표시장을 선정하기 위해 고려해야 할 요소는 집단 내 동질성과 집단 간 이질성이다.

06 차별화 전략에 대한 설명으로 가장 옳은 것은?

① 시너지효과를 지닌 몇 개의 세분시장에 상이한 전략으로 동시에 집중하는 전략이다.
② 차별적인 욕구를 지닌 세분시장에 동일한 유통경로 개념을 가지고 접근하는 방식이다.
③ 자사 제품을 효과적·효율적으로 전달할 수 있는 하나의 세분시장에 집중하는 전략이다.
④ 타깃 구매자 집단의 규모가 클 경우 제품 사양 및 가격을 다양화하여 이익을 증대시키고자 하는 전략이다.
⑤ 설탕이나 야채와 같은 생활필수품이나 원재료의 유통전략으로 적합하다.

> 해설 차별화 전략은 여러 개의 표적시장을 선정하고 각각의 표적시장에 적합한 마케팅 전략을 개발하는 방식이다. 즉, 시너지효과를 지닌 몇 개의 세분시장을 대상으로 차별화된 유통관리 활동을 전개하는 전략이다.
> ② 차별화 전략은 동질적인 욕구를 지닌 세분시장을 나누고, 차별적인 유통경로 개념을 가지고 접근하는 방식이다.
> ③·④ 집중화 전략
> ⑤ 비차별화 전략

07 표적고객의 특성에 따른 소매유통전략으로 가장 옳지 않은 것은?

① 근거리·소량 쇼핑을 원하면 편의점 유통에 집중한다.
② 시간과 공간의 제한을 받지 않고 구매하기를 원하면 온라인쇼핑을 활용한다.
③ 쾌적한 분위기에서 쇼핑하는 것을 즐기면 백화점이나 복합쇼핑몰을 선택한다.
④ 소비자가 가격에 민감하면 인터넷을 통한 직거래 유통경로의 구축을 검토한다.
⑤ 한번에 다양한 제품군의 상품들을 구매하기 원하면 전문양판점이나 대형마트를 선택한다.

> 해설 전문양판점은 특정 제품군을 전문화하여 판매하는 할인 소매점(예 전자제품을 전문으로 판매하는 하이마트)이므로 다양한 제품군의 상품들을 구매하는 점포로 선택하기에는 적절하지 않다.

08 포지셔닝과 차별화 전략에 대한 설명으로 옳지 않은 것은?

① 성능, 디자인과 같이 제품의 물리적 특성을 통한 차별화를 제품 차별화(product differentiation)라고 한다.
② 포지셔닝 전략의 핵심은 고객에게 품질이나 디자인에서 어떤 결정적 차이점(decisive difference)을 제시하느냐에 있다.
③ 포지셔닝은 표적시장 고객들의 인식 속에서 차별적인 위치를 차지하기 위해 자사제품이나 기업의 이미지를 설계하는 행위를 말한다.
④ 기업들은 제품의 물리적 특성 이외에 제품의 서비스에 대해서도 차별화가 가능하며, 이를 서비스 차별화(services differentiation)라고 한다.
⑤ 기업 이미지나 브랜드 이미지로 인해 동일한 제품을 제공하더라도, 소비자들은 그 제품을 다르게 인식할 수 있는데, 이를 이미지 차별화(image differentiation)라고 한다.

> 차별화 전략의 핵심은 고객에게 품질이나 디자인에서 어떤 결정적 차이점(decisive difference)을 제시하느냐에 있다.

09 집중화 전략에 대한 설명으로 옳은 것은?

① 시장을 세분화하고 각각의 집단에 대해 상이한 전략을 개발하는 것이다.
② 전체 시장의 구매자들을 대상으로 동일한 마케팅전략을 집중하는 것이다.
③ 상이한 욕구를 지닌 두 세분시장에 동일한 마케팅전략을 집중하는 것이다.
④ 하나의 구매자 세분시장을 대상으로 하여 그 시장에 마케팅 전략을 집중하는 것이다.
⑤ 시너지 효과를 극대화하기 위해 현재적 구매자 세분시장과 잠재적 구매자 세분시장을 동시에 집중하는 것이다.

> 집중화 전략
> • 특정한 세분시장에 기업의 역량을 집중하는 전략으로 한정된 자원을 극대화하여 효율적으로 운용할 수 있게 해준다.
> • 특정 시장, 특정 소비자 집단, 일부 제품 종류, 특정 지역 등을 집중적으로 공략하는 것을 의미한다.

10 아래 글상자의 사례 기업들이 실행한 소매점 포지셔닝 전략의 유형으로 가장 적합한 것은?

- W사는 최상의 품질, 최소로 가공된, 풍미가 가득한, 그리고 천연 그대로 보존된 음식을 제공한다는 철학으로 자사를 포지셔닝했다.
- T사는 맛과 품질이 좋은 오가닉 식품을 합리적인 가격에 제시하는 전문식품 소매점이라는 가치제안을 기반으로 자사를 포지셔닝했다.

① 사용상황에 의한 포지셔닝
② 제품군에 의한 포지셔닝
③ 제품속성에 의한 포지셔닝
④ 제품사용자에 의한 포지셔닝
⑤ 경쟁적 포지셔닝

해설
포지셔닝 전략의 유형
- 제품속성에 의한 포지셔닝 : 자사제품에 의한 포지셔닝은 자사제품의 속성이 경쟁제품에 비해 차별적 속성을 지니고 있어서 그에 대한 혜택을 제공한다는 것을 소비자에게 인식시키는 전략이다.
- 이미지 포지셔닝 : 제품이 지니고 있는 추상적인 편익을 소구하는 전략이다.
- 경쟁제품에 의한 포지셔닝 : 소비자가 인식하고 있는 기존의 경쟁제품과 비교함으로써 자사 제품의 편익을 강조하는 방법을 말한다.
- 사용상황에 의한 포지셔닝 : 자사 제품의 적절한 사용상황을 설정함으로써 타사 제품과 사용상황에 따라 차별적으로 다르다는 것을 소비자에게 인식시키는 전략이다.
- 제품사용자에 의한 포지셔닝 : 제품이 특정 사용자 계층에 적합하다고 소비자에게 강조하여 포지셔닝하는 전략이다.

11 소매업체의 시장세분화에 대한 설명으로 옳지 않은 것은?

① 세분시장의 규모를 확인할 수 있어야 한다.
② 세분시장이 결정되면 적절한 소매믹스를 고객에게 전달할 수 있어야 한다.
③ 세분 소매시장 내 고객의 욕구이질성, 다른 세분시장 고객의 욕구동질성을 조건으로 한다.
④ 시장세분화는 지리적, 인구통계적, 심리적, 행동적 세분화를 통해 가능하며, 복합적 세분화도 가능하다.
⑤ 다속성 태도모형에 의하면, 동일한 편익에 대해 유사한 수준의 중요도를 보인 고객들은 동일한 세분시장에 속할 가능성이 높다.

해설
시장을 세분화할 경우 세분시장은 내부적으로 동질적인 성향(욕구동질성)을 가지도록 해야 하며, 다른 세분시장 간에는 이질적인 특성(욕구이질성)을 가지도록 세분화하여야 한다.

12 다음 중 포지셔닝 전략에 대한 설명으로 가장 옳지 않은 것은?

① 경쟁자와 차별화된 서비스 속성으로 포지셔닝 하는 방법은 서비스 속성 포지셔닝이다.
② 여성 전용 사우나, 비즈니스 전용 호텔 등의 서비스는 서비스 이용자를 기준으로 포지셔닝 한 예이다.
③ 최고의 품질 또는 가장 저렴한 가격으로 서비스를 포지셔닝 하는 것을 가격 대 품질 포지셔닝이라 한다.
④ 경쟁자와 비교해 자사의 서비스가 더 나은 점이나 특이한 점을 부각시키는 것은 경쟁자 포지셔닝 전략이다.
⑤ 타깃 고객 스스로 자신의 사용 용도에 맞출 수 있도록 서비스를 표준화·시스템화한 것은 표준화에 의한 포지셔닝이다.

> 타깃 고객 스스로 자신의 사용 용도에 맞출 수 있도록 서비스를 표준화·시스템화한 것은 소비자 편익에 의한 포지셔닝이다.
>
> ※ 서비스 포지셔닝 전략
> - 서비스 속성 : '가장 서비스를 잘하는 것'을 강조하여 다른 업체와 차별화된 서비스 속성으로 포지셔닝 하는 가장 일반적인 방법
> - 서비스 용도 : 서비스를 제공하는 궁극적인 용도가 무엇인지를 강조하여 포지셔닝 하는 방법
> - 가격 대 품질 : 최고의 품질 또는 가장 저렴한 가격으로 포지셔닝 하는 방법
> - 서비스 등급 : 서비스 등급이 높기 때문에 높은 가격을 매길 수 있다는 측면을 강조하는 방법
> - 서비스 이용자 : 이용자를 기준으로 서비스를 포지셔닝 하는 방법(여성 전용 사우나, 백화점의 여성 전용 주차장, 비즈니스맨 전용 호텔 등)
> - 경쟁자 : 경쟁자와 비교해 자사의 서비스가 더 나은 점이나 특별한 점을 부각시켜 포지셔닝 하는 방법

13 아래 글상자는 표적시장 범위에 따른 목표시장 선정 전략에 대한 내용이다. 설명이 옳은 것만을 모두 나열한 것은?

> ㉠ 비차별적 마케팅 전략은 세분시장 간 차이를 무시하고 전체 시장 혹은 가장 규모가 큰 대중시장을 표적으로 하나의 제공물을 제공하는 것이다.
> ㉡ 집중적 마케팅 전략은 여러 세분시장을 목표시장으로 선정하고, 각 세분시장별로 서로 다른 시장제공물을 개발하는 전략이다.
> ㉢ 차별적 마케팅 전략은 큰 시장에서 작은 점유율을 추구하는 대신 하나 혹은 소수의 작은 세분시장 또는 틈새시장에서 높은 점유율을 추구하는 전략이다.

① ㉠
② ㉠, ㉡
③ ㉡, ㉢
④ ㉠, ㉢
⑤ ㉠, ㉡, ㉢

해설
㉡ 차별적 마케팅 전략은 여러 세분시장을 목표시장으로 선정하고, 각 세분시장별로 서로 다른 시장제공물을 개발하는 전략이다.
㉢ 집중적 마케팅 전략은 큰 시장에서 작은 점유율을 추구하는 대신 하나 혹은 소수의 작은 세분시장 또는 틈새시장에서 높은 점유율을 추구하는 전략이다.

14 시장세분화 유형과 사용하는 변수들의 연결로서 가장 옳지 않은 것은?

① 심리적 세분화 : 개성, 성격
② 지리적 세분화 : 인구밀도, 기후
③ 인구통계적 세분화 : 소득, 직업
④ 인구통계적 세분화 : 성별, 가족규모
⑤ 행동분석적 세분화 : 라이프스타일, 연령

해설 행동분석적 세분화 변수 : 추구 편익, 사용상황, 사용량(률), 상표애호도 또는 태도(충성도), 고객생애가치(CLV) 등

15 다음 보기는 시장전략의 장점에 대한 내용이다. 가장 적절한 것은?

- 한 세분시장에 대하여 집중하게 되므로 특정 세분시장에 대하여 충분한 지식을 갖게 된다.
- 명성이 높아지기 때문에 특정 세분시장에서 강력한 시장지위를 누린다.
- 생산, 유통, 촉진면의 전문화로 인해 운영상의 경제성을 누린다.

① 틈새시장전략
② 성장시장전략
③ 대량시장전략
④ 비차별화전략
⑤ 차별화전략

해설
틈새시장전략(집중화전략)
기업의 자원이 제약되어 있는 경우, 어느 하나 또는 소수의 세분시장에만 소구하는 전략을 말하며, 이 시장은 제품과 서비스에 대해 다소 전문화된 편익을 추구하는 고객들로 구성된다. 단점으로는 한 기업의 성장성을 특정 세분시장에만 전적으로 의존하는 전략이기 때문에 높은 위험성이 뒤따른다.

16 고객생애가치(CLV ; Customer Lifetime Value)에 대한 설명으로 옳은 것은?

① 고객생애가치는 고객의 이탈률과 비례관계에 있다.
② 고객생애가치는 고객점유율(customer share)에 기반하여 정확히 추정할 수 있다.
③ 고객생애가치는 고객과 기업 간의 정성적 관계 가치이므로 수치화하여 측정하기 어렵다.
④ 고객생애가치는 인터넷쇼핑몰보다는 백화점을 이용하는 고객들을 평가하는 데 용이하다.
⑤ 고객생애가치는 고객이 일생 동안 구매를 통해 기업에게 기여하는 수익을 현재가치로 환산한 금액을 말한다.

해설
고객생애가치(CLV ; Customer Lifetime Value)
고객생애가치는 한 명의 고객이 일회적인 소비로 그치는 것이 아니라, 평생에 걸쳐 자사의 제품이나 서비스를 주기적으로 소비한다는 가정하에 고객 가치를 측정하는 것으로, 고객유지비율을 차감한 할인율을 이용하여 현재 가치로 환산한다.

17 보기에서 설명하는 것은 어떤 포지셔닝 전략인가?

> Avis는 렌트카 업계 2위의 기업입니다. 하지만, 더더욱 열심히 노력하고 있습니다.

① 이미지 포지셔닝
② 사용상황에 의한 포지셔닝
③ 제품사용자에 의한 포지셔닝
④ 제품속성에 의한 포지셔닝
⑤ 경쟁제품에 의한 포지셔닝

> 경쟁제품에 의한 포지셔닝은 소비자가 인식하고 있는 기존의 경쟁제품과 비교함으로써 자사 제품의 편익을 강조하는 방법을 말한다.

18 목표시장 선정 시 고려해야 할 요소가 아닌 것은?

① 시장 욕구를 충족시킬 수 있는 능력
② 미래의 이익 잠재력
③ 소요되는 투자액
④ 미래시장의 크기
⑤ 집단 간의 이질성

> 목표시장 선정 시 고려해야 할 요소
> • 미래의 성장 잠재력과 이익 잠재력
> • 현재시장의 크기와 매력도
> • 경쟁강도와 소요되는 투자액
> • 시장의 욕구를 충족시킬 수 있는 능력
> • 집단 내 동질성과 집단 간 이질성

19 포지셔닝의 유형 및 설명으로 가장 거리가 먼 것은?

① 효익 포지셔닝 - 점포의 외형적 속성이나 특징으로 소비자에게 차별화를 부여하는 것이다.
② 이미지 포지셔닝 - 고급성이나 독특성처럼 제품이나 점포가 지니고 있는 추상적인 편익으로 소구하는 방법이다.
③ 사용상황 포지셔닝 - 제품이나 점포의 적절한 사용상황을 묘사하거나 제시함으로써 소비자에게 부각시키는 방식이다.
④ 경쟁제품 포지셔닝 - 소비자의 지각 속에 위치하고 있는 경쟁사와 명시적·묵시적으로 비교하게 하여 자사 제품이나 점포를 부각시키는 방식이다.
⑤ 품질 및 가격포지셔닝 - 제품 및 점포를 일정한 품질과 가격수준으로 포지셔닝하여 최저가격 홈쇼핑이나 고급전문점과 같이 차별적 위치를 확보하는 방식이다.

> **효익(속성) 포지셔닝**
> 자사 제품이 경쟁제품과 비교하여 다른 차별적 속성과 특징을 가지고 있어서 차별적인 효익을 제공한다고 고객에게 인식시키는 방식이다.

20 소비재시장의 효과적인 시장세분화의 조건으로 가장 거리가 먼 것은?

① 규모나 구매력과 같은 특성들이 측정 가능해야 한다.
② 기업의 입장에서 접근이 용이해야 한다.
③ 충분히 큰 동질적인 소비자집단이 존재해야 한다.
④ 차별화 가능성이 있어야 한다.
⑤ 경기 변동에 따른 수요변화와 같이 상황적 요인의 측정이 용이해야 한다.

> **시장세분화의 조건**
> • 측정가능성 : 세분시장의 규모와 구매력을 측정할 수 있는 정도이다.
> • 접근가능성 : 세분시장에 접근할 수 있고 그 시장에서 활동할 수 있는 정도이다.
> • 실질성 : 세분시장의 규모가 충분히 크고 이익발생 가능성이 큰 정도이다.
> • 행동가능성 : 특정한 세분시장을 유인하고 그 세분시장에서 효과적인 프로그램을 설계하여 영업활동을 할 수 있는 정도이다.
> • 유효, 정당성 : 세분화된 시장 사이에 특징과 탄력성이 있어야 한다.
> • 신뢰성 : 일정기간 동안 일관성 있는 특징을 지녀야 한다.

CHAPTER 02 · 온라인 마케팅

> **Key Point**
> - 디지털 마케팅 전략의 개요와 타깃 고객층 파악 및 경쟁분석 방안에 대해 학습한다.
> - 웹사이트 및 온라인 쇼핑몰 관리 전략과 사용자 경험(UX), 검색엔진 최적화(SEO)에 대해 숙지한다.
> - 데이터 보안 기술과 개인정보 보호 기술의 종류별 특징에 대해 학습한다.
> - 소셜미디어 플랫폼에 대해 이해하고, 소셜미디어 마케팅 전략과 소셜미디어 광고에 대해 학습한다.

01 소매점의 디지털 마케팅 전략

1 디지털 마케팅의 개요와 최신 동향

(1) 디지털 마케팅의 개요
① 온라인상에서 디지털 기술을 활용하여 수익을 얻고자 수행하는 모든 전략적·마케팅 활동을 말한다.
② 디지털 마케팅에는 인터넷 마케팅, 블로그 마케팅, 소셜미디어 마케팅, 모바일 마케팅, 콘텐츠 마케팅 등이 있다.
③ 온라인 사용 인구와 시간이 지속적으로 늘어남에 따라 디지털 마케팅의 중요성이 더욱 커지고 있다.

(2) 디지털 마케팅의 특징
① 디지털 시대의 소비자는 참여적·능동적이기 때문에 디지털 마케팅의 핵심은 소비자 욕구와 양방향 커뮤니케이션이다.
② TV, 라디오, 신문 등의 전통적인 매체 광고보다는 비교적 적은 예산으로도 다양한 광고를 집행할 수 있다.
③ 노출 횟수, 클릭 횟수, 클릭률, 전환 비용 등과 같은 데이터를 통한 성과분석이 용이하다.

(3) 디지털 마케팅의 평가지표
① PAR(Purchase Action Ratio) : 브랜드 인지를 브랜드 구매로 전환시킨 정도를 의미한다.
② BAR(Brand Advocate Ratio) : 브랜드 인지를 브랜드 옹호로 전환시킨 정도를 의미한다.

> **개념 PLUS**
>
> 유인형(Pull)형 디지털 마케팅과 강요형(Push)형 디지털 마케팅
> - 유인형(Pull)형 디지털 마케팅 : 이메일, 문자 메시지, 뉴스 피드 등을 통해 소비자가 특정 기업의 제품 광고 전송을 허가하는 것과 소비자가 직접 인터넷을 통해 특정 품목을 자발적으로 검색하는 것의 두 가지 형태로 이루어진다.
> - 강요형(Push)형 디지털 마케팅 : 소비자의 동의 없이 웹사이트나 인터넷 뉴스에서 보이는 광고를 내보내는 것이다. 수신자의 동의 없이 문자 메시지나 메일을 보내는 '스팸'도 강요형 광고의 형태로 볼 수 있다.

2 타깃 고객층 파악과 고객여정 분석

(1) 구매자 페르소나 기법

① 페르소나(Persona)는 '가면', '인격'을 뜻하는 그리스어로, 주로 영화감독이 자신의 분신을 나타낼 때 많이 쓰는 표현이다.

② 마케팅에서는 특정 제품이나 서비스, 웹페이지를 사용하는 다양한 사용자들의 특징을 대표하는 가상의 모델을 의미한다.

③ 자사 고객을 파악하고 마케팅 캠페인을 진행할 때 가상의 고객을 타깃으로 정해두고 그 고객의 기본 프로필, 성향, 개성, 사용·선호하는 미디어 채널, 주요 온라인 활동, 제품선호도 등을 파악하는 데 있어 페르소나 기법은 모호했던 마케팅 대상을 더욱 선명하게 해주고, 마케팅 전략의 방향성의 기반이 됨과 동시에 마케팅 캠페인의 성과를 판단하는 데 많은 도움이 된다.

> **개념 PLUS**
>
> 사용자 페르소나의 이점
> - 고객에 대한 명확한 파악 가능
> - 정보에 입각한 의사결정 가능
> - 인간적인 감성 추가
> - 제품의 정확성 개선
> - 커뮤니케이션 개선
> - 연속성 보장
> - 사용자 맞춤 디자인 구축 가능

(2) 고객생애주기관리를 위한 AARRR지표(해적지표) [기출 24]

① 미국의 스타트업 500 Startups의 설립자 데이브 맥클루어(Dave McClure)가 제시한 그로스해킹 분석 기법으로, 스타트업 성장의 모니터링 지표로 고안되었다.
② 고객데이터를 각 단계별로 분석하여 마케팅전략을 수립할 때 활용한다.

[AARRR지표의 구성요소]

단계	내용
Acquisition (획득)	• 고객이 어떻게 제품·서비스에 유입되었는지 측정하는 단계 • 신규 방문자 수, 유입률 측정
Activation (활성화)	• 고객이 제품·서비스를 처음 경험하고, 이를 활성화하는 단계 • 긍정적 사용경험을 제공하기 위해 핵심 콘텐츠 및 서비스 최적화 • 세션당 페이지 수, 체류시간, 이탈률 등 측정
Retention (유지)	• 고객이 제품·서비스를 지속적으로 사용하는 단계 • 재방문율, 회원가입 수 등 측정
Revenue (수익)	• 고객이 제품·서비스를 이용하기 위해 결제하는 비용, 구독료, 광고 등을 통해 수익이 발생하는 단계 • 객단가, 전환율, 고객생애가치 등 측정
Referral (추천)	• 한 번 이상 제품·서비스를 사용한 기존 고객들이 새로운 고객을 추천하는 단계 • 추천을 받은 고객이 실제 유입되는지 등을 측정(공유·댓글 수, 바이럴 계수 등)

(3) 고객여정 분석

① 고객여정(Customer Journey)이란 고객이 기업의 제품 혹은 콘텐츠를 처음 접하고 구매에 이르는 일련의 과정이다.
② 고객여정을 분석하는 가장 큰 목적은 각 결정 단계에서의 선택 요인을 분석함으로써 고객의 행동을 이해하는 데 있다.
③ 디지털 마케팅에서 고객여정의 일반적인 단계는 인지 → 비교/탐색 → 경험 → 구매 → 공유 → 사후관리의 단계로 이루어진다.
④ 디지털 마케팅 전략 설계를 위해서는 이러한 고객여정의 과정 중, 각 고객행동의 단계별로 어떠한 디지털 채널과의 접점(Touch Point, 터치포인트)이 있는지를 함께 분석한다.

[고객여정 과정의 단계별 행동요인]

단계	고객의 행동요인
인지	• 처음 제품에 관심을 갖고 제품을 인지 • 상품에 관한 정보나 호기심을 자극하는 요소에 반응
비교/탐색	• 인지한 제품에 대한 추가 정보 탐색 및 비교 분석 • 다른 고객의 후기 등을 보고 꼼꼼히 살핌
경험	• 동영상이나 고객 후기를 통해 고객이 제품 성능이나 차별점을 직·간접적으로 경험
구매	• 제품 경험을 통해 구매 확신을 가지고 구매 전환 • 구매 전환을 위해서는 다양한 혜택을 알려주는 것이 필요
공유	• 구매 후 느낀 경험을 공유 • 고객 공유 활성화를 위해 공유가 쉬운 채널을 이용하고 쉽게 공유할 수 있는 방법을 알려주어야 함
사후관리	• 구매 후 고객들이 추가로 필요한 사항을 지원하고 대응 • 주로 기업이 보유한 고객 접점 채널(홈페이지, 소셜 미디어, 이메일 등)에서 이루어짐

> **개념 PLUS**
>
> 온라인 쇼핑몰의 마케팅채널에서 구매전환율을 높이는 방안 기출 23
> - 장바구니에서 오래 담겨져 있는 제품들 위주로 무료배송을 적용한다.
> - 랜딩페이지에서부터 구매전환까지 이르는 프로세스를 개선한다.
> - 구매결정에 도움을 주지 못하는 필수적이지 않은 정보는 간소화하여 수정배치한다.
> - 장바구니에 담겨있는 제품들 위주로 관련 프로모션 안내와 함께 리마인드 메시지를 보낸다.

3 소매점의 디지털 마케팅을 위한 목표결정

(1) 디지털 마케팅 목표 설정
① 마케팅 활동을 통해 성취하고자 하는 것을 계량화할 수 있는 수치로 설정한다.
② 마케팅 목표는 기업의 비전과 일치하여야 하며, 현실적으로 달성 가능한 정도여야 한다.

> **개념 PLUS**
>
> 소매유통 업체들이 직면하는 5가지 디지털 마케팅 과제
> - 고객의 전체 상황 파악
> - 고객과의 효과적인 상호작용
> - 소셜 미디어의 장악
> - 모바일 장치를 이용한 수익 확대
> - 판촉비 및 마케팅 비용의 ROI 측정

(2) 잠재고객의 발굴 및 마케팅 타깃 확대
① 기업은 디지털 마케팅을 통해 더욱 빠르고 광범위하게 잠재수요(잠재고객)를 발굴하고 고객들의 소비와 참여를 유인할 수 있게 되었다.
② 고객의 나이, 성별, 구매성향, 관심항목, 기업의 콘텐츠에 대한 반응도 등 고객정보가 빅데이터화되면서 기업은 보다 정밀하게 타깃을 설정할 수 있다.

(3) 경제성
① 디지털 마케팅은 오프라인 마케팅과 비교하여 투입비용이 저렴한 편이다.
② 소셜 미디어, 이메일 등 무료로 사용할 수 있는 매체를 손쉽게 찾아볼 수 있어 마케팅 자본이 적은 기업이나 마케팅을 이제 막 시작하는 단계의 브랜드의 경우, 초기 단계에서 적은 비용으로 원하는 타깃 고객에게 쉽게 도달하는 효과를 볼 수 있다.

(4) 고객과의 실시간 상호작용
① 기업은 다양한 매체와 기술을 통해 실시간으로 고객의 반응을 분석 및 대응할 수 있다.
② 고객의 반응을 패턴화하여 새로운 수요를 창출하는 데 적극적으로 디지털 기술을 활용하고 있다.

(5) 콘텐츠의 다양화 및 개인화
① 스마트폰, 태블릿PC 등 모바일 기기가 보편화되고 소셜 미디어가 성장하면서 동영상, 사진, 카드뉴스 등 다양한 형식의 콘텐츠가 폭발적으로 증가하였으며, 기업의 일방적인 정보 전달식의 광고보다 사용자가 직접 콘텐츠를 서로 공유하고 확산시키며 생산에 참여하는 새로운 디지털 콘텐츠 문화가 형성되었다.
② 최근에는 모바일 네트워크를 활용한 기술의 비약적인 발전으로, 위치나 동작인식 등의 센서기술이 상용화됨으로써 가상현실, 증강현실 등 가상과 현실 사이에 현장감을 극대화하는 콘텐츠와 함께 고객 성향을 빅데이터화 할 수 있게 되어 소비자에게 더욱 개인화된 마케팅과 서비스를 제공할 수 있게 되었다.

(6) 정량적인 효과 측정
① 사용자의 선택과 반응에 대한 정량적인 데이터를 수집할 수 있다.
② 기업은 정량화된 마케팅 성과분석을 통해 주어진 예산에서 가장 효율성이 높고 성과를 극대화할 수 있는 방식에 집중하며 보다 정교하고 효율적인 마케팅 전략 구축이 가능해졌다.

4 경쟁분석과 마케팅 포지셔닝

(1) 경쟁분석의 개념
① 시장 내에서 경쟁업체들의 활동을 평가하고 비교하는 과정이다.
② 경쟁분석을 통해 기업은 경쟁환경을 파악하고 경쟁 우위를 유지하기 위한 전략을 개발할 수 있다.
③ SWOT 분석과 미시환경 분석은 경쟁분석의 일환으로 자주 사용되며, 이를 통해 경쟁업체들의 강점과 약점을 식별할 수 있다.

> **개념 PLUS**
>
> SWOT 분석
> 비즈니스나 특정 프로젝트의 강점(Strength), 약점(Weakness), 기회(Opportunity), 위협(Threat)을 식별하기 위해 사용하는 기법이다.

(2) 경쟁분석의 중요성

경쟁분석의 중요성은 디지털 플랫폼과 소셜미디어 마케팅에서 특히 두드러진다.

① **디지털 플랫폼** : 기업들이 제품과 서비스를 홍보하고 판매하는 핵심 채널 중 하나로, 소비자 행동을 추적하고 데이터를 수집하는 데 사용된다.

② **소셜미디어 마케팅** : 소셜미디어 플랫폼을 활용하여 브랜드의 가시성을 높이고 고객과의 상호작용을 촉진하는 전략이다.

(3) 마케팅 포지셔닝

① 3C : Customer(고객), Competition(경쟁), Company(기업)

Customer(고객)	Competition(경쟁)	Company(기업)
• 시장규모와 성장성 • 고객이 최대로 지불하고자 하는 가격	• 경쟁적 우위요소 • 경쟁의 강도	• 가용가능한 자원 • 현재 운영 중인 사업과의 시너지 • 전략적 적합도

> **개념 PLUS**
>
> 미시환경 분석(3C)
> - 소비자 분석(Customer Analysis)
> - 자사 분석(Company Analysis)
> - 경쟁자 분석(Competitor Analysis)

② 소비자 구매행동 분석 : FCB 그리드 모델

FCB 그리드 모델은 고관여 – 저관여, 사고 – 감성이라는 두 차원을 이용하여 네 가지 유형의 소비자 반응 모형을 제시하고, 각 유형에 적합한 광고 전략을 제시한다.

구분	사 고	감 성
고관여	**정보적(Informative)** • 소비자 반응 모형 : 인지 – 느낌 – 행동 • 광고 측정 : 회상 • 매체 : 긴 카피, 사고를 유발하는 매체 • 크리에이티브 : 구체적 정보, 증명	**감성적(Affective)** • 소비자 반응 모형 : 느낌 – 인지 – 행동 • 광고 측정 : 태도 변화, 정서적 환기 • 매체 : 큰 지면, 이미지 창출형 매체 • 크리에이티브 : 광고 접촉 시 강한 임팩트 발생을 유도하는 감성적 광고
저관여	**습관성(Habit Formation)** • 소비자 반응 모형 : 행동 – 인지 – 느낌 • 광고 측정 : 판매, 매출액 추이는 곧 광고 효과를 나타냄 • 매체 : 작은 광고 지면, 노출 빈도 증대 • 크리에이티브 : 브랜드 상기, 습관형성적 광고	**자아만족(Self-satisfaction)** • 소비자 반응 모형 : 행동 – 느낌 – 인지 • 광고 측정 : 매출, 판매 조사 • 매체 : 입간판, 신문, POS • 크리에이티브 : 주의 환기, 자아만족적 광고

02 웹사이트 및 온라인 쇼핑몰 관리

1 온라인 쇼핑몰의 기능과 결제 시스템

(1) 온라인 쇼핑몰의 기능

① 온라인 쇼핑몰은 구매자와 판매자를 연결하는 중개자 역할을 한다.
② 온라인 쇼핑몰 웹사이트에서 판매자는 제품의 가격뿐만 아니라 기능과 품질에 대한 정보를 포함한 제품 제공을 게시할 수 있다.
③ 쇼핑몰 판매자는 쇼핑몰 통합업체 또는 채널 통합 소프트웨어를 활용하여 여러 온라인 쇼핑몰에서 제품을 효율적으로 나열하고 판매한다.
④ 잠재 고객은 상품을 검색해보고 가격과 품질을 비교한 후 판매자로부터 직접 상품을 구매할 수 있다.
⑤ 온라인 쇼핑몰은 소매점을 운영할 필요가 없기 때문에 판매자의 설치비용이 낮은 것이 특징이다.
⑥ 온라인 쇼핑몰에서는 동일한 상품을 여러 판매자가 제공할 수 있기 때문에 소비자는 판매자에 대한 리뷰의 지원을 받아 판매자를 선택할 수 있다.
⑦ 온라인 쇼핑몰의 편의성, 판매자 평점, 배송 옵션, 다양한 상품 선택 등 판매자 선택에 영향을 미치는 많은 요인에도 불구하고 고객은 주로 특정 상품의 최저 가격을 기준으로 선택한다.

> **개념 PLUS**
>
> **온라인 쇼핑몰의 장점** 기출 24
> - 인터넷에 개설된 국내외 각국의 가상상점에서 쇼핑 시간에 제약을 받지 않는다.
> - 오프라인 매장에 비해 마진이 적어 저렴한 가격으로 상품을 구입할 수 있다.
> - 판매자 측에서는 점포 운영 및 임대비용이 전혀 들지 않는다.
> - 상권의 제약을 받지 않으며 소비자의 취향에 맞는 상품정보 제공이 가능하다.

(2) 온라인 쇼핑몰의 결제시스템

① PG(Payment Gateway)사
  ㉠ 온라인 쇼핑몰에서 상품 및 서비스를 구매하는 고객들의 신용카드 및 기타 결제수단을 중계하는 일반적인 전자결제서비스를 의미한다.
  ㉡ 온라인 쇼핑몰의 경우 판매자가 직접 신용카드사와 가맹점 계약을 체결하기 어렵기 때문에 카드사와 PG사가 대표가맹점 계약을 체결함으로써 PG사는 온라인 결제대행사의 역할로 신용카드 결제 및 지불을 쇼핑몰을 통해 대행해준다.
  ㉢ PG사 결제시스템의 장·단점

장 점	단 점
• 보안성이 뛰어나다. • 플랫폼과의 쉬운 통합이 가능하다. • 시간과 공간의 제약이 없다.	• 수수료 외 부가세가 발생한다. • 진입장벽이 높아 모든 업종에 적용이 어렵다. • 특정 카드사와의 제휴가 어렵다.

② 에스크로(Escrow)
　㉠ 구매자와 판매자 간 신용관계가 불확실할 때 제3자가 상거래가 원활히 이루어질 수 있도록 중개를 하는 매매 보호 서비스를 말한다.
　㉡ 에스크로는 사기방지 및 안전성 보장이라는 장점이 있기 때문에 주로 사기가 많이 발생하는 중고거래 플랫폼에서 에스크로 기반의 결제시스템을 구축한다.
　㉢ 온라인 쇼핑몰에서 에스크로 서비스를 이용할 경우, 제품결제 시 구매자는 판매자에게 직접 돈을 지불하지 않고 구매자가 제품을 받을 때까지 지불한 돈이 에스크로에 보관되며, 이후 구매자가 최종적으로 구매확정을 하게 되면 에스크로에 저장되어있던 돈은 판매자에게 전달된다.
　㉣ 에스크로의 장·단점

장 점	단 점
• 거래의 안전성 확보 • 사기피해 감소	• 이용절차의 번거로움 • 이용수수료 발생

③ 간편결제
　㉠ 신용카드나 계좌 정보를 스마트폰 앱 등에 미리 등록해 지문인식이나 비밀번호 입력만으로 돈을 지불하는 서비스이다.
　㉡ 최근 유통업계에서는 온라인 시장이 급성장함에 따라 간편결제 시스템 구축이 확산되고 있다.
　㉢ 유통업계 간 경쟁이 치열해지면서 간편결제 시스템은 새로운 경쟁이 될 수 있는 하나의 전략이며, 자체 결제시스템 구축을 통해 고객확보 및 데이터 축적 등을 할 수 있다.
　㉣ 간편결제에는 네이버페이, 토스페이, 카카오페이, 삼성페이 등이 있다.
　㉤ 간편결제의 장·단점

장 점	단 점
• 결제의 간편함 • 다양한 할인 혜택 • 현금영수증 발행 가능	• 해킹 가능성 • 오프라인에서의 활용성이 적음

2 웹사이트 및 온라인 쇼핑몰 관리 전략

(1) 온라인 쇼핑몰 관리 전략
① **제품 노출과 인지도 향상** : 인터넷 사용자들은 검색 엔진을 통해 원하는 제품을 찾기 때문에 광고를 통해 제품을 노출시키고, 온라인 쇼핑몰의 인지도를 높이는 것이 매우 중요하다.
② **타깃 마케팅** : 온라인 광고 플랫폼은 사용자들의 검색 기록, 관심사, 구매 패턴 등을 분석하여 광고를 노출시킬 수 있기 때문에 이를 통해 온라인 쇼핑몰은 자신의 제품을 관심 있는 사용자들에게 집중적으로 홍보할 수 있다.
③ **고객 유치 및 유지** : 온라인 쇼핑몰을 통해 새로운 제품, 할인 행사, 이벤트 등을 소개함으로써 기존 고객들에게는 더 많은 구매를 유도하고, 새로운 고객들은 해당 쇼핑몰에 대한 관심을 가질 수 있다.

개념 PLUS

온라인 쇼핑몰관리를 위한 주요 용어 기출 23
- KPI(Key Performance Indicator) : 핵심성과지표로, 비즈니스 목표 달성을 판단하기 위해 사용하는 수치화된 척도
- CPM(Cost Per Mille) : 웹페이지에서 광고가 1,000번 노출됐을 때의 비용
- CTR(Click Through Rate) : 검색 결과 화면에 노출된 여러 가지 광고(배너 등) 중에서 해당 광고를 클릭한 횟수
- ROAS(Return on Advertising Spend) : 광고수익률로, 온라인 광고비 대비 매출(수익)의 비율로 계산
- Impression : 검색 키워드를 검색했을 때, 해당 쇼핑몰 광고의 노출 빈도
- Bounce Rate : 사용자가 사이트에 들어왔다가 아무런 상호작용을 거치지 않고 즉시 떠나는 비율

(2) 온라인 쇼핑몰의 특징 기출 24

① **편의성** : 전국 수많은 고객들이 직접 자사 매장에 방문할 필요 없이 집에서 스마트폰으로 편하게 쇼핑이 가능하기 때문에 고객층의 범위를 크게 넓히면서 동시에 신속하고 정확한 판매를 24시간 내내 가능하게 한다.

② **다양한 제품** : 물리적 공간에 제한을 받지 않기 때문에 다양한 브랜드와 공급업체의 광범위한 제품을 제공할 수 있다.

③ **가격경쟁력** : 간접비가 낮기 때문에 주력 상품에 대한 경쟁력 높은 가격대가 형성될 수 있다. 실제로 같은 상품을 매장에서 직접 체험하고 만져본 후에, 온라인 쇼핑몰에서 더 저렴한 가격에 구매하는 사례가 크게 증가했다.

④ **개인화** : 고객 유입 통계 데이터를 분석하고, 소비자의 니즈가 반영된 알고리즘을 적용할 수 있기 때문에 실제 고객들이 어떤 키워드로 검색을 했고, 어떤 경로를 통해 자사 쇼핑몰에 유입되어 전환까지 진행되었는지를 면밀하게 파악해볼 수 있다.

⑤ **해외진출** : 온라인 쇼핑몰 제작은 고객 가용 범위를 폭넓게 증폭시킬 수 있어, 국내는 물론이고 해외로 진출할 수 있는 발판이 되어준다.

⑥ **네트워크 효과** : 광고 없이도 네트워크 효과를 통한 빠른 구전으로 인지도 및 선호도가 형성된다.

개념 PLUS

온라인 쇼핑몰의 단점
- 교환, 반품에 많은 시간 및 비용이 들 수 있다.
- 카드 수수료가 비싸다.
- 초기의 시스템 구축에 적지 않은 비용이 소요된다.
- 배송 시 택배 비용을 추가로 부담해야 한다.

3 사용자 경험(UX)을 위한 웹사이트 디자인

(1) 사용자 경험(UX ; User Experience)의 개념
① 사용자가 어떤 시스템, 제품, 서비스를 직·간접적으로 이용하면서 느끼고 생각하게 되는 총체적 경험을 말한다.
② 단순한 기능이나 절차상의 만족뿐 아니라 전반적으로 지각 가능한 모든 면에서 사용자가 참여·사용·관찰하고 상호 교감을 통해서 알 수 있는 가치 있는 경험이다.
③ 공학 및 산업 디자인 분야에서 제품, 서비스, 시스템을 사용하면서 체험하는 전반적인 사용자 경험을 개선하기 위한 설계 영역을 지칭하는 용어로, UI(User Interface, 사용자 인터페이스)에서 더 포괄적으로 확장된 개념이다.
④ UX는 컴퓨터과학, 전기전자, 기계공학 등의 디자인 엔지니어 분야의 영역으로, 최근 모바일 앱과 웹사이트, 그리고 키오스크를 비롯한 각종 인터랙티브 인터페이스(Interactive Interface)를 가진 디지털 화면들을 기획 및 디자인할 때 특히 많이 쓰이고 있다.

(2) 사용자 경험(UX)의 특성
① 주관성 : 인간의 경험은 그 사람의 개인적, 신체적, 감정적 특성에 따라 각각 다르므로 '주관적'이라고 할 수 있다.
② 맥락성 : 어떤 것을 경험하게 될 때에는 외부적 환경에도 영향을 받기 때문에 '맥락성'이 존재한다.
③ 총체성 : 사용자 경험은 그것을 경험할 때 느껴지는 모든 감정들이 합쳐진 결론이기 때문에 '총체적'이라고 표현할 수 있다.

(3) 사용자 경험(UX)의 중요성
① 한 명의 사용자 경험이 모이고 모이면, 많은 사람들에게 영향을 미치는 거대한 이미지 및 평판으로 만들어 질 수 있다.
② 사용자 경험은 어떤 제품이나 서비스를 이용할 때 느껴지는 감정과 생각 등을 말하는 것으로 주관적인 성격을 띠고 있어 수치로 환산하여 측정하기는 어렵지만, 사용자 경험들이 모여 이미지와 평판, 긍정적인 브랜드 가치를 만들어내기 때문에 기업 입장에서는 중요한 부분이라고 할 수 있다.

> **개념 PLUS**
>
> UI(User Interface)
> 사용자 인터페이스 또는 유저 인터페이스는 사람(사용자)과 사물 또는 시스템, 기계, 컴퓨터 프로그램 등의 사이에서 의사소통을 할 수 있도록 일시적 또는 영구적인 접근을 목적으로 만들어진 물리적·가상적 매개체를 의미한다.

(4) UX 디자인

① UX 디자인이란 사용자에 대한 '우선적' 접근 방식이 강조되는 디자인으로, 사용자의 제품과 상호작용을 지원한다.
② 제품과 사용자의 상호작용은 제품에 대한 서비스 만족도, 품질도, 중요도, 필요도 등 다양한 생각과 감정을 유발한다.
③ UX 디자인의 목표는 전략적인 디자인으로 제품을 개발, 향상시켜 타깃 고객에게 최고의 경험을 주는 환경을 제공하는 것이다.
④ 성공적인 UX 디자인의 조건
  ㉠ 사용자의 니즈(Needs) 및 가치에 대한 깊은 이해
  ㉡ 사용자의 상황과 맥락을 고려한 사용성(예 Heinz 케첩 유리병)
  ㉢ 디자이너 피터 모빌(Peter Morville)이 발견한 UX의 7가지 핵심 원칙 : 유용성, 사용성, 검색성, 신뢰성, 매력성, 접근성, 가치성
⑤ UX 디자인 프로세스

구 분	상세 내용
1단계	• 아이디어 구현 및 정의 : 이해 관계자 인터뷰, 콘셉트 스케치, 킥오프 미팅
2단계	• 연구조사 : 사용자조사(사용자 인터뷰, 포커스 그룹, 사용자 설문조사), 시장조사, 사용성 테스트
3단계	• 분석 : 사용자 페르소나, 사용자 여정 지도
4단계	• 디자인 : 와이어프레임, 정보 아키텍처, 마이크로카피
5단계	• 테스트 : 프로토타입, 유저 테스트, 내부 테스트
6단계	• 완료, 실행, 반복

4 검색엔진 최적화(SEO) 기초

(1) 검색엔진 마케팅(SEM ; Search Engine Marketing)의 개념

① 검색 도구를 단순한 검색에 그치는 것이 아니라 적극적으로 특정 웹 사이트로의 방문을 유도하여 상품을 구입하게 하는 인터넷 마케팅 전략이다.
② 각종 유명 검색엔진에 등록하거나 검색 결과의 상위 랭킹, 그리고 사용자가 인식하지 못하더라도 광고 효과는 올릴 수 있는 모든 노력들을 통틀어 검색엔진 마케팅(SEM)이라고 한다.

(2) 검색엔진 마케팅(SEM)의 장점

① SEM을 통해 기업은 광고를 게재하자마자 검색 결과 페이지의 상단에 노출될 수 있어 즉각적인 가시성을 제공한다.
② 사용자가 특정 키워드를 검색할 때 광고가 노출되므로, 관련성 있는 고객에게 직접적으로 메시지를 전달할 수 있다.
③ 웹사이트 방문자를 고객으로 전환하는 전환율 제고에 큰 도움이 된다.

(3) 검색엔진 최적화(SEO ; Search Engine Optimization)의 개념
① 검색엔진 결과 페이지에서 자신의 웹사이트 혹은 웹페이지의 순위와 노출도를 높여 트래픽의 양과 질을 높이는 최적화 작업을 의미한다.
② 구글, 네이버, 다음 등의 다양한 검색엔진에서 검색이 이루어진 후 충실한 양질의 콘텐츠를 유저에게 신속하게 보여주는 것이다.
③ 검색엔진 최적화의 목표는 직접 트래픽 혹은 돈을 지불하는 키워드 광고(Paid Search) 결과가 아닌 자연검색어(Organic Search) 결과를 개선하는 것이다.

(4) 검색엔진 최적화(SEO)의 장점
① 웹페이지 검색엔진이 자료를 수집하고 순위를 매기는 방식에 맞게 웹페이지를 구성해서 검색 결과의 상위에 나올 수 있게 한다.
② 웹페이지와 관련된 검색어로 검색한 결과가 상위에 나오게 되면 방문 트래픽이 늘어나기 때문에 비용처리 없는 효과적인 인터넷 마케팅 방법 중의 하나이다.
③ 지속적인 콘텐츠 개선과 연결되어 기업이 관리하는 웹페이지는 경쟁우위를 창출하게 되고, 잠재고객을 불러들이는 선순환이 지속되는 긍정적인 효과를 일으킨다.

> **개념 PLUS**
> 검색엔진 마케팅(SEM)과 검색엔진 최적화(SEO)의 차이점
> • 검색엔진 마케팅은 비용을 지불하면 검색창에 구매 키워드를 입력한 사람들에게 노출을 시키는 데 반해, 검색엔진 최적화는 트래픽이 보장되지 않는다.
> • 검색엔진 최적화는 검색엔진 마케팅에 비해 트래픽 효과가 오래간다.
> • 검색엔진 마케팅은 즉각적인 효과가 있는 반면, 검색엔진 최적화는 트래픽 효과가 빨리 나타나지 않는다.
> • 검색엔진 최적화는 검색엔진 마케팅에 비해 클릭율이 높다.

(5) 검색엔진 최적화(SEO) 방법
① 보안 프로토콜(HTTPS) : 전세계 주요 웹사이트가 모두 HTTPS로 전환하는 상황에서 검색엔진 최적화를 중요시하는 기업이라면 보안 프로토콜을 적용하여 운영하는 것이 바람직하다.
② Robots.txt(로봇 배제 표준 파일) : 웹사이트에 대한 검색엔진 로봇들의 접근을 조절 및 제어해주고 로봇들에게 웹사이트의 사이트맵이 어디 있는지 알려주는 역할을 한다. 만약 웹사이트 내 특정 페이지가 검색엔진에 노출되지 않기를 바란다면 robots.txt 파일을 설정하여 이를 제어할 수 있다.
③ Sitemap. xml(사이트맵) : 웹사이트 내 모든 페이지의 목록을 나열한 파일로 책의 목차와 같은 역할을 한다. 사이트맵을 제출하면 일반적인 크롤링 과정에서 쉽게 발견되지 않는 웹페이지도 문제없이 크롤링되고 색인될 수 있게 해 준다.
④ 타이틀 & 메타디스크립션 태그 : 타이틀 태그는 웹페이지의 제목에 해당되고, 메타디스크립션은 웹페이지의 중심 내용을 요약하여 설명해주는 역할을 하는 것으로, 웹사이트의 웹페이지들은 각각 다른 내용을 포함하고 있기 때문에 웹페이지별로 독특한 타이틀 태그와 메타디스크립션 태그를 갖고 있어야 한다.

⑤ 소셜 검색엔진 최적화 메타태그 : 오픈그래프(Open Graph) 태그는 페이스북과 같은 소셜미디어에서 웹페이지 URL이 공유될 때 웹페이지의 주요 정보(제목, 이미지, 설명)가 표기되는 방식을 관리해주는 역할을 한다.
⑥ 이미지 태그 및 최적화 : 이미지와 관련된 여러 개의 HTML 태그 중, 검색엔진 최적화에 있어서 가장 중요한 것은 이미지 Alt 태그(대체 텍스트)인데, Alt 태그란 이미지에 대한 설명을 해주는 HTML 태그를 의미한다.
⑦ 모바일 최적화 : 모바일 최적화를 위해서는 웹사이트를 아예 반응형으로 제작하거나 모바일용 웹사이트를 따로 운영하는 방법이 있는데 반응형 웹사이트를 만드는 것이 가장 좋은 검색엔진 최적화 방법이다.
⑧ 대표주소 설정(https / http / with www / without www) : 검색엔진 최적화의 핵심은 내 도메인, URL의 최적화 점수를 높이는 것이다.
⑨ 키워드 및 콘텐츠 최적화 : 계획 없이 작성된 콘텐츠는 해당 분야에 대한 주제 연관성이 낮기 때문에 상위 랭킹을 차지할 가능성이 매우 낮다. 따라서 콘텐츠를 기획할 때, 나의 웹사이트가 어떤 분야 및 주제와 관련이 있어야 할지에 대해 생각해보고 그 주제와 관련된 키워드를 찾은 후 콘텐츠를 작성해야 한다.

> **개념 PLUS**
>
> **대체 텍스트(Alt Text 또는 Alt Tag)**
> 대체 텍스트(Alt Tag)는 HTML의 이미지에 추가되어 웹페이지의 내용을 설명하는 것이다. 이미지는 웹 사이트를 매력적이고 시각적으로 돋보이게 만드는 데 많은 도움이 되는데, 대체 텍스트로 이미지를 최적화하지 않으면 사용자 경험과 접근성을 향상시킬 수 있는 중요한 기회를 놓치게 된다.

5 웹사이트 보안 위협 대응 및 개인정보 보호 정책

(1) 데이터 보안 기술

① 암호화 기술 : 데이터 보안의 중요한 부분은 데이터를 암호화하는 것으로, 대칭 및 비대칭키 암호화 기술은 중요한 데이터를 불법적인 접근으로부터 보호하는 데 사용된다.

> **대칭 및 비대칭키 암호화 기술**
> - 대칭키 암호화 기술 : 암호화에 사용되는 암호화키와 복호화에 사용되는 복호화키가 동일하다는 특징이 있으며, 이 키를 송신자와 수신자 이외에는 노출되지 않도록 관리해야 한다.
> - 비대칭키 암호화 기술 : 정보를 암호화하기 위하여 사용하는 암호화키와 암호화된 정보를 복원하기 위하여 사용하는 복호화키가 서로 다른 암호화 방식으로, 메시지 암호화를 할 경우에는 송신자가 보내고자 하는 메시지를 수신자의 공개키로 암호화하고, 수신자는 암호화된 메시지를 수신자의 개인키로 복호화하여 메시지를 복원한다. 인증에 적용할 경우에는 송신자의 개인키로 암호화하여 상대방에게 보내면 상대방은 송신자의 공개키로 암호문을 복호화함으로써 송신자가 보낸 메시지라는 것을 검증하는 암호화 기술이다.

② 접근 제어 및 인증 : 데이터에 접근하는 사용자를 식별하고 인증하는 기술은 데이터 보안에 필수적인 요소로, 다중요소 인증, 접근 제어 및 바이오 메트릭 인증 등과 같은 기술은 데이터에 대한 무단 접근을 방지하는 데 사용된다.

③ 보안 정보 및 이벤트 관리(SIEM) : SIEM 도구는 시스템에서 발생하는 보안 이벤트를 모니터링하고 관리하는 데 사용되는 것으로, 이러한 도구를 통해 위협을 미리 감지하고 대응 조치를 취할 수 있다.

SIEM(보안 정보 및 이벤트 관리)

- 조직에서 비즈니스에 문제를 일으키기 전에 보안 위협을 탐지, 분석 및 대응하도록 도와주는 솔루션을 의미한다.
- SIM(보안 정보 관리)과 SEM(보안 이벤트 관리)의 기능을 하나의 보안 관리 시스템으로 통합한 솔루션이다.
- SIEM은 여러 원본에서 이벤트 로그 데이터를 수집하고 실시간 분석을 바탕으로 정상적인 범위를 벗어나는 활동을 식별하여 적절한 조치를 취한다.
- SIEM은 조직에서 잠재적인 사이버 공격에 신속하게 대응하고 규정 준수 요구사항을 충족할 수 있도록 조직 네트워크의 활동에 대한 가시성을 제공한다.

---

④ 위협 인텔리전스 : 위협 인텔리전스 기술은 최신 위협 및 공격에 대한 정보를 수집하고 분석하여 조기 경고 및 대응 조치를 지원한다.

⑤ 안전한 개발 및 취약점 관리 : 소프트웨어 개발 과정에서 보안을 고려하고 취약점을 식별하여 수정하는 기술은 데이터 보안을 강화하는 데 필수적이다.

⑥ 클라우드 보안 : 클라우드 환경에서 데이터 보안을 유지하기 위한 기술은 점점 더 중요해지고 있으며, 클라우드 서비스 공급업체는 데이터의 물리적·논리적 보안을 제공하는 기술을 구현한다.

개념 PLUS

SIEM의 이점
- 잠재적인 위협을 한 곳에서 파악
- 실시간 위협 식별 및 대응
- 고급 위협 인텔리전스
- 규제 준수 감사 및 보고
- 향상된 투명성으로 사용자, 애플리케이션 및 디바이스 모니터링

---

(2) 개인정보 보호 기술

① 익명화 및 데이터 마스킹 : 민감한 개인정보를 보호하기 위해 사용하는 기술로, 개인 식별정보를 숨기고 데이터를 무력화시켜 개인정보 보호에 도움을 준다.

② 개인정보 규제 준수 : GDPR(General Data Protection Regulation), CCPA(California Consumer Privacy Act) 등의 개인정보 규정을 준수하고 개인정보 보호를 강화하는 기술은 기업과 조직에 꼭 필요한 것으로, 데이터 수집·보관·처리를 규제 준수와 일치시키는 기술을 사용한다.

GDPR과 CCPA

- GDPR : 유럽 의회에서 유럽 시민들의 개인정보 보호를 강화하기 위해 만든 통합 규정으로, 주요 항목에는 사용자가 본인의 데이터 처리 관련 사항을 제공 받을 권리, 열람 요청 권리, 정정 요청 권리, 삭제 요청 권리, 처리 제한 요청 권리, 데이터 이동 권리, 처리 거부 요청 권리, 개인정보의 자동 프로파일링 및 활용에 대한 결정 권리 등이 있다.
- CCPA : 소비자의 개인정보 보호를 강화하기 위해 제정된 캘리포니아주의 법(State Law)으로, '개인정보와 소비자, 사업자 등에 관한 많은 용어의 정의', '소비자의 권리 부여', '제재 수단으로 민사적 구제수단과 민사벌금 제도를 규정' 등 크게 세 가지 범주로 구성되어 있다.

③ 블록체인 기술 : 데이터 변경을 불가능하게 만들고 개인정보를 안전하게 저장하는 데 사용되는 분산원장기술로, 중앙관리자나 중앙데이터 저장소 없이 데이터 관리의 신뢰성을 높이기 위해 분산 네트워크 내의 모든 참여자(Peer)가 거래 정보를 합의 알고리즘에 따라 서로 복제·공유하여 데이터를 분산·저장하고 보호하는 데 도움을 준다.
④ 프라이버시 보호 도구 : 웹 브라우징, 메시징 및 이메일 통신을 위한 프라이버시 보호 도구는 개인정보 보호를 강화하는 데 사용되는데, VPN(가상사설망), 브라우저 확장 프로그램 및 암호화 메시징 앱은 개인정보 보호를 지원한다.
⑤ 데이터 권한 및 소유권 관리 : 사용자에게 데이터에 대한 권한을 부여하고, 데이터 소유권을 관리하는 기술은 개인정보 보호와 데이터 소유권을 강화시키는 데 사용된다.

> **개념 PLUS**
>
> VPN(Virtual Private Network)
> 방화벽, 침입 탐지 시스템과 함께 현재 사용되는 가장 일반적인 보안 솔루션 중 하나이다.

03 소셜미디어 마케팅

1 소셜미디어 플랫폼에 대한 이해

(1) 소셜미디어 플랫폼의 개념

① 사용자들이 인터넷을 통해 정보를 공유하고 소통하는 데 사용되는 온라인 서비스 또는 웹 사이트를 의미한다.
② 소셜미디어 플랫폼들은 사용자가 텍스트, 사진, 동영상, 링크 등 다양한 콘텐츠를 게시하고 다른 사용자와 상호 작용할 수 있는 환경을 제공한다.
③ 사용자들은 소셜미디어 플랫폼에서 친구, 가족, 동료, 혹은 다른 사용자들과 연결하고 소통하며, 다양한 주제에 관한 정보나 업데이트를 공유할 수 있다.
④ 소셜미디어 플랫폼들은 소셜 네트워킹, 정보 공유, 커뮤니케이션, 엔터테인먼트, 비즈니스 마케팅 등 다양한 목적으로 사용된다.

⑤ 소셜미디어 플랫폼의 유형

유 형	특 징
소셜 네트워킹	• 플랫폼의 주요 기능은 '네트워킹(소통과 관계 맺기)'에 있으며 또한 주요 정보 획득의 창구기능을 한다. • 마케팅에서는 콘텐츠 전달 채널 또는 고객과의 소통 접점으로 주로 활용된다.
마이크로블로깅	• 이용자들은 PC나 모바일을 이용해 짧은 글이나 사진, 동영상을 블로그에 올려 실시간으로 공유할 수 있다. • 마케팅에서는 고객과의 소통 채널로 주로 활용된다.
이미지(사진) 공유	• 사진이나 이미지를 주요 콘텐츠로 게시 및 공유하며 글귀보다 시각적인 효과가 높아 제품 광고에 효과적이다.
동영상 공유	• 동영상은 인터넷 트래픽의 80%를 차지하는 중요한 콘텐츠로, 최근에는 짧은 영상을 만들어 공유하는 형태가 유행하고 있다

(2) 소셜미디어 플랫폼의 종류

① Facebook : 2004년 2월 4일 당시 19살이었던 하버드 대학교 학생 마크 저커버그와 에두아르도 세버린이 학교 기숙사에서 사이트를 개설하며 창업한 SNS 플랫폼으로, 사용자 프로필 형태가 동일하고 사진 관리와 노트 등의 부가기능이 다른 사이트보다 훨씬 강력하며, 확장성과 개방성이 뛰어나다는 장점이 있다.

② Instagram : Meta에서 운영하고 있는 이미지 공유 중심의 소셜미디어로, 인스턴트 카메라(Instant Camera)와 정보를 보낸다는 의미의 텔레그램(Telegram)을 합쳐 만든 것이다.

③ YouTube : 세계 최대 규모의 비디오 플랫폼으로 YouTube라는 명칭은 사용자를 가리키는 '유(You, 당신)'와 미국 영어에서 텔레비전의 별칭으로 사용되는 '튜브(Tube)'를 더한 것이다.

④ X(Twitter) : 140자의 짧은 포스팅으로 이루어진 SNS로 2006년 7월 15일 본격적으로 서비스를 시작하였다.

⑤ TikTok : 15초에서 10분의 짧은 포맷의 영상(숏폼 비디오) 콘텐츠를 업로드하는 플랫폼 중 하나로 음악과 결합된 챌린지에 많이 활용되는 서비스이기 때문에 미국 대중음악 시장에도 큰 영향을 미치고 있다.

⑥ WhatsApp : Meta에서 운영하는 Messenger 앱으로 인스턴트 메시징 기능에 특화된 서비스이다.

⑦ LinkedIn : 2002년에 리드 호프먼이 주도하여 창업한 세계 최대의 비즈니스 전문 소셜미디어로, Facebook이 본인의 '사적인' 인적사항 등을 적어놓는 친목 위주의 소셜 네트워크라면, LinkedIn은 본인의 스펙을 작성하는 소셜미디어이다.

⑧ 카카오톡 : 2010년부터 서비스 중인 유저수 약 5,000만명, 다운로드 수 1억 회 이상의 모바일 메신저이다.

⑨ 네이버 밴드 : 주제별 모임, 취미 모임, 커뮤니티에 특화된 소셜미디어 플랫폼으로 폐쇄형 SNS로 시작하였으나 현재는 개방성이 크게 개선된 커뮤니티 형태로 운영 중이다.

⑩ 라인 : 네이버 재팬(현 LINE Co.)이 만든 메신저 앱으로, 일본 내에서는 부동의 1위를 차지하고 있다.

2 소셜미디어 마케팅

(1) 소셜미디어 마케팅의 개념
① 소셜미디어 플랫폼과 웹사이트를 사용하여 제품이나 서비스를 제고하는 것이다.
② 인스타그램, 유튜브, 페이스북, 틱톡 등 다른 사람들과 교류할 수 있는 앱 서비스인 '소셜미디어'를 활용하는 마케팅 기법이다.
③ 크게 SMM(Social Media Management) 마케팅과, 광고 마케팅(Paid Ads)으로 구분되는데, SMM 마케팅의 경우 콘텐츠 등을 업로드하여 자연스럽게 잠재 고객에게 노출시키는 전략인 반면, 광고 마케팅의 경우 플랫폼에 비용을 지불하고 원하는 타깃층에게 인위적으로 노출시키는 것을 의미한다.

> **개념 PLUS**
>
> 소셜미디어 마케팅 측정 지표
> - 리치(Reach) : 콘텐츠가 얼마나 많은 사람들에게 노출되었는지를 나타내는 지표(팔로워 수, 독자 수 등)
> - 참여(Engagement) : 콘텐츠에 얼마나 많은 사람들이 반응하고 소통했는지를 나타내는 지표(좋아요 수, 댓글 수, 공유 수 등)
> - 전환(Conversion) : 콘텐츠를 통해 얼마나 많은 사람들이 원하는 행동을 했는지를 나타내는 지표(구매 수, 가입 수, 다운로드 수, 클릭 수 등)
> - 로열티(Loyalty) : 콘텐츠를 통해 얼마나 많은 사람들이 브랜드에 충성도를 보였는지를 나타내는 지표(재구매율, 재방문율, 추천율 등)

(2) 소셜미디어 마케팅의 특징
① 사용자가 많고, 사용자의 정보가 모두 빅데이터화 되는 것이 가장 큰 특징 중 하나이다.
② SNS 사용자는 가입할 때 이용자의 성별, 거주 지역, 관심 주제 등의 기본 정보를 입력하기도 하며 다녀간 장소를 기록하는 위치태그 기능과 관심 있는 주제에 대한 콘텐츠 사용 기록이 데이터로 남기 때문에 정교한 잠재고객 타깃팅이 가능하다.
③ 소셜미디어를 통해 기업은 자체적인 계정을 운영하며 댓글 기능과 메신저를 통해 고객의 문의사항과 애로사항에 빠르게 대처하고, 고객과의 활발한 소통이 가능하다.
④ 기업은 전통적인 미디어에 비해 저렴한 예산으로 제품이나 브랜드 광고가 가능하며, 다양한 콘텐츠(이미지, 영상, 카드뉴스, 이벤트 등)를 활용한 광고와 브랜딩이 가능하다.

(3) 소셜미디어 마케팅의 구성
① 전략 : 목표에 따라 어떤 소셜미디어 채널을 사용할 것인가, 어떤 유형의 콘텐츠를 공유할 것인가를 결정한다.
② 기획 및 퍼블리싱 : 내세울 콘텐츠를 정한 후 적절한 시기에 노출시킨다.
③ 리스닝 및 인게이지먼트 : 비즈니스 자산에 대해 고객이 보이는 반응을 모니터링하고 소통한다.
④ 분석 및 리포팅 : 메시지의 도달, 빈도, 상호작용 등을 측정·평가·분석·보고한다.
⑤ 광고 : 매스미디어가 아닌 소셜미디어라고 해서 광고가 필요 없는 것은 아니기 때문에 효과적인 광고 집행을 통해 마케팅 효과를 크게 향상시킬 수 있다.

3 소셜미디어 광고

(1) 소셜미디어 광고의 개념
① 소셜미디어 플랫폼에서 사용자들에게 제공되는 광고형식으로, 소셜미디어를 통해 제품, 서비스 또는 브랜드를 홍보하고 마케팅하는 것을 의미한다.
② 주로 소셜미디어 플랫폼에서 사용되는 이미지, 동영상, 텍스트 등의 다양한 형식으로 제공되는 광고이다.
③ 기존의 전통적인 광고보다는 비용이 저렴하며, 타깃팅과 플랫폼 기능을 활용하여 더욱 효과적인 마케팅이 가능하다.

(2) 소셜미디어 광고의 중요성
① 소셜미디어는 현재 인터넷에서 가장 큰 시장 중 하나이며, 전 세계적으로 수억명의 사용자가 소셜미디어를 이용하고 있기 때문에 소셜미디어는 광고주들에게 광범위한 대상층을 제공하고, 브랜드 인지도와 판매를 증진시키는 데 큰 역할을 한다.
② 소셜미디어 광고는 광고주들이 세부적인 타깃마케팅을 수행하도록 도와주는 매우 효과적인 도구로, 광고주가 원하는 특정한 지역, 연령대, 관심사 등에 맞춰 광고를 게재할 수 있도록 해주기 때문에 광고주들은 훨씬 더 높은 광고 효과를 얻을 수 있다.

(3) 소셜미디어 광고의 전략
① 목표 설정
　㉠ 소셜미디어 광고를 시작하기 전에는 명확한 목표를 설정하는 것이 중요하다.
　㉡ 광고주는 광고를 통해 얻고자 하는 결과를 정확히 파악하고, 이를 바탕으로 광고를 제작·게재해야 한다.
　㉢ 브랜드 인지도 증진, 판매 증대, 웹사이트 트래픽 증가 등의 다양한 목표를 설정할 수 있는데, 이를 위해 광고주들은 소셜미디어 플랫폼에서 제공하는 분석도구를 이용하여 광고 성과를 분석한 후 이를 바탕으로 목표를 조정하는 등의 전략적인 마케팅을 수행해야 한다.
② 타깃팅
　㉠ 소셜미디어 광고는 사용자들에게 개인 맞춤형 광고를 제공할 수 있는 타깃팅의 기능을 수행하므로 광고주는 광고 대상을 자세하게 정의하고, 이를 바탕으로 타깃팅 광고를 제작해야 한다.
　㉡ 타깃팅 광고를 제작할 때는 광고 대상의 연령, 성별, 지역, 관심사 등을 고려해야 광고 효과를 극대화할 수 있다.
③ 적절한 광고 형식 선택
　㉠ 소셜미디어는 다양한 형식의 광고를 제공하므로 광고주는 제품, 서비스, 브랜드에 맞는 적절한 광고 형식을 선택해야 한다.
　㉡ 제품의 시각적인 부분을 강조하고자 할 경우에는 이미지 광고나 동영상 광고를 활용하고, 브랜드의 이야기를 전달하고자 할 경우에는 스토리 광고를 활용할 수 있다.
④ 창의적인 콘텐츠 제작
　㉠ 소셜미디어 광고는 매우 치열한 경쟁 상황에서 노출되는 것이 일반적이기 때문에 광고주는 창의적인 콘텐츠를 제작하여 사용자들의 관심을 끌어야 한다.

ⓒ 광고주는 브랜드 이미지나 제품 특징을 강조하는 콘텐츠를 제작하고, 광고 콘텐츠의 미적인 요소도 중요하기 때문에 이미지나 동영상의 색상, 구도, 디자인 등을 고려하여 광고를 제작해야 한다.
　⑤ 광고 예산 및 비용의 효율성
　　　㉠ 소셜미디어 광고를 진행하기 위해서는 광고예산을 미리 계획해야 한다.
　　　ⓒ 광고 예산을 계획할 때는 광고 대상·형식·게재기간 등을 고려하여 적정한 예산을 계획해야 한다.

(4) 소셜미디어 광고의 성과 분석
　① 소셜미디어 광고의 성과를 파악하기 위해서는 Facebook Ads Manager, Google Analytics, Sqrout Social 등의 다양한 성과 분석 도구를 이용해야 한다.
　② 광고 성과 분석을 통해 광고의 클릭률, 전환율, 비용 대비 수익률 등을 파악할 수 있다.

> **개념 PLUS**
>
> 소셜미디어 광고 과금 방식
> - CPC(Cost Per Click ; 클릭당 과금) : 링크를 클릭했을 때 과금하는 방식
> - CPM(Cost Per Millennium ; 천명 노출당 과금) : 클릭과 관계없이 노출량에 따라 과금하는 방식
> - CPA(Cost Per Action ; 행동당 과금) : 특정 행동에 대해 과금하는 방식
> - CPV(Cost Per View ; 조회당 과금) : 동영상 캠페인에 대해 조회당 비용을 과금하는 방식

04 데이터 분석과 성과측정

1 디지털 마케팅 데이터 분석의 개요

(1) 데이터 분석의 중요성
　① 데이터 분석은 디지털 마케팅에서 성공적인 전략을 수립하는 데 핵심적인 역할을 한다.
　② 데이터 분석을 통해 마케팅 캠페인의 성과를 추적하고 고객행동을 이해할 수 있다.
　③ 기업은 보다 정확한 마케팅 의사결정을 내리고 예측 가능한 결과를 얻을 수 있다.

(2) 데이터 분석의 절차
　① 마케팅 데이터 수집
　　　㉠ 웹사이트 트래픽, 소셜미디어 플랫폼, 이메일 마케팅 등 다양한 출처로부터 데이터를 수집할 수 있다.
　　　ⓒ Google Analytics와 같은 도구를 활용하여 방문자 수, 페이지 조회수, 전환율 등의 지표를 추적할 수 있다.

② 데이터 전처리
　　㉠ 수집한 데이터는 분석에 적합한 형태로 가공되어야 한다.
　　㉡ 누락된 값이나 이상치를 처리하고 데이터를 정제하는 단계이다.
　　㉢ 데이터를 시간대별, 지역별, 고객 세그먼트별로 분류하여 다양한 관점에서 분석할 수 있도록 준비한다.
③ 데이터 시각화
　　㉠ 분석 결과를 직관적으로 이해할 수 있는 형태로 변환하는 과정이다.
　　㉡ 시각화를 통해 그래프, 차트, 대시보드 등을 활용하여 데이터를 시각적으로 표현할 수 있다.
　　㉢ 마케팅 전략에 대한 인사이트를 발견하고 의사결정에 활용할 수 있다.

> **개념 PLUS**
>
> **웹 트래킹(Web Tracking)** 기출 24
> - 사용자의 유입경로를 확인할 수 있는 온라인상의 데이터 분석 방법이다.
> - 이용자가 특정 웹사이트를 방문했을 때 그 이용 행위를 기록·저장·분석하여 이용자에 대한 프로필 정보를 만들고, 이용자 프로필에 맞춰 적절한 광고 상품을 노출하는 데 사용된다.

2 효과적인 분석도구와 측정지표

(1) 효과적인 데이터 분석도구

① Google Analytics
　　㉠ 가장 인기 있는 웹 분석 도구 중 하나로, 웹사이트의 트래픽과 사용자 행동에 대한 데이터를 제공한다.
　　㉡ 방문자 추적, 전환율 측정, 키워드 분석 등 다양한 기능을 제공하여 마케팅 전략 수립에 도움을 준다.

> **개념 PLUS**
>
> **구글 애널리틱스를 사용하는 이유**
> - 방문자의 유입 출처 확인
> - 사용자 행동 파악
> - 양질의 트래픽 품질 평가
> - 사이트 및 콘텐츠에 대한 평가
> - 목표 데이터 설정
> - 잠재고객 목록 생성

② 키워드 분석 도구
　　㉠ 검색 엔진에서의 노출 빈도와 경쟁력 높은 키워드를 식별할 수 있다.
　　㉡ 검색 엔진 최적화(SEO)를 위한 키워드 전략을 수립하고 노출률을 향상시킬 수 있다.

③ A/B 테스트
  ㉠ 두 가지 이상의 변형을 만들어 효과를 비교하는 실험적인 접근 방법이다.
  ㉡ 마케팅 캠페인이나 웹사이트 디자인 등에서 A/B 테스트를 활용하여 다양한 요소의 효과를 비교하고 최적의 옵션을 선택할 수 있다.

> **개념 PLUS**
>
> **코호트 분석** 기출 23
> - 동일한 기간 내 동일한 경험을 한 집단을 대상으로 한다.
> - 주로 사용자 행동을 그룹으로 나눠 지표별로 수치화한 뒤 분석하게 된다.
> - 해당 집단의 데이터를 시간 흐름에 따라 확인하는 형태로 분석이 진행된다.
> - 보통 사용자 유지 및 이탈 시점과 패턴, 집단 간 상이한 행동 패턴 등의 분석에 이용된다.

(2) 데이터 분석 결과의 활용

① 마케팅 전략 개선
  ㉠ 데이터를 분석하여 소비자 행동을 파악하고 타깃 그룹의 요구에 맞는 개인화된 마케팅 전략을 수립할 수 있다.
  ㉡ 고객 경험을 향상시키고 성과를 극대화할 수 있다.

② 고객행동 분석
  ㉠ 고객의 구매 패턴, 관심사, 선호도 등을 분석하여 개인별로 맞춤형 마케팅 전략을 구축할 수 있다.
  ㉡ 고객과의 관계를 강화하고 충성도를 높일 수 있다.

③ 마케팅 ROI 측정
  ㉠ 투자한 마케팅 예산 대비 얼마나 많은 수익을 창출했는지를 분석하여 마케팅 ROI를 측정할 수 있다.
  ㉡ 효과적인 마케팅 캠페인과 예산 분배를 결정할 수 있다.

> **개념 PLUS**
>
> **마케팅 ROI**
> 마케팅에서 광고나 홍보, 판촉 행사 등을 할 때 투자 대비 수익이 어느 정도인지를 측정할 때 사용되는 마케팅비용 관리기법으로, 성과를 정량적으로 측정하고 마케팅 예산을 배분하는 데 활용한다.

(3) 디지털 마케팅 성과 측정에 활용되는 대표적인 지표 기출 24

① 광고비용 대비 매출률(수익률)(ROAS ; Return of Ad Spending)
  ㉠ 투입된 광고비에 비해 얼마만큼의 매출이 창출되었는지 계산하는 지표이다.
  ㉡ 특정 광고의 효율성을 측정하는 데 활용된다.
  ㉢ '(광고를 통한 매출/투입 비용) × 100'으로 계산되며 기업에게 가장 효율적인 광고 방식을 평가하는 데 활용할 수 있다.

② 도달 & 노출
  ㉠ 소셜미디어나 광고에서 콘텐츠가 얼마나 많은 소비자에게 소비되었는지 나타내는 개념이다.
  ㉡ 도달은 콘텐츠를 소비한 '사람들의 수'를, 노출은 콘텐츠(광고)가 소비자에게 '보이는 횟수'를 의미한다.
  ㉢ 디지털 마케팅에서는 콘텐츠의 효과를 검증하기 위해 '도달률(Reach Rate)'과 '노출당 비용(eCPM ; effective Cost Per Mile)'이라는 개념을 사용한다.
  ㉣ 도달률은 특정광고 캠페인에 최소 1회 이상 노출된 타깃 고객의 비율을 의미한다.
  ㉤ 노출당 비용이란 1,000회의 유효 광고 노출당 발생하는 비용을 의미한다.

$$\text{노출당 비용(eCPM)} = \frac{\text{광고투입비용}}{\text{유효노출횟수}} \times 1{,}000$$

③ 클릭률(CTR ; Click Through Rate) : 콘텐츠의 노출 대비 클릭한 사람의 비율을 의미한다.

$$\text{클릭률} = \frac{\text{광고클릭수}}{\text{노출수}} \times 100$$

④ 전환율(CVR ; Conversion Rate)
  ㉠ 얼마나 많은 사람들이 콘텐츠를 보고 행동을 '전환'하였는지를 측정하는 지표이다.
  ㉡ 구매나 회원가입, 다운로드, 링크 클릭 같이 마케터가 유인하는 '행동'으로 이어진 정도를 측정하는 데 사용된다.

⑤ 투자수익률(ROI ; Return of Investment)
  ㉠ 투자기업의 순이익을 투자액으로 나눈 값을 의미하며, 마케팅에서 가장 널리 활용하는 성과 측정 기준 중 하나이다.
  ㉡ 마케팅에 투자한 비용 대비 순이익의 비율을 나타내므로, ROI가 높다는 것은 "마케팅(또는 광고)의 효과가 높다"는 것을 의미한다.

$$\text{ROI} = \frac{\text{마케팅(또는 광고)을 통한 수익}}{\text{광고비}} \times 100$$

CHAPTER 02 실전예상문제

※ 본 문제를 풀면서 이해체크를 이용하시면 문제이해에 보다 도움이 될 수 있습니다.

01 다음 보기의 설명으로 옳은 것은?

> 디지털 마케팅에서 기업 웹사이트나 모바일 앱 등에서 다양한 고객과의 접점에서 직접적 상호작용을 통해 자체적으로 수집한 자사 데이터를 지칭하는 용어를 말한다.

① 제1자 데이터(first party data)
② 고객 프로파일링(customer profiling)
③ 서비스 로그 데이터(service log data)
④ 사용자 특성 정보(demographic information)
⑤ 개인식별정보(personally identifiable information)

데이터 수집 주체 유형	
제0자 데이터 (Zero Party Data)	• '나에게 좀 더 어울리는 제품을 추천받기 위해 참여하는 설문조사'나 '사이트 개선을 위해 하는 만족도 조사' 등 다양한 방식을 통해 고객이 기업에 능동적으로 공유한 데이터
제1자 데이터 (First Party Data)	• 기업의 웹사이트나 모바일 앱과 같이 기업에서 소유하고 있는 채널을 통해 고객 및 잠재 고객으로부터 직접 제공받는 형태로, 프라이버시 논란에서 비교적 자유로운 고객의 정보
제2자 데이터 (Second Party Data)	• 비즈니스적인 협업 관계를 맺고 있는 주체가 직접 소유하고 있는 제1자 데이터를 넘겨받거나 구매한 데이터
제3자 데이터 (Third Party Data)	• 외부의 중개자를 통해 구매하거나 얻을 수 있는 데이터 • 개인정보 침해의 문제가 제기되고 있는 '서드 파티 쿠키'가 이에 해당하며 구글과 페이스북이 가장 대표적인 제3자 데이터 수집 마케팅 업체

02 온라인 판매 채널을 추가함으로써 얻을 수 있는 혜택으로 가장 옳지 않은 것은?

① 콘텐츠만 거래될 수 있다는 한계가 있다.
② 더 깊고 넓은 상품구색을 제공할 수 있다.
③ 지역의 제한이 없이 시장을 확장할 수 있다.
④ 소비자의 구매 결정에 도움이 되는 더 많은 양의 정보를 제공할 수 있다.
⑤ 소비자 구매에 대한 정보를 수집하여 개인 맞춤형 제품을 제공할 수 있다.

> **해설**
> 온라인 쇼핑몰의 장점
> • 편의성 : 매장에 방문할 필요 없이 스마트폰으로 어디서나 편하게 쇼핑할 수 있으므로 고객의 확장, 신속·정확한 판매가 가능
> • 다양한 제품 : 물리적 공간에 제한을 받지 않기 때문에 광범위한 제품의 제공이 가능
> • 가격경쟁력 : 오프라인 매장에 비해 마진이 적어 저렴한 가격으로 상품구입 가능
> • 개인화 : 고객 유입 통계 데이터와 알고리즘의 분석·적용을 통해 개인화 가능
> • 해외 진출 : 고객 가용 범위를 증폭시킬 수 있으므로 해외 진출의 발판이 됨
> • 네트워크 효과 : 광고 없이도 네트워크 효과를 통한 빠른 구전으로 인지도 및 선호도가 형성

03 검색엔진을 통해 웹사이트에 유입된 방문자 수치를 의미하는 것은?

① 이탈률(bounce rate)
② 오가닉 트래픽(organic traffic)
③ 클릭률(click through rate)
④ 평균 세션 시간(average session duration)
⑤ 체류시간(duration)

> **해설**
> 오가닉 트래픽은 광고나 소셜미디어와 같은 채널을 통해 사이트로 유도되는 트래픽을 제외하고, 검색엔진을 통해 곧바로 유입되거나 동일한 도메인 안에서 유입되는 트래픽을 말한다.

04 다음 중 마케팅을 위한 소셜미디어의 장점에 대한 설명으로 가장 옳지 않은 것은?

① 소셜미디어는 표적화되고 개별화되어 있다.
② 소셜미디어를 활용한 마케팅은 비용이 무료다.
③ 소셜미디어는 소비자의 의견 및 피드백을 얻는 데 용이하다.
④ 소셜미디어는 고객의 경험을 형성하고 공유하는 데 적합하다.
⑤ 소셜미디어는 브랜드 근황에 대한 마케팅 콘텐츠를 시의적절하게 제공할 수 있다.

> **해설** 소셜미디어 마케팅은 광고비용이 발생하므로 링크를 클릭했을 때 광고비용을 과하는 방식인 CPC(Cost Per Click ; 클릭당 과금), 특정 행동에 대해 광고비용을 과하는 방식인 CPA(Cost Per Action ; 행동당 과금) 등을 선택한다.

05 온라인 쇼핑몰의 마케팅채널에서 구매전환율을 높이기 위해 시도할 수 있는 방안으로 가장 옳지 않은 것은?

① 핵심적인 바이럴 요소의 내재화 전략을 설계한다.
② 랜딩페이지에서부터 구매전환까지 이르는 프로세스를 개선한다.
③ 장바구니에 오래 담겨져 있는 제품들 위주로 무료배송을 적용한다.
④ 구매결정에 도움을 주지 못하는 필수적이지 않은 정보는 간소화하여 수정배치한다.
⑤ 장바구니에 담겨있는 제품들 위주로 관련 프로모션 안내와 함께 리마인드 메시지를 보낸다.

> **해설** 구매전환율은 쇼핑몰 방문자 중에 실제 구매한 사람의 비율이 얼마인지를 확인하는 지표로 계산방법은 다음과 같다.
>
> $$구매전환율(\%) = \frac{구매횟수}{유입수(또는 상세페이지 조회수)} \times 100$$
>
> 바이럴 요소의 내재화 전략은 제품이나 서비스를 쉽게 공유할 수 있도록 설계된 것으로 유입수나 조회수는 증가시킬 수 있지만 실질적인 구매횟수를 높이는 방안으로는 볼 수 없다.

CHAPTER 03 · 점포관리

> **Key Point**
> - 점포운영관리와 소비자의 점포선택 과정에 대해 학습한다.
> - 자유형·격자형 등 점포 레이아웃 유형에 대해 암기하고, 상품진열의 원칙과 방법에 대해 숙지한다.
> - 무점포 소매업의 종류별 특징에 대해 학습한다.

01 점포운영

1 점포운영의 책무

(1) 점포운영의 개요

① 점포구성
   ㉠ 점포는 소비자들이 특별한 노력을 기울이지 않아도 용이하게 찾을 수 있도록 설계되어야 한다. 즉, 점포는 여러 계층의 소비자들을 대상으로 하기 때문에 그 앞을 지나가는 소비자들이 내부의 분위기를 느낄 수 있도록 설계되어야 함을 의미한다.
   ㉡ 점포는 판매사원의 접객과 서비스하에 소비자들이 원하는 상품을 구입할 수 있는 환경을 만들고, 찾고자 하는 상품을 찾기 쉬운 곳에 진열하는 시스템, 즉 소비자들의 입장에서 한 눈에 들어오도록 상품정보를 제공하고 이를 알리는 점포 내 표시에 노력을 기울여야 한다.
   ㉢ 점포의 간판은 소비자들로 하여금 해당 점포를 발견하고 확인하게 하는 기능과 더불어 해당 점포에 대한 이미지를 심어주는 역할을 수행한다.
   ㉣ 입구의 경우 소비자들이 용이하게 출입할 수 있도록 설계되어야 한다.
   ㉤ 진열창의 경우 진열된 상품들이 소비자들의 시선을 끌고 관심을 갖게 해야 한다.
   ㉥ 주차장의 경우 소비자들을 위한 서비스 차원에서의 배려가 이루어져야 한다.

② 점포설계의 의의
   ㉠ 점포는 유동객 수 및 도로의 위치, 해당 점포 주변 상권에 살고 있는 소비자들의 연령·성별·소득별에 따라 진열방식, 점두구성, 진열기구 종류 등을 입지조건에 맞게 설계해야 한다.
   ㉡ 점포는 경영의 장소로서 노동생산성을 고려하여 설계되어야 한다.
   ㉢ 점포는 발생되는 작업(청소, 진열, 상품보충, 판매)을 고려해서 점포설계가 이루어져야 한다. 하지만 소비자 중심의 사고방식을 전제로 한 노동의 생산성도 염두에 두어야 한다.
   ㉣ 결국 좋은 점포의 설계라는 것은 이익 및 매출액을 극대화할 수 있는 노동생산성 향상 방법이 얼마나 잘 짜여 있는지에 따라 결정된다.

(2) 상품이 잘 팔리는 점포구성의 요소
① 목표로 하는, 즉 소비자층에 대한 적절한 상품의 구성
② 지역 소비자들에게 부합되는 가격대 설정
③ 소비자들이 점포에 편리하게 방문할 수 있는 점포의 입지조건
④ 점포 외부에서 볼 때 매력 있는 점포의 외관
⑤ 활용성 및 안전성을 고려한 점포 설비 및 시설
⑥ 소비자들이 한눈에 봐도 알기 쉬운 매장의 배치
⑦ 매력 있는 진열과 판매용 수단
⑧ 넉넉한 상품 및 점포 내부의 장식물
⑨ 점포 또는 판매원들이 풍기는 분위기

2 비용 관리

(1) 소비자의 점포선택과정
① 소비자들은 제품과 서비스의 구매를 결정 시, 자신의 선택기준을 정당화시킬 수 있는 특성을 지닌 점포를 선택하려고 한다.
② 소비자는 자신의 경험, 정보, 지각, 이미지 등을 종합한 결과에 의해서 평가기준을 정하여 각 점포의 특성을 평가하고 지각하는 과정을 통해 자신에게 가장 적합한 최적의 점포를 선택하게 된다.
③ 모든 소비자들이 이 과정을 거치는 것은 아니며, 그 점포에 대한 과거의 경험이나 이미지가 모두 만족스럽다고 판단될 때는 그냥 재방문하게 된다.
④ 소비자특성과 점포특성의 상호작용에 의해 이루어지며 소비자특성은 소비자 자신의 계속되는 자기계발에 의해서 변화될 수 있다. 그러나 점포선택에 있어서 중요한 영향을 미치는 소비자가 지각하는 점포특성은 유통기관의 마케팅전략에 의해 결정된다. 이러한 소비자특성과 점포특성은 소비자들의 점포방문결정에 상당한 영향을 미치게 된다.

(2) 점포선택에 영향을 미치는 요인
① 소비자 또는 구매특성
㉠ 소비자의 인구통계적 특성, 라이프스타일, 개성 등의 특성이 쇼핑이나 탐색행동에 대한 일반적 의견과 행동에 영향을 미치고 소비자 등은 점포에 따라 점포속성의 중요성을 부여한다.
㉡ 소비자 점포선택 행동변수의 속성요인 기출 19
• 가족생활주기 및 가족 규모
• 사회계층과 라이프스타일
• 소매점과 자아이미지의 일치성
• 점포충성도

> **OX문제**
> ▶ 소매점이 입지한 지역의 인구는 소비자의 점포선택 행동에 영향을 미치는 변수 중 소비자 속성요인에 속한다. O|X
>
> [해설]
> 소매점이 입지한 지역의 인구는 입지조건 분석요인에 해당한다.
>
> 정답 ▶ ×

② 점포속성
- ⑤ 소비자의 지각된 점포속성에 의해 형성된 태도는 점포선택에 영향을 주고 더 나아가 제품과 상표선택에까지 영향을 준다.
- ⓒ 소비자의 점포선택행동은 소비자의 특성뿐만 아니라 다양한 점포속성의 지각으로부터 영향을 받는다.

3 결품 및 미납관리

(1) 매장상품의 로스 관리
① 소매점에서 상품로스는 장부상 재고금액과 실사 재고금액의 차이를 말한다.
② 상품로스는 가격인하, 폐기, 파손 등 상품관리상 실수로 인해 발생한 로스이지만 기회로스는 결품이나 품절로 인해 판매할 수 있는 상품을 판매하지 못함으로써 발생하는 손실이다.
③ 매출이익 및 재고관리를 개선하는 것도 중요하지만 먼저 전제되어야 할 것이 상품로스 관리이다.
④ 제품의 판매마진이 25%일 경우에, 제품을 한 개 도난당하면 판매한 제품 세 개의 마진과 비슷하다. 실제로는 제품 세 개를 판매하는 데 드는 인건비와 점포 유지비가 더 소요된다.

(2) 품절관리
① 개념 : 상품의 재고관리를 파악함에 있어 품절 사용에 체크된 상품의 재고수량이 '0' 이하인 경우에 품절이라 할 수 있으며, 이를 방지하기 위한 노력이 품절관리이다.
② 품절관리방법
- ⑤ 상품에 대한 정확한 지식을 습득해야 한다.
- ⓒ 재고 관리 및 발주는 담당자를 정해 날마다 이루어져야 한다.
- ⓒ 관리대상 품목을 정할 경우 파레토 법칙을 이용한다. 즉, 매출액의 80%를 차지하는 20% 정도를 기본으로 하여 발주를 한다.
- ⓓ 품절이 발생하면 간단하게 품절 사유와 입고예정일을 쓴 POP를 붙인다.
- ⓔ 잘 팔리는 상품의 진열에 대해 이해한다.

4 점포관리시스템

(1) 점포 내 점포관리 흐름도
① 판매계획 : 매출목표를 수립
② 발주관리 : 매장에 필요한 상품을 주문
③ 작업관리 : 입고된 상품에 대한 상품화
④ 매장 및 판매관리 : 작업완료된 상품을 진열·판매
⑤ 재고관리 : 적정재고를 관리
⑥ 이익관리 : 이익을 최대로 올리기 위함

(2) 점포 내 작업
① 월간 영업계획서의 작성 : 고객으로부터 지지받는 점포를 구현하기 위하여 매월 계획을 입안하여 작성한다.
② 발주작업 : 매장 내 품절상품이 없게 하는 중요한 작업이다.
③ 작업관리 : 하차·검수·보관작업, 상품화 작업, 개점준비작업, 행사준비작업 등이 있다.
④ 진열작업 : 창고에 보관되어 있는 상품을 표준 페이싱의 정해진 위치에 놓는 작업이다.
⑤ 매장관리 : 매장은 항상 통일되고 정선된 느낌이 유지되어야 하기 때문에 매장의 정리·정돈상태, 품절상품의 유무 파악을 위하여 수시로 매장을 점검한다.
⑥ 매출관리 : 매일 매출목표를 달성하기 위하여 시간대 별로 매출을 점검하고, 매출부진이 예상될 경우에는 목표달성을 위해 즉각적으로 대응전략을 수립해야 한다.
⑦ 인하·폐기관리
　㉠ 인하·폐기는 판매과정 중에 발생하게 되는데, 가격을 인하하여 판매하거나, 가격을 인상하여 판매할 경우 또는 판매가 불가능하여 폐기하는 경우를 말한다.
　㉡ 인하·폐기를 최소화하기 위해서는 적정 발주 및 적기에 가격인하 판매를 해야 손실을 줄일 수 있다.

02 점포구성, 디자인, VMD

1 매장 콘셉트 설정·관리

(1) 콘셉트(Concept)의 정의 및 특징
① 콘셉트를 우리말로 번역하면 개념, 구상이란 말로 표현된다.
② 콘셉트란 모두가 좋아하고 공감하는 것을 잡아내는 것이다.
③ 해당 객체 본질의 차별성, 정확성, 함축성을 갖추고 가능한 쉽고 이해하기 편해야 한다.

(2) 매장의 콘셉트(Concept) 설정
① 소비구조의 변화, 도시의 변화, 유통업계의 변화 등 시장의 시대적 변화를 고려하여 콘셉트를 정한다.
② 적정인구, 후보지의 위치선정 조건, 교통체계, 시장환경 등 지역의 특성을 고려하여 콘셉트를 정한다.
③ 상권 내 거주자 및 통행인을 조사하여 경쟁점의 평가, 구매행동, 구매실태, 생활 의식과 가치관, 니즈(Needs) 등 고객 특성을 분석하여 콘셉트를 정한다.

(3) 점포와 매장의 비교

점포	• 창고 등 가게 전체를 의미한다. • 점포는 유동객 수 및 도로의 위치, 해당 점포 주변 상권에 살고 있는 소비자들이 연령·성별·소득별에 따라 진열방식, 점두구성, 진열기구 종류 등을 입지조건에 맞게 설계해야 한다. • 점포는 소비자들이 특별한 노력을 기울이지 않아도 용이하게 찾을 수 있도록 설계되어야 한다.
매 장	• 유통경로를 통하여 공급된 상품을 고객에게 판매하는 곳이다. • 고객이 드나드는 공간이다. • 상품을 전시하는 곳이 아니라 상품을 판매하는 곳이며, 수익을 창출하는 장소이다.
차 이	점포가 매장보다 큰 개념이다.

(4) 매장운영관리의 책무

① 매장 운영 시 고객에게 가치를 제공하며, 제공된 가치에 대하여 만족을 느끼게 해 주어야 한다.
② 매장을 고객에 대한 정보 수집을 가장 현실적이고 빠르게 입수하는 장소로 만들어야 한다.
③ 제도정책, 인구변화, 소득양극화 등의 최근 트렌드에 맞게 새로운 개념의 콘셉트가 요구되어야 한다.
④ 고객에게 꼭 필요한 상품을 잘 보이게 진열하여 쇼핑이 편리하도록 매장을 조성해야 한다.
⑤ 고객 정보를 토대로 상품흐름이나 소비흐름에 대한 추이를 파악할 수 있는 곳으로 매장을 만들어야 한다.
⑥ 매장이 주변 환경적 이미지에 적합하도록 설계하여야 한다.
⑦ 매장은 상품을 구입하고 쇼핑을 즐기는 곳이므로 쇼핑에 불편함을 제공하는 장애물을 제거하여야 한다.

(5) 소매점포 믹스의 구성 요인

① 입지 : 소매점포 성공에 있어 가장 중요한 요소로, 최종적인 점포입지 선정에 앞서 가능 후보지들을 평가한 후, 그 중 가장 유망한 상권을 가진 후보지를 선택한다.
② 상품구색과 서비스 : 소매업자는 상품과 관련하여 상품구색, 서비스 믹스, 점포 분위기 등 주요의사를 결정한다.
③ 가격 : 표적시장, 상품 및 서비스 구색, 경쟁점포의 가격을 고려하여 결정되며, 소매기업이 추구하는 마진과 회전율에 대한 결정으로부터 영향을 받는다.
④ 촉진 : 표적고객의 구매를 유발하기 위해 소매상은 제조업자와 마찬가지로 광고, 인적판매, 촉진관리, PR 등의 촉진믹스를 이용한다.

2 매장 레이아웃 계획·관리

(1) 레이아웃 개념 및 순서
① 매장의 레이아웃 기출 20·18
  ㉠ 보다 효율적인 매장 구성이나 상품진열, 고객동선, 작업동작 등을 위한 일련의 배치작업을 말한다.
  ㉡ 사전 상권 조사를 통한 점포 콘셉트를 설정한 후에 레이아웃을 작성한다.
  ㉢ 고객이 무의식적으로 점포 안을 많이 걷게 하여 자유로운 상품탐색이 되는 동선이 바람직하다.
  ㉣ 매장 전면부의 통로에는 충동성이 높은 상품을 진열한다.
  ㉤ 계산대 근처에는 충동성이 높은 제품을 진열한다.
② 레이아웃의 설계 순서 : 점포 레이아웃 → 매장 레이아웃 → 부문 레이아웃 → 곤돌라 레이아웃 → 페이스 레이아웃

(2) 레이아웃의 기본원칙 기출 14
① 근접성 계획 : 상품라인으로의 근접배치 여부는 매출과 연결되므로 계획 시 고려한다.
② 거품계획
  ㉠ 상품의 근접배치 효과는 거품 형태와 같이 매장과 후방시설들의 위치 및 크기로 나타낸다.
  ㉡ 점포의 주요 기능공간의 규모와 위치를 간략하게 보여주는 것이다.
③ 블록계획
  ㉠ 거품계획이 완성된 후 실제 매장의 전체 영업면적을 그린 배치도 작성계획을 나타낸다.
  ㉡ 점포의 각 구성부문의 실제 규모와 형태를 세부적으로 결정하는 것이다.

(3) 매장 레이아웃의 종류 기출 20·18
① 경주로형
  ㉠ 주로 소형 의류 매장(부티크)의 배치에 활용되며 통로를 중심으로 여러 매장 입구를 연결하여 배치하는 방법이다.
  ㉡ 경주로형은 전체 점포에 걸쳐 고객이동이 쉽기 때문에 쇼핑을 증대시키는 장점이 있다.
  ㉢ 경주로형은 충동구매를 유발하기 위한 방식이다.
  ㉣ 진열된 상품을 최대한 노출시켜 점포의 생산성을 높일 수 있다.
② 자유형(Free-flow)
  ㉠ 자유형은 규모가 작은 전문매장이나 여러 매장들이 함께 입점되어 있는 대형점포, 백화점 등에서 주로 활용되는 형태이다.
  ㉡ 이 형태는 고객들의 자유로운 쇼핑과 충동적인 구매를 기대하는 매장에 적격이다.
  ㉢ 자유형은 매장의 판매 공간 정면의 전체패턴을 바꾸지 않고도 집기를 삽입하거나 제거함으로써 축소 또는 확장이 가능하다.
  ㉣ 판매원이 대인판매를 하면서 동시에 매장 전체를 감시하기 어렵다.

③ 격자형(Grid) `기출 22·14`
  ㉠ 주로 식료품점에서 구현하는 형태로 고객들이 지나는 통로에 반복적으로 상품을 배치하는 방법이다.
  ㉡ 기둥이 많고 기둥 간격이 좁은 상황에서 설비비용을 절감할 수 있다.
  ㉢ 통로 폭이 동일하기 때문에 건물 전체 필요면적이 최소화된다.
  ㉣ 반복구매 빈도가 높은 소매점에서 주로 활용한다.
  ㉤ 비용이 적게 들며 표준화된 집기배치가 가능하여 고객이 쉽게 익숙해진다.
  ㉥ 쇼케이스, 진열대, 곤돌라 등 진열기구가 직각 상태로 되어 있다.

④ **복합형** : 경주로형 + 프리플로우형 + 격자형의 형태를 복합하는 것으로 대형종합점의 경우에는 층마다 특색 있게 다른 레이아웃을 하는데 경우에 따라 각 형을 복합하기도 한다.

> **O× 문제**
> ▶ 격자형(Grid) 방식은 슈퍼마켓 등에서 주로 사용하는 곡선형 동선 방식으로, 고객을 자연스럽게 점내로 불러들이기에 용이한 방식이다. O|×
>
> **해설**
> 고객을 자연스럽게 점내로 불러들이기에 용이한 방식은 자유형이다.
> **정답** ×

(4) 통로 설계 `기출 16`
① 상품군의 구분과 상품 배열을 고려하여 계획해야 한다.
② 바닥의 색채는 점내와 조화를 이루게 하고 너무 자극적인 것은 피한다.
③ 통로에는 장식이나 진열상품 등에 의한 장애나 저항감이 없도록 한다.
④ 주통로는 보조통로와 직각으로 설계되어야 한다.
⑤ 매장 내 통행에 방해를 주지 않는 위치에 쉼터를 만들고 위치를 적절히 표시해야 한다.

(5) 페이싱과 조닝 `기출 14`
① **페이싱** : 페이스의 수량을 뜻하는 것으로 앞에서 볼 때 하나의 단품을 옆으로 늘어놓은 개수를 말하며, 진열량과는 다르다.
② **페이스표(표준진열도)**
  ㉠ 단품별 진열도면을 말하며, 표준 페이스표를 만들어 진열할 때 매일 활용해야 한다.
  ㉡ 계절에 따라 상품구성이 달라지기 때문에 보통 계절별, 매장 규모별 표준 페이스표를 만들어 활용하는 것이 일반적이다.
③ **조 닝**
  ㉠ 레이아웃이 완성되면 각 코너별 상품구성을 계획하고 진열면적을 배분하여 레이아웃 도면상에 상품배치 존(Zone) 구분을 표시하는 것을 말한다.
  ㉡ 상품구성 계획, 진열면적 배분, 상품배치존 구분을 포함한다.

> **O× 문제**
> ▶ 표준진열도(Standard Display)란 효과적인 레이아웃을 위한 조닝, 페이싱 버블계획을 하나의 도면으로 묶은 것을 말한다. O|×
>
> **해설**
> 표준진열도는 단품별 진열도면을 말하며, 계절과 상품 트렌드, 경제상황, 신상품, 상품 회전율 등을 고려하여 진열하는 것을 뜻한다.
> **정답** ×

개념 PLUS

점포설계를 위한 고려사항 기출 16
- 점포의 외장, 간판, 통로, 쇼윈도 등의 요소들이 유기적인 통일성을 이루게 한다.
- 점포 외장을 통해 업종 및 업태별 특징을 감각적으로 표시한다.
- 점외 간판은 점포명을 알림과 동시에 고객을 점포로 유도 및 안내할 수 있게 한다.
- 점내 간판은 상품이 고객의 눈에 잘 띄도록 가독성을 높인다.
- 쇼윈도는 개성 있으면서 취급 상품에 적합하도록 기획한다.

3 매장 공간 계획 관리

(1) 매장 디자인의 4요소

① 외장(Exterior) : 매장 앞쪽, 매장입구, 건물높이, 진열창, 고유성, 시각성, 주변지역, 교통 혼잡성, 주변매장, 정차장 등

② 진열 : 조화, 구색, 카트, POP, 주제 및 장치, 간판, VMD진열보조구, 포스터, 게시판, 선반 및 케이스 등

③ 내장(Interior) : 조명, 온도·습도, 색채, 판매원, 탈의장, 냄새·소리, 바닥, 통로, 수직 동선, 집기·비품·상품, 벽면 재질, 셀프 서비스 등

④ 레이아웃 : 고객동선, 상품공간, 후방공간, 판매원공간, 휴식공간, 작업동선, 상품동선, 고객용 공간 등

> ✓ **O × 문제**
> ▶ 부동선은 기능성보다는 연출성이 강하며, 고객이 자연스럽게 매장의 구석까지 다니게 함으로써 가능한 한 매장에 오랫동안 머물 수 있도록 한다.
> O | ×
> 정답 ▶ O

개념 PLUS

주동선과 부동선 기출 19

주동선	• 매장 내에 진열·배치되어 있는 상품을 될 수 있는 한 많이 보여주기 위해 매장 깊숙이 들어갈 수 있도록 계획한다. • 넓고 단순하여 매장 안에 들어온 고객이 가고자 하는 곳까지 바로 갈 수 있도록 하는 것이다. • 고객의 유동성을 고려한다.
부동선	• 연출성이 강조된 동선이다. • 고객이 매장 구석구석까지 다니게 함으로써 가능한 한 매장에 오래 머물 수 있도록 하는 것이다.

(2) 매장 디자인의 계획

① 매장 입지의 선정 후 매장 콘셉트를 확립하고, 매장 설치의 기초를 이루는 매장 디자인 계획을 수립한다.

② 매장 디자인 계획은 단순하게 해당 정보를 편리하면서도 아름답게 꾸미는 것에 그치는 것이 아니다.

③ 소비자들에게 상품 소구를 통해 그들을 흡수하게 하는 요인이 되므로, 소비자들이 상품을 쉽고 많이 구입하도록 계획을 수립해야 한다.

④ 매장 개설에 있어서 많은 자본 및 시간과 노력이 투입되는 설비·시설을 필요로 한다.

⑤ 매장은 한번 설치하게 되면 구조변경이 어려우므로 중·장기적 계획을 통한 경영전략의 최적화 및 비용절감의 원칙하에서 결정한다.

(3) 상품의 진열(VMD ; Visual Merchandising)

① VMD : 비주얼(Visual) + 머천다이징(Merchandising)의 합성어이다.
② 마케팅의 목적을 효율적으로 달성할 수 있도록 특정 타깃(Target)에 적합한 특정상품이나 서비스를 조합하여 적절한 장소·시간·수량·가격 등을 계획적으로 조정하는 것이다.
③ 상품을 조직적인 체계를 세워 정보수집·원재료 매입·재고관리·판매촉진을 통해 매력적으로 진열·판매하는 활동을 말한다.
④ VMD라는 것은 상품을 판매장소에 시각적으로 전시하여 판매촉진효과의 향상을 목적으로 하는 전략적 계획이다.

(4) VMD의 개념 확대

총체적 시각연출로서의 VMD란 고객이 접하는 모든 시각적 표현, 즉 CI(Corporate Identity), SI(Store Identity), BI(Brand Identity), 점포디자인, 광고와 판촉, VMP(Visual Merchandising Presentation) 등을 통한 점포와 고객 간의 감성적 커뮤니케이션을 말한다.

(5) 머천다이즈 프레젠테이션(Merchandise Presentation)의 개념 [기출 15]

① 머천다이즈 프레젠테이션이란 상품의 특징을 표현하기 위한 원리·원칙을 알기 쉽게 분류·정리한 VMD전략의 기본원칙이다.
② 'VMD전략을 기본으로 한 상품의 효과적인 제안방법'이라고 할 수 있다(中本英一, 1993).
③ MP는 VP(Visual Presentation), PP(Point of Sale Presentation), IP(Item Presentation) 3가지의 매장 내에서 각각의 기능을 가지고 있으며 최종 목적은 고객을 향해 매장의 주인이 되는 상품의 제안이다.

> **OX문제**
> ▶ 비주얼 머천다이징의 PP(Point of sale Presentation)는 주력상품의 이미지를 표현하거나 상품을 연출하는 공간으로 상품의 포인트를 제안하여 판매를 유도하는 것이다. O | X
> 정답 ▶ O

[머천다이즈 프리젠테이션의 방법] [기출 15·13]

VP	매력적인 연출	• 매장의 콘셉트, 패션 테마의 종합적 표현장소로서 쇼윈도, 스테이지 등에 위치하여 보여주는 기능을 한다. • 상품의 특성과 장점에 대한 정보를 제공하고, 인기상품, 계절상품 등을 고객에게 제안하기 위한 역할을 한다. • 고객을 자극하여 무의식적인 구매충동에 구체적인 동기를 부여하고 해당 시기에 가장 제안하고 싶은 제품을 정확하게 전달하도록 연출한다.
PP	상품 포인트 소구	• 매장 내의 상품정보를 시각적으로 소구하며, 관련 상품과의 자연스러운 코디네이트로 생활을 제안한다. • 주력상품의 이미지를 표현하거나 상품을 연출하는 공간으로 상품의 포인트를 제안하여 판매를 유도하는 것이다.
IP	쾌적한 매장구성	상품을 분류·정리하여 관리하며, 일관성 있는 연출법으로 고객이 쉽게 알아볼 수 있도록 진열한다.

4 매장 환경 관리

(1) 상품진열의 원칙

① 상품진열의 목적
- ㉠ 손님이 쉽게 상품을 인지하고 그 상품을 사게 만드는 데 목적이 있다.
- ㉡ 상품진열은 고객들이 보기 쉽고, 사기 쉽게 이루어져야 한다.
- ㉢ 상품진열의 기본원칙
  - 주력상품은 눈에 잘 띄는 곳에 진열한다. 매장 바닥으로부터 60~170cm 높이의 공간은 고객들이 쉽게 손을 내미는 위치이며, 특히 85~125cm를 '골든 스페이스'라 하는데 이곳에 상품을 진열하는 것이 매출을 극대화하는 방법이다.
  - 구색맞춤(관련상품)을 하여 진열한다. 상하좌우로 서로 연관성이 있는 제품을 배치하면 고객들은 편리함을 느낄 수 있으며, 이는 곧 매출과 연결된다(예 컴퓨터와 키보드, 주류와 안주류 등).
  - 브랜드 및 가격 : 상품의 브랜드와 가격이 잘 보이도록 진열한다.
  - 상품의 수량과 색상을 다양하게 진열하고 회전율이 낮은 상품, 고가품은 최소한의 양만 진열한다.
- ㉣ 플래노그램(Planogram) 기출 15·14
  - 고객이 구매하기에 편리한 상품진열을 위한 효율적인 상품배치 지침서이다.
  - 소매상들은 매장 내에서 상품의 위치를 결정하기 위해 플래노그램을 작성한다.
  - 모든 단품들이 놓일 위치를 정확하게 묘사한 사진이나 컴퓨터 출력물 등을 말한다.

> **OX문제**
> ▶ 플래노그램이란 모든 단품들이 놓일 위치를 정확하게 묘사한 사진이나 컴퓨터 출력물 등을 말한다.
> O X
> 정답 O

② 상품관리
- ㉠ 고객관리와 함께 점포경영에서 중요한 것은 바로 취급하고 있는 상품에 대한 관리이다.
- ㉡ 업태별로 관리 포인트에 조금씩 차이가 있다. 제조업에서는 상품개발에 중점을 두는 반면, 소매업은 상품구성을 우선시하는 경향이 짙다.
- ㉢ 외식업의 경우 제공하는 음식의 맛이 중요한 포인트가 될 수 있다.
- ㉣ 이처럼 상품관리는 해당 업종의 성격과 유형에 적합하게 이루어져야 하며, 오히려 마케팅전략(예 가격, 유통, 판촉)보다도 중요하게 인식되는 경향이 강하다.

③ 상품범주(카테고리) 관리의 7단계 기출 13

> 카테고리 정의 → 역할 → 평가 → 목표성과척도 → 전략 → 전술 → 실행

- 카테고리 정의 : 카테고리의 범위와 의미 규정
- 역할 : 카테고리의 목적 부여
- 평가 : 하위카테고리, 세그먼트, 브랜드 및 SKU에 대한 평가
- 목표성과척도 : 카테고리의 정성적·정량적 목표를 설정하고 그것을 평가하기 위한 기준이 되는 점수표 작성(KPI)
- 전략 : 카테고리별 마케팅, 판매, 구매, 수금 및 고객서비스 전략 개발
- 전술 : 최적의 상품구색, 가격책정, 프로모션, 진열, 재고·공급망 관리
- 실행 : 카테고리의 전략·전술 계획 수행

(2) 상품진열의 방법

① 효과적인 진열방법
  ㉠ 원하는 상품을 쉽게 찾을 수 있도록 고객의 눈에 잘 띄는 곳에 진열한다.
  ㉡ 관련 상품별로 잘 분류해야 하므로 분류 기준이 필요하다.
  ㉢ 사업자는 상품 분류를 위해 고객이 상품을 선택할 때 고려하는 것이 무엇인지를 알아야 한다.

② 점포 내 상품진열 방식 기출 17·13
  ㉠ 조정형 진열(Coordinated Display) : 관련 있는 상품을 함께 진열하는 것으로, 예를 들면 신사복을 진열할 때 신사용 구두를 한 군데 같이 진열하는 방식이다.
  ㉡ 개방형 진열 : 구매자 스스로가 자유로이 만져 볼 수 있도록 하여 구매를 촉진시키는 형태의 진열방식이다.
  ㉢ 임의적 분류 진열 : 특정 상품계열의 구색이 특별한 깊이나 넓이를 가졌다는 인상을 주기 위한 진열방식이다.

> **OX문제**
> ▶ 조정형 상품진열은 연관되는 상품을 하나의 세트로 진열하는 방식을 말한다. O│X
> 정답 ▶ O

③ 상품진열의 방법과 활용 기출 20

상품진열	세부 내용
가격별 진열	선물용이나 특가품을 고를 때에는 가격이 우선시 되므로 선물용품, 특가품 진열에 효과적이다.
색상별 진열	색상에 따라 상품을 분류하는 방식으로 의복이나 액세서리 및 가정용품에 이르기까지 폭넓게 행해진다.
용도별 진열	상품을 품종별, 용도별로 분류해 고객이 쉽게 구매할 수 있도록 하는 진열방법이다. 최근 대형 할인점포의 상품진열 방식이 용도별로 변하고 있는데, 가정용품 매장의 경우 주방용품, 식탁용품, 세탁용품, 목욕용품 등으로 구분한다.
사이즈별·디자인별 진열	사이즈별로 분류해서 다시 디자인별로 분류할 수 있고, 반대의 경우도 가능하다. 신사용 양복은 디자인별·색상별 분류를 기본으로 하고, 다시 사이즈별·가격별로 진열하면 효과적이다.
대상별 진열	상품을 사용하는 대상에 따라 분류하는 방법이다(예 베이비코너, 유아코너, 하이틴 코너, 실버코너 등).
분류별 진열	스타일, 색, 소재, 가격을 포함한 특정 상품라인을 모두 진열하는 방식이다.
앙상블 진열	주력상품에 관련 상품을 진열하는 방식이긴 하지만, 하나의 카테고리로 조합하는 것은 아니다.
비주얼 진열	룩스(Looks), 색상, 코디네이트, POP, 조명효과를 활용하여 고급감과 어필감을 제고하는 진열방식이다.
슬롯진열	곤돌라 진열선반 일부를 떼어낸 후 세로로 긴 공간을 만들어 그곳에 대량 진열하는 방식이다.
테마진열	점포 앞에서 일정 기간 테마를 결정하여 고객의 관심과 흥미를 끌 수 있는 아이디어를 중심으로 진열하는 방식이다.
라이트업 진열	우측으로 이동하는 습관을 고려해 우측에 고가격·고이익·대용량상품을 진열하고, 새로 보충하는 상품은 좌측에 진열하는 방식이다.

> **OX문제**
> ▶ 앙상블 진열은 완전한 진열효과를 발휘하기 위해 연관되는 상품을 하나의 카테고리로 조합하여 진열하는 방식이다. O│X
> 해설
> 앙상블 진열은 주력상품에 관련상품을 진열하지만, 하나의 카테고리로 조합하여 진열하지 않는다.
> 정답 ▶ X

수직진열	동일상품군이나 관련 상품을 최상단부터 최하단까지 종으로 배열하는 진열 방식이다.
수평진열	소비자가 진열대에 섰을 때 상품이 시야의 가로선을 꽉 채우는 진열방식이다.
점내진열	점포 내에 상품을 판매할 목적으로 진열하는 것을 말한다.
점두진열	상품을 진열대 위에 직접적으로 배열해서 전시하는 방법이다.

④ 상품의 분류체계 기출 18

분류명	개 념	보 기
부문(Department)	손익관리 단위(Profit Center)	기호식품
품군(Line)	매장구성 및 상품구색 관리 단위	음 료
품종(Class)	중요한 속성별 관리(진열대별) 단위	탄산음료
품목(Item)	진열결정 단위	사이다
단품(SKU)	발수 및 난품관리 단위	1.8L 사이다

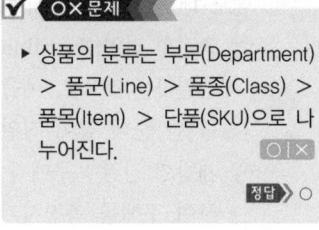

▶ 상품의 분류는 부문(Department) > 품군(Line) > 품종(Class) > 품목(Item) > 단품(SKU)으로 나누어진다.

정답 ○

(3) 매장의 공간 및 환경관리

① 매장시설 및 인테리어
  ㉠ 개업에 앞서 매장시설 공사와 실내 인테리어 및 내부 장식은 투자계획에 따라 예상투자비가 초과하지 않는 범위 내에서 추진한다.
  ㉡ 매장시설은 전문업체와 일괄계약하고 체인점이나 대리점인 경우는 본사에 직접 의뢰하거나 본사에서 제공하는 설계에 따라야 한다.

② 내부 디자인
  ㉠ 고객의 구매 욕구를 높이기 위해 점포 내의 분위기는 즐겁게, 상품은 보다 매력적으로 설계한다.
  ㉡ 내부면적의 배분은 매장 및 비매장면적의 비율과 매장면적을 상품구색별로 구분하여 가장 효율적인 비율로 구성하는 것에 신경을 쓴다.
  ㉢ 고객이 노력하지 않고도 상품을 쉽게 발견할 수 있도록 구성한다.
  ㉣ 매장 안의 조명은 고객의 시선을 상품으로 끌게 하여 구매의욕을 일으키게 설계하는 등 상품을 돋보이게 하는 색채 배합과 상품의 분위기에 맞는 상점 색채를 선정한다.

③ 외관 디자인
  ㉠ 고객흡인형 매장은 고객이 외부에서 매장 내의 분위기를 느낄 수 있도록 설계하여 고객흡인기능을 중시하여야 한다.
  ㉡ 고객선별형 매장은 목표고객만이 매장 내로 들어오도록 매장 성격을 알릴 수 있는 외관설계에 치중하여야 한다.

④ 매장의 조명
  ㉠ 바깥의 조명은 고객을 흡인하고 인도하며 영업시간 외에도 매장의 존재를 기억시키는 역할을 할 수 있도록 한다.
  ㉡ 매장 안의 조명은 고객으로 하여금 상품에 시선을 끌게 하여 품질과 가격검토에 도움을 주어 구매의욕을 일으키게 설계하는 것이 필요하다.

03 무점포 소매업의 관리

1 온라인 소매업

(1) 온라인 소매업의 개요

① 통신망으로 연결된 컴퓨터로 상품을 구매할 수 있는 가상공간으로, 이 가상공간에 상품을 진열·판매하는 소매형태를 의미한다.
② 기업과 소비자(B2C) 사이에 이루어지는 전자상거래의 가장 대표적인 형태이다.
③ 초고속광통신망과 인터넷의 월드 와이드 웹(www) 서비스 사용으로 인터넷 마케팅을 위한 무점포소매업이 급격히 증가하고 있다.
④ 인터넷 통신망을 통해 마음에 드는 상품을 화면 주문 요령에 따라 신용카드 혹은 전자결제로 대금을 결제하는 구매는 최근 그 규모 또한 급격히 증가하고 있다.
⑤ 쌍방향적 인터넷 마케팅과 광고는 고객에게 다양한 상품정보를 제공하고 그들과 상호관계를 유지할 수 있는 장점이 있어 최근의 새로운 마케팅수단으로 급부상하고 있다.
⑥ 웹은 광고, 홍보, 판매촉진, Direct Marketing 등에 이용할 수 있는 세계적 규모의 쌍방향 멀티미디어로서 종래의 인쇄 및 방송매체를 이용한 촉진보다 매우 낮은 비용으로 대량의 정보를 세계 전역으로 보낼 수 있다.
⑦ 인터넷이 시장에 미치는 영향 중 하나를 꼽는다면, 판매자가 중심이었던 과거 전통적인 오프라인 중심의 시장에서 소비자 중심으로 시장의 구조가 변하고 있다는 것이다.
⑧ 유통의 측면에서 볼 때 시장에서의 주도권이 제조업체나 소매업체와 같은 유통구성원에게 있는 것이 아니라 소비자 혹은 소비자에게 정보를 제공하는 정보중개자(Informediary)에게 있게 된다.

(2) 온라인 소매업의 유형 기출 17

① 인터넷 웹페이지를 통해 제품주문을 받고 오프라인 매장을 통해 제품을 제공하는 인터넷 소매업은 채널지원형에 해당한다.
② 온라인 카테고리 킬러는 높은 브랜드 인지도를 확보하고 있어야 유리하다.
③ 오픈마켓(예 G마켓, 11번가, 인터파크), 소셜커머스(예 쿠팡, 티켓몬스터, 위메프) 등의 온라인 쇼핑업체는 상품을 구매하여 판매하는 것보다는 판매자에게 플랫폼을 제공해주고 얻는 수수료와 광고수입을 수입원으로 한다.
④ 입찰에 의해 가격결정이 이루어지는 온라인 경매형의 경우, 수익은 커미션과 광고수입으로 실현된다.
⑤ 수직적 포탈형은 구체적인 상품의 정보를 제공하면서 소비자가 자사 사이트에서 상품을 구매하도록 유도한다.

> **OX문제**
> ▶ 오픈마켓, 소셜커머스 등의 온라인 쇼핑업체는 상품을 구매하여 판매함으로써 마진을 수입원으로 한다. O│X
>
> **해설**
> 오픈마켓, 소셜커머스 등의 온라인 쇼핑업체는 상품을 구매하여 판매하는 것보다는 판매자에게 플랫폼을 제공해주고 얻는 수수료와 광고수입을 수입원으로 한다.
>
> 정답 ▶ ×

(3) 소셜커머스(Social Commerce) 기출 20

① 소셜 미디어와 온라인 미디어를 활용하는 전자상거래의 일종으로 일정수의 소비자들이 모여서 공동구매를 통해 가격하락을 유도한다.
② 소셜커머스에서는 사업자로부터 상품을 구매한 업체가 소비자에게 상품을 판매하는 B2B2C형태의 거래가 이루어진다.
③ 오프라인 채널에 비해 낮은 가격으로 상품을 공급하며, 주 수입원은 판매금액의 일정비율을 수취하는 판매수수료이다.
④ 오픈마켓이나 종합몰에 비해 상품의 구색이 적은 편이며, 고객들에게 상품을 추천해주는 역할을 한다는 점에서 큐레이션커머스의 형태를 띤다.

> **OX문제**
> ▶ 소셜커머스는 판매한 상품의 배송 및 반품처리 등에 대해 책임을 지지 않는다. O|X
> **해설**
> 소셜커머스도 판매한 상품의 배송 및 반품처리 등에 대해 책임을 진다.
> **정답** ≫ ×

(4) 온라인 쇼핑몰

① 온라인 쇼핑몰의 구성요소
  ㉠ 솔루션
    • 임대형 : 이미 형성되어 있는 뼈대를 사용하는 것으로, 비용이 저렴하고 쇼핑몰 기능에 최적화되어 있어 관리자 기능이 강하며, 커스터마이징에 한계가 있다.
    • 구축형 : 설계부터 시작하여 뼈대를 새로 구축하는 것으로, 서버와 호스팅을 구매하고 직접 쇼핑몰 설계부터 기능 구현까지 수행해야 하므로 비용이 비싸며, 필요한 기능만 삽입하기 때문에 관리자 기능이 임대형에 비해 약하다.
  ㉡ 로고 : 로고를 기준으로 쇼핑몰 전체의 색상이나 레이아웃이 결정되기 때문에 로고는 쇼핑몰 제작의 중요한 교두보 역할을 한다.
  ㉢ 메인페이지 : 고객이 쇼핑몰에 접속했을 때 제일 처음 보게 되는 화면으로, 쇼핑몰의 모든 기획과 이벤트가 압축되어 메인페이지에 노출되기 때문에 쇼핑몰의 흥망을 결정하는 중요한 요소이다.
  ㉣ 서브페이지 : 메인페이지에서 고객이 콘텐츠를 클릭할 때 클릭한 해당 콘텐츠가 포함된 페이지이다. 메인페이지에는 구성에 한계가 있기 때문에 배너 형태의 이벤트를 삽입한 후 고객이 배너를 클릭하면 상세 내용이 포함된 서브페이지로 이동하게 된다.
  ㉤ 제품사진 : 온라인 쇼핑몰에서 판매할 제품의 사진으로, 인위적이지 않은 선에서 제품을 가장 돋보이게 촬영하여 게시해야 한다.
  ㉥ 제품 상세페이지 : 제품사진만으로 제품의 모든 사항을 설명할 수 없으므로 제품에 대한 보조설명 및 특징, 장점 등을 디자인을 통한 상세페이지로 구성한다.

② 온라인 쇼핑몰의 구축 과정

| 도메인 구매 → 호스팅 또는 쇼핑몰 솔루션 → 기획 → 디자인 → 퍼블리싱 및 개발 → 쇼핑몰 제작 완료 |

  ㉠ 브랜드 이름을 고려한 도메인(주소)을 선정하고 구매한 후, 쇼핑몰을 구축할 수 있는 공간인 호스팅이 세팅되면, 기획 단계로 넘어간다.
  ㉡ 기획 후 디자인, 퍼블리싱 및 개발 등 3단계를 더 거치면 쇼핑몰 제작이 완료된다.

(5) 온라인 마케팅

① 새로운 유통경로의 인터넷
　㉠ 인터넷의 폭발적인 보급과 멀티미디어, 통신기술·정보기술 등의 급속한 발전은 유통산업의 관점에서는 전자상거래의 확산을 의미한다.
　㉡ 전자상거래는 거래에 필요한 각종 정보의 검색이나 의사결정에서 정보기술의 지원을 받을 수 있기 때문에 보다 효율적이면서도 신속한 거래를 가능하게 한다.

② 온라인 마케팅을 위한 웹사이트 설계요소 [기출 24·19·14]
　㉠ 콘텐츠(Content)
　　인터넷을 통해 공간의 제약 없이 이용할 수 있는 디지털 형태의 텍스트·이미지·소리·동영상 등으로 제작된 모든 것을 포함하며, 웹사이트 방문자의 관심을 끄는 중요한 역할을 한다.
　㉡ 커뮤니티(Community)
　　• 공통의 관심사나 환경을 가진 이들이 웹사이트상에서 소통하는 것이다.
　　• 공통의 관심사라는 기준이 명확하기 때문에 고객경험을 향상시키고 구매자와 판매자 혹은 구매자와 구매자 사이에서 호의적인 관계를 만들어 낼 수 있다.
　　• 지나치게 주관적인 서술이 많을 경우 낮은 정보에 질 높은 정보가 파묻히거나 유언비어가 확대 생산되는 부정적인 측면도 있다.
　㉢ 고객화(Customization)
　　사용자에게 차별화되고 맞춤화된 사이트를 제공하는 능력 또는 사용자 개인이 사이트를 자신에게 맞출 수 있도록 하는 기능을 말한다.

> **O× 문제**
> ▶ 콘텐츠는 고객경험을 향상시키고 호의적인 구매자 - 판매자 혹은 구매자 - 구매자 관계를 만들어내는 것으로 밝혀졌다. O│×
>
> **해설**
> 커뮤니티는 고객경험을 향상시키고 호의적인 구매자-판매자 혹은 구매자-구매자 관계를 만들어내는 것으로 밝혀졌다.
>
> **정답** ▶ ×

③ 온라인시장의 특성
　㉠ 거래비용의 절감과 시장진입이 용이하다.
　㉡ 양방향 커뮤니케이션의 제공에 의해 더 많은 제품 정보를 얻을 수 있다.
　㉢ 세계 여러 사이트를 방문하여 손쉽게 제품의 비교가 가능하다.
　㉣ 시간과 지면을 무한대로 사용할 수 있다.
　㉤ 상품 정보의 탐색비용이 거의 들지 않으며 비교구매가 가능하고, 오프라인 매장의 상품과 동일한 상품의 구매가 가능하다.
　㉥ 편리하게 구매하고 배송비가 저렴하다.

④ 인터넷 마케팅의 개념
　㉠ 인터넷 마케팅이란 인터넷을 통한 의사전달로 상품과 서비스를 판매하는 일련의 행위를 말한다.
　㉡ 컴퓨터들이 네트워크로 연결된 인터넷상에서 개인이나 조직이 상호간 목적을 충족시키기 위해 마케팅 활동을 전개하는 것이다.
　㉢ 전자상거래가 제공한 환경적 변화 요소에 따라 개인이나 조직이 인터넷을 이용하여 쌍방향적 의사교환을 바탕으로 마케팅 활동을 수반하는 일련의 과정을 말한다.

⑤ 인터넷 마케팅의 특징
  ㉠ 판매자와 수요자의 직접적인 교류가 가능한 양방향적 정보교환을 특징으로 하고 있다.
  ㉡ 목표고객만을 대상으로 집중적인 광고가 행해질 수 있으므로 뛰어난 광고효과를 높일 수 있다.
  ㉢ 기계와의 대화를 통한 문자 및 음성커뮤니케이션, 소비자와의 접점관리가 인터넷에서는 화면이라는 형태로 전개된다.
⑥ 인터넷 마케팅의 장점
  ㉠ 인터넷 마케팅은 판매자의 입장에서는 광고비용의 절감으로 인해 제품을 보다 저렴하게 판매할 수 있다.
  ㉡ 고객에게 상품에 대한 자세한 정보를 제공할 수 있어 보다 긴밀한 관계를 맺을 수 있다.
  ㉢ 고객의 입장에서는 컴퓨터 앞에서 필요한 상품에 관한 상세한 정보, 가격, 구입방법 등을 짧은 시간에 모두 파악할 수 있다.
  ㉣ 고객 정보 데이터베이스를 통한 지속적인 고객 관리, 판매경비의 절감, 공간상의 이점, 시간 절약, 유통비용의 절감, 무한한 정보제공 등이 가능하다.
⑦ 온·오프라인 유통채널의 차별화 전략
  ㉠ 채널기능의 차별화
    • 온라인 유통채널과 오프라인 유통채널 간의 갈등은 영업사원의 기능을 부가가치가 높은 업무에 집중시키고, 단순한 주문접수 업무는 인터넷을 적극적으로 활용하여 해결할 수 있다.
    • 두 유통채널의 기능을 차별화함으로써 인터넷 유통채널과 내부판매원 간의 갈등을 극소화할 수 있다.
  ㉡ 목표시장의 차별화
    • 전통적인 시장세분화에서 활용되는 세분시장의 원칙을 인터넷이라는 새로운 유통채널에도 적용함으로써 유통채널 간의 갈등을 해소할 수 있다.
    • 인터넷으로 구매하는 고객은 기존 유통채널을 이용하는 고객과는 다른 특성을 갖고 있을 수도 있다.
    • 인터넷의 목표고객을 기존 유통채널의 것과 차별화하는 방법도 가능하다.
    • 연령, 성별, 라이프스타일, 구매성향 등에서 인터넷 유통채널을 이용하는 고객의 특성을 파악한다.
    • 기존의 오프라인 유통채널 고객과의 차이에 따라 마케팅전략을 달리 한다면 채널갈등을 줄일 수 있다.
  ㉢ 고객가치의 차별화 : 기업은 온라인과 오프라인 유통채널에 대해 고객가치에 있어 차별화된 제품을 제공함으로써 이들 간의 갈등을 줄일 수 있다.

2 카탈로그, DM 소매업

(1) 카탈로그 소매업

① 상품이나 기업의 소개를 위해 만든 인쇄물로 목록, 요람, 편람, 안내서라고도 한다.
② 카탈로그는 처음에 단순히 책명을 늘어놓은 목록으로 유럽에서 나왔는데, 카탈로그에 의한 직접 판매가 발달된 미국에서는 다이렉트메일(DM)이나 신문에 끼워 넣는 광고와 함께 널리 사용되어 왔다.
③ 오늘날 박람회·전시회·견본시장·직매장·요리교실 등의 이벤트가 많아짐에 따라 각 기업의 판매전략을 위한 도구로서 카탈로그의 매체가치가 새롭게 인식되고 있다.
④ 이에 따라 용도별로 영업안내·입사안내·상품목록·해외수출용 취급설명서 등 한글이나 영문으로 된 카탈로그가 제작되고 있다.
⑤ 최근에는 호화스런 카탈로그를 만들어 통신 판매하는 백화점·슈퍼마켓·출판사·부동산업체·레저산업체 등도 늘어나고 있다.

(2) 통신판매

① 통신으로 주문을 받고 우편이나 직접배달로 상품을 판매하는 방법을 말한다.
② 통신판매는 소비자들로부터의 문의 및 주문을 얻거나 또는 거래를 성사시키기 위해 한 가지 또는 그 이상의 광고 매체를 사용하는 쌍방향 의사소통의 마케팅시스템을 의미한다.
③ 통신판매는 카탈로그(전자카탈로그 포함)를 보고, 소비자가 상품을 선택하는 등 상품의 실물을 보지 않은 채 성립되는 상거래의 유형이므로 카탈로그나 광고 설명의 적절성 여부가 통신판매의 성패를 좌우한다.
④ 통신판매는 광대한 국토, 발달한 우편제도, 표준화된 생산과 소비의 조건을 갖추고 있는 미국에서 시작되었다.
⑤ 취급상품은 부패성이 있는 식료품 이외에 어떠한 상품이라도 가능하지만 카탈로그 설명에 의존하기 때문에 표준화가 가능한 상표상품이 중심이 된다.
⑥ 통신판매업자로는 다양한 상품을 취급하는 종합점포와 운동기구·서적 등의 특정품만 취급하는 전문점포가 있는데, 미국에는 종합점포가 많고 한국에는 전문점포가 많다.
⑦ 통신판매의 이점으로는 업자의 경우 저렴한 점포비용, 생산자로부터의 직접적인 다량매입 등이 있고, 고객의 경우에는 원거리에서의 광범위한 선택, 물건 구입시간과 비용의 절감 등이 있다.
⑧ 카탈로그 광고와 실물의 차이로 인한 높은 반품률, 신용의 제약, 카탈로그 작성이나 배달 비용이 많이 드는 등의 단점이 있다.
⑨ 최근에는 계층별·직업별·소득별로 특정층을 노린 다이렉트 메일에 의한 방법 등이 늘어나고 있다.

(3) DM(Direct Mail) 소매업

① 개 요
- ㉠ 광고주가 선정한 목록을 근거로 특정 개인 앞으로 직접 메시지를 전달하는 것을 말한다.
- ㉡ 수신인명광고(受信人名廣告)·직접우송광고·통신광고·DM광고라고도 하나, 정확한 명칭은 다이렉트메일 애드버타이징(Direct Mail Advertising)이다.
- ㉢ 이 광고방식은 전국적 규모의 우편제도의 발달과 정확하게 뽑은 고객명부의 관리가 전제되어야 비로소 가능한 것이다.

② DM의 특징
- ㉠ 대상을 지역이나 성별·연령·직업·지위·소득·취미 등의 여러 가지 특성구분에 따라 특정개인으로 좁힐 수 있다.
- ㉡ 친근감 또는 특별히 선택받았다는 우월감 등 받는 사람에게 특별한 감정을 일으키게 한다.
- ㉢ 우편법규에 의한 제약은 있으나 크기·형상·내용 등 표현이나 사용재료의 제약이 적다.
- ㉣ 상품견본이나 선사품 동봉이 가능하다. DM은 현재 다이렉트마케팅의 중추적 위치를 차지하고 있다.

③ 인터넷 소매업과 DM 소매업의 공통점 [기출 14]
- ㉠ 최소한의 재고를 가지고도 사업을 할 수 있다.
- ㉡ 사업착수금이 상대적으로 적게 소요된다.
- ㉢ 시장표적을 선정하고 이에 대한 표적마케팅을 수행하는 것이 오프라인 소매업에 비해 쉽다.
- ㉣ 임대료, 설비, 판매원에 대한 투자를 최소로 할 수 있다.
- ㉤ 표적고객과의 의사소통을 위한 통신비용이 많이 소요된다.

> **OX문제**
> ▶ 인터넷 소매업과 통신 소매업(DM)의 공통점은 표적고객과의 의사소통을 위한 통신비용이 적게 소요된다는 것이다. O│X
> **해설**
> 표적고객과의 의사소통을 위한 통신비용이 많이 소요된다.
> **정답** ▶ X

3 TV홈쇼핑 [기출 17]

(1) TV홈쇼핑의 개요
① TV홈쇼핑은 TV를 통하여 상품 구매를 유도하는 소매방식이다.
② TV홈쇼핑은 직접반응광고를 이용한 주문방식과 홈쇼핑채널을 이용한 주문방식으로 나눈다.
③ 직접반응광고를 이용한 방식은 TV광고를 통하여 간략한 상품 소개와 주문전화번호가 제공되면 이를 시청한 소비자가 무료전화를 이용하여 상품을 주문하는 것이다.
④ 홈쇼핑채널을 이용한 방식은 홈쇼핑을 전문으로 하는 케이블TV를 통한 것이다.

(2) TV홈쇼핑의 참여자 [기출 17]
① PP(Program Provider) : 고유의 방송채널을 소유하고 방송프로그램을 제작하여 방송하는 방송채널사용사업자(예 JTBC)
② SO(System Operator) : 독점사업구역별로 케이블TV를 송출하는 종합유선방송사업자(예 씨앤앰)
③ NO(Network Operator) : 케이블TV 방송에 필요한 전송망을 설치하는 전송망사업자(예 KT)

> **OX문제**
> ▶ TV홈쇼핑에서 PP(Program Provider)는 고유의 방송채널을 소유하고 방송프로그램을 제작하여 방송하는 방송채널사용사업자이다. O│X
> **정답** ▶ O

(3) TV홈쇼핑의 장·단점 기출 16

장 점	단 점
• 싼 가격에 물건을 구입할 수 있다는 면이 홈쇼핑의 가장 큰 장점이다. • 인터넷 쇼핑몰뿐만 아니라 오프라인 매장의 가격까지 아주 자세하게 나와 있어 자신에게 필요한 물건을 최대한 적절한 가격에 살 수 있게 되었다. • 소비자들이 집에서 주문하고, 배송 받을 수 있는 편리한 유통시스템이라고 할 수 있다. • 점포소매업에 비해 고객에게 접근하는데 있어서 공간적 제약이 적다. • 일반 공중파방송과는 달리 고객으로부터 제품판매에 관한 직접반응을 기대할 수 있다. • 상품에 대한 시각적, 청각적 특징을 제시할 수 있다. • 지리적 한계를 극복할 수 있으므로 생산과 소비 사이의 공간적 분리를 잘 해소할 수 있다.	• 물건을 직접 보고 살 수가 없으므로 제품에 대한 신뢰성이 부족하여 반품이나 교환을 하려는 소비자도 많다. • 소비자가 직접 확인할 수 없어 허위광고와 과장광고가 많을 수 있으므로 이에 대한 제도적 뒷받침이 필요하다. • 점포소매업에 비해 소비자들의 지각적 위험이 높다.

> **OX문제**
> ▶ TV홈쇼핑은 정보기술의 발달로 상품에 대한 시각적, 청각적 특징을 제시할 수 있으므로 점포소매업에 비해 소비자들의 지각적 위험이 낮다. O|X
>
> [해설]
> TV홈쇼핑은 상품에 대한 시각적·청각적 특징을 제시할 수 있으나, 점포소매업에 비해 소비자들의 지각적 위험이 높다.
>
> 정답 ▶ ×

(4) TV홈쇼핑 운영의 개선방안

① 소비자가 촉각이나 미각을 통해서 파악하는 상품정보를 시각적으로 제시할 수 있는 방안을 모색한다.
② 제품소개와 함께 오락적 요인을 포함하도록 프로그램을 제작한다.
③ 상품 카테고리별로 일정한 시간대를 정해서 방영한다.

> **OX문제**
> ▶ 소매업자 중심의 상품카테고리 유형 분류 시 핵심고객유도 카테고리에 속하는 상품 특징은 고매출 – 저마진 상품이다. O|X
>
> 정답 ▶ O

개념 PLUS

소비자 중심의 상품카테고리 유형 분류 기출 18

선도자(Flagship)	고매출 – 고마진 상품
핵심고객유도(Core Traffic)	고매출 – 저마진 상품
현금기계(Cash Machine)	중매출 – 고마진 상품
격전상품(Underfire)	중매출 – 저마진 상품
유지/성장(Maintain/Grow)	저매출 – 고마진 상품
재활상품(Rehab)	저매출 – 저마진 상품

4 직접판매

(1) 직접판매의 개요
① 사업자가 영업장소 외의 장소에서 방문의 방법으로 소비자에게 상품을 권유하여 판매하거나 용역을 제공하는 판매방식을 의미한다.
② 이때 직접판매 소매상은 소비자와의 개인적인 접촉을 하게 되는 특징을 가지고 있으며, 판매는 호별방문으로 이루어진다.
③ 영업사원을 이용한 직접판매는 가장 오래된 역사를 가진 무점포형 소매업이다.

(2) 직접판매의 장·단점
① 장 점
 ㉠ 단조로운 유통단계로 사장품이나 반품의 확률이 적다.
 ㉡ 생산계획을 세우는 데 있어 용이하다.
 ㉢ 상품을 실제로 보여주고 설명하기 때문에 고객이 상품 정보를 충분히 얻을 수 있다.
② 단 점
 ㉠ 판매자들이 허위 또는 과장된 사실을 알려 시장정보에 어두운 소비자들이 충동구매를 일으킬 수 있다.
 ㉡ 판매자들이 강압적인 수단으로 제품을 판매하는 경우도 있다.
 ㉢ 고객과 1 : 1 접촉을 하므로 광고에 비해 고객 1인당 소요비용이 많이 든다.

(3) 방문판매
① 진열판매·견본판매 등과 같이 물품판매의 한 형태이며, 행상(行商)도 방문판매의 일종이다.
② 소득증대에 따른 구매력의 향상으로 방문판매가 손님과 직접 대면(對面)하는 판매법으로서 주목을 받게 되었으며, 화장품·약품·서적·자동차·보험·증권 등의 상품이 방문판매의 품목에 포함된다.
③ 우리나라에서 흔히 외판(外販)이라고도 하는 방문판매법의 장점은 손님이 원하는 상품을 실제로 보여주고 자세히 설명함으로써, 손님을 이해시켜 판매하는 데 있다.
④ 영업사원을 이용한 방문판매는 가장 오랜 역사를 가진 무점포형 소매업이다. 국내의 경우 조선 시대에 집들을 돌아다니면서 신변잡화류를 판매하였던 방물장수가 여기에 해당한다.

5 자동판매기업 등

(1) 자동판매기업의 개요
① 의의 및 연력
 자동판매기란 차표·담배·커피·음료·기타 제품 등을 판매하는 것으로 동전을 투입하거나 카드를 넣으면 사용자가 원하는 물건이 자동적으로 나오는 기계이다.
② 세계 최초의 자동판매기는 기원 전 215년 이집트에 등장한 성수(聖水) 자동판매기가 효시라고 할 수 있다.

③ 근대 유통의 중요한 장비로서 등장한 것은 인건비가 비싼 미국에서 인건비 절약을 위해 만든 1940년대 이후의 일이다.
④ 자동판매기가 급속한 증가 추세를 보인 것은 기술집약적 산업사회로의 전환에 따른 대량생산·대량소비·소비패턴 변화 등 마케팅 환경의 변화에 따라 새로운 유통구조의 출현이 요구되었기 때문이다.
⑤ 슈퍼마켓·쇼핑센터 등의 새로운 유통구조의 출현 외에도 인건비의 상승, 장소의 제한 및 구입의 편리성 등에 따라 무인 자동판매기의 등장은 필연적인 것이었다.
⑥ 넓은 의미에서 동전·지폐·카드 등에 의해 상품·용역 등을 판매하는 기계를 뜻하며, 좁은 의미로는 물품을 자동적으로 판매하는 기계를 말한다.
⑦ 미국에서는 1950년대 후반 주로 저가의 편의품을 판매하기 위해 도입된 후 점차 확대되었으며, 한국에서는 1980년대 이후 급성장한 무점포형 소매업의 하나이다.
⑧ 담배, 음료, 스낵, 라면, 화장품, 서적, 레코드, 피자 등 다양한 편의품과 충동품을 주로 판매한다.

(2) 자동판매기업 보급의 특징

① 인력부족을 보완할 수 있다.
② 소비환경 및 소비양식을 변화시킨다.
③ 24시간 무인판매시스템에 의한 생력화가 가능하다.
④ 현금판매에 의한 자금회전을 할 수 있다.
⑤ 소자본에 의한 운영이 가능하다.
⑥ 좁은 면적을 이용한 영업이 가능하다.
⑦ 무인판매의 신기함으로 자체 판촉성을 가진다.
⑧ 인건비 상승에 대한 해결책을 제시한다.

(3) 자동판매기업의 특성

① 점포를 통해 판매하기 어려운 장소와 시간에 제품을 24시간 구매할 수 있게 함으로써 소비자에게 편리함을 제공한다.
② 일반적으로 자동판매기는 판매기 제조업체로부터 개인소비자나 판매망을 확보하려는 음료 또는 식품 회사가 구매하여 직접 운영하게 된다.
③ 용도에 따라 공공시설(예 학교, 병원, 공원 등), 터미널 등에 설치된다.
④ 국내 자동판매기는 커피, 음료, 담배, 스낵, 기타 일상용품이 주류를 이루고 있지만 일본, 미국에서는 다양한 자동판매기가 등장하고 있다.

01 TV홈쇼핑의 특징을 설명한 것으로 옳지 않은 것은?

① 일반적인 통신판매와 마찬가지로 TV홈쇼핑은 가정에서 편리하게 원하는 제품을 구매할 수 있다.
② 주문의 온라인화를 통해 데이터를 축적하여 이를 활용함으로써 소비자의 욕구 및 패턴의 변화에 신속하게 대응할 수 있다.
③ TV홈쇼핑은 주간이면 언제든지 영업이 가능하고 고객이 전국 어디에 있든지 응대할 수 있다.
④ 복잡한 백화점이나 시장에 직접 나갈 필요가 없으므로 쇼핑에 드는 시간과 노력을 줄일 수 있다.
⑤ TV광고를 통해 제품구매를 유도하는 소매방식이다.

> 해설 TV홈쇼핑은 시간이나 공간상의 제약을 받지 않아 24시간 영업이 가능하고, 고객이 전국 어디에 있든지 응대할 수 있다.

02 직접판매에 대한 다음 설명 중 옳지 않은 것은?

① 직접판매란 인적인 네트워크를 바탕으로 맨투맨방식의 판매행위를 말한다.
② 최근에 유행하는 인간적인 배려로 개개인의 요구에 맞추는 마케팅인 일대일 마케팅, 퍼스널 마케팅을 몸으로 수행하는 판매방식이라고 할 수 있다.
③ 직접판매에는 크게 방문판매와 다단계판매가 있다.
④ 방문판매는 화장품업체들로부터 시작하여 가전제품, 정수기업체들이 많이 활용하여 왔다.
⑤ 영업사원을 활용한 직접판매는 가장 오래된 역사를 가진 무점포소매점이다.

> 해설 방문판매는 화장품업체, 학습지, 정수기업체들이 많이 활용하여 왔으며, 가전제품은 방문판매를 잘 하지 않는다.

03 점포 레이아웃에 대한 설명으로 가장 옳지 않은 것은?

① 구석구석까지 고객의 흐름을 원활하게 유도하도록 설계한다.
② 상품운반이 용이하고 고객의 이동은 방해받지 않도록 통로를 구성한다.
③ 구매를 촉진시키기 위해 연관성 있는 상품을 한 곳에 모은다.
④ 고객의 라이프스타일에 따라 상품을 결합하여 고객의 불필요한 동선을 줄인다.
⑤ 고객 동선은 가능한 한 짧게, 작업 동선은 가능한 한 길게 한다.

> 해설 고객 동선은 가능한 한 길게, 작업 동선은 가능한 한 짧게 하는 합리적이고 이상적인 동선의 레이아웃이 이루어져야 한다.

04 점포 레이아웃과 관련된 설명으로 옳지 않은 것은?

① 조닝(Zoning)이란 상품구성 계획, 진열면적배분, 상품배치존 구분을 포함한다.
② 페이싱(Facing)이란 하나의 단품을 옆으로 늘어놓은 개수를 말한다.
③ 버블(Bubble) 계획은 점포의 주요 기능공간의 규모와 위치를 간략하게 보여주는 것이다.
④ 블록(Block) 계획은 점포의 각 구성부문의 실제규모와 형태를 세부적으로 결정하는 것이다.
⑤ 표준진열도(Standard Display)란 효과적인 레이아웃을 위한 조닝, 페이싱 버블계획을 하나의 도면으로 묶은 것을 말한다.

> 해설 표준진열도는 페이스표라고도 하는데 단품별 진열도면을 말한다. 즉 계절과 상품 트렌드, 경제상황, 신상품, 상품회전율 등을 고려하여 진열하는 것을 뜻한다.

05 점내 동선의 레이아웃에 있어서 일반적으로 가장 적절한 방법은?

① 판매원 동선은 길게, 고객 동선은 짧게 한다.
② 고객 동선은 길게, 판매원 동선은 짧게 한다.
③ 동선과 판매원 동선을 모두 짧게 한다.
④ 고객 동선과 판매원 동선을 모두 길게 한다.
⑤ 고객 동선 및 판매원 동선 모두 상황에 따라 바꾼다.

> 해설 점내 레이아웃에서 고객 동선은 길게, 판매원 동선은 짧게 하는 것이 좋다.

정답 01 ③ 02 ④ 03 ⑤ 04 ⑤ 05 ②

06 비품 및 통로를 비대칭으로 배치하고, 충동구매를 유발하려는 목적의 점포 레이아웃 방식으로 가장 옳은 것은?

① 자유형 레이아웃(free flow layout)
② 경주로식 레이아웃(racefield layout)
③ 격자형 레이아웃(grid layout)
④ 부티크형 레이아웃(boutique layout)
⑤ 창고형 레이아웃(warehouse layout)

> 자유형 레이아웃은 고객이 자유로운 쇼핑과 충동적인 구매를 기대하는 매장에 적격인 점포배치로, 충동구매를 유도함으로써 점포의 매출을 증대시키는 이점이 있다.
> ② 경주로식 레이아웃(racefield layout) : 자유형 점포배치 형태에서 나온 소매점포의 공간생산성을 높여주는 방식으로 선물점, 백화점 등에서 널리 이용된다. 경주로형은 주된 통로를 기준으로 각 매장입구들이 서로 연결되어 있다.
> ③ 격자형 레이아웃(grid layout) : 쇼케이스, 진열대, 계산대, 곤돌라 등 진열기구가 직각 상태로 되어 있는 레이아웃으로, 비용이 적게 들며 표준화된 집기배치가 가능해 고객이 익숙해지기 쉬워 단조로운 구성으로 인해 지루함을 느낄 수 있다.
> ④ 부티크형 레이아웃(boutique layout) : 자유형 점포배치 형태에서 나온 것으로 선물점, 백화점 등에서 널리 이용된다.

07 점포 디자인의 요소로 옳지 않은 것은?

① 외장 디자인   ② 내부 디자인
③ 진열 부분   ④ 레이아웃
⑤ 점포 면적

점포 디자인의 4대 요소	
외장(Exterior)	점두, 입구, 건물높이, 진열창, 고유성, 시각성, 주변지역, 교통의 혼잡성, 주변점포, 정차장
내장(Interior)	조명, 온도 및 습도, 색채, 판매원, 탈의장, 냄새 및 소리, 바닥, 통로, 수직 동선, 집기·비품, 벽면 재질, 셀프서비스
진 열	조화, 구색, 카트, POP, 주제 및 장치, 간판, VMD진열보조구, 포스터, 게시판, 선반 및 케이스
레이아웃	고객동선, 상품공간, 후방공간, 판매원공간, 휴식공간, 작업동선, 상품동선, 고객용 공간

08 점포설계를 위해 고려해야 할 사항으로 가장 옳지 않은 것은?

① 점포의 외장, 간판, 통로, 쇼윈도 등의 요소들이 유기적인 통일성을 이루도록 설계해야 한다.
② 점포 외장을 통해 업종 및 업태별 특징을 감각적으로 표시하는 것이 좋다.
③ 점외 간판은 점포명을 알림과 동시에 고객을 점포로 유도 및 안내할 수 있도록 해야 한다.
④ 점내 간판은 화려한 디자인이나 재료를 사용하여 상품을 돋보이게 해야 한다.
⑤ 쇼윈도는 개성 있으면서 취급 상품에 적합하도록 기획하는 것이 좋다.

> **해설** 점내 간판은 화려한 디자인이나 재료를 사용하는 것보다 상품이 고객의 눈에 잘 띄도록 '가독성'을 높이는 것이 중요하다.

09 진열 및 레이아웃과 관련된 설명으로 옳은 것은?

① 매장 전면부의 통로에는 충동성이 낮은 상품을 진열한다.
② 경주로형 레이아웃은 주 통로와 직각을 이루고 있는 여러 단으로 구성된 선반들이 평형으로 늘어서 있고, 그 선반 위에 상품이 진열되어 있는 형태이다.
③ 혼합형 레이아웃은 쇼케이스, 진열대, 계산대 등 진열기구를 직각으로 배치한다.
④ 계산대 근처에는 충동성이 높은 제품을 진열한다.
⑤ 경주로형은 대형마트, 슈퍼마켓, 편의점 등에서 활용된다.

> **해설**
> ① 매장 전면부의 통로에는 충동성이 높은 상품을 진열한다.
> ② 격자형 레이아웃에 대한 설명이다. 경주로형은 주로 소형 의류 매장(부티크)의 배치에 활용되며 통로를 중심으로 여러 매장 입구를 연결하여 배치하는 방법이다.
> ③ 쇼케이스, 진열대, 계산대 등 진열기구를 직각으로 배치하는 것은 격자형 레이아웃이다.
> ⑤ 대형마트, 슈퍼마켓, 편의점 등에서 활용되는 것은 격자형 레이아웃이다.

10 점포 내 레이아웃을 계획할 때는 고객의 동선을 고려하여야 한다. 고객동선에 대한 아래의 내용 중에서 옳지 않은 것은?

① 격자형(Grid) 방식은 슈퍼마켓 등에서 주로 사용하는 곡선형 동선방식으로, 고객을 자연스럽게 점내로 불러들이기에 용이한 방식이다.
② 자유형(Free-flow) 방식은 주로 백화점 등에서 사용되며, 판매원이 대인판매를 하면서 동시에 매장 전체를 감시하기 어렵다는 단점이 있다.
③ 충동구매를 유발하기 위해서는 경주로(Racetrack) 방식이 바람직하다.
④ 상품탐색이 용이하면서, 1인당 평균동선이 가능한 한 길게 이어지는 고객동선이 바람직하다.
⑤ 경주로(Racetrack) 방식은 주통로를 중심으로 여러 매장입구가 연결되도록 하는 방식이다.

> **해설** 격자형(grid) 방식은 대형마트, 슈퍼마켓, 편의점 등에서 주로 사용하는 직선형 병렬배치 방식으로, 고객들이 지나는 통로에 반복적으로 상품을 배치한다.

11 점내 통로 설계에 대한 내용으로 가장 옳지 않은 것은?

① 상품군의 구분과 상품 배열을 고려하여 계획해야 한다.
② 바닥의 색채는 점내와 조화를 이루게 하고 너무 자극적인 것은 피한다.
③ 통로에는 장식이나 진열상품 등에 의한 장애나 저항감이 없도록 한다.
④ 주통로와 연결된 보조통로를 미로같이 설계하여 고객이 매장에 장시간 머무르게 해야 한다.
⑤ 매장 내 통행에 방해를 주지 않는 위치에 쉼터를 만들고 위치를 적절히 표시해야 한다.

> **해설** 주통로는 보조통로와 직각으로 설계되어야 한다.

12 아래 글상자가 설명하고 있는 동선(traffic line)으로 옳은 것은?

> 기능성보다는 연출성이 강하며, 고객이 자연스럽게 매장의 구석까지 다니게 함으로써 가능한 한 매장에 오랫동안 머물 수 있도록 한다. 즉, 내점객의 체류를 목적으로 하는 체류동선의 역할을 한다.

① 주동선
② 부동선
③ 판매원동선
④ 관리동선
⑤ 보조동선

> **해설** 주동선과 부동선
>
> | | |
> |---|---|
> | 주동선 | • 매장 내에 진열배치되어 있는 상품을 될 수 있는 한 많이 보여주기 위해 매장 깊숙이 들어갈 수 있도록 계획
• 넓고 단순하여 매장 안에 들어온 고객이 가고자 하는 곳까지 바로 갈 수 있도록 하는 것
• 고객의 유동성을 고려 |
> | 부동선 | • 연출성이 강조된 동선
• 고객이 매장 구석구석까지 다니게 함으로써 가능한 한 매장에 오래 머물 수 있도록 하는 것 |

13 아래 글상자에서 설명하는 무점포 소매상의 유형으로 옳은 것은?

- 미리 선별된 구매자만이 아니라 불특정 다수의 사람들을 대상으로 마케팅을 한다는 점에서 다른 다이렉트 마케팅 방법들과 구분된다.
- 배송업체와 보완적 관계를 가지고 있기 때문에 해당 소매상의 매출성장은 배송업체의 시장규모를 확대시키는 데 기여한다.
- 해당 소매상이 팔릴만한 상품을 선정하여 판매한 다음 이익을 나누는 형식으로 계약이 이루어지므로, 공급자의 힘은 상대적으로 약하다.

① 자동판매기 ② 방문판매
③ 전자상거래 ④ TV홈쇼핑
⑤ 카탈로그 판매

① 공간이 협소하고 충동구매를 유발하기 쉬운 장소에서 편의품 위주의 상품을 판매하는 방식이다.
② 영업사원이 직접 방문하여 판매하는 방식으로 네트워크식 다단계 판매도 포함한다.
③ PC, 모바일을 이용한 판매형태로 오픈마켓과 소셜커머스가 대세이지만 플랫폼커머스와 V-commerce로 변화하고 있다.
⑤ 카탈로그를 발송하고 전화로 주문을 접수하여 우편으로 제품을 보내는 방식이다.

14 인터넷 소매업과 카탈로그 소매업 등의 통신(DM ; Direct Mail) 소매업의 공통점으로 보기 어려운 것은?

① 최소한의 재고를 가지고도 사업을 할 수 있다.
② 사업착수금이 상대적으로 적게 소요된다.
③ 시장표적을 선정하고 이에 대한 표적마케팅을 수행하는 것이 오프라인소매업에 비해 용이하다.
④ 임대료, 설비, 판매원에 대한 투자를 최소로 할 수 있다.
⑤ 표적고객과의 의사소통을 위한 통신비용이 적게 소요된다.

통신(DM) 소매업은 공급업자가 광고매체를 통해 광고를 하고, 통신수단을 통해 소비자에게 상품을 주문 받아 직접 또는 우편으로 배달하는 판매방식이므로 통신비용이 많이 소요된다.

15 다음 중 레이아웃의 설계순서로 적절한 것은?

① 점포 레이아웃 → 매장 레이아웃 → 부문 레이아웃 → 곤돌라 레이아웃 → 페이스 레이아웃
② 매장 레이아웃 → 점포 레이아웃 → 곤돌라 레이아웃 → 부문 레이아웃 → 페이스 레이아웃
③ 곤돌라 레이아웃 → 매장 레이아웃 → 부문 레이아웃 → 점포 레이아웃 → 페이스 레이아웃
④ 매장 레이아웃 → 페이스 레이아웃 → 부문 레이아웃 → 곤돌라 레이아웃 → 점포 레이아웃
⑤ 페이스 레이아웃 → 점포 레이아웃 → 부문 레이아웃 → 곤돌라 레이아웃 → 매장 레이아웃

> **해설** 레이아웃의 설계순서
> 점포 레이아웃 → 매장 레이아웃 → 부문 레이아웃 → 곤돌라 레이아웃 → 페이스 레이아웃

16 점포 레이아웃에 대한 내용으로 적절하지 않은 것은?

① 격자형은 반복구매 빈도가 높은 소매점에서 주로 활용한다.
② 프리플로우형은 집기 삽입이나 제거를 통한 축소·확장이 가능하다.
③ 프리플로우형은 고객들이 편안하게 쇼핑할 수 있게 배치한다.
④ 경주로형은 전체 점포를 걸쳐 이동하기 쉽다.
⑤ 프리플로우형은 비용이 적게 들며 표준화된 집기배치가 가능하다.

> **해설** 프리플로우형은 제품진열공간이 적어 제품당 판매비용이 많이 소요되고, 비품 및 집기류의 대부분은 U자형, 아치형, 삼각형과 같은 불규칙한 형태로 배치한다.

17 온라인 마케팅을 위한 웹사이트 설계요소의 내용이 아닌 것은?

① 콘텐츠는 인터넷을 통해 공간 제약 없이 이용할 수 있는 디지털 형태로 제작된 모든 것을 포함한다.
② 커뮤니티는 공통의 관심사나 환경을 가진 이들이 웹사이트상에서 소통하는 것이다.
③ 커뮤니티는 구매자 간의 공통된 관심사라는 기준이 명확하지 않아 경쟁을 유발하게 한다.
④ 고객화는 사용자에게 차별화·맞춤화된 사이트를 제공하는 능력을 말한다.
⑤ 커뮤니티가 지나칠 경우 유언비어가 확대 생산되는 부정적인 측면도 있다.

> **해설** 커뮤니티는 공통의 관심사라는 기준이 명확하기 때문에 고객경험을 향상시키고 구매자와 판매자 혹은 구매자와 구매자 사이에서 호의적인 관계를 만들어 낼 수 있다.

18 TV홈쇼핑에 대한 내용으로 적절하지 않은 것은?

① PP(Program Provider)는 고유의 방송채널을 소유하고 방송프로그램을 제작하여 방송하는 방송채널 사용사업자를 말한다.
② TV홈쇼핑은 싼 가격에 물건을 구입할 수 있다는 것이 가장 큰 장점이다.
③ 상품에 대한 시각적·청각적 특징을 제시할 수 있다.
④ 점포소매업에 비해 고객에게 접근하는 데 있어서 공간적 제약이 적다.
⑤ 점포소매업에 비해 소비자들의 지각적 위험이 낮다.

점포소매업에 비해 소비자들의 지각적 위험이 높다.

19 인터넷 소매업의 유형에 대한 설명으로 가장 옳지 않은 것은?

① 인터넷 웹페이지를 통해 제품주문을 받고 오프라인 매장을 통해 제품을 제공하는 인터넷 소매업은 채널지원형에 해당한다.
② 온라인 카테고리 킬러는 높은 브랜드 인지도를 확보하고 있어야 유리하다.
③ 오픈마켓, 소셜커머스 등의 온라인 쇼핑업체는 상품을 구매하여 판매함으로써 마진을 수입원으로 한다.
④ 입찰에 의해 가격결정이 이루어지는 온라인 경매형의 경우, 수익은 커미션과 광고수입으로 실현된다.
⑤ 수직적 포탈형은 구체적인 상품의 정보를 제공하면서 소비자가 자사 사이트에서 상품을 구매하도록 유도한다.

오픈마켓(G마켓, 11번가, 인터파크), 소셜커머스(쿠팡, 티켓몬스터, 위메프) 등의 온라인 쇼핑업체는 상품을 구매하여 판매하는 것보다는 판매자에게 플랫폼을 제공해주고 얻는 수수료와 광고수입을 수입원으로 한다.

20 TV홈쇼핑이 원활하게 이루어지기 위해서는 많은 참여자가 필요한데 그 중에서도 핵심적인 참여자인 아래의 사업자를 순서대로 올바르게 나열한 것은?

> ㉠ PP : Program Provider
> ㉡ SO : System Operator
> ㉢ NO : Network Operator

① ㉠ 방송채널사용사업자, ㉡ 종합유선방송사업자, ㉢ 전송망사업자
② ㉠ 종합유선방송사업자, ㉡ 방송채널사용사업자, ㉢ 전송망사업자
③ ㉠ 전송망사업자, ㉡ 종합유선방송사업자, ㉢ 방송채널사용사업자
④ ㉠ 방송채널사용사업자, ㉡ 전송망사업자, ㉢ 종합유선방송사업자
⑤ ㉠ 종합유선방송사업자, ㉡ 전송망사업자, ㉢ 방송채널사용사업자

> ㉠ PP(Program Provider) : 고유의 방송채널을 소유하고 방송프로그램을 제작하여 방송하는 방송채널사용사업자(예 TBC)
> ㉡ SO(System Operator) : 독점사업구역별로 케이블TV를 송출하는 종합유선방송사업자(예 씨앤앰(C&M))
> ㉢ NO(Network Operator) : 케이블TV 방송에 필요한 전송망을 설치하는 전송망사업자(예 KT)

21 TV홈쇼핑의 장점으로 옳지 않은 것은?

① 소비자들이 집에서 주문하고, 배송 받을 수 있는 편리한 유통시스템이라고 할 수 있다.
② 점포소매업에 비해 고객에게 접근하는 데 있어서 공간적 제약이 적다.
③ 일반 공중파방송과는 달리 고객으로부터 제품판매에 관한 직접반응을 기대할 수 있다.
④ 정보기술의 발달로 상품에 대한 시각적, 청각적 특징을 제시할 수 있으므로 점포소매업에 비해 소비자들의 지각적 위험이 낮다.
⑤ 지리적 한계를 극복할 수 있으므로 생산과 소비 사이의 공간적 분리를 잘 해소할 수 있다.

> 상품에 대한 시각적, 청각적 특징을 제시할 수 있으나, 점포소매업에 비해 소비자들의 지각적 위험이 높다.

22

아래 글상자는 온라인 마케팅을 위한 웹사이트 설계요소들에 대한 설명이다. 각각의 빈칸에 들어갈 설계요소들이 옳게 나열된 것은?

> (㉠)은/는 웹사이트에 있는 텍스트, 비디오, 오디오, 그래픽과 같은 프레젠테이션 형태를 포함하는 모든 디지털정보에 적용된다.
> (㉡)은/는 고객경험을 향상시키고 호의적인 구매자 – 판매자 혹은 구매자 – 구매자 관계를 만들어내는 것으로 밝혀졌다.
> (㉢)은/는 사이트를 다양한 사용자에 맞출 수 있는 능력 또는 사용자 개인이 사이트를 자신에게 맞출 수 있도록 하는 기능을 말한다.

① ㉠ 구성(context), ㉡ 커뮤니티(community), ㉢ 상업화(commerce)
② ㉠ 구성(context), ㉡ 커뮤니케이션(communication), ㉢ 고객화(customization)
③ ㉠ 콘텐츠(content), ㉡ 커뮤니티(community), ㉢ 고객화(customization)
④ ㉠ 구성(context), ㉡ 연결성(connection), ㉢ 고객화(customization)
⑤ ㉠ 콘텐츠(content), ㉡ 커뮤니티(community), ㉢ 상업화(commerce)

해설
㉠ 콘텐츠(content) : 인터넷을 통해 공간의 제약 없이 이용할 수 있는 디지털 형태의 텍스트·이미지·소리·동영상 등으로 제작된 모든 것을 포함한다.
㉡ 커뮤니티(community) : 공통의 관심사나 환경을 가진 이들이 웹사이트상에서 소통하는 것으로 공통의 관심사라는 기준이 명확하기 때문에 고객경험을 향상시키고 구매자와 판매자 혹은 구매자와 구매자 사이에서 호의적인 관계를 만들어 낼 수 있지만 지나치게 주관적인 서술이 많아 질 낮은 정보에 질 높은 정보가 파묻히거나 유언비어가 확대 생산되는 부정적인 측면도 있다.
㉢ 고객화(customization) : 사용자에게 차별화되고 맞춤화된 사이트를 제공하는 능력 또는 사용자 개인이 사이트를 자신에게 맞출 수 있도록 하는 기능을 말한다.

23

소매업자 중심으로 상품카테고리 유형을 분류할 때, 핵심고객유도(Core Traffic) 카테고리에 속하는 상품의 특징으로 옳은 것은?

① 고매출 – 고마진 상품
② 고매출 – 저마진 상품
③ 중매출 – 고마진 상품
④ 중매출 – 저마진 상품
⑤ 중매출 – 중마진 상품

> **해설** 상품카테고리 유형 분류
> - 선도자(Flagship) : 고매출 – 고마진 상품
> - 핵심고객유도(Core Traffic) : 고매출 – 저마진 상품
> - 현금기계(Cash Machine) : 중매출 – 고마진 상품
> - 격전상품(Underfire) : 중매출 – 저마진 상품
> - 유지/성장(Maintain/Grow) : 저매출 – 고마진 상품
> - 재활상품(Rehab) : 저매출 – 저마진 상품

24 점포레이아웃 중 격자형에 해당하지 않는 내용은?

① 반복구매 빈도가 높은 소매점에서 주로 활용한다.
② 쇼케이스, 진열대, 곤돌라 등 진열기구가 직각 상태로 되어 있다.
③ 통로 폭이 동일하기 때문에 건물 전체 필요면적이 최소화된다.
④ 규모가 작은 전문매장이나 여러 매장들이 함께 입점되어 있는 대형점포, 백화점 등에서 주로 활용되는 형태이다.
⑤ 식료품점에서 구현하는 형태로 고객들이 지나는 통로에 반복적으로 상품을 배치하는 방법이다.

> **해설** ④는 점포레이아웃 중 자유형에 해당한다.

25 레이아웃이 완성되면 각 코너별 상품구성을 계획하고 진열면적을 배분하여 레이아웃 도면상에 상품배치존 구분을 표시하는 것을 무엇이라 하는가?

① 페이싱
② 조 닝
③ 표준진열도
④ 동선확보
⑤ 쇼케이스

> **해설** 조닝은 상품구성 계획, 진열면적 배분, 상품배치존 구분을 포함한다.

26 다음 보기의 설명으로 옳은 것은?

- 소매점포 내에서 모든 단품이 놓일 위치를 정확하게 묘사한 사진이나 컴퓨터출력물 또는 지도를 말한다.
- 고객이 원래의 생각보다 더 많이 구매하도록 유도하는 것을 목표로 한다.

① 추적노트(Track Sheet)
② 플래노그램(Planogram)
③ 디스플레이 차트(Display Chart)
④ 비주얼머천다이징(Visual Merchandising)
⑤ 비주얼커뮤니케이션(Visual Communication)

플래노그램(Planogram)
- 고객이 구매하기에 편리한 상품진열을 위한 효율적인 상품배치 지침서이다.
- 소매상들은 매장 내에서 상품의 위치를 결정하기 위해 플래노그램을 작성한다.
- 모든 단품들이 놓일 위치를 정확하게 묘사한 사진이나 컴퓨터 출력물 등을 말한다.

27 매장의 개념 및 역할에 대한 내용으로 바르지 않은 것은?

① 유통경로를 통해 공급된 상품을 고객에게 판매하는 곳이다.
② 고객에게 가치를 제공하고 제공된 가치에 대해 만족을 느끼게 하는 곳이다.
③ 상품을 판매하며 수익을 실현하는 장소이다.
④ 고객에 대한 정보 수집을 가장 현실적이고 빠르게 입수하는 곳이다.
⑤ 상품을 전시하는 곳이다.

상품을 전시하는 전시장이 아닌 상품을 판매하는 곳이다.

CHAPTER 04 · 촉진관리전략

> **Key Point**
> - 다양한 촉진관리방법의 내용에 대해 비교하여 숙지한다.
> - 서비스의 특징과 서비스품질 차원, 갭 분석모형에 대해 암기한다.

01 프로모션 믹스

1 고객 커뮤니케이션의 역할

(1) 고객의 정의
① 고객에는 전통적으로 외부고객과 내부고객이 있지만, 오늘날 고객의 개념은 이해관계자(Stakeholder)의 개념으로 확장되었다.
② 이해관계자란 자사의 성공과 발전에 이해관계가 걸린 모든 구성원(예 종업원, 고객, 주주, 협력업체, 지역사회 등)을 지칭한다.

(2) 고객의 역할
① 고객은 직접 찾아오든지 편지를 보내오든지 회사에서 가장 중요한 사람이다.
② 고객이 우리에게 의지하는 것이 아니라 우리가 고객에게 의지하고 있는 것이다.
③ 고객은 우리 일을 방해하는 것이 아니며, 그들이 우리 일의 목적이다.
④ 우리가 그들에게 서비스를 무조건 제공하는 것이 아니라, 그들이 우리에게 서비스를 제공할 수 있는 기회를 주는 것이다.
⑤ 고객은 논쟁을 하거나 함께 겨룰 수 있는 상대가 아니므로, 누구도 고객과의 논쟁에서 이길 수 없다.
⑥ 고객은 우리에게 그가 원하는 것을 가르쳐 주는 사람으로 고객과 우리에게 이익이 되도록 일을 하는 것이 우리의 직무이다.

(3) 시대변천에 따른 고객개념의 변화
① 경쟁이 거의 없었던 시대(수요>공급) : 고객은 봉이다.
② 경쟁이 서서히 나타나기 시작하는 시대(수요=공급) : 고객은 소비자일 뿐이다.
③ 경쟁이 심화된 시대(수요<공급)
　㉠ 고객은 왕이다.
　㉡ 고객은 스승, 은인, 신이다.
　㉢ 고객은 우리 사업의 가장 중요한 인물이다.

(4) 고객커뮤니케이션 개요 기출 19

① 고객과 정보의 전달, 아이디어의 교환, 전달자와 수신자 사이의 의미를 공유하는 과정이다.
② 커뮤니케이션이 성공적으로 이루어지기 위해서는 메시지가 발신자에서 수신자로 전달되어야 하고, 이 과정에서 발신자와 수신자는 메시지의 의미를 공유할 수 있어야 한다.
③ 마케팅커뮤니케이션활동은 광고, 인적판매, 촉진관리, 공중관계, 직접마케팅으로 구성된다.
   ㉠ 다양한 커뮤니케이션 믹스들을 통합하여 커뮤니케이션 효과를 극대화하기 위해 수행한다.
   ㉡ 통합커뮤니케이션을 통해 제조업체와 유통업체가 힘의 균형을 이루어 효과적으로 협업할 수 있다.
   ㉢ 목표고객의 행동에 영향을 주거나 직접적인 행동을 유발하기 위해 수행한다.
   ㉣ 소비자 행동에 관한 정보와 데이터를 활용하여 커뮤니케이션 수단들을 통합한다.
   ㉤ 상호 가치가 있는 정보교환을 통해 판매자와 소비자 간의 우호적인 관계를 형성시킨다.

> **OX 문제**
> ▶ 전체 시장을 통합할 수 있는 커뮤니케이션은 유통업자의 시장지배력을 강화하기 위해 수행한다. O|X
>
> **해설**
> 통합커뮤니케이션을 통해 제조업체와 유통업체가 힘의 균형을 이루어 효과적으로 협업할 수 있다.
>
> 정답 ▶ X

(5) 효과적인 커뮤니케이션

① 상대방의 본질을 파악하는 경청능력이 필요하다.
② 자신의 생각과 감정을 체계적으로 전달할 수 있는 능력이 필요하다.
③ 적절한 화제의 선택이 필요하다.
④ 대화의 효과적인 전개방법을 구상한다.

2 고객커뮤니케이션의 계획

(1) 촉진관리의 개념

① 마케팅전략의 핵심은 상품, 가격, 유통과 촉진이다. 여기서 촉진이란 고객에게 자사상품을 알려서 사고 싶은 욕구가 생기도록 만들어 판매로 연결되게 하는 활동이다.
② 상품을 판매하기 위해서는 여러 가지 방법으로 소비자의 구매의욕을 높이는 활동을 하여야 하는데, 이를 촉진이라 한다.
③ 촉진 방법으로는 광고, 홍보, 촉진관리, 인적판매 등이 있다.
④ 촉진관리는 광고에 비해 비용은 많이 소요되지만, 실질적인 혜택을 주고 있다. 기출 16
⑤ 넓은 의미로는 상품, 가격 및 유통전략을 세우는 것도 포함된다.

> **OX 문제**
> ▶ 촉진의 수단 중 홍보의 기본 목적은 신뢰 형성이고, 광고의 경우는 이미지 증대이다. O|X
>
> 정답 ▶ O
>
> ▶ 촉진관리는 광고에 비해 비용이 많이 소요되고 실질적인 혜택을 주지 못하지만, 브랜드 이미지를 향상시키는 데 효과적이다. O|X
>
> **해설**
> 촉진관리는 광고에 비해 비용은 많이 소요되지만 실질적인 혜택을 주고 있으며, 브랜드 이미지 향상에 효과적인 것은 광고이다.
>
> 정답 ▶ X
>
> ▶ 촉진의 4가지 수단 중 촉진관리의 기본 목적은 매출 증대이고, 인적판매는 판매/신뢰 증대이다. O|X
>
> 정답 ▶ O

⑥ 촉진관리 방법의 비교 기출 18·16·15

구 분	광 고	홍 보	인적판매	촉진관리
기본 목적	이미지 증대	신뢰 형성	판매/신뢰 증대	매출 증대
기 간	장 기	장 기	장/단기	단 기
소구방법	감성적	감성적	이성적	이성적
이익기여도	보 통	낮 음	높 음	높 음

⑦ 촉진효과의 하이어라키 모형(Hierarchy-effects Model ; 효과계층모형) 기출 24
소비자가 제품·서비스를 구매하기까지 거치는 단계를 계층적으로 설명하는 이론

인지(Awareness)	제품·회사를 인지하도록 하는 노력, 즉 상표나 회사명을 반복하는 단순 메시지를 제공하는 단계
지식(Knowledge)	회사명이나 상표명이 아닌 해당 제품에 대한 지식을 심어주는 단계
호감(Liking)	제품에 대한 비호의적인 평가의 개선과 호의적인 평가를 유지 및 제고하는 단계
선호(Preference)	제품을 좋아하지만 타 제품에 비해 선호하지 않는 소비자의 선호도를 제고하는 단계
확신(Conviction)	제품 구매가 좋은 결과를 가져다 줄 수 있다는 구매의 확신을 심어주는 단계
구매(Purchase)	최종적으로 제품을 구매하는 단계

(2) 촉진관리의 기능과 수단
① 촉진관리의 기능
   ㉠ 정보의 전달기능 : 기업이 수행하는 촉진활동의 주요 목적은 정보를 널리 유포하는 것으로 이러한 촉진활동은 커뮤니케이션의 기본적인 원리에 따라 이루어진다.
   ㉡ 설득의 기능 : 촉진활동은 소비자가 그들의 행동이나 생각을 바꾸도록 하거나 현재의 행동을 더욱 강화하도록 설득하는 기능도 하는데, 대부분의 촉진은 설득을 목적으로 한다.
   ㉢ 상기의 기능 : 상기목적의 촉진은 자사의 상표에 대한 소비자의 기억을 되살려 소비자의 마음속에 유지시키기 위한 것이다.
   ㉣ 결론 : 촉진활동은 기업이 표적시장에 자신의 존재를 알리고, 자신의 상품을 적절히 차별화하며, 자신의 상표에 대한 소비자의 충성도를 높이는 데 목적이 있다.

> **개념 PLUS**
>
> **수단적 조건화** 기출 23
> - 수단적 조건화는 특정 행동에 대한 보상이나 처벌을 제공하여 해당 행동의 빈도를 높이거나 낮추게 한다는 학습 원리로, 스키너의 쥐 실험에서 비롯되었다.
> - 예를 들어 M 레스토랑에서는 어린이 메뉴를 주문하면 음식 이외에 추가로 장난감을 받을 수 있고, 일부 매장에서는 어린이 놀이터를 이용할 수도 있다. 또한 특정 메뉴를 이용하면 저렴한 가격과 탄산음료수를 리필할 수도 있다. 이러한 소매상의 촉진 방법은 소비자의 구매 행동에 대한 보상을 통해 긍정적 강화 요소로 작용하게 된다.

② 촉진관리의 수단
　㉠ 광의적 촉진관리

인적판매	• 창조적 판매 • 서비스적 판매(Service Selling) • 광고에 비해 메시지를 상황에 따라 조절 가능 기출 16
광 고	• 소비자 광고와 업무용 광고, 미는 광고와 끄는 광고 • 기본적 광고와 선택적 광고, 개척적 광고와 유지적 광고 • 직접적 광고, 간접적 광고, 제도적 광고 • 인적판매에 비해 노출당 경제성이 뛰어나지만 설득효과가 감소 기출 16
그 외 방법	• 진 열　　　　　　　　　　　　• 실 연 • 견본배포　　　　　　　　　　• 콘테스트 • 프리미엄　　　　　　　　　　• 전시회, 쇼와 견본시장 • 회합과 협의회　　　　　　　• 시위선전 • 전문업자에 의한 선전　　　• 선 전 • 특 매　　　　　　　　　　　• 팸플릿과 리플릿 • 운동단체　　　　　　　　　　• 공장견학과 점내 구경

　㉡ 협의적 촉진관리

중간판매업자	판매액의 증가를 위한 중간판매업자에 대한 활동 • 판매점의 경영 원조 : 점포설계, 점포설비, 회계 등에 관한 원조 • 판매점의 판매 원조 : 장식창, 판매대, 점내 등의 진열재료, 우송용 또는 배포용의 책자나 광고, 인쇄물, 간판 등의 준비와 공급 등 • 직접지면광고 : 카탈로그, 소책자, 편지, 광고의 복사지 등 배부 • 판매점 회의 : 판매점의 경영자 또는 판매원을 조치하여 회의를 개최하고 그 자리에서 신제품・광고・콘테스트 등에 관해 설명하여 관심을 갖게 하는 동시에 협력을 구함 • 판매점 광고의 원조 : 판매점 자체에서 하는 광고 또는 서로 협력해서 하는 광고에 관한 조언 또는 재료를 제공 • 판매원 거래의 원조 : 판매점을 통하여 소매점에 실연선전품의 파견, Show의 제공, 라디오 프로그램의 제공, 선전용 인쇄물의 준비, 콘테스트 투표용지의 배부 등
소비자	소비자의 관심을 높이고 수요를 환기, 증진시키기 위한 촉진활동(단, 광고와 상품 정책은 제외) • 견본배포　　• 콘테스트(Contests)　　• 경품권부 판매　　• 소비자교육
기업 내 각 부문	판매부문, 광고부문, 상품정책부문 등 기업 내의 제 부문에 협력하여 그 업무능률을 증진시키기 위한 촉진활동

(3) 협의적 판매촉진
　① 판매업자에 대한 촉진작업
　　㉠ 경영의 지도 : 상품관리상의 지도, 상품구매 지도, 경리상의 각종 지도 등
　　㉡ 판매업자를 위한 회합의 기회 마련
　　　• 신제품전시회, 공장시찰, 각종 연구회, 강습회 등에 점주・점원을 출석시켜 판매업자의 향상을 꾀하고 회사와 상품에 관하여 관심과 밀접한 관계를 갖도록 힘쓴다.
　　　• 지구별 판매업자의 회합을 개최한다.
　　　• 회합의 대상자를 구별하여 특수한 회합을 마련한다(예 점원・주부・어린이 회합 등).
　　㉢ 가족적인 접촉 : 자기 회사와 관계있는 판매업자들의 집에서 일어나는 관혼상제(冠婚喪祭)에 회사를 대표하여 출석하고, 문병 등의 가족적인 접촉으로 정신적인 면에 친밀감을 높이도록 한다.

㉣ 매출경쟁법(Contest) : 업자 단위로 판매경쟁을 하고 해당 판매량의 달성 정도에 따라 등급을 정해 그들에게 시상을 하도록 하면 업자의 경쟁의식에 대응하여 효과를 올릴 수 있다.
② 소비자에 대한 촉진작업
   ㉠ 일반소비자에 대한 상품전시
      • 백화점, 그 밖의 곳에서 견본전시회를 개최한다.
      • 주요 판매업자의 점포를 이용하여 상품전시회를 개최한다.
      • 가두선전 등으로 일반소비자에게 상품지식을 보급하고 수요 환기에 힘쓴다.
   ㉡ 소비자에 대한 콘테스트 : 상품의 이름결정, 표어결정 등에 관하여 현상모집을 한다.
   ㉢ 소비자에 대한 계몽 : 상품설명회, 강습회, 상품안내 등
   ㉣ 그 밖의 서비스
      • 소비자에게 제조업자의 공장을 견학시킨다.
      • 매짐을 설치하여 자사 상품을 계몽한다.
      • 반품・교환의 자유, 외상, 무료배달, 구매상담 등의 접대를 잘한다.
   ㉤ 유통판촉과 소비자판촉 기출 18
      • 신제품 출시 초기에는 소비자판촉보다는 유통판촉을 통해 제품취급률을 높이는게 좋다.
      • 제품에 대한 인지도가 높다면 유통판촉보다는 소비자판촉에 집중하는 것이 좋다.
      • 복잡한 제품의 경우 소비자판촉보다는 유통판촉을 중심으로 실시한다.
      • 자동차 타이어 등과 같은 수직적 제품라인의 경우 소비자판촉보다는 유통판촉에 집중하는 것이 좋다.
      • 냉장고, 세탁기, 에어컨 등의 경우는 소비자판촉을 중심으로 실시하는 것이 바람직하다.

> **OX문제**
> ▶ 소수의 큰 세분시장을 갖고 있는 냉장고, 세탁기, 에어컨 등의 경우는 유통판촉을 중심으로 실시하는 것이 바람직하다. O|X
>
> **해설**
> 냉장고, 세탁기, 에어컨 등의 경우와 같이 소비자를 대상으로 하는 제품은 소비자판촉을 중심으로 실시하는 것이 바람직하다.
>
> 정답 ≫ X

③ 기업 내부에 대한 촉진작업
   ㉠ 조직의 분화와 업무의 전문화에서 일어날 상호 연락의 결여가 없도록 긴밀한 관련성을 유지시켜 과학적인 판매활동이 되도록 한다.
   ㉡ 판매원의 교육과 훈련을 실시한다.
   ㉢ 광고계획을 사내에 널리 알리도록 한다.
   ㉣ POP(Point Of Purchase) 진열을 활용한다.
   ㉤ 촉진관리믹스의 구성요소별 장・단점

구 분	장 점	단 점
광 고	• 자극적 표현 전달기능 • 장・단기적 효과 • 신속한 메시지 전달	• 제한적인 정보전달의 양 • 고객별 전달정보의 차별화가 곤란 • 광고효과의 측정 곤란
홍 보	• 신뢰도가 높음 • 촉진효과가 높음	• 통제가 곤란
촉진관리	• 단기적으로 직접적 효과 • 충동구매유발	• 장시간의 효과 미흡 • 경쟁사의 모방 용이
인적판매	• 고객별 정보전달의 정확성 • 즉각적인 피드백	• 대중상표에 부적절함 • 촉진의 속도가 느림 • 비용과다소요

> **개념 PLUS**
>
> **촉진믹스 전략** 기출 23
> - **풀전략(Pull Strategy)** : 소비자를 상대로 적극적인 촉진 활동을 하여 소비자들이 제품을 찾게 만들고 중간상은 소비자가 원하기 때문에 제품을 취급하도록 만드는 전략이다. 주로 광고와 홍보를 사용하고, 쿠폰, 견본, 경품 등 소비자 대상의 판매촉진이다.
> - **푸시전략(Push Strategy)** : 제조업자는 도매상에게, 도매상은 소매상, 소매상은 소비자에게 제품을 판매하게 만드는 전략이다. 인적판매를 통하거나 가격할인, 수량할인 등 중간상 대상의 판매촉진이다.

④ 유통촉진관리 유형 기출 22·18

가격판촉	비가격판촉
• 진열 수당(Display Allowance) • 시판대 및 특판대 수당 • 구매량에 따른 할인 • 가격의 할인 • 재고금융지원 • 협동광고 (Cooperative Advertising) • 유통업체 쿠폰 • 촉진 지원금(Push Money) • 리베이트(Rebate)	• 영업사원 인센티브 • 영업사원/판매원 교육 • 콘테스트 • 사은품 • 지정 판매량에 대한 인센티브 • 고객 접점 광고물 • 응모권 • 박람회 • 판매상 지원(Dealer Loader) • 매장 관리 프로그램 관리지원 • 판매 도우미(Sales Helper) 파견

> **OX문제**
>
> ▶ 유통촉진관리의 유형 중 비가격판촉에는 영업사원의 인센티브, 사은품, 판매상 지원, 판매도우미 파견 등이 있다. O|X
>
> 정답 ▶ O

(4) 광의적 판매촉진

① 인적판매

㉠ 인적판매의 개념
- 사람이 하는 판매활동으로 판매원에 의해 이루어지는 양방향 커뮤니케이션 수단이라고 할 수 있다.
- 판매원이 고객과 직접 대면하여 대화를 통하여 자사의 제품이나 서비스의 구매를 설득하는 촉진 활동이다.
- 판매원이 고객의 표정과 같은 반응에 맞추어서 즉석에서 대응할 수 있는 촉진수단이라는 장점이 있다.
- 소비자와의 인간적인 유대관계를 형성해 장기적인 고객과의 관계를 구축하는 데 효과적이다.
- 고객과의 개별접촉을 하여야 하므로 촉진의 속도가 느리고 비용도 상대적으로 많이 소요된다.

㉡ 판매원의 바람직한 자세 및 활동과정

판매원 자세		전략적인 사고방식, 철저한 준비습관, 세일즈에 대해 전문지식과 기술	
판매원 활동과정	준비단계	고객탐색	잠재고객의 경제적 능력, 구매의도, 구매결정 권한의 소유여부 등
		사전준비	판매원이 제품을 소개하는 데 필요한 추가적인 정보를 수집하는 것
	설득단계		접근, 제품소개, 의견조정, 구매권유의 4단계로 구분
	고객관리단계		판매원은 제품의 전달, 설치에서부터 대금 지불, 제품사용 전 교육, 제품사용 중 발생할 수 있는 문제점의 해결 등 고객에 철저한 사후관리를 요함

② 프리미엄(Premium)
  ㉠ 프리미엄의 정의
    • 어떤 상품을 구입하는 고객에게 어떤 경품을 제공하는 것이다.
    • 쿠폰을 제공하고 그것을 경품과 맞바꾸는 행위이다.
    • 여행·영화관람 등에 초대한다거나 하는 방법을 통해서 촉진관리를 꾀하는 것이다.
  ㉡ 프리미엄의 특징 기출 15
    • 소비자에게 다양한 혜택을 제공해서 가치를 느끼게 하는 비가격적 촉진관리이다.
    • 지속적으로 사용해도 제품 자체 이미지의 손상을 가져오지 않는다.
    • 제품수준이 평준화되어 차별화가 어려운 상황에 효과적으로 사용할 수 있다.
    • 서비스로 제공되는 경품으로 제품의 판매시점에서 소비자의 주목을 끌 수 있다.
    • 새로운 사용자를 끌어들일 수 있으며, 반복구매나 충동구매를 유도할 수 있다.
    • 추가적인 비용이 소요되는 촉진 방법으로 비용에 대한 부담이 높다.

> **OX문제**
> ▶ 프리미엄(Premium)은 특정표적시장에 맞추어 실행하지 않기 때문에 구매를 유도하기 어렵다.
> O
>
> **해설**
> 프리미엄은 제품을 구매 시 서비스로 제공되는 경품으로 제품의 판매시점에서 소비자의 주목을 끌 수 있고, 새로운 사용자를 끌어들일 수 있으며, 반복구매나 충동구매를 유도할 수 있다.
>
> 정답 ×

  ㉢ 프리미엄의 종류
    • 독자적으로 개발한 프리미엄 : 프리미엄을 소비자에게 매력적인 것으로 하기 위해서는 상당한 캠페인의 전개를 필요로 하는데, 일단 성공하기만 하면 프리미엄이 판매증대에 미치는 영향이 크게 작용한다.
    • 기존 시판물을 이용한 프리미엄(예 여행, 극장에의 초대 등) : 독자성이라고 하는 점이 매력에 있어 한 걸음 뒤지기 때문에 그것을 보완하기 위해서는 기존 시판물의 경품이더라도 특별한 마크를 붙이고 여행, 극장관람에 대해서는 특별한 선물을 준비하는 등의 연구가 필요하다.
  ㉣ 프리미엄의 제공방법 : 상품첨부방식, 쿠폰방식, 추첨방식, 용기회수방식
  ㉤ 프리미엄의 효과 기출 18
    • 프리미엄은 광고에 대한 주목률을 높여주는 효과도 있다.
    • 프리미엄은 유통업자들이 자발적으로 진열공간을 할당하게 하는 효과가 있다.
    • 품질 수준이 평준화되어 차별화의 어려움이 있을 때 효과적이다.
    • 일종의 선물이나 혜택으로 자사의 로고가 새겨진 컵, 펜, 가방 등을 상품의 형태로 제공하는 것이다.

③ 기타 촉진관리활동
  ㉠ 구두전달
    • 의의 : 판매활동의 전개에 있어서 기업이 오피니언리더에게 작용하여 그것을 마케팅 리더로 이용함으로써 자점에 관한 유리한 정보를 적극적으로 관계자에게 유출시키는 것이다.

- 효 과
  - 평소부터 신용하던 인물이 공정한 제3자로서의 입장에서 어떤 상점의 상품을 추천하는 경우에는 비교적 저항 없이 그것을 받아들여서 구매를 하는 경우가 많다.
  - 이는 기업 측에서 본다면 무료의 판매원을 이용한 것이 되며, 그 효과도 판매원 활동보다 좋은 결과를 낳는다.
- 구두전달의 조직화
  - Monitor 제도 : 타인에 대한 영향력이 매우 강한 사람들로서 이른바 오피니언리더(Opinion Leader)를 조직화하여 그것을 마케팅 리더(Marketing Leader)로 이용하는 제도이다.
  - 자점(自店)에 대한 정보와 자점의 취급 상품에 관한 정보가 그룹을 통해 적극적으로 유출되도록 도모한다.
ⓒ 특매 : 적당한 주제를 설정하여 그것을 기초로 일정기간, 특히 적극적인 촉진관리활동을 하는 것이다.
ⓒ 견본배포
- 목적 : 상품의 현물 또는 견본용 상품을 소비자에게 무료로 제공하여 소비자로 하여금 실제로 그것을 이용케 함으로써 수요를 창조하는 데 있다.
- 견본배포의 방법
  - 내점자에게 직접 배포한다.
  - 점두나 가두에서 통행인들에게 배포한다.
  - 가정을 방문해서 배포하거나 DM으로 배포한다.
  - 광고로 희망자를 모집해서 배포한다.
ⓔ 소비자교육
- 목적 : 소비자에게 상품지식, 상품의 이용방법 등을 제공해서 상품에 대한 이해를 시켜줌과 동시에 자점에 대한 호의를 갖게 하여 고객의 고정화를 꾀하고 궁극적으로는 자점의 판매증대를 가져오게 한다.
- 소비자교육의 효과
  - 광고나 판매원 활동의 일방적인 소구를 커버하고 교육을 통하여 소구가 부드럽게 받아들여지도록 한다.
  - 당해 상품의 촉진관리뿐만 아니라 교육을 통해서 관련을 갖게 된 소비자를 자점의 고정고객으로 조직화함으로써 상점 전체의 촉진관리효과가 있다.
  - 구두전달의 담당자로서의 마케팅리더를 확보할 수 있다.
- 소비자교육의 방법
  - 판매원의 설명, 실연, 팸플릿·설명서, 강연회·좌담회, 전시회·견본전시, 영화·슬라이드 등이 있다.
  - 교육방법의 선택은 업종, 상권의 규모, 고객의 성격 등을 고려해서 적절하게 선택·조직하여 시행할 필요가 있다.

개념 PLUS

판매촉진지원금 기출 23

중간상이 제조업자를 위해 지역광고를 하거나 판촉을 실시할 경우 이를 지원하기 위해서 제조업체가 지급하는 보조금을 말한다.

구 분	내 용
머천다이징보조금	점포 내에 판촉물을 전시하거나 소매점광고에 자사 상품을 소개하는 경우에 지급하는 형태의 보조금
제품진열보조금	신제품을 구매하거나 특별 전시하는 경우에 지급되는 보조금
물량비례보조금	특정 기간 내에 구매하는 상품의 양에 따라 지원금을 지급하는 것
재고보호보조금	제조업체의 판촉기간동안 소매상이 구입한 상품의 재고위험성을 보상하는 것
리베이트보조금	판매가격의 일정률에 해당하는 현금을 반환하는 것

3 소매광고의 도구

(1) 광 고

① 광고의 개념
  ㉠ 광고란 기업이나 개인, 단체가 상품·서비스·이념·신조·정책 등을 세상에 알려 소기의 목적을 거두기 위해 투자하는 정보활동을 말한다.
  ㉡ 광고에는 글·그림·음성 등 시청각매체가 동원된다.
  ㉢ 미국 마케팅협회의 정의(1963년) : "광고란 누구인지를 확인할 수 있는 광고주가 하는 일체의 유료형태에 의한 아이디어, 상품 또는 서비스의 비인적(Nonpersonal) 정보제공 또는 판촉활동"이라고 정의하였다.
  ㉣ 결론적으로 광고란 특정한 광고주에 의하여 비용이 지불되는 모든 형태의 비인적 판매제시를 뜻한다.
  ㉤ 판매제시의 객체는 상품, 서비스 또는 아이디어에 관한 것이다.

② 광고의 특징
  ㉠ 일반적 광고의 특징
  • 유료성 : 광고주가 사용하는 매체에 광고료를 지불하며, 공익광고와 같은 경우 방송국이나 신문사 등에서 무료로 광고시간이나 지면을 제공해 주는 경우가 나타난다.
  • 비인적 촉진활동 : 판매원이나 그 밖의 제품과 관련된 사람이 제품을 제시하는 것이 아니라 대중매체를 통해 정보를 제시한다는 특징을 가진다.
  • 전달대상의 다양성 : 광고를 통해서 단지 상품이나 서비스에 대한 정보만을 제공하는 것이 아니라 어떤 집단의 이념이나 정책, 기업제도 등의 아이디어도 제공할 수 있다.
  • 광고주의 명시 : 광고매체에 광고료를 지불하기 때문에 광고에 광고주를 기록하는 것이 일반적이다.

- ⓒ 소매점 광고의 특징
  - 우선 가게를 알릴 것 : 소매점 광고에 있어서는 메이커나 브랜드에 구애되지 않고 자점에 고객을 흡수하고 나아가서는 그 고정화를 도모함으로써 가게 전체의 판매를 촉진하는 것이다.
  - 관련 상품을 팔 것 : 소매점의 광고는 광고되어 있는 상품의 판매증대뿐만 아니라 그것을 바탕으로 하여 관련 상품의 전체를 파는 것을 계획해서 행해져야 한다.
  - 소구 대상을 정확하게 파악할 것 : 소매점광고의 소구시장의 범위는 한정되어 있기 때문에 고객의 특성을 고려하는 것보다 세밀한 소구와 광고가 요구된다.
  - 단기적인 직접 효과를 의도하고 행할 것
    - 평상시 자기생활에 밀접한 관계를 가지고 있는 근처 소매점이 내는 광고에는 일종의 뉴스로서의 의미를 가지며, 광고에서 자기의 일상생활에 도움이 되는 요소를 얻으려고 한다.
    - 광고의 짜임새는 이러한 뉴스로서의 관심을 자극해서 바로 구매행동을 불러일으킬 수 있도록 되어야 한다.

③ 광고의 유형
  - ㉠ 상품광고 : 특정 상품이나 서비스에 대한 정보를 전달하기 위한 광고를 말한다.
  - ㉡ 기관광고(기업광고)
    - 특정 산업이나 회사, 조직, 개인, 지역, 정부기관 등이 전달하고자 하는 개념·특성·아이디어·정책 등을 촉진하기 위한 것을 말한다.
    - 기업광고란 상품이나 서비스를 구매하도록 설득하기 위한 것이 아니라, 상품 또는 서비스를 제공하고 있는 기업에 대하여 호의적인 이미지를 형성하기 위한 광고를 말한다.

④ 광고활동의 전개(소매점 광고전개)
  - ㉠ 광고예산의 결정(제1단계) : 자점의 재무상황, 기대되는 효과 등을 생각하여 어느 정도의 예산을 수립하는 것이 가능할 것인가를 결정한다.
  - ㉡ 광고목표의 결정(제2단계) : 광고의 궁극적인 목적은 상품의 촉진관리에 있다 하더라도, 그 과정에서 상점 선택, 내점 유도, 이미지 향상 등이 고려되는데 그 중에서 어느 것을 당면의 목표로 할 것인가를 결정한다.
  - ㉢ 소구대상의 선정(제3단계) : 어떠한 소비자층을 광고대상으로 할 것인가를 지역별, 소득별, 연령별, 성별 등을 기준으로 선정한다.
  - ㉣ 매체의 선정(제4단계) : 목표, 소구대상, 매체의 특성을 고려하여 TV, 라디오, 신문, 잡지, DM전단 중 어느 매체를 이용할 것인가를 결정한다.
  - ㉤ 소구내용의 검토(제5단계) : 무엇을 어떠한 방법과 표현으로 소구하는가를 구체적으로 검토한다.
  - ㉥ 제작(제6단계) : 구체적인 광고 타입을 만들어낸다.
  - ㉦ 실시(제7단계) : 제작된 광고를 선정된 매체대상에게 내보낸다.
  - ㉧ 효과의 측정(제8단계) : 광고가 소기의 목표를 어느 정도 달성했는가, 나아가서는 매출액의 증대에 얼마만큼이나 공헌했는가를 검토하여 광고의 성과를 판단함과 동시에 다음 광고를 보다 효과적으로 하기 위한 정보를 수집한다.

⑤ 광고예산 결정방법 기출 24·23
  ㉠ 실험법 : 실험 집단과 통제 집단을 설정하여 다른 조건을 통제한 후, 하나의 변수가 실험 집단에 어떤 영향을 끼치는지 측정하는 것이다.
  ㉡ 경쟁자기준법(= 경쟁동가방법) : 경쟁사의 지출수준을 고려하여 결정하는 방법으로, 산업 평균에 근거한 예산 설정이다.
  ㉢ 목표-과업법 : 광고 목표를 설정하고 설정한 목표를 달성하기 위한 과업을 결정한 후 그 과업에 필요한 광고비들의 합을 예산으로 책정하는 방법이다. 매출만이 아닌 커뮤니케이션 효과를 고려하는 가장 과학적인 방법이지만 목표를 달성하는 데 얼마의 비용이 필요한지 판단하기 어렵다.
  ㉣ 매출액비율법(= 판매비율방법) : 매출의 일정 비율을 예산으로 설정하는 것으로 사용이 편리하나 장기적 계획이 어렵다.
  ㉤ 가용예산할당법 : 운영비용과 이익을 산출한 후에 사용 가능한 금액이 얼마인지에 따라 예산을 설정하는 방법이다. 즉 기업이 감당할 수 있는 수준에서 예산을 설정하는 것으로 매출에 미치는 영향은 무시한다.
  ㉥ 손대중방법(Rules of Thumb) : 현재의 커뮤니케이션 예산을 결정하기 위해 과거의 매출과 커뮤니케이션 활동을 활용하는 방법이다.

⑥ POP광고
  ㉠ POP광고 일반
    • 구매자가 구매하고자 하는 점포 내에서 구매시점에 보이는 광고
    • 점포 내 혹은 앞에서 여러 형태로 제공되는 광고메시지
  ㉡ POP광고의 종류 : 현수막, 스탠드, 간판, 롤, 블라인드, 모바일 깃발, 벽면에 붙이는 광고물, 포스터, 알림보드, 장식 등이 있다.
  ㉢ POP광고 역할
    • 점포 밖 POP : 고객의 시선을 집중시키고 호기심을 유발하여 판매점의 이미지 향상과 고객을 점포 내로 유도하는 역할을 한다(예 윈도우 디스플레이, 연출용 POP, 행사포스터, 현수막, 간판 등).
    • 점포 내 POP : 고객에게 매장 안내와 상품코너를 안내해주고, 이벤트 분위기를 연출하여 충동구매를 자극하는 역할도 한다(예 사인보드, 일러스트 모빌류, 행거 안내 사인, 상품코너 포스터 등).
    • 진열 POP : 가격, 제품비교, 제품정보 등을 안내하며, 타 상품과의 차별화를 주는 이익 및 장점을 안내하여 고객의 구매결정을 유도하는 역할을 한다(예 제품안내카드, 가격표 등).
  ㉣ POP광고의 기능
    • 대중매체광고와 소매점 판매활동의 중간에 위치하여 전자를 보강하고 소매점 판매를 지원한다.
    • 소비자가 구매시점에서 의사결정을 하지 않아도 차후의 의사결정에 영향을 미친다.
    • 고지와 설득의 기능을 수행한다.
  ㉤ POP광고의 구축방법
    • 서비스의 게시
      – 자점의 특징을 소비자들에게 정확하게 전달해주어야 한다.
      – 상품 라이프스타일에 대한 패션성 및 소비자들이 필요로 하는 서비스에 보다 더 정확하고 빠르게 대응해야 한다.

- 안내의 게시
  - 엘리베이터, 비상구, 에스컬레이터, 계산대, 화장실, 입구 및 출구, 매장, 테넌트점의 위치 등을 표시하는 게시를 말한다.
  - 이 같은 경우 어느 하나를 크게 게시하는 것보다는 각각의 요소에 많이 게시하는 편이 좋다.
- 분류의 게시
  - 매장의 안내, 부문의 표시 및 사이즈 표시가 해당된다.
  - 소비자들이 점포 내 상품을 눈으로 보고 무엇이 어디에 있는지 상품분류표시가 없어도 상품자체로 분류를 할 수 있는 것이 이상적인 방식이다.
- 품명 및 프라이스 카드 : 상품을 구입하는 소비자들의 시선에서 보면 옳지 못한 것은 단순히 품명 및 프라이스를 표시한 카드 및 태그라 할 수 있다.
- 쇼카드 : 소비자들의 자유로운 쇼핑이 가능하도록 도와주는 조수와 같은 것을 의미한다.
- 광고 물건의 게시 : 광고 상품에 붙이는 것이 바람직하다.

> **개념 PLUS**
>
> **테넌트 점(店)**
> 테넌트 점은 할인점 안에 또 임대형식으로 운영되는 작은 매장, 즉 '숍인숍' 형태의 매장이다.

⑦ 인터넷 광고 기출 14
  ㉠ 인터액티브 광고
   - 인터액티브 배너 광고는 인터넷의 쌍방향성을 이용하여 소비자의 취향을 분석해서 광고를 제공한다.
   - 광고배너에서 직접 글을 쳐 넣거나 게임을 즐길 수 있고 경품을 선택할 수도 있는 배너광고 유형으로 그 수가 점차 늘고 있으며 클릭률도 높은 편이다.
  ㉡ 배너 광고
   - 인기 있는 홈페이지의 한쪽에 특정 웹사이트의 이름이나 내용을 부착하여 홍보하는 인터넷 광고 기법이다.
   - 미리 정해진 규격에 동영상 파일 등을 이용하여 광고를 내고 소정의 광고료를 지불한다.
  ㉢ 팝업 광고
   - 인터넷 홈페이지의 첫 화면을 로딩하는 것과 동시에 별도의 창으로 네비게이션되는 광고창을 일컫는다.
   - 특별할인, 경품행사 등과 같은 이벤트, 주요 뉴스, 세미나 및 교육프로그램과 같은 주요 공지사항에 이용한다.
  ㉣ 이동아이콘 광고 : 웹사이트를 이동하면서 주의를 끄는 광고이다.
  ㉤ 동영상 광고 : 기존 배너의 동적인 단점을 극복한 광고(애니메이션 포함)이다.
  ㉥ 스폰서십(Sponsorship) 광고
   - 스폰서가 웹사이트를 후원하고 광고를 게재하는 것을 말한다.
   - 스폰서십은 특별한 이벤트 등에 자사의 이름을 붙임으로써, 광고의 매체혼잡을 피할 수 있다.
   기출 16

ⓈⓈ 인터넷 엑세스형 광고
- 키워드(Keyword) 광고
  - 검색엔진에서 사용자가 특정 키워드로 검색했을 때, 검색 결과물의 특정 위치(일반적으로 상단)에 광고주의 사이트가 소개될 수 있도록 하는 검색엔진의 서비스이다.
  - 불특정다수에게 광고를 노출시키는 것이 아니라 광고주의 서비스를 이용할 가능성이 매우 높은 잠재고객에게만 광고를 내보이는 타깃화된 광고기법이다.
- 챗(Chat) 광고 : 채팅룸에서 채팅에 참여하고 있는 사람들에게 노출되는 광고로 이용빈도가 증가하는 추세이다.
- 이메일(E-mail) 광고 : 전자우편은 비용대비 효과적인 면에서, 다른 광고 채널보다 더 신속히 반응 정도를 평가할 수 있는 마케팅 채널로 이용되고 있다.

[이메일 광고의 장점과 활용 분야]

장 점	활용 분야
• 제작 일정 및 전달 속도의 개선 • 개인화 광고물 작성 가능 • 상품 개발 및 반응 조사의 기초 • 고객 참여 유도, 판촉효과 유발	• 신규고객 확보 • 구매유도 • 기존 고객에 대한 서비스 및 관리 • 브랜드 구축

ⓞ 리치미디어 광고 〔기출 14〕
- 리치미디어 광고 : 비디오, 오디오, 사진, 애니메이션 등을 혼합한 고급 멀티미디어 형식의 광고이다.
- 기존의 단순한 형태의 배너광고보다 풍부한(Rich) 정보를 담을 수 있는 매체(Media)라는 뜻을 지닌다.
- 리치미디어 광고의 장·단점

장 점	• 기존 배너광고와 차별화 - 인터넷이 제공하는 상호작용성과 파일전송 능력을 광고에서 활용함으로써 동영상, 사운드, 사진, 애니메이션 등을 합친 멀티미디어 효과로 기존 배너광고와 차별화된 의사전달이 가능하다. - 기존의 배너에 비해 훨씬 액티브한 효과를 줄 수 있다. • Interactive한 기능 - 리치미디어를 통한 광고에는 고객과 기업 간의 상호작용이 가능하다. - 투표, 게임, 퀴즈, 응모 등 다양한 형식의 사용자 참여가 가능해진다. • 다양한 고객 욕구 충족 - 추가 정보검색을 위해 다른 사이트로 이동할 필요가 없다. - 클릭을 통해 해당 홈페이지로 이동하는 것이 아니라 리치미디어가 보여주는 화면 자체에서 다양한 기능으로 사용자의 니즈를 충족시켜 줄 수 있기 때문이다.
단 점	• 컴퓨터의 속도가 느려진다. • 멀티미디어 효과를 구현해 줄 플러그인이 필요하다.

> **OX문제**
>
> ▶ 리치미디어 광고는 쌍방향성을 이용하여 소비자의 취향을 분석해서 광고를 제공하는 방식이다.
> ◯│✕
>
> 해설
> 인터액티브 미디어 광고는 쌍방향성을 이용하여 소비자 취향을 분석해서 광고를 제공한다.
>
> 정답 ✕
>
> ▶ Duration Time은 한 방문자가 특정 웹페이지에 머문 시간을 기준으로 기록하고 이를 효과의 기준으로 삼고자 하는 방법이다.
> ◯│✕
>
> 정답 ◯

> **개념 PLUS**
>
> **인터넷 광고효과 측정 용어** 기출 24·15
> - Hits : 방문자가 사이트에 접속했을 때 접하게 되는 그래픽, HTML 등의 파일 수
> - Visitor : 인터넷 사이트를 방문하는 각 개인
> - Ad Views : 방문자가 보거나 다운로드 받은 배너 광고의 총 수
> - Duration Time : 한 방문자가 특정 웹페이지에 머문 시간을 기준으로 기록하고 이를 효과의 기준으로 삼고자 하는 방법
> - Click Rate : 배너광고를 본 방문자 가운데 광고를 실제 클릭한 방문자의 비율
> - Traffic : 서버에 전송되는 모든 통신, 데이터의 양
>
> **소비자광고 촉진수단** 기출 21
> - 견본 : 소비자에게 소량으로 사용할 수 있는 제품을 제공하는 것
> - 쿠폰 : 구매자가 특정제품을 구입할 때 구매자가 할인혜택을 받을 수 있도록 하는 증서
> - 현금 반환 : 구매 후에 가격할인을 해준다는 것을 제외하고는 쿠폰과 같은 것
> - 가격할인 : 정가에서 소액 할인된 가격으로 소비자에게 판매하여 절약의 혜택을 주는 것
> - 프리미엄 : 제품을 구입하는 인센티브로서 무료로 제공하거나 또는 저가로 제공하는 물품
> - 광고용 특별품 : 소비자에게 선물로 주는 것으로 광고주 명이 새겨진 이용하기 쉬운 품목이다(예 펜, 달력, 열쇠고리, 성냥, 쇼핑백, 모자 등의 제품).
> - 단골손님에 대한 보상 : 정기적으로 사용하는 고객에게 주어지는 현금 또는 다른 보상
> - 콘테스트, 경품, 게임 : 소비자들이 행운이나 추가적인 노력을 통해서 현금, 여행, 재화를 취득할 수 있는 기회를 제공하는 촉진방법

(2) 홍 보 기출 20·16

① 개요 : 홍보는 기업, 단체 또는 관공서 등의 조직체가 커뮤니케이션 활동을 통하여 스스로의 생각이나 계획·활동·업적 등을 널리 알리는 활동이다.

② 홍보의 목적
   ㉠ 홍보의 목적은 각 조직체에 관한 소비자·지역주민·일반의 인식이나 이해, 신뢰감을 높이고, 합리적이고 민주적인 기초 위에 양자의 관계를 원활히 하려는 데 있다.
   ㉡ 홍보는 사실에 관한 정보의 정확한 전달과 불만·요망 등을 수집하는 것에서부터 시작된다.

③ 홍보의 특징
   ㉠ 어떤 상점 혹은 그 취급상품에 대한 정보가 신문의 기사라든가 TV의 뉴스로서 나올 경우에는 그 정보는 공정한 제3자로서의 보도기관이 취급하여 유출시키고 있을 뿐 기업 자체의 주관적인 주장이 들어있지 않다고 판단하기 때문에 받는 측은 그것을 저항 없이 그대로 받아들이는 것이 보통이다.
   ㉡ 홍보는 기업 측에서 본다면 무료광고라고도 말할 수 있으며, 또 그 효과는 광고보다 더 크기 때문에 기업은 이를 촉진관리의 수단으로 이용하려 한다(예 보도기관의 퍼블리시티용, 즉 홍보용의 자료배포 등).

> **OX문제**
>
> ▶ 홍보는 문화, 사회, 환경 등 긍정적인 이미지를 줄 수 있는 행사를 지원한다. O|X
>
> **해설**
> 광고에 대한 설명이다. 홍보의 기본 목적은 신뢰 형성이고, 광고의 기본 목적은 이미지 증대이다.
>
> 정답 〉 ×

ⓒ 홍보(Publicity)는 언론에 대한 신뢰성으로 인해 제품속성에 대한 믿음을 형성하는 데 기여한다.
② 기업이 주도적으로 기획, 조정, 실행, 통제하기 어렵다.
⑩ 신뢰성 있는 기사를 통해 기업이나 상품에 대한 긍정적인 이미지를 전달하고자 한다.
ⓑ TV, 라디오, 신문, 잡지 등과 같은 다양한 매체를 통해 기사화한다.

④ 홍보자료와 보도자료

홍보자료	• 자신에 관한 뉴스와 정보를 매체에 제공하기 위한 수단이다. • 여기에는 보도자료, 기자회견, 녹음자료 및 기고물 등과 같은 형태가 있다.
보도자료	• 가장 널리 이용되는 홍보자료의 유형이다. • 기업의 신상품, 새로운 공정 또는 기업인사의 동정에 관한 이야기이다.

4 고객충성도 프로그램

(1) 고객충성의 개요

① 고객충성 : 온라인, 오프라인 할 것 없이 기업이 포기해서는 안 되는 가장 중요한 자산이며, 웹상에서의 고객충성은 제품가치 이외의 많은 변인의 영향을 받는다.

② 고객충성의 형성요인
  ㉠ 상대적 가치(Relative Value) : 브랜드 자체가 보유하고 있는 자산과 가격요인이 결합하여 시장 내의 여러 브랜드들과의 경쟁상황하에서 평가되는 가치이다.
  ㉡ 관성(Inertia) : 소비자들이 기존의 구매행동을 계속 유지하려는 힘이다.

(2) 고객충성도 프로그램

① 고객만족과 충성도
  ㉠ 고객만족의 궁극적인 기업목표 : 고객에게 양질의 제품과 서비스를 제공하고, 이를 통해 재구매를 유도함으로써 기업의 안정적인 수익을 확보하는 데 있다.
  ㉡ Hirschman의 Exit-Voice Theory(1970)
    • 증가된 고객만족의 즉각적인 효과는 고객불평률의 감소와 고객충성도의 증가로 나타난다.
    • 불평이 발생할 때, 고객은 이탈(경쟁자제품, 서비스구매)을 하거나 보상을 받기 위해서 불평을 토로하는 선택권을 갖게 된다.
    • 만족의 증가는 불평의 요소를 감소시키고, 고객충성도를 높이게 된다.
  ㉢ 고객충성도 [기출 18]
    강력한 소매브랜딩, 포지셔닝, 충성도 프로그램에 의해 구축되며 경쟁력 강화에 매우 중요한 요소이다.
  ㉣ 고객충성도의 4가지 유형
    • 비충성(No Loyalty) : 회사수익에 약간의 도움이 되지만 결코 충성고객이 될 수 없는 유형이다.
    • 타성적 충성(Inertia Loyalty) : 낮은 수준의 애착과 높은 반복구매의 특성을 가진 습관적 구매를 하는 유형이다.

- 잠재적 충성(Latent Loyalty) : 높은 수준의 선호도가 있으나 상황적 요소에 따라 충성 여부를 결정한다.
- 최우량 충성(Premium Loyalty) : 높은 수준의 애착과 반복구매가 동시에 존재한다.

◎ 로열티 프로그램 기출 19
- 사용자에게 서비스 이용에 따라 유·무형의 보상을 제공하여 서비스 이용을 늘리고 재구매 유도, 충성고객을 확대하는 모든 마케팅 전략을 총칭한다.
- 항공사의 마일리지 프로그램, 백화점의 멤버십 프로그램뿐 아니라 커피숍의 로열티 카드, 리워드 카드 등을 모두 포함한다.

> **O× 문제**
> ▶ 스페셜트리트먼트는 로얄티 프로그램의 일종으로 우수고객에게 등급별로 차별화된 다양한 서비스를 제공한다. O ×
> 정답 ▶ O

② 충성고객이 주는 이점
  ⊙ 구전을 통해 확실한 광고효과를 준다.
  ⓒ 새로운 고객을 끌어들이는 마케팅비용을 감소시킨다.

③ 최초구매자가 재구매를 하게 만드는 기술
  ⊙ 자사가 제공하는 서비스에 대해 꾸준히 알린다.
  ⓒ 재구매를 서비스로 만든다.
  ⓒ 품질보증제도를 시행한다.
  ⓔ 부가가치적인 상품을 개발한다.
  ⓜ 고객정보를 만들어 활용한다.
  ⓗ 고객의 반응을 초기에 찾아내고 신속하게 대응한다.

④ 고객충성도 유지방법
  ⊙ 고객만족도를 높인다.
  ⓒ 고객에게 제품이 가치가 있다는 것을 인지시킨다.
  ⓒ 고객만족서비스에 대해 끊임없이 개선하여 만족도를 높인다.
  ⓔ 고객에 대한 관심, 시간, 노력, 열의에 따른 사후조치를 마련한다.

⑤ 충성고객 형성 7단계

1단계	구매용의자(Suspect)	자사의 제품이나 용역을 구매할 능력이 있는 모든 사람을 포함한다.
2단계	구매가능자(Prospect)	자사의 제품이나 용역을 필요로 할 수 있고, 구매능력이 있는 사람을 가리킨다. 이들은 이미 자사 제품에 대한 정보를 알고 있다.
3단계	비자격잠재자(Disqualified Prospect)	구매가능자 중에서 제품에 대한 필요를 느끼지 않거나 구매할 능력이 없다고 확실하게 판단이 되는 사람으로 목표고객에서 제외시킬 수 있다.
4단계	최초구매고객(First Time Customer)	자사의 제품을 한 번 구매한 사람을 의미한다. 이들은 당신의 고객이 될 수도 있고 경쟁사의 고객이 될 수도 있다.
5단계	반복구매고객(Repeat Customer)	• 자사의 제품을 적어도 두 번 이상 구매한 사람들이다. • 이들은 같은 제품을 두 번 구매한 사람일 수도 있고 다른 제품이나 용역을 번갈아 구매한 사람일 수도 있다.
6단계	단골고객(Client)	• 자사가 파는 제품 중 사용할 수 있는 모든 제품을 구매하는 사람이다. • 자사와 지속적이고 강한 유대관계를 가지고 있어 경쟁사의 유인전략에도 동요되지 않을 사람들이다.
7단계	지지고객(Advocate)	단골고객 중 다른 사람들에게도 자사 제품을 사서 쓰도록 권유하는 사람이다.

02 고객서비스 관리

1 고객서비스의 전략적 우위성

(1) 서비스의 개요

① 서비스의 정의
  ㉠ 서비스는 무형으로서 사람들의 욕구를 충족시켜 주기 위하여 인간 또는 설비와의 상호작용을 통해 제공되는 것이다.
  ㉡ 서비스의 경영학적 정의
   • 활동론적 정의 : 판매목적으로 제공되거나 또는 상품판매와 연계해서 제공되는 활동, 편익, 만족이다.
   • 속성론적 정의 : 무·유형의 기준을 손으로 만질 수 있느냐 여부에 따라 구분한 후, 서비스를 시장에서 판매되는 무형의 상품으로 정의한다.
   • 봉사론적 정의 : 서비스 제공자가 서비스 수혜자에게 제공하는 봉사적 혜택을 강조하는 견해이다.
   • 인간상호관계론적 정의 : 서비스는 무형적 성격을 띤 일련의 활동으로서 고객과 서비스 종업원의 상호관계에서 발생해 고객의 문제를 해결해 주는 것이다.
  ㉢ 서비스의 3단계
   • 거래 전 서비스 : 고객에게 서비스 내용의 소개, 상담 예약, 사전에 상품진열 준비단계의 서비스이다.
   • 현장서비스 : 고객과 서비스 제공자의 상호 거래에 의해 진행되는 단계로 서비스의 본질부분이다.
   • 거래 후 서비스 : 현장서비스가 종료된 후 실제 고객유지를 위한 서비스이다.

② 서비스의 특징 [기출 23·19·17·15]
  ㉠ 무형성 : 형태가 없으므로 특허로써 보호를 받을 수 없고 가격설정기준이 모호하다.
  ㉡ 소멸성 : 저장하거나 재고를 남길 수 없으므로 소멸성을 극복하기 위해서는 수요와 공급을 조절하는 것이 필요하다.
  ㉢ 비분리성(생산과 소비의 동시성)
   • 서비스를 제공하는 사람은 고객과 직접 접촉하게 되므로 생산과정에서 고객이 참여하게 된다.
   • 서비스는 사람이든 기계든 그 제공자로부터 분리되지 않으며 포장되었다가 고객이 그것을 필요로 할 때 구매될 수 없다.
   • 비분리성의 문제를 해결하기 위해서는 서비스 제공자의 선발 및 교육에 힘쓰는 것이 필요하다.
  ㉣ 이질성
   • 서비스 주체인 사람의 의존도가 높아 균질성이 낮고, 표준화도 어렵다.
   • 다양한 각도에서 각 고객층에 맞는 개별화 전략을 구축하는 것이 필요하다.

> **OX문제**
> ▶ 서비스는 무형성, 생산과 소비의 비분리성, 동질성, 소멸성의 네 가지 특성으로 요약된다. ○|×
>
> **해설**
> 서비스는 무형성, 생산과 소비의 비분리성, 이질성, 소멸성의 네 가지 특성으로 요약된다.
>
> 정답 ×

ⓜ 즉흥성 및 불가역성
- 연습이나 취소, 반환이 불가능하여 원래로 되돌릴 수 없다.
- 납득시킬 수 있는 것은 보상, 사죄뿐이므로 서비스제공자의 교육훈련과 자질을 개발하는 것이 필요하다.

ⓑ 변화성 : 서비스의 품질은 서비스를 제공하는 사람뿐 아니라 언제, 어디서, 그리고 어떻게 제공하는가에 따라 달라진다는 것을 의미한다.

③ 서비스의 특징에 따른 문제점과 대응전략

서비스의 특징	문제점	대응전략
무형성	• 특허로 보호가 곤란하다. • 진열하거나 설명하기가 어렵다. • 가격결정의 기준이 명확하지 않다.	• 실체적 단서를 강조하라 • 구매 전 활동을 적극 활용하라 • 기업이미지를 세심히 관리하라 • 가격결정 시 구체적인 원인분석을 실행하라 • 구매 후 커뮤니케이션을 강화하라
비분리성	• 서비스 제공 시 고객이 개입한다. • 집중화된 대규모 생산이 곤란하다.	• 종업원의 선발 및 교육을 세심하게 고려하라 • 고객관리를 철저히 하라 • 여러 지역에 서비스망을 구축하라
이질성	표준화와 품질통제가 곤란하다.	서비스의 공업화 또는 개별화전략을 시행하라
소멸성	재고로서 보관할 수 없다.	수요와 공급 간의 조화를 이루어라

④ 서비스방식 기출 17·16
  ㉠ 셀프서비스(Self Service) 방식
  ㉡ 준 셀프서비스(Semi Self Service) 방식
  ㉢ 자기선택서비스(Self Selection Service) 방식
    - 고객이 자유롭게 상품을 선택하여 점내 매장 또는 부문별 계산대에서 정산하는 방식이다(체크아웃 인 에어리어방식).
    - 계산대는 출구가 아닌 개별 코너 가까이 설치한다.
    - 주로 백화점 및 전문점에서 실시하는 서비스이다(예 미국 디스카운트 스토어).
  ㉣ 신용서비스(Credit Service) 방식
  ㉤ 자동판매기(Vending Service) 방식

✔ OX문제
▶ 자기선택서비스는 백화점 등에서 고객이 자유롭게 상품을 선택하여 점내 매장별로 설치된 계산대에서 정산하는 방식을 말한다.

정답 ▶ O

(2) 서비스마케팅 및 전략

① 서비스마케팅 기출 17
  ㉠ 제품과 달리 고객이 서비스의 생산과정에 참여할 수 있고, 고객도 상품의 일부분이 될 수도 있다.
  ㉡ 서비스는 무형성, 생산과 소비의 비분리성, 이질성(비표준적이며 가변성), 소멸성의 네 가지 특성으로 요약된다.
  ㉢ 서비스경제에서는 제조기업의 서비스기업화, 서비스기업의 보조서비스 확대, 제조기업의 부가서비스 증가 등이 확대된다.
  ㉣ 서비스 마케팅믹스는 전통적 마케팅믹스에 사람, 프로세스, 물리적 증거관리가 추가되었다.
  ㉤ 서비스 마케팅은 외부 마케팅, 내부 마케팅, 상호작용적 마케팅의 삼위일체적 관점을 지향한다.

② 서비스의 마케팅믹스 중 물리적 증거 [기출 13]
  ㉠ 물리적 증거는 물리적 환경과 기타 유형적 요소로 구성되며, 물리적 환경에는 주변 요소, 공간적 배치와 기능성, 표지판 상징물과 조형물이 포함된다.
  ㉡ 물리적 환경은 서비스의 무형성을 시각적으로 제시하는 것으로, 서비스의 본질을 외부적 이미지로 전달하는 역할을 한다.
  ㉢ 물리적 환경은 광고처럼 고객의 첫인상을 끌거나 고객의 기대를 설정하는 역할을 하는 것이다.
  ㉣ 물리적 환경으로 인해서 영향을 받는 대상이 누구인가에 따라 서비스 업체의 유형이 달라진다.
  ㉤ 대인서비스는 고객과 직원이 물리적 환경 안에서 상호작용을 통해 서비스를 생산하는 것을 말한다.
  ㉥ 원격 서비스(Remote Services)는 물리적 환경과 관련하여 고객의 참여가 거의 없는 경우를 말한다.
  ㉦ 텔레커뮤니케이션, 유틸리티, 금융컨설팅, 신문사설, 우편주문 서비스 등은 고객이 서비스 시설을 보지 않고 제공받을 수 있는 서비스의 예이다.
  ㉧ 물리적 환경에 있어서의 혼잡성은 소비자의 구매의사결정 중 정보탐색단계에 많은 영향을 미쳐 구매 가능성을 감소시킨다.
  ㉨ 그러므로 서비스 생산관리 및 고객의 인식관리를 통해 혼잡성을 관리하여야 한다.

> **OX 문제**
> ▶ 원격 서비스의 물리적 환경은 고객의 참여를 돕기 위해 고객의 니즈와 선호에 알맞게 설계되어야 한다. O|X
> **해설**
> 원격 서비스(Remote Services)는 물리적 환경과 관련하여 고객의 참여가 거의 없는 경우를 말한다.
> 정답 ▶ X

③ 서비스 수요관리전략 [기출 20]
  ㉠ 무반응전략 : 수요의 변화에 전혀 반응을 하지 않음으로써 수요가 저절로 조정되도록 두는 방식이다.
  ㉡ 수요조절전략 : 수요를 인위적으로 조절하는 전략으로, 상품조절, 장소・시간조절, 가격조절로 구분된다.
  ㉢ 수요재고화전략 : 예약시스템이나 대기시스템을 채택하여 수요를 재고화한다.

2 서비스와 고객행동

(1) 고객서비스 창출기법

① 체험마케팅의 의의
  ㉠ 고객이 상품을 직접 체험하도록 하면서 홍보하는 마케팅 기법이다.
  ㉡ 기존 마케팅과는 달리 소비되는 분위기, 이미지, 브랜드를 통해 고객의 감각을 자극하는 체험을 창출하는 데 초점을 맞춘 21세기형 마케팅 전략이다.
  ㉢ 고객은 상품의 특징이나 그것이 주는 이익을 소개하는 단순한 홍보보다 잊지 못할 체험이나 감각을 자극하고 마음을 움직이는 서비스에 더욱 끌린다.

② 체험마케팅의 5유형
  ㉠ 감각마케팅
    • 오감을 자극하여 고객들에게 감각적 체험을 창조할 목적으로 하는 마케팅이다.
    • 감각기관에 영향을 미치는 방법에 대한 이해가 필요하며 디자인을 이용한 미학적 마케팅이나 색상을 이용한 컬러마케팅, 향기마케팅, 음향마케팅 등이 해당된다.

ⓒ 감성마케팅 : 감성마케팅을 수행하기 위해서는 어떤 자극이 어떻게 특정 감정을 유발할 수 있는지 이해해야 할 뿐만 아니라 감정의 수용과 이입에 참여하려는 소비자의 자발성을 유도해야 한다.
ⓒ 인지마케팅(지성마케팅) : 고객들에게 창조적인 인지력과 문제해결적 체험을 제공하는 것을 목적으로 지성에 호소한다.
ⓔ 행동마케팅 : 고객의 육체적 체험과 라이프스타일, 상호 작용에 영향을 미치는 것을 목표로 한다.
ⓜ 관계마케팅 : 고객을 이상적인 자아나 타인, 문화 등과 연결함으로써 고객의 자기 향상 욕구를 자극한다.

(2) 고객행동

① 개념 : 고객은 상품과 서비스를 제공하는 과정과 관계된 자신 이외의 모든 사람이다.
② 고객행동에 따른 분류

구매용의자	자사 상품을 구매할 수 있는 모든 사람
구매가능자	자사 상품을 필요로 하고 구매능력이 있는 자로서, 이미 자사 제품에 대한 정보를 가지고 있는 사람
비자격 잠재자	구매가능자 중 자사 제품에 대한 필요를 느끼지 않거나, 구매능력이 없다고 판단되는 자는 목표고객에서 제외시킨다.
최초구매자	자사 제품을 한 번 구매한 자로서, 자사의 고객 혹은 경쟁사의 고객이 될 수 있다.
반복구매자	자사 제품을 두 번 이상 구매한 자
단골고객	자사와 지속적인 유대관계를 지닌 자로서, 경쟁사의 전략에 쉽게 넘어가지 않는 자
옹호고객	단골고객 중 자사 상품에 대해 다른 이들에게 적극 추천하는 소비자
비활동고객	자사고객이던 자 중에서 정기적인 구매시기임에도 더 이상 구매하지 않는 자

개념 PLUS

프로세스 관점에 따른 고객 분류

내부고객	• 동료나 부하직원처럼 본인이 하는 일의 결과를 사용하는 자 • 직접 가치생산에 참여하는 고객 및 종업원
중간고객	• 기업과 최종고객이 되는 소비자 간의 그 가치를 전달하는 자 • 소매상, 도매상, 중간상 등
외부고객	• 기업이 생산한 가치를 사용하는 자 • 제품의 최종소비자 혹은 구매자

③ 고객 욕구에 대한 이해(매슬로우)
㉠ 생리적 욕구 : 의식주, 생존 등을 위한 기본욕구
㉡ 안전욕구 : 신체적·감정적인 위험으로부터 보호되고 안전하기를 바라는 욕구
㉢ 소속감과 애정욕구 : 인간이 조직에 소속되어 동료와 친교를 나누고, 이성 간의 교제나 결혼을 갈구하는 욕구
㉣ 존경욕구 : 내적으로 자존·자율을 성취하려는 욕구와 외적으로 타인으로부터 인정을 받으며, 집단 내에서 어떤 지위를 확보하려는 욕구
㉤ 자아실현욕구 : 계속적인 자기발전을 통하여 성장하고, 자신의 잠재력을 극대화하여 자아를 완성시키려는 욕구

④ 고객의 성격유형(MBTI)
  ㉠ 마이어스-브릭스 유형지표(MBTI)는 칼 융의 성격 유형 이론을 근거로 개발한 자기보고식 성격유형 선호지표이다.
  ㉡ MBTI의 목적은 자신이 선호하는 성격 특성을 이해하여 인간관계, 작업처리방식 등에 대한 도움을 주려는 것이다.
  ㉢ MBTI 4가지 선호지표의 특징

외향형 & 내향형	외향형	폭넓은 대인관계를 유지하고 사교적이며 정열적이고 활동적이다.
	내향형	깊이 있는 대인관계를 유지하며, 조용하고 신중하여 이해한 다음 경험한다.
감각형 & 직관형	감각형	오감에 의존하며 실제의 경험을 중시하며, 지금, 현재에 초점을 맞추고, 정확하고 철저히 일한다.
	직관형	육감 내지 영감에 의존하며, 미래지향적이고 가능성과 의미를 추구하며, 신속하고 비약적으로 일을 처리한다.
사고형 & 감정형	사고형	진실과 사실에 큰 관심을 갖고, 논리적이고 분석적이며 객관적으로 판단한다.
	감정형	사람과 관계에 큰 관심을 갖고, 상황적이며, 정상을 참작한 설명을 한다.
판단형 & 인식형	판단형	분명한 목적과 방향이 있으며, 기한을 엄수하고 철저히 사전계획하며 체계적이다.
	인식형	목적과 방향은 변화가능하고, 상황에 따라 일정이 달라지며, 자율적이고 융통성이 있다.

(3) 고객불만

① 불만고객의 처리원칙 : 공정성을 유지, 체계적인 관리, 효과적인 대응, 고객프라이버시 보장 등이 있다.
② 클레임(Claim)
  ㉠ 어느 고객이든 제기할 수 있는 객관적인 문제점에 대한 고객의 지적을 말한다.
  ㉡ 클레임을 처리하지 않으면 고객에게 물질적·정신적 보상으로 해결을 해야 한다.
③ 컴플레인(Complain)
  ㉠ 고객이 상품을 구매하는 과정 혹은 구매한 상품에 대한 품질·서비스·불량 등에 대해 불만을 제기하는 것이다.
  ㉡ 고객의 불만, 오해, 편견 등을 풀어주는 일을 '컴플레인 처리'라고 한다.
④ 고객불만 유형 기출 21

권위형 과시형 추진형	• 결단력이 있고 요구적이며 완고·엄격하고 능률적이다. • 남의 얘기를 경청하는 것에 소홀하다. • 자신의 행동과 결정에 도움을 주는 사람에게 호감을 갖는다.
표현형 신경질형 짜증형	• 충동적·열정적·비규율적·사교적이다. • 수다스럽고, 세밀하게 숙고해야 할 내용에는 싫증을 낸다. • 자기주장을 받아들여지게 하기 위해 감정에 호소하는 수도 있다. • 자신의 직관에 도움을 주는 사람에게 호의적이다.
친화형 매너형 우유부단형	• 수동적이고 우유부단하며 내향적이고 우호적이다. • 남의 얘기를 주로 듣고 질문을 받아야 의견을 말한다. • 경쟁보다 양보를 택하고 단결력이 강해 집단에서 분쟁을 완화시키는 역할을 한다. • 호의적인 사람에게 긍정적이다.

이성형 분석형 전문가형	• 신중하고 비판적이며 고집이 세다. • 경청하는 형이며, 상황을 철저히 분석하려 한다. • 발언이 너무 깊고 자세한 경우가 있다. • 정확성을 중요시하므로 충실한 자료와 근거를 제시하는 사람에게 호의적이다.

⑤ 고객불만의 해소단계

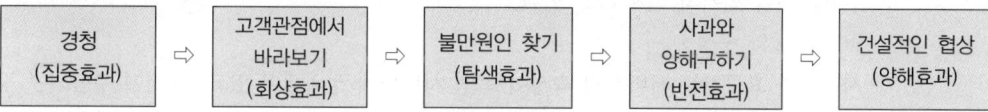

⑥ 불만고객이 기업에 중요한 이유
  ㉠ 제품 혹은 서비스의 문제점을 조기에 파악하고 해결할 수 있다.
  ㉡ 고객과의 유대를 강화하여 충성고객으로 전환할 수 있는 기회이다.
  ㉢ 부정적인 구전효과를 최소화할 수 있다.
  ㉣ 재구매를 유도할 수 있다.
  ㉤ 유용한 정보를 제공한다.

개념 PLUS

표적고객의 특성에 따른 소매유통전략 기출 20
- 소비자가 가격에 민감하면 인터넷을 통한 직거래 유통경로의 구축을 검토한다.
- 근거리·소량 쇼핑을 원하면 편의점 유통에 집중한다.
- 시간과 공간의 제한을 받지 않고 구매하기를 원하면 온라인쇼핑을 활용한다.
- 쾌적한 분위기에서 쇼핑하는 것을 즐기면 백화점이나 복합쇼핑몰을 선택한다.

3 고객의 소리(VOC) 관리 및 고객서비스

(1) 고객의 소리(VOC ; Voice of Customer)

① 개념 : 고객이 직접 찾아와서 들려주는 소리로, 회사 직무와 관련된 행정 처리에 대한 이의신청, 진정 등 민원과 회사의 제도, 서비스 등에 대하여 불만이나 불편사항, 건의·단순 질의 등 모든 고객의 의견을 말한다.

② 운영 목적 : 고객의 소리 운영에 필요한 사항을 규정하고, 공정하고 적법한 처리를 통한 고객권익 보호를 목적으로 한다.

③ 효과적인 VOC 관리
  ㉠ 고객 : 고객의 불만 증가, 고객 요구 사항 다양화, 고객의 기대수준 증대
  ㉡ 기업내부 : CRM 관점의 VOC 관리 필요, 전사 VOC 프로세스(Process) 통합 필요성
  ㉢ 외부 환경 : 동종 업계 간의 경쟁 심화, 고객불만 프로세스 및 시스템 관심 고조, 대외기관의 사업자별 민원처리실적 공개

(2) 고객 서비스품질

① 고객 서비스품질의 개요
   ㉠ 서비스의 품질은 사용자의 인식에 의해 결정된다.
   ㉡ 서비스속성의 집합이 사용자를 만족시키는 정도가 서비스의 품질이라고 말할 수 있는데, 이것을 '기대에 대한 인식의 일치'라고 한다.
   ㉢ 서비스품질의 구성
      • 사용자가 요구하는 서비스의 속성이 특정 서비스에 정의되어 있고, 그것에 부합되는 정도를 말한다.
      • 특정 서비스속성에 대한 요구수준이 성취되어 사용자에게 인식되는 정도이다.

② 고객 서비스품질의 중요성
   ㉠ 과거보다 더 나은 서비스, 또는 경쟁사보다 더 나은 서비스를 제공함으로써 시장점유율을 증가시킬 수 있다.
   ㉡ 서비스실패율을 감소시키거나 재작업을 감소시킴으로써 이익이 증가한다.
   ㉢ 정확한 서비스, 즉 적시서비스(Timely Service)를 통해 더 만족하고 행복해진 고객들의 충성도가 높아지면, 반복구매뿐 아니라 신규고객의 유치가 훨씬 쉬워지게 된다.
   ㉣ 서비스 전달과정의 전 부문에 걸친 품질향상을 요구하는 장·단기적 경쟁압력이 점차 커지고 있다.
   ㉤ 경쟁사보다 앞서 신기술을 도입하거나 제공함으로써 경쟁에서 이기고자 하는 기업의 열망을 반영할 수 있다.

③ 고객 서비스품질 측정의 문제점
   ㉠ 서비스품질의 개념이 주관적이기 때문에 객관화하여 측정하기 어렵다.
   ㉡ 서비스품질은 서비스의 전달이 완료되기 이전에는 검증되기가 어렵다. 서비스는 생산과 소비가 동시에 이루어지기 때문이다.
   ㉢ 서비스품질을 측정 시, 고객으로부터 데이터를 수집하는 일이 시간과 비용이 많이 들며 회수율도 낮다.
   ㉣ 자원이 서비스 전달과정 중에 고객과 함께 이동하는 경우에는 고객이 자원의 흐름을 관찰할 수 있지만, 서비스품질 측정의 객관성을 저해한다.
   ㉤ 고객을 대상으로 하는 서비스품질의 연구 및 측정에 본질적인 어려움이 있다. 고객은 서비스프로세스의 일부이며, 변화를 일으킬 수 있는 중요한 요인이기 때문이다.

④ 고객이 서비스품질을 평가하는 10가지 유형
   ㉠ 유형성(Tangibles) : 서비스의 평가를 위한 외형적인 단서(예 물적 시설, 장비, 서비스 시설 내의 다른 고객, 의사소통도구의 외형)
   ㉡ 신뢰성(Reliability) : 약속된 서비스를 정확하게 수행하는 능력(예 서비스 수행의 철저함, 청구서 정확도, 정확한 기록, 약속시간 엄수)
   ㉢ 응답성(Responsiveness) : 고객을 돕고 즉각적인 서비스를 제공하려는 의지(예 서비스의 적시성, 고객의 문의나 요구에 즉시 응답, 신속한 서비스 제공)
   ㉣ 능력(Competence) : 서비스를 수행하는 데 필요한 기술과 지식의 소유(예 조직의 연구개발력, 담당직원과 지원인력의 지식과 기술)

ⓜ 예절(Courtesy) : 고객과 접촉하는 종업원의 친절과 배려, 공손함(예 고객의 재산과 시간에 대한 배려, 담당 종업원의 정중한 태도)
ⓗ 신용도(Credibility) : 서비스 제공자의 진실성, 정직성(예 기업 평판, 기업명, 종업원의 정직성, 강매의 정도)
ⓢ 안전성(Security) : 위험, 의심으로부터의 자유성(예 물리적 안전, 금전적 안전, 비밀보장)
ⓞ 접근가능성(Access) : 쉬운 접촉(예 전화예약, 대기시간, 서비스 제공시간 및 장소의 편리성)
ⓩ 커뮤니케이션(Communication) : 고객의 말에 귀 기울이고, 고객에게 쉬운 말로 알림(예 서비스에 대한 설명, 서비스 비용의 설명, 문제해결 보증)
ⓒ 고객의 이해(Understanding The Customer) : 고객과 그들의 욕구를 알려는 노력(예 고객의 구체적 요구사항 학습, 개별적 관심 제공, 사용·우량고객 인정)

⑤ SERVQUAL모형의 5가지 서비스품질 차원 기출 14
㉠ 유형성(Tangibles) : 물적 요소의 외형을 의미한다(예 현대적인 시설, 종업원들의 깔끔한 용모).
㉡ 신뢰성(Reliability) : 믿을 수 있으며, 명확한 임무 수행을 말한다(예 서비스 제공에 대한 준수, 아주 작은 실수조차 없는 완벽함).
㉢ 대응성(Responsiveness) : 즉각적이면서 도움이 되는 것을 말한다(예 발 빠른 서비스 제공, 바쁜 상황에서도 소비자의 요구에 응하는 종업원).
㉣ 확신성(Assurance) : 능력 및 공손함, 믿음직스러움과 안전성을 의미한다(예 소비자들에게 확신을 주는 종업원들의 믿음직한 행동).
㉤ 공감성(Sympathy) : 쉽게 접근이 가능하고, 의사소통이 잘 되면서 소비자를 잘 이해하는 것을 말한다(예 소비자 개개인에 대한 관심, 소비자들의 욕구에 대한 종업원들의 이해).

> **OX문제**
> ▶ SERVQUAL모형의 5가지 서비스 품질 차원은 유형성, 확신성, 신뢰성, 공감성, 대응성이다. O | X
> 정답 ▶ O

4 갭(Gap) 분석모형 기출 24·22·19·18·17·16·15

(1) 갭 분석모형의 개요

① 정 의
㉠ 품질에 있어서 고객의 기대를 계속적으로 만족시켜야 한다는 관점을 따른다면, 경영자의 역할은 고객의 기대와 인식의 균형을 통해 둘 사이의 차이를 줄이는 것이다.
㉡ 차이타믈(Zeithaml), 베리(Berry), 파라슈라만(Parasuraman)은 "서비스 조직 내의 4가지 갭(Gap)이 고객의 기대와 고객이 실제로 받은 서비스 사이의 갭을 만든다"고 말했다.

② Gap Ⅰ : 고객의 기대와 경영자의 인식의 차이 기출 24

원 인	해결방안
• 경영자가 고객의 기대를 파악하는 데 실패	• 시장조사의 시행 • 상향적 커뮤니케이션 활성화 • 관리층의 축소

㉠ 마케팅조사
- 고객니즈에 대한 조사를 위해 적극적 노력을 하는 예로 고객을 모니터 또는 기업의 경영자로 초청하는 것을 들 수 있다.
- 고객모니터링을 통해 기업은 서비스품질에 대한 고객의 니즈를 쉽게 발견할 수 있다.

㉡ 상향적 커뮤니케이션
- 커뮤니케이션에는 하위직원으로부터 최고경영자에게 전달되는 상향적 커뮤니케이션과 최고경영자로부터 하위직원에게 전달되는 하향적 커뮤니케이션이 있다.
- GapⅠ을 줄이기 위해서는 상향적 커뮤니케이션이 활성화되어야 한다.
- 고객과 직접접촉으로 원하는 바를 잘 알고 있는 직원이 최고경영자에게 조직의 활동과 성과에 의한 서비스품질을 보고할 때 GapⅠ의 크기는 줄어들 수 있다.

㉢ 관리의 계층 : 최고경영자와 직원과의 사이에 수많은 관리계층이 존재할 때에는 GapⅠ은 더욱 커진다.

㉣ 서비스품질관리 : 시장조사를 시행함으로써 해결가능하다. 기출 15

③ GapⅡ : 경영자의 인식과 서비스품질 명세서의 차이

원 인	해결방안
• 기업자원의 제약 • 시장상황 • 경영층의 무관심	• 최고경영자의 확신 • 서비스품목 목표의 개발 • 업무의 표준화 • 고객기대의 실행가능성 인식

㉠ 서비스품질에 대한 경영자의 헌신
- 높은 서비스품질을 달성하려는 경영자의 헌신이 없기 때문에 GapⅡ가 발생한다.
- 비용절감이나 단기이익 등은 쉽게 측정될 수 있고, 추적 가능한 결과이므로 서비스품질보다 강조되기가 쉽다.
- 고객에 대한 서비스는 경영자들이 소홀히 다루기 쉬우므로, 품질에 대한 헌신을 경영자의 최우선 순위로 놓도록 해야 할 것이다.

㉡ 목표설정
- 명확한 목표가 설정되지 않은 경우에도 GapⅡ가 발생한다.
- 목표설정을 함으로써 개인이나 조직은 더 좋은 성과를 달성할 수 있을 뿐 아니라 조직을 잘 통제할 수 있다.
- 서비스의 목표는 보통 인적 성과 또는 기계적 성과로 설정・측정된다.

㉢ 업무 표준화
- 경영자의 인식이 서비스품질 명세서로 잘 전환되기 위해서는 업무의 표준화가 필요하다.
- 조직의 기술이 종업원 행동을 표준화・규칙화할 수 있듯이 업무의 표준화가 잘 되어 있을 때 규칙과 표준이 만들어질 수 있고 효과적으로 실행될 수 있다.

㉣ 가능성의 인식 : 경영자가 고객의 기대충족이 가능하다고 인식할수록 GapⅡ의 크기는 줄어든다.

㉤ 서비스품질관리 기출 15
- 시장조사를 시행함으로써 해결가능하다.
- 고객기대를 알지 못할 때 발생한다.

④ Gap Ⅲ : 서비스품질 명세서와 실제 제공서비스의 차이 [기출 17]

원 인	해결방안
• 종업원이 품질명세를 숙지하지 못함 • 종업원의 품질명세 수행능력 부족 • 종업원이 품질명세 수행을 꺼림	• 팀워크의 향상 • 종업원 – 직무적합성 보장 • 기술 – 직무적합성 보장 • 종업원에게 인식된 통제권한 제공 • 경영통제시스템 개발 • 역할갈등 해소 • 역할모호성 해소

> **OX문제**
> ▶ Gap Ⅲ모형은 서비스품질 명세서와 실제 제공서비스의 차이에서 오는 것이다. [O|X]
> 정답 ▶ O

㉠ 협 력
  • 조직목표를 달성하기 위해서는 협력(Teamwork)이 중요하다.
  • 고객에게 높은 품질의 서비스를 제공하려는 기업은 조직구성원 간의 협력이 필요하고 조직구성원 간의 협력이 강할 때 Gap Ⅲ는 줄어들게 된다.
㉡ 종업원 – 직무 간 적합성 : 서비스품질의 문제는 종업원이 직무에 적합하지 않기 때문에 발생하기도 한다.
㉢ 기술 – 직무적합성 : 높은 서비스품질을 제공하기 위해서는 종업원이 직무수행을 위해 사용하는 도구나 기술이 직무에 적합해야 한다.
㉣ 인식된 통제
  • 서비스 기업의 종업원들이 직무에서 겪는 문제들에 유연하게 대처할 수 있다고 생각할 때 통제력은 증가한다.
  • 통제력이 증가하면 성과도 증대되고 높은 수준의 서비스를 제공할 수 있게 된다.
㉤ 역할갈등
  • 고객과 접촉하는 종업원은 기업과 고객을 연결하며 양자의 요구를 만족시켜야 한다.
  • 종업원이 담당하는 직무에서 역할갈등을 느낄 때 서비스 조직은 이런 역할갈등을 제거해야만 Gap Ⅲ를 감소시킬 수 있다.
㉥ 역할모호성
  • 종업원들이 업무 수행에 필요한 정보를 가지고 있지 않을 때 역할모호성을 경험한다.
  • 역할모호성은 종업원의 성과가 어떻게 평가·보상되는지 모르고, 경영자의 기대가 분명하지 않기 때문에 발생한다.
  • 하향적 의사소통, 교육훈련 등을 통하여 역할명료성을 확립하면 Gap Ⅲ는 감소한다.
  • 서비스품질관리는 역할모호성을 줄이면 어느 정도 해결된다. [기출 15]

⑤ Gap Ⅳ : 실제 서비스 제공과 외부 커뮤니케이션의 차이

원 인	해결방안
• 커뮤니케이션의 부족 또는 부적합 • 과대약속	• 수평적 커뮤니케이션 증대 • 과대약속의 유혹 거절

- ㉠ 수평적 커뮤니케이션(상호작용적 커뮤니케이션)
  - 조직에서 위계수준이 같은 구성원이나 부서 간의 의사소통을 의미하는 것이다.
  - 수평적 커뮤니케이션 2가지 형태
    - 조직의 구성원 간, 특히 같은 계층의 동료들과의 상호작용을 의미한다.
    - 조직의 하부단위 간의 커뮤니케이션이다.
- ㉡ 과대약속의 경향
  - 서비스 부문에서는 경쟁의 심화로 인하여 과대약속을 하는 경향이 있다.
  - 이 경향은 Gap Ⅳ의 크기와 직접적인 관련이 있으므로, Gap Ⅳ를 줄이기 위해서는 과대약속을 하지 않도록 한다.
- ㉢ 서비스품질관리 : 고객에게 과장된 광고를 하면 발생한다. 기출 15
- ⑥ Gap Ⅴ : 서비스 기대와 서비스 인식의 차이{Gap Ⅴ = F(Gap Ⅰ, Gap Ⅱ, Gap Ⅲ, Gap Ⅳ)}
  - ㉠ 서비스품질은 기대된 서비스와 인식된 서비스의 차이, 즉 Gap Ⅴ의 크기와 방향에 의존한다.
  - ㉡ 기업경영자의 측면에서는 서비스 제공과 관련된 위의 4가지 Gap의 크기와 방향에 의해 결정된다.
  - ㉢ Gap Ⅴ의 방향과 크기는 Gap Ⅰ~Gap Ⅳ의 함수로 표현할 수 있다.
  - ㉣ 서비스품질관리 : 서비스기대와 서비스인식의 차이에서 발생한다. 기출 15

(2) 서비스품질관리 기출 24·23·18

- ① 결과품질
  - ㉠ 결과품질은 고객이 기업과의 상호작용에서 무엇을 얻었는가를 나타낸다.
  - ㉡ 결과품질은 서비스 결과, 유형성 및 신뢰성 같은 서비스품질 차원에 중점을 둔다.
  - ㉢ 결과품질은 구매자와 판매자의 상호작용이 끝난 뒤 고객에게 남은 것을 뜻한다.
- ② 과정품질 : 고객이 서비스를 어떻게 받고, 서비스 제공과정을 어떻게 경험하는가를 나타낸다.
- ③ 물리적 환경품질 : 서비스가 제공되는 현장의 물리적 환경과 분위기 등의 평가를 의미한다.
- ④ 서비스품질 향상을 위한 개별화 방법 기출 14
  - ㉠ 지원부분에서는 서비스 각 단계별로 소요되는 시간과 단위당 산출을 측정할 필요가 있지만, 고객접촉지점에서는 이런 것들이 중요하지 않다.
  - ㉡ 고객서비스를 높이기 위해서는 고객접촉지점과 지원지점을 분리하여야 한다.
  - ㉢ 고객접촉지점의 종업원은 좁고 전문적인 지식과 역량보다는 넓고 포괄적인 지식과 역량을 구비하는 것이 좋다.
  - ㉣ 서비스의 생산성보다는 고객지향성이 강조되어야 한다.
  - ㉤ 병원이나 컨설팅회사들은 호텔이나 소매금융업보다 개별화의 성격이 높다고 볼 수 있다.

> **OX문제**
> ▶ 서비스품질관리에서 과정품질은 구매자와 판매자의 상호작용이 끝난 뒤 고객에게 남은 것을 의미한다. O│X
>
> **해설**
> 과정품질(Process Quality)은 서비스가 제공되는 동안 고객이 평가하는 품질을 말하며 기능적 품질이라고도 한다.
> 정답 ▶ X

⑤ 소매서비스의 격차 기출 19·16
  ㉠ 시장정보(경청) 갭 : 고객이 기대하는 바와 기업이 고객의 기대를 바라보는 인식의 차이에서 발생한다.
  ㉡ 서비스기준(설계) 갭 : 기업이 고객의 기대를 만족시키기 위한 서비스기준 및 시행지침을 잘못 설정하여 발생한다.
  ㉢ 서비스성과 갭 : 종업원들이 적절한 매뉴얼과 지침에 따라 제대로 서비스를 이행하지 못하여 발생한다.
  ㉣ 커뮤니케이션 갭 : 고객에게 전달된 서비스가 그 서비스에 대한 외부 커뮤니케이션과 차이가 날 때 발생한다.
  ㉤ 서비스회복 갭 : 고객의 기대와 서비스 성과와의 차이에서 발생한다.

> **O×문제**
> ▶ 서비스회복 갭은 고객의 불만 원인에 대한 이해와 그 처리가 고객이 기대하는 바와 다르기 때문에 발생한다.
>
> 해설
> 고객의 기대와 서비스 성과의 차이에서 발생한다.
>
> 정답 ▶ ×

⑥ 소매점에서의 서비스품질 갭의 해결방안 기출 18
  ㉠ 서비스청사진 등을 사용하여 명확하게 서비스를 개발하고 설계한다.
  ㉡ 고객의 기대를 반영한 물리적 증거의 역할에 초점을 둔다.
  ㉢ 고객의 편리성 강화라는 새로운 서비스 목표를 수립한다.
  ㉣ 고객의 기대를 서비스에 반영하는 업무의 표준화를 설계한다.
  ㉤ 고객과의 접점에 있는 직원에게 자신의 역할과 책임에 대해서 명확히 알게 하는 것이 중요하다.

⑦ 서비스 품질관리의 전략적 시사점 기출 24
  ㉠ 서비스 품질은 기업 이익에 기여한다.
  ㉡ 서비스 품질은 서비스 생산성을 통해 기업 성과에 기여한다.
  ㉢ 서비스 품질은 모든 임직원의 일이며, 고객이 평가하는 것이다.
  ㉣ 서비스 품질은 직원과 고객 간의 상호작용이며, 고객도 서비스 품질에 기여한다.
  ㉤ 모든 마케팅 활동은 서비스 품질관리와 조율해야 한다.

CHAPTER

04 실전예상문제

※ 본 문제를 풀면서 이해체크를 이용하시면 문제이해에 보다 도움이 될 수 있습니다.

01 다음 보기에서 설명하는 것은?

> 패스트푸드, 슈퍼마켓, 자동판매기에서와 같이 서비스 활동의 노동집약적 부분을 기계로 대체하여, 전체적인 서비스 활동의 계획, 조직, 훈련, 통제 및 관리부분의 효율성을 향상하기 위한 경향을 말한다.

① 서비스 표준화
② 서비스 동질화
③ 서비스의 인간성 상실
④ 서비스 공업(산업)화
⑤ 서비스 대체화

해설 서비스 공업화(Service Industrialization)
효율성 제고 및 비용절감 등을 위해서 서비스 활동의 노동집약적 부문을 기계로 대체하고, 자동차 생산공장에서 채택하는 것과 같은 관리과정(계획, 조직, 훈련, 통제)을 서비스 활동에도 적용한다.

02 다음 내용 설명 중 옳지 않은 것은?

① 촉진이란 소비자의 수요창출을 위한 구체적인 활동이다.
② 소구포인트라는 관점에서 촉진을 생각하면 구매력에 소구하는 촉진과 욕구에 소구하는 촉진으로 구분할 수 있다.
③ 배달, 출장요리지도, 쇼핑 중 어린이 돌보기 등은 서비스 촉진의 일종이다.
④ 소매업이 갖추어야 할 요소 중 상품의 깊이란 상품의 구색을 말한다.
⑤ 촉진관리는 광고에 비해 비용은 많이 소요되지만, 실질적인 혜택을 주고 있다.

해설
• 상품의 넓이 : 상품구색
• 상품의 깊이 : 상품종류의 수

03 소매점 광고도구 중 인터넷 광고기법에 대한 종류와 그 설명으로 옳지 않은 것은?

① 배너 광고 – 인기 있는 홈페이지에 이름이나 내용을 부착하여 홍보하는 기법
② 팝업 광고 – 특별할인 및 경품행사 등과 같은 이벤트 내용을 별도의 광고창에 띄우는 방법
③ 이동 아이콘 광고 – 광고의 내용이 웹페이지를 이동하면서 주의를 끄는 광고
④ 키워드 광고 – 검색엔진에서 사용자가 특정키워드로 검색했을 때 광고주의 사이트가 소개될 수 있도록 하는 광고
⑤ 리치미디어 광고 – 인터넷의 쌍방향성을 이용하여 소비자의 취향을 분석해서 광고를 제공하는 방식

⑤는 인터랙티브 미디어(Interactive Media) 광고에 대한 설명이다.
※ 리치미디어 광고
비디오, 오디오, 사진, 애니메이션 등을 혼합한 고급 멀티미디어 형식의 광고이다.

04 다음 촉진관리의 방법으로 옳지 않은 것은?

① 광 고
② 홍 보
③ 촉진관리
④ 인적판매
⑤ 비인적판매

촉진의 방법으로 광고, 홍보, 촉진관리, 인적판매 등이 있다.

05 촉진관리에 대한 내용으로 옳지 않은 것은?

① 광고는 이미지 증대를 기본목적으로 한다.
② 인적판매의 이익기여도는 높은 편이다.
③ 촉진관리의 경우 이성적인 소구방법을 사용한다.
④ 홍보의 기본목적은 신뢰를 형성하는 것이다.
⑤ 광고는 이성적 소구방법으로 소비자의 구매욕구를 자극한다.

광고는 감성적인 소구방법을 이용한다.

06 다음 중 TV광고 매체에 대한 설명으로 옳지 않은 것은?

① 커버할 수 있는 범위가 넓다.
② 광고비가 적게 든다.
③ 광고제작 및 매체 준비기간이 타 매체보다 길다.
④ 시각·청각을 동시에 소구하므로 자극이 강하다.
⑤ 노출시간이 짧다.

해설 TV광고는 광고비가 많이 든다.

07 소비자광고의 촉진수단에 대한 설명으로 옳지 않은 것은?

① 견본이란 소비자들에게 소량으로 사용할 수 있도록 제품을 제공하는 것이다.
② 쿠폰이란 구매자가 특정제품을 구입할 때 구매자가 할인혜택을 받을 수 있도록 하는 증서이다.
③ 현금반환이란 구매 후에 가격할인을 해주는 것이다.
④ 가격할인이란 정가에서 소액 할인된 가격으로 소비자에게 판매해서 절약의 혜택을 주는 것이다.
⑤ 프리미엄이란 적당한 주제를 설정하여 일정기간 동안 적극적인 촉진관리활동을 하는 것이다.

해설 ⑤는 특매에 대한 설명이다. 프리미엄은 어떤 상품을 구입하는 고객에게 경품을 제공하는 것이다.

08 다음 중 비가격 촉진관리 수단에 해당하지 않는 것은?

① 콘테스트
② 사은품
③ 응모권
④ 리베이트
⑤ 박람회

해설 리베이트는 판매가격의 일정률에 해당하는 현금을 반환하는 것으로 가격 촉진관리 수단에 해당한다.

09 서비스 품질을 관리하기 위한 갭분석 모형에 대한 설명으로 옳은 것은?

① 갭2는 시장조사를 시행함으로써 해결가능하다.
② 갭5는 서비스인식과 경영자인식의 차이에서 발생한다.
③ 갭3은 역할모호성을 줄이면 어느 정도 해결된다.
④ 갭4는 고객기대를 알지 못할 때 발생한다.
⑤ 갭1은 고객에게 과장된 광고를 하면 발생한다.

> ① 갭1은 시장조사를 시행함으로써 해결가능하다.
> ② 갭5는 서비스기대와 서비스인식의 차이에서 발생한다.
> ④ 갭1은 고객기대를 알지 못할 때 발생한다.
> ⑤ 갭4는 고객에게 과장된 광고를 하면 발생한다.

10 서비스품질 향상을 위한 개별화 추구방법과 거리가 먼 것은?

① 지원부분에서는 서비스 각 단계별로 소요되는 시간과 단위당 산출을 측정할 필요가 있지만, 고객접촉지점에서는 이런 것들이 중요하지 않다.
② 고객서비스를 높이기 위해서는 고객접촉지점과 지원지점을 통합하여야 한다.
③ 고객접촉지점의 종업원은 좁고 전문적인 지식과 역량보다는 넓고 포괄적인 지식과 역량을 구비하는 것이 좋다.
④ 서비스의 생산성보다는 고객지향성이 강조되어야 한다.
⑤ 병원이나 컨설팅회사들은 호텔이나 소매금융업보다 개별화의 성격이 높다고 볼 수 있다.

> 고객서비스를 높이기 위해서는 고객접촉지점과 지원지점을 분리하여야 한다.

11 고객충성도와 고객과의 관계에 대한 설명으로 옳지 않은 것은?

① 높은 고객충성도는 수익성을 향상시킨다.
② 충성도 높은 고객을 만들기 이전에 바람직한 고객을 찾아내야 한다.
③ 가격할인이나 판촉을 통하여 고객을 지속적으로 확보하면 충성스런 고객이 된다.
④ 바람직한 고객을 찾아내면 자동적으로 바람직하지 못한 고객에 대한 정보를 알게 된다.
⑤ 만족의 증가는 불평의 요소를 감소시키고, 고객충성도를 높이게 된다.

> **해설** 가격할인이나 판촉도 고객의 충성도를 높이는 데 목적이 있지만 일시적인 효과일 수 있다. 따라서 고객만족서비스를 끊임없이 개선하여 고객의 만족을 높여야 하며 고객에 대한 관심, 시간, 노력, 열의 및 그에 따른 후속조치들이 필요하다.

12 다음 보기에서 설명하는 것은 무엇인가?

> 사용자에게 서비스 이용에 따라 유·무형의 보상을 제공하여 서비스 이용을 늘리고 재구매 유도, 충성고객을 확대하는 모든 마케팅 전략을 총칭한다.

① 고객충성도
② 서비스마케팅
③ 개별화전략
④ 푸시전략
⑤ 로열티 프로그램

> **해설** 로열티 프로그램은 항공사의 마일리지 프로그램, 백화점의 멤버십 프로그램뿐 아니라 커피숍의 로열티 카드, 리워드 카드 등을 모두 포함한다.

13 소비자구매행동의 개인적 요인에 대한 내용으로 바르지 않은 것은?

① 지각과정은 투입된 정보를 의미 있는 것으로 만들기 위해 정보를 개별적으로 선택하고 조직화하여 해석하는 과정이다.
② 부정적 상태를 제거하려는 구매동기에는 문제의 제거, 충분한 만족, 접근·회피 동시 추구, 재고의 고갈 등이 있다.
③ 소비자의 자극해석과정에는 지각적 부호화, 지각적 조직화, 지각적 범주화가 있다.
④ 소비자의 구매동기는 목표물을 향해 행동방향을 지시·촉진·가속화시키는 것이다.
⑤ 학습은 소비자들이 상품의 구매나 사용을 통해 자신의 신념이나 태도 및 행동을 변화시킬 수 있는 것을 말한다.

> **해설** 부정적 상태를 제거하려는 구매동기
> - 문제의 제거 : 당면한 문제를 해결해 줄 수 있는 제품 탐색
> - 문제의 회피 : 미래에 발생될 문제를 피하는 데 도움이 되는 제품 탐색
> - 충분치 않는 만족 : 현재 사용하고 있는 것보다 더 나은 제품 탐색
> - 접근·회피 동시 추구 : 현재 사용하고 있는 제품의 좋은 점과 싫은 점을 동시에 해소해 줄 수 있는 제품 탐색
> - 재고의 고갈 : 재고를 유지하기 위해 제품 탐색

14 저관여제품의 유통전략 특징이 아닌 것은?

① 주로 단가가 싸고 셀프서비스로 판매될 수 있는 제품들이다.
② 구매가 빈번히 일어나지 않으며 구매자는 주로 목적구매를 한다.
③ 소비자의 원스톱 쇼핑의 욕구를 충족시켜 주는 것이 중요하다.
④ 여러 제품의 카테고리를 통합하는 머천다이징이 요구된다.
⑤ 구매는 짧은 시간 내에 적은 정보를 근거로 결정된다.

> ②는 고관여제품의 유통전략이다.

15 SERVQUAL모형에 의하면 서비스품질을 결정하는 5가지 차원이 있다. 다음 중에서 서비스품질을 결정하는 5가지 차원에 속하지 않는 것은?

① 유형성(Tangibles) ② 확신성(Assurance)
③ 신뢰성(Reliability) ④ 정확성(Precision)
⑤ 공감성(Sympathy)

> 서비스품질을 결정하는 5가지 차원은 유형성, 확신성, 신뢰성, 공감성, 대응성이다.

16 체험마케팅 중 고객을 자아나 타인, 문화 등과 연결하여 고객의 자기 향상 욕구를 자극하는 마케팅은?

① 감성마케팅 ② 감각마케팅
③ 지성마케팅 ④ 행동마케팅
⑤ 관계마케팅

> ① 감성마케팅 : 특정 자극으로 인한 감정의 수용과 이입에 참여하려는 고객의 자발성을 유도하는 마케팅
> ② 감각마케팅 : 오감을 자극하여 고객들에게 감각적 체험을 창조할 목적으로 하는 마케팅
> ③ 지성마케팅 : 고객들에게 창조적인 인지력과 문제해결적 체험을 제공하는 것을 목적으로 지성에 호소하는 마케팅
> ④ 행동마케팅 : 고객의 육체적 체험과 라이프스타일, 상호 작용에 영향을 미치는 것을 목표로 하는 마케팅

17 다음 중 서비스마케팅에 대한 내용으로 옳지 않은 것은?

① 고객은 서비스의 생산과정에 참여할 수 없을 뿐 아니라 상품의 일부분도 될 수 없다.
② 서비스는 무형성, 생산과 소비의 비분리성, 이질성, 소멸성의 특성 등이 있다.
③ 서비스경제에서는 제조기업의 서비스기업화, 서비스기업의 보조서비스 확대, 제조기업의 부가서비스 증가 등이 확대된다.
④ 서비스마케팅믹스는 전통적 마케팅믹스에 사람, 프로세스, 물리적 증거관리 등이 추가되었다.
⑤ 서비스마케팅은 외부 마케팅, 내부 마케팅, 상호작용적 마케팅의 삼위일체적 관점을 지향한다.

> 해설 제품과 달리 고객이 서비스의 생산과정에 참여할 수 있고, 고객도 상품의 일부분이 될 수도 있다.

18 서비스의 마케팅 중 물리적 증거에 대한 내용이 아닌 것은?

① 물리적 환경은 광고처럼 고객의 첫인상을 끌거나 고객의 기대를 설정하는 역할을 하는 것이다.
② 대인서비스는 고객과 직원이 물리적 환경에서 상호작용을 통해 서비스를 생산하는 것이다.
③ 물리적 환경에서 혼잡성은 소비자의 구매의사결정에 많은 영향을 미쳐 구매 가능성을 감소시킨다.
④ 물리적 환경은 서비스의 본질을 내부적 이미지로 전달하는 역할을 한다.
⑤ 원격 서비스는 물리적 환경과 관련하여 고객의 참여가 거의 없는 경우를 말한다.

> 해설 물리적 환경은 서비스의 무형성을 시각적으로 제시하는 것으로, 서비스의 본질을 외부적 이미지로 전달하는 역할을 한다.

19 갭 분석모형에서 서비스품질 명세서와 실제 제공서비스의 차이에 대한 해결방안이 아닌 것은?

① 종업원 - 직무적합성 보장
② 역할갈등 해소
③ 서비스 품목목표의 개발
④ 기술 - 직무적합성 보장
⑤ 종업원에게 인식된 통제권한 제공

> 해설 ③은 경영자의 인식과 서비스품질 명세서 차이에 대한 해결방안이다.

20 갭 분석모형에서 실제 서비스제공과 외부 커뮤니케이션의 차이에 대한 해결방안으로 옳은 것은?

① 과대약속의 유혹 거절
② 경영통제시스템 개발
③ 최고경영자의 확신
④ 역할모호성 해소
⑤ 상향적 커뮤니케이션 활성화

해설 실제 서비스제공과 외부 커뮤니케이션의 차이에 대한 해결방안 : 수평적 커뮤니케이션 증대, 과대약속의 유혹 거절

21 다음 보기는 어떤 서비스의 특징에 대한 대응전략인가?

- 기업의 이미지를 세심하게 관리하라.
- 구매 후의 커뮤니케이션을 강화하라.
- 실체적인 단서를 강조하라.

① 동질성
② 소멸성
③ 이질성
④ 비분리성
⑤ 무형성

해설 무형성의 문제점에 대한 대응전략이다.

22 소비자들이 단순히 저렴한 제품을 선호한다는 가정에서 대량생산과 대량유통을 통해 낮은 제품원가를 실현해야 한다는 마케팅관리 철학은?

① 제품개념
② 판매개념
③ 마케팅개념
④ 생산개념
⑤ 사회지향적 마케팅개념

정답 17 ① 18 ④ 19 ③ 20 ① 21 ⑤ 22 ④

> **해설** 마케팅관리 철학의 변천과정
> - 생산개념 : 소비자들이 단순히 저렴한 제품을 선호한다는 가정에서 대량생산과 대량유통을 통해 낮은 제품원가를 실현해야 한다는 관리철학이다.
> - 제품개념 : 소비자가 제품의 품질, 성능 및 독특한 특징 등을 원한다는 관점에서 출발하며, 지속적인 제품개선을 통해 보다 우수한 제품을 개발하는 데 관심을 기울이는 사고를 말한다.
> - 판매개념 : 시장에서의 경쟁이 치열해지면서 시장 상황이 판매자시장에서 구매자시장으로 바뀌면서 생겨난 개념이다.
> - 마케팅개념 : 기업의 모든 마케팅 행위의 중심에 고객을 위치시키는 관리철학을 말한다.
> - 사회지향적 마케팅개념 : 기업이 이윤을 창출함에 있어 사회전체의 이익을 동시에 고려해야 한다는 관리철학이다.

23 서비스품질의 중요성에 대한 내용으로 바르지 않은 것은?

① 기존보다는 더 나은 서비스 또는 경쟁사보다 더 나은 서비스를 제공함으로써 시장점유율을 증가시킬 수 있다.
② 적시서비스를 통해서 더욱 더 만족하고 행복해진 소비자들의 충성도가 높아지게 되면, 반복구매뿐만 아니라 신규고객의 유치가 훨씬 더 수월해지게 된다.
③ 서비스전달과정의 전 부문에 걸친 품질향상을 요구하는 장·단기적인 경쟁압력이 점차 커지고 있다.
④ 경쟁사보다 앞서 새로운 기술을 도입 및 제공함으로써 경쟁에서 이기고자 하는 기업의 열망을 반영할 수 있다.
⑤ 서비스실패율을 감소시키거나, 재작업을 증가시킴으로써 이익이 증가한다.

> **해설** 서비스실패율을 감소시키거나 또는 재작업을 감소시킴으로써 이익이 증가한다.

24 인터넷의 쌍방향성을 이용하여 소비자의 취향을 분석해서 광고를 제공하는 광고는?

① 배너광고
② 인터랙티브 광고
③ 키워드 광고
④ 채트광고
⑤ 이동아이콘 광고

> **해설** 인터랙티브 광고는 광고배너에서 직접 글을 쳐 넣거나 게임을 즐길 수 있고, 경품을 선택할 수도 있는 배너광고 유형으로 그 수가 점차 늘고 있으며 클릭률도 높은 편이다.

CHAPTER 05 · 머천다이징

> **Key Point**
> - 머천다이징의 종류와 기능, 비주얼 머천다이징에 대해 학습한다.
> - 상품구색의 특성과 유형, 브랜드전략의 종류 및 각각의 특성에 대해 암기한다.
> - 가격결정방법과 재고관리방법에 대해 숙지한다.

01 상품계획

1 머천다이징의 이해

(1) 머천다이징의 개요

① 상품의 정의
  ㉠ 우리나라의 약 250만여 개의 사업자 중에서 가장 많은 것이 소매업이다.
  ㉡ 소매업체의 숫자는 약 100만개로 대형 백화점이나 할인점에서 중형 전문점이나 식품점 혹은 소형 구멍가게나 1인 행상까지 수많은 소매업체가 있다.
  ㉢ 모든 소매업체들은 상품을 구매하여 판매행위를 하는데 이 중 가장 중요한 것이 상품이다.
  ㉣ 상품(Merchandise)이란 판매를 목적으로 형성된 특정한 물체를 의미한다.

② 머천다이징의 정의 기출 20
  ㉠ 머천다이징은 소비자가 원하는 상품을, 원하는 가격에, 원하는 수량을, 원하는 시기에, 원하는 장소에서 구입할 수 있도록 하려는 활동이다.
  ㉡ 머천다이징은 좁게 정의하면 상품구색관리라고 할 수 있고, 넓게 해석하면 상품구색계획, 구매활동, 가격설정활동, 소매믹스 및 판매활동까지를 포함한다.
  ㉢ 머천다이징은 크게 가격중심의 머천다이징과 비(非)가격중심의 머천다이징으로 분류하는 것이 일반적이다.
  ㉣ 머천다이징은 수익을 목적으로 하는 소매업체가 소비자가 원하는 상품을 매입하여 판매하는 것과 관련된 활동을 하는 것이다.

③ 머천다이징의 구성요건
  ㉠ 수익을 목적으로 하는 것이다.
  ㉡ 소비자가 원하는 상품을 준비하는 것이다.
  ㉢ 상품을 매입하면서 판매하는 것이다.

> **✓ OX 문제**
> ▶ 머천다이징은 매장의 수익을 극대화하는 상품을 선별하여 매입 또는 테넌트를 관리하는 데 중점을 둔다.
> O X
>
> **해설**
> 머천다이징은 고객이 구매 의향을 가질 수 있는 납득 가능한 가격대, 적절한 수익성을 확보할 수 있는 가격에 대한 의사결정에 중점을 두고 고객의 필요를 충족시키는 상품을 선정하여 적절한 유통채널이나 점포의 입지 또는 매장 내 적절한 동선과 진열 위치를 결정한다.
>
> 정답 ▶ X

④ 머천다이징의 종류 기출 18
　㉠ 혼합식 머천다이징 : 소매점이 상품의 구색, 즉 상품의 구성을 확대해가는 유형이다(예 자전거점이 자전거 관련 레저의류나 레저용품으로 상품의 구성을 확대해가는 방식).
　㉡ 선별적 머천다이징 : 소매업자, 2차 상품 제조업자, 가공업자 및 소재메이커가 수직적으로 연합하여 상품계획을 수립하는 유형이다.
　㉢ 계획적 머천다이징 : 대규모 소매업자와 선정된 주요 상품 납품회사 사이에서 상품의 계획을 조정·통합화시켜 상품화 활동을 수행하는 유형이다.

⑤ 업체별 머천다이징의 지향점 기출 14
　㉠ 편의점 : 계절성, 편리성을 바탕으로 한 효율적 판매를 지향한다.
　㉡ 전문품점 : 전문성의 표현과 개성 전개, 표적의 명확화를 지향한다.
　㉢ 할인점 : 저비용, 저마진, 대량판매의 효율성을 지향한다.
　㉣ 백화점 : 부문관리의 효율성, 다품종 구성의 효율성, 고이윤·고비용 대응, 총이윤 효율을 지향한다.
　㉤ 슈퍼마켓 : 합리적인 상품회전율을 유지하는 머천다이징을 지향한다.
　㉥ 선매품점 : 인기성, 유행성, 생활제안형의 전개를 지향한다.

⑥ 리스크 머천다이징 기출 19
　㉠ 소매상이 스스로의 책임하에 상품을 매입하고 판매까지 완결짓는다.
　㉡ 유통업체가 판매 후 남은 상품을 제조업체에 반품하지 않는다.
　㉢ 제조업체와 체결한 특정 조건하에서 상품 전체를 사들인다.
　㉣ 제조업체로부터 가격상의 프리미엄을 제공받을 수 있다.
　㉤ 상품이 유통업체로 인도됨과 동시에 소유권이 제조업체에서 소매상에게 넘어간다.

> **OX문제**
> ▶ 리스크 머천다이징은 상품이 최종 고객에게 인도됨과 동시에 소유권이 소매상에게 넘어간다. O
>
> 해설
> 리스크 머천다이징은 상품이 유통업체로 인도됨과 동시에 소유권이 제조업체에서 소매상에게 넘어간다.
>
> 정답 ▶ ×

⑦ 비주얼 머천다이징((Visual Merchandising)
　㉠ 비주얼 머천다이징(VMD)은 소비자가 상품을 만나는 환경, 즉 매장환경과 판매하고자 하는 상품을 보다 효과적으로 표현하여 구매를 자극하고 적극적으로 판촉하기 위한 전략적 제반활동이다.
　㉡ 판매원이 상품에 대한 긍지를 가지고 어떻게든 돋보이게 하려는 행동이 기업 내 모든 부서의 협조로 이루어지는 과정의 결과가 VMD이다.
　㉢ 상품에 대한 신뢰는 우선 질과 가격의 균형에서부터 시작되며, 디자인(예 스타일, 색채, 규격, 형태, 소재 등)이 경쟁상품과 차별화되고, 구색갖춤도 다양해야 한다.
　㉣ 보여 주기 위한 최적의 집기(예 스테이지, 쇼케이스 등), 마네킹, 진열구류가 있어야 하며, 좋은 조명시설을 갖춘 매장인테리어가 뒷받침되어야 한다.
　㉤ 매력적인 매장을 위해서 디스플레이에 대한 지식과 기술을 익히고, 기업 내 각 부서의 업무가 판매현장에서의 최상의 결과를 목적으로 전개되도록 하는 것이 VMD이다.
　㉥ VMD 차원에서 매장현실을 바로 보지 못하여 발생되는 여러 가지 문제들로 인해 판매가 부진한 매장이 될 수 있다.

Ⓐ 상품을 매개로 소비자를 대하는 기업은 판매현장에 전력을 쏟아야 하며, 앞으로 예견되는 새로운 형태의 마케팅을 시각화할 수 있어야 한다.
Ⓑ VMD의 역할 기출 14
- 상품이 갖는 장점을 고객에게 최대한으로 표현하여 전달한다.
- 판매 적기의 상품을 비중 있게 배치하여 소비자의 눈에 띄도록 한다.
- 제품에 대한 정보를 전달하고 특정 이미지를 만들어 판매를 신장한다.
- 고객이 구석구석 살펴볼 수 있도록 유도 포인트를 설치하여 모든 상품이 팔릴 수 있는 기회를 만든다.
- 소비자의 구매의사결정을 돕는 상품진열 방법에 대한 설명이다.

> **OX 문제**
> ▶ 고객이 상품을 자유롭게 만져보고 다른 상품과 비교하면서 구매결정을 빠르게 내릴 수 있도록 돕는 것이 비주얼 머천다이징의 역할이다.
> O | X
> 해설
> 소비자의 구매의사결정을 돕는 상품진열 방법에 대한 설명이다.
> 정답 ▶ ×

Ⓒ VMD의 실현과정에서 발견될 수 있는 문제점
- 상품기획방향 : 상품디자인이 타깃 고객과 거리가 있다.
- 물류관리 : 시즌에 맞추어 상품이 제때 출하되지 않는다.
- 상품관리 : 매장 규모에 비해 상품의 종류와 양이 너무 많다.
- 판매영업 : 고객을 위한 쾌적 환경과 서비스가 부족하다.
- 광고 : 광고이미지가 매장현실과는 거리가 멀다.
- 판촉 : 판촉행사 시 상품이나 판촉 POP물 등의 배포 시기와 내용이 맞지 않는다.
- 매장관리 : 매장이 창고처럼 변해가도 개선하지 않는다.
- 마케팅 : 경쟁점의 좋은 것을 보고도 전혀 개선하지 않는다.

(2) 머천다이징의 기능과 역할

① VMD의 기능
㉠ VMD는 MD(Merchandising)를 VP(Visual Presentation)하는 것으로 의류, 구두 등 패션상품은 물론 야채, 생선, 빵, 완구, 생활용품 등 모든 상품이 대상이 된다.
㉡ 제품의 있는 그대로의 장점을 보여주는 것이 중요하기 때문에 고가의 상품만이 VMD의 대상이 될 수 있다는 편견을 가져서는 안 된다.
㉢ VMD는 상품에 정보가치를 부가하고 특정상품의 이미지를 보완해 감으로써 점포의 메시지를 전달하고 이미지를 형성하는 전략이다.
㉣ VMD는 판매활동에 있어서 경영성패를 좌우하는 핵심요소의 역할을 한다.
㉤ 기업 내 VMD활동의 역할 및 효과

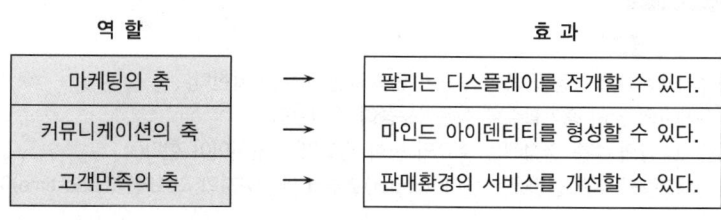

② 각 부문별 VMD의 역할

기 업	머천다이징을 어떻게 운영하여 고객의 공감을 얻어낼 것인가를 경영전략 차원에서 전개하여 기업과 상품에 대한 신뢰감을 높인다.
매 장	상품제안의 방법을 고객의 요구에 맞도록 상품의 특성과 생활에서의 효용성을 제안하며, 합리적인 진열배치로 팔기 쉽고 관리가 쉬운 매장을 만든다.
고 객	자신의 라이프스타일에 부합되는 상품을 즐거운 분위기에서 쉽게 선택할 수 있고 상품에 대한 자긍심을 느끼게 하며, 다시 찾고 싶은 매장을 만든다.

③ 매장 측면의 활용
  ㉠ 상품이 갖는 장점을 최대한 표현
    - 상품은 디자인, 가격, 색채, 규격, 재료 등이 복합된 것으로 어떤 것이 장점인지를 파악하여 고객에게 알려야 한다.
    - 예를 들면, 셔츠류는 깃(Collar)의 디자인이 중요하므로 그 부분을 중점적으로 보여준다.
    - 종전보다 특별히 싸게 파는 것은 POP를 활용하여 고객에게 알린다.
    - 가격도 구매요인이 되는 선물상품은 가격별로 분류 진열하는 것도 상품의 장점을 살리는 방법이다.
  ㉡ 판매 적기의 상품을 선별 배치
    - 매장 내의 상품 중 시기적절하게 잘 팔릴 수 있는 상품을 선정하여 눈에 띄도록 배치함으로써 고객에게 판매의도를 정확히 전달한다.
    - 상품을 기획하거나 매입하는 부서와의 긴밀한 협조를 통해 품목별로 판매 적기의 상품을 선별 배치할 수 있도록 월 단위, 주 단위, 일 단위로 일정표를 만들어 시행한다.
  ㉢ 판매율의 향상
    - VMD는 아름답다는 것만으로는 부족하며 상품에 정보가치를 부여하고 특정 이미지를 만들어 고객의 손이 닿도록 한다.
    - 전략적 사고를 바탕으로 데이터화된 진열체계를 확립하는 것이 중요하다.
    - 판매 실적을 올리고 있는 점포는 고객 측에게 전달하고자 하는 포인트를 VMD 차원에서 명확하게 보여 주고 있다.
  ㉣ 모든 상품이 팔릴 수 있는 기회 조성
    - 매장 코너별 유도 포인트와 충분한 동선을 확보한다.
    - 매장 측에서 볼 때는 팔릴 것 같지 않은 상품도 반드시 그것을 찾는 고객이 있으므로 그것을 염두에 둔다.
    - 매장 측의 판매방법, 디스플레이방법, 잘못된 배치의 원인 때문이라고 전제하고 개선점을 찾는다.
    - 제품을 반품 또는 사장시키기 전에 고객의 눈길이 닿는 위치로 옮기거나, 같은 위치라면 특별히 연출하여 팔릴 수 있는 기회를 만들어야 한다.

> **개념 PLUS**
>
> 상품가용성 기출 23
> - 상품가용성이란 특정 단품의 수요가 만족되는 비율을 말한다.
> - 안전재고의 양이 증가할수록 상품가용성이 증가한다.
> - 안전재고량의 수준 결정에는 수요의 변화 정도가 고려되어야 한다.
> - 안전재고량의 수준 결정에는 벤더(Vendor)로부터 배달까지의 리드타임(Lead time)이 고려되어야 한다.

2 상품구성계획

(1) 상품과 상품구성 계획

① 상품의 개요
- ㉠ 상품이란 상거래의 대상이 되는 모든 것을 말한다.
- ㉡ 상품은 인간의 욕구를 충족시킬 수 있으며, 경제적 가치를 가지고 있어서 교환의 대상이 될 수 있는 재화 및 서비스를 의미한다.
- ㉢ 재화에는 농산물과 수산물 등이 있으며 공장 등에서 제작된 공산품, 제품 등도 있다.
- ㉣ 점포의 핵심은 상품이며 소비자가 원하는 수준의 적절한 품질과 가격의 상품이 없다면 판매는 이루어질 수 없다.
- ㉤ 현대사회에서 생산물은 거의 대부분이 다른 사람의 욕구를 충족시키기 위해 생산되는 것이므로 교환의 대상물로서 상품의 가치를 가진다.
- ㉥ 소비자는 상품을 구매하여 소비함으로써 생활을 유지하고 질적으로 향상시키고자 한다.

> **개념 PLUS**
>
> **업무용품과 비교되는 소비자용품의 특성**
> - 시장이 광범위하고 대량판매가 가능하다.
> - 일반적으로 소량으로 소비되고 대부분 가격이 낮다.
> - 주문생산보다 시장생산되는 것이 대부분이다.
> - 상품 자체의 좋고 나쁨뿐만 아니라, 점포의 분위기, 배달편의, 외상판매, 반품의 허락 등 서비스의 내용도 구매동기에 영향을 미친다.

② 상품구성을 위한 계획 기출 18
- ㉠ 취급할 품목의 결정
- ㉡ 각 품목에 있어서 가격존(Zone)의 설정
- ㉢ 각 품목에 있어서 가격 계열(Line)의 설정
- ㉣ 각 가격 계열(Line)상의 품목수 결정
- ㉤ 고객의 구매결정요소에 맞는 상품구성 결정

> **OX문제**
>
> ▶ 상품구성을 위한 계획은 취급품목 결정, 각 품목의 가격존(Zone) 설정, 각 품목의 가격 계열의 설정, 각 가격 계열(Line)상의 품목 수 결정, 고객의 구매결정요소에 맞는 상품구성 결정의 순서를 따른다.
>
> 정답 ○

(2) 상품의 분류

① 소비자용품의 분류 기출 21

편의품	• 구매빈도가 높고 구매자가 구매에 시간이나 노력을 소비하지 않으며 저가격, 저마진, 고회전율을 가진 상품이다(예 담배, 주방잡화, 식료품 등). • 일반적으로 편의품은 주거지에서 가까운 점포에서 구입하는 경향이 있으며 상품의 회전율은 비교적 높으나 마진은 낮고, 대량생산이 가능하다.

선매품	• 구매빈도가 낮고, 구매자가 구매에 충분한 시간과 노력을 들여서 여러 점포를 돌아보고 품질, 가격, 스타일 등을 비교·검토한 뒤에 구매한다. • 상당히 높은 가격, 비교적 높은 마진, 낮은 회전율이 특징인 상품이다(예 의류, 자동차, 보석류, 가전제품 등). • 구매결정 시 디자인이나 스타일이 중요시되며 충분하고 신중한 검토를 거쳐 구매결정이 이루어지므로 구매자는 점포 내에 장시간 머무르게 된다. • 점포 내의 분위기 등이 구매자에게 큰 영향을 미치고 이 상품의 구매자들은 판매원의 설명, 지도 등의 원조를 요구하는 경우가 많다.
전문품	• 소비자는 상품에 대한 충분한 정보와 특정 상표에 대한 선호도가 매우 높으므로 철저한 구매계획을 통해서 상품을 구매한다. • 전문품은 구매빈도가 극히 낮고 가격은 매우 비싸며 회전율이 대단히 낮고 마진은 상당히 높은 상품이다. • 구매결정요인 중 가장 중요한 것은 가격보다 품질이며, 구매 시 전문가로서의 수준을 가진 판매원의 조언과 지도를 강하게 요구한다. • 전문품에는 최신 유행상품, 화장품, 고급시계, 오디오제품, 고급포도주 등이 있다.

② 전략적 상품분류

충동상품	• 즉흥적으로 구매가 이루어지며, 가격도 비교적 싼 상품이 속한다. • 소비자의 눈에 가장 잘 띄는 곳에 상품을 진열하는 것이 중요하다. • 잡지, 담배, 껌, 캔디류, 팝콘, 청량음료, 테이프 등 일상생활에서 사용빈도가 높고 미리 구입해 두더라도 부담이 없는 상품들로 구성된다.
소프트상품	• 의류, 침구류, 타올류, 린넨(Linen)류 등 직물(Cloth)류의 상품들로 부피에 비해 가볍다는 특징이 있다. • 백화점에서 취급하거나 이런 종류의 상품만을 전문적으로 취급하는 전문점에서 판매된다. • 소프트상품을 효과적으로 판매하기 위해서는 목표소비자를 얼마나 명확히 선정하느냐가 매우 중요한 전제조건이 된다.
하드상품	• 내구재 혹은 내구성 상품이라 불리는 상품으로, 가정용 기계류(재봉틀, 가스렌지), 자전거, 자동차, 가구 등이 포함된다. • 비교적 가격이 비싸고 구매빈도가 낮으므로 구매계획은 여러 상표를 비교평가한 후 최적의 상품을 선택 구매하는 것이 보통이다. • 하드상품의 효과적인 판매를 위해서는 다양한 상표의 상품카탈로그와 판매원을 배치함으로써 소비자의 정보탐색욕구가 충족될 수 있도록 하는 것이 필수적이다.
브라운상품	• 라디오, TV, 음향기기 등 주로 전자제품영역에 해당되는 상품을 말한다. • 브라운상품은 한 번 구매하면 사용연수가 비교적 길지만 유행상품인 성격도 가지고 있다. • 소비자들은 상품의 기능적인 측면뿐만 아니라 감성적인 측면의 상품속성도 중요하게 생각하는 경향이 있다. • 유통기업은 제조업체별 진열이 아닌 디자인이나 색상 등을 기준으로 해서 상품진열을 할 필요가 있다.
화이트상품	• 화이트상품은 소프트상품이나 하드상품, 브라운상품으로 분류될 수도 있는 품목 가운데서 비교적 가격이 싸고 가벼운 상품들이 해당된다. • 소프트상품의 양말이나 타올류, 하드상품의 다리미, 브라운상품의 전자손목시계 등이 여기에 속한다. • 화이트상품은 점포 내로 소비자를 유인하는 데 효과적으로 활용할 수 있는 것들이다.
계절상품	• 유행상품은 디자인이나 색깔 등에 따라 계절성을 가지는데, 수영용품, 외투, 스키용품, 냉·온방기 등은 특정기간으로 성수기가 정해져 있는 대표적인 계절상품들이다. • 소비자의 수요수준을 어떻게 평준화하느냐가 유통기업의 핵심이라고 할 수 있다.

(3) 상품의 구매방법과 구매조건의 결정

① 구매방법의 결정
  ㉠ 유통기업이 성공적인 상품구매를 위해 자사의 규모, 경쟁상태, 업태, 상권의 형편 등을 충분히 고려한 후 가장 알맞은 구매방법을 선정하여야 한다.
  ㉡ 상품의 구매방법에 따라 유통기업이 누릴 수 있는 혜택, 상품 취급과 관련된 재량권, 감당해야 할 리스크의 정도 등도 차이가 있다.

② 구매조건의 결정
  ㉠ 결정된 구매방법에 따라 상품을 구매하기 위해서는 공급업자가 제시하는 판매조건에 대한 검토가 선행되어야 한다.
  ㉡ 판매조건에는 운임, 할인조건, 지급기일, 납품일자, 포장방법 등이 있다.
  ㉢ 구매조건은 유통기업이 어떤 구매정책을 사용하는지 여부(예 분산구매&집중구매), 상품 거래처에 대한 자세 등에 따라 질적 수준이 달라진다.

③ 구매방법의 종류
  ㉠ 협동구매
    • 독립적으로 운영되거나 혹은 상권이 달라 비경쟁적인 상황에 있는 여러 점포들끼리 판매할 상품을 집단으로 구매함으로써 공동일괄구매의 혜택을 얻을 수 있다.
    • 편의품을 판매하는 유통기업은 대량구매에 따른 할인혜택, 우수상품의 우선확보, 배달의 신속성, 호의적인 외상구매조건 등의 이점을 얻을 수 있다.
    • 선매품이나 전문점이 체인점형태로 묶여있는 경우 판매가 확실한 수요가 발생했을 때, 유통업체의 주문과 형편에 맞는 상품을 기획하여 공급하는 것이 가능하다.
  ㉡ 집중구매
    • 특정상품에 대한 구매책임을 중앙본부의 구매전담자에게 일임시켜서 구매하는 방법이다.
    • 이 방법은 여러 가맹점을 가지고 있는 체인점이나 다수의 지점을 거느리고 있는 유통기업, 즉 다점포전략을 채택하고 있는 유통기업에서 많이 활용한다.
    • 재화를 한꺼번에 많이 구입함으로써 예산을 절약할 수 있다.
  ㉢ 위탁구매
    • 유통기업은 제조기업이나 도매기업으로 하여금 자사의 점포에 상품을 진열해서 판매하게 하고 판매한 상품에 대해서만 상품대금을 지불하며, 점포 내에서 발생한 절도 등의 손실분에 대해서만 책임을 진다.
    • 그 외의 모든 책임, 재고나 반품상품의 관리비용, 운송비, 판매원의 급료 등에 대해서는 상품의 공급업자인 제조기업이나 도매기업이 책임을 지게 하는 방법이다.
    • 재고상품에 대한 부담이 적은 대신 유통기업이 누릴 수 있는 마진 또한 매우 낮을 수밖에 없다.

> **OX문제**
> ▶ 위탁매입은 신제품 또는 가격이 비싼 제품 또는 수요예측이 어렵고 위험이 높은 제품에 주로 사용하는 방식이다. O│X
> 정답 ▶ O

개념 PLUS

위탁매입 기출 15
- 수요예측이 어렵고 위험이 높은 제품 또는 신제품이거나, 가격이 비싼 제품인 경우에 주로 많이 이용하는 방식이다.
- 소매업자는 일정기간 동안 제품을 진열하여 최종소비자에게 제품을 판매한 후 사전에 결정된 일정비율의 수수료를 받고 남은 제품은 공급업자에게 반품하게 된다.
- 소매업자에게 제공한 제품의 소유권은 공급업자에게 있다.

ⓔ 약정구매(Memorandum Buying) : 약정구매 또는 규약에 의한 구매는 소매업체가 납품받은 상품에 대한 소유권을 보유하되 일정기간 동안에 팔리지 않은 상품은 다시 납품업자에게 반품하거나 다 팔린 후에 대금을 지급하는 권리를 보유하는 조건으로 매입하는 방식이다. 기출 24·20

ⓜ 매출식 구매방법
- 위탁구매방법과 달리 매장에 진열된 상품에 대한 모든 책임을 제조기업이나 도매기업의 책임하에 둔다.
- 이 방법을 사용하여 상품을 구매하면 가장 낮은 마진으로 만족하지 않으면 안 된다(예 백화점에서 야채류, 생선류, 정육류 등의 상품).

ⓗ 명세서를 통한 구매방법
- 유통기업이 자사에서 필요로 하는 상품의 명세서를 작성해서 공급업체에 제시하고, 상호 간에 구매조건이 타결되면 명세서대로 생산이 시작되어 구매가 이루어지게 하는 방법이다.
- 힘이 있는 대규모의 유통기업은 자사에서 개발한 자체상표의 부착을 요구해 사용하기도 한다.

ⓢ 특정매입 거래방법 기출 23·19
- 상품은 소매점에서 관리하고, 위탁업체는 판매 분에 한해서 판매대금을 지급받는 위탁판매방식이다.
- 유통업체가 납품업자로부터 상품을 우선 매입해서 판매한 뒤 매출의 일정부분에 대해 수수료를 받는 형태이다.
- 재고품은 반품하기 때문에 유통업체에게 재고부담이 없다.
- 최신 유행에 맞춘 상품구성이 가능하며, 수익이 안정적이지만, 직매입 방식에 비해 매출액이 낮다.

> **OX문제**
> ▶ 특정매입이란 상품은 소매점에서 관리하고, 위탁업체는 판매 분에 한해서 판매대금을 지급받는 위탁판매방식이다. O|X
> 정답 ▶ O

개념 PLUS

상품 매입조건 기출 23
- 직매입 : 협력업체에게 직접 현금 또는 그에 상응하는 대금을 지급하고 매입하여 소매업체 책임으로 판매하는 방식이다. 식품, 가전상품의 경우, 백화점, 대형마트 등에서는 주로 직매입방식을 택하고 있다.
- 판매분 매입 : 협력업체 상품을 소매업체 책임으로 판매하고 판매액에 따라서 상품대금을 지급하는 매입조건이다.

(4) 상품구색계획

① **상품구색의 의의** 기출 22
  ㉠ 점포에서 취급하는 상품 중 특정한 품목의 관리가 소홀해지거나 과도하게 재고를 보유하는 등의 문제점이 발생하지 않도록 체계적으로 관리하는 것이 상품구색이다.
  ㉡ 상품구색은 목표소비자의 쇼핑편의를 도모하고 만족을 증대시키기 위해 특정점포에서 판매를 목적으로 취급하고 있는 모든 상품을 말한다.
  ㉢ 상품구색은 상품계열로 분류가 가능한데, 상품계열이란 동일 혹은 유사한 기능과 고객층, 동일한 용도, 유사한 가격수준 등에 따라 상품을 분류할 때 서로 관련성을 한데 묶을 수 있는 상품군을 말한다.
  ㉣ 상품계열은 다시 상품품목 혹은 품목으로 구성된다. 품목이란 상품의 크기, 가격, 형태, 속성, 포장 등에 따라 구별할 수 있는 개별상품단위이다.
  ㉤ 유통기업은 품목을 기준으로 재고유지 및 관리를 하므로, 이것을 재고유지단위라고 한다.

② **상품구색의 특성** 기출 19
  ㉠ 물리적·외형적 분류 : 상품구색 → 상품계열 → 상품품목 등으로 세분한다.
  ㉡ 상품구색의 3특성

깊이	• 상품계열에는 그 계열에 포함될 수 있는 품목의 종류가 각각 다른데, 특정상품계열에 포함되는 모든 품목수를 상품구색의 깊이라고 한다. • 상품의 색상, 크기, 디자인, 가격수준 등이 다양해서 품목을 많이 갖추고 있는 상품계열일수록 상품구색의 깊이는 깊어지게 된다.
넓이	• 상품계열의 수는 상품구색의 넓이를 나타낸다. • 유통기업이 자사점포의 매장에 상품구색을 다양하게 진열하기를 원한다면 상품구색의 넓이를 넓게 해야 한다.
일관성의 정도차이	• 점포에서 취급하는 각 상품계열의 상호관련성 정도를 나타내는 기준이다. 기출 24

  ㉢ 상품구색의 질적인 특성을 파악할 수 있는 3가지 측면인, 상품구색의 깊이와 넓이와 일관성은 서로 상충된 관계를 가지고 있다(예 상품구색의 깊이에 치중하면 상품구색의 넓이가 좁아지고 상품구색의 일관성을 높이면 상품계열 사이의 관련성을 높여야 하므로 상품구색의 폭이 좁아진다).
  ㉣ 매장면적의 크기란 상대적인 개념이므로 효과적인 매장배치를 위해서는 사전에 치밀한 계획을 세우고 상품계열의 수와 품목의 수를 제한하지 않으면 안 된다.
  ㉤ 매장에는 상품을 진열하는 공간 외에 상품판매를 위해 필요한 적합한 수의 판매원과 상품재고를 수용할 수 있는 적절한 규모의 공간이 확보되어야 한다.
  ㉥ 유통기업은 매장면적, 판매원, 보유해야 할 재고량 등으로 인해 효율적인 운영이 불가피하고, 상품구색도 일정한 범위에서 깊이와 넓이, 일관성 정도를 제한·선택하여야만 한다.

> **OX문제**
> ▶ 재고유지단위(SKU)는 유통업체에서 판매되는 상품계열과 아이템 등 모든 상품의 집합을 의미한다.
> **해설**
> 재고유지단위(SKU)는 상품최소단위, 즉 가장 말단의 상품분류단위로 상품에 대한 추적과 관리가 용이하도록 사용하는 식별관리 코드를 의미한다.
> 정답 ✕

> **개념 PLUS**
>
> **상품믹스** 기출 24·23·19
> - 상품믹스는 유통업체에서 판매되는 상품계열과 아이템 등 모든 상품의 집합을 의미한다.
> - 상품품목(Item)은 가격, 사이즈, 기타 속성에 따라 확실하게 구분되는 단위상품이다.
> - 상품계열(Line)은 소매점에서 취급하는 상품군의 다양성을 의미한다.
> - 상품믹스 폭(Width)은 소매점에서 취급하는 상품계열의 다양성을 의미한다.
> - 상품믹스 깊이(Depth)는 소매점의 동일 상품계열 내 이용 가능한 대체품목의 숫자를 의미한다.
> - 재고유지단위(SKU)는 점포 또는 카탈로그에서 구매 또는 판매할 수 있는 상품에 사용하는 것으로 판매자가 정한다.

③ 상품구색의 유형
  ㉠ 상품구색의 유형은 유통업태를 결정하는 중요한 관건이 되고 유통기업전략의 중심내용이 된다.

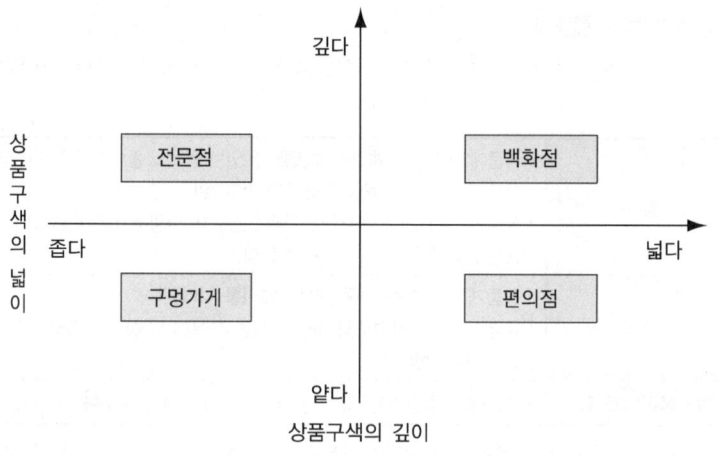

[상품구색의 유형과 유통업태의 관계]

  ㉡ 유형 구분

깊고 넓은 상품구색	• 소비자 입장에서 보면 다양한 상품들을 접할 수가 있어 일괄구매가 가능하고, 상품선택의 폭도 넓어 구매만족 수준도 높다. • 깊고 넓은 상품구색을 갖추고 있는 점포는 소비자를 점포로 흡인할 수 있는 능력이 높으며, 상권의 크기도 크게 형성시킬 수 있다는 장점이 있다. • 취급하는 품목의 수가 너무나 다종다양하기 때문에 재고투자액이 많아지게 되고 그만큼 재고관리에 대한 중요성도 높아지게 된다. • 취급하는 상품이 많다보면 매출액 회전율이 낮은 품목이 발생할 가능성이 높고 재고유지관리를 위한 추가적인 비용부담이 발생할 가능성도 높아지게 된다.
얕고 넓은 상품구색	• 상품계열 내에 포함되어 있는 품목의 다양성은 빈약한 반면 상품계열 자체의 종류는 다양한 상품구색이다. • 이 유형의 상품구색은 상품의 종류가 다양하기 때문에 상권이 넓게 형성되며, 일괄구매에 대한 높은 가능성 등으로 인해 많은 소비자를 점포로 유인할 수 있는 여건을 갖추게 된다. • 유통기업의 경우 매출액 회전율이 높지 않은 품목은 제거하고 회전율이 높은 품목만을 취급하는 경우가 많다.

깊고 좁은 상품구색	• 점포에서 취급하는 상품계열의 수는 적되, 취급하기로 결정한 상품계열은 색상과 디자인, 가격수준 별로 다양하게 갖춘 경우이다. • 상품계열별로 거의 완벽하게 품목들을 구비하고 있기 때문에 고객에 대한 서비스가 매우 충실하며, 여러 종류의 상품계열을 취급하지 않기 때문에 비용이 적게 드는 이점도 있다. • 이 유형은 상품에 대한 폭넓은 지식과 정보를 갖춘 전문판매원의 확보와 배치가 필요하며, 전문점으로서의 이미지 구축을 통해 점포를 차별화하여야 한다. • 상품의 다양성 측면에서 한계점을 가지고 있기 때문에, 점포가 목표로 하는 소비자를 흡인하는 능력도 제한될 수밖에 없으며, 상권도 넓지 못하다.
얕고 좁은 상품구색	• 상품의 종류와 품목의 수가 매우 제한된 상품구색을 말한다. • 특정지역에 밀착 입지하여 약간의 단골고객을 상대로 유통활동을 하는 소규모 점포에서 채택하는 경우가 많다. • 인적 판매원들이 판매활동을 위해서 활용하는 상품구색도 이와 유사하다.

ⓒ 같은 깊이와 넓이의 상품구색을 갖추고 있다고 할지라도 상품구색 사이의 일관성 등 질적인 특성을 관찰해 보면 그 유형과 특성이 더욱 다양해지고 복잡해질 수 있는 것이 상품구색이다.

개념 PLUS

유통업태의 유형 기출 15

구 분	매 입	위 탁
종합소매상	매입종합소매점(예 하이마트)	위탁종합소매점(예 백화점)
전속대리점	매입전속대리점(예 가전대리점)	위탁전속대리점(예 의류전문점)

④ 자체상표상품의 개발을 통한 적극적인 상품화 기출 22
  ㉠ 자체상표(PB ; Private Brand) : 자체상표(유통업체상표)는 원래 미국의 대형 슈퍼마켓을 운영하던 유통기업들이 자사의 경쟁력을 제고하기 위하여 개발해서 판매해오던 것이다.
  ㉡ 우리나라에서도 대형백화점을 운영하는 유통기업들 중심으로 도입하고 있는데, 차별적인 상품화를 통해 보다 많은 소비자를 자사점포로 유인할 목적으로 적극 도입하여 활용하고 있다.
  ㉢ 자체상표를 도입하는 상품영역도 매우 다양하다(예 신세계백화점의 경우 여성정장, 여성캐주얼, 실용패션, 잠옷, 아동복, 패션잡화, 생활용품, 식품, 주류, 도자기류에 이르기까지 다양한 종류의 자체상표를 적극적으로 개발하여 사용).
  ㉣ 자체상표상품의 개발전략
    • 도매기업이나 제조기업이 기획해서 개발한 상품을 특정한 유통기업이 독점적으로 계약생산한 후 전량 구매하여 판매하는 형태
    • 유통기업이 자체능력으로 기획을 하여 직접 도매기업이나 중소제조기업에 하청을 주거나 자사 계열사를 통해 생산한 후 판매하는 형태
    • PB상품을 고급화하고 자사점포를 차별화함으로써 경쟁력을 향상시키기 위해 외국디자이너의 상표를 직접 라이선싱하거나 아예 디자인 자체를 구입한 후 상품을 직접 생산해서 자체상표를 부착하는 형태
  ㉤ PB상품의 장점
    • PB상품은 다른 곳에서 구매할 수 없는 상품이기 때문에 다른 유통기업과 비교할 때 차별화된 상품화를 가능하게 한다.

- PB상품은 유통기업이 직접 개발해서 생산하거나, 유통단계를 현저하게 축소시킨 상태에서 상품을 공급받아 판매하기 때문에 유통기업이 누릴 수 있는 마진폭을 상대적으로 높게 책정할 수 있다. 그 결과 상품의 소비자가격은 저렴하게 책정하면서도 유통기업은 높은 수익성을 향유할 수 있다.
- PB상품은 가격결정에 있어서 상품을 개발한 유통기업이 전적인 권한을 소유하고 있어서 상품의 가격을 비교적 싸게 책정할 수 있을 뿐만 아니라 가격변경에 대한 융통성도 가지고 있다.
- PB상품에 대한 가격결정재량권은 상품을 개발한 유통기업으로 하여금 자사점포의 매장에 나란히 진열되어 있는 다른 제조기업의 경쟁상품에 비해 PB상품의 가격을 싸게 책정할 수 있게 하여 촉진관리 효과까지 얻을 수 있다.

02 매입관리

1 상품예산계획

(1) 재무목표 설정

① 상품관리에 대한 재무적인 계획은 소매조직의 최상층에서부터 시작하여 매입담당자나 상품계획관리자들이 그들의 계획안을 전개해 나가고 회사와 협상해 가는 동안, 카테고리 수준에까지 반영되어 있어야 한다.

② 최고경영자들은 상품관리를 기업 목표·회사의 상품관리에 대한 방향을 제시한 반면 매입담당자와 상품계획관리자는 취급하고 있는 카테고리의 이전 판매자료를 검토, 시장 추이의 관찰, 다가오는 시즌에 부합할 수 있는 상품기획 등을 시도한다.

③ 재무적인 관점은 소규모 혹은 큰 규모의 소매업체라 할지라도 재무적인 목표로부터 출발하여 목표달성을 위해 카테고리 수준에서의 의사결정이 중요하게 적용된다.

④ 상품계획의 결과는 각 카테고리에 대하여 재무상태를 고려한 상품매입 청사진으로 나타나며, 이는 기업의 매출예측과 상품흐름에 따른 재무목표를 반영한다.

⑤ 상품계획에서는 월별 특정카테고리에서 상품매입을 위해 소요되는 자금이 어느 정도 되는지를 매입담당자와 상품계획관리자에게 보고하여, 매출예측 및 다른 재무적인 목표가 달성될 수 있도록 한다. 일단 상품계획이 수립되면, 매입담당자와 상품계획관리자는 상품구색계획을 수립한다.

⑥ 매입담당자는 공급업체와 함께 상품을 선정하고, 가격을 협상하며 촉진관리방법을 개발한다. 상품계획관리자는 얼마나 많은 품목을 점포에 어떻게 할당할 것인지를 결정함으로써 전반적인 재무 목표가 달성될 수 있게끔 한다.

⑦ 각각의 단계에서 수많은 협상이 존재하게 된다. 상품계획관리자와 매입담당자는 상품매입에 사용할 수 있는 자금의 규모에 의해 매출이 결정되므로 대규모 매출에 대한 예측에 고심하게 된다.

> **개념 PLUS**
>
> **카테고리 관리** 기출 21·16·15
> - 유통업자와 상품공급업자가 정보기술을 이용하여 머천다이징 전략과 구매의사결정을 공동으로 하는 것을 말한다.
> - 각기 분산되어 있는 머천다이징의 각 활동과 재고관리 등의 기능을 상품별로 모두 통합하여 매입에서 판매까지를 수직적으로 결합하는 활동이다.

(2) 이익, 매출, 회전율의 결합 : 재고총이익률(GMROI) 기출 24·23·21·13

① 기업수준에서 자산수익률(ROA ; Return On Asset)이 기업 전반의 활동에 대한 계획과 평가에 활용된다.

$$\text{자산수익률(ROA)} = \text{순이익률} \times \text{자산회전율}$$
$$= \frac{\text{순이익}}{\text{순매출}} \times \frac{\text{순매출}}{\text{총자산}}$$
$$= \frac{\text{순이익}}{\text{총자산}}$$

  ㉠ 전략적 수익모델을 사용한다는 측면에서, 점포관리자나 운영실무자의 성과를 계획하고 비교하기 위해서 자산수익률을 사용할 수 있다.
  ㉡ 이는 그들이 점포 내에서 수익을 창출하기 위하여 어떻게 자산을 확보하여야 할 것인가를 통제하기 때문이다.
  ㉢ 재고총이익률은 상품의 기획 또는 머천다이징 전략을 수립할 때에도 가장 유용하게 사용할 수 있는 재무개념이다.

② 상품기획관리수준에서 자산수익률의 모든 요소가 다 중요한 것은 아니다.
  ㉠ 결과적으로 상품매입성과를 계획하고 평가하는 투자대비수익률은 재고총이익률(GMROI ; Gross Margin Return on Inventory Investment)이라는 재무공식에 의해 측정된다.
  ㉡ 이는 재고에 투자되는 자금에 대해 얼마나 많은 총이익이 확보되는가를 측정하는 것이다.

③ GMROI는 자산수익률과 유사한 개념이다.
  ㉠ 고위실무자보다는 매입담당자수준에서 통제되는 요소들을 고려한다는 점에서 차이가 있다.
  ㉡ 순이익률과 자산회전율의 공식 대신에, 총이익률과 재고대비매출비율(Sales To Stock Ratio : 재고회전율과 유사한 개념임)을 사용한다.

$$\text{재고총이익률(GMROI)} = \text{총이익률} \times \text{재고대비매출비율}$$
$$= \frac{\text{순이익}}{\text{순매출}} \times \frac{\text{순매출}}{\text{평균재고}}$$
$$= \frac{\text{총이익}}{\text{평균재고}}$$

④ GMROI에서 평균재고는 소매가격 또는 원가로 표현될 수 있다.
  ㉠ 소매업체에게 있어서 재고에 대한 투자는 재고원가부분 만큼이며 소매가격만큼은 아닌 것이다.
  ㉡ 재고대비매출비율은 다음과 같다. 기출 24

$$재고대비매출비율 = \frac{순매출}{평균재고(원가)}$$

※ 재고회전율 = 재고대비매출비율 × (100% − 총마진%)

개념 PLUS

투자수익률(ROI)
= 투자중심점의 영업이익 / 투자중심점의 영업자산

$$= \frac{영업이익}{매출액} \times \frac{매출액}{영업자산}$$

= 영업이익률 × 자산회전율

⑤ 자산수익률과 같이 GMROI는 이익과 회전율의 개념이 결합된 것이다.
  ㉠ 이러한 두 개념의 결합을 통해서 상이한 이익과 마진 구조를 가진 부문 간에도 성과에 대한 비교와 평가가 가능해진다.
  ㉡ 슈퍼마켓에서 어떤 부문은 고이익・저회전율의 특성을 가지고 있는가 하면(예 와인 등), 다른 부문은 저이익・고회전의 특성을 가지고 있다(예 지속성 상품 등).
⑥ GMROI는 부문, 상품계열, 공급업체 라인, 품목에 있어서 투자수익률의 지표로 사용된다.
  ㉠ 총이익률과 재고회전율의 개념을 모두 포함하고 있기 때문에 매입담당자의 성과평가를 관리하기에도 유용하다.
  ㉡ 상이한 이익・회전율구조를 가진 상품에 대해서도 비교가 가능하다.
  ㉢ GMROI가 총이익과 재고회전율로 구성되어 있지만, 가격결정차원에서는 총이익개념이 더욱 의미 있게 사용된다.
  ㉣ 재고회전율은 상품기획에 대한 결정보다 많은 시사점을 제공한다.

개념 PLUS

회계처리 관련용어 기출 13
- 상품군 분류코드(MD code) : 매입계획과 매출계획 수립을 위한 상품군 분류코드를 말한다.
- P/C(Profit Center) : 이익중점으로 여러 개의 상품군을 기능별로 묶어서 관리하는 단위를 말한다.
- F/M(Floor Manager) : 매장의 각층을 관리하는 층별 관리자를 뜻하며 여러 개의 이익중심점이 모여 이루어진다.
- 대출입 : 매입된 상품이 지점이나 점포 내에서 상품군 간 또는 점 간에 이동되는 것을 말하며 상품을 보내는 대출과 상품을 받는 대입이 있다.
- 점출차익 : 판매예정 이익금으로 부가가치세를 포함한다.

(3) 재고회전율의 측정 기출 23·21

① 재고회전율의 개념은 '상품의 이동' 측면이라고 할 수 있다.
　㉠ 특정기간 동안, 보통 1년 동안 평균적으로 얼마나 많은 횟수로 상품이 점포를 거쳐나가는지가 재고회전율의 개념이다.
　㉡ 재고회전율은 재고의 생산성, 즉 상품이 얼마나 많은 수익을 발생시키는가를 측정하는 것이다.
　㉢ 재고회전율은 다음과 같이 정의된다.

$$\text{재고회전율} = \frac{\text{순매출}}{\text{평균재고(소매가)}} \text{ 또는 } \frac{\text{상품판매원가}}{\text{평균재고(원가)}}$$

② 대부분의 소매업체들이 소매가를 재고로 생각하는 경향이 있기 때문에 순매출을 평균재고로 나눈 것을 선호한다.
③ 소매업체는 통상 1년 단위로 검토한다.
④ 보석에 비해 식품이나 의류가 재고회전율이 높고 빨리 팔리기도 하며 또한 가격 할인을 통해 판매를 촉진하기도 한다.
　㉠ 평균재고의 계산 : 평균재고는 고려하는 기간 동안의 각 월의 재고의 합을 구분하여 계산한다.

$$\text{평균재고} = \frac{\text{1월 재고 + 2월 재고 + 3월 재고 + } \cdots}{\text{개월 수}}$$

　㉡ 빠른 회전율의 장점 : 매출량의 증대, 판매원의 사기진작, 시장기회로부터의 현금 확보, 운영비용의 감소, 자산회전율의 증가를 들 수 있다.
　㉢ 지나치게 빠른 회전율의 단점 : 소매업체는 재고회전율의 균형을 맞춰야 한다. 지나치게 빠른 재고회전은 판매량의 하락, 판매비용의 증가, 그리고 매입 및 주문처리시간의 증대를 초래함으로써 기업에 손해를 끼치게 된다.

개념 PLUS

상품매입 관련용어 기출 16

- 역청구 : 소매업체가 공급업체로부터 야기된 상품 수량의 차이에 대해 대금을 공제하는 것을 말한다.
- 역매입 : 경쟁자의 상품을 시장에서 제거하기 위해 경쟁업체의 제품을 사들이는 행위를 말한다.
- 독점거래협정 : 공급업체나 도매업체가 소매업체로 하여금 자신 이외의 다른 공급업체나 도매업체의 상품을 취급하지 못하도록 제한하는 것이다.
- 구속적 계약 : 사고자 하는 상품을 구입하기 위하여 사고 싶지 않은 상품을 묶음계약의 형태로 소매업체가 구입하도록 공급업체와 소매업체가 협정을 맺는 것이다.
- 입점비 : 공급업체가 소매업체의 점포 사용에 따른 비용을 지불하는 것이다.

2 브랜드전략

(1) 제조업체브랜드(NB ; National Brand)

① 개 요
- ㉠ 전국브랜드로 알려진 NB는 공급자에 의해 디자인되고 생산되어 시장에 나온 상품이다.
- ㉡ 제조업체는 상품개발과 브랜드 이미지 만들기에 책임을 진다.
- ㉢ 제조업체는 특정상품에 제조업체 상호를 브랜드명의 일부로 사용한다.
- ㉣ 어떤 소매업체는 가장 중요한 전국브랜드를 중심으로 카테고리를 구성한다.
- ㉤ NB의 공급업체로부터 상품을 매입하는 것은 점포이미지와 거래흐름, 판매나 판촉비용에 도움이 된다.
- ㉥ 점포에서 유명브랜드를 찾는 고객들이 있기 때문에 소매업체는 NB의 공급업체로부터 매입하게 된다.

② 특 징
- ㉠ NB의 충성고객들은 일반적으로 상품으로부터 기대하는 것을 알고 있다.
- ㉡ 제조업체는 상품에 대한 수요를 창출하기 위해 중요한 자원을 투자한다.
- ㉢ 소매업체는 NB에 판촉비용과 판매비용을 적게 들인다.
- ㉣ NB는 PB보다 총마진이 적다.
  - 낮은 마진은 NB를 판매하는 소매업체들 간의 경쟁을 증가시킨다.
  - 많은 소매업체가 같은 NB를 판매하고 있기 때문에 고객들은 점포들 간의 가격을 비교한다.
  - 소매업체는 때때로 점포에 고객을 유인하기 위해 NB를 할인판매하기도 한다.
- ㉤ 전국브랜드를 쌓아두는 것은 점포충성도를 높일 수도 있고 줄일 수도 있다.
  - NB 수가 제한적인 소매할인점에서 판매되면, NB에 충성도를 보이는 고객들은 점포에도 충성도를 나타낸다.
  - NB를 시장의 많은 소매업체에게서 쉽게 살 수 있다면, 소매업체가 경쟁으로부터 자신을 특화시킬 수 없기 때문에 고객충성도는 감소한다.
- ㉥ NB는 소매업체의 영업정책을 제한할 수 있다. 강력한 브랜드공급업체는 상품을 어떻게 진열하고, 광고하고, 가격을 책정할 것인지를 소매업체에 지시할 수 있다.

(2) 자체브랜드(PB ; Private Brand) 기출 23 · 21 · 15

① 개 요
- ㉠ 소매업체가 개발하고 판매하는 상품이다.
- ㉡ 전통적으로 소매업체의 매입자나 카테고리관리자는 특정한 상품을 개발 후 제조업체와 접촉한다.
- ㉢ 브랜드의 촉진은 제조업체가 아닌 소매업체의 몫이다.
- ㉣ PB는 최근 소매업체 사이에서 고유한 특성을 구축하였다는 평가를 받는다.
- ㉤ PB상품의 공급업체가 국외의 지역에 있을 때 혼란은 더욱 심각해진다.
- ㉥ 판매원들은 NB에 비해 PB상품의 판매를 위해 추가적 훈련을 필요로 한다.
- ㉦ PB상품이 판매되지 않으면, 소매업체는 공급업체에게 상품을 반품할 수 없다.

② 특 징 기출 23
　㉠ 일반적으로 유통업체는 상품에 대한 디자인과 사양을 개발하고 그 상품을 생산해 줄 수 있는 제조업체와 계약을 한다.
　㉡ 제조업체 브랜드(NB)업체로부터 제공되지 않는 혁신적인 상품이나 더 나은 가치를 제공하는 상품을 유통업체 브랜드(PB)로 도입하기도 한다.
　㉢ 유통업체가 제조업체 브랜드(NB)의 벤더와 협력하여 자사 점포에서만 판매할 수 있는 상품을 개발하며 이러한 경우 NB벤더나 제조업체가 해당상품의 생산에 책임이 있다.
　㉣ 유통업체는 유통업체 브랜드(PB)를 통해 점포 충성도를 증가시킬 수 있다.

③ PB의 장·단점

장 점	• PB상품은 소매업체에게 다양한 장점을 제공하기 때문에 슈퍼마켓, 드럭스토어체인, 대규모 할인점에서의 PB의 판매액은 전국브랜드보다 3배 더 증가했다. • 강력한 PB는 점포충성도를 증가시킨다. • 브랜드가 고품질이고 유행에 맞는다면 점포이미지를 강화할 수 있다. • 성공적인 PB는 고객을 점포로 끌어들일 수 있다. • 소매업체는 PB를 매입함으로써 전시, 촉진, 가격결정에서 제조업체의 제한을 받지 않는다. • 소매업체는 PB를 구매할 때 제조, 품질관리, 상품유통에 더 많은 통제를 가할 수 있다.
단 점	• 총마진은 NB보다 PB가 더 높지만, 잘 드러나지 않는 다른 비용이 있다. • 소매업체는 PB에 대한 호의적인 이미지 증진, 상품 디자인, 고객인지도를 형성시키기 위한 투자를 해야만 한다.

> **OX문제**
>
> ▶ PB(Private Brand) 성장은 제조업체 브랜드와의 지나친 경쟁으로 유통질서가 혼탁해지지만 소비자 보호에는 도움이 된다. O|X
>
> 해설
> 유통업체 브랜드는 제조업체 브랜드보다 저렴한 가격경쟁력을 바탕으로 하지만 유통질서를 어지럽힌다고 볼 수 없고, 소비자 선택의 폭을 확대시킨다.
> 정답 ▶ ×
>
> ▶ PB전략은 낮은 비용으로 저렴한 가격의 상품을 판매하는 할인점 또는 편의점에 적합한 전략으로 백화점은 활용하지 않는다. O|X
>
> 해설
> 대형유통업체에서 시작된 PB전략은 백화점, 홈쇼핑, 쇼핑몰업체까지 전방위로 확산되고 있다.
> 정답 ▶ ×

④ PB전략 기출 22·15
　㉠ 소비자의 합리적 구매성향으로 인해 PB가 소매업체의 수익성을 개선하는 요인으로 급부상하고 있다.
　㉡ 유통업체의 수익 확보 및 점포충성도를 높이는 수단이 될 수 있으나 상품공급업체와의 갈등을 유발하기도 한다.
　㉢ 대형유통업체에서 시작된 PB상품 전략은 백화점, 홈쇼핑, 쇼핑몰업체까지 전방위 확산되고 있으며, 특히 매출하향으로 어려움을 겪는 백화점의 경우 PB상품 개발로 차별화를 시도하고 있다.
　㉣ 제조업체 브랜드에 비해 인지도나 제품디자인이 다소 떨어지는 경향이 있고 유통업체의 재고 부담이 커진다는 단점이 있다.
　㉤ 신제품의 개발이 빈번하지 않고 소비자의 가격민감도가 큰 저관여 제품군에 활발히 도입되어온 전략이다.

(3) 기업브랜드(Corporate Brand) 기출 16·14
① 기업명이나 기업을 대신하는 브랜드 또는 기업의 상표로 구분할 수 있다.
② 패밀리브랜드(Family Brand)
   ㉠ 기업 브랜드의 하위 브랜드 구조로 동일한 범주 내에서 여러 개의 개별 브랜드를 갖는다.
   ㉡ 서로 상이한 제품에 대하여 통합화하는 브랜드로서 전문적인 제품 및 사업군을 포괄한다.
   ㉢ 한 기업에서 생산되는 유사제품군이나 전체 품목에 동일하게 부착하는 브랜드이다.
   ㉣ 동일한 범주 또는 동일한 아이덴티티를 갖는 제품별 브랜드를 하나로 묶어주는 브랜드이다.
   ㉤ 같은 브랜드를 사용하는 제품 중 한 가지 제품이 성공한 경우 다른 세품에도 긍정적인 효과를 주어 신제품의 시장진입을 쉽게 한다.
③ 개별 브랜드(Individual Brand)
   ㉠ 개별 브랜드전략이란 기업에서 생산되는 제품별로 각기 다른 브랜드를 부착하는 전략이다.
   ㉡ 통합화 브랜드에 비해 수명은 길지 않지만 각각의 특성과 속성을 표현하거나 성분과 효능 및 효익을 쉽게 파악할 수 있다.

(4) 브랜드전략 기출 20·16·14·13
① 공동 브랜드전략 : 인지도가 높고 호의적인 이미지를 가진 기존 브랜드를 활용하는 전략이다.
② 결합 브랜드전략 : 2개 이상의 상표명을 하나의 제품에 부착하는 전략이다.
③ 유사 브랜드전략 : 유명제조업체의 상호나 브랜드 자산에 기대어 간접적인 이득을 얻기 위한 전략이다.
④ 프리미엄 브랜드전략
   ㉠ 소비자들이 해당 제품 카테고리에서 평균 제품보다 최소 2배 이상의 가치를 느낄 수 있도록 하는 브랜드전략이다.
   ㉡ 프리미엄 브랜드와 일반 브랜드 사이의 소비자 가치기준은 독특한 가치, 사회적 가치, 감성 가치, 품질 가치 등이 있다.
⑤ 브랜드 수식어(Brand Modifier)
   ㉠ 제품의 미세한 특징을 나타내기 위해 추가되거나 보조적으로 활용된다.
   ㉡ 브랜드에 일관성을 부여함과 동시에 표현의 구체성을 위해 사용되거나 제품의 범위에 따라 적용되기도 한다.

OX문제

▶ 패밀리브랜드는 한 기업에서 생산되는 유사제품군이나 전체 품목에 동일하게 부착하는 브랜드이다. O|X

정답 》 O

OX문제

▶ 유통업체 브랜드(Private Brand)는 제조업체와의 제휴를 기반으로 하기 때문에 유통업체 브랜드의 사용권과 브랜드신청 및 획득권은 제조업체에게 있다. O|X

해설
유통업체 브랜드의 소유권, 마케팅 관리, 재고관리 등에 관한 제반 권한과 책임을 모두 유통업체가 가진다.

정답 》 X

OX문제

▶ 프리미엄 브랜드전략은 자사의 상품을 타사와 구별하기 위하여 특정 상징과 기호를 부착하는 전략이다. O|X

해설
프리미엄 브랜드전략은 소비자들이 해당 제품 카테고리에서 평균 제품보다 최소 2배 이상의 가치를 느낄 수 있도록 하는 브랜드전략이다.

정답 》 X

⑥ 신제품 브랜드전략
　㉠ 하향 확장의 경우 기존 브랜드의 고급 이미지를 희석시켜 브랜드자산을 약화시키는 희석효과를 초래할 수 있다.
　㉡ 기존의 브랜드자산이 크다고 판단되는 경우, 기존의 제품범주에 속하는 신제품에 그 브랜드명을 그대로 사용하는 것을 계열확장 혹은 라인확장이라 한다.
　㉢ 같은 브랜드의 상품이 서로 다른 유통경로로 판매될 경우, 경로간의 갈등을 일으킬 위험이 있다.
　㉣ 브랜드확장의 유형에는 동일한 제품군 내에서 확장하는 라인확장과 다른 제품군으로 확장하는 카테고리확장이 있다.
　㉤ 기존의 제품범주에 속하는 신제품에 완전히 새로운 브랜드를 사용하는 것을 다상표전략이라 한다.

⑦ **협력브랜드 전략(MPB)** : 상품 전면에 중소 제조(납품)업체 브랜드를 소매상 브랜드와 함께 표시하는 것을 말한다. 힘이 약한 중소 제조(납품)업체를 보호한다는 측면에서 상생경영의 한 방안이 될 수 있다.

⑧ 브랜드의 특성 기출 21·14
　㉠ 브랜드는 수명주기가 없으며, 브랜드네임은 쉽게 바꾸어서는 안 된다.
　㉡ 브랜드는 기업 성과를 담는 그릇이라고 할 수 있으며, 브랜드자산을 구축하는 과정이 마케팅이라 할 수도 있다.
　㉢ 소비자들이 브랜드를 구매의사결정의 기준으로 삼는 것은 제품의 태도정보를 중요시하기 때문이다.
　㉣ 브랜드 준거현상은 저관여 제품이나 고관여 제품에서 모두 중요하다.

> **OX문제**
> ▶ 기존 브랜드와 다른 제품범주에 속하는 신제품에 기존 브랜드를 사용하는 것을 브랜드확장 혹은 카테고리확장이라 한다. O|X
>
> 해설
> 확장의 유형에는 동일한 제품군 내에서 확장하는 라인확장과 다른 제품군으로 확장하는 카테고리확장이 있다.
>
> 정답 ▶ ×

3 벤더관리

(1) 벤더의 정의 기출 17
① 제품을 판매하는 회사, 제품 메이커나 판매 대리점을 말한다.
② 기존의 도매상들과는 달리 POS, 자동주문시스템 등 전산화된 물류체계를 갖춰 소매업자에게 분야별로 특화된 상품들을 공급해주는 다품종 중간상이라고 할 수 있다.
③ 소매업자는 보통 제조업자상표 벤더, 소매업자상표 벤더, 라이선스상표 벤더, 무상표 벤더와 거래한다.
④ 라이선스(Licence)상표 벤더란 유명업체의 상표를 빌려서 제품을 개발, 생산, 판매하는 회사를 말한다.
⑤ 벤더와 소매업체가 전략적 관계라면, 장기적이며 관계투자가 상당하다.
⑥ 제조업자상표 벤더는 일반적인 내셔널 브랜드(National Brand)를 취급하는 회사를 말한다.

> **OX문제**
> ▶ 벤더란 소매업자가 제품을 판매하는 회사를 말한다. O|X
>
> 해설
> 벤더(Vendor)란 제품을 판매하는 회사, 제품 메이커나 판매 대리점을 말한다.
>
> 정답 ▶ ×

(2) 매주(賣主, 공급자·매입처) 파악

① 생산자 : 많은 소매업체가 중간상의 개입을 거치지 않고 직접 매입한다.

② 중간상

  ㉠ 생산자와 소매업체 사이에 개입하여 상품의 중개를 담당하는 자이다.
  ㉡ 상품의 구매·판매, 분류·할당, 저장·수송, 신용·정보제공 등의 기능을 수행한다.

[중간상의 분류]

중간상	분배업자	수송차량을 이용해서 소매점포를 대상으로 판매하는 업자
	전문도매상	특정상품 품목이나 제품계열만을 취급하는 도매상
	종합도매상	여러 가지 구색과 복합적인 제품을 갖춘 도매상
에이전트	계약도매상	• 계약에 따라서 도매상의 역할을 하는 업체 • 협동조합과 같은 단체와 계약을 맺고 구매대행을 하거나 소규모점포들이 연합하여 만든 연쇄점들과 도매계약을 체결한 후 거래
	위탁판매업자	• 주로 생산업체의 마케팅활동을 대신하는 업체 • 거래가 성사되면 생산업체로부터 일정한 대가를 받음
	브로커	생산자와 구매자를 연결하여 거래를 성사시키는 업무를 전문적으로 수행

③ 구매대행업체

  ㉠ 주로 생산지에 위치하거나 생산지의 도매시장에 위치하고 있다.
  ㉡ 구매 분야의 전문대행업체로 이들은 각 소매업체 구매담당자들과 접촉하면서 정보를 제공하고 활동에 관해 조언하는 업무를 담당한다.

④ 수입업체 : 지역적인 경계를 넓혀서 국외생산품을 취급하는 업체를 말한다.

개념 PLUS

직접매입의 장점
• 제품의 신속한 배달 가능
• 다른 형태의 구매보다 제품의 신선도가 높음
• 비용과 시간 절약
• 제품에 관련된 다양한 정보수집 가능
• 생산자와 점포 사이에 이견이 있을 때 상호조정 용이

간접매매
중개업자가 매매 당사자 사이에 개입하여 일정한 수수료를 받고 거래하는 매매방법
• 위탁매매인을 통한 매매 : 타인으로부터 위탁을 받아 자기 명의로 거래를 하고 위탁매매에서 발생하는 손익은 위탁자에 귀속시키는 상인
• 대리상을 통한 매매 : 특정한 상인을 위해 그 상인의 명의로 거래를 하고 그 성과에 따라 수수료를 받는 상인
• 중개인을 통한 매매 : 타인의 의뢰를 받아 매매 및 금전 대차 등을 중개·알선해 주고, 계약 성립 시 쌍방으로부터 중개수수료를 받는 상인

(3) 거 래
① 거래의 정의 : 일반적으로 재화 또는 서비스를 대상으로 하여 상인 간 또는 상인과 고객 간에 이루어지는 매매행위를 말한다.
② 거래의 종류 기출 17 · 16 · 15
  ㉠ 단속형 거래
    • 단순한 요구나 제안으로부터 의무 조항이 발생하고 완전 양도도 가능하다.
    • 거래처를 단순고객으로 보며, 상대적 의존도가 낮다.
    • 이익과 부담이 명확하게 구분된다.
  ㉡ 관계형 거래
    • 기존 거래관계, 상관습, 법률에 의해 형성된 약속에 의해 의무가 발생하고 제한적으로 양도가 가능하다.
    • 거래처를 동반관계로 보지만 상대적 의존도는 높다.
    • 이익과 부담의 일부를 공유한다.

> **O X 문제**
> ▶ 단속형 거래는 거래처에 대한 상대적 의존도가 높지만, 관계형 거래는 상대적 의존도가 낮다.
> O | X
>
> 해설
> 단속형 거래는 거래처에 대한 상대적 의존도가 낮지만, 관계형 거래는 상대적 의존도가 높다.
>
> 정답 〉 ×

[단속형 거래와 관계형 거래의 비교]

구 분	단속형 거래	관계형 거래
거래처에 대한 관점	단순고객으로서의 거래처	동반자로서의 거래처
지배적 거래규범	계 약	거래윤리
거래경험의 중요성	낮 음	높 음
신뢰의 중요성	낮 음	높 음
잠재거래선의 수	다수의 잠재거래선	소수의 잠재거래선
거래선의 차별화정도	낮 음	높 음
상대적 의존도	낮 음	높 음
철수비용(교체비용)	낮 음	높 음
가치창출의 주체	개별기업	공동노력
추구하는 가치	주로 경제적 보상	경제적/심리적 보상
잠재가치의 규모	작 음	큼
가치의 원천	정보불균형	수직적 범위에 의한 규모의 경제
대표적 산업	의류, 완구	자동차, 컴퓨터

03 가격관리

1 가격정책과 가격관리

(1) 가격정책

① 가 격 `기출 20·18`
  ㉠ 머천다이징에서 가격이란 상당히 중요한 요소이다.
  ㉡ 소매점은 점포개설, 상품진열, 판촉전개, 고객서비스 등을 제공하지만, 소비자는 소매점이 설정해 놓은 가격에 대한 대가로 돈을 지불한다.
  ㉢ 머천다이징에서 가격을 설정하고 이를 효율적으로 운영하는 것은 매우 중요하다.
  ㉣ 다른 점포와의 차별화 정도가 높다면 가격결정에 대한 자유도가 높아진다.
  ㉤ 제조업의 경우 소매점이 중저가 정책을 취해서 보다 많이 판매하기를 원한다.
  ㉥ 전시상품이나 보완상품은 저마진 정책을 채택해서 경쟁업체보다 저렴하게 판매하는 것이 좋다.
  ㉦ 핵심 상품은 고객을 흡인할 수 있는 수준의 가격결정을 위해 시장의 상황변화에 적시에 대응해서 가격을 운용해야 한다.
  ㉧ 소매상이 가격경쟁에서 우위를 점하기 위해 판촉에 지나치게 의존하게 되면 고객은 구매를 연기할 가능성이 높아진다.

> **개념 PLUS**
>
> 가격의 개념 `기출 23`
> - 가격은 마케팅믹스 가운데 수익과 상대적으로 관련성이 높은 요소이며, 마케팅믹스의 나머지 구성 요소들은 비용을 발생시킨다.
> - 일반적으로 제품원가는 가격의 하한선이 되고 제품에 대한 소비자들의 지각된 가치는 가격의 상한선이 된다.
> - 유보가격이란 소비자가 어떤 제품에 대해 지불할 의사가 있는 최고 가격으로 소비자가 생각하고 있던 유보가격보다 제시된 제품가격이 높으면 소비자는 구매를 유보한다.
> - 제품가격이 어느 수준 이하로 싸면 소비자는 제품에 하자가 있는 것으로 판단하고 구매를 거부하게 되는데 이러한 수준의 가격을 최저수용가격이라 한다.

② 원가계산 `기출 20`
  ㉠ 개념 : 원가계산은 3요소인 재료비, 노무비, 경비를 바탕으로 계산되며 판매원가와 판매가격을 산출시 기본이 된다.
  ㉡ 원가계산 3요소

재료비	재료비는 규격별 소요량에 단위당 가격을 곱한 금액의 합으로 직접재료비와 간접재료비로 구분된다.
노무비	노무비는 공정별 노무량에 단위당 가격을 곱한 금액의 합으로 직접노무비와 간접노무비로 구분된다.
경 비	경비는 전력 및 수도광열비, 운반비, 감가상각비, 지급임차료, 보험료, 교통 및 통신비 등의 비목으로 구성된다.

③ 가격결정 기출 24·23·19·18·14

㉠ 준거가격 : 소비자들이 특정한 상품을 구매할 때 기준으로 활용하는 가격이다.
- 내적 준거가격 : 소비자의 기억 속에 저장되어 있는 가격(예 열망가격, 시장가격, 공정가격, 역사적 가격 등)
- 외적 준거가격 : 광고, 카탈로그 목록, 소비자 가격안내 등을 통해서 소비자에게 제공되는 가격(예 권장소비자가격 등)

㉡ 묶음가격 : 소비자들에게 2개 이상의 상품을 묶어서 판매하는 가격결정방식이다.

㉢ 이중요율가격 : 기본요금과 사용요금처럼 서로 다른 복수의 가격체계를 결합하는 가격결정방식이다.

㉣ EDLP(Every Day Low Price) : 상시저가전략으로 모든 상품을 언제나 싸게 파는 방식이다. 대형마트나 할인점에서 주로 사용되며 수익성 향상보다는 시장점유율 향상에 초점을 맞추는 전략이다.

㉤ 단수가격전략 : 제품 가격의 끝자리를 홀수로 표시하여 제품이 저렴하다는 인식을 갖게 하는 방식이다.

> **OX문제**
>
> ▶ EDLP는 매장방문을 유도하기 위해 한정된 대표적 상품을 정상가격 이하로 판매하는 방식이다.
>
>
>
> 해설
> EDLP는 상시저가전략으로 모든 상품을 언제나 싸게 파는 방식이다. 대형마트나 할인점에서 주로 사용되며 수익성 향상보다는 시장점유율 향상에 초점을 맞추는 전략이다.
>
> 정답

④ 가격결정전략 개발을 위한 기본목적
㉠ 목표고객의 정기적인 쇼핑을 자극한다.
㉡ 이용가능한 상품의 판매를 최적화(Optimize)한다.
㉢ 일관된 가격관리로 가격의 가이드라인을 제공한다.

⑤ 가격설정방법
우리나라의 소매점에서 가장 많이 사용하는 방법은 원가가산방식이다. 원가가산은 현재 90% 이상으로 사용되고 있고, 경쟁지향과 수요지향은 10% 미만으로 사용된다.

㉠ 원가가산방식(Cost-plus Pricing)
- 제품을 매입한 원가에 소매점이 필요로 하는 마진을 붙인다.
- 장점은 이해하기 쉽고 계산이 용이하며, 단점은 원가가 고정되어 있지 않다.
- 원가는 판매량과 관련이 있는데, 물건이 많이 팔리면 판매원가가 내려가고, 물건이 많이 팔리지 않으면 생산원가가 높아진다.
- 원가가산법은 판매량에 따른 변동원가를 무시한 방법이다.

$$\text{매가이익률(Margin)} = \{(\text{매가} - \text{원가})/\text{매가}\} \times 100 \quad \text{기출 15}$$

㉡ 경쟁지향방식
- 소매점의 경쟁이 강해지면 판매가격을 인하하고 경쟁이 약해지면 판매가격을 인상한다.
- 이 방식은 원가와 상관없이 경쟁의 강약에 따라서 판매가격을 변동시킨다.
- 할인점들이 가격경쟁에 돌입하면서 인근 할인점 간에는 원가와는 상관없이 경쟁에 근거하여 가격이 결정된다.

㉢ 수요지향방식
- 수요가 늘면 가격이 상승하고 수요가 줄면 가격이 인하된다.
- 이 방법은 원가와 상관없이 가격이 변동된다.

> **개념 PLUS**
>
> 가치기반가격결정 기출 21
> - 가치기반가격결정은 판매자의 원가보다는 소비자 가치의 지각에 중점을 두고 가격을 책정하는 방식이다.
> - 고객의 제품가치 지각은 가격의 상한선을 결정하며 만약, 제품의 가격이 고객이 평가하는 제품가치보다 더욱 높게 책정되면 해당 제품은 구매가 이루어지지 않을 것이다.
> - 가치기반가격결정 중 하나로 우수한 가치를 반영한 가격결정(Good Value Pricing)을 들 수 있으며, 이는 적정수준의 가격에서 좋은 품질과 서비스를 잘 결합시켜 제공하는 것이다.

⑥ 머천다이징 실무가격운영

소매점에서 머천다이징에 활용할 수 있는 가격결정방식에는 3가지가 있다. 여기에서 말하는 3가지 방식은 전부 원가가산을 기본으로 한다.

㉠ HLP(High-Low Pricing) 기출 22·21
- 1년에 250일 정도는 비싸게 팔다가, 80일 정도는 바겐세일기간으로 정하여 싸게 파는 것이다.
- 원가에 일정 마진을 붙여서 보통 때는 비싸게 팔다가 물건이 잘 안 팔리면 할인해서 싸게 판다(예 우리나라 백화점 영업).
- 미국에서 많이 사용되고 있고 우리나라에서는 전체 소매의 약 94% 정도가 사용한다.
- 보통 때의 가격은 기본적으로 원가가산방식으로 결정이 난다.

㉡ EDLP(Every Day Low Pricing) 기출 21·20
- 1년 내내 최저가로 판매를 한다.
- 제품의 매입원가에 마진을 붙여서 가격을 결정하고 이 가격으로 1년 내내 물건을 동일하게 판다.
- HLP방식에는 1년 내내 가격변동이 여러 번 있으나, EDLP는 거의 동일한 가격에 판매를 한다.
- 할인점들이 EDLP를 내세우면서 경쟁력을 강화해가자 백화점, 슈퍼마켓, 전문점들도 경쟁에 뒤쳐지지 않으려고 세일기간을 늘린 것이다.
- 할인점의 EDLP가 실제로 최저가는 아니다. 결국 통상적으로 할인점의 EDLP는 백화점의 HLP보다 약 15~20% 정도 싸다.
- 소매포지셔닝전략의 수립이 용이하다.
- 품절을 감소시키고 재고관리를 개선시키는 효과가 있다.
- 광고비를 절감하고 재고회전율을 높일 수 있다.
- PB 등을 이용하여 가격 전쟁을 피하는 전략을 활용할 수 있다.

㉢ EDLP전략과 High/Low전략의 비교 기출 20

EDLP전략	High/Low전략
평상시 저가격	보통 때에는 비싸게 팔고 할인시기에 싸게 판매
매출액 확대에 초점을 둠	높은 이익률에 초점을 둠
재고회전율을 높이는 데 목표	순자산증가율을 높이는 데 목표
광고비를 줄이는 할인점 전략	할인 시 광고비를 투자하는 백화점 전략

㉣ COP(Consumer-Oriented Pricing) : 국내에서는 거의 사용된 적이 없는 방법으로 동일한 제품의 가격을 단골고객에게는 저가에 팔고, 일반고객에게는 비싸게 파는 방식을 말한다.

⑦ 가격할인정책
  ㉠ 우리나라 머천다이징의 가격결정은 원가가산을 기초로 HLP, EDLP, COP 등을 활용하고 있다.
  ㉡ 가격할인의 이득은 바겐세일광고를 통해 소비자의 인지도를 상승시키는 것이다.
    • 가격할인을 하게 되면 소비자들이 판촉전단과 점포의 바겐세일광고를 보고 그 소매점의 인지도를 높이게 된다.
    • 할인을 하게 되면 평소보다 판매가 늘어난다.
    • 국내에서 일반적으로 소매점이 가격할인에 들어가면 1.5~2배에서 최고 3배까지 매출이 늘어난다.
  ㉢ 일반적으로는 세일이라고 하면 평소보다 3배가 최대이다.
  ㉣ 가격을 할인하면 Forward Buying과 사은품에 의한 순간적인 증대가 늘어난다.

> **O×문제**
> ▶ 촉진관리 수단으로 활용되는 프리미엄은 지속적으로 사용하면 상품 자체를 손상시키는 효과가 크다.
> O │ ×
>
> **해설**
> 지속적으로 사용하면 상품 자체의 이미지를 손상시키는 효과가 큰 판촉수단은 가격할인이다.
>
> 정답 ×

⑧ 가격할인의 득과 실

가격할인의 득	소비자인지도 상승 - 바겐세일광고
	일시적 판매증대 - 평소보다 최대 3배 매출증대
가격할인의 실	Forward Buying 유도(미래 구매의 조기 시행, 25%)
	순간적인 착시유도(소비자 증대를 순익 증대로 착각)

(2) 가격관리
① 전략적 가격결정
  ㉠ 기업의 가격결정전략의 유형은 머천다이징과 핵심적인 영업상의 의사결정이다.
    • 기업 머천다이징부는 가격결정전략에 따라 가격을 책정하여 기업목표를 달성하는 데 적절한 상품을 구매할 책임이 있다.
    • 머천다이저가 결정하는 가격 등은 도·소매부분에 따라 달라지며, 그 이후의 가격변동도 가격결정전략에 따라 달라진다.
    • 마케팅부는 적절한 광고와 촉진을 개발·관리함으로써 가격결정전략을 수행한다.
  ㉡ 가격결정전략이란 기업이 목표로 삼는 고객에게 소구하면서 기업의 목표를 달성할 수 있도록 설계된 가격결정요소들의 조합이다.
    • 가격결정요소는 여러 방법으로 적용될 수 있는 가격결정전략의 변수이다.
    • 가격결정요소들의 적용 여부가 기업의 사명과 전략적 목표를 지지할 수 있는 내적 일관성과 능력을 결정한다.
  ㉢ 가격관리는 다양한 사람들이 가격을 수립하고 알리며 변화시키므로 매우 어려운 과제이다.
    • 일관성 있는 가격결정관례는 고객과의 커뮤니케이션을 향상시킨다.
    • 가격결정관례를 사용함으로써 새로운 고객들로 하여금 가격이 쉽게 눈에 띄게 하여 원하는 상품을 찾기 쉽도록 만든다.
    • 회계기록 시에도 이 방법을 적용하여 회계기록상의 잘못을 방지할 뿐만 아니라, 잘못을 쉽게 찾을 수 있게 한다.

② 전략적 가격결정의 원리
  ㉠ 가격결정전략은 아래로 하강하는 수요곡선을 갖는다.
  ㉡ 시장에서 가격을 높일수록 구매량은 적어지며 반대로 가격이 낮을수록 구매량은 증가한다.
  ㉢ 가격결정전략에서 근본적인 질문은 가격의 상한선, 변동가격의 주기, 상품의 판매부진 이유 등이다.
③ 가격설정
  ㉠ 가격탄력성(Price Elasticity) 기출 23·16
    • 가격과 구매량 사이의 관계를 수요의 가격탄력성이라 한다.
    • 가격이 비탄력적일 때
      - 약간의 가격변동은 구매량에 비교적 영향을 주지 않는다. 약간의 가격인상으로 인한 수요의 감소는 가격 증가분으로 충족되므로 전체수익은 오히려 증가한다(예 편익/가격효과).
      - 동시에 약간의 가격인하는 수요증가만 초래하여 전체수익은 오히려 감소한다.
    • 가격이 탄력적일 때
      약간의 가격인상은 그 인상가격으로 인해 수요가 눈에 띄게 줄어 전체 수익의 감소를 낳으며, 약간의 가격인하는 수요의 증가로 인해 전체수익을 높인다.
  ㉡ 단위탄력성(Unit Elasticity)
    • 가격의 높고 낮음이 전체수익에 아무런 영향도 미치지 않는 것을 의미한다.
    • 높은 가격은 그 비율만큼의 수량감소를 가져오고, 낮은 가격은 그 비율만큼의 수량증가를 가져오므로 전체수익은 변화가 없다.
    • 다른 모든 조건이 같을 때, 수요의 가격탄력성은 가격이 결정되는 수준에서 재정적인 영향을 미친다.
  ㉢ 가격탄력성은 전체 수익대비로 평가되지만, 머천다이징의 성공은 총이윤대비로 평가되는 경향이 있다.
    • 기본적으로 상품의 원가가 동일한 상태에서 상품이 팔린다고 가정하면, 판매가격이 높을수록 제품당 총이윤이 높고 판매가격이 떨어지면 총이윤도 떨어진다.
    • 총이윤은 상품원가 외에 기업의 기타 비용들을 지불하기 위해 이용 가능한 금액을 결정한다.
  ㉣ 가격변동은 전체수익과 총이윤 모두를 고려하는 가격결정전략으로 계획되어야 한다.
  ㉤ 가격설정과 가격변동은 전체 가격결정전략의 많은 요소들에 의해 이루어진다.

> **개념 PLUS**
>
> 수요의 가격탄력성 종류
> • 단위탄력적 수요 : 한 상품에 대한 수요량의 변화율과 가격의 변화율이 같아서 수요의 가격탄력성이 1이 될 때(수요량 변화율 = 가격 변화율)
> • 탄력적 수요 : 수요량의 변화율이 가격의 변화율보다 커서 수요의 가격탄력성이 1보다 커질 때(수요량 변화율 > 가격 변화율)
> • 비탄력적 수요 : 수요량의 변화율이 가격의 변화율보다 작아서 수요의 가격탄력성이 1보다 작을 때(수요량 변화율 < 가격 변화율)
> • 완전비탄력적 수요 : 가격이 아무리 변해도 수요량에 아무런 변화가 없어서, 수요량의 변화율이 0일 될 때(수요량 변화율 = 0)
> • 완전탄력적 수요 : 어떠한 특정 가격수준에서 가격이 조금만 올라가면 수요량이 0이 되고, 가격이 조금만 내려가면 수요량이 무한대로 증가한다는 것

2 가격결정 전략

(1) 가격결정방식 기출 24·18·14·13

① **손실선도가격(Loss-leader Pricing)** : 권위가격과는 반대의 개념으로 가격을 대폭 할인함으로써 고객을 유인하려는 가격전략이다.

② **유인가격(Bait Pricing)** : 일단 저가품목에 의해 고객을 유인한 후 할인품목의 단점과 고가품목의 장점을 비교함으로써 고가품목의 판매를 증대시키려는 것이다. → 촉진가격

③ **최저수용가격(Lowest Acceptable Price)** : 구매자들이 품질을 의심하지 않고 구매할 수 있는 가장 낮은 가격이다.

④ **적응가격(Adaptation Pricing)** : 자회사가 현지시장에서 수익이 발생하는 경우 가장 바람직한 가격을 책정하도록 허용하는 글로벌 마케팅 접근 방식이다.

⑤ **차별가격(Discriminatory Pricing)** : 동일한 상품을 구입자에 따라 다른 가격으로 판매하는 것을 말한다.

⑥ **관습가격(Customary Pricing)** 기출 23
  ㉠ 소비자들이 관습적으로 느끼는 가격으로, 라면, 껌 등과 같이 대량으로 소비되는 생필품의 경우에 많이 적용된다.
  ㉡ 관습가격보다 제품가격을 높이면 매출이 감소하고 가격을 낮게 책정하더라도 매출이 크게 증가하지 않는다.

⑦ **단수가격(Odd Pricing)** : 가격의 단위를 1,000원, 10,000원 등이 아닌 990원, 9,900원 등으로 설정해서 소비자들이 심리적으로 싸게 느끼도록 하는 것이다.

⑧ **권위가격(Prestige Pricing)** : 가격이 높을수록 품질이 좋다고 인식되고 제품의 가격과 소비자 자신의 권위가 비례한다고 느끼게 되는 고급제품의 경우에 적용한다. → 명성가격

⑨ **유보가격** 기출 22·13
  ㉠ 구매자가 특정 상품을 사기 위하여 지불할 용의가 있는 최대 가격을 말한다.
  ㉡ 일반적으로 구매자는 상품의 판매가가 유보가격보다 낮을 경우 구매를 하게 된다.

⑩ **종속제품 가격(Captive Product Pricing)** : 일단 어떤 상품을 싸게 판매한 다음 그 상품에 필요한 소모품이나 부품 등을 비싼 가격에 판매함으로써 더 큰 이익을 거둘 수 있는 가격정책이다.

⑪ **스키밍 가격(Skimming Pricing)** : 초기에 고가정책을 취함으로써 높은 가격을 지불할 의사를 가진 소비자로부터 큰 이익을 흡수한 뒤 제품 시장의 확장에 따라 가격을 조정하려는 가격정책이다.

OX문제
▶ 손실선도가격은 몇 개의 상품을 원가 이하로 대폭 할인함으로써 고객을 소매점으로 유인하려는 가격 전략이다. O│X
정답 ▶ O

OX문제
▶ 구매자가 어떤 상품에 대하여 지불할 용의가 있는 최저가격을 유보가격이라고 하며, 이보다 싸게 되면 품질을 의심하게 된다. O│X

해설
유보가격이란 구매자가 특정 상품을 사기 위하여 지불할 용의가 있는 최대 가격을 말한다.
정답 ▶ ×

(2) 제품믹스의 가격결정방법 기출 17·14

① 제품라인 가격결정법
  ㉠ 특정 제품계열 내 제품들 간에 가격단계를 설정하는 방법이다.
  ㉡ 의류소매상의 경우 옷의 가격을 15만원, 25만원, 35만원 등으로 구분하여 설정하는 것이다.
② 선택사양 가격결정법 : 주력제품에다 선택제품, 사양 및 서비스를 붙여서 제시하는 가격결정방법이다.
③ 종속제품 가격결정법 : 주요제품과 함께 사용해야 하는 종속제품에 대한 가격을 결정하는 방법이다.
④ 이분 가격결정법 : 고정된 요금과 추가적 서비스 사용에 대한 가격으로 나누어 가격을 결정하는 방법이다.
⑤ 부산물 가격결정법 : 주요제품의 가격이 보다 경쟁적 우위를 차지할 수 있도록 부산물의 가격을 결정하는 방법이다.

> **OX문제**
> ▶ 제품믹스 가격전략 방식에는 제품라인 가격결정, 사양제품 가격결정, 종속제품 가격결정, 이분 가격결정, 부산물 가격결정, 묶음제품 가격결정 등이 있다. O|X
> 정답 ▶ O
>
> ▶ 제품라인 가격결정법은 제품계열 간 동일 수준 제품들의 묶음을 개별 품목으로 구매하는 것보다 낮은 가격으로 제시하는 방법이다. O|X
> **해설**
> 제품라인 가격결정법은 특정 제품계열 내 제품들 간에 가격단계를 설정하는 방법이다.
> 정답 ▶ X

(3) 가격결정전략의 유형

① 가격결정전략(Pricing Strategy)의 의미
  ㉠ 가격결정전략은 기업의 목표고객에 소구하면서 아울러 기업의 목표를 달성할 수 있도록 설계된 가격결정요소들의 특정한 조합이다.
  ㉡ 어떤 기업은 매우 명확하게 가격결정전략을 세우고 이를 엄격하게 실천하지만, 어떤 기업은 여러 가격결정전략들을 조합하여 사용한다.
② 가격결정전략의 유형
  ㉠ 명품가격결정(Prestige Pricing)
   • 고객이 기꺼이 정상가를 지불할 수 있도록 품질·가치·서비스이미지를 반영한 것이다.
   • 명품가격결정은 지위가격, 심리적 가격, 시가보다 높은 가격결정으로도 알려져 있다.
   • 명품가격결정에 의한 재고정리세일은 1년에 몇 차례만 한다.
  ㉡ 심리적 가격결정 기출 17·13
   • 백화점이 특정 제품의 세일을 자주하면, 소비자는 그 제품의 준거가격을 낮출 가능성이 높다.
   • 구매자들이 이득보다 손실에 더 민감하게 반응하는 현상을 손실회피(Loss Aversion)라고 하며, 가격인하보다 가격인상에 더 민감함을 의미한다.
   • 구매자들이 가격이 높을수록 품질이 높을 것이라고 기대하는 것이 가격-품질 연상이다.
   • 베버(Weber)의 법칙이란 '가격변화의 지각이 가격수준에 따라 달라진다는 것'을 말한다.

ⓒ 매일저가 가격결정(Everyday Low Pricing)
- 가격결정은 고객의 형편에 맞추어 제품의 공정한 가치, 즉 저가에 관심을 가지도록 하는 데 초점을 맞춘다(예 월마트, 토이즈러스, 홈 데포 등).
- 상시저가는 정상적인 마크업보다 10%까지 낮게 마크업을 하므로 정상적인 총이윤보다 약간 낮은 상태에서 기업이 운영될 수 있도록 상품과 운영비용 모두를 관리해야 한다.
- EDLP는 고객에게 자신들의 가격이 합리적이고 공정하다는 확신을 주면서 고객의 형편에 맞추어서 정상적으로 쇼핑할 수 있도록 유도한다.
- EDLP는 고객이 세일 기간에만 몰리는 것이 아니므로 매출의 변동을 고르게 해 주고 중간상들과의 파트너십도 촉진시킨다.

ⓔ 고-저가 가격결정(High-low Pricing, 촉진가격결정)
- 고객의 유입을 자극하기 위해 주기적·일시적인 가격인하를 하여 고객을 현혹한다(예 과거 미국 백화점, 할인점, 일부 전문점).
- 고-저가 가격결정은 비교가격 또는 준거가격으로 먼저 프리미엄가격을 설정하고, 그 다음 그 비교가격의 20~50%를 할인광고를 하거나, 비교가격에 대한 언급 없이 40%를 할인한다.
- 생산자들은 소매업자에게 낮은 가격으로 특정 제품라인을 제공함으로써 소매업자의 고-저가 가격결정을 지지하며, 소매업자도 생산자에게 정상가보다 낮은 가격을 지불한다.

ⓜ 신속가격인하 가격결정(Quick Markdown Pricing)
- 신속가격인하는 연중 여러 차례 판매시기를 갖는 패션상품과 시즌상품에 사용되며, 바겐쇼퍼에게 특히 가치가 높다.
- 세일기간 동안에 남보다 먼저 쇼핑하는 고객들은 비교가격의 제품을 현재 가격표의 세일가격에 보다 완전한 상품구색으로 구매할 수 있다.
- 세일이 진행되면서 다양한 가격인하가 가격표에 제시되고 점차 가격은 상대적으로 싸지겠지만 일부 품목이 빠져나가 상품구색이 깨져서 상품구색의 짝을 찾기가 어렵게 된다.

ⓗ 침투가격결정(Penetration Pricing)
- 침투가격결정은 시장점유율을 높이면서 고객의 마음에 가격가치의 이미지를 수립하기 위한 것이다.
- 월마트는 새로운 시장에 진입 시 가시성이 높은 아이템을 대상으로 침투가격결정 전략을 쓴다.

ⓢ 원가플러스 가격결정(Cost-plus Pricing)
- 원가플러스 가격결정방법은 판매를 위해 제공된 각 상품의 마크업 수준을 알게 해준다.
- 초기 마크업은 소매가보다는 원가에 기초하므로 따로 재고소매법을 사용할 필요가 없다.
- 원가플러스 가격결정은 각 상품들이 총이윤에 같은 비율로 기여할 것이라고 기대할 수 있다.
- 이 방법은 전략적이지 않으나 단순하며 가격결정과정에 많은 판단이 필요하지 않다.

③ 기타 가격결정 전략들과 가격결정전략의 조합
ⓐ 모든 소매업자들은 올바른 가격결정전략이야말로 기업의 이윤을 극적으로 증가시킬 수 있다고 한다.
ⓑ 어떤 업체는 고-저가 가격결정전략을 쓰면서 고객의 유입을 촉진하기 위해 상품에 EDLP를 같이 사용하기도 한다.
ⓒ 명품 가격이나 EDLP를 쓰는 많은 업체들은 상품판매비율과 관련하여 가격인하 시기를 정하기도 한다.

04 재고관리

1 재고관리의 개요

(1) 재고의 개념과 목적

① 재고의 개념
  ㉠ 재고란 원자재, 부품, 재공품 및 반제품으로서 현재 사용되고 있지 않은 경제적 자원을 말하며, 노동 및 자본까지도 포함하고 있다.
  ㉡ 적정한 재고는 적시에 물건을 공급하여 이익을 가져오며, 고객에게의 서비스 향상으로 기업의 이미지를 창출한다.

② 재고의 목적
  ㉠ 재고는 기업이익의 최대화를 지향하여 적정 수준의 재고를 유지하며, 품절로 발생되는 매출기회상실에 대비하고 고객서비스를 최대화하는 것을 목적으로 한다.
  ㉡ 재고투자비용의 최소화로 기업이윤의 극대화를 추구한다.
  ㉢ 고객의 서비스수준을 최대화한다.

(2) 재고관리의 개념 기출 24 · 19 · 13

① 재고가 지나치게 많은 경우에는 투매손실이 발생할 수 있다.
② 재고가 부족하면 매출을 올릴 수 있는 기회를 잃어버리는 기회손실이 발생한다.
③ 팔릴 가능성은 매우 낮지만 취급할 수밖에 없는 상품의 주문에는 정기발주법을 활용한다.
④ 취급하고 있는 상품의 종류가 많은 경우에는 정기발주법을 활용하여 주문한다.
⑤ 재무적인 측면에서 재고는 기업의 종류를 막론하고 중요한 투자라고 할 수 있다.
⑥ 재고를 유지하기 위해서는 많은 비용이 필요하므로, 재고관리자는 고객의 수요에 대비하여 최소의 재고비용으로 적정량의 재고를 유지해야 한다.
⑦ 재고는 유동비율에 영향을 주는데 이는 기업의 단기적인 지불능력을 나타낸다.
⑧ 재고수준이 높으면 유동자산이 많아지고 유동비율도 높아진다.
⑨ 재고자산 단위원가 계산방법을 후입선출법에서 선입선출법으로 변경하는 것은 회계변경의 오류수정에 해당하며 전기의 재무제표를 다시 작성해야 한다.
⑩ 주문량(Q)이 증가하면 연간재고유지비용이 증가하지만, 연간주문비용은 감소한다.

> **OX문제**
>
> ▶ 재고관리에서 팔릴 가능성은 매우 낮지만 취급할 수밖에 없는 상품의 주문에는 정량발주법을 활용한다. O|X
>
> 해설
> 팔릴 가능성은 매우 낮지만 취급할 수밖에 없는 상품의 주문에는 정기발주법을 활용한다.
>
> 정답 ▶ ×
>
> ▶ 재고자산 평가방법 중 매가환원법은 단품 단위의 이익률을 정확하게 추적할 수 있어 상품의 공헌과 기여 정도를 분석할 수 있다. O|X
>
> 해설
> 매가환원법은 기말재고금액에 구입원가・판매가 및 판매가변동액에 근거한 원가율을 적용하여 기말재고자산의 원가를 결정하는 방법으로 정확하지는 않으나 계산이 간편하다는 장점이 있다.
>
> 정답 ▶ ×

⑪ 재고관리자의 주요 업무는 재고비용을 고려하여 재주문량, 재주문시기, 안전재고량 등을 결정하는 것이다.
⑫ 주문의 발주로부터 인도까지의 리드타임은 며칠에서 몇 주까지 걸리는 것이 일반적이다.

개념 PLUS

경제 관련용어 기출 13
- 외상매입금 : 유동부채로 먼저 상품 공급업체에 갚아야 할 금액을 말한다.
- 증식부채(Accrued Liabilities) : 아직 지불하지 않은 세금, 급여, 임대료, 수도광열비 및 기타 미지불 채무를 말하며, 유동부채에 포함된다.
- 소유주 지분 : 총자산에서 총부채를 제외한 자산의 양이며 가장 일반적인 소유주 지분은 보통주와 이익잉여금이다.
- 지급어음 : 소매업체가 1년 내에 은행에 지급해야 할 채무의 원금과 이자이다.

재무제표의 작성과 표시(한국채택국제회계 기준) 기출 13
- 어떤 항목이 재무제표 요소에 부합하는 본질적 성격을 가지고 있으나 인식기준을 충족하지 못하는 경우에도 해당 항목은 주석, 설명자료 또는 부속명세서에 공시될 수 있다.
- 지출이 발생하였으나 당해 회계기간 후에는 관련된 경제적 효익이 기업에 유입될 가능성이 높지 않다고 판단되는 경우에는 재무상태표에 자산으로 인식하지 아니하고 포괄손익계산서에 비용으로 인식한다.
- 경제적 효익이 여러 회계기간에 걸쳐 발생할 것으로 기대되고 수익과의 관련성이 단지 포괄적으로 또는 간접적으로만 결정될 수 있는 경우 비용은 체계적이고 합리적인 배분절차를 기준으로 포괄손익계산서에 인식된다.
- 미래경제적 효익이 기대되지 않는 지출이거나, 미래경제적 효익이 기대되더라도 재무상태표에 자산으로 인식되기 위한 조건을 원래 충족하지 못하거나 더 이상 충족하지 못하는 부분은 즉시 포괄손익계산서에 비용으로 인식되어야 한다.
- 제품보증에 따라 부채가 발생하는 경우와 같이 자산의 인식을 수반하지 않는 부채가 발생하는 경우에는 포괄손익계산서에 비용을 동시에 인식한다.

매가환원법 기출 16
- 매가에 의한 기말재고 조사 후 원가율을 이용하여 재고원가를 산출한다.
- 백화점, 할인점 및 편의점 등 취급 품목이 많은 소매업이 주로 사용한다.
- 마크업, 마크다운, 마진율 등을 인공적으로 수정할 수 있다.
- 재고 평가가 현 시장 평가이며, 월간단위 또는 연간단위 관리 시 간편하다.

(3) 재고관리의 기능

① 수요변화에 대한 수급기능 : 생산과 판매 사이의 완충적인 본래의 기능으로서, 불확실한 미래의 수요변화에 대해서 재고를 보유함으로써 변동적인 수요변화에 대해 적절히 대응한다.
② 생산의 독립적 유지기능 : 생산공정에서의 재공품재고는 다른 생산에 영향을 미치지 않고 공정별 독립생산을 유지하며, 전체 시스템의 정체 및 지연을 방지하여 경제적 생산 및 관리가 가능하다.
③ 생산계획의 신축적인 기능 : 생산공정에서의 완제품에 대한 적절한 재고를 유지함으로써 평준화된 생산계획으로 생산부하를 저감시키며, 시스템운영을 원활하게 한다.
④ 수송합리화 기능 : 효율적인 재고의 공간적 배치로서 소비자의 요구에 부응하는 최적의 형태별 분류 및 배송을 가져온다.

(4) 재고비용 기출 24·13

① **재고유지비용**: 재고를 유지하는 데 소요되는 비용으로, 각 단위 기간에 소요되는 비용을 나타낸다(예 보관비, 보험료 등).
② **발주비용**: 단품별 1회 발주하는 데 소요되는 비용으로 발주량과는 관계없이 소요되는 준비, 송신, 취급, 구매 등과 관련된 비용이다.

> **개념 PLUS**
>
> 발주량 정량적 요소 기출 19
> 발주 사이클, 조달기간, 예상 판매량, 현재 재고량 등이다.

③ **품절비용(재고부족비용)**
　㉠ 재고가 고갈되어 고객의 수요를 만족시킬 수 없을 때 발생되는 비용이다.
　㉡ 품절상황에 직면한 고객이 제품요구를 취소할 때 발생되는 유실판매비용과 고객이 주문한 물품이 충족되기를 기다릴 때 발생되는 부재고비용으로 나뉜다(예 판매기회의 상실, 고객들의 불신, 생산기회의 차질 등에 의한 손실).

▶ **OX문제**
▶ 발주량을 산출하기 위해서는 발주 사이클, 조달기간, 예상 판매량, 현재의 재고량 등을 고려해야 한다.
　　　　　　　　O X
　　　　　　　정답 ▶ O

④ **구매비용**: 물품을 구매할 때 소요되는 비용으로 부품, 원료, 노동력과 같은 간접비용 및 생산량 증가에 따른 비용감소, 다량발주에 따른 가격할인 등을 포함하고 있다.
⑤ **주문비용**: 재고의 보충에 소용되는 비용(예 청구비, 수송비, 검사비, 하역비 등) 또는 재고를 확보하기까지의 활동과 관련되어 발생하는 비용을 말한다.

(5) 재고관리의 필요성

① 고객이 원하는 상품의 구색을 충분히 갖추고 적정 수준의 재고를 유지하기 위해서는 재고관리를 계획하지 않으면 안 된다.
② 기초재고, 상품구색재고, 신규재고를 적정선에서 유지하려면 매장과 창고에 있는 상품수량, 상품별 판매 빈도, 주문해야 할 상품의 유형과 수량에 대한 정확한 데이터가 확보되어야 한다.
③ 재고부족의 원인이 되는 부정확한 판매예측, 매입처로부터의 상품공급 지연, 매입자금의 부족, 예상치 못한 고객수요 등에 대한 대응책도 마련되어야 한다.
④ 적정재고관리를 위해서 사무용 컴퓨터에 매일의 매출과 매입 및 재고수준을 기록으로 입력하고, 주간, 월간별 실적을 대비하여 과학적 통계에 의한 재고조정 방안을 체계화한다.

(6) 단품관리와 적정재고관리 기출 24

① **단품관리의 개념**
　㉠ 단품관리란 상품을 품목·단위별 수량관리를 통해 최소단위로 분류해서 그 단위품목을 관리하는 방식이다.

ⓒ 제품을 더 이상 분류할 수 없는 최소 단위로 분류해서 관리하는 방식으로, 이를 통해 인기상품과 재고비용이 발생하는 비인기상품을 구분해나갈 수 있다.
　　　ⓒ 단품마다 판매수량이 파악되므로 판매에 대한 상품 정보를 정확히 알고 판매에 활용할 수 있다.
　② 단품관리의 기대효과
　　　㉠ 매장효율 향상 : 잘 팔리고 안 팔리는 상품을 알 수 있어 불필요한 재고와 안 팔리는 상품을 제거함으로써 상품의 움직임이 활발해져 매장 효율이 향상된다.
　　　㉡ 과다입고 감소 : 판매추세에 따라 발주가 이루어지므로 불요불급한 상품입고가 줄어든다.
　　　㉢ 품절 감소 : 판매추세에 따라 진열면적이 조정되므로 품절이 줄어든다.
　　　㉣ 매장의 적정규모 파악 가능 : 품목별 진열량을 기준으로 진열면적을 산출할 수 있으므로 매장면적을 효율적으로 이용할 수 있다.
　　　㉤ 부문별 진열면적 조정 가능 : 부문별로 진열면적을 할당해줄 수 있다.
　　　㉥ 중점 상품의 관리 용이 : 고매익 상품, 고매출 상품을 알 수 있어 관리가 용이해진다.
　　　㉦ 책임소재 명확화 : 품절, 과다재고 등에 대한 발생 원인을 추적할 수 있다.
　　　㉧ 노동생산성 향상 : 안 팔리는 상품이 줄어들게 되어 불필요한 작업이 줄어든다.
　　　㉨ 경상이익 증가 : 불필요한 재고비용, 노동력의 효과적인 사용으로 비용이 절감된다.
　　　㉩ 영업력 증가 : 상품을 자신 있게 판매할 수 있다.

(7) 적정재고관리를 위한 상품정리의 합리화 방안
　① 날짜가 오래된 상품은 매장에서 제외한다.
　② 계절이 늦거나 유행이 지난 상품은 단시일 내 처분한다.
　③ 파손품이나 저급 품질상품은 매장에서 즉시 제거한다.
　④ 통로에 상품진열을 방지한다.
　⑤ 팔리지 않거나 매상부진으로 교체대상상품은 즉시 제거한다.
　⑥ 진열계획표상의 할당표 대로 진열상품과 수량 유무를 수시로 확인한다.
　⑦ 가격표가 설정된 판매가격과 동일한지 확인한다.
　⑧ 선입선출판매와 상품의 얼굴이 보이는 전진입체진열을 한다.
　⑨ 상품정리 공간을 확보하고, 폐기 및 반품상품을 분리·보관한다.
　⑩ 검품, 검수, 납품, 매입전표, 점포 내의 부문 간 상품이동 시에도 규칙에 의하여 정확하게 처리되는지 확인한다.
　⑪ 매일 장부정리의 원칙과 전표는 숫자기입의 원칙을 유지한다.
　⑫ 진열수량을 매출에 비례하도록 적정화한다.
　⑬ 진열대와 상품의 규격, 분류, 특징 등을 고려한다.
　⑭ 회전율이 높은 상품을 빨리 파악할 수 있는 방법을 알아낸다.
　⑮ 상품파손의 정도에 따라 상품가치를 측정하고 판매 처리방법을 정한다.

(8) 재고관리의 모형

① **EOQ(Economic Order Quantity)모형** 기출 13

EOQ 모형에서 경제적 주문량(EOQ ; Economic Order Quantity)은 주문비용과 재고비용을 합한 연간 총비용이 최소가 되도록 하는 주문량을 말한다. 즉, 재고품의 단위원가가 최소가 되는 1회 주문량을 의미한다.

② **ROP(Re-Order Point)모형** 기출 23
  ㉠ 주문기간을 일정하게 하고 주문량을 변동시키는 모형이다.
  ㉡ 수요가 확실한 경우 : 안전재고가 불필요하므로 ROP는 조달기간에 1일 수요량을 곱하여 구할 수 있다.
  ㉢ 수요가 불확실한 경우 : 품절가능성이 있으므로 안전재고를 보유하여야 하며, 이때 ROP는 주문기간 동안의 평균수요량에 안전재고를 더한 값이다.

③ **ABC모형**
  ㉠ ABC모형은 자사가 관리하고자 하는 제품의 수가 많아, 모든 품목을 동일하게 관리하기가 어려울 때 이용하는 방법이다.
  ㉡ 어떤 기준에 의해 품목을 그룹화하고 그것을 집중관리한다.
  ㉢ 이 방식은 재고관리나 자재관리뿐만 아니라 원가관리, 품질관리에도 활용된다.

분 류	품목구성비율	금액구성비율
A	5~10%	70~80%
B	10~20%	10~20%
C	70~80%	5~10%

  ㉣ 재고자산을 각각의 특성에 따라서 3그룹으로 나누어 각기 다른 재고관리방법을 적용한다.
    • A그룹 = 소수 고액품목으로 이루어진 제품집단
    • B그룹 = 중간적 성격을 갖는 제품집단
    • C그룹 = 다수 저액품목으로 이루어진 제품집단

④ **JIT(Just In Time)모형**
  ㉠ 생산부문의 각 공정별로 작업량을 조정함으로써 중간재고를 최소한으로 줄이는 관리체계이다.
  ㉡ 필요한 때에 필요한 만큼의 부품만 확보한다는 경영방식이다.
  ㉢ 뒤 공정이 앞 공정으로 필요할 때에 필요한 물품을 필요한 양만큼 인수하러 가고, 앞 공정은 그 인수한 만큼 만들어 보충한다.
  ㉣ 생산현장의 불필요·불균형·불합리를 없애 생산성을 향상시킬 수 있다.
  ㉤ 장·단점

장 점	물건이 팔리는 양에 따라 생산라인이 가동되는 체계이므로 재고를 최소한으로 줄인다.
단 점	생산체계가 한 치의 착오도 없이 움직일 때만 가능하다.

⑤ **MRP(Material Requirement Planning)모형**
  ㉠ 생산관리 업무의 하나로, 원자재에서 최종 완제품에 이르기까지 자재의 흐름을 관리하는 기법이다.
  ㉡ 주어진 기간 내에 일련의 설비를 건설하기 위해 만들어져야 하는 조립체, 조달자재 등을 결정하기 위한 정보시스템이다.

ⓒ MRP의 기능 : 자재구매 담당자에게는 자재수배, 생산관리담당자에게는 가공 및 조립, 설계변경 및 생산계획 변동에 대한 정보 등을 전 생산체계에 제공하여 상황변화에 대처하기 위한 최적의 자재수급을 가능하게 한다.

⑥ DRP(Distribution Requirement Planning)모형
  ㉠ DRP 전개를 한 결과는 구매계획이나 재고계획 등을 수립하는 데 이용된다.
  ㉡ DRP의 로직을 정리하면 기본데이터를 기반으로 자원요구량의 시계열적 모델을 생성하여 자원요구량에 대해 공급원의 현재와 미래의 가용량을 파악한다.
  ㉢ 비교 후에 미래의 부족재고를 예상하고, 부족을 피할 수 있는 Action을 제공한다.

> **개념 PLUS**
>
> **재고관리 및 평가** 기출 23
> - 재고실사법 : 매장과 창고의 현품을 직접 파악하는 방법이다.
> - 선입선출법 : 먼저 매입한 상품이 먼저 판매된 것으로 가정하여 재고자산을 산출하는 방법이다.
> - 이동평균법 : 상품을 매입할 때마다 단위당 평균단가를 산출하여 재고자산을 산출하는 방법이다.

(9) 재고관리기법
  ① 발주(주문)점법
    ㉠ 재고량이 일정한 재고수준, 즉 미리 정해진 재주문점 수준까지 내려가면 이때 일정량을 발주하는 방식이다.
    ㉡ 발주점법의 장·단점

장 점	단 점
• 발주점에 도착한 품목만을 자동 발주하면 관리하기가 매우 쉽고 초보자도 발주업무를 수행할 수 있다. • 발주점 발주로트를 고정화시키면 관리가 확실해진다. • 수량관리를 철저히 하고 재고조사시점에서 차이를 조정하면 주문량이 일정하기 때문에 수입, 검품, 보관, 불출 등이 용이하고 작업 비용이 적게 든다. • 경제로트사이즈를 이용할 수 있기 때문에 재고비용을 최소화할 수 있다. • 관리하기가 쉽고 확실하기 때문에 다품목의 관리가 가능하다.	• 발주로트의 변경은 3~4개월에 1회 정도이므로 발주점, 발주로트 등을 엄밀히 관리하기가 어렵다. • 운용 형식이 획일적으로 되고 개개의 품목특성에 의한 재고관리가 어렵다. • 발주시기가 일정하지 않기 때문에 대량 일괄발주가 불가능하고, 발주빈도가 높으며 양이 많은 품목에 대해서는 비용이 많이 든다. • 발주시기에 앞서 발주를 계획할 수가 없어 메이커 측에서 계획생산을 하고 있는 경우에는 발주점법은 불편하다. • 취득시간이 길거나 로트분할이 큰 경우에는 부적당하다.

  ② 정기발주방식
    ㉠ 주문기간의 사이가 일정하고 주문량은 매번 변동한다.
    ㉡ 재고수준을 계속적으로 관찰하는 것이 아니라, 정기적으로 재고량을 파악하고 최대재고수준을 결정하여 부족한 부분만큼 주문한다.
      • 발주점방식 : 안전재고량과 조달기간 중의 판매량의 합이 발주점이고, 안전재고량은 조달기간 중 매출량의 변동을 고려한다.
      • 정기발주방식 : 조달기간과 발주 사이클 기간의 양자를 생각해야 하기 때문에 안전재고량은 상대적으로 증가한다.

- 제1대상 : 소비량이 큰 주요 원재료 등으로서 엄밀한 재고관리가 필요한 중요품목을 대상으로 함과 동시에 일괄구입에 의한 비용절감이 가능한 품목을 대상으로 한다.
- 제2대상
  - 시장동향에 대응하여 재고고정이 가능한 품목, 또는 1회의 구입로트가 극히 적은 품목이다.
  - C급 품목에 대해서는 재고를 보유하지 않고 수준판매품으로 할 수도 있다.
- 제3대상 : 설계변경품이나 유행상품처럼 돌연 진부화할 가능성이 큰 제품이나 조달기간이 장기에 걸치는 품목이다.

③ 정량유지방식
  ㉠ 정량유지방식은 예비품방식이라고도 하며 출고가 불규칙하고, 수요가 불안정하며, 불출빈도가 적은 특수품이나 보전용 예비품 등에 적용된다.
  ㉡ 발주점 방식의 전제인 출하가 일정하고 연속적인데 따른 약점, 즉 불규칙하고 양이 많은 출고에 대응할 수 없다는 약점을 보완하기 위한 방식이다.

④ 인당발주점방식
  ㉠ 인당발주점방식은 사전에 출고예정이 되어 있는 경우 출고예정분은 인당계산하고, 인당수량에 대해서만 발주점방식을 적용하는 방식이다.
  ㉡ 컴퓨터로 발주점방식을 사용하는 경우는 이 방식이 많다.
  ㉢ 수요변동이 큰 경우에 사용되는 것이 일반적이며 조달기간이 인당선행기간보다 짧은 것은 재고를 두지 않고 필요할 때마다 발주 또는 생산·의뢰한다.

⑤ 2중발주점방식
  ㉠ 발주점방식은 개개의 품목이 발주점에 도달한 경우에 자동적으로 발주하기 때문에 동일품목을 일정 기간에 연속적으로 조금씩 발주하는 경우가 종종 있다. 이것은 발주비, 수송비, 하역작업 또는 수입·검사 등의 측면에서 효율이 나쁘다.
  ㉡ 2중발주점방식은 이런 비효율을 제거하기 위한 방식으로, 발주점을 2개 설정하여 관리하는 방식이다.

> **개념 PLUS**
>
> **백분율 변경법** 기출 13
>
> 월초계획재고액 = (연매출예산/예정상품회전율) × $\frac{1}{2}${1 + (월매출예산/월평균매출예산)}
>
> 예 Y점포의 금년도 매출 예산은 120억원이며 예정상품회전율은 연 8회이다. 10월의 월매출예산이 20억원이라고 가정할 때, 10월의 월초계획재고액에 가장 가까운 것을 '백분율 변경법'에 의한 설정방법을 활용하여 구하시오.
>
> 풀이
> 월초계획재고액
> = (120억원/8회) × $\frac{1}{2}${1 + (20억원/10억원)}
> = 15억원 × $\frac{1}{2}$(3억원) = 22억 5천만원

2 재고투자(Inventory Investment) 및 통제방법

(1) 재고투자의 정의와 형태
① 재고투자의 정의
  ㉠ 기업의 투자활동 중에서 재고품을 증가시키는 투자활동 또는 증가분을 말한다.
  ㉡ 재고투자를 감소시키는 경우에는 마이너스 재고투자, 증가시킨 경우에는 플러스 재고투자가 나타난다.
② 재고투자의 여러 가지 형태
  ㉠ 재고투자의 형태 : 원재료, 재공품, 완제품
  ㉡ 투자주체에 따른 형태 : 생산자, 유통업자, 정부

(2) 재고통제방법
① 재고조사의 목적
  ㉠ 상품의 매입, 출고, 재고를 조사한다.
  ㉡ 재고의 구성내용과 매출내용을 조사한다.
  ㉢ 상품의 도난, 파손, 분량 감소 등을 파악·방지한다.
  ㉣ 회전율이 느린 상품 또는 불량재고를 처분한다.
② 재고조사의 방법
  ㉠ 정기적 재고조사 : 정기적으로 월, 분기, 년 단위로 하는 조사방법이다.
  ㉡ 상시재고조사 : 일상적으로 하는 조사방법이다.
  ㉢ 부정기적 재고조사 : 필요할 때 마다 하는 조사방법이다.
③ SKU 레벨에서의 재고조사
  ㉠ 각 아이템별로 장부기록 수행 : 수많은 데이터를 처리할 수 있는 속도와 다양성을 제공할 수 있는 기술이 개발됨에 따라 가능하게 되었다.
  ㉡ SKU(Stock Keeping Unit, 재고유지단위) 기출 23
    • 재고관리의 상품단위로 형태, 모습, 기능 등이 동일한 품목으로 정의되고 있는 재고유지단위들의 축적이다(예 볼펜이 적, 청, 흑이 있을 때 볼펜 적, 볼펜 청, 볼펜 흑이 각각의 SKU를 의미함).
    • 가장 말단의 상품분류단위로 상품에 대한 추적과 관리가 용이하도록 사용하는 식별관리 코드를 의미한다.
    • 문자와 숫자 등의 기호로 표기되며 구매자나 판매자는 이 코드를 이용하여 특정한 상품을 지정 가능하다.
    • 점포 또는 카탈로그에서 구매 또는 판매할 수 있는 상품에 사용하는 것으로 판매자가 정한다.

(3) 재고조정
① 재고조정이란 원재료, 반제품, 제품 등의 재고량을 그때그때의 경제동향에 맞춰 조정하는 것이다.
② 재고거점이 많은 경우는 창고마다 재고과잉 또는 재고부족현상이 일어난다.
③ 바람직한 재고수준으로 회복시키기 위해 과잉된 창고에서 부족한 창고로 상품을 이동할 필요가 있는데 이와 같은 조작을 재고조정이라고 한다.

④ 조정방법
  ㉠ 경영전략상 일반적으로 재고조정일 때에는 불황기에 증대한 재고를 억제, 또는 적정량까지 줄일 것을 지적한다.
  ㉡ 위험재고의 압축·삭감을 위한 대책
    • 조업단축에 의한 생산을 제한한다.
    • 염가판매에 의한 재고처분 등의 출하를 조작한다.
    • 일시 운휴와 같이 생산을 정지시킨다.

[재고의 과다·과소에 따른 장단점 비교]

재고 과다	재고 과소	적정 재고
자금운용이 곤란	자금 활용이 가능	계획적인 자금운용이 가능
재고비용의 과다소비 대량발주 단위로 비용감소	재고비용의 축소 소량발주단위로 비용증가	유지비, 발주비의 최적치를 구할 수 있음
품절, 결품률이 적음	품절, 결품률이 증가	적정서비스율의 유지 가능
재고품의 손상, 열화사례가 많음	재고품의 손상, 열화사례가 적음	재공품의 손상, 열화사례가 드묾
재고회전율이 나쁨	재고회전율이 좋음	재고회전율이 좋음
보관시설의 과다	보관시설의 감소	적정규모의 보관시설 확보 가능
창고 내 물품 이동, 정리 등 시간과 노력이 많이 소요	창고 내 물품이동, 정리 등 시간과 노력이 적게 소요	작업을 계획적으로 수행
다수의 인력, 장비가 필요	소수의 인력, 장비로 가능	적정인원, 장비로 가능
서비스율이 높음	서비스율이 낮음	적정서비스 수준 유지 가능
화재, 도난의 위험부담이 큼	화재, 도난의 위험부담 적음	적절하게 대처 가능
재고수량관리가 힘듦	재고수량관리가 쉬움	재고수량관리가 용이

CHAPTER

05 실전예상문제

※ 본 문제를 풀면서 이해체크를 이용하시면 문제이해에 보다 도움이 될 수 있습니다.

01 머천다이징에 대한 내용으로 옳지 않은 것은?

① 소매점은 상품을 제조업체나 공급업체에서 구입하여 일반소비자에게 판매·수익을 얻는 곳이다.
② 머천다이징의 구성요건은 수익을 목적으로 소비자가 원하는 상품을 매입하여 판매하는 것이다.
③ 소매업체의 핵심기능은 상품의 공급과 판매이고 이것을 머천다이징이라고 한다.
④ 머천다이징은 제조업체가 소비자가 원하는 상품을 매입하여 판매하는 것과 관련된 활동이다.
⑤ 모든 상품에는 가격이 매겨져 있고 사람들은 상품을 소매점에서 구매한다.

> 머천다이징은 수익을 목적으로 하는 소매업체가 소비자가 원하는 상품을 매입하여 판매하는 것과 관련된 활동이다.

02 하루 수요가 10단위, 도달시간이 9일, 점검주기시간이 3일, 안전재고가 20단위일 때, 주문점은?

① 100
② 80
③ 140
④ 50
⑤ 200

> 주문점 = 1일 수요단위 × (조달시간 + 점검주기시간) + 안전재고
> = 10 × (9 + 3) + 20 = 140이 된다.

정답 01 ④ 02 ③

03 다음 중 침투가격정책에 대한 설명으로 옳은 것은?

① 대량구매자에게 할인해 줌으로써 고객확보를 위하여 사용한다.
② 일정 기간을 정해 놓고 그 기간에 한하여 염가판매하는 제도이다.
③ 고가격을 통하여 고소득층에 침투하려는 전략이다.
④ 저가격을 통하여 시장을 개발하거나 확보하려는 전략이다.
⑤ 고객의 유입을 자극하기 위해 주기적으로, 때로는 매우 잦은 일시적 가격인하를 하는 방식이다.

> **침투가격정책**
> 신제품을 시장에 도입하는 초기에 있어서 저가격을 설정함으로써 신속하게 시장에 침투하여 시장을 확보하고자 하는 정책을 의미한다.

04 다음 중 리스크 머천다이징에 대한 내용이 아닌 것은?

① 소매업체로부터 가격상의 프리미엄을 제공받는다.
② 제조업체와 체결한 특정 조건하에서 상품 전체를 사들인다.
③ 유통업체가 판매 후 남은 상품을 제조업체에 반품하지 않는다.
④ 소매상이 스스로의 책임하에 상품을 매입하고 판매까지 완결 짓는다.
⑤ 상품이 유통업체로 인도됨과 동시에 소유권이 제조업체에서 소매상에게 넘어간다.

> 제조업체로부터 가격상의 프리미엄을 제공받을 수 있다.

05 다음 중 전문품에 대한 설명으로 적절한 것은?

① 특정 상표에 대하여 거의 완전한 지식을 갖고 있다.
② 제품으로부터 욕구충족에 소요되는 시간이 즉각적이다.
③ 구매시점 진열이 대단히 중요하다.
④ 구매계획에 많은 시간을 할애하지 않는다.
⑤ 대부분이 저렴한 가격대의 상품들이다.

> 전문품의 경우 소비자는 상품에 대한 충분한 정보를 갖고 있고, 특정 상표에 대한 선호도가 매우 높으므로 철저한 구매계획을 통해서 상품을 구매한다.

06 브랜드전략에 대한 설명으로 옳지 않은 것은?

① 개별 브랜드전략이란 기업에서 생산되는 제품별로 각기 다른 브랜드를 부착하는 전략이다.
② 공동 브랜드전략은 인지도가 높고 호의적인 이미지를 가진 기존 브랜드를 활용하는 전략이다.
③ 결합 브랜드전략은 2개 이상의 상표명을 하나의 제품에 부착하는 전략이다.
④ 유사 브랜드전략은 유명제조업체의 상호나 브랜드 자산에 기대어 간접적인 이득을 얻기 위한 전략이다.
⑤ 프리미엄 브랜드전략은 자사의 상품을 타사와 구별하기 위해 특정 상징과 기호를 부착하는 전략이다.

> 프리미엄 브랜드전략은 소비자들이 해당 제품 카테고리에서 평균 제품보다 최소 2배 이상의 가치를 느낄 수 있도록 하는 브랜드 전략이다. 프리미엄 브랜드와 일반 브랜드 사이의 소비자 가치기준은 독특한 가치(Unique Value), 사회적 가치(Social Value), 감성 가치(Emotion Value), 품질 가치(Quality Value) 등이 있다.

07 다음 중 선매품에 대한 설명으로 가장 옳지 않은 것은?

① 구매빈도가 낮다.
② 회전율이 낮다.
③ 비교적 높은 마진을 얻는다.
④ 여러 점포를 돌아보고 품질, 가격, 스타일 등을 비교·검토한 후에 구매한다.
⑤ 상품에 대한 충분한 정보를 가지고 있다.

> ⑤는 전문품에 대한 내용이다.

08 다음 중 VMD의 역할로 적절하지 않은 것은?

① 상품의 장점을 고객에게 최대한 표현하고 전달한다.
② 판매 적기의 상품을 비중 있게 배치하여 판매자의 눈에 띄게 한다.
③ 제품 정보를 전달하고 특정이미지를 만들어 판매를 신장한다.
④ 고객이 살펴볼 수 있는 유도포인트를 설치하여 모든 상품이 팔릴 수 있는 기회를 만든다.
⑤ 소비자의 구매의사결정을 돕는 상품진열 방법에 대한 설명이다.

> 판매 적기의 상품을 비중 있게 배치하여 소비자의 눈에 띄도록 한다.

정답 03 ④ 04 ① 05 ① 06 ⑤ 07 ⑤ 08 ②

09 온·오프라인 소매업체의 특징으로 가장 적절치 않은 것은?

① 온라인업체는 앞으로 성장속도가 점차 증대될 것으로 예상된다.
② 오프라인상의 제품을 온라인에서 할인 판매하는 형태의 B2C는 재래시장이나 소형점포의 매출을 일정부분 흡수하는 이상으로 발전하기는 힘들다.
③ 전자상거래는 대형 구매물량이 관련되는 B2B의 경우에는 상당한 효력을 발휘할 수 있다.
④ 오프라인 소매업체는 백화점, 할인점, 식품점, 전문점, 재래시장, 복합상가로 분류된다.
⑤ 온라인의 형태분류에는 홈쇼핑과 전자상거래가 있다.

> **해설** 온라인 소매업체들은 2000년대 들어 큰 폭으로 성장하였으나 앞으로는 성장속도가 줄어들 것으로 예상된다.

10 유통기업은 매입한 상품의 가격 설정을 통하여 수익을 향상시키기를 원한다. 그런데 수익은 가격을 높이는 것만으로 보장되지 않기 때문에 수요의 가격탄력성을 확인해야 한다. 다음 중 수요의 가격탄력성이 커지는 이유로서 거리가 먼 것은?

① 시장의 범위를 광범위하게 설정하는 경우
② 밀접한 대체재가 존재하는 경우
③ 시간의 차원을 길게 잡을 경우
④ 필수품보다는 사치품인 경우
⑤ 시장의 범위를 좁게 할 경우

> **해설** 수요의 가격탄력성이 커지는 이유
> • 사치품이 필수품보다 더 탄력적이다.
> • 시간이 장기적일수록 탄력적이다.
> • 시장의 범위를 더 좁게 할수록 탄력적이다.
> • 대체재가 많을수록 탄력적이다.

11 머천다이징의 종류에 대한 내용이 바르지 않은 것은?

① 전품점 머천다이징은 전문성 표현, 개성 전개 등을 지향한다.
② 선별적 머천다이징은 소매업자, 2차 상품 제조업자, 가공업자 및 소재메이커가 수직적 연합으로 상품 계획을 수립하는 것이다.
③ 백화점은 다품종 구성의 효율성, 고이윤·고비용 대응을 지향한다.
④ 혼합식 머천다이징의 예를 들면 자전거점이 자전거 관련 레저용품 등으로 상품 확대하는 것이다.
⑤ 할인점은 합리적인 상품회전율을 유지하는 머천다이징을 지향한다.

> 할인점은 저비용, 저마진, 대량판매의 효율성을 지향한다.

12 다음 중 생활필수품이 상품으로서 가지는 특성으로 바르지 않은 것은?

① 소비자의 구매는 정기적·반복적으로 이루어진다.
② 일반적으로 상품의 가격이 낮다.
③ 상품의 상표가 유행상품에 비해 많지 않다.
④ 대체적으로 대량생산방식에 의해 생산되고 상품의 수명주기도 비교적 길다.
⑤ 소비자가 상표를 지명구매하는 경향이 낮다.

> 소비자가 상표를 지명구매하는 경향이 높다.

13 특수전문점(Speciality Store)에 대한 설명으로 옳지 않은 것은?

① 남성의류전문점, 낚시전문점, 사냥전문점 등이 대표적인 예가 될 수 있다.
② 1차적 경쟁업태로 백화점 및 일반전문점이 있다.
③ 상품의 깊이보다 상품의 넓이에 강점을 둔 가장 전형적인 업태유형의 하나다.
④ 특정 상품군에만 특히 집중화 한 전문점의 형태를 말한다.
⑤ 한정된 상품 및 업종에 대해 다양한 품목을 골고루 깊이 있게 취급한다.

> 특수전문점(Speciality Store)이란 특정한 범위 내의 상품군을 전문적으로 취급하는 소매점을 말하며, 이는 제한된 상품 및 업종에 대해서 다양한 품목을 골고루 깊이 있게 취급한다.

14 카테고리 매니지먼트에 관한 설명으로 가장 부적절한 것은?

① 카테고리 매니지먼트는 ECR활동의 일부로서 상품카테고리별로 소비자 구매패턴과 상품 및 시장동향을 파악하여 체계적인 마케팅관리를 하는 것이다.
② 카테고리 매니지먼트는 유통업자와 상품공급업자의 긴밀한 협업에 의해 상호 이익증대를 도모하는 작업이다.
③ 카테고리 매니지먼트는 소매업의 머천다이징활동의 업무 프로세스를 리엔지니어링하는 활동이다.
④ 카테고리 매니지먼트는 소비자의 상품선택기준에 따라 구분한 상품 카테고리를 전략적 사업단위로 해서 매입에서 판매까지의 각 단계가 상품별로 통합되어 있던 기능들을 각기 분리시킨 것이다.
⑤ 카테고리 매니지먼트는 서로 명확하게 다른 유통업체와 공급업체 구성요소와 지원요소로 이루어져 있으므로 카테고리 매니지먼트는 유통업체나 공급업체 어느 한쪽이 일방적으로 수행할 수 없는 프로세스이다.

> 카테고리 관리
> • 유통업자와 상품공급업자가 정보기술을 이용하여 머천다이징 전략과 구매의사결정을 공동으로 하는 것을 말한다.
> • 각기 분산되어 있는 머천다이징의 각 활동과 재고관리 등의 기능을 상품별로 모두 통합하여 매입에서 판매까지를 수직적으로 결합하는 활동이다.

15 업무용품과 비교 시 소비자용품의 특성으로 보기 어려운 것은?

① 주문생산보다 시장생산되는 것이 대부분이다.
② 일반적으로 대량으로 소비된다.
③ 시장이 광범위하고 대량 판매가 가능하다.
④ 점포의 분위기, 배달 편의, 외상 판매, 반품의 허락 등 구입에 따른 서비스의 내용도 구매동기에 영향을 미친다.
⑤ 통상적으로 대부분의 가격이 낮다.

> 업무용품과 비교 시 소비자용품의 특성
> • 일반적으로 소량으로 소비되고 대부분 가격이 낮다.
> • 주문생산보다 시장생산되는 것이 대부분이다.
> • 점포의 분위기, 배달 편의, 외상 판매, 반품의 허락 등 구입에 따른 서비스의 내용도 구매동기에 영향을 미친다.
> • 시장이 광범위하고 대량 판매가 가능하다.

16 보기에서 설명하고 있는 상품은 무엇인가?

- 구매빈도가 낮고, 구매자가 구매에 충분한 시간과 노력을 들여서 여러 점포를 돌아보고 품질, 가격, 스타일 등을 비교·검토한 뒤에 구매한다.
- 상당히 높은 가격, 비교적 높은 마진, 낮은 회전율을 가진 상품이다.

① 선매품 ② 전문품
③ 편의품 ④ 고급품
⑤ 비탐색품

해설 선매품
- 구매결정 시 디자인이나 스타일이 중요시되며 충분하고 신중한 검토를 거쳐 구매결정이 이루어지므로 구매자는 점포 내에 장시간 머무르게 된다.
- 점포 내의 분위기 등이 구매자에게 큰 영향을 미치고 이 상품의 구매자들은 판매원의 설명, 지도 등의 원조를 요구하는 경우가 많다.

17 다음 중 전문품에 대한 설명으로 틀린 것은?

① 소비자는 철저한 구매계획을 통해서 상품을 구매한다.
② 구매빈도가 극히 낮고, 가격은 매우 비싼 반면에 회전율이 대단히 높고 마진은 상당히 낮은 상품이다.
③ 최신 유행상품, 화장품, 고급시계, 오디오 제품, 고급 포도주 등이 해당된다.
④ 특정 상표에 대한 선호도도 매우 높아 철저한 구매계획을 통해서 상품을 구매한다.
⑤ 구매결정요인 중 가장 중요한 것은 가격보다 품질이다.

해설 전문품
구매빈도가 극히 낮고, 가격은 매우 비싸며, 회전율이 대단히 낮고 마진은 상당히 높은 상품으로서 구매자는 구매를 위해 예산을 세우고, 선택에 시간과 노력을 아끼지 않고 상당히 먼 거리까지 가서라도 구매하게 된다.

정답 14 ④ 15 ② 16 ① 17 ②

18 생활필수품이 상품으로서 갖고 있는 특성으로 보기 어려운 것은?

① 일반적으로 상품의 가격이 높다.
② 가격변동이 일어난다고 하더라도 총수요량에 큰 변화가 일어나지 않는다.
③ 상품의 상표도 유행상품에 비해 많지 않다.
④ 대량생산방식에 의해 생산되고 상품의 수명주기도 비교적 길다.
⑤ 소비자가 상표를 지명 구매하는 경향이 높다.

> **해설** 생활필수품이 상품으로서 갖고 있는 특성
> • 소비자의 구매는 정기적·반복적으로 이루어진다.
> • 소비자가 매일 일상생활에서 사용하는 상품이기 때문에 가격변화에 대하여 비탄력적이다. 즉, 가격변동이 일어난다고 하더라도 총수요량에 큰 변화가 일어나지 않는다.
> • 일반적으로 상품의 가격이 낮다.
> • 상품의 상표도 유행상품에 비해 많지 않다.
> • 대체로 대량생산방식에 의해 생산되고 상품의 수명주기도 비교적 길다.
> • 소비자가 상표를 지명 구매하는 경향이 높다.

19 다음 고급전문품에 대한 내용으로 옳지 않은 것은?

① 고급전문품은 일상생활에서 반드시 소비가 필요한 상품이 아니다.
② 고급전문품은 가격의 변화에 따라 수요의 탄력성이 탄력적으로 변화하는 특성을 지닌다.
③ 고급전문품은 가격이 상대적으로 비싼 편이다.
④ 고급전문품은 상표 간 가격 차이도 크다.
⑤ 고급전문품에 대한 소비자의 구매는 정기적이다.

> **해설** 고급전문품에 대한 소비자의 구매는 비정기적이다.

20 다음의 내용은 무엇을 설명하는 것인가?

- 한 기업에서 생산되는 유사제품군이나 전체 품목에 동일하게 부착하는 브랜드이다.
- 동일한 범주 또는 동일한 아이덴티티를 갖는 제품별 브랜드를 하나로 묶어주는 브랜드이다.
- 같은 브랜드를 사용하는 제품 중 한 가지 제품이 성공한 경우 다른 제품에도 긍정적인 효과를 주어 신제품의 시장진입을 쉽게 한다.

① 기업브랜드(Corporate Brand)
② 패밀리브랜드(Family Brand)
③ 개별브랜드(Individual Brand)
④ 내셔널브랜드(National Brand)
⑤ 브랜드 수식어(Brand Modifier)

> ① 기업을 표시하는 브랜드
> ③ 개별상품이나 서비스에 붙는 브랜드
> ④ 특정시장에 한정되지 않고 전국적으로 판매되는 브랜드
> ⑤ 구체적인 상품의 특성을 설명하기 위해 붙는 식별 표시

21 다음 상품구색에 대한 내용으로 옳지 않은 것은?

① 상품구색은 목표소비자의 쇼핑편의를 도모하고 만족을 증대시키기 위해 특정점포에서 판매를 목적으로 취급하고 있는 모든 상품을 말한다.
② 상품계열은 상품품목 또는 품목으로 구성된다.
③ 품목은 상품의 크기, 가격, 형태, 속성, 포장 등에 따라 구별할 수 있는 개별상품단위이다.
④ 유통기업은 품목을 기준으로 재고유지 및 관리를 하기 때문에 이를 재고유지단위라고 한다.
⑤ 상품구색은 상품계열로 분류가 불가능하다.

> 상품구색은 상품계열로 분류가 가능하다.

22 다음 중 상품구성 시 주의할 점과 거리가 먼 것은?

① 스톡상품이 많으면 자금이 묶여 있게 되므로 유의한다.
② 회전율이 낮은 상품은 다른 매장 또는 품절예상품과 교체하여야 한다.
③ 구매자 입장에서 발주계획을 세운다.
④ 거래처의 전문인력에 의존하여 구매한다.
⑤ 신상품 또는 고가의 상품이더라도 유행하는 디자인 상품은 매장 전체의 상품구색으로 매장 전면에 전시한다.

> **상품구성 시 주의할 점**
> • 매장의 규모에 비해 스톡상품을 많이 구비하면 자금이 묶인다.
> • 회전율이 약한 상품은 구매처에 신속히 보고하고, 타 매장으로 회전한다.
> • 발주자 입장에서 발주하지 말고, 구매사 입장에서 발수를 계획한다.
> • 거래처 권유에 의한 발주보다 실제 조사되었거나 고객의 구매트렌드에 의해 계획한다.
> • 신상품 또는 가격이 높은 상품일지라도, 유행하는 디자인 상품은 매장 전체의 상품구색으로 매장 전면에 전시한다.

23 다음 중 재고조사의 목적으로 보기 어려운 것은?

① 상품에 대한 매입, 출고, 재고의 조사
② 재고의 구성내용 및 매출내용의 조사
③ 상품의 도난, 파손, 분량감소의 파악 및 방지
④ 불량재고의 처분
⑤ 회전율이 빠른 상품의 처분

> 회전율이 느린 상품의 처분이다.

24 재고자산의 가치나 중요도에 따라 중점적으로 재고를 관리하는 기법은?

① 자재소요계획
② ABC모형
③ ROP모형
④ EOQ모형
⑤ JIT 시스템

ABC모형
- ABC모형은 자사가 관리하고자 하는 제품의 수가 많아, 모든 품목을 동일하게 관리하기가 어려울 때 이용하는 방법이다.
- 어떤 기준에 의해 품목을 그룹화하고 그것을 집중관리한다.
- 이 방식은 재고관리나 자재관리뿐만 아니라 원가관리, 품질관리에도 활용된다.

25 근래에 들어 브랜드 자산에 대한 중요성이 강조되고 있다. 브랜드에 대한 설명으로 옳은 것은?

① 브랜드의 수명은 제품의 수명보다 짧으므로 지속적으로 신규브랜드를 개발하여야 한다.
② 브랜드는 기업 성과를 담는 그릇이라고 할 수 있으며, 브랜드 자산을 구축하는 과정이 마케팅이라 할 수도 있다.
③ 진부화를 피하기 위해서 브랜드네임은 일정기간이 지나면 변경해 주는 것이 바람직하다.
④ 소비자들이 브랜드를 구매의사결정의 기준으로 삼는 것은 제품의 속성정보를 중요시하기 때문이다.
⑤ 저관여 제품일수록 고관여 제품에 비해 브랜드 준거현상이 약하다고 할 수 있다.

① 브랜드는 수명주기가 없다.
③ 브랜드네임을 쉽게 바꾸면 안 된다.
④ 소비자들이 브랜드를 구매의사결정의 기준으로 삼는 것은 제품의 태도정보를 중요시하기 때문이다.
⑤ 브랜드 준거현상은 저관여 제품이나 고관여 제품에서 모두 중요하다.

26 다음 과다재고의 부정적인 영향이 아닌 것은?

① 기회비용의 증가
② 공급업체와의 관계 악화
③ 재고비용의 증가
④ 수익성의 감소
⑤ 부패·변질의 우려

과다재고로 인한 폐해
- 자금계획에 나쁜 영향을 끼친다.
- 보관비용이 증가한다.
- 데드스톡이 생기기 쉽다.
- 상품에 따라서는 부패, 변질의 우려가 있다.
- 상품에 따라서는 구형화나 유행에 뒤질 위험이 있다.

27 재고에 대한 설명으로 적절하지 못한 것은?

① 시장에서의 고객수요를 신속히 수용할 수 있는 생산체제를 갖추고 원재료, 재공품 및 상품 등의 재고량을 경제적 관점에서 최소한으로 유지하는 것이 재고관리의 과제이다.
② 재고관리의 목적은 고객의 서비스수준을 만족시키면서 품절로 인한 손실과 재고유지비용 및 발주비용을 최적화하여 총재고관리비를 최소로 하는 것이다.
③ 기업 내부의 생산시스템에 원활한 자재공급을 통해서 고객이 요구하는 제품이나 서비스를 경제적으로 제공할 수 있도록 하기 위해서 재고의 보유는 필수적이다.
④ 재고보유는 보관비 등의 관련비용을 발생시키지만, 운반비 등 다른 부문의 비용을 직접적으로 줄일 수 있다.
⑤ 재고는 모든 경로구성원 사이에서 보유될 수 있으나, 각각의 경로구성원에 따라 차이가 존재한다.

> 해설 재고보유는 보관비 등의 관련비용을 발생시키지만, 운반비 등 다른 부문의 비용을 간접적으로 줄일 수 있다.

28 라이선스 브랜드에 대한 설명으로 옳지 않은 것은?

① 엔터테인먼트 기업의 경우는 라이선스를 온라인 소매업체에게 판매하는 것을 허용하고 있다.
② 라이선스 브랜드의 시장점유율은 최근 성장하고 있는 추세이다.
③ 잘 알려진 브랜드의 소유자(Licensor)가 브랜드를 사용한 상품을 개발하고 생산 및 판매할 수 있는 권리의 수혜자(Licensee)와 접촉한다.
④ 제조업체 브랜드의 특수한 형태 중 한 가지이다.
⑤ 권리수혜자는 허가된 상품을 생산하기 위해 제조업체와 접촉하는 소매업체이거나 상품생산 후 소매업체에게 판매하기 위해 접촉하는 제3자이다.

> 해설 엔터테인먼트 기업의 경우는 라이선스를 온라인 소매업체에게 판매하는 것을 허용하지 않고 있다.

29 적정재고관리를 위한 상품정리의 합리화 방안이 아닌 것은?

① 계절이 늦거나 유행이 지난 상품은 단시일 내 처분한다.
② 상품정리 공간을 확보하고, 폐기 및 반품상품을 분리·보관한다.
③ 가격표가 설정된 판매가격과 동일한가 확인한다.
④ 선입선출판매와 상품의 얼굴이 보이는 전진입체진열을 한다.
⑤ 팔리지 않거나 매상부진상품은 상황을 보면서 남겨둔다.

> 해설 팔리지 않거나 매상부진상품은 즉시 제거한다.

30 다음 중 직접매입의 장점이 아닌 것은?

① 비용과 시간이 절약된다.
② 다른 형태의 구매에 비해 제품의 신선도가 낮다.
③ 제품의 신속한 배달이 가능하다.
④ 생산자와 점포 간에 이견이 있을 때 상호조정이 쉽다.
⑤ 제품에 관련된 다양한 정보수집이 가능하다.

> **직접매입의 장점**
> • 제품의 신속한 배달 가능
> • 다른 형태의 구매보다 제품의 신선도가 높음
> • 비용과 시간 절약
> • 제품에 관련된 다양한 정보수집 가능
> • 생산자와 점포 사이에 이견이 있을 때 상호조정 용이

31 유통업체 브랜드(Private Brand)에 대한 설명으로 옳지 않은 것은?

① 제조업체 브랜드와 유통업체 브랜드의 구분은 브랜드 소유권이 누구에게 있느냐에 따라 나뉜다.
② 유통업체 브랜드는 유통업체가 제조업체와의 제휴를 기반으로 특정상품의 기획, 설계, 개발 단계에 참여한다.
③ 유통업체 브랜드의 장점은 판매정보를 직접 상품개발에 반영할 수 있고 저가격판매 및 높은 수익률을 확보할 수 있다.
④ 제조업체와의 제휴를 기반으로 하기 때문에 유통업체 브랜드의 사용권과 브랜드신청 및 획득권은 제조업체에게 있다.
⑤ 제조업체의 입장에서 볼 때 유통업체 브랜드의 부착은 비교적 안정된 일정량의 판매량을 확보할 수 있다는 장점이 있다.

> 유통업체 브랜드의 소유권, 마케팅 관리, 재고관리 등에 관한 제반 권한과 책임은 모두 유통업체가 가진다.

32 유통업체 브랜드의 단점과 거리가 먼 것은?

① 상품 디자인 형성을 위한 투자를 해야 한다.
② 고객인지도 형성을 위한 투자를 해야 한다.
③ 판매원은 추가적인 훈련이 필요하다.
④ 강력한 유통업체 브랜드는 점포충성도를 증가시킨다.
⑤ 호의적인 이미지 증진을 위한 투자를 해야 한다.

해설 점포충성도를 증가시키는 것은 유통업체 브랜드의 장점에 속한다.

33 벤더의 정의에 대한 내용으로 거리가 먼 것은?

① 벤더는 제품을 판매하는 회사, 제품 메이커 혹은 판매대리점을 말한다.
② 분야별로 특화된 상품들을 공급해주는 다품종 중간상이라고 할 수 있다.
③ 소매업자는 보통 제조업자상표 벤더, 소매업자상표 벤더, 라이선스상표의 벤더, 무상표 벤더와 거래한다.
④ 라이선스상표의 벤더란 유명업체의 상표를 빌려서 제품을 개발, 생산, 판매하는 회사를 말한다.
⑤ 무상표의 벤더는 일반적인 내셔널 브랜드를 취급하는 회사를 말한다.

해설 제조업자상표의 벤더는 일반적인 내셔널 브랜드를 취급하는 회사를 말한다.

34 다음 중 EDLP(Every Day Low Price)에 대한 설명으로 틀린 것은?

① 1년 내내 최저가로 판매를 한다는 개념이다.
② 일부 할인점에 도입된 가격결정 방식이다.
③ EDLP가 실제로 최저가이다.
④ 국내 전체 소매의 약 5%를 차지하고 있다.
⑤ EDLP는 품절의 감소 및 재고관리 개선의 효과가 있다.

해설 EDLP가 실제로 최저가는 아니다.

35 보기의 빈 칸에 들어갈 가격결정방식으로 올바르게 나열된 것은?

> • (가)는/은 몇 개의 상품을 대폭 할인함으로써 고객을 소매점으로 유인하려는 가격전략으로, 구매빈도가 높은 우유, 달걀, 과일 등의 판매에 주로 적용된다.
> • (나)는/은 일단 저가품목에 의해 고객이 유인된 다음에 고가품목의 장점을 강조함으로써 고가품목의 판매를 증대시키려는 전략이다.

	(가)	(나)
①	적응가격	차별가격
②	관습가격	유인가격
③	손실선도가격	유인가격
④	손실선도가격	권위가격
⑤	최저수용가격	적응가격

> • 손실선도가격 : 고객의 내점을 유도하기 위하여 일부 품목의 가격을 한시적으로 인하하는 정책으로서 이때 가격이 인하되는 제품을 전략제품 또는 고객유인용 손실품이라고 한다.
> • 유인가격 : 일단 저가품목에 의해 고객이 유인된 다음에 고가품목의 판매를 증대시키려는 전략이다.

36 다음 중 시가포지션에 대한 설명으로 틀린 것은?

① 시가포지션에는 시가보다 높은 가격, 시가, 시가보다 낮은 가격이 있다.
② 동일 시장에서 기업이 다른 기업과 유사한 가격에 상품을 제공하려는 것이다.
③ 시가보다 낮은 가격 포지션은 일반적으로 높은 품질과 좋은 성과를 가진 제품, 가격에 상대적으로 덜 민감한 고객, 그리고 뛰어난 서비스 전략 등과 관련된다.
④ 시가보다 낮은 가격 포지션은 동일 시장에서 경쟁사보다 낮은 가격에 파는 것을 의미한다.
⑤ 머천다이저는 유사한 상품에서 타사 가격에 자사 가격이 필적할 수 있도록 하기 위해서 자주 비교가격에 대한 쇼핑을 하며, 자사 가격이 가격선을 벗어날 시에는 가격을 조정한다.

> 시가보다 높은 가격 포지션은 일반적으로 높은 품질과 좋은 성과를 가진 제품, 가격에 상대적으로 덜 민감한 고객, 뛰어난 서비스 전략 등과 관련된다.

37 고-저가 가격결정에 대한 설명이 아닌 것은?

① 촉진가격결정이라고도 불린다.
② 고-저가 가격결정의 중요한 특징은 촉진가격이 없고 대신 싼 '정상가'를 표시하는 것이다.
③ 고객의 유입을 자극하기 위해 주기적으로 때로는 매우 잦은 일시적 가격인하를 한다.
④ 생산자들은 가격 촉진기간 동안의 판매를 위해 소매업자에게 낮은 가격으로 특정 제품라인을 제공함으로써 소매업자의 고-저가 가격결정을 지지한다.
⑤ 고객을 현혹시키는 것이 고-저가 가격결정전략의 주된 이슈이다.

해설 ②는 매일저가 가격결정에 해당된다.

38 원가가산법(Cost-plus)에 대한 설명 중 틀린 것은?

① 원가가산법은 이해하기가 쉽고 계산이 쉽다는 장점이 있다.
② 원가가산법은 원가가 고정되어 있지 않다는 단점이 있다.
③ 물건이 많이 팔리면 생산원가에서 고정비가 줄어들면서 판매원가가 내려간다.
④ 원가가산법은 판매량에 따른 변동원가를 활용한 방법이다.
⑤ 원가가산법은 제품을 매입한 원가에 소매점이 필요로 하는 마진을 붙인다.

해설 원가가산법은 판매량에 따른 변동원가를 무시한 방법이다.

39 머천다이징의 가격설정 방법 중 틀린 것은?

① 수요지향이란 수요가 늘면 가격을 인하하고 수요가 줄면 가격을 인상하는 것이다.
② 경쟁지향이란 소매점의 경쟁이 강해지면 판매가격을 인하하고 경쟁이 약해지면 판매가격을 인상하는 것이다.
③ 제품을 매입한 원가에다 소매점이 필요로 하는 마진을 붙이는 것이 원가가산법이다.
④ 우리나라 소매점에서 가장 많이 사용되는 방법은 원가가산방식이다.
⑤ 수요지향은 원가와 관계없이 가격이 변동한다는 특징이 있다.

해설 수요지향이란 수요가 늘면 가격을 인상하고 수요가 줄면 가격을 인하하는 방법이다.

40 4번 재고조사를 하였더니 아래와 같았다. 이 기간 동안 4,000개가 판매되었다면 재고회전율은 몇 회인가?

- 6월 1일 1,000개
- 8월 1일 400개
- 7월 1일 700개
- 8월 31일 1,100개

① 3회 ② 4회
③ 5회 ④ 6회
⑤ 7회

해설 평균재고액(수량) = (1,000 + 700 + 400 + 1,100)/4 = 800
재고회전율 = 연간매출액(수량)/평균재고액(수량) = 4,000/800 = 5회

41 재고회전율에 대한 다음 설명 중 틀린 것은?

① 재고회전율은 순매출을 평균재고로 나눈 값이다.
② 월평균재고는 각월의 재고합계를 총개월 수로 나눈 값이다.
③ 재고회전율이 빠르면 빠를수록 수익성은 향상되며 따라서 자금흐름 또한 원활하게 된다.
④ 빠른 재고회전율은 판매가격의 인하를 촉진시킬 뿐만 아니라 상품의 가치를 하락시킬 위험이 높다.
⑤ 소매업체의 경우 1년을 여러 기간으로 나누어 재고회전율을 검토하는 것이 아니라 통상적으로 1년 단위로 검토한다.

해설 재고회전율이 높으면 매출액이 증대되고 유지비용을 절감할 수 있다.

42 어느 대리점의 제품 A의 월간 수요량이 1,200개이고, 공급업체 물류센터에 주문 후 도착기간이 3일 소요된다. 월간 판매일수는 30일이며 품절을 방지하기 위해 안전재고를 50개 보유할 경우, 제품 A의 재주문점은 얼마인가?

① 120개 ② 150개
③ 170개 ④ 200개
⑤ 230개

해설 재주문점 = {(1,200/30) × 3} + 50 = 170개

43

甲회사의 5월 중 자재에 관한 거래 내역은 다음과 같다. 선입선출(FIFO) 방법으로 5월에 출고한 자재의 재료비를 구하면 얼마인가?

일 자	활동내역	개 수	단 가
5월 02일	매 입	50개	₩100
5월 10일	매 입	50개	₩120
5월 15일	출 고	60개	
5월 20일	매 입	50개	₩140
5월 24일	출 고	70개	

① ₩18,000
② ₩15,200
③ ₩9,000
④ ₩7,600
⑤ ₩5,500

> 5월 15일의 출고가 60개이므로 (50개 × ₩100) + (10개 × ₩120) = ₩6,200
> 5월 24일의 출고가 70개이므로 (40개 × ₩120) + (30개 × ₩140) = ₩9,000
> ∴ ₩9,000 + ₩6,200 = ₩15,200

44

어느 소매점에서 4,500원에 매입한 물건을 6,000원에 판매하였다면 매가이익률(Margin)은 몇 %인가?

① 15%
② 17%
③ 20%
④ 23%
⑤ 25%

> 매가이익률(Margin)
> = {(매가 − 원가)/매가} × 100
> = {(6,000 − 4,500)/6,000} × 100
> = 0.25(= 25%)

45 발주량을 산출하기 위해 고려해야 할 요소에 해당하지 않는 것은?

① 발주 사이클
② 조달 기간
③ 예상 판매량
④ 점포 이미지
⑤ 현재의 재고량

> **해설** 발주량을 산출하기 위해서는 정량적인 요소(양적 변수)인 발주 사이클, 조달 기간, 예상 판매량, 현재 재고량 등을 고려해야 한다. 점포 이미지는 소비자들에게 더 쾌적한 상업공간을 제공하여 판매촉진에 공헌하는 정성적인 요소(질적 변수)에 해당한다.

5개년 챕터별 출제비중

2024

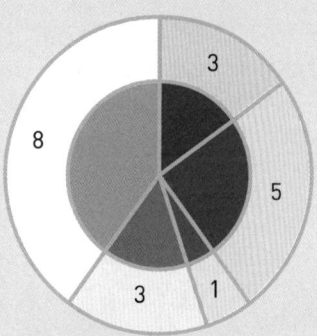

2020

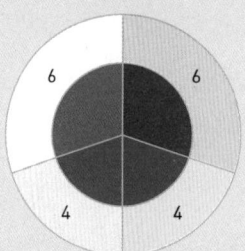

2021

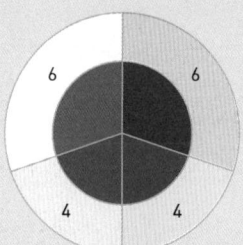

2022

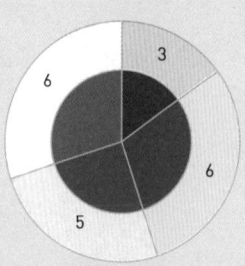

2023

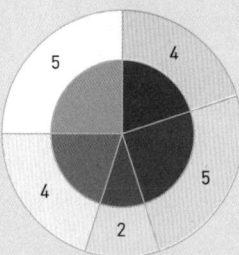

- 제1장 유통정보의 이해
- 제2장 유통정보시스템
- 제3장 전자상거래시스템
- 제4장 통합정보자원관리시스템
- 제5장 신융합기술의 유통분야에서의 응용

(출제 문항 수)

5과목 유통정보

CHAPTER 01 유통정보의 이해
CHAPTER 02 유통정보시스템
CHAPTER 03 전자상거래시스템
CHAPTER 04 통합정보자원관리시스템
CHAPTER 05 신융합기술의 유통분야에서의 응용

CHAPTER 01 · 유통정보의 이해

> **Key Point**
> - 정보의 개념과 특성, 디지털 경제에 대해 학습한다.
> - 바코드의 종류별 특징에 대해 구분하여 암기한다.
> - POS시스템의 구성·기능, POS데이터의 분류와 활용에 대해 숙지한다.

01 정보의 이해

1 정보의 개념 기출 13

(1) 정보의 정의

① 정보란 어떤 행동을 취하기 위한 의사결정을 목적으로 하여 수집된 각종 자료를 처리하여 획득한 지식이다.
② 정보란 어떤 사물, 상태 등 관련된 모든 것들에 대해 수신자에게 의미 있는 형태로 전달되어 불확실성을 감소시켜 주는 것으로서, 수신자가 의식적인 행위를 취하기 위한 의사결정과 선택의 목적에 유용하게 사용될 수 있는 데이터의 집합을 의미한다.
③ 정보란 각각의 사실들이 지니고 있는 본래의 가치를 초월하여 새로운 부가가치를 지니는 방식으로 조직화된 사실들의 집합체이다.
④ 정보란 인간이 판단하고, 의사결정을 내리고, 행동을 수행할 때 그 방향을 정하도록 도와주는 역할을 하는 것이다.
⑤ 정보란 개인이나 조직이 의사결정을 하는 데 사용되도록 의미 있고 유용한 형태로 처리된 자료들이다.

(2) 정보의 특성

① 정확성(Accuracy) : 정확성을 갖춘 정보는 실수나 오류가 개입되지 않은 정보이다. 정보는 데이터의 의미를 명확히 하고 편견의 개입이나 왜곡 없이 정확하게 전달해야 한다.
② 완전성(Completion) : 중요한 정보가 충분히 내포되어 있을 때 비로소 완전한 정보라 할 수 있다.
③ 경제성(Economical) : 필요한 정보를 산출하기 위해서는 경제성이 있어야 한다.
④ 신뢰성(Reliability) : 신뢰할 수 있는 정보는 그 원천자료와 수집방법과 관련이 있다. 정보에 대한 신뢰성을 판단하기 위해서는 데이터베이스의 무결성과 정확성을 확인해야 한다.

⑤ 관련성(Relevancy) : 양질의 정보를 취사선택하는 최적의 기준은 관련성이다. 관련성 있는 정보는 의사결정자에게 매우 중요하다. 예를 들어 컴퓨터제조업자에게 목재의 가격이 하락할 것이라는 정보는 관련성이 없기 때문에 필요없는 정보가 된다.
⑥ 단순성(Simplicity) : 정보는 단순해야 하고 지나치게 복잡해서는 안 된다. 너무 정교하거나 상세한 정보는 경우에 따라 의사결정자에게 불필요할 수도 있다.
⑦ 적시성(Timeliness) : 양질의 정보라도 필요한 시간대에 이용자에게 전달되지 않으면 가치를 상실한다.
⑧ 입증가능성(Verifiability) : 정보는 입증가능해야 한다. 입증가능성은 같은 정보에 대해 다른 여러 정보원을 체크해 봄으로써 살펴볼 수 있다.
⑨ 통합성(Combination) : 개별적인 정보는 많은 관련 정보들과 통합됨으로써 재생산되는 상승효과를 가져온다.
⑩ 적절성(Felicity) : 정보는 적절하게 사용되어야 유용한 정보로서의 가치를 가진다.
⑪ 누적가치성 : 정보는 생산, 축적될수록 가치가 커진다.
⑫ 매체의존성 : 정보가 전달되기 위해서는 어떤 전달 매체(신문, 방송, 컴퓨터)가 필요하다.
⑬ 결과지향성 : 정보는 결과를 지향한다.
⑭ 형태성 : 정보가 의사결정자의 요구에 얼마나 부합하는 형태로 제공되는지에 대한 정도를 말한다.
⑮ 과부화 : 필요한 정보를 제공하는 것 못지않게 불필요한 정보를 제공하지 않는 것도 중요하다.

2 정보화 사회

(1) 정보화 사회의 개념

정보화 사회란 정보가 경쟁력의 원천이 되는 사회로서, 컴퓨터기술과 전자기술 및 정보·통신기술 등을 통해 가치 있는 정보가 창출·활용되고 이러한 모든 생활영역에서 핵심이 되며, 사회구성원의 욕구를 충족시키는 데 정보가 중추적인 역할을 수행하는 사회를 의미한다.
① 물질이나 에너지보다 정보가 더 큰 가치를 가지고 이용되는 사회
② 정보의 가치가 사회의 중심 자원이 되는 고도의 지식 창조 사회
③ 컴퓨터와 정보통신의 결합으로 정보의 축적, 처리, 전달 능력이 크게 향상된 사회
④ 정보시스템이 고도화된 사회로서 컴퓨터 보급의 일반화, 통신망 구축, 정보 서비스를 저렴한 가격으로 신속·편리하게 제공하는 사회
⑤ 정보가 중요한 재화로 인식되고 새로운 문화, 사회, 환경, 경제생활에 혁신적인 변화를 가져와서 인간의 삶의 질을 향상시키는 사회
⑥ 정보기술의 발달에 따라 대량의 정보가 유통되며 제품의 생산보다 정보의 가공, 처리, 정리가 더 많은 가치를 낳는 사회
⑦ 정보 매체의 확대와 더불어 정보의 이용가치가 높아지고, 정보의 공개 등을 통해 국민의 알 권리가 충족되는 사회
⑧ 정보통신 기술의 혁명에 의해 정보가 차지하는 비중이 매우 크며, 사회 모든 구성원들이 정보를 쉽게 접할 수 있는 사회

(2) 정보화 사회의 배경

정보화 사회는 이용자들의 정보욕구의 변화와 이를 충족시켜 주기 위한 정보·통신기술의 진전에 의해 탄생되었다. 정보이용자들의 욕구 다양성과 고도화는 신속한 정보처리능력과 대량의 정보보관능력을 요구하였으며, 정보화 사회를 앞당기는 요인이 되었다.

① 대중 정보·통신기술의 발전을 통해 소비자들은 전 세계의 제품에 대한 정보를 얻을 수 있으며, 최상의 조건을 지닌 상품만을 구매할 수 있게 되었다. 즉, 인터넷의 발전은 소비자에게 새로운 매장을 제공하였고 온라인 카탈로그를 통해 대부분의 제품구매가 가능해졌으며, 소비자들은 최저의 가격으로 최상의 상품을 구매할 수 있게 되었다. → 정보시스템은 글로벌 기업활동을 성공적으로 수행하기 위한 필수적 요소

② 컴퓨터 및 통신 네트워크기술의 발달에 따른 정보관리능력의 향상은 기업활동의 소요시간 단축, 오류율 감소 및 비용절감 효과를 제공하였고, 나아가 글로벌 기업활동의 의사결정 지원 능력을 강화시켰다. → 정보화 수준의 가속화

(3) 정보화 사회에서 기업환경의 변화

① 글로벌시장체제로의 전환
  ㉠ 진입장벽을 완화시키고 경쟁을 심화시킴으로써 기업들로 하여금 소규모 틈새시장(Niche Marketing)과 특정 고객집단을 겨냥한 경쟁우위전략을 모색하도록 요구한다.
  ㉡ 글로벌시장체제는 규모의 비경제성을 초래하게 되어 기업들로 하여금 대형화하기보다는 전략적 협력관계를 구축하도록 요구한다.
  ㉢ 글로벌시장체제는 세계경제의 규모를 확대시키게 되어 기업들로 하여금 정보시스템을 기초로 한 신속하고 유연한 시스템을 구축하도록 요구한다.

② 소비패턴의 다양화·고급화
  ㉠ 고객의 중요성 강조 : 시장의 지배력은 공급업자로부터 고객에게로 지속적으로 이동되어 왔다.
  ㉡ 기업전략은 고객만족을 목표로 수행 : 기업활동은 궁극적으로 고객의 구매 정도에 의해 평가되며, 고객이 직접 제품을 구매하는 것이 아니라 그 효용을 구매하는 것이다. 즉, 기업의 가장 중요한 기능은 고객을 만족시키는 것이다. 따라서 기업은 판매를 증대하기 보다는 고객만족도를 제고함으로써 이익을 확보해야 한다. 그러므로 기업활동이란 근본적으로 고객을 만족시키기 위한 일련의 과정이다.
  ㉢ 시간가치에 대한 요구 증대 : 기업들에게 내부 업무프로세스의 단축뿐 아니라 원자재의 공급에서부터 최종소비자에게 이르기까지의 외부 업무프로세스의 단축도 아울러 요구하고 있다. 기업들은 이와 같은 고객요구에 대응하기 위해서 더욱 저렴한 비용으로 고객이 원하는 재화와 서비스를 원하는 장소로 신속히 제공해 줄 수 있는 능력을 보유하도록 요구받고 있다.

③ 제품수명주기의 단축
  ㉠ 소비자의 변화는 기업들로 하여금 대량 생산시스템에서 소량 생산시스템으로 나아가 맞춤형 생산시스템으로의 전환을 요구하고 있다. 즉, 구매에서부터 최종소비자에 이르기까지의 전 과정의 효율 제고를 통한 시간단축을 요구하는 것이며, 이에 따라 제품의 수명주기는 더욱 단축되고 있다.
  ㉡ 기업들은 이러한 추세에 대응하기 위한 전략적 방안으로 신속하고 정확한 정보시스템의 구축을 추구하고 있다.

(4) 정보화 사회의 특징

① 정보산업이 중심산업으로 등장
　㉠ 칸(1967년)이나 벨(1970년)은 정보화 사회에 대해 탈공업사회화로서 물질과 재화를 생산하는 산업은 더 이상 중심산업이 되지 못한다고 보았다. 정보화 사회에서는 정보산업이 중심산업으로 등장하게 된다.
　㉡ 정보화 사회에서 사회를 유지·발전시키는 데 핵심적인 요소는 정보이다. 따라서 정보를 처리하고 제공하는 정보산업이 중심산업으로 되는 것은 당연한 것이라 할 수 있다.

② 경제의 소프트화
　㉠ 정보화 사회가 급속도로 진전되면서 경제의 소프트화가 진행된다. 경제의 소프트화는 전체 산업 중에서 서비스 부문의 비중이 증대되는 경제의 서비스화라고 볼 수 있다.
　㉡ 한 국가의 공업화가 일정 수준에 도달하고 나면 경제성장은 주로 비공업부문의 성장에 의해 이루어지게 되며, 이러한 단계를 초산업화(탈산업화) 또는 정보화 단계라고 한다. 초산업화 단계에서는 경제성장이 서비스산업에 의해 이루어지고 서비스산업의 비중이 증대되는데, 특히 정보산업 분야의 발전이 크게 이루어지게 된다.

③ 경제의 참여민주의화
　㉠ 정보화 사회가 고도로 진행되면 종래의 의회민주주의라는 정치형태가 참여민주의로 바뀔 것이라고 본다.
　㉡ 정보화 사회에서 직접민주주의가 도입될 수 있는 근거로는 컴퓨터기술과 뉴미디어의 발전을 들 수 있다.

④ 인간생활에 편의 제공
　정보화 사회에서는 공장자동화, 사무자동화, 가사자동화가 이루어져서 인간생활에 최대한의 편의가 제공될 수 있다.

⑤ 문화적 통일성과 문화적 다양성의 공존
　㉠ 정보화 사회에서는 공간제약의 감소에 따른 문화적 통일성과 개인적 욕구와 가치관의 다양성에 따른 문화적 다양성이 공존하게 된다.
　㉡ 정보화 사회에서는 정보통신기술의 발달로 공간적 거리가 별다른 의미를 갖지 못한다. 따라서 특정 문화양식이나 사고방식 또는 물질이 광범위한 지역에서 통용·수용되는 문화적 통일성이 나타난다. 그와 동시에 여러 가지 정보들을 접하고 선택할 수 있는 개개인은 다양한 욕구와 가치관을 갖게 된다. 따라서 개인의 기호와 취향에 적합한 제품들이나 문화형태가 다양하게 나타날 수 있는데, 이것이 문화적 다양성이다.

⑥ 기 타
　㉠ 정보화 사회에서는 인간과 인간 간의 인간적 접촉보다 정보통신매체를 통한 접촉이 증대되어 메마른 인간관계가 형성될 수도 있다.
　㉡ 정보화에 의해 계층 간 불평등이 해소되기보다 정보독점이나 정보격차에 의한 계층·지역 간 불평등이 오히려 심화될 수도 있다.

> **개념 PLUS**
>
> 하이컨셉·하이터치 시대에 필요한 조건(Daniel H. Pink) 기출 24
> 개념과 감성이 강조되는 미래 정보사회에서는 하이테크 능력을 바탕으로 한 하이컨셉과 하이터치 재능을 요구하고 있으며, 하이컨셉·하이터치 시대에 필요한 인재에게 필요한 요소는 다음과 같다.
>
> | | |
> |---|---|
> | 디자인(Design) | 기능만으로는 안 되며 디자인으로 승부한다. |
> | 스토리(Story) | • 단순한 주장만으로는 안 되며, 스토리를 겸비한다.
• 단순한 주장을 넘어서 설득, 의사소통, 자기이해 등 훌륭한 스토리를 만들어내는 능력을 겸비해야 한다. |
> | 조화(Symphony) | • 집중만으로는 안 되며, 조화를 이루어야 한다.
• 큰 그림을 볼 수 있고 새로운 전체를 구성하기 위해 이질적인 조각들을 서로 결합 또는 융합해내는 능력을 겸비해야 한다. |
> | 공감(Empathy) | • 논리만으로는 안 되며, 공감이 필요하다.
• 다른 동료들의 마음을 상하게 하는 것이 무엇인지 이해하고, 유대를 강화하며, 다른 이를 배려하는 정신을 갖춰야 한다. |
> | 놀이(Play) | • 진지한 것만으로는 안 되며, 놀이가 필요하다.
• 업무적으로나 일상생활면에서 지나친 진지함보다는 마음의 여유를 즐길 수 있는 유희가 필요하다. |
> | 의미(Meaning) | • 물질의 축적만으로는 부족하며, 의미를 찾아야 한다.
• 평범한 일상에서 목적의식, 초월적인 가치, 정신적인 만족감 등 목표와 의미를 부여하는 능력이 필요하다. |

(5) 정보화 사회의 문제점

① **프라이버시 침해** : 개인적인 정보가 타인에게 공개되는 문제를 들 수 있다. 행정전산망 또는 생활정보망이 구축되면서 사적인 정보가 컴퓨터통신망에 저장되는데, 자신에 관한 정보가 개인 동의 없이 타인에게 누출되어 악용될 수도 있다.

② **정보격차** : 정보격차는 정보에 대한 접근과 이용이 개개인에 있어서 차이가 나는 정보 불평등현상이다. 즉, 산업사회에서의 경제적 불평등과 유사한 정보 불평등이 정보화 사회에서 나타날 수 있다. 정보격차는 정보획득 수단인 뉴미디어의 소유 여부, 개인의 교육수준, 경제적 능력 등에 의해서 나타날 수 있다.

③ **문화적 종속현상** : 발전된 정보기술을 보유한 국가는 그렇지 못한 국가에 비해 자국의 문화 행태를 전파하는 데 우월한 위치에 있게 된다. 따라서 정보기술이 열악한 국가에는 의사에 상관없이 상대적으로 우위에 있는 국가의 문화양식이나 가치관 등이 침투해 오게 되는데, 이를 정보월경에 의한 문화종속이라 한다.

④ **문화지체현상** : 문화지체현상은 정보기술 같은 첨단과학기술의 발전속도에 비해 인간의 수용능력이 뒤따르지 못함으로써 초래되는 비효율·비능률이다.

⑤ **정보과잉현상** : 정보화 사회에서는 지나치게 많은 정보들이 한꺼번에 제공될 수 있다. 이러한 경우 개개인의 다양한 욕구들을 충족시켜 주기보다 개인의 정보선택에 혼란을 가중시키거나 선택능력을 마비시킬 수도 있다. 또한 엄청나게 많은 정보하에서 수동적으로 정보를 받음으로써 사고능력이 저하되고 피동적인 인간을 만들어낼 수도 있다.

3 정보와 유통혁명

(1) 유통혁명의 정의
① 상품이 유통되고 거래되는 방식이 이전과는 완전히 새롭게 변화하는 것을 말한다.
② 지금까지의 유통과정은 상품이 생산자에게서 도매상과 소매상을 거쳐 소비자에게로 이동하는 것이 일반적이었지만, 최근에는 중간 도매상이 점점 사라져 가는 방향으로 유통과정이 바뀌어 가고 있다.
③ 이런 유통혁명이 가능해진 것은 상품의 대량 생산과 대량 소비가 이루어지고, 교통과 통신 등의 시설들이 발달했기 때문이다.
④ 유통혁명으로 인해 변화된 모습은 슈퍼마켓, 창고형 할인매장 등에서 볼 수 있다. 이들은 본점을 중심으로 해서 많은 점포를 집중적으로 관리하면서 중간 도매상을 거치지 않고 생산자와 소비자를 직접 연결하고 있다.
⑤ 유통혁명은 운수, 포장, 보관 등에서도 이루어지고 있다. 화물을 수송할 때 컨테이너를 사용하거나 식품의 신선도를 떨어뜨리지 않고 저온으로 수송하는 방식 등을 예로 들 수 있다.

(2) 유통혁명시대의 특징
① 정보가 빠르게 진전되고 소비자의 욕구가 증대됨에 따라 제조업 위주의 시장지배체제로부터 유통업체 위주의 시장지배체제로 전환되었다.
② 새로운 유통업체들은 고객의 요구에 능동적으로 대응함으로써 막강한 구매력을 확보하였고, 이를 통해 가격, 포장단위 등과 같은 중요한 시장지배요인을 결정하는 주도권을 확보하게 되었다.
③ 국민소득수준의 향상, 정보·통신기술의 진전, 고객욕구의 다양화에 기인한 유통혁신시대에 유통업계에 요구되는 관점
　㉠ 유통업의 기본개념을 물품유통 위주에서 정보유통 위주로
　㉡ 개별 기업 중심의 경영체제에서 통합공급체인 경영체제로
　㉢ 비용 중심으로부터 시간 중심으로
　㉣ 불특정 다수의 대상으로부터 특화된 고객 대상으로

(3) 디지털 경제 기출 18
① 디지털 경제재(상품) 기출 24
　㉠ 디지털로 생산되고 디지털로 유통되며, 디지털로 소비되고 디지털 상태로 저장될 수 있는 모든 상품을 의미한다.
　㉡ 물리적 상품은 반복 생산에 드는 가변비용이 높은 데 반해, 디지털 상품은 초기 생산에 드는 고정비용이 높지만 복제생산의 한계비용이 0이고 추가적인 변형에 따른 한계비용도 매우 적다.
② 디지털 시대 기업의 경영변화
　㉠ 양적 성장에서 수익성 중심
　㉡ 지역(Local) 경쟁체제에서 세계(Global) 경쟁체제
　㉢ 오프라인(Off-line)에서 오프라인과 온라인(On-line) 복합구조 중심
　㉣ 원가경쟁에서 고객중심으로 변화
　㉤ 매스마케팅에서 일대일 마케팅으로의 전환

③ 디지털 시장과 전통적 시장의 차이

기 준	디지털 시장	전통적 시장
정보 불균형	낮 음	높 음
조사 비용	낮 음	높 음
거래 비용	낮음(때로는 거의 없음)	높음(시간, 이동)
가격차별화	낮은 비용, 즉시	높은 비용, 지연
네트워크 효과	강 함	더 약함
중개소멸	더욱 가능/가망 있음	덜 가능함/가망 없음

④ 디지털 시대의 특징 기출 16
  ㉠ 정보의 신속한 공유가 이루어진다.
  ㉡ 공간의 제약이 줄어들어 경제 및 경영활동이 글로벌화되고 있다.
  ㉢ 기술의 발전 속도가 가속화되고 있다.
  ㉣ 소비자 욕구의 끊임없는 변화로 디지털 제품의 라이프사이클이 점점 짧아지고 있다.
  ㉤ 디지털 제품 간의 컨버전스(Convergence)가 활발히 진행되고 있다.

> ✅ **OX문제**
> ▶ 디지털 시대에는 산업 간 장벽이 고착화되고 있다.
>
> **해설**
> 디지털 시대에는 산업 간 장벽이 허물어지고 통합과 융합의 시대로 접어들고 있다.
>
> 정답 ≫ ×

⑤ 디지털 경제의 법칙
  ㉠ 무어의 법칙(Moore's Law) : 마이크로 프로세서의 TR(Transistor)수는 매 18개월마다 2배 증가하는 반면 비용(Cost)은 유지된다는 법칙
  ㉡ 길더의 법칙(Gilder's Law)
    • 광섬유의 대역폭은 12개월마다 3배 증가한다는 법칙
    • 광대역 엑세스 및 전송능력의 발달로 물리적 매체(DVD, CD 등)로만 이루어지던 디지털 멀티미디어 콘텐츠의 배포를 대용량의 광통신을 통해 인터넷의 가상공간에서도 이용 가능하게 하는 법칙
    • 이를 근간으로 하는 초고속 통신망에 의한 인간 라이프사이클(Life Cycle)의 변혁(재택근무, SOHO, Mobile office, 원격건강진단 시스템 등)이 생길 수 있다는 내용을 포함한다.
  ㉢ 멧칼프의 법칙(Metcalfe's Law)
    • 네트워크의 가치는 사용자 수의 제곱에 비례하지만, 비용의 증가율은 일정하다는 법칙
    • 멀티미디어 융복합 제품, 서비스의 필요성 증가에 따른 AV와 IT 결합제품의 시장의 확대가 예상된다.
    • 기반기술로서 Bluetooth, IEEE1394 등이 있다.
  ㉣ 코스의 법칙(Coase's Law)
    • 거래비용 감소에 따라 기업 내의 조직의 복잡성, 기업 수는 감소한다는 법칙
    • 2개의 독립적인 집단 간의 정보교환 소요비용이 하나의 조직 내에서 두 개의 집단을 관리할 때의 비용보다 커질 때 회사라는 조직이 형성되며, 반대의 경우 조직의 해체가 가속된다는 법칙
    • 여기서 비용이란 거래비용, 거래협상비용, 커뮤니케이션비용 등을 포함한다.

ⓜ 서프의 법칙(Cerf's Law) : 데이터베이스가 인터넷에 연동되어 조회 및 입력이 가능할 때 데이터베이스의 가치가 급증한다는 것을 나타내는 디지털 경제법칙
ⓑ 롱테일(Long Tail)법칙 : 인터넷과 유통물류 등의 발달로 20 : 80의 집중현상에서 발생확률이나 발생량이 상대적으로 적은 부분(80 부분)도 경제적으로 의미가 있게 되었다는 것으로 아마존닷컴이 다양한 서적을 판매한 사례를 갖고 있는 법칙

> **개념 PLUS**
>
> **수확체증의 법칙과 수확체감의 법칙** 기출 18·14·13
> - 수확체증의 법칙 : 전통적인 산업에 적용되던 수확체감의 법칙에 대응하는 개념으로, 어떤 기업이 상품을 만들기 위해 생산설비를 갖추고 생산을 시작하여 일정 규모의 생산을 초과하게 되면 비용이 점차 줄어들게 되고 수익이 커지는 현상을 말한다.
> - 수확체감의 법칙 : 노동력이 한 단위 추가될 때 이로 인해 늘어나는 한계생산량은 점차 줄어드는 현상을 말한다. 즉, 생산요소를 추가적으로 계속 투입해 나갈 때, 어느 시점이 지나면 새롭게 투입하는 요소로 인해 발생하는 수확의 증가량은 감소한다는 것이다.

4 정보와 의사결정

(1) 의사결정의 개념

① 의사결정은 여러 대안 중에서 하나의 행동을 고르는 일을 해내는 정신적 지각활동이다. 모든 의사결정의 과정은 하나의 최종적 선택을 가지게 되며, 이 선택의 결과로 어떤 행동 또는 선택에 대한 의견이 나오게 된다. 정보처리 관점에서 의사결정은 정보와 반응 사이의 다대일 대응으로 나타난다고 볼 수 있다. 즉, 대개 많은 정보를 지각하고 평가하여 하나의 선택을 하는 것이다.

② 기업 내에서는 조직구성원에 의해 수많은 의사결정이 이루어지고 있으며, 의사결정은 기업 구성원들의 중요한 문제이다. 기업경영 관점에서 의사결정을 정의하면 기업의 소유자 또는 경영자가 기업 및 경영 상태 전반에 대한 방향을 결정하는 일이라고 할 수 있다.

③ 심리학적 관점에서는 개별 의사결정들이 어떤 개인의 필요, 선호에 의해 가치를 갖는 상황 안에서 내려지게 되는지를 연구한다. 한편, 인지심리학적 관점에서 의사결정과정은 환경과 계속적으로 상호작용을 일으키는 가운데에서 행해지는 연속적인 과정으로 봐야 한다. 그러나 다른 차원에서 의사결정은 만족할 만한 해결책이 나올 때까지 수행해야 할 문제 해결 활동으로 여겨진다. 그러므로 의사결정은 이성적이거나 비이성적일 수 있으며, 어떤 분명 혹은 불분명한 가정에 기반한 논리적 이유나 감성적 이유에 의해 내려진다.

④ 모든 과학연구에 있어서 의사결정은 반드시 주어진 정보와 지식에 기초하여 결정하여야 하는 논리적 의사결정이어야 한다. 하지만 의학적 결정을 위해서 진단과 처방을 통해 의사결정을 하는 경우 매우 시간에 쫓기고 위험도가 높으며 불확실성이 크다. 따라서 최적의 의사결정을 내리는 것이 쉽지 않으며, 불확실한 가운데에서도 최적의 의사결정을 위한 여러 가지 방법이 의사결정분석을 통해 이루어져야 한다.

[구조화 정도에 따른 의사결정의 예]

의사결정 구조화	운영적 수준	전술적 수준	전략적 수준
비구조적	–	작업집단 재조직	신규사업 기획
반구조적	현금관리 신용관리 생산일정 일일작업 할당	작업집단 성과분석 종업원 성과평가 자본 예산 프로그램 예산	기업조직 재구축 상품 기획 기업매수 및 합병 입지 선정
구조적	재고관리	프로그램 관리	–

(2) 의사결정의 상황

① 확실성에 의한 의사결정(Decision Making Under Certainty)
문제의 본질이 알려져 있을 때 여러 대안 중의 하나를 선택하는 것이다.

② 위험도가 있는 상태에서의 의사결정(Decision Making Under Risk)
기업 간 위험도와 기업 내 위험도에 대한 경험적 확률을 근거로 한 의사결정이다.

③ 불확실성에 의한 의사결정(Decision Making Under Uncertainty)
생길 수 있는 결과의 확률을 알지 못하고 있을 경우에 주관적 확률에 따르는 의사결정이다.

(3) 의사결정의 기준

① 규범적 의사결정
기업의 의사결정에 대하여 실천적인 선택원리를 추구하는 것이다.
㉠ 특 징
- 과정지향적이 아니라 결과지향적이다.
- 최적해를 도출하기 위한 일정한 계산절차를 가지고 있으며, 수학적 수법을 적용한다.

㉡ 규범적 의사결정에 사용되는 경영과학기법 : 선형계획(Linear)모형, 네트워크(Network)모형, 정수계획(Integer Programming)모형, CPM(Critical Path Method), 목표계획모형, EOQ(Economic Order Quantity, 경제적 주문량), 비선형 계획(Nonlinear)모형 등이 있다.

㉢ 예측모형 : 미래사회의 필요, 목표, 가치 등 규범적인 것을 밝히는 것에서 출발하여 미래의 가능성을 분석하는 방법으로, 과거의 시간계열 데이터를 나타내는 경향선을 미래까지 연장시킨 형태이다. 예측모형에 사용되는 경영과학기법으로는 회귀분석(Regression)모형, 시계열(Time Series)모형, 판별분석(Discriminant Analysis)모형 등이 있다.

② 기술적 의사결정
조직에 있어서의 의사결정과정을 분석·기술하고 이를 이론화하여 의사결정을 하는 것이다.
㉠ 특 징
- 규범적 의사결정이 이윤의 극대화를 위하여 가장 유리한 대체안을 어떻게 선택할 것인가라는 규범을 제공하는 데 비하여, 기술적 의사결정은 기업의 조직 내에서 인간이 의사결정을 어떻게 하는가 하는 사실을 기술하고 분석하는 것을 임무로 하고 있다.
- 조직에 있어서의 의사결정과정을 분석하고 기술한다는 점에서 과정지향적인 연구이다.

- 기업의 의사결정은 조직 내의 사람에 의하여 결정되는 것이므로, 의사결정을 분석한다는 것은 결국 인간행동을 연구하는 행동과학(Behavioral Science)을 응용하는 것이다. 즉, 의사결정자가 만족하는 수준에서 의사결정을 하게 된다는 것이다.
- ⓒ 기술적 의사결정에 사용되는 경영과학기법 : 시뮬레이션, 대기행렬모형, 재고모형, PERT(Program Evaluation and Review Technique) 등이 있다.

(4) 의사결정의 종류

① 의사결정의 주체에 따른 분류
  - ㉠ 개인의사결정 : 개인의 목적이나 동기를 충족시키기 위한 의사결정을 말하며, 집단적·조직적 의사결정보다 덜 질서정연하고 덜 시스템적인 과정을 밟는다.
  - ㉡ 조직의사결정 : 조직의 일원으로서 조직의 목적을 위하여 합리적으로 하는 의사결정을 말한다. 조직체의 보다 중요한 의사결정은 경영자 개인에 의해서보다는 각종 위원회, 연구팀, 테스크포스(Task Force) 및 심사회 등의 집단에 의해 이루어지고 있다.

② 조직계층에 따른 분류
  - ㉠ 전략적 의사결정 : 주로 기업의 외부문제, 즉 외부환경과의 관계에 관한 비정형적 문제를 다루는 의사결정이다. 즉, 그 기업이 생산하려는 제품믹스와 판매하려는 시장의 선택 등 기업의 구조에 관련된 의사결정으로서 이는 기업의 성격을 좌우하는 중요한 의사결정이다. 전략적 의사결정은 미래의 조직과 환경의 변화를 예측하여 미래의 환경에 적합한 조직을 구축하기 위한 의사결정으로 주로 경영진에 의해 실행된다.
  - ㉡ 관리적(통합적) 의사결정 : 전략적 의사결정을 구체화하기 위하여 기업의 제 자원을 활용함에 있어서 그 성과가 극대화될 수 있는 방향으로 조직화하는 전술적 의사결정이다. 경영활동이 조직의 전략적 의사결정에 따라 정해진 정책과 목적에 부합하는가를 판단하는 중간관리자에 의한 의사결정이 이에 해당된다. 중간관리층의 임무로서 조직편성 및 변경, 권한 및 책임 한계의 정립, 작업 및 정보의 흐름, 유통경로 선정, 입지결정 등을 조직화하는 일과 자재 및 설비의 조달, 종업원의 훈련과 개발, 자금조달 등에 관한 의사결정 등이 이에 속한다.
  - ㉢ 업무적(일상적) 의사결정 : 전략적·관리적 의사결정을 구체화하고 동시에 일상적으로 수행되는 정형적 업무에 관한 의사결정 형태로서 주로 일선 감독층이나 실무자에 의해 이루어진다. 생산, 판매, 인사, 재무 등과 관련된 하위부문에서 이루어지는 각종 의사결정이 이에 해당된다. 예를 들면 자원배분(예산화), 업무일정 계획 수립, 업무의 감독 및 통제활동, 가격결정, 재고수준결정, 연구개발, 비용지출수준결정 등이 이에 속한다.

③ 업무형태에 따른 분류 - 사이몬(H. A. Simon)의 의사결정유형
  - ㉠ 정형적(Structured, Programmed) 의사결정
    - 일상적이고 반복적으로 일어나며, 의사결정을 해야 할 때마다 새로운 절차를 거치지 않도록 의사결정과정이 구조화되어 있거나 프로그램화되어 있다.
    - 정형적 의사결정의 과정은 관습적으로 처리되거나, 대부분의 경우 의사결정을 위한 표준절차나 방침이 조직의 내규 또는 규정 등에 문서로 기록되어 있다.
    - 최근에 정형적 의사결정은 OR(Operations Research)기법과 컴퓨터를 이용해서 매우 능률적으로 이루어지고 있다.

ⓒ 비정형적(Unstructured, Nonprogrammed) 의사결정
- 정형적 의사결정과는 달리 비반복적(일회적)이며 구조화되지 않은 예외적 의사결정으로, 의사결정자가 문제정의에 대하여 나름대로의 판단, 평가, 통찰을 해야한다.
- 신규사업으로의 진입, 돌발사태에 관한 결정 등에 직면했을 때의 의사결정으로, 과거의 전례가 없어 참고할 수 있는 모델이 없는 경우가 많다.
- 최근에는 비정형적 상황에서도 의사결정자의 문제해결능력을 제고시키거나 문제해결자를 지원하는 탐색적 컴퓨터프로그램을 활용하는 방법을 추구하기도 한다.
- 비정형적 의사결정 방식 중 휴리스틱(직관적 판단)은 짧은 시간과 적은 비용을 사용하는 손쉬운 의사결정방법이다.

개념 PLUS

전략적 의사결정과 전술적 의사결정의 비교

전략적 의사결정	전술적 의사결정
• 경영관리자의 주관적 가치관의 비중이 많음 • 원시적이고 거시적인 의사결정의 범위 • 방향 제시적 결정 • 조직의 기본목적이나 존속 발전과 같은 문제 • 방향 : 무엇을 할 것인가	• 대내 자료 및 구체적인 정보의 요구 • 근시적이고 미시적인 의사결정의 범위 • 방법 제시적 결정 • 전략적 결정을 실천에 옮기기 위한 것과 관련된 결정 • 방법 : 어떻게 할 것인가

(5) 의사결정단계 기출 17

탐색(Intelligence) 단계	조직 내에 발생한 문제 인식, 이해
	• 조직목표 • 데이터수집 • 문제보류 • 탐색과 스캐닝 절차 • 문제인식 • 문제진술
설계(Design) 단계	문제해결을 위한 여러 가지 대안들을 계획
	• 모델구축 • 선택대안의 탐색 • 선택기준의 설정 • 결과물의 예측과 측정
선택(Decision) 단계	대안들을 평가하여 최적의 대안을 선택
	• 모델의 해(解) • 최적 선택대안의 선택 • 통제시스템의 설계 • 민감도분석 • 구현계획
실행(Implementation) 단계	선택된 최적의 대안들을 실행

(6) 의사결정상의 오류의 정보

① **오류의 발생** : 사람에 의한 의사결정은 의사결정자의 주관적 직관과 다양한 환경요소에 의해 영향을 받는다. 따라서 불편·부당한 의사결정을 피하기 위해서 주변 환경의 영향이나 개인적 주관에 영향을 받지 않는 정보시스템에 의존하고자 하는 것이다.

② 의사결정의 오류 유형
  ㉠ 표현의 차이(Poor Framing) : 언어나 문맥의 표현 차이에서 의사결정의 오류(Poor Framing)가 발생할 수 있다. 즉, 애매한 표현이나 해석의 다양성이 의사결정의 잘못을 초래할 수 있다.
  ㉡ 최빈효과(Recent Effect) : 정보가 차례대로 제시되는 경우 앞의 내용들 보다는 맨 나중에 제시된 내용을 보다 많이 기억하는 경향을 말한다. 즉 과거의 정보보다 최근에 주어진 정보에 더 큰 비중을 두고 의사결정을 내리는 경향으로 의사결정의 오류를 초래할 수 있다.
  ㉢ 정박효과(Anchoring Effect) : 인간의 사고가 처음에 제시된 하나의 이미지나 기억에 박혀 버려 어떤 판단도 그 영향을 받아 새로운 정보를 수용하지 않거나 이를 부분적으로만 수정하는 행동 특성을 말한다. 즉, 먼저 선택한 대안을 좀처럼 다른 대안이 뒤집지 못하는 경향으로 인해 종종 의사결정의 오류가 발생할 수 있다.
  ㉣ 몰입상승효과(Escalation Effect) : 분명히 잘못된 결정이나 실패할 것이 확실한 일에 고집스럽게 집착하는 심리를 말한다. 즉 일단 한번 이루어진 의사결정을 버리지 않으려는 경향 때문에 의사결정자는 선정된 대안에 문제가 있다는 부정적인 피드백을 무시하는 경향이 있다. 따라서 나쁜 결과가 발생한 이후에야 대안을 수정하거나 폐기하게 된다.
  ㉤ 연상편견(Associative Bias) : 현재의 상황을 고려치 않고 과거의 성공을 반복 시도하려는 효과를 말한다. 즉 과거의 성공에 취해 현재의 상황보다는 과거 상황의 연장선상에서 의사결정을 하는 경향이 있다.
  ㉥ 과소평가오류 : 친숙하거나 유리한 사건의 확률을 과대평가하고, 부정적인 사건발생의 확률에 대해서는 과소평가하는 경향(Poor Probability Estimation)이 있다.
  ㉦ 과신오류(Overconfidence Bias) : 자신이 알고 있는 사항의 정확성에 대해 과신하는 경향이 합리적인 의사결정을 저해한다. 자신이 가진 정보의 품질을 과대평가하고 다른 정보의 품질을 폄하하는 경향이 그것이다.
  ㉧ 집단사고(Group-think)의 오류 : 의사결정에 참여한 그룹은 합의와 응집력을 유지하려는 강한 욕구가 있고, 이러한 욕구는 최선의 결정에 도달하려는 그룹 전체의 욕구보다 우선하는 경향이 있다. 이것은 흔히 팀워크라고 인식되는 상태의 폐해일 수도 있다. 즉, 조직원 전체의 최적의 달성보다는 조직원 전체의 합의된 만족이 중시되는 경향이 있다.

5 유통정보의 종류

(1) 유통정보의 목적
상품의 유통을 신속하고 정확하게 함으로써 유통 활동의 효율화와 합리화를 도모하여 낭비하는 비용을 줄이고 유통 활동을 촉진시켜 유통 정보시스템을 유지하는 데 목적이 있다.

(2) 유통정보의 종류
① 수주정보 : 거래활동의 출발점이며, 유통활동의 기초로 볼 수 있는 정보이다.
② 재고정보 : 적정 재고를 유지하고, 판매기회의 손실을 최소화하여 운송비를 절감하게 되는 정보이다.
③ 창고정보 : 상품을 보관할 때 보관 위치나 입고 및 출고내용 등을 정보화하여 창고 상태를 최적으로 유지하기 위한 정보이다.

④ 출하정보 : 고객이 제품을 주문할 경우 주문 상황에 따라 적절한 배송체제의 확립과 최적 운송계획을 수립하여 운송비를 절감할 수 있는 정보이다.
⑤ 유통 관리 정보 : 최소의 비용으로 최대의 목적을 달성하도록 시스템을 계량화하고 시스템을 모니터링 하여 실적을 평가하는 정보이다.

6 정보기술과 조직, 지식경영

(1) 정보기술과 조직
① 정보기술의 개념
  ㉠ 넓은 의미 : 정보의 입수, 처리, 저장, 발표 및 전달과 관련된 모든 형태를 정보기술로 보는 입장으로 정보기술의 개념을 아주 폭 넓게 다루고 있다.
  ㉡ 좁은 의미 : 정보기술을 컴퓨터의 활용, 소프트웨어 응용, 통신 커뮤니케이션으로 규정하고 있으며, 본체 컴퓨터, 정보 처리 능력 및 네트워크와 통신 커뮤니케이션이 정보기술의 본질이라고 주장하는 견해도 있다.
② 정보기술의 분류 : 일반적으로 기술을 분류하면 재료 처리 기술, 운영이나 관리 방식과 관련된 기술, 정보기술(IT ; Information Technology)로 대별할 수 있는데, 이 중 정보기술은 컴퓨터 과학, 경영정보 시스템, 정보통신, 공학, 경제학, 법학, 군사학 등의 분야에서 다양하게 다루어지고 있다.
③ 정보기술이 유통경로기능에 미치는 영향
  ㉠ 재고관리 : 제조업체의 생산계획과 도소매상의 구매계획에 도움을 줌으로써 고객들의 대기시간이 단축되고 재고량이 감소된다.
  ㉡ 수송관리 : 수송현황이 중앙의 데이터베이스에 기록됨으로써 항상 고객에게 일관된 수송서비스를 제공할 수 있다.
  ㉢ 머천다이징 관리 : 소매상은 상권 내 소비자의 구매성향과 구매습관을 파악한 후 그들이 쉽고 편리하게 구매할 수 있도록 최적의 제품구색을 갖출 수 있다.
  ㉣ 촉진관리 : 기존 촉진활동의 성과가 객관적 자료에 의해 과학적으로 평가된다.
④ 정보기술이 조직에 미치는 영향
  ㉠ 정보기술 발전이 기업경영에 제공하는 기회
    • 정보기술은 업무 방법을 변화시킨다.
    • 정보기술은 기업 내외의 기능의 통합을 가능하게 한다.
    • 정보기술은 많은 산업의 경쟁풍토를 변화시킨다.
    • 정보기술은 기업의 사명과 기업활동을 재평가하고 재설계한다.
  ㉡ 정보기술이 조직 구조에 미치는 영향
    • 정보기술의 도입은 부서 간의 영역 변화, 개인 간의 의사소통 경로의 변화 등과 같은 공식적인 구조의 변화와 함께 비공식적인 조직의 변화도 가져올 수 있다.
    • 최고관리자의 경우는 전략계획 단계에서(예 R&D 계획 등), 중간관리자는 전술계획 단계에서(예 단기 예측 등), 일선관리자는 운영계획 단계에서(예 재고관리 등) 정보의 역할이 중요하며, 정보의 사용에 있어 직위가 높을수록 기업의 외부정보에 의존하는 경향이 강하다.

ⓒ 정보기술이 조직 성장에 미치는 영향
- 정보기술이 마케팅 환경 변화에 미치는 영향
  - 경쟁자의 가격 정보를 좀 더 정확하게 추적할 수 있고, 동시에 제품의 가격 책정에 도움을 줄 수 있다.
  - 시장 조사를 좀 더 정확하게 수행할 수 있으며, 이해 관계자에게 정보를 보다 효과적으로 전달해 줄 수 있다.
- 정보기술이 마케팅에 미치는 영향 : 기술 혁신, 신제품 개발, 제품 전략, 커뮤니케이션 전략, 판매 전략, 유통 전략 등이다.
- 정보기술이 마케팅에 미치는 영향력을 저해하는 요인
  - 정보기술을 도입하기 전에 기업이 마케팅의 기본적인 철학을 이해하고 흡수하여야 하나, 그러지 못한 경우에는 정보기술이 도입됨으로써 얻을 수 있는 효과가 감소된다.
  - 마케팅 성격의 질적(Qualitative)이고 창의적인 측면이 강조되면서 전산화 및 양적(Quantitative)인 측면이 상대적으로 덜 강조되는 경향이 있다.
  - 마케팅 관리자가 사용하는 소프트웨어들은 원래는 다른 전문 분야를 위하여 개발된 것이다.

⑤ 정보기술의 도입으로 인한 유통시장의 변화 기출 20
  ㉠ 기술 발전에 따라 독자적 경쟁에서 네트워크 경쟁으로 시장이 변화하고 있다.
  ㉡ 기술 발전에 따라 공급자 중심에서 소비자 중심으로 시장이 변화되고 있다.
  ㉢ 기술 발전에 따라 푸시(Push) 관행에서 풀(Pull) 관행으로 시장이 변하고 있다.
  ㉣ 기술 발전에 따라 거래 중심에서 관계 중심으로 시장이 변화하고 있다.
  ㉤ 기술 발전에 따라 기능 중심에서 프로세스 중심으로 시장이 변화하고 있다.

(2) 지식경영

① 지식의 개념 기출 20
  ㉠ 지식이 증가함에 따라 지식은 세분화되고 단편화된다.
  ㉡ 지식은 너무 많은 무형적 측면들이 존재하기 때문에 지식에 대한 투자 효과를 추정하기는 어렵다.
  ㉢ 지식은 재생가능한 특성을 지니기 때문에 소모되지 않는다.
  ㉣ 지식의 유용성과 타당성은 시간이 지남에 따라 달라질 수 있기 때문에 즉각성, 사멸성, 휘발성은 중요한 지식 특성이다.
  ㉤ 지식은 역동적이며 활동하는 정보이므로 조직은 지식베이스를 경쟁우위의 원천으로 유지하기 위해 지속적으로 갱신해야 한다.

② 지식경영의 개념 기출 14
  ㉠ 조직 내에서 지식을 획득, 창출, 축적, 공유하고, 이를 바탕으로 고객에게 뛰어난 가치를 제공함으로써 조직의 경쟁력을 높이는 경영활동이다.
  ㉡ 자사에 지식창고를 구축하여 지식활용을 용이하게 활용할 수 있도록 이를 촉진시킴으로써 지식을 기업의 자산으로 관리하는 것이다(Davenport, 1998).
  ㉢ 지식경영에서는 정보와 지식을 동일한 의미로 보지 않는다.
  ㉣ 지식경영에서는 지식의 유형을 암묵지와 형식지로 구분하여, 조직원들이 업무에서 습득한 암묵지를 형식지로 만들어 많은 조직원들에게 전파될 수 있게 한다.

> **OX문제**
> ▶ 지식은 사용되면서 소모되며, 지식을 사용하는 과정에서 종종 지식을 추가하여 활용하는데, 이때 지식의 가치를 보존한다. O X
>
> [해설]
> 지식은 재생가능한 특성을 지니기 때문에 소모되지 않는다. 또한 경험가능성의 특성에 따라 지식을 사용하고 추가하는 과정에서 지식은 진화될 수 있다.
>
> 정답 ▶ ×

③ 지식경영이 중요한 경영기법으로 자리 잡게 된 배경
  ㉠ 지식경영은 프로젝트 지식을 재활용할 수 있도록 유지하는 기회를 제공하기 때문이다.
  ㉡ 지식경영은 복잡하고 중요한 의사결정을 빠르고, 정확하고, 반복적으로 수행할 수 있도록 지원하기 때문이다.
  ㉢ 지식경영은 조직의 효율성과 효과성 향상을 위해 지식을 기반으로 혁신하여 경쟁할 수 있기 때문이다.
  ㉣ 지식경영은 대화와 토론을 장려하여 효과적 협력과 지식공유를 위한 단초를 제공하기 때문이다.

> **개념 PLUS**
>
> 지식경영에 대한 학자들의 용어 정리
> - 스베이비(Sveiby) : 지식경영이란 조직의 무형자산을 통해 가치를 창출하는 예술이다.
> - 베치만(Bechman) : 지식경영이란 새로운 조직적 역량을 창출하고 구성원의 높은 업무성과를 가능하게 하며, 혁신적 활동을 촉진시키는 동시에, 고객가치를 제고시킬 수 있도록 구성원의 경험과 지식, 전문성을 공식화시키는 것이다. 아울러 여기에 보다 자유롭게 접근, 그것을 쉽게 활용할 수 있도록 추진되는 활동이다.
> - 위그(Wiig) : 지식경영이란 기업의 지식관련 경영활동의 효과성을 극대화하고 지식자산으로부터 최대 부가가치를 창출하기 위해 지식을 창출, 갱신, 적용하는 일련의 체계적이고 명시적이며 의도적인 활동이다.

④ 지식경영의 특징
  ㉠ 업무방식을 개선하고 능률적 운영을 공유한다.
  ㉡ 구성원의 경험, 지식, 전문성을 공식화한다.
  ㉢ 새롭게 창조된 형식적인 지식을 다시 암묵적인 지식으로 순화한다.
  ㉣ 지식 관련 경영활동의 효과성 극대화와 지적자산으로부터 최대의 부가가치를 창출한다.

⑤ 지식경영의 필요성
  ㉠ 정보기술의 발달과 지식의 중요성으로 인해 무형자산에 대한 인식이 변화하였다.
  ㉡ 글로벌 경쟁사회에서는 조직구성원이 획득한 창조적 지식의 중요성이 부각된다.
  ㉢ 기존 학습조직에 대한 이해 부족과 부정적인 측면으로 인해 지식경영이 등장했다.
  ㉣ 기업의 경쟁력이 브랜드가치나 지적자산으로부터 유래한다는 인식의 확산으로 기업의 자산가치를 재무적인 자산 중심으로 산출하는 방식에 문제를 제기하게 되었다.

⑥ 지식경영의 구성요소
  ㉠ 경영인프라 : 전략(Strategy), 사람(People), 조직문화(Culture), 조직구조 및 프로세스
  ㉡ 기술인프라 : 지식생성기술, 지식저장기술, 지식검색기술, 지식공유기술

⑦ 지식경영 관련 이론
  ㉠ 전략이론

자원의존이론	어떤 조직도 모든 자원을 획득할 수 없다는 것을 전제로 조직이 환경에서 자원을 획득하고 보존함으로써 생존한다고 강조하는 이론이다.
자원기반이론	기업 조직은 장기간에 걸쳐 독특한 자원과 능력의 차별적 역량에 근거하여 경쟁 우위를 얻을 수 있다.
지식기반이론	조직의 가장 중요한 전략적 자원이 지식임을 강조한다.

상보성이론	여러 다양한 자원 중 어떤 하나의 자원을 많이 사용하는 것이 다른 자원의 사용도 증가시킨다고 강조한다.
상황이론	환경 또는 상황요인을 조건변수로 하고 조직의 내부특성변수와 성과의 관계를 특정화하는 이론이다.

ⓒ 사회이론

사회교환이론	대인 간 갈등에서 가장 광범위하게 적용된 이론으로, 명확한 경제적 교환을 다루지 않고도 행동, 감정, 제품, 커뮤니케이션을 포함하는 대인 간 상호작용을 설명한다.
사회인지이론	인간관계는 행동(Behavior), 개인적 요인(Person), 외부환경(Environment) 등 3차원이 상호작용의 결정요인으로 작용한다.
사회자본이론	사회자본과 개인의 지역공동체 이익은 밀접한 관계가 있으며, 사회 및 제도적인 신뢰, 사회네트워크, 사회규범 등이 있다.

ⓒ 사회기술이론

사회기술관점을 적용한 지식경영의 계층	• 계층 1(Infrastructure) : 네트워크 구성원 간의 의사소통을 위한 물리적(예 하드웨어, 소프트웨어)인 구성요소 제공 • 계층 2(Infostructure) : 네트워크상의 공식적인 규칙을 제공하며, 의사소통을 위한 은유 및 공통 언어와 같은 인지적 자원 제공 • 계층 3(Infoculture) : 행위자의 배경지식과 정보공유에 대한 제약 결정
사회기술적 설계의 목표	• 자율수정이 가능하며 변화에 적응할 수 있고, 조직효과를 위해 개인의 창의적 능력을 발휘할 수 있는 시스템을 구축하는 것 • 사회적 시스템과 기술적 시스템을 제공
사회기술적 원칙	호환성의 원칙, 최소 중요 명세서의 원칙, 변동통제의 원칙, 경계위치의 원칙, 정보흐름의 원칙, 권력과 권한의 원칙, 다기능의 원칙, 지원일치의 원칙, 과도조직의 원칙, 미완성의 원칙 등

ⓔ 시스템이론 : 하나 혹은 그 이상의 공동목표를 달성하기 위하여 투입물을 산출물로 전환시키는 체계적인 처리과정(Process) 내에서 상호작용하는 구성요소들의 유기적인 결합체이다.

일반적인 시스템 모형	환경, 경계, 투입, 출력, 처리(변환), 통제, 피드백 등
시스템 이론의 속성	목표지향성, 전체성, 개방성, 상호관련성 등
시스템 관점에서 지식경영	지식경영은 인적 활동이며, 구조 및 기술 하위시스템이 지식경영을 지원한다.

⑧ 지식경영 조직문화와 지식문화

㉠ 조직문화 : 무형적이며 실체가 없지만 조직의 여러 계층에 다양하게 존재하며, 가치관, 규범, 실무 등으로 표현된다.

㉡ 지식문화 : 조직구성원이 학습을 하고 조직의 경쟁우위를 증진하기 위하여 학습을 활용할 수 있는 조직 환경을 의미하며 지식격자를 활용하여 조직지식을 평가한다.

㉢ 암묵지와 형식지

암묵지	언어로 표현하기 곤란한 주관적 지식으로, 경험을 통하여 익힌 지식(예 직관, 사고, 숙련, 노하우, 관행 등)
형식지	언어로 표현 가능한 객관적 지식으로, 언어를 통하여 습득된 지식(예 제품사양, 문서, 데이터베이스, 매뉴얼, 컴퓨터 프로그램 등)

② 노나카의 SECI모델 : 암묵지와 형식지라는 두 종류의 지식이 사회화, 표출화, 연결화, 내면화라는 변환과정을 거쳐 지식이 창출된다는 이론이다.

사회화·공동화 (Socialization)	• 암묵지가 또 다른 암묵지로 변하는 과정 • 대면적인 의사소통과 공유된 경험을 통해 암묵지를 공유 • 관찰, 모방, 전수, 지도, 현장훈련(OJT)
표출화·외부화 (Externalization)	• 암묵지가 형식지로 변환하는 과정 • 조합된 암묵지가 언어로써 형식지로 전환 • 특허신청, 매뉴얼 작성
연결화·종합화 (Combination)	• 형식지가 또 다른 형식지로 변하는 과정 • 형식지를 또 다른 형식지로 가공·조합·편집 • 요약서 작성, 데이터마이닝
내면화 (Internalization)	• 형식지가 암묵지로 변환하는 과정 • 행동에 의한 학습과 밀접하게 연결된 형식지는 개인의 지식기반 형성 • 매뉴얼 습득, 역할연기, 시뮬레이션, 노하우습득

⑨ 지식경영 정보기술
㉠ 그룹웨어 : 서로 떨어져 있는 구성원들끼리 함께 협동하여 일할 수 있도록 해주는 소프트웨어를 말한다(예 공동집필, 전자우편, 온라인화면공유, 전자화이트보드, 비디오회의, 다중방식회의 등).
㉡ 패턴매칭 : 인공지능 분야에서 사용되는 응용프로그램으로서, 경험이 적은 지식근로자의 의사결정에 도움을 준다(예 전문가시스템, 지능에이전트, 기계학습 시스템 등).
㉢ 데이터베이스 도구 : 조직 업무에 관한 비즈니스 인텔리전스의 저장 및 검색, 미래예측을 위한 기반을 형성한다(예 데이터 웨어하우스, 데이터 마트, 데이터베이스 관리시스템(DBMS), 데이터마이닝 등).
㉣ 통제어휘 : 지식근로자와 관리자가 지식경영도구에 정보를 저장하고, 검색하는 용이성을 정의한다.
㉤ 상업데이터베이스 : 상업적인 데이터베이스로, 전문 데이터베이스 서비스회사의 데이터뱅크를 이용한다.
㉥ 특수목적 응용프로그램 : 특정 영역에서 지식근로자의 업무시간을 줄이고 업무오류를 감소시키기 위해 사용한다.
㉦ 시뮬레이션 : 어떤 현상이나 사건을 컴퓨터로 모델화하여 가상으로 실행시켜 봄으로써 실제 상황에서의 결과를 예측하는 것이다.
㉧ 의사결정지원도구 : 개인정보 단말기부터 데이터 웨어하우스에 이르기까지 다양한 저장매체의 자료를 검토·가공하여 의사결정을 돕는 소프트웨어 도구를 말한다(예 자료분석 통계프로그램, 의사결정테이블 등).
㉨ 자료수집도구 : 자료를 기계가 판독할 수 있는 형태로 정확하고 효율적으로 만드는 것이다(예 웹검색엔진, 디지털카메라, 바코드 등).
㉩ 시각화도구 : 그래픽과 동영상을 이용하여 프로세스의 관계를 효과적으로 설명하는 도구이다(예 3차원 그래픽패키지, 스프레드시트 등).
㉪ 인터페이스도구 : 데이터베이스에 있는 정보를 효율적으로 추출하기 위한 도구이다(예 TTS(Textto-Speech)엔진 등).
㉫ 저술도구 : 그래픽프로그램, 이미지편집기, 사운드편집기, 비디오편집시스템 등
㉬ 하부구조 : 정보하부구조(예 데스크탑 컴퓨터 등), 정보저장매체(예 하드드라이브 등), 네트워크(예 인터넷과 웹 등)

(3) 지식관리시스템(KMS ; Knowledge Management System)

① 지식관리시스템의 개념
   ㉠ 지식경영과 정보시스템을 결합한 개념으로, 정보기술을 이용하여 개인이나 조직 차원의 지식경영 프로세스를 지원하는 시스템이다.
   ㉡ 기업 내외부적으로 산재해 있는 지식을 가치 있는 지식으로 전환하기 위한 시스템이다.
   ㉢ 조직 내의 인적 자원들이 축적하고 있는 개별적인 지식을 체계화하여 공유함으로써 기업경쟁력을 향상시키기 위한 기업정보시스템이다.

② 지식관리시스템의 구축 목적
   ㉠ 재사용 가능한 지식의 적시 제공에 따른 업무 생산성 향상
   ㉡ 조직 운영의 효율성과 효과성 측면에서 업무 성과 개선
   ㉢ 마케팅이나 영업 등과 관련된 전략 정보의 제공에 따른 조직의 역량 강화
   ㉣ 정보 기술의 활용으로 암묵지를 형식지화하여 조직의 지식공유체계 구축
   ㉤ 부가가치 창출의 잠재성을 가진 지식 축적에 따른 지식의 자산화
   ㉥ 축적된 지식을 바탕으로 한 고품질 서비스 제공에 따른 기업의 경쟁력 강화

③ 지식관리시스템 실행의 추진 방향 기출 23
   ㉠ 기업은 불필요한 지식을 삭제하고, 관련 지식을 개선하여 업데이트해야 한다.
   ㉡ 지식관리 프로그램의 활성화를 위해 공유가 촉진될 수 있도록 지식을 공유하는 사람에 대한 적절한 보상 체계를 마련해야 한다.
   ㉢ 지식관리시스템의 데이터베이스에 저장된 데이터를 사람들이 잘 활용할 수 있도록 체계적으로 저장해야 한다.
   ㉣ 지식관리시스템 구현 시, 소규모 시스템을 도입하여 파일럿 테스트를 통해 검증한 후 기업전체로 확장하여 구축하는 것이 안정적이다.

02 유통정보화 기술

1 국제 표준 바코드 및 상품코드체계

(1) 바코드

① 바코드의 정의
   ㉠ 바코드(Bar Code)는 두께가 서로 다른 검은 막대와 흰 막대(Space)의 조합을 통해 숫자 또는 특수 기호를 광학적으로 쉽게 판독하기 위해 부호화한 것이다. 이것을 이용하여 정보의 표현과 정보의 수집, 해독을 가능하게 한다.
   ㉡ 문자나 숫자를 나타내는 검은 막대와 흰 공간의 연속을 바와 스페이스를 특정하게 배열해 2진수 0과 1의 비트로 바꾸고 이들을 조합해 정보로 이용하게 되는데, 이들은 심벌로지라고 하는 바코드 언어에 의해 만들어진다.

② 바코드의 구조
  ㉠ Quiet Zone : 바코드 시작문자의 앞과 멈춤문자의 뒤에 있는 공백부분을 가리키며, 바코드의 시작 및 끝을 명확하게 구현하기 위한 필수적인 요소이다. 심벌 좌측의 여백을 전방여백, 우측의 여백을 후방여백이라 한다.
  ㉡ Start/Stop Character
    • 시작문자는 심벌의 맨 앞부분에 기록된 문자로 데이터의 입력방향과 바코드의 종류를 바코드 스캐너에 알려주는 역할을 한다.
    • 멈춤문자는 바코드의 심벌이 끝났다는 것을 알려줌으로써 바코드 스캐너가 양쪽 어느 방향에서든지 데이터를 읽을 수 있도록 해준다.
  ㉢ Check Digit : 검사문자는 메시지가 정확하게 읽혔는지 검사하는 것으로 정보의 정확성이 요구되는 분야에 이용되고 있다.
  ㉣ Interpretation Line : 사람의 육안으로 식별 가능한 정보(숫자, 문자, 기호)가 있는 바코드의 윗부분 또는 아랫부분을 말한다.
  ㉤ Bar/Space : 바코드는 간단하게 넓은 바, 좁은 바와 스페이스로 구성되어 있으며, 이들 중 가장 좁은 바와 스페이스를 'X디멘전'이라 부른다.
  ㉥ Inter-character Gaps : 문자들 간의 스페이스(X디멘전 크기)를 말한다.

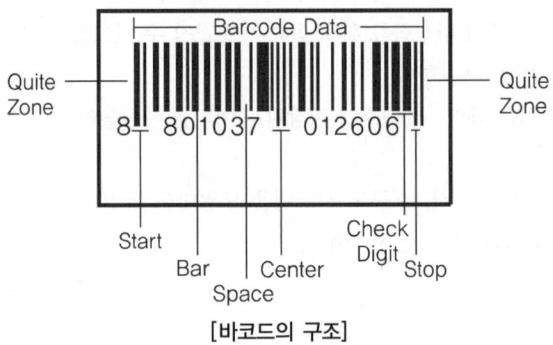

[바코드의 구조]

③ 바코드의 구분
  심벌의 형태 차이에 의해 다음과 같이 바이너리코드(Binary Code)와 멀티레벨코드(Multi-level Code)로 구분할 수 있다.
  ㉠ 바이너리코드(Binary Code) : 굵은 바와 좁은 바의 두 종류로 구성되어 2진법을 표현하는 바코드체계로 판독이 쉽고 라벨의 발행이 용이하다. ITF, Code 39 등에 쓰이고 있다.
  ㉡ 멀티레벨코드(Multi-level Code) : 몇 종류의 두께를 갖는 바와 스페이스로 구성되어 바 두께의 차이로 정보를 표현한다. 고밀도의 정보표현이 가능하며 GS1, Code 128 등에 쓰이고 있다.

④ 바코드의 장점
  ㉠ 오독률이 낮아 높은 신뢰성을 확보할 수 있다.
  ㉡ 바코드에 수록된 데이터는 비접촉 판독이 가능하고 한 번의 주사로 판독이 가능하다.
  ㉢ 컨베이어상에서 직접 판독이 가능하여 신속한 데이터 수집이 가능하다.
  ㉣ 도입비용이 저렴하고 응용범위가 다양하다.

⑤ 바코드의 적용 분야
  ㉠ 유통 관리 : 거래 시 발생하는 판매, 주문, 수금 등의 업무를 즉각적으로 컴퓨터에 입력함으로써 모든 판매 정보를 한눈에 알 수 있다.

- ⓒ 자재, 창고 관리 : 자재의 수급 계획부터 자재 청구, 입고, 창고 재고 및 재고품 재고 파악, 완제품 입고에 이르기까지 자재에 관련된 정보를 추적, 관리한다.
- ⓒ 근태 관리 : 정확한 출퇴근 시간 및 이를 통한 급여 자료 산출, 출입에 관한 엄격한 통제가 가능하다.
- ⓔ 출하 선적 관리 : 제품 출하 및 창고 입출고 시 그 정보를 읽음으로써 제품의 수량 파악, 목적지 식별을 신속하게 할 수 있다.
- ⓜ 매장 관리 : 판매, 주문, 입고, 재고 현황 등 각 매장의 정보를 신속하게 본사 호스트 컴퓨터로 전송하며 또한 POS 터미널 자체 매장 관리도 할 수 있다.

⑥ 마킹(Marking)의 유형 기출 20

- ㉠ 소스마킹(Source Marking)
  - 소스마킹(Source Marking)은 제조업체 및 수출업자가 상품의 생산 및 포장단계에서 바코드를 포장지나 용기에 일괄적으로 인쇄하는 것을 말한다.
  - 소스마킹은 주로 가공식품·잡화 등을 대상으로 실시하며, 인스토어마킹과는 달리 전 세계적으로 사용되기 때문에 인쇄되는 바코드의 체계 및 형태도 국제적인 규격에 근거한 13자리의 숫자(GS1)로 구성된 바코드로 인쇄해야 한다.
  - 국내 제조업체가 자사상품에 소스마킹을 해야 하는 이유로는 다음과 같은 두 가지 요인이 있다. 첫째, 대외적인 요인으로서 해외바이어의 요구 및 국내 유통 업체의 요구 등을 들 수 있고, 둘째, 대내적인 요인으로서 물류시스템에의 활용, 스캔 데이터(Scan Data)의 활용, EDI(Electronic Data Interchange)시스템에의 활용, 마킹 비용의 절감 및 마킹작업의 생력화 등을 들 수 있다.
  - 소스마킹은 인스토어마킹에 비해 저렴한 비용으로 바코드를 부착할 수 있다.
  - 소스마킹은 동일상품에 동일코드가 지정된다는 점에서 인스토어마킹보다 효율적이다.

> **OX문제**
> ▶ 농수산물은 주로 소스마킹을 활용한다. O|X
> [해설]
> 소스마킹을 실시할 수 없는 생선·정육·채소나 과일 등 농수산물은 주로 인스토어마킹을 활용한다.
> 정답 ▶ ×

- ㉡ 인스토어마킹(Instore Marking)
  - 인스토어마킹(Instore Marking)은 각각의 소매점포에서 청과·생선·야채·정육 등을 포장하면서 일정한 기준에 의해 라벨러를 이용하거나 컴퓨터를 이용하여 바코드 라벨을 출력하고, 이 라벨을 일일이 사람이 직접 상품에 붙이는 것을 말한다.
  - 소스마킹된 상품은 하나의 상품에 고유식별 번호가 붙어 전 세계 어디서나 동일상품은 동일번호로 식별되지만, 소스마킹이 안 된 제품, 즉 인스토어마킹이 된 제품은 동일품목이라도 소매업체에 따라 각각 번호가 달라질 수 있다.
  - 인스토어마킹은 코드가 표준화 되지 않는다는 단점이 있다.

[소스마킹과 인스토어마킹의 비교]

구 분	소스마킹	인스토어마킹
표시장소	생산 및 포장단계(제조, 판매원)	가공 및 진열단계(점포가공센터)
대상상품	가공식품, 잡화 등 공통으로 사용 가능	정육, 생선, 청과 및 소스마킹이 안 되는 가공식품
활용지역	전 세계적으로 공통으로 사용 가능	인스토어 표시를 실시하는 해당 업체에서만 가능
판독률	판독 오류가 거의 없음	판독 시 오독 오류 있음
비 용	낮 음	높 음

(2) 바코드와 국제표준

① GS1(Global Standard No.1) 기출 17·13
  ㉠ GS1은 상품의 식별과 상품정보의 교류를 위한 국제표준 상품코드를 관리하고 보급을 전담하는 기관으로서 세계 100개국이 넘는 국가가 가입한 국제기구이다.
  ㉡ GS1 Korea(대한상공회의소 유통물류진흥원)는 한국을 대표하여 1988년 GS1에 가입하였으며, 국제표준 바코드 시스템의 보급 및 유통정보화를 전담하고 있는 글로벌 기관이다.
  ㉢ GS1코드는 백화점, 슈퍼마켓, 편의점 등 유통업체에서 최종 소비자에게 판매되는 상품에 사용되는 코드로서 상품 제조 단계에서 제조업체가 상품 포장에 직접 인쇄하게 된다.
  ㉣ GS1코드는 제품에 대한 어떠한 정보도 담고 있지 않으며, GS1코드를 구성하고 있는 개별 숫자들도 각각의 번호 자체에 어떠한 의미도 담고 있지 않다. 즉, GS1코드는 제품 분류(Product Classification)의 수단이 아니라 제품 식별의 수단으로 사용된다.

② GS1 바코드의 적용절차
  ㉠ 제1단계 : 업체코드 신청
    GS1 국제표준바코드를 사용하기 위해서는 한국유통물류진흥원(GS1 Korea)으로부터 업체코드를 발급받아야 한다.
  ㉡ 제2단계 : 상품 품목코드 설정
    대한상공회의소 유통물류진흥원(GS1 Korea)으로부터 제조업체코드를 발급받은 후, 바코드를 사용하고자 하는 업체에서는 유통업체에 납품할 상품의 개별단위로 상품코드를 설정해야 한다.
  ㉢ 제3단계 : 바코드 인쇄방법 선택
    바코드 인쇄방법은 바코드의 사용목적과 인쇄량(Quantity)에 따라 달라진다.
  ㉣ 제4단계 : 바코드 판독환경 고려
    출력하고자 하는 바코드의 종류, 크기, 위치, 선명도(품질) 등은 해당 바코드가 어느 환경에서 판독되는지에 따라 다르다.
  ㉤ 제5단계 : 바코드 종류 결정
    • 바코드가 슈퍼나 대형할인마트 등 일반 유통매장에서 판독될 경우에는 GS1 13 바코드를 사용한다.
    • 바코드에 추가정보(일련번호, 유통기한, 단위 등)를 나타내어야 할 경우에는 GS1-128(GS1 128) 또는 GS1 DataBar, DataMatrix 바코드를 사용한다.
    • 물류단위(박스)에 바코드를 적용하고자 한다면 ITF-14(물류바코드 ; GS1 14) 사용을 고려해 보아야 한다.
  ㉥ 제6단계 : 바코드 크기 결정

GS1 13 바코드	• 표준크기로부터 최대 200% 확대하여 출력할 수 있으며 최소 80%까지 축소가 가능하다. • GS1 13 바코드를 축소할 때는 특히 바코드의 높이에 주의해야 한다. 전체 배율을 무시하고 인위적으로 높이만 줄여 출력할 경우, 바코드는 판독되지 않는다.
ITF 14(GS1 14) & GS1 128	• 물류바코드인 ITF 14와 바코드에 추가정보를 입력할 수 있는 GS1 128 바코드 역시 표준사이즈가 고정되어 있다. • TF 14는 표준사이즈(159mm × 41mm)를 기준으로 50%~200%까지 축소, 확대하여 사용할 수 있다.

- ㈐ 제7단계 : 바코드 넘버 부여

    바코드 아래 부분에 표현되어 있는 번호(바코드 넘버)는 바코드가 판독되지 않을 경우를 대비하여 적혀 있는 중요한 정보다.

- ㈑ 제8단계 : 바코드 색상 선택

    바코드를 출력하기 위한 최적의 색상조합은 흰색바탕에 검은색 바(Bar)를 사용하는 것이다.
    - 바코드의 바(Bar) 부분은 반드시 어두운 계열의 색상이어야 한다(예 검은색, 짙은 남색, 짙은 갈색, 짙은 녹색 등).
    - 바(Bar)의 색상은 반드시 하나로 통일되어야 한다.
    - 바코드의 배경(바탕)은 반드시 흰색과 같이 옅은 색상을 사용해야 한다.
    - 대부분의 경우, 바코드 배경에는 색상을 부여하지 않는다. 만약 바코드 배경에 색상을 입힐 경우, 바(Bar)의 색상은 반드시 확연히 구별되는 색상을 사용해야 한다.

- ㈒ 제9단계 : 바코드 인쇄 위치 결정
    - 바코드 인쇄 위치를 결정할 때에는 해당 상품의 포장 디자인을 담당하는 직원과 협력해야 한다.
    - 바코드 부분이 눈에 잘 띄지 않는 곳에 인쇄되어 있거나, 포장지의 접지면과 같이 바코드가 왜곡되어 표현될 수 있는 경우에는 다른 위치를 고려해야 한다.

- ㈓ 제10단계 : 바코드 인쇄품질 검사

    GS1 바코드는 종류에 따라 스캐너에 의해 판독이 가능한 최소한의 인쇄품질을 획득해야 한다.

③ GTIN(Global Trade Item Number, 국제거래단품식별코드) 기출 19

GTIN의 종류에는 GS1-8(8자리), GS1-13(13자리), GS1-14(14자리)가 있으며, 이를 전산으로 처리할 경우에는 모두 14자리로 입력해야 하므로 각 코드의 앞에 '0'을 채워 14자리로 만든 후 데이터베이스에 입력한다.

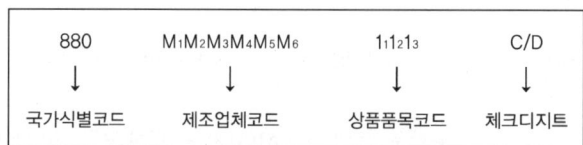
[GTIN-13 '표준형'의 체계]

[바코드의 심벌]

[GTIN 코드 생성과정]

- ㉠ 국가식별코드(3자리) : 첫 3자리 숫자는 국가를 식별하는 코드로 대한민국은 항상 880으로 시작되며, 세계 어느 나라에 수출 되더라도 우리나라 상품으로 식별된다. 국가식별코드가 원산지를 나타내는 것은 아니다.

○ 제조업체코드(6자리) : 6자리 제조업체코드는 한국유통물류진흥원에서 제품을 제조하거나 판매하는 업체에 부여하며 업체별로 고유코드가 부여되기 때문에 같은 코드가 중복되어 부여되지 않는다.
   ○ 상품품목코드(3자리) : 제조업체코드 다음의 3자리는 제조업체코드를 부여받은 업체가 자사에서 취급하는 상품에 임의적으로 부여하는 코드이며, 000~999까지 총 1,000품목의 상품에 코드를 부여할 수 있다.
   ○ 체크디지트(1자리) : 스캐너에 의한 판독 오류를 방지하기 위해 만들어진 코드로, 바코드가 정확하게 구성되어 있는가를 보장해주는 컴퓨터 체크디지트를 말한다.
④ SSCC(Serial Shipping Container Code, 수송용기일련번호)
   ○ 최초 배송인과 최종 수령인 사이에 거래되는 물류단위 중에서 주로 파렛트와 컨테이너 같은 대형 물류단위를 식별하기 위해 개발한 18자리 식별코드이다.
   ○ GS1 코드의 경우에는 코드관리기관으로부터 부여받은 국가코드와 업체코드는 그대로 사용하고 포장 용기의 일련번호를 부여한다. 그리고 확장자와 체크디지트를 덧붙여 18자리를 만든다. 응용식별자 00은 괄호로 묶어 표시한다.

확장자	GS1 업체코드	상품품목코드	체크디지트
N_1	N_2 N_3 N_4 N_5 N_6 N_7 N_8 N_9 N_{10} N_{11} N_{12} N_{13} N_{14} N_{15} N_{16} N_{17}		N_{18}

[SSCC 코드의 구성]

⑤ GLN(Global Location Number, GS1 로케이션 코드)
   ○ GLN은 전자문서 혹은 GS1-128 체계를 이용하여 한 기업의 물리적, 기능적, 법적 실체를 식별할 때 사용되는 13자리 코드이다. 거래업체 간의 거래 시 거래업체 식별 및 기업 내 부서 등을 식별하는 번호로 사용된다.
   ○ GS1-128 체계에서 GLN을 사용하고자 한다면 AI(Application Identifier, 응용식별자)와 함께 사용한다.
   ○ AI(410) - 배송장소, AI(411) - 송장을 보낼 곳, AI(412) - 구매처를 의미한다.
   ○ GS1 Korea에서 부여받은 GLN의 구조는 880으로 시작하며 업체코드(6자리), 업체식별코드(3자리), 체크디지트로 이루어져 있다.
   ○ GS1 로케이션 코드의 식별기능
      • 법률적 실체 : 기업이나 자회사 또는 관련 기관(예 한국물산 부산창고)
      • 기능적 실체 : 법률적 실체의 특정 기능 부서(예 한국물산 총무부)
      • 물리적 실체 : 건물 또는 특정 건물의 특정 위치(예 ㈜한국물산)
⑥ EPC(Electronic Product Code) 기출 14
   ○ EPC 코드는 GS1 표준바코드, EAN, UCC 코드와 마찬가지로 상품을 식별하는 코드이다.
   ○ 차이점은 바코드가 품목단위의 식별에 한정된 반면, EPC 코드는 동일품목의 개별상품까지 원거리에서 식별할 수 있다는 것이다.

ⓒ 이를 통해 위조품 방지, 유효기간 관리, 재고 관리 및 상품 추적 등 공급체인에서 다양한 효과를 누릴 수 있다.
ⓓ 동일한 상품이라도 모든 개체를 개별적으로 식별할 수 있는 일련번호가 추가되어 상품 추적과 상품 이동상태를 매우 정확히 포착할 수 있고, 동시에 데이터 취합과 처리효율을 높일 수 있다.
ⓔ EPC 코드 체계

> 헤더(Header) + 업체코드(EPC Manager)
> + 상품코드(Object Class) + 일련번호(Serial Number)

> **O X 문제**
> ▶ EPC는 헤더(Header), 필터와 파티션(Filter & Partition Value), ALE(Application Level Event), 및 Domain Identifier로 구성된다.
> O | X
> **해설**
> EPC는 헤더(Header), 업체코드(EPC Manager), 상품코드(Object Class), 일련번호(Serial Number)로 구성된다.
> **정답** ▶ ×

2 공통상품코드와 국내유통업체코드체계

(1) 공통상품코드

① UPC Code
 ㉠ UPC 코드는 12개의 캐릭터로 구성되어 숫자(0~9)만 표시가 가능하며 세 가지 종류의 형이 있다. Version A는 표준형으로 12자리를 표현하고, Version E는 단축형으로 6자리를, Version D는 확대형으로 표준형보다 많은 데이터를 표현할 수 있다.
 ㉡ UPC 코드는 좌측 여백과 좌측 가드패턴, 상품분류 체계번호, 제조업체 번호, 중앙 가드패턴, 상품번호, 검사 문자, 우측 가드패턴, 우측 여백으로 구성된다.
 ㉢ 북미지역에서 개발된 체계로 미국과 캐나다에서만 사용된다.
 ㉣ 제조업체코드 5자리는 UPC 코드 관리기관인 UCC에서 각 제조업체에 부여한다.

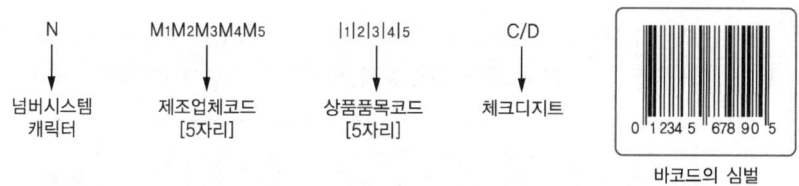

[UPC 코드체계(표준형 A)]

② EAN Code
 ㉠ EAN 코드는 13개의 문자를 포함할 수 있는데, 바코드로 표현하는 것은 12자리이고 맨 좌측의 문자는 수치로 표현된다.
 ㉡ EAN 코드의 종류에는 EAN-13, 즉 13개의 문자를 포함하는 표준형과 EAN-8인 8개의 문자를 포함하는 단축형 그리고 EAN-14가 대표적이다.
 ㉢ EAN-13은 식품, 문구, 자동차용품 및 일반 소매산업에서 주로 활용되며, EAN-14는 멀티팩/수송용기의 고정길이 데이터를 식별하기 위해 주로 사용된다.
 ㉣ EAN 코드의 각 캐릭터는 두 개의 바와 두 개의 여백으로 형성된 7개의 모듈로 이루어져 있으며, '0'은 밝은 모듈을, '1'은 검은 모듈을 나타낸다.

⑪ EAN은 유럽에서 1976년 채택한 코드로, 북미지역을 제외한 세계 전 지역에서 사용되고 있다.

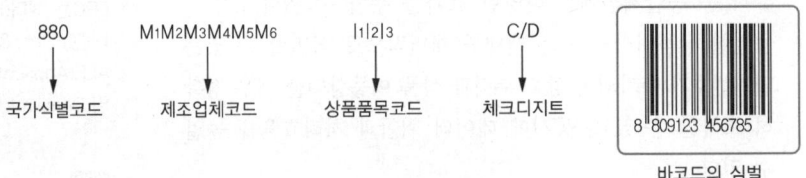

[EAN 코드체계(표준형 B)]

(2) 국내유통업체코드체계

① GTIN-13 코드(표준형)

GTIN-13 코드는 13자리의 숫자로 구성된 코드로 현재 전 세계에서 사용되고 있는 국제표준이다.

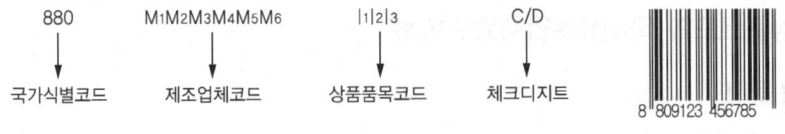

[GTIN-13 코드(표준형)의 체계]

㉠ 국가식별코드 : 국가를 식별하기 위한 숫자로 2~3자리로 구성된다.
㉡ 제조업체코드 : 상품의 제조업체를 나타내는 코드로 6자리이다.
㉢ 상품품목코드 : 각각의 단품을 나타내는 코드로 총 1,000품목에 부여할 수 있다.
㉣ 체크디지트 : 스캐너에 의한 판독 오류를 방지하기 위해 만들어진 코드로 Modulo 10 방식에 의해 계산된다.

② GTIN-14 코드(ITF-14 코드)

㉠ 업체 간 거래 단위인 물류단위(Logistics Unit), 주로 골판지 박스에 사용되는 국제표준물류바코드로서, 생산공장, 물류센터, 유통센터 등의 입·출하 시점에 판독되는 표준바코드이다.

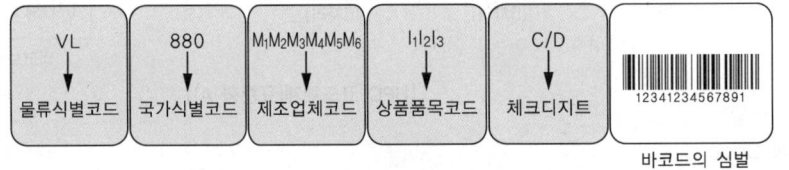

[GTIN-14의 체계]

㉡ GTIN-14 물류식별코드

물류식별코드	의미하는 내용
0	• GTIN에 따른 식별코드 구분 • 박스 내 소비자 구매단위가 혼합되어 있는 경우
1~8	박스 내에 동일한 단품만이 들어 있는 경우, 물류식별코드는 박스에 포함된 단품의 개수의 차이를 구분한다.
9	추가형(Add-on) 코드가 있는 경우 : 계량형 상품

③ ISBN(International Standard Book Number)
　㉠ 국제표준도서번호 시스템은 국제적으로 통합된 표준도서번호를 각 출판사가 펴낸 각각의 도서에 부여하여 국제 간의 서지정보와 서적유통업무의 효율성을 높이기 위해 만들어졌다.
　㉡ ISBN은 10자리 숫자로 구성된 바코드 체계로 그 도서가 출판된 국가, 발행자, 서명식별번호와 체크디지트(C/D, Check Digit)로 구성된다.
　㉢ ISBN을 표기할 때는 OCR 문자로 된 ISBN과 EAN의 바코드를 함께 쓴다. 이때 10자리인 ISBN과 13자리인 EAN의 자리수를 맞추기 위해 ISBN의 앞에 978을 붙여 단행본임을 표시한다.
　㉣ ISBN은 ISSN이 부여되는 출판물을 제외한 정부간행물, 교과서, 학습참고서, 만화, 팸플릿 등 모든 도서는 물론 멀티미디어 출판물, 점자자료, 컴퓨터소프트웨어 등에도 적용된다.
　㉤ 일반적으로 ISBN은 도서의 표지와 도서의 판권지에 동시에 인쇄한다. 표지에 표시되는 ISBN은 도서유통정보관리를 위한 것으로, ISBN과 함께 EAN 바코드를 표시하며, 판권지에 표시되는 ISBN은 서지정보관리를 위한 것으로 통상 ISBN만을 표시한다.

④ ISSN(International Standard Serial Number)
　㉠ 국제표준연속간행물 번호로 모든 연속간행물에 국제적으로 표준화된 코드를 부여한다.
　㉡ ISSN은 8자리로 구성되어 있으나 맨 앞에 연속간행물을 표시하는 숫자 977을 넣고, 예비기호 2자리를 포함함으로써 EAN과 호환된다.

⑤ GS1-128 코드
　㉠ GS1-8, GS1-13, GS1-14는 단품 또는 박스단위에 인쇄되는 무의미성·범용성 식별코드이다.
　㉡ 물류단위에 다양한 정보를 표준화하고자 한다.

⑥ GS1 DataBar[축소형 바코드(RSS ; Reduced Space Symbology)]
　㉠ 정상크기의 바코드를 인쇄할 만한 공간이 없는 소형 상품(예 의약품)에 부착할 목적으로 개발한 축소형 바코드이다.
　㉡ GS1-14 코드의 입력을 기본으로 하며 종류에 따라 부가 정보의 추가 입력이 가능하다.
　㉢ POS에서 활용 가능하고 GS1 응용식별자 표준을 활용하여 다양한 정보를 입력할 수 있다.

⑦ GS1 Data Matrix(2차원 행렬 바코드) 기출 19
　㉠ 4각형의 검은색 바와 흰 바의 조합을 통해 문자와 숫자를 표시하는 매트릭스형 2차원 바코드로, 미국의 International Data Matrix사가 개발하였으며 ISO/IEC 16022, ANSI/AI MBC 11에 명시된 국제표준이다.
　㉡ 4각형의 바를 랜덤 도트(Random Dot)라 하는데 스캐너는 심벌 아래쪽과 좌측을 감싸는 L자모양의 두꺼운 바를 기준으로 하여 랜덤 도트가 표시한 데이터를 판독한다.
　㉢ ASCII 128개 문자를 모두 표시할 수 있으며 약 2,300개의 문자 및 저장용량을 가진다.
　㉣ 전 방향 판독이 가능하다.
　㉤ 이미지스캐너를 통해서만 판독되며 오류정정능력이 PDF 417에 비해 떨어지는 단점이 있다.
　㉥ 주로 소형 전자부품의 식별과 부가 정보의 입력을 위해 사용되며, 오류 검출 및 복원 알고리즘에 따라 유형이 구별된다.

⑧ QR코드 기출 18·16·15
　㉠ 2차원 바코드의 대표적인 것으로 일본에서 처음 개발된 것으로 물류관리나 공장자동화에 적합하도록 고안되었다.

ⓒ QR코드(버전 40 기준)의 최대 표현 용량은 숫자 7,089자, 문자(ASCII) 4,296자, 한자 등 아시아 문자 1,817자 등이다.
　　ⓒ QR코드는 네 모서리 중 세 곳에 위치한 검출 패턴을 이용해서 360도 어느 방향에서든지 데이터를 읽을 수 있다는 장점이 있다.
　　② 유통, 물류 분야에서 기존 바코드를 대체하는 개념으로 출발한 QR코드는 별도의 리더기 없이 휴대폰을 리더기로 활용할 수 있어, 명함과 같은 개인적인 서비스까지 그 범위가 급속도로 확대되고 있다.
　　ⓜ QR코드는 '오류 복원 기능'을 통하여 코드의 일부가 더러워지거나 훼손된 경우에도 데이터를 복원할 수 있다.
　　ⓑ Micro-QR코드는 위치찾기 심벌이 하나이며, 보다 더 작은 공간에 인쇄를 가능하게 해준다.
　　ⓢ Frame QR은 코드 안에 자유롭게 사용할 수 있는 캔버스 영역을 가진 QR코드이다. 캔버스 부분에 문자나 화상을 넣을 수 있다.
　　ⓞ iQR코드는 종래의 QR코드보다 더 많은 정보량을 저장할 수 있으며, 같은 정보량이라면 크기를 더 작게 만들 수 있다.

(3) 상품 식별코드(GTIN-13)의 부여 기준 기출 24

① 상품 식별코드의 신규 부여
　㉠ 신규 상품
　　• 상품에 새로운 특징 및 기능을 추가한 경우
　　• 상품의 맛, 향, 색상이 다른 경우
　　• 상품의 스타일, 색상 및 사이즈가 다른 경우
　㉡ 기존 상품의 변화
　　• 상품의 성분 또는 기능의 변화
　　• 상품의 실제 내용물 함량의 변화
　　• 상품의 체적정보 또는 총중량의 변화(20% 이상)
　　• 상품 포장의 인증마크 추가 또는 제거
　　• 상품 브랜드의 변화
　　• 기간이 정해져 있는 상품(홍보, 이벤트 등)
　　• 상품의 입수 수량이 변경된 박스
　　• 세트 상품(종류가 다른 복수 상품)의 내용품 변화
② 상품 식별코드의 재사용 : 미미한 변화가 있는 경우 동일한 상품식별코드를 부여

3 POS시스템의 개요

(1) POS시스템

① POS(Point Of Sales)시스템의 정의
　㉠ POS시스템이란 판매시점 정보관리시스템을 말하는 것으로, 판매장의 판매시점에서 발생하는 판매정보를 컴퓨터로 자동 처리하는 시스템이다.

ⓒ POS시스템에서는 상품별 판매정보가 컴퓨터에 보관되고, 그 정보는 발주, 매입, 재고 등의 정보와 결합하여 필요한 부문에 활용된다.
　　ⓒ 소매점에서 POS시스템의 운영에 필요한 기본 코드에는 상품 코드, 거래처 코드, 종업원 코드 등이 있다.
　② POS시스템의 목적
　　㉠ 고객이 원하는 상품을 원하는 시기에 원하는 양만큼 구매할 수 있도록 하여 고객의 상품 구매만족도를 높이는 데 있다.
　　ⓒ 팔릴 수 있는 상품을 그 양만큼 공급할 수 있도록 하여, 기업의 매출과 이익을 극대화하는 데 있다.
　③ POS시스템의 기능
　　㉠ 단품관리 : 상품을 제조회사별, 상표별, 규격별로 구분하고 상품마다의 정보를 수집·가공·처리하는 단품관리가 가능하다. 이를 위해서는 바코드(Bar Code)가 상품에 인쇄되어 있어야 한다.
　　ⓒ 판매시점에서의 정보입력 : 상품에 인쇄되어 있는 바코드를 신속하고 정확하게 자동 판독함으로써 판매시점에서 정보를 곧바로 입력할 수 있어서 시간과 노력을 절약할 수 있다.
　　ⓒ 정보의 집중관리 : 단품별 정보, 고객정보, 매출정보, 그 밖의 판매와 관련된 정보를 수집하여 집중적으로 관리할 수 있다. 이러한 정보는 필요에 따라 처리 또는 가공되어 필요한 부문에 활용되는 것은 물론 경영상의 의사결정을 하는 데에도 활용된다.
　④ POS시스템의 적용분야
　　POS시스템은 판매점(편의점, 슈퍼마켓, 백화점, 할인점, 쇼핑센터 등), 음식점, 전문점, 그 밖의 여러 유통분야에 적용되고 있다.

(2) POS시스템 구성기기

　① POS단말기(Terminal)
　　판매장에 설치되어 있는 POS터미널(Terminal)로, 금전등록기의 기능 및 통신기능이 있다. POS단말기는 본체, 키보드, 고객용 표시장치, 조작원용 표시장치, 영수증발행용 프린터, 컬러모니터, 금전관리용 서랍, 매출표시장치 등으로 구성되어 있다.
　② 바코드 스캐너(Bar Cord Scanner)
　　상품에 인쇄된 바코드를 자동으로 판독하는 장치로 고정 스캐너(Fixed Scanner)와 핸디 스캐너(Handy Scanner)가 있다. 판매량이 많은 곳에서는 고정 스캐너를, 판매량이 적은 곳에서는 핸디 스캐너를 사용하는 것이 경제적이다.
　③ 스토어 컨트롤러(Store Controller ; 메인서버)
　　판매장의 판매정보가 POS터미널로부터 전송되어 보관되는 대용량의 컴퓨터 또는 미니컴퓨터로 호스트 컴퓨터(Host Computer)이다.
　　㉠ 스토어 컨트롤러 안에는 마스터 파일(Master Files)이 있어서 상품명, 가격, 구입처, 구입가격, 구입일자 등에 관련된 모든 정보가 저장되어 있다.
　　ⓒ 판매장에서 판매가 이루어지면 자동적으로 판매파일, 재고파일, 구매파일 등을 갱신하고 기록한다.
　　ⓒ 점포가 체인본부나 제조업체와 연결된 경우에는 스토어 컨트롤러에 기록된 각종 정보를 온라인으로 본부에 전송한다.

(3) POS시스템의 운용과정 기출 20

① 소비자가 판매장에서 상품을 구입하고 정산할 때 계산대에 있는 직원은 스캐너를 이용하여 상품 또는 상품의 포장이나 포장용기에 인쇄되어 있는 바코드를 판독한다.
② 판매관련 정보는 스캐너에서 POS터미널로 전송되고 다시 스토어 컨트롤러에 전송된다.
③ 스토어 컨트롤러에는 상품명, 가격, 재고 등의 각종 파일이 있어서 송신된 자료를 처리·가공한다.
④ POS터미널로부터 스토어 컨트롤러에 수집된 판매정보는 단품별 정보, 고객정보, 가격정보, 매출정보 등이 있는데 이를 다시 POS터미널로 보낸다.
⑤ POS터미널에서는 고객에게 영수증을 발급해주고 판매상황을 감사테이프에 기록한다. 고객용 표시장치에는 상품의 구입가격이 표시된다.
⑥ 하루의 영업이 끝나면 스토어 컨트롤러는 그 날의 상품별 목록, 발주 상품별 목록 등의 각종 표를 작성한다. 영업시간 동안에도 영업개시부터 현재 시각까지의 판매상황을 확인할 수 있다. 판매장이 여러 곳에 있는 경우에는 본부의 호스트 컴퓨터와 연결해서 각종 판매정보를 교환한다.
⑦ 단말기로부터 수집된 최종 수요정보를 실시간으로 확인할 수 있다.

(4) POS시스템의 효과

① 계산원의 관리 및 생산성 향상
  ㉠ 계산원은 금전등록기에서 상품의 혼동, 가격변동, 잘못된 기억, 오타 등으로 가격입력이 틀릴 수 있으나, POS시스템은 스캐너로 판독하기 때문에 이러한 일을 방지할 수 있다.
  ㉡ 스캐너에 의한 판독으로 계산하는 경우 가격을 입력해서 계산하는 경우보다 시간이 많이 절약된다. 고객이 신용카드를 사용하는 경우 별도의 기기가 필요 없고, 일과 후 정산작업도 자동으로 하므로 정산표를 따로 작성할 필요가 없다.

② 점포 사무작업의 단순화
  ㉠ POS시스템을 도입하면 정산업무, 매출보고서 등의 서류를 일일이 작성할 필요가 없어서 사무작업이 줄어든다. 점포에서 사무작업이 줄어들면, 본부에서도 역시 사무작업이 줄어든다.
  ㉡ 절약되는 시간에 고객에게 부가적인 서비스를 할 수 있다.

③ 가격표 부착작업의 절감
  ㉠ POS시스템에서는 바코드를 판독하면 되므로 상품에 가격표를 일일이 부착할 필요가 없다.
  ㉡ 각종 품목에 가격표를 붙이는 작업은 많은 인력을 필요로 하지만 POS시스템에서는 고객이 고객용 가격표시장치의 가격과 영수증에 찍히는 가격을 확인만 하면 된다.

④ 고객의 부정방지
  ㉠ 어떤 고객이 값싼 상품에 부착된 바코드를 비싼 상품에 붙여서 계산대를 통과하는 경우, 바코드에 점선을 넣으면 바코드를 떼어 낼 때 바코드가 조각나서 결국 부정행위를 방지할 수 있다.
  ㉡ 상자를 바꿔치기 해서 값싼 상품의 상자에 비싼 상품을 넣는 경우, 각 상품의 중량을 제어기기에 입력해서 계산이 끝난 상품의 총중량과 제어기기에서 합계한 중량을 비교하는 방법을 사용하면 이런 행위를 방지할 수 있다.

⑤ 품절방지 및 상품의 신속한 회전
  ㉠ POS정보를 보면 인기상품과 비인기상품을 쉽게 파악할 수 있다.
  ㉡ 잘 팔리는 상품에 대해서는 신속하게 발주하거나 진열량을 늘려 품절을 최대한 방지할 수 있다.
  ㉢ 인기상품은 품절되지 않도록 신속히 주문하고, 비인기상품은 일정한 기간이 지난 뒤에 바겐세일 등의 판매촉진행사를 통해 신속히 처분하면 상품의 회전이 빠르고 재고비용이 절감된다.

4 POS데이터의 분류와 활용

(1) POS데이터의 개요
  ① POS데이터의 특성
    ㉠ 정보가 매우 상세하고 정확하며, 실시간 처리로 데이터를 작성할 수 있기 때문에 신속히 정보를 활용할 수 있다.
    ㉡ 시간의 흐름에 따라 계속 발생하는 정보를 지속적으로 수집·활용할 수 있어 정보량이 매우 크다.
  ② POS시스템의 활용효과
    ㉠ Hard Merit : POS기기 자체에서 얻게 되는 효과로서 POS를 도입하면 대부분의 소매업체가 공통적으로 얻게 되는 효과
      • 계산원의 생산성 향상
      • 상품명이 명기된 영수증 발행
      • 가격표 부착작업의 절감
      • 고객의 부정방지
      • 오타의 방지
      • 점포사무작업의 간소화
      • 계산원의 부정방지
    ㉡ Soft Merit : POS의 데이터를 활용하여 얻는 효과
      • 품절방지
      • 잘 팔리지 않는 상품의 신속 제거
      • 고수익상품의 조기파악
      • 신상품의 평가
      • 판촉에 대한 평가
      • 적정매가관리
  ③ POS시스템을 통해 얻는 정보
    ㉠ 상품정보
      • 금액정보 : 관심을 가지는 기간 동안 또는 대상에 대해 금액으로 환산하여 얼마를 판매했는가 하는 정보
      • 단품정보 : 구체적으로 어떤 상품이 얼마나 팔렸는가를 나타내주는 정보
    ㉡ 고객정보
      • 객층정보 : 유통기업을 이용하는 고객은 어떤 사람들인가를 나타내는 정보
      • 개인정보 : 고객개인의 구매실적, 구매성향 등을 나타내는 정보

④ POS데이터의 수집
  ㉠ 상품데이터의 수집은 상품에 바코드가 부착되어 있는 경우에는 바코드를 읽으면(스캐닝) 데이터가 자동으로 입력되고, 바코드가 없을 때에는 상품의 고유번호를 직접 입력하면 된다.
  ㉡ 고객데이터는 고객의 신용카드를 POS에 부착된 자기입력장치에 읽히거나 고객번호를 직접 입력하면 된다.
  ㉢ 수집된 데이터가 즉시 분석되는 형태를 리얼타임방식이라고 하고, 데이터를 모았다가 나중에 일괄해서 처리하는 방식을 배치(Batch)처리방식이라고 한다.

⑤ POS데이터의 분석
  ㉠ 매출분석 : 부문별, 단품별, 시간대별, 계산원별 등
  ㉡ 고객정보분석 : 고객수, 고객단가, 부문별 고객수, 부문별 고객단가 등
  ㉢ 시계열분석 : 전년 동기 대비, 전월 대비, 목표 대비 등
  ㉣ 상관관계분석 : 상품요인분석, 관리요인분석, 영업요인분석 등
    • 상품요인분석 : 현재의 상품력은 어떤지, 가격은 적절한지, 상품의 구색은 잘 되어 있는지, 신제품의 투입은 적시에 이루어지고 있는지 등을 분석하는 것
    • 관리요인분석 : 절품은 없었는지, 매장의 준비상태는 어땠는지, 선도는 좋았는지 등의 분석
    • 영업요인분석 : 날씨, 경쟁점의 판촉, 상권 내의 특정 행사, 자체의 판촉효과 분석

(2) POS데이터의 활용

① POS데이터의 활용단계 기출 19
  ㉠ 제1단계(단순 상품관리단계) : 기본적인 보고서만을 활용하는 단계이다. 부문별・시간대별 보고서, 매출액의 속보, 품목별・단품별 판매량 조회 등이 이에 속한다.
  ㉡ 제2단계(상품기획 및 판매장의 효율성 향상단계) : 날씨, 기온, 시간대, 촉진활동, 선반진열의 효율성, 손실, 재고회전율 등의 정보와 연계하여 판매량분석을 통해서 상품을 관리한다.
  ㉢ 제3단계(재고관리단계) : 수・발주시스템과 연계해서 판매정보를 분석하고, 내부의 재고관리를 하며, 발주량을 자동적으로 산출한다.
  ㉣ 제4단계(마케팅단계) : 상품정보와 고객정보를 결합해서 판매 증진을 위한 마케팅을 실시하는 단계이다.
  ㉤ 제5단계(전략적 경쟁단계) : POS정보를 경영정보와 결합해서 전략적 경쟁수단으로 활용하는 단계이다.

② POS정보의 활용
  ㉠ 상품정보관리
    • POS시스템을 통해 얻은 데이터를 토대로 가공된 정보는 기존의 유통전략을 수정하는 데에 활용된다. 데이터에 담겨진 소비자의 욕구에 맞게 점포의 이미지를 설정하고, 그 이미지에 적합한 상품구색, ISM(인스토어 머천다이징), 판촉계획 등이 만들어진다.
    • 상품정보관리는 상품계획을 위한 정보를 통해서 철수상품과 신규취급 또는 취급 확대상품을 결정하는 데에서 기업의 효율성을 제고한다.

ⓒ ABC분석
- 개념 : ABC분석은 재고자산의 품목이 다양할 경우 이를 효율적으로 관리하기 위하여 재고의 가치나 중요도에 따라 재고자산의 품목을 분류하고 차별적으로 관리하는 방법이다. 즉 각각의 상품이 현재의 유통경영성과에 기여하는 정도를 평가하는 가장 일반적인 방법으로, 분류기준은 파레토분석에 의한다.
- ABC분석과 상품관리 : 각각의 상품이 매출에 기여하는 정보를 A · B · C군으로 분류하여 A상품군을 집중 육성하고 Z상품군의 취급은 중단하여 매장의 생산성을 증대하고자 하는 것이다.
  - A상품군 : 매출의 80%를 차지하는 상품들
  - B상품군 : 매출의 15%를 차지하는 상품들
  - C상품군 : 매출의 5%를 차지하는 상품들
  - Z상품군 : 매출에 전혀 기여하지 못하는 상품들
- 결합 ABC분석과 진열관리 : 매출에 기여하는 인기상품인 동시에 이익에도 기여하는 상품을 통해 기업의 이익을 추구할 뿐만 아니라 품절방지에 노력하고, 매출은 높으나 이익이 낮다면 미끼상품(Loss Leader)으로 활용하는 등의 전략적 활용이 필요하다.

ⓒ 재고관리와 자동발주
- 재고관리 : POS시스템으로부터 얻은 데이터의 활용을 통해 단품관리가 가능하므로, 단품관리를 통해 재고관리가 가능해진다. 즉, POS로부터 얻은 단품별 판매수량에 근거하여 매입을 하고, 단품별 안전재고, 진열단위 등을 고려하여 재고를 증가시키지 않으면서 품절을 방지하는 적정발주를 할 수 있게 된다.
- 자동발주 : POS데이터를 통신망을 이용하여 본부나 배송센터의 컴퓨터에 전송하여 중앙집중식으로 집계 · 관리함으로써 자동발주시스템을 구축할 수 있다.

ⓔ 인력관리 : POS데이터는 시간과 장소, 상품에 관한 종합적인 데이터를 제공한다. 따라서 POS데이터를 통해 작업량을 도출하여 업무할당 및 관리에 이용하면 효율적인 인력관리와 현재 인력의 생산성 · 성과관리 등이 가능해진다.

ⓜ 고객관리 : POS데이터를 통해 얻는 고객속성정보(성별, 연령, 주소, 직업 등 고객 신상에 관한 정보), 상품이력정보(구입상품, 수량, 금액, 거래횟수 등에 관한 정보)는 고객별 관리 및 판촉활동을 위한 고객정보의 확보에도 활용될 수 있다.

03 유통정보의 활용

1 유통성과관리

(1) 유통계수관리

기업 경영활동을 숫자로 기록하여 그것을 정리 · 분석해 합리적인 경영을 하는 것으로, 경영을 계량적으로 파악하고 그것에 기초해 경영하는 것이다.

(2) 점포효율 및 손익

월매출 대비 재료비와 인건비, 월세 등 판매관리비가 차지하는 비율, 영업 외 비용으로 지출되는 금액, 세금 및 감가상각비 등을 뺀 순이익이 얼마가 되는지를 알아보는 것이다.

(3) 투자평가

점포의 투자성과 등에 대해서 지속적인 모니터링을 하는 것이다.

2 고객가치분석, 고객충성도 프로그램

(1) 고객가치분석(Customer Value Analysis)

① 개 념
  ㉠ 고객 가치 : 기업이 고객에게 제공하는 가치 또는 고객이 기업에게 제공하는 가치
  ㉡ 고객가치분석 : 고객 중에서 최적의 성과를 낼 수 있는 고객, 연계 또는 상승 판매를 유도할 수 있는 고객이 어떤 고객인가에 대해 분석하는 것

② 고객의 종류(진화 과정에 따라)
  ㉠ 잠재고객 : 향후 고객이 될 수 있는 잠재력을 가지고 있는 고객
  ㉡ 신규고객 : 잠재고객이 처음으로 구매를 하고 난 후의 고객
  ㉢ 기존고객 : 신규고객 중 2회 이상 구매한 고객
  ㉣ 핵심고객 : 기존 고객들 중에서 지속적이고 반복적으로 구매하는 고객
  ㉤ 이탈고객 : 핵심고객 중에서 장기간 자사의 상품을 구매하지 않는 고객

③ 고객 가치의 종류

수익 기여도	• 정의 : 고객이 기업과 특정 기간 동안 거래하면서 발생시킨 수익을 고객중심으로 합산한 것 • 장점 : 의미가 명확하며, 기업과 고객 간에 기여도에 대한 혼란의 우려가 적고 고객 가치 산출과 관리가 용이 • 단점 : 고객의 과거 실적에 한하며 고객이 기업에 주는 순이익에 대하여 파악하기 어려움
이익 기여도	• 정의 : 고객이 기업과 특정 기간 동안 거래하면서 발생시킨 수익에서 각종 비용을 차감한 것 • 장점 : 순이익 중심의 정확한 고객 가치 산출 및 세분화가 가능하며, 고객관리 및 마케팅 활동에 중요한 기준이 됨 • 단점 : 고객별 비용 산정이 어렵고, 잠재적 가치를 고려할 수 없음
평생 가치	• 정의 : 고객의 평생에 걸친 기업과의 거래에서 예상되는 미래 수익과 총비용을 적절한 비율에 따라 현재의 총가치로 조정한 것 • 장점 : 고객관계관리 목적에 부합하는 고객 가치 산출 방법이며, 마케팅 전략을 수립하는 데 중요한 기준이 됨 • 단점 : 고객이 미래에 기업에게 줄 수익에 대한 예측이 어렵고, 미래의 기간에 대한 예측이 어려움

(2) 고객충성도 프로그램
① **고객충성도** : 고객충성도란 기업이 지속적으로 고객에게 탁월한 가치를 제공해 줌으로써, 그 고객으로 하여금 해당 기업이나 브랜드에 호감이나 충성심을 갖게 하여 지속적인 구매활동이 유지되도록 하는 것이다.
② **고객충성도 프로그램의 개념**
  ㉠ 고객의 반복적인 구매활동에 대한 보상으로 상품할인, 무료 식품, 선물 혹은 여행 같은 인센티브를 제공하기 위해 마련된 마케팅 프로그램이다.
  ㉡ 데이터 웨어하우스의 가장 중요한 용도 중 하나는 고객충성도 프로그램을 통해 충성고객(애호고객)을 개발하는 것이다.
  ㉢ 고객충성도 프로그램의 기본은 고객을 소비성향에 따라 분류하고 이들에 대한 정보를 체계화하여 크게는 소비세분시장의 요구를 파악하고, 작게는 개별고객의 요구를 파악하여 이에 신속·정확하게 대응하는 것이다.
③ **고객충성도 프로그램의 특징**
  ㉠ 고객충성도 프로그램을 실행시키기 위해서는 고객관리를 우선시하여야 한다.
  ㉡ 충성도 프로그램으로는 마일리지 프로그램과 우수고객 우대 프로그램 등이 있다.
  ㉢ 충성도에는 행동적 충성도와 태도적 충성도가 있다.
  ㉣ 충성도 프로그램은 단기적 측면보다는 장기적 측면에서 운영되어야 유통업체가 고객경쟁력을 확보할 수 있다.
  ㉤ 충성도 프로그램을 운영하는 데 있어, 우수고객을 우대하는 것이 바람직하다.
④ **고객충성도 프로그램의 필요성**
  ㉠ 충성고객 보유
  ㉡ 고객과 고객이 구입하는 상품에 대한 정보 수집
  ㉢ 고객충성도 프로그램을 활용함으로써 기존고객의 유지 및 수익성 확보

> **OX 문제**
> ▶ 충성도 프로그램 운영에 있어 비금전적 혜택보다는 금전적 혜택을 제공하는 것이 유통업체측면에서 보다 효율적이다. O│X
>
> **해설**
> 고객충성도 프로그램은 고객의 반복적인 구매활동에 대한 보상으로 인센티브를 제공하기 위해 마련된 마케팅 프로그램으로 금전적 혜택보다는 비금전적 혜택을 제공하는 것이 유통업체측면에서 보다 효율적이다.
>
> **정답** ▶ X

CHAPTER 01 실전예상문제

※ 본 문제를 풀면서 이해체크를 이용하시면 문제이해에 보다 도움이 될 수 있습니다.

01 유통경로관리에서 바람직한 유통정보가 갖추어야 할 조건 및 특성으로 거리가 먼 것은?

① 적시성 – 정보는 적시에 제공되어야 시간적 효용가치를 발휘할 수 있으므로 계층적 유통경로 구조에서 단계적으로 제공되는 것이 동시에 제공되는 것보다 바람직하다.
② 정확성 – 제품판매나 일반 소비자에 대한 정보수집기능은 주로 소매점포들에 의해 수행되어 이들의 정보수집능력은 정보의 정확성에 가장 큰 영향을 가지게 되므로 경로구성원들의 노력이 요구된다.
③ 적량성 – 정보수집의 자동화는 엄청난 양의 다양한 정보를 수집하게 되며, 과다한 정보의 양은 정보의 효율적 이용을 저해(과부하)하기 때문에 적절한 양의 정보공급이 필요하다.
④ 통합성 – 정보 통합에는 수직적 통합과 수평적 통합이 있는데, 정보통합 전략은 기업에게 유통비용감소 및 극대화된 서비스 향상 등의 시너지 효과를 창출할 수 있어 매우 중요하다.
⑤ 신뢰성 – 실제 거래에서 발생한 자료를 바탕으로 분석한 정보에 대해 신뢰할 수 있어야 올바른 의사결정에 도움이 된다.

> 해설 양질의 정보라도 필요한 시간대에 이용자에게 전달되지 않으면 가치를 상실하므로, 동시에 제공되는 것이 바람직하다.

02 정보 및 정보화 사회에 대한 설명으로 가장 적합하지 않은 것은?

① 정보는 미래의 불확실성을 감소시키고, 개인이나 조직이 의사결정을 하는 데 사용되도록 의미 있고 유용한 형태로 처리된 것이다.
② 정보 적시성은 필요 시점에 정보가 제공될 때 가치를 발휘하게 되고, 정보 관련성은 의사결정자와 관련성이 있는 정보를 제공해야 한다는 것이다.
③ 협의의 정보는 수집된 자료를 문제 해결의 수단으로 해석·정리한 지식을 말하며, 광의의 정보는 수집 가능한 모든 자료들 중에서 목적 달성을 위한 의사결정의 수단으로 사용되는 지식을 말한다.
④ 경영자들에게 '필요한 정보를 제공하는 것' 못지 않게 '필요 없는 정보를 제공하지 않는 것'이 중요한 것은 인간의 정보처리능력을 초과하는 경우 정보과부하가 일어나 반응률이 오히려 증가하기 때문이다.
⑤ 정보의 접근성은 저장방법에 의해 영향을 받으며, 정보는 공간적으로 쉽게 접근 가능할수록 가치가 증대되고, 인터넷상의 정보는 VAN에 존재하는 정보보다 접근성이 높다.

해설 | 정보처리능력을 초과할 정도로 많은 정보가 주어지면 오히려 최선의 방법을 선택할 가능성이 낮아진다(반응률이 떨어짐).

03 의사결정과정 단계 중 가상적 상황에 대한 민감도 분석 결과를 활용하는 단계로 가장 옳은 것은?

① 탐색단계　　　　　　　　　　② 설계단계
③ 선택단계　　　　　　　　　　④ 실행단계
⑤ 피드백단계

해설 | 민감도 분석(sensitivity analysis)은 모델의 한 부분에서의 변화가 다른 부분에 미치는 영향에 대한 분석으로 선택 단계에서 결과를 활용한다.

04 디지털 시대의 경영환경으로 가장 옳지 않은 것은?

① 시장의 글로벌화로 전 세계가 하나의 시장으로 통합되는 경향이 있다.
② 경영환경의 변화가 점차 가속화되고 있다.
③ 고객중심의 경영환경에서 기업중심의 경영환경으로 변화되고 있다.
④ 정보기술이 경영의 핵심 기술로 자리매김을 하고 있다.
⑤ 네트워크화의 진전으로 이종 산업 간의 협력관계 구축이 용이하다.

해설 | 기업중심의 경영환경에서 고객중심의 경영환경으로 변화되고 있다.

05 다음에서 설명하는 내용은?

> 제품 생산 시 투입량을 점차 늘리면 투입 단위당 산출량은 증가한다는 이론으로, 일부 전자상거래나 지식서비스 산업의 경우 생산량이 증가하더라도 추가비용이 거의 들지 않는 전형적인 특성이 발생한다.

① 수확체증의 법칙　　　　　　② 임계치 게임의 법칙
③ 규모의 경제　　　　　　　　④ 범위의 경제
⑤ 캐즘이론

정답　01 ①　02 ④　03 ③　04 ③　05 ①

② 임계치(Critical mass)를 확보한 기업, 즉 시장점유율 1위 기업만 살아남는 게임의 법칙이 적용
③ 생산량이 증가함에 따라 제품 평균 생산비용이 하락하는 현상
④ 하나의 기업이 복수의 생산물을 동시에 생산하는 데 소요되는 비용이 두 개 또는 그 이상의 기업이 이들 생산물을 각각 분리해서 생산할 경우의 비용합계보다 작을 때 나타나는 비용절감효과
⑤ 초기시장에서 주류시장으로 넘어가는 과도기에 일시적으로 수요가 정체되거나 후퇴하는 단절현상(Chasm)

06 인터넷과 유통물류 등의 발달로 20 : 80의 집중현상에서 발생확률이나 발생량이 상대적으로 적은 부분(80 부분)도 경제적으로 의미가 있게 되었다는 것으로 아마존닷컴이 다양한 서적을 판매한 사례를 갖고 있는 법칙을 무엇이라 하는가?

① 무어법칙
② 파레토법칙
③ 롱테일법칙
④ 멧칼프법칙
⑤ 하인리히법칙

롱테일법칙이란 사소해 보이는 80%의 다수가 20%의 소수보다 뛰어난 가치를 창출해낸다는 이론을 말한다. 2004년 크리스 앤더슨(Chris Anderson)에 의해 처음으로 소개되었으며, 롱테일부분을 경제적으로 잘 활용한 사례로는 아마존의 다양한 서적 판매 사례 등을 들 수 있다.

07 디지털 경제 시대의 특성을 설명한 내용이다. 다음 중 보기와 가장 관련이 높은 것은?

> 인터넷의 등장이 시장의 거래비용을 낮추어 기업 내 조직의 복잡성과 기업규모는 감소한다.

① 길더(Gilder)의 법칙
② 무어(Moore)의 법칙
③ 황의 법칙
④ 코스(Coase)의 법칙
⑤ 메카프(Metcalf)의 법칙

코스(Coase)의 법칙
영국의 경제학자 로널드 코스(Ronald H. Coase)는 '기업의 본질(The Nature of the Firm)'에서 기업은 제품과 서비스를 생산하고 팔고 유통하는 데에 반복적으로 들어가는 비용을 절감하기 위해 조직된다고 발표하며 처음으로 '거래비용'이라는 용어를 사용하였다. 즉 코즈(Coase)의 법칙에 따르면 기업이 존재하는 이유는 '시장을 통한 거래비용'이 '기업조직을 통한 경제활동비용'에 비해 훨씬 더 높기 때문이다. 다시 말하면 '시장실패' 때문에 '기업'이라는 내부조직이 생겨났다는 것이다. 현대적인 해석은 거래비용이 감소하게 되면 기업 내의 조직의 복잡성, 기업의 수는 감소한다는 것이다. 1990년대 이후 인터넷의 등장으로 거래비용이 획기적으로 낮아짐에 따라, 해당 거래비용을 내부적으로 처리하던 조직의 경쟁력을 약화시키는 현상이 나타났다.

08 의사결정에 사용되는 경영과학기법들이다. 다음 중 기술적(Descriptive) 의사결정에 사용되는 기법으로 가장 적절한 것은?

① 정수계획모형
② 비선형계획모형
③ 선형계획모형
④ 목표계획모형
⑤ 시뮬레이션모형

> **해설** 기술적 의사결정에 사용되는 경영과학기법
> • 시뮬레이션 : 어떤 문제의 해결을 위하여 실제현상의 본질을 나타내는 모형을 만들고, 이 모형을 사용하여 실험하며, 실험에서 얻은 결과를 이용하여 실제현상의 특성을 설명하고 예측하는 의사결정기법이다.
> • 대기행렬모형 : 고객과 서비스시설과의 관계를 확률이론을 이용하여 모형화하고, 고객의 도착상황에 대응할 수 있는 서비스시설의 적정한 규모를 결정하고자 하는 기법이다.
> • PERT(Program Evaluation and Review Technique) : 신규 프로젝트로 정해진 목표의 계획과 실시를 시간에 맞추어 과학적으로 수행하기 위한 기법으로, 복수작업의 상호관계를 ○표와 화살표로 결합한 네트워크 그림으로 나타낸 것이다. 즉, 최적의 일정계획을 세워 효율적으로 진로를 관리하는 방법이다.

09 다음 중 빈번하게 발생하는 의사결정의 오류에 관한 설명으로 가장 옳지 않은 것은?

① 최근성 오류 – 과거 정보보다 최근에 주어진 정보에 더 큰 비중을 두고 의사결정을 내리는 경향
② 정당화 추구 오류 – 자신이 알고 있는 사항의 정확성에 대해 과신하는 경향
③ 문제 과소평가 오류 – 친숙하거나 유리한 사건의 확률은 과대평가하고, 부정적인 사건발생의 확률에 대해서는 과소평가하는 경향
④ 동일시 오류 – 과거의 성공에 취해 현재 상황보다는 과거 상황의 연장선상에서 의사결정을 하는 경향
⑤ 단기적 성과 오류 – 단기적 성과를 추구하여 정보나 대안을 종합적으로 검토하지 않아서 발생되는 오류

> **해설** 자신이 알고 있는 사항의 정확성에 대해 과신하는 경향은 과신오류(Overconfidence Bias)이다.

10 지식경영이 중요한 경영기법의 하나로 자리 잡게 된 배경으로 가장 옳지 않은 것은?

① 지식경영은 프로젝트 지식을 재활용할 수 있도록 유지하는 기회를 제공하기 때문이다.
② 지식경영은 복잡하고 중요한 의사결정을 빠르고, 정확하고, 반복적으로 수행할 수 있도록 지원하기 때문이다.
③ 지식경영은 조직의 효율성과 효과성 향상을 위해 지식을 기반으로 혁신하여 경쟁할 수 있기 때문이다.
④ 지식경영은 대화와 토론을 장려하여 효과적 협력과 지식공유를 위한 단초를 제공하기 때문이다.
⑤ 지식경영은 조직이 지식경제에서 빠르게 변화하는 경쟁환경에 효과적으로 대응하기 위해 지식노동자 개인의 암묵적 지식 축적을 장려하기 때문이다.

> 지식경영은 암묵적 지식만을 축적하는 것이 아니라 새롭게 창조된 형식적 지식을 다시 암묵적 지식으로 순화, 즉 암묵지와 형식지의 선순환 과정을 통해 경쟁우위를 획득하는 조직의 창조적인 활동이다.

11 의사결정 과정에서 합리적인 안을 선택하기 위해 고려해야 할 사항으로 가장 옳지 않은 것은?

① 정확한 사실 정보의 토대 위에서 이루어져야 한다.
② 공익에 저해되지 않으면서 조직의 성과를 극대화할 수 있는 방안을 창출해야 한다.
③ 대안의 실행이 어렵거나 결과가 만족스럽지 못할 것으로 판단되어 그 대안을 취소하는 것은 합리적이지 못하다.
④ 두 가지 이상의 경쟁 대안을 가지고 있는 것이 좋다.
⑤ 과학적 접근이 필요하다.

> 대안의 실행이 어렵거나 결과가 만족스럽지 못할 것으로 판단되면 그 대안을 취소하는 것이 합리적이다. 즉 여러 가지 대안들의 장·단점과 그 결과를 예측하고 가장 바람직하다고 생각하는 안을 선택해야 한다.

12 바코드에 대한 설명으로 가장 옳지 않은 것은?

① 제조업자 또는 유통업체(중간상)가 부착할 수 있다.
② 실제로 유용하게 사용되기 위해서는 POS시스템이 구축되어야 한다.
③ 인스토어마킹은 코드 표준화로 소스마킹에 비해 상대적인 비용 및 시간적인 면에서 효율적이다.
④ 소스마킹은 동일상품에 동일코드가 지정된다.
⑤ 유통 외에도 병원, 도서관, 공장 등 대량의 데이터를 신속·정확하게 처리하는 분야에 활용 되고 있다.

> **해설** 인스토어마킹(Instore Marking)은 각각의 소매점포에서 청과·생선·야채·정육 등을 포장하면서 라벨러나 컴퓨터를 이용하여 바코드 라벨을 출력, 이 라벨을 일일이 사람이 직접 상품에 붙이는 것을 말한다. 따라서 소스마킹에 비해 비용 및 시간적인 면에서 상대적으로 비효율적이다.

13 바코드 종류와 크기 결정에 관한 설명으로 가장 옳지 않은 것은?

① GS1 13 바코드는 슈퍼마켓이나 대형마트 등 일반유통매장에서 사용한다.
② GS1 13 바코드는 표준 크기로부터 최대 200% 확대하여 출력할 수 있다.
③ ITF 14는 표준사이즈를 기준으로 50%~200%까지 축소, 확대하여 사용할 수 있다.
④ GS1 13 바코드를 축소할 때에는 전체 배율을 무시하고 인위적으로 높이만 줄여 출력하면 된다.
⑤ 바코드에 추가정보(일련번호, 유통기한, 단위 등)를 나타내어야 할 경우에는 GS1 128 바코드를 사용한다.

> **해설** GS1 13 바코드는 전체 배율을 무시하고 인위적으로 높이만 줄여 출력할 경우 판독되지 않는다.

14 조직의 지식창출과정을 SECI모형으로 설명하고 있으며, 나선형으로 진화되어짐을 보이고 있다. 나선형 진화과정 중 개인과 개인이 대면접촉을 시작하는 과정으로 지식생성이 이루어지는 과정은?

① 사회화(Socialization)
② 외부화(Externalization)
③ 개인화(Personalization)
④ 내면화(Inernalization)
⑤ 종합화(Combination)

> **해설** 노나카의 SECI모형
> • 사회화(Socialization) : 개인이 가지고 있는 암묵지를 동료들에게 전수하여 여러 사람의 암묵지로 공유해 가는 과정(암묵지 → 암묵지)
> • 외부화(Externalization) : 개인의 암묵지가 다른 사람의 암묵지와 공유되고 통합되면서 보다 명시적 형태로 변환되는 과정(암묵지 → 형식지)
> • 종합화(Combination) : 정형화된 지식이 주변으로 전파되면서 각각의 형식지가 서로 합쳐지고 통합되어 새로운 형식지가 창조되는 과정(형식지 → 형식지)
> • 내면화(Internalization) : 형식지가 각 개인에 의해 체화됨으로써 자신만의 새로운 지식, 즉 암묵지를 창출해 내는 과정(형식지 → 암묵지)

15 식별코드에 관한 설명으로 가장 옳지 않은 것은?

① EAN-13은 식품, 문구, 자동차용품 및 일반 소매산업에서 활용되고 있다.
② EAN-14는 멀티팩/수송용기의 고정길이 데이터를 식별하기 위해 사용되는 식별코드이다.
③ ITF(Interleaved Two of Five)는 유통업체 소매판매대에서 소비자에게 판매되는 개별상품에 활용된다.
④ SSCC(Serial Shipping Container Code)는 거래처 간에 수송용기의 가변정보를 전달하기 위해 사용되는 식별코드이다.
⑤ EPC(Electronic Product Code)는 동일 품목의 개별상품까지 원거리에서 식별할 수 있는 코드이다.

> ITF는 기업 간 거래 단위인 물류단위(Logistics Unit), 주로 골판지 박스에 사용되는 국제표준물류바코드이다.

16 2차원 코드에 관한 설명으로 가장 옳지 않은 것은?

① 문자, 숫자 등의 Text는 물론 그래픽, 사진, 음성, 지문, 서명 등 다양한 형태의 정보를 담을 수 있다.
② 정보의 자체복구 및 보안인증 기능이 있다.
③ 높은 인식률과 신뢰성을 보증한다.
④ 데이터의 처리속도가 빠르다.
⑤ 종류에는 PDF-417 코드, Code 93, Code 128 및 QR 코드 등이 있다.

> Code 93, Code 128는 1차원(선형) 바코드이다.
> • Code 93 : Code 39와 호환이 가능하도록 고안된 바코드로서 작은 심벌이 요구되는 곳에서 사용된다. Code 39와 마찬가지로 43개의 문자, 즉 숫자(0~9), 영문(A~Z), 특수문자 7개를 ASCII로 표현한다.
> • Code 128 : 전체 ASCII 128 문자를 모두 표현할 수 있는 연속형 심벌로지로, 수치 데이터는 심벌 문자당 두 자리로 표현한다.

17 EPC(Electronic Product Code)의 특성에 대한 설명으로 가장 옳지 않은 것은?

① 위조품 방지기능이 있다.
② 유효기간을 관리할 수 있다.
③ 상품그룹별 품목단위, 즉 동일품목까지만 식별할 수 있다.
④ 상품 추적기능이 있다.
⑤ 상품별 재고관리가 가능하다.

> 바코드가 품목단위의 식별에 한정된 반면, EPC는 동일품목의 개별상품까지 원거리에서 식별할 수 있는 코드이다.

18 QR코드에 대한 설명으로 가장 옳지 않은 것은?

① QR코드(버전 40 기준)의 최대 표현 용량은 숫자 7,089자, 문자(ASCII) 4,296자, 한자 등 아시아 문자 1,817자 등이다.
② QR코드는 네 모서리 중 세 곳에 위치한 검출 패턴을 이용해서 360도 어느 방향에서든지 데이터를 읽을 수 있다는 장점이 있다.
③ 유통, 물류 분야에서 기존 바코드를 대체하는 개념으로 출발한 QR코드는 별도의 리더기 없이 휴대폰을 리더기로 활용할 수 있어, 명함과 같은 개인적인 서비스까지 그 범위가 급속도로 확대되고 있다.
④ QR코드는 데이터와 오류 정정키들이 네 모서리에 각기 분산된 형태로 포함되어 있어 오염되거나 훼손되었을 경우 바코드에 비해 데이터를 읽어 들이기 어렵다는 단점이 있다.
⑤ QR코드를 사용하기 어려운 좁은 공간이나 소량의 데이터만 필요로 하는 경우를 위하여 마이크로 QR코드를 Denso Wave에서 정의하고 있다.

> QR코드는 '오류 복원 기능'을 통하여 코드의 일부가 더러워지거나 훼손된 경우에도 데이터를 복원할 수 있다.

19 POS시스템에 관한 설명 중 사실과 다른 것은?

① 상품에 메이커나 상품명을 표시한 코드를 부착하여 판매 시 자동으로 판매정보를 취합하는 시스템
② 금전등록기능에 컴퓨터의 단말기능을 추가하여 매장의 판매시점에서 발생하는 정보를 컴퓨터로 자동처리하는 유통정보시스템
③ 고객과의 접점에서 발생하는 다양한 상품의 거래행위에 대한 자동처리를 지원하는 하드웨어와 소프트웨어의 총칭
④ 제조업체 또는 판매원이 자사가 생산, 출하하는 상품의 포장이나 용기에 해당상품코드를 나타내는 바코드 심벌을 포장이나 용기에 동시에 인쇄하는 방법
⑤ 단품별 정보, 고객 정보, 매출 정보, 그 밖의 판매와 관련된 정보를 수집하여 집중적으로 관리하는 시스템

> POS(Point Of Sales)시스템(판매시점 정보관리시스템)이란 판매장의 판매시점에서 발생하는 판매정보를 컴퓨터로 자동처리하는 시스템을 말한다. ④는 소스마킹(Source Marking)에 대한 설명이다.

20 다음 설명은 노나카 이쿠지로가 설명한 조직에 존재하는 지식의 종류 중 한 가지에 관련된 내용이다. 이에 해당하지 않는 것은?

> 철학자 폴라니에 의하면, "우리는 우리가 말할 수 있는 것 이상의 것을 알 수 있다"고 한다.

① 주방용 신제품 분야 중 가장 인기 있는 제빵기의 제품 규격
② 다년간의 경험을 쌓은 농수산물 관리 팀장의 물품 배치 노하우
③ 비공식적이고 정확히 정의내리기 어려운 종류의 기능을 가리키는 전문적 기능(Skill)
④ 물류창고에 제품을 찾기 쉽게 쌓아놓는 기술
⑤ "손끝에서"나오는 풍부한 전문성

> 해설 철학자 폴라니의 "우리는 우리가 말할 수 있는 것 이상의 것을 알 수 있다"라고 한 말은 암묵지와 관련된다(②·③·④·⑤). 제빵기의 제품 규격(①)은 형식지에 해당된다.

21 POS시스템에 대한 설명 중 가장 올바르지 않은 것은?

① EOS에 연결시켜 구매발주서를 자동 출력시킬 수 있기 때문에 판매변화가 심한 상품, 일일배송품, 생식품 등에 대해 적절한 구매정책이 가능하다.
② 상품구색이나 매장의 배치에 대한 피드백을 얻음으로써 다시 전략을 수정하는 머천다이징시스템을 구축할 수 있다.
③ 과거의 정보를 분석하고 가공하여 미래의 판매를 예측함으로써 매출을 극대화시킬 수 있는 최적의 판촉전략을 수립할 수 있다.
④ 내객수의 변화, 일기변화에 따른 상품매출의 변화, 그리고 객단가의 변화와 같은 관련 구매상품의 동향을 파악하여 시간대별 판매전략을 수립할 수 있다.
⑤ 소매점의 POS시스템에 의해 수집된 판매자료는 전체 시장을 대표하지 못한다는 한계를 가지고 있기 때문에 부가가치통신망(VAN) 서비스라는 통합데이터 제공시스템이 도입되고 있다.

> 해설 POS시스템은 판매시점의 모든 데이터를 종합적으로 수집, 처리하여 각 부문별 원하는 정보를 분석, 평가할 수 있도록 도와주는 판매관리시스템이다. VAN(부가가치통신망)은 컴퓨터를 이용하여 전송에 의한 정보교환이 가능하도록 설치된 정보통신망을 말하며, POS시스템을 운용하기 위한 기반으로 구축되어야 한다.

22 이미징 기반 판독기로만 판독 가능한 바코드로 가장 옳은 것은?

① ITF-14
② EAN/UPC
③ GS1 DataBar
④ GS1 DataMatrix
⑤ GS1-128 심볼로지

> **해설**
> GS1 DataMatrix
> • 2차원 바코드로서 다양한 추가정보를 입력하면서도 작은 크기로 인쇄가 가능하다.
> • 상품의 이동·추적·보관·생산관리 등에서 요구되는 다양한 속성의 정보를 GS1 응용식별자를 활용하여 표현한다.
> • 2차원 바코드이므로 스캔을 위해서는 이미지 바코드 스캐너가 필요하다.

23 POS데이터를 통해 가공되는 정보가 제공하는 이익(Merit)은 생산성 향상을 위한 단순이익(Hard Merit)과 상품력 강화를 통한 활용이익(Soft Merit)으로 구분할 수 있다. 다음 중 POS데이터를 활용하여 상품력(Merchandising)을 강화시키는 이익(Soft Merit)에 해당되지 않은 것은?

① 로스관리 : 1차 상품 로스관리, 매가관리
② 사무관리 : 출력장부 전산처리, 무전표업무
③ 단품관리 : 사양상품 배제, 특매관리
④ 상품구색관리 : 상품개발, 상품진열
⑤ 매대관리 : 그룹핑, 매대별 배분

> **해설**
> POS데이터의 활용효과
> • 활용이익(Soft Merit) : 상품력을 강화시키는 로스관리, 상품구색관리, 매대관리, 단품관리 등
> • 단순이익(Hard Merit) : 생산성을 향상시키는 작업효율화, 사무합리화, 데이터처리 고도화 등

24 다음은 POS시스템을 이용한 판매데이터 활용에 관한 설명이다. (   ) 안에 들어갈 단어가 바른 순서대로 조합되어 있는 것은?

> 소매업에 있어서 컴퓨터 이용의 전형적인 예는 POS시스템이다. POS시스템의 목적은 (㉠) 관리에 기초한 적절한 재고관리이다. 예를 들어 POS시스템을 적절히 이용하면 (㉡)을(를) 줄일 수 있으며, 또한 (㉢)의 결품으로 인한 손실을 방지할 수 있다. POS터미널과 연계하는 스토어 컨트롤러는 POS데이터를 이용하여 각종 정보관리와 분석을 실시하는 PC로서 (㉣) 관리나 설비관리, 온도관리를 할 수 있다.

① ㉠ 단품 – ㉡ 인기상품 – ㉢ 비인기상품 – ㉣ 종업원
② ㉠ 상품 – ㉡ 인기상품 – ㉢ 비인기상품 – ㉣ 회계
③ ㉠ 단품 – ㉡ 비인기상품 – ㉢ 인기상품 – ㉣ 종업원
④ ㉠ 상품 – ㉡ 비인기상품 – ㉢ 인기상품 – ㉣ 회계
⑤ ㉠ 단품 – ㉡ 비인기상품 – ㉢ 인기상품 – ㉣ 회계

POS시스템은 상품을 제조회사별, 상표별, 규격별로 구분해서, 상품마다의 정보를 수집·가공·처리하는 과정에서 단품관리가 가능하다. 이를 위해서는 바코드(Bar Code)가 상품에 인쇄되어 있어야 한다. 또한 인기상품과 비인기상품의 파악이 쉽고, 종업원의 적정 배치나 상품의 적정 재고 유지가 가능하다.

24 ③

02 · 유통정보시스템

Key Point
- 유통정보시스템의 개념과 유통경영의사결정을 위한 데이터베이스 구축에 대해 학습한다.
- 유통경영을 위한 의사결정지원시스템에 대해 학습한다.
- 유통정보시스템의 구축과정과 기술구현방법에 대해 학습한다.
- 개인정보보호의 개념과 개인정보보호 핵심·강화기술에 대해 학습한다.
- 프라이버시의 개념과 프라이버시 보호 기술에 대해 학습한다.

01 유통정보시스템 구축과 활용

1 유통정보시스템의 개요 기출 14·13

(1) 유통정보시스템

① 유통정보시스템의 정의

유통정보시스템(MKIS ; MarKeting Information System)은 기업의 유통활동 수행에 필요한 정보의 흐름을 통합하는 기능을 통해 전사적 유통(Total Marketing) 또는 통합유통(Integrated Marketing)을 가능하게 하는 동시에 유통계획, 관리, 거래처리 등에 필요한 데이터를 처리하여 유통 관련 의사결정에 필요한 정보를 적시에 제공하는 정보시스템이다.

② 유통정보시스템의 필요성

㉠ 시장의 확대
- 유통시장이 전면 개방됨에 따라 우리나라의 유통산업은 대형화, 다점포화 등의 양적 팽창이 이루어지고 있다.
- 확대된 시장을 효율적으로 관리하기 위하여 유통정보시스템이 더욱 필요하게 되었다.
- 양적 팽창은 선진 유통기업들과의 경쟁을 가능하게 하여 해외시장으로 진출할 터전을 마련할 수 있다.

㉡ 수익성의 향상
- 대량 생산과 대량 매매에 따른 비용과 인건비의 상승, 그리고 교통체증의 증가와 복잡한 상품유통제도 때문에 유통비용이 증가하게 되었다.
- 이러한 여건에서는 유통정보시스템을 통해 운송수단, 판매장, 물류시설 등의 활용도를 높여 기업의 수익성을 향상시켜야 한다.

㉢ 유통환경의 변화에 능동적 적응
- 유통환경의 변화란 다양해지고 있는 소비자들의 수요, 대량의 판매정보를 신속하고 정확하게 처리해야 하는 환경변화를 말한다.

- 유통업체는 각종 정보를 신속·정확하게 수집해서 환경변화에 능동적으로 적응해야 한다.
- 능동적 적응이란 소비성향을 신속하게 수집·분석해서 소비자의 변화에 신속히 대응하는 것을 말한다.

③ 유통정보시스템의 활용
  ㉠ 영업관리 : 영업사원실적관리, 제품 및 서비스의 판매계획, 지원 및 통제
  ㉡ 영업활동지원의 자동화 : 사원의 매출실적 및 활동, 관리자의 의사소통 및 지원 등의 자동화
  ㉢ 제품관리 : 제품, 제품계열 또는 브랜드의 계획·통제·지원
  ㉣ 광고 및 판촉 : 매체 및 판촉방법 선정과 광고 및 판촉결과에 대한 평가 및 통제
  ㉤ 수요예측 : 매출에 관한 장·단기 예측
  ㉥ 시장조사 : 시장변수, 개발 및 경향에 관한 내·외부 데이터 수집 및 분석
  ㉦ 유통관리 : 기업목표, 시장조사 및 매출활동자료에 근거한 유통전략 및 계획 수립, 유통활동 지원 및 통제

(2) 유통정보시스템의 분류 및 구성요소

① 유통정보시스템의 분류 기출 13
  ㉠ 전략적 기획시스템 : 유통기업의 장기적인 경영전략 수립
  ㉡ 전술적·운영적 계획시스템 : 유통믹스 등을 통한 유통업체의 기획 및 운영계획 수립
  ㉢ 통제·현황보고시스템 : 영업의 결과로 산출되는 각종 정보의 조작·이용 등 유통관리 지원
  ㉣ 거래처리시스템 : 유통업체에서 발생하는 거래자료처리, 고객과 일어나는 다양한 업무 처리

② 유통정보시스템의 구성요소
  ㉠ 기업환경

내부환경	내부환경은 정보시스템을 활용하는 경영관리자와 경영활동에서 직면하는 의사결정의 유형, 의사결정에 대해 제약조건으로 작용하는 기업의 목적, 그리고 기업의 목적과 의사결정에 영향을 미치는 기업 내의 여러 가지 요소들을 말한다.
사용자환경	사용자환경은 유통정보시스템을 활용하는 사용자가 다루게 될 장비와 업무과정을 정의하는 것으로, 사용기종·기기, 정보의 게시환경(인쇄, 스크린 등), 시스템 활용에 요구되는 기본지식, 의사결정자에게 보고되는 보고의 형식 등을 포괄한다.

  ㉡ 데이터베이스

기업 내부 데이터	기업조직에 의해 일상적으로 수행되는 기업활동을 통해 생성되는 데이터를 말한다. 매출실적, 선적실적, 재고동향 등 기업 내에서 정기적으로 수집·축적되는 데이터이다.
기업 외부 데이터	기업 외부에서 획득되는 것으로, 정부의 정책과 관련된 거시경제자료, 유료정보, 산업계동향, 국제경제정세 등 주로 기업 내에서 통제할 수 없는 외부환경에 관한 데이터들로 구성된다.

  ㉢ 휴먼웨어(Humanware) : 휴먼웨어는 정보시스템이 변화하는 환경에 대응하여 효율적으로 작동할 수 있도록 정보시스템을 구축, 관리 및 개선하는 사용자들을 의미한다.
  ㉣ 소프트웨어(Software) : 소프트웨어는 정보시스템 사용자들이 데이터베이스에 접근하고 데이터를 분석하여 실질적으로 정보를 생산하는 데 필수적인 전산프로그램을 지칭하는 것이다.
  ㉤ 하드웨어(Hardware) : 하드웨어는 정보시스템을 구축하기 위해 필요한 물리적인 시설로서 컴퓨터와 통신 네트워크로 구성된다.

③ 유통정보시스템의 도입효과
　㉠ 주문, 선적, 수취의 정확성을 꾀할 수 있다.
　㉡ 기업 간에 전자연계를 통해 거래함으로써 서류 작업을 대폭 축소시킬 수 있다.
　㉢ 기업 간에 전자연계를 이용하면 서류업무에 따른 관리 인력을 축소시킬 수 있다.
　㉣ 기업 간의 연계는 공급자로 하여금 수요자의 정확한 요구사항을 파악할 수 있게 해준다.
　㉤ 유통계획, 관리, 거래처리 등에 필요한 데이터 처리를 통해 유통 관련 의사결정에 필요한 정보를 적시에 제공하여 재고관리를 좀 더 용이하게 한다.

2 유통 프로세스 지원 정보시스템

(1) 의사결정지원시스템(DSS ; Decision Support System) 기출 20·19·15·14·13

① 의사결정지원시스템의 개념 및 이해
　㉠ 의사결정지원시스템은 인적 자원과 지식 기반, 소프트웨어와 하드웨어 등으로 구성된 일단의 문제해결기법으로, 경영자가 최적의 선택을 할 수 있는 의사결정 과정을 지원하는 시스템이다.
　㉡ DSS는 정보기술을 기반으로 한 의사결정과정을 지원하는 인간과 기계의 상호작용 시스템이다.
　㉢ DSS는 문제를 분석하고 여러 대안들을 제시해서 기준에 의한 최적의 대안을 선택하는 과정을 효과적으로 지원하는 것이다.
　㉣ DSS는 의사결정자의 판단을 지원하는 도구이지 그들의 역할을 대체하기 위한 도구가 아니다.
　㉤ DSS는 의사결정자가 정보기술을 활용하여 반구조적인 의사결정유형의 문제를 해결하도록 지원하는 시스템이다.
　㉥ DSS는 의사결정과정을 비용 중심의 효율적인 면보다 목표 중심의 효과적인 측면에서 향상시킨다고 할 수 있다.
　㉦ 복잡하고 방대한 경영문제를 해결하는 데 인간의 정보처리능력의 한계로 의사결정지원시스템의 도움이 필수적이라고 할 수 있다.
　㉧ 기술 혁신 및 글로벌 시장의 등장 등으로 고려해야 하는 대안의 수가 증가하고 있어 의사결정지원시스템의 필요성이 대두되고 있다.
　㉨ 경영환경의 복잡성과 불확실성 증대로 인해 계량적인 분석의 필요성이 높아져 의사결정지원시스템의 도움이 필수적이라고 할 수 있다.
　㉩ 분석모형과 데이터를 제공함으로써 상호대화적 방식을 통해 의사결정자가 보다 효과적으로 의사결정문제를 해결할 수 있도록 지원해 주는 컴퓨터 기반의 시스템이다.

> **OX문제**
> ▶ 의사결정지원시스템은 구조화 또는 반구조화된 의사결정을 지원하는 컴퓨터 기반의 시스템이다.
> [O|X]
>
> 해설
> 의사결정지원시스템은 의사결정자가 정보기술을 활용하여 반구조적인 의사결정유형의 문제를 해결하도록 지원하는 시스템이다.
>
> 정답 ▶ ×

② 기업에서 필요하게 된 배경 기출 20
　㉠ 기업 내에서 발생하는 정형화되지 않은 비구조적인 의사결정 문제에 대해 다양한 자료와 모델을 이용하여 의사결정을 하는 과정에서 정보 제공을 필요로 한다.
　㉡ 기업 활동에 있어 예상치 못한 정보요구가 발생할 경우 이를 효율적·효과적으로 지원할 수 있는 정보시스템이 필요하다.

ⓒ 경영환경이 복잡해지고 불확실성이 증가함에 따라 의사결정 과정에 있어 나타나는 여러 가지 선택에 대한 폭넓은 분석을 지원함으로써 효과적인 의사결정을 지원할 수 있다.
ⓓ 조직의 운영에서 여러 가지 사건에 대해 즉각적이고 효과적인 분석 결과 제공은 시간적 우위를 지킬 수 있도록 지원함으로써 이익창출의 가능성을 높여 준다.
ⓔ 조직의 확대로 의사결정의 즉시성이 요구되기 때문이다.
ⓕ 정보량이 증대하여 양질의 정보를 선택하고 판단하는 일이 어렵게 되었기 때문이다.
ⓖ 정보가 복잡하게 뒤섞이고 산재해 있기 때문에 이것을 체계화하여 공유할 필요가 생겼기 때문이다.

> **OX 문제**
> ▶ 사내정보는 질(質)과 양(量)에서 편재하는 경향이 약하기 때문에 의사결정지원시스템이 필요하게 되었다. O│X
>
> **해설**
> 사내정보는 질과 양에서 편재하는 경향이 강하기 때문에 의사결정지원시스템이 필요하게 되었다.
> 정답 ▶ ×

개념 PLUS

의사결정지원시스템의 분석기법 기출 21
- What-if 분석(What-if Analysis) : 불확실성을 최소화하기 위해서 입력변수 또는 매개변수의 값들의 변화가 결과변수에 얼마나 영향을 미치는지를 분석하는 것이다.
- 민감도분석(Sensitivity Analysis) : What-if 분석의 특수한 경우로 수리적 모델에서 주요 변수들의 값을 점진적으로 변화시켰을 때 대안들의 성과 변동 폭에 얼마나 영향을 미치는지를 추가로 분석하여 사업의 위험성을 평가한다.
- 목표탐색(추구) 분석(Goal-seeking Analysis) : 일정한 목표값을 먼저 설정한 후 정해진 목표값을 달성하기 위해서 관련된 입력변수의 값이 얼마의 값을 가져야 하는지를 지속적으로 변화시키면서 찾는 분석기법이다.
- 최적화 분석법 : 하나 이상의 목표변수의 최적값을 구하는 것으로 선형계획법과 경영과학기법에 이용한다.

(2) 경영보고시스템(MRS ; Management Reporting System)
① 경영자에게 보고서를 제공하거나 조직의 과거 기록과 현재의 상태에 대한 온라인 정보를 제공하는 정보시스템이다.
② 중간관리자 계층의 계획 및 통제를 지원하기 위한 것으로, 경영통제 및 그와 관련된 의사결정을 돕기 위한 시스템이다.
③ MRS는 조직 외부의 환경적 정보보다는 조직 내부의 정보를 전달하는 데 이용한다.

(3) 전문가시스템(ES ; Expert System)
① 인공지능 기술의 응용분야 중에서 가장 활발하게 응용되고 있는 분야로, 특정 분야에 대한 전문적인 지식을 정리하고 표현하여 컴퓨터에 기억시킴으로써 일반인도 이 전문지식을 이용할 수 있도록 하는 시스템이다.
② 전문가시스템은 지식기반형 시스템으로 전문가의 지식을 입력정보로 하여 전문가의 의사결정과정을 모방하는 시스템이다.
③ 각종 추세분석, 품질관리를 위한 데이터 선별, 예측모형의 개발, 판매량 할당, 판매예측의 평가, 교육·훈련 등에 활용될 수 있다(예 의료진단 시스템, 설계 시스템 등).
④ 진단시스템, 계획시스템, 배치시스템, 의사결정시스템, 감시시스템, 설계시스템, 교수시스템, 충고시스템 등으로 세분화된다.

(4) 마케팅 정보시스템(Marketing Information System)

① 개념 : 마케팅 의사결정에 도움을 주는 정보를 원활하게 유통시키기 위해 설치된 사람, 기계, 절차의 복합체이다.

② 분 류

마케팅 정찰시스템(MIS)	경쟁사에 대한 정보를 수집하기 위하여 외부자료를 많이 활용하는 정보시스템
마케팅 조사시스템(MRS)	기업에 직면한 마케팅 문제의 해결을 위한 직접적인 관련 자료에 대한 시스템
마케팅 내부정보시스템(MIIS)	기업 내부에 존재하는 정보를 통합적으로 관리하고자 하는 시스템
마케팅 고객정보시스템(MCIS)	기업의 제품을 구매하는 고객정보를 체계적으로 모아 놓은 시스템

(5) 최고경영자 정보시스템(EIS ; Executive Information System)

① 개념 : 최고경영자를 위한 정보의 전달 및 통신시스템으로서, 최고경영자의 의사결정에 도움을 줄 수 있도록 정확하고 시기적절한 정보를 수집·전달하는 시스템이다.

② 특 성
  ㉠ 전략적인 문제를 해결하는 데 요구되는 정보를 제공하여야 한다.
  ㉡ 정보를 보다 쉽게 이해할 수 있는 형태로 제공하여야 한다.
  ㉢ 사용자가 사용하기 쉬운 인터페이스가 필요하다.
  ㉣ 많은 양의 거래자료보다는 비교적 짧은 시간에 쉽게 이해할 수 있는 요약된 정보로 제공되어야 한다.
  ㉤ 정보를 제공하는 데 있어 드릴다운(Drill-down) 기법이 반드시 필요하다.

(6) 전략 정보시스템(SIS ; Strategic Information System)

기업에 경쟁적 우위를 가져다줄 수 있도록 정보기술을 사용하는 정보시스템으로, 기업이 생존을 유지하고 경쟁우위를 확보하기 위한 혁신적인 경영전략을 지원하는 컴퓨터와 통신의 신기술을 활용한 정보시스템이다.

(7) 클라우드 컴퓨팅 기출 20·19·17·16

① 유통업체들은 정보시스템 구현에 있어 기존 정보시스템 운영 환경을 보다 운영 효율성이 높은 클라우드 컴퓨팅 환경으로 바꾸고 있다.
② 클라우드 방식의 서비스는 오프-프레미스(off-Premise)이다.
③ 클라우드 컴퓨팅은 대표적으로 SaaS(Software as a Service), IaaS(Infrastructure as a Service), PaaS(Platform as a Service)로 구분할 수 있다.
④ 대표적인 클라우드 서비스를 제공하는 공급업체로는 아마존(Amozon)과 마이크로소프트(Microsoft)가 있다. 아마존은 클라우드 서비스로 AWS(Amazon Web Service)를 제공하고 있고, 마이크로소프트사는 애저(Azure)를 제공하고 있다.
⑤ 클라우드 컴퓨팅을 도입하면, 유통업체는 유통정보시스템의 유지·보수·관리 비용을 줄일 수 있다.

(8) 퍼베이시브(Pervasive) 컴퓨팅 기출 20

① 생활속으로 구석구석 파고들어 언제 어디서든 어떤 기기를 통해서도 컴퓨팅 할 수 있는 환경을 말한다.
② 시간과 장소에 구애받지 않고 언제나 정보통신망에 접속하여 다양한 정보통신서비스를 활용할 수 있는 환경을 의미한다.
③ 여러 기기나 사물에 컴퓨터와 정보통신기술을 통합하여 언제, 어디서나 사용자와 커뮤니케이션할 수 있도록 해주는 컴퓨팅 환경을 말한다.
④ 사용자가 네트워크나 컴퓨터를 의식하지 않고 장소에 상관없이 자유롭게 네트워크에 접속할 수 있는 정보통신 환경이다.
⑤ 사람이 살아가는 공간에 포함된 물건들에 보이지 않는 컴퓨터를 내장하여 편리성과 정확성을 확장시켜 준다.

(9) 클라이언트-서버 아키텍처(Client-server Architecture) 기출 20

① 클라이언트-서버 아키텍처는 서비스를 요구하는 클라이언트와 요구사항에 대응하는 서버 간 작업과 워크로드를 분할하는 컴퓨팅 모델이다.
② 2계층 구조에 비해 3계층 구조가 상대적으로 더 나은 안정성과 보안향상 등 효율성을 제공한다.
③ 프레젠테이션 로직은 사용자에게 데이터를 표시하고, 사용자로부터 데이터를 입력받는 역할을 수행한다.
④ 비즈니스 로직은 비즈니스 트랜잭션 과정과 데이터 저장장치에 접속하여 어떠한 데이터가 필요한지 명시해 주는 역할을 한다.
⑤ 프레젠테이션 로직(클라이언트, 사용자 인터페이스), 비즈니스 로직, 데이터베이스 로직을 각각 다른 플랫폼상에서 구현한 경우를 3계층 구조(3 Tier Architecture)라 한다.

3 유통정보시스템의 기획·분석·설계

(1) 유통정보시스템의 구축

① 유통정보시스템 구축의 필요성 기출 19
  ㉠ 유통정보시스템 구축은 생산과 물류효율화를 위해 필수적인 요소이다.
  ㉡ 유통정보시스템 구축은 경로구성원간의 원활한 커뮤니케이션 촉진을 위해 필요하다.
  ㉢ 유통정보시스템 구축을 위해서는 POS, EDI, VAN, IoT, Big Data 등 다양한 정보기술들이 활용될 수 있다.
  ㉣ 유통정보시스템 구축은 유통산업의 대형화·다점포화 등으로 확대된 시장을 효율적으로 관리하기 위해 필요하다.
  ㉤ 유통정보시스템은 경영정보시스템과 마케팅정보시스템 등과 같은 조직 내 다른 시스템과 정보 연계를 통해 구축되어야 한다.

> **OX문제**
> ▶ 유통정보시스템을 구축함으로써 자의적 판단에 의한 유통전략 수립의 효과가 나타난다. O|X
>
> **해설**
> 유통정보시스템은 특정 응용분야의 활동과 관련된 자료를 수집·분석·처리하여 기업목표, 시장조사 및 매출활동자료에 근거한 유통전략 및 계획 수립, 유통활동 지원 및 통제와 관련된 주요 의사결정을 하는 데 필요로 하는 정보를 제공해 준다.
>
> 정답 ▶ X

② 유통정보시스템의 구축 효과
　㉠ 대기업형의 효과

통합된 분업체제의 효과	• 대기업의 유통정보시스템으로 이루어지는 정보화는 통합된 분업체제를 구축한다. • 통합된 유통정보시스템은 전문적인 분업을 연결해서 통합해 나간다. • 국내유통시장이 전면 개방된 후 선진국들의 초일류기업들과 경쟁하면서 통합된 유통정보시스템의 구축이 더욱 활발해졌다.
유통계열화의 개편	• 정보에 의한 유통계열화는 제조업체가 아니라 도매업체, 소매업체 또는 물류업체에 의해 수직적으로 주도되는 계열화를 의미한다. • 대기업형 유통정보시스템에서는 풍부한 자본과 전문 인력을 바탕으로 정보에 의한 유통계열화를 광범위하게 확산시킬 수 있는 장점이 있다. 더욱이 결제기능을 겸비한 유통정보시스템은 유통계열화를 유통시장까지 확대시킬 수 있다.

　㉡ 중소기업형의 효과

협업화와 연쇄화	중소 유통형의 유통정보시스템은 개방적 시스템으로서 독립적인 중소 규모의 도매업체와 소매업체들이 자발적으로 참여하는 특징이 있다. 이러한 시스템은 수평적 유통계열화로서 협업화와 연쇄화의 방향으로 변화되고 있다.
기업형과 생계형의 비용 절감	비용 절감을 위해서는 점포규모, 관리체계, 제조업체와 도매업체의 체제가 유통정보시스템을 구축하기에 적합하도록 정비되어야 한다. 특히 생계형 중소유통업체들은 정보 분석과 이용능력이 약하고, 발주량이 적어서 유통정보시스템의 이용에 경제성이 문제가 되는 경우가 있다.

> **개념 PLUS**
>
> 유통정보시스템의 구축효과 [기출 24·20]
> • 시간과 비용의 절감
> • 판매의 활성화
> • 고객관계의 강화
> • 환경변화에 대한 능동적 대응
> • 경로구성원 간의 정보의 공유로 불필요한 갈등을 감소

(2) 고객 데이터베이스 분석 및 관리
　① 고객 데이터의 수집
　　㉠ 고객 데이터의 수집활동 : 고객 데이터의 수집활동은 고객관리의 가장 기본적인 활동이다. 기업은 데이터를 수집하기 위해 신규회원이나 고객모집활동을 전개하거나 멤버십을 부여함으로써 고정고객으로 유도하기 위하여 노력한다.
　　㉡ 고객 데이터 수집 시의 고려사항 : 기업의 현재 상황, 기업의 미래 상황, 고객관리방법의 개선방향이나 동향, 정부 및 단체의 제도변경 등
　　㉢ 고객 데이터의 내용 : 회원등록정보, 신용카드정보, 제품구매정보, 외부 데이터베이스, 각종 시장조사결과, 제휴회사의 고객정보, 전자우편 및 텔레마케팅(TM) 센터 접수정보 등

② 고객 데이터의 속성

1차 정보	현재 당면하고 있는 특정 상황에 맞게 수집되는 정보를 말한다. 특정한 문제해결이나 마케팅 활동에 실제적으로 활용될 수 있는 정보로서, 실제상황과 연계해서 수집되는 만큼 실용성과 실행가능성이 높다. • 인구·사회 통계적 정보, 태도·의견정보 • 인지·지식정보, 의도에 관한 정보 • 동기에 관한 정보 • 행동에 관한 정보
2차 정보	기업 내부에서 다른 목적으로 활용하기 위해 수집한 정보나 타 기관에서 다른 목적으로 수집한 정보이다. 2차 정보의 수집은 비용과 시간을 절약할 수 있으며, 일반적으로 1차 정보의 수집에 선행하여 이루어진다. • 내부 2차 정보 : 기업 내부에서 다른 목적으로 수집된 자료로서 회계처리과정에서 작성되는 판매 및 비용 자료가 있다. • 외부 2차 정보 : 외부 간행물 자료나 유통정보, 소비자정보, 민간간행물 등의 기타 정보서비스가 해당된다.

③ 고객 데이터의 분석 및 활용 : 1차 정보와 2차 정보를 토대로 고객 데이터를 분석한다.

RFM기법 기출 24	최종구입일(Recency), 구매빈도(Frequency), 구매금액합계(Monetary)의 첫 글자를 따온 것으로, 고객이 어떤 상품이나 서비스를 구입하였을 때 마지막으로 구입한 날은 언제이고 총 구매금액은 얼마인지를 토대로 고객정보를 분석하여 이를 고객관리에 활용하는 기법이다.
MCIF(Marketing Consumer Information File, 고객속성정보파일)기법	기존 고객의 구매형태와 고객관리에서 발생한 다양한 데이터(구매기간, 구매횟수, 금액, 장소, 품목, 구매방법)를 비교·분석하고, 정보를 서로 교차시켜 마케팅활동에 활용하는 고객관리 및 분석기법을 말한다.
고객생애가치 이익평가기법	고객이 자사의 제품을 최초로 구매한 시점부터 최종 거래에 이르는 기간 동안에 구입하고 제공받은 서비스의 총 이용금액에서 고객획득비용, DM 제작 및 발송비용, 매출액, 상품원가, 텔레마케팅 경비 등을 제한 후 영업수익을 산출하여 나타난 생산성을 기초로 고객 1인당 누적가치를 평가한 것이다.

(3) 유통정보시스템의 설계

① 1단계 : 주요 의사결정영역(유통경로기능)의 확인

유통정보시스템 구축의 궁극적 목표는 원활한 유통기능의 수행이다. 따라서 경로구성원들은 그들이 수행해야 할 주요 의사결정영역(경로기능)을 먼저 파악해야 한다.

② 2단계 : 유통기능을 수행할 경로구성원의 결정

각 기능을 수행할 경로구성원이 결정되어야 한다. 즉, 제조업자, 도매상, 소매상들 중 누가 상품구색에 관한 결정, 상품가격의 결정, 재고부담 등의 유통기능을 수행할 것인가에 대한 결정을 말한다.

③ 3단계 : 주요 의사결정영역의 수행에 필요한 마케팅정보의 결정

각 주요 의사결정영역(유통기능)의 수행에 필요한 구체적인 마케팅정보를 파악한다. 이 단계에서 기업은 경로구성원들에게 필요 이상의 정보가 제공되어 효율적인 경로의사결정이 저해되지 않도록 유의해야 한다.

④ 4단계 : 유통정보수집자, 사용자 및 제공방법의 결정

경로구성원들은 전 단계에서 결정된 구체적인 마케팅정보의 수집을 누가 담당하며, 수집된 정보를 사용자에게 어떤 방식으로 전달할 것인지 결정한다.

⑤ 5단계 : 잡음요소의 규명 및 이의 제거방안 결정

대체로 수작업에 의한 정보의 입력 및 전달보다는 정보기술을 이용한 정보의 입력 및 전달의 자동화가 잡음 개입의 가능성을 낮춰준다.

(4) 유통경영의사결정

① 유통경영의사결정을 위한 데이터베이스 구축

㉠ 내부 데이터베이스
- 유통정보를 위한 기업의 내부 데이터베이스는 기업이 주관하는 업무와 관련된 데이터이다.
- 생산, 조달, 판매, 운영, 물류업무 및 고객서비스업무 등과 관련된 데이터베이스를 말한다.
- 내부 데이터베이스의 유형

판매 · 영업관련 데이터	조달물류관련 데이터	상품 · 생산관련 데이터	판매물류관련 데이터	고객서비스관련 데이터
• 판매예측 • 판매수당 • 외상매출기록	• 원/부자재 재고 • 입찰기록 • 외상매입기록	• 생산계획 • 생산비용 • 품질관리기록	• 재고기록 • 출하기록 • 창고관리기록	• 서비스기록 • 고객불만사례

㉡ 외부 데이터베이스
- 유통 기업을 중심으로 비즈니스와 관련된 여러 연구기관 및 기업환경과 관련된 데이터로서 협력업체, 경영정보, 서비스 제공정보, 연구결과, 시장분석, 소비자분석, 정치·경제환경 분석, 사회문화 정보 등으로 광범위하다.
- 기업의 목표와 연관될 수 있는 정보를 DB화한 것으로서 주로 SCM, EDI 등과 같은 정보활용기법들이 사용되고 있다.
- 외부 데이터의 유형
  - 경제환경 정보 : 각종 경제지표, 경기 동향, 환율, 무역수지 등
  - 고객 정보 : 인구통계 분석, 소비자 심리 조사, 구매 패턴 조사, 수요 조사 등
  - 경쟁사 정보 : 신상품 정보, 시장 점유율, 마케팅 정보 등
  - 사회문화 정보 : 세대차이, 종교, 문화 등
  - 정치환경 정보 : 법률 정보, 기관 정보, 표준 정보, 규제 정보 등

② 유통정보시스템의 구축 단계 [기출 21]

㉠ 유통정보시스템의 기획단계 : 기획단계에서 수행해야 할 주요 업무는 기업의 전략적 목표와 정책에 부합하는 정보시스템을 구축하기 위해 현재의 업무를 분석하고, 문제점을 파악한 후 개발될 시스템의 목적을 명확히 규명하여 적절한 개발전략을 수립하는 것이다.

기존 기업정책의 기조 유지	• 장기적 기업전략 및 정책의 확인 • 의사결정권자의 승인취득 • 당위성에 대한 전사적 홍보 및 교육
현업의 분석을 통한 문제점의 도출 및 목적의 명확화	• 시간대별 · 부서별 업무 프로세스의 파악 • 사용하고 있는 서식 및 내용의 조사 • 시간대별 데이터양의 파악
목적에 부합하는 개발전략의 수립	• 인력과 설비 간의 역할 분담 • 투자비용, 인력 및 개발기간에 대한 견적 • 기대효과의 파악 • 개발전담팀의 구성

> **개념 PLUS**
>
> - 사전정보요청서(RFI ; Request for Information) : 발주사가 제안요청서(RFP)를 작성하기 이전에 시스템 구축 계획 및 수행에 필요한 정보 수집을 목적으로 시스템에 대한 개괄적인 내용을 작성하여 주요 관련 공급업체에게 보내는 자료요청서이다. 기출 21
> - 제안요청서(RFP ; Request for Proposal) : 발주사가 입찰 대상자에게 획득의도를 알리기 위한 수단으로 시스템의 기능과 환경 등 원하는 요구 사항을 체계적으로 정리한 문서이다. 기출 24·21

ⓛ 유통정보시스템의 개발단계 : 개발단계에서 수행해야 할 주요 업무는 기획안에 입각하여 시스템의 기본설계, 상세설계 및 프로그램을 개발하는 것이다.

시스템 기본설계	출력물 및 업무효율 중심의 설계	• 서식/화면의 설계 • 파일(File)의 설계 • 코드(Code)의 정의 • 업무처리프로세스의 설계
시스템 상세설계	기본설계에 따른 사양의 설계	• 프로그램의 규정 • 처리조건의 설계 • 프로그램의 사양서 작성
프로그램의 개발	프로그램 사양서에 따른 개발	• 코딩(Coding) • 컴파일(Compile) • 단체 테스트

ⓒ 유통정보시스템의 적용단계 : 적용단계에서 수행해야 하는 주요 업무는 개발된 정보시스템을 실제 업무에 활용하는 단계로서, 발생되는 문제점들을 지속적으로 수정·보완하고 환경 변화에 부합하도록 개선해 나간다.
- 조직구성원들의 적극적 참여를 유도하기 위한 단계적 적용
- 사용자를 위한 사용지침서(매뉴얼)의 개발
- 문제점 도출 및 보완을 위한 개방적 의사전달채널의 확보
- 구성원들을 위한 교육, 훈련프로그램의 개발 및 실시

[유통정보시스템의 구축과정]

기획단계	개발단계	적용단계
• 최고경영자의 지원 • 전달팀 구성 • 목표설정 • 시스템설계 • 예산측정	• DB시스템 구축 • S/W·H/W·N/W 설계 • 시스템통제 • 사용자환경 • 시범서비스 • 시험가동	• 단계적 적용 • 사용자교육·훈련 • 시스템의 문제점 파악과 개선작업

③ 유통정보시스템 개발 방법 기출 22·17

최종 사용자 참여 방법론	최종 사용자들이 기술 전문가의 약간의 도움이나 도움 없이 간단한 정보시스템을 개발하는 방법으로 4세대 언어, 그래픽 언어, PC 소프트웨어 도구 등을 활용한다.
프로토타이핑 방법론	적은 비용으로 짧은 시간에 정보시스템의 일부 실험 모형을 개발하고 사용자의 평가와 요구에 의하여 수정·보완해 가는 방법이다.

RAD 방법론	RAD(Rapid Application Development) 모형은 강력한 소프트 개발 도구(CASE 도구)를 이용하여 매우 짧은 주기로 개발을 진행하는 순차적 소프트웨어 개발 프로세스이다. RAD 모형은 2~3개월 정도의 짧은 기간으로 기술적 위험이 적고 빠른 개발이 요구될 때 적합하다.
객체지향 방법론	컴퓨터 프로그램을 명령어의 목록으로 보는 시각에서 벗어나 여러 개의 독립된 단위, 즉 "객체"들의 상호작용으로 요구 사항을 분석하는 방법이다.
JAD 방법론	JAD(Joint Application Design/Development)는 사용자와 개발자가 공동 참여하여 프로토타입 기반의 Time-box를 수행함으로써 고객의 비즈니스 요구사항을 명확히 도출하고 그에 따른 시스템을 설계, 개발하는 방법론이다. JAD에서는 사용자들이 시스템 개발 단계부터 개입하기 때문에 개발시간이 단축되면서 최종사용자 만족도는 오히려 높아지는 쪽으로 유도된다.

4 유통정보시스템의 구현·테스트

(1) 기술구현의 의의

유통정보시스템이 추구하는 목표와 유통정보시스템 구축 전담팀이 제시한 시스템설계(Macro Specification)를 컴퓨터시스템으로 실현하는 단계로, 8가지의 개발영역을 가지게 된다.

(2) 기술구현 과정

① **데이터베이스 구축** : 데이터베이스는 유통정보시스템의 생명과도 같다. 유효한 데이터베이스는 유통정보시스템의 개방성과 적합성을 위해 필요하며 유통의사결정지원시스템의 가동을 위한 투입의 질을 결정하므로, 데이터베이스의 정확성은 유통정보시스템의 신뢰성을 결정하게 된다.

② **소프트웨어 수요의 결정** : 시스템설계의 내용에 따라 향후 사용될 소프트웨어를 결정하는 단계로, 유통의사결정을 위한 응용프로그램을 결정하고, 그것의 개발방법 등을 결정하게 된다.

③ **하드웨어 수요의 결정** : 하드웨어의 결정은 전적으로 소프트웨어 수요에 따라 결정된다. 결정된 소프트웨어의 최적사용이 가능한 하드웨어의 사양과 배치 등을 고려해야 한다.

④ **연계네트워크의 결정** : 유통정보시스템은 기업 내·외의 다양한 주체들과의 협력을 통해 활성화되므로 시스템설계는 그들과의 원활한 의사소통과 자료교환을 위한 연계를 염두에 두어야 한다.

⑤ **시스템통제수단의 결정** : 데이터와 정보의 효율적인 활용과 더불어 보안을 위해 시스템통제의 수단이 모색되어야 한다.

⑥ **사용자환경** : 시스템설계에서 제시된 사용자의 업무, 데이터수집, 분석정보의 수요, 보고서식 또는 화면설계, 현재 활용되는 시스템 및 사용자의 정보화 정도 등에 따라 사용자환경을 구현한다.

⑦ **시범서비스의 개발** : 유통정보시스템의 본격적인 개발에 앞서 시범서비스를 실시함으로써 시스템설계의 내용을 검토하는 기회를 가질 수 있다.

⑧ **시스템구축** : 시범서비스의 내용분석에 따라 전체적인 시스템의 구축과 시험가동에 들어간다.

02 개인정보보호와 프라이버시

1 개인정보보호의 개념

(1) 개인정보보호의 정의
① '개인정보보호'의 개념은 프라이버시(Privacy, 사생활) 보호 차원에서 논의되었다.
② 프라이버시는 1890년에 『Havard Law Review』에 게재된 "The right to privacy(사생활의 권리)"에서 '간섭받지 않고 혼자 있을 수 있는 권리(Right to be let alone)'로 간주하였다.
③ 현재는 프라이버시를 사생활의 비밀권이라는 소극적인 권리에서 확장하여 '언제, 어떻게, 그리고 어느 수준에서 자신에 대한 정보를 타인과 공유할 것인가를 결정할 수 있는 권리' 혹은 '타인이 자신의 정보에 접근하는 것을 통제할 수 있는 능력' 등 적극적이고 능동적인 권리로 파악한다.

(2) 개인정보보호 관련 용어 정의(개인정보보호법 제2조) 기출 23
① **개인정보** : 살아 있는 개인에 관한 정보로서 다음의 어느 하나에 해당하는 정보를 말한다.
　㉠ 성명, 주민등록번호 및 영상 등을 통하여 개인을 알아볼 수 있는 정보
　㉡ 해당 정보만으로는 특정 개인을 알아볼 수 없더라도 다른 정보와 쉽게 결합하여 알아볼 수 있는 정보. 이 경우 쉽게 결합할 수 있는지 여부는 다른 정보의 입수 가능성 등 개인을 알아보는 데 소요되는 시간, 비용, 기술 등을 합리적으로 고려해야 한다.
　㉢ ㉠과 ㉡에 따라 가명처리함으로써 원래의 상태로 복원하기 위한 추가 정보의 사용·결합 없이는 특정 개인을 알아볼 수 없는 정보
② **처리** : 개인정보의 수집, 생성, 연계, 연동, 기록, 저장, 보유, 가공, 편집, 검색, 출력, 정정, 복구, 이용, 제공, 공개, 파기, 그 밖에 이와 유사한 행위를 말한다.
③ **정보주체** : 처리되는 정보에 의하여 알아볼 수 있는 사람으로서 그 정보의 주체가 되는 사람을 말한다.
④ **개인정보파일** : 개인정보를 쉽게 검색할 수 있도록 일정한 규칙에 따라 체계적으로 배열하거나 구성한 개인정보의 집합물(集合物)을 말한다.
⑤ **개인정보처리자** : 업무를 목적으로 개인정보파일을 운용하기 위하여 스스로 또는 다른 사람을 통하여 개인정보를 처리하는 공공기관, 법인, 단체 및 개인 등을 말한다.

2 개인정보보호 정책

(1) 개인정보 보호위원회
① 개인정보 보호에 관한 사무를 독립적으로 수행하기 위하여 국무총리 소속으로 개인정보 보호위원회를 둔다.
② 보호위원회는 정부조직법에 따른 중앙행정기관으로 본다.
③ 보호위원회의 구성
　㉠ 보호위원회는 상임위원 2명(위원장 1명, 부위원장 1명)을 포함한 9명의 위원으로 구성한다.
　㉡ 보호위원회의 위원은 개인정보 보호에 관한 경력과 전문지식이 풍부한 사람 중에서 위원장과 부위원장은 국무총리의 제청으로, 그 외 위원 중 2명은 위원장의 제청으로, 2명은 대통령이 소속되거나

소속되었던 정당의 교섭단체 추천으로, 3명은 그 외의 교섭단체 추천으로 대통령이 임명 또는 위촉한다.
　　ⓒ 위원장과 부위원장은 정무직 공무원으로 임명한다.
　④ 보호위원회의 소관 사무
　　㉠ 개인정보의 보호와 관련된 법령의 개선에 관한 사항
　　㉡ 개인정보 보호와 관련된 정책·제도·계획 수립·집행에 관한 사항
　　㉢ 정보주체의 권리침해에 대한 조사 및 이에 따른 처분에 관한 사항
　　㉣ 개인정보의 처리와 관련한 고충처리·권리구제 및 개인정보에 관한 분쟁의 조정
　　㉤ 개인정보 보호를 위한 국제기구 및 외국의 개인정보 보호기구와의 교류·협력
　　㉥ 개인정보 보호에 관한 법령·정책·제도·실태 등의 조사·연구, 교육 및 홍보에 관한 사항
　　㉦ 개인정보 보호에 관한 기술개발의 지원·보급, 기술의 표준화 및 전문인력의 양성에 관한 사항
　　㉧ 정보보호법 및 다른 법령에 따라 보호위원회의 사무로 규정된 사항

(2) 기본계획

① 보호위원회는 개인정보의 보호와 정보주체의 권익 보장을 위하여 3년마다 개인정보 보호 기본계획을 관계 중앙행정기관의 장과 협의하여 수립한다.
② 기본계획의 포함 사항
　㉠ 개인정보 보호의 기본목표와 추진 방향
　㉡ 개인정보 보호와 관련된 제도 및 법령의 개선
　㉢ 개인정보 침해 방지를 위한 대책
　㉣ 개인정보 보호 자율규제의 활성화
　㉤ 개인정보 보호 교육·홍보의 활성화
　㉥ 개인정보 보호를 위한 전문인력의 양성

(3) 개인정보 유출신고 제도 기출 24

① 개인정보 유출 : 법령이나 개인정보처리자의 자유로운 의사에 의하지 않고, 개인정보가 해당 개인정보처리자의 관리·통제권을 벗어나 제3자가 그 내용을 알 수 있는 상태에 이르게 된 것을 말한다.
② 개인정보 유출신고 : 개인정보 유출 등이 되었음을 알게 되었을 때 72시간 이내에 개인정보보호위원회 또는 한국인터넷진흥원에 신고해야 한다.

대 상	개인정보처리자	상거래기업 및 법인
신고기준	다음 어느 하나에 해당하는 경우에 신고해야 한다. • 1천명 이상의 정보주체에 관한 개인정보가 유출 등이 된 경우 • 민감정보 또는 고유식별정보가 유출 등이 된 경우 • 개인정보처리시스템 또는 개인정보취급자가 개인정보 처리에 이용하는 정보기기에 대한 외부로부터의 불법적인 접근에 의해 개인정보가 유출 등이 된 경우	1만명 이상 신용정보주체의 개인신용정보가 유출(누설)된 경우
근거조항	「개인정보 보호법」 제34조	「신용정보의 이용 및 보호에 관한 법률」 제39조의4

3 개인정보보호 기술

(1) 개인정보보호 핵심기술

① 정보주체 권리보장
- ㉠ 개인정보 동의 관리 기술 : 개인정보 수집·이용 제공에 대한 동의 및 동의 철회 등 정보주체의 동의 관리를 지원한다.
- ㉡ 정보주체의 온라인 활동기록 통제 : SNS, 온라인 쇼핑 등에서 정보주체의 동의없는 활동기록 수집이나 추적을 방지한다.
- ㉢ 다크웹 개인정보 거래 추적 및 차단 기술 : 다크웹에서 개인정보가 불법적으로 유통·거래되지 않도록 모니터링 및 차단한다.

② 유·노출 최소화
- ㉠ 비정형 데이터 개인정보 탐지 : 온라인상에서 유통되는 텍스트·영상·음성에서 개인정보를 탐지한다.
- ㉡ 개인정보 파편화 및 결합 기술 : 개인을 알아볼 수 없도록 개인정보가 포함된 자료를 분해하여 저장하고, 필요한 경우에만 결합해 활용할 수 있도록 지원한다.
- ㉢ 비정형 데이터에서 선택적 개인정보 파기 : 개인정보 보존기간에 따라 자동 파기, 텍스트·영상·음성에서 원하는 개인정보만 파기 등 선택적으로 파기한다.

③ 안전한 활용 기출 24
- ㉠ 차세대 가명·익명 처리 및 결합 기술 : 안전한 데이터 분석·활용을 위해 가명·익명처리와 결합하여 지원한다.
- ㉡ 가명·익명 정보 안전성 평가 : 가명·익명 정보의 재식별 가능성을 측정하여 안전성을 평가한다.
- ㉢ 개인정보 변조 및 재현데이터 생성 : 실제 데이터와 유사한 모의 데이터를 생성하여 인공지능 학습 시 개인정보 노출을 최소화한다.
- ㉣ 프라이버시 보존형 개인 맞춤 서비스 : 개인정보를 노출하지 않고도 특정 자격을 증명하거나, 다양한 개인화 서비스를 받을 수 있도록 지원한다.
- ㉤ 마이데이터 처리 및 관리 기술 : 마이데이터는 개인데이터를 생산하는 정보주체인 개인이 본인 데이터에 대한 권리를 가지고, 본인이 원하는 방식으로 관리하고 처리하는 패러다임을 말한다. 이러한 마이데이터가 안전하게 전송·관리될 수 있도록 종합적으로 지원한다.

(2) 개인정보보호 강화기술(PETs ; Privacy Enhancing Technology)

① PETs의 개념
기업 등 개인정보 처리자의 개인정보 이용을 최소화하고, 데이터 보안은 극대화함으로써 개인정보 보호 관련 법률들이 요구하는 기본 원칙들을 개인정보 처리 과정에서 실제 구현하기 위해 사용하는 기술과 테크닉을 의미한다.

② PETs의 종류

구 분	내 용
동형암호 (Homomorphic Encryption)	• 기존 암호화 방법과 달리 데이터를 복호화하지 않고 암호화된 상태에서 결합하여 연산·분석 등을 가능하게 하는 기술로, 강력한 보안 및 기밀성을 제공한다. • 암호화된 데이터를 복호화하지 않은 채로 데이터를 분석하거나 연산할 수 있어, 개인정보를 최소한으로 이용 또는 공유하는 것이 가능해진다.
안전한 다자 컴퓨팅 (Multi Party Computation)	• 단일 장애점(Single point of failure)을 없애고, 안전한 상태를 유지하는 형태의 기술이다. • 안전한 다자 컴퓨팅을 이용하면, A 개인정보 처리자는 개인정보를 B 개인정보 처리자와 공유할 필요 없이, 각각 가명처리되거나 결합된 정보에 같이 접근하여 공동으로 처리할 수 있어, 개인정보 처리자 간에 개인정보를 공유하는 것을 최소화할 수 있다.
차등 개인정보 보호 (Differential Privacy)	• 이미 AI 연산을 통해 1차 변환된 개인정보에 '노이즈'를 추가하여 원본 데이터, 즉 개인정보를 추론하지 못하도록 하는 기술이다. • AI 엔진 개발 시 주로 적용되며, 특히 민감한 개인정보를 학습데이터로 사용하는 의료 분야 및 인공지능 개발 분야 등에서 많이 주목받고 있다.
영지식 증명 (Zero-knowledge Proofs)	• 정보를 직접 주고받지 않으면서 정보의 유무를 확인할 수 있는 기술이다. • 비밀번호 등 각종 개인정보를 입력하는 절차에서 자주 등장한다.

4 프라이버시 개념

(1) 프라이버시의 정의

① 통제되어야 하는 개인이나 조직의 권리 또는 개인이나 조직이 소유하는 자료를 의미한다.
② 개인이나 조직에 관한 정보는 허가 없이 수집되어 사용되어서는 안 되며, 조직에 속하는 개인 신상 정보는 인사나 고용, 작업, 서비스 등과 관련이 없는 다른 개인이나 조직 사이에서 부당하게 수집·배포되거나 사용될 수 없다.

(2) 프라이버시의 위상 변화

① 현실세계의 집은 외부의 공적인 장소와 차단하는 공간이지만, 사이버세계의 블로그나 홈페이지는 개인을 다른 개인들과 이어주는 매개체로 바로 공적 영역과 사적 영역을 이어주는 통로가 된다.
② 따라서 사이버세계의 사적 영역과 공적 영역은 현실세계처럼 엄격하게 구분되지 않고, 사적인 것과 공적인 것 사이의 구분이 흐려지며 경계가 불투명해진다.
③ 서비스 제공자는 이용자가 앱이나 소프트웨어 기계에 더 많은 정보를 제공하면 할수록 개인화되고 편리한 서비스를 제공받을 거라고 유혹하며, 신상 정보와 취미, 개인 식별 정보를 입력해야만 플랫폼으로 나갈 기회를 얻을 수 있는 서비스도 많아지고 있다.
④ 자신과 관련된 정보를 많이 제공하면 할수록 그 결과로 개인화된 서비스를 보상받는 반면, 과다한 신분 노출과 과시는 위험할 수 있다.
⑤ 소셜 네트워크 시대가 되면서 프라이버시가 침해당할 위험은 더욱 커지고 있다.

5 프라이버시 보호 기술

(1) 프라이버시 보호모델(K-Anonymity)
① 가능한 추론형태와 프라이버시 노출에 대한 정량적인 위험성을 규정하는 방법이다.
② 직관적이고 단순하다는 장점이 있으나, 동질성, 배경지식, 쏠림현상, 유사성 등으로 인해 재식별 가능성이 존재한다는 단점이 있다.

(2) 연합학습(Federated Learning)
① 다수의 클라이언트와 하나의 중앙서버가 탈중앙 환경에서 협력해서 데이터 모델을 학습하는 기술이다.
② 데이터 분석결과만 외부로 전송하기 때문에 데이터의 직접 유출을 방지할 수 있고, 학습결과를 취합해 더 높은 정확도의 모델을 도출할 수 있으나, 모델수립 시 평가 과정이 필요하다는 단점이 있다.

(3) 재현데이터(Synthetic Data)
① 원본데이터와 유사한 통계적·확률적 특징을 가지는 임의데이터를 의미한다.
② 샘플수를 무한대로 증가시킬 수 있으나, 불일치로 인한 예측 정확도가 감소한다는 단점이 있다.

(4) PPDM(Privacy Preserving Data Mining)
① 개인정보가 포함된 빅데이터에서 개인정보를 보호하면서 데이터를 분석하는 기술이다.
② 통계처리나 기계학습에 사용하는 것으로, 랜덤화 기법을 통해 실용화가 가능하지만 컴퓨팅환경에 따라 실효성이 모호하다는 단점이 있다.

(5) 동형암호(Homomorphic Encryption)
① 암호화된 상태에서 데이터 연산이 가능한 암호 기술이다.
② 데이터를 암호화하여 외부로 전송할 수 있지만, 처리속도에 한계가 있다.

CHAPTER 02 실전예상문제

※ 본 문제를 풀면서 이해체크를 이용하시면 문제이해에 보다 도움이 될 수 있습니다.

01 다음 중 효율적인 유통정보시스템을 구축할 경우 고려해야 할 특성에 대한 설명으로 가장 옳지 않은 것은?

① 신중한 기획과 전사적 협력을 기반으로 유통산업의 업무 특성을 고려한 사용자 환경에 맞춘 개방적 시스템의 구축이 필요하다.
② 유통정보시스템의 개발은 유통경로 구성원 간의 효과적인 의사소통시스템을 구축하는 것이다.
③ 유통정보시스템은 경영정보시스템과 마케팅정보시스템이 상호 관련성을 갖고 조직되어야 한다.
④ 다점포 영업을 지향하는 유통경영의 형태에 비추어 정보에 대한 접근의 용이함과 보안성을 동시에 가능하게 하는 지역분권식 데이터 관리와 포괄적 정보보안을 실현하여야 한다.
⑤ 개발단계에서 수행해야 할 주요 업무는 기획안에 입각하여 시스템의 기본설계, 상세설계 및 프로그램을 개발하는 것이다.

> 해설 포괄적 정보보안을 실현하기 위해서는 정보에 대한 접근이 용이해서는 안 된다.

02 유통정보시스템의 구성요소로 가장 옳지 않은 것은?

① 하드웨어(Hardware)
② 소프트웨어(Software)
③ 데이터베이스(Database)
④ 커뮤니티(Community)
⑤ 운영요원

> 해설 **유통정보시스템의 구성요소**
> • 하드웨어(Hardware) : 물리적인 컴퓨터 장비
> • 소프트웨어(Software) : 컴퓨터의 작업을 통제하는 프로그램
> • 데이터베이스(Database) : 체계화된 정보들의 집합체
> • 네트워크(Network) : 시스템 간 및 고객과 기업 간을 연결
> • 운영요원(People) : 시스템을 관리·운영·유지하는 사람들

정답 01 ④ 02 ④

03 의사결정지원시스템에 대한 설명 중 가장 옳지 않은 것은?

① 의사결정지원시스템은 인적자원과 지식기반, 소프트웨어와 하드웨어로 구성된다.
② 경영자가 최적의 선택을 할 수 있는 의사결정과정을 지원하는 시스템이다.
③ 의사결정지원시스템은 유연성과 주관적 판단을 통해 문제에 대한 통찰력을 가진다.
④ 의사결정지원시스템은 경영자의 판단력을 근본적으로 대체하지는 못한다.
⑤ 의사결정지원시스템의 분석적인 모델로 예측모델, 시뮬레이션모델, 최적화 모델 등이 있다.

> 유연성과 주관적 판단을 통해 문제에 대한 통찰력을 가지는 것은 '경영자정보시스템(EIS)'의 장점이다. 의사결정지원시스템(DSS)은 의사결정과정을 지원할 뿐이며, 최종결정은 의사결정자가 자신의 통찰력과 주관적 판단을 적용하여 내려야 한다.

04 유통정보시스템을 활용 목적에 따라 거래자료처리시스템, 지식업무시스템, 정보보고시스템, 의사결정지원시스템 및 중역정보시스템으로 구분하기도 한다. 다음 중 '의사결정지원용 정보시스템'을 구축할 때의 고려사항과 가장 거리가 먼 것은?

① 유통과정상의 문제를 쉽게 해결할 수 있는 다양한 의사결정모형을 제공해야 한다.
② 주기적으로 레포트가 자동으로 생성되도록 함으로써 유통경영관리자의 노력을 줄여주어야 한다.
③ 유통경영관리자들의 행동특성을 반영한 의사결정 방법과 과정이 구현되어야 한다.
④ 사용자 인터페이스 기능의 설계 시 정보시스템과 유통경영관리자간의 상호작용이 용이하도록 하는 방안이 고려되어야 한다.
⑤ 의사결정지원시스템이 효과적 기능을 발휘하기 위해서는 손쉬운 개선이 가능해야 한다.

> 의사결정지원용 정보시스템은 유통경영관리자가 최적의 선택을 할 수 있도록 의사결정을 지원하고 기업 내부의 사안에 대해 조사·조회할 수 있는 기능을 제공하지만, 의사결정의 자동화를 목적으로 하지 않는다.

05 경영자의 의사결정을 지원하는 역할을 담당하는 DSS(의사결정지원시스템)의 특성으로 가장 옳지 않은 것은?

① DSS는 의사결정과정을 비용 중심의 효율적인 면보다 목표 중심의 효과적인 측면에서 향상시킨다고 할 수 있다.
② DSS는 문제를 분석하고 여러 대안들을 제시해서 기준에 의한 최적의 대안을 선택하는 과정을 효과적으로 지원하는 것이다.
③ DSS는 의사결정자의 판단을 지원하는 도구이지 그들의 역할을 대체하기 위한 도구가 아니다.
④ DSS는 의사결정자가 정보기술을 활용하여 구조적인 의사결정유형의 문제를 해결하도록 지원하는 시스템이다.
⑤ DSS는 정보기술을 기반으로 한 의사결정과정을 지원하는 인간과 기계의 상호작용 시스템이다.

> DSS는 정형화되지 않는 문제, 즉 주로 반구조적인 의사결정유형의 문제로서 문제의 일부 측면은 계량화할 수 있으나, 일부는 주관적으로 다룰 수밖에 없는 문제에 관해 의사결정자가 효과적인 의사결정을 할 수 있도록 지원하는 것이다.

06 유통정보시스템의 구축과정 중 기획단계에서 수행해야 하는 것은?

① 유통정보시스템 통제 방안 마련
② 유통정보시스템 요구사항 분석
③ 유통정보시스템의 문제점 파악 및 개선작업
④ 유통정보시스템 분석 및 설계
⑤ 유통정보시스템의 단계적 실무 적용

> 기획단계에서 수행해야 할 주요 업무는 기업의 전략적 목표와 정책에 부합하는 정보시스템을 구축하기 위해 현재의 업무를 분석하고, 문제점을 파악하여 개발될 시스템의 목적을 명확히 규명함으로써 적절한 개발전략을 수립하는 것이다.

07 유통정보시스템 구축을 위한 데이터 관리에 대한 설명으로 가장 잘못된 것은?

① DB는 데이터 관리의 중복을 최소화하고, 데이터 무결성 및 접근권한 등 보안성을 고려함으로써 많은 사용자가 동시에 접근하더라도 데이터의 안전성과 신뢰성이 보장되도록 설계되어야 한다.
② 유통정보시스템은 기업의 유통활동을 지원하기 위한 업무기능을 전자적으로 구현하고 이와 관련된 데이터를 통합적으로 저장·관리할 수 있도록 지원하는 시스템이다.
③ 유통정보시스템의 데이터베이스는 유통업무와 관련된 여러 응용시스템들이 데이터를 공유할 수 있도록 최소한의 중복으로 통합하여 컴퓨터에 저장한 운영 데이터의 집합이다.
④ 기업의 유통업무 활동지원과 관련된 원자재, 부자재, 공급자, 조달가격 등을 내부데이터로, 고객불만처리대장, 고객성향, 고객서비스기록 등을 외부데이터로 대별하여 볼 수 있다.
⑤ 외부 데이터베이스에는 협력업체, 경영정보, 서비스 제공정보, 연구결과, 시장분석, 소비자 분석, 정치·경제환경분석, 사회문화정보 등이 있다.

> 유통업무 활동지원과 관련된 원자재, 부자재, 공급자, 조달가격 등은 외부데이터이며, 고객불만처리대장, 고객성향, 고객서비스기록 등은 내부데이터이다.

08 고객지향적 데이터베이스 구축에 이용되는 스타스키마 데이터 구조에 대한 설명으로 가장 옳지 않은 것은?

① 하나의 사실(Fact)을 중심으로 다수의 정보 차원들이 연결되는 구조
② 다차원 모델링을 위하여 이용되는 데이터 구조
③ 각 차원에 대한 정규화를 통해서 자료의 무결성을 제고
④ 테이블 간의 조인 횟수가 적어서 검색속도가 빠름
⑤ 데이터베이스의 구조가 단순해서 사용자들의 데이터 모델에 대한 이해가 용이

> 스타스키마(Star Schema)는 다차원 데이터를 표현하기 위해 정보의 구성요소를 사실과 차원으로 구분하고, 차원당 하나의 차원 테이블을 구성하는 방식이다. 정규화를 통해서 자료의 무결성을 제고하는 것은 스노우프레이크(Snowflake) 스키마이다. 스노우프레이크 스키마는 스타스키마의 차원 테이블을 정규화 시킨 모델이다.

09 유통기능을 효율적으로 수행하기 위해서 유통정보시스템을 구축하는데, 이 경우 유통정보시스템은 보기에 제시된 단계들을 밟아 체계적으로 구축될 수 있다. 다음 중 유통정보시스템의 개발단계를 순서대로 올바르게 나열한 것은?

> (가) 정보를 누가 수집하며, 이를 누구에게 어떤 방식으로 전달할 것인가를 결정
> (나) 전체 유통경로시스템상에서 각 경로구성원들의 기능 정립
> (다) 각 경로기능을 수행하기 위해 필요한 마케팅정보의 유형 결정
> (라) 잡음 요소의 규명 및 이의 제거방안 결정
> (마) 경로구성원들의 각 기능별로 기능수행자의 결정

① (가) - (나) - (마) - (라) - (다) ② (가) - (다) - (나) - (마) - (라)
③ (나) - (가) - (마) - (다) - (라) ④ (나) - (가) - (라) - (다) - (마)
⑤ (나) - (마) - (다) - (가) - (라)

> **유통정보시스템의 설계 과정**
> • 1단계 : 주요 의사결정영역(유통경로기능)의 확인
> • 2단계 : 유통기능을 수행할 경로구성원의 결정
> • 3단계 : 주요의사결정영역의 수행에 필요한 마케팅정보의 결정
> • 4단계 : 유통정보수집자, 사용자 및 제공방법의 결정
> • 5단계 : 잡음 요소의 규명 및 이의 제거방안 결정

10 아래 글상자의 내용을 근거로 유통정보시스템의 개발절차를 순차적으로 나열한 것으로 가장 옳은 것은?

> ㉠ 필요정보에 대한 정의   ㉡ 정보활용목적에 대한 검토
> ㉢ 정보활용주체에 대한 결정   ㉣ 정보제공주체 및 방법에 대한 결정

① ㉠ - ㉡ - ㉢ - ㉣   ② ㉠ - ㉢ - ㉡ - ㉣
③ ㉠ - ㉣ - ㉡ - ㉢   ④ ㉡ - ㉠ - ㉣ - ㉢
⑤ ㉡ - ㉢ - ㉠ - ㉣

> **유통정보시스템의 개발절차**
> 주요 의사결정영역 확인 및 정보활용목적 검토 → 각각의 의사결정을 수행할 담당자 결정(정보활용주체결정) → 의사결정에 필요한 정보 파악 및 정의 → 누가 누구에게 어떤 방식으로 정보를 제공할지 결정(정보제공주체 및 방법에 대한 결정)

정답 07 ④ 08 ③ 09 ⑤ 10 ⑤

11 의사결정지원시스템(DSS)의 일반적 특성에 대한 설명으로 가장 옳지 않은 것은?

① 경영계층에 속하는 의사결정자를 지원하는 시스템으로 주로 구조적, 반구조적 상황에서 인간의 판단과 객관적인 정보를 통합하여 이루어진다.
② 다수의 상호의존적인 의사결정 또는 순차적인 의사결정을 지원한다.
③ 다양한 의사결정 과정의 스타일뿐만 아니라 탐색, 설계, 선택, 구현 등의 단계를 지원한다.
④ 복잡한 문제에 관한 효율적/효과적 해결안을 제공하는 지식관리 구성요소를 갖추고 있다.
⑤ 학습을 촉진함으로써 응용에 대한 신규 수요를 창출하고 정교화를 도출한다.

> 의사결정지원시스템(DSS)은 반구조적(Semi-structured) 및 비구조적(Unstructured) 의사결정 문제 해결을 지원한다. 구조적(Structured) 의사결정 문제 해결을 지원하는 것은 경영정보시스템(MIS)이다.
>
> ※ 최고경영관리자의 의사결정 모형
> • 구조적(Structured) : 재무관리(투자), 창고입지, 유통시스템
> • 반구조적(Semi-structured) : 공장 신규건설, 합병인수, 신제품 계획, 급여계획, 품질보증
> • 비구조적(Unstructured) : R&D 계획, 신기술 개발, 사회적 책임 계획

12 다음 중 유통정보시스템 구축과정 중 기획단계에 대한 설명으로 틀린 것은?

① 시스템의 용량, 필요한 데이터의 유형, 의사결정지원시스템의 방법론, 사용자환경, 하드웨어자원 등 유통정보시스템의 필요수준을 제안하게 된다.
② 전담팀에는 유통 전반의 실무자와 전산전문가, 그리고 수리분석이 가능한 인력이 포함되어야 한다.
③ 유통정보시스템의 성공적인 구축을 위해서는 기업의 필요성을 정확히 파악하고, 현실적인 목표를 설정해야 하며, 설정된 목표와 그로 인해 달성되리라고 기대되는 비전을 조직 내에서 공유하는 것이 중요하다.
④ 시스템의 도입으로 얻어지는 경쟁력의 강화와 미래에 대한 긍정적인 비전이 제시되어야 하는데, 이 비전의 제시는 기업의 경우 기업구성원 전체의 몫이다.
⑤ 기업목표의 설정은 현황분석에서 실시된 상황분석을 토대로 기업의 목표를 설정하는 것이다.

> 시스템의 도입으로 얻어지는 경쟁력의 강화와 미래에 대한 긍정적인 비전이 제시되어야 하는데, 이 비전의 제시는 기업의 경우 최고경영자의 몫이다.

13 유통정보시스템 구축 시 현황분석에서 실시하는 내용에 대한 설명 중 틀린 것은?

① 유통활동의 성과 – 현재의 유통활동의 생산성에 대한 분석
② 유통기능의 적합성 – 자사가 보유한 유통 관련 기능의 적합성에 대한 감사
③ 현재의 유통전략 – 현재 자사의 기업조직, 유통경로 설정, 조직전략 등을 제고
④ 현재의 유통정보시스템 – 현재 활용되고 있는 유통정보시스템에 대한 제고
⑤ 해당기업 내·외부 환경 – 고객, 공급체인을 공유하는 구성원, 경쟁기업 등 기업환경은 물론, 자사의 경영활동에 영향을 미치는 거시 및 미시환경에 대한 관찰과 분석

> 현재의 유통전략은 현재 자사가 구축·활용하고 있는 유통전략의 유효성에 대한 제고·분석을 의미한다. 현재 자사의 기업조직, 유통경로 설정, 조직전략 등을 제고하는 것은 현재의 기업조직에 대한 내용이다.

14 기업에서 의사결정지원시스템이 필요하게 된 배경으로 가장 거리가 먼 것은?

① 기업 내에서 발생하는 정형화되지 않은 비구조적인 의사결정 문제에 대해 다양한 자료와 모델을 이용하여 의사결정을 하는 과정에서 정보 제공을 필요로 한다.
② 기업 활동에 있어 예상치 못한 정보요구가 발생할 경우 이를 효율적, 효과적으로 지원할 수 있는 정보시스템이 필요하다.
③ 조직의 운영에서 여러 가지 사건에 대해 즉각적이고 효과적인 분석 결과 제공은 시간적 우위를 지킬 수 있도록 지원함으로써 이익창출의 가능성을 높여 준다.
④ 기업환경이 복잡해지고 불확실성이 증가함에 따라 의사결정과정에 있어 나타나는 여러 가지 선택에 대한 폭넓은 분석을 지원함으로써 효과적인 의사결정을 지원할 수 있다.
⑤ 기업의 일일 거래활동과 관련되어 발생하는 반복적이고 구조적인 의사결정 문제를 지원하여 빠르고 신속하게 자료를 저장하고 관리하는 정보시스템이 필요하다.

> 의사결정지원시스템은 기업경영상 직면하게 되는 비구조적이거나 반구조적인 문제의 분석을 지원할 목적으로 설계된다.

15 다음은 유통정보시스템을 개발할 때 선택하는 방법 중 무엇에 관한 설명인가?

> 적은 비용으로 짧은 시간에 정보시스템의 일부 실험 모형을 개발하고 사용자의 평가와 요구에 의하여 수정·보완해 가는 방법

① 최종 사용자 참여 방법론
② 프로토타이핑 방법론
③ RAD 방법론
④ 객체지향 방법론
⑤ JAD 방법론

> 프로토타이핑(Prototyping)은 저렴한 비용으로 신속하게 실험시스템을 만들어 사용자의 평가를 받아보는 접근방식이다. 정보시스템의 전체 또는 일부 기능이 실제로 작동되도록 구현(단, 예비적인 모델임)한 후 사용자들이 시제품을 사용하면서 반복적으로 수정한다.

16 다음 중 유통정보시스템에 대한 설명으로 옳지 않은 것은?

① 유통정보시스템은 기업 내 네트워크 기반의 정보시스템으로 조직 내에서 서로 다른 조직 간에 정보를 교환할 수 있는 시스템을 말한다.
② 정보기술의 전략적 활용은 다수의 조직이 참여하는 유통정보시스템의 형태로 구현되며, 유통정보시스템은 시장구조에도 많은 영향을 미친다.
③ EDI와 항공예약시스템으로 시작된 유통정보시스템은 현재 제조업의 JIT, 섬유산업의 QR, 소매유통산업의 ECR 등 산업별로 특화된 형태로 발전하였다.
④ 조직의 경계를 넘는 유통정보시스템에 대한 논의는 Kaufman(1996)에 의해 처음 제기되었으며, 1980년대에 들어와서 조직 간 정보공유시스템, 조직 간 정보시스템으로 개념화되었다.
⑤ 유통경영자가 유통기업의 목표를 달성하는 데 효율적으로 기여할 수 있는 의사결정을 돕기 위해 설계된다.

> 유통정보시스템은 기업 간 경계를 초월하는 네트워크 기반의 정보시스템으로 조직의 범위를 뛰어넘어 서로 다른 조직 간에 정보를 교환할 수 있는 시스템을 말한다.

17 유통정보시스템 구축과 관련된 내용으로 가장 옳지 않은 것은?

① 유통정보시스템 구축은 생산과 물류효율화를 위해 필수적인 요소이다.
② 유통정보시스템 구축은 경로구성원 간의 원활한 커뮤니케이션 촉진을 위해 필요하다.
③ 유통정보시스템 구축을 위해서는 POS, EDI, VAN, IoT, Big Data 등 다양한 정보기술들이 활용될 수 있다.
④ 유통정보시스템 구축은 유통산업의 대형화, 다점포화 등으로 확대된 시장을 효율적으로 관리하기 위해 필요하다.
⑤ 유통정보시스템은 경영정보시스템과 마케팅정보시스템 등과 같은 조직 내 다른 시스템과 정보 연계 없이 독립적으로 구축되어야 한다.

> 해설 유통정보시스템은 경영정보시스템과 마케팅정보시스템 등과 같은 조직 내 다른 시스템과 정보 연계를 통해 구축되어야 한다.

18 최고 경영층의 의사결정을 지원하는 역할을 담당하는 EIS(중역정보시스템)의 특성으로 가장 옳지 않은 것은?

① EIS는 전략적인 문제를 해결하는 데 요구되는 정보를 제공하여야 한다.
② EIS는 정보를 보다 쉽게 이해할 수 있는 형태로 제공하여야 한다.
③ EIS는 사용자가 사용하기 쉬운 인터페이스가 필요하다.
④ EIS는 비교적 짧은 시간 내에 많은 양의 자료를 정확하고 구체적으로 처리할 수 있어야 한다.
⑤ EIS는 정보를 제공하는 데 있어 드릴다운(Drill-down) 기법이 반드시 필요하다.

> 해설 EIS는 많은 양의 거래자료보다는 비교적 짧은 시간에 쉽게 이해할 수 있는 요약된 정보로 제공되어야 한다.

19 유통정보시스템의 도입효과에 대한 설명으로 가장 옳지 않은 것은?

① 주문, 선적, 수취의 정확성을 꾀할 수 있다.
② 리드타임(lead time)이 대폭 증가하여 충분한 재고를 확보할 수 있다.
③ 기업 간에 전자연계를 통해 거래함으로써 서류 작업을 대폭 축소시킬 수 있다.
④ 기업 간에 전자연계를 이용하면 서류업무에 따른 관리 인력을 축소시킬 수 있다.
⑤ 기업 간의 연계는 공급자로 하여금 수요자의 정확한 요구사항을 파악할 수 있게 해준다.

> 해설 유통계획, 관리, 거래처리 등에 필요한 데이터 처리를 통해 유통 관련 의사결정에 필요한 정보를 적시에 제공하고 리드타임을 축소하여 재고관리를 좀 더 용이하게 하는 데 효과가 있다.

CHAPTER 03 · 전자상거래시스템

> **Key Point**
> - 전자상거래의 개념에 대해 이해하고, 전자상거래 비즈니스모델의 유형과 전자상거래 주체에 따른 분류에 대해 학습한다.
> - 전자결제시스템에 대해 숙지하고, 전자결제의 보안기능과 암호화 알고리즘의 종류를 구분하여 암기한다.
> - 전자화폐의 요건과 유형별 특징에 대해 숙지한다.

01 전자상거래시스템

1 유통정보와 전자상거래

(1) 전자상거래의 정의

전자상거래란 기업과 기업 간 또는 기업과 개인 간, 정부와 개인 간, 기업과 정부 간, 기업자체 내, 개인 상호 간에 다양한 전자매체를 이용하여 상품이나 용역을 교환하는 방식을 말한다. 즉 전자상거래는 조직(국가, 공공기관, 기업)과 개인(소비자) 간 또는 조직과 조직 간에 상품의 유통 관련 정보의 배포, 수집, 협상, 주문, 납품, 대금 지불 및 자금이체 등 상호 간 상거래상의 절차를 전자화된 정보로 전달하는 온라인 상거래를 의미한다.

① 통신 측면 : 컴퓨터 네트워크나 다른 매체를 이용하여 전자적으로 이루어지는 거래활동이다.
② 업무처리 측면 : 업무처리과정을 자동화하여 사람의 개입을 최소화하고 정확성과 신속성·효율성을 높이는 기술이다.
③ 서비스 측면 : 중간 유통마진을 최소화하고 고객에게 보다 저렴한 가격과 높은 품질의 서비스를 제공하는 도구이다.
④ 온라인 측면 : 인터넷을 통해 제품과 정보를 구입하고 판매하는 기능이다.

(2) 구조화된 전자상거래와 비구조화된 전자상거래

① 구조화된 전자상거래
   ㉠ 표준화된 거래형식과 데이터 교환방식에 따라 조직적이고 체계적으로 이루어지는 전자상거래를 말한다.
   ㉡ 불특정 다수의 일반소비자들을 대상으로 하는 전자상거래로서, 주로 인터넷을 이용한 온라인쇼핑이 이에 해당한다.
   ㉢ 비교적 계속성이 있는 기업 간의 거래, 즉 제조업자와 유통업자 등 계속적 거래관계가 있는 기업 간의 거래에 관한 데이터를 교환함으로써 이루어지는 거래로, 전자문서교환(EDI) 등의 형태로 실현되는 거래이다.

② 정부조달의 전자화로부터 시작되었지만, 민간 부문의 기업들이 설계도면이나 부품의 데이터를 비롯하여 제품의 개발, 제조에서 유통, 보수유지에 이르기까지 필요한 모든 데이터를 공유하는 것을 목표로 도입하려고 하는 광속상거래(CALS)가 있다.

② 비구조화된 전자상거래
  ㉠ 거래당사자간에 특정한 표준 없이 자유로운 내용과 형식으로 이루어지는 전자상거래를 의미한다.
  ㉡ 전자우편(e-Mail)이나 전자게시판(BBS ; Bulletin Board System) 등을 통하여 주로 개인 간에 1 : 1로 이루어진다.

(3) 전자상거래시대의 4A

Any Where	특정한 지역적 한계를 벗어나 전 세계를 상대로 제품에 대한 판매와 서비스 제공
Any Product	고객에 대한 정보 수집, 신제품 계획, 유용한 정보 수집
Any Time	Time is money를 슬로건으로, 속도를 고려한 웹사이트 구축
Any Way	'자사의 웹사이트로 찾아오게 만들 것인가?'에 대한 관리·유지 전략

(4) 전자상거래 사업의 구성요소(4C) 기출 21

콘텐츠 (Contents)	콘텐츠는 컴퓨터 화면에 표시되는 문장, 그림, 영상, 음성, 아이디어, 오락 등으로 다양한 소프트웨어를 도구로 하여 만들어진다.
커뮤니티 (Community)	인터넷을 운용하는 기업들은 공동의 관심사를 갖고 있는 모임이나 구성원들에게 유용한 정보제공과 콘텐츠 보급을 통하여 지속적인 사이트 방문을 유도하거나, 결국에는 상업적인 거래로 이르게 하는 기초적 유대관계를 유도한다.
커머스 (Commerce)	기업은 인터넷에서 쉽게 자신의 제품이나 서비스를 구매할 소비자를 찾을 수 있다.
커뮤니케이션 (Communication)	인터넷은 단방향 통신이 아니라 쌍방향 통신을 기반으로 하여 문자뿐만 아니라 음성, 화상, 동영상 등의 멀티미디어를 주고받는다.

2 전자상거래 모델

(1) 전자상거래 비즈니스모델의 유형 분류

① 중개형(Brokerage Model) 기출 14
  ㉠ 중개형 모델은 구매인과 판매인을 한곳에 모아 거래를 촉진하는 역할을 하는 모델이다.
  ㉡ 기업간(B2B) 거래는 물론 B2C, C2C에 모두 적용할 수 있다.
  ㉢ 중개인은 성사된 거래에 수수료를 부과함으로써 수입을 확보한다.
  ㉣ 세부 모델의 종류 : 단순매도·매수소화형, 시장거래소형, 고객모집형, 유통·배급자형, 가상몰형, 메타중계, 경매형, 역경매형, 항목분류형, 검색대행형 등

> **개념 PLUS**
>
> **경매중개** 기출 16
> 온라인 마켓플레이스에서 판매자와 구매자 간의 제품거래가 이루어질 수 있도록 지원하고, 제품의 판매자에게 수수료를 받는 대표적인 모델로 eBay가 있다.

② 광고형(Advertising Model)
  ㉠ 광고모델은 전통적인 방송미디어 모델을 인터넷에 적용한 모델로서 웹사이트에 콘텐츠를 제공하고 e-Mail이나 채팅, 포럼 서비스를 제공하면서 배너광고를 게시하여 주수입원으로 삼는 사업모델이다.
  ㉡ 광고모델은 웹사이트를 보는 트래픽이 크거나 매우 특화된 고객들로 이용자가 구성되어 있을 경우에 한하여 유효하다.
  ㉢ 세부 모델의 종류 : 일반 포털형, 개인화 포털형, 특화 포털형, 인센티브 마케팅형, 무료 모델형, 바겐세일형 등

③ 정보중개형(Infomediary Model)
  ㉠ 소비자에 대한 체계화된 정보는 기업이 효과적인 마케팅을 하기 위해 매우 중요한 자료로서, 인터넷에서 고객 정보를 모아 기업에게 판매하는 모델이다.
  ㉡ 개인 고객의 정보는 다양한 방법을 통해 수집·가공되어 데이터베이스화되며, 광고 모델에서와 같이 고객정보제공자를 확보하기 위해 무료 인터넷접속이나 무료 하드웨어를 유인책으로 제공하기도 한다.
  ㉢ 정보중개모델은 단순한 광고모델보다는 안정적이라고 볼 수 있다.
  ㉣ 세부 모델의 종류 : 추천시스템형, 등록모델형 등

④ 상인형(Merchant Model)
  ㉠ 인터넷을 이용한 전통적인 도·소매상으로서 매출은 카탈로그에 리스트된 가격이나 경매를 통해 결정된 가격에 이루어지며, 때로는 전통적인(Brick-and-mortar) 상점에서는 불가능한 상품이나 서비스를 취급한다.
  ㉡ 세부모델의 종류
    • 가상 상인형(Virtual Merchant) : 물리적인 점포는 없이 웹상에서만 운영하는 비즈니스 모델(Amazon, eToys, Eyewire, OnSale 등)
    • 카탈로그 상인형(Catalog Merchant) : 메일오더방식에서 점차 웹을 이용한 방식으로 옮겨진모델(Chef's Catalog)
    • Click-and-mortar 또는 Surf-and-turf형 : Brick-and-mortar 점포망을 가지고 동시에 웹 채널을 보유한 모델(Gap, Lands End, Barnes and Noble 등)
    • 비트벤더(Bit Vendor)형 : 순수한 디지털 제품만을 웹으로만 판매와 배급을 하는 모델

> **개념 PLUS**
> • Brick-and-mortar Org. : 물리적인 판매자에 의해서 물리적 제품을 팔고, 비즈니스 활동을 오프라인상에서 하는 조직 기출 13
> • Click-and-mortar Org. : 온라인과 오프라인 어느 한쪽으로 치우치지 않고 동시에 추구하는 통합형 조직

⑤ 제조업체형(Manufacturer Model)
  ㉠ 제조업체 모델은 제조업체가 중간상을 거치지 않고 직접 소비자를 접촉하기 위한 사업모델로서 기존의 물리적인 유통망을 바이패스하는 모델이다.
  ㉡ 이 모델은 기존의 유통망을 붕괴시킬 수 있다는 점 때문에 가격정책, 고객서비스 등에서 기존 유통망과의 마찰을 초래할 가능성이 있어 효과적인 유통망 관리가 핵심적인 성공요인이다.
  ㉢ 대표적인 사례 : Intel, Apple, Dell, Cisco 등

⑥ 제휴형(Affiliate Model)
   ㉠ 제휴모델은 고객이 인터넷상에서 서핑하는 데에 따라 어디서든지 구매 기회를 제공하는 모델로서, 웹사이트에 Purchase Point Click-through를 제공하는 제휴파트너에게 매출의 일정액을 인센티브로 제공한다.
   ㉡ 제휴업체가 파트너에게 아무런 매출도 유도하지 않으면 상점입장에서는 아무 비용도 지불할 필요가 없어 매우 활발하게 적용되고 있는 모델이다.
   ㉢ 파생모델의 종류 : 배너교환, Pay-per-click, 수입 공동분할 프로그램 등
⑦ 커뮤니티형(Community Model)
   ㉠ 이용자의 충성도(Loyalty)에 기초한 비즈니스 모델로서 이용자들은 이 사이트에 많은 시간과 노력을 투자하며, B2C보다는 B2B모델로서 많이 활용되고 있다.
   ㉡ 지속적으로 사이트를 방문하는 이용자들에게 광고, 정보중개 또는 전문적인 특화된 포탈서비스 기회를 제공하는 모델이며, 때로는 이용료를 받는 경우도 있다.
⑧ 가입·회원형(Subscription Model)
   ㉠ 신문구독이나 잡지구독처럼 이용자가 접속에 대하여 대가를 지불하는 모델이다.
   ㉡ 고부가 콘텐츠의 보유가 가장 중요한 비즈니스 모델이다(예 Wall St.Journal, Consumer Reports).
⑨ 과금형(Utility Model)
   ㉠ 수도요금이나 전기요금처럼 이용량에 따라 이용료를 지불하게 하는 모델이다.
   ㉡ 이용한 정보량을 시간 단위 또는 정보바이트 단위로 제대로 측정하고 과금하는 능력이 가장 중요하다(예 FatBrain, SoftLock, Authentica).

(2) 전자상거래의 주체에 따른 분류 기출 17·13
① 기업과 기업 간 전자상거래(B to B, B2B ; Business to Business)
   ㉠ 기업 간 전자상거래는 EDI를 활용하면서부터 도입되기 시작하여 최근에는 인터넷과 웹의 보급이 확산됨에 따라 급속도로 발전하였다.
   ㉡ 기업 간 전자상거래는 인터넷을 수용함에 따라 새로운 전자상거래 유형이 대두되고 있는데, 이런 비즈니스 유형은 기존의 폐쇄적인 네트워크에 의하지 않고 불특정 다수 기업이 참여 가능한 개방적인 전자시장의 형태로 발전하고 있다.
   ㉢ 거래주체에 의한 비즈니스 모델 중 거래규모가 가장 크다.
② 기업과 개인 간 전자상거래(B to C, B2C ; Business to Consumer)
   ㉠ 기업(판매자)은 소비자가 상품에 대한 정보를 검색할 수 있는 전자상품 카탈로그를 인터넷상의 쇼핑사이트에 구축하고, 소비자는 쇼핑사이트에 접속하여 상품에 대한 정보를 보고 구매를 결정한다. 이때 판매자에게 자신의 선택품목·수량, 배달장소, 대금지불방법 등에 관한 정보를 제공한다.
   ㉡ 대금지불방법은 신용카드를 사용하는 경우 반드시 지불·결제 대행기관인 신용카드 회사나 금융기관의 신용확인 및 승인절차를 따르게 된다. 지불단계가 완료되면 상품의 배달을 위해 판매자는 택배회사에 위탁배송하거나 자사의 배달수단을 통하여 상품을 전달하게 된다.
③ 기업과 정부 간 전자상거래(B to G, B2G ; Business to Government)
   ㉠ 기업과 정부조직 간의 모든 거래를 포함한다.
   ㉡ 기업과 정부 간 전자상거래 분야에서 가장 중요한 분야는 정부의 조달업무에 관한 분야이다.

④ 개인과 정부 간 전자상거래(C to G, C2G ; Consumer to Government)
  ㉠ 개인과 정부(행정기관) 간의 거래로 정부는 생활보호지원금(Welfare Payment)이나 자진신고세금 환불(Self-assessed Tax Returns) 등을 전자적으로 수행하고 있다.
  ㉡ 국내에서는 2000년 7월부터 세금 및 공공요금을 인터넷상에서 납부하게 함으로써 이 방식도 크게 활성화 되고 있다.
⑤ 개인과 개인 간 전자상거래(C to C, C2C ; Consumer to Consumer)
  ㉠ C2C는 소비자 간에 1 : 1 거래가 이루어지는 것을 말하며, 이 경우 소비자는 상품의 구매 및 소비의 주체인 동시에 공급의 주체가 된다.
  ㉡ 개인과 개인 간의 전자상거래가 활성화되어 있는 인터넷 경매분야, 생활정보지, 개인 홈페이지 활용 등의 분야에 많이 적용된다.
  ㉢ 개인 간 전자상거래의 가장 큰 특징은 실수요자간에 편리하고 싸게 구입할 수 있다는 것이다.

(3) 전통적 상거래와 전자상거래의 차이 기출 14

① 짧은 유통 채널
  기존의 상거래 시스템은 유통과정에서 생산자 → 도매상 → 소매상 → 소비자 경로를 거쳐 제품이 소비자에게 전달되는 반면, 전자상거래는 생산자 → 소비자 간의 직접거래가 이루어진다. 따라서 유통과정의 단순화로 인한 비용 절감으로 제품을 소비자에게 저렴한 가격으로 공급할 수 있다.

② 시간과 공간의 제약 초월
  제한된 영업시간 내에만 거래를 하는 기존의 상거래와는 달리, 전자상거래는 24시간 내내 지역적인 제한 없이 전 세계를 대상으로 거래할 수 있다.

③ 고객 정보의 수집 용이
  고객의 정보획득에 있어서도 시장조사나 영업사원 없이 온라인으로 수시로 획득할 수 있다.

④ 효율적 마케팅 활동
  기존의 상거래방식은 소비자의 의사에 상관없이 기업의 일방적인 마케팅 활동이라 할 수 있지만, 인터넷 전자상거래는 인터넷을 통해 소비자와 1 대 1 의사소통이 가능하기 때문에 소비자와의 실시간 쌍방향 마케팅 활동을 할 수 있게 해준다.

⑤ 적극적이고 즉각적인 고객욕구 대응
  전자상거래는 온라인 판매과정에서 수집된 고객정보를 자사의 데이터베이스에 저장하여 온라인 마케팅 활동에 활용하고, 웹을 통한 고객과의 쌍방향 커뮤니케이션으로 고객의 불만사항 및 문의사항에 대하여 즉각적인 대응이 가능하며 고객의 요구변화를 신속하게 파악·대응할 수 있다.

⑥ 판매 거점의 불필요
  판매방법에 있어서 기존의 상거래가 시장이나 상점 등 물리적인 공간 내에서 전시하여 판매를 하는 것에 비해, 전자상거래는 네트워크를 통해 무한한 정보를 제공하는 등 정보에 의한 판매를 한다. 또한 선발효과가 강하기 때문에 후발기업이 시장에 진입하여 성공하기 어렵다.

⑦ 저렴한 비용
  소요자본에 있어서 인터넷 전자상거래는 인터넷 서버구입, 홈페이지 구축 등의 비용만 소요되기 때문에 토지나 건물 등 임대나 구입에 거액의 자금을 필요로 하는 상거래 방식에 비해 상대적으로 경제적이다.

(4) 전자상거래의 기대효과

① 소비자의 측면

긍정적 측면	• 편리하고 경제적이다. • 가격이 저렴하다. • 비교구매가 가능하다. • 충분한 정보에 의해 상품을 구입할 수 있다. • 심리적으로 편안한 상태에서 쇼핑이 가능하다. • 일시적인 충동구매를 감소시키고 계획구매가 가능하다.
부정적 측면	• 제품에 대한 실제감 부족과 결제와 배송으로 인한 반품 및 환불의 어려움이 있다. • 개인 정보누출의 우려가 있다.

② 기업의 측면 기출 13

긍정적 측면	• 고정비용 및 간접비용을 절감할 수 있다. • 시간적·공간적 제약에서 자유롭다. • 효율적인 마케팅 및 서비스가 가능하다. • 가격 경쟁력을 제고시킨다. • 새로운 시장에 대한 진입 및 시장 확대가 용이하다. • 지불 및 결제가 간편하다. • 기존의 유통경로를 단축시키며, 새로운 형태의 사업 기회를 창출한다.
부정적 측면	• 제품 간의 경쟁이 심화된다. • 새로운 관리시스템이 부가되어 비용으로 전가된다. • 유통채널의 변화에 따른 경영상 어려움이 발생할 수 있다.

3 전자상거래 프로세스

(1) 전자상거래 프로세스 개요

① 구매 프로세스의 의의
  자신이 원하는 상품정보를 얻어 구매의사를 결정한 후 가장 좋은 조건으로 살 수 있는가를 파악하여 상품에 대한 지불계산을 마치면 배달과정을 거쳐 제품을 얻는 과정이다.

② 온라인 구매 프로세스의 특징
  ㉠ 일반적인 구매의사 결정과정과 인터넷에서의 구매의사 결정절차는 동일하다.
  ㉡ 정보탐색 과정이 일반적인 구매과정에 비해 신속하다.
  ㉢ 대체안의 평가과정이 일반적인 구매과정에 비해 신속하다.
  ㉣ 일반적 구매과정에 비해 정보부족으로 인해 잘못된 선택을 하게 될 위험이 적다.
  ㉤ 정보와 함께 다양한 의사결정 지원기능들이 제공되므로 판단의 객관성을 높일 수 있다.

③ 소비자 구매의사결정 과정
  ㉠ 욕구의 인식 : 소비자가 문제 혹은 욕구를 인식하는 단계로, 제품을 구매하는 출발점이다.
  ㉡ 정보의 검색 : 욕구를 만족시킬 수 있는 관련 상품이나 서비스에 대한 정보를 찾는 과정이다.
  ㉢ 대안의 평가 : 최종적으로 도출된 여러 상표군에 속한 각 선택 대안을 평가하고 소비자의 욕구에 합치하는 특정 대안을 선택하는 과정이다.

② 구매결정 : 소비자가 일단 상표를 선택하면 선택(구매) 단계에 이른다. 인터넷 구매의사결정과정 중 보안이 가장 중요하게 다루어져야 하는 단계이다.
⑩ 구매 후 평가 : 구매 후 평가는 소비자의 만족/불만족으로 나타난다. 소비자 만족/불만족의 부분은 소비자가 제품사용 후의 평가가 기대 이상이냐 기대 미만이냐에 따라서 결정된다.

④ 인터넷 쇼핑몰의 구매 프로세스 유형
  ㉠ 운영자의 구매 프로세스
    • 운영자가 상품 공급을 하지 않는 경우 : 구매관리자가 필요하다.
    • 운영자가 상품 공급을 직접 하는 경우 : 운영자가 상품을 직접 생산하고 쇼핑몰에서 판매한다면 이들의 구매활동은 상품자체가 아닌, 원료나 재료의 원가절감에 초점을 맞추어야 한다.
  ㉡ 소비자의 구매 프로세스
    • 1단계 : 접속
      소비자가 쇼핑을 하기 위해 인터넷에 접속한 후 원하는 상품이 있는 쇼핑몰을 찾기 위해 주소를 입력한다. 이때 기존 매체를 이용하거나 검색엔진을 통해 쇼핑몰의 주소를 찾는다.
    • 2단계 : 상품검색
      쇼핑몰 홈페이지, 상품분류 첫 페이지, 상품목록 페이지, 상품상세 페이지 등을 살펴보면서 고객이 원하는 상품을 검색할 수 있다.
    • 3단계 : 회원등록과 회원인증
      고객이 주문을 하기 위해 인터넷 쇼핑몰의 회원으로 등록하는 단계로, 이 단계에서는 회원 인증이 이루어져야 한다.
    • 4단계 : 주문처리
      회원정보와 상품정보에 추가하여 고객의 수취인 정보를 포함한 배달정보와 지불정보 등을 접수하는 단계이다. 어떤 형태의 거래이든 주문처리 단계는 주문단계의 가장 마지막에 존재하는데, 콘텐츠를 팔거나 회원제로 운영하는 웹 사이트에서 회비를 징수할 경우 배달정보는 필요 없다.
    • 5단계 : 장바구니 처리
      인터넷 쇼핑몰의 장바구니는 기본적으로 여러 개의 상품을 한 번에 결제할 수 있도록 하는 기능을 제공한다. 이를 통해 구매하고자 하는 상품들의 대금 총액은 얼마나 되는지 알 수 있고, 추가적으로 장바구니에 담겼거나, 장바구니에 담겼다가 빠진 상품들에 대한 자료를 알 수 있어서 고객이 주문하려고 시도했다가 그만둔 상품을 찾아낼 수 있다.
  ㉢ 기업의 온라인 구매 프로세스

    > 전자카탈로그 검색 → 제품비교 및 선택 → 가격견적 및 가용성 확인 → 구매주문서 작성 → 구매승인 → 구매주문서 전송 → 주문 추적

⑤ 판매 프로세스
  ㉠ 판매의 정의 : 판매란 욕구와 필요를 충족시켜 주는 상품 또는 서비스를 구매하도록 설득하는 행위이다.
  ㉡ 판매관리의 필요성 : 전자상거래와 관련하여 고객의 성향이 다양해지고 정보의 개방으로 인해 동종 업종이 쉽게 만들어지고 있다. 이로 인해 쇼핑몰 운영자는 고객의 요구사항을 보다 상세하게 이해하기 위해 판매 내용을 분석하여 앞으로의 판매 활동에 적용시킬 필요가 있다.

ⓒ 판매정보의 역할
- 상거래 사이트의 이윤증대에 공헌한다.
- 불확실성을 제거한다.
- 상거래 운영관련 교란 요인을 제거한다.

ⓔ 판매 분석 : 판매관리하에서 일정 기간의 판매활동으로 수행한 성과를 분석하는 것이다.
- 조회 수가 가장 많은 상품순위 : 조회수가 많다는 것은 실제 판매 되지는 않았어도 고객들이 관심을 갖고 있는 상품이 무엇인지를 파악할 수가 있다는 말이다.
- 가장 많이 팔린 상품순위 : 특정 기간 동안에 가장 많이 팔린 상품들의 순위를 알아보는 것이 중요하다. 단, 판매 분석을 할 때 주문이 한 건이라도 발생했던 전자쇼핑몰에 대해서만 집계해야 한다.
- 취소·반품된 상품순위 : 특정 기간 동안에 취소나 반품된 상품들의 순위를 알아보는 것이다.
- 상품 판매 히스토리 : 상품별로 판매된 기록을 볼 수 있다. 또한 목록 중에서 상품별로 방문자 수를 볼 수도 있다.
- 상품 판매 내역 : 판매된 상품에 대한 내역이 주문번호, 주문날짜, 고객이름, 수량, 가격의 목록으로 나타난다.

ⓜ 판매반응(Sales Response) 분석법
- 광고액과 판매액 간의 관계를 통계적 방법을 이용하여 계량적으로 추정하고 이를 통해 광고 예산 규모, 예산의 스케줄링 등을 결정하는 방법이다.
- 광고의 판매 반응 함수를 도출하여, 이를 토대로 목표 매출 대비 적정 광고 예산을 산출하는 방법이다.

ⓗ 판매성향 분석 지표
- 마케팅에서의 지표
    - CTR(Click Through Rate) : 배너광고를 본 사람 중 몇 퍼센트가 광고를 클릭했는가 하는 비율
    - 구매전환율(Conversion Rate) : 판매사이트를 방문한 사람 중 몇 퍼센트가 구매를 하게 되었는 지 비율
    - ROI(Return On Investment) : 배너광고에 지출한 기업의 비용과 이에 대한 수익비율
- 전자상거래 쇼핑몰 운용지표
    - Look-to-click Rate : 소비자가 제품에 대한 하이퍼링크를 본 후 이를 클릭하게 되는 비율
    - Click-to-basket Rate : 직접 상품정보를 확인한 후 장바구니에 담는 비율
    - Basket-to-buy Rate : 장바구니에 담긴 상품들을 소비자가 궁극적으로 구매하게 되는 비율
- 웹로그 분석의 유형
    - 웹 트래픽 분석 : 웹사이트로 들어오는 모든 정보 요청에 대한 통계량이다(Hit분석).
    - 참조자 분석 : 웹로그 파일에 있는 정보들을 각각 참조자 관점에서 요약하여 제공한다.
    - 에이전트 분석 : 웹로그 파일에 있는 정보들을 각각 에이전트 관점에서 요약하여 제공한다.
    - 방문자 통계량 분석 : 웹로그 파일에 있는 정보들을 각각 방문자 관점에서 요약하여 제공한다.

- 고급분석 : 웹로그 파일에 대한 데이터베이스에서의 고급질의 기능들을 구현한 것
  - 경로 분석 : 웹사이트 방문자들이 가장 많이 이동하는 경로를 분석하여 제공하는 것으로 웹사이트의 최적 디렉토리 설계나 고객의 관심 정보 및 구매성향 분석에 이용된다.
  - 그룹핑 분석 : 고객을 세대에 의해 그룹화하고 회원 고객과 비회원 고객 학력 등의 특성에 의한 분석으로, 그룹별 차별화 전략을 구사하는 데 이용된다.
  - 상품 검색어 분석 : 상품 검색 엔진 창을 통해 가장 많이 조회한 상품 정보를 분석하는 방법으로 상품 선호도를 분석할 수 있다.

> **개념 PLUS**
>
> **웹로그 파일**
> - 웹서버를 통해 이루어지는 내용이나 활동 사항을 시간의 흐름에 따라 기록하는 파일을 웹로그 파일이라 한다.
> - Access log는 웹사이트 방문자가 웹브라우저를 통해 사이트 방문 시 브라우저가 웹서버에 파일을 요청한 기록과 시간, IP에 관련된 정보에 대한 기록이다.
> - Refferer log는 웹서버를 소개해 준 사이트와 소개받은 페이지를 기록함으로써 해당 웹사이트를 보기 위해서 어떤 페이지를 거쳐 왔는지에 대한 기록이다.
> - Agent log는 사이트 방문자의 웹브라우저 버전, 운영체제의 종류, 화면해상도, 프로그램의 종류 등에 관한 정보로 최적화된 웹사이트를 구성할 수 있는 단서를 제공한다.
> - Error log는 웹서버에서 발생하는 모든 에러와 접속실패에 대한 시간과 에러 내용을 모두 기록한다.

ⓐ 판매액(매출액)의 실수 분석 : 판매와 관련된 실제 수치로, 예를 들어 금액, 수량, 인원수, 면적 등을 갖고 분석하는 것을 의미한다.
- 추세변동 계산법 : 매출액이 어떠한 추세를 거쳐 왔는가를 파악하는 방법의 하나로, 이동누계와 이동평균이 있다.
- 부문구성 계산법 : 판매계획이나 상품계획을 세우는 데 있어서 매우 유효한 정보자료가 되는 것으로, 상품부문별 매출액 분석이 있다.
- ABC 분석[파레토(Pareto) 분석] : 부문별 매출액 구성비를 매출액이 가장 많은 상품 부문부터 순서대로 나열하여 각 부문별 매출액의 구성비를 산출하고, 이 구성비를 다시 순서대로 누계한 분석법이다.

ⓞ POS 분석 : POS(Point Of Sales)데이터 분석은 광학식 자동 판독 방식인 레지스터에 의해 단품별로 수집한 판매 정보를 컴퓨터에 입력하고, 각자의 목적에 따라 유효하게 이용할 수 있는 정보로 처리·가공·전달하는 시스템이다.

ⓩ 판매 효율 분석 : 자본 또는 노동의 단위당 매출액이 어느 정도인가를 확인하는 분석이다.

(2) 전자상거래 정보처리 기술

① 전자상거래에 필요한 기술 : EDI, 전자우편, 전자양식(e-Form), 전자게시판, 안전한 메시지교환(Secure Messaging), 방화벽, 디렉토리 서비스, 전자카탈로그, 전자결제 등
② 멀티미디어 정보처리 기술 : DB기술, 인터넷 및 웹 관련 기술, 자료압축 및 복원기술, 메시징기술, 정보보호기술 등
③ 저작도구 및 언어 기술 : HTML, HTML에디터, JAVA, SGML, VRML, XML 등

> **개념 PLUS**
>
> **XML(Extensible Markup Language)** 기출 17
> - 1996년 W3C(World Wide Web Consortium)에서 제안한 확장성 생성 언어이다. HTML을 획기적으로 개선하여 홈페이지 구축기능, 검색기능 등이 향상되었고, 웹 페이지의 추가와 작성이 편리해졌다. 구조적으로 XML 문서들은 SGML(Standard Generalized Markup Language) 문서 형식을 따르고 있다.
> - XML 문서는 웹에서 구조화된 문서를 전송할 수 있도록 내용과 구조, 표현이 분리된 구조적 문서이다.
> - XML을 이용하면 데이터베이스 조작이나 환경 설정, 서비스 관련 설정을 더 쉽게 처리할 수 있다.
> - SGML처럼 확장이 가능해 HTML보다 표현력이 좋다.
> - XML 스키마, 스키마 규칙에 따라 표현하여 데이터베이스에 들어있는 데이터까지 표현이 가능하다.

④ 메시징 기술
  ㉠ IMAP(Internet Message Access Protocol) : 메일 서버에 도착한 메일을 사용자의 컴퓨터에서 체크하고, 수신하는 데 필요한 프로토콜
  ㉡ POP3(Post Office Protocol3) : 메일 클라이언트가 메일을 사용자 자신의 PC로 다운로드할 수 있도록 해주는 프로토콜
  ㉢ SMTP(Simple Mail Transfer Protocol) : 인터넷상에서 전자메일을 전송할 때 쓰이는 표준적인 프로토콜
  ㉣ MIME(Multi-Purpose Internet Mail Extensions) : SMTP를 확장하여 오디오, 비디오, 이미지, 응용프로그램, 기타 여러 가지 종류의 데이터 파일들을 주고받을 수 있도록 기능이 확장된 프로토콜

⑤ 정보보호기술
  ㉠ 네트워크 보안 : 방화벽을 사용하여 시스템 내부를 보호한다.
  ㉡ 시스템 보안 : 컴퓨터시스템의 운영체제, 응용프로그램, 서버 등을 보호한다.
  ㉢ 자료 보안 : 암호화, 전자서명 등을 이용하여 컴퓨터시스템 내의 정보 자료를 보호한다.

> **개념 PLUS**
>
> **네트워크 유형**
> - LAN(Local Area Network) : 근거리통신망으로 300m 이하의 통신회선으로 연결된 PC, 메인프레임, 워크스테이션들의 집합을 말한다.
> - WAN(Wide Area Network) : 광역통신망으로 지리적으로 흩어져 있는 통신망을 의미하는 것으로서, LAN보다 넓은 지역을 커버하는 통신구조를 말한다.
> - MAN(Metropolitan Area Network) : LAN보다는 크지만, WAN에 의해 커버되는 지역보다는 지리적으로 작은 장소 내의 컴퓨터 자원들과 사용자들을 서로 연결하는 네트워크이다.

4 물류 및 배송관리시스템

(1) 전자상거래와 물류와의 관계

① 전자상거래가 확산됨으로써 기업과 소비자 간의 거래가 네트워크상에서 활발하게 이루어지게 됨에 따라 지역적인 한계를 벗어나 전 세계로 확대되고 있다.

② 기업들은 전자상거래 체계를 활용함으로써 중간 유통업체를 거치지 않고 소비자에게 직접 상품을 판매할 수 있다.
③ 전자상거래가 성공적으로 정착하기 위해서는 생산자로부터 고객에게 물품이 바로 수송되고 대금을 회수하는 일련의 과정이 하나로 연결되어 물류의 효율성과 비용 절감을 추구해야 하기 때문에 경제시스템뿐만 아니라 물류관리시스템도 정비되어야 한다.
④ 전자상거래에서는 물류, 특히 택배 시스템의 선택이나 구축이 마케팅의 핵심이며, 전자상거래 기업의 성패를 좌우하는 요소이다.

(2) 사이버물류
① 정의 : 물류정보시스템, 네트워크 구축, 물류서비스업체와의 윈-윈을 기반으로 한 아웃소싱을 바탕으로 하여 물류업체와 물류정보업체의 다양한 서비스를 종합적으로 재배치함으로써 새로운 부가물류서비스 상품을 지속적으로 개발하고 이를 사이버 공간에서 제공한다. 물류업체에게는 안정적인 비즈니스를 제공하고, 화주에게는 고품질의 물류서비스를 제공함과 동시에 이들 서비스가 원활히 유통될 수 있도록 업체 간 네트워크 및 커뮤니케이션 수단을 제공한다.
② 사이버물류의 요소기술 : IT(Information Technology) 기반과 물류지식
③ 사이버물류의 활용방안 : 고객밀착형 서비스 제공수단 및 온라인을 통한 고객의 경쟁력 제고를 지원하는 것
④ 사이버물류의 문제점
  ㉠ 화주나 운송사에 대한 정보 부족
  ㉡ 가격 경쟁에 따른 운임료 납입, 회비 납입, 수수료지불에 따른 부담(포워더, 운송사)
  ㉢ 중개 사이트가 제공하는 서비스에 대한 인지도가 낮음
  ㉣ 신뢰성 보장 미흡

(3) 택배 물류정보시스템
① 정의 : 물류센터에서 영업점까지 단순 배달 체계를 벗어나 소비자에게 제품을 직접 인도하고 설치까지 수행하는 종합물류 서비스 체계이다.
② 목 적
  ㉠ 제품배달 및 설치에 소요되는 이력을 판매력 증대에 활용함으로써 영업점의 재고관리비용 및 물류비용 절감을 통한 경쟁력 향상을 도모한다.
  ㉡ 제품의 설치 및 사용방법 미숙으로 인한 불량발생을 최소화함으로써 소비자에게 양질의 서비스를 제공한다.
  ㉢ 영업점에 재고, 수주 및 판매정보를 실시간으로 제공함으로써 영업지원 체제를 강화한다.
③ 구성시스템
  ㉠ 기본 구성시스템 : 예약관리시스템, 집화시스템, 분류시스템, 배송시스템
  ㉡ 부가 구성시스템 : 화물추적시스템, 집화지령시스템, 운행정보시스템, 운임정산시스템, 일반관리시스템 등

(4) 인터넷 쇼핑몰의 배송

① 주문과 배송
  ㉠ 구매 전 단계 : 상품·서비스 검색, 후보상품의 비교 및 선택, 가격·배달·시간 등의 선택
  ㉡ 구매단계 : 주문요청, 지불승인, 배달상품 수취
  ㉢ 구매 후 단계 : 반품, 품질보증, 사후고객서비스

② 메타(Meta) 쇼핑몰 : 고객이 사이버 상점을 방문하여 화면상에서 상품주문을 하는 순간 고객이 별도의 행위를 하지 않더라도 연속하여 자동적으로 대금 지불 처리가 수행되고 주문된 상품의 배달까지 완료되는 쇼핑몰
  ㉠ One-stop-shopping(주문 – 결제 – 배달의 일원적 쇼핑)
  ㉡ One-stop-payment(사이버 결제시스템)
  ㉢ Buyer and Seller Agent(지능형에이전트 기법 활용)

> **개념 PLUS**
>
> **메타 검색엔진** 기출 22·19
> 키워드 검색 쿼리를 전송하면 서버가 이를 받아 미리 지정한 포털 사이트들에 쿼리를 전송해 각 검색 사이트의 검색결과를 받아 사용자에게 보여주는 방식이다

③ 인터넷 쇼핑몰의 수배송체계
  ㉠ 자체배달 시스템 운영 : 필요시 우체국 이용
  ㉡ 대행업체 운영 : 공동수배송시스템 운영
  ㉢ GPS 등 정보통신시스템 운영 : 화물운송정보서비스(CVO)

5 전자결제시스템

(1) 전통적 결제방법의 한계

① 편리성 부족 : 일반적으로 소비자가 온라인 환경을 벗어나 전화를 사용하거나 결제를 위해 수표를 송부하는 것은 상당한 불편을 초래한다.
② 보안성 미흡 : 인터넷을 통한 전형적인 방법으로 결제하기 위해서는 소비자가 결제에 관련된 상세정보는 물론이고 개인정보도 온라인으로 함께 송부해야 하는데, 전화 또는 우편으로 상세한 결제정보를 제공하는 것은 보안문제를 야기한다.
③ 제한적 적용범위 : 신용카드는 가입한 상점에서만 사용이 가능하며, 일반적으로 개인 대 개인, 기업 대 기업의 결제거래를 지원하지 못한다.
④ 이용의 불편성 : 잠재적인 구매자는 신용카드와 수표계정에 적절한 신용등급을 보유하지 않아 사용에 부적합하다.
⑤ 소액단위 거래지원불가 : 기존의 수표나 신용카드를 이용한 거래에서 일정 금액 이상의 제품을 구매할 경우에만 지불이 가능했으므로 소액단위의 거래지원을 요구하는 인터넷 전자상거래를 지원하기에는 부적합하다.

(2) 전자결제시스템의 요구조건
① 전자지불 수단의 내용은 어떠한 환경에서도 암호학적인 위조변조 등 조작행위가 불가능해야 한다.
② 기존 지불수단(화폐 등)의 관행과 상호보완 및 공존의 관계를 가짐으로써 사생활보호는 물론 돈세탁방지 기능, 거래내역에 대한 세금징수가 이루어질 수 있도록 지원하는 기능이 전제되어야 한다.
③ 기존 화폐의 공간성을 초월하기 때문에 현금의 거래보다 신속하고 사용하기 쉬워야 하므로 이를 감안할 사용자 환경이 필수적이다.
④ 기존 화폐의 제작·유통에 소용되는 비용보다 훨씬 경제적이어야 한다.

(3) 전자결제시스템의 의의
① 판매자와 구매자 간의 일대일 대면이 필요 없다.
② 시간과 장소에 관계없이 거래가 가능하다.
③ 신용카드, 전자수표, 전자화폐와 같은 디지털 금융수단이 활용된다.
④ 운용비용의 감소로 온라인 상거래를 증가시킨다.

(4) 전자결제시스템의 발전과정
① 1단계 : 주문은 인터넷을 통해 이루어지고, 지불은 인터넷 외부에서 이루어지는 방식이다. 즉 소비자는 인터넷을 통해 상품을 주문하고 은행에 가서 무통장입금을 하는 방식이다. 이 경우에는 거래가 완성되기까지의 처리시간이 길어 전자상거래의 효익을 최대화할 수 없다.
② 2단계 : 보안이 유지되지 않는 상태에서 인터넷을 통해 신용카드번호와 금융정보를 송·수신하여 결제하는 방식이다. 인터넷에서 송·수신자가 교환하는 메시지는 평균적으로 여러 네트워크노드를 경유하게 되므로, 네트워크의 중간 지점에서 해커에게 해킹당할 위험이 있다. 또한 판매자는 신용카드를 사용하는 사람이 그 소유자라는 것을 확인할 수 없기 때문에 인터넷 상거래의 안전이 유지되기 어렵다.
③ 3단계 : 암호방식을 이용한 신용카드 및 전자수표에 의한 지불방법이다. SSL(Secure Sockets Layer)을 이용하여 판매자들은 신용카드번호와 같은 비밀정보의 기밀성을 유지하는 지불시스템을 구축할 수 있다. 단점으로는 여러 판매 사이트에서 구매를 할 경우 그때마다 고유번호와 비밀번호를 여러 개 사용해야 하는 불편함이 있고 신용카드로 결제하는 소액결제는 거래비용이 높아 비경제적이다.
④ 4단계 : 신뢰할 수 있는 제3자인 브로커(Broker)에 의한 지불방식이다. 소비자는 신뢰할 수 있는 제3자를 통해 판매자와 거래하게 되므로 판매자로부터 개인정보를 보호하고 결제에 따른 위험도 보장받을 수 있다. 현재 신용카드를 위한 안전한 대금결제를 위하여 비자카드와 마스터카드가 공동 개발한 SET(Secure Electronic Transaction)가 표준이 되고 있다.
⑤ 5단계 : 전자화폐에 의한 지불방식이다. 가장 발전된 형태의 지불방식으로 소액결제수단으로 활용하기 위하여 OTP(Open Trade Protocol)가 개발되었다.

(5) 전자결제시스템의 종류
① 인터넷 신용카드지불시스템
② 전자수표시스템
③ 전자자금이체
④ 전자화폐 : 네트워크형, IC카드형

> **개념 PLUS**
>
> **핀테크(FinTech)** 기출 22·20·19·16
> - 금융과 기술의 합성어로 결제, 송금 등 금융서비스와 결합된 새로운 형태의 기술 또는 산업을 지칭한다.
> - 기존에는 불가능했던 개별 고객의 가치와 위험 분석을 실시간 저비용으로 제공하기 시작하였으며, 자산관리 서비스, 맞춤 대출, 투자 분석 등을 거쳐 이제는 은행의 업무전반을 제공하는 수준으로 진화하고 있다.
> - 핀테크 기술은 온라인뿐만 아니라 오프라인 매장에서도 이용할 수 있는 첨단 금융기술이다.
> - 클라우드 펀딩, 이체, 지불, 인증 등의 기능을 제공한다.
> - 오늘날 기업들은 핀테크 서비스 제공을 위해 다양한 기업들이 참여하는 비즈니스 에코시스템(Business Eco-systems)을 구축하고 있다.
> - 가장 먼저 불붙고 있는 분야는 모바일 간편결제 영역으로 휴대폰을 활용한 애플페이, 삼성페이, 카카오페이가 출시되면서 '글로벌 페이전쟁'이 본격화되었다.
> - 핀테크 서비스는 편의성과 보안성, 안정성을 무기로 이용자 계층이 지속적으로 증가하고 있다.

(6) 전자결제의 보안

① 전자상거래 관련 보안기능 기출 18·15·14
  ㉠ 기밀성(Confidentiality) : 전달 내용을 제3자가 획득하지 못하도록 하는 것
  ㉡ 인증(Authentication) : 정보를 보내오는 사람의 신원을 확인하는 것
  ㉢ 무결성(Integrity) : 전달 과정에서 정보가 변조되지 않았는지 확인하는 것
  ㉣ 부인방지(Non-repudiation) : 정보교환 및 거래사실의 부인을 방지하는 것

② 전자상거래의 보안대책
  ㉠ 암호화
  ㉡ 전자서명
  ㉢ 블라인드(Blind) 전자서명
  ㉣ 전자화폐 이중사용 방지

③ SSL과 SET방식 기출 15
  ㉠ SSL(Secure Socket Layer) : 정보보안 소켓 계층으로 신용카드의 정보도용을 방지하기 위하여 개인정보인 카드번호 등을 암호화하여 주는 기술이다.
  ㉡ SET(Secure Electronic Transaction) : 인터넷과 같은 개방 네트워크에서 안전한 카드결제를 지원하기 위하여 개발된 전자결제 프로토콜이다.

> **O X 문제**
>
> ▶ SET(Secure Electronic Transaction) : TCP/IP를 이용한 정보교환에 있어서 네트워크의 안정성을 보장해주는 네트워크 보안표준으로 SSL보다는 안정성에 있어서 다소 낮다. [O | X]
>
> **해설**
> SET은 인터넷과 같은 공개된 네트워크(Open Network)상에서의 신용카드 지불을 위한 프로토콜(Protocol)로 SSL보다는 안정성이 높다.
>
> 정답 〉 ×

내 용	SSL	SET
비 용	저비용	고비용
사용 편리성	간편함	다소 어려움
안정성	다소 낮음	높 음
조작 가능성	상점 단독 가능	다자간의 협력 필요
부인방지	불 가	제 공

(7) 암호화 알고리즘 기출 14

① 비밀키 암호화 방식(대칭형 알고리즘)
  ㉠ 암호화 키로부터 복호화 키를 계산해 낼 수 있거나, 반대로 복호화 키로부터 암호화 키를 계산해 낼 수 있는 암호화 알고리즘이다.
  ㉡ 대부분 암호화 키와 복호화 키가 동일하다.
  ㉢ 암호화되는 키의 크기가 공개키 암호화 방식보다 상대적으로 작아 암호화의 속도가 빠르다.
  ㉣ DES(Data Encryption Standard)는 동일한 키로 데이터를 암호화하고 복호화하는 대칭키 암호화 알고리즘이다.

② 공개키 암호화 방식(비대칭형 알고리즘)
  ㉠ 암호화할 때에는 상대방의 공개키(Public Key)로 암호화하며, 복호화할 때에는 자신만 알고 있는 개인키(Private Key)를 이용하여 복호화를 실행한다.
  ㉡ 암호화에 사용되는 키와 복호화에 사용되는 키가 달라 어느 한쪽이 가진 키를 이용히여 다른 쪽의 키를 쉽게 계산해 낼 수 없다.
  ㉢ 암호화에 사용되는 키와 복호화에 사용되는 키가 일치하지 않아 비대칭키 암호화 방식이라 한다.
  ㉣ 복호화를 위해 키를 전송할 필요가 없어 대칭키에 비해 상대적으로 안전한 시스템이다.
  ㉤ RSA(Rivest Shamir Adleman) 방식은 공개키 암호화 방식을 이용한다.

> **개념 PLUS**
>
> 공개키 인증서
> 인증서 소유자의 신분 확인 정보와 공개키를 암호학적으로 안전하게 연결시키기 위하여 인증기관의 서명용 개인키로 생성한 전자서명 값을 포함한 인증서로 오늘날 보편적으로 사용되는 형식의 인증서는 국제표준기구인 ITU-T에서 개발한 X.509 인증서이다. 공개키 인증서는 일반 국민들이 금융거래 및 전자상거래에서 사용하기 위한 NPKI(National Public Key Infrastructure) 인증서와 행정기관에서 행정 업무용으로 사용되는 GPKI(Government Public Key Infrastructure) 인증서 등이 있다.

③ 메시지 다이제스트(Message Digest)
  ㉠ 메시지 다이제스트(Message Digest)는 암호화 방법이 아니고, 단방향 해시함수를 이용하여 주어진 정보를 일정한 길이 내의 아주 큰 숫자(해시 값)로 변환해 주는 것이다. 이 함수는 One-way이기 때문에 주어진 정보로부터 해시 값을 만들어낼 수는 있어도, 반대로 이 해시 값으로부터 원래의 정보를 복구해 낼 수는 없다.
  ㉡ 다른 메시지에서 동일한 메시지 다이제스트는 산출될 수 없도록 되어있다.
  ㉢ 송신자가 자신의 비밀키로 메시지 다이제스트를 암호화하면 전자서명이 된다.
  ㉣ 대표적 메시지 다이제스트(Message Digest)로는 Snefru, CRC-32, CRC-16, MD2, MD4, MD5, SHA, Haval 등이 있다.

> **개념 PLUS**
>
> **해킹 기법**
> - 스푸핑(Spoofing) : 외부의 악의적 네트워크 침입자가 임의로 웹사이트를 구성하여 일반 사용자들의 방문을 유도한 후, 인터넷 프로토콜인 TCP/IP의 구조적 결함을 활용해서 사용자의 시스템 권한을 획득한 뒤에 정보를 빼내가는 해킹수법
> - 스니핑(Sniffing) : 네트워크 트래픽을 도청(Eavesdropping)하는 것
> - 훼일링(Whaling) : 경영진(CEO)을 사칭해 돈을 송금하도록 하는 소셜 엔지니어링 사기 행위
> - 스패밍(Spamming) : 수신인이 원하지도 않고 관심도 없는 메시지를 송신하거나 기사를 게재하는 행위
> - 피싱(Phishing) : 전자우편 또는 메신저를 사용해서 신뢰할 수 있는 사람 또는 기업이 보낸 메시지인 것처럼 가장함으로써, 비밀번호 및 신용카드 정보와 같이 기밀을 요하는 정보를 부정하게 얻으려는 소셜 엔지니어링 사기 행위 기출 18
> - 패스워드 크래킹(Password Cracking) : Unix나 기타 시스템의 암호를 해독하는 행위
> - DDos 공격 : 네트워크에 연결된 여러 대의 컴퓨터로 분산된 공격 거점을 이용하여 특정 서버나 네트워크에 대해 적법한 사용자의 서비스 이용을 방해하고자 시도하는 행위
> - 호스트 위장(Transitive Trust) : 개인정보를 탈취하기 위해 금융관련 사이트나 구매 사이트 등과 동일하거나 유사한 형태의 웹사이트를 만들고, 이를 사칭하여 중요정보를 남기도록 유도하는 형태의 공격 기법
> - 스파이웨어(Spyware) : 사용자의 동의 없이 인터넷 웹브라우저 사용내역 기록, 컴퓨터 하드디스크 문서의 탐색 등 다양한 방법으로 개인적인 정보를 수집하는 컴퓨터 소프트웨어 기출 17

(8) 인터넷 신용카드시스템

① 신용카드시스템의 특징

신용카드 결제시스템은 SET의 전송표준과 신용카드를 결제의 기반으로 하는 전자결제 수단으로 가장 많이 사용되고 있다.

㉠ 장 점
- 세계적으로 널리 유통되어 많은 가맹점과 사용자가 있다.
- 신용카드를 사용하는 데 법적·제도적인 제한점이 없다.
- 상인은 소비자의 신용확인이 어려운 인터넷 전자상거래에서 신용카드회사의 지불보증을 담보로 소비자와의 상거래를 아무런 부담 없이 행할 수 있다.

㉡ 단 점
- 카드 소지자의 신용정보 노출이나 불법도용이 우려된다.
- 높은 트랜잭션(Transaction) 비용으로 소액결제에 적당하지 않다.
- 구매자 및 판매자의 익명성이 보장되지 않는다.
- 시스템 유지비용이 과다하다.
- 거래처리와 결제업무가 서버에 집중화되어 서버에 과부하가 일어날 수 있다.

② 사이버캐시(Cyber Cash) 지불시스템 : 1994년에 설립된 사이버캐시(Cyber Cash)사에서 제작한 신용카드를 사용하는 인터넷 전자지불시스템으로, 암호화 알고리즘(RSA)과 SET를 통하여 보안성을 높이고 있다.

③ 퍼스트버추얼(First Virtual) : 퍼스트버추얼 홀딩스(First Virtual Holdings)사에서 개발한 퍼스트버추얼(FV ; First Virtual) 시스템은 신용카드 번호와 같은 민감한 정보를 인터넷으로 전송하지 않고, 전자우편을 통해 소비자의 구매의사를 확인하는 절차로 구성된 신용카드 모형에 기반을 둔 인터넷 전자지불시스템이다.

(9) 전자수표 결제시스템

① 전자수표 결제시스템의 특징
  ㉠ 전자적인 형태의 수표를 자신의 컴퓨터에서 직접 발행하여 상대방에게 전달함으로써 전자상거래의 결제수단으로 사용하는 형태이다.
  ㉡ 현금가치를 은행에 저장시킨 후 거래 당사자 간에는 은행계좌 간 자금이동을 위한 전자수표만 유통됨으로써 자금보관에 대한 안정성을 확보할 수 있다.
  ㉢ 자금이 당사자 간의 은행계좌로 이체되기 때문에 사용자는 은행에 신용계좌를 갖고 있는 사람으로 제한된다.
  ㉣ 발행자와 인수자의 신원에 대한 인증을 반드시 거쳐야 하는 문제로 여러 보안기법이 사용되기 때문에 트랜잭션 비용이 많다.
  ㉤ 거래 사항이 중앙의 데이터베이스에 기록됨으로써 정보의 이용성은 증가되나 익명성이 저하된다.
  ㉥ 거액의 상거래 또는 기업 간 거래 시 지불수단으로 적합하다.

② 넷체크(Net Cheque)
  ㉠ 넷체크 시스템은 DES(Data Encryption Standard) 암호 알고리즘을 이용한 인증 프로토콜인 케르베로스(Kerberos)에 기반을 둔 전자수표에 의한 지불시스템이다.
  ㉡ 넷체크 시스템의 서버에 등록한 사용자들은 인터넷을 통해 다른 사용자 또는 판매자에게 전자수표를 발행하여 제품 또는 서비스 대금을 지불할 수 있다.
  ㉢ 사용 방법은 인터넷에서 전자적으로 처리된다는 점을 제외하고는 일반수표와 유사하다.
  ㉣ 일반수표에 지불인이 서명을 하는 것과 마찬가지로 계좌 소유자가 수표를 발행했다는 것을 인증하는 방법으로 전자서명이 이용된다. 일반수표와 마찬가지로 수취인은 전자수표에 자신의 전자서명을 통해 이를 배서할 수 있다.
  ㉤ 넷체크는 인터넷에서의 소액거래를 지원할 수 있도록 설계되어 있다.

③ 넷빌(Net Bill)
  ㉠ 넷빌은 1996년 12월 미국 카네기멜론 대학에서 개발한 전자수표 또는 전자직불카드(Electronic Debit Card)방식에 의한 인터넷 결제시스템이다.
  ㉡ Net Bill 시스템에서의 서버는 거래 정보의 교환, 구매자와 판매자 계정을 유지·관리하는 기능을 수행하고 있는데, 이 경우 각 계정은 거래은행 계좌와 상호 연결되어 있어 거래 대금의 이체를 가능하게 하고 있다.

(10) 전자화폐

① 전자화폐의 정의 : 전자화폐(Electronic Money 또는 Electronic Cash)란 은행 등 발행자가 IC칩이 내장된 카드나 공중정보통신망과 연결된 PC 등에 일정 화폐가치를 전자기호로 저장하고, 이의 지급을 보장함으로써 통신회선으로 자금결제가 이루어지도록 하는 화폐를 말한다.

② 전자화폐의 특징
　㉠ 일반적인 화폐의 개념인 지불, 가치저장, 가치척도의 기능에 기존 화폐의 문제점을 보완하기 위해 원격지 통신기능, 휴대 및 보관관리의 편리성, 위조방지 기능을 추가하였다.
　㉡ 거래당사자 간에 자금전송이 가능하여 높은 유연성, 보안성, 익명성을 제공한다.
　㉢ 비교적 소액의 상품을 구매하는 데 용이하다.
　㉣ 전자화폐는 신용이 없는 계층 또는 예금계좌가 없는 계층도 사용이 가능하다.
　㉤ 매체에 저장된 화폐가치 자체가 신뢰성을 담고 있기 때문에 사용할 때마다 신용 유무 등의 확인절차가 필요 없다.
　㉥ 실물화폐처럼 분실의 위험이 있다.
　㉦ 거래와 결제 가동 시에 완료된다.

③ 전자화폐의 발전 배경
　㉠ 반도체 기술의 발전
　㉡ PC의 광범위한 보급
　㉢ 네트워크의 발전
　㉣ 암호기술의 발전

④ 전자화폐의 요건 기출 18
　㉠ 위조가 불가능한 안전성을 지녀야 한다.
　㉡ 개인의 프라이버시가 보호되어야 한다.
　㉢ 사용자가 다른 사람에게 자신의 현금을 양도할 수 있어야 한다.
　㉣ 전자화폐를 복사해 사용하는 이중사용(Double Spending)이 방지되어야 한다.
　㉤ 전자화폐의 금액은 더 작은 액수로 나눌 수 있어야 한다.
　㉥ 전자화폐의 보안성이 물리적인 존재에 의존해서는 안 된다.

⑤ 전자화폐의 유형 구분
　㉠ 휴대가능 여부
　　• 하드웨어형 전자화폐 : IC카드형, CD카드형
　　• 네트워크형 전자화폐 : 전자지갑형, 선불카드형, 모바일형
　㉡ 결제수단 여부
　　• 가치저장형 : IC칩을 내장한 플라스틱 카드에 화폐가치를 저장한 다음 필요할 때 인출하여 사용하는 방식으로 몬덱스(Mondex)가 대표적이다.
　　• 지불지시형(신용카드형) : 사이버캐시사가 개발한 사이버캐시(Cyber Cash)와 퍼스트버추얼홀딩스사가 개발한 퍼스트버추얼(First Virtual)이 대표적이다.
　　• 전송형(네트워크형) : 화폐가치를 인터넷 등의 네트워크를 통해 이전하는 방식으로 네덜란드의 디지캐시사가 개발한 e-Cash가 대표적이다.
　㉢ 양도성 여부
　　• 개방형(Open Loop) 전자화폐 : 발급기관을 매개하지 않고 전자화폐 소지자 간 화폐가치 이전 가능
　　• 폐쇄형(Closed Loop) 전자화폐 : 발급기관을 통해서만 이전 가능하며, 소지자 ↔ 가맹점 ↔ 발급은행으로만 가치가 흐름

> **OX문제**
> ▶ 전자화폐를 받은 판매자는 반드시 네트워크에 접속되어 있어야 한다.
> O X
>
> **해설**
> 전자화폐는 일반적으로 화폐가치의 정보저장 이용매체 종류에 따라 IC카드형과 네트워크형으로 구분되는데, IC카드형 전자화폐는 IC칩이 내장된 카드에 화폐가치를 저장하며, 주로 오프라인에서 대면거래에 의한 소액결제에 사용된다.
>
> 정답 ▶ X

② 가치저장수단 여부
- IC카드형 : IC카드형 전자화폐는 신용카드 크기의 플라스틱 카드 위에 집적회로를 내장한 형태로 금융결제원의 K캐시, 몬덱스, 비자캐시카드 등이 있다.
- 네트워크형 : 네트워크형 전자화폐는 디지털 방식으로 화폐가치를 저장했다가 인터넷을 통해 꺼내 쓰는 방식으로 e-Cash, Net Cash, Pay word, Magic Money, Cyber Coin 등이 있다.

[전자화폐의 유형]

구 분	화폐명	특 징
IC카드형	• 몬덱스 • 비자캐시카드	• 휴대 간편, 안전성, 다른 카드와의 연계성(다기능성) • IC카드와 판독기 등의 막대한 투자비용 필요
네트워크형	• e-Cash • 퍼스트버추얼 • Cyber Cash • Digicash • 넷 빌	• 원거리 이전 간편 • 전자화폐용 소프트웨어 이용으로 저렴한 신규투자 비용 • 안전성 확보를 위한 암호화 문제점

⑥ IC카드형 지불시스템
  ㉠ IC카드의 분류 : 전자현금의 프로토콜, 사용방법, 익명성 여부에 따라 분류된다.
    • 프로토콜에 따른 분류

개방형	IC카드 간 현금이체가 자유로운 시스템
폐쇄형	카드 간 화폐가치의 이전이 불가능

    • 사용방법에 따른 분류

접촉식	IC카드를 단말기에 삽입하거나 밀착시킴으로써 저장된 정보의 전달이 가능
비접촉식	카드를 단말기의 근거리에 갖다 대는 것만으로도 작동(원거리형, 근거리형)

    • 익명성 여부에 따른 분류

익명 카드	IC카드를 누구에게나 양도할 수 있으며, 별도로 개인에 대한 인증절차가 필요치 않다.
기명식 카드	카드에 인증서가 내장되어 있어서 별도의 인증에 의해서 개인을 식별한 후 사용

  ㉡ 몬덱스(Mondex) 지불시스템 : 몬덱스는 웨스트민스터 은행이 주체가 되어 미들랜드 은행과 브리티시 텔레컴이 공동 출자해 만든 전자화폐이다. 몬덱스는 IC카드형 전자화폐로서 개방형 시스템 방식이기 때문에 은행의 중앙시스템을 거치지 않고 카드 간이나 개인 간에 화폐를 교환할 수 있다.
  ㉢ CAFE(Conditional Access For Europe) 지불시스템 : 유럽 국가 간의 서로 상이한 통화 문제를 해결하고 유럽 국가 간에 일어나는 소액지불을 원활하게 하고자 수립된 프로젝트로 현대 암호화기술과 보안 프로토콜을 채택함으로써 개인의 프라이버시를 존중하고 안전한 트랜잭션 수행을 가능하게 했다.
  ㉣ K-cash : 1996년 국내 금융기관 공동의 전자화폐시스템 도입을 추진하면서 탄생한 한국형 전자화폐로, 발행기관을 은행 및 신용카드사로 제한한다. K-cash는 콤비형 전자화폐로 신용카드·직불카드·현금카드 등 다양한 기능을 부가할 수 있으나, 폐쇄형 전자화폐이기 때문에 카드 간 가치이전은 불가능하다.

> **개념 PLUS**
>
> **듀얼슬롯(Dual-slot)** 기출 23
> - IC칩을 이용한 휴대폰 결제방식으로 휴대폰에 별도의 스마트카드 리더슬롯(Reader-slot)을 장착하여 스마트카드를 삽입 후 지급 결제하는 방식이다.
> - 지불정보와 SIM(Subscriber Identity Module) 카드가 분리될 수 있어 금융기관이 선호하는 방식이다.
> - 사용자는 기존의 스마트카드를 계속 사용하기 때문에 친숙하고, 스마트카드가 휴대폰과 별도로 분리되어 사용될 수 있으므로 보안성이 높다.
> - IC카드형 전자화폐(신용·직불카드)가 이용되는 곳에서는 별도의 장치 없이 이용 가능하다.

⑦ 네트워크형 전자화폐 : e-Cash, Net Cash, Pay word, Magic Money, Cyber Coin
  ㉠ e-Cash : 1995년 미국의 마크 트웨인은행과 네덜란드의 디지캐시사가 제휴를 통해 만든 최초의 온라인형 전자화폐이다.

[e-Cash의 장·단점]

장 점	• 개인 간의 자금이체가 편리하다. • 거래의 익명성이 보장된다. • 이중사용과 복제의 방지가 용이하다.
단 점	• 은행은 발행한 모든 e-Cash의 발행번호를 데이터베이스로 유지해야 하기 때문에 발행이 많아지면 처리비용이 과다하게 소요된다. • 사용자 수가 제한된다.

  ㉡ Net Cash : 캘리포니아 대학에서 개발한 전자지불시스템
    - 소액지불
    - 익명성을 제공하고 실시간 전자지불 가능
    - 전자우편을 사용하여 상거래를 할 수 있어 전자수표 시스템과 교환 가능
    - Net Cash 지불시스템은 Buyer, Merchant, Currency Servers(CS)로 구성되어 있다.
  ㉢ Cyber Coin : 1996년 Cyber Cash사에서 개발한 캐시형 지불시스템으로 신용카드의 단점을 극복하고 소액지불에 주로 사용하고자 개발되었다.

> **개념 PLUS**
>
> - **비트코인** : 2009년 '나카모토 사토시'란 프로그래머가 개발한 일종의 '사이버 머니(Cyber Money)'로, 각국의 중앙은행이 화폐 발행을 독점하고 자의적인 통화정책을 펴는 것에 대한 반발로 탄생했다. 비트코인 시스템은 누구나 접속할 수 있는 오픈소스 소프트웨어로 P2P 네트워크 방식으로 거래가 이루어지나, 비트코인 거래 시 거래 정보를 공개하고 있다. 화폐가치가 일률적이라 국가 간 환율을 계산하지 않아도 되나, 거래 시 수수료가 발생한다.
> - **블록체인** : 블록에 데이터를 담아 P2P 방식의 체인 형태로 연결, 수많은 컴퓨터에 동시에 이를 복제해 저장하는 분산형 데이터 저장 기술로 공공 거래 장부라고도 부른다. 중앙집중형 서버에 거래 기록을 보관하지 않고 거래에 참여하는 모든 사용자에게 거래 내역을 보내 주며, 거래 때마다 모든 거래 참여자들이 정보를 공유하고 이를 대조해 데이터 위조나 변조를 할 수 없도록 하는 기술이다.

(11) 거래안전장치

① 후불제
   ㉠ 전자상거래 업체가 물품대금을 받지 않고 제품을 소비자에게 보낸다.
   ㉡ 소비자가 제품을 수령하면 대금결제를 함으로써 거래안전을 도모하는 서비스이다.

② 보상보험
   ㉠ 전자보증보험은 거래 건에 대해 판매자나 보증보험사에게 보증보험을 가입하는 형태이다.
   ㉡ 구매자가 정당한 물품배송이나 용역제공을 받지 못하면 건별로 보증보험을 보상받을 수 있다.

③ 에스크로(Escrow)제도
   ㉠ 전자상거래에서 판매자와 구매자가 거래합의 후 상품배송 및 결제과정에서 어느 한쪽의 약속불이행에 대한 거래사고를 예방하기 위하여 거래대금의 입출금을 제3의 회사가 관리하여 판매자와 구매자 모두의 거래안전을 도모하는 서비스이다. 에스크로는 구매자에 대한 보호뿐만 아니라 판매자도 후불제를 했을 경우 구매자에게 채권추심을 하는 등의 각종 위험과 비용을 절감해 안심하고 거래를 진행할 수 있는 장점이 있다. 그렇기 때문에 비대면 거래인 전자상거래에서 구매자와 판매자 양측을 전자상거래상의 피해사고로부터 보호할 수 있다.
   ㉡ 특 징
     • 구매자와 판매자 중 어느 한쪽은 에스크로 서비스 회원이어야 한다.
     • 전자상거래 시 제안된 거래조건에 합의가 되면 개시된다.
     • 구매자는 상품수령 후 에스크로 사업자에게 구매승인 여부를 통보해야 한다.

④ PG(Payment Gateway) 서비스
   신용카드의 PG(Payment Gateway) 서비스는 대표 가맹점 서비스와 자체 가맹점 서비스 2가지가 있다.
   ㉠ 대표 가맹점 서비스 : PG업체가 중소형 온라인 쇼핑몰을 대표하여 신용카드사와 대표 가맹점계약을 체결하고 거래승인, 매입, 정산 등의 업무를 대행하는 서비스이다. 카드결제정보가 PG 서버에서 처리됨으로써 결제의 안정성과 신뢰성이 보장된다.
   ㉡ 자체 가맹점 서비스 : 온라인 쇼핑몰이 신용카드사와 가맹점 계약을 직접 체결하고 PG업체는 결제정보를 중계한다. 자체 가맹점 서비스에서의 정산은 신용카드사가 온라인 쇼핑몰과 함께 직접 처리한다.

CHAPTER 03 실전예상문제

※ 본 문제를 풀면서 이해체크를 이용하시면 문제이해에 보다 도움이 될 수 있습니다.

01 전자상거래를 통해 경쟁력을 갖추기 위한 경영 전략으로 가장 옳지 않은 것은?

① 다양한 제품과 서비스를 공급해야 한다.
② 제품과 서비스에 대한 가격의 차별화를 추구해야 한다.
③ 끊임없이 생각하고 혁신하는 새로운 경영 전략이 필요하다.
④ 사용자가 원하는 보다 가치 있는 정보를 제공하여야 한다.
⑤ 전통적인 상거래의 모든 관행을 따라가야 한다.

> 전자상거래의 등장은 국제적으로 비즈니스의 모습을 근본적으로 바꿔놓고 있다. 전자상거래는 시간과 공간의 제약 없이 전 세계를 대상으로 저렴한 비용으로 동시마케팅, 주문처리, 대금결제, 고객지원 등을 가능하게 한다는 점에서 전통적인 상거래와 크게 다르기 때문에 전통적인 상거래의 모든 관행을 따라가는 경영 전략은 옳지 않다.

02 전자상거래 시장에 대한 설명으로 가장 부적절한 것은?

① 구조화된 전자상거래란 좁은 의미의 전자상거래를 지칭하며, 표준화된 거래형식과 데이터 교환방식에 따라 조직적·체계적으로 이루어지는 거래로 EDI, EC, CALS, e-mail 등이 있다.
② B2B는 현재 거래주체에 의한 비즈니스 모델 중 거래 규모가 가장 큰 전자상거래 분야로서 기업과 기업이 각종 물품을 판매하는 방식이다. 구매자와 판매자 간에 직접 이루어질 수도, 온라인 중개상을 통해 이루어질 수도 있다.
③ B2C에서는 판매하는 상품의 성격에 따라 제품을 거래하는 사업과 서비스를 제공하는 사업으로 구분할 수 있고, 제품을 거래하는 사업은 다시 물리적 제품의 취급과 디지털제품의 취급으로 나누어진다.
④ B2B2E는 기업 간 거래와 기업과 종업원 간 거래를 결합한 것으로 종업원들이 필요한 제품들을 생산하는 기업들을 모아서 수수료를 받고 입점 시킨 뒤 종업원들을 대상으로 필요한 제품이나 서비스를 제공하는 형태이다.
⑤ B2Bi는 기업과 기업, 기업과 e-Marketplace, e-Marketplace와 e-Marketplace 등 기업 간 전자상거래에서 발생하는 비즈니스 프로세스를 효과적으로 지원하기 위해 전산시스템과 문서 포맷, 애플리케이션을 서로 통합, 연계하는 것이다.

> 전자우편(e-mail)이나 전자게시판(BBS ; Bulletin Board System) 등을 통하여 주로 개인 간에 1 : 1로 이루어지는 것은 비구조화된 전자상거래이다.

정답 01 ⑤ 02 ①

03 e-비즈니스 모델이 성공하기 위하여 기업들이 고려해야 할 주요사항들 중에서 가장 거리가 먼 것은?

① 차별화된 콘텐츠를 제공하여야 한다.
② 자금, 기술 등의 하드웨어적 자산을 기업의 핵심역량으로 강화해야 한다.
③ 지속적인 수익을 창출하도록 해야 한다.
④ 빠르게 기회를 선점하여야 한다.
⑤ 완벽한 비즈니스모델 구축보다는 빠른 가상공간 진입이 우선시되어야 한다.

> 해설
> e-비즈니스 모델의 성공을 위한 공통적 요건
> • 디지털 기업구조의 구축
> • 고객지향적 관점의 유지
> • 기회의 선점
> • 지속적인 수익창출력 확보
> • 차별화된 콘텐츠의 확보
> • 특허권(소프트웨어적 자산)의 등록

04 e-비즈니스 도입으로 인한 판매자 측면에서의 장점으로 가장 거리가 먼 것을 고르시오.

① 광고비용이 상대적으로 저렴하다.
② 시간과 장소에 대한 제약이 상대적으로 적다.
③ 고객의 구매정보를 배치(Batch)식으로 모아 구매형태에 대해 즉각적인 실시간 분석을 가능하게 해준다.
④ 개별 고객에 맞는 적절한 판매 전략을 수립할 수 있다.
⑤ 판매관리비가 상대적으로 적게 든다.

> 해설
> 고객의 구매정보를 배치(Batch)식이 아닌 실시간(Real-time)으로 모아 고객요구에 대해 신속한 대응을 가능하게 해준다.

05 e-비즈니스가 고객서비스 수준을 높이는 데 기여하는 이유와 가장 거리가 먼 것은?

① 컴퓨터 네트워크 접속을 통해 24시간 어느 장소에서나 접근이 가능하다.
② 중간 유통채널이 없이 고객에게 직접 판매가 가능하여 비용절감으로 가격경쟁력을 높일 수 있다.
③ 대규모의 시설이나 재고를 많이 보유함으로써 고객에게 다양한 제품을 선택할 수 있는 기회를 제공할 수 있다.
④ 고객의 개인 정보나 과거의 구매패턴 등을 파악하여 고객의 취향에 맞는 제품을 추천하는 등 맞춤서비스를 제공할 수 있다.
⑤ 웹사이트의 활용으로 신제품의 시장진입을 촉진시킬 수 있다.

> 해설
> e-비즈니스는 네트워크를 통해 거래를 하기 때문에 대규모의 시설이나 재고를 많이 보유할 필요가 없다.

06 전자시장(Electronic Market)에 대한 설명으로 가장 잘못된 것을 고르시오.

① 온라인상에서 구매자와 판매자가 거래하는 가상의 시장
② 구매자와 판매자를 매칭하는 역할을 수행
③ 전자상거래 관련 규정 등과 같은 제도적 인프라가 제공되어야 시장이 활성화될 수 있음
④ 전자결제 및 물류 인프라의 제공이 전자시장에서의 거래를 촉진할 수 있음
⑤ 전자시장에서는 판매자로의 제품정보 쏠림 현상이 심화되는 경향이 있음

> 해설: 전자시장은 기존 물리적 시장보다 구매자의 탐색 비용이 저렴하고, 인터넷에 의해 구매자와 판매자 간의 정보 비대칭이 감소한다.

07 전자상거래 고객의 특성으로 가장 옳지 않은 것은?

① 호기심이 다양한 구매집단이다.
② 인터넷 구매에 있어서 고객들은 상당한 불안감을 갖고 있다.
③ 인터넷을 통해 자유롭게 자신의 의견을 개진한다.
④ 일반적 Off-line 구매집단에 비해 상대적으로 구매력이 낮은 집단이다.
⑤ 새로운 경향을 추구하는 편이다.

> 해설: 일반적 Off-line 구매집단에 비해 상대적으로 구매력이 높은 집단이다.

08 미국 국방성은 민간으로부터 필요한 군수 물자를 조달받기 위해 만든 전자입찰시스템인 CALS를 구축하여 활용하고 있다. 전자상거래를 거래경제 주체에 따라 유형을 분류해 볼 때 이와 같은 사례에 가장 적합한 전자상거래 유형은?

① B2B
② B2G
③ B2C
④ G2C
⑤ C2C

> 해설: B2G는 기업과 정부 간 전자상거래로 주로 정부의 조달업무에서 활용되고 있다.

09 다음 내용은 B2B와 B2C를 비교한 내용들이다. 올바르지 않은 내용은?

① B2C에서는 광고 중심 촉진정책을 펼치는 반면, B2B에서는 인적 판매중심으로 판매촉진이 이루어진다.
② B2C에서는 표준화된 제품이 주를 이루는 반면, B2B에서는 주문생산방식이 많이 활용된다.
③ 유통정책의 경우 B2C에서는 직접유통이 선호되고 있는 반면, B2B에서는 중간상의 활동이 중요한 역할을 하고 있다.
④ 가격정책에 있어서는 B2C에서는 정찰제 가격시스템이 많이 활용되고 있는 반면, B2B에서는 협상가격 및 입찰가격이 많이 활용되고 있다.
⑤ 비즈니스 모델 측면에서 B2C는 전자소매(e-shop)가 대표적이고, B2B는 e-Marketplace가 대표적이다.

> 해설 유통정책의 경우 B2C에서는 중간상의 활동이 중요한 반면 B2B에서는 직접유통이 선호되고 있다.

10 판매자가 전자상거래를 통해 얻을 수 있는 효과로 가장 적절하지 않은 것은?

① 물리적인 판매공간이 필요하지 않아 저렴한 비용으로 재화 또는 서비스의 전시가 가능하다.
② 고객의 구매 행태를 직접적이고도 자동적으로 분석할 수 있어 시기적절한 마케팅전략의 수립이 가능하다.
③ 구매자가 제품의 사양이나 품질을 판단하기 용이하므로 구매자의 신뢰성이나 충성도를 증대시킬 수 있다.
④ 한정된 국내 시장에 머무르지 않고 전 세계를 대상으로 판매전략을 수립할 수 있다.
⑤ 상당히 저렴한 비용으로 판매자의 기업을 PR하거나 재화 또는 서비스에 대한 광고가 가능하다.

> 해설 구매자는 웹상에서 상품을 보고 구매하므로 제품의 사양이나 품질을 판단하기 어렵다.

11 다음의 사례 내용에 대한 설명으로 가장 옳은 것은?

> 2015년 여름 국내 한 대형마트의 사례이다. 이 마트는 '여름철 과일 기획전'을 열며 미국산 체리 450g 1팩을 7,500원에 팔았다. g당 가격으로 환산할 때 자두보다 4배, 수박보다 10배, 바나나보다 80배 비싼 가격에 팔린 것이다. 이를 가능하게 한 것은 온도에 민감한 체리 수송 시, 자동온도조절이 가능한 쿨 컨테이너를 이용하였고, 체리 컨테이너의 온도와 습도상태를 실시간으로 알려줄 수 있었기 때문이었다.
>
> (동아비즈니스리뷰 기사에서 일부 발췌)

① 사물인터넷 서비스
② BYOD(Bring Your Own Device)
③ O2O 커머스
④ 증강현실
⑤ PayWord

> 사물인터넷(IoT ; Internet of Things)은 주변 사물들이 유·무선 네트워크로 연결되어 유기적으로 정보를 수집(센싱) 및 공유(클라우드)하면서 상호작용(빅데이터)하는 지능형 네트워킹 기술 및 환경을 의미한다. 문제의 지문은 사물인터넷 서비스를 농업분야에 적용한 사례라고 할 수 있다. 현재 사물인터넷은 스마트팜뿐만 아니라, 스마트홈, 스마트가전, 스마트카, 헬스케어 등 다양한 분야에서 활용되고 있다.
> ② BYOD(Bring Your Own Device) : 직원들이 개인적으로 사용하는 노트북, 태블릿, 스마트폰과 같은 모바일 기기를 직장에 가져와 업무를 처리하는 것
> ③ O2O 커머스 : '온라인에서 오프라인으로'라는 뜻으로 ICT 기술을 기반으로 PC나 스마트폰 앱 등 온라인을 통해 오프라인에서 영업 중인 매장을 소비자와 연결해주는 전자상거래 서비스
> ④ 증강현실 : 현실의 이미지나 배경에 3차원 가상 이미지를 겹쳐서 하나의 영상으로 보여주는 기술
> ⑤ PayWord : 인터넷상의 소액지불을 위한 프로토콜로서 자주 쓰이는 공개키 서명을 사용하는 대신 해시함수를 사용하여 계산 비용을 줄임으로서 적은 금액의 거래에 적합하도록 설계

12 다음 중 전자상거래의 절차를 순서에 따라 가장 적절하게 연결한 것은?

① 전자적 커뮤니케이션(e-Communication) → 주문 → 전자결제 → 실행(배달) → 서비스 및 지원
② 전자적 커뮤니케이션(e-Communication) → 주문 → 실행(배달) → 전자결제 → 서비스 및 지원
③ 주문 → 전자결제 → 실행(배달) → 서비스 및 지원 → 전자적커뮤니케이션(e-Communication)
④ 주문 → 실행(배달) → 전자결제 → 전자적 커뮤니케이션(e-Communication) → 서비스 및 지원
⑤ 주문 → 전자적 커뮤니케이션(e-Communication) → 실행(배달) → 전자결제 → 서비스 및 지원

> 전자상거래의 절차
> • 1단계 : 전자적 커뮤니케이션(e-Communication)
> • 2단계 : 주문(Ordering)
> • 3단계 : 전자결제(e-Payment)
> • 4단계 : 실행(Fulfillment) 또는 주문처리
> • 5단계 : 서비스 및 지원(Service & Support)

13 온라인 마케팅을 지원하는 주요 기술에 대한 정의를 설명한 것 중 가장 옳지 않은 것을 고르시오.

① 웹 트랜잭션 로그(Web Transaction Log) : 웹사이트에서 이용자의 활동에 대해 기록함
② 쿠키(Cookies) : 사용자가 매번 방문한 사이트에 기록을 하는 작은 텍스트 파일을 뜻하며 웹운영자에게 고객 식별 및 사이트에서 행하는 고객들의 행동을 쉽게 이해할 수 있도록 정보를 제공함
③ 트랜잭션 로그(Transaction Log) : 레지스트레이션 형식과 쇼핑카트 데이터베이스의 자료와 함께 온라인 산업과 개인 사이트에 대한 유용한 마케팅 정보를 사용함
④ 웹 버그(Web Bug) : 마케팅 이메일 메시지에 숨어 있는 1픽셀의 작은 그래픽 파일을 뜻하며 웹버그는 자동적으로 이용자에 대한 정보와 이용자가 방문한 사이트에 대한 정보를 관찰할 수 있도록 모니터링 서버에 정보전달을 함
⑤ 스푸핑(Spoofing) : 회사와 접촉한 고객들에 대한 모든 정보가 들어 있는 저장소를 뜻하며, 이들 정보를 통해 고객을 이해할 수 있도록 회사는 고객 프로필을 만드는 데 도움을 줌

> 해설
> 스푸핑(Spoofing)은 외부의 악의적 네트워크 침입자가 임의로 웹사이트를 구성하여 일반 사용자들의 방문을 유도한 후, 인터넷 프로토콜인 TCP/IP의 구조적 결함을 활용해서 사용자의 시스템권한을 획득한 뒤에 정보를 빼내가는 해킹수법을 의미한다.

14 공개키 방식의 암호 알고리즘으로 인수분해의 난해함을 활용한 암호화 시스템으로 가장 옳은 것은?

① RC4
② RSA(Rivest Shamir Adleman)
③ DES(Data Encryption Standard)
④ SEED
⑤ IDEA(International Data Encryption Algorithm)

> 해설
> RSA(Rivest Shamir Adleman)
> 1977년 로널드 라이베스트(Ron Rivest), 아디 샤미르(Adi Shamir), 레너드 애들먼(Leonard Adleman)에 의해 체계화된 공개키 방식의 암호 알고리즘이다. RSA는 소인수 분해의 난해함에 기반하여, 공개키만을 가지고는 개인키를 쉽게 짐작할 수 없도록 디자인되어 있다.

15 비밀키 암호화 기술에 대한 설명으로 가장 옳은 것은?

① 비밀키 암호화방식은 암호화할 때에는 상대방의 공개키로 암호화하며, 복호화할 때에는 자신만 알고 있는 개인키를 이용하여 복호화를 실행한다.
② 비밀키 암호화방식은 암호화에 사용되는 키와 복호화에 사용되는 키가 달라 어느 한쪽이 가진 키를 이용하여 다른 쪽의 키를 쉽게 계산해 낼 수 없기 때문에 한쪽의 키를 공개할 수 있다.
③ 비밀키 암호화방식은 암호화되는 키의 크기가 공개키 암호화 방식보다 상대적으로 작아 암호화의 속도가 빠르다.
④ 비밀키 암호화방식은 암호화에 사용되는 키와 복호화에 사용되는 키가 일치하지 않아 비대칭키 암호화 방식이라 한다.
⑤ 비밀키 암호화방식은 복호화를 위해 키를 전송할 필요가 없어 대칭키에 비해 상대적으로 안전한 시스템이다.

> ①·②·④·⑤ 비대칭형 암호화(공개키 알고리즘) 기술에 대한 설명이다.

16 SET(Secure Electronic Transaction)와 SSL(Secure Socket Layer) 간의 비교 설명으로 가장 옳지 않은 것은?

① SSL은 정보보안 소켓계층으로 신용카드의 정보도용을 방지하기 위하여 개인정보인 카드번호 등을 암호화하여 주는 기술이다.
② SET는 인터넷과 같은 개방 네트워크에서 안전한 카드결제를 지원하기 위하여 개발된 전자결제프로토콜이다.
③ 사용편리성 측면에서 SSL은 암호 프로토콜이 복잡하여 다소 어려운 반면에, SET는 간편하다.
④ SSL은 사용자 지불정보가 상점에 노출되나 SET는 상점에 지불정보가 노출되지 않는다.
⑤ 조작가능성 측면에서 SSL은 상점 단독으로 가능하나 SET는 다자간의 협력이 필요하다.

> 사용편리성 측면에서 SET는 암호 프로토콜이 복잡하여 다소 어려운 반면에, SSL은 간편하다.

17 전자상거래를 수행하기 위한 보안 요건에 대한 설명으로 가장 옳지 않은 것은?

① 무결성(Integrity) : 데이터가 전송 도중 또는 데이터베이스에 저장되어 있는 동안 악의의 목적으로 위·변조 되는 것을 방지하는 서비스이다.
② 기밀성(Confidentiality) : 비인가자가 부당한 방법으로 정보를 입수한 경우에도 정보의 내용을 알 수 없도록 하는 서비스이다.
③ 인증(Authentication) : 고객들이 자신이 구매하는 것에 대하여 다른 사람들이 모른다는 것이 보장되기를 원하는 서비스이다.
④ 부인방지(Non-Repudiation) : 송수신 당사자가 각각 전송된 송수신 사실을 추후 부인하는 것을 방지하는 서비스이다.
⑤ 안전(Safety) : 고객들이 인터넷에 신용카드 번호를 제공하는 것이 안전하다고 보장받기를 원하는 서비스이다.

> 인증(Authentication)은 정보를 주고받는 상대방의 신원이나 정보의 출처를 확인하는 것을 의미한다.

18 정보통신망을 통하여 전송 시 필요한 메시지 서명방법인 전자서명이 갖추어야 할 특성으로 가장 옳지 않은 것은?

① 서명은 서명자 이외의 다른 사람이 생성할 수 없어야 한다.
② 하나의 문서의 서명은 다른 문서의 서명으로 사용할 수 있어야 한다.
③ 서명자가 자신이 서명한 사실을 부인할 수 없어야 한다.
④ 서명은 서명자의 의도에 따라 서명된 것임을 확인할 수 있어야 한다.
⑤ 서명한 문서의 내용을 변경할 수 없어야 한다.

> 하나의 문서의 서명은 다른 문서의 서명으로 사용할 수 없다(재사용불가).

19 전자화폐의 종류를 발행 형태에 따라 크게 IC카드형과 네트워크형으로 구분할 경우, IC카드형 전자화폐로 가장 적합한 것은?

① 이캐시(e-Cash)
② 넷빌(NetBill)
③ 넷캐시(NetCash)
④ 몬덱스(Mondex)
⑤ 사이버캐시(CyberCash)

> **해설** 전자화폐는 가치저장 방식에 따라 크게 IC카드형과 네트워크형으로 구분된다. IC카드형 전자화폐는 신용카드 크기의 플라스틱 카드 위에 집적회로를 내장한 형태로 금융결제원의 K캐시, 몬덱스(Mondex), 비자캐시카드 등이 있다. 네트워크형 전자화폐는 디지털 방식으로 화폐가치를 저장했다가 인터넷을 통해 꺼내 쓰는 방식으로 e-Cash, NetCash, NetBill, CyberCash, Payword 등이 있다.

20 전자결제 서비스와 거래안전장치(Escrow) 서비스에 대한 설명으로 가장 옳지 않은 것을 고르시오.

① 전자결제시스템은 결제수단에 따라 신용카드결제시스템, 전자화폐결제시스템, 전자수표결제시스템, 전자자금이체시스템 등으로 구분할 수 있으며, 현재 전자상거래의 주된 대금결제방식으로 그 통용성이 인정되고 있다.
② 전자화폐는 일반적으로 유통성, 양도가능성, 범용성, 익명성 등 현금의 기능을 갖추고 있다. 뿐만 아니라 원격 송금성, 수송상의 비용절감, 금액의 분할 및 통합의 유연성, 전자성 등의 특징과 현금의 단점을 보완하는 기능을 가지고 있다.
③ SSL(Secure Sockets Layer)은 인터넷 프로토콜의 보안문제를 극복하기 위해 개발되어, 현재 전 세계의 인터넷 상거래 시 요구되는 개인 정보와 크레디트카드 정보의 보안 유지에 가장 많이 사용되고 있다.
④ IC카드형 전자화폐는 화폐 가치이전 가능성에 따라 개방형과 폐쇄형으로 나누고, 개방형은 카드 상호 간 가치이전이 가능하고 폐쇄형은 불가능하다. 비자캐시, 몬덱스, 아방트, 프로튼, 덴몬트 중 몬덱스는 폐쇄형, 나머지는 개방형이다.
⑤ 에스크로서비스는 쇼핑몰(전자)보증보험과 같은 소비자피해 보상보험과는 근본적인 차이가 있다. 즉, 구매자뿐 아니라 판매자가 입을 수 있는 피해도 예방하여 거래의 양 당사자를 모두 보호하는 성격이 강하다.

> **해설** 몬덱스(MONDEX)는 웨스트민스터(National Westminster) 은행이 주체가 되어 미들랜드(Midland) 은행과 브리티스 텔레컴(BT)이 공동 출자해 만든 전자화폐이다. 몬덱스는 IC카드형 전자화폐로서 개방형 시스템 방식이기 때문에 은행의 중앙시스템을 거치지 않고 카드 간이나 개인 간에 화폐를 교환할 수 있다. 나머지 비자캐시, 아방트, 프로튼, 덴몬트는 폐쇄형이다.

21

신용카드의 PG(Payment Gateway) 서비스는 대표가맹점 서비스와 자체가맹점 서비스 2가지가 있다. 다음 중 이에 대한 설명으로 가장 옳지 않은 것은?

① 대표가맹점 서비스는 PG업체가 중소형 온라인 쇼핑몰을 대표하여 신용카드사와 대표가맹점 계약을 체결하고 거래승인, 매입, 정산 등의 업무를 대행하는 서비스이다.
② 대표가맹점 서비스는 카드결제정보가 PG서버에서 처리됨으로써 결제의 안정성과 신뢰성에 문제가 있다.
③ 자체가맹점 서비스는 온라인 쇼핑몰이 신용카드사와 가맹점 계약을 직접 체결하고 PG업체는 결제정보를 중계한다.
④ 자체가맹점 서비스에서의 정산은 신용카드사가 온라인 쇼핑몰과 함께 직접 처리한다.
⑤ 온라인 쇼핑몰은 대표가맹점 서비스보다 자체가맹점 서비스를 이용할 때 보다 신속하게 판매대금을 받을 수 있다.

> 해설
> 대표가맹점 서비스는 PG업체가 쇼핑몰을 대신하여 신용카드회사와 대표가맹점 계약을 체결하고 PG업체 명의의 가맹점 번호를 이용하여 거래승인, 매입, 정산대행 등 제반업무를 수행하는 형태이다. 이 서비스를 이용하는 쇼핑몰은 별도의 시스템을 구축할 필요가 없으며 저렴한 비용으로 편리하게 운영할 수 있는 장점이 있다. 또한, 쇼핑몰이 구매자의 신용카드 정보를 볼 수 없고, 직접 PG서버에서 처리를 하기 때문에 거래의 안전성과 신뢰성이 보장된다.

22

인터넷 보안사고의 유형에 대한 설명으로 가장 옳지 않은 것을 고르시오.

① Virus : 컴퓨터내부 프로그램에 자신을 복사했다가 그 프로그램이 수행될 때 행동을 취하며 최악의 경우 프로그램 및 PC의 작동을 방해함
② Worm : 바이러스와 형태 및 작동이 유사하나 프로그램 및 PC의 작동을 방해하지는 않음
③ Trojan Horse : 일종의 바이러스로 PC 사용자의 정보를 유출함
④ Sniffing : 어떤 프로그램이나 시스템을 통과하기 위해 미리 여러 가지 방법과 수단 또는 조치를 취해두는 방식
⑤ Spoofing : 어떤 프로그램이 정상적인 상태로 유지되는 것처럼 믿도록 속임수를 쓰는 방식

> 해설
> 스니핑(Sniffing)은 주로 침입 후 툴을 설치하거나 단일 네트워크상[이더넷(Ethernet) 등]에서 떠돌아 다니는 패킷을 분석하여 사용자의 계정과 암호를 알아내는 방식이다.
> ※ 잠입(Tap door, Back door)
> 　어떤 프로그램이나 시스템을 통과하기 위해 미리 여러 가지 방법과 수단 또는 조치를 취해두는 방식

CHAPTER 04 · 통합정보자원관리시스템

> **Key Point**
> - ERP, CRM, SCM의 개념 및 특징에 대해 숙지한다.
> - SCM의 관련 개념인 채찍효과와 균형성과표의 개념에 대해 암기한다.
> - SCM 응용기법의 종류와 각 특징에 대해 숙지하고, e-SCM의 내용에 대해 학습한다.

01 ERP 시스템

1 ERP 개념 기출 19

(1) ERP(Enterprise Resource Planning, 전사적 자원관리)의 정의
① 기업 활동을 위해 사용되는 기업 내의 모든 인적·물적 자원을 효율적으로 관리하는 통합정보시스템이다.
② 기업 내 생산, 물류, 재무, 회계, 영업과 구매, 재고 등 경영 활동 프로세스들을 통합적으로 연계해 관리해 주며, 기업에서 발생하는 정보들을 공유하고 새로운 정보의 생성과 빠른 의사결정을 도와주는 전사적 자원관리시스템 또는 전사적 통합시스템을 말한다.

(2) ERP의 목적
① ERP의 주목적은 조직의 모든 기능 영역 사이에 정보가 끊김 없이 흐르도록 하는 것이다.
② ERP를 도입하고 활용함으로써 업무의 처리 방법이나 기업의 구조를 본질적으로 혁신해 생산성을 극대화하는 전략적 접근이라 할 수 있다.

(3) ERP의 기능
① 생산 관리 기능 : 연구개발, 작업 센터 관리, 일정 계획, 자재 흐름 및 생산과 관련되는 정보의 흐름을 최적화하는 데 필요한 기능을 제공한다.
② 재무·회계 기능 : 각 업무 프로세스의 가치를 중심으로 표현되고 기업 내부에서 가치 흐름을 계획·관리·검사할 수 있도록 지원하며 원가 통제, 재무 분석, 비용 관리와 예산 수립 업무지원 등의 기능을 제공한다. 또한 회계 기능은 수익·비용과 관련되는 의사결정에 필요한 정보를 제공하고 있다.
③ 고객·상품 관리 : 고객에 관한 종합 관리(CRM), 고객의 판매 주문, 가격 결정, 고객 현장서비스, 서비스 품질 관리 등 업무에 필요한 기능을 제공한다.
④ 공급망관리 : 자재 예측, 구매, 유통, 재고, 협업 등의 업무에 필요한 정보흐름을 최적화하는 데 필요한 기능을 제공한다.
⑤ 기업 서비스 : 부동산과 시설 관리, 환경과 법, 건강과 안전 관련 사항, 인센티브와 수수료관리 등의 기능을 제공한다.

⑥ **인적자원관리** : 기업의 경영 자원인 사람에 대한 인사 계획, 정보 관리, 급여, 교육훈련 등 모든 인사 업무를 지원하는 종합적인 인사관리시스템이라 할 수 있다.

(4) ERP의 특징

① ERP는 데이터를 어느 한 시스템에서 입력 시 전체적으로 자동 연결되어 별도 인터페이스 처리가 필요가 없는 통합운영시스템이다.
② 기업의 경영자원을 하나의 체계로 통합적 시스템을 재구축하여 생산성을 극대화하려는 대표적인 기업 리엔지니어링 기법이다.
③ ERP는 표준 프로세스만으로 처리가 힘든 부분은 모두 커스터마이제이션 형식의 추가 개발로 처리하여 데이터 및 프로세스 관리의 표준화를 극대화하지 못한다는 문제점이 있다.
④ ERP의 기능 중 사용자가 원하는 특정 기능을 선택하여 시스템이 어떻게 작동할지를 결정하는 컨피규레이션(Configuration ; 변수조정) 기능은 기업의 조직이나 업무에 따라 기업에서 스스로 변경사항에 대한 기능을 재설정할 수 있기 때문에 안정적인 시스템 도입을 선호하는 유통업체의 경우 컨피규레이션을 선호한다.

> **OX 문제**
> ▶ ERP 구축 시, 업무프로세스 혁신과 함께 커스터마이제이션과 컨피규레이션을 수행하며, 안정적인 시스템 도입을 선호하는 유통업체의 경우 커스터마이제이션을 선호한다. O｜X
>
> **해설**
> 안정적인 시스템 도입을 선호하는 유통체의 경우 컨피규레이션을 선호한다.
>
> **정답** ×

2 ERP 요소기술

(1) ERP 시스템의 구성

생산 부문	물류 부문	회계 부문	인사 부문	공동 부문
• 생산관리 • 품질관리	• 영업관리 • 자재관리	• 재무회계 • 관리회계 • 자금관리	• 인사관리	• 프로젝트관리 • 워크플로우

(2) ERP 시스템의 요소기술

① ERP 시스템은 기업의 전체적인 비즈니스 모델에 대해서 정보 인프라를 제공하는 시스템인 만큼 규모적인 측면에서 매우 광대하며, 기술적으로는 기존의 정보시스템에 비해 많은 데이터를 효율적으로 더 빠른 시간 안에 처리 가능해야 한다.
② ERP는 정보 인프라를 최적으로 지원하기 위하여 클라이언트 서버 시스템, 객체지향기술, 4세대 언어 개발 툴, 개방형 시스템, 데이터 웨어하우스, 인터넷 기술 등과 같은 최신 정보시스템 기술을 수용하고 있다.
③ 최근 기업 내부를 제어하는 Back Office Application인 ERP와 Business Infrastructure Application인 DBMS 등을 통해 얻어진 Data를 활용한 확장 어플리케이션으로 전략적인 기업경영을 가능하게 하는 솔루션인 SEM(Strategic Enterprise Management), 소비자 및 공급자와의 관계를 제어하는 CRM(Customer Relationship Management), SCM(Supply Chain Management), 그리고 이들을 이용하여 웹상에서 구매와 판매를 할 수 있도록 하는 전자상거래 솔루션들이 급성장하고 있다.

> **개념 PLUS**
>
> 전략적 기업경영(SEM ; Strategic Enterprise Management)
> 기업의 경영 정보를 좀 더 정확히 판단해 최고경영진과 임원으로 하여금 가치 중심의 경영을 전사적으로 구현할 수 있게 해주는 일련의 통합 경영관리 체계이다. 여기서 가치 중심의 경영이란 회사가 추구하는 비전과 목표에 맞는 전략을 수립하고 이를 반영해 비즈니스를 수행함으로써 수익성을 제고하여 사업과 이해당사자(임직원, 투자자, 고객, 정부 등)들의 가치를 증진시키는 것을 의미한다.

3 ERP 구축

(1) ERP의 구축 절차

ERP시스템 구축 절차는 크게 분석(Analysis), 설계(Design), 구축(Construction), 구현(Implementation)의 단계로 구분할 수 있다.

① 착수단계 : 프로젝트 수행 전 준비 단계로 계획을 수립하고 팀 구성원을 조직하여 원활한 프로젝트 진행을 위한 물리적·기술적 환경을 구축한다.

② 분석단계 : 현재의 업무 프로세스 현황 분석을 통해 ERP 표준 프로세스와 비교하여 차이점을 분석하고 이를 개선할 수 있는 AS-IS를 예측한다.

③ 설계단계 : 분석 단계에서 도출된 정보를 기반으로 필요 부분을 도출하고 설계하는 단계이다. 기존 개발된 부분을 기반으로 추가하는 설계라면 기존 시스템과의 정상적인 인터페이스를 체크한다.

④ 구현단계 : 파악된 문제점을 기반으로 설계된 항목을 ERP 시스템으로 구축·운영하는 단계이다. 구축이 완료되면 운영 매뉴얼을 작성하여 업무처리 시 활용하도록 한다.

⑤ 종료단계 : 프로젝트의 완료를 조직 내부 구성원이나 고객사에게 알리고 요구사항에 기반한 구현 및 테스트가 종료되었음을 확인하면, 정상적으로 종료를 선언한 후 운영에 들어간다.

(2) ERP 구축의 성공 요인

① 기업의 경영 방침 및 비즈니스 전략과 새로운 시스템의 방향성을 맞추기가 어렵기 때문에 최고 경영진의 의지가 중요하다.

② ERP를 도입하는 목적과 그에 적합한 프로젝트의 범위 및 ERP를 도입하고자 하는 조직영역 또는 업무영역을 명확히 하여야 한다.

③ 회사 내의 IT 인력과 외부 전문 컨설팅 인력 등 필요 자원을 확보해야 한다.

④ 현재 기업들이 적용하고 있는 ERP Package가 많지만 각각의 성격이 다르므로 도입하고자 하는 회사의 성격을 잘 파악한 다음 가장 적합한 Package를 선정하는 것이 중요하다.

⑤ ERP 구축 시에 비용, 시간, 인원, 기능 등의 면에서 자사의 정보시스템 부서원의 단독 수행이 불가능할 경우가 대부분이어서 컨설팅 회사의 지원을 의뢰하는 것이 일반적인데, 이때 적절한 선정 기준을 확립하고 그 기준마다 컨설팅사의 평가를 실시하여 최종적으로 어느 컨설팅사에 의뢰할 것인지를 결정한다.

02 CRM 시스템

1 CRM 개념

(1) CRM(Customer Relationship Management, 고객관계관리)의 정의
① CRM은 고객들과의 관계를 효율적·효과적으로 관리하고자 하는 행위 및 행동이다.
② CRM은 고객에 대한 이해를 통해 그들의 요구에 맞는 가치를 제공함으로써 기업 조직의 수익을 창출하는 도구이다.
③ CRM은 거래 고객에 대한 로열티를 높이고, 신규고객을 창출하며, 거래고객당 가치를 높이고, 우수고객의 이탈을 방지한다.

(2) CRM의 목적
① **고객 창출** : 구매 가능성이 있는 잠재고객을 발굴하여 구매 적중률이 높을 것으로 기대되는 가망고객을 선별하는 활동을 말한다. 고객상담 애플리케이션, 고객데이터베이스 등의 고객지원시스템을 기반으로 신규고객을 획득한다.
② **고객 유지** : 우량고객관리, 고객 이탈 방지, 만기 고객 재유치, 휴면 고객 활성화를 통한 재구매 유도, 거래 가능성이 없는 휴면 고객에 대한 거래 중단 등의 활동을 말한다. 기존의 고객을 유지하기 위해 고객의 욕구 및 행동을 분석해서 개별 고객들의 특성에 맞춘 마케팅을 기획 및 실행한다.
③ **고객 확장** : 평생가치(LTV ; Life Time Value) 창출을 통하여 구매가치가 있는 신상품을 지속적으로 제공함으로써 기존고객의 평생고객화를 지원하는 활동을 말한다.

(3) CRM의 중요성
① **시장점유율보다는 고객점유율에 비중** : 기존고객 및 잠재고객을 대상으로 고객유지 및 이탈방지, 타 상품과의 연계판매(Cross-Sell) 및 수익성이 높은 상품을 판매하기 위한 상승판매(Up-Sell) 등 1 : 1 마케팅전략을 통해 고객점유율을 높이는 전략이 필요하다.
② **고객획득보다는 고객유지에 중점** : 한 사람의 우수한 고객을 통해 기업의 수익성을 높이며, 이러한 우수한 고객을 유지하는 것에 중점을 두고 있다.
③ **제품판매보다는 고객관계(Customer Relationship)에 중점** : 기존의 마케팅 방향이 기업의 입장에서 제품을 생산한 것이었다면 CRM은 고객과의 관계를 기반으로 고객의 입장에서 상품을 만들고, 고객의 니즈를 파악하여 그 고객이 원하는 제품을 공급하는 것이다.

(4) CRM의 특징 기출 23
① 지속적인 관계를 통한 고객관리 : 습관적으로 자사의 제품이나 서비스를 구매하도록 하는 마케팅 행위
② 개별고객 관리 : 고객 개개인에 대한 1 : 1 마케팅
③ 정보기술에 의한 관리 : 데이터베이스를 이용하여 고객의 정보를 관리
④ 전사적 차원에서의 관리 : 핵심 기능의 통합을 시도하는 방향으로 발전

> **OX 문제**
> ▶ 고객관계관리(CRM ; Customer Relationship Management)는 회사의 개별부서 차원에서 부분별 고객관리를 한다. O|X
>
> 해설
> 고객관계관리(CRM)는 전사적 관점에서 기능 간 통합, 즉 구매, 생산, 마케팅, 연구개발 등 핵심 기능의 통합을 시도하는 방향으로 발전해 왔다.
>
> 정답 〉 ×

(5) CRM의 도입효과 기출 20·17
① 수익중심의 경영
  ㉠ 기존고객 유지와 기존고객의 수익성이 향상된다.
  ㉡ 수익성 있는 신규고객 확보 등이 필요하다.
② 비용절감
  ㉠ DB를 이용한 정보관리로 고객별 맞춤화된 커뮤니케이션을 제공한다.
  ㉡ 고객의 획득비용 및 유지비용이 감소한다.
  ㉢ 이탈 우려가 있는 고객의 사전 파악 및 대응이 가능하다.
  ㉣ 고객의 등급화 및 등급별로 차별화된 충성도 프로그램을 운영할 수 있다.
  ㉤ 대응식 고객불만 해결에서 예방식 문제해결로 전환이 가능하다.
  ㉥ 개별 고객과의 상호작용을 향상시키는 기능이 있다.
  ㉦ 고객의 생애가치를 중시하고 고객점유율을 높이는 것을 목표로 하고 있다.
  ㉧ 고객의 예상되는 불만을 사전에 제거함으로써 '고객의 유지'를 주요 목적으로 하는 시스템이다.
  ㉨ 판매 후 서비스뿐만 아니라 판매 전 서비스의 제공도 가능하다.
  ㉩ 마케팅·고객확보캠페인 비용이 감소한다.
  ㉪ 마케팅 캠페인으로부터 오는 반응률 증가 등을 들 수 있다.

> **개념 PLUS**
>
> 소매기업의 고객생애가치 향상 방법 기출 20·18
> • 고객카드 적립률 제고를 통한 유지율 향상프로그램 수립
> • 기대와 비교한 성과향상을 통한 고객만족도 향상프로그램 수립
> • 구전을 통한 고객획득률 향상과 획득비용 감소프로그램 수립
> • 마일리지 프로그램을 활용한 전환 장벽 구축전략 수립

(6) CRM의 활용
① 판매 : 소매점 판매, 현장 판매, 통신 판매, 웹 판매 등
② 마케팅 : 캠페인, 콘텐츠개발
③ 서비스 : 콜센터, 웹서비스, 무선서비스
④ 개발 : 신상품개발, 사업개발

(7) CRM마케팅과 대중(MASS)마케팅의 비교

구 분	CRM마케팅	대중(MASS)마케팅
관 점	개별고객과의 관계를 중요시한다.	전체고객에 대한 마케팅 관점을 중요시한다.
성과지표	고객점유율을 지향한다.	시장점유율을 지향한다.
판매기반	고객가치를 높이는 것을 기반으로 한다.	고객과의 거래를 기반으로 한다.
관계측면	고객과의 지속적인 관계를 유지하는 것에 목표를 둔다.	신규고객개발을 더 중요시한다.

(8) CRM의 유형

① 운영적 CRM(Operational CRM)
  ㉠ 운영적 CRM은 구체적인 실행을 지원하는 시스템으로서 주로 프론트오피스 부분의 기능에 초점이 맞춰져 있다.
  ㉡ 운영적 CRM은 조직과 고객 간의 관계향상, 즉 조직의 전방위 업무를 지원하는 시스템이다.
  ㉢ 구체적인 예로서 컨택 매니지먼트(Contact Management) 기능이나 세일즈포스오토메이션(SFA ; Sales Force Automation) 기능을 들 수 있다.

② 분석적 CRM(Analytical CRM)
  ㉠ 분석적 CRM은 백오피스를 지향하고 있고, 데이터웨어하우스를 기반으로 고객정보를 분석해서 마케팅활동을 지원하는 데 초점이 맞춰져 있다.
  ㉡ 영업, 마케팅, 서비스 측면에서 고객정보를 활용하기 위해 고객데이터를 추출, 분석하는 시스템이다.
  ㉢ 이를 통해 사업에 필요한 고객, 시장세분화, 고객 프로파일링, 제품콘셉트의 발견, 캠페인 관리, 이벤트계획, 프로모션 계획 등의 기회 및 방법에 대한 아이디어가 도출될 수 있다.

③ 협업적 CRM(Collaborative CRM)
  ㉠ 협업적 CRM은 분석과 운영시스템의 통합을 의미하는 것이다.
  ㉡ 고객과 기업 간의 상호작용을 촉진시키기 위해 고안된 여러 가지 고객 접점 도구들을 포함하는 서비스 애플리케이션이다.

2 CRM 요소기술

(1) CRM의 기본요소

① 시장과 고객에 대한 이해(Know) : 수익성이 높은 고객과 낮은 고객을 분류하고, 고객 데이터 웨어하우스(Data Warehouse) 및 데이터마이닝(Data Mining)을 통해 고객가치를 관리한다.
② 최적 서비스 개발(Target) : 어떤 고객에게, 어떤 제품과 서비스를, 어떤 채널을 통해 판매할 것인가를 고민하여 최적 서비스를 개발한다.

> **OX문제**
> ▶ 고객관계관리시스템은 데이터마이닝(Data Mining) 기술과 빅데이터(Big Data) 분석 기술 발전에 따라 기업에서 관심을 잃어가고 있다.
>
> **해설**
> 기업들은 데이터마이닝 기술과 빅데이터 분석 기술이 발전함에 따라 한층 강화된 고객관계관리시스템을 구축하고 있다.
>
> 정답 ⟩ ×

③ 고객 유치(Sell) : 현재의 우량고객과 유사한 대상을 선별하여 적절한 접근 방식 및 유인을 통해 그들과 새로운 거래관계를 형성하여 신규고객을 유치한다.

④ 기존 고객의 유지(Service) : 기존 고객의 만족은 또 다른 고객 추천의 바탕이 되므로 CRM에서는 기존 고객의 유지 활동을 매우 중요하게 생각한다. 따라서 고객의 충성도를 창출하고 유지하기 위한 고객서비스를 제공한다.

(2) CRM의 구성요소

관계획득전략	관계유지전략	관계강화전략
• 잠재고객의 추출 • 구매고객으로의 전환 • 고객확보비용 감소 • 이탈고객 재획득	• 고객니즈의 분석 • 고객평가 및 세분화 • 개인화 및 맞춤화 • 이탈 방지	• 핵심고객의 발굴 • 관계의 깊이와 폭 확대 • 고객 네트워크의 전략적 활용

(3) CRM 시스템의 기술 요소

① OLTP(On-Line Transaction Processing) : 데이터베이스 기반하에 거래처리 관련 개별 데이터를 조회·갱신·삭제하기 위한 처리 시스템이다.

② OLAP(On-Line Analytical Processing) : 데이터베이스 기반하에 다차원적 정보구조 분석을 통해 데이터를 생성·조작·활성화하는 시스템이다.

③ 데이터마이닝(Data-Mining) : 데이터 속에 내재된 데이터들 간의 패턴이나 관련성을 발견하여 미래에 실행 가능한 지식을 추출해 내고 의사결정에 활용하는 과정이다.

3 CRM의 구축

(1) CRM의 구축을 위한 전제조건 기출 24

① 고객 통합 데이터베이스의 구축
  ㉠ 기업이 보유하고 있는 고객, 상품, 거래 등에 관련된 데이터를 데이터웨어하우스 관점에 기초하여 통합한다.
  ㉡ CRM을 위해서는 고객과 관련된 전사적인 정보의 공유체제가 확립되어야 한다.

② 고객 특성을 분석하기 위한 마이닝 도구 : 구축된 고객 통합 데이터베이스를 대상으로 데이터마이닝 작업을 통해 고객의 특성을 분석한다.

③ 마케팅 활동을 대비하기 위한 캠페인 관리용 도구 : 고객에 대한 적절한 캠페인 전략을 지원·관리하는 도구가 애플리케이션, OLAP, Web 등의 다양한 형식으로 관련 부서 및 사용자의 목적에 따라 이용될 수 있다.

(2) CRM의 구축과정

① 데이터의 수집 : 기업의 내부와 외부자료를 수집하는 과정이다.
  ㉠ 내부데이터 : 거래개설 시 입수되는 고객속성 관련 정보, 거래 관련자료, 회계정보자료, POS 관련 자료, 고객 직접반응 자료, 고객 불만처리 관련자료 등

ⓒ 외부데이터 : 고객정보, 제공업자로서 입수되는 고객속성자료, 라이프스타일 관련자료, 신용평가 자료, 제휴활용자료 등
② 데이터의 정제과정
  ㉠ 데이터에 존재하는 이상치나 중복성을 제거한다.
  ㉡ 누락데이터(Missing data)와 블랭크 데이터(Blank data)의 문제 등이 중요하다.
③ 데이터웨어하우스 구축
  ㉠ 지속적인 고객 관리를 위해서 필요하다.
  ㉡ 자주 분석될 데이터에 대해서는 데이터마트로 관리한다.
  ㉢ 데이터웨어하우스에 대한 비용지출이 어려울 때는 데이터마트만 운영할 수 있다.
④ 고객 분석/데이터마이닝 : 고객의 선호도나 요구에 대한 분석을 바탕으로 고객 행동을 예측하고 고객별 수익성, 가치성을 측정한다.
⑤ 마케팅 채널과의 연계 : 분석된 결과를 가지고 영업부서나 고객서비스 부서 등에서 활용하여 마케팅활동의 자료로 활용할 수 있다.
⑥ 피드백 정보 활용 : 마케팅 활동의 결과를 판단하여 의미 있는 정보를 마케팅 자료로 활용하기 위해 피드백된다.

(3) CRM 구현단계

① **고객 획득의 단계** : 고객에게 해당 기업의 제품을 판매하고 최초로 고객들과의 관계가 형성되는 단계이다.
② **고객 강화의 단계** : 고객들이 스스로 기업에 대해서 알고자 하는 것이며, 기업으로부터 고객 스스로의 정보에 대한 만족을 요청하게 되는 단계이다.
③ **고객 유지의 단계** : 고객들이 해당 기업과 계속적으로 관계를 유지하게 되는 단계이다.
④ **고객 성장의 단계** : 기업 조직이 고객으로 하여금 현 수준보다 더욱 강화된 관계를 형성시키게 되는 단계이다.

> **O X 문제**
> ▶ 경쟁업자, 지역주민, 일반공중, 시민단체 등은 거시환경의 구성요소이므로 이들과의 우호적관계를 형성, 유지하는 것이 매우 중요하다.
> O X
> **해설**
> 경쟁업자, 지역주민, 일반공중, 시민단체 등은 미시환경의 구성요소이다. 미시적 환경은 마케팅의 목표달성에 직접적인 영향을 미치는 요인이다.
> 정답 ▶ X

개념 PLUS

기업마케팅의 거시환경(Macro Environment) 기출 14
• 거시환경이란 기업 생산물의 수요에 영향을 미치지만 기업으로서는 통제가 어려운 환경요인을 말한다.
• 정치환경, 경제환경, 사회·문화환경, 자연환경 등이 포함된다.
• 거시환경은 기업에게 성장의 기회와 함께 위협요인이 되기도 한다.
• 거시환경이란 하나의 경제공동체를 구성하는 개별 경제주체들이 공유하는 환경이란 뜻이기도 하다.

4 유통분야에서의 CRM 활용

(1) 고객과의 관계에서의 활용
① 잠재고객을 발굴할 수 있다.
② 고객충성도를 향상시킨다.
③ Cross Selling(크로스셀링)과 Up Selling(업셀링)을 통해 Profit(이익)을 증대시킬 수 있다.
④ 고객의 이탈을 방지하고 이탈 고객을 재탈환할 수 있다.

(2) 업무영역에서의 활용
① 마케팅 : 고객의 가치를 분석하고 평가한다.
② 영업 : 고객 접점에서 다양한 정보를 제공하고 적절한 업셀링 및 교차판매를 유도한다.
③ 고객서비스 : 고객 불만 처리 및 고객의 목소리를 청취할 수 있다.

> **개념 PLUS**
>
> 교차판매와 업셀링
> - 교차판매(Cross Selling) : 고객이 이미 구매한 상품 또는 서비스와 유사하거나 보완적인 다른 상품 및 서비스를 제안하여 고객의 구매범위를 확장하는 전략으로, 기업이 고객의 니즈를 파악하고 관련 상품을 제공하여 고객 만족도와 매출을 증대시키는 데 목적을 두고 있다.
> - 업셀링(Up Selling) : 고객에게 기존에 구매한 상품이나 서비스와 관련하여 추가적인 상품이나 업그레이드 옵션을 제안하여 고객의 구매액을 늘리는 전략이다. 업셀링은 고객이 사려는 상품의 같은 범주 안에서 상품을 제안하는 것이고, 크로스셀링은 고객이 구매하려는 상품과 관련은 되어 있으나 다른 범주의 상품을 제안하는 것이다.

03 SCM 시스템

1 SCM 개념

(1) SC(Supply Chain, 공급사슬)
① 공급사슬의 개념
  ㉠ 공급사슬은 원자재업자로부터 공장, 창고를 거쳐 소비자에게 최종제품을 전달(혹은 인도)하는 것까지의 모든 활동이 하나의 네트워크로 통합·연결되는 것을 말한다.
  ㉡ 기존 개별기업들의 혁신활동의 한계를 극복하기 위해 공급망 전체를 조망하는 시야가 필요해짐에 따라 도입된 개념으로 원자재 공급업체, 제조업체, 유통업체, 고객 등을 연결한다. 즉 구매, 생산, 배송, 판매 등을 단편적인 책임으로 보는 것이 아니라 하나의 단일체로서 인식한다.
② 공급사슬의 구성요소
  ㉠ 상위흐름 공급사슬(Upstream Supply Chain) : 조직의 첫째 상단에 있는 1차 공급업자와 그들에게 공급해주는 공급업자이다.

ⓒ 내부 공급사슬(Internal Supply Chain) : 기업 내 자재의 흐름과 관련된 사슬로 입고분을 출고분으로 전환하는 과정에서 조직이 수행하는 과정이다.
ⓒ 하위흐름 공급사슬(Downstream Supply Chain) : 제품을 최종고객에게 전달하는 데 관련된 전 과정이다.

(2) SCM(Supply Chain Management, 공급사슬관리) 기출 21·14·13

① SCM의 개념 : SCM은 기업 내부뿐 아니라 연결업체(예 공급업체, 제조업체, 유통업체, 창고업체)를 하나의 연결된 체인으로 간주하여 협력과 정보교환을 통해 상호이익을 추구하는 관리체계이다.
② SCM의 목적 : SCM은 유통공급망(예 제조, 유통, 물류)에 참여하는 전 기업들의 협력으로 양질의 상품 및 서비스를 소비자에게 전달하고 소비자는 극대의 만족과 효용을 얻는 것을 목적으로 한다.
③ SCM의 등장 배경 및 필요성
   ㉠ 전체 부가가치의 약 60~70%가 제조 이외의 부분에서 발생하므로 전체 공급망의 최적화의 중요성
   ㉡ 정보의 왜곡, 제품수명주기의 단축 등 다양한 요인으로 수요의 불확실성이 증대
   ㉢ 인터넷, EDI, ERP 등의 정보통신기술 발전으로 기업 간 프로세스 통합에 의한 정보 공유와 협업으로 채찍효과(Bullwhip Effect) 감소
   ㉣ 기업 경영환경의 글로벌화와 물류관리의 복잡성 증대 등 통합적 물류관리 필요성의 증대
   ㉤ 기업경쟁력 향상을 위해 공급망 전체의 최적화를 통한 물류관리의 중요성 증가
④ SCM의 솔루션

SCP(Supply Chain Planning)	SCE(Supply Chain Execution)
• SCM에서 계획기능을 지원해주는 애플리케이션 • 가변적인 수요에 대해 균형 잡힌 공급을 유지하는 최적화된 계획 구현 시스템	SCP를 통해 수립·실행된 계획대비 실적을 다시 SCP로 피드백하여 SCM 전체에 대한 관리를 수행하는 시스템

(3) SCM 도입 효과

① 거래·투자비용의 최소화
② 보다 개별화된 고객서비스 제공
③ 공급사슬의 순환주기(리드타임)의 감축
④ 기업 간 프로세스의 유기적 통합으로 정보 공유 및 채찍효과 감소
⑤ 기업 예측도의 제고 및 자동보충을 통한 재고의 감축
⑥ 관련 인프라 및 다른 산업분야로의 수평적 확장의 용이성 증대
⑦ 원자재, 생산업체, 물류업체 간 핵심정보의 피드백 원활

(4) SCM 전략

① 지연전략(Postponement)
   ㉠ 제품 생산공정을 전·후 공정으로 나누고, 마지막까지 최대한 전 공정을 지연시키는 전략이다.
   ㉡ 최종 제품의 조립 시점을 최대한 고객 가까이 가져감으로써 주문에 맞는 제품을 만드는 생산리드타임을 단축하여, 시장 변화에 반응하는 능력을 키운다.
② 혼재(Consolidation) : 소량 화물을 다수의 화주로부터 집하하여 이것을 모아서 대량화물로 만드는 것
③ 표준화(Standardization) : 재고를 증가시키는 상품 다양성을 피하는 것

(5) 공급사슬 성과지표

① 현금화 순환주기(Cash-to-Cash Cycle Time) : 회사가 원자재를 현금으로 구입한 시점부터 제품 판매로 현금을 회수한 시점까지의 시간을 평가

② 주문충족 리드타임(Order Fulfillment Lead Time) : 고객의 주문 요구에 신속하게 서비스로 대응한 시점까지의 시간을 측정·평가

③ 총공급사슬관리비용(Total Supply Chain Management Cost) : 제조사 및 공급업체의 공급망 프로세스와 관련된 고정 및 운영비용 등의 측정치 평가

④ 완전주문충족율(Perfect Order Fulfillment) : 고객에게 정시에 완전한 수량으로 손상 없이 정확한 문서와 함께 인도되었는지의 여부를 평가

⑤ 공급사슬 대응시간(Supply Chain Response Time) : 공급망이 시장 수요에 신속하게 대응할 수 있는 시간을 측정·평가

(6) 채찍효과와 제거방안

① 채찍효과(Bullwhip Effect)의 개념 기출 24·23·22·19·18·16·14
  ㉠ 제품에 대한 최종소비자의 수요 변동 폭은 크지 않지만, 소매상, 도매상, 제조업자, 원재료 공급업자 등 공급사슬을 거슬러 올라갈수록 변동 폭이 크게 확대되어 수요예측치와 실제판매량 사이의 차이가 커지는 정보의 왜곡 현상을 말한다.
  ㉡ 유통업체와 제조업체가 정보공유 시스템을 도입하게 되면, 채찍효과를 최소화할 수 있다.
  ㉢ 유통업체가 판매시점관리시스템을 도입해 판매정보를 제조업체에게 제공하게 되면 정보왜곡문제를 줄일 수 있다.
  ㉣ 채찍효과 발생 시 제조업체와 유통업체는 생산과 판매 측면에서 비효율적인 문제가 발생한다.
  ㉤ 하류의 고객주문정보가 상류로 전달되면서 정보가 왜곡되고 확대되는 증폭현상이 발생한다.

② 채찍효과의 주요 발생원인
  ㉠ 실제수요에 의하지 않고, 거래선의 주문량에 근거한 수요의 예측
  ㉡ 각각의 단계에서 주문이 일괄처리 되는 것
  ㉢ Promotion 등 가격정책의 영향
  ㉣ 공급이 부족한 제품에서 일어나는 Fantom 수요가 발생

③ 채찍효과의 제거 방안
  ㉠ 공급체인 전반에 걸쳐 수요에 대한 정보의 집중화·공유화
  ㉡ 최종 소비자의 수요변동폭을 감소시킬 수 있는 영업전략 선택
  ㉢ EDI를 이용하여 정보리드타임을 단축시킬 수 있는 방안 연구
  ㉣ 공급자재고관리(VMI) 등 공급체인 구성원 간에 전략적 관계 강화

> **OX문제**
> ▶ 공급사슬상의 상류에서 하류로 발주정보가 전달되는 과정에서 정보의 왜곡현상은 하류로 내려갈수록 그 폭이 커진다. ○│×
>
> 해설
> 하류의 고객주문정보가 상류로 전달되면서 정보가 왜곡되고 확대되는 증폭현상이 발생한다.
>
> 정답 ×

(7) SCM의 성공요인

기업과 조직의 기초환경	SCM의 성공요건
• 기업조직의 최고경영층의 지속적 관심과 지원 • 활동성 원가회계시스템의 도입 • 기업 내, 기업 간의 파트너십 강화 • 기업 내, 기업 간의 유기적 체제의 수립과 실행을 위한 정보기술의 도입과 활용	• SCM의 비전과 목표를 공급체인의 전체 구성원들과 공유 • SCM은 단순히 소프트웨어패키지를 도입 혹은 시스템을 설치하는 것이 아닌 일하는 방식을 바꾸는 것 • SCM을 현업 중심으로 구축 • 변화에 따라 지속적·신축적·개방적으로 대응할 수 있는 열린 시스템으로 구축

(8) 균형성과표(BSC ; Balanced Scorecard) 기출 13

① 데이비드 노턴(P. Norton) 박사와 로버트 캐플런(S. Kaplan) 교수가 공동 개발하였다.
② 균형성과표는 재무측정지표와 운영측정지표를 균형 있게 고려한 성과측정시스템으로, 과거성과에 대한 재무적인 측정지표를 통해서 미래성과를 창출하는 것이다.
③ 균형성과표는 재무측정지표와 고객만족, 내부 프로세스, 조직의 학습 및 성장능력과 관련된 3가지 운용측정지표를 포함한다.
④ 조직의 비전과 전략에서 도출된 평가지표들의 조합이다.
　㉠ 재무와 비재무, 장·단기, 선·후행, 내·외부, 조직과 개인의 성과목표가 균형을 이루고 조직 내의 전략과 비전이 공유되며, 단기성과가 아닌 미래 이익에 선행하는 비재무적 성과도 관리
　㉡ 지속적인 성과 피드백을 통해 전략실행을 위한 조직적인 학습이 가능
　㉢ 조직은 전략 중심으로 바뀌면서 임직원들이 기존의 사고와 틀에서 변화할 수 있게 유도

(9) 공급사슬 운영참조 모델(SCOR ; Supply Chain Operation Reference-model) 기출 13

① 개 념
　공급망의 측정·평가를 위한 모델로서, 계획, 구매, 제조, 반송, 반품의 관리프로세스로 구성되어 활동주체들의 업무프로세스 연계 정도를 분석하는 것
② 구 성 기출 17
　㉠ 계획(Plan)단계 : 수요·공급을 계획하는 단계, 생산가능량에 대한 계획 수립 과정
　㉡ 구매조달(Source)단계 : 실제 수요와 생산에 필요한 제품과 서비스를 획득하는 과정
　㉢ 제조(Make)단계 : 제조 기반시설 관리, 제품 품질검사, 생산현황, 작업스케줄링
　㉣ 배송(Deliver)단계 : 주문, 견적, 제품구성, 고객·제품 정보유지, 창고관리, 출하관리 등
　㉤ 반품(Return)단계 : 반품과 관련된 프로세스로서 고객지원 포함
③ 장 점
　㉠ 공급망 구축에 있어 모델을 얻기 쉽다.
　㉡ 용어, 프로세스의 표준화로 커뮤니케이션이 용이하다.
　㉢ 프로세스의 과부족이나 과잉 특수처리 등의 표면화가 용이하다.
④ 공급사슬 운영참조 성과표(SCOR Score Card) 기출 21
　㉠ 개념 : SCC(Supply Chain Council)가 개발한 SCOR(Supply Chain Operations Reference)에 포함된 평가지표로, 현재의 프로세스를 진단하고 개선 목표와의 차이(Gap)를 파악함으로써 개선의 방향을 제시하는 도구이다.

ⓒ 평가지표
- 공급사슬 신뢰성 : 인도성과, 주문충족 리드타임, 충족률, 완전주문충족
- 유연성·대응성 : 공급사슬 대응시간, 생산유연성
- 비용 : 총공급사슬관리비용, 보상 및 반품처리비용, 부가가치생산성
- 자산 : 총공급재고일수, 현금화 사이클타임, 순자산회전율

(10) SCM의 응용기법

① CAO(Computer Assisted Ordering ; 자동발주시스템) 기출 14
  ㉠ 개념 : 상품판매대의 재고가 소매 점포에서 설정한 기준치 이하로 떨어지면 자동으로 보충주문이 발생하는 시스템이다.
  ㉡ 특 징
  - 소매점포의 컴퓨터시스템은 판매대에 진열된 모든 품목의 입고량과 판매량을 대조하여 각 상품에 대한 재고를 추적·관리한다.
  - CAO의 성공적 운용은 정확한 POS데이터, 상품에 대한 판매 예측치, 점포수준의 정확한 재고파악이 필수적이다.
  - 점포·상품별 판매 예측치는 적절한 재고목표치 설정에 사용되며, 시계열적인 판매데이터, 계획된 판촉행사, 계절조정 등을 기초로 작성된다.

② CRP(Continuous Replenishment Process ; 지속적인 상품보충) 기출 21
  ㉠ 개념 : 주문량에 근거하여 공급업체로 주문하던 방식(Push방식)과 달리 실제 판매데이터와 예측수요데이터를 근거로 상품을 보충시키는 시스템(Pull방식)이다.
  ㉡ 특 징
  - 적기에 필요한 유통소매점의 재고 보충을 위해 운영비용과 재고수준을 축소시킬 수 있다.
  - POS데이터와 판매예측데이터를 기초로 창고의 재고보충주문과 선적을 향상시킨다.
  - 재고데이터와 점포별 주문데이터를 공급업체에 전송 시 공급업체는 주문업무를 책임진다.
  - 전반적인 유통공급과정에서의 상품주문기능이 향상된다.
  - 유통공급과정에서 상품 흐름을 향상시킨다.
  - 재고관리와 관련한 효율적 유통시스템 정책이다.

③ CPFR(Collaborative Planning, Forecasting and Replenishment) 기출 23·13
  ㉠ 개 념
  - 원자재의 생산과 공급에서, 최종 제품의 생산과 납품에 이르기까지 공급사슬에서 수행하는 사업계획, 판매예측, 원자재와 완제품의 보충에 필요한 주요 활동들을 거래 당사자들이 함께 계획하는 협력시스템을 말한다.
  - 협업설계예측 및 보충시스템으로, 유통과 제조업체가 상호 협업을 통해 함께 계획하고 상품을 보충하는 협업프로세스이다.
  - 소매업자·도매업자·제조업자가 고객서비스 향상과 업자들 간에 유통총공급망에서 재고를 감소시키려는 경영기술전략을 말한다.
  - 모든 참여자들이 원할 때 원자재 및 완제품을 가질 수 있는 계획 수립 및 수요예측기법이다.

ⓒ 특 징
- 인터넷상에서 실시간 공유되는 판매 관련 정보가 생산관리스케줄에 신속히 반영되어 공급체인상에서 변화에 대한 적응력을 향상시킨다.
- 협업적 계획수립을 위해 모든 거래 파트너들이 주문정보에 대한 실시간 접근 가능의 전제조건이 필요하다.
- 모든 참여자들은 공통된 하나의 스케줄에 따라서 운영활동을 수행한다.

④ Cross Docking(크로스도킹) 기출 18
ⓐ 개 념
- 미국 월마트에서 도입한 공급망관리시스템으로 보관거점 탈출시스템이라고 한다.
- 창고나 물류센터로 입고되는 상품을 보관하지 않고 곧바로 소매점포에 배송하는 물류시스템이다.

ⓑ 특 징
- 보관 및 피킹작업 등을 생략하여 물류비용을 절감할 수 있다.
- 크로스도킹은 정확한 주문정보의 사전 입수, 출고 전 수량과 상태 입고 여부, 입고 후 출고 차량별 분류, 재포장 가능성이 이루어져야 한다.
- 크로스도킹 시스템의 효과적인 실현을 위해 EDI, 바코드, RFID 등의 정보기술이 활용되어야 한다.

ⓒ 크로스도킹의 유형
- 파렛트 크로스도킹(Pallet Cross Docking)
  - 한 종류의 상품이 적재된 파렛트 단위로 입고되고 소매점포로 직접 배송되는 형태
  - 소매점포로 직송되는 가장 단순한 형태이며, 양이 아주 많은 상품에 적합
- 케이스 크로스도킹(Case Cross Docking)
  적재된 파렛트 단위로 소매업체의 물류센터로 입고된 상품은 각각의 소매점포별로 주문수량에 따라 피킹되고, 파렛트에 남은 상품은 다음 납품을 위해 잠시 보관하게 된다.

ⓓ 크로스도킹의 효과 기출 17·14
- 물류센터의 물리적 공간 감소
- 물류센터가 상품의 유통을 위한 경유지로 사용됨
- 공급사슬 전체 내의 저장 공간 감소
- 물류센터의 회전율 증가
- 상품공급의 용이성 증대
- 재고수준의 감소

> **O×문제**
> ▶ 크로스도킹으로 인해 공급체인 전체의 저장로케이션의 수가 증가한다.
> O│×
>
> **해설**
> 크로스도킹(Cross Docking)은 창고에 입고되는 상품을 보관하는 것이 아니라, 곧바로 소매점포에 배송하는 물류시스템을 말하므로 공급체인 전체의 저장로케이션의 수가 감소한다.
>
> 정답 ▶ ×

⑤ ABC(Activity Based Costing ; 활동원가회계분석)
ⓐ 개 념
- 제품별로 활동소비량에 따라 제조간접비를 배부하여 기존의 전통적인 원가계산방식에 비해 좀 더 합리적인 원가배부를 목적으로 하는 원가계산방식이다.
- 제품의 다양화, 제품수명주기의 단축, 생산시설의 자동화 등의 생산활동에서 제조간접원가 비중이 커짐에 따라 등장한 기법이다.

ⓑ 특 징
- SCM 응용기술의 실행 정도를 측정하는 중요 수단이다.
- SCM 응용기술을 적용하는 기업에 명확한 분석을 지원한다.

- 제품과 고객의 비용 및 이익을 이해하는 도구로 쓰인다.
- 투입한 자원이 제품 또는 서비스로 전환되는 과정을 명확히 파악한다.
- 업무 활동 단위로 세분하여 원가 및 경비를 산출·분석한 후 물류업무영역을 파악하고, 산정된 원가를 토대로 원가 유발 요인을 분석하여 성과를 측정한다.

⑥ ECR(Efficient Consumer Response ; 효율적 고객대응) 기출 23·16·15

㉠ 개념 : 고객만족도를 높이기 위해 유통업체와 공급업체들이 밀접하게 협력하는 식료품업계의 전략(매장구색, 재고보충, 판매촉진, 신제품 개발 등)을 의미한다.

㉡ 특 징
- 소비자 가치와 소비자 만족에 초점을 둔 공급체인관리의 효율성을 극대화하는 유통전략으로서 식품잡화산업을 중심으로 도입하였다.
- 원료공급업자에서부터 매장까지의 전체 공급사슬을 리엔지니어링함으로써 비효율과 초과비용을 제거하는 동시에 적합한 제품을 조달하도록 제품 및 정보의 흐름을 관리하여 부가가치를 극대화하였다.
- 데이터, 기술, 비용, 표준화 등을 공유함으로써 유통업체와 제조업체 간 거래관계를 상호이익이 되는 업무협력관계로 전환하게 되었다.
- 제조업체와 유통업체가 상호 협력하여 비효율적인 거래관행을 제거하고, 고객서비스에 있어서 비효율적·비생산적인 요소를 제거하여 효용이 큰 서비스를 소비자에게 제공하려는 전략이다.
- 산업체 간에도 통합으로 표준화와 최적화 도모가 가능하다.
- 신속대응과의 차이점은 섬유산업뿐만 아니라 식품 등 다른 산업부문에도 적용 가능하다.

㉢ ECR 구축의 기본원칙
- 생산, 마케팅 및 물류기능의 의사결정을 효과적으로 지원하여 소비자에게 보다 나은 가치를 제공하는 것에 초점을 둔다.
- 거래관계를 Win/Win의 상호 이익적인 업무협력 관계로 전환하여, 헌신적이고 적극적인 선두기업에 의해 추진된다.
- 효율적인 생산, 판매 및 물류 의사결정을 지원하기 위해 EDI표준 등을 활용하여 정보의 신속·정확성을 추구한다.
- 상품의 유통이 생산·포장 단계부터 소비자까지 효율적으로 이루어지게 고안된다.
- 전체 시스템에 대한 공통적이고 일관성 있는 성과측정 및 보상시스템을 구축한다.

㉣ ECR의 구현전략과 목표

구현전략	목 표
효율적인 상품보충	• 연속적인 상품보충으로 유통효율화 • 상품조달시스템 활용으로 시간과 비용최적화
효율적인 점포진열	• 진열대에서의 공간 활용을 통하여 상품구색 갖춤의 최적화 • 재고 및 소비자 접점에서의 점포공간의 최적화
효율적인 판매촉진	• 소비자의 적극적 구매요인 • 거래 및 소비자 판촉시스템의 효율성을 극대화
효율적 신제품 도입 및 소개	• 신상품 개발 및 상품소개의 효율성 극대화

ⓜ ECR의 도입효과
　　　• 재고감축에 따른 비용절감의 효과 : 상품이 생산·포장단계에서부터 판매진열대에 이르기까지 전 과정을 필요한 시기에 신속·정확하게 이동하기 때문에 재고가 줄어든다.
　　　• ECR 도입에 의한 비용절감 효과의 주된 수혜자는 소비자이다.
　⑦ Postponement(전략적 지연)
　　⊙ 공장에서 제품을 완성하는 대신 시장 가까이로 제품의 완성을 지연시켜 소비자가 원하는 다양한 수요를 만족시키는 것을 말한다.
　　ⓛ 지연전략의 방법
　　　• 전과정 지연전략(Pull Postponement) : 제조업체 측에서 Push에서 Pull로 전환되는 접점을 가급적 지연
　　　• 실행계획 지연전략(Logistics Postponement) : 주문제작(Customization) 시점을 고객과 가까운 단계에서 하도록 미루는 지연전략
　　　• 방식 지연전략(Form Postponement) : 부품 또는 사양을 표준화하거나, 프로세스 순서 변경으로 물류 및 제품을 차별화하는 단계
　　　• 일시적인 지연전략(Temporal Postponement) : 소비자 요구에 부응하여 최종 제품 완성을 연기하고 부분적 조립, 상표부착, 포장, 조립, 수송, 보관 등으로 나누는 전략
　⑧ 기타 응용기법
　　⊙ EHCR(Efficient Healthcare Consumer Response) 전략
　　　• ECR전략을 의료산업에 적용한 전략이다.
　　　• 의료공급체인을 효율적·효과적인 방법으로 관리하여 공급체인 내의 모든 비효율적인 요소를 제거하고 관련 비용의 최소화와 고객서비스의 극대화를 위해 노력하는 의료업계 전체의 전략을 의미한다.
　　ⓛ EFR(Efficient Foodservice Response)전략 : ECR을 음식서비스 부문에 적용한 전략이다.
　　ⓒ QR(Quick Response)
　　　• 생산 및 포장에서부터 소비자에게 이르기까지 효율적인 제품의 흐름을 추구한다.
　　　• 제조업체와 유통업체 간에 표준상품코드로 데이터베이스를 구축하고 고객의 구매성향을 파악·공유하여 적절히 대응하는 전략이다.
　　　• 조달·생산·판매 등 모든 단계에 걸쳐 시장정보를 공유하여 비용을 줄이고 시장변화에 신속하게 대처하기 위한 시스템이다.
　　　• 저가격을 고수하는 할인점 브랜드 상품을 판매하는 전문점 통신판매 등을 연계하여 철저한 중앙관리 체제를 통해 소매점 업계의 경영 합리화를 추구하는 전략이다.
　　ⓔ Cold Chain(콜드체인)
　　　• 식품류 등의 품질을 유지하기 위해 산지에서부터 물류센터, 소비자에 이르기까지 온도, 습도를 유지하면서 유통되는 공급사슬이다.
　　　• 품목에 따라 식품콜드체인과 바이오·의약품 콜드체인으로 구분하며, 기능에 따라 냉장 운송시장과 냉장 보관시장으로 분류된다.

- 식품콜드체인은 식품 특성에 따라 농장에서부터 소비자 식탁에 이르기까지 전 과정의 온도 등을 관리하는 것이다.
- 식품콜드체인의 관리 목적 : 식품 안전, 식품의 맛 유지, 식자재 폐기물 발생억제 등
- 저온수송차량, 저온유통시설의 확충이 중점지원 대상이다.
- 국고지원과 자부담의 형태로 운영된다.

ⓜ 매스 커스터마이제이션(Mass Customization) : 개별고객의 다양한 욕구와 기대를 충족시키면서도 대량생산에 못지않은 낮은 원가를 유지하는 정책이다.

ⓗ VMI(Vendor Managed Inventory, 공급자 주도 재고관리) 기출 22·15
- 공급자 주도형 재고관리로서 유통업체에서 발생하는 재고를 제조업체가 전담해서 관리하는 방식이다.
- 유통업체가 판매·재고 정보를 EDI로 제조업체에 제공하면 제조업체는 이 데이터를 분석하여 수요를 예측하고, 상품의 납품량을 결정하는 시스템 환경이다.
- 유통업체는 재고관리의 비용절감 효과를, 제조업체는 적정 생산 및 납품을 통해 경쟁력을 유지한다.

> **OX 문제**
> ▶ VMI는 고객의 재고 및 주문관리를 고객이 직접 하지 않고 공급사인 제조업체가 책임지는 재고관리 및 조달 시스템이다. O|X
> 정답 ▶ O

ⓢ ASN(Advanced Shipping Notice) : 제조업체와 도매업체가 실제로 창고에서 제품을 출하한 시점에서 그 제품에 대한 상세 정보를 전용하는 것이다.

ⓞ CMI(Co-Managed Inventory, 공동재고관리)
- 전반적인 업무처리 구조는 VMI와 같은 프로세스이나, CMI의 경우에는 제조업체와 유통업체 상호 간 제품정보를 공유하고 공동으로 재고관리를 하는 것을 말한다.
- VMI는 제조업체(공급자)가 발주 확정 후 바로 유통업체로 상품배송이 이루어지는 것에 비하여, CMI는 제조업체가 발주 확정을 하기 전에 발주권고를 유통업체에게 보내어 상호 합의 후 발주확정이 이루어지는 처리이다.

ⓩ TOC(Theory of Constraints, 제약이론) 기출 23
- 제약이론은 경쟁력 제고 수단으로 생산 최적화를 위해서는 외부 공급자의 역할이 중요하게 되므로 SCM(공급체인경영)에 응용 가능하다.
- 제약조건이론 중 전체 공정의 종속성과 변동성을 관리하는 기법으로, 전체 공정 중 가장 약한 것을 찾아 능력제약자원으로 두고, 이 부분이 최대한 100% 가동될 수 있도록 공정 속도를 조절하여 흐름을 관리하는 기법이다.
- 프로세스 전체의 흐름에서 병목은 드럼을 두드려 속도를 결정하고(D : Drum), 병목 앞 공정은 병목이 쉬지 않도록 버퍼를 형성하며(B : Buffer), 병목 이후의 공정은 병목과 일정한 속도를 맞추어 흐름이 이어지도록 하여(R : Rope), 프로세스 전체를 최적화하는 것을 말한다.

개념 PLUS

효율적 공급사슬과 반응적 공급사슬

구 분	효율적 공급사슬	반응적 공급사슬
전략적 유형	최저원가로 수요충족	수요에 대한 신속반응
제품 전략	기능적 제품, 비용최소화	혁신적 제품, 모듈러 디자인
가격 전략	가격이 주요 경쟁 무기, 저마진	가격이 주요 경쟁 무기 아님, 고마진
생산 전략	재고생산, 대량생산, 표준화	주문조립, 주문생산, 고객화
여유생산능력	낮음, 높은 설비이용률	높음, 유연성
재고 전략	낮음, 높은 재고회전율	신속한 납기, 충분한 재고
리드타임 전략	비용이 증가되지 않는 한 단축	적극적인 단축
공급업체 선정 전략	저가격, 일관된 품질, 적기공급	속도, 유연성, 고품질
운송 전략	저비용 수단	신축성, 대응성이 높은 수단

⑨ 카테고리관리 기출 23·20

㉠ 개 념
- 유통업체와 공급업체 간의 협조를 통해 소비자의 구매형태를 근거로 소비자 구매패턴, 상품 및 시장동향 등을 파악하여 카테고리를 관리함으로써 업무를 개선하는 것이다.
- 카테고리관리의 수행 기업은 카테고리관리자에게 상품구색, 재고, 상품진열 공간 할당, 판촉, 구매 등에 대한 권한을 부여한다.
- 카테고리관리는 개별상품이나 브랜드가 아닌 전체 상품군에 대한 이익과 판매를 강조하여, 유통업체와 공급업체가 장기적으로 마케팅활동 및 상품기획활동을 공동 수행하게 한다.
- 분산 수행되던 머천다이징의 각 활동들과 재고관리 등의 기능을 상품별로 모두 통합하여 매입에서 판매까지를 수직적으로 결합하여 관리하는 활동이다.

> **OX문제**
> ▶ 유통업자와 상품공급업자가 정보기술을 이용하여 머천다이징 전략과 구매의사결정을 공동으로 수행하는 소매경영 활동을 '카테고리관리'라고 한다. O|X
> 정답 〉 O

㉡ 활용영역
- 정보수집 : 주로 POS 스캐닝 데이터와 활동원가회계시스템(Activity Based Costing System)으로부터 얻을 수 있는 데이터를 수집
- 의사결정지원 : 가격결정, 판촉, 물류 등과 같은 카테고리관리를 위해 수집된 소비자, 시장, 프로세스정보에 대해 분석
- 전자문서처리시스템의 통합 : 상품조달, 주문이행, 물류기능을 수행하는 전자문서처리시스템을 통합

(11) e-SCM

① **e-SCM의 개념**
   ㉠ e-Business의 범위에서 원자재 조달, 생산, 수·배송, 판매 및 고객관리 프로세스의 물류흐름과 관련 활동의 통합적인 관리기법을 인터넷에 기반하여 실시간으로 신속하고 효율적으로 처리하는 것이다.
   ㉡ 디지털 환경의 공급자, 유통채널, 도소매 관련 물자, 자금, 정보 흐름 등을 신속하고 효율적으로 관리하는 활동이 e-비즈니스 환경에서 적용되는 것을 말한다.

② **e-SCM의 특징**
   ㉠ 전자상거래의 모형 중 B2B모형에 해당된다.
   ㉡ e-SCM은 고객, 기업 내부의 다양한 욕구 만족과 업무 효율성을 극대화하는 전략적 기법이다.

③ **e-Business 관점에서의 e-SCM**
   ㉠ e-Business에서 e-SCM을 구현하면 최적의 의사결정이 가능해지고 SCM에서의 핵심적인 응용기술인 공급사슬계획의 최적화 성취가 가능하다.
   ㉡ Web환경과 더불어 기업 간 상거래에 근거한 공동작업이 e-SCM 분야에서 새롭게 각광받고 있다.
   ㉢ e-SCM의 추세는 전체 SCM비즈니스 프로세스의 최적화를 지향한다.

④ **e-SCM의 목표**
   ㉠ 디지털 환경에 적응하기 위한 원재료·제품·정보 흐름을 재조직(리엔지니어링)
   ㉡ 디지털 기술 활용으로 판매, 원재료, 구매, 제조, 물류 등의 동기화(Synchronization)
   ㉢ 기업의 수직 가치사슬의 해체 및 네트워크 형성, 중간상을 배제한 직거래, 보유자산의 최소화
   ㉣ 고객대응력을 높이고 새로운 서비스를 제공하여 고객만족도 향상

⑤ **e-SCM의 효과**
   ㉠ 수직적 가치사슬의 해체
      - 인터넷에 의한 저렴한 가격에 대한 정보 공유
      - 거래업체의 변경이 쉬움
      - 참여기업의 수평적 협력관계 변화
   ㉡ 직거래의 활성화
      - 새로운 비즈니스 모델 출현 가능
      - 인터넷 직거래시장 활성화로 고객맞춤서비스 제공
      - 공급체인이 짧아져 리드타임 축소
   ㉢ 아웃소싱의 활성화 : 마케팅 기능만 가진 회사의 출현 가능(예 가상회사)
   ㉣ 수평적 확장 용이 : 연관 산업으로의 진출 가속화
   ㉤ 재고자산의 최소화 : 업체 간 협업과 실시간 재고관리로 안전재고 유지

(12) SCM의 발전과정

구 분	1세대	2세대	3세대	4세대
시 기	1980년대 초반	1980년대 후반	1990년대 후반	1990년대 후반 이후
철 학	제품중심	시장지향	시장주도	고객주도
형 태	기능별 린(Lean) 방식	린(Lean) 방식	린 방식과 애자일 방식 혼용	애자일(Agile) 방식
핵심요인	품질, 효용성, 리드타임			
성공요인	품 질	비 용	효용성	리드타임
성과척도	주가, 생산비용	투입시간, 물리적비용	시장점유율, 총비용	고객만족, 부가가치

2 SCM 요소기술

(1) 린(Lean) · 애자일(Agile)

① 린(Lean) 공급사슬

과잉생산, 과잉재고, 보관기간 및 운송시간 등 낭비적 요소를 제거함으로써 생산원가의 절감을 꾀하는 전략이다. 작업공정을 혁신하고 재고를 최대한 줄임으로써 생산성과 효율성의 증대를 추구하는 전략으로, 품질에 대한 엄격한 관리를 중시한다.

㉠ 많은 생산량, 낮은 변동, 예측가능한 생산환경에 적합한 방식이다.
㉡ 주로 편의품이나 생필품과 같은 재고회전이 빠른 상품이 적합하다.
㉢ 시장의 수요를 예측할 수 있어야 하고, 라이프사이클이 긴 특징을 가지고 있다.
㉣ 생필품 위주로 구성되어 있기 때문에 고객들이 저렴한 가격에 상품을 구입한다.
㉤ 주요 상품군은 수익률이 낮은 특징이 있고, 상품에 대한 정보가 풍부해 규칙적인 공급관계가 형성되는 특징이 있다.

② 애자일(Agile, 고객주문대응) 공급사슬

고객들이 원하는 바를 파악해 개발 후 시장의 반응을 살피는 방식으로 소규모인원이 신속하게 상품을 개발한 후 지속적으로 운영활동을 수행하는 전략이다. 시장변화를 민첩하게 즉각적으로 받아들이기 위한 전략으로 제품설계부터 출하까지 처리과정이 신속하며, 급변하는 고객의 요구사항에 유연하게 대처할 수 있다.

㉠ 수요의 다양성이 높고 예측이 어려운 생산환경에 적합한 방식이다.
㉡ 주로 패션의류이라든가 액세서리와 같은 상품에 이용하는 공급사슬로 유행에 민감하기 때문에 라이프사이클이 짧다.
㉢ 수요예측이 매우 어렵고, 다양한 상품을 유통시킬 수 있는 특성이 있다.
㉣ 주요 상품군은 수익률이 매우 높은 특징이 있고, 고객들은 상품을 이용하면서 느끼는 효용이나 만족감 때문에 상품을 재구매하는 특징이 있다.

③ 린(Lean) 방식과 애자일(Agile) 방식의 차이점

속 성	린(Lean) 방식	애자일(Agile) 방식
대표적인 제품	기능성 상품	신상품, 유행상품
시장 수요	예측가능하고 안정적	변동 심함
제품다양성	적 음	많 음
제품수명주기	긴	짧 음
고객유인	비용/가격	유용성
순수 마진	낮 음	높 음
주요 투입비용	물류비	마케팅비
품절 패널티	거래 계약에 따라 다름	즉각적이고 다양
구매 정책	자원 구입	역량 할당
정보 강화	높은 관심	의무적
예측 매커니즘	알고리즘	전문가 자문

(2) SCM 기술의 다양한 관점

① 흐름 관점(Flow Perspective) : 흐름 관점은 각 부문들 사이의 재화, 정보, 자금의 흐름을 총체적으로 관리하여 공급사슬의 효율을 증가시키는 전략이다.

② 프로세스 관점(Process Perspective) : 속도와 확실성을 보장하며 관련된 프로세스를 통해 추가로 발생하는 부가가치를 극대화하여 조직의 이익과 효율성을 증가시키는 방법이다.

③ 정보기술 관점(IT Perspective) : 자재구매를 위한 의사결정과 계획, 생산스케줄링, 고객배송, 재고를 최적화하는 과정까지를 지원하는 소프트웨어의 넓은 범위이다.

④ 가치사슬 관점(Value Chain Perspective)
   ㉠ SCM에서 공급이란 실질적으로 공급사슬상의 모든 기능의 공유된 목표이며, 이는 전체 원가와 시장점유율에 미치는 영향 때문에 전략적 중요성을 가진다.
   ㉡ SCM은 고객의 고객에서 공급자의 공급자까지의 전 프로세스에 걸친 가치사슬(Value Chain)의 최적화 및 이를 통한 가상기업(Virtual Enterprise)의 구현으로, 공급자의 공급자에서 시작하여 구매, 제조, 분배, 유통을 거쳐 소비자에게 이르는 모든 재화 및 서비스 그리고 그것의 흐름에 수반되는 가치의 흐름을 통합·연계하여 전체적인 시스템으로 이해하고 분석하려는 경영 패러다임이다.

> **개념 PLUS**
>
> 가치사슬(Value Chain)
> - 기업 활동에서 부가가치가 생성되는 과정을 말한다. 기업을 가치창출 활동들의 결합체로 조명하는 도구로 모든 경영활동을 부가가치 창출여부에 초점을 맞추어 재구성한 것이다.
> - 가치사슬을 추구하는 방법은 공급업체, 유통업체, 소매업체를 하나의 가치사슬로 엮어 마치 하나의 기업이 움직이는 것처럼 통합된 물류시스템을 구현하는 것이다. 즉, 협력업체와의 전반적인 프로세스 관련성을 분석하고 과연 어느 부분에서 동맥경화의 현상이 발생하고 있는지를 우선적으로 파악해야 한다. 또한 소비자가 원하는 제품이 무엇이며 어떠한 제품을 추가로 제공하여야 하는가의 정보가 즉시 전달되고 반영되어야 한다.
> - 기업의 구매·재고·수주·생산관리와 사후관리까지의 모든 공급체인을 유기적으로 결합하여 실시간 정보를 즉각 반영하고 이에 대응할 수 있어야 한다.

(3) 유통시스템 지원 정보기술

① 부가가치통신망(VAN) 기출 21·16·13

㉠ 개 념
- 부가가치통신망(VAN ; Value Added Network)은 제3자(데이터 통신처리업자 또는 회사)를 매개로 하여 기업 간 자료를 교환하는 통신망을 말한다.
- 이 통신망은 컴퓨터 사이에 단순한 자료를 전달하는 것이 아니라 도중의 변환처리과정을 통해 부가가치를 발생시키게 한다는 의미에서 부가가치통신망이라 한다.
- 컴퓨터 이용의 발전단계에서 볼 때 초기에는 컴퓨터의 독립적인 정보처리기능에 만족하였으나 점차 온라인화에 의하여 정보의 입출력 주체를 확대시킴으로써 하나의 네트워크로서 통신기능을 갖게 되었고, 이어 하나의 온라인시스템과 다른 온라인시스템이 연결되는 통합 온라인통신체계 개념인 부가가치통신망이 등장하게 되었다.

> **OX 문제**
>
> ▶ VAN은 설계, 제조, 유통 과정, 보급, 조달 등 물류 지원 과정을 비즈니스 리엔지니어링을 통해 조정하고, 동시공학적 업무처리 과정으로 연계하며 다양한 정보를 디지털화하여 통합 DB에 저장하고 활용하는 것을 목적으로 한다.
> O | X
>
> [해설]
> CALS에 대한 설명이다.
>
> 정답 ▶ X

㉡ 종 류
- 직접연결형 통신망 : 개별기업과 개별기업 간에 직접 연결된 자료교환시스템이며 도매업이나 제조업이 각각 고정 고객선과 연계한 네트워크시스템이다.
- 공통이용형 통신망 : 지역유통망과 업계유통망 등이 있으며 통신망의 구축을 부가가치통신망 회사에 위탁하고, 복수기업 간 자료교환처리를 부가가치통신망 회사의 컴퓨터시스템을 공동으로 이용하는 형태의 통신망이다.

㉢ 부가가치통신망 도입 시 이점
- 부가가치통신망으로 상업통신제어절차의 운용에 관한 표준화가 가능해짐에 따라 불특정다수의 기업 간에 효율적인 자료교환시스템을 구축할 수 있으며, 그 결과 기업 간 자료교환시스템을 상대방이 각각 개발했던 단말, 소프트웨어 코드변환, 운용훈련 등의 단일화가 가능해졌다.
- 공동이용부문의 시스템 개발 시 비용이 대폭 절감되었다.

- 시스템을 스스로 만들 수 없는 기업도 자사의 설비, 운용체제를 정비함으로써 부가가치통신망을 쉽게 구축할 수 있게 되었다.
- 공통상품코드 정보자료서비스 또는 POS데이터분석 공통프로그램 등을 공동으로 이용함으로써 개별 기업의 POS 등 상품관리시스템의 운용이 용이하다.

② 전자자료교환방식(EDI) 기출 21 · 20 · 15

㉠ EDI의 개념
- EDI(Electronic Data Interchange)란 전자문서교환시스템으로 거래업체 간에 상호 합의된 전자문서표준을 이용하여 인간의 조정을 최소화한 컴퓨터와 컴퓨터 간의 구조화된 데이터의 전송을 의미한다.
- 선적요청서, 주문서, 산업송장 등 기업 간에 교환되는 서식이나 수출입허가서, 수출입신고서, 수출입 허가증 등 기업과 행정관청 사이에 교환되는 행정서식을 일정한 형태를 가진 전자메시지로 변환 처리하여 상호 간에 합의한 통신표준에 따라 컴퓨터와 컴퓨터 간에 교환되는 전자문서 교환시스템을 말한다.
- EDI는 구조화된 형태의 데이터, 즉 표준전자문서를 컴퓨터와 컴퓨터 간에 교환하여 재입력 과정 없이 즉시 업무에 활용할 수 있도록 하는 새로운 정보전달방식이다.
- EDI의 주문처리과정은 수요자와 공급자 사이의 자동화된 주문처리시스템을 구현한다.

㉡ EDI의 필요성
- 기존의 서류시스템은 소요시간이 많이 걸리고 부정확하며 노동량이 증가하였으나 EDI는 소요시간이 적으며, 정확하여 노동량의 감소를 가져올 수 있다.
- EDI는 기업의 거래를 전자적으로 수행할 수 있는 기능을 제공하고 사용자와 공급자를 직접 연결하는 통신수단으로 기존의 서류작업과 교환이 가지고 있는 시간, 정확도, 인력과 비용 등에 비하여 효율적이라는 장점을 가지고 있어, EDI의 활용은 기업의 업무효율 증대에 기여하게 될 것으로 기대된다.

㉢ EDI의 구성요소
- EDI표준 : EDI사용자 간에 교환되는 전자문서의 내용 및 구조, 통신방법 등에 관한 지침으로서 거래당사자들 간의 전자문서교환을 가능하게 하는 기본요건이다(EDI표준은 앞서 설명한 UN/EDIFACT가 통용되고 있음).
- EDI서비스제공업자 : EDI는 전화회선을 통해 전자문서를 교환하는 것이므로, 불특정다수의 거래상대방과의 전자문서교환을 실현하기 위해서는 문서교환의 중계장치가 필요하게 되고, 이 역할은 EDI서비스 처리와 중계기능을 보유한 부가가치통신망(VAN ; Value Added Network) 사업자에 의해 수행된다. EDI서비스제공업자는 다양한 서비스의 제공은 물론 사용자 전체에 대해 경제성을 제고하는 기능을 담당한다.
- EDI서비스의 이용자 : EDI서비스의 최종소비자 집단으로 이들은 직접 소비자로서 EDI서비스를 소비함으로써 경제적 이익을 추구하는 집단이면서, EDI서비스의 품질에 대한 주관적 인지를 표현함으로써 EDI서비스의 발전에 기여한다.
- EDI사용자시스템 : 사용자시스템은 이용자가 EDI서비스를 소비할 수 있도록 하는 하드웨어와 소프트웨어 등으로, 여기에는 컴퓨터 기기와 모뎀, 그리고 응용소프트웨어가 포함된다. 현실적으로 대부분의 이용자는 컴퓨터를 구입할 때 통신장비를 포함해 구매하고 있으며, EDI서비스를 제공하는 VAN사업자를 선택하면 응용소프트웨어는 손쉽게 설치하고 이용할 수 있다.

ⓔ EDI의 도입효과
- 생산성의 증대 : 모든 거래 관련 자료가 컴퓨터 간의 전자메시지로 신속·정확하게 전달되어 오류 발생이 방지되고 수작업과 재입력에서 오는 시간절약 등의 효과가 있다.
- 이윤의 증대 : 서류 없는 거래(Documentless Trade)로 사무처리비용, 인건비, 재고관리 등 운영비의 감소와 신속·정확한 주문, 배달처리로 적정재고관리가 가능하다.
- 무역업무 처리비용의 절감 : 무역자동화로 인한 신속·정확한 무역정보의 상호교환이 가능해짐에 따라 무역정책 수립 및 관리의 고도화와 함께 합리적인 생산·보관·운송 등을 통하여 무역절차 비용과 시간을 대폭 절감할 수 있다.
- 부대효과의 발생 : 무역자동화시스템의 구축으로 인한 무역정보 및 전자서류의 입수가 빨라져 화물이 도착하기 전에 통관절차를 끝냄으로써 화물 도착 즉시 반출할 수 있어 항만적체를 크게 해소할 수 있다. 또한 선적 및 화물정보의 신속하고 용이한 파악으로 내륙운송의 정시성과 효율성이 제고되어 불필요한 교통유발을 방지할 수 있고 나아가 항만, 내륙 운송시설 등 물리적 사회간접자본에 대한 투자부담을 대폭 감소시킴으로써 투자효과를 극대화할 수 있다.
- 비용절감의 이익 : EDI의 도입은 시간과 비용의 절감을 가져오게 된다. 표준화된 전자문서의 교환은 종이문서의 감축과 배포작업의 생략, 재입력작업의 시간과 인력의 절감 등을 통해 비용을 절감한다. 또한 기업의 업무절차를 간소화하고 업무의 정확성을 높임으로써 기업의 내부효율을 향상시킨다는 점도 비용절감과 이익 개선에 기여하게 된다.
- 서비스 향상의 이익 : EDI의 도입은 기업으로 하여금 보다 향상된 물류관리를 가능하게 한다. 그리고 효율적인 물류관리는 고객서비스를 향상시킨다. 특히, EDI와 POS시스템이 결합되는 경우 기업은 연관된 전·후방의 경제주체와의 개선된 관계를 유지할 수 있어 SCM으로의 이행이 용이하고, 상호 효율증대의 이익을 얻는 동시에 서비스의 품질을 향상시킬 수 있다.
- 경쟁력 강화 : 기업이 장기적인 경쟁우위(Sustainable Competitiveness)를 확보하기 위해서는 비용경쟁력(Cost Leadership)과 서비스 차별화(Service Differentiation)를 동시에 달성할 필요가 있다. EDI도입을 통해 얻어지는 비용절감과 서비스 향상의 이익은 기업의 장기적인 경쟁우위를 확보하는 전략적 수단이 될 수 있는 것이다.

③ QR(Quick Response ; 신속대응) 시스템 기출 20·19·18·17·15
ⓐ QR 시스템의 개념
- QR 시스템은 원료공급업체로부터 소매유통에 이르기까지 전체의 유통경로를 정보기술(IT)로 연결하여 업무의 효율성과 소비자의 만족을 극대화하기 위한 시스템이다. 특히 의류부문에서의 SCM을 QR이라고 한다.
- 고객이 원하는 시간과 장소에 필요한 제품을 공급하기 위한 물류정보시스템이다. 수입의류의 시장잠식에 대응하기 위해 미국의 패션의류업계가 섬유업계, 직물업계, 의류제조업계, 의류소매업계 간의 제휴를 바탕으로 리드타임의 단축과 재고감축을 목표로 개발·도입한 시스템이다.
- QR 시스템의 구성요소로는 소스마킹(Source Marking), EDI, 인터넷 등 통신시스템, POS시스템, 유통업체코드 등이 있다.

> **개념 PLUS**
>
> **FRM(Floor Ready Merchandise)** 기출 17·14
> QR(Quick Response) 시스템에서 점포에 그대로 진열할 수 있도록 행거(Hanger) 설치와 가격 태그(Tag)가 부착된 상품이 물류센터를 경유하지 않고 공장으로부터 소매점포로 직접 보내는 것을 말한다.

ⓛ QR의 특징 기출 20
- 원료공급업체로부터 소매유통에 이르기까지 전체의 유통경로를 정보기술(IT)로 연결하여 업무의 효율성과 소비자의 만족을 극대화하기 위한 시스템이다.
- 기본적으로 수요예측은 판매발생 시점과 멀어질수록 정확도가 떨어지게 된다.
- QR 시스템의 효율적 체계를 구축하기 위해서는 거래기업 간의 파트너십을 기반으로 한 공동상품계획, 시장수요예측정보의 공유, 공동상품개발, 효율적인 공급망관리 체계를 기반으로 해야 한다.
- QR은 POS, EDI를 통해 더욱 효율적으로 활용될 수 있다.
- POS시스템에 의한 고객 데이터와 데이터를 정보화할 수 있도록 해주는 EDI와 VAN과 같은 응용 소프트웨어가 필요하다.
- 과거 섬유산업에서는 원사공장에서 매장까지의 납기기간을 혁신적으로 줄일 수 있게 한 시스템을 시작으로 발전하였다.
- QR 시스템 도입은 식품, 일상용품업계에도 적용되어 매출증가뿐 아니라 재고회전율 개선효과도 가져오게 되었다.
- 수요가 가변적이고 유행에 민감하며 제품유형이 다양한 상품의 경우는 QR을 활용하기가 좋다.
- QR은 Push 시스템이 아닌 Pull 시스템이라고 할 수 있다.

ⓒ QR의 도입효과
- 재고부담 감소로 인한 경쟁력 강화 : 신속하고 정확한 소비자 수요동향 분석을 할 수 있어 시장변화에 대한 효과적인 대응이 가능하며, 적정 수요량 예측으로 재고량이 감소되고 재고회전율도 향상되어 상품 품절을 방지할 수 있다.
- 기업의 생산비 절감을 통한 경쟁력 강화 : 기업 간, 업종 간의 정보네트워크화에 의한 전자상거래(EC)체제의 구축을 효과적으로 할 수 있어, 매장까지의 상품 대기시간을 2/3 이상 단축할 수 있고 유통과정의 낭비요소를 감소시킬 수 있다.
- 효율적 체제 구축 : 거래기업 간의 파트너십을 기반으로 한 공동상품계획, 시장수요 예측정보의 공유, 공동상품개발, 효율적인 공급망관리(SCM)의 체제를 구축할 수 있다.
- 제품원가의 절감 : 소비자에 이르기까지 유통상에서 발생하는 각 단계별 불필요한 요소제거와 시간단축으로 제품원가를 절감할 수 있다.

> **OX문제**
>
> ▶ 신속 대응(QR ; Quick Response)은 공급경로가 고객의 욕구변화에 신속하게 반응할 수 있도록 고객 측과 제조 측을 연결하는 전략을 말한다. O | X
>
> 해설
> 원료공급업체로부터 소매유통에 이르기까지 전체의 유통경로를 정보기술(IT)로 연결하여 업무의 효율성과 소비자의 만족을 극대화하기 위한 시스템이다.
>
> 정답 ❯ ×

- 소비자 위주의 제품생산 : 기업 간 정보 공유를 바탕으로 소비동향을 분석하고 고객의 요구를 신속히 반영하여 재고품을 감소시킬 수 있다.
- 정보의 공유 : 기업이 필요로 하는 각종 정보를 공유함으로써 안으로는 내수시장의 활성화와 밖으로는 외국기업에 대항할 수 있는 경쟁력을 확보할 수 있다.
- 인터넷 상거래에 능동적으로 대응 : 정보기술을 이용한 QR체제 구축으로 인터넷 상거래에 능동적으로 대응할 수 있어 세계시장에 맞서는 국가산업의 경쟁력을 확보할 수 있다.
- 시간과 비용의 절감 : 유통의 흐름을 한 번에 파악할 수 있어 불필요한 시간과 비용을 절약함으로써 기업의 물류혁신을 추구할 수 있다.

④ 사물인터넷(IoT) 기출 23

㉠ 개 념
- 사물이 다른 사물과 상호작용할 수 있는 것으로, 현실 세계의 사물들과 가상 세계를 네트워크로 상호 연결해 사람과 사물, 사물과 사물 간 언제 어디서나 서로 소통할 수 있도록 하는 기술이다.
- 사물에 센서를 부착해 실시간으로 데이터를 인터넷으로 주고받는 기술이나 환경을 말하는 것으로, 세상에 존재하는 유형 혹은 무형의 객체들이 다양한 방식으로 서로 연결되어 개별 객체들이 제공하지 못했던 새로운 서비스를 제공하는 기술이다.
- 기존의 인터넷이 컴퓨터나 무선 인터넷이 가능했던 휴대전화들이 서로 연결되어 구성되었던 것과는 달리, 사물인터넷은 책상, 자동차, 가방, 나무, 애완견 등 세상에 존재하는 모든 사물이 연결되어 구성된 인터넷이라 할 수 있다.
- 정보교류를 사람과 사물, 사물과 사물로 확장시킨 개념으로 센서·지능을 사물(객체)에 탑재하고 인터넷 등과 상호연결하여 각종 정보를 수집·처리·운영하는 기술이다.

㉡ 특 징
- 사물인터넷은 연결되는 대상에 있어서 책상이나 자동차처럼 단순히 유형의 사물에만 국한되지 않으며, 교실, 커피숍, 버스정류장 등 공간은 물론 상점의 결제 프로세스 등 무형의 사물까지도 그 대상에 포함한다.
- 사물인터넷은 자기 식별자와 각각의 특성을 갖는 물리적 사물과 가상 사물로 구성되고, 지능형 인터페이스를 가지며 정보망에 잘 통합되는 특성을 갖기 때문에 사물인터넷에서의 사물은 비즈니스와 정보, 소셜 프로세스의 적극적인 참여자로서 사물 간 혹은 환경과 데이터, 센싱된 환경 정보를 상호 전달·반응을 할 수 있다.
- 사물인터넷을 구현하기 위해서는 센서, 상황 인지 기술, 통신, 네트워크 기술, 칩 디바이스 기술, 경량 임베디드 네트워크 기술, 자율적·지능형 플랫폼 기술, 대량의 데이터를 처리하는 빅데이터 기술, 데이터마이닝 기술, 사용자 중심의 응용 서비스 기술, 웹 서비스 기술, 보안·프라이버시 보호 기술 등 다양한 형태의 기술이 필요하다.

> ✓ OX문제
> ▶ 사물인터넷(IoT ; Internet of Things)은 정보교류를 사람과 사물, 사물과 사물로 확장시킨 개념으로 센서·지능을 사물(객체)에 탑재하고 인터넷 등과 상호연결 하여 각종 정보를 수집·처리·운영하는 기술이다. O|X
> 정답 ▶ O

⑤ 비콘(Beacon)
　㉠ 개 념
　　• 블루투스 4.0 근거리 통신기술을 활용하여 사용자 위치기반 온·오프라인 융합서비스를 제공하는 기술을 말한다.
　　• 비콘 단자가 부착된 장소를 지나면 고객의 위치를 인식하고 콘텐츠 정보나 모바일 쿠폰 등을 제공한다.
　　• 빅데이터 분석과 연계하여 내점 인지, 점내 모바일 판촉진행, 제품정보 제공, 매장 구매이력 분석을 통한 관심상품 추천 등을 제공한다.
　㉡ 특 징
　　• 소량의 패킷 전송으로 동작이 가능하고 두 기기를 연결시키는 페어링(Pairing)이 불필요하며, 전력으로 통신하기 때문에 다른 근거리 무선통신 기술에 비해 저비용으로 위치를 인식할 수 있다.
　　• 비콘은 비접촉식으로 일대다 및 다대다 서비스 모두 가능하기 때문에 사용자의 취향에 맞는 광고 및 정보 전송, 홈오토메이션, 결제 등의 다양한 능동형 서비스를 제공할 수 있다.
　㉢ 유통매장 활용 방안
　　• 광고 콘텐츠 및 상품정보 제공에 활용 : 환영 메시지, 서비스 안내 문자, 상품 상세정보 안내 등
　　• 고객동선 유도 및 매장 안내에 활용 : 시간대별 이벤트를 통한 혼잡도 분산 유도, 모바일 쿠폰 가두발송 등 점포방문 유도, 점내 내비게이터 안내 서비스 등
　　• 고객 개인화 서비스 제공에 활용 : 내점 인지 안내, 거래이력 분석을 통한 개인화 추천 서비스, 진열대 비콘이 즉석 포인트나 쿠폰 발송, IoT 센서 및 디스플레이와 연동된 지능형 상품 추천 등
　　• 고객만족도 조사도구로 활용 : 만족도 설문 유도, 모바일 쿠폰 활용도 분석 등
　　• 점포분석에 활용 : 시간대별 혼잡도나 매출추이, 유동인구 패턴, 체류시간 분석 등
　　• 옥외광고 및 점포 이미지 개선에 활용 : 옥외광고 디지털 사이니지(Digital Signage)를 통한 점포 이미지 개선 등

⑥ RFID(Radio Frequency Identification) 기출 23·20
　㉠ 개 념
　　• RFID(Radio Frequency Identification)는 자동인식 기술의 하나로서 데이터 입력장치로 개발된 무선(RF ; Radio Frequency)으로 인식하는 기술이다.
　　• Tag 안에 물체의 ID를 담아 놓고, Reader와 Antenna를 이용해 Tag를 부착한 동물, 사물, 사람 등을 판독·관리·추적할 수 있는 기술이다.
　　• RFID 기술은 궁극적으로 여러 개의 정보를 동시에 판독하거나 수정·갱신할 수 있는 장점을 가지고 있기 때문에 바코드 기술이 극복하지 못한 여러 가지 문제점들을 해결하거나 능동적으로 대처함으로써 물류, 보안 분야 등 현재 여러 분야에서 각광 받고 있다.
　　• 바코드에 비해 많은 정보를 다룰 수 있다.
　　• 전파를 이용하여 정보를 판독하므로 바코드보다 원거리에서 정보를 인식할 수 있다.
　　• 공급사슬에서 기업들의 RFID 기술 도입은 물류관리의 운영 효율성을 높여준다.

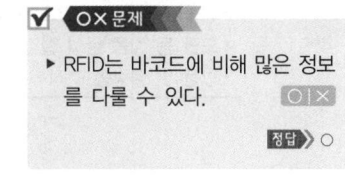

ⓒ 구성요소 : 태그(Tag), 안테나(Antenna), 리더(Reader), 호스트(Host)

구성요소	원 리
태 그	• 상품에 부착되며 데이터가 입력되는 IC칩과 안테나로 구성된다. • 리더와 교신하여 데이터를 무선으로 리더에 전송한다. • 배터리 내장 유무에 따라 능동형(Active)과 수동형(Passive)으로 구분한다.
안테나	• 무선주파수를 발사하며 태그로부터 전송된 데이터를 수신하여 리더로 전달한다. • 다양한 형태와 크기로 제작 가능하며 태그의 크기를 결정하는 중요한 요소이다.
리 더	• 주파수 발신을 제어하고 태그로부터 수신된 데이터를 해독한다. • 용도에 따라 고정형, 이동형, 휴대용으로 구분한다. • 안테나 및 RF회로, 변·복조기, 실시간 신호처리 모듈, 프로토콜 프로세서 등으로 구성된다.
호스트	• 한 개 또는 다수의 태그로부터 읽어 들인 데이터를 처리한다. • 분산되어 있는 다수의 리더 시스템을 관리한다. • 리더부터 발생하는 대량의 태그 데이터를 처리하기 위해 에이전트 기반의 분산계층 구조로 되어 있다.

ⓒ 장·단점 기출 21

장 점	• 직접 접촉을 하지 않아도 자료를 인식 할 수 있다. • 인식 방향에 관계없이 ID 및 정보 인식이 가능하다. • Tag에 붙은 데이터를 받아들이는 데 인식되는 시간이 짧다. • 유지보수가 간편하며, 바코드 시스템처럼 유지비가 들지 않는다. • Tag는 원하는 시스템이나 환경에 맞게 설계 및 제작이 가능하다. • Tag는 먼지, 습기, 온도 등에 제한을 받지 않고 데이터 전송이 가능하다. • Tag는 많은 양의 데이터를 보내고, 받을 수 있다. • Tag는 데이터를 저장하거나 읽어 낼 수 있다. • Tag는 재사용이 가능하다.
단 점	• 가격이 비싸다(경제적 문제). • 정보의 노출 위험성이 있다(보안). • 금속, 액체 등의 전파장애 가능성이 있다. • 아직 인식의 한계가 있다(기술적 문제). • 전파가 인체에 영향을 미칠 수 있다(안전성). • RFID 확산의 법적 대응책이 필요하다. • 국가별 주파수 대역과 국제적 표준화의 문제점이 있다.

ⓔ RFID 도입효과

유통시스템의 RFID 도입효과	물류시스템의 RFID 도입효과
• 효과적인 재고관리 • 입출고 리드타임 감소 및 검수 정확도 향상 • 도난 등 상품 손실 절감 • 반품 및 불량품 추적·조회	• 운영 효율성 제고 • 화물 입출고 및 환적 시간 단축 • 보안성 강화 • 대고객 서비스 향상

ⓜ 바코드와 RFID의 비교

구 분	바코드	RFID
인식방법	광학식(Read Only)	무선(Read/Write)
정보량	수십 단어	수천 단어
인식거리	최대 수십cm	3~5m
인식속도	개별 스캐닝	수십~수백 개/초
관리레벨	상품그룹	개별상품

⑦ 센서(Sensor)
  ㉠ 사람이 시각, 후각, 촉각 등의 감각기관을 통해 주위 환경이나 대상을 인지하는 것처럼 센서는 기계나 로봇이 주위 환경을 인지하게 해주는 것을 말한다.
  ㉡ 센서는 온도, 압력, 속도와 같은 물리적인 정보를 전기적인 신호로 바꿔주는 장치로 온도 센서, 습도 센서, 가스 센서, 속도 센서, 초음파 센서부터 맥박, 호흡, 혈압 등을 측정하는 바이오 센서, 얼굴이나 동작 인식 센서, 뇌파로 생각을 읽는 센서 등 다양한 종류가 있다.
  ㉢ 센서는 로봇에 들어가거나 사물에 들어가서 사물인터넷을 가능하게 하는 필수 구성요소로, 사물끼리 통신을 주고받을 수 있는 통로 및 사물끼리 공통적으로 사용할 수 있는 언어라고 할 수 있다.

⑧ 5세대 이동통신(5G)
  ㉠ 4G LTE 대비 데이터 용량은 약 1,000배 많고 속도는 200배 빠른 차세대 이동통신기술이다.
  ㉡ 5G는 초고속·초저지연·초연결 등의 특징을 가지며, 이를 토대로 가상·증강현실(VR·AR), 자율주행, 사물인터넷(IoT) 기술 등을 구현할 수 있다고 알려져 있다.
  ㉢ CDMA(2세대), WCDMA(3세대), LTE(4세대)가 휴대폰과 연결하는 통신망에 불과했던 반면 5G는 휴대폰의 영역을 넘어 모든 전자기기를 연결하는 기술이다.

⑨ 인공지능(AI ; Artificial Intelligence)
  ㉠ 컴퓨터가 인간의 지능 활동을 모방할 수 있도록 하는 것으로, 인간의 지능이 할 수 있는 사고·학습·모방·자기 계발 등을 컴퓨터가 할 수 있도록 연구하는 컴퓨터공학 및 정보기술 분야를 말한다.
  ㉡ 초기의 인공지능은 게임·바둑 등의 분야에 사용되는 정도였지만, 실생활에 응용되기 시작하면서 지능형 로봇 등 활용 분야가 비약적으로 발전하여 신경망, 퍼지이론, 패턴 인식, 전문가 시스템, 자연어 인식, 이미지 처리, 컴퓨터 시각, 로봇공학 등 다양한 분야가 인공지능의 일부분을 이루고 있다.
  ㉢ SCM(공급망관리)에 인공지능 솔루션 도입 효과 기출 23
    • 재고관리에 있어서 업무처리 정확도를 높일 수 있다.
    • 다양한 요구사항을 반영해서 관련 업무를 실시간으로 대응할 수 있다.
    • 다양한 데이터를 활용한 동적 조건을 반영해서 보다 신속한 공급망 계획 변경이 가능하다.
    • 창고관리의 운영 효율성을 높일 수 있다.

⑩ CALS(Computer Aided Acquisition Logistics Support) 기출 13
　㉠ 개념 : CALS는 기술적인 측면에서 기업의 설계, 생산과정, 보급, 조달 등을 운영하는 운용지원 과정을 연결시키고, 이들 과정에서 사용되는 문자와 그래픽정보를 표준을 통해 디지털화하여 컴퓨터 환경에서 설계, 제조 및 운용지원 자료와 정보를 통합하여 자동화시키는 개념이다.
　㉡ CALS의 기대효과
　　• 비용절감효과
　　• 조직 간의 정보공유 및 신속한 정보전달
　　• 제품생산소요시간의 단축
　　• 산업정보화에 의한 국제경쟁력 강화
　　• 21세기 정보화 사회로의 조기 진입
⑪ 인트라넷과 엑스트라넷

인트라넷 (Intranet)	• 어떠한 조직 내에 속해 있는 사설 네트워크이다. • 조직의 정보와 컴퓨팅 자원을 구성원들 간에 서로 공유하도록 지원한다. • 개인별 사용자 ID와 암호를 부여하여 인증되지 않은 사용자로부터의 접근을 방지한다. • 공중 인터넷에 접속할 때는 방화벽 서버를 통과한다.
엑스트라넷 (Extranet)	• 관련 기업들 간에 보안문제를 걱정하지 않고 전용망처럼 활용할 수 있는 인터넷이다. • 인트라넷의 발전된 형태로, 내부 사용자나 외부 사용자에게 사용 환경의 차이만 있을 뿐 데이터의 공유는 같이 할 수 있도록 되어 있다. • 인터넷 데이터와 인트라넷 데이터를 DB로 공유하면서 업무의 효율성을 높일 수 있다.

⑫ 무선인터넷 기출 15
　㉠ 무선인터넷은 이동 전화, 개인 휴대 정보 단말기(PDA) 등의 무선 단말기와 무선 LAN, 블루투스 같은 무선데이터 통신망을 이용해 인터넷에 접속하여 데이터 통신이나 인터넷 서비스를 이용하는 것으로 이동 인터넷(Mobile Internet)이라고도 한다.
　㉡ 한곳에 고정되어 있지 않고, 이동하면서도 언제 어디서나 유선과 동등한 인터넷 서비스를 이용 할 수 있다는 것이 특징이다.
　㉢ 특징으로는 이동성, 위치기반, 고객차별성, 개인성, 편리성 등이 있다.
⑬ BYOD(Bring Your Own Device) 기출 20
　㉠ 회사 업무에 직원들 개인 소유의 태블릿PC, 스마트폰, 노트북 등의 정보통신 기기를 활용하는 것을 일컫는 것으로, 2009년 인텔이 처음 도입하였다.
　㉡ BYOD 업무 환경을 조성하면 직원들이 업무용과 개인용으로 구분하여 여러 기기를 가지고 다녀야 하는 불편이 없어 생산성 향상, 회사의 기기 구입비용을 줄일 수 있는 등의 효과가 있다.
⑭ LBS(Location Based Service) : 무선통신망 및 GPS(Global Positioning Systems) 등을 통해 얻은 위치정보를 바탕으로 인터넷 사용자에게 사용자가 변경되는 위치에 따른 특정정보를 제공하는 무선 콘텐츠 서비스 지원 기술이다. 기출 20
⑮ 자동발주시스템(EOS ; Electronic Ordering System)
　㉠ 개념 : 단품관리시스템으로 발주단말기를 이용하여 발주데이터를 수주처의 컴퓨터에 전화회선을 통해 직접 전송함으로써 수주처에서 납품, 매입전표를 발행하여 납품하는 발주방식이다.
　㉡ 등장 배경 : 소비자의 기호와 요구의 다양화·개성화, 제품 수명주기 단축, 소매업의 양적 팽창으로 업종 내 경쟁 심화 등에 의한 기업환경의 변화와 수주업무개선의 필요성 등에 의해 등장하게 되었다.

ⓒ 기대 효과 기출 23
- 재고관리비용 감소
- 다양한 고객의 욕구에 대응
- 납품 후 발주 등 비정상적인 거래 근절
- 수발주데이터를 토대로 보다 합리적인 영업관리 가능

> **개념 PLUS**
>
> **인터넷 및 정보기술 용어** 기출 21·20·19·17
> - FTP(File Transfer Protocol) : 인터넷상의 컴퓨터 간 파일을 교환하기 위한 표준 프로토콜이다.
> - 텔넷(Telnet) : 자신이 사용 권한을 가지고 있다는 전제하에 다른 사람의 호스트 컴퓨터를 원격지에서 접근할 수 있도록 해주는 방법이다.
> - IRC(Internet Relay Chat) : 인터넷 실시간 대화를 의미하며, 가까운 서버들끼리 직·간접으로 연결되어 있어 IRC 서버 가운데 어느 한 서버에 연결하기만 하면 자동적으로 전 세계 서버와 연결된다는 특징을 지닌다.
> - WAIS(Wide Area Information Service) : 인터넷에서 정보를 효율적으로 찾을 수 있도록 도와주는 서비스로 사용자가 찾고자 하는 문서를 정확히 모를 때나, 사용자가 입력한 키워드가 포함되어 있는 문서를 찾고 싶을 때 주로 이용된다.
> - 고퍼(Gopher) : 정보의 내용을 주제별 또는 종류별로 구분하여 메뉴로 구성함으로써, 인터넷에 익숙하지 않은 사용자라도 제공되는 메뉴만 따라가면 쉽게 원하는 정보를 찾을 수 있게 해주는 서비스이다.
> - HTTP : 웹 환경에서 문서를 전송하기 위해 이용되는 인터넷 프로토콜이다.
> - SFTP(Secure FTP) : 보안이 강화된 파일전송 프로토콜이다.
> - POP : 전송된 메일을 수신하는 데 사용되는 프로토콜이다.
> - IMAP : 모든 유형의 브라우저 및 서버들을 지원하는 최신의 이메일 프로토콜이다.
> - URI(Uniform Resource Identifiers) : 통합자원식별자라고 하며, 인터넷에 있는 자원을 나타내는 유일한 주소이다.
> - 시맨틱 웹(Semantic Web) : 사람을 대신해 컴퓨터가 정보를 읽고 이해하는 것은 물론 가공함으로써 새로운 정보를 만들어 낼 수 있는 차세대지능형 웹이다.
> - 인터넷 쿠키(Internet Cookie) : 웹 사이트에 접속할 때 자동적으로 만들어지는 임시 파일로 이용자가 본 내용, 상품 구매 내역, 신용카드 번호, 아이디(ID), 비밀번호, IP 주소 등의 정보를 담고 있는 일종의 정보파일이다.
> - 윈도우 방화벽(Windows Firewall) : 방화벽은 미리 정의된 보안 규칙에 기반한 네트워크 트래픽을 제어 및 모니터링 하는 네트워크 보안시스템으로, 일반적으로 외부 침입을 차단할 뿐만 아니라 내부 네트워크에서 유출되는 트래픽을 막아주는 역할도 한다.
> - 인프라이빗 브라우징(Inprivate Browsing) : 웹 브라우저(예 인터넷 익스플로러)에 흔적을 남기지 않고 웹 사이트를 검색할 수 있는 기능으로, 방문한 웹 사이트나 웹 사이트에서 본 내용을 다른 사용자가 모르게 해준다.
> - 윈도우즈 디펜더(Windows Defender) : Microsoft Windows에 기본으로 탑재 및 제공되는 안티 바이러스 프로그램으로, Windows Vista 이상의 운영 체제에 기본으로 탑재시켜 마이크로소프트가 모든 사용자들의 운영 체제의 보안을 관리할 수 있는 기반을 마련하였다.
> - 스마트 스크린 필터(Smart Screen Filter) : 윈도우10에서 유해한 사이트 및 프로그램을 차단하는 역할을 한다.
> - 스파클(SPARQL ; Simple Protocol and RDF Query Language) : 지원기술프레임워크(RDF ; Resource Description Framework) 기반의 데이터베이스에 사용되는 시맨틱 질의 언어(Semantic Query Language)이다.

- NS(Namespace) : 명칭공간이라고 하며, 프로그램의 각 부분이 자리 잡고 있는 공간에 일정한 명칭이 붙어있는 것을 말한다.
- RDF(Resource Description Framework) : 지원기술프레임워크라고 하며, 웹 환경에서 기계들이 이해하는 정보를 교환하는 애플리케이션 간에 상호 운용성을 제공하는 기반 규격이다.
- 온톨로지(Ontology) : 일반적으로 수용되는 공유된 개념으로서 기계가 이해할 수 있도록 정형화(Formal)되어 그 개념과 제약이 명확히 정의된 것을 의미하며, 용어 간의 관계를 정의하고 있는 일종의 사전과 같은 역할을 한다. 또한, 특정 주제에 대한 지식용어의 집합으로서 용어 그 자체뿐만 아니라 용어간의 의미적 관계와 추론규칙을 포함하고 있다.
- Bluetooth : 단파로 무선장치 간에 음성과 데이터 통신을 가능케 하는 칩 기술이다.
- NFC : 가까운 거리에서 비접촉식으로 무선 데이터를 주고 받는, 상대적으로 보안이 우수하고 가격이 저렴한 기술이다.
- Mash-up : 웹서비스 업체들이 제공하는 각종 콘텐츠와 서비스를 융합하여 새로운 웹서비스를 만들어내는 것을 의미한다.

(4) e-Retailing 관리

① e-Catalog(전자카탈로그)

㉠ 전자카탈로그의 개념 기출 15·14
- 전자카탈로그는 종이카탈로그를 대체하여 전자상거래에 적용되는 기법으로, 상품 사진이나 각종 사양 등을 그대로 전자적으로 기록해 데이터베이스화하여 제공하는 것이다. 제작기간과 비용을 대폭 절감할 수 있으며, 신제품 출시나 제품 사양이 변경되었을 경우 전체를 재제작 하던 번거로움에서 벗어나 간단한 상품추가 및 수정만으로 항상 최신의 상품정보를 제공할 수 있다.
- 전자상거래에서 거래되는 제품, 물품, 상품, 용역, 서비스 등의 품명과 코드, 생산 연월일, 규격, 특징 등의 제품 속성 정보와 가격, 배송 방법, 지급 방법 등의 판매에 필요한 정보를 저장하고 있는 목록으로 디지털 카탈로그라고도 한다.
- 이미지, 동영상, 소리 등을 이용하여 제품정보를 표현하기도 하며, 전자상거래에서 거래를 위한 기본사항이 된다.
- 구매자가 인터넷을 통하여 정보를 쉽고 빠르게 찾을 수 있도록 제품에 관련된 정보 등을 전자적으로 구성하여 저장하는 것을 말한다.

㉡ 상품분류체계표준 기출 20
- 국제통일상품분류체계(HS ; Harmonized Commodity Description and Coding System) : 대외 무역거래 상품을 숫자 코드로 분류하여 상품분류 체계를 통일함으로써 국제 무역을 원활하게 하고 관세율 적용에 일관성을 유지하기 위한 것으로, 관세나 무역통계, 운송, 보험 등 다양한 목적에 사용된다.
- 국제표준무역분류(SITC ; Standard International Trade Classification) : 경제 분석과 무역 자료의 국제 비교를 용이하게 하기 위해 1950년 7월 21일 국제연합경제사회이사회에서 선포한 무역 상품 분류 방법이다.

> **OX 문제**
> ▶ 한국표준산업분류(KSIC)는 e-카탈로그(e-Catalog)의 상품분류체계표준이다. O|X
>
> **해설**
> 한국표준산업분류는 생산주체들이 수행하는 각종 상품과 서비스의 생산활동을 일정한 분류기준과 원칙을 적용하여 체계적으로 분류한 것이다.
>
> 정답 ×

- UN 일용분류시스템(UNCCS ; UN Common Coding System) : UN으로 물품이나 서비스를 공급하는 기업과 정부가 이용하는 분류체계이다.
- UN 표준상품서비스분류(UN/SPSC ; UN/Standard Products and Services Code) : 전자상거래를 위해서 개발된 국제표준의 분류코드로, 거래의 대상이 되는 상품과 물품을 특정한 기준에 따라 분류하도록 규정한 국제적인 약속이다.

ⓒ 전자카탈로그의 특징
- 전자카탈로그는 하나의 특정 정보가 아니라 개별 품목의 여러 가지 특징적 정보들을 이용하여 품목을 나타낸다. 여기서 사용하는 품목은 제품과 서비스를 총칭하는 의미로 사용하고 있으며, 상품이나 제품이라는 용어와 혼용하여 사용하고 있다.
- 전자카탈로그는 개별 품목별 정보를 전자적인 형태로 저장·교환함으로써 상거래를 할 수 있도록 하는 것이다. 따라서 전자카탈로그가 어떠한 전자적 형태와 방법으로 교환될 것인가에 대한 약속은 상호호환성 확보를 위하여 매우 중요하다.
- 전자카탈로그 표준은 해당 품목의 속성 정보를 정의하는 게시표준, 통신망상으로 카탈로그를 교환하기 위한 프로토콜에 관한 전송표준, 품목정보를 담고 있는 문서형태에 관한 포맷표준, 품목정보의 화면 출력에 관한 표현표준 등으로 나뉜다.

ⓔ 종이카탈로그와 전자카탈로그의 장·단점 비교

구 분	장 점	단 점
종이카탈로그	• 카탈로그 이용에 컴퓨터 시스템의 도움이 없어도 가능하다. • 이동하는 데 전자카탈로그보다 수월하다. • 종이에 손쉽게 작성할 수 있으므로 작성이 수월하다.	• 종이카탈로그를 배포하는 데에는 전자카탈로그에 비해 시간이 많이 소요된다. • 종이카탈로그는 재질이 종이이므로 날씨나 계절적인 영향을 받는다. • 한 번 인쇄를 한 후에는 변경이 불가능하므로 정보의 변경이 전자카탈로그에 비해 어렵다. • 전화나 팩스 등의 방법으로만 주문이 가능하여 제한적이다. • 지면상 정보를 한정적으로 제공할 수밖에 없다.
전자카탈로그	• 제품에 대한 정보의 변화가 있으면 신속히 대응할 수 있다. • 자사와 자사 제품을 타사와 타사 제품과 비교하여 쇼핑 가능하다. • 상품을 검색하는 데 있어서 많은 정보를 신속하게 검색 가능하다. • 움직이는 사진도 표시할 수 있어 생생한 느낌을 준다. • 넓은 지역에 상품 정보를 배포하는 데 비용적인 면에서 저렴하다.	• 전자카탈로그를 개발하는 데에는 현실적으로 기술과 비용 측면에서 어려움이 있다. • 전자카탈로그 소비자들이 컴퓨터와 인터넷에 쉽게 접근이 가능해야 하고, 이것을 다룰 수 있는 기술적인 능력이 요구된다.

② e-Marketplace 기출 22
㉠ e-마켓플레이스의 개념
- 인터넷 등 네트워크상에서 다수의 공급자와 다수의 구매자 간에 거래를 할 수 있도록 구축된 온라인시장으로, 기존 1 : 1 혹은 1 : N의 거래관계를 N : N의 복잡한 거래관계로 바꾸어 놓았다. 뿐만 아니라 기존 시장(혹은 장터)처럼 판매자와 구매자가 같은 시간에 동일 장소에 모여 거래하는 개념에서 시간과 공간의 제약을 넘어선 새로운 형태의 시장으로서 그 범위를 확대하고 있다.

- e-마켓플레이스는 온라인시장(On-line Marketplace), 전자시장(Electronic Marketplace), 웹 마켓플레이스(Web Marketplace), 넷 마켓플레이스(Net Marketplace), 마켓 메이커(Market Maker) 등으로 지칭되기도 한다.
- 구매자 측면에서는 구매비용의 감소, 높은 구매협상력을 통한 구입단가의 하락, 구매 프로세스의 효과 성과 향상, 시간 단축 등의 장점이 있다.
- 공급자 측면에서는 고객을 확보하고 판매비용을 절감할 수 있으며, 시장정보를 확보하고 온라인 협력을 통하여 공급업자와 구매자 간의 관계를 향상시킬 수 있다.
- 오프라인상에서 이루어지던 불필요하고 복잡한 거래과정들을 합리적이고 효율적으로 변화시키고, 혁신적인 프로세스와 투명한 거래를 통해 거래소요시간 및 거래비용을 획기적으로 절감시킨다.
- 인터넷상의 가상시장이기 때문에 제품, 서비스, 정보 등 기업의 구매 및 판매와 관련된 모든 서비스를 제공하는 공급자와 구매자의 B2B 전자상거래 커뮤니티로 e-비즈니스의 결정판이라 할 수 있다.

ⓒ e-마켓플레이스의 특징과 기능
- 전자상거래의 가장 뚜렷한 특징 중 하나인 '시·공간의 제약 극복'에 따라 다양한 업종에 걸쳐 다양한 품목의 국제적 거래에 적합하다.
- 단순히 기존의 거래형태를 변화시키는 것이 아니라, 비즈니스 프로세스를 근본적으로 변화시키는 것이다. 즉, 오프라인상에서 이루어지던 불필요하고 복잡한 거래과정들을 합리적이고 효율적으로 변화시켜 거래소요시간 및 거래비용을 획기적으로 절감할 수 있다.
- 단순히 오프라인상의 시장기능을 온라인상으로 옮겨놓은 것이 아니라, 전자상거래의 발전된 개념이고 그 범위를 확장시킨 개념이기 때문에 전자상거래의 특징을 포함하게 된다.
- 인터넷상의 가상시장으로서 제품, 서비스, 정보 등 기업의 구매 및 판매와 관련된 모든 서비스를 제공하는 공급자와 구매자의 B2B 전자상거래 커뮤니티로 'e-비즈니스의 결정판'으로 불린다.
- 기존의 상거래기능만 존재하던 B2B 쇼핑몰 사이트와는 완전히 다른 개념으로 인터넷을 수단으로 구매기업과 공급기업 사이를 완전히 연결·통합하는 혁신적인 패러다임이다. 여기서는 경매·역경매, 거래소, 입찰(Bidding)시스템, 공동구매 등 다양한 상거래 기능과 공급망관리(SCM), 공동생산계획과 같은 지능적인 기능, 다양한 공급자 및 구매자 정보, 광범위한 상품카탈로그 등 강력한 콘텐츠와 커뮤니티 서비스를 제공할 수 있다.

> **개념 PLUS**
>
> **e-마켓플레이스의 발전과정** 기출 13
> - 1단계 : 강력한 구매자나 판매자를 중심으로 e-마켓플레이스 형성
> - 2단계 : 중개자를 중심으로 다수의 구매자와 판매자가 참여하는 e-마켓플레이스 등장
> - 3단계 : 각 공급단계별로 e-마켓플레이스 구축
> - 4단계 : 공급체인상의 모든 업체들이 참여하는 B2B e-마켓플레이스와 소비자를 대상으로 완성품을 판매하는 B2C 쇼핑몰 존재
> - 5단계 : 공급체인상의 모든 기업과 소비자가 참여하는 B2B2C 형태의 e-마켓플레이스 구축

ⓒ e-마켓플레이스의 분류
- 운영주체에 따른 분류 기출 15
  - 판매자 중심의 e-마켓플레이스 : 하나의 판매 기업이 e-마켓플레이스를 구축하고, 이 기업에서 물품을 구매하는 다수의 구매자들이 참여하는 형태이다.
  - 구매자 중심의 e-마켓플레이스 : 구매력이 강한 하나의 구매기업이 e-마켓플레이스를 구축하고, 이 회사에 납품하고자 하는 다수의 공급자들이 참여하는 형태이다.
  - 중개자 중심의 e-마켓플레이스 : 구매자나 판매자가 아닌 기업(주로 솔루션공급업체들)이 e-마켓플레이스를 구축하고, 다수의 공급자와 다수의 구매자가 참여하는 형태이다.

> **OX 문제**
>
> ▶ 판매자 위주의 전자시장에서 구매자는 자신의 서버에 전자시장을 만들고 잠재적인 판매자들로부터 주문요청서를 통해 입찰을 받는다.
> O│X
>
> 해설
> 판매자 중심의 전자시장은 하나의 판매 기업이 e-마켓플레이스를 구축하고, 이 기업에서 물품을 구매하는 다수의 구매자들이 참여하는 형태이다.
>
> 정답 ▶ ×

개념 PLUS

판매자 위주의 전자시장 기출 20
- B2B 전자상거래 구조 중에서 가장 일반적인 구조는 판매자 위주의 구조이다.
- 생산주도형 또는 소매상주도형의 전자상점들은 판매자 위주의 구조에 속한다.
- 판매자가 명성을 가지고 있고 충성고객을 가지고 있는 한 판매자 위주의 구조는 지속될 것이다.
- 구매자의 구매정보가 각 판매자의 서버에 흩어지므로 구매정보를 구매자의 정보시스템에 통합하기 어렵다.
- 하나의 판매 기업이 e-마켓플레이스를 구축하고, 이 기업에서 물품을 구매하는 다수의 구매자들이 참여하는 형태이다.

- 통합방향에 따른 분류
  - 보털(Vortal ; Vertical Portal) : 특정 품목이나 산업을 중심으로 원자재부터 완성품에 이르기까지 수직적인 관계를 갖는 전품목을 취급하는 e-마켓플레이스를 말한다. 특정 분야에 대해 전문적인 콘텐츠뿐만 아니라 전문기업 간 상거래 서비스, 커뮤니티 등도 제공하기 때문에 전문성과 내용의 깊이가 깊은 콘텐츠와 서비스를 제공할 수 있다.
  - 호털(Hortal ; Horizontal Portal) : 다양한 산업에 걸쳐 동일한 기능이나 비즈니스 프로세스를 제공하는 형태의 가상시장으로서 여러 산업에 걸친 서비스의 제공을 통한 다양한 수익 창출 기회의 확보와 집중화에 따른 위험의 회피라는 긍정적인 면과, 다양한 고객들의 요구를 모두 만족시킬 수 있는 전문성의 결여라는 부정적인 면을 함께 지니고 있다.
  - 메가마켓(Mega-market) : 보털 및 호털 등을 결합시켜 놓은 e-마켓플레이스이다.
- 거래형식에 따른 분류
  - 경매형 : 기업이 판매하고자 하는 물품을 공고하면 다수의 구매자가 가격을 입찰하고, 최적 가격을 제시한 구매자에게 이를 판매하는 방식이다. 기업이 보유하고 있는 잉여재고의 처리, 중고품, 희소품, 부패하거나 없어지기 쉬운 제품, 그리고 서비스를 다루는 경우에 적합하다.

- 온라인 역경매 : 경매형의 상반된 개념으로 구매자가 자신이 사고자 하는 물품에 대한 사양과 거래조건 등을 제시한 후, 다수의 공급자 중 최적의 가격과 거래조건을 제시한 공급자로부터 이를 구매하는 방식이다. 강력한 구매력을 가진 소수의 구매자와 복수의 공급자가 존재하는 시장에서, 구매자가 저렴한 가격에 대량으로 구매할 경우에 적합하다.
- 익스체인지형 : 전통적인 주식시장의 거래방식과 같은 양방향 옥션방식이다. 제3자의 중개자에 의해 매우 중립적인 시장의 형태로 이루어진다. 이 경우는 상품의 수급 관계와 가격이 매우 유동적인 시장에서 상품의 스펙이 정해진 원부자재나, 범용성이 높고 표준화된 상품의 거래에 적합하다. 구매자의 입장에서는 필요한 부품, 상품 등을 신속히 조달할 수 있고, 판매자는 최적의 시장가격으로 상품을 판매할 수 있다는 이점이 있다.
- 카탈로그형 : 판매자가 그들 상품의 가격, 특징 등의 정보를 웹상에 올려놓고 이를 본 구매자가 웹상에서 바로 구매하는 방식이다. 이 유형은 가격이 사전에 협상되어 있기 때문에 매우 고정적인 성격을 지닌다.
- 구조에 따른 분류 : 피라미드형, 나비형
- 주도자에 따른 분류 : 오프라인업체 주도형, 솔루션업체 주도형, 인터넷기업 주도형

㉣ e-마켓플레이스의 성공요인
- e-마켓플레이스가 활성화되기 위해서는 경영자들의 의식전환이 가장 필요하다. 지금까지의 거래 관행에서는 중소 하청업체들이 대기업에 종속되어 불리한 관계에서 거래가 이루어졌지만 e-마켓 플레이스에서는 시간과 거리의 제약 없이 대등한 관계에서 투명한 거래를 해야 하기 때문에 공정성과 투명성이 중요시된다.
- 경쟁업체 간 협력관계가 e-마켓플레이스의 성공 및 활성화에 중요한 변수가 될 수 있다. 외국에서는 동일 업종 내의 경쟁업체 간의 제휴·협력이 활발히 진행되고 있는 반면, 국내에서는 오프라인 경쟁업체들이 e-마켓플레이스 또한 경쟁적으로 구축하고 있어서 향후 e-마켓플레이스 활성화에 걸림돌이 될 가능성이 높다.
- e-마켓플레이스는 특성상 다수 기업이 참여해야만 수익모델을 갖출 수 있고, 국제적인 경쟁력을 확보할 수 있다.
- e-마켓플레이스를 효율적으로 활용하기 위해서는 기업 내부 업무프로세스뿐만 아니라 기업 간 업무프로세스에 대한 합리화가 선행되어야 한다. 즉, 기업들은 전자상거래 환경에 적합하도록 업무프로세스를 재구축하는 것이 반드시 필요하다.
- e-마켓플레이스가 활성화되기 위해서는 기업들의 인프라와 솔루션 보급이 확대되고, 인증·지불보안·관세·조세·디지털 상품의 지적 재산권 등과 관련된 문제들이 시급히 해결되어야 할 것이다.
- 국제 표준에 적합한 전자카탈로그 국가 표준을 마련하지 않으면 같은 상품에 대해 업체나 단체별로 표준안이 달라 전자카탈로그를 중복 구축하거나 호환이 되지 않는 문제가 발생할 수 있다. 즉, 전자카탈로그 표준화 작업이 지연됨에 따라 같은 규격과 속성을 가진 품목을 업체마다 혹은 업종마다 다르게 표시함으로써, 같은 품목을 서로 다르게 인식하여 기업 간 전자상거래 확산의 장애요인이 되고 있다.

③ e-Procurement(전자조달)
  ㉠ 전자조달의 개념 [기출 15]
    • 전자조달은 구매 요청, 승인, 입찰, 계약에 이르는 일련의 프로세스를 인터넷을 기반으로 전자적으로 수행하는 시스템을 말한다.
    • 전자조달은 주문에서 인도에 이르는 전체 구매 프로세스를 인터넷 환경하에서 유기적으로 연계하고, 동시에 구매사와 공급사 간에 공조를 이루어서 구매업무의 최적화를 도모하려는 전략적 기법이다.
  ㉡ 전자조달의 도입효과 [기출 18·16]
    • 전자조달시스템의 도입을 통해 투명성, 신속성, 원가절감을 실현하며 궁극적으로는 기업이 전략적인 구매업무를 실현하도록 한다.
      - 투명성 : 공정한 입찰 운영, 열린 계약관리
      - 신속성 : 구매, 입찰소요시간 단축, 편리한 입찰 운영
      - 비용절감 : 구매요청 처리비용 절감, 협상가격 절감
    • 인터넷 환경에서 자동화된 구매업무, 정보처리를 통해 축적된 업체정보 및 조달정보를 전사적 차원에서 공유함에 따라 기존의 행정 업무에 치우친 비생산적 역할에서 전략적이고 분석적 사고를 극대화할 수 있는 구매전문가로서의 역할로 전환된다.

[e-Procurement의 이점]

구매자 측면	공급자 측면
• 공급자 선택의 폭이 넓어짐 • 배달 및 구매소요비용 절감 • 품질의 향상 • 원가의 절감 • 신속한 처리	• 입찰정보에 대한 접근성 • 입찰시장의 글로벌화 • 입찰비용 절감 • 부분입찰 가능 • 공동입찰과 같은 입찰의 유연성 증가 • 신속한 처리

3 SCM 구축

(1) SCM 구축의 필요성

① 높은 물류 비용 : 공급사슬에서 운송비용과 재고비용 등 제조과정 외부의 비용이 부가가치의 60~70%를 차지한다.
② 예측의 불확실성 : 채찍효과(Bullwhip Effect)에 의해 공급사슬의 가장 마지막 소매단계의 주문과 고객 수요 성향에 대한 정보가 도매상과 지역유통센터 등의 공급사슬로 전달되는 과정에서 지연이나 왜곡되어 결품, 과잉재고 등의 문제가 발생한다.
③ 글로벌화(세계화) : 기업 활동이 글로벌화 되면서 공급사슬상의 리드타임이 길어지고 불확실해졌다. 또한 부품조달 비용, 인건비, 금융비용, 생산성, 운송비용 등은 국가별·지역별 편차, 관세 및 환율 법규의 국가별 차이, 지역별 제품사양의 차이 등을 감안해야 하고 그에 따라 물류 과정도 복잡하게 되었다.

④ **대량 고객화·개별화(Mass Customization)** : 기존의 표준화된 제품을 대량 생산하여 고객에게 밀어내던 방식을 탈피하고 고객의 다양한 요구에 맞추어 제조·납품하는 대량 맞춤서비스가 보편화되고 있다. 대상품목이 많아지면서 재고 및 물류관리를 비롯해 주문관리, 생산계획, 정보관리 및 추적관리도 복잡해져서 공급사슬관리의 중요성이 부각되었다.
⑤ **기업 경쟁의 심화** : 기업 간 경쟁이 치열해짐에 따라 고객지향, 고객만족, 시장요구에 대한 적응을 위하여 공급사슬의 혁신에 대한 요구가 증대되고 있다.

(2) SCM 구축의 성공요인

① 기업과 조직의 기초환경
   ㉠ 기업조직의 최고경영층의 지속적 관심과 지원이 필요하다.
   ㉡ 기업 내, 기업 간 유기적 체제의 수립과 실행을 위한 정보화 기술이 구축되어 있어야 한다.
   ㉢ 활동성 원가회계시스템이 도입되어야 한다.
   ㉣ 기업 내, 기업 간의 파트너십을 강화해야 한다.
② SCM 시스템의 성공요건
   ㉠ 공급체인 구성원은 경쟁관계에서 동반관계로 전환해야 한다.
   ㉡ 수요기업과 공급기업 간의 진실한 협력체제가 이루어져야 한다.
   ㉢ 소매업체와 제조업체 간 협력과 원활한 커뮤니케이션이 이루어져야 한다.
   ㉣ 물류활동의 통합을 위해 체인 내의 파트너들이 수요, 판매, 재고, 수송 등의 자료를 공유해야 한다.
   ㉤ 현업을 중심으로 구축해야 하며, 전사적자원관리(ERP), 고객관계관리(CRM) 등의 통합정보시스템 지원은 필수적이다.

개념 PLUS

물류관리와 공급사슬관리의 비교

구 분	물류관리(전통적 접근방법)	공급사슬관리
공동계획주기	거래에 기반을 둠	지속적
총비용 접근방식	기업비용의 최소화	경로 전체의 비용효율
정보공유	현 거래 유지에 필요한 만큼	기획과 점검과정에 필요한 만큼
재고의 흐름	창고 지향적	유통센터 지향적
공급선의 수	다수 : 경쟁유발	소수 : 조정의 용이함 증대
시간영역	단기적	중장기적
경로리더십	불필요	조정차원에서 필요
위험 및 보상	구성원 개별 책임 및 보상	공동책임 및 보상, 장기적으로 전체 공유

(3) 공급망관리시스템

① 카테고리 매니지먼트(CM) : 유통업체와 제조업체가 공동으로 고객의 관점에서 상품을 카테고리 수준에서 관리하는 경영기법이다.
② 신속대응 시스템(QR) : 의류업계에서 리드타임 감소, 재고비용 감소, 판매의 증진 등 효과적 성과를 보인 시스템이다.
③ 효율적 고객대응시스템 : 소비자의 만족에 초점을 두고 공급사슬의 효율을 극대화하기 위해 제품의 제조단계부터 도매, 소매에 이르기까지 전과정을 일련된 흐름으로 보아 관련 기업들의 공동참여를 통해 총체적으로 경영효율을 제고하는 기법을 말한다.
④ 협력적 계획, 예측 및 재고보충시스템 : 유통업체와 제조업체가 서로 협력하여 공동으로 수요를 예측하고 계획하며, 재고를 보충하는 시스템이다. 즉 수요예측과 재고보충을 위한 공동시스템을 말한다.
⑤ 공급업체 주도 재고관리(VMI)시스템 : 유통업체에서 발생하는 재고를 제조업체가 전담해서 관리하는 방식이다.

> **개념 PLUS**
>
> **SCM 소프트웨어(Software) 구성**
> - SCP(Supply Chain Planning)는 의사결정과 계획입안 업무를 지원하는 소프트웨어이며, APS(Advanced Planning and Scheduling)로 불리는 다양한 소프트웨어들이 있다. 구체적으로 보면 수요계획, 행사계획, 재고계획, 자동재고보충계획, 생산계획 등이 있다.
> - SCE(Supply Chain Execution)는 주문처리나 물류관리에 따른 SCM을 실행하기 위한 소프트웨어들로 구성된다. 구체적인 솔루션으로는 기업 간 물류흐름을 보다 빠르고 정확하게 구현할 수 있는 ASN(Advanced Shipment Notice)이나 Cross Docking System을 지원하는 주문처리시스템(AOM ; Advanced Ordering Management), 창고관리시스템(WMS ; Warehouse Management System), 차량관리시스템(TMS ; Transportation Management System) 등이 있다.
> - ERP를 구축한 기업에서는 기업성과를 높이기 위한 도구로서 SCP를 필요로 하게 되며, SCP를 구현하기 위해서는 SCE가 있어야 한다. ERP가 기업 내의 전사적 자원을 효율적으로 관리하는 것을 목적으로 한다면, SCM은 이보다 넓은 개념으로 기업과 기업 간에 자원, 정보, 자금 등을 통합 관리하여 이해관계에 있는 모든 기업들을 최적으로 관리하는 데에 그 목적이 있다.

CHAPTER

04 실전예상문제

※ 본 문제를 풀면서 이해체크를 이용하시면 문제이해에 보다 도움이 될 수 있습니다.

01 다음 중 CRM의 비용절감 도입효과가 아닌 것은?

① 고객의 획득비용 및 유지비용이 감소한다.
② 수익성 있는 신규고객 확보 등이 필요하다.
③ 고객의 생애가치를 중시하고 고객점유율을 높이는 것을 목표로 하고 있다.
④ 개별 고객과의 상호작용을 향상시키는 기능이 있다.
⑤ 판매 후 서비스뿐만 아니라 판매 전 서비스의 제공도 가능하다.

> **해설** CRM은 수익성 있는 신규고객 획득보다는 고객평생가치 극대화를 통한 고객유지에 좀 더 중점을 둔다.

02 고객관계관리(CRM)의 기능으로 올바르지 않은 것은?

① 촉진관리에 관한 기획수립에 도움을 준다.
② 고객매출을 기록하여 저장된 고객정보를 영업에 참고할 수 있다.
③ 고객을 세분화하여 관리함으로써 가치를 극대화할 수 있다.
④ 정보기술을 활용하여 장기적인 이윤을 추구한다.
⑤ 고객관리를 통해 고객의 집단구매 행동이나 준거성을 촉진한다.

> **해설** CRM은 기존고객 및 잠재고객을 대상으로 고객유지 및 이탈방지, 타 상품과의 연계판매 및 수익성이 높은 상품을 판매하기 위한 상승판매 등 1 : 1 마케팅 전략을 통해 고객점유율을 높이는 전략이다.

03 다음 중 Mass Marketing과 CRM Marketing의 설명으로 옳지 않은 것은?

① CRM Marketing은 기존고객과의 관계를 유지하는 데 더 많은 노력을 기울인다.
② Mass Marketing은 고객들과의 거래를 기반으로 한다.
③ CRM Marketing은 고객의 가치를 올리는 것을 기반으로 한다.
④ Mass Marketing은 신규고객 개발을 더 중요시한다.
⑤ CRM Marketing은 전체 고객들에 대한 마케팅 관점을 중요시한다.

> CRM Marketing은 1:1 마케팅 전략을 통해 개별고객과의 관계를 중요시한다.

04 다음의 CRM 프로세스를 올바르게 배치한 것은?

㉠ 업무 및 정보시스템 구축
㉡ CRM 전체 계획 수립
㉢ 고객정보 분석
㉣ 마케팅 실행
㉤ 마케팅프로그램 설계
㉥ 고객정보 획득

① ㉠ - ㉣ - ㉤ - ㉡ - ㉢ - ㉥
② ㉡ - ㉠ - ㉥ - ㉢ - ㉤ - ㉣
③ ㉢ - ㉤ - ㉥ - ㉣ - ㉡ - ㉠
④ ㉡ - ㉥ - ㉢ - ㉠ - ㉤ - ㉣
⑤ ㉤ - ㉢ - ㉣ - ㉥ - ㉠ - ㉡

> CRM의 프로세스
> CRM 전체 계획 수립 → 업무 및 정보시스템 구축 → 고객정보 획득 → 고객정보 분석 → 마케팅프로그램 설계 → 마케팅 실행

05 BSC(Balanced Score Card)는 기업의 성과 중 재무적 관점, 고객관점, 비즈니스 프로세스 관점, 학습 및 성장의 관점에서 종합적이고 균형적으로 측정하는 성과평가시스템이다. 다음 중 학습 및 성장관점의 측정항목에 해당하는 것은?

① 내·외부 물류프로세스의 통합
② 전사적 물류통합조직의 운영 정도
③ 운송화물추적(Tracking) 서비스
④ 업무처리절차의 신속성
⑤ 리드타임 단축

> ①·④는 비즈니스 프로세스 관점, ③은 고객의 관점, ⑤를 통한 비용은 재무적 관점에 해당된다.

06 SCM의 응용기법에 관한 설명으로 옳은 것은?

① ECR(Efficient Consumer Response) : 유통업체와 제조업체가 고객에게 저렴한 가격으로 상품을 제공하고 고객만족도를 높이기 위해 공급망을 Push방식으로 변화시키고 제품을 보충하는 기법이다.
② QR(Quick Response) : 미국 식료품업계에서 개발한 공급망관리 기법으로써 유통업체의 물류센터에 있는 각종 데이터가 제조업체로 전달되면 제조업체가 주관하여 물류센터로 제품을 배송하고 관리하는 기법이다.
③ Mass Customization : 비용, 효율성 및 효과성을 희생하여 개별 고객들의 욕구를 파악하고 충족시키는 전략이다.
④ Postponement : 공장에서 제품을 완성하는 대신 시장 가까이로 제품의 완성을 지연시켜 소비자가 원하는 다양한 수요를 만족시키는 전략적 지연을 의미한다.
⑤ VMI(Vendor Managed Inventory) : 수요자 주도형 재고관리로써 효율적 매장구색, 효율적 재고보충, 효율적 판매촉진 및 효율적 신제품 개발 등이 핵심적 실행전략이다.

> ① ECR(Efficient Consumer Response)은 소비자에게 보다 나은 가치를 제공하기 위해 유통업체와 공급업체들이 밀접하게 협력하는 식료품업계의 전략으로 효율적 매장구색, 효율적 재고보충, 효율적 판매촉진 및 효율적 신제품 개발 등이 핵심적 실행전략이다.
> ② QR(Quick Response)은 미국의 의류업계에서 개발한 공급망관리 기법으로 기업 간의 정보공유를 통한 신속·정확한 납품, 생산/유통기간의 단축, 재고감축, 반품 로스 감소 등을 실현하는 신속대응시스템이다.
> ③ Mass Customization은 개별 고객의 다양한 요구와 기대를 충족시키면서도 대량생산에 못지않은 낮은 원가를 유지하는 경영혁신 기법이다.
> ⑤ VMI(Vendor Managed Inventory)는 공급자 주도형 재고관리로서 유통업체에서 발생하는 재고를 제조업체가 전담해서 관리하는 방식이다.

07 SCM의 응용기법에 관한 설명으로 옳은 것은?

① CRP(Continuous Replenishment Program)는 물류센터에 재고를 보관하지 않고 바로 거래처로 배송하는 것이다.
② CAO(Computer Assisted Ordering)는 소비자의 구매형태를 근거로 상품을 그룹화하여 관리하는 것이다.
③ ERP(Enterprise Resource Planning)는 제조·유통업체가 공동으로 생산계획, 수요예측, 재고보충을 구현하는 것이다.
④ 크로스도킹(Cross Docking)은 기업 내의 자원을 효율적으로 관리하기 위한 통합정보시스템이다.
⑤ VMI(Vendor Managed Inventory)는 공급자가 유통매장의 재고를 주도적으로 관리하는 것이다.

> ① 지속적인 상품보충(CRP ; Continuous Replenishment Program) : 실제 판매된 판매데이터와 예측된 수요를 근거로 하여 상품을 보충시키는 방식(Pull 방식)
> ② 자동발주시스템(CAO ; Computer Assisted Ordering) : 상품판매대의 재고가 소매점포에서 설정한 기준치 이하로 떨어지면 자동으로 보충주문이 발생
> ③ 전사적 자원관리(EPR ; Enterprise Resource Planning) : 기업활동을 위해 사용되는 기업 내의 모든 인적·물적 자원을 효율적으로 관리하는 통합정보시스템
> ④ 크로스도킹(Cross Docking) : 창고나 물류센터로 입고되는 상품을 보관하지 않고 곧바로 소매점포에 배송하는 물류시스템

08 크로스도킹(Cross Docking) 전략을 설명한 것이다. 옳지 않은 것은?

① 창고나 물류센터에서 수령한 물품을 재고로 보관하는 것이 아니라 입고와 동시에 출고하여 배송하는 물류시스템을 말한다.
② 크로스도킹 전략을 가장 효율적으로 활용하는 업종은 유통업, 도매배송업 및 항만터미널운영업 등이다.
③ 크로스도킹 전략은 유통업체의 결품 감소, 재고수준 감소, 물류센터에서의 회전율 감소 및 상품의 공급용이성이 증대되는 기대효과가 있다.
④ 크로스도킹 전략을 효율적으로 구현하기 위해서는 사전에 활동원가분석(ABC 분석)을 실시하는 것이 좋다.
⑤ 크로스도킹 전략에서는 EAN/UCC 표준, EDI 등을 통한 정보교환체제가 잘 구축되어 있어야 한다.

> **크로스도킹의 효과**
> 물류센터의 물리적 공간 감소, 공급사슬 전체 내의 저장 공간 감소, 물류센터의 회전율 증가, 상품공급의 용이성 증대, 재고수준의 감소 등

09 CPFR(Collaborative Planning Forecasting & Replenishment)에 관한 설명으로 옳지 않은 것은?

① 결품으로 인한 고객만족도 저하현상에 대응하기 위한 안정적인 재고관리의 수단이다.
② 수요예측이나 판매계획 정보를 유통업체와 제조업체가 공유하여, 생산-유통 전 과정의 자원 및 시간의 활용을 극대화하는 비즈니스 모델이다.
③ 유통업체인 Wal-Mart와 Warner-Lambert사 사이에 처음 시도되었다.
④ 유통비용 절감 및 고객서비스 향상을 위하여 출하 데이터를 근거로 재고를 즉시 보충하는 유통시스템이다.
⑤ 생산 및 수요예측에 대하여 제조업체와 유통업체가 공동으로 책임을 진다.

> 출하 데이터를 근거로 재고를 즉시 보충하는 유통시스템은 CRP(Continuous Replenishment Process)이다.

10 활동기준원가계산(ABC ; Activity Based Costing)기법의 구성 요소에 포함되지 않는 것은?

① 활동(Activity)
② 자원(Resource)
③ 원가동인(Cost Driver)
④ 활동동인(Activity Driver)
⑤ 자원동인(Resource Driver)

> 활동기준원가계산(ABC)은 기업 내에서 수행되고 있는 활동을 기준으로 하여 활동과 원가대상의 소모관계를 상호 간의 인과관계에 근거하여 규명함으로써 자원, 활동, 원가대상의 원가와 성과를 측정하는 원가계산법이다. 따라서 구성요소로는 활동, 자원, 활동동인, 자원동인으로 구성된다.

11 QR에 관련된 내용으로 옳지 않은 것은?

① 과거 섬유산업에서 원사공장부터 매장까지의 납기기간을 혁신적으로 줄일 수 있게 한 시스템을 시작으로 발전하였다.
② QR시스템 도입은 식품, 일상용품업계에도 적용되어 매출증가뿐 아니라 재고회전율 개선효과도 가져오게 되었다.
③ QR은 POS, EDI를 통해 더욱 효율적으로 활용될 수 있다.
④ QR은 Pull 시스템이 아닌 Push 시스템이라고 할 수 있다.
⑤ 수요가 가변적이고 유행에 민감하며 제품유형이 다양한 상품의 경우는 QR을 활용하기가 좋다.

> QR은 Push 시스템이 아닌 Pull 시스템이라고 할 수 있다. 즉 QR은 기업 간 정보 공유를 바탕으로 소비동향을 분석하고 고객의 요구를 신속히 반영하여 적절한 상품을 적절한 장소에, 적시에, 정량을, 적정한 가격으로 제공하는 것을 목표로 한다.

12 성공적인 VMI(Vendor Managed Inventory) 도입을 위한 선결과제에 해당되지 않는 것은?

① 품질안정화를 위해 조달된 원부자재의 전수검사가 요구되고 있다.
② 자재창고의 재고정보가 정확하여야 한다.
③ 생산계획 대(對) 실적의 전산시스템화가 되어야 한다.
④ 정보인프라 구축을 통한 실판매정보의 공유가 이루어져야 한다.
⑤ 자재코드의 체계화(표준화)가 되어 있어야 한다.

> **해설**
> VMI(Vendor Managed Inventory)
> 공급자 재고관리는 제조업체의 Warehouse 관리를 공급자인 Vendor가 직접 관리하는 것을 말한다. VMI는 공급자에 의한 재고관리를 통해 제조업체에 의한 발주단위 자체를 없애고, 창고 및 재고관리를 Vendor의 손에 맡겨 이루어지도록 하는 시스템이다.

13 e-SCM의 효과에 관한 설명으로 옳지 않은 것은?

① 인터넷을 통해 고객들이 원하는 맞춤서비스를 제공할 수 있다.
② 직거래활성화를 통한 공급체인의 길이가 짧아짐에 따라 리드타임이 줄어든다.
③ 실시간 재고관리가 가능함에 따라 안전재고를 적정수준에서 유지할 수 있다.
④ 공급사슬에서 참여기업들의 관계가 수직적 상하관계에서 수평적 협력관계로 변하고 있다.
⑤ 외부의 불가항력적인 요인발생 시 반응이 느리고 소비자들의 영향력이 상대적으로 커지고 있다.

> **해설**
> e-SCM은 인터넷을 기반으로 디지털기술을 활용하여 공급사슬을 통합하고 관리하는 기법으로 불확실성이 높은 시장변화에 신속하게 대응하는 데 목적이 있다.

14 다음 중 부가가치통신망(VAN)에 대한 설명으로 틀린 것은?

① 컴퓨터 사이에 단순한 데이터 전달
② 제3자를 매개로 하여 기업 간 자료를 교환하는 통신망
③ VAN의 시스템 기능은 크게 네트워크 적용과 통신처리 및 네트워크 설비로 구분
④ VAN을 구성하는 요소는 크게 기업 간 데이터 통신을 행하는 각각의 기업 시스템과 이들 사이에 개재하는 VAN 처리시스템으로 구분
⑤ VAN은 컴퓨터 사이의 단순한 자료를 전달하는 것이 아닌 도중의 변환처리과정을 통해 부가가치를 발생시키게 한다는 의미에서 부가가치통신망이라 함

> **해설**
> VAN은 컴퓨터 사이에 단순한 데이터를 전달하는 것이 아니라 도중의 변환처리 과정을 통하여 부가가치를 발생시키게 한다는 의미를 내포한다.

15 다음 중 EDI의 활용에 대한 설명으로 옳지 않은 것은?

① EDI 시스템의 도입은 기존 경쟁자에 대해서 동일화가 되기 때문에 새로운 경쟁자에 대해서는 진입장벽 완화의 효과를 가져다 준다.
② EDI 시스템은 컴퓨터와 컴퓨터 혹은 터미널과 컴퓨터로 연결될 수 있다.
③ EDI 시스템은 경로구성원들을 시스템으로 통합하기 때문에 이러한 시스템의 구축 자체가 전략적 무기가 되는 것이다.
④ 마케팅 관리자는 EDI 시스템을 유통 시스템에 사용함으로써 경로구성원 간의 커뮤니케이션을 빠르고 정확하게 할 수 있다.
⑤ EDI의 도입으로 인해 소요시간이 감소하며, 정확성 향상과 노동량의 감소를 가져올 수 있다.

> EDI 시스템의 도입은 기존 경쟁자에 대한 차별화를 가능하게 하고, 새로운 경쟁자에 대해서는 진입장벽 구축의 효과를 가져다 준다.

16 다음 지문이 설명하는 것은 무엇인가?

> 생산 및 유통업자가 전략적으로 협력하여 소비자의 선호 등을 즉시 파악하고, 시장변화에 신속하게 대응함으로써 시장에 적합한 제품을 적시·적소에 적절한 가격으로 제공하는 것을 원칙으로 한다. 이것을 실행하기 위해서는 EDI, 바코드, POS 등의 유통정보 기술이 요구된다. 제조업자는 주문량에 맞추어 유연생산이 가능하고, 공급자수를 줄일 수 있으며, 높은 자산회전율을 유지할 수 있다. 시스템 측면에서는 낭비를 제거하고, 효율성을 향상시킬 수 있으며, 신속성도 향상된다.

① QR(Quick Response)
② CPFR(Collaborative Planning Forecasting and Replenishment)
③ VMI(Vendor Managed Inventory)
④ CRP(Continuous Replenishment Programs)
⑤ ABC(Activity Based Costing)

> 지문은 QR(Quick Response)에 대한 설명이다. QR은 생산 및 유통관계의 거래 당사자가 협력하여 소비자에게 적절한 시기에 적절한 양을 적정한 가격으로 제공하는 것을 목표로 한다.
> ② 판매·재고 데이터를 이용해 제조 및 유통업체가 상호 협력하여 공동으로 예측하고 계획하며 상품을 보충하는 업무 프로세스
> ③ 제조업체가 유통업체의 판매정보를 획득하여 제조업체의 주도하에서 재고관리를 하는 것
> ④ 지속적 보충 프로그램으로 상품을 소비자 수요에 기초하여 획득한 정보를 기반으로 제조업체가 상품을 자동으로 보충하는 것
> ⑤ 프로세스에 관련된 모든 활동을 기준으로 원가를 측정하고 원가대상에 대한 성과를 측정하는 방법(활동기준 원가 계산)

17 QR(Quick Response) 시스템에 대한 내용으로 옳은 것은?

① 다양한 소비자 니즈를 충족하기 위해 긴 제품개발기간을 갖는다.
② 안정적인 매출 극대화를 위하여 장기간에 걸친 수요예측 결과를 생산에 반영한다.
③ 제조업자에게는 유연한 생산시스템이 실현될 수 있으나 소매업자에게는 상품회전율이 하락될 수 있다는 한계점이 존재한다.
④ 제조사는 소비자의 소비패턴 변화를 반영하여 다양한 상품을 제공할 수 있다.
⑤ 실시간 수요를 충족시키기 위해 재고보유가 많아지므로 재고의 양과 재고의 반품이 증가될 수 있다.

① QR의 구현목적은 제품개발의 짧은 사이클(Cycle)화를 이룩하고 소비자 요구에 신속 대응하는 정품을, 정량에, 적정가격으로, 적정장소로 유통시키는 데 있다.
②·③ QR시스템은 생산에서 판매에 이르기까지 시장정보를 즉각적으로 수집하여 대응하며 회전율이 높은 상품에 적합한 시스템이다.
⑤ 신속하고 정확한 소비자 수요동향 분석을 할 수 있어 시장변화에 대한 효과적인 대응이 가능하며, 적정 수요량 예측으로 재고량이 감소되고 재고회전율도 향상되어 상품 품절을 방지할 수 있다.

18 QR(Quick Response)의 구현원칙에 관한 설명으로 옳지 않은 것은?

① 생산 및 포장에서부터 소비자에게 이르기까지 효율적인 제품의 흐름을 추구한다.
② 제조업체와 유통업체 간에 표준상품코드로 데이터베이스를 구축하고, 고객의 구매성향을 파악·공유하여 적절히 대응하는 전략이다.
③ 조달, 생산, 판매 등 모든 단계에 걸쳐 시장정보를 공유하여 비용을 줄이고, 시장변화에 신속하게 대처하기 위한 시스템이다.
④ 저가격을 고수하는 할인점, 브랜드 상품을 판매하는 전문점, 통신판매 등을 연계하여 철저한 중앙관리체제를 통해 소매점업계의 경영합리화를 추구하는 전략이다.
⑤ 고객정보의 신속한 파악을 통하여 필요할 때에 소량을 즉시 보충할 수 있도록 개발된 식품유통 분야의 대응시스템이다.

QR시스템은 제품 제조에서 소비자에게 전달되기까지의 제조 과정을 단축시키고, 소비자의 욕구 및 수요에 적합한 제품을 공급함으로써 제품 공급사슬의 효율성을 극대화하는 시스템으로 의류분야의 대응시스템이며, 식품유통 분야의 대응시스템은 ECR이다.

19 다음 글상자에서 설명하는 것의 특징으로 옳지 않은 것은?

> 제품에 부착하는 태그(Tag)에 생산, 유통, 보관, 소비의 전 과정에 대한 정보를 담고 자체 안테나를 갖추어 리더(Reader)가 이 정보를 읽고 인공위성이나 이동통신망과 연계하여 정보시스템과 통합 사용할 수 있게 하는 것을 말한다.

① 품목이 한 지점에서 다른 지점으로 이동할 때 태그 내부에 저장되어 있는 정보를 실시간으로 갱신할 수 있다.
② 비금속물질을 투과해서 읽을 수 있다.
③ 한 번에 한 개의 태그만 인식 가능하다.
④ 판독시간이 빠른 편이다.
⑤ 판독기에 직접 접촉해야 할 필요가 없다.

> **해설**
> 문제의 지문은 RFID(Radio Frequency Identification)에 대한 설명으로, 한 번에 여러 개의 태그를 동시에 인식하거나 수정할 수도 있다.

20 CALS 도입효과가 아닌 것은?

① 개발기간 단축
② 공정의 축소
③ 설계자료 열람시간 단축
④ 도로항만 인프라 확대
⑤ 재고의 절감

> **해설**
> CALS의 도입효과
> - 개발기간 단축
> - 설계변경 시간의 단축
> - 부품조달 시간의 단축
> - 제품품질의 향상·개선
> - 재고의 절감

21 소매물류의 e-Retailing 관리에 대한 설명으로 가장 옳지 않은 것은?

① e-Catalog는 인터넷 환경에서 카탈로그의 발행자가 전자적인 원리로 카탈로그를 제작하여 이를 특정 고객에게 자신의 홈페이지에 콘텐츠 형식으로 직접 알리거나 이메일, 인터넷, TV 등의 수단을 사용하여 발송하는 것을 말한다.
② e-Marketplace는 인터넷상에서 다수의 공급자와 수요자가 필요한 제품이나 서비스를 최적의 조건으로, 다양한 구매방식에 의해 비즈니스 거래를 하도록 유발하는 가상시장을 통칭한다.
③ e-CRM은 인터넷을 통해 상품 정보의 데이터베이스를 공유해 유통과 제조업체의 업무 효율성을 높일 수 있으며, 구매자와 공급자 사이를 쉽고 편하게 연결해 주는 방법이다.
④ e-SCM은 디지털 기술을 활용하여 공급자에서 고객까지의 Supply Chain상의 물자 및 정보를 공유하는 것을 목적으로 한다.
⑤ e-Procurement는 대부분의 구매업무를 실시간으로 처리할 수 있도록 하여 구매기간과 구매처리 Lead Time을 단축시키며 투명하고 공정한 시스템을 구현케 함으로써 대외적으로 투명성을 제고할 수 있다.

③은 e-Catalog(전자카탈로그)에 대한 설명이다.

22 전자카탈로그에 대한 내용 중 가장 옳지 않은 것은?

① 소비자 측면에서 상품의 효율적인 비교와 검색이 가능하다.
② 인쇄물 형태보다 저렴한 비용으로 제작할 수 있으며 판매자가 직접 수정 및 편집이 가능하다.
③ 제조업자는 상품 홍보 및 마케팅에 관련된 비용을 절감할 수 있다.
④ 전자상거래를 위한 전자카탈로그 상품분류코드로서의 UNSPSC는 4단계로 구분되어 있으며, 총 12자리로 구성되어 있다.
⑤ 전자카탈로그 표준에는 전송표준, 포맷표준, 표현표준, 게시표준, 디렉토리 서비스 등이 있다.

전자카탈로그 상품분류코드로서 UNSPSC는 '세그먼트-패밀리-클래스-커머디티'의 4단계로 8자리 코드이다.
- 세그먼트(Segment) : 분석적인 목적을 위한 패밀리의 논리적인 집단
- 패밀리(Family) : 일반적으로 인정되는 상호 관계가 있는 상품의 카테고리 그룹
- 클래스(Class) : 공통적인 특징을 가지고 있는 상품의 그룹
- 커머디티(Commodity) : 특정 제품과 서비스

23

제품 표준화 정도가 낮은 업종의 제조업체가 사업수행을 위하여 여러 협력업체들과 긴밀한 관계를 유지해야 하며, 가격보다는 서비스 품질을 강조해야 하는 경우에 가장 효과적인 e-Marketplace 모델은 무엇인가?

① 직접거래형
② 커뮤니티형
③ 연합거래형
④ 중개거래형
⑤ 공동구매형

> **해설** e-Marketplace의 종류
> 참여업체가 어떤 형태로 얼마만큼 단단한 협력관계를 맺느냐에 따라 '직접거래형', '커뮤니티형', '중개거래형', '연합거래형'의 4가지로 구분한다.
> - 직접거래형 : 제조업체가 직접 상품을 판매하기 위하여 직접 마케팅을 하고 거래 희망업체와 개별 협상을 하여 거래처를 확보해 나간다. 이 형태는 기업 간 협력수준도 낮고 제품의 표준화 정도가 낮아 대량거래가 이루어지기 어려운 상태이다.
> - 커뮤니티형 : 제품 표준화 정도가 낮은 업종의 제조업체가 사업을 수행하기 위하여 여러 협력업체들과 밀접한 관계를 유지해야 한다.
> - 중개거래형 : 제품의 표준화 정도가 높으나 기업 간 협력의 요구 정도가 낮은 제품의 대량생산 및 판매에 적합하다.
> - 연합거래형 : 기업 간 높은 협력수준을 요구하는 제품 표준화가 이루어져 업종 내 기업들이 주로 규모의 경제 및 생산성을 향상시키기 위하여 만든 e-마켓플레이스 유형으로 각종 상거래, 기술의 표준화, 거래방식의 표준화 등이 선행되어야 한다.

24

공급사슬관리(SCM ; Supply Chain Management)에 관한 설명으로 옳지 않은 것은?

① 공급사슬관리는 원재료 구매에서부터 최종 고객까지의 전체 물류흐름을 계획하고 통제하는 통합적인 관리 방법이다.
② 공급사슬관리의 주요 응용기술로는 자동발주시스템, 크로스도킹(Cross Docking), 공급자재고관리(VMI ; Vendor Managed Inventory)이다.
③ 공급사슬관리의 기원은 1980년대 미국의 의류제품 부문에서 도입된 QR(Quick Response)에서 찾을 수 있다.
④ 공급사슬관리가 효과적으로 운영되기 위해서는 파트너들 간의 상호협력과 신뢰가 중요하다.
⑤ 공급사슬 전반에 걸쳐 수요에 관한 정보를 집중화하고 공유함으로써 공급 리드타임(Lead Time)이 증가한다.

> **해설** 기업활동이 전 세계적으로 확산됨에 따라 공급사슬상에서의 리드타임이 길어지고, 불확실성이 증가함에 따라 공급사슬관리가 더욱 필요하게 되었다. 즉 공급사슬관리로서 공급 리드타임(Lead Time)을 단축시킬 수 있다.

25 공급사슬관리(Supply Chain Management)를 실현하기 위한 방법으로 가장 거리가 먼 것은?

① 업무절차혁신(Business Process Reengineering)
② 공급자 재고관리(Vendor Managed Inventory)
③ 효율적 고객대응(Efficient Consumer Response)
④ 신속대응(Quick Response)
⑤ 지속적 보충프로그램(Continuous Replenishment Programs)

 업무절차혁신(BPR)은 한 기업 내의 경영활동을 혁신하고자 하는 경영기법인데 반해, 공급사슬관리는 공급자, 제조기업, 판매기업 모두의 협력을 바탕으로 수행해야 하는 기업 간 혁신활동이다.

26 다음 중 채찍효과(Bullwhip Effect)가 발생하는 원인으로 보기에 가장 거리가 먼 것은?

① 부정확한 수요예측
② 일괄주문처리
③ 정보의 가시성 확보
④ 제품가격의 변동
⑤ 과도한 통제에 따른 리드타임의 증가

 채찍효과는 제품에 대한 최종 소비자의 수요는 그 변동폭이 크지 않지만 소매상, 도매상, 완제품 제조업자, 부품 제조업자 등 공급사슬을 거슬러 올라갈수록 변동폭이 크게 확대되는 현상이 발생한다. 이처럼 공급사슬에서 최종 소비자로부터 멀어질수록 수요와 재고의 불안정성이 확대되는 현상을 채찍효과라 한다. 채찍효과는 정보의 가시성 확보가 마련되지 않아서 발생하는 것으로, 공급사슬관리는 이러한 채찍효과를 최소화하고자 하는 노력이다.

27 채찍효과(Bullwhip Effect)의 개선방안으로 옳은 것은?

① 기업 간의 협업을 강화시켜 부족분게임(Shortage Game)을 야기시킨다.
② 정보의 비대칭성 확대를 통해 불확실성을 감소시킨다.
③ 공급사슬 참여자 간의 정보공유를 통해 사일로(Silo) 효과를 증가시킨다.
④ 일괄주문방식을 강화하여 비용증가를 억제시킨다.
⑤ 전략적 파트너십을 통해 공급망 관점의 재고관리를 강화시킨다.

 채찍효과의 개선방안
- 공급자 재고관리 등 공급체인 구성원 간에 전략적 관계를 강화한다.
- 공급업체 전반에 걸쳐 수요에 대한 정보를 집중화하고 공유한다.
- 제품의 공급 리드타임을 감축시킬 수 있는 방안을 연구한다.
- 최종 소비자의 수요변동폭을 감소시킬 수 있는 방안을 연구한다.

28 채찍효과(Bullwhip Effect)를 해결하기 위한 방안으로 옳지 않은 것은?

① 수요에 관한 정보를 중앙으로 집중시킴으로써 공급사슬 전체의 불확실성을 줄인다.
② EDLP(Everyday Low Price) 전략을 통해 가격의 변동폭을 줄임으로써 수요의 변동을 감소시킨다.
③ 일괄주문처리(Order Batching)를 지향한다.
④ 공급사슬 내 정보의 공유를 위해 많은 전략적 파트너십에 참여한다.
⑤ EDI(Electronic Data Interchange)를 이용하여 정보리드타임을 감소시킨다.

> 해설 일괄주문처리(Order Batching)는 각 공급사슬 단계상의 정보전달의 누락이나 왜곡을 가져오기 때문에 채찍효과의 발생 원인이 된다.

29 공급사슬관리의 솔루션은 SCP(Supply Chain Planning)와 SCE(Supply Chain Execution)로 구분할 수 있다. 다음 중 SCP 및 SCE에 관한 설명으로 옳지 않은 것은?

① SCP는 가변적인 수요에 대하여 균형잡힌 공급을 유지할 수 있는 최적화된 계획을 구현하는 시스템이다.
② SCE는 공급사슬 내에 있는 상품의 물리적인 상태나 자재관리, 그리고 관련된 모든 당사자들의 재원 정보 등을 관리하는 시스템이다.
③ SCP는 ERP(Enterprise Resource Planning)로부터 계획을 위한 기준정보를 제공받아 통합계획을 수립한 후 지역별 개별계획을 수립하여 ERP쪽으로 전달한다.
④ SCE의 주요 솔루션으로는 창고관리시스템(Warehouse Management System), 운송관리시스템(Transportation Management System) 등이 있다.
⑤ SCE의 영역은 계절적 소비패턴 등의 통계적 기법을 이용한 수요예측을 포함하고 있다.

> 해설 ⑤는 SCP에 대한 설명이다.

CHAPTER 05 · 신융합기술의 유통분야에서의 응용

> **Key Point**
> - 신융합기술의 개념, 현황, 주요 변화를 학습한다.
> - 빅데이터의 개념 및 활용 기술에 대해 학습한다.
> - 신융합기술(인공지능, 사물인터넷, 메타버스 등)의 개념 및 활용에 대해 학습한다.

01 신융합기술

1 신융합기술의 개요

(1) 신융합기술

① 신융합이란 인공지능, 사물인터넷, 빅데이터, 로봇기술, 자율주행, 가상현실 등 첨단 정보통신기술의 융합을 통해 동일 업종이나 분야가 아닌 전혀 다른 업종 간의 산업이나 분야가 융합되어 새로운 부가가치를 만드는 것을 말한다.

② 3대 핵심 기술 영역

구 분	내 용
디지털	기술 자료의 디지털화를 통한 복합적인 분석이 핵심과제로, 연관 기술에는 사물인터넷, 인공지능, 빅데이터, 공유플랫폼 등이 있다.
바이오 기술	생물학 정보의 분석 및 정밀화를 통한 건강 증진이 핵심과제로, 연관 기술에는 유전공학, 합성 생물학, 바이오 프린팅 등이 있다.
물리학 기술	현실 공간과 가상 공간의 연계를 통한 가상 물리 시스템을 구축하는 것으로, 연관 기술에는 무인 운송수단, 3D 프린팅, 로봇공학, 나노 신소재, 대체 에너지 등이 있다.

(2) 주요 기술 현황

① 사물 인터넷(IoT ; Internet of Things)
  ㉠ 사물에 센서를 부착하여 네트워크를 통해 실시간으로 데이터를 통신하는 기술이다.
  ㉡ 활용 현황 : IoT + 인공지능(AI) + 빅데이터 + 로봇 공학 = 스마트 공장

② 로봇 공학(Robotics)
  ㉠ 로봇 공학에 생물학적 구조를 적용하여 적응성 및 유연성을 향상시키는 기술이다.
  ㉡ 활용 현황 : 로봇 공학 + 생명과학 = 병원 자동화 로봇

③ 3D 프린팅(Additive manufacturing)
  ㉠ 3D 설계도나 모델링 데이터를 바탕으로, 원료를 쌓아 물체를 만드는 제조 기술이다.
  ㉡ 활용 현황 : 3D 프린팅 + 바이오 기술 = 인공 장기

④ 빅데이터(Big Data)
  ㉠ 대량의 데이터로부터 가치를 추출하고 결과를 분석하는 기술이다.
  ㉡ 활용 현황 : 빅데이터 + 인공지능 + 의학 정보 = 개인 맞춤 의료
⑤ 인공지능(AI)
  ㉠ 사고·학습 등 인간의 지능 활동을 모방한 컴퓨터 기술이다.
  ㉡ 활용 현황 : 인공지능 + 사물 인터넷 + 자동차 = 무인 자율 주행 자동차

(3) 디지털 신기술 동향
① 5G와 6G
  ㉠ 급증하는 데이터 사용량에 대응하기 위한 필수 인프라로, 자율주행, 디지털 의료 등 신융합 산업의 핵심 기반기술이다.
  ㉡ 개방형 네트워크의 확산으로 인해 6세대(6G) 기술선점을 위한 국가 간 경쟁이 치열해지고, 빅테크 기업의 참여로 세계 시장 구도가 급변할 가능성이 있다.
  ㉢ 해외 의존도가 높은 단말·장비 핵심부품의 공급망 통제 시에는 경쟁력에 위협이 될 수 있으며, 6세대(6G) 상용화에 대비한 표준 선점이 중요하다.
② 첨단바이오
  ㉠ 첨단바이오 분야는 단기간에 기술자립이 용이하지 않은 기술이다.
  ㉡ 팬데믹 상황이 발생했을 때 경제회복력 격차 극복의 필수 역량으로 부상되어, 기술의 유무가 글로벌 위기 상황에서 대외협상력으로 발휘될 수 있다.
③ 반도체·디스플레이
  ㉠ 우리나라 수출 비중의 약 20% 이상을 차지하는 주력 산업 분야인 반도체·디스플레이는 경제안보의 핵심이자 인공지능, 사물인터넷과 같은 4차 산업혁명의 기반기술이다.
  ㉡ 미국과 중국의 패권 경쟁의 시작점에 있는 기술로, 공급망 확보 경쟁이 치열하기 때문에 경쟁력을 상실하거나 전략적 통제가 있을 시에는 경제안보에 치명적 위협이 되기도 한다.
④ 2차전지
  ㉠ 친환경·전기차의 모빌리티 패러다임으로 전환되어 탄소중립 기조가 강화된 가운데, 2차전지는 친환경 에너지원으로 그 중요도가 급부상하고 있다.
  ㉡ 최근 전기차 보급이 본격화되면서 시장 주도권과 차세대 기술선점, 안정적 공급처 확보를 위한 국가 간 경쟁이 치열한 분야이다.
  ㉢ 우리나라는 세계 최고 수준의 제조기술을 보유하고 있지만, 핵심원료 가공과 소재의 특정 국가 의존도가 높아 공급망 관리와 대응이 필요한 분야이다.
⑤ 첨단로봇 제조
  ㉠ 세계 공급망 재편 및 리쇼어링 흐름에 따라 자국 내 제조 경쟁력 확보 경쟁이 치열한 분야로, 국방 분야에서도 폭넓은 활용성을 가지고 있다.
  ㉡ 특히 제조업 비중이 높고, 로봇밀도가 높은 우리나라 경제 구조상, 선도국 기술종속은 산업 전반의 종속으로 이어질 가능성이 존재하며, 인공지능 기술의 발전에 따라 로봇 활용 영역과 중요도는 더욱 증대되고 있다.

⑥ 양 자
  ㉠ 미·중·일·유럽연합 등 모든 주요국의 공통 전략기술인 양자는 초고속 연산, 초정밀 계측 등 현재 컴퓨팅 기술 한계를 뛰어넘어 신약개발, 금융 등 다양한 산업에서 양자 혁명을 초래할 것으로 전망된다.
  ㉡ 양자 기술은 보안강화와 암호체계 무력화라는 양면성을 가져, 국가안보 관점에서도 매우 큰 전략적 가치를 지닌 기술로 평가받고 있다.

⑦ 우주·항공
  ㉠ 민군 겸용이 가능한 강대국만이 도전해 온 우주기술인 우주·항공 기술은 국가 간 엄격한 기술통제로 인해 자력개발을 통해서만 확보할 수 있었다.
  ㉡ 미래의 우주경제 시스템을 선점한 국가는 세계 경제 패권을 차지할 수 있기 때문에 이로 발생한 국가 간 경제적 차이는 극복하기 어려울 것으로 예상되고 있다.
  ㉢ 무인 비행체의 전장 전용 확대, 도심 항공교통(UAM)의 상용화 추진에 따라 항공기술도 추격자에만 머무를 수는 없는 전략기술이 되었다.

⑧ 사이버 보안
  ㉠ 새로운 디지털 인프라가 확대됨에 따라 공격방법이 다양해지고 있는 상황 속에서 경제와 산업 등 국가 인프라의 보호막이자 방패로서 사이버 보안이 더욱 중요해지고 있다.
  ㉡ 디지털 전환 가속화에 따라 필수적으로 요구되는 기술인 사이버 보안은 반드시 기술자립을 통한 최고 수준의 경쟁력, 즉 정보주권 확보가 필요하다.

2 신융합기술에 따른 유통업체 비즈니스 모델 변화

(1) 신융합기술에 따른 주요 변화 유형

① 스트리밍 플랫폼의 지배 : 온디맨드 스트리밍 플랫폼은 계속해서 성장할 것으로 예상되기 때문에 더 많은 사람들이 영화, TV 프로그램, 음악, 팟캐스트 등 다양한 콘텐츠를 원하는 시간에 어디서나 스트리밍할 수 있는 플랫폼을 이용하게 될 것이다.

② 가상 현실(VR) 및 증강 현실(AR) : VR 및 AR 기술을 통해 현실 세계와 상호작용하며 콘텐츠를 더욱 몰입적으로 경험할 수 있게 되었다.

③ 개인화된 콘텐츠 : AI 기술의 발전으로 인해 사람들은 자신의 관심사, 취향, 선호도에 맞춰 콘텐츠를 선택하고 개인화된 권장 사항을 제공받을 수 있게 되었다.

④ 소셜 미디어의 진화 : 동영상 콘텐츠의 중요성이 더욱 높아짐에 따라 더 많은 인터랙티브 기능과 실시간 소통 도구가 도입되고 있다.

⑤ 인공지능(AI) 기술의 활용 : AI는 더욱 효율적인 콘텐츠 생성·분석·배포를 가능하게 하여 미디어 산업에 혁신을 가져오고 있다.

⑥ 신뢰와 프라이버시의 중요성 : 가짜 뉴스, 딥페이크 등의 문제로 인해 미디어 사용자들은 신뢰할 수 있는 콘텐츠와 개인정보 보호에 더욱 중요성을 두고 있다. 따라서 블록체인 기술을 활용하여 콘텐츠의 원본성을 검증하고 사용자들의 개인정보를 안전하게 보호하는 방안들이 발전하고 있는 추세이다.

> **개념 PLUS**
>
> 온디맨드 소프트웨어 스트리밍(On-demand Software Streaming)
> 운영 체계(OS)의 가상 메모리 개념을 확장하여 인터넷 서버에 저장된 응용 프로그램의 실행 모듈을 클라이언트 PC에서 내려 받으면서 실행시키는 기술로, 기존의 응용 프로그램들이 개인용 컴퓨터(PC)에 설치된 이후에야 수행되는 것에 비해, 온디맨드 소프트웨어 스트리밍(SSoD)에서는 설치과정은 서버에서만 이루어지고 클라이언트는 단지 해당 페이지들만 내려 받아 수행하므로 최소의 자원으로도 설치 시와 동일한 효과를 얻을 수 있는 장점이 있다.

(2) 유통업체의 신융합기술 활용 방식에 따른 변화

① 유통업체들은 AI와 IoT 등 첨단기술이 활용된 차세대 '고객 풀필먼트 센터(Customer Fulfillment Center, CFC)'를 설립하여 디지털 방식으로 고객 주문을 받고 다양한 물품을 한 곳에 모아 동시에 배송하면서 효율성을 극대화하고 있다.

② 이커머스 운영을 위한 빅데이터와 머신러닝 등 IT 기술 솔루션인 오카도의 로봇 기술(OSP)이 접목된 CFC에서는 캐비닛 형태의 물류 로봇들이 간격을 촘촘히 유지한 상태에서 레일 위를 오가며 박스에서 물품을 픽업하고, 제어하는 시스템을 통해 개별 로봇들과 실시간 통신하면서 서로 부딪히지 않고 물품을 가져오도록 지시할 수 있다.

③ '아마존 포캐스트' 기술 시스템으로 고객 주문 사항과 구비되어야 할 물품 등을 예측할 수 있다. 시기별 매출 데이터, 날씨·프로모션 등 비즈니스 데이터를 아마존 오로라에 입력하면 최적화된 수요 예측 결과가 애플리케이션 프로그램 인터페이스(API)로 전달된다.

④ 모니트론(Monitron) 서비스는 머신러닝으로 기계의 비정상적 상태를 사전 예측하고 대책을 제시하여 물류장비 관리운영비를 절감시킬 수 있다.

⑤ 온라인 주문 전용 물류센터 MFC(Micro Fulfillment Center)는 소비자들과의 물리적 거리를 최소화해 신속 배송을 실현할 수 있다. MFC를 기반으로 한 온라인 신선식품 배송 옵션은 일반 택배와 함께 '상점 내 픽업', '도로변 픽업', '락커 배송' 등 다양한 형태로 등장하고 있어 소비자 수요를 충족시키는 도심 유통의 핵심 물류거점으로 부상할 가능성이 충분하다.

02 신융합기술의 개념 및 활용

1 빅데이터와 애널리틱스의 개념 및 활용

(1) 빅데이터(Big Data) 기출 21·19·15·14

① 빅데이터의 정의 : 기존 데이터베이스 관리도구로 데이터를 수집, 저장, 관리, 분석할 수 있는 역량을 넘어서는 대량의 정형 또는 비정형 데이터 집합 및 이러한 데이터로부터 가치를 추출하고 결과를 분석하는 기술을 의미한다.

> **개념 PLUS**
>
> 비정형 데이터(Unstructured Data)
> - 사전에 정의된 일정한 규칙이나 구조가 없이 데이터 원본 그대로 저장되고 출력되는 형태의 데이터이다.
> - 비정형 데이터에는 동영상이나 오디오 파일과 같은 멀티미디어 데이터뿐만 아니라, 페이스북(Facebook), 인스타그램(Instagram)과 같은 소셜네트워크 서비스(SNS, Social Network Service)를 통해 생성된 데이터 등도 포함된다.
> - 비정형 데이터가 증가함에 따라 데이터에 대한 처리 기술도 함께 발전하고 있는데, 비정형 데이터의 특징을 추출하는 전처리 과정을 통해 반정형 데이터 혹은 정형 데이터의 형태로 변환해서 인공지능 분석과 같은 다양한 분야에 활용할 수 있다.

② 빅데이터의 필요성
  ㉠ 빅데이터를 통해 고객과 장기적인 신뢰 관계를 구축하여 충성고객을 확보하기 위함이다.
  ㉡ 급변하는 시장 환경에 적극적으로 대처하여 신속한 소비자의 니즈 파악과 대응방안을 마련하기 위함이다.
  ㉢ 시장의 환경변화와 제품의 트렌드를 빠르게 파악하여 마케팅 활동과 경영의사결정 과정에 접목하기 위함이다.
  ㉣ 경쟁력 강화를 위해 경쟁사와 대비되는 경쟁요소를 발굴하기 위함이다.

③ 빅데이터 수집 기출 23
  ㉠ 로그 수집기 : 웹서버의 로그 수집, 웹로그, 트랜잭션 로그, 클릭 로그, 데이터베이스의 로그 등을 수집한다.
  ㉡ 웹로봇을 이용한 크롤링 : 웹문서를 돌아다니면서 필요한 정보를 수집하고, 이를 색인해 정리하는 기능을 수행하며, 주로 검색엔진에서 사용한다.
  ㉢ 센싱 : 온도, 습도 등 각종 센서를 통해 데이터를 수집한다.
  ㉣ RSS 리더 : 사이트에서 제공하는 주소를 등록하면, PC나 휴대폰 등을 통하여 자동으로 전송된 콘텐츠를 이용할 수 있도록 지원한다.
  ㉤ Open API : 이용자가 응용 프로그램과 서비스를 개발할 수 있도록 공개된 운영체제나 프로그래밍 언어가 제공하는 기능을 제어할 수 있게 만든 인터페이스이다.

> **개념 PLUS**
>
> API와 Open API 기출 23
> - API : Application Programming Interface의 약자로 응용 프로그램 프로그래밍 인터페이스를 의미한다. 다양한 응용 프로그램에 사용할 수 있는 운영 체제, 혹은 프로그래밍 언어가 제공하는 기능을 제어할 수 있게 만든 인터페이스이다.
> - Open API : 누구나 사용할 수 있도록 공개된 API로 데이터를 표준화하고 프로그래밍해 외부 소프트웨어 개발자나 사용자들과 공유하는 프로그램으로 Open API를 이용해 다양하고 재미있는 서비스나 애플리케이션, 다양한 형태의 플랫폼을 개발할 수 있다.

④ 빅데이터의 활용 기술
  ㉠ 텍스트 마이닝(Text Mining) : 자연어 처리 기반 텍스트 마이닝은 언어학, 통계학, 기계 학습 등을 기반으로 한 자연어 처리 기술을 활용하여 반정형·비정형 텍스트 데이터를 정형화하고 특징을 추출하기 위한 기술로, 추출된 특징으로부터 의미 있는 정보를 발견할 수 있다.
  ㉡ 데이터마이닝(Data Mining) : 대량의 데이터에서 유용한 정보를 추출하는 것을 말한다. 데이터마이닝을 할 때는 다양한 통계적 기법, 수학적 기법과 인공지능을 활용한 패턴인식 기술 등을 이용하여 데이터 속에서 유의미한 관계, 패턴 등에 대한 규칙을 발견하는 것이다.
  ㉢ 지능형 영상 분석 : 영상을 분석하여 내포된 특성을 인식하고 패턴을 추출하는 기술로 목적과 대상에 따라 객체 인식(얼굴, 색상, 글자, 숫자, 사물 등), 상황 감지, 모션 인식 및 추적, 객체 검색 등의 다양한 기능이 포함되어 있다.
  ㉣ 실시간 대용량 스트림 분석 : 실시간 데이터 분석 기술은 지속적으로 갱신되어 시점과 종점이 구분되지 않는 대용량 스트림 데이터에서 패턴을 추출하여 의미 있는 정보를 발견하기 위한 분석 기술이다. 대상 데이터로는 각종 센서 데이터, 영상 데이터, 웹 트래픽, 클릭스트림 데이터, 콜 센터 로그, 보안장비 로그 등이 포함된다.
  ㉤ 프로세스 마이닝 : 기록되어 있는 이벤트 로그를 분석하여 의미 있는 정보를 찾아내는 것을 목적으로 하는 기술로 빅데이터 시대의 기업 경영 관리에 필수적이다. 프로세스 로그 분석은 프로세스에 대한 통찰, 병목점 식별 및 문제 예측, 업무 수행 규정 위반 검사 및 대책 권고, 프로세스 간소화 등 매우 다양한 목적으로 활용될 수 있다.

⑤ 빅데이터 분석의 활용
  ㉠ 미국 UPS는 약 2억 5천만개의 주소 데이터를 활용하여 최적화된 배달경로를 탐색하는 등 빅데이터 분석을 활용한 배송경로 최적화를 통해 배송시간 감축 및 관련 비용절감 효과를 얻었다.
  ㉡ 고객선호도나 고객행동 예측데이터 등을 활용하여 한 차원 높은 차별화된 고객서비스를 제공할 수 있게 되었다.
  ㉢ 기상조건과 독감발생, 온라인 구매량 사이의 상관관계 분석을 통해 고객 행동을 예측하여 이전에 미처 알 수 없었던 사실들을 찾아내어 새로운 비즈니스 모델을 찾는 단서로 빅데이터 분석이 활용되었다.

⑥ 유통 빅데이터의 활용 기출 24·23
  ㉠ 기업에서 활용하는 유통 빅데이터 형태는 텍스트, 오디오, 동영상, 문서 등 다양한 형태가 존재하고 있다.
  ㉡ 빅데이터는 등장 초기부터 크기(Volume), 속도(Velocity), 다양성(Variety)이라는 측면에서 전통적 데이터와 구별되는 3대 특성으로 제시되어 왔으며 최근 신뢰성, 가치, 정확성, 휘발성 등의 특성이 추가되고 있다.
  ㉢ 데이터 분석기술의 발달로 정형데이터뿐만 아니라 비정형 데이터도 분석할 수 있게 되었다.
  ㉣ 사물인터넷과 클라우드 컴퓨팅 등과 같은 첨단 기술의 발전은 빅데이터 활용 여건을 개선시켜 주었다.

(2) 데이터베이스

① 데이터베이스(Database)의 개념
  ㉠ DB는 정보의 데이터상 중복을 최소화하고 조직의 목적달성, 무결성, 보안성 등을 고려하며 동시에 많은 사용자가 동일 데이터에 접근하더라도 이를 보장할 수 있는 디지털 정보 활용에 가장 중요한 인프라이다.
  ㉡ 기업의 정리된 데이터들을 조합·가공함으로써 정보를 생산할 수 있도록 조직화된 자료들의 집합을 말한다.
  ㉢ 기업의 업무수행과 관련 있는 모든 자료들을 기업의 목적 수행에 다양하게 이용하기 위하여 발생되는 데이터들을 통합적으로 보관·저장하는 시스템이다.
  ㉣ 데이터베이스는 물리적인 디바이스에 자료를 저장하고 그 저장된 자료를 질의한 후, 인증된 사용자가 이를 공유하여 정상적인 활용이 가능하도록 하는 기능을 말한다.
  ㉤ 공유 데이터는 기업에서 여러 사용자가 공유할 수 있는 데이터 집합을 말한다.

> **개념 PLUS**
>
> **데이터 품질 주요 기준(국제데이터관리협회)** 기출 24
>
> | | |
> |---|---|
> | 완전성(Completeness) | 필수항목에 누락이 없어야 한다. |
> | 유일성(Uniqueness) | 데이터 항목은 유일해야 하며 중복되어서는 안 된다. |
> | 유효성(Validity) | 데이터 항목은 정해진 데이터 유효범위 및 도메인을 충족해야 한다. |
> | 일관성(Consistency) | 데이터가 지켜야 할 구조, 값, 표현되는 형태가 일관되게 정의되고, 서로 일치해야 한다. |
> | 정확성(Accuracy) | 실세계에 존재하는 객체의 표현 값이 정확히 반영이 되어야 한다는 것을 의미한다. |

② 데이터베이스의 구성요소
  ㉠ 데이터베이스 시스템 : 여러 응용 프로그램을 공유하기 위해 최소의 중복으로 통합·저장된 운영 데이터의 집합을 말한다.
  ㉡ 데이터베이스 관리시스템(DBMS) : 응용 프로그램이 종속이나 중복 없이 데이터베이스를 공유할 수 있게 관리해 주는 소프트웨어 시스템을 말한다.
  ㉢ 사용자 : 최종 사용자는 응용 프로그래머, 데이터베이스 관리자 등을 포함한 개념이다.
  ㉣ 데이터베이스 언어 : 사용자와 데이터베이스 관리시스템의 인터페이스를 제공하는 도구를 지칭한다.
  ㉤ 데이터베이스 기계 : 데이터베이스 관리 기능을 효율적으로 수행하는 것을 지원할 목적으로 설계된 하드웨어와 소프트웨어를 말한다.
  ㉥ 스키마(Schema) : 데이터베이스 내의 데이터들의 논리적 구조 및 관계를 기술한 것으로서 데이터베이스 내의 개체, 속성, 관계와 이들 간의 제약조건이 표현된다.

③ 데이터베이스의 모델

관계형 데이터 모델	• 계층형과 네트워크형의 단점을 보완하여 가장 널리 사용되는 모델이다. • 이차원적인 Table을 이용하며, 키를 이용하여 데이터 간의 관계를 표현한다. • 간결하고, 보기 편하며, 다른 DB로의 변환이 용이한 반면, 성능이 떨어진다. • 데이터 간에 1 : 1 관계를 유지한다. • 테이블은 하나 이상의 레코드로 구성된다. • 레코드(Record)는 데이터베이스의 '행'을 의미한다. • 데이터 간의 연결은 키의 중복으로 생성된다. • 각 필드(Field)는 필드명, 데이터형, 크기 등을 지정해 주어야 한다.
계층형 데이터 모델	• 데이터의 논리적 구조도가 Tree 형태이다. • 개체 타입 간에는 상하위 관계가 존재하며, 1 : N 대응 관계만 존재한다. • 대표적인 DBMS는 IBM의 IMS가 있다.
네트워크형 데이터 모델	• 계층형의 단점을 좀 더 보완한 데이터 모델이다. • 상하위 레코드 사이에서 N : N구조를 허용한다. • 대표적인 DBMS는 DBTG, EDBS, TOTAL 등이 있다.

④ 데이터베이스의 특징 및 장점
  ㉠ 데이터의 중복성(Redundancy)을 최소화
  ㉡ 데이터의 일관성(Consistency)을 유지
  ㉢ 데이터의 독립성(Independency)을 유지
  ㉣ 데이터의 공유성(Sharing)을 최대화
  ㉤ 데이터의 보안성(Security)을 보장
  ㉥ 데이터를 표준화하여 관리

⑤ 데이터베이스 언어(DBL ; Data Base Language)

데이터 정의어 (Data Definition)	• 데이터베이스의 정의 또는 수정을 목적으로 사용하는 언어를 말한다. • 데이터베이스 스키마를 컴퓨터가 이해할 수 있게끔 기술하는 데 주로 사용하고 있다.
데이터 조작어 (Data Manipulation Language)	• 사용자가 데이터를 처리할 수 있게 하는 도구로 사용되는 언어를 말한다. • 사용자와 DBMS 간의 인터페이스를 제공하는 기능을 수행한다.
데이터 제어어 (Data Control Language)	• 데이터 제어를 정의·기술하는 언어이다. • 주로 데이터 관리 목적으로 데이터베이스 관리자(DBA)가 사용한다.

⑥ 데이터베이스의 설계 단계 : 요구사항 분석 → 개념적 설계 → 논리적 설계 → 물리적 설계 → 구현

(3) 데이터 웨어하우스(DW ; Data Warehouse)

① 데이터 웨어하우스의 개념
  ㉠ 데이터베이스에 축적된 자료를 공통의 형식으로 변환하여 일원적으로 관리하도록 지원하는 기술이다.
  ㉡ 고객의 구매동향, 신제품에 대한 반응도, 제품별 수익률 등 세밀한 마케팅 정보를 획득하는 데 이용된다.
  ㉢ 사용자의 의사결정에 도움을 주기 위해 다양한 운영시스템에서 추출·변환·통합되고 요약된 데이터베이스로, 기업이 경쟁력 향상을 위해 신속하고 정확한 의사결정을 할 수 있도록 지원해 주는 시스템이다.

② 다양한 온라인 거래처리 프로그램들이나 기타 다른 출처로부터 모아진 데이터들은 분석적인 용도나 사용자 질의에 사용되기 위하여 선택적으로 추출되고 조직화되어 데이터 웨어하우스 데이터베이스에 저장된다.
◎ 데이터마이닝이나 의사결정지원시스템(DSS)은 데이터 웨어하우스의 활용이 필요한 응용프로그램들이다.

② 데이터 웨어하우스의 특징
㉠ 주제지향성(Subject Oriented) : 데이터 웨어하우스 내의 데이터는 일상적인 트랜잭션을 처리하는 프로세스 중심 시스템의 데이터와 달리 일정한 주제별 구성을 필요로 한다. 예를 들어 보험회사의 경우 프로세스 중심의 시스템으로는 자동차보험, 생명보험, 개인연금보험 등이 해당되지만, 이들의 주제영역을 보면 고객, 약관, 청구 등이 될 수 있다.
㉡ 통합성(Integrated) : 데이터 웨어하우스 내의 데이터는 고도로 통합되어야만 한다. 예를 들어 기존의 애플리케이션 중심의 환경에서는 남자와 여자를 남/여, Male/Female, 1/0 등으로 다양하게 적용할 수 있으나, 데이터 웨어하우스에서는 이들을 통합할 필요가 있다.
㉢ 비휘발성(Non-volatile) : 데이터 웨어하우스는 오직 두 가지 오퍼레이션(Operation)을 갖게 되는데, 하나는 데이터를 로딩(Loading) 하는 것이고, 다른 하나는 데이터를 읽는 것, 즉 액세스 하는 것이다. 이는 데이터 웨어하우스에 일단 데이터가 로딩되면 읽기전용으로 존재한다는 것이다. 따라서 데이터 웨어하우스의 데이터는 오퍼레이셔널 시스템(Operational System)에서 수시로 발생되는 갱신이나 삭제 등이 적용되지 않으므로 수시로 변한다는 의미의 '휘발성'을 갖지 않게 된다.
㉣ 시계열성(Time Variant) : 오퍼레이셔널 시스템의 데이터는 액세스(Access)하는 순간이 정확해야만 의미가 있게 된다. 그러나 데이터 웨어하우스의 데이터는 일정한 시간 동안의 데이터를 대변하는 것으로 '스냅 샷(Snap Shot)'과 같다고 할 수 있다. 따라서 데이터 구조상에 '시간'이 아주 중요한 요소로서 작용한다. 이와 같은 이유에서라도 데이터 웨어하우스의 데이터에는 수시적인 갱신이나 변경이 발생할 수 없다.

③ 데이터 웨어하우스의 구성요소

구성요소	내 용
소스데이터	기업 내에서 발생하는 운영 데이터와 기업외부 데이터가 있음
데이터 웨어하우스 관리도구	소스데이터를 추출, 변환, 정제하여 데이터 웨어하우스를 구축하고 이를 유지하는 기능을 담당하는 도구
데이터 웨어하우스 DB	의사결정을 효과적으로 할 수 있도록 구성되며, 주로 RDBMS나 다차원 DBMS(MDBMS)로 이루어짐
메타 데이터	데이터 웨어하우스에 저장된 데이터에 대한 정보를 저장하는 데이터
데이터 마트	• 일반적인 데이터베이스 형태로 갖고 있는 다양한 정보를 사용자의 필요성에 따라 체계적으로 분석하여 기업의 경영활동을 돕는 시스템 • 전체 데이터 웨어하우스의 일부 자료를 추출하여 특정 사용자에게 제공
Query & Report	SQL이나 테이블에 대한 지식이 없는 사용자가 쉽게 GUI 환경에서 필요한 데이터를 선택, 조합하여 리포트를 작성하도록 지원하는 도구
OLAP 도구	• 온라인 검색을 지원하는 데이터 웨어하우징 지원 도구로 대규모 연산이 필요한 질의를 고속으로 지원함 • 최종 사용자가 다차원적인 분석을 통해 이미 세워진 비즈니스 가설을 확인하는 데에 사용하는 도구

④ 데이터 웨어하우스 구축 시 고려할 사항 기출 23
  ㉠ 데이터 웨어하우스는 조직의 데이터베이스로부터 의사결정에 필요한 자료를 통합하여 구축하고 사용자가 요구하는 정보를 필요시점에 제공하기 위한 작업과정으로서, 조직 내의 방대한 자료를 업무 영역별, 사용자 관점에 의하여 분류하여 구축해야 하고, 이러한 정보들은 개별적인 내용이 아니라 각각의 연계되는 자료들을 통합한 형태의 것이 되어야 한다.
  ㉡ 조직의 의사결정을 지원하기 위해서는 일정 시점이 아닌 일정 기간의 변동에 따라 데이터의 추세를 분석한 자료가 제공될 수 있어야 한다.
  ㉢ 데이터 웨어하우스 구축 시 관계형 데이터 모델을 활용하는 경우 별도의 차원테이블과 팩트테이블로 구성하여 다양한 분석이 가능하도록 고려한다.

(4) 데이터 웨어하우징(Data Warehousing)
① 데이터 웨어하우징의 개념
  ㉠ 데이터 웨어하우징은 경영의사결정을 지원하고 경영자정보시스템(EIS)이나 의사결정지원시스템(DDS)의 구축을 위하여 기존의 데이터베이스에서 요약·분석된 정보를 추출하여 데이터베이스, 즉 데이터 웨어하우스를 구축하거나 이를 활용하는 절차 또는 과정을 말한다.
  ㉡ 데이터 웨어하우스를 이용하는 사용자의 요구사항에 부응하는 전반적인 시스템의 구축과정이라 할 수 있으며, 데이터 웨어하우스를 구축·유지·운영하는 일련의 과정과 절차를 의미한다.
  ㉢ 데이터 웨어하우징은 단순한 데이터의 저장창고가 아니라 관계형 데이터베이스를 근간으로 많은 데이터를 다차원적으로 신속하게 분석하여 의사결정에 도움을 주기 위한 시스템이다.
  ㉣ 최종 사용자는 중간 매개체나 매개자를 거치지 않고 온라인상에서 직접 데이터에 접근할 수 있다.
② 데이터 웨어하우징의 필요성
  ㉠ 기업의 조직업무가 복잡해지고 정보관리의 중요성이 점차적으로 증대되고 있다. 이러한 상황에서 데이터베이스시스템은 파일들의 중복을 없애고 보관 및 저장에 있어서 안정성을 제공해야 한다.
  ㉡ 사용자가 쉽게 접근할 수 있는 획기적인 전기를 마련해야 하고, 정보의 효용가치를 증대시키는 역할의 필요성이 대두되고 있다.
  ㉢ 데이터베이스시스템은 현재까지는 조직의 업무처리를 지원하기 위한 도구로 사용되었으며, 대량으로 발생하는 온라인 트랜잭션을 신속하게 처리하는 데에 중점을 두어 업무처리자동화를 질적으로 향상시켰다. 최근의 경영환경은 급속한 변화에의 대응과 대외경쟁력 강화라는 과제에 직면하고 있어서 급속한 변화를 지원하기 위한 정보시스템의 역할도 이제는 업무자동화에서 한 단계 높은 의사결정지원시스템의 역할이 요청되고 있다.
  ㉣ 경영효율화를 위하여 조직의 방대한 규모의 데이터들에 대한 가치의 중요성을 인식하고, 정보의 철저한 분석 및 통합으로 사용자에게 보다 고급의 정보를 제공해야 할 필요성을 인식하여야 한다.
③ 데이터 웨어하우징의 특징
  ㉠ 기업의 복잡한 조직업무와 다양한 정보를 철저한 분석 및 통합을 함으로써 사용자에게 보다 고급정보를 제공한다.
  ㉡ 급속한 변화에의 대응과 대외경쟁력 강화를 위해 특정의 주제별로 정보를 분석 및 통합하여 사용자에게 제공한다.
  ㉢ 경영자가 전체적 기업 상황의 파악을 가능하게 한다.

(5) 데이터마이닝(Data Mining)

① 데이터마이닝의 개념
  ㉠ 데이터마이닝은 거대 규모의 데이터로부터 가치있는 정보를 찾아내는 탐색 과정 및 방법을 의미한다.
  ㉡ 데이터 웨어하우스 등 대용량의 데이터베이스로부터 패턴이나 관계, 규칙 등을 발견하여 유용한 지식 및 정보를 찾아내는 과정이나 기술로, 데이터 분석을 통한 판매량 예측, 원인과 결과 분석, 특성에 따른 고객 분류 또는 집단화하는 데 사용된다.

② 데이터마이닝의 절차

자료의 수집 (Data Collection)	일반적인 출발점으로서 의미를 가지며, 데이터 웨어하우스 또는 최소한의 데이터베이스라도 있다면 이 과정은 생략될 수 있다.
데이터의 준비 (Data Preparation)	주로 데이터 변형 및 변환, 결과값 처리, 데이터의 규모 축소 등이 수행되는 단계로서, 모두 다 적용할 수도 있고 선택적으로 적용할 수도 있다.
데이터마이닝의 수행	데이터의 준비가 완료되면 지금 해결하고자 하는 문제에 적합한 데이터마이닝 엔진을 선택하고 분석 과정을 수행하는 단계를 밟게 된다.
데이터 시각화 (Data Visualization)	앞 단계에서 수행된 데이터마이닝의 결과를 이해하거나 이들 결과를 바탕으로 보다 고급의 정보를 추출하는 단계로, 데이터마이닝 엔진이나 상황에 따라 생략 가능하다.
마이닝 결과의 활용	이러한 과정을 거쳐서 얻어지게 된 결과를 실제 기업의 문제에 적용하여 활용하는 단계이다.

③ 데이터마이닝의 특징
  ㉠ 데이터마이닝은 대용량의 관측된 자료를 이용한다.
  ㉡ 데이터마이닝은 이론보다는 실무 위주의 컴퓨터 처리 방식이다.
  ㉢ 데이터마이닝은 경쟁력 확보를 위한 의사결정을 지원하는 데 활용할 수 있다.
  ㉣ 데이터마이닝은 경험적 방법에 근거하고 있다.
  ㉤ 데이터마이닝은 이해하기 쉬운 예측모형 도출을 중시한다.

④ 데이터마이닝의 기법 기출 22·21·19·18

군집분석	집단 또는 범주에 대한 사전 정보가 없는 데이터의 경우 주어진 관측값을 사용하여 전체를 몇 개의 유사한 집단으로 그룹화하여 각 집단의 성격을 파악하기 위한 기법
분류분석	분류결과가 알려진 과거의 데이터로부터 분류별 특성을 찾아내어 분류모형 및 분류를 알아내는 기법
순차패턴	이벤트나 행동의 시간적인 순서를 나타내는 규칙, 즉 데이터에 공통으로 나타나는 순차적인 패턴을 찾아내는 것
연관규칙	대규모의 데이터 항목들 중에서 유용한 연관성과 상관관계를 찾는 기법(장바구니 분석)
예측분석	시간 구간에 대한 데이터의 변화 추이에 대한 유사성을 발견하는 기법(시계열분석)

OX문제

▶ 데이터마이닝의 분석기법 중 n개의 개체들을 대상으로 p개의 변수를 측정하였을 때, 관측한 p개의 변수 값을 이용하여 n개 개체들 사이의 유사성 또는 비유사성의 정도를 측정하여 개체들을 유사성의 정도에 따라 그룹화하는 기법은 순차패턴이다. O|X

해설
군집분석이다. 순차패턴은 이벤트나 행동의 시간적인 순서를 나타내는 규칙을 말한다.

정답

사례기반 추론	• 주어진 새로운 문제를 과거의 유사한 사례를 바탕으로 문제의 상황에 맞게 응용하여 해결해 가는 기법으로 모델의 구조가 간단하고 이해가 용이하다. • 복잡한 문제를 비교적 단순한 체계로 모델링을 하여 복잡한 의사결정 문제를 간결하게 해결하는 데 도움을 제공한다. • 인간의 두뇌에서 문제를 해결하는 방식과 유사하기 때문에 그 결과를 이해하기 쉽지만, 사례를 설명하고 있는 속성이 적절하지 못한 경우 결과 값이 나빠진다.
신경망 분석 (Neural Networks)	인간 두뇌의 복잡한 현상을 모방하여 마디(Node)와 고리(Link)로 구성된 망구조로 모형화하고 과거에 수집된 데이터로부터 반복적인 학습과정을 거쳐 데이터에 내재되어 있는 패턴을 찾아내는 모델링 기법

(6) 데이터베이스 관리시스템(DBMS)

① DBMS의 개념
  ㉠ 데이터베이스 관리시스템(Database Management System, DBMS)은 다수의 사용자들이 데이터베이스 내의 데이터에 접근할 수 있도록 해주는 소프트웨어 도구의 집합이다.
  ㉡ DBMS는 데이터의 입력, 저장, 추출, 삭제, 수정 등 데이터베이스의 관리를 위한 일반적인 기능을 수행하는 소프트웨어로, 데이터베이스를 작동시키는 데 있어 엔진의 역할을 한다는 의미에서 '데이터베이스 엔진'이라고도 불리며, 데이터베이스의 운용을 지원한다는 의미에서 '데이터베이스 서버(Server)'라고도 불린다.

② DBMS의 기능
  ㉠ 축적된 자료구조의 정의
  ㉡ 자료구조에 따른 자료의 축적
  ㉢ 데이터베이스 언어에 의한 자료검색 및 갱신
  ㉣ 복수 사용자로부터 자료처리의 동시 실행 제어
  ㉤ 갱신 중에 이상이 발생했을 때 갱신 이전의 상태로 복귀
  ㉥ 정보의 기밀보호

③ DBMS의 장·단점

장 점	• 데이터를 통합하여 이용할 수 있다. • 한 번 저장한 데이터로 여러 가지의 형태로의 변환이 가능한 데이터의 공유가 가능하다. • 데이터의 불일치나 모순성을 해결함으로써 데이터 간의 일관성을 유지할 수 있다. • 데이터를 입력 또는 갱신할 때마다 정확한 값인지를 검사하여 유효한 데이터만 저장함으로써 데이터의 무결성을 유지한다. • 방대한 데이터를 DBMS라는 하나의 시스템으로 통합·관리하여 데이터의 보안을 보장한다. • 중앙통제기능을 통해 사용자들 간의 협동과 정보의 공유·전달이 용이하도록 각종 양식 및 데이터 처리의 표준화를 시행할 수 있다. • DBMS가 제공하는 다양한 개발 도구를 활용함으로써 응용프로그램의 개발 기간을 단축할 수 있다.
단 점	• 고가의 DBMS와 DBMS를 운영하기 위한 하드웨어 구성으로 비용이 많이 든다. • 서로 다른 데이터들이 연관되어 있고 분산되어 관리되기 때문에 데이터베이스 설계 시 신중해야 한다. • 복잡한 데이터베이스 구조와 여러 사용자들의 동시 사용으로 인한 장애 발생 시 정확한 원인 및 상황을 알기 어려워 백업 및 복구에 어려움이 있다. • 각 부서들이 각자의 데이터 파일을 유지·관리하는 환경과는 달리 DBMS를 사용하는 환경은 통합된 하나의 데이터베이스에 의존하므로 상대적으로 시스템이 취약하다.

(7) 비즈니스 애널리틱스(BA ; Business Analytics)의 개념

① 비즈니스 인텔리전스가 과거 데이터 및 정형 데이터를 기반으로 무엇이 발생했는지를 분석하여 비즈니스 의사결정을 돕는 도구라면, 비즈니스 애널리틱스는 과거뿐만 아니라 현재 실시간으로 발생하는 데이터에 대하여 연속적이고 반복적인 분석을 통해 미래를 예측하는 통찰력을 제공하는 데 활용된다.

② 비즈니스 인텔리전스가 기업 내 부서별로 소유하고 있는 데이터를 분석대상으로 삼았다면, 비즈니스 애널리틱스는 실시간으로 미래 예측적인 분석을 하기 위해 기업 전체 데이터를 통합·분석하는 형태로 발전하고 있다.

③ 비즈니스 애널리틱스 분야는 데이터의 양이 엄청나게 늘어나게 되고 여기에 덧붙여 기사, 블로그, 이메일, 소셜 데이터 등을 통해 트렌드나 감성을 분석하여 기업 비즈니스 계획에 반영하기 위해 비정형 데이터 분석 역시 큰 폭으로 확장되고 있다.

2 인공지능(AI)의 개념 및 활용

(1) 인공지능의 개념 기출 23

① 인간의 학습 능력과 추론 능력, 지각 능력, 자연언어의 이해 능력 등 인간의 지적 능력을 컴퓨터 프로그램으로 구현하는 과학기술이다.

② AI는 현재 자율주행차, 지능형 로봇, 스마트 공장, 스마트 헬스케어, 금융·핀테크, 지능형 서비스·교육 등 4차 산업혁명 분야에서 시장의 확대와 신시장 창출에 필수적인 기반 기술로 역할을 담당하고 있다.

③ 특히 빅데이터의 생성과 대량의 데이터 분석 및 처리 기술의 발전, 하드웨어 성능의 고도화에 따라 기술의 발전과 시장의 급격한 확장이 진행되고 있다.

(2) 인공지능 기술의 발전 기출 24

① 1940년대 : 뉴런의 기능 및 작용과 명제 논리에 대한 연구로부터 인공지능의 개념이 등장하였다.

② 1950년대 : 다트머스 회의(Dartmouth Conference)를 통해 인공지능이 정의되고 학문으로 연구되기 시작한다.

③ 1980년대 : 과거 이론화되었던 개념들의 해법(역전파 알고리즘, 자기조직화지도 등)이 등장하면서 인공지능이 다시 각광받기 시작했고, 대규모 지식의 표현이 핵심 주제로 자리 잡았다.

④ 1990년대 : 하드웨어가 기술의 발전을 따라가지 못하면서 기술의 성장이 둔화되었으나 그 과정에서 퍼지 논리와 같은 방법들이 제안되었고, 산업 현장에서 인공지능 기술들이 응용되기 시작하였다.

⑤ 2000년대~현재 : 기계학습과 패턴인식기술이 발달하면서 인공지능이 실제 생활에 본격적으로 적용되기 시작하였고, 딥러닝의 등장으로 이미지 인식과 음성 인식의 큰 성과가 시작되었다.

(3) 인공지능의 활용

① 구글은 스마트폰 이용자를 위해 이메일을 읽고 이용자의 모든 동작을 파악하며, 묻기도 전에 원하는 것을 알아서 검색하고 그 결과를 이용자가 원하는 상황까지 감안해서 알려 주는 진정한 의미의 사이버 도우미를 개발하는 목표를 세웠다. 그 일환으로 AI 비서 '구글 어시스턴트(Assistant)', 사물인터넷(IoT) 허브 '구글 홈', AI 모바일 메신저 앱 '알로(Allo)' 등 인공지능을 활용한 서비스를 준비하고 있다.

② IBM은 '디프블루'와 '왓슨'을 개발해 인공지능의 실제 사례를 보여 주며, 구글과 함께 인공지능 분야를 선도하고 있다. 특히 왓슨을 의료 분야에 적용하여 암 환자 치료에 암 환자의 데이터와 각종 의료 데이터를 동원해 암 발견과 최적의 치료를 수행하는 시스템으로 발전하고 있다.

③ 최근에는 왓슨 IoT 기술을 적용한 자율 주행 셔틀버스를 발표했다. 이 버스는 차량 외부에 장착된 센서들로 데이터를 수집하고 이를 활용해 AI가 운전한다. 또한 승객과의 일상 대화가 가능해 승객이 목적지를 말하면 목적지의 최적 경로를 자동으로 운행한다.

④ 마이크로소프트는 '코타나(Cortana)'를 이용자가 가장 먼저 의존하는 디지털 개인 비서로 만드는 데 주력하고 있다. 코타나는 자연어 인식과 기계학습 기능을 갖추고, 검색 엔진 빙(Bing)의 빅데이터를 활용해 정보 검색을 넘어 이용자가 원하는 것을 도와주는 서비스로 발전하고 있다.

⑤ 애플은 음성인식 정보검색 서비스인 '시리(Siri)'의 생태계를 확대하는 데 주력하여, AI 시리를 외부의 앱과 연동해 서비스 확장성을 추진한다.

⑥ 페이스북도 AI 기술을 위한 오픈소스 하드웨어인 빅서(Big Sur)를 공개했는데, 빅서는 머신러닝 데이터를 학습할 때 사용되는 서버로, 데이터 처리 속도를 높였다.

⑦ 중국 바이두의 인공지능 연구소에서 개발한 AI 기술인 WARP-CTC는 컴퓨터가 사람의 말을 인식하기 위해 필요한 머신러닝 기술에 적용됐다.

(4) 인공지능 8대 윤리 원칙(하버드 법대 버크만 센터) 기출 23

① 개인정보보호
② 책무성
③ 안전과 보안
④ 투명성과 설명 가능성
⑤ 공정성과 무차별성
⑥ 기술 통제권
⑦ 전문가 및 이해관계자 책임
⑧ 인적 가치 증진

> **개념 PLUS**
>
> **인공지능(AI)과 관련된 용어** 기출 23·20
> - 딥러닝(Deep Learning) : 여러 비선형 변환기법의 조합을 통해 높은 수준의 추상화를 시도하는 기계학습 알고리즘의 집합으로 최근 기계가 데이터를 통해 자신만의 규칙을 생성하여 정보를 학습하는 형태로 발전하였다.
> - 전이 학습(Transfer Learning) : 완료된 학습 모델을 유사 분야에 전이하여 학습시키는 기술로, 적은 데이터에도 학습을 빠르게 하고 예측의 정확도를 높일 수 있다.
> - 강화 신경망(Reinforcing Neural Network) : 사람의 개입 없이 스스로 현재의 환경에서 특정 행동의 시행착오 과정을 거치며 보상을 최대화하는 학습 기법이다.
> - 순환 신경망(RNN ; Recurrent Neural Network) : 과거 정보와 현재의 입력값을 결합하는 방법으로 순서를 고려한 학습 모델로서 데이터의 순서가 중요한 시계열 및 언어 처리 분석 등에 활용된다.
> - 컨볼루션 신경망(CNN ; Convolutional Neural Networks) : 주로 시각적 이미지를 분석하는 데 사용되며, 이미지의 특징을 추출하는 필터 역할을 하는 컨볼루션 레이어를 적용하여 효율적으로 고차원의 이미지를 인식하고 분류한다.
> - 적대적 생성 신경망(GAN ; Generative Adversarial Network) : 이안 굿펠로우(Ian Goodfellow)가 제시한 생성자와 식별자가 서로 대립하면서 성능을 개선시켜 나가는 모델로, 심층 신경망으로 합성 영상을 생성하는 데 사용된다.

3 RFID와 사물인터넷의 개념 및 활용

(1) RFID의 개념

① RFID는 무선 주파수(RF ; Radio Frequency)를 이용하여 물건이나 사람 등과 같은 대상을 식별(IDentification)할 수 있도록 해 주는 기술을 말한다.
② RFID는 안테나와 칩으로 구성된 RFID 태그에 정보를 저장하여 적용 대상에 부착한 후, RFID 리더를 통하여 정보를 인식하는 방법으로 활용된다.
③ RFID는 기존의 바코드(Barcode)를 읽는 것과 비슷한 방식으로 이용되지만, 바코드와는 달리 물체에 직접 접촉을 하거나 어떤 조준선을 사용하지 않고도 데이터를 인식할 수 있다.
④ 여러 개의 정보를 동시에 인식하거나 수정할 수도 있으며, 태그와 리더 사이에 장애물이 있어도 정보를 인식하는 것이 가능하다.
⑤ RFID는 바코드에 비해 많은 양의 데이터를 허용하면서 데이터를 읽는 속도 또한 매우 빠르며 데이터의 신뢰도 또한 높다.
⑥ RFID 태그의 종류에 따라 반복적으로 데이터를 기록하는 것도 가능하며, 물리적인 손상이 없는 한 반영구적으로 이용할 수 있다.

(2) RFID의 활용 사례

① RFID는 이미 우리들의 일상생활에서 다양하게 활용되고 있다.
② 매일 이용하는 교통카드는 대표적인 RFID 태그 중의 하나이며, 고속도로의 하이패스도 RFID 기술을 이용하고 있다.

③ 도서관에서 빌려주는 책이나 의류 매장에서 판매되는 옷, 그리고 할인매장에서 판매되는 와인 등에도 RFID 태그가 부착되어 이용되고 있다.
④ 인건비 절감 및 관리 비용을 줄이기 위해 유통·물류·운송 분야에서 제품의 이동, 반입, 반출 정보의 확인 및 재고 파악 등을 위해 이용되기도 하며, 직원들의 근태 관리 및 출입통제 등의 수단으로 이용되기도 한다.
⑤ 한우나 인삼 등의 농산물 이력 관리나 약품 관리 등 위변조를 방지하기 위한 목적으로도 이용된다.

(3) 사물인터넷(Internet of Things)의 개념
① 세상에 존재하는 유형 혹은 무형의 객체들이 다양한 방식으로 서로 연결되어 개별 객체들이 제공하지 못했던 새로운 서비스를 제공하는 것을 말한다.
② 기존의 인터넷이 컴퓨터나 무선 인터넷이 가능했던 휴대전화들이 서로 연결되어 구성되었던 것과는 달리, 사물인터넷은 책상, 자동차, 가방, 나무 등 세상에 존재하는 모든 사물이 연결되어 구성된 인터넷이라 할 수 있다.
③ 사물인터넷의 표면적인 정의는 사물, 사람, 장소, 프로세스 등 유·무형의 사물들이 연결된 것을 의미하지만, 본질적인 정의는 이러한 사물들이 연결되어 진일보한 새로운 서비스를 제공하는 것이다. 즉, 두 가지 이상의 사물들이 서로 연결됨으로써 개별적인 사물들이 제공하지 못했던 새로운 기능을 제공하는 것이다.

(4) 기술기능에 따른 사물인터넷 발전 단계 기출 24
① 단말형 사물인터넷 : 센서를 통해 데이터를 수집하고 분석하는 수준의 서비스가 제공
② 연결형 사물인터넷 : 연결 게이트웨이, 통신연결 메커니즘, 데이터 저장 및 관리 등을 제공
③ 지능형 사물인터넷 : 데이터처리 프레임워크를 이용한 머신러닝이 가능하며, 인공지능과 빅데이터 기술을 통해서 고도의 데이터 처리와 분석 등을 제공
④ 자율형 사물인터넷 : 상황인지를 통한 자율 협업을 제공

(5) 사물인터넷의 서비스 및 활용
① 클라우드 서비스 : 개인용 컴퓨터 안에서만 저장, 연산, 정보처리, 정보생성 등의 모든 것을 처리할 수 있는 세상에서 이제는 인터넷 단말만 있으면 어디에 있든 인터넷을 통해 업무, 오락, 통신 등 모든 컴퓨터 기능을 얻을 수 있게 되었다.
② 클라우드 컴퓨팅 : 소프트웨어, 스토리지, 서버 등 가상화한 물리 자원을 네트워크를 통해 누구나 공유할 수 있는 풀(Pool) 형태로 제공하는 컴퓨팅을 의미한다.
③ O2O : 온라인(Online)과 오프라인(Offline)이 결합하는 현상을 의미하는 말로, 최근에는 주로 전자상거래 혹은 마케팅 분야에서 온라인과 오프라인이 연결되는 현상에 사용된다. 앞으로의 사물인터넷 서비스는 O2O처럼 구매를 바탕으로 하는 서비스가 다수 등장할 것으로 예상하고 있다.
④ 사물인터넷 기기 관리 기술 : 사물인터넷 서비스 플랫폼은 사물인터넷 서비스에 이용되는 다양한 유형의 디바이스를 관리해야 한다. 이러한 디바이스들은 플랫폼과 연결해주는 네트워크에 대한 의존성이 강하기 때문에 일반적으로 복수의 표준을 준용하고 그와 연동할 수 있는 인터페이스를 정의한다.

⑤ 사물인터넷 보안 기술 : 디바이스나 네트워크의 보안 취약점을 이용하여 사물인터넷 디바이스의 동작이나 디바이스와 관련된 사물인터넷 서비스를 비정상적으로 만드는 등의 다양한 보안 위협에 대처하기 위한 기술을 말한다.
⑥ 암호화 기술 : 악의적인 사용자가 사물인터넷 디바이스나 서비스에 비인가 접근을 하게 되면, 정보 유출은 물론, 데이터의 위·변조, 서비스 거부, 프라이버시 침해 등 다양한 보안 위협에 노출될 수 있다. 이러한 보안 위협에 대처하는 방법의 하나가 디바이스가 생성한 데이터를 암호화해서 전달하는 것이다.
⑦ 3D 프린터 : 일반적인 프린터가 텍스트나 이미지로 구성된 문서 데이터를 이용하는 반면에, 3D 프린터는 3차원 도면 데이터를 이용하여 입체적인 물품을 생성하게 된다. 의료 분야는 가장 적극적으로 3D 프린터 기술을 도입하고 있는 분야로, 관절, 치아, 두개골, 의수 등을 비롯한 인공 귀나 인공 장기를 만드는 데 이용하고 있다.
⑧ 에너지 하베스팅 : 태양광 발전처럼 개별 장치들이 태양, 진동, 열, 바람 등과 같이 자연적인 에너지원으로부터 발생하는 에너지를 모아서 유용한 전기에너지로 바꾸어 사용할 수 있도록 하는 기술을 말한다.

4 로보틱스와 자동화의 개념 및 활용

(1) 로보틱스의 개념
① 로봇의 물리적인 모습을 구성하는 기계적이고 전기적인 장치를 말한다.
② 로봇에는 기본적으로 두 가지 유형이 있다.
  ㉠ 첫 번째 유형은 자동차를 조립하는 데 사용되는 것과 같은, 위치가 고정된 산업 조립라인용이다. 이러한 종류의 로봇은 명확히 정해진 일만을 위하여 설계된, 매우 통제된 환경에서만 작동되어야 한다.
  ㉡ 두 번째 유형은 자발적으로 움직이는 로봇으로 구성된다. 이런 로봇들은 실세계에서 작동하도록 설계되는데 의료 로봇이나 생활 로봇, 탐험 로봇, 구조 로봇 등을 꼽을 수 있다.

(2) 로보틱스의 활용
① 코봇(협동로봇) : 산업의 많은 분야에서 기존 산업용 로봇을 협동로봇으로 대체하거나 보완하고 있다. 코봇은 생산 공정에서 사람과 협력하여 일하는 로봇으로, 인간 작업자를 대체하는 것이 아니라 보조한다.
② 산업용 로봇 : 산업 환경에서 제품을 취급, 조립, 가공하는 데 사용되는 프로그래밍이 가능한 기계로, 대부분 로봇 팔, 그리퍼, 다양한 센서 및 제어 유닛으로 구성되며, 프로그래밍된 대로 자율적으로 임무를 수행할 수 있다.
③ 자동차 분야의 산업용 로봇 : 자동차 분야에서 로봇은 작업 공정을 더 효율적으로 안전하고 빠르고 유연하게 하면서, 자동화 생산 프로세스에서 중요한 역할을 해왔다.
④ 무인운반차 : 스스로 운전하고 자동으로 제어되는 무인운반차는 제조 설비에서 자재를 운반할 때 주로 사용된다.

(3) 자동화 기술(Automation Technology)의 개념
① 사람이 직접 기계 및 장치를 조작하지 않고 컴퓨터 시스템을 통해 자동으로 작동하게 하는 기술로, IT 및 전자기술을 활용하여 비즈니스 운영을 돕는 기술이라고 할 수 있다.
② 자동화 기술은 가정·회사·공장 등에서 시스템이 자동으로 실행될 수 있도록 하는 작업 장비와, 이와 관련된 프로세스로 구성된다.
③ 근래에 들어서는 자율 주행 자동차처럼 생활의 편리에 관련된 모든 단위에서 자동화 기술 적용이 확대되고 있다.

(4) 자동화 기술의 활용
① **제조업 분야** : 자동차 조립 라인, 로봇공장, 자동화된 창고 등을 통해 생산성을 향상시키고 비용을 절감할 수 있다.
② **에너지 분야** : 스마트 그리드를 통해 전력 수급을 효율적으로 관리하고, 건물 자동화 시스템을 통해 에너지 소비를 최적화할 수 있다.
③ **자동차 산업** : 자율 주행 기술을 통해 운전의 안전성과 편의성을 높일 수 있다.

5 블록체인과 핀테크의 개념 및 활용

(1) 블록체인의 개념
① 누구나 열람할 수 있는 장부에 거래 내역을 투명하게 기록하고, 여러 대의 컴퓨터에 이를 복제해 저장하는 분산형 데이터 저장기술이다.
② 중앙 집중형 서버에 거래 기록을 보관하지 않고 거래에 참여하는 모든 사용자에게 거래 내역을 보내주며, 거래 때마다 모든 거래 참여자들이 정보를 공유하고 이를 대조해 데이터 위조나 변조를 할 수 없도록 돼 있다.
③ 블록체인의 대표적인 트랜잭션 기술에는 분산원장, 공개키 기반 구조, 암호화 해시 등이 있다.

(2) 블록체인의 활용 기출 24
① 블록체인에 저장하는 정보는 다양하기 때문에 블록체인을 활용할 수 있는 분야도 매우 광범위하다.
② 대표적으로 가상통화에 사용되는데, 이때는 블록에 금전 거래 내역을 저장해 거래에 참여하는 모든 사용자에게 거래 내역을 보내주며 거래 때마다 이를 대조해 데이터 위조를 막는 방식을 사용한다.
③ 전자 결제나 디지털 인증뿐만 아니라 화물 추적 시스템, P2P 대출, 원산지부터 유통까지 전 과정을 추적하거나 예술품의 진품 감정, 위조화폐 방지, 전자투표, 전자시민권 발급, 차량 공유, 부동산 등기부, 병원 간 공유되는 의료기록 관리 등 신뢰성이 요구되는 다양한 분야에 활용할 수 있다.
④ 분산 신원증명(DID ; Decentralized ID) 서비스는 블록체인 기술을 활용하여 온라인에서 신원이나 자격 증명 시 사용자가 증명 목적에 필요한 정보만을 선택해 검증 기관에 제공하여 개인정보 보호를 강화할 수 있는 디지털 신원확인 체계이다.

(3) 핀테크의 개념

① 핀테크는 금융과 기술의 합성어로 예금, 대출, 자산 관리, 결제, 송금 등 다양한 금융 서비스가 IT, 모바일 기술과 결합된 새로운 유형의 금융 서비스를 뜻한다.
② 예금, 대출, 자산 관리, 결제, 송금 등 다양한 금융 서비스가 IT, 모바일 기술의 발달과 더불어 새로운 형태로 진화하고 있으며, 넓은 의미에서 이러한 흐름에 해당하는 모든 서비스를 핀테크 서비스라 할 수 있다.
③ 서비스뿐만 아니라 관련된 소프트웨어나 솔루션, 플랫폼을 개발하기 위한 기술과 의사 결정, 위험관리, 포트폴리오 재구성, 성과 관리, 시스템 통합 등 금융 시스템의 개선을 위한 기술도 핀테크의 일부라 할 수 있다.

> **개념 PLUS**
>
> 오픈뱅킹
> 하나의 앱에서 통합뱅킹서비스 제공 등 다양한 금융서비스 구현이 가능하도록 참여기관 공동의 표준API를 제공하고, 동API를 통한 거래중계 및 관련 업무 등을 처리하는 개방형 금융결제 플랫폼이다.

(4) 핀테크의 활용

① 지급결제 : 일반 금융소비자가 가장 친숙하게 여기는 분야로, 지급결제 서비스는 온라인과 모바일 환경에서 사용자가 쉽고 편리하게 사용할 수 있도록 하는 것이 첫 번째 요건이며, '애플페이'와 '삼성페이' 같은 하드웨어 기반 모바일 간편결제 서비스부터 '카카오페이'와 '라인페이' 같은 앱 기반 간편결제 서비스까지 다양한 서비스가 있다.
② 금융데이터 분석 : 핀테크 기술을 통해 금융 거래 내역이 없어도 몇 가지 설문조사에만 답하면 신용도를 평가받을 수 있다. 예를 들어 "무슨 색을 좋아하나요?", "비 오는 날은 파전을 먹나요, 부추전을 먹나요?"라는 식으로 사용자 취향과 심리 상태를 물어보는 사회심리학과 통계학을 바탕에 둔 치밀한 평가 방법이다.
③ 금융 소프트웨어 : 금융 소프트웨어는 금융 업무를 더 효율적으로 만드는 소프트웨어를 제공하는 것을 의미하는데, 리스크 관리나 회계 업무 등을 더 효율적으로 만드는 것도 여기에 속한다. 페이팔이 자체적으로 꾸린 사기거래탐지(FDS) 기술도 금융 소프트웨어 분야라고 볼 수 있는데, 기존 거래 패턴에서 어긋나는 거래가 일어날 경우 이를 이상 거래로 인식하고 추가 인증을 요구해 사기 거래를 막는 기술이 FDS다.
④ 플랫폼
  ㉠ 금융기관이 가운데 끼지 않고도 전 세계 고객이 자유롭게 금융업무를 처리할 수 있는 기반을 제공하는 분야로, 대표적인 플랫폼 핀테크 회사는 P2P 대출회사 렌딩클럽(Lending Club)이다.
  ㉡ 렌딩클럽은 많은 고객에게 남는 돈을 빌리고 그 돈을 다시 많은 고객에게 빌려주면서 투자금 모집과 대출 신청 및 집행을 모두 온라인 플랫폼에서 처리하기 때문에 운영 자금이 많이 들지 않는다.

6 클라우드컴퓨팅의 개념 및 활용

(1) 클라우드컴퓨팅의 개념
① 서버, 스토리지 등의 IT 리소스를 인터넷을 통해 실시간으로 제공하고 사용한 만큼 비용을 지불하는 방식의 컴퓨팅이다.
② 하드웨어나 소프트웨어 등의 자원을 소유하지 않고 사용한 만큼만 지불하기 때문에 비용 측면에서 경제적이다. 또한 필요할 때 필요한 만큼 확장할 수 있는 유연성을 가지며, 일부 서비스에 장애가 생기더라도 나머지 방대한 규모의 서버를 통해 계속해서 서비스의 연속성을 유지시킬 수 있다는 측면에서 높은 가용성을 보장한다.
③ 서비스 구축 측면에서는 클라우드 사업자가 이미 구축해 놓은 시스템을 통해 신속하고 빠르게 서비스의 도입이 가능하다는 장점이 있다.

(2) 클라우드컴퓨팅의 주요 기술
① 가상화 : 물리적인 IT 자원을 논리적으로 구성해서 사용하기 위한 가상 객체 기반 기술로, 하이퍼바이저(Hypervisor), 컨테이너(Container) 등을 기반으로 하는 서버 가상화와, 저장영역을 제어하기 위한 파티션 컨트롤러 기반의 스토리지 가상화, 물리적 네트워크 자원에 대한 논리적 분할 병합을 통한 전송 환경을 제공하는 네트워크 가상화 등이 있다.
② 분산처리 : 대량의 데이터 및 요청을 여러 대의 서버에 나누어서 처리하는 분산 컴퓨팅 기반 기술로, 동시에 여러 개의 연산 등을 수행하는 병렬 컴퓨팅과는 달리 복수의 컴퓨터에서 나누어 처리한다는 특징이 있으며, 대용량 웹서비스와 같이 한꺼번에 많은 양의 요청을 처리하거나, 다수의 사업자가 필요로 하는 서비스를 효율적으로 나누어 처리할 수 있다. 대표적으로 아파치 하둡(Apache Hadoop)이 있으며, 대용량의 데이터를 빠르고 효율적으로 처리하는 데 사용된다.

(3) 클라우드컴퓨팅의 구현 방식
① 퍼블릭 클라우드(Public Cloud) : 클라우드 사업자가 구축해 놓은 시스템에 다수의 기업 혹은 개인이 서비스를 제공받는 형태이다.
② 프라이빗 클라우드(Private Cloud) : 기업 전용 환경을 구축하여 컴퓨팅 리소스를 기업이 원하는 대로 유연하게 이용할 수 있는 형태이다.
③ 하이브리드 클라우드(Hybrid Cloud) : 퍼블릭 클라우드와 프라이빗 클라우드를 적절하게 혼합, 연계시켜 활용하는 형태이다.

(4) 클라우드컴퓨팅 서비스 모델
① 이용하고자 하는 IT 자원의 범위에 따라 크게 SaaS(Software as a Service), PaaS(Platform as a Service), IaaS(Infrastructure as a Service)로 분류된다.
② SaaS는 소프트웨어를 인터넷 네트워크를 통해 필요한 만큼 사용 가능한 서비스로, 마이크로소프트의 오피스 365나 구글 독스(Google Docs)등이 있다.

③ PaaS는 소프트웨어에 대한 실행 및 개발 환경을 서비스로 제공하는 형태로, 빠른 어플리케이션 개발이나 테스트 환경을 구축하는 데 주로 사용하며, IaaS는 서버나 스토리지 같은 대부분의 컴퓨팅 리소스를 네트워크를 통해 서비스로 제공하는 형태로, 저렴한 가격에 빠른 인터넷 서비스 등을 구축하는 데 사용할 수 있는 모델이다.

(5) 클라우드컴퓨팅의 활용

① 대표적인 클라우드 사업자로는 2006년 서비스를 시작한 이래로 가장 많은 이용자를 확보하고 있는 AWS(Amazon Web Services)를 비롯하여, 자사의 다양한 제품군을 클라우드와 연계시켜 놓은 마이크로소프트의 애저(Azure), 인공지능이나 맵(Map) 등을 서비스 중인 구글 클라우드 등이 있다.
② 클라우드컴퓨팅은 IT인프라를 확장하고 비용을 절감할 수 있는 방법으로 많이 활용되는데, 기업은 클라우드 서비스를 활용하여 복잡한 IT인프라를 단순화하고 효율적으로 운영할 수 있다.
③ 서버와 스토리지 등을 클라우드에 이전하면서 기업이 직접 유지・보수하는 비용을 절감할 수 있다.
④ 온라인 쇼핑몰, SNS, 게임, 스트리밍 등 다양한 서비스들은 대규모의 데이터를 처리하고, 빠르게 서비스를 제공해야 하기 때문에 클라우드컴퓨팅 기술을 적극 활용하고 있다.
⑤ 기업은 클라우드 기반 데이터 분석 플랫폼을 활용하여 대규모 데이터를 처리하고, 인공지능 기술을 활용하여 효율적인 데이터 분석을 수행할 수 있다.

7 가상현실과 메타버스의 개념 및 활용

(1) 가상현실의 개념

① 마치 실제 존재하는 환경인 것처럼 가상의 환경을 제공하여, 실제 현실과 상호작용(Interection)을 하는 것과 같은 경험을 제공하는 기술이다.
② 보통은 현실에서 직접 경험하기 힘든 것을 체험하기 위한 용도로 사용된다.
③ 가상현실은 현실과 얼마나 일치하느냐에 따라 그 몰입도가 달라지는데, 이러한 몰입감을 극대화하기 위해 오감의 자극을 적극 활용한다.

(2) 가상현실의 주요 기술

① 멀티모달(Multi-Modal) 기술 : 오감을 활용하여 현장감을 높여주기 위한 기술이다. 주로 신체에 부착된 센서(Sensor) 기반의 웨어러블 장치를 이용해서 구현되며 사용자의 오감을 변화시킨다.
② 하드웨어(Hardware) 기술 : 가상환경의 현장감을 높여주며, 인터페이스를 도와주는 디바이스 기술이다. 대표적으로 머리에 착용하는 HMD(Head-Mounted Display)를 비롯하여, 음성을 전달하는 마이크로폰(Microphone), 손의 반응을 감지하기 위한 데이터 장갑(Data Glove), 위치를 인식하기 위한 웨어러블 위치 센서 등이 있다.
③ 인터랙션 기술 : 가상현실 속에서 걷거나, 뛰거나, 시선(머리)의 방향을 바꿀 때, 이러한 변화를 인지해서 상호 작용할 수 있게 구현하는 기술이다. 신체에 부착된 센서 기반으로 가속도 등을 측정하여 가상환경을 실제 사람이 움직이는 모션(Motion)에 맞게 제어한다.

④ 몰입형 디스플레이 기술 : 3D 그래픽 기반의 효과(Effect)를 내기 위한 디스플레이 기술과 장시간 활동에도 눈의 피로를 덜어 줄 수 있는 모션 플랫폼(Motion Platform) 기술 등이 있다.
⑤ 콘텐츠 제작 기술 : 가상현실 콘텐츠를 실제 환경과 흡사하게 제작할 수 있도록 지원하는 기술이다. 360도 카메라 및 실사 영상을 위한 파노라마 카메라를 비롯하여, 촬영된 영상을 실제 현실처럼 극대화하기 위한 3D 편집 프로그램 기술 등이 대표적이다.

(3) 가상현실의 시스템적 분류 기출 24

① 몰입형 가상현실(Immersive VR) : 특수 장비를 통해 인간으로 하여금 실제로 보고 만지는 것 같은 감각적 효과를 느끼게 해 생생한 환경에 몰입하도록 하는 시스템
② 원거리 로보틱스(Tele-robotics) : 로봇을 이용하여 먼 거리에 있는 공간에 사용자가 현전하는 효과를 주는 시스템
③ 데스크톱 가상현실(Desktop VR) : 일반 컴퓨터 모니터에 간단한 입체안경, 조이스틱 등만 첨가하여 책상 위에서 쉽게 만날 수 있게 해주는 가상현실
④ 삼인칭 가상현실(Third Person VR) : 비디오카메라로 촬영된 자신의 모습을 컴퓨터가 만들어내는 가상공간에 나타나게 하여 자신이 가상공간에 직접 존재하는 것처럼 느끼게 하는 시스템

(4) 가상현실의 활용

① 실내 인테리어 분야에서는 가상환경 기반으로 실내를 꾸미거나 가구의 배치 등을 바꿔 보는 데 활용할 수 있으며, 과학 분야에서는 행성의 탐사나 우주비행 연습 등으로 활용할 수 있다.
② 게임 분야에서는 다양한 스포츠를 실제 경험하는 것처럼 구현할 수 있다.
③ 관광 분야에서는 코로나 등으로 제한되었던 외국 여행을 간접적으로 경험하게 해주었다.

(5) 메타버스의 개념

① '가상', '초월' 등을 뜻하는 영어 단어 '메타(Meta)'와 우주를 뜻하는 '유니버스(Universe)'의 합성어로, 현실세계와 같은 사회·경제·문화 활동이 이뤄지는 3차원의 가상세계를 가리킨다.
② 메타버스는 가상현실(VR)보다 한 단계 더 진화한 개념으로, 아바타를 활용해 단지 게임이나 가상현실을 즐기는 데 그치지 않고 실제 현실과 같은 사회·문화적 활동을 할 수 있다는 특징이 있다.
③ 특히 메타버스는 초고속·초연결·초저지연의 5G 상용화와 2020년 전 세계를 강타한 코로나19 팬데믹 상황에서 확산되기 시작했다.

개념 PLUS

가속연구재단(ASF)의 메타버스 서비스 유형 기출 23

구 분	정 의	사 례
증강현실	현실 생활의 정보를 가상 세계에 증강하여 통합한 형태의 정보로 제공하는 기술	포켓몬 Go 게임
라이프로깅	사물과 사람에 대한 일상적인 경험과 정보를 직접 또는 기기를 통해 기록하고, 가상의 공간에 재현·공유하는 기술	SNS, 블로그
거울세계	현실 세계를 그대로 디지털로 구현하여 정보가 확장된 가상세계	구글 어스, 줌(Zoom)
가상세계	가상의 데이터로 구축한 가상의 사이버 공간	제페토, 로블록스

(6) 메타버스의 활용

① 메타버스는 게임, SNS뿐만 아니라 교육, 의료 등 모든 산업에 활용할 수 있다.
② 메타버스의 활용을 위해서는 다양한 메타버스 플랫폼 개발, 메타버스를 지원하는 머리 착용 디스플레이(HMD ; Head Mounted Display)와 같은 몰입 기기 활용, 상호 작용 처리기술 및 경험을 분석하고 공유하는 기술, 대규모의 데이터를 전달하기 위한 고성능 유무선 네트워크 기술 등이 필요하다.

8 스마트물류와 자율주행의 개념 및 활용

(1) 스마트물류의 개념

① 코로나19로 인한 글로벌 물류 운송망의 혼란은 물류의 스마트화를 촉진시켰다.
② 특히 이커머스 시장이 커지면서 스마트물류 시장 규모도 매우 커지고 있어, 이에 대응하기 위해 다양한 IT 기술과 시스템이 접목되면서 물류 관련 다양한 분야에 스마트화가 진행되고 있다.
③ 스마트물류의 목적은 물류비용 절감과 효율성 증대로, 많은 기업들이 다양한 분야에서 스마트물류 실현을 위해 힘쓰고 있다.

(2) 스마트물류의 활용

① 풀필먼트 표준화 서비스 기출 24 : 풀필먼트는 물류를 수행하는 업체가 유통사 측의 판매상품의 입고, 분류, 재고관리, 품질관리, 배송 등 고객에게 도착하는 물류 전 과정을 일괄처리하여 정확한 수요 및 재고 예측, 입출고 상태에 대한 실시간 정보를 제공하여 더 많고 빠른 배송의 강점을 제공한다.
② 하늘길을 이용한 드론배송 : 드론배송솔루션 및 UAM 통합관제플랫폼 전문 기업 파블로항공이 도심지 비가시권 드론 물류 배송 실증사업을 성공적으로 마치며 총 비행횟수 207회, 누적거리 1,909km의 기록을 달성했다.
③ 자율주행 로봇 이용 : 최근 물류비와 인건비 상승으로 물류 운송용 전문 서비스 로봇 도입이 증가하고 있다. 배송 및 서빙에 서비스로봇을 활용하면 더 빠른 시간 안에 더 많은 업무를 해낼 수 있으며 인건비를 줄일 수 있다.

(3) 자율주행의 개념
① 교통수단이 사람의 조작 없이 스스로 판단하고 운행하는 시스템을 말한다.
② 교통수단 내에 운행하는 사람이 없고 외부에 있는 서버와 통신하며 서버의 명령에 따라 주행하는 무인운전 방식과, 교통수단 내부에 탑재된 인공지능 컴퓨터가 스스로 판단하여 주행하는 방식으로 나눌 수 있다.

(4) 자율주행의 활용
① **철도** : 철도에서 자율주행을 이루기 위해서는 단순한 자동운전뿐만 아니라, 차량이 인공지능을 통해 자동으로 차량 간격을 조절하고 선로전환기도 작동해야 한다. 철도 자율주행은 지상설비를 차상으로 옮기면서 운영효율 및 속도 향상을 시키는 기술이다.
② **자동차** : 자동차 자율주행기술은 주변의 기후, 환경, 설비를 인지해 편하고 안전하게 운전하는 데 중점을 둔다.

> **개념 PLUS**
>
> **국제자동차기술자협회(SAE) 자율주행 등급** 기출 23
> - 레벨 0 : 어떠한 자율주행 기능도 지원하지 않는다.
> - 레벨 1 : 자동차의 방향 또는 속도 기능을 지원한다.
> - 레벨 2 : 자동차의 방향 및 속도 기능을 지원한다.
> - 레벨 3 : 주행 중 다양한 돌발 상황 및 주변 사물들을 모두 인식하고 이에 대응할 수 있지만, 부득이한 경우 운전자가 운전할 필요가 있다고 자동차가 판단할 경우, 운전자가 개입하여 운전해야 한다.
> - 레벨 4 : 특정 구역에서는 자동차가 자율주행 기능을 지원하고, 어떠한 상황에서도 운전자가 개입할 필요가 없다.
> - 레벨 5 : 모든 환경에서 자동차가 자율주행 기능을 지원하고, 어떠한 상황에서도 운전자가 개입할 필요가 없다.

③ **항공기 및 선박** : 항공기와 선박은 오토파일럿이란 이름으로 상당 부분 자동화가 진행되어 있는데, 항공기와 선박의 경우 좁은 공간에 밀집해 다니는 자동차와는 반대로 다른 항공기나 선박과 킬로미터 단위로 떨어진 상태로 다니고, 방해물이 거의 없으며 정해진 스케줄에 맞춰 운항하기 때문에 충돌사고가 발생할 가능성이 현저하게 낮다.
④ **로봇** : 실제로 로봇 청소기는 자율주행 로봇의 정의에 상당히 부합하고 있으며, 그 외에도 물류창고, 호텔, 공항 등을 중심으로 자율주행 로봇을 볼 수 있다. 사비오크의 배달 로봇 '대시'는 미국 크라운 플라자 호텔에서 고객에게 물품을 배달하며 활약하고 있고, 아마존은 이미 전 세계 물류창고에서 자율주행로봇 '아마존로봇(AR)'을 적극 활용하고 있다. 우리나라도 LG전자의 자율주행로봇 에어스타가 인천공항에서 안내를 맡고 있으며, 네이버 어라운드 로봇도 부산 YES24 오프라인 중고서점에서 책 수거를 담당하고 있다.

CHAPTER 05 실전예상문제

※ 본 문제를 풀면서 이해체크를 이용하시면 문제이해에 보다 도움이 될 수 있습니다.

01 가트너 그룹 등이 빅데이터를 정의하면서 제시한 빅데이터 3대 특성으로 가장 옳은 것은?

① 빅데이터 생성 속도, 빅데이터 규모, 빅데이터의 다양한 형태
② 빅데이터 저장, 빅데이터 관리, 빅데이터 분석
③ 빅데이터 자원, 빅데이터 기술, 빅데이터 인력
④ 빅데이터 경제성, 빅데이터 투명성, 빅데이터 시각화
⑤ 빅데이터 가치, 빅데이터 복잡성, 빅데이터 규모

> **빅데이터의 3대 특성**
> - 빅데이터 규모(Volume)
> - 빅데이터의 다양한 형태(Variety)
> - 빅데이터 생성 속도(Velocity)

02 데이터베이스의 설계단계를 가장 올바르게 순차적으로 나열한 것은?

① 요구사항 분석 → 논리적 설계 → 개념적 설계 → 물리적 설계 → 구현
② 요구사항 분석 → 개념적 설계 → 물리적 설계 → 논리적 설계 → 구현
③ 요구사항 분석 → 개념적 설계 → 논리적 설계 → 물리적 설계 → 구현
④ 요구사항 분석 → 물리적 설계 → 개념적 설계 → 논리적 설계 → 구현
⑤ 요구사항 분석 → 논리적 설계 → 물리적 설계 → 개념적 설계 → 구현

> **데이터베이스 설계**
> - 요구사항 분석 : 데이터베이스 사용자에 따른 수행 업무와 필요한 데이터의 종류, 용도, 처리 형태, 흐름, 제약 조건 등을 수집하고 수집된 정보를 바탕으로 요구 조건 명세서 작성
> - 개념적 설계(정보 모델링, 개념화) : 정보의 구조를 얻기 위해 현실 세계의 무한성과 계속성을 이해하고 다른 사람과 통신하기 위해 현실 세계에 대한 인식을 추상적 개념으로 표현하는 과정
> - 논리적 설계(데이터 모델링) : 현실 세계에서 발생하는 자료를 컴퓨터가 이해하고 처리할 수 있는 물리적 저장장 치에 저장할 수 있도록 변환하기 위해 특정 DBMS가 지원하는 논리적 자료 구조로 변환시키는 과정
> - 물리적 설계(데이터 구조화) : 논리적 구조로 표현된 데이터를 디스크 등의 물리적 저장장치에 저장할 수 있는 물리적 구조의 데이터로 변환하는 과정

정답 01 ① 02 ③

03 아래 글상자 (㉠), (㉡)에 들어갈 용어로 가장 옳은 것은?

> A사는 유통정보를 활용하기 위한 데이터분석을 수행하고자 한다. 데이터분석에서는 (㉠)와(과) (㉡)을(를) 명확히 구분할 필요가 있다. 예를 들어, '매상이 떨어지고 있다', '고객 이탈이 보인다' 등은 (㉠)이며, 이것이 (㉡)인가 아닌가는 이러한 (㉠)을(를) 가지고 기획자, 엔지니어, 서비스운용자 등 비즈니스 담당자와 의논하여 이상적인 모습을 찾아내고 공유함으로서 결정된다.

① ㉠ 현상, ㉡ 문제
② ㉠ 문제, ㉡ 현상
③ ㉠ 문제, ㉡ 목표
④ ㉠ 목표, ㉡ 문제
⑤ ㉠ 현상, ㉡ 목표

> 성공적인 데이터분석을 위해서는 현재의 문제를 명확하게 정의하고, 그에 맞는 데이터분석 목적을 설정해야 한다. 따라서 어떠한 현상이 반드시 문제가 되는 것은 아니기 때문에 진짜 문제를 이해하기 위해서는 현상과 문제를 명확히 구분하여 실제 발생한 현상이 문제인지 아닌지의 여부를 각 비즈니스 담당자와 의논하여 결정해야 한다.

04 빅데이터 구축을 위해 A사가 확보하고자 하는 데이터의 유형 중 비정형 데이터에 속하지 않는 것은?

① 소셜미디어에 A사가 수집하고자 하는 내용이 담긴 실시간 대화
② A사의 고객 체험단과 온라인 모바일을 통해 지속적으로 오가는 SMS, 이메일 메시지
③ 블로그나 커뮤니티에서 게시된 A사 제품에 대한 제품사진을 포함한 사용 후기
④ A사의 유통성과 지표관리를 위해 산식에 적용되는 실시간으로 산정·관리되는 유통계수
⑤ A사가 속한 산업과 관련된 전문정보 및 뉴스 기사

> ④는 정형 데이터에 속한다.
> ※ 정형 데이터와 비정형 데이터
>   • 정형 데이터 : 미리 정해 놓은 형식과 구조에 따라 저장되도록 구성된 데이터이다.
>   • 비정형 데이터 : 정의된 구조가 없이 정형화되지 않은 데이터로 동영상 파일, 오디오 파일, 사진, 보고서(문서), 메일 본문 등이 있다.

05 아래 글상자의 내용과 관련된 데이터마이닝 기법으로 가장 옳은 것은?

> 이것은 흔히 장바구니 분석이라고도 하며, 구매된 상품들 간의 연관성을 파악하여 교차판매를 목적으로 하는 상품이나 패키지 상품을 구성하기 위한 정보를 획득하기 위해 수행하는 데이터마이닝 기법이다.

① 분류 규칙 ② 순차 패턴
③ 연관 규칙 ④ 군집화 규칙
⑤ 신경망 모형

> ① 분류에 사용되는 판별함수를 형성하는 데 사용되는 기준을 말한다.
> ② 데이터에 공통으로 나타나는 순차적인 패턴을 찾아내는 것을 말한다.
> ④ 어떤 목적 변수(Target)를 예측하기보다는 고객 수입, 고객 연령과 같이 속성이 비슷한 고객들을 묶어서 몇 개의 의미 있는 군집으로 나누는 기법이다.
> ⑤ 인간 두뇌의 복잡한 현상을 모방하여 마디(Node)와 고리(Link)로 구성된 망구조로 모형화 하고 과거에 수집된 데이터로부터 반복적인 학습과정을 거쳐 데이터에 내재되어 있는 패턴을 찾아내는 모델링기법이다.

06 데이터마이닝에서 사용되는 다양한 분석기법 중 아래 글상자의 사례에 해당하는 기법으로 가장 옳은 것은?

> 집을 구매한 사람들의 65%가 2주 이내에 신형 냉장고를 구매하고, 40%가 4주 이내에 오븐을 구매한다.

① 군집분석 ② 분류분석
③ 예측분석 ④ 연관규칙
⑤ 순차패턴

> 순차패턴은 이벤트나 행동의 시간적인 순서를 나타내는 규칙, 즉 데이터에 공통으로 나타나는 순차적인 패턴을 찾아내는 것을 의미한다.
> ① 군집분석 : 집단 또는 범주에 대한 사전 정보가 없는 데이터의 경우 주어진 관측값을 사용하여 전체를 몇 개의 유사한 집단으로 그룹화하여 각 집단의 성격을 파악하기 위한 기법이다.
> ② 분류분석 : 분류결과가 알려진 과거의 데이터로부터 분류별 특성을 찾아내어 분류모형 및 분류를 알아내는 기법이다.
> ③ 예측분석 : 시간 구간에 대한 데이터의 변화 추이에 대한 유사성을 발견하는 기법이다.
> ④ 연관규칙 : 대규모의 데이터 항목 중에서 유용한 연관성과 상관관계를 찾는 기법이다.

07 데이터 분석 알고리즘인 사례기반추론 알고리즘의 특징에 대한 설명으로 가장 옳지 않은 것은?

① 모델의 구조가 간단하고 이해가 용이하다.
② 사례를 저장하기 위한 공간이 불필요하다.
③ 복잡한 문제를 비교적 단순한 체계로 모델링을 하여 복잡한 의사결정 문제를 간결하게 해결하는 데 도움을 제공한다.
④ 사례를 설명하고 있는 속성이 적절하지 못한 경우 결과 값이 나빠진다.
⑤ 인간의 두뇌에서 문제를 해결하는 방식과 유사하기 때문에 그 결과를 이해하기 쉽다.

> 해설
> 사례기반추론을 하려면 사례를 수집하여 데이터베이스에 저장해야 하므로 저장을 위한 공간이 필요하다.
> ※ 사례기반추론 알고리즘
> • 문제와 해답 쌍(pair)의 형식으로 저장된 사례를 사용하여 문제를 해결하는 추론 방식으로 문제와 유사한 사례를 데이터베이스에서 검색, 수정하여 해답을 얻는다.
> • 사례 기반의 추론을 하려면 규칙을 작성하는 대신에 사례를 수집하여 데이터베이스에 저장하면 된다.

08 아래 글상자는 인공지능(AI) 기술이 유통·물류 서비스 분야에 접목된 사례를 분석하여 제시하고 있다. 인공지능 기술과 관련된 용어와 설명으로 가장 옳지 않은 것은?

> 맥킨지에서는 산업별 및 각 산업의 기능별로 구분하여 인공지능 소프트웨어 활용 사례를 제시하였다.
> ~ 중략 ~
> 소매유통의 경우에는 인공지능 기술의 초보 단계인 선형 신경망에 대한 활용도가 가장 높고, 다음으로 순환 신경망 기술을 적용한 사례가 많은 것으로 나타났다. 수송물류는 선형 신경망과 합성곱 신경망을 이용하여 산업의 효율성을 개선한 사례가 가장 많은 것으로 조사되었으며, SCM 제조는 선형 신경망과 함께 강화 학습 및 합성곱 신경망을 이용한 공급망관리가 유효한 것으로 보인다.
> (출처 : 정보통신기술평가원 주간기술동향 1903호에서 발췌)

① 딥러닝(deep learning) - 여러 비선형 변환기법의 조합을 통해 높은 수준의 추상화를 시도하는 기계학습 알고리즘의 집합으로 최근 기계가 데이터를 통해 자신만의 규칙을 생성하여 정보를 학습하는 형태로 발전
② 전이 학습(transfer learning) - 완료된 학습 모델을 유사 분야에 전이하여 학습시키는 기술로, 적은 데이터에도 학습을 빠르게 하고 예측의 정확도를 높임
③ 강화 신경망(reinforcing neural network) - 사람의 개입이 없이 스스로 현재의 환경에서 특정 행동의 시행착오 과정을 거치며 보상을 최대화하는 학습 기법
④ 순환 신경망(recurrent neural network) - 과거 정보와 현재의 입력값을 결합하는 방법으로 순서를 고려한 학습 모델로서 데이터의 순서가 중요한 시계열 및 언어 처리 분석 등에 활용됨
⑤ 선형 신경망(linear neural network) - 주로 시각적 이미지를 분석하는 데 사용되며, 이미지의 특징을 추출하는 필터 역할을 하는 컨볼루션 레이어를 적용하여 효율적으로 고차원의 이미지를 인식하고 분류함

해설 ⑤는 컨볼루션 신경망(convolutional neural networks)에 대한 설명이다. 컨볼루션 신경망은 이미지를 인식하기 위한 패턴을 찾는 데 특히 유용한 기술로 데이터에서 직접 학습하고 패턴을 사용해 이미지를 분류하기 때문에 특징을 수동으로 추출할 필요가 없어 자율주행자동차, 얼굴인식과 같은 객체인식이나 컴퓨터 시각(computer vision)이 필요한 분야에 많이 사용되고 있다.

09 유통 및 물류관리를 보다 효율적으로 처리해주는 RFID(Radio Frequency IDentification) 기술에 대한 설명으로 옳은 것은?

① RFID 기술은 유통 및 물류관리 분야에서 활용되는 접촉식 기술이다.
② RFID 기술은 UHF(Ultra High Frequency) 대역에서는 작동하지 않고, 저주파(LF ; Low Frequency) 대역에서만 작동한다.
③ RFID 시스템에 이용되는 수동형 태그는 배터리를 포함하고 있어 능동형 태그보다 먼 거리에서 판독기를 통해 태그의 정보를 인식할 수 있다.
④ 공급사슬에서 기업들의 RFID 기술 도입은 물류관리의 운영 효율성을 높여 준다.
⑤ RFID 기술은 첨단 기술로 표준화되지 않은 기술이다.

해설
① RFID 기술은 유통 및 물류관리 분야에서 활용되는 비접촉식 기술이다.
② RFID 기술은 저주파와 고주파 대역에서 모두 작동하며, 동작 주파수에 따라 저주파 시스템과 고주파 시스템으로 구분된다.
③ 내부나 외부로부터 직접적인 전원의 공급 없이 리더기의 전자기장에 의해 작동되는 수동형 태그는 능동형 태그에 비해 매우 가볍고 가격도 저렴하면서 반영구적이지만 인식 거리가 짧고 리더기에서 훨씬 더 많은 전략을 소모한다는 단점이 있다.
⑤ RFID 기술은 첨단 기술로 표준화된 기술로, 모든 환경에서 사용 가능하다.

10 RFID에 대한 설명으로 가장 옳지 않은 것은?

① 바코드에 비해 비싼 편이다.
② 용도와 성능에 따라 읽기/쓰기 기능을 구현할 수 있다.
③ 바코드에 비해 많은 정보를 가질 수 있다.
④ 자라(Zara)는 RFID기술을 적용하여 재고관리 혁신을 이룩해 성공적인 선진 사례를 보였다.
⑤ 태그는 외부로부터의 자극이나 각종 신호를 감지, 검출하여 전기적 신호로 변환, 출력하는 장치이다.

해설 외부로부터의 자극이나 각종 신호를 감지, 검출하여 전기적 신호로 변환, 출력하는 장치는 '센서'이다.

11 사물인터넷(IoT) 시대의 특징을 인터넷 시대 및 모바일 시대와 비교하여 설명한 것으로 가장 거리가 먼 것은?

① IoT 시대는 사람과 사람, 사람과 사물, 사물과 사물 간으로 연결범위가 확대되었다.
② 정보가 제공되는 서비스방식이 정보를 끌어당기는 풀(pull)방식에서 푸시(push)방식으로 전환되었다.
③ 정보 제공 방식이 '24시간 서비스(Always-on)' 시대에서 '온디맨드(On-demand)' 방식으로 전환되었다.
④ IoT 시대에서는 단순히 원하는 정보를 얻는 데 그치는 것이 아니라, 정보를 조합해 필요한 지혜를 제공해 준다.
⑤ 정보를 얻는 방식이 내가 원하는 무언가를 내가 찾는 것이 아니라, 내가 원하는 무언가를 주변에 있는 것들이 알아서 찾아주는 것이다.

> 정보 제공 방식이 '온디맨드(On-demand)' 방식에서 '24시간 서비스(Always-on)' 시대로 전환되었다.
>
> ※ 사물인터넷(IoT)
> 현실 세계의 사물들과 가상 세계를 네트워크로 상호 연결해 사람과 사물, 사물과 사물 간 언제 어디서나 서로 소통할 수 있도록 하는 미래 인터넷 기술로, 1999년 MIT의 케빈 애쉬톤(Kevin Ashton)이 처음 이 용어를 사용하였다. 유무선 네트워크에서의 엔드디바이스(end-device)는 물론, 인간, 차량, 교량, 각종 전자장비, 문화재, 자연 환경을 구성하는 물리적 사물 등이 모두 이 기술의 구성 요인에 포함되며, 가전에서부터 자동차, 물류, 유통, 헬스케어에 이르기까지 다양한 분야에서 활용 가능하다.

12 핀테크(FinTech) 서비스에 대한 설명으로 옳지 않은 것은?

① 핀테크 기술은 온라인 매장에서만 이용할 수 있는 첨단 금융기술이다.
② 핀테크는 클라우드 펀딩, 이체, 지불, 인증 등의 기능을 제공한다.
③ 카카오 페이(kakao pay)는 대표적인 핀테크 서비스 성공 사례이다.
④ 기업들은 핀테크 서비스 제공을 위해 다양한 기업들이 참여하는 비즈니스 에코시스템(business eco-systems)을 구축하고 있다.
⑤ 금융(finance)과 기술(technology)이 결합한 서비스로 편리성과 보안에 대한 강화가 요구된다.

> 핀테크 기술은 온라인뿐만 아니라 오프라인 매장에서도 이용할 수 있는 첨단 금융기술이다.

13 최근 유통기업들은 정보시스템 도입에 있어 클라우드 컴퓨팅 방식의 서비스를 선호하고 있는데, 이와 관련된 설명으로 옳지 않은 것은?

① 클라우드 컴퓨팅은 유사한 의미로 온 디멘드 딜리버리시스템(on demand delivery systems)이라고도 한다.
② 클라우드 컴퓨팅은 제공하는 서비스에 따라 PaaS(Platform as a Service), SaaS(Software as a Service), IaaS(Infrastructure as a Service) 등으로 구분할 수 있다.
③ 대표적인 클라우드 컴퓨팅 서비스로 아마존 웹서비스(Amazon Web Services)와 마이크로소프트 애저(Microsoft Azure)가 있다.
④ 클라우드 컴퓨팅 시스템 활용은 과거 정보시스템 구축 방식과 비교할 때, 보편적으로 정보시스템 구축 비용이 많이 발생한다.
⑤ 클라우드 컴퓨팅은 오프 프레미스(off-premise) 방식으로 구축한다.

> 클라우드 컴퓨팅 시스템을 도입하면, 유통업체는 유통정보시스템의 구축 비용을 줄일 수 있다.

14 아래 글상자에서 설명하고 있는 최신기술 용어로 가장 옳은 것은?

> • 현실 세계를 기반으로 사회 · 경제 · 문화 활동이 이뤄지는 3차원(3D) 가상세계, 즉 초월적 세상을 뜻하는 기술임
> • 사례 : 2021년 12월, 이디야는 국내 커피업계 최초로 이용자가 자신과 닮은 아바타를 만들고 다른 이용자들과 교류하는 것이 가능한 플랫폼인 제페토에 가상매장 '이디야 포시즌 카페점'을 선보였고, 오픈 이틀 만에 방문자 수가 100만명을 돌파하였음

① 가상현실(Virtual Reality)
② 혼합현실(Mixed Reality)
③ 메타버스(Metaverse)
④ 증강현실(Augmented Reality)
⑤ 매쉬(Mesh)

> ① 가상현실 : 컴퓨터로 만들어 놓은 가상의 세계에서 사람이 실제와 같은 체험을 할 수 있도록 하는 최첨단 기술을 말한다.
> ② 혼합현실 : 현실 세계에 가상 현실(VR)이 접목되어 현실의 물리적 객체와 가상 객체가 상호 작용할 수 있는 환경을 말한다.
> ④ 증강현실 : 현실의 이미지나 배경에 3차원 가상 이미지를 겹쳐서 하나의 영상으로 보여주는 기술이다.
> ⑤ 매쉬 : 애플리케이션의 다양한 부분들이 서로 데이터를 공유하는 방식을 제어하는 방법이다.

정답 11 ③ 12 ① 13 ④ 14 ③

부록

최근기출문제

2024년 2회(8월 24일 시행)

2회 최근기출문제

2024년 08월 24일

※ 본 문제를 풀면서 이해체크를 이용하시면 문제이해에 보다 도움이 될 수 있습니다.

01 유통경영

01 상품의 수요를 예측하는 정량적 수요예측기법에 대한 설명으로 가장 옳지 않은 것은?

① 과거 판매자료를 이용해서 예측하기 때문에 정확한 자료의 수집이 중요하다.
② 시간의 흐름에 따른 자료를 분석하고 예측하는 시계열 분석의 경우 추세나 계절적 변동에 유의해야 한다.
③ 산업부문 간의 상호연관성을 통해 투입변수와 산출변수의 관계를 분석하는 것은 계량경제모형이다.
④ 지수평활법의 경우 지수평활계수를 활용해서 조정을 한다.
⑤ 계절적 변동이나 급격한 증감이 없는 경우에는 단순 이동평균법을 사용할 수 있다.

> 산업부문 간의 상호연관성을 통해 투입변수와 산출변수의 관계를 분석하는 것은 정량적 수요예측기법 중 인과형 분석에 속하는 투입/산출모형에 대한 설명이다. 계량경제모형은 각 경제변수에 수치를 주어 정량화하고 변수 간에 관계를 설정한 후 경기예측모형을 만들어 경기를 예측하는 방법이다.

02 SWOT 분석에서 약점(weakness)에 해당하는 사례로 가장 옳지 않은 것은?

① 취약한 재무구조
② 불분명한 전략방향
③ 낮은 생산성
④ 쇠퇴하는 시장
⑤ 비효율적인 인력운영

SWOT 분석의 구성	
강점(Strength)	기업 내부의 강점으로 충분한 자본력, 기술적 우위, 유능한 인적자원 등이 있다.
약점(Weakness)	기업 내부의 약점으로 취약한 재무구조, 불분명한 전략방향, 생산력의 부족, 비효율적인 인력운영, 미약한 브랜드 인지도 등이 있다.
기회(Opportunity)	• 기업의 사회·경제적 기회를 의미한다. • 현재 자사의 목표시장에 경쟁자가 없거나 경제상황의 회복으로 새로운 사업의 기회가 생긴다면, 이는 외부로부터 발생하는 기회이다.
위협(Threat)	• 위협은 보통 외부적인 위협을 의미한다. • 중소기업이 새로 시작한 사업에 대기업이 막강한 자본력으로 시장에 진입하는 것이 위협에 해당한다.

03 기업의 사업 선정에 영향을 미치는 거시환경으로만 짝지어진 것은?

① 고령화 현상 - 전문직 인구의 증가 - 자사의 비타협적인 노동조합
② 소득의 변화 - 환경에 대한 관심 증대 - 비효율적인 ERP 시스템
③ 자사에 비우호적인 입법 - AI기술의 보급 - 소비자 트렌드의 변화
④ 귀농 현상의 증대 - 국제 금융 위기 - 중간상들의 낮은 판매능력
⑤ 저출산 - 지구 온난화 - 자사의 기업 지배구조

> 거시환경이란 기업 생산물의 수요에 영향을 미치지만 기업으로서는 통제가 어려운 환경요인을 말한다.
> ※ 거시환경의 분석 요인
> • 정치적 요인 : 각종 법규, 자사에 비우호적인 입법, 세금 등의 정책, 무역 제한, 관세, 그 외 정치적 안정 등
> • 기술적 요인 : R&D, 자동화, 기술 인센티브, AI기술의 보급 등
> • 사회적 요인 : 인구 증가율, 연령 분포, 직업 및 소비자 트렌드의 변화 등
> • 경제적 요인 : 경제 성장, 금리, 환율, 인플레이션 비율 등
> • 환경적 요인 : 날씨, 기후 변화, 생태 및 환경 측면 등

04 직무성과 측정과 관련된 각종 기준에 대한 설명으로 옳지 않은 것은?

① 구체성은 성과관리시스템의 전략 및 개발목적과 관련이 있다.
② 수용성은 종업원이 성과관리시스템이 공정하다고 믿는 정도에 영향을 받는다.
③ 신뢰성이란 측정결과가 실제 성과를 얼마나 제대로 평가했는지의 정도를 말한다.
④ 여러 지역의 영업사원 실적을 평가하기 위해 일괄적인 판매실적치를 사용할 경우 타당성이 훼손된다.
⑤ 전략적 적합성이란 성과관리시스템이 조직의 전략, 목표 및 문화와 부합하는 직무성과를 이끌어내는 정도를 말한다.

> 신뢰성은 측정항목에 대해 얼마나 일관성이 있는지를 보는 것이며, 타당성은 측정하고자 하는 것을 얼마나 정확하게 측정했는지를 보는 것이다.

05 아래 글상자의 사례가 나타내는 본원적 경쟁전략으로 가장 옳은 것은?

> E기업은 친환경적인 생활 방식을 추구하고, 자신의 소비가 환경에 미치는 영향을 고려하는 소비자를 대상으로, 지속 가능한 소재를 사용한 한정판 맞춤형 가구 제작을 통해 경쟁우위를 점하려는 전략에 집중하고 있다.

① 원가우위전략
② 차별화전략
③ 원가우위 집중화전략
④ 차별적 집중화전략
⑤ 다각화 성장전략

해설) 차별적 집중화(Differentiation Focus)는 소비자의 특수한 니즈를 가진 좁은 틈새시장에서 사용하는 집중화 전략이다.
※ 마이클 포터(M. Porter)의 본원적 경쟁전략

		경쟁우위	
		저원가	차별화
경쟁영역	넓은 영역	원가우위 전략 (Cost Leadership)	차별화 전략 (Differentiation)
	좁은 영역	원가 집중화 (Cost Focus)	차별적 집중화 (Differentiation Focus)

06 소매업체들이 추구하는 성장전략 중 시장침투 전략에 대한 내용으로 가장 옳지 않은 것은?

① 표적 시장에 보다 많은 점포를 개설하고 기존 점포의 영업시간을 늘린다.
② 충동구매를 유도하는 상품을 진열한다.
③ 기존 고객이 관심을 가질만한 다른 상품을 제안하여 매출을 높인다.
④ 고객이 원하는 다양한 소매업태를 표적시장에 개발·제공하여 고객만족도를 높인다.
⑤ 표적 시장 내의 기존 고객뿐만 아니라 새로운 고객을 유인할 수 있는 기법을 사용한다.

해설) 시장침투전략이란 해당 소매업체가 기존의 (소매)업태를 활용하여 자신의 표적시장 내에서 신규 고객을 창출하거나 혹은 기존 고객들의 충성도를 높이기 위하여 마케팅을 더욱 강화하고자 하는 전략이다. 즉, 자사 점포에서 쇼핑하지 않는 고객을 유인하고 기존 고객들은 더 자주 점포를 방문하여 더 많은 상품을 구매하도록 유인하는 전략이다.

07 기업의 사회적 책임에 대한 설명으로 가장 옳지 않은 것은?

① 기업은 국가경제에서 생산주체로서 중요한 역할을 담당하고 있기에 기업을 유지하고 발전시킬 책임이 있다.
② 기업의 주인인 주주를 위해 기업 가치를 높일 책임이 있다.
③ 소비자에 대한 책임은 제품이나 서비스를 제공하는 것으로 일종의 계약행위에 대한 이행이라 볼 수 있다.
④ 종업원에 대한 책임은 노동력 제공에 대한 물질적 보상에 국한된다.
⑤ 지역사회에 대한 책임을 위해 경제적·문화적 투자 등을 실시한다.

> 해설
> 기업은 노동력 제공에 대한 물질적 보상의 제공 외에도 인간의 존엄성을 바탕으로 하여 종업원을 대해야 하며, 작업장의 안전성을 확보하고 고용 및 성차별 등의 행위를 하여서는 안 된다.

08 리더십에 대한 상황론적 접근방법 중 리더-구성원 교환(LMX) 모델에 대한 설명으로 가장 옳은 것은?

① 구성원에게 바람직한 보상체계를 만드는 것이 리더의 주된 기능이라고 주장한다.
② 모든 상황에 적합한 최적의 의사결정 과정은 없다는 것을 전제로 한다.
③ 개별 상사와 부하 간의 고유한 관계가 어떻게 형성되는지 단계적으로 설명하고 있다.
④ 동기부여에 관한 기대이론에 직접적인 영향을 받은 리더십 이론이다.
⑤ 종업원 참여정도를 결정하는 의사결정 규칙을 제공하는 리더십 접근법이다.

> 해설
> 리더-멤버 교환이론(LMX ; Leader-member Exchange Theory)
> • 조직의 멤버들은 리더를 통해 전달받은 역할을 수행하고 그 반응은 리더에게 피드백 되는데, 이때 리더는 부하들에게 똑같이 동일한 역할을 전달하는 것이 아니라 부하 개개인을 고려하여 차별적으로 전달하게 되며 그에 따라 리더와 각각의 부하들과는 다양한 교환관계가 발생한다.
> • 하나의 조직 안에서 리더는 부하에 따라 여러 가지 리더십유형을 취하게 되며, 부하들 역시 서로 다르게 리더십을 인지하고 반응하게 된다.
> • 개별 상사와 부하 간의 고유한 관계가 어떻게 형성되는지 단계적으로 설명하고 있다.

정답 05 ④ 06 ④ 07 ④ 08 ③

09 인사고과에서 발생할 수 있는 각종 오류에 대한 설명 중에서 가장 옳지 않은 것은?

① 고과자가 자신을 유능하다고 생각할수록 피고과자를 자신과 비교하여 무능한 것으로 판단하는 경향이 많아지는 오류는 대비오류이다.
② 인색의 오류를 방지하기 위해서는 강제배분법을 활용할 수 있다.
③ 평가시점과 가까운 시점에 일어난 사건이 평가에 큰 영향을 미치게 되는 오류는 근접오류이다.
④ 평가 점수를 너무 높거나 낮게 평가하는 것을 회피하여 우열의 차이가 나타나지 않는 오류는 관대화의 오류이다.
⑤ 고과자 자신의 능력이 부족하거나 피고과자를 잘 파악하지 못하고 있는 경우에 나타나는 오류는 중심화 경향오류이다.

> 관대화의 오류는 평가자가 피평가자의 실제 업적이나 능력보다 더 높게 평가하는 오류이다.

10 조직구성원이 가지고 있는 공유된 의미 체계인 조직문화에 대한 설명으로 옳지 않은 것은?

① 유니폼이나 조각상과 같은 상징으로 구현되기도 한다.
② 직원이 조직의 본질을 어떻게 인식하는지를 보여준다.
③ 직원이 조직의 기대 보상제도 등에 대해 어떻게 느끼는지를 보여준다.
④ 관계 지향 문화의 경우 구성원의 상호신뢰, 협업 등에 가치를 둔다.
⑤ 시장 지향 문화의 경우 구성원의 외부 소통 역량 등에 가치를 둔다.

> 조직문화란 직원이 조직의 기대 보상제도 등에 대해 어떻게 느끼는지를 보여주는 것이 아니라 조직의 구성원들이 공통적으로 소유하고 있는 조직의 가치관, 규범, 행동유형 등을 포괄하는 개념이다.

11 종업원의 업무의욕을 향상시키기 위한 각종 동기 이론들 중에서 동기가 부여되는 과정에 초점을 맞춘 이론으로만 바르게 나열한 것은?

① 기대이론, 욕구단계이론
② 성취동기이론, ERG이론
③ 공정성이론, 기대이론
④ 동기-위생요인이론, 목표설정이론
⑤ 강화이론, 성취동기이론

> • 동기부여 되는 과정에 초점을 맞춘 이론 : 기대이론, 공정성이론, 목표설정이론, 상호작용이론, 인지평가이론 등
> • 동기부여 되는 내용에 초점을 맞춘 이론 : 욕구단계이론, ERG이론, 성취동기이론, 동기-위생요인이론 등

12 중요성, 난이도, 위험도 등을 기준으로 다른 직무 대비 특정 직무의 상대적 가치를 기술한 문서로서 옳은 것은?

① 직무기술서　　　　　　　　② 직무명세서
③ 직무평가서　　　　　　　　④ 직무계약서
⑤ 직무성과표

> 직무평가서란 직무기술서와 직무명세서를 기초로 각 직무의 중요성, 난이도, 위험도 등을 평가하여 직무의 상대적 가치를 결정하는 문서이다.
> • 직무기술서 : 직무의 성격, 내용, 이행 방법 등과 직무의 능률적인 수행을 위하여 직무에서 기대되는 결과 등을 간략하게 정리해 놓은 문서
> • 직무명세서 : 직무를 만족스럽게 수행하는 데 필요한 종업원의 행동, 기능, 능력, 지식 등을 일정한 형식에 맞게 기술한 문서

13 연봉제의 장점으로 옳지 않은 것은?

① 임금결정의 공정화
② 상급관리자의 경영의식 강화
③ 임금체계의 단순화
④ 동기부여 및 근무의욕 고취
⑤ 협동적인 분위기

해설 연봉제의 장·단점

장 점	단 점
• 종업원 동기유발 • 임금관리의 용이 • 자발적 노력 • 인재확보의 용이성 • 상하 간 의사소통 원활	• 연봉감소로 인한 사기 저하 • 갈등과 위화감 조성 • 능력평가의 어려움 • 단기업적 중심

14 아래 글상자의 자료를 토대로 재무상태표 차변의 총합을 바르게 계산한 것은?

- 유동부채 : 80만원
- 매출채권 : 100만원
- 특허권 : 50만원
- 현금 : 120만원
- 자본금 : 100만원
- 이익잉여금 : 40만원

① 490만원
② 410만원
③ 270만원
④ 170만원
⑤ 120만원

해설 재무상태표 계정식의 경우 차변에는 자산항목이, 대변에는 부채 및 자본항목으로 구분되어 작성된다. 따라서 차변에는 현금 120만원, 매출채권 100만원, 특허권 50만원을 작성하고, 대변에는 유동부채 80만원, 자본금 100만원, 이익잉여금 40만원을 작성한다. 따라서 재무상태표 차변의 총합은 120만원 + 100만원 + 50만원 = 270만원이다.

15 아래 글상자의 자료를 이용하여 제품의 공헌이익률을 계산한 것으로 가장 옳은 것은?

- 판매단가 : 8,000원/개
- 총고정비 : 20,000,000원
- 변동비 : 3,000원/개
- 판매량 : 10,000개

① $\frac{1}{4}(≒0.25)$ ② $\frac{3}{8}(≒0.38)$

③ $\frac{5}{8}(≒0.63)$ ④ $\frac{2}{3}(≒0.67)$

⑤ $\frac{3}{4}(≒0.75)$

해설
- 공헌이익 = 매출액(판매단가 × 판매량) − 변동비
  = (8,000원/개 × 10,000개) − (3,000원/개 × 10,000개)
  = 80,000,000원 − 30,000,000원 = 50,000,000원
- 공헌이익률 = $\frac{공헌이익}{매출액}$ = $\frac{50,000,000원}{80,000,000원}$ = $\frac{5}{8}$

16 투자에서 발생하는 미래 현금흐름의 현재가치를 계산할 때 적용하는 비율인 할인율로서 가장 옳지 않은 것은?

① 투자수익의 현재가치와 투자비용의 현재가치의 비율
② 투자수익의 현재가치를 계산할 때 사용되는 금리
③ 투자자가 요구하는 최저수익률
④ 대안적인 투자의 포기에 따르는 기회비용
⑤ 동일한 투자위험을 지니는 투자대안의 수익률

해설

B/C ratio와 할인율

B/C ratio	• 장래에 발생할 것으로 예상되는 총비용과 총편익을 할인을 통해 현재가치화하여, 투자수익(총편익)의 현재가치와 투자비용(총비용)의 현재가치를 비율로 나타낸 것을 뜻한다. • 각 사업이나 투자 정책을 평가할 경우, 투자수익의 현재가치 합을 투자비용의 현재가치 합으로 나누어 그 비율이 1 이상이면 투자에 대한 경제적 타당성이 있다고 본다.
할인율	• 미래의 현금흐름을 현재가치로 환산하기 위하여 적용하는 수익률로 투자자가 어떤 투자대안에 투자를 하기 위한 최소한의 요구수익률이다. • 시간가치로서 할인율이 갖는 의미는 대안적인 투자의 포기에 따르는 기회비용을 뜻한다.

17 소매점의 다양한 성과 측정자료를 투입(input), 산출(output), 생산성(output/input)으로 크게 유형을 나눌 경우, 다음 중 점포운영의 산출(output) 지표로 가장 옳은 것은?

① 판매공간면적
② 자산회전율
③ 상품원가
④ 판매원 수
⑤ 순매출액

> 점포 운영의 산출 지표는 성과를 파악하고 문제점을 파악하여 개선점을 찾는 데에 유용하게 사용된다.
>
> | 순매출액 | 매출액에서 직접적인 비용(상품 원가, 운송비 등)을 제외한 순수익 |
> |---|---|
> | 매출 성장 | 일정 기간 매출액이 얼마나 증가했는지를 나타내는 지표 |
> | 총수익 | 총매출액 |

18 백화점 A는 기존 고객들의 판매 요구가 많은 새로운 와인들을 공급받을 목적으로 와인양조장(winery) B를 인수했다. 백화점 A의 이 성장전략에 대한 기술로서 가장 옳지 않은 것은?

① 다각화전략
② 제품개발전략
③ 외적 성장전략
④ 후방통합전략
⑤ 수직적 통합전략

> 다각화전략은 기존의 사업과는 다른 새로운 사업 영역에 진출하여 성장을 꾀하는 전략방법이다. 따라서 백화점 A의 성장전략으로 옳지 않다.

19 유통산업발전법(법률 제19117호, 2022.12.27., 타법개정) 상의 유통관리사에 대한 내용으로 옳지 않은 것은?

① 유통관리사는 유통경영·관리와 관련한 진단과 평가를 한다.
② 유통관리사가 되려는 사람은 산업통상자원부장관이 실시하는 유통관리사 시험에 합격하여야 한다.
③ 유통관리사 시험과목의 면제나 자격증 발급에 필요한 사항은 산업통상자원부장관령으로 정한다.
④ 산업통상자원부장관은 부정한 방법으로 자격을 취득한 사람에 대하여 그 자격을 취소하여야 한다.
⑤ 유통관리사는 유통경영·관리와 관련한 상담과 자문을 한다.

> 유통관리사의 등급, 유통관리사 자격시험의 실시방법·응시자격·시험과목 및 시험과목의 면제나 시험점수의 가산, 자격증의 발급 등에 필요한 사항은 대통령령으로 정한다(유통산업발전법 제24조 제3항).
> ① 유통산업발전법 제24조 제1항 제3호
> ② 유통산업발전법 제24조 제2항
> ④ 유통산업발전법 제24조 제5항
> ⑤ 유통산업발전법 제24조 제1항 제4호

20 독점규제 및 공정거래에 관한 법률(공정거래법)(법률 제20239호, 2024.2.6., 일부개정)에서 정하는 시장지배적 사업자가 해서는 안 되는 남용행위로 옳지 않은 것은?

① 상품의 가격이나 용역의 대가를 부당하게 결정·유지 또는 변경하는 행위
② 상품의 판매 또는 용역의 제공을 부당하게 조절하는 행위
③ 다른 사업자의 사업활동을 부당하게 방해하는 행위
④ 기존 경쟁사업자의 퇴출을 부당하게 종용하는 행위
⑤ 부당하게 경쟁사업자를 배제하기 위하여 거래하거나 소비자의 이익을 현저히 해칠 우려가 있는 행위

> 시장지배적지위의 남용금지(공정거래법 제5조 제1항)
> 시장지배적사업자는 다음의 어느 하나에 해당하는 행위(남용행위)를 해서는 아니 된다.
> 1. 상품의 가격이나 용역의 대가(이하 "가격"이라 한다)를 부당하게 결정·유지 또는 변경하는 행위
> 2. 상품의 판매 또는 용역의 제공을 부당하게 조절하는 행위
> 3. 다른 사업자의 사업활동을 부당하게 방해하는 행위
> 4. 새로운 경쟁사업자의 참가를 부당하게 방해하는 행위
> 5. 부당하게 경쟁사업자를 배제하기 위하여 거래하거나 소비자의 이익을 현저히 해칠 우려가 있는 행위

02 물류경영

21 4차 산업혁명 시대의 물류와 환경변화에 대한 설명으로 가장 옳지 않은 것은?

① 사물인터넷, 플랫폼, 블록체인 등 각종 고도화된 디지털 기술이 적용되어 통합적 물류관리 효율성이 높아졌다.
② 규제완화나 제도 개선 가속화를 통해 물류발전이 이루어지고 있다.
③ 일부 유통업체들이 서비스차별화를 위해 라스트마일 서비스를 제공하게 되었다.
④ 공급사슬관리(SCM)에서는 물류활동 주체 간의 경쟁을 통해 물류개별화 전략을 추진하고 물류정보를 독자적으로 관리하고 있다.
⑤ 수요의 변동과 불확실성이 증대되어 빠르고 유연한 서비스 경쟁력 확보가 필수적인 상황이다.

> 공급사슬관리(SCM)는 기업 내부뿐 아니라 연결업체(예 공급업체, 제조업체, 유통업체, 창고업체)를 하나의 연결된 체인으로 간주하여 협력과 정보교환을 통해 상호이익을 추구하는 관리체계이다. SCM은 유통공급망(예 제조, 유통, 물류)에 참여하는 전 기업들의 협력으로 양질의 상품 및 서비스를 소비자에게 전달하고 소비자는 극대의 만족과 효용을 얻는 것을 목적으로 한다.

22 물류비 관리요건 설명으로 옳지 않은 것은?

① 이용 목적이 명확할 것
② 원인 규명이 용이할 것
③ 시계열 데이터로서 계속성이 있을 것
④ 물류비용의 내용이 복잡하고 처리가 어려울 것
⑤ 데이터의 수집이 쉽고 이것을 일상화(routine)할 수 있을 것

> 물류비 관리요건
> • 원인 규명이 쉽고, 이용 목적이 명확해야 한다.
> • 데이터의 수집이 쉽고, 이 데이터를 일상화할 수 있어야 한다.
> • 시계열 데이터로서 계속성이 있어야 한다.
> • 물류비용의 내용이 간단하고 처리가 쉬워야 한다.

23 아래 글상자에서 효율적 물류관리가 국민경제에 기여하는 효과로 옳은 것을 모두 고르면?

> ㉠ 원활한 유통으로 지역 간 균형 발전
> ㉡ 각종 상품의 품질유지 및 서비스의 향상
> ㉢ 자원의 낭비방지 및 불필요한 사용 저지
> ㉣ 도시교통의 체증 완화를 통한 생활환경 개선
> ㉤ 유통효율 향상 및 유통비 절감을 통한 기업의 체질 강화

① ㉠, ㉡
② ㉠, ㉢
③ ㉡, ㉢, ㉣
④ ㉢, ㉣, ㉤
⑤ ㉠, ㉡, ㉢, ㉣, ㉤

해설 국민경제적 관점에서의 효율적 물류관리
- 원활한 유통으로 지역 간 균형 발전을 이룩한다.
- 자원의 낭비를 방지하고 불필요한 자원 사용을 저지시킨다.
- 각종 상품의 품질을 유지하고 서비스를 향상시킨다.
- 도시교통의 체증 완화를 통한 생활환경을 개선시킨다.
- 유통효율의 향상을 통한 유통비 절감으로 기업의 경쟁력을 높여 체질을 강화시킨다.

24 아래 글상자의 물류비 단계별 관리 순서를 바르게 나열한 것은?

> ㉠ 매출액과 대비시켜 물류비의 규모를 파악한다.
> ㉡ 물류예산관리단계로 물류비 차이를 분석한다.
> ㉢ 관리회계와 재무회계를 연계시킨 비용시뮬레이션을 실시하고 물류관리회계를 확립한다.
> ㉣ 물류비의 기준치 또는 표준치를 설정하여 물류예산과 그 관리에 객관적 타당성을 부여한다.

① ㉠ - ㉡ - ㉢ - ㉣
② ㉠ - ㉡ - ㉣ - ㉢
③ ㉡ - ㉠ - ㉣ - ㉢
④ ㉡ - ㉣ - ㉢ - ㉠
⑤ ㉢ - ㉣ - ㉡ - ㉠

해설 물류의 단계별 관리 순서
물류비의 규모 파악 → 물류비의 차이 분석 → 물류비의 표준치 설정 → 물류관리회계 확립

정답 21 ④ 22 ④ 23 ⑤ 24 ②

25 아래 글상자 자료는 A사의 세목별 물류비이다. 경비에 해당되는 내용만을 옳게 나열한 것을 모두 고르면?

┌───┐
│ ㉠ 재료비   ㉡ 임금   │
│ ㉢ 관리유지비   ㉣ 이자   │
│ ㉤ 감가상각비   ㉥ 공공서비스비   │
│ ㉦ 복리후생비   │
└───┘

① ㉡, ㉦
② ㉣, ㉤
③ ㉠, ㉢, ㉤
④ ㉢, ㉤, ㉥
⑤ ㉠, ㉡, ㉢, ㉣

 세목별 분류
- 재료비 : 물류와 관련된 재료의 소비에서 발생(예 포장이나 운송기능)
- 노무비 : 물류활동 수행을 위한 노동력 비용(예 운송, 보관, 포장, 하역 관리 등의 전반적인 기능과 조달, 사내, 판매 등의 전 영역)
- 경비 : 재료비, 노무비 이외에 물류활동과 관련된 제비용(예 물류관리, 회계 및 관리 등의 계정과목 전부)
- 이자 : 물류시설이나 재고자산에 대한 이자발생분(예 금리 또는 투자보수비)

26 하역비 부담조건 중 선적은 화주의 책임과 비용으로, 양륙은 선주의 책임과 비용으로 이루어지는 방식으로 옳은 것은?

① FI(Free In)
② FO(Free Out)
③ BT(Berth Term)
④ FIO(Free In & Out)
⑤ FIOST(Free In & Out, Stowed, Trimmed)

하역비 부담조건

구 분	하역비·항비 부담조건		선적비용	양륙비용
정기선	Berth/Liner Terms		선주 부담	선주 부담
부정기선	F조건	FI(Free In)	용선자 부담	선주 부담
		FO(Free Out)	선주 부담	용선자 부담
		FIO(Free In & Out)	용선자 부담	용선자 부담
		FIOST(Free In & Out, Stowed, Trimmed)	용선자 부담	용선자 부담
	Gross Term(Form)		선주 부담	선주 부담
	Net Term(Form)		용선자 부담	용선자 부담

27 복합운송의 특징에 대한 설명으로 옳지 않은 것은?

① 복합운송인이 화주의 문전운송계약을 체결한 경우에 화주에 대해 전 운송구간을 커버하는 복합운송 장을 발행한다.
② 여러 운송방법을 결합하여 인수하는 형태이기에 책임이 있는 구간별로 화주와 다수의 계약이 이루어지는 것이 특징이다.
③ 복합운송인은 복합운송 전체 운송구간에 대한 단일의 운임청구권을 가진다.
④ 복합운송에 있어서 위험부담의 분기점은 송화인이 물품을 내륙운송인에게 인도하는 시점이다.
⑤ 운송수단별로 각각 다른 법적 규제를 받기에 유의해야 한다.

 복합운송은 하나의 운송 계약으로 2가지 이상의 운송 방식을 이용해 화물을 목적지까지 운송하는 방식이다. 단일・통일책임체계이므로 운송계약의 체결자인 운송인이 전 운송 구간에 걸쳐 전적으로 책임을 부담한다.

28 사업부형 물류관리 조직에 대한 설명으로 가장 옳지 않은 것은?

① 라인과 스태프에 의해 각 사업부가 독립된 분권 조직 형태이다.
② 각 사업부가 하나의 회사와 같이 운영되며 결과에 책임을 진다.
③ 사업부의 채산이 우선시되기에 설비투자나 연구개발 등 전사적 관점에서의 경영효율이 낮아진다.
④ 물류전문가 육성이 어렵다.
⑤ 사업부에 일반스태프나 서비스스태프가 존재한다.

 사업부형 물류조직은 물류인재 육성에 매우 용이하다.

※ 사업부형 물류조직의 특징
- 라인과 스태프에 의해 각 사업부가 독립된 분권 조직 형태이다.
- 독립된 이익책임부서의 역할을 담당한다.
- 각 사업부 내에 라인과 스태프 부문이 동시에 존재한다.
- 각 사업부가 하나의 회사와 같이 운영되며 결과에 책임을 진다.
- 사업부의 채산이 우선시되기 때문에 전사적 관점에서의 경영효율이 낮아진다.
- 사업부에 일반스태프나 서비스스태프가 존재한다.

29 화주기업이 자사 물류부문을 분리, 독립시킨 분사경영의 한 형태인 물류자회사제도의 장점 중 자회사 입장에서의 장점에 대한 설명으로 가장 옳지 않은 것은?

① 경영책임이 커지는 동시에 명확해지기에 평가가 객관화되고 기업공헌도도 명료해진다.
② 물류요율이 명확해지고 객관화된다.
③ 자회사 독립적으로 물류정책 입안과 실시가 가능하다.
④ 물류 노동임금의 탄력성을 가진다.
⑤ 물류활동 전반에 자유도가 높아져 기업의 활성화가 가능하다.

> 물류 노동임금의 탄력성을 가지는 것은 모회사 입장에서의 장점이다.
> ※ 물류자회사 특징 중 자회사 입장에서의 장점
> • 자회사의 독립적 물류정책 입안 실시
> • 자회사 한도 내 설비 투자 가능
> • 독자적 인재 육성으로 종업원 사기 진작
> • 제약 조건 완화로 기업 활성화 가능
> • 물류요율 명확화와 객관화
> • 기업공헌도 명료화
> • 규모의 이익 실현
> • 자회자 독자시스템 구축 용이

30 아래 글상자의 괄호 안에 들어갈 부정기선 운임으로 가장 옳은 것은?

> ( )은(는) 선적하기로 계약했던 화물량보다 실제 선적량이 적은 경우 용선자(charterer)인 화주가 그 부족분에 대해서도 지불하는 운임을 말하며, 일반적으로 톤당 운임(freight per ton)으로 계약한다.

① Long Term Contract Freight
② Dead Freight
③ Lump Sum Freight
④ Daily Charter Rate
⑤ General Cargo Rate

해설 부정기선운임의 구분
- Spot 운임(Spot Rate) : 계약 직후 아주 짧은 기간 내에 선적이 개시될 수 있는 상황에서 지불되는 운임이다.
- 선물운임(Forward Rate) : 용선계약으로부터 실제 적재시기까지 오랜 기간이 있는 조건의 운임으로 선주와 화주는 장래 시황을 예측하여 결정하는 운임이다.
- 장기계약운임(Long Term Contract Freight) : 장기간 반복되는 항해에 의하여 화물을 운송하는 계약의 운임이다.
- 연속항해운임(Consecutive Voyage Rate) : 어떤 특정 항로를 반복적으로 연속하여 항해하는 경우에 약정된 연속 항해의 전부에 대하여 적용하는 운임이다.
- 부적운임(Dead Freight, 공적운임) : 화물의 실제 적재량이 계약량에 미달할 경우 그 부족분에 대해 지불하는 운임이다.
- 선복운임(Lump Sum Freight, 총괄운임) : 화물의 개수, 중량 혹은 용적과 관계없이 일항해(trip) 또는 본선의 선복(Ship's space)을 단위로 하여 포괄적으로 정해지는 운임이다.
- 일대용선운임(Daily Charter Freight) : 본선이 지정선적항에서 화물을 적재한 날로부터 기산하여 지정양륙항까지 운송한 후 화물인도 완료시점까지의 1일(24시간)당 용선요율을 정하여 부과하는 운임이다.

31 공급체인원가계산(SCC)과 관련된 관리기법으로 가장 거리가 먼 것은?

① DPP
② TCO
③ ABC
④ ECR
⑤ EPC

해설 공급체인원가계산(SCC)에 관련된 원가관리기법으로는 DPP(Direct Product Profitability ; 직접제품수익성), TCO(Total Cost of Ownership ; 소유전부원가), ABC(Activity-Based Costing ; 활동기준원가계산) 및 ECR(Efficient Consumer Response ; 효율적 고객대응)이 있다.

32 항공운송에 대한 설명으로 가장 옳지 않은 것은?

① ULD를 이용한 안전한 적재가 이뤄지고 통제된 공간에서 화물이 취급되기에 분실의 위험도가 낮다.
② 신속하고 정확한 화물추적정보를 제공한다.
③ 운송지역이나 운송시간의 제약이 없다.
④ 긴급수요품목이나 고가품목에 적합하다.
⑤ 중량 및 규격의 제한이 따른다.

해설 항공운송의 장·단점

장 점	단 점
• 신속한 운송	• 고가의 운송비용
• 시간이나 시기 일점(정시성)	• 중량 및 규격 제한
• 포장비 절감	• 운송 시간의 제약
• ULD를 이용한 안전한 적재(안정성)	• 운송 지역의 제약
• 분실의 위험이 적음	• 복합일관운송의 어려움
• 상품의 특성에 따른 운송	• 저가상품의 제한
• 신속·정확한 화물추적정보 제공	• 높은 에너지 소비량
• 긴급수요품목이나 고가품목에 적합	

33 아래 글상자에서 설명하는 IT 기술을 활용한 운송관리시스템으로 옳은 것은?

- 운송계획을 수립하고 크로스도킹을 지원하며 경로선정기능 등을 갖춘 시스템이다.
- 웹기반시스템으로 업무, 정보, 장비, 배송, 배차관리모듈로 구성되어 있다.

① 화물추적시스템
② 차량관제시스템
③ TMS
④ GIS
⑤ WMS

해설 TMS(Transportation Management System)
출하되는 화물의 양과 목적지(수·배송처)의 수 및 배차 가능한 차량을 이용한 가장 효율적인 배차방법, 운송차량의 선정, 운송비의 계산, 차량별운송실적 관리 등 화물자동차의 운영 및 관리를 위해 활용되는 수배송관리시스템

34 합리적인 하역활동을 위한 원칙으로 가장 옳은 것은?

① 작업의 횟수를 감소시키고 최소의 투자로 최소의 하역작업을 하며 하역작업의 톤·마일을 최대화한다.
② 운반활성지수를 최소화하여 안정을 유지한다.
③ 물품을 아래에서 위로 이동시키는 것보다 중력을 이용해 위에서 아래로 이동시키는 편이 용이하고 경제적이다.
④ 원활한 연계를 위해 화물을 개별화하는 것이 효과적이다.
⑤ 개개의 하역활동을 구분하여 독립성을 높이면 전체 효율성도 높아진다.

해설
화물을 중력의 법칙에 따라 위에서 아래로 움직이는 것이 용이하면서 운반코스트의 관점에서 경제적인 방법이다 (중력이용의 원칙).
① 하역작업의 횟수 감소, 하역과정 투자의 최소화, 하역작업의 톤·마일을 최소화하여야 한다(하역 경제성의 원칙).
② 운반활성지수를 최대화하여야 한다. 지표와 접점이 작을수록 활성지수는 높아진다(운반 활성화의 원칙).
④ 화물을 어느 일정 단위로 단위화하여야 한다. 즉, 유닛(Unit)화함으로써 화물의 손상, 감모, 분실 등의 방지와 하역작업의 효율화를 촉진할 수 있다(화물 단위화 원칙).
⑤ 개개의 하역활동을 유기체로서의 활동으로 간주하며, 종합적인 관점에서 시스템 전체의 균형을 염두에 두고 시너지 효과를 올린다(시스템화 원칙).

※ 하역합리화의 원칙
- 하역 경제성의 원칙 : 하역작업의 횟수 감소(0에 근접), 화물의 파손·오손·분실의 최소화, 중량 × 이동거리(ton/km)의 최소화, 하역 투자의 최소화 등을 목적으로 하는 원칙
- 이동거리(시간) 최소화의 원칙 : 이동량 × 이동거리(시간)의 값을 최소화하는 원칙
- 운반 활성화의 원칙 : 운반활성화지수의 최대화를 지향하는 것으로 관련 작업과 조합하여 전체적인 활성화를 능률적으로 운용하고자 하는 원칙
- 화물 단위화 원칙(Unit화 원칙) : 화물을 유닛화 하여 파렛트, 컨테이너와 조합함으로써 화물의 손상·파손·분실을 없애고 하역작업을 능률화 또는 합리화하는 원칙
- 기계화 원칙 : 인력작업을 기계화 작업으로 대체함으로써 효율성을 높이는 원칙
- 인터페이스(Interface)의 원칙 : 하역작업 공정 간의 계면 또는 접점을 원활히 하는 원칙으로 파렛트 단위로 반출시킨 화물을 인력에만 의존하지 않고 도크 레벨러 등을 사용하여 트럭에 싣는 것
- 중력이용의 원칙 : 힘은 위에서 아래로 움직이는 것이 경제적이라는 중력의 법칙에 따라 경사면을 이용한 플로우랙(Flow Rack) 등을 이용하는 것
- 시스템화 원칙 : 개개의 하역 활동을 유기체적인 활동으로 간주하는 원칙으로 종합적인 관점에서 보았을 때 시스템 전체의 균형을 고려하여 시너지를 올리는 것

35 소매상이 의사결정 시 고려하는 내용으로 옳지 않은 것은?

① 저마진, 고회전율로 최소한의 서비스를 제공하던 소매상은 각종 정보기술의 발달로 개인적 서비스를 강화하여 차별화를 추구하려는 변화가 나타나고 있다.
② 고급전문점이나 백화점처럼 고마진, 고회전율, 높은 수준의 개인서비스를 제공하는 경우에는 높은 고객만족도를 획득할 수 있다.
③ 취급상품의 다양성과 구색에 관한 의사결정과 관련해서는 납품업체와의 협력관계가 중요하다.
④ 편의품의 경우 브랜드 선호 정도가 낮고, 전문품의 경우 특정브랜드를 고집하는 정도가 높다.
⑤ 고객에 대한 서비스 변수를 차별적으로 적용하거나 지원할 수 있다.

> 해설 고급 전문점이나 백화점은 고객에게 차별화된 고급 서비스를 제공하는 대신, 높은 서비스에 따른 고비용을 고가격으로 흡수하려는 소매상을 말하고, 고가격이라 마진은 높으나 회전율은 낮아지게 된다.

36 창고의 종류에 대한 설명으로 가장 옳지 않은 것은?

① 영업창고는 타인의 물품을 위탁받아 창고에 넣고 보관하는 것을 업으로 한다.
② 자가창고, 보세창고, 공공창고는 운영형태에 의한 분류이다.
③ 내륙창고, 역창고, 터미널창고는 입지에 의한 분류이다.
④ 냉장창고, 위험물창고, 야적창고는 구조에 의한 분류이다.
⑤ 원료창고, 농업창고는 보관물품에 의한 분류이다.

> 해설 냉장창고, 위험물창고, 야적창고는 보관형태에 의한 분류에 속하며, 구조에 의한 분류에는 일반창고, 기계식 창고, 자동화 창고가 있다.

37. 효과적이고 효율적인 물류센터 정보시스템의 요건 설명으로 옳지 않은 것은?

① 재고의 정확 즉 실제재고와 이론재고가 일치해야 한다.
② 작업자의 시간당 피킹개수로 측정하였을 때 사람과 시간의 생산성이 높아야 한다.
③ 작업을 표준화하여 각 공정의 비용을 파악하고 물류비 전체를 절감할 수 있는 시스템이어야 한다.
④ 품절이나 결품 없이 재고 회전율을 향상시키면서 재고를 최대한 줄일 수 있는 보충시스템을 구축하여야 한다.
⑤ 피킹실수를 방지하는 피킹시스템과 검품시스템을 구축하여야 하나, 유통가공활동을 지원할 수 있는 시스템이어야 할 필요는 없다.

물류센터 정보시스템의 요건
- 중간에 작업이 중단되지 않게 작업을 표준화하여 각 공정의 비용을 파악하고 물류비 전체를 절감할 수 있는 시스템이어야 한다.
- 재고의 정확, 즉 실제재고와 장부(이론)재고가 일치해야 한다.
- 품절이나 결품 없이 재고 회전율을 향상시키고 재고를 최대한 줄일 수 있는 보충시스템을 구축해야 한다.
- 작업자의 시간당 피킹개수를 측정했을 때 사람과 시간의 생산성이 높아야 한다.
- 피킹실수를 방지하는 피킹시스템과 검품시스템을 구축하고, 나아가 유통가공활동을 지원할 수 있는 시스템이어야 한다.

38. 도매상을 상인 도매상과 수수료 도매상으로 구분할 때 상인 도매상에 대한 설명으로 옳은 것은?

① 제조업체와 소매상과의 거래를 연결시켜주고 판매 실적에 따른 수수료를 수취하는 도매상이다.
② 제조업체로부터 위탁을 받아 상품을 판매하는 농수산물 도매시장의 도매시장법인에 해당된다.
③ 제조업체를 대리하여 상품을 판매하며 제조업체의 상호를 걸고 판매활동을 수행한다.
④ 우리나라의 경우 온라인 쇼핑이 대표적인 상인도매상이다.
⑤ 특정 제조업체와 계약을 맺고 상품을 공급받아 판매하는 유형의 도매상으로 구입가와 판매가의 차이를 수입원으로 한다.

상인도매상
- 특정 제조업체와 계약을 맺고 상품을 공급받아 판매하는 가장 전형적인 도매상이다.
- 완전서비스 도매상과 한정서비스 도매상으로 나누어진다.
- 자신들이 취급하는 상품의 소유권을 보유한다.
- 제품의 파손 및 분실에 대한 모든 권한과 책임을 가진다.
- 제조업체 또는 소매상과 관련 없는 독립된 사업체이다.
- 구입가와 판매가의 차이를 수입원으로 하기 때문에 판매에 따른 이윤이 수익의 원천이 된다.

39 도소매 물류에서 고객서비스수준과 관련된 설명으로 옳지 않은 것은?

① 주문인도시간을 단축시키기 위해 재고를 충분히 보유하면 재고비용이 상승한다.
② 정시주문충족률을 높이기 위해 재고보유량을 높이면 재고비용이 상승한다.
③ 최소주문량을 낮출수록 운송비용이 감소하지만 고객 만족도도 낮아진다.
④ 주문의 편의성을 높이기 위해서는 주문처리시스템, 고객 정보시스템 등의 구축이 필요하다.
⑤ 사후서비스수준을 높이기 위해서는 주문처리현황정보, 서비스센터, 고객센터 등을 갖추어야 한다.

> 해설
> 최소주문량을 낮출수록 고객의 만족도는 높아지지만 다빈도 운송으로 인해 운송비용은 증가한다.

40 파렛트 풀(pallet pool)의 장점으로 옳지 않은 것은?

① 공파렛트의 관리불요
② 최소의 파렛트로 일관수송
③ 필요시 언제, 어디서나 이용가능
④ 표준파렛트를 사용하기 때문에 관리 불편
⑤ 전국적인 네트워크를 통해 1매 단위의 집배도 가능

> 해설
> 파렛트 풀(pallet pool)의 장점
> • 최소한의 파렛트로 업종・업계를 넘어서 일관수송 가능
> • 파렛트 필요시 언제, 어디서나 이용 가능
> • 최소한의 파렛트로 물동량 변동에 따른 팔레트 수요 조정 가능
> • 공파렛트 관리가 불필요
> • 일관수송 후 공파렛트 회수문제를 해결하여 회송 불필요
> • 통일된 표준파렛트로 관리가 불필요
> • 전국적인 네트워크(Network)로 1매 단위의 집배도 가능
> • 고품질의 파렛트로 기업 이미지 향상

03 상권분석

41 특정 지역시장의 매력도는 IRS와 MEP를 통해 평가할 수 있지만 그 지역의 경제적 기반(economic base)도 같이 평가하는 것이 바람직하다. 다음 중 IRS와 MEP 이외에 지역의 경제적 기반으로 평가하는 주요 요인으로 가장 옳지 않은 것은?

① 향후 경제 활성화 정도
② 광고매체의 이용 가능성과 비용
③ 지역경제(시장)에 대한 정부의 법적 규제
④ 지역정부기관의 지역경제 활성화 노력
⑤ 기존 점포들에 의한 시장 포화도와 출점 시의 수익률

> 지역의 경제적 기반(economic base) 평가 요인
> • 향후 경제 활성화의 정도
> • 광고매체(신문, 잡지, 방송 등 미디어매체)의 비용과 이용 가능성
> • 근로자의 이용 가능성과 비용
> • 지역경제(시장)에 대한 정부의 법적 규제
> • 지역정부기관의 지역경제에 대한 활성화 노력

42 동일한 상권 안에서 서로 경쟁하는 점포들이 분산하는 대신 집중하는 입지전략을 채택하는 이유를 설명하는 이론으로서 가장 옳은 것은?

① 호텔링(H. Hotelling)의 최소차별화원리
② 넬슨(R. L. Nelson)의 용지경제성원칙
③ 허프(D. L. Huff)의 수정 상권분석모형
④ 크리스탈러(W. Christaller)의 중심지이론
⑤ 컨버스(P. D. Converse)의 분기점모형

> ② 넬슨(R. L. Nelson)의 용지경제성원칙은 넬슨의 8가지 입지평가방법 중 하나로 입지의 가격 및 비용 등으로 인한 수익성과 생산성의 정도에 관한 검토를 말한다.
> ③ 허프(D. L. Huff)의 수정 상권분석모형은 소비자가 어느 상업지에서 구매하는 확률은 '그 상업 집적의 매장면적에 비례하고 그곳에 도달하는 거리의 제곱에 반비례한다'는 것을 내용으로 한다.
> ④ 크리스탈러(W. Christaller)의 중심지이론은 한 지역 내의 생활거주지(취락)의 입지 및 수적 분포, 취락들 간의 거리관계와 같은 공간 구조를 중심지 개념에 의해 설명하려는 이론이다.
> ⑤ 컨버스(P. D. Converse)의 분기점모형은 흡인되는 구매력 정도가 동일하여 두 도시 사이의 거래가 분기되는 중간지점의 정확한 위치를 결정하기 위해서 레일리의 인력모델을 수정하여 거리-감소함수를 도출한 것이다.

43 상권의 개략적 범위를 파악하기 위해 활용하는 상권구획모형의 일종인 티센다각형(Thiessen Polygon) 모형과 관련된 설명으로 가장 옳지 않은 것은?

① 공간독점접근법에 기반한 모형이다.
② 다각형의 크기는 경쟁수준과 역의 관계를 가진다.
③ 점포의 매출액은 점포공간매출액비율법과 같은 방식으로 산출한다.
④ 소비자들이 가장 가까운 점포를 선택한다는 가정을 토대로 한다.
⑤ 점포들의 규모와 매력도에 차이가 있는 경우에 활용하기 적합하다.

> 티센다각형 기법은 소매점포들이 규모나 매력도가 유사할 때 소비자들이 점포를 선택할 때 가까운 점포를 선택한다는 가정을 하므로, 점포들의 규모와 매력도에 차이가 있는 경우에는 활용하기 어렵다.

44 상권분석 방법 중에서 소비자의 위치를 공간상에 표시하여 기존 점포의 상권범위를 확인하고자 할 때 주로 사용되는 방법은?

① 라일리(Reilly) 모델
② 고객 점표법(Customer spotting technique)
③ 허프(Huff) 모델
④ 컨버스(Converse) 모델
⑤ 크리스탈러(Christaller) 모델

> 고객 점표법(CST ; Customer Spotting Technique)
> • 설문이나 CRM을 통해 실제 점포이용고객의 주소지를 파악한 후 직접 도면에 표시하여 Quadrat Analysis를 실시한 후 대상지 인근의 토지이용현황, 지형, 지세 등을 고려하여 상권을 파악하는 기법이다.
> • 특정 매장에 상품구입을 위하여 내방한 고객을 무작위로 선택하여 각각의 거주지 위치와 구매행태 등의 정보를 획득한다.
> • CST는 2차 자료보다 1차 자료를 이용하는 경우에 정확도가 더 높다.

45 소매점포의 상권에 관한 설명으로 가장 옳지 않은 것은?

① 소매점포의 유형에 따라 경쟁이 상권 선택에 미치는 영향은 다르다.
② 공간적 계층성에 따라 개별 소매점포의 상권범위는 달라질 수 있다.
③ 소매점포의 상권은 점포의 경쟁력에 따라 달라진다.
④ 상품구색이 유사한 경쟁업체들의 밀집은 상권을 확대하기도 하지만 지나친 밀집은 상권 확대에 역효과를 가져올 수 있다.
⑤ 대형점포의 상권 범위 안에 간선도로와 같은 신규도로가 개설되면 점포를 중심으로 동심원 형태로 상권이 확대된다.

해설 현실에서 상권의 형태는 하천이나 산과 같은 자연조건이나 도로 대중교통 수단과 같은 교통체계 점포 규모와 유통업의 형태 등에 영향을 받기 때문에 동심원 형태가 될 수 없다. 경쟁점의 위치 및 영향권, 도로의 연계 상황, 중심방향 등을 감안한 더욱 현실적인 상권의 형태는 아메바형으로 나타난다.

46 상권분석 방법 중 애플바움(W. Applebaum)이 제안한 유추법에 대한 설명으로 가장 옳지 않은 것은?

① 유사점포의 상권분석을 통해 신규점포의 예상매출액을 추정한다.
② 소비자 면접이나 서베이 등을 통해 수집된 자료를 토대로 CST를 활용하여 유사점포의 상권을 파악한다.
③ 유사점포의 상권범위를 결정한 다음 기간별 매출실적 추이 분석이 가능한 회귀분석을 통해 예상 매출액을 추정한다.
④ 유사점포의 상권 구역별 매출액을 적용하여 신규점포의 매출액을 추정한다.
⑤ 유사점포는 점포 특성, 고객 특성, 경쟁 특성 등을 고려하여 선정한다.

해설 유추법(analog method)은 애플바움(W. Applebaum)이 제안한 것으로 소비자와의 면접이나 실사를 통하여 유사점포의 상권범위를 추정하는 방법이다. 유추법에서 상권규모는 자사점포를 이용하는 고객들의 거주지를 지도상에 표시한 후 자사점포를 중심으로 서로 다른 거리의 동심원을 그려 파악한다. 즉, CST(Customer Spotting Technique) Map 기법을 이용하여 상권의 규모를 측정한다.

47 아래 글상자의 내용은 Huff 모형에서 각 지역(zone)에서의 예상 매출액을 구하는 공식이다. 괄호 안에 들어갈 내용으로 옳은 것은?

> 각 지역 거주자의 ( ) × 그 지역의 인구수 × 1인당 지출액

① 가구당 소득
② 신규점포에서의 쇼핑확률
③ 점포까지의 거리
④ 특정지역에서의 구매빈도
⑤ 주거형태

해설 각 지역(zone)에서의 예상매출액 = 각 지역(zone) 거주자의 신규점포에서의 쇼핑확률 × 그 지역의 인구수 × 1인당 지출액

48 건축용지 중 획지에 관한 설명으로 가장 옳지 않은 것은?

① 획지는 가로 세로가 같은 정사각형 형태로 통일되어 건축용으로 구획정리를 할 때 단위가 되는 땅이다.
② 획지 중 2개 이상의 가로각에 해당하는 부분에 접하는 토지를 각지라 한다.
③ 각지는 일반적으로 일조와 통풍이 양호하고 출입이 편리하여 단위면적당 가격이 높다.
④ 각지는 접면하는 각의 수에 따라 2면각지, 3면각지 등으로 구분할 수 있다.
⑤ 순각지는 각지 중에서 같은 계통의 도로에 면한 각지를 말한다.

> 해설
> 획지란 건축용으로 구획정리를 할 때 단위가 되는 땅으로, 인위적·자연적·행정적 조건에 의해 다른 토지와 구별되는 가격수준이 비슷한 토지를 말한다.

49 Huff 모형이나 MNL 모형과 같은 확률적 상권분석 방법에서 이용하는 점포선택 등확률선(isoprobability contours)을 통해 파악할 수 있는 내용으로 볼 수 없는 것은?

① 유동인구의 발생원점과 흐름 확인
② 상권내부의 점포 간 상권잠식현상
③ 1차상권, 2차상권, 한계상권의 확인
④ 거리에 따른 점포선택확률 감소현상
⑤ 상권 내 소매점포들 간의 경쟁관계 확인

> 해설
> Huff모델의 점포선택 등확률선(isoprobability contours)
> • 점포선택 등확률선은 확률등고선으로 표현할 수도 있다.
> • 점포선택 등확률선 지도를 그리면 점포를 둘러싼 공간상 다양한 위치에서의 점포선택 확률계산이 가능하다.
> • 특정 점포를 중심으로 점포와의 거리가 멀어짐에 따라 소비자의 이용확률이 감소하는 현상을 공간적으로 표현한다.
> • 점포선택 등확률선 2개가 교차하는 2점포 무차별점은 2개 점포를 선택할 확률이 각각 0.5로 차이가 없는 지점을 의미한다.
> • 상권내부의 점포 간 상권잠식현상, 1차상권·2차상권·한계상권의 확인, 거리에 따른 점포선택확률 감소현상, 상권 내 소매점포들 간의 경쟁자 확인 등을 파악할 수 있다.

50 국토의 계획 및 이용에 관한 법률 시행령(약칭 : 국토계획법 시행령)(대통령령 제34774호, 2024.7.30., 일부개정)에서 정하고 있는 용도지역 안에서의 건폐율 최대한도가 가장 높은 것은?

① 전용상업지역
② 중심상업지역
③ 일반상업지역
④ 근린상업지역
⑤ 유통상업지역

해설 용도지역 안에서의 건폐율(국토계획법 시행령 제84조)

구 분	용도지역	건폐율 기준
도시지역	주거지역	• 제1종 전용주거지역 : 50퍼센트 이하 • 제2종 전용주거지역 : 50퍼센트 이하 • 제1종 일반주거지역 : 60퍼센트 이하 • 제2종 일반주거지역 : 60퍼센트 이하 • 제3종 일반주거지역 : 50퍼센트 이하 • 준주거지역 : 70퍼센트 이하
	상업지역	• 중심상업지역 : 90퍼센트 이하 • 일반상업지역 : 80퍼센트 이하 • 근린상업지역 : 70퍼센트 이하 • 유통상업지역 : 80퍼센트 이하
	공업지역	• 전용공업지역 : 70퍼센트 이하 • 일반공업지역 : 70퍼센트 이하 • 준공업지역 : 70퍼센트 이하
	녹지지역	• 보전녹지지역 : 20퍼센트 이하 • 생산녹지지역 : 20퍼센트 이하 • 자연녹지지역 : 20퍼센트 이하
관리지역		• 보전관리지역 : 20퍼센트 이하 • 생산관리지역 : 20퍼센트 이하 • 계획관리지역 : 40퍼센트 이하
농림지역		20퍼센트 이하
자연환경보전지역		20퍼센트 이하

51 매출과 밀접한 관련이 있는 입지영향인자인 가시성에 대한 설명으로 옳지 않은 것은?

① 가시성을 확보하기 위해서는 점포의 위치와 함께 간판의 위치와 형태도 중요하다.
② 가시성을 평가하기 위해서는 기점 즉 어디에서 보이는가를 고려해야 한다.
③ 차량의 속도가 빨라질수록 가시성은 좁아진다.
④ 차량으로부터의 가시범위는 도로의 외측(아웃커브)보다 내측(인커브)의 경우가 더 좋다.
⑤ 상권의 특성에 따라 차량으로부터의 가시성보다 도보 통행자의 가시성을 우선적으로 고려해야 하는 경우도 있다.

해설 차량으로부터의 가시범위는 도로의 내측(인커브)보다 외측(아웃커브)인 경우가 더 좋다.

52 아래의 글상자가 설명하는 입지의 매력도를 평가하는 원칙으로 가장 옳은 것은?

> 유사한 점포나 보충할 수 있는 점포들이 다수 모여 있어서 고객의 유인효과를 감소시키는 현상이 나타난다는 원칙

① 고객차단 원칙(principle of interception)
② 동반유인의 원칙(principle of cumulative attraction)
③ 보충가능성의 원칙(principle of compatibility)
④ 접근가능성의 원칙(principle of accessibility)
⑤ 점포밀집의 원칙(principle of congestion)

해설
점포밀집의 원칙(principle of congestion)은 지나치게 유사한 점포나 보충 가능한 점포는 밀집하면 매출액이 감소한다는 원칙이다.
① 고객차단 원칙(principle of interception) : 사무실밀집지역, 쇼핑지역 등은 고객이 특정지역에서 타 지역으로 이동 시 점포를 방문하게 한다.
② 동반유인의 원칙(principle of cumulative attraction) : 유사하거나 보충적인 소매업은 흩어진 것보다 군집할 때 더 큰 유인잠재력을 갖게 된다.
③ 보충가능성의 원칙(principle of compatibility) : 두 개의 사업이 고객을 서로 교환할 수 있을 정도로 인접한 지역에 위치하면 매출액이 높아진다.
④ 접근가능성의 원칙(principle of accessibility) : 지리적으로 인접하거나 또는 교통이 편리하면 매출을 증대시킨다.

53 소매점이 일정한 지역 안에 집중적으로 출점하는 다점포화를 추구하는 이유로 가장 옳지 않은 것은?

① 물류 효율화
② 광고비 절감
③ 자기잠식 약화
④ 시장점유율 증가
⑤ 점포관리 효율성 증가

해설
다점포화를 추구할 경우 한 지역 내에 동일한 제품을 판매하는 점포가 많아져 개별점포에서는 판매량이 감소(매출의 자기잠식)할 수 있다.

54 업종 선정과 관련된 설명으로 가장 옳지 않은 것은?

① 아파트단지 내 상가의 경우 이질 업종이 결합하는 것이 바람직하다.
② 편의품은 상권의 범위가 좁고 동종 업종 간 경합이 심하다.
③ 선매품의 경우 동일 업종이 집단적으로 몰려있을 경우 고객흡인력이 커지게 된다.
④ 역세권 상가에는 동일 업종이 결합하는 것이 일반적이다.
⑤ 대로변 상가에는 이질 업종이 거리를 따라 분포하는 것이 바람직하다.

> 역세권 상가에 동일·유사 업종 점포들이 결합할 경우 수익성이 악화되므로 바람직하지 않다. 역세권 상가는 역의 규모, 주변지역의 개발상황, 다른 교통수단과의 연계성 등 다양한 변수에 의해 상권의 범위가 달라지고 외부 지역 인구의 유동성이 많아 소비자의 니즈가 다양하다.

55 중심지체계에 의해 입지유형을 구분할 때 도심상권의 특징으로 가장 옳지 않은 것은?

① 도심입지에서 도심은 보통 도시의 중심부를 의미하며 상업과 업무기능이 가장 잘 발달된 지역이다.
② 도심입지는 도시의 핵심적 역할을 수행하는 중심업무지구(CBD)를 포함한다.
③ 내륙도시인 경우에는 대부분의 경우 도심상권이 교통의 결절점에 입지하게 되며 그로부터 사방으로 확산되어 가는 경향이 있다.
④ 도심에 입지하는 점포들은 부도심상권이나 근린상권에 입지하는 점포들에 비해 상대적으로 넓은 범위의 상권을 가진다.
⑤ 부도심지역이나 근린지역에 비해 도심지역은 상대적으로 많은 유동인구와 거주인구를 가진다.

> 도심지역은 최근에 부도심과 외곽도심의 급격한 발달, 중상류층의 거주지 이전, 교통체증 등의 원인으로 과거에 비해 고객 흡인력이 떨어진다.

56 다양한 목적의 상권분석에 활용 가능성이 높은 Huff 모형과 MNL 모형에 대한 설명 중 옳지 않은 것은?

① Huff 모형과 MNL 모형은 상권분석 기법 중에서 확률적 모형으로 분류할 수 있다.
② MNL 모형은 소비자의 개인별 구매행동 데이터를 활용하여 민감도계수를 계산한다.
③ MNL 모형과 달리 Huff 모형은 점포의 이미지, 가격 수준 등 다양한 영향변수를 반영할 수 있다.
④ Huff 모형과 MNL 모형 모두 상권분석을 실행할 때마다 변수의 민감도계수를 추정하는 절차를 거치게 된다.
⑤ Huff 모형과 MNL 모형은 조사과정에서 상권을 소규모의 세부지역(zone)으로 나누는 절차를 거친다.

> **해설** MNL(Multinomial Logit) 모형을 활용한 상권조사
> • Luce의 선택공리를 기초로 하며 확률적 선택모델의 한 형태로 볼 수 있다.
> • 소비자의 점포선택은 각 대안의 효용에 대한 평가에 의해 확률적으로 결정된다고 본다.
> • MNL 모형에서 오차항(Error Term)은 조사자가 알 수 없는 소비자 개개인의 특성에 의한 불확실한 부분을 의미한다.
> • MNL 모형은 신규점포의 개설뿐만 아니라 기존 점포의 폐점, 증축, 위치변경 등의 영향을 예측할 수 있다.
> • MNL 모형은 점포이미지와 입지특성을 반영하여 상권을 분석할 수 있다.
> • MNL 모형은 집단 데이터보다는 개인별 데이터를 사용한다.

57 건물을 신축하여 유통산업발전법(법률 제19117호, 2022.12.27., 타법개정)에서 정하는 '대규모점포'를 개설하려고 한다. 해당 법령에 따라 다음 인·허가 관련 업무의 이행이 필요하다고 할 때, 그에 대한 설명으로 가장 옳지 않은 것은?

① 교통영향평가는 사업실시계획 수립 전에 실시한다.
② 사업실시계획은 건축허가 신청 전에 수립한다.
③ 개설등록은 건축사용 승인 후에야 가능하다.
④ 상권영향평가는 대규모점포 개설등록 전에 실시한다.
⑤ 대규모점포 개설은 영업 개시 전에 등록한다.

> **해설** 건축물을 신축하여 대규모점포를 개설하려는 경우 건축허가 후 완공 전(사용승인 전)이라도 「유통산업발전법」 제8조 및 같은 법 시행규칙 제5조에 따라 대규모점포의 개설등록을 할 수 있다.
> ※ 대규모점포등의 개설등록(유통산업발전법 제8조 제1항)
> 　대규모점포를 개설하려는 자는 영업을 시작하기 전에 산업통상자원부령으로 정하는 바(시행규칙 제5조)에 따라 상권영향평가서 및 지역협력계획서를 첨부하여 특별자치시장·시장·군수·구청장에게 등록하여야 한다. 등록한 내용을 변경하려는 경우에도 또한 같다.

58 쇼핑센터를 구성하는 공간구성요소에 대한 설명으로 옳지 않은 것은?

① 구역(district) - 공간과 공간을 분리하여 영역성을 부여한다.
② 파사드(facade) - 사람들이 참고로 하는 물리적 대상으로 길을 찾기 위한 방향성을 제공한다.
③ 선큰(sunken) - 지하공간으로의 자연광 공급으로 쾌적성을 높인다.
④ 보이드(void) - 층과 층 간에 오픈공간을 두어 층 간의 심리적 간격을 완화시키는 작용을 한다.
⑤ 에지(edge) - 경계선이며 가장자리로 건물에서 꺾이는 부분에 해당된다.

> 해설
> 길을 찾기 위한 방향성을 제공하는 것은 지표(Landmark)이다. 파사드(facade)는 건물의 출입구로 이용되는 정면 외벽 부분으로 건물의 첫인상을 결정짓는 중요한 요소이다.

59 입점업체들 사이의 업종연관성을 의미하는 업종친화력이 가장 낮은 상가로서 옳은 것은?

① 대학가 상가
② 사무실 밀집지역 상가
③ 학원가 밀집지역 상가
④ 대형평형 아파트 단지상가
⑤ 부도심의 지하철 역세권 상가

> 해설
> 부도심 역세권 상가는 오락·유흥업, 의류업, 음식업, 판매업, 서비스업 등 업종분포가 상권마다 독특한 특징이 있고 특성이 다르기 때문에 업종친화력이 매우 낮다.
>
> ※ 업종친화력
> 소매단지의 업종친화력은 입점한 소매점들의 업종 연관성을 의미한다. 업종친화력이 높으면 누적유인의 효과가 커지는 반면, 차별화에 실패하면 인근점포들과 극심한 경쟁을 벌여야 한다. 따라서 점포입지를 선정할 때는 상업단지의 업종친화력을 고려해야 한다.

60 "주상복합건물", "15분 도시" 등 관심이 높아지고 있는 복합용도개발(MXDs ; mixed-use developments) 입지의 특징으로서 가장 옳지 않은 것은?

① 도시공간의 일일 활용시간의 연장
② 주거 유형의 다양한 선택지 제공
③ 자동차에 대한 의존도 감소
④ 해당 장소의 지역적 특색 창출
⑤ 공터, 녹지, 인프라 개발의 비계획성

> 해설
> 복합용도개발은 단위개발 프로젝트에 비해 관련 전문분야와의 협력이 필요하며, 전체 프로젝트의 규모, 형태, 밀도, 용도, 공정, 구성들 간의 상대적인 관계, 오픈스페이스, 인프라 등의 일관된 계획에 의해 이루어져야 한다.

04 유통마케팅

61 아래 글상자의 괄호 안에 들어갈 용어로 가장 옳은 것은?

- (㉠)은 일단 어떤 상품을 싸게 판매한 다음에, 그 상품에 필요한 소모품이나 부품 등을 비싼 가격에 판매하는 정책이다.
- (㉡)은 여러 가지 상품을 묶어서 판매하는 가격정책이다.

① ㉠ 캡티브 프로덕트 가격(captive product pricing)
  ㉡ 묶음가격(bundle pricing)
② ㉠ 캡티브 프로덕트 가격(captive product pricing)
  ㉡ 스키밍 가격(skimming pricing)
③ ㉠ 침투가격(penetration pricing)
  ㉡ 묶음가격(bundle pricing)
④ ㉠ 스키밍 가격(skimming pricing)
  ㉡ 묶음가격(bundle pricing)
⑤ ㉠ 침투가격(penetration pricing)
  ㉡ 스키밍 가격(skimming pricing)

- 캡티브 프로덕트 가격(captive product pricing) : 어떤 상품을 싸게 판매한 다음 그 상품에 필요한 소모품이나 부품 등을 비싼 가격에 판매함으로써 더 큰 이익을 거둘 수 있는 가격정책
- 묶음가격(bundle pricing) : 두 가지 이상의 상품을 결합해 개별적으로 구매할 때보다 낮은 가격으로 제공하는 가격정책
- 침투가격(penetration pricing) : 수요가 가격에 대하여 민감한 가격탄력성이 높은 신제품을 도입하는 초기에 저가격을 설정하여 신속하게 시장에 침투하고 시장을 확보하려는 가격정책
- 스키밍 가격(skimming pricing) : 초기에 고가정책을 취함으로써 높은 가격을 지불할 의사를 가진 소비자로부터 큰 이익을 흡수한 뒤 제품 시장의 확장에 따라 가격을 조정하려는 가격정책

62 효과적인 시장세분화의 요건 중 차별화 가능성(Differentiability)에 대한 설명으로 옳은 것은?

① 세분시장은 기업의 입장에서 접근이 용이해야 한다.
② 세분시장은 충분히 커서 이익을 얻을 수 있을 정도라야 한다.
③ 세분시장을 공략하기 위한 효과적인 마케팅 프로그램을 개발할 수 있어야 한다.
④ 세분시장의 규모 및 세분시장에 속한 소비자들의 구매력 등과 같은 세분시장의 특성들이 측정가능해야 한다.
⑤ 세분시장들이 개념적으로 구분될 수 있어야 할 뿐만 아니라 동일한 마케팅믹스 전략에 대한 세분시장들의 반응은 달라야 한다.

> 이질성(Differentiability, 차별성)
> 특정한 마케팅 믹스에 대한 반응이나 세분화 근거에 있어서 세분시장 내의 구성원은 동질성을 보여야 하고, 다른 세분시장의 구성원과는 이질성을 보여야 한다.

63 아래 글상자의 사례가 제시하는 커뮤니케이션 예산수립 방법으로 가장 옳은 것은?

> A점포는 자신들의 점포를 선호한다고 언급하는 고객의 비율을 12개월 동안 5%에서 10%로 증대시키기 위한 목적으로, 이미지 개선을 위한 TV 광고를 10회 실시하는 데 200,000,000원의 예산을 설정했다.

① 가용예산방법(affordable budgeting method)
② 매출비율방법(percentage of sales method)
③ 목표과업방법(objective and task method)
④ 한계분석방법(marginal analysis method)
⑤ 경쟁동가방법(competitive parity method)

> 목표과업방법(objective and task method)은 광고 목표를 설정하고 설정한 목표를 달성하기 위한 과업을 결정한 후 그 과업에 필요한 광고비들의 합을 예산으로 책정하는 방법이다.
> ① 가용예산방법(affordable budgeting method) : 운영비용과 이익을 산출한 후에 사용 가능한 금액이 얼마인지에 따라 예산을 설정하는 방법이다.
> ② 매출비율방법(percentage of sales method) : 매출의 일정 비율을 예산으로 설정하는 것으로 사용이 편리하나 장기적 계획이 어렵다.
> ④ 한계분석방법(marginal analysis method) : 어떤 행위나 선택으로 인해 발생하는 이익이나 비용이 얼마나 증가 또는 감소하는지를 파악하기 위한 분석 방법이다.
> ⑤ 경쟁동가방법(competitive parity method) : 경쟁사의 지출수준을 고려하여 결정하는 방법으로, 산업 평균에 근거한 예산 설정이다.

정답 61 ① 62 ⑤ 63 ③

64 아래 글상자의 괄호 안에 들어갈 용어를 순서대로 옳게 나열한 것은?

- 규모의 경제에 의한 혜택을 얻기 위해서는 광범위한 유형의 사람들을 대상으로 하는 (㉠)을 선택한다.
- 서로 다른 제품을 개별 시장에 제공함으로써 서로 상이한 욕구를 가진 여러 고객집단을 만족시키고자 한다면 (㉡)을 선택한다.
- 마케팅 자원이 많지 않은 소규모 기업이라면 단일 세분시장을 대상으로 하나 이상의 제품을 제공하는 (㉢)을 고려해야 한다.

① ㉠ 집중적 타깃 전략, ㉡ 비차별 타깃 전략, ㉢ 대량 맞춤화 전략
② ㉠ 비차별적 타깃 전략, ㉡ 맞춤 타깃 전략, ㉢ 차별적 타깃 전략
③ ㉠ 비차별적 타깃 전략, ㉡ 차별적 타깃 전략, ㉢ 집중적 타깃 전략
④ ㉠ 비차별적 타깃 전략, ㉡ 세분화 타깃 전략, ㉢ 집중적 타깃 전략
⑤ ㉠ 집단적 타깃 전략, ㉡ 니치 타깃 전략, ㉢ 세분화 타깃 전략

- 비차별적 마케팅 전략 : 세분시장 간 차이를 무시하고 전체 시장 혹은 가장 규모가 큰 대중시장을 표적으로 하나의 제공물을 제공하는 것이다.
- 차별적 마케팅 전략 : 여러 세분시장을 목표시장으로 선정하고, 각 세분시장 별로 서로 다른 시장제공물을 개발하는 전략이다.
- 집중적 마케팅 전략 : 큰 시장에서 작은 점유율을 추구하는 대신 하나 혹은 소수의 작은 세분시장 또는 틈새시장에서 높은 점유율을 추구하는 전략이다.

65 데이브 맥클루어(Dave McClure)가 제시한 고객생애주기관리를 위한 AARRR지표 중 활성화(Activation)에 해당하는 활동 및 노력에 대한 설명으로 가장 옳은 것은?

① 긍정적 사용경험을 제공하기 위해 핵심 콘텐츠 및 서비스를 최적화한다.
② 유입현황과 경로를 분석하여 집중 홍보채널을 파악한다.
③ 구매 고객 만족도 및 상품 경쟁력을 분석한다.
④ 양질의 고객 확보 및 개인화 서비스를 제공한다.
⑤ 추천이나 공유활동에 대한 리워드 방안을 수립한다.

해설 해적지표(AARRR)
- 개념 : 500 Startups 설립자 데이브 맥클루어(Dave McClure)가 제시한 그로스해킹 분석 기법이다.
- 구성요소

Acquisition (획득)	• 고객이 제품에 진입하는 단계 • 신규 방문자 수, 유입률 측정
Activation (활성화)	• 고객이 제품·서비스를 처음 경험하고, 이를 활성화하는 단계 • 긍정적 사용경험을 제공하기 위해 핵심 콘텐츠 및 서비스 최적화 • 세션당 페이지 수, 체류시간, 이탈률 등 측정
Retention (유지)	• 고객이 제품·서비스를 지속적으로 사용하는 단계 • 재방문율, 회원가입 수 등 측정
Revenue (수익)	• 고객이 제품·서비스를 이용하기 위해 결제하는 비용, 구독료, 광고 등을 통해 수익이 발생하는 단계 • 결제 완료한 고객의 수 및 결제액 등 측정
Referral (추천)	• 한 번 이상 제품·서비스를 사용한 기존 고객들이 새로운 고객을 추천하는 단계 • 추천을 받은 고객이 실제 유입되는지 등을 측정(공유·댓글 수, 바이럴 계수 등)

66 아래 글상자에서 설명하는 웹사이트의 디자인 요소로 가장 옳은 것은?

> 웹사이트에 있는 텍스트, 비디오, 오디오, 그래픽과 같은 정보 제시 형태를 포괄하는 모든 디지털정보를 의미한다. 웹사이트 방문자의 관심을 끄는 중요한 역할을 한다.

① 구성(context) ② 콘텐츠(content)
③ 고객맞춤(customization) ④ 연결성(connection)
⑤ 커뮤니케이션(communication)

해설 온라인 마케팅을 위한 웹사이트 설계요소
- 콘텐츠(content) : 인터넷을 통해 공간의 제약 없이 이용할 수 있는 디지털 형태의 텍스트·이미지·소리·동영상 등으로 제작된 모든 것을 포함한다.
- 커뮤니티(community) : 공통의 관심사나 환경을 가진 이들이 웹사이트상에서 소통하는 것으로 공통의 관심사라는 기준이 명확하기 때문에 고객경험을 향상시키고 구매자와 판매자 혹은 구매자와 구매자 사이에서 호의적인 관계를 만들어 낼 수 있지만 지나치게 주관적인 서술이 많아 질 낮은 정보에 질 높은 정보가 파묻히거나 유언비어가 확대 생산되는 부정적인 측면도 있다.
- 고객화(customization) : 사용자에게 차별화되고 맞춤화된 사이트를 제공하는 능력 또는 사용자 개인이 사이트를 자신에게 맞출 수 있도록 하는 기능을 말한다.

67 아래 글상자에서 제시하는 내용을 토대로 가장 효과적인 전환율(CVR)을 보인 마케팅 채널로 옳은 것은?

- 총 방문자 수 : 45,000명
- 이메일 마케팅을 통해 유입된 방문자 수 : 20,000명
- 인스타그램 마케팅을 통해 유입된 방문자 수 : 15,000명
- 구글 광고를 통해 유입된 방문자 수 : 10,000명
- 네이버 광고를 통해 유입된 방문자 수 : 30,000명
- 유튜브 광고를 통해 유입된 방문자 수 : 1,000명
- 이메일 마케팅을 통한 구매자 수 : 300명
- 인스타그램 마케팅을 통한 구매자 수 : 450명
- 구글 광고를 통한 구매자 수 : 250명

① 이메일
② 인스타그램
③ 구 글
④ 네이버
⑤ 유튜브

전환율(CVR)이란 얼마나 많은 사람들이 콘텐츠를 보고 행동을 '전환'하였는지를 측정하는 지표이므로 구매자 수 450명인 인스타그램 마케팅 채널이 가장 효과적인 전환율을 보였다.

※ 전환율(CVR ; Conversion Rate)
- 얼마나 많은 사람들이 콘텐츠를 보고 행동을 '전환'하였는지를 측정하는 지표이다.
- 구매나 회원가입, 다운로드, 링크 클릭 같이 마케터가 유인하는 '행동'으로 이어진 정도를 측정하는 데 사용된다.

68 커뮤니케이션을 통해 표적청중들로부터 원하는 반응을 얻기 위해서는 소비자들의 구매행동 단계를 잘 파악해야 한다. 촉진효과의 하이어라키 모형의 단계를 순차적으로 나열한 것으로 옳은 것은?

① 인지 - 호감 - 지식 - 확신 - 선호 - 구매
② 인지 - 호감 - 지식 - 선호 - 확신 - 구매
③ 인지 - 지식 - 호감 - 확신 - 선호 - 구매
④ 인지 - 지식 - 호감 - 선호 - 확신 - 구매
⑤ 인지 - 지식 - 호감 - 선호 - 구매 - 확신

촉진효과의 하이어라키 모형(hierarchy-effects model)의 단계
- 인지(Awareness) : 제품·회사를 인지하도록 하는 노력, 즉 상표나 회사명을 반복하는 단순 메시지를 제공하는 단계
- 지식(Knowledge) : 회사명이나 상표명이 아닌 해당 제품에 대한 지식을 심어주는 단계
- 호감(Liking) : 제품에 대한 비호의적인 평가의 개선과 호의적인 평가를 유지 및 제고하는 단계
- 선호(Preference) : 제품을 좋아하지만 타 제품에 비해 선호하지 않는 소비자의 선호도를 제고하는 단계
- 확신(Conviction) : 제품 구매가 좋은 결과를 가져다 줄 수 있다는 구매의 확신을 심어주는 단계
- 구매(Purchase) : 최종적으로 제품을 구매하는 단계

69 오프라인 플랫폼 비즈니스와 비교했을 때, 모바일 플랫폼 비즈니스의 차별적 특성으로 가장 옳지 않은 것은?

① 거래에 시간적, 공간적 제약이 없다.
② 광고 없이도 네트워크 효과를 통한 빠른 구전으로 인지도 및 선호도가 형성된다.
③ 콘텐츠만 거래될 수 있다는 한계를 가진다.
④ 사용자 데이터에 기반한 큐레이션 서비스를 통해 이용의 편리를 도모한다.
⑤ 편리하게 원하는 제품을 검색할 수 있는 검색엔진의 성능, 브랜드 파워 등이 중요하다.

> 모바일 서비스 플랫폼은 모바일 OS 플랫폼을 기반으로 애플리케이션 형태로 제공되고 있으며 메신저(커뮤니케이션), 미디어 & 콘텐츠, 라이프, 커머스, 클라우드 등 다양한 영역에서 서비스를 제공하고 있다. 콘텐츠뿐만 아니라 상품, 서비스도 거래될 수 있다.

70 아래 글상자에서 제시하는 방법을 통해 극복 가능한 서비스품질 갭(gap)으로 가장 옳은 것은?

- 엄격하고 반복적인 시장조사를 실시한다.
- 고객만족요인, 불평내용 분석 및 고객 패널조사 등을 포함한 효과적인 고객 피드백 시스템을 운영한다.
- 고객과 경영진 사이의 상호작용을 증대한다.
- 고객접점 직원과 경영진 사이의 커뮤니케이션을 촉진한다.

① 갭1 - 서비스 지식 갭(gap)
② 갭2 - 서비스 정책 갭(gap)
③ 갭3 - 서비스 전달 갭(gap)
④ 갭4 - 커뮤니케이션 갭(gap)
⑤ 갭5 - 서비스 지각 갭(gap)

> **Gap분석 모형**
>
> | | |
> |---|---|
> | 갭 1 (지식 갭) | • 고객의 기대와 경영자의 인식의 차이
• 해결 방안 : 시장조사의 시행, 상향적 커뮤니케이션 활성화, 관리층 축소, 효과적인 고객 피드백 시스템 운영, 고객과 경영진의 상호작용 증대 |
> | 갭 2 (기준 갭) | • 경영자의 인식과 서비스품질 명세서의 차이
• 해결 방안 : 최고경영자의 확신, 서비스품목 목표의 개발, 업무의 표준화, 고객기대의 실행가능성 인식 |
> | 갭 3 (전달 갭) | • 서비스품질 명세서와 실제 제공서비스의 차이
• 해결 방안 : 종업원 - 직무적합성 보장, 기술 - 직무적합성 보장, 종업원에게 인식된 통제권한 제공, 경영통제시스템 개발, 역할갈등 해소, 역할모호성 해소 |
> | 갭 4 (커뮤니케이션 갭) | • 실제 서비스 제공과 외부 커뮤니케이션의 차이
• 해결 방안 : 수평적 커뮤니케이션 증대, 과대약속의 유혹 거절 |
> | 갭 5(고객 갭) | 서비스 기대와 서비스 인식의 차이 |

71 소매업의 매입방식 중 규약매입에 대한 설명으로 옳은 것은?

① 수요가 일정하고 예측이 가능한 상품에 일반적으로 적용되는 매입방식이다.
② 소매업자가 요구하는 상품의 조건과 공급업자의 매입 조건이 상호 간 타결되면 협상대로 생산된 제품을 매입하는 방식이다.
③ 소매점이 매입 결정을 하기 전에 상품을 확인할 수 있도록 매입 및 소유권 이전을 연기할 수 있다.
④ 소매업자에게 납품된 상품의 소유권은 공급업자에게 있으며 재고상품은 공급업자에게 반품한다.
⑤ 소매업자가 판매가격에 대한 결정을 통제할 수 있으며 상품대금은 상품을 판매한 후에 지불한다.

> 매입 방식에는 일반매입(정기적 매입), 위탁매입(특정매입), 규약매입(약정매입), 인정매입(확인매입), 사양매입(명세매입), 선도매입(사전매입) 등이 있으며 이중 규약매입은 소매업자가 납품받은 상품의 소유권을 소유하여 판매가격에 관한 결정을 통제할 수 있으며, 일정 기간 판매되지 않은 상품은 다시 반품하거나 판매가 완료된 후에 대금을 지급하는 것을 조건으로 구매하는 방식을 말한다.
> ① 일반매입
> ② 사양매입
> ③ 인정매입
> ④ 위탁매입

72 서비스 품질관리의 전략적 시사점으로 가장 옳지 않은 것은?

① 서비스 품질은 서비스 생산성을 통해 기업 성과에 기여한다.
② 서비스 품질을 평가하는 주체는 직원이나 기업이 아니라 고객이다.
③ 서비스 품질은 직원과 고객 간 상호작용의 결과이다.
④ 서비스 생산과정에 고객은 참여하지 않는다.
⑤ 모든 직원들은 궁극적으로 서비스 품질 향상에 참여하고 있다고 볼 수 있다.

> 서비스 품질관리의 전략적 시사점
> • 서비스 품질은 기업 이익에 기여한다.
> • 서비스 품질은 서비스 생산성을 통해 기업 성과에 기여한다.
> • 서비스 품질은 고객이 평가하는 것이다
> • 서비스 품질은 직원과 고객 간의 상호작용이다.
> • 서비스 품질은 모든 임직원의 일이다.
> • 고객도 서비스 품질에 기여한다.
> • 모든 마케팅 활동을 서비스 품질관리와 조율해야 한다.

73 아래 글상자의 괄호 안에 들어갈 용어를 순서대로 옳게 나열한 것은?

> (㉠) = 일평균 판매 수량 × (리드타임 + 발주 주기) + (㉡)
> 발주량 = (㉠) − (현재 재고량 + 입고예정수량)

① ㉠ 발주 시점 수량, ㉡ 안전재고
② ㉠ 판매수량, ㉡ 안전재고
③ ㉠ 안전계수, ㉡ 안전재고
④ ㉠ 안전재고, ㉡ 발주 시점 수량
⑤ ㉠ 판매수량, ㉡ 판매량의 표준편차

해설 정기 발주 방식의 발주량 산출식
- 발주 시점 수량 = 하루 평균 판매 수량 × (리드타임 + 발주 주기) + 안전재고
- 발주량 = 발주 시점 수량 − (현재 재고량 + 입고예정수량)

74 재고총이익률(GMROI)을 구성하는 요인들에 대한 설명으로 옳지 않은 것은?

① 재고총이익률은 총이익을 평균 재고 금액으로 나눈 값이다.
② 총이익률은 총이익을 순매출로 나눈 값이다.
③ 재고회전율은 판매액을 평균 재고 금액으로 나눈 값이다.
④ 재고총이익률은 재고회전율과 총이익률의 곱으로 나타난다.
⑤ 재고대비 매출비율은 총이익을 평균재고회전율로 나눈 값이다.

해설 재고대비 매출비율은 순매출을 평균재고(원가)로 나눈 값이다.

정답 71 ⑤ 72 ④ 73 ① 74 ⑤

75 품절을 방지하기 위한 노력으로 가장 옳지 않은 것은?

① 진열수량을 매출에 비례하도록 적정화한다.
② 재고가 쌓이지 않게 입하시기를 최대한 늦춘다.
③ 진열대와 상품의 규격, 분류, 특징 등을 고려한다.
④ 회전율이 높은 상품을 빨리 파악할 수 있는 방법을 알아낸다.
⑤ 상품파손의 정도에 따라 상품가치를 측정하고 판매 처리방법을 정한다.

> 품절을 방지하기 위해 입하시기를 최대한 늦추는 것이 아니라 공급망, 재고 관리 관행, 수요 예측 방법의 취약점 등 재고 품절이 발생하는 원인을 먼저 파악한다.

76 사용자의 유입경로를 확인할 수 있는 온라인상의 데이터 분석 방법에 해당하는 것은?

① 히트수(hit number)
② 웹 트래킹(web tracking)
③ 클릭률(click through rate)
④ 체류시간(duration)
⑤ 트래픽(traffic)

> 웹 트래킹(web tracking)은 어떤 이용자가 특정 웹사이트 또는 웹페이지를 방문했을 때 그 이용 행위를 기록 및 저장하고 이를 분석하여 이용자에 대한 프로필 정보를 만들고, 이용자 프로필에 맞춰 적절한 광고 상품을 노출하는 데 쓰이는 데이터 분석 방법이다.
> ① 히트수(hit number) : 특정 웹 사이트에 있는 파일이 누리꾼에게 노출된 횟수를 말한다.
> ③ 클릭률(click through rate) : 링크나 광고가 표시된 횟수, 혹은 메일 발송 수 대비 클릭 수를 측정하는 지표이다.
> ④ 체류시간(duration) : 방문자가 사이트에 방문한 후 떠날 때까지의 시간을 말한다.
> ⑤ 트래픽(traffic) : 서버에 전송되는 모든 통신, 데이터의 양을 말한다.

77 시장세분화에 활용되는 고객특성변수와 고객행동변수 중 고객행동변수와 관련된 것을 모두 나열한 것으로 옳은 것은?

㉠ 추구편익	㉡ 상표 애호도
㉢ 고객생애가치	㉣ 인구통계적 변수

① ㉠, ㉡
② ㉡, ㉢
③ ㉠, ㉡, ㉢
④ ㉡, ㉢, ㉣
⑤ ㉠, ㉡, ㉢, ㉣

해설 인구통계적 변수는 고객 특성변수와 관련된 것이다.

※ 시장세분화 기준 변수
- 고객행동변수 : 추구편익, 사용상황, 사용량, 상표 애호도, 고객생애가치
- 고객특성변수 : 인구통계적 변수, 심리분석적 변수(라이프스타일)

78 재고관리에 대한 설명으로 옳지 않은 것은?

① 재고관리자는 고객의 수요에 대비하여 최소의 재고비용으로 적정량의 재고를 유지해야 한다.
② 재고비용은 크게 재고유지비용, 재고주문비용, 재고부족비용으로 구성된다.
③ 재고관리자의 주요 업무는 재고비용을 고려하여 재주문량, 재주문시기, 안전재고량 등을 결정하는 것이다.
④ 주문의 발주로부터 인도까지의 리드타임은 며칠에서 몇 주까지 걸리는 것이 일반적이다.
⑤ 완전한 수요예측은 불가능하므로 안전재고를 유지하기 위한 수요의 변동은 크게 고려하지 않아도 된다.

해설 재고관리에서 완전한 수요예측은 불가능하기 때문에 수요 변동을 고려하여 안전재고를 유지하여야 한다.

79 단품 관리(unit control)에 대한 설명으로 옳지 않은 것은?

① 고객의 니즈에 맞는 인기상품을 구분하여 상품구성 개선작업이 가능하다.
② 판매실적에 따라 적정 매장면적을 관리함으로써 매장 효율성이 향상된다.
③ 상품이 개별적으로 관리되므로 과다재고를 방지하고 적정재고 유지가 가능하다.
④ 매출에 대한 단품별 매출액 기여도를 파악할 수 있으므로 책임소재가 명확해진다.
⑤ 최중점 단품을 선정하여 관리 노력을 집중함으로써 관리효과를 높일 수 있다.

> 단품 관리(unit control)는 제품을 더 이상 분류할 수 없는 최소 단위로 분류해서 관리하는 방식으로 이를 통해 인기상품과 재고비용이 발생하는 비인기상품을 구분해 나갈 수 있다. 단품관리는 특정 품목에만 집중하는 방식이 아니라, 전체 품목을 데이터 기반으로 고르게 분석하고 관리해야 한다.
>
> ※ 단품 관리(unit control)의 효과
> • 매장효율 향상
> • 과다 입고 감소
> • 품절 감소
> • 매장의 적정규모 파악 가능
> • 부문별 진열면적 조정 가능
> • 중점 상품의 관리 용이
> • 책임소재 명확
> • 노동생산성 향상
> • 경상이익 증가
> • 영업력 증가

80 상품믹스에 대한 설명으로 가장 옳지 않은 것은?

① 상품믹스는 유통업체에서 판매되는 상품계열과 아이템 등 모든 상품의 집합을 의미한다.
② 상품믹스 깊이(depth)는 소매점의 동일 상품계열 내 이용가능한 대체품목의 숫자를 의미한다.
③ 상품계열(line)은 소매점에서 취급하는 상품군의 다양성을 의미한다.
④ 상품믹스 일관성(consistency)은 가격, 사이즈 등의 속성에 따라 확실하게 구분되는 단위상품이다.
⑤ 상품믹스 폭(width)은 소매점에서 취급하는 상품계열의 다양성을 의미한다.

> 가격, 사이즈 등의 속성에 따라 확실하게 구분되는 단위상품은 상품품목(item)이다. 상품믹스 일관성(consistency)은 제품 라인들이 서로 얼마나 밀접하게 관련되어 있는지를 의미한다.

05 유통정보

81 마이클 포터(Michael Porter)의 가치사슬 모델에서 주활동을 지원하는 보조활동에 해당되는 것으로 가장 옳은 것은?

① 고객 서비스
② 외부 물류
③ 판매 및 마케팅
④ 내부 물류
⑤ 인적자원관리

> **해설** 마이클 포터의 가치창출활동의 구분
> - 주활동 : 제품의 생산, 운송, 마케팅, 영업, 판매, 물류, 서비스 등과 같은 현장 업무 활동으로 부가가치를 직접 창출하는 부문이다.
> - 보조활동 : 구매, 기술개발, 경영혁신, 인사, 기업하부구조(재무 · 기획), 전산정보, 회계 등 현장 활동을 지원하는 제반 업무로 부가가치가 창출되도록 간접적인 역할을 하는 부문이다.

82 다니엘 핑크(2012)에 의하면 개념과 감성이 강조되는 미래 정보사회에서는 하이테크 능력을 바탕으로 한 하이컨셉과 하이터치 재능을 요구하고 있는데, 이 두 가지 재능을 장려하고 개발하기 위해 갖추어야 할 조건으로 가장 옳지 않은 것은?

① 업무적으로나 일상생활면에서 지나친 진지함보다는 마음의 여유를 즐길 수 있는 유희가 필요하다.
② 단순한 주장을 넘어서 설득, 의사소통, 자기이해 등 훌륭한 스토리를 만들어내는 능력을 겸비해야 한다.
③ 평범한 일상에서 목적의식, 초월적인 가치, 정신적인 만족감 등 목표와 의미를 부여하는 능력이 필요하다.
④ 큰 그림을 볼 수 있고 새로운 전체를 구성하기 위해 이질적인 조각들을 서로 결합 또는 융합해내는 능력을 겸비해야 한다.
⑤ 다른 동료들의 마음을 이해하고, 유대를 강화하며 다른 이를 배려하는 정신, 즉 공감하는 능력보다는 논리적인 사고능력이 필요하다.

해설 | 하이컨셉·하이터치 시대에 필요한 인재 요소(Daniel H. Pink)

디자인(Design)	기능만으로는 안 되며 디자인으로 승부한다.
스토리(Story)	• 단순한 주장만으로는 안 되며, 스토리를 겸비한다. • 단순한 주장을 넘어서 설득, 의사소통, 자기이해 등 훌륭한 스토리를 만들어내는 능력을 겸비해야 한다.
조화(Symphony)	• 집중만으로는 안 되며, 조화를 이루어야 한다. • 큰 그림을 볼 수 있고 새로운 전체를 구성하기 위해 이질적인 조각들을 서로 결합 또는 융합해내는 능력을 겸비해야 한다.
공감(Empathy)	• 논리만으로는 안 되며, 공감이 필요하다. • 다른 동료들의 마음을 상하게 하는 것이 무엇인지 이해하고, 유대를 강화하며, 다른 이를 배려하는 정신을 갖춰야 한다.
놀이(Play)	• 진지한 것만으로는 안 되며, 놀이가 필요하다. • 업무적으로나 일상생활면에서 지나친 진지함보다는 마음의 여유를 즐길 수 있는 유희가 필요하다.
의미(Meaning)	• 물질의 축적만으로는 부족하며, 의미를 찾아야 한다. • 평범한 일상에서 목적의식, 초월적인 가치, 정신적인 만족감 등 목표와 의미를 부여하는 능력이 필요하다.

83 유통 빅데이터에 대한 설명으로 가장 옳은 것은?

① 과거에는 비정형 데이터 활용을 강조하였는데, 최근들어 정형 데이터의 활용의 중요성이 높아지고 있다.
② 빅데이터의 폭증으로 인해 비정상적인 이상치 데이터의 증가로, 빅데이터 분석자료의 활용 가치가 떨어지고 있다.
③ 대표적인 정형 데이터에는 텍스트, 오디오, 동영상 등이 있다.
④ 빅데이터 등장 초기에 기존 데이터와 다른 3대 특징으로 규모(Volume), 유형(Variety), 속도(Velocity)를 꼽았다.
⑤ 인공지능기술 발전으로 빅데이터 분석을 통해 가치있는 정보 탐색이 어려워졌다.

 유통 빅데이터의 활용
• 기업에서 활용하는 유통 빅데이터는 텍스트, 오디오, 동영상, 문서 등 다양한 형태가 존재한다.
• 빅데이터는 등장 초기부터 크기(volume), 속도(velocity), 다양성(variety)이라는 측면에서 전통적 데이터와 구별되는 3대 특성으로 제시되어 왔으며 최근 신뢰성, 가치, 정확성, 휘발성 등의 특성이 추가되고 있다.
• 데이터 분석기술의 발달로 정형 데이터뿐만 아니라 비정형 데이터도 분석할 수 있게 되었다.
• 사물인터넷과 클라우드 컴퓨팅 등과 같은 첨단 기술의 발전은 빅데이터 활용 여건을 개선시켜 주었다.

84 4차 산업혁명 시대에 유통부문에서의 디지털 신기술 활용 특성으로 가장 옳지 않은 것은?

① 컴퓨터 처리 속도, 저장 용량, 에너지 효율성이 기하급수적으로 개선되었다.
② 동일한 디지털 상품에 대해 다수의 이용자가 동시에 구매 및 사용이 가능해졌다.
③ 디지털 상품은 생산에 따른 한계 비용이 점점 더 증가하게 되었다.
④ 기업의 디지털 기술을 활용하는 비즈니스에 있어서 승자독식의 강화 현상이 나타났다.
⑤ 플랫폼 기반의 기업과 기업 간 네트워크가 중요해졌다.

> 디지털 상품은 기술적으로 디지털화되어 변환가능성이 높고 업그레이드가 용이하므로 이를 변형하거나 유사한 상품을 개발하는 작업은 매우 적은 비용으로도 가능하다. 따라서 디지털 상품은 복제생산의 한계비용이 0이고 추가적인 변형에 따른 한계비용이 매우 적다.

85 아래 글상자에서 설명하는 용어로 가장 옳은 것은?

> 온라인 기업이 보유하고 있는 고객정보와 자산을 기반으로 오프라인으로 사업 영역을 확대하면서 새로운 매출을 창출하는 비즈니스 플랫폼이다.

① C2C
② G4C
③ M2M
④ O2O
⑤ O4O

> **O4O(Online for Offline)**
> • '오프라인을 위한 온라인'의 의미로, 기업이 온라인을 통해 축적한 기술이나 데이터, 서비스를 상품조달, 큐레이션 등에 적용해 오프라인으로 사업을 확대하는 차세대 비즈니스 모델이다.
> • O2O가 단순히 온라인과 오프라인을 연결하는 서비스에 그친다면, O4O는 오프라인에 더 중점을 두어 온라인에서의 노하우를 바탕으로 오프라인 사업을 운영하면서 시장 혁신을 주도한다는 차이가 있다.
> • O4O 기업은 온라인에서 확보한 데이터를 통해 전통적인 유통기업과 다른 차별화된 매장을 선보일 수 있다.
> • 스마트폰 앱을 설치해 입장하고 계산대에서 결제를 기다리는 대신 들고 나오기만 하면 되는 '아마존고'의 무인점포와 온라인 패션 쇼핑몰이나 온라인 서점이 온라인에서의 성공을 기반으로 오프라인 매장에 진출하는 것 등이 O4O의 대표적 사례이다.

86 아래 글상자에서 제시하고 있는 국제데이터관리협회의 데이터 품질 주요 기준 중 옳지 않은 것만을 나열한 것은?

> ㉠ 완전성(Completeness)은 기업이 보유하고 있는 데이터가 잠재적으로 100% 완벽한 것이다.
> ㉡ 유일성(Uniqueness)은 특정 대상이 두 줄 이상에 걸쳐 기록되어 있지 않은 것이다.
> ㉢ 적시성(Timeliness)은 요구하는 시점의 현실적인 적합도를 나타내고 있는 정도이다.
> ㉣ 정당성(Validity)은 데이터셋 내 또는 데이터셋 사이에서 일관된 정의에 따라 표현된 것을 의미한다.
> ㉤ 정확성(Accuracy)은 기술하고 있는 분야의 대상이나 이벤트를 정확히 나타내고 있는 정도를 의미한다.
> ㉥ 일관성(Consistency)은 정의되어 있는 구문규칙(포맷, 형태, 범위)이 올바른 것을 의미한다.

① ㉠, ㉡
② ㉡, ㉢
③ ㉡, ㉤
④ ㉢, ㉤
⑤ ㉣, ㉥

해설
㉣ 정당성(Validity)은 데이터 항목은 정해진 데이터 유효범위 및 도메인을 충족해야 한다.
㉥ 일관성(Consistency)은 데이터가 지켜야 할 구조, 값, 표현되는 형태가 일관되게 정의되고, 동일한 데이터 간에 불일치가 발생하지 않아야 한다.

87 고객관계관리시스템은 유통업체에서 보다 체계적인 고객 마케팅을 위해서 활용하고 있다. 고객관계관리시스템과 관련된 설명으로 가장 옳지 않은 것은?

① 다양한 고객데이터 분석을 통해서 교차판매와 상향판매 등과 같은 판매전략 수립에 도움을 제공한다.
② 분석을 위해 활용되는 데이터마이닝은 데이터로부터 기존에 인지하지 못한 새로운 패턴 등을 추출하는 데 활용되는 유용한 기술이다.
③ 고객관계관리를 위해 데이터웨어하우스를 구축해야 하며, 구축 대상 데이터는 데이터마트로부터 추출하여 구성한다.
④ 최근에는 인공지능과 같은 첨단 기술 기반의 고객관계관리를 통해서 마케팅, 서비스, 영업 등 다양한 영역에서 성과를 높이고 있다.
⑤ 고객관계관리를 위한 협업기능 구현은 여러 팀, 부서 및 내외부 이해관계자 간 정보공유로 모든 접점에서 고객에게 더 나은 서비스 제공을 가능하게 한다.

> 고객관계관리(CRM)는 이미 구축되어 운용되고 있는 데이터웨어하우스를 토대로 고객 정보 데이터를 추출하고, 컴퓨터를 이용하여 데이터마이닝을 통한 과학적인 고객세분화 및 특성 파악을 통해 분류된 고객에 대한 체계적인 캠페인을 수행한다.
>
> ※ 고객관계관리시스템
> - 고객관계관리시스템은 프런트 오피스 시스템(front office systems)으로 고객과의 상호작용을 강조한다.
> - 고객관계관리시스템의 핵심기능은 판매, 마케팅, 서비스이다.
> - 고객관계관리시스템은 데이터베이스에 대한 고객정보 분석을 통해 보다 효율적인 마케팅 전략을 제공해준다.
> - 고객관계관리시스템은 ERP시스템(Enterprise Resource Planning Systems)에 연동되어 고객관련 업무처리에 도움을 제공한다.
> - 다양한 고객데이터 분석을 통해서 교차판매와 상향판매 등과 같은 판매전략 수립에 도움을 제공한다.
> - 분석을 위해 활용되는 데이터마이닝은 데이터로부터 기존에 인지하지 못한 새로운 패턴 등을 추출하는 데 활용되는 유용한 기술이다.
> - 최근에는 인공지능과 같은 첨단 기술 기반의 고객관계관리를 통해서 마케팅, 서비스, 영업 등 다양한 영역에서 성과를 높이고 있다.
> - 고객관계관리를 위한 협업기능 구현은 여러 팀, 부서 및 내외부 이해관계자 간 정보공유로 모든 접점에서 고객에게 더 나은 서비스 제공을 가능하게 한다.

88 오늘날 유통업체에서는 고객정보분석을 위해서 RFM 분석을 수행하고 있다. 아래 글상자에서 RFM 분석에 대한 특성을 나열한 것으로 옳은 것은?

㉠ 최근 구매일 ㉡ 구매 빈도
㉢ 구매 금액 ㉣ 소비자 수입
㉤ 소비자 성별

---

① ㉠, ㉡, ㉢ ② ㉠, ㉢, ㉣
③ ㉠, ㉣, ㉤ ④ ㉡, ㉢, ㉤
⑤ ㉡, ㉣, ㉤

> RFM분석은 고객을 구매 최근성(Recency), 구매 빈도(Frequency), 구매 금액(Monetary)을 기준으로 분류하여, 초우량고객, 우량고객, 일반고객 등으로 등급화를 시도하는 기법을 말한다.

89 아래 글상자의 괄호 안에 공통적으로 들어갈 용어로 옳은 것은?

> 산업통상자원부는 포항 소재 11개 중소마트가 중소유통 (   ) 센터를 활용한 온라인 주문·배송 서비스를 2023년 8월 21일부터 개시했다고 밝혔다.
> ~ 중략 ~
> 동네마트를 중심으로 온라인 유통생태계 조성을 위해 '네이버스토어(주문)', '삼성카드(수수료우대)', '부릉(배달)' 등 여러 민간 전문기업과 협약을 맺고 (   ) 시스템과 서비스를 연계해 왔다. 소비자들이 네이버스토어를 통해 가까운 동네마트에서 상품을 주문하면, 동네마트는 (   ) 시스템을 통해 재고를 확인하고, 부릉을 통해 1시간 내 배송하게 된다.

① 풀필먼트
② 소셜커머스
③ 온디맨드
④ O2O
⑤ m-커머스

풀필먼트(fulfillment)란 물류일괄대행 서비스를 일컫는 용어로서, 물류를 수행하는 업체가 유통사 측의 판매상품의 입고, 분류, 재고관리, 품질관리, 배송 등 고객에게 도착하는 물류 전 과정을 일괄처리해주는 것을 말한다.
② 소셜커머스 : 소셜 미디어와 온라인 미디어를 활용하는 전자상거래
③ 온디맨드(On-demand) : 이용자의 요구에 따라 상품이나 서비스가 바로 제공되는 것
④ O2O : 온라인과 오프라인을 유기적으로 연결해 새로운 가치를 창출하는 서비스
⑤ m-커머스 : 스마트폰과 태블릿과 같은 무선 휴대 장치로 상품과 서비스를 구매하고 판매하는 것

90 최근 유통업체와 제조업체에서 사물인터넷 기술 활용이 증가하고 있다. 다음 중 사물인터넷 기술 발전단계에 대한 설명으로 가장 옳지 않은 것은?

① 사물인터넷 기술기능에 따라 단말형, 연결형, 지능형, 자율형으로 발전되고 있다.
② 사물인터넷 단말형 기술 단계에는 센서를 통해 데이터를 수집하고 분석하는 수준의 서비스가 제공되었다.
③ 사물인터넷 연결형 기술 단계에는 데이터처리 프레임워크를 이용한 머신러닝이 가능해졌다.
④ 사물인터넷 지능형 기술 단계에는 인공지능과 빅데이터 기술을 통해서 고도의 데이터 처리와 분석이 가능해졌다.
⑤ 사물인터넷 자율형 기술 단계에는 상황인지를 통한 자율 협업이 가능해졌다.

해설

데이터처리 프레임워크를 이용한 머신러닝이 가능해진 것은 사물인터넷 지능형 기술 단계이다. 사물인터넷 연결형 기술 단계는 사물이 인터넷에 연결되어 주변 환경을 센싱하고 그 결과를 전송, 원격에서 사물이 제어되는 단계로 연결 게이트웨이, 통신연결 메커니즘, 데이터 저장 및 관리 등이 제공되었다.

※ **사물인터넷(IoT) 개념 및 기술 발전 단계**
- 개념 : 사물이 다른 사물과 상호작용할 수 있는 것으로, 현실 세계의 사물들과 가상 세계를 네트워크로 상호 연결해 사람과 사물, 사물과 사물 간 언제 어디서나 서로 소통할 수 있도록 하는 기술
- 기술 발전 단계

단말형	센서를 통해 데이터를 수집하고 분석하는 수준의 서비스가 제공
연결형	• 사물이 인터넷에 연결되어 주변 환경을 센싱하고 그 결과를 전송, 원격에서 사물이 제어되는 단계 • 연결 게이트웨이, 통신연결 메커니즘, 데이터 저장 및 관리 등을 제공
지능형	• 사물이 센싱 및 전송한 데이터를 분석·예측하는 지능적 행위를 취할 수 있는 단계 • 데이터 처리 프레임 워크, 데이터 처리 엔진, 머신러닝, 빅데이터 분석 등 제공
자율형	• 사물 간 분산 협업 지능을 기반으로 상호 소통, 자율 의사 결정을 하고 물리 세계를 자율적으로 제어할 수 있는 단계 • 상황 인지 및 판단, 진화 학습, 자기 조직화, 상황인지 자율 협업 등을 제공

91 개인정보 유출을 알게 되었을 때 개인정보보호위원회 또는 한국인터넷진흥원에 유출신고를 해야 한다. 이와 관련된 사항으로 가장 옳지 않은 것은?

① 상거래기업 및 법인의 신고에 관한 사항은 「신용정보의 이용 및 보호에 관한 법률」 제39조의 4에 근거한다.
② 개인정보처리자는 민감정보, 고유식별정보가 유출 등이 된 경우에 신고해야 한다.
③ 개인정보처리자는 1천명 이상의 정보주체에 관한 개인 정보가 유출 등이 된 경우에 신고해야 한다.
④ 개인정보처리자의 정보기기에 대한 외부로부터의 불법적인 접근에 의해 개인정보가 유출 등이 된 경우에 신고해야 한다.
⑤ 상거래기업 및 법인은 10만명 이상 신용정보주체의 개인신용정보가 유출(누설)된 경우 신고해야 한다.

개인정보 유출신고

대 상	개인정보처리자	상거래기업 및 법인
신고기준	다음 어느 하나에 해당하는 경우에 신고하여야 한다. - 1천명 이상의 정보주체에 관한 개인정보가 유출 등이 된 경우 - 민감정보 또는 고유식별정보가 유출 등이 된 경우 - 개인정보처리시스템 또는 개인정보취급자가 개인정보 처리에 이용하는 정보기기에 대한 외부로부터의 불법적인 접근에 의해 개인정보가 유출 등이 된 경우	1만명 이상 신용정보주체의 개인신용정보가 유출(누설)된 경우
신고기한	72시간 이내	72시간 이내
신고내용	• 정보주체에의 통지 여부 • 유출 등이 된 개인정보의 항목과 규모 • 유출 등이 된 시점과 경위 • 유출 등에 따른 피해 최소화 대책·조치 및 결과 • 정보주체가 할 수 있는 피해 최소화 방법 및 구제절차 • 담당부서·담당자 및 연락처	• 신용정보주체에의 통지 여부 • 유출(누설)된 개인신용정보의 항목 및 규모 • 유출(누설)된 시점과 그 경위 • 유출(누설)피해 최소화 대책·조치 및 결과 • 신용정보주체가 할 수 있는 피해 최소화 방법 및 구제절차 • 담당부서·담당자 및 연락처
근거조항	「개인정보 보호법」 제34조	「신용정보의 이용 및 보호에 관한 법률」 제39조의4

92 유통정보시스템의 구축을 통해 얻을 수 있는 효과로 가장 옳지 않은 것은?

① 유통업체는 유통정보시스템에서 제공되는 정보를 통해 환경변화에 효과적인 대응방안을 마련할 수 있다.
② 유통정보시스템은 관행이나 자의적 판단에 의존한 주관적인 자료를 토대로 유통전략을 수립함으로써 타당성과 실행가능성을 높일 수 있다.
③ 유통정보시스템을 통해 업무를 수행함에 있어 자동화・전자화・기계화를 가능하게 함으로써 생산성을 크게 향상시킬 수 있으며, 소요인력과 시간을 대폭 절감할 수 있다.
④ 유통정보시스템을 통해 제조업체는 유통업체의 편의성과 생산성의 향상에 기여할 수 있고, 이는 만족도의 증가로 이어질 수 있으며, 이는 다시 지속적인 거래, 거래의 활성화 등을 통한 판매증진으로 이어질 수 있다.
⑤ 유통정보시스템은 컴퓨터를 기반으로 경로구성원 간의 정보의 공유를 보다 원활하게 이루어질 수 있도록 해줌으로써 이해의 부족에서 오는 경로구성원들 간의 불필요한 갈등을 감소시켜 줄 수 있다.

> 유통정보시스템은 관행이나 자의적 판단에 의존한 주관적인 자료를 토대로 유통전략을 수립할 경우 타당성과 실행가능성이 낮다. 유통정보시스템은 유통과정에서의 다양하고 객관적인 의사결정을 지원하기 위해 구축된 정보시스템이다.

93 기존 상품에 변화가 발생한 다음 상황 중에서 상품 식별코드가 신규 부여되지 않는 경우에 해당되는 것으로 가장 옳은 것은?

① 일반형 TV에 Wi-Fi 기능이 추가된 TV의 경우
② 식품 영양소 중 나트륨이 5%로 성분이 변경된 경우
③ 기존 원통용기 용량 150ml인 액상제품의 용기 높이가 10cm에서 9.5cm로 변경된 경우
④ 유기농 인증을 받아 포장에 인증마크를 추가한 경우
⑤ 상품 홍보를 위해 특정기간 동안 미니(1/10) 크기의 작은 용량의 제품을 묶음 판매하도록 한 경우

> 상품에 미미한 변화가 일어난 경우(포장디자인・색상 변화)에는 상품에 동일한 상품식별코드를 부여한다. 상품의 체적정보나 총중량의 변화의 경우 신규 상품코드를 부여하기 위해서는 20% 이상의 변화가 발생해야 한다.

94 아래 글상자의 사례가 설명하는 용어로 가장 옳은 것은?

- 직장인 F씨는 매월 급여일마다 4~5개의 은행 앱에 접속하여 월급통장, 생활비통장 등 각종 통장 관리를 해야 하는 번거로움이 있었으나, 주거래은행 앱 하나로 수수료 없이 타은행 간 자금이체를 할 수 있게 되면서 손쉬운 계좌관리(출금·입금이체 활용)가 가능해졌다.
- 평소 지갑을 잘 들고 다니지 않는 대학생 G씨는 친구들과 함께 점심을 먹을 때마다 채팅 앱에 연동된 더치페이 서비스를 이용하여 현금 없이도 빠르고 간편하게 1/N 정산(출금이체 활용)을 할 수 있게 되었다.

① 오픈라이선스 ② 오픈페이먼트
③ 전자인증 ④ 핀테크
⑤ 오픈뱅킹

해설 오픈뱅킹은 하나의 앱에서 통합뱅킹서비스 제공 등 다양한 금융서비스 구현이 가능하도록 참여기관 공동의 표준API를 제공하고, 동API를 통한 거래중계 및 관련 업무 등을 처리하는 개방형 금융결제 플랫폼이다.
① 오픈라이선스는 다른 사람들의 저작물을 사용할 수 있게 허용해주는 라이선스이다.
② 오픈페이란 하나의 카드사 앱에서 여러 카드사의 카드를 등록해 간편결제를 이용할 수 있는 서비스(앱카드 상호연동서비스)이다.
③ 전자서명 인증은 전자적 방식과 전자화된 정보를 활용하여 본인을 증명하는 것을 말한다.
④ 핀테크는 금융과 기술의 합성어로 예금, 대출, 자산 관리, 결제, 송금 등 다양한 금융 서비스가 IT·모바일 기술과 결합된 새로운 유형의 금융 서비스이다.

95 아래 글상자의 사례와 관련된 현상에 대한 설명으로 가장 옳지 않은 것은?

P&G는 유통점포에 유아용 기저귀 제품인 팸퍼스를 공급하는 과정에서 재미난 사실을 발견하였다. 유아용 기저귀와 같은 생필품의 수요는 비교적 안정적인 형태를 보이는 것이 일반적이다. 그러나 유통점포들이 P&G에 주문하는 기저귀 주문량은 최종수요에 비해 훨씬 큰 변동폭을 나타내고 있는 것이 확인되었다.

① 공급자재고관리(VMI)를 통해 현상을 개선할 수 있다.
② 수요정보의 처리과정에서 왜곡이 심화되면서 수요 변동성이 증폭되어 나타난다.
③ 공급물량 부족을 우려하여 가수요가 발생하게 되어 수요량이 점점 과장되어 나타난다.
④ IT를 활용하여 최종 수요 정보를 공급사슬 전체 계층에서 공유하여 완화시킬 수 있다.
⑤ 공급사슬의 하류로 가면서 수요의 변동폭이 증폭되어 나타나는 현상, 즉 채찍효과의 사례이다.

해설 공급사슬상 하류의 고객주문정보가 상류로 전달되면서 정보가 왜곡되고 확대되는 증폭현상이 발생하는데 이러한 정보왜곡을 채찍효과라고 한다.

96. 아래 글상자의 괄호 안에 들어갈 용어로 가장 옳은 것은?

> 유통정보시스템 구축 프로젝트를 기획하여 시스템 개발을 발주하려 한다. 발주사인 A사는 시스템의 기능과 환경 등 원하는 요구 사항을 체계적으로 정리한 문서인 (   )를 작성한다.
> 이는 입찰 대상자에게 획득의도를 알리기 위한 수단으로 획득자가 사용하는 문서이다.

① 사전정보요청서(Request For Information)
② 제안요청서(Request For Proposal)
③ 제안견적서(Request For Quotation)
④ 요구사항정의서(Request Definition)
⑤ 요구분석서(Request Analysis Document)

> 제안요청서(RFP ; Request for Proposal)
> 용역 회사와 시스템 공급사 등 제안 업체들에게 할 제안 요청을 체계적으로 정리한 문서로서, 제안 요청 내용은 시스템개발 부문, 기술 부문, 사업수행 부문, 사업지원 부문 등이 있다.

97. 아래 글상자에서 괄호 안에 들어갈 용어로 가장 옳은 것은?

> (㉠)는 개인데이터를 생산하는 정보주체인 개인이 본인 데이터에 대한 권리를 가지고, 본인이 원하는 방식으로 관리하고 처리하는 패러다임을 말한다.
> 우리나라는 최근 데이터 경제를 활성화하면서 개인정보보호를 강화하기 위해 관련 데이터 3법을 개정하였다. 특히, 정책당국은 (㉡) 개정을 통해 금융분야 (㉠)사업의 근거인 본인신용정보관리업에 관한 규정을 신설하고, GDPR의 개인정보이동권에 해당하는 개인신용정보의 전송요구권을 포함했다.

① ㉠ 오픈데이터, ㉡ 개인정보보호법
② ㉠ 마이데이터, ㉡ 개인정보보호법
③ ㉠ 오픈데이터, ㉡ 신용정보법
④ ㉠ 마이데이터, ㉡ 신용정보법
⑤ ㉠ 오픈데이터, ㉡ 정보통신망법

> • 오픈데이터 : 모든 사람이 자유롭게 사용 및 재사용이 가능하며 재배포할 수 있는 데이터를 말한다.
> • 데이터 3법 : 데이터 이용을 활성화하기 위해서 개선이 필요한 「개인정보 보호법」, 「정보통신망 이용 촉진 및 정보 보호 등에 관한 법률(정보통신망법)」, 「신용 정보의 이용 및 보호에 관한 법률(신용정보법)」등 3가지 법률을 말한다.

98 최근 유통업체에서 인공지능 기술 활용이 증가하고 있다. 다음 인공지능 기술의 활용 과정을 발전 순서대로 바르게 나열한 것은?

> ㉠ 다트머스 회의를 통해 인공지능이 정의되고 학문으로 연구되기 시작
> ㉡ 뉴런의 기능 및 작용과 명제 논리에 대한 연구로부터 인공지능의 개념이 등장
> ㉢ 기계학습과 패턴인식 기술이 발달하면서 인공지능이 실제 생활에 본격적으로 적용되기 시작
> ㉣ 하드웨어가 기술의 발전을 따라가지 못하면서 기술의 성장이 둔화되었으나, 퍼지 논리와 같은 방법들이 제안되었으며, 산업 현장에서 인공지능 기술들이 응용되기 시작
> ㉤ 과거에 이론화되었던 개념들의 해법(역전파 알고리즘, 자기조직화지도 등)이 등장하면서 인공지능이 다시 각광 받기 시작

① ㉠ - ㉡ - ㉢ - ㉣ - ㉤
② ㉡ - ㉠ - ㉤ - ㉣ - ㉢
③ ㉡ - ㉤ - ㉢ - ㉠ - ㉣
④ ㉤ - ㉠ - ㉡ - ㉢ - ㉣
⑤ ㉤ - ㉠ - ㉡ - ㉣ - ㉢

해설

인공지능(AI) 기술의 발전
- 1940년대 : 뉴런의 기능 및 작용과 명제 논리에 대한 연구로부터 인공지능의 개념이 등장하였다.
- 1950년대 : 다트머스 회의(Dartmouth Conference)를 통해 인공지능이 정의되고 학문으로 연구되기 시작하였고, '기계와 지능'의 논문이 발표되었다.
- 1980년대 : 과거 이론화되었던 개념들의 해법(역전파 알고리즘, 자기조직화지도 등)이 등장하면서 인공지능이 다시 각광 받기 시작했고, 대규모 지식의 표현이 핵심 주제로 자리 잡았다.
- 1990년대 : 하드웨어가 기술의 발전을 따라가지 못하면서 기술의 성장이 둔화되었으나 그 과정에서 퍼지 논리와 같은 방법들이 제안되었고, 산업 현장에서 인공지능 기술들이 응용되기 시작하였다.
- 2000년대~현재 : 기계학습과 패턴인식기술이 발달하면서 인공지능이 실제 생활에 본격적으로 적용되기 시작하였고, 딥러닝의 등장으로 이미지 인식과 음성 인식의 큰 성과가 시작되었다.

99 아래 글상자의 사례에 사용된 ㉠에 대한 설명으로 가장 옳지 않은 것은?

- 덴마크의 다국적 기업 Maersk와 IBM은 케냐의 몸바사에서 네덜란드 로테르담 항만까지 컨테이너를 운송하는 과정에 (㉠) 기술을 적용한 프로젝트를 진행
- IBM과 Maersk는 서류 위변조, 데이터 오류, 운송에 소요되는 불필요한 시간 및 재고 낭비와 원산지 증명 등을 (㉠) 기술을 통해 해결할 수 있다는 것을 확인하고 조인트벤처 설립

① DID(Decentralized Identifiers)는 온라인 계약 및 결제 기능을 지원하는 주요 기술이다.
② 공개키 기반 구조는 PKI기반의 디지털 서명을 통해 인증과 부인방지를 제공하는 핵심 기술 중 하나이다.
③ 중개자 없이 네트워크 내의 참여자가 공동으로 블록의 검증과 승인, 합의 등의 활동을 하며 만들고 관리하는 탈중앙화는 특성 중 하나이다.
④ 대표적인 트랜잭션 기술로는 분산원장, 공개키 기반 구조, 암호화 해시 등이 있다.
⑤ 모든 거래 참여자가 관리자로 익명성이 특징인 퍼블릭 블록체인에 비해 프라이빗 블록체인은 한 중앙기관이 관리자로 모든 권한을 보유한다.

㉠에 해당하는 것은 블록체인(Block Chain)이다. 탈중앙화 신원증명(DID ; Decentralized Identifier) 기술은 블록체인 기술을 활용하여 개인의 신원증명을 중앙시스템을 거치지 않고 개인이 소유한 정보를 통해 자신의 신원을 증명하는 기술이다.

※ 블록체인(Block Chain)의 개념 및 특성
- 개 념
  - 누구나 열람할 수 있는 장부에 거래 내역을 투명하게 기록하고, 여러 대의 컴퓨터에 이를 복제해 저장하는 분산형 데이터 저장기술이다.
  - 중앙 집중형 서버에 거래 기록을 보관하지 않고 거래에 참여하는 모든 사용자에게 거래 내역을 보내주며, 거래 때마다 모든 거래 참여자들이 정보를 공유하고 이를 대조해 데이터 위조나 변조를 할 수 없도록 돼 있다.
- 특 성

탈중앙성	중개자 없이 네트워크 내의 참여자가 공동으로 블록의 검증과 승인, 합의 등의 활동을 하며 만들고 관리
투명성	새로운 블록은 생성되는 동시에 모든 참여자에게 전송되어 공유되므로 참여자들 누구나 볼 수 있음
불변성	한 번 연결된 블록은 수정하거나 삭제하기 어려움
가용성	블록은 모든 참여자의 노드에 분산 저장되므로 그 중 어느 하나가 문제를 일으키더라도 전체 시스템은 그대로 유지

100  아래 글상자에서 설명하는 용어로 가장 옳은 것은?

> 이것은 비디오카메라로 촬영된 자신의 모습을 컴퓨터가 만들어내는 가상공간에 나타나게 하여 자신이 가상공간에 직접 존재하는 것처럼 느끼게 하는 시스템이다.

① 증강현실
② 몰입형 가상현실
③ 삼인칭 가상현실
④ 원거리 로보틱스
⑤ 데스크톱 가상현실

① 증강현실 : 현실의 이미지나 배경에 3차원 가상 이미지를 겹쳐서 하나의 영상으로 보여주는 기술
② 몰입형 가상현실 : 특수 장비를 통해 인간으로 하여금 실제로 보고 만지는 것 같은 감각적 효과를 느끼게 해 생생한 환경에 몰입하도록 하는 시스템
④ 원거리 로보틱스 : 로봇을 이용하여 먼 거리에 있는 공간에 사용자가 현전하는 효과를 주는 시스템
⑤ 데스크톱 가상현실 : 일반 컴퓨터 모니터에 간단한 입체안경, 조이스틱 등만 첨가하여 책상 위에서 쉽게 만날 수 있게 해주는 가상현실

2025 시대에듀 유통관리사 1급 한권으로 끝내기

개정17판1쇄 발행	2025년 05월 10일 (인쇄 2025년 04월 11일)
초 판 발 행	2007년 03월 15일 (인쇄 2006년 12월 30일)
발 행 인	박영일
책 임 편 집	이해욱
편 저	안영일 · 유통관리연구소
편 집 진 행	김준일 · 남민우 · 류채윤
표지디자인	김도연
편집디자인	최미림 · 하한우
발 행 처	(주)시대고시기획
출 판 등 록	제10-1521호
주 소	서울시 마포구 큰우물로 75 [도화동 538 성지 B/D] 9F
전 화	1600-3600
팩 스	02-701-8823
홈 페 이 지	www.sdedu.co.kr
I S B N	979-11-383-9238-9 (13320)
정 가	45,000원

※ 이 책은 저작권법의 보호를 받는 저작물이므로 동영상 제작 및 무단전재와 배포를 금합니다.
※ 잘못된 책은 구입하신 서점에서 바꾸어 드립니다.

물류관리사
합격을 꿈꾸는 수험생에게

물류관리사 자격시험의 합격을 위해 정성을 다해 만든 물류관리사 도서들을 꿈을 향해 도전하는 수험생 여러분들께 드립니다.

P.S. 단계별 교재를 선택하기 위한 팁!

한권으로 끝내기
이론 파악으로
기본다지기

핵심이론부터 실전문제까지 차근차근 학습하며 기초를 잡고 싶은 수험생

시험에 출제되는 핵심이론부터 키워드별 기출유형문제와 최근에 시행된 기출문제까지 한권에 담았습니다.

동영상 강의 교재

▶

단기완성 핵심요약집
초단기
합격 PROJECT

시험에 출제된 필수 핵심이론을 테마별로 체계적으로 정리하여 단기간에 합격하고 싶은 수험생

실제 시험에 출제된 중요이론을 압축하여 테마별로 수록하였습니다.

▶

5개년 첨삭식 기출문제해설
기출문제 정복으로
실력다지기

최신 기출문제와 상세한 첨삭식 해설을 통해 학습내용을 확인하고 실전감각을 키우고 싶은 수험생

최근 5개년 기출문제를 상세한 첨삭식 해설과 함께 한권에 담았습니다.

물류관리사 합격!
시대에듀와 함께라면 문제없습니다.

나는 이렇게 합격했다

자격명: 위험물산업기사
구분: 합격수기
작성자: 배*상

나는 할 수 있다

69년생 50중반 직장인입니다. 요즘 자격증을 2개 정도는 가지고 입사하는 젊은 친구들에게 일을 시키고 지시하는 역할이지만 정작 제자신에게 부족한 점이 많다는 것을 느꼈기 때문에 자격증을 따야겠다고 결심했습니다. 처음 시작할 때는 과연 되겠냐? 하는 의문과 걱정이 한가득이었지만 **합격은 시대에듀** 시대에듀 인강을 우연히 접하게 되었고 잘 차려진 밥상과 같은 커리큘럼은 뒤늦게 시작한 늦깎이 수험생이었던 저를 합격의 길로 인도해주었습니다. 직장생활을 하면서 취득했기에 더욱 기뻤습니다.

감사합니다!♡

당신의 합격 스토리를 들려주세요.
추첨을 통해 선물을 드립니다.

QR코드 스캔하고 ▶▶▶
이벤트 참여해 푸짐한 경품받자!

베스트 리뷰	상/하반기 추천 리뷰	인터뷰 참여
갤럭시탭/ 버즈 2	상품권/ 스벅커피	백화점 상품권

합격의 공식